Antonin ROUSSET

DICTIONNAIRE GÉNÉRAL DES FORÊTS

ADMINISTRATION ET LÉGISLATION

RECUEIL COMPLET, COMPRENANT :

le résumé et l'analyse des Arrêts, Arrêtés, Circulaires, Décisions, Décrets, Lois, Ordonnances et Règlements en vigueur

concernant les

FORÊTS DE L'ÉTAT, DES COMMUNES, DES ÉTABLISSEMENTS PUBLICS ET DES PARTICULIERS

DEUXIÈME ÉDITION

entièrement refondue, annotée et mise au courant jusqu'en 1894

PAR

Antonin ROUSSET, Inspecteur des Forêts en retraite ET **Jean BOUËR**, Inspecteur des Forêts

TOME PREMIER

A — E

DIGNE

Imprimerie Chaspoul et Vve Barbaroux, place de l'Évêché, 20

1894

En vente chez les Auteurs

DICTIONNAIRE

GÉNÉRAL

DES FORÊTS

OUVRAGES PUBLIÉS PAR M. ANTONIN ROUSSET

Culture, exploitation et aménagement du chêne liége en France et en Algérie. — 1 vol. in-8o, 80 pages. — Paris, veuve Bouchard-Huzard, 1859. — Prix . . . . 2 fr.

Les études de maître Pierre sur l'agriculture et les forêts, 1 vol. in-8o, 92 pages. — Ouvrage couronné par l'Académie d'Aix. — Paris, librairie agricole de la Maison Rustique, 1863. — Prix . . . . 1 fr.

Dictionnaire général des forêts. — Législation et administration depuis 1672 jusqu'en 1871. — 1 vol. grand in-8o, 1200 pages, avec planches et modèles. — Nice, 1871. — (Epuisé.)

Réflexions et conseils sur l'agriculture. — Publication populaire de la Société d'agriculture de Nice et des Alpes-Maritimes. — Broch. in-8o, 60 pages. — Nice, 1874. — (Epuisé.)

Le fumier de ferme. — Son action, sa préparation et son emploi. — Conditions d'établissement d'une fumière. — Broch. petit in-8o, 56 pages. — Paris, Berger-Levrault, 1875. — Prix . . . . 1 fr.

Etudes sur le moyen de cultiver la vigne, de manière à la faire vivre et fructifier malgré le phylloxera. — Broch. petit in-8o, 28 pages. — Brignoles, 1876. — (Epuisé.)

Principes de l'éducation des vers à soie. — Broch. petit in-6o, 20 pages. — Brignoles, 1877. — (Epuisé.)

Le Pâturage sur les terrains gazonnés et boisés. — Règles pratiques du parcours. — Broch. in-8o, 40 pages. — Nice, 1878. — Prix. . . . . . . 1 fr.

Recherches expérimentales sur les écorces à tan du chêne yeuse, relativement à la production et à l'aménagement des forêts de cette essence. — Exposition universelle de 1878. — Broch. grand in-8o, 63 pages avec planches. — Paris, Imprimerie nationale, 1878.

Culture et exploitation des arbres, Etudes sur les relations et l'application des lois naturelles de la création, des conditions climatériques et des principes de la physiologie végétale comparée avec les conditions normales d'existence, de propagation, de culture et d'exploitation des arbres isolés ou en massif. 1 vol. in 8o, 450 pages. — Paris, Librairie agricole de la Maison Rustique, 1882. — Prix . . . . 7 fr.

En préparation :

Du droit et de la jouissance de l'usufruitier sur les végétaux ligneux isolés ou en massif.

ANTONIN ROUSSET

DICTIONNAIRE
GÉNÉRAL
DES FORÊTS

ADMINISTRATION ET LÉGISLATION

RECUEIL COMPLET, COMPRENANT :

le résumé et l'analyse des Arrêts, Arrêtés, Circulaires, Décisions, Décrets, Lois, Ordonnances et Règlements en vigueur

concernant les

FORÊTS DE L'ÉTAT, DES COMMUNES, DES ÉTABLISSEMENTS PUBLICS ET DES PARTICULIERS

DEUXIÈME ÉDITION

entièrement refondue, annotée et mise au courant jusqu'en 1894

PAR

Antonin ROUSSET, ET **Jean BOUËR,**

Inspecteur des Forêts en retraite — Inspecteur des Forêts

Celui qui sait tout abrège tout.

TOME PREMIER

A — E

DIGNE

IMPRIMERIE CHASPOUL, CONSTANS ET Vᵉ BARBAROUX, PLACE DE L'ÉVÊCHÉ, 20

1894

En vente chez les Auteurs

PRÉFACE DE LA DEUXIÈME ÉDITION

Exegi monumentum ære perennius.

HORACE, ode XXIV, livre III.

Un ouvrage du genre de celui-ci demande une préface, disions-nous dans la première édition, *c'est-à-dire une explication des considérations qui l'ont inspiré, du but que l'on s'est proposé et en même temps de la méthode suivie dans son exécution, afin de bien préciser le sens dans lequel doivent être faites les recherches.*

Les considérations qui ont donné naissance à ce Dictionnaire Général des Forêts *sont, d'abord, l'absence d'un ouvrage coordonnant toutes les lois et tous les règlements généraux, si nombreux et qui, s'abrogeant l'un l'autre, présentent parfois un dédale inextricable à celui qui est obligé de s'y référer ; et, plus spécialement en ce qui concerne le service forestier, le manque d'instructions générales, résumant toutes les multiples instructions administratives et déterminant enfin celles qui conservent leur effet et celles qui l'ont perdu.*

Cet ouvrage a donc eu pour but de combler cette double lacune, au point de vue spécial de la gestion des forêts, en réunissant, pour chaque affaire, toutes les dispositions légales et réglementaires actuellement applicables ; de rendre la recherche de ces prescriptions aussi facile que possible par un classement alphabétique et de faciliter ainsi les travaux de tous ceux qui ont à s'occuper de ces matières.

Il reste maintenant à faire connaître son mode d'exécution.

Le choix des éléments a été obtenu par la comparaison et l'analyse de tous les ouvrages spéciaux sur la matière.

Les appréciations personnelles ont été évitées le plus possible et, à part quelques interprétations d'auteurs, ce dictionnaire ne contient que des dispositions légales ou réglementaires, matériaux indispensables à l'élaboration prompte et facile des affaires et dont une assez longue pratique a démontré l'utilité de la condensation.

Le groupement des matières n'a pas été sans présenter de sérieuses difficultés, qu'il importe de faire connaître, parce que l'indication de leur solution devient ainsi le guide le plus sûr pour la marche à suivre dans les recherches.

Pour répondre à son but, un dictionnaire doit fournir immédiatement et à toute personne qui le consulte le renseignement demandé.

Ce dictionnaire est spécialiste *et* analytique. *Ces deux mots résument et expliquent toute l'économie de ce travail.*

Toutefois, sans modifier en rien ces principes, mais afin de répondre à tous les besoins, on a constamment cherché à répartir et à grouper les matières, de telle sorte que les recherches aux mots généraux mettront toujours sur la voie de celles qu'il faut faire aux mots spéciaux et réciproquement. Si ce résultat a pu être obtenu sans multiplier des renvois, qui eussent été souvent une superfétation, il n'en est pas de même des répétitions qui n'ont pu être évitées, afin de rendre les articles plus clairs et l'ouvrage plus pratique.

Quant à la coordination des documents ainsi classés et dépendant d'un même mot, elle a été faite en les réunissant d'abord d'après leurs affinités et en les numérotant ensuite dans leur ordre logique.

Ce dictionnaire est d'ailleurs, par son essence même, une œuvre indéfiniment modifiable, comme les dispositions qu'il renferme.

Tout ce qui précède est encore vrai et peut servir de préface à la seconde édition du Dictionnaire général des Forêts, ouvrage indispensable pour toutes les informations promptes et précises. A côté de tous les avantages si nombreux que présente un ouvrage de l'espèce, il ne faut cependant pas oublier qu'un Dictionnaire ne pouvant jamais être parfait, il ne serait pas équitable de lui demander plus qu'il ne peut donner, alors que les changements dans les dispositions administratives et législatives sont une cause de lacunes inévitables.

Conservant le même cadre et tenant compte de toutes les critiques ou observations formulées lors de la première publication, cette deuxième édition, augmentée d'une foule de mots et documents nouveaux et inédits, constitue un ouvrage unique et spécial, offrant, avec toutes les facilités désirables de recherches, tous les matériaux administratifs et juridiques concernant le service forestier.

Que le lecteur veuille donc bien faire un bon accueil à ce Dictionnaire, qui, au moment de sa publication, est aussi complet que possible, et ne pas rendre les auteurs responsables des imperfections inhérentes à une œuvre si complexe et si considérable.

ABRÉVIATIONS

Arr. Min.................. Arrêté ministériel.
Cah. des ch................ Cahier des charges.
Cass...................... Cassation.
C. Circ................... Circulaire.
C. A. Circ. A............ Circulaires de la série A, du nº 1, en date du 27 novembre 1820, jusqu'au nº 856, en date du 10 juin 1865.
C. N. Circ. N............ Circulaires de la série N, commençant le 12 septembre 1865.
C. C. Cod. Civ........... Code Civil.
Cod. Com.................. Code de Commerce.
C. F. Cod. For........... Code Forestier.
C. P. Cod. Pén........... Code Pénal.
Cons. d'État.............. Conseil d'État.
Décis. Min................ Décision ministérielle.
Décr...................... Décret.
Dir. Gén.................. Direction générale des forêts.
Enreg. et Dom............. Enregistrement et domaines.
Insp. des Fin............. Inspection des finances. — Ancien recueil méthodique pour la vérification des inspecteurs des finances.
Instr. Crim............... Instruction criminelle (Code d').
Ord....................... Ordonnance réglementaire du 1er août 1827.
Proc. Civ................. Procédure civile (Code de).
Rép. For.................. Répertoire de législation et de jurisprudence forestières.
Trib...................... Tribunal.

Montpellier ou Nancy, 12 avril 1892, signifie arrêt de la cour d'appel de Montpellier ou de Nancy en date du 12 avril 1892.

DICTIONNAIRE GÉNÉRAL

DES FORÊTS

ADMINISTRATION ET LÉGISLATION

A

ABANDON.

SECT. I. — TERRAIN.

§ 1. *Terrain en général.*

1. *Terrains forestiers.* — L'administration s'est réservé de faire statuer sur tous les actes, tels que abandon de terrains, qui auraient pour effet de réduire l'étendue du sol forestier. (Déc. Min. 2 février 1856.)

2. *Terrains vagues.* — Le propriétaire de terrains vagues peut s'affranchir de la contribution dont ils sont grevés, en abandonnant la propriété de ces terrains à la commune. (Loi du 3 frimaire an VII, art. 66.)

§ 2. *Terrain reboisé et gazonné.*

3. *Terrain reboisé et gazonné. Créance.* — L'Etat fait abandon des créances qu'il aurait à faire valoir contre les communes et les établissements publics, pour les travaux de reboisement et de gazonnement effectués sur les terrains communaux et d'établissements publics, en vertu des lois du 28 juillet 1860 et du 8 juin 1864. (Loi du 4 avril 1882, art. 20.)

SECT. II. — POURSUITES.

§ 1. *Instance.*

4. *Instance.* — L'abandon d'instance ne constitue pas un désistement dans le sens de l'article 2247 du code civil. (Cass. 27 février 1865.)

§ 2. *Procès-verbaux.*

5. *Délits sans gravité.* — Jusqu'à ce qu'il en soit autrement ordonné, les conservateurs des forêts sont autorisés à laisser sans suite, sur la proposition des inspecteurs chefs de service, les procès-verbaux constatant des délits ou contraventions qui ne leur paraîtraient pas d'une gravité suffisante pour exiger le recours à la justice. (Déc. Min. 5 février 1858. Circ. A 766.) Les propositions, avec la décision du conservateur, sont renvoyées à l'inspecteur. (Form. série 6, nº 18.)

6. *État des procès-verbaux abandonnés.* — Tous les trois mois, l'état ou les états des procès-verbaux abandonnés seront réunis par le conservateur pour être adressés à

l'administration, avec les procès-verbaux. L'administration retourne ensuite ces états, qui seront renvoyés pour être classés dans les archives de l'inspection. (Circ. A 766.) V. Procès-verbaux.

7. *Délinquants insolvables. Procès-verbaux.* — Lorsque plusieurs procès-verbaux auront été dressés contre un délinquant déjà condamné et dont l'insolvabilité aura été constatée, les conservateurs sont autorisés à les abandonner ou à les poursuivre, suivant que le bien du service et l'intérêt du Trésor paraissent l'exiger. (Déc. Minist. 26 juillet 1831. Circ. A 285.)

ABATAGE.

SECTION I. — COUPES, 1 — 10.

SECTION II. — TRAVAUX, 11 — 17.

SECTION III. — DIVERS, 18 — 19.

V. Coupe affouagère. Chemin. Route. Travaux. Outre-passe. Réserve.

SECT. I. — COUPES.

1. *Délits d'abatage.* — L'adjudicataire qui, pour l'abatage des arbres, ne se conforme pas aux clauses et conditions du cahier des charges générales et des clauses spéciales :

Amende: 50 à 500 fr. (Cod. For. 37.) — *Dommages-intérêts :* Minimum égaux à l'amende simple. (Cod. For. 202.) (Obligatoires, Cass. 23 juillet 1842.)

La caution est responsable. (Cod. For. 28.) V. Bris de réserve.

En cas de récidive, on peut doubler le minimum ou le maximum; si le délit a été commis la nuit ou avec la scie : V. Circonstances aggravantes. Cumul de peines. Exploitation.

2. *Abatage individuel.* — L'abatage individuel des bois d'une coupe usagère ou affouagère est puni de :

Confiscation de la portion de bois afférente aux contrevenants. (Cod. For. 81, 103, 112.)

Les agents qui ont permis ou toléré cette contravention encourent :

Amende : 50 fr. (Cod. For. 81, 103, 112.)

Responsabilité personnelle et sans aucun recours de tous les dommages provenant de la mauvaise exploitation et de tous les délits commis. (Cod. For. 81, 103, 112.)

3. *Retard d'abatage.* — L'abatage des bois, à moins de prorogation de délai, doit être terminé aux époques fixées par le cahier des charges (15 avril, ou 1er juillet, s'il y a des bois à écorcer, Cah. des ch. 21) et sous les conditions des clauses spéciales. En cas d'infraction :

Amende : 50 à 500 fr. (Cod. For. 40.) — *Dommages-intérêts* qui ne peuvent être inférieurs à la valeur des bois restés sur pied. (Cod. For. 40.) (Obligatoires. Cass. 23 juillet 1842.) — Saisie des bois à titre de garantie. (Cod. For. 40.) (En cas de récidive, on pourrait doubler le minimum de l'amende.)

[En cas de poursuite pour retard d'abatage, le tribunal peut fixer un délai pour l'avenir, sauf à l'administration à mettre les travaux en régie. (Curasson.) Le Tribunal peut toujours faire fixer par un expert la valeur des bois restés sur pied.] (Meaume.)

4. *Époques. Délais.* — Les délais fixés pour l'abatage des bois à écorcer peuvent, au besoin, être modifiés par les clauses spéciales. (Circ. N 140.)

5. *Défaut d'abatage.* — L'adjudicataire qui laisse sur pied un ou plusieurs arbres, compris dans la coupe, commet le délit prévu par l'article 40 du code forestier, lors même qu'il prétendrait avoir agi sans intention et par oubli. (Cass. 10 juin 1847.)

6 *Prorogation de délai d'abatage.* — Les adjudicataires peuvent obtenir des prorogations de délai d'abatage en en faisant la demande, sur papier timbré, vingt jours au moins avant l'expiration du terme fixé. Ils doivent faire connaître l'étendue des bois restant à exploiter, les causes du retard et le délai qui leur est nécessaire. L'adjudicataire, par le seul fait de sa demande, s'engage à payer l'indemnité fixée, à moins que, par un procès-verbal dressé à l'expiration du terme fixé, il ne fasse constater qu'il n'a pas usé de la prorogation. Les frais du procès-verbal sont à sa charge. (Cah. des ch. 22.)

7. *Prorogation. Autorisation.* — Le conservateur accorde les prorogations de délai d'abatage. (Cah. des ch. 22.) Les prorogations de délai, étant des mesures administratives, ne peuvent pas être accordées par les tribunaux. (Cass. 5 mars 1840, 24 déc. 1841.)

8 *Prorogation.* — La prorogation du délai de vidange n'entraîne pas la prorogation du délai d'abatage des arbres. (Cass. 17 nov. 1865.)

9. *Prorogation. Indemnité.* — Les indemnités dues par les adjudicataires des coupes communales et d'établissements publics, pour prorogation du délai d'abatage, seront versées dans la caisse du receveur des communes et des établissements publics propriétaires. (Ord. 138.)

10. *Coupes par unités de produits. Ouvriers. Conditions. Délais.* — L'adjudicataire doit fournir, au jour fixé par le chef de cantonnement, le nombre d'ouvriers nécessaires pour opérer l'abatage des bois compris dans la vente ; il ne pourra abattre d'autres bois que ceux indiqués par les agents et préposés

forestiers. Les délais d'abatage seront déterminés par les clauses spéciales. (Cah. des ch. art. 13, 14 et 21.)

SECT. II. — TRAVAUX.

11. *Abatage pour chemins vicinaux.* — Les conservateurs sont autorisés à permettre l'abatage des bois pour élargissements, rectifications et études des chemins vicinaux, dans les bois domaniaux et communaux. (Déc. Min. 15 juillet 1837. Circ. A 400.)

Les bois abattus seront vendus par forme de menus marchés. (Circ. A 400.)

12. *Abatage pour travaux publics. Autorisation.* — Le conservateur autorise les abatages d'arbres pour études, tracés, élargissement ou rectification des routes, chemins, canaux et tous les autres travaux d'utilité publique. (Circ. A 540. Déc. Min. 11 août 1843. Circ. N 59, art. 28.) V. Routes. Chemins. Canaux, etc.

13. *Abatage pour travaux d'utilité publique. Autorisation.* — Les conservateurs sont autorisés à permettre, dans les bois soumis au régime forestier, tout abatage reconnu nécessaire pour les travaux d'utilité communale ou publique, projetés ou arrêtés par l'autorité compétente. Dès que les arrêtés sont rendus, on doit donner des ordres pour que les agents ne s'opposent pas aux travaux ou aux études autorisés. (Circ. A 631.)

14. *Abatage pour travaux d'amélioration. Autorisation.* — Les décisions régulières, qui autorisent les travaux d'amélioration dans les bois soumis au régime forestier, autorisent implicitement les abatages que ces travaux occasionnent. (Déc. Minist. 15 mai 1862. Circ. A 819.)

15. *Abatage. Frais.* — Les frais d'exploitation des bois, nécessités par un travail d'amélioration, sont imputables sur le fonds spécial pour abatage des coupes et ne doivent pas figurer dans l'état de dépense des travaux (V. Travaux), excepté pour les bois épars ou rabougris existant sur les terrains à assainir ou à repeupler. (Circ. A 822.)

16. *Proposition. Estimation. Dépense.* — Lorsque l'exécution des travaux doit entraîner l'abatage d'arbres ou de bois susceptibles d'être vendus sur pied, les agents joignent à leur rapport un procès-verbal d'estimation de ces produits. Quand les bois ne sont pas susceptibles d'être vendus sur pied, l'abatage et le façonnage, dont les frais doivent être imputés sur le fonds spécial des exploitations, sont l'objet d'une proposition distincte ; toutefois, lorsqu'il s'agit d'arbres épars et de bois rabougris ou de peu de valeur, dont l'exploitation ne peut être séparée du devis, cette dépense est comprise dans l'évaluation générale des travaux. (Circ. N 22, art. 18, 19 et 20.)

17. *Abatage pour travaux non autorisés. Bois communal* — L'abatage d'arbres dans les bois communaux, sans l'autorisation des agents forestiers, constitue, quel qu'en soit l'auteur, alors même qu'il serait l'œuvre d'agent de l'administration départementale (agent voyer), un délit qui tombe sous l'application des articles 192 et 202 du code forestier. (Cass. 29 mars 1845.)

SECT. III. — DIVERS.

18. *Bois de marine.* — Les adjudicataires des coupes seront chargés de l'abatage des arbres réservés pour la marine. (Décr. 16 octobre 1858, art. 4.)

L'adjudicataire en fera l'abatage par extraction de souche, de manière à laisser la culée toute entière. En cas d'infraction :

Amende : 50 à 500 fr. *Dommages-intérêts* facultatifs. (Cod. For. 37. Minimum, amende simple.)

L'abatage devra être terminé le 1er mars qui suivra l'adjudication. En cas de retard :

Amende : 50 à 500 fr. *Dommages-intérêts* obligatoires. (Minimum, valeur du bois resté sur pied. C. For. 40.) Et, à défaut d'exécution, il y sera procédé aux frais de l'adjudicataire. (Cod. For. 41.) S'il y avait des prescriptions particulières, il en serait fait mention aux clauses spéciales. (Anc. cah. des ch.) V. Marine.

19. *Fruits. Semences.* — L'abatage de fruits ou semences est puni comme enlèvement de fruits ou semences. V. Enlèvement.

ABEILLE.

1. *Qualités.* — Les abeilles ne sont pas considérées et classées comme animaux domestiques.

2. *Propriété. Droit de suite.* — Le propriétaire d'un essaim a le droit de le réclamer et de s'en ressaisir, tant qu'il n'a pas cessé de le suivre ; autrement, l'essaim appartient au propriétaire du terrain sur lequel il s'est fixé. (Loi du 4 avril 1889, art. 9.)

3. *Trouble.* — Il est défendu de troubler les abeilles dans leurs courses et leurs travaux. (Loi du 28 septembre, 6 octobre 1791, art. 2.) V. Ruche.

ABOLITION (lettres d'). V. Amnistie.

ABONNEMENT.

Journal officiel. — Les conservateurs sont abonnés d'office et à leurs frais au *Journal officiel*, qui a remplacé le *Moniteur*. (Circ. aut. 30 juin et 22 juillet 1852.)

ABORNEMENT. V. Bornage.

ABOUTISSANT.

Définition. — Les mots tenants et aboutissants sont employés pour désigner les limites des propriétés. (Proc. Civ. 64 et 627.)

ABREUVOIR.

1. *Principe.* — Un propriétaire ne pourrait pas supprimer les abreuvoirs des troupeaux, parce qu'ils sont des accessoires indispensables de la servitude du pâturage.

2. *Servitude.* — La servitude d'un abreuvoir entraîne nécessairement le droit de passage pour s'y rendre. (Cod. Civ. 696.) V. Fontaine.

3. *Passage. Chemin.* — Le droit de passage des troupeaux dans un bois pour aller à un abreuvoir ne donne pas le droit d'entrer dans les coupes ou de les traverser, ni de sortir des chemins tracés. (Cass. 20 mars 1830.)

ABRÉVIATION.

1. *Interdiction.* — Les abréviations sont défendues aux notaires, dans leurs actes, sous peine de 100 francs d'amende. (Loi du 25 ventôse an XI.)

2. *Citation* — Aucun texte de loi n'interdit, en matière correctionnelle, les abréviations usitées dans la pratique. La copie d'une citation où le mot décembre est représenté par le signe x[bre] est régulière. (Poitiers, 28 juin 1889.)

ABROGATION.

1. *Définition.* — Acte législatif par lequel une loi est abolie, en tout ou en partie.

2. *Législation forestière.* — Sont et demeurent abrogés, pour l'avenir, toutes les lois, édits, ordonnances, déclarations, arrêts de conseil, arrêtés et décrets et tous règlements intervenus, à quelque époque que ce soit, sur les matières réglées par le présent code, en tout ce qui concerne les forêts.

Mais les droits acquis antérieurement au code forestier seront jugés, en cas de contestation, d'après les lois ordinaires antérieurement en vigueur. (Cod. For. 218.)

3. *Lois spéciales. Lois générales.* — Une loi spéciale n'est pas abrogée de plein droit par une loi générale. (Cass. 19 février 1813.)

ABROUTIS. (Bois brouté par les bestiaux.) V. Recepage.

ABROUTISSEMENT.

Définition. — Etat d'un bois abrouti, c'est-à-dire, dont l'extrémité des jeunes pousses a été dévorée par les troupeaux. V. Pâturage.

ABSENCE.

1. *Agents.* — Les agents qui quitteront leur résidence sans en avoir obtenu l'autorisation encourront les mesures disciplinaires les plus rigoureuses. (Circ. N 390.) V. Congé. Résidence.

2. *Gardes.* — Il est défendu aux gardes de s'absenter de leur poste sans la permission du conservateur. (Circ. A 454.)

3. *Cantonniers.* — Tout garde cantonnier chargé de travaux, qui n'est pas trouvé à son poste, peut subir, la première fois, une retenue de trois jours de solde et, en cas de récidive dans le mois, une retenue de six jours ; à la troisième absence illicite, il peut être suspendu provisoirement par le conservateur (Instr. 13 août 1840 et livret des préposés.)

4. *Irrégulière.* — L'agent ou le préposé qui s'absentera, sans autorisation, subira la retenue intégrale de son traitement pendant la durée de son absence et, en outre, il sera passible d'une retenue disciplinaire de la même somme. (Circ. A 731.)

5. *Pension.* — Lorsqu'un fonctionnaire a disparu de son domicile et que plus de trois ans se sont écoulés sans qu'il ait réclamé les arrérages de sa pension, sa femme ou les enfants qu'il a laissés peuvent obtenir, à titre provisoire, la liquidation des droits de réversion qui leur seraient ouverts, en cas de décès dudit pensionnaire. (Décr. 9 nov. 1853, art. 45. Circ. N 81, art. 113.)

6. *Personne. Cause. Communication.* — Sont communiquées au ministère public les causes concernant ou intéressant les personnes présumées absentes. (Cod. Proc. Civ. 83.) V. Citation. Jugements.

ABUS (D'AUTORITÉ, DE POUVOIR).

1. *Violence.* — Lorsqu'un fonctionnaire aura, sans motif légitime, usé ou fait user de violence envers les personnes, dans l'exercice ou à l'occasion de l'exercice de ses fonctions, il sera puni selon la nature et la gravité de ses violences. (Maximum de la peine encourue.) (Cod. Pén. 186, 198.)

2. *Violation de domicile.* — Tout fonctionnaire de l'ordre administratif qui, agissant en cette qualité, se sera introduit dans le domicile d'un citoyen, hors les cas prévus par la loi, sans la formalité prescrite et contre son gré, sera puni, savoir :

Amende : 16 à 200 francs.
Prison : 6 jours à 1 an. (C. P. art. 184. 191.)

3. *Complice.* — Seront punis comme complices d'une action qualifiée crime ou délit, ceux qui, par abus d'autorité ou de pouvoir, auront provoqué à cette action, ou donné des instructions pour la commettre. (Cod. Pén. 60.)

4. *Pénalités. Maximum. Fonctionnement.* — Hors les cas où la loi règle spécialement les peines encourues pour crimes ou délits commis par les fonctionnaires, ceux d'entre eux qui auront participé à d'autres crimes ou délits qu'ils étaient chargés de surveiller ou de réprimer seront punis :

S'il s'agit d'un délit de police correctionnelle,
Du maximum de la peine;
S'il s'agit de crime,
De la réclusion, quand la peine sera celle du bannissement ou de la dégradation civique;

Des travaux forcés à temps, lorsque le crime emporte la peine de la réclusion ou de la détention.

Des travaux forcés à perpétuité, lorsque le crime emportera la peine de la déportation ou des travaux forcés à temps. (Cod. Pén. art. 198.)

V. Déni de justice. Malversation. Acte arbitraire.

ABUS DE CONFIANCE.

Pénalité. — Quiconque, abusant d'un blanc-seing qui lui aura été confié, aura frauduleusement écrit au-dessus une obligation ou décharge pouvant compromettre la personne ou la fortune du signataire, sera condamné :

Peine : Prison, 1 an à 5 ans.

Amende : 50 à 3000 francs.

Facultatif : interdiction des droits civils ou civiques, 5 à 10 ans. Surveillance de la haute police, 5 à 10 ans. (Cod. Pén. 405, 407.)

Si l'auteur du délit est un garde ou un officier de police, le maximum de la prison est augmenté du tiers en sus. (Cod. Pén. 462.)

ABUS DE JOUISSANCE.

1. *Algérie. Abus de jouissance. Procès-verbaux. Formalité. Envoi.* — Les procès-verbaux dressés pour constater les délits et contraventions relatifs aux exploitations ou abus de jouissance, commis par les particuliers dans leurs bois (exploitation de bois sans déclaration et sans autorisation; exploitation abusive de bois ou broussailles sur la pente de coteaux et montagnes, aux bords des cours d'eau; défrichement de bois ou de broussailles; pâturage pouvant entraîner la destruction des bois; expédition, vente, colportage irrégulier de lièges, écorces à tan, brins pour la fabrication de cannes, alfa, etc.), sont enregistrés en débet et dispensés de l'affirmation; ils feront foi en justice jusqu'à inscription de faux. Ces actes sont transmis dans le délai de vingt jours au procureur de la République. (Loi du 9 décembre 1885, art. 10.) V. Exploitation.

2. *Chasse.* — Pour savoir s'il y a eu abus du droit de chasse, il faut attendre la fin du bail et comparer la richesse de la chasse à ce moment avec sa richesse au moment de la location. (Trib. Dunkerque, 16 juin 1887.)

ACACIA.

Classification. — Arbre de deuxième classe. (Cod. For. 192.)

ACCENSEMENT.

Droit. — L'accensement du taillis d'une forêt, pour le service d'une usine, n'a pas nécessairement le caractère d'une simple affectation ou d'un droit d'usage, susceptible d'être racheté par voie de cantonnement. On peut y voir, suivant les circonstances, un véritable droit de superficie donnant lieu à l'action en partage entre l'ayant-droit et le propriétaire du sol et de la futaie. (Nancy, 25 janvier 1849.) V. Superficiaire.

ACCESSION.

Droit. — La propriété d'une chose, soit mobilière, soit immobilière, donne droit sur tout ce qu'elle produit et sur ce qui s'y unit accessoirement, soit naturellement, soit artificiellement. Ce droit s'appelle droit d'accession. (Cod. Civ. 546.)

Les fruits naturels ou industriels de la terre, les fruits civils et le croît des animaux appartiennent au propriétaire par droit d'accession. (Cod. Civ. 547.) Tout ce qui s'unit et s'incorpore à la chose appartient au propriétaire suivant diverses règles. (Cod. Civ. 551.)

En ce qui concerne les immeubles, ce droit s'applique aux alluvions, îles ou atterrissements, et aux animaux, lapins, pigeons, poissons, qui changent de propriétaire en quittant leur garenne, colombier ou étang.

ACCESSOIRE.

Définition. — Est réputée partie accessoire celle qui n'est unie à l'autre que pour l'usage, l'ornement ou le complément. (Cod. Civ. 567.) Lorsqu'une partie accessoire est liée à une partie principale, le tout appartient au maître de la partie principale, à charge de payer la valeur de la chose accessoire unie. (Cod. Civ. 566.)

ACCIDENT.

1. *Définition.* — Événement malheureux et imprévu, dont il résulte un dommage. Lorsqu'un accident a pour cause l'imprévoyance ou toute autre faute, il entraîne responsabilité.

Si on en est requis, on doit porter secours dans les accidents graves, tels que : incendie, inondations, etc. V. Secours. Hôpital. Eaux thermales.

2. *Constatation.* — Il est de l'intérêt d'un employé, qui éprouve un accident dans l'exercice de ses fonctions, de le faire constater immédiatement. (Circ. A 413.) Dresser l'acte sur papier timbré et faire légaliser les signatures.

3. *Pension.* — L'accident ou événement grave, pouvant donner droit à pension, doit être constaté par un procès-verbal, en due forme, dressé sur les lieux et au moment où l'accident est survenu. A défaut de procès-verbal, cette constatation peut s'établir par un acte de notoriété, rédigé sur les déclarations des témoins de l'événement, ou des personnes qui ont été à même d'en connaître et d'en apprécier les conséquences. Cet acte doit être corroboré par les attestations conformes de l'autorité municipale et des supérieurs immédiats du fonctionnaire. (Circ. A 494. Circ. N 81, art. 112.)

4. *Décès.* — Le long intervalle écoulé entre le décès et la cause première de la maladie ne fait pas obstacle à ce que la mort soit considérée comme étant la suite d'un accident résultant de l'exercice des fonctions. (Conseil d'Etat, 12 mai 1859.)

ACCRÉDITATION.

1. *Conservateur.* — Dès qu'il arrive à son poste, le conservateur se présente devant le préfet et devant les autorités administratives et judiciaires du département où il réside. Il s'accrédite par correspondance auprès des préfets des autres départements de sa circonscription. (Circ. N 51, art. 8.)

2. *Conservateur. Ordonnateur secondaire.* — L'administration a seule qualité pour accréditer auprès des comptables les ordonnateurs secondaires qui ont des mandats de paiement à délivrer. Les conservateurs récemment promus ou appelés à une nouvelle résidence doivent adresser à l'administration un bulletin avec leur signature à accréditer auprès des comptables. S'il y a plusieurs départements dans la conservation, on adresse plusieurs bulletins. (Circ. N 265.)

3. *Signature. Intérimaire. Bulletin.* — La signature de l'agent chargé de remplacer le conservateur absent est accréditée auprès des trésoriers-payeurs généraux, une fois pour toutes et par le ministre de l'agriculture.

Pour mettre l'administration à même d'accréditer auprès des trésoriers généraux la signature de l'agent intérimaire, les conservateurs doivent adresser, chaque fois que l'occasion se présente, un bulletin du modèle suivant :

Signature de M. (nom, prénoms)........ (grade)........ *des forêts à*..............., *désigné pour suppléer le conservateur des forêts à*......... *dans ses fonctions d'ordonnateur secondaire.*

Ce bulletin doit être fourni en autant d'exemplaires qu'il y a de départements dans la conservation. (Circ. Min. 25 février 1890, nº 12.)

4. *Chefs de service.* — Les inspecteurs, inspecteurs adjoints et gardes généraux chefs de service se présentent, dès leur entrée en fonctions, devant le préfet ou le sous-préfet de leur résidence. (Circ. N 51, art. 10.)

5. *Agents et préposés.* — Les autres agents et les préposés ne sont pas tenus de se faire accréditer. (Circ. A 61.) Ils se présentent devant le premier magistrat de l'ordre administratif, et les préposés devant le maire de leur résidence. (Circ. N 51, art. 10.)

ACCROISSEMENT. V. Croissance.

ACCRU.

Propriété. — L'accru d'un bois appartient au possesseur du bois, si, pendant trente ans, le propriétaire du sol sur lequel s'est manifesté l'accru ne l'a pas revendiqué et fait acte de propriété. Dans ce cas, il est censé avoir abandonné volontairement sa propriété et il se trouve dépossédé par prescription.

ACCUSÉ. V. Prévenu.

ACCUSÉ DE RÉCEPTION.

Principe. — On doit accuser réception de tout ordre et de toute pièce importante, en relatant la date de l'envoi, le numéro de la lettre et le bureau d'où elle émane.

ACHAT. V. Acquisition.

ACHAT DE BOIS DE DÉLIT.

Présomption. Conséquence. — La possession des bois de délit, vendus ou achetés en *fraude*, constitue une présomption telle que celui chez qui ces bois sont trouvés peut être poursuivi comme auteur ou complice du délit, et, dès lors, il est passible des condamnations encourues pour le fait délictueux. (Cod. For. 161, 164. Cod. Pén. 59, 62.) V. Bois de délit.

ACHAT DE GIBIER.

Gibier pris à l'aide d'engins prohibés. Complicité. — Celui qui a acheté du gibier pris à l'aide d'engins prohibés ne saurait être condamné comme complice par recel, s'il n'est pas établi que, lorsqu'il a acheté ce gibier, il savait que le gibier avait été capturé au moyen d'engins prohibés. (Cass. 16 novembre 1888.) V. Colportage.

ACHETEUR.

Obligations. — La principale obligation de l'acheteur est de payer le prix, aux jour et lieu réglés par la vente. (Cod. Civ. 1650.) S'il n'a rien été convenu, l'acheteur doit payer au lieu et dans le temps où doit se faire la délivrance. (Cod. Civ. 1651.)

Si l'acheteur ne paye pas, le vendeur peut demander la résolution de la vente. (C. Civ. 1654.)

ACOMPTE.

1. *Pièces à fournir.* — Aucune somme n'est payée à titre d'acompte que sur la présentation d'un certificat ou procès-verbal établissant les ouvrages exécutés et les dépenses faites. (Circ. N 22, art. 255.)

2. *Maximum* — Les paiements d'acompte ne peuvent être effectués que jusqu'à concurrence des 5/6 au plus de la valeur des matériaux ou des ouvrages reçus. (Circ. N 22, art. 256. Décr. 31 mai 1861, art. 13.) Le dernier paiement sera effectué après le règlement final de l'entreprise. (Cah. des ch. 49.)

3. *Travaux. Conditions.* — Il ne peut être fait de paiement d'acompte, avant que les travaux exécutés ou les approvisionnements apportés à pied-d'œuvre aient atteint le quart, au moins, du prix total de l'entreprise, à moins de dérogation expresse approuvée par le ministre. (Circ. N 22, art. 254. Cah. des ch. 48.)

4. *Travaux. Garanties. Conditions.* — Lorsqu'il s'agit d'un ouvrage soumis au délai de garantie, l'acompte est basé, non sur le

prix primitif de l'adjudication, mais sur la valeur réelle des ouvrages exécutés. (Circ. N 22, art. 258.) V. Mandat. Paiement. Travaux. Intérêt.

ACQUÊT.

Explication. — Le droit connu sous le nom de *droit de nouvel acquêt* s'appliquait aux biens roturiers qui n'avaient pas été amortis, à quelque titre qu'on les possédât. (Cass. 7 mai 1866.) D'après l'édit du 9 mars 1700, l'impôt connu sous le nom de droit de *nouvel acquêt* n'était applicable qu'aux droits d'usage possédés par les communautés laïques, habitants de ville, village ou bourg.

ACQUIESCEMENT.

1. *Définition.* — Adhésion à un acte, à une demande, à un jugement. V. Instance.

2. *Frais.*— L'acquiescement pur et simple, quand il n'est pas fait en justice, est passible du droit fixe d'enregistrement de 3 francs. Le droit est de 4 fr. 50 c. pour l'acte passé au greffe. (Loi du 28 avril 1816, art. 43, 44. Loi du 19 février 1874.)

3. *Instance.* — Dans les instances domaniales, les préfets acquiescent en vertu d'une autorisation spéciale du ministre des finances.

4. *Action communale. Maire.* — Un maire n'a qualité pour acquiescer au nom de la commune, soit expressément, soit tacitement, qu'autant qu'il a été autorisé par une décision du conseil municipal.

Une commune ne peut valablement acquiescer, dans le cas où elle serait inhabile à transiger, au sujet de droits dont elle n'a pas la libre disposition. (Cass. 11 mars 1873.)

5. *Jugements.* — Les agents forestiers ne peuvent acquiescer, ni expressément, ni tacitement, aux jugements rendus au profit de l'administration forestière, sans l'autorisation spéciale de l'administration. (Cass. 1er mars 1839.)

6. *Instance. Jugement. Exécution de l'arrêt.* — La perception d'une amende ne constitue pas un acquiescement à un jugement de la part de l'administration forestière. (Cass. 2 octobre 1829.) V. Appel.

ACQUISITION.

V. Propriété. Maison. Cession. Scierie. Sécherie. Route.

SECT. I. — DÉCISIONS.

1. *Autorisation.* — Les acquisitions d'immeubles, par l'Etat, sont autorisées, suivant le cas, soit par une loi, soit par décret du chef du pouvoir exécutif, ou par décision ministérielle.

2. *Rapports. Autorisation.* — Les propositions d'acquisition sont l'objet de rapports spéciaux au conseil d'administration des forêts. Ces rapports sont soumis au ministre de l'agriculture. (Circ. N 6, § 11.)

3. *Décision. Autorisation.* — La décision ministérielle qui autorise une acquisition est notifiée au conservateur des forêts, au directeur des domaines et au préfet du département de la situation de l'immeuble à acquérir. (Circ. N 6, § 14.)

4. *Registre.* — Il est tenu, par chaque chef de service, un état des acquisitions de terrains. (Instr. gén. du 2 fév. 1885, art. 87. Circ. N 345.)

5. *Propriétés départementales. Autorisation.* — Les conseils généraux statuent définitivement sur les acquisitions de propriétés départementales non affectées à un service public. (Loi du 10 août 1871, art. 46.)

6. *Biens communaux. Autorisation.* — Les préfets approuvent les acquisitions de biens communaux de toute nature, quand la dépense, totalisée avec les dépenses de même nature pendant l'exercice courant, dépasse les limites des ressources ordinaires et extraordinaires que les communes peuvent se créer sans autorisation spéciale. (Loi du 5 avril 1884, art. 68, § 3.)

7. *Communes.* — Les conseils municipaux règlent, par leurs délibérations, les acquisitions d'immeubles, lorsque la dépense ne dépasse pas les limites des ressources ordinaires et extraordinaires que les communes

peuvent se créer sans autorisation spéciale. (Loi du 5 avril 1884, art. 61 et 68, § 3.)

La délibération prise à cet effet, bien que définitive, doit être, dans la huitaine, envoyée à la préfecture ou à la sous-préfecture.

SECT. II. — PROPOSITIONS.

8. *Immeubles.*— Lorsque, sur la proposition d'une administration dépendant du ministère, il aura été reconnu utile d'autoriser l'acquisition d'un immeuble, toutes les opérations relatives à l'achat, à la passation du contrat et à la prise de possession seront faites par les soins et à la diligence de la régie des domaines, de concert avec l'administration intéressée, qui en acquittera le prix. L'immeuble sera acquis au nom de l'Etat. (Déc. Min. 11 octobre 1824.)

9. *Propositions. Rapports. Renseignements. Pièces à l'appui.* — Lorsqu'une acquisition leur paraît nécessaire, les conservateurs adressent à l'administration, avec leurs propositions, les rapports des agents locaux justifiant la convenance de l'acquisition et comprenant la description et l'estimation détaillée de l'immeuble, l'indication des servitudes actives et passives dont cet immeuble peut jouir ou être grevé, enfin des renseignements sommaires sur l'état civil du vendeur, ainsi que sur l'établissement et la transmission antérieure de la propriété.

Un plan de l'immeuble doit toujours être joint aux rapports des agents. (Circ. N 6, § 2.)

10. *Maison. Scierie. Propriété bâtie. Renseignements.* — Si la proposition a pour but l'acquisition de maisons, scieries, sécheries ou autres propriétés bâties, il y a lieu de fournir des projections, coupes et élévations des différentes constructions et d'établir le devis approximatif des travaux de réparation, d'appropriation ou d'amélioration qu'il conviendrait d'y exécuter. (Circ. N 6, § 3.)

11. *Terrain pour chemins. Renseignements.* — S'il s'agit d'un terrain destiné à l'établissement d'un chemin forestier, le projet des travaux est préalablement rédigé et détermine exactement la superficie nécessaire pour le tracé de la voie et des fossés, ainsi que pour les talus des déblais et des remblais. (Circ. N 6, § 4.)

12. *Chemins. Plans. Renseignements.* — Lorsqu'à raison de la position du vendeur ou de l'établissement de la propriété, la réalisation de l'acquisition paraît devoir rencontrer des difficultés et lorsqu'en même temps la rédaction du projet définitif de la route doit donner lieu à un travail considérable, les agents peuvent se borner à produire, à la place de ce projet, les pièces suivantes :

Le plan de l'axe de la route;

Le profil en long du terrain naturel avec la ligne rouge du projet;

Les profils en travers de la section ou des sections du chemin à établir sur les parcelles de terrain dont l'acquisition est proposée:

Le plan exactement coté de ces parcelles;

Enfin, une estimation aussi approximative que possible de la dépense totale des travaux. (Circ. N 6, § 5.)

13. *Renseignements. Pièces. Titres de propriété.* — L'administration décide, selon le cas, s'il y a lieu d'obliger le propriétaire à joindre à ses offres de vente les titres de propriété et des déclarations authentiques des charges, servitudes, privilèges ou hypothèques dont serait grevé l'immeuble à acquérir par l'Etat, ou si la production de ces pièces peut être différée jusqu'au moment de la passation du contrat. (Circ. N 6, § 9.)

14. *Propriétaire. Offre. Formalités.* — Si les biens à acquérir appartiennent à une commune ou à un département, l'offre de vente est formulée dans une délibération du conseil municipal ou du conseil général.

Cette délibération doit recevoir la suite prévue par la loi du 5 avril 1884, pour les communes, et par celle du 18 août 1871, pour les départements.

Si la propriété à vendre par une commune ou par un département a précédemment été affectée à un service public, il est produit, outre l'autorisation régulière d'aliéner, une copie certifiée de l'acte qui a distrait cette propriété de sa destination précédente. (Circ. N 6, § 10.)

15. *Commune. Formalités.* — Les pièces à fournir par une commune pour les demandes d'acquisitions sont: 1° la délibération portant vote de la mesure, avec indication des voies et moyens pour le paiement; 2° un procès-verbal d'expertise de la propriété, avec plan; 3° un engagement du propriétaire de vendre au prix d'estimation fixé au procès-verbal d'expertise; 4° certificat du bureau des hypothèques faisant connaître s'il existe des inscriptions sur l'immeuble; 5° procès-verbal d'enquête de *commodo et incommodo*; 6° délibération sur le résultat de l'enquête; 7° budget et état de la situation financière de la commune. (Circ. Int. 5 mai 1852.)

16. *Commune. Paiement.* — Toute commune qui veut acquérir un immeuble est préalablement tenue de justifier qu'elle a à sa disposition les ressources nécessaires pour le payer. (Cons. d'Etat, 19 juillet 1833.)

17. *Mise en défends. Privation de pâturage. Prolongation.* — Dans le cas où l'Etat, après l'expiration du délai de dix ans, voudrait maintenir la mise en défends, il sera tenu d'acquérir les terrains à l'amiable ou par voie d'expropriation publique, s'il en est requis par les propriétaires. (Loi du 4 avril 1882, art. 8.)

SECT. III. — FORMALITÉS.

18. *Mode d'acquisition.* — Les acquisitions à titre onéreux sont habituellement faites de gré à gré, ou par voie d'adjudication publique. (Circ. N 6, § 1.)

19. *Mode. Terrain.* — Les acquisitions de terrain à titre onéreux peuvent cependant avoir lieu par voie d'expropriation pour cause d'utilité publique. Ce mode n'est employé qu'en matière de restauration des montagnes. (Circ. N 6, § 1. Loi du 4 avril 1882.)

20. *Périmètres. Restauration des montagnes.* — Dans les périmètres de travaux de restauration de montagnes exécutés par l'administration aux frais de l'État, celui-ci devra acquérir, soit à l'amiable, soit par expropriation, le terrain nécessaire à ce travail. (Loi du 4 avril 1882, art. 4.)

21. *Cahier des charges. Pièces à joindre.* — Lorsque l'acquisition doit avoir lieu par voie d'adjudication publique, la proposition est accompagnée d'une expédition du cahier des charges. (Circ. N 6, § 6.)

22. *Offres.* — Si l'acquisition doit être faite à l'amiable, les propriétaires fournissent une déclaration contenant des offres de vente. (Circ. N 6, § 7.)

23. *Contrat. Forme.* — Les contrats d'acquisition à l'amiable sont passés en la forme des actes administratifs. Ils peuvent également être passés par-devant notaire, lorsque les vendeurs l'exigent. (Circ. N 6, § 16.) V. Notaire.

24. *Restauration des montagnes. Contrats amiables.* — Les contrats d'acquisition de terrain sont passés dans la forme des actes administratifs, c'est-à-dire par-devant le préfet ou son délégué et exceptionnellement par-devant notaire.

Dans tous les cas, les contrats sont réalisés à l'intervention d'un représentant du directeur des domaines et d'un délégué du conservateur des forêts. (Instr. gén. du 2 février 1885, art. 41. Circ. N 345.)

25. *Contrat. Rédaction.* — Dans tous les cas, la rédaction de ces actes est concertée entre les directeurs des domaines et les conservateurs des forêts, au vu des titres de propriété que les vendeurs sont tenus de communiquer. (Circ. N 6, § 17.)

26. *Restauration des montagnes. Acte d'achat amiable. Projet. Expédition. Timbre.* — Les projets d'actes administratifs d'acquisition de terrain sont préparés de concert par les représentants ou délégués du directeur des domaines et du conservateur des forêts, puis soumis à l'approbation de l'administration et enfin dressés par les soins des agents forestiers en cinq exemplaires, savoir :

Un pour la minute qui doit être déposée au secrétariat de la préfecture;

Un pour l'expédition destinée à l'administration des domaines ;

Un pour l'expédition destinée aux archives de la direction des forêts;

Un pour l'expédition destinée aux archives du conservateur;

Un pour l'expédition nécessaire à la liquidation du prix d'acquisition.

A chacune des quatre premières expéditions est joint le plan parcellaire de l'immeuble.

La minute et les expéditions doivent être visées pour timbre gratis. (Instr. gén. du 2 février 1885, art. 42. Circ. N 345.)

27. *Actes. Rédaction. Administration des domaines.* — Les agents des domaines continueront, nonobstant le décret du 15 décembre 1877, qui rattache le service des forêts à l'agriculture, à concourir à la préparation et à la rédaction des actes d'acquisitions d'immeubles faites pour le compte de l'administration des forêts, dans les conditions déterminées par l'arrêté ministériel du 12 octobre 1824. (Lettre du Min. des Fin. du 28 août 1878. Circ. N 233.)

28. *Contrat. Parties.* — Les actes notariés sont passés entre les vendeurs et les préfets ou leurs délégués, avec la mention de la participation d'un agent de l'administration des domaines et d'un agent de l'administration des forêts désigné à cet effet par le conservateur. (Circ. N 6, § 18.)

29. *Transcription. Hypothèques.* — Les formalités relatives à la transcription du contrat d'acquisition et, s'il y a lieu, à la purge des hypothèques légales, à la mainlevée et à la radiation des hypothèques inscrites, sont accomplies à la diligence de l'administration des domaines. (Circ. N 6, § 22.)

30. *Transcription.* — Les actes d'acquisition sont transcrits au bureau des hypothèques de la *situation des biens*. (Loi du 23 mars 1855.)

31. *Hypothèque. Purge.* — S'il s'agit d'une acquisition dont le prix est inférieur à 500 francs, la décision du ministre qui l'autorise peut dispenser définitivement de la purge des hypothèques légales. (*Règlement général sur la comptabilité du 26 janvier 1846, § 531 de la nomenclature.* Circ. N 6, § 12.)

32. *Hypothèque. Purge.* — Cette dispense peut encore être accordée conditionnellement, c'est-à-dire pour le cas où il résulterait de la vérification ultérieure des titres de propriété, de la position du vendeur comme mari ou tuteur, d'une renonciation formelle de sa femme à son hypothèque légale, etc., que la purge dont il s'agit n'est pas nécessaire. (Circ. N 6, § 13.)

33. *Hypothèque. Purge. Frais.* — Lorsque les vendeurs déclarent leurs immeubles libres

et francs de toute hypothèque, il y a lieu d'insérer dans le contrat une clause portant qu'ils s'engagent à en fournir la preuve, de manière à laisser à leur charge exclusive les frais des états ou certificats d'inscription et de transcription. Ces certificats, lorsque les acquisitions sont faites d'après les règles du droit commun, doivent être produits, non seulement du chef du vendeur de l'immeuble, mais encore du chef de tous ceux qui ont été propriétaires pendant les trente ans qui ont précédé la vente consentie à l'Etat; pour les inscriptions passées au profit du Crédit foncier, les certificats doivent s'appliquer à tout le temps écoulé depuis la création de cet établissement.

Les frais de purge légale sont à la charge de l'acheteur; mais ceux de la purge des hypothèques non inscrites doivent être supportés par le vendeur (Cass. 22 avril 1856), et, pour éviter toute difficulté sur ce dernier point, on en fera l'objet d'une clause spéciale du contrat. (Circ. N 248.)

SECTION IV. — LIQUIDATION.

§ *1. Prix.*

34. *Prix. Conditions.* — Le prix doit toujours être fixé dans les offres de vente.

Le propriétaire peut stipuler que ses offres ne sont valables que pour un laps de temps qu'il détermine. (Circ. N 6, § 8.)

Dans ce cas, il importe que le délai soit assez long pour que la proposition d'acquisition puisse être instruite par la direction des forêts, par celle des domaines et soumise à l'approbation du ministre. (Note.)

35. *Route et chemin déclassés.* — Si l'acquisition a pour objet des parties déclassées d'un chemin vicinal ou d'une route départementale, le prix est réglé par expertise, conformément à l'article 19 de la loi du 21 mai 1836, sur les chemins vicinaux, ou à la loi du 24 mai 1842, sur les routes départementales. (Circ. N 6, § 15.)

36. *Hypothèques. Main-levée. Prix.* — Toutes les fois que les vendeurs y consentent, il doit être stipulé que, si le certificat du conservateur des hypothèques, délivré après la transcription du contrat, constate l'existence d'hypothèques judiciaires ou conventionnelles sur les immeubles acquis par l'Etat, il pourra être enjoint auxdits vendeurs de rapporter main-levée de toutes les inscriptions existantes, dans les quatre-vingt-dix jours de la date du contrat; à défaut de quoi, le prix sera déposé à la Caisse des dépôts et consignations, sans offres réelles préalables. *(Règlement général sur la comptabilité des finances du 26 janvier 1846, § 531 de la nomenclature.* Circ. N 6, § 20.)

37 *Prix. Liquidation.* — La liquidation du prix principal, des intérêts, des frais d'acte et de toutes les autres dépenses accessoires à la vente est opérée par le conservateur des forêts. Toutefois, les dossiers relatifs au règlement des prix d'acquisition doivent être soumis à l'examen préalable de l'administration. (Circ. N 6, § 24, et Circ. N 404.)

38 *Prix. Paiement.* — Lorsque la vente a eu lieu par voie d'adjudication et que le cahier des charges a stipulé le paiement immédiat de certains frais, l'administration des domaines est chargée de faire l'avance de ces frais sur les caisses de ses receveurs, et l'administration des forêts en opère ensuite le remboursement au moyen d'un mandat spécial. (Circ. N 6, § 25.)

39. *Prix. Paiement.* — Les dépenses afférentes aux acquisitions d'immeubles s'imputent d'après les époques de paiement stipulées aux contrats ou adjudications. *(Règlement général sur la comptabilité, art. 4, § 10.* Circ. N 6, § 28.)

40. *Restauration des montagnes. Périmètres.* — En cas d'acquisition de parcelles de terrain comprises dans un périmètre, l'Etat aura la faculté de payer le montant des indemnités par annuités, dont chacune ne pourra être inférieure au 1/10 de la valeur totale attribuée aux terrains acquis. Les annuités non payées porteront intérêt à 5 pour cent. (Loi du 4 avril 1882, art. 21.)

41. *Prix. Paiement.* — Lorsque l'acte d'acquisition n'a pas fixé de délai pour le paiement, l'imputation de la dépense est réglée par l'époque de l'accomplissement des dernières formalités. (Circ. N 6, § 29.)

42. *Prix. Paiement.* — Généralement, l'époque stipulée pour le paiement est la fin de l'accomplissement de toutes les formalites hypothécaires. Dans ce cas, l'imputation de la dépense est déterminée par la date de la pièce justificative la plus récente. (Circ. N 6, § 30.)

43. *Immatriculation. Numéros.* — Aucun paiement pour acquisition d'immeubles par l'Etat ne peut avoir lieu, sans que le mandat fasse mention expresse du numéro sous lequel l'immeuble acquis a été immatriculé sur les sommiers des domaines. (Loi du 29 décembre 1873, art. 23.)

Les agents joignent, en conséquence, à tout envoi de pièces pour la liquidation, un certificat du directeur des domaines, faisant connaître ce numéro. (Instr. gén. du 2 février 1885, art. 83. Circ N 345.)

44. *Prix. Liquidation. Pièces.* — La liquidation du prix principal est opérée sur la production des pièces ci-après détaillées :

1° Copie de la décision ministérielle qui a autorisé l'acquisition;

2° Copie timbrée, ou extrait timbré de l'acte de vente notarié ou administratif, du procès-verbal d'adjudication, ou de tout autre titre constatant l'acquisition et la transmission de la propriété; ledit acte relatant textuellement la transcription au bureau des hypothèques;

3° Certificat timbré délivré, après la transcription de la vente, par le conservateur des hypothèques et constatant que l'immeuble acquis n'est grevé d'aucune hypothèque inscrite et qu'il n'a été transcrit aucun acte de nature à altérer, dans le sens de la loi du 23 mars 1855, la propriété vendue à l'Etat ;

4° Copie ou extrait de la décision ministérielle qui a dispensé de la purge des hypothèques légales, si, à raison du prix, cette purge eût dû être accomplie ; et, dans le cas où la dispense n'a été accordée que conditionnellement, certificat relatant les motifs qui ont paru rendre la purge inutile ;

5° Lorsqu'il a été procédé à la purge des hypothèques légales :

Certificat timbré du dépôt du contrat au greffe pour y être affiché ;

Notification timbrée faite au ministère public et aux parties intéressées :

Certificat timbré constatant l'affiche pendant deux mois ;

Exemplaire de la feuille d'annonces judiciaires du département contenant l'insertion de l'exploit de notification avec le certificat de l'imprimeur, la légalisation de la signature de cet imprimeur par le maire et la mention de l'enregistrement ;

Certificat timbré du conservateur des hypothèques constatant qu'aucune inscription n'a été requise sur l'immeuble acquis pendant les deux mois de l'affiche dans l'auditoire du tribunal :

6° Copie du procès-verbal de la prise de possession de l'immeuble, si elle doit avoir lieu avant le paiement.

Les certificats, notifications et exemplaires des feuilles d'annonces ci-dessus spécifiés peuvent être remplacés par des copies visées pour timbre de ces pièces. (Circ. N 6, § 33.) V. Comptabilité.

45. *Changement. Prise de possession.* — Nonobstant la prise de possession et à moins d'une autorisation spéciale de la part de l'administration, les agents forestiers ne doivent, ni dénaturer l'immeuble acquis, ni y faire exécuter aucune construction, réparation ou amélioration, avant que le prix d'acquisition n'ait été définitivement acquitté. (Circ. N 6, § 36.)

§ 2. *Frais.*

46. *Pièces. Timbre et Enregistrement.* — Les pièces concernant les acquisitions faites pour le compte de l'Etat sont timbrées et enregistrées gratis. (Loi du 22 frimaire an VII, art. 70. Déc. Min. 22 juin 1830. Circ. N 6, § 21.)

47. *Contrat. Frais. Paiement.* — Lorsque l'acte de vente a été passé par-devant notaire, la liquidation des frais de cet acte est opérée sur la proposition du conservateur des forêts et du directeur des domaines, portant règlement des frais et honoraires dus au notaire. (Circ. N 6, § 31.)

48. *Frais. Paiement.* — Pour le paiement de tous les autres frais et notamment de ceux de purge d'hypothèques légales non inscrites, ou de privilèges et d'hypothèques inscrits, on joint aux arrêtés de liquidation les mémoires timbrés et dûment taxés des huissiers ou avoués, ou les exécutoires de dépens.

Les pièces constatant la purge des hypothèques légales sont réservées pour être annexées aux arrêtés de liquidation du prix principal. (Circ. N 6, § 32.) V. Hypothèque.

ACQUIT. V. Quittance.

ACQUIT-A-CAUTION. V. Transport.

ACQUITTEMENT.

1. *Prévenu.* — En cas d'acquittement, le prévenu sera immédiatement et nonobstant appel mis en liberté. (Instr. Crim. 206.) V. Dommages-intérêts.

2. *Poursuites.* — Toute personne acquittée légalement ne pourra plus être reprise, ni accusée pour le même fait. (Instr. Crim. 360.)

ACTE (en général).

1. *Définition.* — Ecrit qui constate qu'une chose a été faite ou convenue.

2. *Validité. Foi due.* — Il doit être passé acte, devant notaire ou sous signature privée, de toutes choses excédant la somme de 150 francs, même pour dépôts volontaires ; il n'est reçu aucune preuve par témoin contre et outre le contenu aux actes, ni sur ce qui serait allégué avoir été dit avant, lors ou depuis les actes, encore qu'il s'agisse d'une somme ou valeur moindre de 150 francs. (Cod. Civ. 1341.)

3. *Timbre.* — Il ne peut être fait ni expédié deux actes à la suite l'un de l'autre, sur la même feuille de papier timbré. (Loi du 13 brumaire an VII, art. 23.)

ACTE ADMINISTRATIF.

V. Titre. Bail. Coupe affouagère.

1. *Définition.* — Acte émanant de l'autorité administrative ou d'un fonctionnaire et prenant le nom d'ordonnance, arrêté, décision, délibération, circulaire ou instruction, etc.

Aucune loi n'a défini les actes d'administration ; la doctrine attribue le caractère d'acte administratif aux actes accomplis par un fonctionnaire de l'ordre administratif, pour l'administration des choses placées sous sa direction, dans la limite des attributions que la loi lui a confiées. (Trib. civ. Bordeaux, août 1877.)

L'acte administratif proprement dit n'est pas celui que le fonctionnaire fait, mais celui que la loi l'autorise à faire. (Dijon, 15 décembre 1876.)

2. *Définition. Exemption.* — Les actes d'administration publique sont exempts de la formalité de l'enregistrement. (Loi du 22 frimaire an VII, art, 70.) Sont compris dans cette catégorie, tous les actes qui ne doivent pas être produits en justice, soit comme contrats, soit comme pièces à poursuites.

Les reconnaissances et procès-verbaux ayant pour objet de constater administrativement l'état matériel de la forêt et la surveillance qui y est exercée sont des actes d'administration.

3. *Administration forestière. Désignation.* — Tous les actes publics relatifs à l'administration forestière porteront en tête ces mots : *Administration des Forêts.* (Instr. 23 mars 1821, art 1.)

4. *Acquisition.* — Les actes administratifs sont passés par-devant les préfets ou leurs délégués, agissant au nom de l'Etat, en présence des vendeurs et des représentants des administrations des domaines et des forêts. (Circ. N 6, § 19.) V. Acquisition.

5. *Minutes* — La minute des actes administratifs d'acquisition d'immeubles reste déposée au secrétariat de la préfecture du département où les immeubles sont situés. Deux expéditions certifiées conformes de ces actes sont délivrées, l'une à l'administration des forêts et l'autre à l'administration des domaines. (Circ. N 6, § 37.)

6. *Autorité.* — Les actes de l'autorité administrative sont des actes authentiques. (Cass. 26 mars 1825.)

7. *Interprétation.* — L'interprétation d'un devis ou d'un marché paraît appartenir, quoique acte administratif, à l'autorité judiciaire. (Circ. N 319.)

8. *Interprétation.* — Lorsque, dans une instance devant les tribunaux ordinaires, il surgit une difficulté sur l'interprétation d'acte administratif (partage d'affouage), les tribunaux doivent surseoir jusqu'à l'interprétation par l'autorité administrative des actes de l'espèce. (Cass. 5 avril 1865), tout en retenant la cause. (Cass. 23 juillet 1855.)

9. *Interprétation. Application.* — S'il est interdit aux tribunaux d'interpréter les actes administratifs, il leur appartient, quand ces actes sont suffisamment clairs, d'en faire l'application aux procès et d'en déterminer les conséquences que la loi y attache. (Cass. 19 mars 1864. Alger, 1er mars 1890.)

10. *Arrêts de l'ancien conseil.* — Les arrêts de l'ancien conseil sont des actes administratifs dont l'interprétation n'est pas de la compétence des tribunaux ordinaires. (Cons. d'Etat, 13 juillet 1859.)

11. *Appréciation. Cahier des charges.* — Lorsque les clauses et conditions d'un acte administratif (location de chasse) peuvent avoir pour conséquence une infraction prévue et punie par une loi pénale, leur interprétation constitue une appréciation de droit, dont le contrôle rentre dans les attributions de la Cour de cassation. (Cass. 25 mai 1855.)

12. *Arrêtés préfectoraux. Interprétation.*— Les préfets sont compétents pour interpréter des arrêtés réglementaires pris par eux antérieurement. (Cons. d'Etat, 22 juin 1825.)

13. *Compétence. Instance. Examen.* — Il est défendu aux tribunaux ordinaires de connaître des actes administratifs, de quelque nature qu'ils soient. (Loi du 16 fructidor an III) et d'en troubler l'exécution. (Loi du 24 août 1790, titre 2, art. 13.) L'examen des actes de l'espèce dépend de l'autorité administrative. V. Conseil d'Etat. Ministre. Préfet. Conseil de Préfecture.

ACTE ANCIEN.

Validité. — Quand l'énonciation d'un droit est contenue dans un acte très ancien, il y a quelque apparence qu'elle est conforme à la vérité ; c'est une présomption dont les juges peuvent tenir compte.

ACTE ARBITRAIRE.

Pénalité. Ordres. — Lorsqu'un fonctionnaire aura ordonné ou fait un acte arbitraire :

Peine : Dégradation civique. (Cod. Pén. 114.)

Si néanmoins il justifie qu'il a agi par ordre de ses supérieurs, pour des objets du ressort de ceux-ci et sur lesquels il leur était dû obéissance hiérarchique, il sera exempt de la peine, laquelle sera, dans ce cas, appliquée aux supérieurs qui ont donné l'ordre. (Cod. Pén. 114.)

ACTE AUTHENTIQUE.

1. *Définition.* — L'acte authentique est celui qui a été reçu par un officier public ayant le droit d'instrumenter dans le lieu où l'acte a été rédigé et avec les solennités requises. (Cod. Civ. 1317.)

2. *Caractères. Définition.* — L'autorité publique seule donne le caractère d'authenticité aux actes authentiques comprenant quatre classes, savoir : 1° Actes des pouvoirs législatifs ; 2° Actes de l'autorité administrative ; 3° Actes judiciaires ; 4° Actes notariés. (Loi du 25 ventôse an XI. Cass. 26 mars 1825.)

3. *Conditions.* — Les actes doivent être datés, faire mention des nom et qualité de

l'officier public qui les reçoit ou les fait; ils doivent être signés par ceux qui les reçoivent et ceux qui les font.

4. *Poursuites. Original.* — Pour les poursuites, l'original des actes (citation, assignation, avis, procès-verbaux) doit seul être consulté en ce qui concerne l'authenticité. (Nîmes, arrêt inédit, 25 juin 1835.)

5. *Degré de foi.* — Un acte authentique fait foi jusqu'à inscription de faux. (Cod. Civ. 1319.)

ACTE DE COMMERCE.

Définition. — Achat fait avec l'intention de revendre ou de louer la chose achetée, entreprise de manufacture, de construction, de transport, de fourniture de construction, d'agence, de banque, de courtage, et toutes obligations entre négociants et marchands. (Cod. Com. 632, 633.)

ACTE CONSERVATOIRE.

Définition. — Acte qui tend à conserver un droit ou à en assurer l'exercice: les frais auxquels il donne lieu constituent des créances privilégiées. (Cod. Civ. 2102.)

Un maire a le droit de faire tous les actes conservatoires sans autorisation. (Loi du 18 juillet 1837.)

ACTE CONSTITUTIF.

Définition. — Acte qui établit ou crée un droit.

ACTE DE L'ÉTAT CIVIL.

1. *Preuve.* — Lorsqu'il n'y aura pas de registres ou qu'ils seront perdus, la preuve de l'état civil sera reçue tant par titres que par témoins. Les mariages, naissances et décès pourront être établis par les registres et papiers émanant des pères et mères décédés et par témoins. (Cod. Civ. art. 46.) V. Extrait.

2. *Timbre.* — Les actes de l'état civil pour la liquidation de la pension de retraite doivent être timbrés. (Loi du 13 brumaire an VII, art. 12 et 19.)

ACTE EXTRAJUDICIAIRE.

1. *Définition.* — Acte qui ne concerne pas un procès actuellement pendant en justice; tels sont les commandement, sommation, procès-verbal, citation à récolement, etc., quoique faits par ministère d'huissier, et lorsqu'ils ne contiennent point d'assignation.

Ces actes ne sont soumis qu'à la prescription ordinaire.

2. *Enregistrement.* — Les actes extrajudiciaires sont enregistrés au droit fixe de 3 francs en principal. (Lois du 15 mai 1850 et du 19 février 1874.)

ACTE DU GOUVERNEMENT.

Caractère. — Les arrêtés des conseils de préfecture portant reconnaissance des droits d'usage et revêtus de l'approbation du ministre, *antérieurement à la promulgation du code forestier,* sont considérés comme des actes du gouvernement. Ceux qui ne sont pas approuvés par le ministre, quoique rendus contradictoirement avec l'administration forestière, n'ont que le caractère de simples avis. (Déc. Min. 10 oct. 1828. Circ. A 194.)

ACTE JUDICIAIRE.

Définition. — Les actes judiciaires ou de procédure sont ceux qui se rattachent à une instance *pendante en justice;* tels sont les assignations, significations de jugement, etc. Ces actes sont soumis à la prescription dite péremption d'instance.

ACTE NOTARIÉ.

1. *Acquisition.* — Lorsque l'acte de vente a été passé par-devant notaire, la liquidation des frais de cet acte est opérée sur la proposition de l'inspecteur des forêts et du directeur des domaines, portant règlement des frais et honoraires dus au notaire. Il est délivré deux expéditions de l'acte à l'administration des forêts et à celle des domaines. (Circ. N 6, § 31 et 32. Circ. N 402.) V. Notaire.

2. *Comptabilité.* — Les actes notariés, produits pour la justification des droits des créanciers de l'État, doivent porter l'empreinte du sceau des notaires qui les ont dressés, et ils doivent être légalisés s'ils proviennent d'un département autre que celui où s'effectue le paiement. (Circ. N 104, § 1, n° 25.)

3. *Transcription.* — Tout acte translatif de propriété ou portant renonciation de droits sera transcrit au bureau des hypothèques de la situation des biens. (Loi du 23 mars 1855.)

ACTE DE NOTORIÉTÉ.

1. *Définition.* — L'acte de notoriété ne constate pas le fait en lui-même, mais l'opinion publique sur ce fait; il ne vaut que comme simple renseignement et peut être détruit par la preuve contraire. (Cod. Civ. art. 71.)

2. *Accident.* — Les actes de notoriété pour la retraite (accident, infirmité, etc.) doivent être dressés par les juges de paix qui reçoivent les déclarations des témoins. (Cod. Civ. art. 71.)

3. *Militaire. Retraite.* — Les actes de notoriété ne sont pas admis pour la justification des services militaires pour la retraite. (Décr. du 9 nov. 1853, art. 31. Circ. N 81, art. 102.)

ACTE RÉCOGNITIF.

Définition. — Acte par lequel on reconnaît une obligation établie par un acte antérieur.

Il ne dispense pas de la représentation du titre primordial, à moins que sa teneur n'y soit spécialement relatée. (Cod. Civ. art. 1337.)

ACTE SOUS SEING PRIVÉ.

1. *Définition.* — Acte qui est passé ou souscrit sans l'assistance d'un officier public.

2. *Synallagmatiques.* — Les actes synallagmatiques sous seing privé doivent être faits en autant d'originaux qu'il y a d'intérêts distincts, et la mention du nombre des originaux doit y être faite. (Cod. Civ. art. 1325.)

3. *Preuve.*—L'acte sous seing privé reconnu par celui auquel on l'oppose, ou légalement tenu pour reconnu, a, entre ceux qui l'ont souscrit, la même foi que l'acte authentique. (Cod. Civ. art. 1322.)

4. *Enregistrement.* — Aucun acte sous seing privé ne peut être produit en justice s'il n'a été préalablement enregistré, à peine d'amende. (Cass. 25 août 1806.)

ACTION (en général).

1. *Principe.* — Les actions intentées en justice naissent soit des prescriptions de la loi, soit des obligations contractées réellement entre les parties ou présumées telles, soit des délits ou quasi-délits. V. Poursuite. Instance. Procédure. Pétitoire. Possessoire.

2. *Compétence.* — Le juge de l'action est aussi le juge de l'exception. (Cass. 24 mars 1809 et 14 février 1862.)

ACTION CIVILE.

V. Poursuites. Renvoi à fins civiles. Exception préjudicielle. Amnistie.

1. *Définition.* — L'action civile se distingue en ce qu'elle ne donne lieu qu'à des réparations civiles, sans amende.

2. *Origine.* — Tout préjudice causé à autrui donne ouverture à l'action civile en réparation du dommage éprouvé.

3. *Parties.* — L'action en réparation du dommage causé par un crime, délit ou contravention, peut être exercée par tous ceux qui ont souffert de ce dommage. (Instr. crim. art. 1.)

4. *Poursuites. Juridiction.* — L'action civile peut être poursuivie en même temps et devant les mêmes juges que l'action publique ; elle peut aussi l'être séparément ; dans ce cas, elle est suspendue tant qu'il n'a pas été statué sur l'action publique intentée avant ou pendant l'action civile. (Instr. crim. art. 3.)

5. *Poursuites. Délits communs.* — L'administration forestière conserve, à l'égard des délits, constituant une atteinte au sol forestier, prévus et punis par la loi pénale ordinaire et pour lesquels elle ne peut exercer l'action publique ou pénale, le droit de les poursuivre correctionnellement en qualité de partie civile, pour la réparation du préjudice causé à la forêt. (Cass. 4 janvier 1855.) L'administration est recevable à exercer cette action civile en appel, alors même que l'action publique se trouverait éteinte. (Nancy, 19 février 1856.)

6. *Poursuites. Citation directe.* — En cas de poursuite en réparation publique (action civile) pour un délit de droit commun, les agents forestiers peuvent saisir le tribunal par une citation directe en réparation du préjudice causé. (Puton, *Revue des Eaux et Forêts*, mai 1876.) V. Action pénale.

7. *Poursuites. Délit forestier.* — En matière forestière, les tribunaux correctionnels ne peuvent statuer sur une action civile qu'autant que le fait incriminé donne lieu, en même temps, à l'application d'une peine correctionnelle. Dans ce cas, la condamnation aux dommages-intérêts donne satisfaction à la partie civile pour le préjudice causé.

8. *Compétence.* — La juridiction correctionnelle, malgré l'acquittement du prévenu, est compétente pour statuer sur les conclusions à fins civiles de l'administration des forêts. (Amiens, 18 janvier 1873.)

9. *Amnistie. Poursuites.* — L'action civile subsiste malgré l'amnistie, qui ne peut préjudicier au droit des tiers. La poursuite des agents forestiers est alors, mais par exception, portée devant les tribunaux correctionnels, en vertu de l'article 171 du code forestier. V. Amnistie.

10. *Poursuites. Prévenu.* — L'action civile, pour la réparation du dommage causé, peut être exercée contre le prévenu ou ses représentants, après sa mort. Cette action s'éteint par prescription. (Instr. crim. 2.)

11. *Gardes. Citations. Actes de poursuites.* — Les gardes ne peuvent instrumenter que pour l'administration ; ils sont sans pouvoir en matière civile, dans les actions domaniales poursuivies à la requête des préfets.

12. *Prescription. Poursuites.* — Les actions et poursuites du ministère public, relatives à un délit commis dans un bois particulier, profitent au propriétaire pour lui éviter la prescription de son action civile.

13. *Prescription.* — L'action civile, pour les délits existant dans une coupe non récolée en temps utile, ne se prescrit que par trente ans. (Cass. 5 juin 1830.)

14. *Prescription.* — L'action civile pour un délit correctionnel se prescrit par trois années. (Instr. crim. 638.)

15. *Prescription.* — L'action civile pour une contravention se prescrit par une année. (Instr. crim. 640.)

16. *Décès. Extinction.* — Le décès du prévenu n'éteint pas l'action civile qui peut être exercée contre ses héritiers. (Instr. crim. art. 2.)

ACTION COMMUNALE.

Définition. — Action intentée par ou contre une commune. V. Instance communale.

ACTION DOMANIALE.

Définition. — Instance dirigée par ou contre l'Etat, à raison de son domaine immobilier. V. Instance domaniale.

ACTION IMMOBILIÈRE.

Définition. — Action qui tend à revendiquer un immeuble. (Cod. Civ. 526.) V. Juge de paix. Tribunal civil.

ACTION INDIVIDUELLE.

Définition. — L'action individuelle ne peut s'exercer lorsqu'il s'agit d'un droit communal, c'est-à-dire qui s'acquiert par le seul fait de l'habitation. On doit, dans ce cas, actionner la commune. (Nancy, 11 juin 1844.)

ACTION JUDICIAIRE.

1. *Commune.* — « Art. 70. Le conseil municipal délibère sur les objets suivants..... 5° les actions judiciaires et transactions. Art 90. Le maire est chargé, sous le contrôle du conseil municipal et la surveillance de l'autorité supérieure .... 8° de représenter la commune en justice, soit en demandant, soit en défendant. Art. 121. Nulle commune ou section de commune ne peut introduire une action en justice sans y être autorisée par le conseil de préfecture, sauf les cas prévus aux articles 122 et 154 de la présente loi. » (Loi du 5 avril 1884.)

2. *Délimitation.* — Lorsqu'il s'élèvera des contestations ou des oppositions (délimitations), les communes ou établissements publics propriétaires seront autorisés à intenter action ou à défendre, s'il y a lieu, et les actions seront suivies par les maires ou administrateurs, dans la forme ordinaire. (Ord. 132.)

3. *Exception.* — Le juge de l'action est aussi le juge de l'exception. (Cass. 24 mars 1809.) V. Poursuite. Instance. Procédure.

ACTION MIXTE.

1. *Définition.* — Revendication d'une *chose* contre celui qu'un engagement *personnel* oblige à la remettre. Elle a pour objet la personne et la chose.

2. *Juridiction.* — L'action mixte peut être portée devant le tribunal de la situation de la chose, ou devant le juge du domicile du défendeur. (Proc. Civ. art. 59.)

ACTION MOBILIÈRE.

Définition. — Action qui a pour objet une somme exigible ou un effet mobilier. (Cod. Civ. art. 529.) V. Juge de paix. Tribunal civil.

ACTION PÉNALE.

V. Amnistie. Prescription. Poursuite. Jugement. Décès.

1. *Principes.* — Toute infraction à une loi pénale donne lieu à l'exercice de l'action pénale ou publique. (Amende.) Lorsque cette infraction cause un préjudice à autrui, l'action civile, en réparation du préjudice causé, vient se joindre à l'action pénale ou publique. (Réparation civile.)

2. *Définition.* — L'action pénale ou publique se distingue en ce qu'elle ne donne lieu qu'à l'application d'une amende sans réparation civile.

3. *Définition.* — L'action pénale comprend la poursuite et la condamnation des délits et contraventions prévus et punis par la loi.

Elle s'éteint par l'amnistie, la prescription, le jugement, l'acquittement, la condamnation ou la mort du prévenu.

4. *Délit commun. Poursuite.* — La poursuite pour l'application de la peine des délits de droit commun, qui portent préjudice aux forêts, non seulement n'appartient qu'au ministère public, mais ne peut être suivie que conformément aux règles de droit commun. (Cass. 4 janvier 1855.)

5. *Poursuite. Compétence. Délit forestier.* — Les contraventions et délits commis dans les bois soumis au régime forestier sont tous passibles de poursuites devant les tribunaux correctionnels. (Cod. For. art. 171.)

6. *Administration forestière. Juridiction. Compétence.* — L'administration des forêts ne peut exercer l'action publique que lorsqu'il s'agit de délits purement forestiers ou assimilés par les lois spéciales aux délits forestiers. Elle n'a point qualité pour intenter cette action, lorsque le délit, bien que constituant exclusivement une atteinte au sol forestier, n'est prévu et puni que par les lois pénales ordinaires. (Cass. 4 janvier 1855. Nancy, 19 février 1856.)

7. *Administration forestière. Compétence.* — L'administration des forêts a le droit de poursuivre pour action publique, et à l'excep-

tion de tout préjudice causé, les délits de chasse (la nuit, sans permis) commis dans les bois confiés à sa surveillance. (Cass. 21 août 1852.)

8. *Administration forestière. Juridiction.* — L'administration des forêts ne peut exercer l'action publique que pour les délits commis sur le sol forestier. (Orléans, 10 juin 1861.)

9. *Application des peines.* — L'action pour l'application des peines n'appartient qu'aux fonctionnaires auxquels elle est confiée par la loi. (Instr. crim. art. 1.)

10. *Désistement. Directeur.* — Le directeur des forêts, par son désistement, arrête la poursuite. V. Désistement.

11. *Désistement. Ministère public.* — Le ministère public ne peut, par son désistement, arrêter l'action publique.

12. *Renonciation.* — La renonciation à l'action civile ne peut arrêter ou suspendre l'action publique. (Instr. crim. 4.)

13. *Extinction.* — L'action pénale est éteinte par la transaction (chasse). (Cass. 24 décembre 1868.)

14. *Décès. Complices.* — Après le décès du prévenu, l'action publique subsiste contre ses complices.

15. *Décès. Caution.* — Malgré le décès d'un adjudicataire, l'action pénale subsiste contre la caution. (Cass. 5 avril 1811.)

16. *Extinction. Peine. Décès. Prescription.* — L'action publique pour l'application de la peine s'éteint par la mort du prévenu et par la prescription. (Instr. crim. art. 2.)

17. *Prescription.* — L'action publique, pour un délit puni correctionnellement, se prescrit par trois années. (Instr. crim. 638.)

18. *Prescription.* — L'action publique, pour une contravention de police, se prescrit par un an. (Instr. crim. 640.)

19. *Récolement.* — L'action correctionnelle, pour le délit existant dans une coupe non récolée en temps utile, se prescrit par trente ans. (Cass. 5 juin 1830.)

ACTION PERSONNELLE.

1. *Définition.* — Droit de réclamation contre un individu personnellement obligé à donner, à faire ou à ne pas faire quelque chose. Prescription, trente ans. (Cod. Civ. 2262.)

2. *Juridiction.* — L'action personnelle sera portée devant le juge du domicile du défendeur. (Proc. Civ. 59.)

Elle peut avoir pour cause le contrat, le quasi-contrat, le délit ou le quasi-délit. V. Juge de paix. Tribunal civil.

ACTION PÉTITOIRE.

Définition. — Action par laquelle on revendique une propriété ou un droit réel contre le possesseur. V. Pétitoire.

ACTION POSSESSOIRE.

1. *Définition.* — Action par laquelle on revendique le maintien en possession d'un fonds ou d'un droit réel. V. Possessoire. Exception préjudicielle. Enclave. Passage.

2. *Mémoire.* — L'obligation du dépôt du mémoire prescrit par la loi de 1790 s'impose au demandeur dans toute action domaniale et, par suite, dans une action possessoire. (Trib. de Saint-Dié, 15 juillet 1887.)

3. *Détention. Jouissance. Compétence.* — Une action possessoire est de la compétence du juge de paix, lors même que cette action a pour objet la détention et la jouissance d'une forêt domaniale concédée par acte administratif, si elle ne tend, d'ailleurs, ni à faire modifier, ni à faire interpréter l'acte de concession. (Cass. 25 juin 1889.)

ACTION PRÉJUDICIELLE.

Définition. — Action par laquelle on demande le jugement d'une question incidente. V. Exception préjudicielle. Procédure.

ACTION PRIVÉE (civile).

Définition. — L'action privée ou civile a pour objet l'intérêt exclusif de la personne lésée, qui doit obtenir satisfaction des dommages éprouvés.

ACTION PUBLIQUE.

1. *Définition.* — Toute infraction à une loi pénale donne lieu à l'exercice de l'action publique, intentée dans l'intérêt de la société tout entière et par les fonctionnaires auxquels elle est confiée par la loi. V. Action pénale.

2. *Exercice. Commune.* — L'action publique en réparation d'un délit peut être valablement exercée contre toute collection d'individus formant un être moral ou une personne civile, et notamment contre une commune. (Amiens, 18 janvier 1873.)

ACTION RÉCURSOIRE.

Définition. — Action en garantie, en dommages-intérêts.

ACTION RÉELLE.

1. *Définition* — Droit de réclamer la propriété ou la possession d'une chose contre toute personne qui la détient, et en quelques mains qu'elle se trouve. Elle se divise en mobilière ou immobilière, suivant l'objet qu'elle a en vue. La preuve en incombe au demandeur.

2. *Juridiction* — L'action réelle doit être portée devant le tribunal de la situation de l'objet en litige, en quelques mains que se trouve l'objet. (Proc. Civ. art. 59.) Prescription, trente ans. (Cod. Civ. 2262.)

3. *Poursuite irrégulière. Extinction.* — Lorsqu'un jugement sur citation directe a prononcé l'acquittement d'un prévenu et que

la partie civile, ayant seule fait appel, vient à être déclarée non recevable pour défaut de qualité, l'action publique n'en est pas moins éteinte, et cette extinction fait obstacle à ce que le prévenu soit de nouveau cité par la partie civile ayant qualité. (Bourges, 23 janv. 1890, 3 avril 1890.)

ACTIVITÉ. V. Mobilisation. Service militaire. Armée.

ADJOINT.

1. *Prohibition.* — Il est défendu aux adjoints de prendre part aux ventes des coupes de bois de leur commune, ni par eux-mêmes, ni par personnes interposées directement ou indirectement, soit comme partie principale, soit comme associé ou caution. (Cod. For. 21, 101.) V. pour les pénalités, Maire et Vente.

2. *Visites domiciliaires.* — Les adjoints peuvent, en tout état de cause, accompagner les gardes dans les visites domiciliaires. (Cod. For. 161.)

ADJUDANTS DE SURVEILLANCE (Ecole forestière).

1. *Nomination.* — Les adjudants de surveillance à l'école forestière sont nommés par le ministre de l'agriculture. (Décr. du 12 octobre 1889.) V. Ecole forestière.

2. *Nombre.* — Ils sont au nombre de deux. (Arr. Min. du 12 octobre 1889.)

3. *Attributions.* — Ils sont chargés de la surveillance des élèves et du service de la bibliothèque et des collections. Ils constatent les infractions à la police et à la discipline, tant à l'intérieur qu'à l'extérieur de l'école. (Arr. Min. du 12 octobre 1889.)

ADJUDICATAIRE.

V. Transactions. Ventes. Permis d'exploiter. Souchetage. Folle enchère. Paiement. Renvoi à fins civiles. Fruits. Semences. Glands. Domicile. Responsabilité. Assiettes des coupes. Contrainte par corps. Caution. Déchéance. Cahier des charges. Exception préjudicielle. Chemin de vidange. Voiture hors chemin. Bestiaux hors chemin, non muselés. Délits constatés. Prescriptions.

1. *Définition.* — Celui au profit duquel une adjudication a été prononcée.

2. *Procès-verbal d'adjudication. Refus de signer.* — Si un adjudicataire refusait de signer le procès-verbal d'adjudication, l'Etat serait en droit de le contraindre à l'exécution des conditions de la vente.

3. *Frais d'adjudication.* — Il ne doit être perçu, sur les adjudicataires des coupes de bois, d'autres frais que ceux spécifiés dans les cahiers des charges préparés par l'administration forestière. (Circ. A 151.)

4. *Domicile.* — Les adjudicataires doivent élire domicile au lieu de l'adjudication ; à défaut de quoi, les actes postérieurs leur seront valablement signifiés au secrétariat de la sous-préfecture. (Cod. For. 27. Loi du 4 mai 1837.)

5. *Signification.* — Les actes correctionnels peuvent être légalement signifiés au domicile élu ou au secrétariat de la sous-préfecture. (Cass. 26, 28 sept. 1833, 22 juillet 1837, 29 juin 1844. Circ. N 80, art. 49.)

6. *Signification.* — Il est préférable cependant, lorsqu'on le peut, de faire signifier ces actes au domicile réel de l'adjudicataire, attendu que le domicile élu n'est relatif qu'à l'exécution des clauses civiles. (Déc. Min. du 26 avril 1820.)

7. *Cautions.* — Les adjudicataires qui ne fourniront pas leurs cautions dans les cinq jours de l'adjudication seront déchus de leur droit, en vertu d'un arrêté du préfet, et il sera procédé à une nouvelle adjudication à leurs folles enchères. (Cod. For. 24, 28.)

8. *Responsabilité. Procès-verbaux.* — Les adjudicataires, à dater du permis d'exploiter et jusqu'à ce qu'ils aient obtenu leur décharge, sont responsables de tout délit forestier commis dans leurs ventes et à l'ouïe de la cognée, si leurs facteurs ou gardes-vente n'en font leurs rapports, lesquels doivent être remis à l'agent forestier dans le délai de cinq jours. (Cod. For. 45.)

9. *Responsabilité. Délits.* — Les adjudicataires et leurs cautions seront responsables et contraignables par corps au paiement des amendes et restitutions encourues pour délits et contraventions commis, soit dans la vente, soit à l'ouïe de la cognée, par les facteurs, gardes-vente, ouvriers, bûcherons, voituriers et tous autres employés par les adjudicataires. (Cod. For. 46. Cod. Civ. 1384. Cass. 23 avril 1836.)

10. *Responsabilité. Facteur.* — L'adjudicataire, qui exploite sans facteur ou garde-vente, est responsable des délits commis par des individus étrangers à l'exploitation, quand bien même le garde du triage aurait constaté ces délits. (Cass. 14 mai 1829.)

11. *Cession.* — L'administration n'intervient pas dans la cession ou rétrocession de coupe par l'adjudicataire ; elle reste étrangère à ces actes. (Circ. A 186.)

12. *Coupe. Cession.* — La cession de tout ou partie de coupes, consentie à l'égard des tiers, ne modifie en rien la responsabilité de l'adjudicataire et le droit de privilège du vendeur. (Cass. 27 juin 1836.)

13. *Bois particulier. Responsabilité.* — Les adjudicataires de coupes dans les bois particuliers sont, comme tous les autres individus, soumis aux peines portées par le titre XII du code forestier, à raison des délits commis par eux dans leurs coupes : ainsi, par exemple, un abatis frauduleux d'arbres n'est pas une infraction qui ne peut donner lieu qu'à une action civile. (Cass. 14 mai 1831.)

14. *Législation.* — L'article 147 est seul applicable aux adjudicataires des coupes dans les bois particuliers, pour introduction des voitures ou animaux hors des chemins ordinaires. (Cass. 5 juin 1841.)

15. *Bois particulier. Exploitation. Délit.* — Dans les bois particuliers, on ne peut pas poursuivre un adjudicataire comme responsable des délits commis par des individus étrangers à l'exploitation. Les adjudicataires répondent seulement des abus et malversations commis par leurs ouvriers, et les ouvriers doivent toujours être mis en cause. Les adjudicataires sont, dans ce cas, soumis à une responsabilité qui ne peut s'étendre qu'aux restitutions et aux dommages-intérêts.

ADJUDICATION.

SECT. I. — GÉNÉRALITÉS.

1. *Définition.* — L'adjudication est l'acte par lequel on adjuge ou l'on vend une chose, sous certaines conditions déterminées. Marché avec publicité et concurrence. (Littré, Meaume.)

2. *Principe.* — L'adjudication ne transmet à l'adjudicataire d'autres droits que ceux appartenant au vendeur. (Proc. Civ. art. 717.)

3. *Coupes. Bois domaniaux.* — Aucune vente de coupe ordinaire ou extraordinaire de bois domaniaux ne pourra avoir lieu que par voie d'adjudication publique. (Cod. For. 17.)

4. *Coupes. Bois communaux.* — Les ventes des coupes ordinaires et extraordinaires des bois communaux et d'établissements publics seront faites à la diligence des agents forestiers et dans la même forme que pour les bois de l'Etat. (Cod. For. 17, 100)

5. *Déchéance. Caution. Folle enchère.* — Lorsque, faute par l'adjudicataire de fournir les cautions exigées par le cahier des charges dans le délai prescrit, il sera déclaré déchu de l'adjudication par un arrêté du préfet, il sera procédé, dans les formes prescrites, à une nouvelle adjudication de la coupe à sa folle enchère.

L'adjudicataire déchu sera tenu, par corps, de la différence entre son prix et celui de la revente, sans pouvoir réclamer l'excédent, s'il y en a. (Cod. For. 24.)

6. *Bois indivis.* — Les bois indivis sont soumis aux mêmes règles que les bois domaniaux, communaux et d'établissements publics pour l'adjudication des coupes. (Cod. For. 113.)

7. *Chablis. Menus marchés.* — Les conservateurs autoriseront et feront effectuer les adjudications de chablis, ainsi que celles des bois provenant de délits, de recepages, d'élagage ou d'essartements, et qui n'auront pas été vendus sur pied, et généralement tous autres menus marchés. (Ord. 102, 134.)

8. *Glandée. Panage. Paisson.* — Le conservateur fera reconnaître, chaque année, par les agents locaux, les cantons des bois et forêts où des adjudications de glandée, panage et paisson pourront avoir lieu sans nuire au repeuplement et à la conservation des forêts, et autoriseront ces adjudications. (Ord. 100, 134.)

9. *Glandée. Panage et Paisson.* — Lorsqu'une adjudication de glandée, panage et paisson peut avoir lieu, les chefs de service (inspecteurs) adressent au conservateur l'état des cantons où l'adjudication de glandée peut être faite sans inconvénient, en accompagnant cet état des procès-verbaux de reconnaissance des cantons où le panage peut être autorisé. (Instr. 23 mars 1821, art. 103.)

10. *Bois communaux. Menus produits.* — Il ne pourra être fait, dans les bois des communes et établissements publics, aucune adjudication de glandée, panage, paisson (pâturage) qu'en vertu d'autorisation spéciale du préfet, qui devra consulter à ce sujet les communes ou établissements publics et prendre l'avis de l'agent forestier local. (Ord. 139.)

11. *Menus produits. Propositions.* — Les procès-verbaux de reconnaissance, pour la vente des menus produits, ne doivent être rédigés qu'en une seule minute, qui est adressée à l'agent chargé de rédiger l'affiche. Ces actes ne sont pas soumis à la formalité du timbre. (Circ. A 368.)

12. *Bois façonnés.* — Les bois façonnés provenant des coupes d'éclaircie, exploitées par économie, seront vendus par lots dans la forme ordinaire des adjudications, aux enchères et à la charge, par ceux qui s'en rendront adjudicataires, de payer les prix d'abatage et de façon desdits bois. (Ord. 88.) Cette disposition ne s'applique plus qu'aux frais de séquestre des bois de délit et à ceux de façon ou de transport de ces mêmes bois et des chablis, bois d'élagage ou d'essartements. (Circ. A 368.)

A part ces cas, les coupes de bois façonnés sont vendues sans autres charges que celles de payer le prix de l'adjudication.

13. *Chasse. Bois communaux.* — Les maires peuvent procéder à l'adjudication du droit de chasse dans les forêts communales, *sans le concours des agents forestiers*, mais en se conformant aux clauses et conditions du cahier des charges. (Décr. 25 prairial an XIII. Circ. Min. du 17 février 1887. Circ. N 381.)

14. *Travaux.* — Les adjudications de travaux sont faites à la diligence du conservateur des forêts. (Cah. des ch. art. 6.)

15. *Aliénation. Bois domaniaux et communaux.* — Les conservateurs, après s'être concertés avec les préfets, feront procéder aux aliénations des forêts de l'État, en se conformant aux règles prescrites pour la vente des coupes annuelles, tant par le code forestier que par l'ordonnance réglementaire. (Arr. Min. 21 sept. 1852. Circ. A 700.)

Les agents forestiers procèdent à l'aliénation (vente par adjudication) des bois communaux soumis au régime forestier, lorsque cette mesure est autorisée. (Déc. de l'Adm.)

16. *Command.* — Aucune déclaration de command ne sera admise, si elle n'est faite immédiatement après l'adjudication et séance tenante. (Cod. For. 23.)

17. *Étrangers inconnus. Solvabilité.* — Les personnes non domiciliées en France qui voudront prendre part aux adjudications devront, avant la séance, justifier de leur solvabilité auprès du trésorier-payeur général du département, qui pourra exiger d'elles telles garanties qu'il jugera convenable. (Coupes, Cah. des ch., art. 5.)

Les adjudicataires achetant des coupes pour la première fois et qui ne sont pas connus du trésorier-payeur général ou du receveur particulier des finances doivent, pour éviter toute difficulté ou contestation sur leur solvabilité, faire connaître, à l'avance, à ce comptable leur intention de se porter adjudicataires des coupes et justifier de leur solvabilité. Ordinairement, cette démarche se fait quinze jours avant l'adjudication, pour que le receveur ait le temps de prendre des renseignements exacts.

SECT. II. — MODES D'ADJUDICATION.

18. *Modes.* — Les divers modes d'adjudication seront déterminés par une ordonnance royale. Les adjudications auront toujours lieu avec publicité et libre concurrence. (Cod. For. 26. Loi du 4 mai 1837.)

Les modes d'adjudication fixés par l'ordonnance royale du 26 novembre 1836 sont, pour les coupes ordinaires et extraordinaires : 1° les enchères ; 2° les rabais ; 3° les soumissions.

19. *Enchères.* — L'adjudication aux enchères et à l'extinction des feux est celle qui se fait au moyen de trois bougies allumées qui ont brûlé successivement, sans que personne ait fait d'offre supérieure à celle sur laquelle on a allumé les feux.

20. *Rabais.* — L'adjudication au rabais est celle qui se fait au moyen de rabais successifs énoncés par le crieur, et elle est définitive dès que quelqu'un dit : *Je prends.*

21. *Soumissions.* — L'adjudication sur soumission cachetée est celle qui se fait sur des offres remises sous pli cacheté, dans un délai déterminé.

22. *Mode.* — Le mode d'adjudication à suivre est prescrit par le cahier des charges générales. (Circ. N 80, art. 38. Circ. N 431.)

SECT. III. — CONDITIONS.

§ 1. *Cahier des charges. Formalités.*

23. *Cahier des charges.* — Les conditions générales des adjudications publiques seront établies par un cahier des charges, délibéré par la direction des forêts et approuvé par le ministre de l'agriculture. (Ord. 82. Décr. 19 mars 1891. Circ. N 431.)

24. *Clauses spéciales.* — Les clauses particulières ou spéciales seront arrêtées par les conservateurs. Les clauses générales ou particulières sont toutes de rigueur. (Ord. 82, 134. Décr. du 19 mars 1891. Circ. N 431.)

25. *Conditions. Clauses verbales.* — On ne peut imposer aux adjudicataires d'autres clauses et conditions que celles stipulées par le cahier des charges et les clauses spéciales. Toutes clauses verbales sont interdites et donneraient lieu à des mesures très sévères contre les agents qui les laisseraient admettre. (Circ. A 377 bis.)

26. *Indications. Renseignements verbaux.* — Le conservateur doit donner au public, avant la mise en vente des articles, tous les avertissements propres à l'éclairer sur les dispositions du cahier des charges et les conditions de l'adjudication. (Circ. N 80, art. 44.)

27. *Coupes. Rabais.* — Les ventes des coupes seront faites par adjudication au rabais. (Cah. des ch. 2.)

28. *Adjudication. Menus marchés. Condition. Formalités.* — Les adjudications de glandée, panage, paisson ; celles de chablis ou chandeliers et de bois provenant de délits, de recepage ou d'essartements non vendus sur pied et, en général, de tous autres menus marchés ; celles des arbres sur pied, endommagés, ébranchés, morts, dépérissants, incendiés ou abroutis, doivent s'effectuer avec les mêmes formalités que celles des coupes ordinaires.

Toutefois, elles sont affranchies de l'affiche au chef-lieu du département, des déclarations de surenchère, du dépôt du cahier des charges au secrétariat de la préfecture et des formalités prescrites pour l'autorisation de l'apposition des affiches, à moins que l'évaluation des objets mis en vente soit supérieure à 500 francs. (Ord. régl. art. 100, 102, 103, et 104. Ord. du 23 juin 1830. Circ. N 80, art. 81 et 82.)

La vente aux chefs-lieux d'arrondissement n'est obligatoire ni pour les chablis et bois de délit, ni pour les coupes exploitées par entreprise ou pour économie, quelle qu'en soit la valeur, ni pour les bois morts, les bois dépérissants et les coupes vendues par unités de marchandises. (Circ. N 396.)

29. *Menus marchés. Affiches. Visa.* — Les affiches annonçant des adjudications de produits des forêts, quelles qu'en soient la nature et la provenance, à effectuer dans les chefs-lieux de canton ou dans les communes, seront dispensées de la formalité du visa par les préfets ou sous-préfets. (Déc. du 25 février 1888. Circ. N 396.)

30. *Façonnage.* — L'entreprise du façonnage de bois à couper par éclaircies et à exploiter pour le compte de l'Etat pourra être adjugée au rabais. (Ord. 88.)

31. *Travaux.* — Les adjudications de travaux auront lieu par voie de soumissions cachetées, sur un seul concours, et seront annoncées par voie d'affiche indiquant le lieu, le jour et l'heure de l'opération. (Cah. des ch. 5.)

32. *Coupes. Validité.* — Toute adjudication sera définitive du moment où elle sera prononcée, sans que, dans aucun cas, il puisse y avoir lieu à surenchère. (Loi du 4 mai 1837. Cod. For. 25. Circ. N 80, art. 48.)

33. *Validité. Maire.* — Les adjudications faites par les agents forestiers, sous la présidence des maires, ne sont pas soumises à l'approbation des préfets, parce que la délégation donnée au maire est absolue et que, dès lors, la vente est définitive. (Déc. Min. 10 juin 1848. Circ. A 616. Circ. N 80, art. 88.)

34. *Travaux.* — L'adjudication sera soumise à l'approbation du directeur ou du conservateur, suivant le cas. (Cah. des ch. 18.)

§ 2. *Publicité. Concurrence.*

35. *Annonce.* — Toute adjudication publique devra être annoncée au moins quinze jours à l'avance par des affiches. (Cod. For. 17.)

36. *Affiches* — Le conservateur doit s'assurer que l'on n'a porté sur les affiches, pour la mise en adjudication, que les coupes dont l'assiette a été autorisée. (Instr. 23 mars 1821, art. 41.)

37. *Publicité.* — Outre les affiches, les préfets et les sous-préfets emploieront les autres moyens de publication qui seront à leur disposition. (Ord. 84.)

38. *Adjudication. Publicité. Procès-verbaux. Coupes.* — Il sera fait mention, dans les procès-verbaux d'adjudication, des mesures qui auront été prises pour donner aux ventes toute la publicité possible. (Ord. 84, 134. Circ. N 80, art. 53.)

39. *Coupes. Travaux.* — Les adjudications doivent toujours avoir lieu avec publicité et concurrence. (Décr. du 31 mai 1862 et Décr. du 18 novembre 1882.)

40. *Travaux. Publicité.* — L'avis des adjudications à passer est publié, sauf le cas d'urgence, au moins vingt jours à l'avance par la voie des affiches et par tous les moyens ordinaires de publicité. (Décr. du 18 nov. 1882. Circ. N 304.)

41. *Travaux. Affiches.* — L'avis d'adjudition fait connaître le lieu où l'on peut prendre connaissance du cahier des charges, les autorités chargées de procéder à l'adjudication, le lieu, le jour et l'heure fixés. (Décr. du 18 novembre 1882. Circ. N 304.)

42. *Travaux. Concurrence limitée.* — Les adjudications publiques relatives à des fournitures, travaux, transports ou exploitations qui ne peuvent être, sans inconvénients, livrés à une concurrence illimitée, sont soumises à des restrictions permettant de n'admettre que les soumissions qui émanent de personnes jugées capables par l'administration, au vu des titres exigés par le cahier des charges et préalablement à l'ouverture des plis renfermant les soumissions. (Décr. du 18 novembre 1882, art. 3. Circ. N 304.)

§ 3. *Dépôt des pièces.*

43. *Dépôt des pièces. Coupes. Bois domaniaux et communaux.* — Quinze jours avant l'époque fixée pour l'adjudication, l'agent forestier chef de service fera déposer, au secrétariat de l'autorité administrative qui devra présider à la vente :

1o Les procès-verbaux d'arpentage, de balivage et de martelage des coupes;

2o Une expédition du cahier des charges générales et des clauses spéciales.

Le fonctionnaire qui devra présider à la vente apposera son visa au bas de ces pièces, pour en constater le dépôt. (Ord. 83, 134.)

44. *Pièces.* — Après l'adjudication, les procès-verbaux des opérations préliminaires aux ventes sont retirés du secrétariat de l'autorité administrative et remis aux agents forestiers. (Circ. N 80, art. 58.)

45. *Travaux. Cahier des charges. Devis.* — Le cahier des charges et les plans et devis estimatifs resteront, pendant la durée de la publication des affiches, déposés, soit au bureau du chef de service, soit au secrétariat de la préfecture, de la sous-préfecture ou de la mairie, suivant le lieu indiqué pour l'adjudication. (Instr. 9 juillet 1841. Circ. A 509.)

SECT. IV. — JOUR D'ADJUDICATION.

46. *Époque. Jour. Fixation.* — Les ventes des coupes de bois sont effectuées, chaque année, du 15 septembre au 30 octobre inclusivement. Le conservateur fixe le jour, en se renfermant dans cette limite, après s'être

concerté, au préalable, avec le préfet et avec le trésorier-payeur général du département où la vente doit avoir lieu (Loi du 29 septembre 1791, titre VI, art. 13. Circ. N 80, art. 2) et avec les conservateurs limitrophes. (Circ. A 817.)

47. *Époque. Avance.* — Si le conservateur juge utile de procéder aux ventes avant le 15 septembre ou après le 30 octobre, il en fait la proposition motivée à l'administration, qui statue. (Circ. N 80, art. 3.)

48. *Époque. Retard.* — Les conservateurs, pour assurer le succès des ventes, peuvent en retarder l'époque, en informant l'administration des motifs et sans que ce retard empêche de terminer les adjudications avant la fin de l'exercice. (Circ. A 452 bis.)

49. *Dates.* — On doit commencer les ventes le 10 septembre au plus tard, dans l'arrondissement où la concurrence est la plus vive, et les terminer le 15 octobre. (Circ. A 645.)

50. *Jours.* — Les conservateurs ne doivent soumettre aux préfets les propositions pour le jour de vente, qu'après s'être concertés avec les trésoriers-payeurs généraux et les conservateurs des arrondissements limitrophes. (Circ. A 805. Déc. Min. 10 déc. 1857.)

51. *Jours.* — En cas de dissentiment avec le trésorier général, il en est référé à l'administration, qui soumet les observations des deux parties à l'approbation du ministre. (Circ. A 769.)

52. *Jours.* — Le conservateur fait connaître à l'administration, dans la dernière quinzaine du mois d'août et par ordre de dates, les jours fixés pour les ventes. (Circ. N 80, art. 4.)

53. *Jours. Menus marchés.* — Par assimilation avec les ventes des coupes, les chefs de cantonnement doivent se concerter avec le maire et le receveur chargé d'encaisser le prix de l'adjudication, pour fixer le jour des ventes des menus marchés. (Puton.)

54. *Jours fériés.* — On peut valablement procéder aux adjudications de coupes, un dimanche ou jour férié. (Cons. d'Etat, 4 nov. 1836.)

SECT. V. — LIEUX DE VENTE.

55. *Coupes. Lieux de vente. Bois domaniaux et communaux.* — Les adjudications des coupes ordinaires et extraordinaires auront lieu, par-devant les préfets et sous-préfets, ou leurs délégués, dans les chefs-lieux de département ou d'arrondissement. (Ord. 86. Circ. N 80, art. 33.)

Toutefois, les préfets, sur la proposition des conservateurs, peuvent permettre que les coupes dont l'évaluation n'excède pas 500 fr. soient adjugées au chef-lieu d'une des communes voisines des bois et sous la présidence du maire. (Ord. 86. Circ. N 80, art. 34.)

Les adjudications se feront, dans tous les cas, en présence des agents forestiers et des receveurs chargés du recouvrement des produits. (Ord. 86, 134. Circ. N 80, art. 36.)

56. *Chefs-lieux.* — Il n'est pas absolument nécessaire que la vente des coupes de bois ait lieu au chef-lieu d'arrondissement où les bois sont situés. (Lettre du ministre des finances, 8 oct. 1828.) Elle peut avoir lieu, avec l'autorisation du ministre, à l'un des chefs-lieux d'arrondissement du même département, selon que l'administration le juge plus avantageux. (Déc. Min. 2 juin 1852, 10 nov. 1863. Circ. N 80, art. 33.)

57. *Vente sur les lieux.* — Une ordonnance du 14 juillet 1844 a rapporté une ordonnance du 2 février 1844, autorisant la vente sur les lieux de coupes de bois appartenant aux communes. (Circ. A 555.)

58. *Lieux de vente.* — L'adjudication d'un produit spécial (écorce de chêne liège) peut, dans certaines circonstances et lorsqu'il doit en résulter des avantages réels, être effectuée au chef-lieu de la commune. (Déc. Min. 11 déc. 1868.) Cette décision est intervenue dans un cas particulier et sur la demande de la commune propriétaire.

59. *Produits façonnés. Coupes affouagères et extraordinaires. Bois communaux.* — Le ministre pourra, sur la proposition des préfets et de l'administration des forêts, permettre que des coupes ou portions de coupes affouagères et extraordinaires de la valeur de 500 fr. et au-dessus, dont les produits auront été préalablement exploités et façonnés sous la direction d'un entrepreneur responsable (Déc. Min. 9 février 1843 et 5 mars 1844), soient mises en adjudication dans la commune propriétaire, sous la présidence du maire, mais toujours avec l'intervention des agents forestiers et aux clauses et conditions qui seront indiquées. (Ord. 15 oct. 1834, *modifiée par Décr. du 25 mars 1852.* Circ. N 80, art. 35 et 36.)

60. *Produits façonnés. Vente sur les lieux. Bois communaux.* — Les préfets statueront en conseil de préfecture, sans l'autorisation du ministre, mais sur les avis ou propositions des chefs de service, au sujet de la vente sur les lieux des produits façonnés provenant des bois des communes et des établissements publics, quelle que soit la valeur de ces produits. (Décr. 25 mars 1852, art. 3. Circ. A 686.)

61. *Produits façonnés. Lieux de vente.* — Le préfet, sur la proposition du conservateur, pourra autoriser, au chef-lieu d'une des communes voisines de la situation des bois, la vente en bloc ou par lots des produits façonnés provenant des coupes communales ordinaires ou extraordinaires restées invendues et exploitées par économie. En cas de dissentiment entre le préfet et le conserva-

teur, il sera statué par le ministre, après avis de l'administration. (Ord. 24 août 1840.)

62. *Chablis. Bois de délit. Produits façonnés. Coupes par économie. Lieux de vente. Bois domaniaux.* — Les chablis et bois de délit provenant des forêts domaniales, quelle qu'en soit la valeur, ainsi que les coupes exploitées par économie pour être vendues en détail et par lots, pourront, par exception à l'article 86 de l'ordonnance réglementaire, être adjugés aux chefs-lieux de canton ou dans les communes voisines de ces forêts. (Ord. 20 mai 1837. Circ. A 394. Circ. N 80, art. 83.)

63. *Chablis. Lieux de vente. Bois communaux.* — Les chablis provenant des bois communaux, quelle qu'en soit la valeur, pourront être adjugés au chef-lieu de canton ou dans la commune propriétaire ou voisine des forêts. (Ord. 20 mai 1837 et 15 septembre 1838. Circ. A 433.)

64. *Arbre. Futaie. Affouage* — La vente des arbres (futaie), provenant des coupes affouagères délivrées en nature, peut se faire au profit des seuls habitants de la commune, par le maire, en présence de l'agent forestier et du receveur municipal, après de simples affiches apposées dans la commune. Les formalités de l'article 84 de l'ordonnance réglementaire ne s'appliquent pas à ces ventes. (Déc. Min. 23 février et 23 mai 1829.)

65. *Bois dépérissants. Bois morts. Coupe par unités de produits. Lieux de vente* — Les adjudications de bois morts, de bois dépérissants, provenant des forêts domaniales, communales ou d'établissements publics, ainsi que celles des coupes vendues par unités de marchandises dans les mêmes forêts, pourront être faites dans les chefs-lieux de canton ou dans les communes riveraines des forêts. (Décr. du 25 février 1888. Circ. N 396.)

66. *Chasse. Lieux. Bois domaniaux.* — Les adjudications du droit de chasse, dans les bois domaniaux, peuvent se faire aux chefs-lieux de préfecture, de sous-préfecture et même de canton. (Circ. A 439.)

67. *Travaux. Local.* — Les adjudications se font, toutes les fois que les circonstances le permettent, au domicile du président. Dans les autres cas, les agents s'entendent avec les autorités locales, pour obtenir qu'une salle convenable soit mise à leur disposition. (Circ. N 22, art. 187.)

68. *Aliénation. Lieux de vente.* — Les adjudications auront lieu dans les chefs-lieux de département ou d'arrondissement et conformément au cahier des charges. (Arr. Min. 21 septembre 1852. Circ. A 700.)

SECT. VI. — PROHIBITIONS. INCOMPATIBILITÉS.

69. *Mandataires. Administrateurs.* — Ne peuvent se rendre adjudicataires, ni par eux-mêmes, ni par personne interposée : les mandataires des biens qu'ils sont chargés de vendre ; les administrateurs des communes et établissements publics des biens confiés à leurs soins ; les officiers publics des biens nationaux dont la vente se fait par leur ministère. (Cod. Civ. 1596.)

70. *Vente. Incapacité.* — Pour avoir pris part aux ventes, soit directement, soit par personnes interposées directement ou indirectement, soit comme partie principale, soit comme associés ou cautions :

A. — Dans tout le royaume, les agents et gardes forestiers et les agents forestiers de la marine :

B. — Dans l'étendue de leur circonscription, les fonctionnaires chargés de présider ou de concourir aux ventes et les receveurs des produits de coupes :

Amende : du 1/12 au 1/4 du montant de l'adjudication. (Cod. For. 21.)

Emprisonnement : 6 mois à 2 ans. (Cod. For. 21. Cod. Pén. 175.)

Interdiction des fonctions publiques. (C. For. 21.)

Vente déclarée nulle. (Cod. For. 21. Par les tribunaux. Déc. Min. du 30 mars 1868. Circ. N 87.)

En cas de fraude ou collusion, les adjudicataires ou acquéreurs paieront, outre les amendes, pour la vente annulée, des dommages-intérêts : minimum, amende simple. (Cod. For. 202, 205.)

Restitution des bois exploités ou de leur valeur sur le pied du prix de vente. (Cod. For. 205.)

C. — Dans toute l'étendue du territoire pour lequel les agents ou gardes sont commissionnés, leurs parents et alliés en ligne directe, les frères, beaux-frères, oncles et neveux :

Amende : du 1/12 au 1/4 du montant de l'adjudication. (Cod. For. 21.)

Vente déclarée nulle (Cod. For. 21. Par les tribunaux. Déc. Min. du 30 mars 1868. Circ. N 87.)

En cas de fraude ou collusion, les adjudicataires ou acquéreurs paieront, pour la vente annulée, des dommages-intérêts : minimum, amende simple. (Cod. For. 202, 205.)

Restitution des bois exploités ou paiement de leur valeur sur le pied du prix de vente. (Cod. For. 205.)

Nota. — Le décès des personnes produisant alliance ne fait pas disparaître les incapacités légales pour les ventes. (Cass. 16 juin 1834.)

D. — Dans tout l'arrondissement de leur ressort, les conseillers de préfecture, les juges, officiers du ministère public et greffiers des tribunaux de première instance :

Dommages-intérêts, s'il y a lieu. (Cod. For. 21.)

Vente déclarée nulle. (Cod. For. 21. Par les tribunaux. Déc. Min. du 30 mars 1868. Circ. N 87.)

En cas de fraude ou collusion, les adjudicataires paieront, outre les amendes, pour la vente annulée, des dommages-intérêts : minimum, amende simple. (Cod. For. 202, 205.)

Restitution des bois exploités ou paiement de leur valeur sur le pied du prix de vente. (Cod. For. 205.)

71. *Adjudication. Produits principaux. Coupes. Vente clandestine.* — Pour toute vente clandestine, c'est-à-dire faite autrement qu'en adjudication publique annoncée

au moins quinze jours à l'avance, par des affiches appliquées au chef-lieu, au lieu de la vente, dans la commune de la situation des bois et dans les communes environnantes. (Cod. For. 17) :

Les fonctionnaires qui ont ordonné ou effectué ces ventes seront condamnés solidairement :

Amende : 3000 fr. à 6000 fr. (Cod. For. 18. Cod. Civ. 1200.)

La vente sera déclarée nulle. (Cod. For. 18.)

Pour l'acquéreur :

Amende égale à la valeur des bois vendus. (Cod. For. 18.)

En cas de fraude ou collusion, les adjudicataires ou acquéreurs paieront, pour la vente annulée, outre les amendes, des dommages-intérêts égaux au minimum de l'amende simple. (Cod. For. 202, 205.)

Restitution des bois exploités ou paiement de leur valeur sur le pied du prix de vente. (Cod. For. 205.)

72. *Vente irrégulière. Coupes. Pénalités.* — *A. Délai d'affichage.* — Pour vente faite par adjudication publique, mais sans avoir été précédée des affiches, quinze jours à l'avance ;

B. Lieu non indiqué. — Pour vente faite par adjudication publique, dans d'autres lieux que ceux indiqués par les affiches ou les procès-verbaux de remise en vente ;

C. Jour différent. — Pour vente faite par adjudication publique, mais à un autre jour que celui indiqué par les affiches ou les procès-verbaux de remise en vente :

Les fonctionnaires ou agents seront condamnés solidairement :

Amende : 1000 fr. à 3000 fr. (Cod. For. 19. Cod. Civ. 1200.)

Les adjudicataires, en cas de complicité :

Amende : 1000 fr. à 3000 fr. (Cod. For. 19.)

Vente déclarée nulle. (Cod. For. 19.)

En cas de fraude ou collusion, les adjudicataires paieront pour la vente annulée, outre les amendes, des dommages-intérêts, minimum égaux à l'amende simple. (Cod. For. 202, 205.)

Restitution des bois exploités ou paiement de leur valeur sur le pied du prix de vente. (Cod. For. 205.)

73. *Menus produits. Vente clandestine ou irrégulière.* — Pour vente faite autrement que par adjudication publique, annoncée quinze jours d'avance dans le chef-lieu, le lieu de la vente, la commune de la situation des bois et les communes environnantes (Cod. For. 17) ; ou faite par adjudication publique, mais sans avoir été précédée des publications et affiches ; ou effectuée dans d'autres lieux ou à un autre jour que ceux fixés par les affiches et les procès-verbaux de remise en vente (Cod. For. 19) :

Les fonctionnaires ou agents qui l'auront ordonnée ou effectuée seront condamnés solidairement :

Amende : 100 fr. à 1000 fr. (Cod. For. 17, 18, 19, 53.)

Pour l'acquéreur :

Amende égale au montant du prix de la vente. (Cod. For. 53.)

Vente déclarée nulle. (Cod. For. 18, 19, 53.)

En cas de fraude ou collusion, l'adjudicataire paiera pour la vente annulée, outre les amendes, des dommages-intérêts, minimum égaux à l'amende simple (Cod. For. 202, 205.)

Restitution des produits consommés ou paiement de leur valeur sur le pied du prix de vente. (Cod. For. 205.)

74. *Chasse. Agent.* — Les agents et préposés, dans toute l'étendue du territoire pour lequel ils sont commissionnés, ne peuvent prendre part aux adjudications de chasse, directement ou indirectement, comme partie principale, associée ou caution. (Circ. N 65. Circ. N 72.)

75. *Coalition.* — Toute association secrète ou manœuvre entre les marchands de bois ou autres, tendant à nuire aux enchères, à les troubler ou à obtenir les bois à plus bas prix, donnera lieu à l'application des peines portées par l'article 412 du code pénal, indépendamment de tous dommages-intérêts ; et, si l'adjudication a été faite au profit de l'association secrète ou des auteurs desdites manœuvres, elle sera déclarée nulle. (Cod. For. 22.)

SECTION VII. — SÉANCE D'ADJUDICATION.

§. 1. *Assistance. Convocation. Remplacement.*

76. *Assistance.* — Les conservateurs assistent aux adjudications des coupes de bois *sur pied.* (Instr. du 23 mars 1821. Circ. N 80, art. 39.)

77. *Assistance.* — Les conservateurs doivent toujours assister aux ventes lorsqu'elles ont quelque importance (Circ. A 837) ; c'est pour eux une obligation personnelle. (Circ. A 678.)

78. *Remplacement.* — Le conservateur ne peut se faire remplacer aux adjudications sans l'assentiment *préalable* de l'administration, à moins de circonstances extraordinaires, dont il rendrait un compte immédiat. (Circ. A 678 et A 837.)

79. *Trésorier-payeur général. Représentant.* — Les trésoriers-payeurs généraux peuvent se faire représenter aux adjudications des coupes extraordinaires, mais ils demeurent responsables des deniers de la vente. (Délib. du Cons. d'admin. des forêts, 18 décembre 1828.)

80. *Receveurs municipaux.* — Les receveurs municipaux sont appelés à toutes les adjudications de coupes, même lorsqu'il s'agit des coupes extraordinaires dont le produit est encaissé par le trésorier général. (Loi du 18 juillet 1837, art. 16.)

81. *Convocation.* — L'affiche tient lieu de signification pour prévenir et appeler les

maires et administrateurs aux ventes. (Discussion à la Chambre des députés.)

82. *Maires. Absence. Convocations. Bois communaux.* — L'absence des maires ou administrateurs, dûment appelés, n'est pas une cause de nullité pour les adjudications des coupes de bois communaux et d'établissements publics. (Cod. For. 100.) Les maires et administrateurs sont prévenus par les affiches, sans formalités spéciales.

83. *Remplacement.* — En cas d'empêchement, le conservateur délègue pour le suppléer l'agent forestier chef de service, à moins qu'il n'en soit autrement ordonné par l'administration. (Circ. N 80, art. 39.)

84. *Délégation.* — Les conservateurs délèguent les chefs de cantonnement pour remplacer les chefs de service aux ventes par unités de produits. (Circ. A 804.)

85. *Remplacement aux ventes. Délégation des brigadiers. Bois communaux.* — Les conservateurs pourront, toutes les fois qu'ils le jugeront utile au bien du service, autoriser les agents forestiers à se faire remplacer par un chef de brigade sous leurs ordres, dans les ventes sur les lieux des produits principaux et accessoires des bois appartenant aux communes et aux établissements publics, quel que soit le montant de l'estimation des produits. (Ord. 13 janvier 1847. Circ. A 592. Circ. N 80, art. 76.)

86. *Remplacement des agents aux ventes. Délégation des brigadiers.* — Les inspecteurs des forêts pourront se faire remplacer ou autoriser les agents sous leurs ordres à se faire remplacer par un chef de brigade dans les adjudications sur les lieux des produits forestiers domaniaux et communaux, dont l'évaluation ne dépassera pas 500 francs. (Décr. du 25 février 1888. Circ. N 396.)

87. *Remplacement aux ventes. Préposés. Menus produits.* — Lorsque l'estimation des produits accessoires (bois communaux ou des établissements publics) n'excédera pas 100 francs, les agents pourront se faire remplacer à la séance d'adjudication par un des préposés sous leurs ordres. (Ord. 3 octobre 1841. Circ. A 519.)

88. *Menus marchés. Remplacements.* — Les préfets peuvent, par mesure générale, déléguer aux sous-préfets le droit de présider ou de faire présider par les maires les ventes par forme de menus marchés, dont l'estimation ne s'élève pas à 500 francs (Lettre Min. 26 mars 1830. Circ. A 236.)

89. *Président.* — Lorsque le maire préside aux ventes, c'est comme délégué du préfet, en se conformant aux cahiers des charges dressés par l'administration forestière. (Cons. d'admin. 18 décembre 1828.)

§ 2. *Bureau. Contestations. Compétence.*

90. *Bureau.* — Le bureau se compose :
1° Du préfet ou sous-préfet, président, ou du maire délégué, président ;
2° Du trésorier-payeur général ou de son délégué ;
3° Du receveur des domaines, s'il y a lieu ;
4° Du conservateur ou, en cas d'empêchement, de l'agent supérieur qui a fait l'estimation des coupes ;
5° De l'inspecteur ou de l'inspecteur adjoint. (Ord. 86. Instr. du 23 mars 1821, art. 52.)

91. *Préséance.* — Dans les séances d'adjudication, le conservateur ou l'agent forestier qui le remplace doit occuper la droite du fonctionnaire chargé de présider ces adjudications. (Déc. Min. 13 septembre 1854. Lettre de l'admin. 14 juin 1860. Circ. N 80, art. 40.)

92. *Préséance.* D'après l'édit de décembre 1727, les receveurs généraux qui assistaient aux adjudications devaient se placer à la gauche des grands maîtres ; les instructions nouvelles ne statuent rien sur cet objet.

93. *Aliénation. Bureau.* — Les adjudications pour aliénations de forêts s'effectueront sous la présidence des préfets ou de leurs délégués, à la diligence des conservateurs, en présence des directeurs des domaines et des receveurs généraux ou de leurs représentants. (Arr. Min. 21 septembre 1852. Circ. A 700.)

94. *Travaux. Bureau.* — Le bureau sera composé du conservateur ou de son délégué et de deux agents ou préposés forestiers. (Cah. des ch., art. 6. Circ. N 22, art. 185.) Les membres du bureau sont désignés par le conservateur. (Circ. N 22, art. 186.) L'auteur du devis doit assister à l'adjudication pour les travaux importants. (Circ. A 604.)

95. *Contestations.* — Les contestations, autres que celles qui s'élèvent pendant l'adjudication, sur la validité des offres et la solvabilité des acheteurs, sont de la compétence des tribunaux. (Ord. du 28 février 1828. Circ. N 80, art. 47.)

96. *Compétence. Bureau.* — Le président de l'adjudication (préfet, sous-préfet ou maire) décide immédiatement et en dernier ressort sur les contestations qui peuvent s'élever pendant la séance de l'adjudication, sur la validité des opérations et sur la solvabilité de ceux qui ont fait des offres ou de leurs cautions. (Cod. For. 20. Lois du 4 mai 1837 et 6 juin 1840. Circ. N 80, art. 45.)

97. *Validité. Solvabilité.* — Les présidents des ventes doivent prendre l'avis des agents forestiers et des receveurs, sur la validité des enchères et sur la solvabilité des adjudicataires. (Déc. Min. 25 octobre 1828.)

98. *Solvabilité. Doute. Caution. Certificateur de caution.* — En cas de doute sur la solvabilité des preneurs, le président de la vente pourra exiger la présentation immédiate d'une caution et d'un certificateur de caution. (Coupes, Cah. des ch. art. 5.)

99. *Annulation. Erreur.* — Le président peut annuler l'adjudication lorsqu'il est manifeste qu'elle est le résultat d'une erreur, soit sur le chiffre de la criée, soit sur l'identité de la coupe exposée en vente. (Circ. N 80, art. 45.)

100. *Compétence. Contestations. Contentieux.* — Les contestations qui peuvent s'élever, soit entre les adjudicataires et les cautions, soit entre ceux-ci ou l'État et les communes, relativement à l'adjudication des coupes et au paiement du prix, sont du ressort exclusif des tribunaux civils, et, ni les préfets, ni les conseils de préfecture ne peuvent en connaître, sans violer les règles de la compétence. (Conseil d'État, 28 février 1828. Cass. 22 avril 1837.)

§ 3. *Mise à prix. Enchères. Rabais. Coupes invendues.*

101. *Estimation. Rabais. Mise à prix.* — Les agents forestiers ont seuls, et à l'exclusion des présidents des ventes, le droit de déterminer la valeur des coupes; ils ont, par une conséquence forcée, celui de fixer les mises à prix, de descendre et d'arrêter les rabais. (Déc. Min. 15 janvier 1840. Ord. 87.) Mais on doit avoir des égards pour les magistrats qui président et leur donner, au moment de la vente, les indications qui leur sont nécessaires pour la diriger eux-mêmes. (Circ. A 485.)

102. *Mise à prix. Rabais.* — La mise à prix et les taux auxquels les rabais devront être arrêtés seront déterminés par le conservateur ou l'agent forestier qui le remplacera. (Cah. des ch. 3.)

103. *Criées. Rabais.* — Le conservateur ou son représentant a seul la direction des criées; il lui appartient de déterminer le point de départ des rabais et de les arrêter au moment utile. (Circ. N 140.)

104. *Rabais.* — On peut descendre les rabais (8 à 12 p. 100) au-dessous de l'estimation pour les coupes peu recherchées, soit en raison des difficultés de la vidange, soit pour toute autre cause, et surtout pour les coupes des communes qui ont un pressant besoin d'argent. (Circ. A 751. Circ. man. nº 11.)

105. *Coupe communale et d'établissement public.* — Afin d'éviter que les coupes ne restent invendues, il faut, pour les rabais, prendre en considération les vœux exprimés par les communes et les établissements publics propriétaires. (Lettre de l'Admin. du 20 juillet 1860.)

106. *Estimation. Feux. Offres.* — Avant l'ouverture des enchères, le conservateur ou l'agent forestier qui le remplacera pour l'adjudication fera connaître au fonctionnaire qui présidera la vente le montant de l'estimation des coupes, et les feux ne seront allumés que lorsque les offres seront égales à l'estimation. Si cependant les offres se rapprochaient de l'estimation, les feux pourraient être allumés, sur la proposition de l'agent forestier. (Ord. 87, 134.)

107. *Ordre des coupes.* — Le conservateur peut changer l'ordre des coupes suivi sur l'affiche. (Circ. A 423.) On doit indiquer sur les affiches que l'ordre des coupes pourra être interverti. (Circ. A 426 bis.)

108. *Ordre des coupes.* — Il convient de suivre l'ordre dans lequel les coupes figurent sur l'affiche, en ayant soin de placer au premier rang les coupes sur lesquelles la concurrence paraît devoir se porter de préférence. (Lettre de l'Admin. du 20 juillet 1860.)

109. *Coupes invendues.* — On ne doit mettre en vente les coupes invendues des exercices précédents, qu'après celles de l'exercice courant. (Circ. A 678.) V. Coupes.

110. *Remise en vente. Bois communaux et d'établissements publics.* — Dans des circonstances exceptionnelles et en cas d'urgence bien constatée, le directeur des forêts pourra, sur la proposition du préfet, autoriser la remise en vente des coupes de bois des communes et des établissements publics restées invendues à la première lecture de l'affiche, faute d'offres suffisantes. (Cah. des ch. 2.)

111. *Coupes invendues. Remise en vente. Bois domaniaux et communaux.* — Lorsque, faute d'offres suffisantes, les adjudications n'auront pu avoir lieu, elles seront remises, séance tenante, au jour qui sera indiqué par le président, sur la proposition de l'agent forestier. (Ord. 89.) Cet article a été modifié par l'article 2 du cahier des charges. V. Coupes invendues.

112. *Coupes invendues. Renvoi.* — Lorsque, faute d'offres suffisantes, des coupes ou des lots de coupes n'auront pas été vendus à la première lecture de l'affiche, la mise en adjudication en sera renvoyée à l'époque de la mise en vente des coupes de l'exercice suivant. (Cah. des ch. art. 2. Circ. N 80, art. 56.)

113. *Renvoi.* — Le directeur des forêts pourra, au surplus, autoriser le renvoi de l'adjudication des coupes invendues à l'année suivante. (Ord. 89 et 134.)

114. *Rabais. Invendu.* — Un article non adjugé au rabais ne doit jamais être remis en vente dans le cours de la séance. Aucun indice ne doit faire pressentir l'instant de la clôture des rabais. (Circ. A 837.)

115. *Travaux. Remise.* — Les adjudications de travaux tentées sans succès peuvent être remises, sans nouvelles affiches, à un délai qui n'excède pas quinze jours. Le renvoi est annoncé en séance et constaté au procès-verbal. (Circ. N 22, art. 200.)

SECT. VIII. — PROCÈS-VERBAL D'ADJUDICATION.

§ 1. *Minute. Procès-verbal d'adjudication.*

116. *Procès-verbaux. Signature.* — Les procès-verbaux d'adjudication sont signés, sur le champ, par tous les fonctionnaires présents et par l'adjudicataire ou son fondé de pouvoirs. En cas d'absence, d'empêchement ou de refus, il en est fait mention. (Cah. des ch. 7. Ord. 91, 134. Circ. N 80, art. 51.)

117. *Procès-verbal. Signature. Refus.* — Dans le cas où un individu, après avoir prononcé le mot : *Je prends,* refuserait de signer le procès-verbal, l'Etat est en droit de réclamer de lui l'accomplissement des conditions de la vente. Le procès-verbal, quoique non signé, conserve la force et les effets d'un acte authentique faisant foi jusqu'à inscription de faux. (Lett. Min. 12 septembre 1833.) Le cas échéant, on doit en rendre compte à l'administration. (Circ. A 337 bis.)

118. *Procès-verbal d'adjudication. Formule.* — Les formules des procès-verbaux d'adjudication et autres actes sont fournis par l'administration. (Régl. Min. 4 juillet 1836.)

119. *Vente par unités de produits.* — Les procès-verbaux d'adjudication des ventes par unités de produits ou de marchandises ont pour objet de contrôler exclusivement les données et les résultats de l'adjudication : la minute doit être rédigée sur papier visé pour timbre et les clauses spéciales doivent être libellées dans un acte distinct. (Circ. N 181.)

120. *Rédaction.* — Les employés des préfectures et des sous-préfectures rédigent les procès-verbaux d'adjudication, ainsi que les actes des déclarations de command et de cautionnement. (Instr. 11 nov. 1818.) Les formules de ces actes sont visées pour timbre et enregistrées en débet. (Déc. Min. 14 juillet 1836.)

121. *Aliénation. Procès-verbal d'adjudication.* — Les minutes des procès-verbaux d'adjudication des aliénations seront rédigées sur papier timbré. (Circ. A 700.)

122. *Travaux. Procès-verbal d'adjudication.* — La minute du procès-verbal d'adjudication, signée par le bureau, sera adressée immédiatement au conservateur, avec la soumission admise et les réclamations qui pourraient être déposées contre l'adjudication (Cah. des ch. 17.) ; elle restera ensuite déposée dans les archives du chef de service. (Cah. des ch. art. 6.)

123. *Paiements. Poursuites. Exécution.* — Les procès-verbaux d'adjudication emportent exécution parée et contrainte par corps contre les adjudicataires, leurs associés ou cautions, tant pour le paiement du prix principal que pour les frais et accessoires, et ce, sans qu'il soit besoin de jugement. (Cod. For. 28. Circ. du ministre des finances du 30 novembre 1833. Circ. N 80, art. 102.)

Dans ce cas, c'est la loi du 17 août 1832, qui doit être appliquée, et non pas les articles 211 et 212 du code forestier.

124. *Procès-verbaux. Foi.* — L'acte d'adjudication en matière de vente de coupe de bois, dans les forêts communales et domaniales, fait foi jusqu'à inscription de faux. (Nancy, 30 janvier 1858.)

125. *Procès-verbal. Degré de foi.* — Les procès-verbaux d'adjudication ont la force et les effets d'un acte authentique. Ils font foi jusqu'à inscription de faux et ne peuvent être combattus par la preuve testimoniale. (Cons. d'Et. 17 juillet 1822.)

126. *Exécution.* — Les procès-verbaux d'adjudication sont exécutoires *de plano,* comme un jugement ou un acte notarié.

127. *Hypothèques.* — Les procès-verbaux d'adjudication ne confèrent pas droit d'hypothèque. (Circ. du ministre des finances, 30 nov. 1833.)

128. *Ordonnance. Coupes extraordinaires.* — Il sera fait mention, dans les actes de vente et procès-verbaux d'adjudication des coupes extraordinaires, des ordonnances spéciales qui les auront autorisées. (Ord. 85, 134.)

129. *Limites. Réserves.* — Les procès-verbaux d'adjudication doivent mentionner la nature des limites naturelles, ainsi que l'essence et les dimensions des pieds corniers et parois. (Circ. A 475.)

130. *Zone frontière. Chemin. Réparation.* — Les procès-verbaux d'adjudication renferment, en ce qui concerne les coupes assises dans les territoires réservés de la zone frontière, les clauses et conditions concertées entre les services des forêts et du génie, relativement à la réparation des chemins, et notamment celle fixant le délai accordé à l'adjudicataire pour la démolition des ouvrages et le rétablissement des lieux. (Circ. N 388.)

131. *Martelage. Réserves.* — Il sera fait mention, dans les procès-verbaux d'adjudication, du mode de martelage ou de désignation des arbres de réserve. (Ord. 79,134.)

§ 2. *Expéditions et extraits.*

132. *Délais. Coupes.* — Dans un bref délai après l'adjudication, il est fourni par les fonctionnaires chargés de présider la vente des expéditions et extraits des procès-verbaux et du cahier des charges et clauses spéciales, suivant les conditions indiquées par lesdits cahiers des charges et procès-verbaux d'adjudication. (Circ. N 80, art. 60.)

133. *Bois domaniaux. Coupes.* — Il est fourni :

Une expédition destinée à l'adjudicataire pour les articles qui le concernent (elle est remise à l'agent forestier chef de service) ;

Une expédition au trésorier-payeur général des finances (Nota en marge de l'imprimé, série 4, n° 26) ;

Un extrait au préfet, quand la vente n'a pas été faite au chef-lieu de la préfecture ;

Un extrait au conservateur des forêts ;

Un extrait à l'agent forestier chef de service (Circ. N 416, form. série 4, n° 28) ;

Un extrait au directeur des domaines, qui le reçoit par l'intermédiaire de l'inspecteur des forêts. (Circ. N 210.)

134. *Bois communaux. Coupes.* — Il est fourni :

Une expédition destinée à l'adjudicataire pour les articles qui le concernent (elle est remise à l'agent forestier chef de service) ;

Un extrait au préfet, quand la vente n'a pas été faite au chef-lieu de la préfecture ;

Un extrait au conservateur des forêts ;

Un extrait à l'agent forestier chef de service (Circ. N 416, form. série 4, n° 29) ;

Un extrait au receveur des domaines ;

Une expédition au trésorier-payeur général des finances, pour les coupes extraordinaires ;

Une expédition au receveur de chaque commune ou établissement public, pour les coupes, soit ordinaires, soit extraordinaires, qui le concernent. (Nota en marge de l'imprimé, série 4, n° 26.)

135. *Adjudicataire. Coupes. Pièces.* — L'agent chef de service délivrera à l'adjudicataire, s'il le demande :

1° Une expédition du procès-verbal de son adjudication, dès qu'elle aura été établie au secrétariat du lieu de la vente ;

2° Des exemplaires du cahier des charges et des clauses spéciales ;

3° Une expédition du procès-verbal d'arpentage et du plan de la coupe. (Lettre du Min. des finances du 3 mars 1891. Cah. des ch. 18.)

136. *Timbre. Coupes.* — Les expéditions aux adjudicataires, au trésorier-payeur général, au receveur municipal et au receveur des établissements publics, pour les coupes ordinaires et extraordinaires qui les concernent, doivent être sur papier visé pour timbre. (Nota en marge de l'imprimé, série 4, n° 26.)

137. *Expédition.* — L'expédition du procès-verbal d'adjudication, destinée à l'adjudicataire, lui est délivrée au secrétariat du lieu de la vente, après l'acquittement des sommes qu'il est tenu de payer immédiatement, en conformité des dispositions du cahier des charges générales. (Circ. N 80, art. 59.)

138. *Expédition. Degré de foi.* — Les expéditions des procès-verbaux d'adjudication, signées du président de la vente, font foi jusqu'à inscription de faux, lorsqu'elles sont conformes aux minutes des actes de l'adjudication. (Ord. des 17 juillet 1822, 22 février 1824 et 6 juillet 1825. Circ. N 80, art. 52.)

139. *Timbre. Menus produits.* — Pour les adjudications de menus produits, les expéditions à délivrer aux adjudicataires doivent être timbrées. Celles à délivrer aux agents forestiers sont exemptes du timbre. Celles à délivrer aux comptables doivent être visées pour timbre. (Circ. Min. 9 février 1836, modifiée. Circ. N 38.)

140. *Receveur municipal. Menus produits.* — Les expéditions des procès-verbaux d'adjudication de menus produits à délivrer aux receveurs municipaux doivent être rédigées sur papier visé pour timbre. (Loi du 13 brumaire an VII, art. 12. Circ. N 38.)

141. *Menus produits.* — Pour les adjudications des produits accessoires, il est fourni, avec un exemplaire du cahier des charges, outre les expéditions aux adjudicataires, une expédition au receveur des domaines, un extrait à l'agent forestier chef de service et un extrait au chef de cantonnement. (Arr. Min. 9 février 1836.)

142. *Bois domaniaux. Chasse.* — Pour les baux de chasse, il est fourni, dans le mois de l'adjudication, avec un exemplaire du cahier des charges, une expédition sur timbre à chaque adjudicataire, pour les articles qui le concernent; il est fourni également un extrait au conservateur, un à l'inspecteur des forêts et un au préfet, si l'adjudication n'a pas été faite au chef-lieu de la préfecture. (Arr. Min. 20 janvier 1839. Circ. A 438.)

143. *Bois communaux. Chasse.* — Les maires doivent remettre aux agents forestiers une expédition des procès-verbaux d'adjudication de chasse dans les bois communaux. (Circ. A 662.)

144. *Travaux.* — Il sera délivré à l'entrepreneur une copie certifiée du devis, du bordereau des prix, du détail estimatif et, s'il le demande, du procès-verbal d'adjudication, du cahier des charges, ainsi que du plan du projet, lorsqu'il s'agira de construction de ponts, ponceaux, maisons ; mais on ne doit pas lui fournir de copie des tracés, profils et plans de nivellement. Il y est suppléé au moyen de piquetages. (Cah. des ch. 19. Circ. N 22, art. 202.)

145. *Aliénation.* — Il sera délivré par le préfet ou sous-préfet quatre expéditions du cahier des adjudications passées dans la même séance, savoir : une sur papier timbré pour le directeur des domaines, et les trois autres sur papier libre pour l'administration des forêts, pour le receveur général et pour

l'agent forestier chef de service de l'arrondissement. Il en sera délivré à l'acquéreur un extrait sur timbre. L'expédition pour le receveur sera remise dans les cinq jours, et les autres, ainsi que les extraits, dans les vingt jours de l'adjudication. (Arr. Min. 21 septembre 1852. Circ A 700.)

SECT. IX. — FRAIS EN GÉNÉRAL.

§ 1. *Frais spéciaux.*

146. *Produits domaniaux. Taxe.* — A l'avenir, il sera perçu uniformément, pour toutes les adjudications de produits des forêts domaniales, *sans exception* (produits principaux ou accessoires, chasse, carrière, etc.), une taxe de 1 fr. 60 c. pour cent du prix principal. Cette taxe comprend les droits de timbre et d'enregistrement des actes relatifs à la vente, à l'exception des droits d'enregistrement du procès-verbal d'adjudication, de l'acte de cautionnement et du certificat du cautionnement. (Déc. Min. des 4 juillet 1836, 16 mars 1838, 10 septembre 1864, 20 juillet 1872. Circ. N 160.)

Cette taxe de 1 fr. 60 c. pour cent s'applique au montant de l'adjudication, c'est-à-dire au prix *principal en numéraire*, augmenté de la valeur des charges, travaux et fournitures imposés. Toutefois, on ne considérera pas comme charges la valeur *sur pied* de bois délivrés aux gardes et aux usagers; mais les frais de façon et de transport de ces bois sont soumis à cette taxe. (Circ. N 283.)

147. *Coupes. Frais.* — Outre le prix principal de l'adjudication, il sera payé :

Par les adjudicataires des coupes de bois domaniaux, 1 fr. 60 c. pour cent du montant de l'adjudication, tant pour les droits fixes de timbre et d'enregistrement des procès-verbaux et actes relatifs à l'adjudication que pour tous autres frais. (Arr. Min. du 4 juillet 1836. Déc. du Min. des Fin. du 19 juillet 1872 et du 11 avril 1883.)

Par les adjudicataires de bois indivis entre l'Etat et les communes et établissements publics, et par les adjudicataires des coupes de bois des communes et des établissements publics, les droits fixes de timbre et d'enregistrement du procès-verbal et des autres actes relatifs à l'adjudication. (Art. 12, § 1er, de la loi du 13 brumaire an VII, 17 de la loi du 2 juillet 1862, 8 de la loi du 18 mai 1850, 1 et 2 de la loi du 23 août 1871, 4 de la loi du 28 février 1872 et 2 de la loi du 30 décembre 1873.)

Chaque adjudicataire des coupes de bois domaniaux, indivis, communaux et d'établissements publics payera, de plus, le droit fixe afférent au certificat de caution, lorsqu'il y aura lieu, et les droits proportionnels d'enregistrement sur le montant de l'adjudication augmenté, pour les bois domaniaux, de 1 fr. 60 c. pour cent et, pour les bois indivis, communaux et d'établissements publics, des droits fixes de timbre et d'enregistrement des actes antérieurs et postérieurs à l'adjudication. (Loi du 22 frimaire an VII, art. 14, n° 5, et 69, § 5, n° 1. Loi du 23 août 1871, art. 1er. Loi du 30 décembre 1873, art. 2. Déc. du Min. des Fin. du 27 avril 1883. Cah. des ch. 10. Circ. N 130.)

148. *Frais à payer comptant. Bois domaniaux et communaux.* — Les frais à payer comptant par les adjudicataires seront réglés par le préfet, sur la proposition du conservateur, et l'état en sera affiché dans le lieu des séances, avant l'ouverture et pendant toute la durée de la séance d'adjudication. (Ord. 90, 134.)

149. *Frais. Bois domaniaux.* — Indépendamment des droits d'enregistrement, les adjudicataires des produits principaux paient 1 fr. 60 c. pour cent du prix principal de leur adjudication ; cette charge est destinée à tenir lieu : des frais d'affiche et de vente ; des droits de timbre et d'enregistrement des procès-verbaux de toutes les opérations forestières qui précèdent ou suivent les ventes ; des frais de citations aux adjudicataires ; des droits de timbre des cahiers des charges, de la minute du procès-verbal d'adjudication et des expéditions de ce document, ainsi que des droits de timbre et d'enregistrement des actes concernant les arbres réservés pour la marine. (Déc. Min. 4 juillet 1836. Circ. N 130.)

150. *Frais divers.* — Moyennant le paiement de 1 fr. 60 c. pour cent, on ne doit rien exiger des adjudicataires à titre de frais ou charges de vente, sous quelque prétexte que ce soit. (Règl. Min. 4 juillet 1836, art. 11.)

151. *Recouvrement. Bois domaniaux.* — La taxe de 1 fr. 60 c. pour cent, recouvrée par le receveur des domaines du chef-lieu de la vente, doit être payée par les adjudicataires immédiatement après la réception des cautions ; elle est liquidée sur la présentation du procès-verbal d'adjudication.

152. *Timbre et enregistrement. Bois communaux.* — Les adjudicataires des bois communaux ne paient pas la taxe de 1 fr. 60 c. pour cent du prix principal, mais ils paient les droits de timbre et d'enregistrement des actes nécessités par l'adjudication, ainsi que les droits de timbre et d'enregistrement du procès-verbal d'adjudication, qui sont perçus lors de cette formalité. Quant aux autres droits, donnés en débet, ils sont recouvrés sur un état dressé par l'inspecteur et remis au receveur des domaines, car les adjudicataires doivent payer les frais de timbre et d'enregistrement de tous les actes antérieurs ou postérieurs à la vente, tels que procès-verbaux d'arpentage, de balivage, de réarpentage et de récolement. (Déc. Min. 9 mars 1849.)

153. *Frais. Bordereau.* — Les frais d'adjudication sont liquidés par le conservateur, sur les bordereaux de frais dressés pour les coupes ordinaires, extraordinaires et autres produits principaux, la chasse et tous les menus produits.

Chaque bordereau doit être arrêté, en toutes lettres, par l'agent qui a assisté à la vente; il doit être signé par lui et le fonctionnaire présidant, avec la mention de la qualité de chacun.

Chaque bordereau, arrêté par le conservateur, est joint comme pièce justificative à l'un des mandats délivrés en vertu dudit arrêté.

Chaque bordereau doit indiquer, en tête, le jour et la nature de la vente. Les parties prenantes doivent être désignées au tableau par leurs noms et prénoms.

154. *Paiement. Frais.* — Les frais d'adjudication seront payés sur la production d'un bordereau dressé par le fonctionnaire présidant l'adjudication et l'agent forestier chef de service. Le montant doit en être ordonnancé au nom des parties intéressées. (Régl. du 4 juillet 1836, art. 9. Régl. du 26 janvier 1846.)

155. *Forêts communales. Procès-verbal d'arpentage. Timbre. Frais.* — Dans le cas seulement où les adjudicataires demandent une copie du procès-verbal d'arpentage, le droit de timbre de cette expédition doit être compris dans l'état des frais à payer par l'intéressé. On mentionnera dans la colonne d'observations si l'expédition a été ou n'a pas été délivrée. (Circ. N 392. Cah. des ch. 18. Form. série 4, nº 25.)

156. *Frais. Remboursement.* — L'Etat est remboursé des frais d'adjudication par la taxe de 1 fr. 60 c. pour cent payée pour les bois domaniaux et par les 1/20 payés par les communes, pour la gestion de leurs bois. (Régl. Min. 4 juillet 1836.)

157. *Frais. Bois indivis.* — Les adjudicataires des coupes de bois indivis ne paient pas le 1 fr. 60 c. pour cent, mais ils paient tous les droits comme pour les coupes communales.

158. *Menus produits. Frais.* — Les frais d'adjudication des menus produits sont, pour les bois domaniaux, 1 fr. 60 c. pour cent du montant de l'adjudication, indépendamment des droits de timbre et d'enregistrement; pour les bois communaux et d'établissements publics, les droits fixes de timbre et le droit proportionnel d'enregistrement. (Arr. Min. 16 octobre 1838.)

Les droits de timbre et d'enregistrement seront payés dans les cinq jours, entre les mains du receveur des domaines, et, s'il y a lieu, les droits de caution et de certificateur de caution. (Circ. N 130.)

159. *Frais. Menus produits. Bois domaniaux.* — Le droit de 1 fr. 60 c. pour cent comprend tous les droits de timbre et d'enregistrement, excepté les droits d'enregistrement du procès-verbal d'adjudication, de l'acte du cautionnement et certificat du cautionnement. (Déc. Min. du 10 septembre 1864.)

160. *Chasse. Frais.* — La taxe de 1 fr. 60 c. pour cent est perçue, pour les baux de chasse, sur le prix principal du bail pour une année.

161. *Bois façonnés. Frais. Timbre et enregistrement.* — L'adjudicataire payera, pour les bois domaniaux, immédiatement après la vente et entre les mains du receveur des domaines, 1 fr. 60 c. pour cent du prix, tant pour les droits fixes de timbre et d'enregistrement que pour tous autres frais, et les droits proportionnels d'enregistrement sur le montant de l'adjudication et des charges accessoires. Pour les bois communaux et d'établissements publics, les droits de timbre et d'enregistrement seront acquittés par le propriétaire, à l'exception du timbre de l'expédition du procès-verbal d'adjudication à remettre au receveur municipal, qui est payé par l'adjudicataire. Si la commune le demande, l'adjudicataire payera comptant une partie du prix principal, pour liquider les frais à la charge du propriétaire. (Bois façonnés. Cah. des ch. art. 3.)

162. *Bois façonnés. Frais et droits.* — Lorsqu'on fait, dans une vente de bois façonnés, l'application du deuxième paragraphe de l'article 88 de l'ordonnance réglementaire, qui impose aux adjudicataires l'obligation de payer les prix d'abatage et de façon de ces bois, ces derniers doivent être déchargés des droits fixes de timbre et d'enregistrement, moyennant le paiement de 1 fr. 60 c. pour cent. Pour calculer le droit proportionnel d'enregistrement à payer par les acquéreurs, il faut ajouter au prix principal les frais d'abatage mis au compte des adjudicataires, de telle sorte que les droits en principal et décimes (2 fr. 50 c. pour cent) soient calculés sur le prix principal, augmenté de la charge d'abatage. (Déc. Min. 7 avril 1849. Lettre de l'admin. 3 sept. 1849, nº 748.)

163. *Arbres mitoyens. Frais.* — Est autorisée la perception de la taxe de 1 fr. 60 c. pour cent sur les adjudications d'arbres mitoyens entre l'Etat et les riverains (communes ou particuliers), pour tenir compte des frais d'adjudication, ainsi que de tous les droits fixes de timbre et d'enregistrement des procès-verbaux et actes relatifs à l'adjudication. (Décision du directeur général de l'enregistrement, 31 mars 1892, et note de la direction des forêts, 5 juillet 1892.)

164. *Bois façonnés communaux. Frais. Timbre et enregistrement des procès-verbaux.* — Les communes et établissements publics sont chargés d'acquitter les droits de timbre et d'enregistrement des procès-verbaux et

actes relatifs aux adjudications opérées pour leur compte, quand il s'agit de bois façonnés. (Déc. Min. 13 janvier 1865. Circ. N 101.)

Par exception, les droits de timbre de l'expédition du procès-verbal d'adjudication, remise comme titre de perception au receveur de la commune ou de l'établissement propriétaire, restent à la charge de l'adjudicataire. (Circ. N 38 et Circ. N 101.)

165. *Recouvrement.* — Afin d'assurer la perception des droits dus pour actes visés en débet, les inspecteurs devront adresser au receveur du lieu de l'adjudication, et immédiatement après, un état des droits de timbre et d'enregistrement à recouvrer. (Form. série 4, nº 41. Circ. N 101.)

166. *Coupes vendues en détail. Frais et recouvrement.* — Pour les bois vendus par unités de produit, après façonnage ou provenant d'exploitation accidentelle n'étant pas de nature à modifier l'assiette des coupes, le recouvrement des frais se fait par le receveur des domaines du lieu de la vente, sur l'expédition du procès-verbal d'adjudication. (Déc. Min. 26 juin 1863.)

167. *Exploitation. Coupe affouagère.* — Les procès-verbaux d'adjudication au rabais de l'exploitation des coupes affouagères délivrées aux communes ne peuvent être visés pour timbre et enregistrés en débet. (Déc. Min. 18 février 1832.)

168. *Travaux. Frais.* — Sont à la charge de l'entrepreneur les frais de timbre et d'enregistrement du procès-verbal d'adjudication et les frais de timbre du cahier des charges. (Cah. des ch. 20.)

§ 2. *Timbre.*

169. *Procès-verbal d'adjudication. Timbre.* — Les procès-verbaux d'adjudication des coupes sont visés pour timbre en débet. (Déc. Min. 28 janvier 1832.)

170. *Menus produits. Actes. Timbre.* — Les formules pour les procès-verbaux d'adjudication et les expéditions seront visées pour timbre en débet. (Arr. Min. du 9 février 1836, art. 3. Circ. A 375.)

171. *Timbre. Expédition.* — Les droits de timbre des expéditions des procès-verbaux d'adjudication à délivrer aux receveurs municipaux (Bois communaux, Produits principaux et accessoires) sont à la charge de l'adjudicataire. (Déc. Min. 4 mai 1866. Circ. N 38.)

172. *Formule. Timbre.* — Les formules destinées à la rédaction de la minute des procès-verbaux d'adjudication sont visées pour timbre en débet, au droit de 1 fr. 80 c. la feuille. (Arr. Min. 9 février 1836. Loi du 2 juillet 1862. Circ. N 80, art. 55. Loi du 23 août 1871.)

§ 3. *Enregistrement.*

173. *Droit.* — Les actes de ventes sont enregistrés au droit de 2 pour cent, en principal. (Loi du 22 frimaire an VII, art. 69.)

Le droit d'enregistrement des adjudications pour construction, réparation, entretien, approvisionnement et fournitures payées par l'État est calculé sur le prix exprimé ou l'évaluation des objets. Le taux du droit fixe est établi à 5 francs pour les sommes de 5000 francs et au-dessous, et à 10 francs pour les sommes de 5000 à 10000 francs. (Loi du 28 février 1872, art. 1 et 2.)

On ne perçoit que 1 pour cent du montant de l'adjudication, lorsque le droit proportionnel ne s'élève pas à 5 francs en principal; pour les adjudications de 500 à 5000 francs, le droit est de 5 francs. (Circ. N 132.)

174. *Procès-verbal. Enregistrement.* — Les procès-verbaux d'adjudication doivent être enregistrés dans le délai de vingt jours. (Loi du 22 frimaire an VII.)

175. *Enregistrement.* — Tous les actes préliminaires aux ventes peuvent être enregistrés en même temps que le procès-verbal d'adjudication. (Déc. Min. 13 germ. an XIII. Circ. N 80, art. 54.)

176. *Droits d'enregistrement. Recouvrement.* — Les secrétaires du lieu de la vente se chargent de recevoir des adjudicataires le montant des sommes destinées à acquitter les droits d'enregistrement. A cet égard, ils exercent une qualité publique, en ce qui touche la perception des droits d'enregistrement à la charge des adjudicataires, et ils ne sont pas seulement les commis ou préposés de l'administration qu'ils représentent. Lorsqu'ils perçoivent des droits supérieurs à ceux qui sont établis par la loi, ils commettent le crime de concussion prévu par l'article 174 du code pénal. (Cass. 28 mai 1842. Revue des Eaux et Forêts, Bulletin 1876, page 58.)

SECT. X. — RÉSULTATS. ÉTATS DE VENTE.

177. *Résultats.* — Le conservateur doit, le jour même de l'adjudication, faire connaître les résultats de la vente. (Circ. A 575.)

178. *État des ventes. Bois communaux et d'établissements.* — Après les ventes des coupes de bois communaux et d'établissements publics, les conservateurs adressent aux directeurs des domaines un état, par arrondissement communal, indiquant le nom de la commune ou de l'établissement public propriétaire, la contenance totale de la forêt et le prix principal de chaque coupe. (Déc. Min. 11 juillet 1857. Circ. A 760.)

179. *Travaux. Résultats.* — Les résultats de l'adjudication de travaux (soumission) seront constatés par un procès-verbal relatant toutes les circonstances de l'opération. (Cah.

des ch. 16.) Ce procès-verbal est signé, séance tenante, par le président et les membres du bureau. (Circ. N 22, art. 194.)

180. *Menus produits.* — Il est rendu compte des ventes de menus produits, au moyen d'une affiche annotée adressée immédiatement après l'adjudication. (Form. série 5, nº 4.)

181. *Affiche annotée. Bois domaniaux.* — Pour toutes les ventes dont le produit est versé à la caisse du receveur des domaines, l'affiche annotée, à adresser dans les dix jours (Circ. A 840 et Circ. A 842), sera remplacée par un bulletin série 4, nº 40 bis. (Lettre du 10 mars 1864, nº 4139.)

182. *Résumés et états.* — Immédiatement après chaque séance, le conservateur adresse à l'administration un résumé des résultats obtenus (Form. série 4, nº 32) et, dans les quatre jours qui suivent, une affiche annotée de tous les détails de l'adjudication, avec un tableau récapitulatif. (Form. série 4, nº 32 bis.)

Les résumés et états récapitulatifs sont établis distinctement par affiche et par arrondissement.

En ce qui concerne les bois domaniaux, les mêmes résumés et états sont établis séparément :

1º Pour les coupes ordinaires et pour les coupes extraordinaires sans affectation spéciale ;

2º Pour les coupes extraordinaires dont le produit a une affectation spéciale ;

3º Pour les articles de vente comprenant la superficie seule des biens à aliéner.

On distingue toujours, lorsqu'il s'agit de bois indivis, la part afférente à l'Etat. (Circ. N 80, art. 61.)

Sur les bulletins série 4, nº 32 bis, concernant les bois domaniaux, on doit indiquer le chapitre et le paragraphe du classement auxquels les produits se rattachent. (Note de la direction, 8 février 1889.)

183. *Exploitation accidentelle.* — Les produits des exploitations accidentelles doivent figurer sur les états récapitulatifs du produit des ventes, s'ils ont été mis en adjudication. (Circ A 819.)

184. *Rapport.* — Après la clôture des adjudications, les conservateurs fournissent un rapport général sur l'ensemble des opérations, dans lequel ils exposent les motifs des variations survenues dans le prix des bois, leur opinion sur la régularité des estimations et les considérations propres à éclairer l'administration sur les causes de succès ou d'insuccès des ventes. (Circ. N 80, art. 62.) V. Produit des bois.

185. *Rapport.* — Dans son rapport de ventes, le conservateur doit envoyer la moyenne de l'estimation et du prix de vente, pour chaque département, du stère empilé de bois de chauffage et du mètre cube (volume réel en grume) des bois de service et d'industrie. (Circ. A 737.)

SECT. XI. — CORSE.

186. *Corse.* — Une loi du 16 juillet 1840 a autorisé l'administration des forêts à faire dans les bois de l'Etat, en Corse, des adjudications à longs termes, dont la durée ne peut excéder vingt années. Ces adjudications doivent avoir lieu suivant les formes établies pour les autres adjudications de coupes dans les bois de l'Etat. V. Président. Solvabilité.

187. *Corse. Bois domaniaux.* — L'administration est autorisée à effectuer, en une seule et même adjudication, la vente de deux, trois, quatre ou cinq coupes au plus, appartenant à autant d'exercices différents. (Déc. Min. 26 avril 1859. Circ. N 80, art. 66.)

188. *Coupes invendues.* — Si des coupes de bois domaniaux restent invendues, le conservateur peut, s'il le juge convenable, procéder, séance tenante, à une nouvelle adjudication aux enchères. (Circ. N 80, art. 68.)

189. *Remise.* — Lorsque, faute d'offres suffisantes, les coupes de cette catégorie n'ont pas été adjugées à la première séance, le président de la vente peut, sur la proposition du conservateur, en remettre l'adjudication, sans nouvelles affiches, à un délai qui ne doit pas excéder trois mois. (Déc. Min. du 26 avril 1859. Cah. des ch. gén. (Circ. N 80, art. 69.)

190. *Renvois.* — Les coupes restées invendues à la deuxième séance d'adjudication sont renvoyées à l'exercice suivant. (Déc. Min. du 26 avril 1859 et Cah. des ch. gén. Circ. N 80, art. 70.)

ADMINISTRATEURS.

1. *Nomination.* — Les administrateurs sont nommés par le Chef de l'Etat, sur la proposition du ministre de l'agriculture. Ils sont au nombre de trois. (Ord. art. 2. Décr. 24 janvier 1860. Ord. 17 décembre 1844. Décr, 12 octobre 1890. Circ. N 433.)

2. *Choix.* — Les administrateurs des forêts sont choisis parmi les conservateurs ayant deux ans au moins d'exercice dans le grade. (Décr. du 15 juin 1891, art. 6. Circ. N 435.)

3. *Hiérarchie.* — Les administrateurs sont les subordonnés du directeur. (Décr. 14 janvier 1888. Circ. N 394.)

4. *Mission. Service. Attribution.* — Le ministre détermine les parties du service attribuées à chaque administrateur, qui, avec l'approbation du ministre de l'agriculture, peut être chargé de missions temporaires dans les départements. (Ord. art. 5.)

Ils sont chefs de bureau.

L'administrateur chef du 1er bureau est, en même temps, secrétaire du conseil des forêts.

Le chef du 2e bureau est vérificateur général des aménagements, et celui du 3e bureau, vérificateur général des reboisements. (Décr. du 14 janvier 1888. Circ. N 394). V. Administration. Bureaux.

5. *Conseil.* — Les administrateurs se réunissent en conseil d'administration, sous la présidence du ministre et. en cas d'empêchement, sous celle du directeur. (Décr. 14 janvier 1888. Circ. N 394.)

6. *Tournées.* — Les tournées des administrateurs sont réglées par le ministre, sur la proposition motivée du directeur. (Décr. du 14 janvier 1888. Circ. N 394.)

ADMINISTRATEURS DES ÉTABLISSEMENTS PUBLICS.

1. *Ventes. Coupes non autorisées.* — Les administrateurs des établissements publics qui font des ventes ou opèrent l'exploitation de coupes, sans le concours des agents forestiers et contrairement aux prescriptions des articles 17, 18 et 19 du code forestier, sont punis :

Amende : 300 à 6000 fr. (Cod. For. 100.)
Dommages-intérêts qui pourraient être dus aux propriétaires.

2. *Adjudication.* — Les administrateurs des établissements publics ne peuvent prendre part aux ventes des bois des établissements publics dont l'administration leur est confiée. (Cod. For. 21, 101.)

En cas d'infraction :

Amende du 1/4 au 1/12 du montant de l'adjudication. (Cod. For. 21, 101.)
Emprisonnement : 6 mois à 2 ans. (Cod. For. 21, 101. Cod. Pén. 175.)
Interdiction de fonctions civiles, 6 mois à 2 ans. (Cod. For. 21, 101. Cod. Pén. 175.)
Dommages-intérêts facultatifs : minimum, amende simple. (Cod. For. 101, 198, 201.)
Vente nulle. (Cod. For. 101, 201.)

3. *Pâturage. Chèvres. Moutons.* — Les administrateurs des établissements publics ne peuvent introduire, ni faire introduire des chèvres ou moutons dans les bois de ces établissements.

Pénalités édictées par l'article 199 du code forestier (Cod. For. 214.) V. Pâturage.

4. *Extraction.* — Les administrateurs des établissements publics autorisent, sauf l'approbation du conservateur, les extractions de productions quelconques dans les bois des établissements publics et proposent au préfet le prix à fixer. (Ord. 4 décembre 1844.)

ADMINISTRATION DES FORÊTS.

1. *Définition. Administration.* — L'administration est l'ensemble des services publics destinés à concourir à l'exécution de la pensée du gouvernement et à l'application des lois et règlements.

On confond souvent, à tort, le gouvernement avec l'administration. Mais ces deux autorités sont bien distinctes l'une de l'autre. C'est le gouvernement qui dirige, qui donne l'impulsion ; c'est l'administration qui agit, qui exécute. (Block.)

2. *Mission.* — Régler les intérêts publics et, tout en les faisant prévaloir sur les intérêts privés, concilier leurs exigences respectives, autant que le comportent les circonstances et les nécessités sociales ; telle est la mission de l'administration. (Vivien.)

3. *Subordination.* — Il ne s'exécutera rien dans les bois, en ce qui concerne le régime forestier, que par les ordres de l'administration et sous la direction de ses agents. (Instr. 23 mars 1821.)

4. *Actes.* — Chaque administration doit conserver une trace régulière des actes émanés d'elle. (Block.)

5. *Attribution. Service.* — L'administration des forêts ayant été rattachée au ministère de l'agriculture et du commerce par décret du 15 décembre 1877 (Circ. N 230), les attributions conférées par le code forestier à l'administration des forêts sont exercées, sous l'autorité du ministre de l'agriculture, par la direction des forêts. (Ord., art. 1. Décr. du 14 novembre 1881. Décr. du 18 février 1882.)

Dans l'exercice des attributions qui lui sont conférées par les lois et les règlements concernant l'administration forestière, le ministre de l'agriculture est assisté du directeur et du conseil des forêts. (Décr. 14 janvier 1888, art. 1. Circ. N 394.)

6. *Service central. Personnel.* — L'administration des forêts comprend, à Paris, la direction, composée d'un directeur, de trois administrateurs, de six chefs de section, de onze rédacteurs et de quinze commis. (Décr. du 12 octobre 1890, art. 1. Circ. N 433.)

7. *Bureaux. Travail.* — Le travail de l'administration des forêts est partagé en trois bureaux, ayant les attributions suivantes, savoir :

1er bureau : contentieux ; acquisitions ; enseignement forestier ; matériel des forêts.

2e bureau : aménagements ; exploitations.

3e bureau : reboisements ; repeuplements ; défrichements ; travaux.

Le personnel extérieur est placé sous les ordres immédiats du directeur. (Décr. 12 octobre 1890. Arr. Min. du 16 avril 1891. Circ. N 433.)

8. *Travail. Direction. Bureau.* — A la tête de chaque bureau est placé un adminis-

trateur, ayant sous ses ordres un ou deux inspecteurs chefs de section. (Décr. 12 octobre 1890. Circ. N 433.)

9. *Recrutement.* — Les agents de tout grade qui font partie de l'administration centrale sont recrutés dans le personnel du service extérieur. (Décr. 12 octobre 1890. Circ. N 433.)

10. *Personnel. Organisation départementale.* — L'administration a sous ses ordres :

1o Des agents, sous la dénomination de conservateurs, inspecteurs, inspecteurs adjoints, gardes généraux et gardes généraux stagiaires.

2o Des préposés, sous les noms de brigadiers et gardes. (Ord. art. 11.)

11. *Bois communaux et d'établissements publics. Gestion.* — Moyennant la perception des frais d'administration (voir frais), les agents et préposés de l'administration forestière doivent faire, sans aucune rétribution, dans les bois des communes et des établissements publics, toutes les opérations de conservation, régie, poursuites, etc., excepté les aménagements et les délimitations.

Les poursuites, dans l'intérêt des communes et des établissements publics, pour délits et contraventions commis dans leurs bois et la perception des restitutions et dommages-intérêts prononcés en leur faveur seront effectués, sans frais, par les agents du gouvernement, en même temps que celles qui ont pour objet le recouvrement des amendes dans l'intérêt de l'Etat.

En conséquence, il n'y aura lieu à exiger, à l'avenir, des communes et établissements publics, ni aucun droit de vacation, d'arpentage, de réarpentage, de décime, de prélèvement quelconque par les agents et préposés de l'administration forestière, ni le remboursement soit des frais des instances dans lesquelles l'administration succomberait, soit de ceux qui tomberaient en non-valeur par l'insolvabilité des condamnés. (Cod. For. 107.)

12. *Incompétence. Gestion.* — Si les bois ne sont pas régulièrement soumis au régime forestier, ils ne peuvent pas être administrés suivant le code forestier, et les agents forestiers sont incompétents pour y remplir leurs fonctions. Ils ne peuvent s'y ingérer sous peine de faire des actes prohibés par la loi.

ADMISSION. V. Avancement.

AFFAIRES.

Bureau. Dossier. — Dans les bureaux des agents, il doit être ouvert pour chaque affaire un dossier ayant son numéro spécial et contenant la correspondance par ordre de date. (Circ. A 584.) V. Instruction des affaires.

AFFAIRES CONNEXES-MIXTES. V. Compétence. Connexité.

AFFAIRES SOMMAIRES. V. Matière sommaire.

AFFECTATAIRES.

Droits. — Si les affectataires ont pu faire juger par les tribunaux la validité de leurs titres, le gouvernement, dans ce cas, a la faculté d'affranchir les forêts de l'Etat, par un cantonnement amiable ou judiciaire. L'action en cantonnement ne peut pas être exercée par les affectataires concessionnaires. (Cod. For. 58.)

AFFECTATION.

V. Accensement. Plan.

SECT. I. — DROIT.

§ 1. *Droit en lui-même.*

1. *Définition.* — On appelle *affectation* la faculté accordée à un établissement industriel de prendre, à un prix modique et pendant un certain temps, les bois nécessaires à l'alimentation de cet établissement.

Les affectations au profit des communes sont très rares, et il ne faut pas les confondre avec les délivrances fixes provenant de la réglementation des droits d'usage.

Le cantonnement des affectations *à temps* est à peu près impossible. L'exercice du droit d'affectation est régi, quant au *mode d'exercice* de ce droit, par toutes les règles du code forestier. (Nancy, 5 décembre 1834.)

2. *Principes.* — Les affectations de bois à titre particulier ont cessé d'avoir lieu à partir du 1er septembre 1837. A l'avenir, il ne sera plus concédé d'affectation dans les bois de l'État. (Cod. For. 60.)

3. *Expiration* — Les affectations de coupes de bois ou délivrances, soit par stères, soit par pieds d'arbres, qui ont été concédées à des communes, à des établissements industriels ou à des particuliers, nonobstant les prohibitions établies par les lois et les ordonnances alors existantes, continueront d'être exécutées jusqu'à l'expiration du terme fixé par les actes de concession, s'il ne s'étend pas au delà du 1er septembre 1837. (Cod. For. art. 58.)

4. *Reconnaissance de droits.* — Les concessionnaires de ces dernières affectations, qui prétendraient que leur titre n'est pas atteint par les prohibitions ci-dessus rappelées et qu'il leur confère des droits irrévocables, devront, pour y faire statuer, se pourvoir devant les tribunaux, dans l'année qui suivra la promulgation de la présente loi, sous peine de decheance.

Si leur prétention est rejetée, ils jouiront, néanmoins, des effets de la concession jusqu'au terme fixé par le second paragraphe du présent article. (Cod. For. 58.)

5. *Suppression.* — Les affectations faites au préjudice des mêmes prohibitions, soit à perpétuité, soit sans indication de termes ou à des termes plus éloignés que le 1er septembre 1837, cesseront à cette époque d'avoir aucun effet. (Cod. For. 58.)

6. *Libération. Cantonnement.* — Dans le cas où leur titre serait reconnu valable par les tribunaux, le gouvernement, quelles que soient la nature et la durée de l'affectation, aura la faculté d'en affranchir les forêts de l'Etat, moyennant un cantonnement qui sera réglé de gré à gré, ou, en cas de contestation, par les tribunaux, pour tout le temps que devait durer la concession. L'action en cantonnement ne pourra être exercée par les concessionnaires. (Cod. For. 58.)

7. *Usine. Suspension.* — Les affectations faites pour le service d'une usine cessent de plein droit, si le roulement de l'usine est suspendu pendant deux ans, sauf le cas de force majeure. (Cod. For. 59. Cod. Civ. 1148.)

8. *Force majeure. Suspension.* — Pour que la prescription de deux ans, fixée par l'article 59, ne soit pas appliquée, il faut que la suspension du roulement de l'usine provienne d'un fait de force majeure, régulièrement constaté par acte ou procès-verbal authentique, dressé par un agent forestier ou un autre officier public.

9. *Taillis. Concession.* — Lorsque le taillis d'une forêt domaniale a été concédé à une usine pour son alimentation tant qu'elle serait en activité, cette concession a le caractère d'une affectation et non d'un abandon de propriété. (Amiens, 14 juillet 1853.)

10. *Aliénation. Extinction.* — En cas d'aliénation d'une forêt domaniale, dont le taillis est affecté à l'alimentation d'une usine, c'est l'Etat, et non l'acquéreur de la forêt, qui profite de l'extinction de l'affectation, alors surtout que le sol et la futaie ont seuls fait l'objet de la vente. (Nancy, 25 janvier 1849.)

11. *Action. Juridiction.* — Les actions ayant pour objet de faire déclarer perpétuelles et irrévocables les affectations de bois doivent être considérées comme actions *réelles* et être, en conséquence, portées devant les tribunaux de la situation des bois. (Déc. Min. 11 mai 1829.)

12. *Action. Compétence.* — Les questions relatives aux affectations, dans les bois domaniaux, sont de la compétence de l'autorité judiciaire. (Ord. royale, 11 février 1829.)

13. *Redevances.* — Les redevances pour affectations sont considérées comme produits accessoires. (Arr. Min. 22 juin 1838.)

§ 2. *Exercice du droit.*

14. *Exercice. Règle de jouissance.* — Le mode d'exercice des affectations est soumis à toutes les règles du code forestier relatives aux exploitations. (Cass. 26 juin 1835.) Ces règles n'affectent point le fond du droit, mais déterminent seulement le mode de jouissance. (Cass. 2 juin 1836.)

15. *Coupes. Délivrance. Bois communaux.* — Lorsque des délivrances, en vertu d'affectation à titre particulier, devront être faites par coupes ou par pieds d'arbres, les ayants-droit ne pourront effectuer l'exploitation qu'après que la désignation et la délivrance leur en auront été faites régulièrement et par écrit par l'agent forestier chef de service. (Ord. 109.)

16. *Opérations.* — Les opérations d'arpentage, de balivage et de martelage, ainsi que le réarpentage et le récolement, seront effectuées par les agents de l'administration forestière, de la même manière que pour les coupes de bois de l'Etat et avec les mêmes réserves. (Ord. 109.)

17. *Exploitation.* — Les possesseurs d'affectation se conformeront, pour l'exploitation des bois qui leur seront ainsi délivrés, à tout ce qui est prescrit aux adjudicataires des bois de l'Etat, pour l'usance et la vidange des ventes. (Ord. 109.)

18. *Délivrance. Mise en charge. Bois domaniaux.* — Lorsque les délivrances devront être faites par stères, elles seront imposées comme charges aux adjudicataires des coupes,

et les possesseurs d'affectations ne pourront enlever les bois auxquels ils ont droit qu'après que le comptage en aura été fait contradictoirement entre eux et l'adjudicataire, en présence de l'agent forestier local. (Ord. 110.)

19. *Estimation. Expert. Bois domaniaux.* — Lorsqu'il y aura lieu d'estimer la valeur des bois à délivrer aux affouagistes, il sera procédé à l'estimation par un agent forestier nommé par le préfet et un expert nommé par l'affouagiste; en cas de partage, un troisième expert sera nommé par le président du tribunal. (Ord. 111.)

SECT. II. — AMÉNAGEMENT.

20. *Affectation. Définition.* — Division d'une forêt aménagée.

21. *Aménagement. Dessin.* — Les affectations, dans chaque série, seront formées par la réunion d'un nombre convenable de parcelles contiguës et groupées autant que possible. Elles seront désignées par des chiffres romains et des teintes de couleur. (Instr. 15 octobre 1860.) V. Plan.

SECT. III. — IMMEUBLES.

22. *Affectation. Immeuble.* — Les ordonnances qui auront pour objet d'affecter un immeuble de l'Etat à un service public seront concertées entre le ministère des finances et le ministère qui réclamera l'affectation, et ce dernier contresignera l'ordonnance et décidera l'affectation. (Ord. royale, 14 juin 1833.)

AFFICHAGE.

1. *Apposition. Autorisation. Certificats.* — Les affiches pour les ventes seront apposées sous l'autorisation du préfet et à la diligence de l'agent forestier, lequel sera tenu de rapporter les certificats d'apposition, que les maires délivreront aux gardes ou autres qui les auraient placardées. (Ord. 84.)

2. *Visa. Dispense.* — Les affiches annonçant des adjudications de produits forestiers, quelles qu'en soient la nature et la provenance, à effectuer dans les chefs-lieux de canton ou dans les communes, sont dispensées de la formalité du visa par les préfets ou les sous-préfets. (Décr. 25 février 1888. Circ. N 396.)

3. *Publicité.* — Les préfets et sous-préfets, emploieront, outre les affiches, les autres moyens de publication qui seront à leur disposition. (Ord. 84.)

4. *Mode.* — L'apposition des affiches se fait par l'intermédiaire de l'afficheur public.

5. *Ventes. Refus.* — En cas de refus du maire de faire afficher, ou en cas de refus de la part de l'afficheur lui-même, il n'y a pas de pénalité. L'administration n'a qu'à faire autoriser un garde à placer ses affiches aux lieux désignés.

6. *Liberté.* — L'affichage de tous les écrits politiques et autres est absolument libre. (Loi du 29 juillet 1881.)

7. *Autorité. Interdiction. Illégalité.* — L'autorité préfectorale ne saurait faire revivre à son profit le pouvoir de réglementation que les lois des 14, 22 décembre 1789, 16, 24 août 1790, 19, 22 juillet 1791, attribuaient, en matière d'affichage, à l'autorité municipale, et l'arrêté pris par un préfet, pour interdire dans les communes de son département l'affiche d'un écrit politique est entaché d'illégalité. (Cass. 10 janvier 1885.)

8. *Délimitation. Arrêté. Certificat.* — Les maires doivent publier et afficher les arrêtés annonçant les délimitations générales, et adresser les certificats aux préfets. (Ord. 60.) V. Délimitation.

9. *Délimitation. Arrêté. Affiche.* — L'affichage doit être fait par les gardes ou les employés de la mairie, et le maire en donne une attestation écrite, qui est jointe à la minute du procès-verbal de délimitation.

10. *Délits. Constatations.* — Les agents de la force publique peuvent constater, par procès-verbaux, les contraventions à l'article 30 de la loi du 8 juillet 1852 (affichage particulier); ils auront droit au quart des amendes payées par les contrevenants. (Décr. 25 août 1852, art. 5 et 6.)

11. *Lieu.* — L'autorité municipale désigne les lieux destinés à recevoir les affiches de l'autorité. L'affichage sur les églises est généralement défendu. (Loi des 18-22 mai 1791. Loi du 29 juillet 1881, art. 15 et 16.)

12. *Périmètres de restauration. Loi.* — Aussitôt après sa promulgation, la loi instituant un périmètre de restauration est publiée et affichée dans les communes intéressées; un duplicata du plan du périmètre est déposé à la mairie de chacune d'elles. (Instr. gén. du 2 février 1885, art. 25. Circ. N 345.)

13. *Restauration des terrains en montagne.* — Le préfet est chargé de l'accomplissement des formalités de publication et d'affichage de la loi déclarant l'utilité publique des travaux et fixant le périmètre. Les plans et extraits nécessaires lui sont transmis immédiatement, à cet effet, par l'administration des forêts. (Décr. du 11 juillet 1882, art. 8.)

14. *Périmètres de restauration. Expropriation. Jugement. Tableau des offres légales.* — Le jugement et le tableau complet des offres légales, pour l'achat du terrain, sont publiés à son de trompe ou de caisse et affichés par extrait dans la commune de la situation des biens, tant à la principale porte de l'église qu'à celle de la maison commune. (Loi du 3 mai 1841, art. 6 et 15.)

Trois exemplaires en sont remis au maire de la commune, savoir :

Un pour les publications à faire à son de trompe ou de caisse;

Deux pour être affichés à la principale porte de l'église du lieu et à celle de la maison commune.

L'accomplissement des formalités de publication et d'affichage est constaté par un certificat en double minute. L'une des minutes reste déposée à la mairie et l'autre est remise au service forestier. (Instr. gén. du 2 février 1885, art. 54, 55. Circ. N 345.)

15. *Périmètres de restauration. Tableau supplémentaire des offres.* — Les offres du tableau supplémentaire n'ont pas besoin d'être publiées et affichées. (Instr. gén. du 2 février 1885, art. 64. Circ. N 345.)

16. *Restauration des montagnes. Cessions amiables. Contrats.* — Les contrats sont publiés et affichés par extraits, conformément aux prescriptions de la loi du 3 mai 1841. (Instr. gén. du 2 février 1885, art. 39. Circ. N 345.)

17. *Mise en défens.* — Ampliation du décret prononçant la mise en défens est transmise par l'administration des forêts au préfet, qui le fait publier et afficher dans la commune de la situation des lieux. (Décr. du 11 juillet 1882, art. 20.)

18. *Règlement de pâturage.* — Le règlement de pâturage délibéré par le conseil municipal, conformément à l'article 12 de la loi du 4 avril 1882, est publié et affiché dans la commune. (Décr. du 11 juillet 1882, art. 25.)

AFFICHE.

V. Affichage. Journaux.

SECT. 1. — COUPES. AFFICHES EN GÉNÉRAL.

§ 1. *Rédaction. Composition.*

1. *Principes. Rédaction.* — Les affiche seront rédigées par l'agent supérieur de l'arrondissement forestier, approuvées par le

conservateur et apposées sous l'autorisation du préfet, à la diligence de l'agent forestier, lequel sera tenu de rapporter les certificats d'apposition que les maires délivreront aux gardes ou autres qui les auront placardées. (Ord. 84, 134.)

Toutefois, quand, par application du décret du 29 juillet 1884, il n'est établi qu'une seule affiche en placard, comprenant les coupes de toutes les inspections d'un département, cette affiche est rédigée par le conservateur. (Circ. N 80, art. 7. Circ. N 337.)

2. *Approbation.* — Les affiches en cahier ne sont soumises qu'à l'approbation du conservateur. (Circ. N 80, art. 9.)

3. *Coupes autorisées. Détail.* — Les conservateurs doivent s'assurer que les projets d'affiches, dressés par les agents, ne contiennent que les coupes autorisées et renferment les détails suffisants et propres à obtenir dans les ventes un prix avantageux. (Instr. 23 mars 1821, art. 41.)

4. *Ordre d'inscription des coupes.* — Les coupes seront inscrites sur les affiches dans l'ordre suivant :

BOIS DOMANIAUX.

1o Coupes ordinaires ;
2o Coupes extraordinaires sans affectation spéciale ;
3o Coupes extraordinaires avec affectation spéciale.

BOIS DES COMMUNES ET DES ÉTABLISSEMENTS PUBLICS.

1o Coupes ordinaires ;
2o Coupes extraordinaires.
(Circ. N 80, art. 6.)

5. *Vérification. Pièces à joindre.* — Les procès-verbaux de balivage doivent être annexés aux projets d'affiches dressés par les inspecteurs et soumis à l'approbation des conservateurs. (Circ. N 80, art. 7, note.)

6. *Timbre.* — Les affiches qui annoncent les ventes des coupes et autres produits forestiers ne sont pas assujetties au timbre. Délib. du conseil des domaines, 6 janvier 832.)

§ 2. *Indications. Renseignements.*

7. *Affiches. Indications.* — Les affiches indiquent le lieu, le jour et l'heure où il est procédé aux ventes, les fonctionnaires qui doivent les présider, la situation, la nature et la contenance des coupes, le nombre, la classe et l'essence des arbres de réserve (Ord. régl., art. 84) et ceux marqués pour le service de la marine. (Arr. Min. du 19 février 1862, art. 5. Circ. N 7, art. 9, § 2. Circ. N 80, art. 5. Circ. N 337.)

8. *Martelage. Réserve.* — Les affiches en cahier font connaître le mode de martelage et de désignation des arbres de réserve. (Ord. 79, § 3. Circ. N 80, art. 5. Circ. N 337.)

9. *Coupes extraordinaires.* — Les affiches en cahier indiquent les décrets et ordonnances qui autorisent les coupes extraordinaires. (Ord. 85. Circ. N 80, art. 5. Circ. N 337.)

10. *Indications sur les coupes.* — On doit veiller à la confection des affiches, de manière à éviter toute erreur dans les indications relatives à l'assiette et à la consistance des coupes. (Circ. N 180.)

11. *Tranchées. Laies.* — Les affiches en cahier indiquent si les bois des laies et tranchées font partie de la vente. (Ord. 75, § 2. Circ. N 80, art. 5. Circ N 337.)

12. *Renseignements. Indications.* — Les affiches en placard pourront n'indiquer que le lieu, le jour et l'heure de l'adjudication, ainsi que le nombre, la nature des coupes et leur consistance en bloc. Dans ce cas, des cahiers spéciaux (affiches en cahier), renfermant les autres renseignements prescrits par l'article 84 de l'ordonnance du 1er août 1827 et les autres règlements en vigueur, seront mis à la disposition du commerce. (Décr. du 29 juillet 1884. Circ. N 337.)

13. *Cahier. Renseignements.* — Les affiches en cahier comprennent tous les renseignements propres à éclairer le public sur la nature des coupes, le mode d'exploitation, la faculté d'écorcer, le nombre et le volume en grume des arbres abandonnés dans les essences les plus précieuses.

Ce dernier renseignement peut être remplacé par l'indication du nombre et de la grosseur, par classes, des arbres des mêmes essences. (Circ. N 80, art. 11.)

14. *Matériel des coupes.* — Dans les affiches en cahier, on doit indiquer le volume en grume des essences les plus précieuses qui se trouvent dans chaque coupe, chênes, hêtres, frênes, etc., soit pour leur quantité, soit par leur emploi (industrie, construction, chemin de fer, etc.), et on ne doit y inscrire que les travaux spécifiés à mettre en charge, d'après l'article 33 du cahier des charges. (Circ. N 80. Circ. N 337.)

15. *Ecorçage.* — Les affiches en cahier doivent indiquer les coupes où l'écorçage est autorisé. (Instr. 23 mars 1821, art. 14. Circ. N 337.)

16. *Interversion. Réunion. Lots.* — Les affiches en cahier rappellent que le conser-

vateur se réserve le droit d'intervertir l'ordre des coupes, au moment des ventes et, s'il y a lieu, de réunir certains lots qui, dans ce cas, doivent être déterminés. (Circ. A 426, bis. Circ. A 751. Circ. N 80, art. 12. Circ. N 337.)

17. *Travaux. Chauffage.* — Les affiches en cahier indiquent la nature et le prix des travaux d'entretien à la charge des adjudicataires, ainsi que les quantités et espèces de bois à fournir pour le chauffage des préposés. (Circ. N 80, art. 13. Circ. N 337.)

18. *Travaux à exécuter.* — Le détail précis des travaux à exécuter par les adjudicataires des coupes, le mode d'exécution et l'évaluation de la dépense sont exactement indiqués aux affiches en cahier. (Déc. Min. 25 mars 1859. Circ. N 22, art. 329. Circ. N 337. Cah. des ch. 33.)

19. *Affiche-cahier. Zone frontière. Chemins. Réparations.* — Les affiches en cahier renferment, en ce qui concerne les coupes assises dans les territoires réservés de la zone frontière, les clauses et conditions concertées entre les services des forêts et du génie, relativement à la réparation des chemins, et notamment celle fixant le délai accordé à l'adjudicataire pour la démolition des ouvrages et le rétablissement des lieux. (Circ. N 388.)

20. *Charges. Évaluations.* — Sur les affiches en cahier, le détail des charges doit être donné après chaque article. (Circ. A 817. Circ. N 337.)

On doit évaluer les frais de façonnage et de transport de bois délivrés aux gardes ou aux usagers, cette somme constituant une charge soumise à la taxe de 1 fr. 60 c. pour cent. (Circ. N 283.)

21. *Bois de marine.* — L'affiche en cahier doit donner le détail de la portion des arbres réservés pour la marine qui font partie de la vente (Décr. 26 octobre 1858, art. 4), et indiquer le nombre des arbres de marine. (Circ. N 7. Circ. N 337.)

22. *Marine.* — Les affiches en cahier indiqueront la distance, au centre des coupes, des lieux de dépôt, où doivent être transportés les arbres réservés pour la marine. (Décr. 16 octobre 1858, art. 4.)

23. *Escompte. Taux.* — Les affiches en placard et en cahier indiquent le taux de l'escompte. (Cah. des ch. 12.)

§ 3. *Impression.*

24. *Impression. Coupes.* — Les affiches en placard et en cahier, pour la vente de coupes, sont imprimées dans les départements, à la diligence des inspecteurs, sur l'autorisation du conservateur. (Circ. N 52, art. 10. Circ. N 80, art. 14.)

Toutefois, quand, par application du décret du 29 juillet 1884, il n'est établi qu'une seule affiche en placard comprenant les coupes de toutes les inspections d'un département, l'impression a lieu à la diligence du conservateur. (Circ. N 337.)

25. *Chablis. Bois de délit.* — Les conservateurs peuvent ordonner, sous leur responsabilité, l'impression des affiches en placard et en cahier, lorsqu'il s'agit de ventes de chablis, bois de délit, etc., assez importantes pour qu'il paraisse utile d'avoir recours à une grande publicité. (Circ. N 252.) (Ces coupes ou ventes importantes ne sont plus considérées comme produits accessoires.)

26. *Impression. Frais.* — Les frais d'impression des affiches sont acquittés par l'administration. (Régl. Min. 4 juillet 1836, art. 2. Circ. A 68. Circ. A 372. Circ. N 52.)

27. *Affiches en cahier.* — On peut, immédiatement après la clôture des opérations, faire imprimer les affiches en cahier, annonçant la consistance des coupes. Il suffit que les affiches en placard fassent connaître le jour des ventes. (Circ. A 751.)

28. *Luxe. Typographie.* — L'administration proscrit pour les affiches le luxe du papier et de la typographie. (Circ. A 848.)

29. *Papier.* — Le papier blanc est réservé pour les affiches et actes de l'administration. (Loi du 17 juillet 1791.) V. Papier.

30. *Dimensions. Placard.* — Les dimensions de l'affiche en placard pourront être, sans les dépasser, celles de la feuille dite grand raisin, de 620 millimètres sur 480 millimètres. (Modèle d'affiche en placard, nota. Circ. N 337.)

31. *Dimension. Couverture. Affiche en cahier.* — Des affiches en cahier, format in-4°, sont imprimées pour l'usage du commerce. Leur format est fixé à 0.308 de hauteur sur 0.238 de largeur et l'impression (y compris la marge, qui ne doit pas dépasser 0.05), doit occuper 0.270 en hauteur et 0.205 en largeur; chaque page doit contenir trois articles au moins. (Circ. N 80, art. 9.)

32. *Couverture. Papier.* — Le papier de la couverture sera le même que celui du cahier. (Circ. N 80, art 9. Circ. N 337.)

33. *Modèle.* — Les affiches en placard doivent être conformes au modèle annexe de la circulaire N 337, et les affiches en cahier au modèle annexe B de la circulaire N 80.

MODÈLE D'AFFICHE EN PLACARD. (Circ. N 337.)

e CONSERVATION — INSPECTIONS de	MINISTÈRE DE L'AGRICULTURE — DIRECTION DES FORÊTS	DÉPARTEMENT d — ARRONDISSEMENTS COMMUNAUX de

VENTE DES COUPES DE BOIS DE L'EXERCICE 18

A la diligence du conservateur des forêts du e arrondissement, il sera procédé, aux lieux, jours et heures ci-après indiqués, par-devant M. le préfet du département d ou son délégué, à l'intervention des agents forestiers, en présence de MM. les directeur des domaines et trésorier-payeur général ou de leurs délégués, des maires, administrateurs et receveurs des communes et établissements publics intéressés, à la vente des coupes de bois ci-après désignées, aux clauses et conditions du cahier des charges, dont on pourra prendre communication dans les bureaux desdits fonctionnaires, savoir :

			Nombre d'articles.	Consistance en bloc.		Observations.
				Coupes par contenance.	Coupes par volume.	
A N..., le 18 , à heure du dans la salle des adjudications publiques	Coupes domaniales.	Futaie. .				
		Taillis. .				
	Coupes communales.	Futaie. .				
		Taillis. .				
A N..., le 18 , à heure du dans la salle des adjudications publiques	Coupes domaniales.	Futaie. .				
		Taillis.				
	Coupes communales.	Futaie. .				
		Taillis. .				

Les indications détaillées relatives à chaque coupe sont consignées dans les affiches en cahier mises à la disposition de toute personne intéressée et déposées au secrétariat de la préfecture et des sous-préfectures et dans les bureaux des agents forestiers et de MM. les trésorier-payeur général et receveurs des finances, directeur et receveurs des domaines et des communes ou établissements publics intéressés et chez tous les brigadiers et gardes forestiers.

Les adjudicataires auront la faculté de se libérer au comptant et à toute époque du prix total des coupes, moyennant un escompte de pour cent.

Vu pour apposition d'affiches.

A , le 18

Le Préfet du département d

Fait à , le 18

Le Conservateur des Forêts du e arrondissement,

MODÈLE D'AFFICHE EN CAHIER. (Circ. N 80, art. 10.)

e CONSERVATION	MINISTÈRE DE L'AGRICULTURE	DÉPARTEMENT
INSPECTION	DIRECTION DES FORÊTS	d
d	VENTE DES COUPES DE BOIS DE L'EXERCICE 18	ARRONDISSEMENT COMMUNAL d

A la diligence de M. le conservateur des forêts du e arrondissement, il sera procédé à , le 18 et jours suivants, s'il y a lieu, à heure en la salle ordinaire des adjudications publiques, par-devant M. le préfet du département d ou son délégué, à l'intervention des agents forestiers, en présence de MM. les directeur des domaines et trésorier-payeur général ou de leurs délégués, des maires, administrateurs et receveurs des communes et établissements publics intéressés, à la vente des coupes de bois ci-après désignées, aux clauses et conditions du cahier des charges, dont on pourra prendre communication dans les bureaux desdits fonctionnaires, SAVOIR :

BOIS DOMANIAUX.

FORÊT DE. . . . .

Estimation { des agents locaux. / du conservateur.

Mise à prix. . . . . . .

Prix d'adjudication.. .

Adjudicataire, M.

TAILLIS SOUS FUTAIE.

1re SÉRIE. — CANTON DE. . . . .

(Nos 20 de l'état d'assiette et 1er de l'aménagement.)

1er LOT.

ART. 1er — Cinq hectares quatre-vingt-dix-huit ares de taillis de l'âge de 30 ans, ensemble 60 arbres de futaies non marqués du marteau de l'Etat, dont 32 chênes (1), pouvant produire, en grume, 30 mètres cubes de bois de service ou d'industrie, et 25 hêtres.

Limites. — Nord : coupe de 18 et suite du bois ; Est : coupe de 18 ; Sud : 2e lot ; Ouest : suite du bois.

Réserves. — 6 corniers et parois, hêtre, tremble et charme ; baliveaux : 33 chênes, 68 hêtres, 369 d'autres essences ; modernes : 34 chênes, 22 hêtres, 45 charmes, 5 érables, 1 bouleau ; anciens : 21 chênes, 20 hêtres.

Faculté d'écorcer.

FUTAIE.

CANTON DE. . . . . — PARCELLE E 4.

(No 5 de l'état d'assiette. — Coupe définitive.)

ART. — 232 arbres marqués en délivrance du marteau de l'Etat, dont 65 chênes, pouvant produire, en grume, environ 80 mètres cubes de bois de service ou d'industrie, et 167 hêtres.

Limites. — Nord : restant de la parcelle E 4 ; Est : tranchée de Saint-Rémy ; Sud : bois communal de Morinville ; Ouest : parcelle F.

(1) Ou bien :

Ensemble 60 arbres, dont 35 chênes mesurant :
10 — 1m de circonférence à 1m,50 du sol. | 10—2m
10 — 1m,50 et 25 hêtres. | 5—2m,50

NOTA.— La forme de l'affiche en cahier est fixée à 308 millimètres de hauteur sur 238 millimètres de largeur, et l'impression (y compris la marge de 50 millimètres) ne doit occuper que 270 millimètres en hauteur et 205 en largeur.

Chaque page doit contenir au moins trois articles.

MODÈLE D'AFFICHE EN CAHIER *(suite)*.

COUPES PAR UNITÉS DE PRODUITS.

NATURE DU PRODUIT.	MISE à prix.	ENCHÈRE de 1/20.	NOMBRE d'enchères.	PRIX d'adjudication
	f. c.	f. c.		
Chauffage, le stère. . . .	6 »	» 30		
Charbonnette, le stère. . .	2 50	» 12		
Perches en grume, le mètre cube.	16 »	» 80		
Bourrées, le cent.	20 »	1 »		

Adjudicataire, M.
demeurant à
profession de

ART.   . La vente comprend les produits d'une éclaircie à faire, par les soins de l'adjudicataire, sur une étendue de 12 hectares d'un gaulis de   ans. Limites : nord, etc.

L'adjudication aura lieu aux enchères, sur les mises à prix indiquées ci-contre.

RÉSULTATS DU DÉNOMBREMENT :

stères de chauffage à   fr. c.
—— de charbonnette à
mètres cubes de perches à
bourrées à   le cent.

TOTAL. . . . .
1.60 p. 0/0 pour frais d'adjudication. . . . . . .
MONTANT TOTAL de la vente. . . . . .

COUPES COMPRENANT DES ARBRES VENDUS EN BLOC, SUR PIED, ET DES PRODUITS PAR UNITÉS.

Estimation en bloc. . . . .
Estimation revisée. . . . .
Mise à prix. . . . .
Dernier rabais. . . . .
Prix d'adjudication. . . . .
1.60 p. 0/0 pour frais d'adjudication. . . . .

PRODUITS DE L'ÉCLAIRCIE :

mètres cubes de perches en grume à   fr. c.
stères de chauffage à. . . . .
—— de charbonnette à . . . . . .
bourrées, le cent. . . . .

TOTAL. . . . .
1.60 p. 0/0 pour frais d'adjudication. . .
MONTANT TOTAL de la vente. . . . .

Adjudicataire, M.
demeurant à
profession d

ART.   . 129 chênes abandonnés sur une étendue de   , limitée : au nord, etc.

Les arbres abandonnés à prendre dans un perchis de   ans peuvent produire   mètres cubes de bois de service ou d'industrie ; ils sont marqués......

L'adjudicataire sera tenu de pratiquer, sous la direction du chef de cantonnement, une éclaircie dans le perchis et de prendre les produits en provenant aux prix suivants :

Par mètre cube de perches en grume;

Par stère de chauffage de (longueur de bûche) ;

Par cent de bourrées.

MODÈLE D'AFFICHE EN CAHIER *(suite)*.

BOIS COMMUNAUX ET D'ÉTABLISSEMENTS PUBLICS.

DISPOSITIONS COMMUNES A TOUTES LES COUPES.

Scierie. — Jouissance de la scierie des angles, du.............. au.................
Vidange. — La tranchée de Sans-Souci, le chemin du Chamois et la route forestière.
Charges. — Fourniture et transport de 8 stères et de 100 fagots au domicile du brigadier....... à............., ci.. 00 fr. 00 c.

Exécution de l'article 33 du cahier des charges.

Réparation, par nivellement, damage ou bombement des ornières, de 250 mètres courants de la tranchée de Sans-Souci, désignée ci-dessus pour la vidange, ci..	00	00
(Ou) Fourniture, transport et emmétrage sur le chemin du Chamois, désigné ci-dessus pour la vidange, aux endroits qui seront indiqués, de 55 mètres cubes de pierres cassées à l'anneau de 0m,06, à prendre dans la forêt, ci......	00	00
(Ou) Réparation des chemins intérieurs désignés pour la vidange, sur tout leur développement, ci..	00	00
(Ou) Fourniture et emploi, sur la route forestière désignée pour la vidange, de 26 mètres cubes de pierres cassées à l'anneau de 0m,06, avec encaissement de 3 mètres sur 0m,25, nivellement et bombement de 0m,04 par mètre, ci.....	00	00
(Ou) Fourniture de 25 journées d'ouvriers à l'une, pour réparations à faire au chemin du Chamois, désigné ci dessus pour la vidange, ci..........	00	00
TOTAL........................	00	00

OBSERVATIONS.

APPROUVÉ :

A , le 189 Fait à , le 189

Le Conservateur des Forêts, *L'Inspecteur des Forêts,*

---

§ 4. *Apposition.*

34. *Lieu. Autorisation. Délai. Certificats.* — Les affiches annonçant les ventes doivent être placardées au moins quinze jours à l'avance, dans le chef-lieu du département, dans le lieu de la vente, dans les communes de la situation des bois et dans les communes environnantes. (Cod. For. 17 et 100.)

Elles sont apposées sous l'autorisation du préfet et à la diligence de l'agent forestier, lequel sera tenu de rapporter les certificats d'apposition que les maires délivreront aux gardes ou autres qui les auront placardées. (Ord. 84.)

35. *Emplacement.* — Il appartient au maire de désigner les lieux où sont apposées les affiches des lois et autres actes de l'autorité publique. (Loi des 18 et 22 mai 1791, art. 11. Loi du 29 juillet 1881, art. 15.)

36. *Menus produits.* — Les affiches annonçant la vente de menus produits n'ont pas besoin d'être apposées au chef-lieu du département. (Déc. Min. 19 octobre 1829. Circ. A 231.)

37. *Chefs-lieux de canton. Communes. Visa.* — Les affiches annonçant des adjudications de produits des forêts, quelles qu'en soient la nature et la provenance, à effectuer dans les chefs-lieux de canton ou dans les communes, seront dispensées de la formalité du visa par les préfets ou sous-préfets. (Décr. du 25 février 1888. Circ. N 396.)

38. *Travaux. Délai.* — L'avis des adjudications à passer est publié au moins vingt jours à l'avance, par la voie des affiches et par tous les moyens ordinaires de publicité.

39. *Travaux. Urgence.* — Le délai fixé pour l'apposition des affiches peut être réduit dans les cas d'urgence. (Circ. N 22, art. 181. Décr. du 18 novembre 1882. Circ. N 304.)

40. *Formalités. Conditions.* — Toute affiche doit porter l'indication du nom et du domicile de l'imprimeur. (Loi du 29 juillet 1881, art. 2.)

41. *Déchirement. Enlèvement. Altération.* — Ceux qui auront enlevé, déchiré, recouvert ou altéré, par un procédé quelconque, les affiches apposées par ordre de l'administra-

tion, dans les emplacements à ce réservés, seront punis d'une amende de 5 à 15 francs. (Loi du 29 juillet 1881, art. 17.)

§ 5. *Envoi.*

42. *Coupes.* — Immédiatement après l'impression des affiches en placard et en cahier, les conservateurs doivent en adresser un exemplaire à l'administration. (Circ. A 848.)

Mais, lorsque le cahier-affiche renferme des coupes d'une importance suffisante pour attirer la demande, on doit adresser à l'administration trente exemplaires du cahier d'affiches, aussitôt après l'impression. (Circ. N 212.)

43. *Travaux.* — Il est adressé à l'administration deux exemplaires des affiches relatives aux adjudications, dont le montant excède 1500 francs. (Circ. Min. du 10 février 1890, nº 11.)

44. *Envoi. Receveurs des finances.* — Les inspecteurs doivent adresser directement les affiches aux receveurs des finances (Circ. A 596.)

45. *Envoi. Receveurs des domaines.* — Il est adressé des affiches aux receveurs des domaines, pour les mettre à même de surveiller le paiement des droits, et remplacer la déclaration prescrite par l'article 2 de la loi du 22 pluviôse, an VII, pour la vente des objets mobiliers. (Puton.)

46. *Envoi.* — Les chefs de service adressent directement aux trésoriers-payeurs généraux les affiches de ventes dont le produit doit être versé dans la caisse de ces comptables, et font parvenir aux receveurs des domaines, par l'intermédiaire de leur directeur, les affiches relatives à ces ventes et à celles dont le produit doit être perçu par ces préposés. (Circ. N 80, art. 16.)

47. *Signification. Convocation. Adjudication.* — L'affiche tient lieu de signification pour prévenir et appeler les maires et administrateurs aux ventes. (Discussion à la Chambre des députés.)

48. *Affiches en cahier. Transport.* — Les affiches en cahier peuvent être adressées par la poste aux agents ou gardes qui doivent les distribuer, mais les noms des marchands de bois, à qui elles sont destinées, ne doivent pas être inscrits sur les affiches. (Déc. Min. 7 novembre 1856. Circ. A 756. Circ. N 46.)

49. *Affiches en cahier. Envoi. Affranchissement.* — Dans des cas exceptionnels, les affiches en cahier peuvent être affranchies au taux des imprimés, et le montant de ces affranchissements est imputé sur les frais d'adjudication. (Déc. Min. 7 novembre 1856. Circ. A 756.)

50. *Transport.* — Les gardes sont chargés du transport des affiches, mais il ne leur est rien alloué pour cette partie du service. (Circ. A 408 bis. Circ. N 80, art. 15.)

SECT. II. — AFFICHE ANNOTÉE.

51. *Affiches annotées.* — Les conservateurs ne transmettent à l'administration que les affiches annotées des adjudications dont le produit doit être versé dans la caisse du receveur des finances. (Lettre de l'administration du 10 juillet 1848.)

Les conservateurs doivent adresser à l'administration, le jour même de l'adjudication ou le lendemain au plus tard, une affiche annotée de la vente des coupes. (Lettre de l'administration du 20 juil. 1860.)

52. *Produits divers. Bois domaniaux.* — Dans le délai de dix jours, le conservateur doit adresser une affiche annotée pour les exploitations accidentelles, quelle que soit la caisse dans laquelle le prix aura été versé. (Circ. A 842.)

53. *Bois domaniaux. Chasse.* — Le conservateur rend compte des adjudications de chasse, au moyen d'une affiche annotée. (Circ. A 838.)

54. *Coupes ordinaires et extraordinaires. Délai.* — L'affiche annotée sera adressée quatre jours au plus tard, après chaque adjudication. (Circ. N 80, art. 61.)

55. *Bois façonnés. Délai.* — Pour les ventes de bois façonnés, l'affiche annotée sera envoyée dans les dix jours. (Circ. A 840.)

L'affiche annotée pour les bois façonnés sera remplacée par un bulletin, série 4, nº 40 bis. (Lettre du 10 mars 1864, nº 4139.) V. Bois façonnés.

SECT. III. — ALIÉNATION.

56. *Conditions. Aliénation.* — Les affiches doivent indiquer le mode d'adjudication adopté pour chaque forêt et si les bois sont vendus avec faculté de défrichement. Lorsque les bois devront être conservés en nature, on devra indiquer le mode de jouissance (coupe, contenance, nombre d'arbres) annuelle que devra suivre l'acquéreur, jusqu'à complète libération. (Ancien cah. des ch. 9, 5, 24.)

57. *Projet. Aliénation.* — Les projets d'affiches pour les aliénations seront envoyés en double. (Circ. A 724.)

SECT. IV. — MENUS PRODUITS.

58. *Chasse. Cofermiers.* — Les affiches indiqueront le nombre des cofermiers. (Cah. des ch. 12.)

59. *Chasse. Lots.* — Le droit de chasse à tir et le droit de chasse à courre pourront être adjugés séparément et à des personnes différentes dans une même forêt, suivant les indications formulées à cet effet sur les affiches.

Dans le cas où le droit de chasse à courre et le droit de chasse à tir sur un même lot

sont loués séparément, les adjudications sont définitives en ce qui concerne le droit de chasse à tir.

En ce qui concerne la chasse à courre, si la demande en est faite, séance tenante, par un des preneurs des lots adjugés, les divers lots adjugés ou non adjugés d'une même forêt pourront être remis en adjudication en bloc, aux enchères. (Cah. des ch. 5.)

60. *Menus produits.* — On doit réduire les frais d'affiches de menus produits en faisant les affiches à la main, ou en portant l'indication des objets à vendre sur des cadres imprimés aux frais de l'administration. (Lettres de l'administration, 6 juin 1829 et 22 septembre 1829.) Les frais d'affiches pour les menus produits des bois communaux sont à la charge de l'administration.

Pour les ventes importantes, les conservateurs peuvent ordonner l'impression d'affiches en placard et en cahier. (Circ. N 252.)

SECT. V. — TRAVAUX.

61. *Délai. Travaux.* — L'avis des adjudications à passer est publié, sauf le cas d'urgence, au moins vingt jours à l'avance par la voie des affiches et par tous les moyens ordinaires de publicité.

Cet avis fait connaître : 1° le lieu où l'on peut prendre connaissance du cahier des charges ; 2° les autorités chargées de procéder à l'adjudication ; 3° le lieu, le jour et l'heure fixés pour l'adjudication.

Il est procédé à l'adjudication en séance publique. (Décr. du 18 novembre 1882. Circ. N 304.)

62. *Travaux.* — L'adjudication des travaux sera annoncée par voie d'affiches, indiquant le lieu, le jour et l'heure de l'opération. L'évaluation totale du devis, non compris les sommes à valoir, sera insérée dans l'affiche, pour servir de base aux soumissions. (Cah. des ch. 5.)

63. *Pièces. Plans. Travaux. Devis.* — L'affiche doit faire connaître les lieux de dépôts du cahier des charges, plans et devis pendant la durée de la publication. (Circ. N 22, art. 183.)

64. *Frais.* — Le montant des frais de timbre et d'enregistrement à la charge des entrepreneurs est indiqué sur les affiches, aussi approximativement que possible. (Circ. N 22, art. 212.)

65. *Prix. Travaux d'exploitation par entreprise.* — Les prix par *pièces, mètre cube* de bois de charpente ou d'industrie, *stère* de bois de feu, *cent* de fagots ou d'échalas, etc., seront insérés dans les affiches pour servir de base aux offres. (Ancien cah. des ch. 3.)

AFFIRMATION.

SECT. I. — PRINCIPES. GÉNÉRALITÉS.

1. *Définition.* — L'affirmation est un acte par lequel le rédacteur d'un procès-verbal déclare, sous la foi du *serment*, devant un officier public, que toutes les énonciations contenues dans son procès-verbal sont sincères et véritables.

2. *Procès-verbaux dispensés de l'affirmation.* — Les procès-verbaux rédigés par un agent forestier, soit seul, soit avec le concours d'un garde, ne sont pas soumis à la formalité de l'affirmation. (Cod. For. 166.)

3. *Algérie. Incendie.* — Les procès-verbaux pour incendie en Algérie sont dispensés de l'affirmation. (Loi des 17-19 juillet 1874.)

4. *Algérie. Abus de jouissance. Bois particuliers.* — Les procès-verbaux dressés pour constater les abus d'exploitation et de jouissance commis par les particuliers dans les bois sont dispensés de l'affirmation. (Loi du 9 décembre 1885, art. 10. Circ. N 357.)

5. *Procès-verbaux. Deux gardes.* — Un procès-verbal rédigé par deux gardes et affirmé par un seul garde est considéré comme n'ayant été dressé que par ce garde. (Grenoble, inédit, 4 juillet 1834.)

6. *Procès-verbal double.* — Si deux procès-verbaux sont rédigés sur la même feuille, un seul acte d'affirmation peut les valider, s'il est dressé dans le délai légal, par rapport au procès-verbal dont la date est la plus ancienne. (Cass. 19 février 1808.)

7. *Force majeure.* — En cas de force majeure, telle qu'inondation, blessure, etc., bien constatée, qui aurait empêché le garde de faire affirmer son procès-verbal dans le délai légal, cette cause peut et doit tenir lieu de l'affirmation, attendu qu'à l'impossible nul n'est tenu ; mais il faut que le motif d'empêchement soit relaté dans le procès-verbal.

8. *Chasse. Agent.* — Les procès-verbaux de chasse dressés par les gardes à cheval (agents) ne sont pas soumis à l'affirmation, puisque les délits de chasse dans les bois soumis au régime forestier sont des délits forestiers. (Colmar, 20 juin 1854. Rouen, 25 mai 1855. *Contra.* Dijon, 18 décembre 1844.)

SECT. II. — FORMALITÉS.

§ 1. *Formalités en général.*

9. *Serment.* — L'affirmation remplace pour les procès-verbaux le serment des témoins entendus en justice. L'acte d'affirmation doit être daté ; il doit faire mention du nom et de la qualité de l'officier public qui l'a reçu. Il doit être signé par celui qui l'a reçu, puisqu'il en donne acte, et il doit être signé par le fonctionnaire affirmant. L'omission de ces formalités entraîne la nullité de l'acte. (Cass. 1er avril 1830.)

10. *Faits. Serment.* — L'acte d'affirmation doit exprimer la déclaration sous serment, de la part du rédacteur du procès-verbal, de l'authenticité des faits qu'il relate. (Cass. 29 février et 3 juillet 1812.)

11. *Principes. Formalités.* — Les gardes de l'Etat, des communes et des particuliers doivent faire affirmer leurs procès-verbaux le lendemain de leur clôture, par-devant le juge de paix du canton ou l'un de ses suppléants, par-devant le maire ou l'adjoint, soit de la commune de leur résidence, soit de celle où le délit a été commis ou constaté, le tout sous peine de nullité. Si le procès-verbal est seulement signé par le garde, mais non écrit en entier de sa main, l'officier public qui en recevra l'affirmation devra lui en donner préalablement lecture et faire ensuite mention de cette formalité, le tout sous peine de nullité du procès-verbal. (Cod. For. 165, 189. Loi du 18 juin 1859.)

12. *Chasse. Nullité. Principes.* — Est nul le procès-verbal de chasse dont l'affirmation émane du maire et non du garde rédacteur.

La nullité résultant de ce qu'un procès-verbal constatant un délit de chasse n'a pas été affirmé par le garde rédacteur est une nullité d'ordre public, qui peut être invoquée devant la Cour de cassation, quoiqu'elle n'ait été proposée, ni en première instance, ni en appel.

En cas de nullité du procès-verbal, la partie poursuivante peut prouver le délit, en faisant entendre des témoins, et notamment le garde rédacteur du procès-verbal.

Mais l'arrêt qui a prononcé une condamnation, en s'appuyant, non seulement sur les dépositions des témoins entendus à l'audience, mais aussi sur les constatations dudit procès-verbal, qu'il considérait dès lors comme valable, manque de base légale et doit être annulé. (Cass. 17 avril 1889.)

13. *Lieu.* — Un acte d'affirmation n'est pas nul parce qu'il ne mentionne pas le lieu où il a été reçu. (Cass. 11 janvier 1817.)

14. *Fonctionnaire.* — Les fonctionnaires désignés à l'article 165 du code forestier (juge de paix du canton ou l'un de ses suppléants, maire ou adjoint ou conseiller de la commune de la résidence du garde, de celle où le délit a été commis ou constaté) sont tous également compétents pour recevoir l'affirmation d'un procès-verbal. Un procès-verbal affirmé devant un autre fonctionnaire que ceux désignés par l'article 165 serait nul.

15. *Adjoint. Visite domiciliaire.* — L'affirmation d'un procès-verbal est valablement reçue par l'adjoint qui, en qualité d'officier de police judiciaire, a assisté à la visite domiciliaire, lors de laquelle le délit a été découvert. (Trib. d'Embrun, 6 mars 1885.)

16. *Fonctionnaires.* — Le juge de paix ou son suppléant du canton où a été commis le délit, ou celui de la résidence du garde, sont aussi compétents l'un que l'autre pour recevoir l'affirmation des procès-verbaux (Bordeaux, 17 décembre 1841), ou même ceux des cantons où ont été faites les constatations pour arriver à la découverte du délit. (Nancy, 8 février 1833.)

17. *Garde-champêtre. Maire.* — L'affirmation du procès-verbal d'un garde champêtre est valablement reçue par le maire, lorsqu'il s'agit de contravention commise dans sa commune, que le juge de paix ou son suppléant y aient ou non leur résidence. La circonstance de l'empêchement du juge de paix est censée exister, quand même elle ne soit pas relatée. (Cass. 9 mars 1866.)

18. *Qualité.* — Les maires, en leur qualité d'officiers de police judiciaire, sont obligés de recevoir l'affirmation des procès-verbaux, en exécution de la loi du 28 floréal an x, art 11. (Cons. d'Etat, 11 janvier 1851.)

19. *Enregistrement.* — L'affirmation doit toujours précéder l'enregistrement, sous peine de nullité. (Cass. 1er avril 1830, 2 août 1832.)

20. *Enregistrement.* — L'affirmation est dispensée de l'enregistrement. (Cass. 28 avril 1809.)

21. *Avis de l'affirmation.* — L'officier public qui a reçu l'affirmation d'un procès-verbal est tenu d'en donner avis au procureur dans un délai de huit jours. (Instr. crimin. art. 18.) (Cette formalité est souvent oubliée.)

22. *Lecture. Erreur.* — Les gardes doivent lire les actes d'affirmation, afin de faire rectifier les erreurs que les maires ou leurs adjoints pourraient y commettre. (Circ. A 240. Circ. A 337.)

23. *Délai.* — L'affirmation d'un procès-verbal doit être faite le lendemain de la clôture de cet acte. Ce délai n'est pas prorogé si le lendemain est un jour férié. (Loi du 17 thermidor an VI, art. 2.)

Aucune circonstance, excepté le cas de force majeure, ne dispense le garde d'affirmer son procès-verbal le lendemain de la clôture. L'omission de cette formalité, dans le délai légal, entraîne la nullité du procès-verbal.

§ 2. *Lecture.*

24. *Conditions.* — Lorsque les procès-verbaux ne sont pas écrits par le garde, l'acte d'affirmation doit exprimer que la lecture a été faite au garde lui-même (Nancy, 28 mai 1833); que la lecture du procès-verbal a précédé l'affirmation et que cette lecture a été faite par l'officier public qui reçoit l'affirmation. (Cass. 17 juin 1830.) L'acte d'affirmation doit faire connaître l'accomplissement de ces formalités. (Cass. 27 décembre 1828.)

25. *Lecture. Écriture.* — L'officier public qui reçoit l'affirmation doit *lui-même* donner lecture du procès-verbal, lorsqu'il est écrit d'une autre main que celle du garde qui constate le délit. (Circ. A 240.)

26. *Lecture. Mention.* — La mention de la lecture doit toujours, dans l'acte de l'affirmation, être écrite à la main. (Cass. 3 novembre 1832 et 28 février 1833. Circ. A 240.)

27. *Lecture. Nullité.* — La lecture du procès-verbal au garde forestier, par l'officier public qui en reçoit l'affirmation, n'est exigée, à peine de nullité, que dans le cas où le procès-verbal n'est pas écrit en entier par le garde, mais seulement signé par lui. (Cass. 3 novembre 1832.)

28. *Écriture. Lecture.* — Un procès-verbal dressé et signé par deux gardes, et écrit en entier par l'un d'eux, n'a pas besoin, pour sa validité, d'être préalablement lu à ces gardes par l'officier public qui en reçoit l'affirmation. (Grenoble, 25 août 1858.)

§ 3. *Signature.*

29. *Signature.* — L'acte d'affirmation d'un procès-verbal de délit doit être signé par le garde rédacteur, à peine de nullité de l'acte d'affirmation et du procès-verbal. (Cass. 20 novembre 1863.)

30. *Signature.* — Si l'affirmation suit le procès-verbal de manière à faire corps avec lui, une seule signature suffit pour les deux actes. (Cass. 19 juillet 1828.)

31. *Renvois.* — Il n'est pas nécessaire que l'officier qui reçoit l'affirmation d'un procès-verbal signe et approuve les renvois que présentent les procès-verbaux.

§ 4. *Date.*

32. *Date.* — L'acte d'affirmation doit être daté à peine de nullité. (Cass. 28 février 1852.)

33. *Date. Erreur.* — Les erreurs commises sur la date d'un acte d'affirmation d'un procès-verbal sont sans influence sur la validité de l'acte, si ces erreurs se trouvent rectifiées par des énonciations authentiques consignées sur l'acte lui-même. (Cass. 28 août 1812.)

34. *Heure.* — L'indication de l'heure où le délit a été commis et de l'affirmation du procès-verbal n'est pas exigée par le code forestier, ni par le code d'instruction criminelle. (Cass. 9 janvier 1835.)

35. *Heure.* — Lorsque le procès-verbal porte indication de l'heure du délit, l'acte d'affirmation doit, à peine de nullité, indiquer l'heure à laquelle cet acte a été dressé. (Cass. 31 juillet 1818.) L'heure indiquée doit être l'heure légale du temps moyen de Paris. (Loi du 14 mars 1891.)

36. *Procès-verbal de chasse. Heure. Nullité.* — Les procès-verbaux de chasse, devant être affirmés dans les vingt-quatre heures du délit (Code de la chasse, art. 24), doivent, ainsi que l'acte d'affirmation, porter la mention de l'heure du délit et celle de l'accomplissement des formalités de l'affirmation.

Le procès-verbal de chasse affirmé après les vingt-quatre heures du délit est nul, alors surtout qu'on n'allègue aucun fait de force majeure qui aurait empêché l'affirmation. Cette nullité est d'ordre public (Cass. 28 janvier 1876) et peut être invoquée en tout état de cause. (Cass. 27 février 1879.)

37. *Chasse. Jour et heure.* — L'énonciation précise des jour et heure auxquels les procès-verbaux des gardes particuliers ont été affirmés est une condition substantielle de la formalité de l'affirmation; si cette énonciation fait défaut, le procès-verbal est nul.

On ne peut y suppléer par une enquête tendant à établir le jour et l'heure précis de l'affirmation. (Trib. Blois, 1er févr. 1889.)

§ 5. *Refus.*

38 *Refus. Autre fonctionnaire.* — En cas de refus ou de négligence d'un fonctionnaire

de recevoir l'affirmation d'un procès-verbal dans le délai prescrit par la loi, le garde rédige procès-verbal du refus et l'adresse à l'agent forestier local, qui en rend compte au procureur (Ord. 182.); le garde ira ensuite faire affirmer son procès-verbal auprès d'un autre fonctionnaire. Si le temps nécessaire pour se rendre auprès d'un autre fonctionnaire excédait le délai légal d'affirmation, il devrait mentionner cette circonstance dans son procès-verbal, et elle devrait alors tenir lieu d'affirmation. (Meaume.)

39. *Refus d'affirmation.* — Le refus d'affirmation n'entraîne aucune pénalité. La répression de ce fait est du ressort du ministère public, qui peut faire blâmer ou révoquer les fonctionnaires qui manquent ainsi à leurs devoirs.

40. *Poursuites. Responsabilité.* — Les fonctionnaires qui refusent d'affirmer un procès-verbal peuvent cependant être responsables des réparations civiles, par suite de la nullité dont ils ont frappé un acte. (Cod. Civ. 1883.) Il s'agit alors d'un quasi-délit pouvant donner lieu à une action civile de la compétence du juge de paix ou du tribunal correctionnel, suivant le chiffre des dommages-intérêts réclamés. (Circ. Min. int. 10 mai 1877.)

41. *Refus. Poursuites.* — En cas de refus d'affirmation, le maire, n'agissant alors que comme officier de police judiciaire et contrevenant à la loi du 28 floréal an x, article 11, peut être traduit directement devant la cour d'appel, sans qu'il soit besoin de l'autorisation du conseil d'Etat. (Cons. d'Etat, 11 janvier 1851. Décr. du 18 septembre 1870.)

42. *Refus. Poursuites.* — Les fonctionnaires qui refusent de recevoir l'affirmation d'un procès-verbal ne peuvent être, dans cette circonstance, considérés comme agents du gouvernement, et il est loisible à l'autorité judiciaire de les poursuivre sans recourir à l'autorisation du conseil d'Etat. (Conseil d'Etat, 10 avril 1850, approuvé le 15 avril 1850. Décr. du 19 septembre 1870.)

AFFLICTIVES (Peines). V. Peines.

AFFOUAGE.

SECT. I. — DÉFINITIONS, GÉNÉRALITÉS, PRINCIPES, 1 — 20.

SECT. II. — JOUISSANCE, USAGE, 21 — 65.

SECT. III. — PARTAGE, CONDITIONS, 66 — 93.

V. Chablis. Chef de famille. Curé. Domicile. Entrepreneur. Fonctionnaire. Instituteur. Quart en réserve.

SECT. I. — DÉFINITIONS. GÉNÉRALITÉS. PRINCIPES.

1. *Définition.* — On désigne sous le nom d'*affouage* le droit et la portion de bois afférente à chaque habitant dans le partage du produit, en bois de chauffage, des forêts communales ou des coupes usagères.

2. *Définition.* — Pour les forêts communales, c'est un mode de jouissance d'une chose qui appartient en propre aux habitants, et dans les coupes usagères, c'est un droit sur une chose qui ne leur appartient pas.

3. *Définition.* — L'affouage communal est un droit inhérent à la qualité d'habitant et de chef de famille, dans une commune propriétaire de bois, et en vertu duquel chaque habitant chef de famille peut participer aux

produits d'une partie des forêts communales. (Meaume.)

4. *Définition.* — L'affouage n'est pas une servitude. (Cass. 7 mai 1829.)

5. *Définition. Droit.* — Le droit d'affouage est un droit réel, existant pour l'utilité des maisons et héritages de la commune. (Cass. 11 mai 1838.)

6. *Définition. Droit.* — Un droit d'affouage ordinaire s'entend de celui qui s'exerce dans les *taillis* et auquel les *futaies* ne sont pas soumises. (Cass. 25 mai 1840.)

7. *Produits. Bois.* — On appelle affouage tout le bois propre au chauffage, soit de taillis, soit de futaie. L'affouage comprend généralement les taillis et les arbres des futaies impropres à être employés comme bois d'œuvre. Le quart en réserve ne peut jamais entrer dans l'affouage délivré aux habitants; les chablis font partie de l'affouage.

8. *Mise en charge.* — Les bois de chauffage qui se délivrent par stères seront mis en charge sur les coupes adjugées et fournis aux usagers par les adjudicataires, aux époques fixées par le cahier des charges.

9. *Délivrance.* — Pour les communes usagères, la délivrance des bois de chauffage sera faite au maire, qui en fera effectuer le partage entre les habitants.

10. *Coupes.* — Lorsque les bois de chauffage se délivrent par coupes, l'entrepreneur de l'exploitation sera agréé par l'agent forestier local. (Ord. 122, 146.)

11. *Délivrance.* — Les maires de communes propriétaires de bois ne peuvent se refuser de recevoir des agents forestiers les coupes affouagères et de faire le partage des bois d'affouage entre les habitants. (Déc. Min. 23 février 1829.)

12. *Excuse. Délit.* — La qualité d'affouagiste ne peut servir d'excuse à aucun délit. (Cass. 12 juin 1840.)

13. *Droit.* — Par le fait de l'ordonnance de 1669, les droits de chauffage concédés à titre onéreux, dans les forêts domaniales, ont été supprimés et convertis en un droit à une indemnité. Ce dernier droit a pu être valablement cédé à des tiers, séparément du domaine usager. (Cass. 20 février 1856.)

14. *Arrérage.* — Le principe que le droit d'affouage n'est pas susceptible de s'arrérager est applicable alors même que, pendant le cours d'une instance introduite contre un particulier par une commune, à l'effet de se faire reconnaître pleine propriétaire d'un bois, un arrêté préfectoral aurait soumis provisoirement le bois litigieux au régime forestier.

Dans ce cas, la commune aurait dû se pourvoir devant qui de droit pour demander l'exercice de son droit d'affouage; faute de quoi, elle est non recevable à les répéter, alors que, devant le jugement qui l'a reconnue simple usagère, elle a négligé de les demander pendant l'instance sur la propriété. (Riom, 25 juin 1883.)

15. *Servitude.* — Une servitude réelle d'affouage, concédée pour les besoins d'une exploitation, ne peut, au moyen de la prescription, être convertie en un droit personnel. (Colmar, 27 juin 1855.)

16. *Prescription.* — Les habitants de la commune ne peuvent perdre ou acquérir par prescription le droit d'affouage dans leur commune ; mais il n'en est pas de même pour une section de commune, par rapport à la commune elle-même.

17. *Prescription.* — Les habitants d'une commune affouagère ne peuvent prescrire le droit d'affouage contre d'autres habitants de la même commune. (Cass. 24 juillet 1839.)

18. *Possession.* — L'affouagiste peut se prévaloir de l'action possessoire, pour conserver un droit d'affouage dans lequel il est en possession. (Cass. 11 juin 1839.)

19. *Mode.* — Le partage et la répartition des délivrances affouagères sont réglés par le conseil municipal, comme les autres affaires communales.

Les portions d'affouage peuvent être vendues. (Cod. For. 112.) V. Compétence. Contentieux.

20. *Quantité.* — Les conseils municipaux n'ont pas le droit de fixer la quantité d'arbres nécessaires à leur affouage; c'est l'administration forestière qui détermine les coupes à exploiter pour cet objet. (Déc. Min. 1er juillet 1813.)

SECT. II. — JOUISSANCE. USAGE.

21. *Etablissement. Fournitures. Délivrances.* — Les administrateurs des établissements publics donnent chaque année, le 1er février (Circ. A 164), un état des quantités de bois de chauffage dont ces établissements auront besoin. Cet état sera visé par le sous-préfet et transmis par lui à l'agent forestier local.

22. *Mise en charge.* — Les quantités de bois ainsi déterminées seront mises en charge, lors de la vente des coupes, et délivrées à l'établissement par l'adjudicataire, aux époques qui seront fixées par le cahier des charges. (Ord. 142.)

23. *Délivrances. Bois communaux.* — Les communes qui ne sont pas dans l'usage d'employer la totalité des bois de leurs coupes à leur propre consommation feront connaître, le 1er février (Circ. A 164), à l'agent forestier local, la quantité de bois qui leur sera nécessaire pour leur chauffage, et il en sera fait délivrance, soit par l'adjudicataire de la coupe, soit au moyen d'une réserve sur cette coupe, le tout conformément à leur

demande et aux clauses du cahier des charges de l'adjudication. (Ord. 141.)

24. *Vente.* — Ce n'est qu'en cas d'insuffisance ou à défaut de ressources ordinaires que les communes doivent être autorisées à vendre une partie de leur affouage pour acquitter leurs dépenses. (Déc. Min. 28 novembre 1828.)

25. *Non-enlèvement de bois. Dommages-intérêts.* — Le tribunal, saisi de la demande du propriétaire d'une forêt contre une commune ayant droit d'affouage dans cette forêt, en réparation du préjudice à lui causé par l'abandon sur le sol d'une partie du bois qu'elle devrait enlever, doit, pour ce fait, condamner la commune au payement d'une indemnité, avec injonction d'enlever le bois lui revenant, et ce, sous réserve d'une sanction pécuniaire à fixer ultérieurement, en cas d'inexécution. (Cass. 9 juillet 1888.)

26. *Délibération. Conseil municipal.* — Le préfet n'a pas le droit d'imposer directement un mode de distribution d'affouage, ni d'obliger la commune à suivre les prescriptions de l'article 105 du code forestier ; il n'a que le droit de *veto* et d'annuler toutes les délibérations contraires à la loi, sauf recours du conseil devant le ministre et, par voie gracieuse ou d'enquête, devant le chef de l'Etat et le conseil d'Etat.

27. *Jouissance. Partage.* — Le droit attribué aux préfets par le décret du 25 mars 1852, de changer le mode de jouissance des biens communaux, ne comprend pas celui de statuer sur les réclamations des habitants au sujet de nouveaux modes de partage d'affouage. Dans ce cas, il doit être sursis jusqu'à ce que l'autorité compétente ait statué. (Cons. d'Etat, 14 juin 1855.)

28. *Distribution. Usage. Compétence.* — Le conseil de préfecture est compétent pour statuer sur la réclamation formée par divers habitants d'une commune contre les délibérations du conseil municipal, relatives à la distribution de la futaie des coupes affouagères. (Cons. d'Etat, 7 mai 1863.)

29. *Compétence. Affouage.* — Lorsqu'un conseil municipal change le mode de distribution de l'affouage, un habitant lésé qui veut plaider contre la commune ne peut se pourvoir au contentieux, parce qu'il s'agit d'un intérêt communal et que le conseil municipal est seul en cause. (Cons. d'Etat.)

30. *Aptitude personnelle.* — C'est à l'autorité judiciaire qu'il appartient de connaître des questions relatives aux conditions d'aptitude personnelle, desquelles dérive le droit individuel à la jouissance des biens communaux et de l'affouage. (Cons. d'Etat, 16 novembre 1854.)

31. *Contestation. Compétence.* — Le conseil d'Etat revendique pour l'autorité administrative la connaissance des contestations en matière d'affouage. (Cons. d'Etat, 28 novembre 1845.)

32. *Titre.* — Lorsque la contestation relative à l'affouage porte sur des titres particuliers, il s'agit alors d'une question de propriété, qui est de la compétence exclusive des tribunaux. (Cons. d'Etat.)

33. *Domicile.* — Lorsqu'il s'agit de la question de domicile, la contestation appartient à l'autorité administrative, parce que le domicile d'affouage est distinct du domicile civil. (Cons. d'Etat, 23 juillet 1844.)

34. *Anciens usages.* — Le conseil de préfecture est seul compétent pour connaître des usages anciens relatifs aux affouages et à leur mode de partage. (Cons. d'Etat, 25 mai 1861.)

Les corps municipaux avaient le droit de renoncer aux anciens usages suivis pour la distribution des affouages. (Déc. Min. de 1854 et 1855. Bull. offic. du Min. de l'Int. année 1856, p. 115.)

35. *Changement d'usage.* — Une commune en possession d'usages contraires peut les abandonner pour adopter le mode de partage prescrit par l'article 105 du code forestier (Loi du 18 juillet 1836, art. 17), qu'elle est alors obligée de suivre pour l'avenir. Cette décision dépend des conseils municipaux, dont les délibérations doivent être approuvées par les préfets. (Cons. d'Et. 7 mai 1863.)

36. *Usages abandonnés.* — Les usages dont il était parlé dans l'ancien article 105 du code forestier, pour le partage de l'affouage, étaient ceux dont l'application avait été *constamment* suivie jusqu'à ce jour par les communes, qui ne pourraient pas revenir aux usages remplacés, même momentanément ou sous la pression administrative, en vertu du décret de 1808. (Lettre du Min. de l'Int. juillet 1828.)

37. *Titres.* — Pour que les titres contraires soient applicables, il faut qu'ils aient été suivis sans interruption par la commune.

38. *Anciens usages. Abolition.* — Tous les usages contraires au mode de partage des bois d'affouage, par feu ou chef de maison et de famille, sont abolis. (Cod. For. 105. Loi du 23 novembre 1883.)

39. *Conseil municipal.* — Les délibérations du conseil municipal, en ce qui concerne l'affouage, sont soumises à l'approbation du préfet, sauf recours, par voie administrative, au ministre et au conseil d'Etat. Le préfet peut annuler les délibérations, mais il ne peut pas imposer un mode de délivrance d'affouage. (Cons. d'Etat, 27 décembre 1839.)

40. *Conseil municipal. Délibérations.* — Les délibérations des conseils municipaux relatives au partage de l'affouage ne peuvent être déférées au conseil d'Etat, que dans le cas où elles ont été annulées par un arrêté

préfectoral, confirmé par le ministre. La délibération non annulée ne peut être modifiée, soit par le préfet, soit par le ministre, soit par le conseil d'Etat. (Cons. d'Etat, 27 décembre 1839.)

Une délibération par laquelle le conseil municipal rejette la réclamation présentée par des habitants, contre le mode de répartition des affouages adopté par une délibération antérieure de plusieurs années, doit être considérée comme purement confirmative de cette première délibération. (Cons. d'Etat, 12 mai 1882.)

41. *Section.* — Les règles établies pour la délivrance et le partage de l'affouage sont applicables aux sections des communes, pour les bois leur appartenant spécialement. (Metz, 24 août 1863. Loi du 5 avril 1884.)

42. *Communes. Habitants.* — Les habitants d'une commune réunie à une autre commune conservent la jouissance exclusive des affouages. (Loi du 18 juillet 1837, art. 5. Loi du 5 avril 1884.)

43. *Hameau. Réunion à une autre commune. Droits.* — Les habitants d'un hameau qui, par mesure administrative, a été distrait d'une commune et rattaché à une autre, continuent à exercer le droit d'affouage dans la commune à laquelle ils appartenaient autrefois. (Trib. Civ. de Beaume-les-Dames, 3 juillet 1889.)

44. *Droit.* — Les affouagistes ont un droit égal aux affouages de toute nature que peut produire une forêt. (Cass. 12 juin 1840.)

45. *Responsabilité.* — Les affouagistes et les communes affouagères sont garants solidaires des condamnations prononcées contre les entrepreneurs des coupes affouagères. (Cod. For. 82, 112.)

46. *Liste. Inscription.* — L'inscription sur la liste d'affouage tenant lieu de délivrance, l'habitant inscrit peut vendre ou donner son bois, en vertu du droit acquis et de l'inscription qui oblige la commune à effectuer la délivrance. (Meaume.)

47. *Liste. Inscription.* — Après le partage effectué ou après la clôture et l'approbation de la liste de partage, les portions affouagères ne peuvent plus être réclamées que pour l'avenir. Il n'y a pas d'époque fixe pour le commencement du droit à l'affouage; toutefois, avant la clôture de la liste, il faut que le nouvel habitant puisse prouver ses droits acquis, pour obtenir son inscription.

48. *Liste. Inscription. Délai.* — L'habitant qui demande son inscription sur la liste affouagère doit produire sa réclamation administrativement avant l'approbation du rôle par le préfet. Faute d'avoir réclamé administrativement dans le délai ci-dessus, il ne peut agir par les voies judiciaires. (Dijon, 1er mars 1877.)

49. *Inscription. Radiation.* — Si un habitant demande à être inscrit sur la liste, c'est à lui qu'incombe la preuve de ses droits et capacités. Si une commune raye un habitant de la liste d'affouage, comme l'inscription antérieure est une présomption de droit, la commune doit prouver qu'il ne remplit plus les conditions nécessaires, pour avoir droit à l'affouage. (Nancy, inédit, 4 février 1839.)

50. *Taxe.* — Les taxes d'affouage se règlent en même temps que les rôles de répartition à l'affouage. (Loi du 18 juillet 1837. Instr. 15 décembre 1826.)

51. *Taxe. Dépenses.* — La taxe d'affouage communal peut comprendre des dépenses étrangères à l'affouage, mais dont le conseil municipal aurait cru devoir grever la portion affouagère de chaque habitant. (Avis du Cons. d'Etat, 8 août 1838.)

52. *Timbre.* — Les rôles des taxes d'affouage sont sujets au timbre. (Circ. de la comptabilité gén. 24 décembre 1845.)

53. *Enlèvement. Taxe.* — Les entrepreneurs doivent seuls veiller, à l'exclusion des gardes forestiers et sous leur responsabilité personnelle, à ce que les affouagistes n'enlèvent pas leur bois avant le paiement de la taxe. (Déc. Min. 10 janvier 1839. Circ. A 441.)

54. *Taxe.* — L'affouagiste qui enlève son lot frauduleusement et à l'insu de l'entrepreneur de la coupe peut être poursuivi en paiement de la taxe par le receveur municipal, en vertu de l'article 44 de la loi du 18 juillet 1837. V. Taxe.

55. *Vente. Échange.* — L'article 83 du code forestier, qui interdit, aux usagers dans les bois de l'État, de vendre ou d'échanger les bois qui leur sont délivrés, n'est pas applicable en matière d'affouage dans les bois communaux. La délibération du conseil municipal portant défense de sortir de la commune, sans autorisation du maire, les bois à brûler provenant de l'affouage est illégale et non obligatoire. Cette délibération ne peut être qu'une simple disposition réglementaire et elle n'a pas pour sanction l'article 471, n° 15, du code pénal. (Cass. 6 avril 1865.)

56. *Vente.* — Les produits de l'affouage peuvent être vendus. Toutefois, le maire, comme règlement de police municipale dans lequel les agents forestiers n'ont pas à intervenir, peut défendre de vendre les portions avant qu'elles ne soient conduites au domicile de l'affouagiste. (Cass. 6 février 1824.)

57. *Portion. Vente.* — Les portions affouagères non réclamées par les habitants peuvent être vendues par le maire, sans la participation des agents forestiers, suivant la forme prescrite par la loi du 18 juillet 1837. (Déc. Min. 14 juillet 1848. Circ. N 80, art. 77.)

58. *Arbres. Futaie.* — La vente des arbres provenant d'une coupe affouagère délivrée

en nature peut se faire, au profit des seuls habitants de la commune, par le maire, en présence de l'agent forestier et du receveur municipal, après de simples affiches apposées dans la commune. Les formalités de l'article 84 de l'ordonnance ne s'appliquent pas à ces ventes. (Déc. Min. 23 février et 23 mai 1829.) V. Adjudication.

59. *Bois de construction. Vente.* — En l'absence de toute stipulation contraire, l'affouagiste peut vendre les bois qui lui ont été délivrés, soit comme affouage, soit comme délivrance spéciale. La défense, édictée par l'arrêté préfectoral, de vendre ces bois ne peut pas créer un délit. Ce fait ne pourrait donner lieu qu'à une action civile de la part de la commune, s'il y avait lieu, et sur une demande en indemnité. (Metz, 14 mars 1838.)

60. *Portions. Vente.* — Les portions affouagères non enlevées, faute de paiement, sont vendues par le receveur municipal et sans l'intervention des agents forestiers, jusqu'à concurrence du montant des taxes et des frais à payer, et le surplus est remis à l'affouagiste qui n'avait pas payé. (Circ. des Min. des Fin. et de l'Int. du 10 janvier 1839. Circ. A 441.) V. Rôle.

61. *Portions.* — Les portions d'affouage peuvent être vendues par les affouagistes. (Cod. For. 83, 112. Déc. Min. 4 juin 1841.)

62. *Portions.* — La portion d'affouage peut être saisie par un créancier, entre les mains du maire. (Migneret.)

63. *Portions. Vidange.* — L'entrepreneur est seul responsable du retard dans l'enlèvement des portions affouagères. (Cod. For. 40. Besançon, 6 mai 1834.)

64. *Enlèvement.* — L'enlèvement d'un lot d'affouage, avant l'entier achèvement de la coupe, ne peut être excusé par l'autorisation du conseil municipal. (Cass. 1er juillet 1847.)

65. *Transport. Roues.* — Le bois d'affouage étant une *récolte*, la voiture qui le transporte doit profiter de l'exception prévue pour cet objet. (Conseil d'Etat, 23 février 1841. Loi du roulage.) V. Voiture.

SECT. III. — PARTAGE. CONDITIONS.

66. *Bois de feu. Partage. Principe. Base.* — S'il n'y a titre contraire, le partage de l'affouage, en ce qui concerne le bois de chauffage, se fera par feu, c'est-à-dire par chef de famille ou de maison ayant domicile réel et fixe dans la commune, avant la publication du rôle. (Cod. For. 105. Loi du 23 novembre 1883. Circ. N 332.) V. Coupe affouagère.

67. *Futaie. Vente. Partage. Base.* — En ce qui concerne les bois de construction, chaque année, le conseil municipal, dans sa session de mai, décidera s'ils doivent être, en tout ou en partie, vendus au profit de la caisse communale ou s'ils doivent être délivrés en nature.

Dans le premier cas, la vente aura lieu aux enchères publiques par les soins de l'administration forestière ; dans le second, le partage aura lieu suivant la même forme et le même mode que le bois de chauffage. (Cod. For. 105. Loi du 23 novembre 1883. Circ. N 332.) V. Bois de construction. Possibilité. Délivrance. Chef de famille.

68. *Partage.* — Le partage des bois d'affouage ne peut avoir lieu qu'après l'entière exploitation du taillis ; mais on peut y procéder avant l'abatage des arbres de futaie qui font partie de la coupe. (Déc. Min. 22 février 1829. Circ. A 211.)

69. *Mode. Partage. Usage.* — Le partage de l'affouage qui, d'après l'usage, ne donne que la moitié de la portion affouagère aux veuves et aux célibataires, ne peut plus être maintenu, parce qu'il se rapporte au mode d'affouage et non pas à la qualité des personnes comme affouagiste. (Meaume. *Contra.* Dijon, 6 janvier 1841. Loi du 23 novembre 1883.)

70. *Futaie. Partage.* — La futaie ne doit plus se partager d'après le toisé des bâtiments; on doit comprendre dans le partage tous les habitants chefs de famille et de maison.

71. *Futaie.* — Tout *propriétaire chef de famille ou de maison*, sur le territoire d'une commune, qui veut réparer ou bâtir une maison, a le droit de demander une portion de la futaie affouagère s'il réunit les qualités requises. (Cod. For. art. 105.)

72. *Futaie. Branches.* — Dans les délivrances de futaie, comme bois de construction, les branches et rémanents doivent être réservés pour le chauffage des autres habitants de la commune, à moins d'usage contraire.

73. *École.* — L'école communale et tous les autres établissements communaux peuvent être compris dans les délivrances affouagères. (Déc. Min. 27 mars 1830. Circ. A 235.)

74. *Répartition.* — L'autorité judiciaire est seule compétente pour décider si un particulier, réclamant contre une répartition de l'affouage, a droit, en vertu d'une possession équivalente à titre, à une portion déterminée de cet affouage. (Cons. d'Etat, 10 mars 1859.)

75. *Partage.* — Les difficultés survenues entre une commune et une section de commune, sur le mode de partage de l'affouage, sont du ressort de l'autorité administrative. (Ord. 5 décembre 1837.)

76. *Qualités. Droit.* — Tous les habitants d'une commune, Français, naturalisés, ou étrangers autorisés *par décret* à établir leur domicile en France, ont droit à l'affouage s'ils sont domiciliés dans la commune et chefs de maison. (Cass. 9 avril 1838. Conseil d'Etat, 4 avril et 18 novembre 1846.)

77. *Qualités.*— Pour avoir droit à l'affouage, il faut être citoyen français, ayant domicile réel dans la commune. (Conseil d'Etat, 4 avril 1846.)

78. *Etranger.* — L'étranger *non autorisé à résider en France* est sans droit à l'affouage. (Conseil d'Etat, 13 décembre 1845.)

79. *Français.* — L'affouage ne peut être délivré qu'aux habitants français de naissance ou naturalisés français. (Meaume. Lettre du Min. de la Just., 8 nov. 1825.)

80. *Etrangers. Domicile. Résidence. Conditions.* — Les étrangers qui seront chefs de famille ou de maison, ayant un domicile réel et fixe dans la commune, avant la publication du rôle, ne peuvent être appelés au partage de l'affouage qu'après avoir été autorisés par décret du Chef de l'Etat à établir leur domicile en France. (Cod. For. 105. Loi du 23 novembre 1883. Circ. N 159. Circ. N 332.)

81. *Locataires.*— Les habitants d'une commune qui ne sont que locataires et non propriétaires de maison ont droit à la délivrance du bois d'affouage, comme tous les autres habitants. (Cons. d'Etat, 26 novembre 1875.)

82. *Qualités. Compétence.* — L'autorité administrative est seule compétente pour apprécier si, pour l'affouage, l'habitant remplit la qualité de chef de maison ou de famille. (Cons. d'Etat, 23 mai 1844.)

83. *Qualités.* — Il n'est pas nécessaire de payer des contributions pour avoir droit à l'affouage. (Bourges, 10 mars 1841.)

84. *Ouvriers. Chefs de famille.* — Les ouvriers établis dans une commune, avec l'intention d'y fixer leur domicile, doivent être considérés comme des chefs de famille ou de maison, ayant le domicile réel et fixe exigé par l'article 105 du code forestier pour avoir droit à l'affouage, quand bien même ils seraient logés dans les bâtiments dépendant de l'usine où ils travaillent et exposés quotidiennement à un renvoi de l'usine, entraînant leur renvoi des lieux où ils habitent. (Cod. For. art. 105. Cod. Civ. art. 102, 103, 104, 105 et 109. Besançon, 8 nov. 1883.)

85. *Qualités.* — Ont droit à l'affouage : 1° le fils majeur qui a un logement à part et des intérêts distincts de ceux de son père, quoiqu'il demeure dans la même maison et ne soit pas imposé au rôle de la contribution mobilière ; 2° la veuve qui a chez son gendre, avec lequel elle habite, un appartement séparé, un feu distinct et un fourneau sur lequel elle prépare ses aliments (Metz, 26 novembre 1867) ; 3° la femme mariée, lorsqu'elle est administratrice provisoire de la personne et des biens de son mari, placé dans un asile d'aliénés (Chaumont, 17 avril 1867) ; 4° le beau-père et le gendre, si, quoique habitant la même maison et vivant ensemble, ils sont l'un et l'autre propriétaires de leur mobilier et s'ils exercent une industrie séparée. (Dijon, 22 février et 17 mai 1837.)

86. *Propriétaire. Chef de famille.* — A droit à l'affouage le propriétaire d'immeubles situés dans la commune, qui y paie des impôts et une patente, qui possède un ménage avec femme et enfants et qui est locataire d'une maison ayant cheminée et garnie de meubles, où parfois ils font du feu, où loge un ami, encore bien qu'il prenne ses repas et couche habituellement chez son beau-père. (Bourges, 30 octobre 1889.)

87. *Fonctionnaire.* — Tout fonctionnaire nommé à des fonctions amovibles ou temporaires peut établir son domicile, afin de participer à l'affouage, en faisant sa déclaration à la mairie de la commune dans laquelle l'appellent ses fonctions, sauf à ne recevoir de distribution qu'après une année de résidence. A défaut de déclaration, il pourra faire la preuve qu'il a son domicile réel et fixe dans la commune.

88. *Fonctionnaire.* — Les fonctionnaires (gendarmes ou douaniers casernés ou non) de toute catégorie ont droit à l'affouage, en remplissant les conditions exigées par le code civil pour établir le domicile de citoyen, si d'ailleurs ils résident depuis un an dans la commune. (Meaume. Lettre Min. du 29 décembre 1828.)

89. *Gendarme.* — Le gendarme qui fait partie du service de brigade est réputé avoir son domicile réel et fixe dans le lieu où il exerce ses fonctions ; par suite, il a droit aux distributions affouagères pour les besoins de son ménage, comme les autres habitants. (Dijon, 19 février 1873.)

90. *Fonctionnaire.* — Les gendarmes, les vicaires ou curés, les fonctionnaires publics, même lorsqu'ils occupent des appartements garnis, doivent être inscrits au rôle d'affouage. (Déc. du Min. de l'Int. 1863.)

91. *Douaniers.* — Les préposés des douanes n'ont pas droit à l'affouage dans la commune de leur résidence. (Conseil d'Etat, 18 novembre 1846.)

92. *Qualités.* — N'ont pas droit à l'affouage :

1° le fils majeur résidant avec sa mère. (Metz, 24 mai 1866. Dijon, 6 décembre 1837.)

2° Le père qui se met aux pot et feu de sa fille. (Nancy, 19 avril 1841.)

3° Les mineurs non émancipés.

4° Les interdits et les individus frappés de mort civile.

5° La femme mariée, les serviteurs et domestiques habitant avec les maîtres, et généralement toutes personnes qui sont, par leurs positions subordonnées, attachées à la famille ou soumises à la puissance d'un chef de famille.

93. ***Donation. Partage. Absence de feu distinct.*** — **Une donation-partage, consentie**

par un père affouagiste au profit de ses enfants, ne suffit pas pour que ceux-ci aient droit, comme lui, à une part d'affouage.

Il faut encore qu'ils justifient d'habitations à feu distinctes et que la donation ait amené un changement dans la vie commune. (Tribunal de Saint-Dié, 6 décembre 1889.)

AFFOUAGISTE.

1. *Définition.* — Habitant d'une commune propriétaire de bois et dans laquelle les délivrances de bois de chauffage se font en nature.

2. *Délit. Excuse.* — La qualité d'affouagiste ne peut servir d'excuse à aucun délit. (Cass. 12 juin 1840.)

AGARIC. V. Amadou. Champignon.

AGE.

1. *Majorité. Peine.* — L'homme est majeur à 21 ans. En matière de délit, la pénalité est adoucie pour l'enfant au-dessous de 16 ans et pour le vieillard au-dessus de 70 ans.

2. *Compte.* — Pour supputer l'âge, on compte le jour de la naissance tout entier, ainsi que celui du décès. (Block.)

3. *Emploi forestier.* — Nul ne peut exercer un emploi forestier, s'il n'est âgé de vingt-cinq ans accomplis ; néanmoins, les élèves de l'école forestière pourront obtenir des dispenses d'âge. (Cod. For. 3.)

4. *Age. Bois.* — L'âge des bois inscrit dans un procès-verbal ne fait pas foi jusqu'à inscription de faux, à moins qu'il ne soit calculé sur l'époque exacte de l'exploitation ou de la coupe des bois. On peut combattre cette assertion par la preuve contraire.

5. *Preuve.* — L'âge des bois dans lesquels a été commis un délit de pâturage peut être attaqué par la preuve testimoniale. (Cass. 7 floréal an XII.)

Si cependant l'âge des bois était indiqué par l'époque de la coupe, il y aurait alors là un fait matériel, qui ne pourrait pas être combattu par la preuve testimoniale.

6. *Taillis sous futaie.* — Lorsque l'âge des bois sert d'élément pour fixer les pénalités, on ne doit prendre pour base que celui du jeune taillis ou du recru de semence et non celui des réserves. Le jeune bois, étant en effet seul dommageable, doit seul entrer en ligne de compte. (Cass. 30 septembre 1842.)

7. *Futaie.* — A l'égard des coupes sombres ou de réensemencement, l'âge de la coupe se compte (pour les poursuites relatives à l'article 147, voiture) par le nombre des années de croissance du jeune taillis ou du recru de semence et non par celui des baliveaux qui le garnissent. (Cass. 30 septembre 1842.)

8. *Elagage.* — Si le propriétaire invoque l'âge des arbres, pour s'opposer à l'élagage, il y a là une question préjudicielle de propriété ou d'existence d'une servitude légale, dont l'appréciation est de la compétence des tribunaux civils.

AGENT FORESTIER.

1. *Désignation.* — Le titre d'agent est exclusivement réservé aux conservateurs, inspecteurs, inspecteurs adjoints, gardes généraux et gardes généraux stagiaires.

2. *Personnel.* — Le directeur a sous ses ordres, dans les départements, des agents forestiers, qui sont : les conservateurs, inspecteurs, inspecteurs adjoints, gardes généraux et gardes généraux stagiaires. (Ord. art. 11. Ord. 25 juillet 1844. Décr. 18 février 1882. Décr. 1er avril 1882. Circ. N 301. Décr. 12 octobre 1890. Circ. N 433.)

3. *Age. Fonctions.* — Les agents forestiers doivent avoir 25 ans accomplis pour exercer leurs fonctions, à moins d'avoir une dispense d'âge, qui est accordée aux élèves sortant de l'école forestière. (Cod. For. 3.)

Tout agent forestier qui, avant 25 ans, et sans dispense d'âge, quoiqu'il ait une commission, exerce ses fonctions, encourt pour l'exercice illégal de cette fonction :

Prison : 2 ans à 5 ans (Cod. Pén. 258.)

(Avant 25 ans, l'agent forestier sans dispense n'a pas d'existence légale.)

4. *Force publique.* — Les agents forestiers ne sont pas agents dépositaires de la force publique, dans le sens de l'article 224 du code pénal, relativement aux outrages. (Nancy, arrêt inédit du 23 novembre 1842.) V. Insulte.

5. *Service militaire.* — Les agents forestiers entrent dans la composition des forces militaires. (Décr. 2 avril 1875. Circ. N 173. Loi du 15 juillet 1889, art. 8. Décr. 18 novembre 1890. Circ. N 424.) V. Chasseurs forestiers.

6. *Service militaire. Non disponibles.* — Les agents forestiers ne font pas partie de la non-disponibilité ; c'est en qualité d'officiers assimilés qu'ils sont rayés comme hommes de troupe des corps d'affectation. (Circ. N 231.) V. Service militaire.

7. *Hiérarchie. Subordination.* — Les agents ne reçoivent des ordres que de leurs chefs respectifs. (Circ. A 575 ter. Instr. 15 mars 1845.)

8. *Circonscription.* — Les agents forestiers constatent par procès-verbaux les délits et contraventions dans toute l'étendue du territoire pour lequel ils sont commissionnés. (Cod. For. 160.) V. Procès-verbaux. Délits.

9. *Conseils municipaux. Relations.* — Les agents de tous grades doivent se mettre en relations directes avec les maires et les conseils municipaux, en vue de les éclairer sur la nature et l'opportunité des actes de gestion proposés ou effectués dans leurs bois. (Circ. N 391.)

10. *Actes.* — Les agents forestiers ne doivent, dans les actes de poursuite surtout, déclarer que leurs qualités et leurs résidences, afin qu'en cas de changement, le nouveau titulaire, revêtu de la même fonction, puisse continuer les mêmes actes ou les mêmes poursuites.

11. *Délits.* — Les agents forestiers (en qualité de fonctionnaires), qui, dans l'exercice de leurs fonctions, acquerront la connaissance d'un crime ou d'un délit, sont tenus d'en donner avis, sur le champ, au procureur de la République près le tribunal dans le ressort duquel le crime ou le délit aura été commis, ou dans lequel le prévenu pourrait être trouvé, et de transmettre à ce magistrat tous les renseignements, procès-verbaux et actes y relatifs. (Instr. crim. 29.)

12. *Responsabilité.* — Les agents sont responsables des délits commis dans le triage des gardes, s'ils ont sciemment, par connivence ou faiblesse, toléré et non signalé les négligences ou contraventions commises par leurs subordonnés, dans l'exercice ou à l'occasion de leurs fonctions. (Loi du 29 septembre 1791, titre XIV. Cod. Civ. 1384. Cass. 19 juillet 1826.)

13. *Poursuite.* — Les agents peuvent être poursuivis sans autorisation. (Décr. de la Défense nationale, 19 septembre 1870.) V. Garantie administrative.

14. *Officiers de police judiciaire. Poursuite.* — Les agents forestiers, étant considérés comme officiers de police judiciaire (Grenoble, 14 février 1881), peuvent être poursuivis devant la Cour d'appel, à la requête du procureur général, sans autorisation.

15. *Rétribution.* — Les agents ne pourront, sous aucun prétexte, rien exiger, ni recevoir des communes, des établissements publics et particuliers pour les opérations qu'ils auront faites, à raison de leurs fonctions. (Ord. 34. Circ. N 103.)

16. *Ventes.* — Les agents forestiers de l'État doivent, dans toute l'étendue de la France, rester complétement étrangers aux ventes. En cas d'immixtion directement ou indirectement, soit comme partie principale, associé ou caution :

Amende : Maximum, 1/4 ; minimum, 1/12 du montant de l'adjudication. (Cod. For. 21.)
Prison : 6 mois à 2 ans. (Cod. For. 21. Cod. Pén. 175.) Interdiction des fonctions publiques. (Cod. For. 21. Cod. Pén. 175.)

Vente déclarée nulle. (Cod. For. 21.)
V. Vente. Fonctionnaire. Interdiction.

17. *Abatage. Partage irrégulier.* — Les agents forestiers qui laissent, soit par permission ou tolérance, partager ou abattre sur pied, par les usagers individuellement, les bois qui se délivrent par coupes :

Amende : 50 fr. Responsabilité personnelle et sans aucun recours de la mauvaise exploitation et de tous les délits qui pourraient avoir été commis. (Cod For. 81, 103, 112.)

18 *Poursuites.* — Les peines prononcées par le code forestier, dans certains cas spéciaux, contre des agents forestiers, sont indépendantes des poursuites et peines dont les agents seraient passibles pour malversation, concussion ou abus de pouvoir. (Cod. For. 207.)

19. *Délits. Prescriptions.* — Les délits, contraventions, malversations commis par les agents, dans l'exercice de leurs fonctions, se prescrivent pour eux et pour leurs complices, savoir :

Les peines portées par les arrêts ou jugements en matières correctionnelles, par cinq années révolues, à compter de la date de l'arrêt ou jugement rendu en dernier ressort. (Instr. crim. 636.)

L'action publique et l'action civile, résultant d'un crime emportant peine afflictive ou infamante, se prescrivent par dix années révolues, à partir du jour où le crime a été commis, ou du dernier acte de poursuite. (Instr. crim. 637.)

S'il s'agit d'un délit de nature à être puni correctionnellement, la durée de la prescription est réduite à trois années révolues. (Instr. crim. 638.)

Les peines portées par les jugements pour contraventions de police se prescrivent après deux années révolues, à partir du jugement en dernier ressort, devenu inattaquable. (Instr. crim. 639.)

L'action publique et l'action civile pour les contraventions de police se prescrivent par une année révolue, à compter du jour où elles ont été commises, ou à partir du jugement définitif intervenu. (Instr. crim. 640.) V. Prescription.

20. *Subordonnés.* — Les agents forestiers ne peuvent avoir sous leurs ordres leurs parents ou alliés en ligne directe, ni leurs frères ou beaux-frères, oncles ou neveux. (Ord. 33.)

21. *Explications. Conseils.* — Un agent forestier ne doit donner aucune explication qui pourrait lui être ultérieurement opposée et engager sa responsabilité. Il n'est tenu à donner aucun conseil et doit déclarer qu'il est sans qualité pour interpréter un cahier de charges et ses conséquences. (Meaume.)

22. *Travaux d'art.* — Dans chaque conservation, outre les agents du service ordinaire, l'administration peut placer un certain nombre d'agents de différents grades exclusivement chargés de travaux d'art concernant les délimitations, les aménagements, les routes, ponts, maisons, etc.

23. *Erreur. Poursuites.* — L'autorité judiciaire est incompétente pour connaître de la demande d'indemnité formée contre l'Etat, à raison du dommage provenant d'erreur commise par les agents de l'administration des forêts, dans les opérations qu'ils accomplissent en leur qualité de préposés de l'administration. (Trib. des Conflits, 10 mai 1890.) V. Compte de gestion. Aménagement. Travaux. Indemnité.

AGENT RÉGISSEUR.

Travaux de restauration. — Le rôle de l'agent régisseur est déterminé dans l'instruction générale du 2 février 1885 : articles 156 à 172 pour les travaux en régie et articles 192, 194, 195 pour les travaux par entreprise. (Circ. N 345.)

AGENT VOYER.

Travaux. Coupe de bois. — Les agents voyers qui, pour étude ou établissement de chemins vicinaux, abattent, sans autorisation du conservateur, des bois soumis au régime forestier, sont passibles de poursuites correctionnelles. (Cass. 6 septembre 1845.)

AGGRAVATION DE PEINE.

1. *Fonctionnaire. Maximum. Peine.* — Hors les cas où la loi règle spécialement les peines encourues pour crimes ou délits commis par les fonctionnaires ou officiers publics, ceux qui auront participé aux délits qu'ils étaient chargés de surveiller ou de réprimer seront punis comme il suit : s'il s'agit d'un délit de police correctionnelle, ils subiront toujours le maximum de la peine attachée à l'espèce de délit. (Cod. Pén. 198.)

2. *Gardes particuliers.* — L'aggravation de peine prononcée par l'article 198 du code pénal n'est pas applicable aux gardes particuliers. (Nancy, 18 novembre 1869.)

3. *Garde. Officier de police. Aggravation.* — Si les délits de police correctionnelle prévus au chapitre II du livre III du code pénal, articles 379 à 462, ont été commis par des gardes champêtres, ou forestiers, ou officiers de police judiciaire, la peine sera :

Prison : 1 mois au moins et 1/3 en sus de la peine la plus forte qui serait appliquée à un autre coupable du même délit. (Cod. Pén. 462.)

4. *Garde. Chasse.* — L'aggravation de peine édictée par la loi sur la chasse s'applique à la qualité de garde champêtre ou forestier de l'Etat ou des communes, lors même que le délit aurait été commis en dehors du territoire confié à la surveillance du prévenu. (Cass. 4 octobre 1844.) Ce cas n'est pas applicable aux gardes particuliers. (Montpellier, 4 avril 1842.)

5. *Garde particulier. Chasse.* — L'aggravation de peine est applicable aux gardes particuliers en cas de chasse sans permis dans les lieux confiés à leur surveillance. (Alger, 17 avril 1872.)

6. *Complices. Co-auteur.* — Les co-auteurs ou complices d'un délit sont passibles de l'aggravation des peines attachées à la qualité de l'un des délinquants. (Chambéry, 29 avril 1867). V. Garde particulier. Cumul de peines. Circonstances aggravantes.

AGNEAU.

Pâturage. — L'agneau qui tette encore sa mère et ne broute pas semble ne devoir donner lieu à aucune amende, en cas d'introduction en forêt. Cependant il est certain que légalement l'agneau est une bête à laine et que son introduction en forêt, quel que soit son âge, est passible des peines édictées par l'article 199. V. Mouton. Pâturage.

AGRESSION. V. Outrages. Violences

AGRICULTURE. V. Comice agricole. Chambre d'agriculture.

AIGUILLE DE PIN. V. Feuilles.

AJONC, arbuste. V. Enlèvement. Menus produits.

AJOURNEMENT. V. Citation.

ALATERNE, arbuste. V. Enlèvement. Menus produits.

ALBERGEAGE. ALBERGEMENT.

Droit. — Dans l'ancien Bugey, les expressions d'albergeage ou albergement s'entendaient tout aussi bien d'une concession de droit d'usage, que d'une concession de droit de propriété. A cet égard, tout dépendait des clauses du titre. (Cass. 11 août 1851.)

ALBUM.

Périmètre de restauration. — Au registre du compte permanent sont annexés deux albums, dont l'un renferme les plans utiles à l'historique des travaux de reboisement et des travaux auxiliaires, et l'autre les plans et dessins relatifs aux travaux de correction.

Ces albums sont constitués, d'une part, au moyen des plans fournis à l'appui des devis annuels en régie et, d'autre part, avec les dessins d'exécution des ouvrages exécutés à l'entreprise.

Ces albums sont établis en trois expéditions, qui sont mises au courant chaque année. L'une de ces expéditions reste entre les mains du chef de service ; la seconde, entre les mains du conservateur, et la troisième est transmise à l'administration, avant le 1er mars de l'année suivante. (Instr. gén. 2 février 1885, art. 205 et 206. Circ. N 345.)

ALGÉRIE.

1. *Législation. Principe.* — Les lois, décrets, arrêtés, règlements et instructions ministérielles qui régissent, en France, les divers services civils s'appliquent en Algérie, dans toutes celles de leurs dispositions auxquelles il n'a pas été dérogé par la législation spéciale de ce pays. (Décr. du 26 août 1881, art. 1. Circ. N 371.)

2. *Code forestier.* — Le code forestier, comme toutes les lois générales, a été virtuellement introduit et rendu exécutoire en Algérie, par le seul fait de la conquête, sans qu'on puisse opposer le défaut de promulgation locale. (Cass. 17 novembre 1865 et 25 janvier 1883.)

3. *Droits de Timbre et d'Enregistrement.* — Les lois relatives à la perception des droits d'enregistrement et de timbre (lois des 11 mai 1868, 27 juillet 1870, 16 septembre 1871, 30 mars 1872, 25 mai 1872, 20 décembre 1872 et décrets des 24 mai 1872, 24 juillet 1872, 6 décembre 1872) sont applicables en Algérie. (Décr. des 18 mai et 27 juin 1874.)

4. *Droits d'usage. Exercice.* — Les dispositions de police édictées par le code forestier sont applicables aux droits d'usage existant en Algérie, antérieurement à la conquête, au profit d'une tribut, sur une forêt domaniale. (Cass. 25 janvier 1883.)

5. *Droits d'usage. Règlement-aménagement.* — En Algérie, le Gouvernement pourra concentrer l'exercice des droits d'usage par voie de règlement-aménagement. (Loi, 9 décembre 1885, art. 1. Circ. N 357.)

6. *Délits. Constatation.* — Les agents et préposés forestiers, ainsi que tous les autres officiers de police judiciaire, pourront rechercher et constater les délits et contraventions forestières. (Loi du 9 décembre 1885, art. 10. Circ. N 357.)

7. *Procès-verbal. Enregistrement. Envoi. Délai. Poursuites.* — Les procès-verbaux dressés par les agents et préposés forestiers seront enregistrés en débet et transmis, dans le délai de vingt jours, au procureur de la République, qui seul exerce les poursuites et traduit les inculpés, suivant le cas, devant le tribunal correctionnel ou devant le juge de paix, dont la compétence est déterminée par les décrets des 14 mai 1850 et 19 août 1854. (Loi du 9 décembre 1885, art. 10. Circ. N 357.)

8. *Procès-verbal. Affirmation. Degré de foi.* — Les procès-verbaux dressés par les préposés sont dispensés de l'affirmation; ils feront foi jusqu'à inscription de faux, dans les conditions prévues par les articles 177 et suivants du code forestier. (Loi du 9 décembre 1885, art. 10. Circ. N 357.)

9. *Compétence. Délits forestiers.* — En Algérie, la connaissance des délits et contraventions commis, même dans les bois soumis au régime forestier, appartient aux juges de paix et non aux tribunaux correctionnels, dans tous les cas où les peines n'excèdent pas 6 mois d'emprisonnement et 500 francs d'amende. (Décr. 14 mai 1850 et 19 avril 1854. Alger, 5 mars 1868.) V. Exploitation. Compétence.

10. *Territoires militaires. Poursuites.* — Dans les territoires maintenus transitoirement sous l'autorité militaire, le général commandant la division exerce les poursuites devant les juridictions militaires compétentes. (Loi du 9 déc. 1885, art. 10. Circ. N 357.)

11. *Incendie.* — Une loi en date des 17-18 juillet 1874 a prescrit les mesures à prendre en vue de prévenir les incendies, dans les régions boisées de l'Algérie.

V. Feux. Chêne-liège.

12. *Feu. Autorisation. Pénalité.* — L'emploi du feu pour la destruction des broussailles, herbes et végétaux sur pied est soumis à une autorisation préalable de la part de l'autorité administrative locale.

Toute contravention sera passible d'une amende de 20 à 500 francs et pourra l'être, en outre, d'un emprisonnement de 6 jours à 6 mois. (Loi du 9 décembre 1885, art. 8 et 14. Circ. N 357.)

13. *Service forestier.* — Le service des forêts de l'Algérie est placé sous l'autorité directe du ministre de l'agriculture. (Décr. du 26 août 1881, art. 1. Circ. N 371.)

14. *Bois particulier. Exploitation.* — Des arrêtés du gouverneur général en dates des 7 et 10 juillet, 2 et 4 août 1886 réglementent l'exploitation, le colportage, la vente et l'exportation des lièges, écorce à tan, brins destinés à la fabrication des cannes et produits résineux et goudron, dans les bois des particuliers. V. Animal. Bois particulier. Broussailles. Cantonnement. Dayas. Rachat. Réglement-aménagement. Tranchée. Utilité publique.

ALFA. V. Exploitation en Algérie.

ALIBI.

Preuve. — Le fait que le délit a été commis par les délinquants désignés par le procès-verbal constitue un fait matériel, faisant foi jusqu'à inscription de faux. Dès lors, le tribunal ne peut pas admettre la preuve testimoniale pour établir l'alibi du prévenu, au moment du délit (Nancy, 15 février 1833), ou celui du garde. (Cass. 10 avril 1806.)

ALIÉNATION.

SECT. I. — PRINCIPES.

1. *Traités politiques.* — Les aliénations du domaine de l'Etat faites par des traités politiques de souverain à souverain ne sont pas soumises aux principes du droit commun sur l'inaliénabilité du domaine en France. (Cass. 5 février 1842.)

2. *Lorraine.* — Toutes aliénations de domaines de l'Etat en Lorraine, antérieures au 1er janvier 1660, sont irrévocables. (Cass. 14 juin 1842.)

3. *Immeuble.* — Aussitôt qu'un immeuble sera devenu inutile au service auquel il était affecté, la remise en sera faite à l'administration des domaines, qui proposera au ministre d'en disposer de la manière la plus convenable. Dans le cas où l'aliénation de l'immeuble serait autorisée, l'administration des domaines prendrait toutes les dispositions relatives à la vente et le prix en serait versé à la caisse des domaines, conformément à l'ordonnance du 14 septembre 1822. (Déc. Min. 11 octobre 1824.)

4. *Domaine de l'Etat.* — Tous les domaines de l'Etat peuvent être aliénés en vertu d'une loi spéciale. (Lois des 21 septembre et 22 novembre 1790.)

5. *Principes. Bois domaniaux.* — Les immeubles domaniaux peuvent être aliénés en vertu d'une loi. (Lois, 9 mai, 21 septembre, 22 novembre, 1er décembre 1790, 16 brumaire an V.) D'autres lois ont autorisé la cession directe des lais et relais de la mer, des terrains retranchés de la voie publique par alignement et des portions de route délaissées. Toutefois, l'immeuble qui, en totalité, est d'une valeur estimative supérieure à 1 million ne pourra être aliéné, même partiellement ou par lot, qu'en vertu d'une loi. (Loi du 1er juin 1864. Instruction des domaines, 22 juin 1864.)

6. *Terrains contigus, enclavés.* — Les terrains contigus ou enclavés dans les forêts domaniales ne peuvent être aliénés qu'au vu d'un rapport fait par le directeur des domaines, et après que les agents de l'administration forestière auront été entendus. (Circ. 21 juillet 1810.)

7. *Droits.* — L'aliénation ne transmet d'autres droits que ceux appartenant au vendeur. (Proc. Civ. 717.)

SECT. II. — MODE. FORMALITÉS.

8. *Mise en vente.* — L'administration des forêts procédera à la désignation des parties

à mettre en vente, lors de chaque adjudication partielle, au lotissement de ces parties et à leur estimation. (Arr. Min. 21 septembre 1852. Circ. A 700.)

9. *Parcelles. Reconnaissance. Lotissement. Description. Plan.* — Pour toutes les forêts ou parcelles de forêts à aliéner, il est dressé d'abord un procès-verbal de reconnaissance et de lotissement de ces parties, avec plan à l'appui (Circ. A 693); et, en outre, pour chaque lot, il est dressé un procès-verbal descriptif, en double, avec plan et un procès-verbal estimatif. (Circ. A 694.)

10. *Lots.* — Il faut multiplier les lots pour les bois à défricher, et les réduire pour ceux à maintenir en nature de bois. (Circ. A 328.)

11. *Indemnité. Agents. Préposés.* — Les travaux préparatoires aux aliénations donnent lieu, par jour employé sur le terrain, à une indemnité de 10 francs pour les agents, quel que soit leur grade, de 5 francs pour les brigadiers et de 3 francs pour les gardes. (Déc. Min. 15 juin 1852.) Lorsqu'ils sortent de leur circonscription, les agents et préposés reçoivent, quelle que soit la distance, l'indemnité des frais de route, d'après le tarif de l'indemnité de mission. V. Indemnité.

12. *Gardes.* — On doit proposer, au fur et à mesure des vacances, le remplacement des gardes dont les triages ont été aliénés et sans attendre que les acquéreurs aient leur quitus ; on pourra, en attendant, remplacer ces gardes par des candidats, sur le choix desquels il est convenable de s'entendre avec les acquéreurs. (Circ. A 327.)

13. *Commune. Achat de bois domaniaux.* — Les communes qui sont dans l'intention d'acquérir des bois domaniaux à aliéner doivent faire connaître les parcelles qu'elles jugent à leur convenance, ainsi que les ressources qu'elles destinent à ces acquisitions. Lorsqu'une commune demande à faire l'acquisition d'une ou plusieurs parcelles, il est procédé par le maire ou son délégué et les agents forestiers locaux à une reconnaissance contradictoire des bois à aliéner. Le procès-verbal de cette reconnaissance contient tous les renseignements pouvant éclairer la commune sur la valeur de la propriété. Huit jours après sa clôture, ce procès-verbal est envoyé par le conservateur au préfet, qui fait délibérer le conseil municipal et fait connaître le prix offert pour chaque parcelle. Ces offres, avec l'avis du préfet, sont transmises au ministre, qui statue, après avis du conseil d'Etat. (Décr. 10 août 1861.)

14. *Prix. Ventes.* — Si les offres sont acceptées, il est procédé à la vente par acte administratif passé entre le préfet et le maire, d'une part, et le conservateur et le directeur des domaines, d'autre part, dans les formes et d'après les conditions du cahier des charges du 23 avril 1861. (Art. 1, 2, 3, 4, 21, 22, 23, 26 et 28.) Dans les vingt jours qui suivent la passation du contrat, la commune acquitte les frais de timbre et d'enregistrement. — Le prix principal est payé à la caisse du receveur des domaines, 1/5 dans le mois qui suit la passation de l'acte et les 4/5 de 6 mois en 6 mois. Ces sommes portent intérêt à 5 pour cent. (Décr. 10 août 1861.)

15. *Commune. Cession. Reconnaissance.* — Le procès-verbal de reconnaissance pour les bois domaniaux à aliéner que les communes veulent acquérir consiste à reconnaître et constater la nature du sol, l'état du peuplement, la qualité et la quantité des produits réalisables immédiatement ou dans un avenir peu éloigné. Ces actes seront rédigés comme pour les procès-verbaux estimatifs des bois à aliéner, mais ils devront s'abstenir de faire connaître l'estimation. (Circ. A 810.)

16. *Régime forestier.* — Les bois cédés aux communes par l'Etat sont de plein droit soumis au régime forestier. (Décr. 10 août 1861.) On ne doit donc pas, dans ce cas, tenir compte de la plus-value que le défrichement pourrait leur donner. (Circ. A 810.)

SECT. III. — CONDITIONS.

17. *Conditions.* — Les bois sont vendus sans garantie et avec toutes les charges actives et passives. (Ancien cah. des ch.)

18. *Clauses.* — Les clauses spéciales de vente devront être insérées dans les actes de vente, sous l'approbation préalable de l'administration. (Circ. A 269.)

19. *Indications. Acte.* — Tout acte d'aliénation d'immeuble appartenant à l'Etat devra indiquer le numéro sous lequel l'immeuble vendu est inscrit au tableau des propriétés immobilières de l'Etat. (Loi du 29 décembre 1873, art. 23. Circ. N 157.)

20. *Mode de jouissance. Exploitation.* — Lorsque les bois devront être conservés en nature, l'acquéreur se conformera aux conditions d'exploitation (coupe, étendue, nombre d'arbres, valeur) insérées à l'affiche et au procès-verbal d'adjudication, jusqu'à libération complète. En cas d'infraction, il en serait dressé procès-verbal donnant lieu à des poursuites en vertu de l'article 29 du code forestier.

Amende triple de la valeur des bois. (Ancien cah. des ch. 25.)

V. Exploitation. Assiette des coupes. Quitus.

21. *Faculté de défricher.* — Les bois situés en plaine, ceux qui sont en pente douce, dont le défrichement peut être opéré sans nuire aux propriétés voisines, seront estimés avec faculté de défricher (Circ. A 328), excepté les bois vendus à des communes. (Circ. A 810.)

22. *Faculté de défricher.* — **Lorsqu'aucun intérêt, soit général, soit spécial, ne s'y oppose, on devra vendre avec faculté de défricher.** (Circ. A 721.)

23. *Droit d'usage.* — L'exercice des droits d'usage constitue des charges discontinues et occultes, qui doivent être déclarées dans l'acte de vente de la forêt grevée et dont le défaut de déclaration autorise l'acquéreur, soit à faire résilier le contrat, soit à demander une indemnité au vendeur. (Cass. 17 janvier 1842.)

24. *Droit d'usage. Litige.* — S'il existe des droits d'usage reconnus, il faut s'assurer de la possibilité du rachat, surtout pour les droits de pâturage, afin que leur indispensable nécessité ne soit pas un obstacle au défrichement ; si les droits sont en litige, il sera sursis à l'estimation et on doit faire connaître la situation du litige à l'administration. (Circ. A 328.)

25 *Confins.* — Tout ce qui n'est pas au delà des confins n'est pas compris dans la vente. (Cons. d'Etat, 4 mai 1825.)

26. *Surveillance. Salaire* — L'Etat exerce sa surveillance sur les bois aliénés, tant que l'acquéreur ne s'est pas libéré. Toutefois, ce dernier restitue à l'Etat les frais de surveillance payés au garde par l'administration, jusqu'à libération complète. Ce traitement est mandaté dans la forme ordinaire, sur un état de traitement spécial.

27. *Acquéreur. Incompatibilité.* — Il est interdit aux agents forestiers de se rendre acquéreurs directement ou indirectement de bois à aliéner. (Il n'est rien stipulé pour les préposés.) Il est interdit aux préfets, sous-préfets, préposés des domaines, receveurs généraux et à leurs délégués d'acquérir des biens à aliéner, aux adjudications où ils sont appelés à concourir. (Ancien cah. des ch. art. 6.)

SECT. IV. — FRAIS.

28. *Frais de vente. Timbre. Enregistrement.* — Tous les actes administratifs concernant l'adjudication sont visés pour timbre en débet. On enregistre également en débet les actes faits pour préparer l'adjudication. Le Trésor est couvert de ces frais par une taxe de 0 fr. 80 c. pour 100 francs du prix principal, qui doit être versée, dans les vingt jours de la vente, à la caisse du receveur des domaines où s'est faite cette adjudication. On perçoit, en outre, les droits de timbre et d'enregistrement des actes faisant suite à l'adjudication. (Arr. Min. 21 septembre 1852. Déc. Min. 21 juillet 1862.)

A payer dans les vingt jours de la vente :

1° Pour tous droits fixes de timbre et d'enregistrement.............. 0,80, p. cent

2° Pour droits proportionnels. 2,50, p. cent (Déc. min. 21 septembre 1852. Ancien cah. des ch. art. 17.)

29. *Droits. Timbre. Enregistrement.*

		DÉSIGNATION DES PIÈCES ET ACTES.	TIMBRE.	ENREGISTREMENT.	OBSERVATIONS.
		Procès-verbal de lotissement	Exempt.	Exempt.	Loi du 15 mai 1818, art. 80.
		Id. descriptif	Id.	Id.	Id, id. id.
		Affiches	Id.	Id.	9 vendémiaire an VII, art. 66.
		Cahier des charges	Id.	Id.	La copie jointe au procès-verb. d'adjudicat. doit être timbrée. — Les droits sont compris dans la taxe de 0,80 p. 0/0.
		Cahier des clauses spéciales	Id.	Id.	Id. id. id.
		Procès-verbal d'adjudication	Timbré.	2 p. 0/0.	Le droit de timbre est compris dans la taxe de 0,80 p. 0/0. Le droit d'enregistrement est payé comptant.
		Soumission	Id.	Exempt.	
		Déclaration de command	Id.	4 fr. 50.	A payer dans le délai fixé.
		Réception de caution (principal et décimes, 0,63 0/0.)	Id.	0,50 p. 0/0.	Le timbre est compris dans la taxe de 0,80 p. 0/0. — L'enregistrement est payé comptant.
PIÈCES A DÉLIVRER	à l'acquéreur.	Expédition du procès-verbal descriptif	Id.	Exempt.	Les droits de timbre sont compris dans la taxe de 0,80 p. 0/0.
		Cahier des ch. et des clauses spéciales	Id.	Id.	
		Expédition de proc.-verb. d'adjudication, déclaration de command et cautionnement	Id.	Id.	
	au directeur des domaines.	Cahier des charges et clauses spéciales	Id.	Id.	Les droits de timbre sont compris dans la taxe de 0,80 p. 0/0.
		Expédition du procès-verbal d'adjudication, déclaration de command et caution	Id.	Id.	
	à l'agent for. et au recev. général.	Cahier des charges et clauses spéciales	Exempt.	Id.	
		Expédition du procès-verbal d'adjudication et déclaration de command et caution	Id.	Id.	

30. *Frais de garde. Surveillance. Fraction.* — Les frais de garde mis à la charge des acquéreurs doivent être calculés sur le même pied que le compte de l'Etat, en évitant les fractions de francs. (Circ. A 345 ter.)

SECT. V. — BIEN COMMUNAL ET DÉPARTEMENTAL.

31. *Bois communaux.* — Les bois communaux et d'établissements publics, soumis au régime forestier, ne peuvent être aliénés qu'en vertu d'une autorisation du chef de l'Etat. (Avis du Conseil d'Etat, 11 novembre 1852.)

32. *Avis.* — Le conseil général donne son avis sur la délibération du conseil municipal relative à l'aliénation des bois communaux. (Loi du 10 août 1871, art. 50.)

Le conseil municipal est toujours appelé à donner son avis sur les autorisations d'aliéner. (Loi du 5 avril 1884, art. 70.)

33. *Demandes. Bois communaux.* — Les demandes en aliénation de bois communaux sont instruites par les agents forestiers et envoyées ensuite au préfet, qui les adresse au ministre de l'intérieur, lequel communique les pièces au ministre de l'agriculture pour avoir l'avis de l'administration des forêts ; ces pièces sont renvoyées ensuite au ministre de l'intérieur pour provoquer le décret, s'il y a lieu. (Cons. d'Etat, 22 août 1839. Lettre du ministre des finances du 8 avril 1873. Circ. autogr. n° 33 du 24 juin 1879.)

34. *Propositions. Contrôle.* — Les propositions relatives aux aliénations des bois appartenant aux communes et aux établissements publics doivent être préalablement soumises au contrôle de l'administration centrale. (Lettre de l'Adm. du 3 juin 1880.)

35. *Défrichement. Zone frontière.* — Dans l'instruction des demandes d'aliénation, on devra signaler les conséquences du changement de propriété, au point de vue du défrichement pour les bois situés seulement dans la zone frontière, mais en dehors des territoires réservés, pour en faire l'objet d'une communication à l'autorité militaire, s'il y a lieu. (Circ. N 253.)

36. *Régime forestier.* — L'aliénation des bois soumis autorisée et effectuée comprend de plein droit leur distraction du régime forestier. (Déc. Min. 25 janvier 1851.)

37. *Propositions. Revenus.* — Les communes ne peuvent aliéner leurs immeubles qu'en cas d'urgence absolue, ou pour avantages évidents. Le motif que le produit des bois communaux est inférieur à l'intérêt des fonds placés en rentes n'est pas suffisant, si d'ailleurs la commune n'a pas de besoins urgents et peut subvenir par d'autres moyens au déficit de son budget. (Cons. d'Etat, 31 mai 1833.)

38. *Autorisation.* — L'aliénation des biens communaux par les communes ne doit, en tous cas, être désormais autorisée qu'avec une grande réserve. (Circ. Min. 10 juillet 1846.)

39. *Bois soumis au régime forestier. Estimation. Formalités.* — Lorsque l'aliénation d'un bois communal soumis au régime forestier a été autorisée, il y est procédé, d'après une décision de l'administration, par les soins des agents forestiers.

On doit en conclure que les agents forestiers doivent procéder à l'estimation, fonds et superficie du bois à aliéner, et à sa vente par voie d'adjudication publique, comme pour les bois domaniaux. Il en serait autrement si, dans les propositions, on avait demandé la remise immédiate des bois à la libre disposition de la commune.

40. *Restauration des montagnes. Biens des communes et des établisements publics.* — Les biens des communes et des établissements publics compris dans l'arrêté de cessibilité, pour l'exécution des travaux d'utilité publique, peuvent être aliénés par les maires ou administrateurs, autorisés par délibération du conseil municipal ou du conseil d'administration, approuvée par le préfet, en conseil de préfecture. (Loi du 3 mai 1841, art. 13.)

S'il s'agit de bois communaux soumis ou non soumis au régime forestier, le préfet doit, en outre, prendre l'avis du conseil général. (Loi du 10 août 1871, art. 50. Instr. gén. du 2 février 1885, art. 38. Circ. N 345.)

41. *Biens communaux.* — Les préfets statuent sur les aliénations de biens communaux de toute nature, quelle qu'en soit la valeur, excepté pour les bois soumis au régime forestier. (Décr. 25 mars 1852. Cons. d'État, 22 août 1839. Circ. A 457. Cons. d'Etat, 11 novembre 1852. Circ. A 807.)

42. *Bois communal non soumis.* — Lorsqu'un bois, régi de fait par l'administration, n'a pas été régulièrement soumis au régime forestier, le préfet peut en autoriser l'aliénation. (Lettre de l'adm. 22 avril 1839, n° 4904. Cass. 27 avril 1833, 23 septembre 1837.)

43. *Bois communaux non soumis.* — Les bois communaux non soumis au régime forestier peuvent, malgré une proposition de soumission, être aliénés en vertu d'un arrêté préfectoral et sous l'observation des lois d'administration municipale. (Déc. Min. du 20 juillet 1853.)

44. *Propriété départementale.* — L'aliénation des propriétés départementales est précédée d'une délibération du conseil général. S'il s'agit d'une propriété non affectée à un service départemental, la décision est souveraine. Dans le cas contraire, la délibération n'est exécutoire que si un décret ne la suspend pas dans les trois mois. (Loi du 10 août 1871, art. 46, § 1, 48 et 49.)

45. *Restauration des montagnes. Biens des départements.* — Les biens des départements, compris dans l'arrêté de cessibilité pour l'exécution de travaux d'utilité publique, peuvent être aliénés par le préfet, après autorisation du conseil général. (Loi du 3 mai 1841, art. 13. Instr. gén. du 2 février 1885, art. 38. Circ. N 345.)

SECT. VI. — CONTENTIEUX.

46. *Conditions. Indemnités. Réductions.* — Il n'est dû aucune indemnité, ni réduction de prix à l'acquéreur de bois aliénés, en présence des dispositions du cahier des charges portant « que les bois sont vendus sans garantie de mesure, consistance et valeur, que l'acquéreur sera censé les connaître et ne pourra prétendre à aucune diminution, pour quelque cause que ce soit ». (Cons. d'Etat, 1er août 1867.)

47. *Contestations.* — Les effets des ventes des bois domaniaux aliénés, les demandes en garanties et autres, résultant du contrat, sont de la compétence de l'autorité administrative. (Cons. d'Etat, 25 février 1835.)

48. *Contestations. Objet vendu.* — Lorsqu'un acquéreur s'oppose à une vente postérieure, sous prétexte que l'objet mis en vente lui a déjà été vendu, l'étendue et les limites de la première vente forment une question préjudicielle, qui rentre dans les attributions du conseil de préfecture. (Cons. d'Etat, 24 mars 1824.)

49. *Contestations. Bois compris dans la vente.* — Il appartient à l'autorité administrative de décider si des bois litigieux ont été compris dans une vente nationale au profit d'un particulier, alors surtout qu'il est soutenu, au nom de l'Etat, que ces bois, étant inaliénables, n'ont pu faire partie de la vente. (Cons. d'Etat, 4 juillet 1862.)

50. *Contestations.* — Le conseil de préfecture est compétent pour statuer sur les difficultés qui peuvent naître de l'acte de vente entre l'Etat et l'adjudicataire ou le cessionnaire d'un bois domanial. (Loi du 28 pluviôse an VIII, art. 4.)

51. *Contestations. Bois communaux.* — Les questions relatives aux aliénations de bois communaux sont de la compétence des tribunaux judiciaires, quand bien même ces ventes auraient été faites dans la forme administrative. (Cabantous.)

ALIÉNATION MENTALE. V. Traitement.

ALIGNEMENT.

Formalité. — Acte par lequel l'administration détermine, pour chaque riverain de la voie publique, la ligne sur laquelle il peut établir, le long de cette voie, des constructions, plantations ou clôtures. L'alignement doit être délivré par écrit, dans la forme des actes administratifs ; une autorisation verbale ne suffit pas. En matière de grande voirie, l'alignement est donné par les sous-préfets, généralement sans frais ; mais on peut cependant percevoir un droit de voirie fixé par le préfet. (Cabantous.)

ALIMENTS.

1. *Consignation.* — En cas de détention pour le compte d'un particulier, le créancier est tenu de consigner les aliments d'avance et pour trente jours au moins. Les consignations ne vont que pour une période entière de trente jours. Le prix de cette consignation est fixé à 45 francs pour Paris, 40 francs dans les villes de 100,000 âmes et 35 francs dans les autres villes. Faute de consignation des aliments, le prévenu sera élargi sur une requête présentée au président, signée par le détenu et le gardien et fournie en duplicata. Cette requête est exécutoire sur minute. (Loi du 22 juillet 1867, art. 6 et 7. Proc. Civ. 791 et 800.)

2. *Détenus.* — Les détenus pour cause de dette envers l'Etat reçoivent la nourriture comme les prisonniers, à la requête du ministère public ; il n'est fait aucune consignation particulière pour la nourriture de ces détenus. (Cons. d'Etat. 4 mars 1808.) V. Contrainte par corps.

ALIZIER.

Classification. —Arbre fruitier de 1re classe. (Cod. For. art. 192.)

ALLEMAGNE. V. Frontière.

ALLIÉS.

1. *Définition.* — On entend par allié ou alliance la relation qui existe entre deux personnes, dont l'une est unie par mariage à un parent ou parente de l'autre. L'alliance subsiste après la mort du parent conjoint, s'il reste des enfants vivants ; il n'y a pas d'alliance entre deux individus qui ont contracté mariage dans la même famille. (Dupont.)

2. *Vente.* — Les alliés ne peuvent en aucune façon prendre part aux ventes dans la circonscription des agents et gardes alliés. V. Ventes. Agents. Parents.

ALLODIAUX (biens).

Définition — Biens libres de toute dépendance féodale et non grevés d'aucun cens.

ALLUMETTES.

1. *Surveillance. Fraude. Saisie.* — La fraude sur les allumettes est assimilée à la fraude sur le tabac. Les préposés forestiers peuvent constater la vente des allumettes, les contraventions, le colportage et la fraude sur les allumettes ; procéder à la saisie des ustensiles et machines, à celle des moyens

de transport et arrêter les fraudeurs et colporteurs et les constituer prisonniers. (Lois du 28 avril 1816, art. 222 et 223, des 28 janvier et 7 février 1875. Circ. N 169.)

2. *Arrestations. Primes.* — Les préposés qui arrêteront les individus vendant en fraude des allumettes à leur domicile ou les colportant recevront une prime de 10 francs par chaque personne arrêtée. Mais il faut que les contrevenants soient constitués prisonniers ou amenés devant le directeur des contributions indirectes ou le représentant de la compagnie. La prime sera payée par la compagnie concessionnaire. (Décr. 10 août 1875. Circ. N 185.)

ALLUVION.

1. *Propriétaire.* — L'alluvion profite au propriétaire riverain, excepté pour les lacs et étangs ; s'il s'agit d'une rivière navigable ou flottable, il doit laisser le marche-pied ou halage. (Cod. civ. 556 et 558.)

2. *Limites.* — C'est à l'autorité administrative qu'il appartient de fixer les limites des fleuves et rivières navigables et flottables et de déclarer jusqu'où s'étend leur lit. Des terrains qu'un arrêté préfectoral, dûment approuvé, a compris dans le lit d'une rivière font partie du domaine public et ne sont plus susceptibles de propriété privée. (Cass. 20 août 1853.)

ALTITUDE.

1. *Triangulation.* — L'altitude des points sera déterminée au moyen des angles verticaux résultant de deux observations à chacune des stations, l'une dans le sens direct, l'autre en retournant l'instrument. L'altitude d'un point sera donnée par la différence du niveau, combiné avec l'altitude de tous les points reliés par des rayons à celui que l'on considère. On prendra la moyenne des différences. (Instr. 15 octobre 1860, art. 173.)

2. *Repère.* — On doit choisir, comme point de repère des altitudes, des points de premier et deuxième ordres de la triangulation de la carte de France. (Instr. 15 octobre 1860. art. 177.)

AMADOU (agaric).

Tolérance. — L'enlèvement de ce produit est généralement toléré. V. Produit forestier. Enlèvement.

AMANDIER.

Classification. — Arbre fruitier de première classe. (Cod. For. art. 192.)

AMBIGUITÉ. V. Clauses. Incertitude.

AMÉLIORATION.

1. *Travaux exécutés par les gardes.* — Avant le 1er novembre, le conservateur adresse, avec les rapports à l'appui, les états des travaux d'amélioration exécutés par les brigadiers et gardes. (Circ. N 22, art. 292.) V. Gratification.

2. *Conservateurs. Propositions.* — Les conservateurs, dans leurs tournées, se rendent compte des améliorations de toute nature que comportent les forêts. (Circ. N 18.)

3. *Immeubles.* — Les frais d'amélioration des immeubles acquis et appartenant à l'administration des forêts sont à la charge de cette administration. (Déc. Min. 11 octobre 1824. Circ. N 6.)

4. *Dépenses. Bois communaux.* — L'administration n'est pas chargée d'acquitter les dépenses relatives à l'amélioration des bois des communes et établissements publics. Ces dépenses sont à la charge des propriétaires. (Lettre de l'admin. 22 septembre 1829.)

5. *Bois grevé d'usage. Préjudice.* — Les particuliers et propriétaires de bois grevé de droit d'usage peuvent exécuter tous les travaux d'amélioration qui ne causent pas un trop grand préjudice à l'usager. L'usager ne peut, dans tous les cas, que réclamer des dommages-intérêts, si l'usage ne suffit plus à ses besoins. (Cass. 10 mai 1843.)

6. *Droit d'usage.* — La question de savoir si le propriétaire d'une forêt, en semant ou améliorant, a usé de son droit ou a porté atteinte à celui des usagers, donnant lieu à l'interprétation des titres et à l'appréciation des facultés, constitue ainsi une question de fait, dont la solution échappe à la censure de la Cour de cassation. (Cass. 10 mai 1843.)

AMÉNAGEMENT.

SECT. I. — DÉFINITION. PRINCIPES.

1. *Définition.* — Opération qui consiste à régler, pour une ou plusieurs révolutions, le mode de culture (taillis ou futaie), la marche et la quotité des exploitations d'une forêt, de manière à en obtenir le rapport annuel, soutenu le plus avantageux, dans l'intérêt du propriétaire.

2. *Définition.* — Détermination de la possibilité d'une forêt, ou règlement de son exploitation de manière à assurer annuellement une succession constante et égale des meilleurs produits possibles. (Parade. Salomon.)

3. *Principe. Révolution.* — La base et le principe de tout aménagement est la fixation de la révolution, parce que de là on en déduit la possibilité, qui sert à fixer le contingent de coupes.

La fixation de la révolution constitue donc en réalité l'aménagement.

4. *Aménagements.* — Il sera procédé à l'aménagement des forêts dont les coupes ne sont pas fixées régulièrement ou conformément à la nature du sol et des essences. (Ord. 67, 134.)

5. *Bois domaniaux.* — Tous les bois de l'Etat sont assujettis à un aménagement, réglé par des ordonnances royales. (Cod. For. 15.)

6. *Bois communaux.* — Tous les bois communaux soumis au régime forestier sont assujettis à un aménagement réglé par des ordonnances royales. (Cod. For. art. 15 et 90.)

7. *Produits.* — Les aménagements seront réglés principalement dans l'intérêt des produits en matière et de l'éducation des futaies. (Ord. 68.)

8. *Futaies. Eclaircies. Bois domaniaux.* — En conséquence, l'administration recherchera les forêts et parties de forêts qui pourront être réservées pour croître en futaie, et elle en proposera l'aménagement, en indiquant celles où le mode d'exploitation par éclaircie pourrait être le plus avantageusement employé. (Ord. 68.) Cet article n'est pas applicable aux apanages et aux majorats, ni aux bois communaux. (Ord. 125, 134.) V. Jardinage. Possibilité.

9. *Futaie. Bois communaux.* — Quoique l'article 68 de l'ordonnance, d'après lequel les aménagements doivent être réglés dans l'intérêt des produits en matière et de l'éducation des futaies, ne soit pas applicable aux bois des communes et établissements publics (Ord. 134.), on doit cependant favoriser cette production, lorsque les revenus pécuniaires peuvent se concilier avec ce genre d'exploitation. (Circ. A 163.)

9 bis. *Principes. Théories absolues.* — En matière d'aménagement, les agents doivent se tenir en garde contre les théories absolues. Les propositions ne doivent avoir pour base que des considérations fondées sur la nature du sol, l'état du peuplement, les besoins de la consommation et les intérêts du Trésor. (Circ. A 452.)

10. *Usufruit. Futaie. Bois particuliers.* — Il y a aménagement de futaie, dans le sens de la loi, dans le fait, par l'ancien propriétaire donateur de l'usufruit, d'avoir marqué et vendu annuellement à des tiers un certain nombre d'arbres pris indistinctement dans toutes les parties de la forêt, bien qu'il n'y ait ni identité du nombre d'arbres coupés, ni identité de leurs produits. (Riom, 19 juillet 1862.)

11. *Apanages. Majorats.* — Toutes les dispositions de l'ordonnance réglementaire,

relatives à l'aménagement des bois de l'Etat, sont applicables aux bois possédés à titre d'apanage et de majorats, excepté l'article 69 relatif aux bois à croître en futaie et à exploiter par éclaircie. (Ord. 125.)

12. *Fixation.* — Les aménagements des bois de l'Etat ne peuvent être réglés que par des ordonnances royales. (Cod. For. 15.)

13. *Approbation.* — Tout aménagement nouveau ou tout changement à un ancien aménagement doit être approuvé par un décret du chef de l'Etat. (Circ. A 163.)

14. *Contenance.* — L'administration s'est réservé de faire statuer sur tous les actes qui auraient pour effet de réduire l'étendue, ou d'affecter l'aménagement des bois. (Déc. Min. 2 février 1856.)

15. *Tribunaux.* — Les tribunaux doivent respecter les aménagements fixés et s'abstenir de déterminer l'aménagement d'une forêt. (Cass. 30 janvier 1843.)

16. *Fixation* — Le Conseil d'Etat ne peut prescrire aucun aménagement dans les bois communaux. (Cons. d'Etat, 13 août 1840.)

17. *Délivrance. Essences. Bois blancs. Bois durs.* — Si un propriétaire veut aménager sa forêt, en vue de la production des bois durs, et que des usagers aient droit aux morts bois et aux bois blancs, les usagers auront droit à une délivrance en bois dur proportionnelle à la puissance calorifique de ces bois, comparée à celle des bois blancs, de manière à ce que l'émolument de leurs droits ou de leurs besoins soit satisfait.

18. *Droit d'usage. Modifications.* — Le propriétaire d'une forêt grevée d'usage ne peut changer, sans l'assentiment des usagers, l'aménagement de la forêt, lorsque cet aménagement a été proposé par lui et accepté par les usagers, comme condition de l'abandon d'une action en dommages-intérêts. (Nîmes, 22 novembre 1886.)

19. *Droit d'usage. Pâturage. Bois particulier.* — Le propriétaire d'une forêt grevée d'un droit de pâturage peut en changer l'aménagement, sans que l'usager soit fondé à s'y opposer ou à réclamer des dommages-intérêts, à moins que, par suite de faits particuliers, il ne rende l'usage impossible. (Cass. 10 mai 1843.)

20. *Forêt grevée d'usage.* — En cas de jouissance abusive du propriétaire d'une forêt grevée de droit d'usage, les tribunaux ne peuvent prescrire un règlement de jouissance et un aménagement auquel se refuse ce propriétaire. Ils n'ont le droit que d'allouer des dommages-intérêts. (Cass. 21 juillet 1846.)

21. *Droit d'usage. Coupes. Satisfaction de l'émolument usager.* — Le propriétaire d'une forêt, dans laquelle des communes ont droit à des délivrances de coupes ayant au moins dix-huit ans de recrue, conserve le droit d'aménager à son gré la forêt et d'y pratiquer des coupes avant que le bois ait atteint l'âge de dix-huit ans, du moment qu'il laisse en état de possibilité une étendue suffisante pour assurer la satisfaction des besoins des usagers, et qu'en outre il ne restreint pas l'assiette de la servitude par un défrichement ou un changement dans l'état des lieux. (Cass. 27 octobre 1885.)

SECT. II. — PROJET. REVISION.

§ 1. *Bois en général.*

22. *Proposition.* Les agents forestiers sont chargés des travaux d'aménagement des bois domaniaux et communaux. Ils peuvent prendre l'initiative des propositions pour ces travaux.

23. *Projets.* — Les projets d'aménagement sont fixés par le ministre de l'agriculture. (Ord. 7. Décr. 15 décembre 1877. Circ. N 220.)

24. *Projet. Etablissement.* — Un projet d'aménagement est formé de documents de trois sortes :

Le procès-verbal d'aménagement ;
Les plans ;
Les pièces justificatives.

25. *Procès-verbal. Renseignements.* — Le procès-verbal d'un aménagement comprend cinq parties :

1re Partie. — Renseignements généraux. (1. Noms. — 2. Contenance générale; contenance du sol boisé; vides et clairières. — 3. Limites. — 4. Droits d'usage et servitudes. — 5. Configuration des terrains et hydrographie. — 6. Sol. — 7. Climat. — 8. Nature et état du peuplement. — 9. Nature du traitement. — 10. Produits ligneux principaux et accessoires ; leur volume et leur valeur en argent pendant les dix dernières années. — 11. Routes, chemins et moyens de vidange. — 12. Pépinières. — 13. Lieux de consommation. — 14. Pâturage, pacage, sartage, soutrage.)

2e Partie. — Chapitre I. — Exposé et examen critique du traitement et, s'il y a lieu, de l'aménagement en vigueur. — Chapitre II. — Bases de l'aménagement proposé. (1. Division de la forêt en sections et justification de cette division. — 2. Division de chaque section en séries et justification. — 3. Choix et justification de la méthode d'exploitation à appliquer à chaque série. — 4. Tableau A des séries par section.)

3e Partie. — Etudes spéciales à chacune des séries.

I. Section de futaie. (1. Parcellaire avec état descriptif des parcelles et tableau B. — 2. Détermination de l'âge normal d'exploitabilité et, par suite, de la révolution normale principale ; partage de cette révolution en périodes ; partage de la série en affectations ; règlement général d'exploitation normal avec tableau C. — 3. Révolution préparatoire. —

4. Révolution principale transitoire. — 5. Règlement général d'exploitation provisoire avec tableau D. — 6. Règlement spécial d'exploitation avec tableau E. — 7. Possibilité avec tableau F. — 8. Etat d'assiette avec tableau G. — 9. Application de la possibilité ; règles de culture.)

II. Section de taillis. (1. Parcellaire ; état descriptif des parcelles. — 2. Détermination de l'âge d'exploitabilité pour le taillis ; fixation de la durée de la révolution : partage de cette révolution en rotations, en ce qui concerne le taillis fureté. — 3. Etablissement du règlement général d'exploitation ; quart en réserve dans les bois communaux et d'établissements publics avec tableau H. — 4. Balivage. — 5. Coupes d'amélioration ; nettoiements ; dégagements de semis.)

4e Partie. — Travaux et améliorations. (1. Etablissement du plan général et du plan parcellaire. — 2. Assiette de l'aménagement ; fixation des lignes. — 3. Délimitation et bornage du périmètre. — 4. Repeuplements artificiels et pépinières. — 5. Assainissements. — 6. Voies de vidange.)

5e Partie. — Examen comparé des produits annuels tant principaux qu'accessoires, en matière et en argent, dans l'état actuel et après l'aménagement. (Circ. N 415.)

26. *Plans.* — Il est joint au projet d'aménagement un plan général sur toile calque, indiquant les principaux mouvements du terrain, les cours d'eau, les routes, chemins, maisons forestières, scieries et pépinières, les limites des séries, des cantons, des affectations, des parcelles et des coupes. Si l'échelle du plan ne permet pas d'y figurer tous les détails nécessaires, il sera en outre établi un plan par série. (Circ. N 415.)

27. *Pièces justificatives.* — Elles se composent des tarifs de cubage employés et du tableau des comptages et cubages effectués pour arriver à la détermination de la possibilité. (Circ. N 415.)

28. *Procès-verbaux. Papier. Format.* — Les procès-verbaux d'aménagement doivent être établis sur du papier ayant 0m,420 de hauteur et 0m,594 de largeur, la feuille ouverte. (Circ. N 415.)

29. *Procès-verbal de revision. Renseignements. Plans.* — Le procès-verbal de revision d'un aménagement comprend 5 parties :

1re Partie. — Renseignements préliminaires. (1. Nom. — 2. Contenance. — 3. Département, arrondissement. — 4. Conservation, inspection, cantonnement. — 5. Altitudes. — 6. Essences par centièmes.)

2e Partie. — Aménagement en vigueur. (1. Exposé de l'aménagement en vigueur ; régime et méthode d'exploitation appliqués à la forêt ; division en sections et séries. — 2. Résumé du règlement général et du règlement spécial d'exploitation. — 3. But de l'aménagement et résultats obtenus par les coupes de régénération, de jardinage, de taillis préparatoires, d'amélioration.)

3e Partie. — Revision. — Chapitre I. — Considérations générales. (Modifications à apporter aux bases générales de l'aménagement, à la division en sections et séries aux révolutions, etc. Tableau A des nouvelles sections et séries.)

Chapitre II. — Etudes spéciales à chacune des nouvelles séries.

I. Section de futaie. (1. Composition de la série par rapport à l'aménagement ancien. — 2. Parcellaire. — 3. Règlement général d'exploitation normal et règlement général provisoire. — 4. Règlement spécial d'exploitation. — 5. Détermination de la possibilité. — 6. Etat d'assiette pour la période. — 7. Application de la possibilité ; règles de culture.)

II. Section de taillis. (1. Composition de la série par rapport à l'aménagement ancien. — 2. Description des peuplements. — 3. Détermination de l'âge d'exploitabilité pour le taillis ; fixation de la révolution : partage de cette révolution en rotations, en ce qui concerne le taillis fureté. — 4. Règlement général d'exploitation ; quart en réserve ; possibilité. — 5. Règlement spécial d'exploitation, avec tableau H. — 6. Balivage — 7. Coupes d'amélioration ; nettoiements ; dégagements de semis.)

4e Partie. — Améliorations. — Améliorations prévues au procès-verbal d'aménagement. — Améliorations effectuées (observations sur les procédés employés, résultats obtenus). Améliorations restant à effectuer. (Evaluation de la dépense.)

5e Partie. — Examen comparé par série des produits annuels tant principaux qu'accessoires, en matière et en argent, réalisés avant et réalisables après la revision de l'aménagement.

Il est joint au procès-verbal de revision d'aménagement un plan général et, s'il y a lieu, des plans par série sur toile calque contenant les indications des plans qui accompagnent le procès-verbal d'aménagement. (Circ. N 415.) V. Possibilité.

§ 2. *Bois domaniaux.*

30. *Indications. Renseignements.* — Les projets d'aménagement doivent renfermer des renseignements très complets sur les repeuplements artificiels exécutés dans les forêts à aménager. On doit indiquer :

1o L'espèce, la quantité par hectare et la provenance des graines ensemencées ; les procédés employés ;

2o L'essence, le nombre par hectare, la provenance, l'âge et la qualité des plants mis en terre ; les procédés employés pour la plantation ;

3o Les résultats obtenus ;

4o Les soins et les dépenses d'entretien, de binage et de remplissage ;

5° Le coût de l'opération dans son ensemble ;

6° Enfin tous les renseignements de nature à éclairer les agents d'exécution sur la meilleure marche à suivre, pour arriver à la réussite du repeuplement prescrit par l'aménagement. (Circ. N 133.)

31. *Place d'expérience.* — Dans toutes les forêts domaniales aménagées et traitées par la méthode du réensemencement naturel et des éclaircies, une place d'expérience de 50 ares sera choisie dans les jeunes peuplements. Cette place, choisie par le chef de cantonnement, vérifiée par l'inspecteur, sera délimitée et bornée. A chaque tour de coupe d'amélioration, il sera procédé à l'inventaire du produit et au dénombrement des bois restant sur pied. Ces expériences doivent servir à déterminer l'exploitabilité absolue de quelques essences et le revenu annuel correspondant à chaque âge d'exploitation. (Circ. N 145.)

§ 3. *Bois communaux et d'établissements publics.*

32. *Communes. Consentement.* — Le consentement préalable des communes et des établissements publics est nécessaire pour entreprendre un aménagement. (Circ. A 808.)

33. *Décrets. Propositions.* — Les décrets ayant pour objet de statuer sur les aménagements des bois des communes et des établissements publics peuvent être provoqués par des rapports collectifs, quand il y a unanimité de vue entre les agents forestiers, les conseils municipaux ou d'administration, les préfets ou l'administration supérieure. Dans le cas de divergence d'avis et pour les propositions concernant les aménagements en futaies, les projets doivent être l'objet de rapports spéciaux. (Déc. Min. 13 avril 1861.)

34. *Projet. Contrôle.* — A l'avenir, les projets d'aménagement concernant les bois communaux ou d'établissements publics ne seront soumis aux conseils municipaux des communes ou aux administrateurs des établissements propriétaires qu'après avoir subi le contrôle, et sur l'autorisation de l'administration centrale. (Circ. N 44.)

35. *Quart en réserve. Contenance. Essence.* — Dans les bois communaux de plus de 10 hectares et non entièrement peuplés en résineux, à aménager, un quart de la superficie doit être mis en réserve pour n'être coupé qu'en cas de dépérissement ou de nécessité bien constatée. (Cod. For. 93. Ord. 140.)

36. *Changements.* — Les changements d'aménagement ou d'exploitation dans les bois des communes et des établissements publics ne peuvent être faits que sur la proposition de l'administration forestière, et d'après l'avis du conseil municipal ou des administrateurs. (Cod. For. 90. Ord. 128.)

37. *Avis. Ordonnance.* — Les ordonnances d'aménagement ne seront rendues qu'après que les conseils municipaux ou les administrateurs des établissements propriétaires auront été consultés sur les propositions d'aménagement, et que les préfets auront donné leur avis. (Ord. 135.) Les conseils généraux donnent leur avis sur les délibérations du conseil municipal relatives à l'aménagement. (Loi du 10 août 1871, art. 50.)

§ 4. *Pâturages communaux.*

38. *Pâturage.* — Pour l'aménagement des pâturages et leur conversion en bois, les propositions de l'administration seront communiquées aux maires et administrateurs ; les conseils municipaux ou les administrateurs délibéreront, et, en cas de contestations, il sera statué par le conseil de préfecture, sauf recours au conseil d'Etat. (Cod. For. 90. Ord. 128.) Le conseil général donne son avis. (Loi du 10 août 1871, art. 50.)

39. *Pâturages communaux.* — Les conseils de préfecture sont compétents pour statuer sur l'aménagement d'un terrain communal en nature de pâturage. (Conseil d'Etat, 22 juin 1854.)

SECT. III. — RÈGLES D'EXPLOITATION.

ORDRE DES COUPES.

40. *Qualité.* — Les aménagements des forêts communales fixent, pour le taillis, la contenance de la coupe et, pour la futaie, le volume ou le nombre d'arbres dont elle se compose. Si les agents ne se conforment pas à ces indications, la commune peut réclamer auprès du conseil de préfecture.

41. *Taillis. Age. Bois domaniaux et communaux.* — Dans toutes les forêts qui seront aménagées à l'avenir, l'âge de la coupe des taillis sera fixé à 25 ans au moins, et il n'y aura d'exception à cette règle que pour les forêts dont les essences dominantes seront le châtaignier et les bois blancs, ou qui seront situées sur des terrains de la dernière qualité. (Ord. 69, 134.)

42. *Réserve. Bois domaniaux et communaux.* — Lors de l'exploitation des taillis, il sera réservé cinquante baliveaux de l'âge de la coupe par hectare. En cas d'impossibilité, les causes en seront énoncées aux procès-verbaux de balivage et martelage. (Ord. 70.)

43. *Coupe des réserves. Bois domaniaux et communaux.* — Les baliveaux, modernes et anciens, ne pourront être abattus qu'autant qu'ils seront dépérissants ou hors d'état de prospérer jusqu'à une nouvelle révolution. (Ord. 70, 134.)

44. *Résineux. Jardinage. Age. Dimension.* — Pour les forêts d'arbres résineux où les coupes se feront en jardinant, l'ordonnance d'aménagement déterminera l'âge ou la grosseur

que les arbres devront atteindre, avant que la coupe puisse en être ordonnée. (Ord. 72.)

45. *Ordre des coupes.* — Il est interdit aux agents d'intervertir l'ordre des coupes. (Circ. A 292.)

46. *Coupes extraordinaires.* — Les coupes qui intervertiraient l'ordre établi par l'aménagement ou par l'usage observé dans les forêts dont l'aménagement n'a pu encore être réglé, les coupes par anticipation et celles des bois mis en réserve pour croître en futaie et dont le terme n'a pas été fixé par l'aménagement sont considérées comme coupes extraordinaires et ne peuvent être effectuées qu'en vertu d'ordonnances spéciales. (Ord. 71, 134.)

47. *Exploitation des coupes.* — Les conservateurs doivent veiller à ce que les propositions et les exploitations des coupes soient faites conformément aux prescriptions des aménagements en vigueur. (Circ. A 340. Circ. A 551.)

48. *Coupes ordinaires.* — Les conservateurs approuvent les états des coupes ordinaires à asseoir conformément aux aménagements, ou selon les usages actuellement observés dans les forêts qui ne sont pas encore aménagées. Ils adressent au directeur des propositions pour toutes les coupes non réglées par des aménagements ou par l'usage. (Décr. 25 février 1886. Circ. N 360.)

49. *Produit. Contrôle.* — Le contrôle du produit des forêts domaniales aménagées se fait au moyen d'un seul état par forêt, qui est transmis le 1er octobre de chaque année au conservateur et qui doit être renvoyé à l'agent rédacteur avant le 1er janvier suivant. (Circ. N 360. Form. Série 2, n° 10.)

50. *Résultats.* — Les conservateurs recherchent, dans leurs tournées, si les aménagements sont exactement observés, s'ils sont conçus de manière à assurer l'amélioration des forêts et à donner les produits les plus considérables et les plus utiles, et ils examinent les résultats obtenus pour arriver à ce but. (Circ. N 18.)

SECT. IV. — APPLICATION.

§ 1. — *Assiette de l'aménagement.*

51. *Division de coupes.* — Aucune division de coupe, quels que soient l'état de la forêt et son mode d'exploitation, ne doit être exécutée sur le terrain, sans que le projet en ait été approuvé par l'administration. (Instr. 15 octobre 1860, art. 145.)

52. *Taillis.* — La division pour un aménagement de taillis doit être basée non seulement sur des considérations forestières, mais encore sur les considérations des rapports de surface. (Instr. 16 octobre 1860, art. 145.)

53. *Futaie.* — Lorsqu'une forêt devra être aménagée en futaie, on procédera à une reconnaissance préalable des cantons et on en arrêtera les limites d'une manière apparente ; on en opérera ensuite la division en parcelles homogènes, au moyen de lignes ou tranchées aussi régulières que possible, en s'appuyant sur des limites naturelles. (Instr. 15 octobre 1860, art. 138.)

54. *Lignes. Routes sinueuses. Profils.* — Lorsque des lignes (routes) sinueuses devront être établies, le plan-projet sera accompagné des profils en long et en travers nécessaires pour justifier la direction proposée. (Instr. 15 octobre 1860, art. 152.)

55. *Lignes. Routes.* — Lorsque le projet d'aménagement aura été approuvé par l'administration, on établira sur le plan définitif les routes et laies sommières. On divisera ensuite les portions séparées par ces routes et laies en un certain nombre de coupes. (Instr. 15 octobre 1860, art. 154.)

56. *Lignes. Zone frontière.* — Dès que les bases de l'aménagement d'un bois situé dans les territoires réservés de la zone frontière seront arrêtées et avant de faire les projets définitifs, on soumettra au directeur du génie un croquis de la forêt, avec l'indication figurative des lignes à ouvrir et de leur largeur. L'adhésion du service militaire sera jointe au projet d'aménagement, lors de son envoi à l'administration ; dans le cas de refus ou d'adhésion conditionnelle, il en est référé à l'administration. (Circ. N 253.)

57. *Surface des coupes.* — Les tranchées et laies séparatives seront comprises pour moitié dans la surface des coupes. Il en sera de même des fossés de périmètre, chemins et ruisseaux qui ne font pas partie du domaine public. Les terrains des gardes, les enclaves, les routes et cours d'eau dépendant du domaine public ne seront pas compris dans les coupes. (Instr. 15 octobre 1860, art. 155.)

58. *Coupes de taillis.* — Les coupes doivent être assises de manière à se succéder de proche en proche et à offrir la forme la plus régulière possible. Elles seront disposées de façon que les bois d'une coupe en exploitation ne soient pas dans le cas d'être transportés à travers d'autres coupes précédemment exploitées. On les rendra indépendantes en faisant aboutir chacune d'elles, autant que possible, sur une route, un chemin, une laie sommière ou sur un cours d'eau flottable. On les circonscrira dans les limites naturelles de canton ou massif, toutes les fois qu'il n'en devra pas résulter des différences trop considérables dans les contenances.

Dans les massifs étroits et en coteaux, on établira de préférence les coupes suivant la ligne de la plus grande pente, si des considérations forestières ne s'y opposent pas. (Instr. 15 octobre 1860, art. 148.)

59. *Laies.* — L'espacement entre les laies sommières et les routes sera établi suivant les circonstances. Toutefois, on devra s'atta-

cher à ce que les coupes aient une largeur qui ne soit pas moindre que le 1/6 de leur longueur et qui se rapproche autant que possible du 1/3 de cette dimension.

La division sera disposée de manière qu'il y ait alternativement une route et une laie sommière, en n'affectant aux voies de vidange que le sol strictement nécessaire. Les coupes traverseront le moins possible les routes et laies sommières ; elles devront y aboutir et se terminer à leur rive. (Instr. 15 octobre 1860, art. 149, 150.)

60. *Fixation des lignes.* — Les lignes de division de futaie pourront être fixées par des bornes ; dans les taillis, on pourra également fixer les lignes au moyen de bornes, de bouts de fossés ou par un bombement transversal des lignes. (Instr. 15 octobre 1860, art. 164.)

61. *Bornage. Projet.* — Les projets de travaux, concernant le bornage des lignes de division des coupes, seront établis d'après l'instruction du 14 octobre 1860. (Circ. N 22, art. 160.)

62. *Vérification.* — On vérifiera le plan d'aménagement au moyen de l'ouverture des lignes. Les coupes devront être établies sur le terrain dans la limite des tolérances (1/30 pour les coupes de 5 hectares et 1/50 pour celles au-dessus) ; le calcul définitif des contenances sera établi d'après le résultat de l'ouverture des lignes de division. (Instr. 15 oct. 1860, art. 45.)

63. *Abatage d'arbres.* — Les décisions régulières qui autorisent des travaux d'amélioration (aménagement) dans les bois soumis au régime forestier autorisent implicitement les abatages d'arbres que ces travaux occasionnent. (Déc. min. 15 mai 1862. Circ. A 819.)

64. *Gardes-ouvriers. Indemnité.* — Pour les travaux d'aménagement, on doit employer les gardes comme ouvriers, lorsque le service n'aura pas à en souffrir. Dans ce cas, les gardes qui pourront rentrer le soir chez eux recevront une indemnité de 1 franc par jour, et 3 francs s'ils sont obligés de découcher. (Arr. Min. 20 avril 1883. Circ. N 310.)

65. *Décret. Exécution. Bois communaux.* — Une commune ne peut se soustraire à l'exécution d'un décret qui prescrit l'aménagement de ses bois. C'est à l'administration des forêts et au préfet à prendre des mesures pour l'y contraindre. (Déc. Min. Fin., 15 décembre 1828, 19 janvier 1830.)

66. *Usage. Aménagement.* — Lorsqu'un propriétaire d'une forêt grevée de droits d'usage est condamné à rétablir l'aménagement, à 25 ans, par exemple, il satisfait à cette prescription en coupant le 1/25 de la forêt, sans être tenu de couper les arbres âgés de plus de 25 ans. (Cass. 2 août 1865.)

§ 2. — *Agents chargés de l'exécution de l'aménagement.*

67. *Vérification.* — Un vérificateur général des aménagements sera attaché à la direction générale des forêts. (Décr. du 11 juillet 1864.)

L'administrateur, chef du 2e bureau, est vérificateur général des aménagements. (Décr. du 14 janvier 1888, art. 2. Circ. N 394.)

68. *Agents. Bois communaux.* — Les travaux relatifs à l'aménagement des bois communaux et d'établissements publics peuvent être confiés aux agents des commissions ou aux agents du service ordinaire. (Ord. 2 décembre 1845. Décr. du 25 août 1861. Circ. A 580. Circ. N 103, § 1.)

§ 3. — *Etat des travaux. Situation.*

69. *Travaux effectués. Rapport.* — Le ministre de l'agriculture présentera au chef de l'Etat, au mois de janvier de chaque année, l'état des aménagements effectués pendant l'année révolue. (Ord. 67, 134.)

70. *États de situation. Établissement. Époque.* — Les états de situation des aménagements sont dressés par forêt ; ils sont fournis mensuellement (le 5 de chaque mois) par le service spécial et trimestriellement (les 5 avril, juillet, octobre et janvier) par le service ordinaire. (Circ. N 359. Form. Série 2, n° 7.)

71. *Retour aux agents. Envoi à l'administration.* — Après y avoir consigné leurs observations, les conservateurs renvoient les états aux agents, excepté toutefois en juillet et janvier.

A ces deux époques, les bulletins doivent, avant de faire retour aux agents, être communiqués à l'administration, avant les 15 juillet et 15 janvier. (Circ. N 359.)

SECT. V. — CAHIERS. PIÈCES. PLANS.

72. *Bois domaniaux. États signalétiques.* — Les états signalétiques de chaque forêt renferment, à la deuxième page, la nature et la date de l'acte qui en a réglé l'aménagement, ainsi que les bases sommaires de cet aménagement. (Circ. N 360.)

73. *Bois communaux. États signalétiques. Décret.* — Le décret d'aménagement doit être copié à la deuxième page de l'état signalétique des forêts communales. (Circ. N 428.)

74. *Atlas.* — Chaque atlas de l'aménagement se composera :

D'un titre ;
Du tableau des exploitations ;
Du résumé des contenances ;
Du registre des opérations trigonométriques ;
Du canevas trigonométrique ;
Du plan général de la forêt ;
Des plans de détail dans l'ordre des séries.
(Instr. 15 octobre 1860, art. 324.)

AMÉNAGEMENT.

75. *Cahier.* — Le cahier d'aménagement sera convenablement relié, de mêmes dimensions que le procès-verbal de délimitation et autant que possible à sa suite : il comprendra :

Le décret ordonnant l'aménagement ;

Le mémoire statistique ;

Toutes les pièces concernant le plan d'exploitation ;

Le tableau des routes. (Instr. 15 octobre 1860, art. 326.)

76. *Commission. Pièces.* — Le conservateur reçoit, en même temps que le décret réglant un aménagement exécuté par une commission forestière, toutes les pièces relatives à ce travail. Les états de comptage et cubage et les cahiers d'expérience sur le volume et l'accroissement des bois sont déposés dans les archives de l'inspection. (Circ. 8 septembre 1846.)

77. *Toile à calquer.* — La toile calque est employée pour le projet d'aménagement, ainsi que pour les expéditions destinées aux archives de la conservation et au chef de cantonnement. (Circ. N 126. Circ. N 415.)

78. *Minute. Contrôle* — Les plans d'aménagement seront soumis à l'examen de l'administration, et on enverra, en même temps, les croquis relatifs à l'arpentage et à la triangulation, les cahiers des calculs et des surfaces, ainsi que les observations des chefs de service. La minute est réservée pour les archives de l'administration. (Instr. 15 oct. 1860, art. 319-321.)

79. *Futaie. Plan. Contenance. Bois communaux.* — Pour les aménagements en futaie de bois communaux et d'établissements publics, les plans seront dressés sans inscription des cotes d'arpentage. Le calcul des surfaces sera effectué par des procédés purement graphiques ; toutefois les directrices principales seront tracées à l'encre rouge. Le relief du terrain sera figuré aussi exactement que possible, mais sans effectuer le nivellement; les écritures seront faites en ronde, nettement et correctement écrites. (Circ. N 120.)

80. *Plans.* — Les plans concernant les aménagements doivent être conservés avec soin et être remis par les arpenteurs ou leurs héritiers à l'inspecteur chef de service, dans un délai de quinze jours, en cas de cessation de fonctions. (Ord. 23. Circ. A 571, quater.)

81. *Croquis.* — Les croquis de levés concernant les aménagements seront remis au chef de service, avec le cahier des calculs trigonométriques. (Instr. 15 octobre 1860, art. 313.)

82. *Expédition.* — Le conservateur fait faire deux expéditions du cahier d'aménagement et des plans, et renvoie la minute à l'administration. (Circ. 8 septembre 1846.)

83. *Taillis. Projets.* — Les projets de division de coupes (taillis) seront dressés en *double*, dont l'un restera à l'administration. (Instr. 15 octobre 1860, art. 320.)

84. *Expédition. Plan.* — Les expéditions de pièces et plans d'aménagement ne seront entreprises que sur l'autorisation de l'administration ; elles seront faites par des copistes et des dessinateurs, sur soumission. Lorsque la forêt appartiendra à l'État, il sera fait deux expéditions du cahier et plan d'aménagement, l'une pour la conservation et l'autre pour l'inspection. Si le bois est communal ou d'établissement public, il en sera fait une troisième expédition pour le propriétaire. (Instr. 15 octobre 1860, art. 320.) V. Copie.

Lorsque le plan d'aménagement nécessitera plus d'une feuille (plan général et plans de détail l'expédition destinée aux archives de la conservation sera remplacée par une copie, sur toile calque, du plan général, avec l'indication des contenances. Quand la forêt sera domaniale, un document semblable sera fourni au chef de cantonnement. (Circ. N 126.)

Les expéditions seront certifiées conformes, soit par les agents qui auront établi les minutes, soit par ceux qui auront été chargés de les collationner. Elles porteront, au bas et à gauche, la mention ci-après et signée : *Collationné par nous* (qualités), *le* (date) (Instr. 15 octobre 1860, art. 322.) V. Expédition.

85. *Pièces. Inventaire.* — Lorsqu'un aménagement commencé par un agent devra être achevé par un autre agent, il lui sera fait remise de toutes les pièces, sur inventaire. Si l'agent qui a commencé un travail est changé de résidence et doit achever l'opération à son nouveau poste, il lui est fait remise de toutes les pièces, sur inventaire dressé par le chef de service, qui, en recevant le travail, en délivrera récépissé. (Instr. 15 octobre 1860, art. 314 et 315.)

SECT. VI. — FRAIS. INDEMNITÉ. PAIEMENT.

86. *Frais. Bois communaux.* — Les frais d'aménagement doivent être payés par les communes ou établissements publics. Ces frais ne sont pas compris dans les frais d'administration dont il est question à l'article 107 du code forestier. (Circ. A 456. Cons. d'État, 21 août 1839 et 23 juillet 1841.)

87. *Frais. Bois communaux.* — Les frais des opérations d'aménagement des bois communaux et d'établissements publics sont à la charge des propriétaires des bois. (Circ. N 103, § 2. Décr. 25 août 1861.)

88. *État des travaux.* — Les agents doivent fournir, à la fin de l'année, l'état des travaux d'aménagement (projet, revision, règlement d'exploitation). (Lettre de l'administration du 12 décembre 1879. Form. Série 2, n° 2.)

89. *Frais. Journées employées.* — Les conservateurs s'assurent que le nombre des journées consacrées aux travaux est en rapport avec la nature et avec l'importance des opérations. (Circ. N 103, § 5.)

90. *Travaux. Exécution.* — Les conservateurs sont tenus au courant de l'exécution des travaux concernant les aménagements par l'état série 2, n° 7. (Circ. N 359. Circ. N 372.)

91. *État des dépenses.* — L'état trimestriel de la situation des dépenses faites ou à faire pour travaux de toute nature (série 3, n° 16) est supprimé.

Le conservateur, immédiatement après l'exécution d'un travail d'aménagement qui n'aura pas absorbé l'intégralité du crédit alloué, informera l'administration du montant des fonds restés sans emploi par l'envoi de la nouvelle formule série 3, n° 16, appropriée à tous les cas. (Circ. N 372.)

92. *Décomptes. Frais. Recouvrement.* — Les conservateurs établissent, pour les frais revenant au Trésor et aux agents, des décomptes distincts indiquant la somme à payer par chaque commune, section de commune ou établissement public. Ces décomptes sont rendus exécutoires par les préfets.

Le montant en est recouvré, savoir : 1° en ce qui concerne les agents, par les trésoriers généraux, à titre de cotisation municipale, pour être ensuite mandaté au profit des ayants droit ; 2° en ce qui intéresse le Trésor, par les receveurs des domaines, à titre de remboursement d'avance et comme produits accessoires des forêts. (Décr. 25 août 1861, art. 2. Circ. N 103, § 6.)

93. *Frais. Bois communaux.* — Les frais pour le concours des agents aux travaux d'aménagement des bois communaux et d'établissements publics sont fixés, pour les agents de tout grade, à 6 francs par journée employée au cabinet et à 11 francs par journée employée sur le terrain. (Arr. Min. 28 août 1861, art. 1.) Les journées de voyage sont comptées comme ayant été employées sur le terrain. (Circ. N 103, § 3.)

94. *Frais. Recouvrement.* — Lorsque les travaux d'aménagement sont exécutés par les agents du service des commissions, la totalité des frais (journées sur le terrain ou au cabinet) revient au Trésor.

Si, au contraire, ces travaux sont exécutés par des agents du service ordinaire, la part attribuée au Trésor est réduite à 2 francs par journée de travail au cabinet et à 4 francs par journée de travail sur le terrain. L'excédant (4 francs au cabinet et 7 francs au terrain) est alloué aux agents opérateurs. (Arr. Min. 28 août 1861, art. 2. Circ. N 103, § 4.) V. Honoraires.

AMÉNAGEMENT-RÈGLEMENT.

1. *Définition.* — L'opération connue sous le nom d'aménagement-règlement, par laquelle un propriétaire de bois grevé de droit d'usage concentrait l'exercice de la servitude sur une portion déterminée de ces bois et reconnue suffisante pour satisfaire les besoins des usagers, n'est plus possible aujourd'hui, avec les prescriptions du code forestier. (Cass. 4 février 1863.) V. Usage.

2. *Algérie. Droit d'usage. Règlement-aménagement.* — En Algérie, le gouvernement pourra concentrer l'exercice des droits d'usage par voie de règlement-aménagement. (Loi du 9 décembre 1885, art. 1.)

3. *Définition. Application en Algérie.* — Le règlement-aménagement actuellement usité seulement en Algérie, par suite de la loi du 9 décembre 1885, consiste à diviser les bois grevés de droits d'usage en deux parties qui doivent être attribuées respectivement et exclusivement, l'une au propriétaire et l'autre aux usagers. Il diffère du cantonnement en ce que les usagers n'ont aucune part dans la propriété du fonds. (Loi du 9 décembre 1885, exposé des motifs. Circ. N 357.)

4. *Définition. Principe.* — A la différence du cantonnement, qui transforme le titre de l'usager et substitue une propriété pleine et entière à une simple servitude, l'ancien aménagement-règlement ne faisait que restreindre l'étendue de la zone où s'exerçait le droit d'usage, sans modifier la nature de ce droit, qui demeurait subordonné aux besoins de l'usager et à la possibilité des bois grevés. (Cass. 11 novembre 1856.)

5. *Droit. Modification.* — Les anciens aménagements-règlements n'ont pu changer la nature des droits d'usage, ni les étendre au delà des termes fixés par le titre primitif. Ainsi des usagers qui ont des droits d'affouage ne peuvent prétendre à la futaie, même malgré des faits de possession. (Metz, 6 juin 1855. Cass. 27 mars 1854.)

6. *Propriété du fonds. Produits.* — A la différence du cantonnement, l'ancien aménagement-règlement n'emportait jamais l'évolution du fonds en pleine propriété au profit de l'usager. Il était, au contraire, de l'essence du contrat d'aménagement, que le propriétaire conservât, outre le haut domaine, tous les produits quelconques que l'usager n'absorbait pas, en vertu de l'abandon qui lui avait été consenti. (Bourges, 27 février 1861.)

7. *Abandon de cantons. Jouissance.* — On doit considérer comme un aménagement-règlement, et non comme un abandon de propriété, l'acte par lequel le propriétaire d'une forêt abandonne aux usagers certains cantons de cette forêt, pour en jouir à titre d'usage, en bons pères de famille, avec faculté de nommer les gardes et en s'interdisant de les

troubler par règlement ou autrement. (Metz, 7 mai 1856.)

8. *Autorité. Interprétation. Compétence.* — Les aménagements-règlements opérés par les commissaires réformateurs, en exécution d'arrêts du conseil et approuvés par le roi en son conseil, ont le caractère de loi; par suite, il appartient à l'autorité judiciaire de les interpréter. (Cass. 14 juin 1881.)

AMENDE.

SECT. I. — AMENDE EN GÉNÉRAL.

1. *Amendes forestières.* — Les amendes prononcées pour délit forestier appartiennent à l'Etat. (Cod. For. 204.) V. Recouvrement.

2. *Amende séparée.* — Il doit être prononcé une amende pour chaque délit distinct et régulièrement constaté par procès-verbal. (Cass. 28 juin 1845.)

3. *Co-prévenus. Condamnations.* — Dans les matières gouvernées par le droit commun ou par une loi spéciale, qui ne déroge pas aux principes généraux, les amendes encourues par divers individus, pour une même contravention, doivent être prononcées contre chacun d'eux individuellement. (Cass. 11 juillet 1873.)

4. *Double amende. Délit double.* — Doit être punie de deux amendes distinctes une double contravention, alors que chacune des infractions est prévue par des dispositions distinctes du code forestier, quand même cette double contravention aurait été constatée par un seul procès-verbal (récolement). (Cass. 24 mai 1850.)

5. *Libération. Prestation.* — L'administration pourra admettre les délinquants insolvables à se libérer des amendes, des délits commis dans tous les bois en général, au moyen des prestations en nature. (Cod. For. 210, 215. Loi du 18 juin 1859.) V. Prestation.

6. *Sursis. Exécution. Annulation.* — Lorsque l'inculpé condamné à l'amende n'a pas subi de condamnations antérieures à la prison pour crime ou délit de droit commun, le tribunal peut ordonner qu'il sera sursis au paiement de l'amende, et si dans le délai de cinq ans le condamné n'a encouru aucune poursuite suivie de condamnation pour crime ou délit de droit commun, la condamnation forestière sera considérée comme non avenue. (Loi du 26 mars 1891. Angers, 5 décembre 1891.) V. Sursis.

La loi Béranger du 26 mars 1891, qui permet de suspendre pendant cinq ans l'application de la peine, n'est pas applicable en matière de contravention de simple police. (Cass. 5 mars 1892.)

7. *Transaction. Jugement. Chasse.* — Il n'y a pas de distinction à faire entre les amendes imposées par transaction et celles prononcées par un jugement ; elles sont de même nature, doivent recevoir la même destination, et, en exécution de l'article 10 de la loi du 3 mai 1844, elles sont à appliquer au profit de la commune où la contravention a eu lieu. (Lettre du directeur général des domaines au directeur général des forêts en date du 5 avril 1854.)

8. *Chasse.* — Les amendes pour délit de chasse commis dans les bois soumis au régime forestier ne sont pas des amendes forestières ; elles profitent aux communes où le délit a eu lieu. (Déc. Min. 24 mai 1847.)

9. *Modération.* — Nonobstant l'attribution faite aux communes par l'article 19 de la loi du 3 mai 1844 (chasse), les amendes prononcées pour délit de chasse peuvent être remises ou modérées. (Déc. Min. 30 septembre 1844. Circ. N 72, § 25.) V. Gratification.

10. *Degré de foi. Calcul.* — Pour calculer le degré de preuve d'un procès-verbal, on prend l'amende qui peut être appliquée, sans s'arrêter au chiffre des conclusions. Les dommages-intérêts ne peuvent être inférieurs au minimum de l'amende.

11. *Calcul. Circonférence. Mode d'enlèvement.* — Lorsque l'amende est calculée soit d'après la circonférence des arbres enlevés, soit d'après le mode d'enlèvement, elle reste toujours la même, quel que soit le nombre des délinquants, sauf à les faire condamner tous solidairement. (Cass. 23 août 1834.) V. Emprisonnement.

12. *Délinquants.* — En appliquant l'article 192, l'amende se calcule par arbre et non pas d'après le nombre des délinquants. (Cass. 10 avril 1835.)

13. *Calcul. Erreur.* — Lorsque le tribunal a commis une erreur dans le calcul et la fixation de l'amende, le bénéfice de l'erreur est définitivement acquis au prévenu, lors-

qu'il n'y a pas eu appel à minima de la partie publique. (Chambéry, 22 août 1861.)

14. *Cassation. Dispenses.* — Sont dispensés de l'amende : 1° les condamnés en matière criminelle ; 2° les agents publics pour les affaires qui concernent directement l'administration et les domaines ou revenus de l'État.

A l'égard de toutes autres personnes, l'amende sera encourue par celles qui succomberont dans leur recours. Seront néanmoins dispensées de la consigner, celles qui joindront à leur demande en cassation : 1° un extrait de rôle des contributions constatant qu'elles paient moins de 6 francs, ou un certificat du percepteur de leur commune, portant qu'elles ne sont point imposées ; 2° un certificat d'indigence à elles délivré par le maire de la commune de leur domicile ou par son adjoint, visé par le sous-préfet et approuvé par le préfet de leur département. (Instr. crimin. 420.)

15. *Recouvrement.* — Le recouvrement des amendes forestières est confié aux percepteurs des contributions directes, qui sont, pour cet objet, substitués aux receveurs des domaines. (Loi du 29 décembre 1873, art. 25.)

16. *Recouvrement. Héritiers. Chose jugée.* — Le recouvrement des amendes prononcées en simple police et en police correctionnelle, par jugement ayant acquis force de chose jugée avant le décès du condamné, peut être poursuivi contre ses héritiers. (Cass. 9 déc. 1832. Déc. Min. et du garde des sceaux des 13 et 21 août 1833. Lettre de l'administration du 18 mai 1855, n° 13691.)

17. *Attribution. Police.* — Les amendes de police rurale recouvrées appartiennent aux communes dans lesquelles les contraventions ont été commises. (Ord. 30 décembre 1823.)

18. *Produit. Répartition.* — Le produit des amendes en principal est réparti annuellement dans chaque département de la manière suivante :

20 pour cent pour l'Etat ;

80 pour cent pour le fonds commun.

(Loi de Finances du 27 décembre 1890, art. 11. Circ. N 430.)

SECT. II. — AMENDE SIMPLE.

19. *Définition.* — L'amende simple est celle édictée par le code, en dehors des circonstances aggravantes de nuit, scie et récidive.

20. *Application. Nomenclature.* — Dans le cas de l'article 199 du code forestier, l'amende pour le pâturage dans un bois au-dessous de dix ans est une amende simple (Cass. 19 avril 1833, 1er février 1834, 2 août 1834) ; il en est de même du 1/3 en sus prononcé contre l'adjudicataire pour coupe de réserve par l'article 34 du code forestier (Cass. 21 juillet 1838, 1er février 1834, 17 mai 1834), et de celles insérées aux articles 54 (introduction des porcs excédant le chiffre fixé par l'adjudication), 57 (enlèvement des glands et semences par les adjudicataires de menus produits), 70 (introduction par les usagers des bestiaux dont ils font commerce), 78 (introduction par les usagers de chèvres ou moutons au pâturage) et 29 (outre-passe). (Cass. 26 déc. 1833.)

21. *Maximum. Minimum.* — En cas de maximum ou de minimum, ce dernier chiffre sert de limite au-dessous de laquelle les dommages-intérêts ne peuvent pas être fixés.

22. *Outre-passe.* — En cas de délit d'outre-passe, si le fait a été commis à l'aide de la scie, les amendes de l'article 29 doivent être *doublées*, d'après l'article 201, attendu que l'amende du triple de la valeur du bois est une amende simple, dans le sens de l'article 202. (Cass. 26 déc. 1833.)

23. *Coupe de réserves.* — Dans le cas de l'article 34 (coupe de réserves), l'amende du 1/3 en sus est une amende simple. (Cass. 17 mai 1834.)

SECT. III. — AMENDE DOUBLE.

24. *Définition.* — L'amende double est celle qui est doublée par suite d'une circonstance aggravante, telle que nuit, scie ou récidive.

25. *Latitude. Limite.* — Lorsque la loi indique un maximum ou un minimum, on peut prendre pour amende simple un chiffre quelconque compris dans ces limites, et cette amende sert de point de départ pour calculer le doublement provenant des circonstances aggravantes.

SECT. IV. — AMENDE TRIPLE.

26. *Définition. Principe.* — Le concours des circonstances aggravantes ne peut donner lieu qu'au *doublement* de l'amende. L'amende ne peut pas être triplée, alors même que le délit aurait été commis en *récidive*, de *nuit* et avec l'aide d'une *scie*. (Cass. 16 août 1849.) V. Circonstances aggravantes.

AMI.

1. *Chasse. Nombre. Permissions.* — Les fermiers et cofermiers de la chasse pourront se faire accompagner chacun par trois personnes, ou les autoriser à chasser isolément, en leur donnant par écrit des permissions spéciales et nominatives dont ils fixeront la durée, sauf approbation de l'inspecteur des forêts. (Cah. des ch. 17.)

2. *Agents forestiers.* — Les agents forestiers ne doivent pas accompagner, en qualité d'amis, les fermiers de la chasse dans les forêts domaniales de leur circonscription. (Circ. N 65.)

3. *Nombre excédant. Pénalité.* — Les amis invités par un fermier de la chasse, et avec

lui en plus grand nombre que celui fixé, ne sont passibles d'aucune amende ; le fermier seul est passible de l'amende, pour violation du cahier des charges. (Cass. 29 nov. 1845.) V. Invités.

AMNISTIE.

1. *Définition.* — L'amnistie est un acte du pouvoir souverain (d'après la loi du 17 juin 1871, les amnisties ne peuvent être accordées que par une loi), dont l'effet est d'effacer et de faire oublier un crime ou un délit ; elle enlève tous les effets de la récidive. (Cass. 6 janvier 1809, 11 juin 1825. Loi du 25 févrler 1875.) V. Grâce.

2. *Conséquence.* — L'amnistie accordée est irrévocable ; nul ne peut y renoncer et les juges doivent l'appliquer d'office à tous les délits antérieurs à l'amnistie. (Meaume.)

3. *Instance.* — L'amnistie peut être invoquée en tout état de cause, appel ou cassation. (Meaume.)

4. *Conséquence.* — L'amnistie ne laisse après elle ni accusé, ni prévenu, ni condamné ; elle éteint complétement et immédiatement l'action publique. (Meaume.)

5. *Classement.* — L'amnistie peut être générale ou partielle, absolue ou conditionnelle. L'amnistie générale est toujours restreinte aux délits indiqués par l'acte qui l'accorde ; l'amnistie partielle comprend seulement une partie des coupables d'une certaine catégorie.

L'amnistie absolue est accordée sans conditions.

L'amnistie conditionnelle n'est valable que si le délinquant justifie de l'exécution des conditions prescrites. (Meaume.)

6. *Dates des amnisties pour délits forestiers.* — 25 mars 1810. — 11 juillet 1814. — 20 octobre 1820. — 28 mai 1825. — 3 novembre 1827. — 14 et 23 mars 1830. — 8 et 19 novembre 1830. — 7 et 23 décembre 1830. — 13 avril 1831. — 8 avril 1833. — 30 mai et 3 juin 1837. — 15 et 22 janvier 1852. — 14 et 25 août 1852. — 16, 25 et 31 mars 1856. — 14 août 1869. — 19 juillet 1889.

7. *Action civile.* — L'amnistie n'enlève pas à l'acte amnistié son caractère délictueux et ne dessaisit pas les tribunaux correctionnels de l'action civile, pour le préjudice causé. En conséquence, le prévenu d'un délit forestier doit être condamné à des dommages-intérêts égaux à l'amende simple qui aurait été prononcée sans l'intervention de l'amnistie. (Colmar, 25 juillet 1856. Cass. 19 novembre 1869.)

8. *Action civile. Droit des tiers. Poursuites.* — L'amnistie n'éteint pas l'action civile, parce qu'elle ne peut pas préjudicier au droit des tiers. Dans ce cas, l'administration forestière requiert les dommages-intérêts seulement devant les tribunaux correctionnels, en vertu de l'article 171 du code forestier. (Cass. 26 octobre 1821 et 19 septembre 1832.) L'administration forestière seule, à l'exclusion du ministère public, peut, après amnistie, poursuivre en réparation civile devant le tribunal correctionnel. (Cass. 18 janvier 1828. Grenoble, 6 janvier 1870. Chambéry, 7 novembre 1889.)

9. *Bois particuliers. Compétence.* — Dans les bois non soumis au régime forestier, un particulier ne peut poursuivre la réparation civile d'un délit amnistié que devant les tribunaux civils.

10. *Délit successif. Délit permanent.* — L'amnistie ne s'applique pas aux délits successifs et permanents, quoique leur commencement ait été antérieur à l'amnistie. (Cass. 20 octobre 1832.) (Défrichement, construction.)

11. *Abus. Malversation. Contrat.* — Une amnistie générale (25 mars 1810) n'est point applicable aux abus et malversations commis par les adjudicataires des bois, vu qu'il ne s'agit pas ici d'un simple délit forestier, mais d'un délit qui a pour effet la violation d'un contrat. (Cass. 13 et 14 décembre 1810. Conseil d'Etat, 23 juin 1810, approuvé par décret le 26 juin 1810.)

12. *Contrat. Violation.* — A moins de condition expresse, l'amnistie ne s'applique pas aux délits et réparations résultant de la violation d'un contrat. (Cons. d'Etat. 23 juin 1810.)

13. *Complices.* — L'amnistie, à moins d'exception, profite de plein droit aux complices. (Cass. 6 janvier 1809.)

14. *Extension.* — Les décrets d'amnistie ne peuvent s'étendre à des matières que le souverain n'y a pas expressément comprises. (Cass. 11 juillet 1856.)

15. *Faits. Date.* — L'amnistie ne s'étend qu'aux faits antérieurs à la date de sa promulgation, y compris le jour de cette date. (Cass. 20 avril 1833, 2 décembre 1837, 12 août 1839.)

16. *Faits. Promulgation* — L'amnistie ne s'étend qu'aux faits antérieurs (à sa date) au moment où elle est rendue. Les délais de la promulgation des lois sont inapplicables aux ordonnances d'amnistie. (Cass. 17 juillet 1839, 20 avril 1833.)

17. *Frais.* — A moins de décision spéciale, les frais ne sont pas compris dans les amnisties. Le Trésor, qui les a avancés, doit en être indemnisé, et l'amnistié solvable ne peut être dispensé de les payer. Si les délinquants sont insolvables, ces frais sont prélevés sur le produit des amendes de police correctionnelle attribué aux communes, sans établir aucune solidarité entre les communes. (Déc. Min. 25 janvier 1831. Loi du 19 juillet 1889.)

18. *Frais.* — Pour l'amnistie du 16 mars 1856, une décision ministérielle du 5 avril 1856 a prescrit que les frais des poursuites, ne devant entraîner que l'amende ou l'emprisonnement couverts par l'amnistie, seraient supportés par le Trésor. (Circ. A 750.)

19. *Frais. Dommages-intérêts.* — Les amnisties des 14 août 1869 et 19 juillet 1889, pour les délits forestiers et de chasse, ne sont pas applicables aux frais de poursuite et d'instance, ni aux dommages-intérêts et restitutions résultant de jugements passés en force de chose jugée, ni aux sommes dues en vertu de transactions ; elles ne pourront, dans aucun cas, être opposées aux droits des tiers. Il ne sera pas fait remise des sommes versées jusqu'à ce jour, à quelque titre que ce soit. (Circ. N 114. Loi du 19 juillet 1889. Pau, 22 novembre 1890.)

20. *Amende. Restitution.* — Lorsque, par le fait d'une amnistie, il n'y a plus lieu de statuer sur un pourvoi en cassation formé par un condamné, celui-ci a droit à la restitution de l'amende consignée. (Cass. 22 janvier 1870.)

AMORTISSEMENT (Caisse d'). — V. Caisse d'amortissement et Bois domaniaux.

AMPLIATION.

Définition. — Copie, première expédition d'un acte administratif.

AN. — V. Exception préjudicielle. Possession annale.

ANALYSE CHIMIQUE.

Conditions. — Les agents forestiers, qui ont à faire procéder à l'analyse de terrains ou de produits dont l'étude se rapporte à l'exercice de leurs fonctions, peuvent s'adresser à la direction des forêts, qui se charge de transmettre à la station de recherches et d'expériences, créée à l'école forestière, l'objet de leur demande, avec les corps expédiés, et de leur communiquer le résultat des expériences. (Circ. N 367.)

ANALYSE DES PRIX.

1. *Définition.* — L'analyse des prix comprend tous les éléments au moyen desquels on établit le prix de l'unité de chaque nature d'ouvrage et le détail du prix de chacune de ces unités. (Circ. N 22, art. 15, § 3.)

L'analyse des prix comprend, en outre, les sous-détails applicables, non-seulement à tous les travaux récapitulés, mais encore à tous les objets de dépenses aléatoires qui peuvent surgir dans le cours de l'exécution des travaux. Ainsi, on doit y prévoir toutes les différentes natures des déblais qu'on peut rencontrer. (Circ. N 22, art. 70.) C'est l'annexe du devis, dont le montant doit être calculé sur les bases fournies par cette évaluation.

2. *Indications.* — Les éléments qui entrent dans l'analyse des prix sont :

1° La valeur des matériaux. (Frais d'extraction, transports, droits.)

2° Les déchets que subissent les matériaux dans leur emploi.

3° La main d'œuvre employée à l'exécution des ouvrages. (Salaire.)

4° Les frais comprenant les dépenses des outils, équipages, machines, construction de hangars, chantiers et magasins, conduite et surveillance des travaux, leur administration intérieure et les menues dépenses diverses.

5° Les intérêts des fonds avancés par l'entrepreneur et son bénéfice. (Block.)

ANCIENS.

1. *Définition.* — Les anciens sont les arbres réservés, âgés de trois révolutions et au delà. V. Réserves.

2. *Marque.* — Les anciens seront marqués du marteau de l'Etat à la hauteur et de la manière qui seront déterminées par l'administration. (Ord. 79, 134.)

Les anciens sont marqués sur un seul miroir, au bas du tronc et autant que possible sur les parties extérieures des racines. Sur ce miroir, il est appliqué une, deux ou trois empreintes du marteau, un peu séparées du haut en bas.

3. *Marque.* — Les anciens seront marqués d'une seule marque à la racine, faisant face du même côté, au nord. (Déc. Min. 10 août 1822. Circ. A 91.)

4. *Désignation. Balivage.* — Les agents doivent désigner les anciens à réserver. (Circ. A 534 bis.)

5. *Balivage. Réserves.* — Le nombre et les espèces d'arbres anciens marqués en réserve seront relatés dans les procès-verbaux de balivage. (Ord. 81, 134.)

6. *Exploitation.* — Lors de l'exploitation des taillis, les anciens ne pourront être abattus qu'autant qu'ils seront dépérissants et hors d'état de prospérer jusqu'à une nouvelle révolution. (Ord. 70, 134.)

7. *Réserves. Quarts en réserve.* — Lors de la coupe des quarts en réserve, le nombre des arbres à conserver sera de soixante au moins, et de cent au plus par hectare, y compris les baliveaux, modernes et anciens. (Ord. 137.)

ANCIENNETÉ.

1. *Titre. Copies.* — Sont considérées comme anciennes, les copies qui ont plus de 30 ans. Si elles ont moins, elles peuvent servir de commencement de preuve par écrit, lorsque le titre est perdu et qu'elles sont faites par un officier public. (Cod. Civ. 1335.)

2. *Service militaire. Grade.* — La date de nomination des agents dans l'administration doit être considérée comme l'origine de leur ancienneté dans le grade militaire, qu'ils soient employés dans l'armée ou dans les unités de chasseurs forestiers. (Lettre du Min. de la Guerre du 3 novembre 1891. Circ. N 439.)

ANE.

1. *Classification.* — L'âne, étant une bête de somme, est compris dans les prescriptions de l'article 199 du code forestier.

2. *Délit. Condamnations.* — Pour un âne trouvé en délit dans les bois, soit au pâturage, soit hors des routes et chemins ou dans les ventes et non muselé, amende pour le propriétaire ou usager :

BOIS DE 10 ANS ET AU-DESSUS.

Le jour.	3 fr.	C. F. 147, 199.
Le jour avec récidive ou la nuit ou la nuit avec récidive.	6 fr.	C. F. 147, 199, 201.

BOIS AU-DESSOUS DE 10 ANS.

Le jour.	6 fr.	C. F. 147, 199.
Le jour avec récidive ou la nuit ou la nuit avec récidive.	12 fr.	C. F. 147, 199, 201.

Dommages-intérêts facultatifs (minimum, amende simple). (C. F. 199, 202.)
Saisie et séquestre facultatifs. (C. F. 161.)

PÉNALITÉS DIVERSES.

NOTA : Pour les bois au-dessous de 10 ans, l'amende doit être doublée.

Ane des usagers servant au commerce, trouvé au pâturage, *amende*. . . . . . 6 fr. C. F. 70, 199.
Ane trouvé au pâturage à garde séparée (usagers), *amende*. . 2 fr. C. F. 72.
Ane des usagers non marqué, *amende*. . . . . 3 fr. C. F. 73.
Ane sans clochettes, *amende*. . 2 fr. C. F. 75.
Réunion des ânes de communes usagères en un troupeau commun.
Amende contre le pâtre des usagers :
Le jour . . . . 5 à 10 fr. C. F. 72.
La nuit. . . . . 10 à 20 fr. C. F. 72, 201.
En cas de récidive, outre l'amende :
Prison obligatoire, 5 à 10 jours. C. F. 72, 201.
La commune est responsable des condamnations pécuniaires civiles. C. F. 72.
Ane des usagers hors des cantons défensables ou chemins désignés :
Pâtre. { *amende*. . . . . . . 3 à 30 fr C. F. 76. / et en récidive, *prison* 5 à 15 jours C. F. 76.
La commune est responsable des condamnations civiles prononcées contre le pâtre. C. F. 72.
Propriétaire, *amende*. . . . . 3 fr. C. F. 199.
Les peines prononcées contre le pâtre sont indépendantes de celles prononcées contre le propriétaire des animaux. (Cass. 10 août 1848.)
On peut poursuivre le pâtre ou le propriétaire des animaux. (Cass. 2 mai 1845, 4 janvier 1849.)
Si le propriétaire était lui-même le gardien des animaux, l'amende contre le pâtre ne serait pas applicable. (Cass. 2 mai 1845.)
Ane excédant le nombre des animaux fixés, *amende*. . 3 fr. C. F. 77, 199.
Ane non muselé introduit dans une coupe pour la vidange des bois (Cah des ch. 30), *amende*. . . . . 3 fr. C. F. 199.

V. Animaux de charge ou de monture. Hors route et chemin. Pâturage.

ANGLES.

1. *Cote. Inscription.* — La cote des angles mesurés au graphomètre ou au pantomètre sera inscrite sur un arc de cercle ou sur la bissectrice. Celle des angles observés avec la boussole sera inscrite entre parenthèses et soulignée, placée près de la station et dans la direction du rayon visuel. (Instr. 15 oct. 1860, art. 33.)

2. *Valeur moyenne.* — Les angles pris au graphomètre ou au pantomètre seront la moyenne de deux observations. (Instr. 15 oct. 1860, art. 14 et 16.)

Les angles à la boussole doivent être vérifiés à chaque extrémité des lignes ; pour des lignes de 400 mètres et plus, on les vérifie à tous les 200 mètres et on prend la moyenne des observations. (Instr. 15 octobre 1860, art. 22.)

3. *Triangulation. Observation.* — On doit répéter les angles de un en un, ou de deux en deux ; on procédera à la mesure des angles par des temps clairs et exempts de toute vapeur atmosphérique. Les moments les plus favorables, en été, par les chaleurs, sont de 11 heures du matin à 6 heures du soir, et, dans les autres saisons, tout le jour, lorsqu'il n'y a pas de brouillard. Quant à la boussole, dans la saison des chaleurs, on évitera de s'en servir après 10 heures du matin. (Instr. 15 octobre 1860, art. 76.)

Les angles des triangles principaux seront la moyenne de dix répétitions ; ceux des triangles secondaires, de trois répétitions. (Instr. 15 octobre 1860, art. 77.) V. Plan.

ANIMAL *(en général)*.

1. *Qualités.* — Les animaux sont meubles par leur nature ; mais ils sont immeubles

lorsqu'ils sont attachés par le propriétaire à un fonds de culture. (Cod. Civ. 524-528.)

2. *Délit.* — Les propriétaires des animaux trouvés en délit seront condamnés, savoir :

BOIS DE 10 ANS ET AU-DESSUS.

Désignation des animaux.	Le jour.		Le jour avec récidive, la nuit, ou la nuit avec récidive.	
Cochon (pour un). .	1 fr.	C. F. 199.	2 fr.	C. F. 199, 201.
Bête à laine.	2		4	
Cheval ou bête de somme.	3		6	
Chèvre.	4		8	
Bœuf, vache ou veau.	5		10	

BOIS AU-DESSOUS DE 10 ANS.

Désignation des animaux.	Le jour.		Le jour avec récidive, la nuit, ou la nuit avec récidive.	
Cochon (pour un). .	2 fr.	C. F. 199.	4 fr.	C. F. 199, 201.
Bête à laine.	4		8	
Cheval ou bête de somme.	6		12	
Chèvre.	8		16	
Bœuf, vache ou veau.	10		20	

Dommages-intérêts facultatifs (minimum, amende simple). (Cod. For. 199, 202.)

Saisie et séquestre, s'il y a lieu. (Cod. For. 161.)

3. *Algérie* — Tout propriétaire d'animaux trouvés dans les bois et broussailles âgés de moins de 6 ans sera puni des amendes prévues par l'article 199 du code forestier. (Loi du 9 décembre 1885, art. 9. Circ. N 357.)

ANIMAL DE BASSE-COUR. V. Volailles.

ANIMAL DE BAT OU DE TRAIT.

Prohibition. — Il est défendu aux adjudicataires de conduire les animaux de trait ou de bât dans les coupes sans les museler ; il leur est défendu de les laisser paître en forêt (Cahier des charges, 30), sous les peines édictées par l'article 199 du code forestier. (Cass. 16 mai 1834.) V. Muselière. Ane. Cheval. Mulet. Bœuf. Vaches. Hors route et chemin. Délit de pâturage. Bestiaux.

ANIMAL DOMESTIQUE.

1. *Définition.* — On doit entendre par animaux domestiques, les êtres animés qui vivent, s'élèvent, sont nourris, se reproduisent sous le toit de l'homme et par ses soins. (Cass. 14 mars 1861.)

2. *Qualités.* — Les animaux domestiques sont considérés comme meubles par leur nature. (Cod. Civ. 528.)

3. *Perte.* — Celui qui a perdu un animal utile peut le revendiquer, et, à cet effet, il doit en faire la déclaration à l'autorité municipale. (Cod. Civ. 2279, 2280.)

4. *Perte. Revendication. Délai.* — Un animal de basse-cour (volaille) ne cesse pas d'appartenir à son maître, lorsqu'il s'est enfui, même hors de sa vue, sur la propriété voisine, à moins qu'il ne se soit écoulé un mois depuis la déclaration qui doit être faite à la mairie par la personne chez laquelle cet animal s'est réfugié. (Loi du 4 avril 1889, art. 5.)

5. *Animal perdu. Déclaration.* — Toute personne qui trouve un animal abandonné et le garde, pour se l'approprier, se rend coupable de vol (Cod. Pén. 379) ; on doit en faire la déclaration à l'autorité municipale. Si le propriétaire est connu, l'animal lui est rendu, à la charge de payer les frais et dommages causés. Si le propriétaire n'est pas connu, l'animal est mis en fourrière, et les frais à la charge du propriétaire sont prélevés sur le prix de vente de l'animal, s'il n'est pas réclamé. (Dupont.) (Lois des 28 septembre 1791 et 4 avril 1889.)

6. *Responsabilité.* — Le propriétaire est responsable des dommages causés par les animaux échappés ou égarés. (Cod. Civ. 1385.)

7. *Abandon.* — L'abandon des animaux dans le champ d'autrui est un délit, lors même qu'il n'en résulte aucun dégât ou dommage.

Amende : 11 à 15 francs. (C. Pén. 479. Cass. 15 février 1811.)

8. *Dommage. Bestiaux.* — Lorsque des animaux non gardés ou dont le gardien est inconnu ont causé du dommage, le propriétaire lésé a le droit de les conduire sans retard au lieu de dépôt désigné par le maire, qui, s'il connaît la personne responsable du dommage, aux termes de l'article 1385 du code civil, lui en donnera immédiatement avis.

Si les animaux ne sont pas réclamés et si le dommage n'est pas payé dans la huitaine du jour où il a été commis, il est procédé à la vente sur ordonnance du juge de paix, qui évalue les dommages.

Cette ordonnance sera affichée sur papier libre et sans frais à la porte de la mairie.

Le montant des frais et des dommages sera prélevé sur le produit de la vente.

En ce qui concerne la fixation du dommage, l'ordonnance ne deviendra définitive, à l'égard du propriétaire de l'animal, que s'il n'a pas formé opposition par simple avertissement dans la huitaine de la vente.

Cette opposition sera même recevable

après le délai de huitaine, si le juge de paix reconnaît qu'il y a lieu, en raison des circonstances, de relever l'opposant de la rigueur du délai. (Loi du 4 avril 1889, art. 1.)

9. *Dégâts.* — Les dégâts des animaux doivent être punis, alors même que la propriété n'a souffert qu'à défaut de clôture usitée ou obligée. (Cass. 16 juillet 1824.) V. Volailles.

10. *Mauvais traitements. Pénalité.* — Pour mauvais traitements exercés publiquement et abusivement envers les animaux domestiques :

Amende : 5 à 15 francs. Prison facultative, 1 à 5 jours.

En cas de récidive, *prison*, 1 à 5 jours, obligatoire. (Loi du 2 juillet 1850.)

11. *Blessure involontaire. Pénalité.* — Pour blessure involontaire faite aux animaux :

Amende : 11 à 15 francs. (Cod. Pén. 479.) Si la mort s'en est suivie, prison facultative, 5 jours. (Cod. Pén. 480.)

12. *Blessure volontaire. Pénalité.* — Pour blessure volontaire faite méchamment, de dessein prémédité, à un animal domestique, appartenant à autrui et sur le terrain d'autrui :

Amende : double des dommages-intérêts.

Facultatif : *prison* 1 mois, si l'animal n'est que blessé, et 6 mois s'il est mort ou estropié.

Prison double si le délit a été commis la nuit, dans une étable ou enclos rural. (Loi des 28 septembre et 6 octobre 1791, art. 30. Cass. 17 août 1822.)

13. *Empoisonnement. Destruction.* — Pour empoisonnement d'animaux domestiques :

(Bête de charge ou de monture, bêtes à cornes, moutons, chèvres, etc.)

Prison : 1 an à 5 ans. *Amende* : 16 à 300 francs. (1/4 des restitutions et dommages; minimum, 16 fr.) (Cod. Pén. 452, 455.)

Pour destruction sans nécessité de ces animaux domestiques :

1° Chez le maître propriétaire ou locataire du bétail : *prison*, 2 mois à 6 mois. (Cod. Pén. 453, 455.)

2° Si le fait a eu lieu sur le terrain du coupable, (propriétaire ou fermier), *prison*, 15 jours à 6 semaines. (Cod. Pén. 453, 455.)

En cas de violation de clôture, maximum de la peine. (Cod. Pén. 453.)

14. *Destruction. Pénalité.* — Pour destruction sans nécessité d'animaux domestiques, sur le terrain du propriétaire ou fermier :

Prison : 6 jours à 6 mois. (Cod. Pén. 454). *Amende* : 1/4 des restitutions et dommage; minimum, 16 fr. (Cod. Pén. 455.)

En cas de bris de clôture, maximum. (Cod. Pén. 454.)

ANIMAL NUISIBLE.

1. *Espèces. Désignation.* — Le préfet déterminera les espèces d'animaux malfaisants ou nuisibles que le propriétaire, possesseur ou fermier, peut détruire, en tout temps, sur ses terres. (Chasse, art. 9, § 3.)

2. *Désignation.* — Sont considérés comme animaux malfaisants ou nuisibles, les chiens hargneux, ceux qui vaguent sans maître dans les rues, les chevaux ombrageux, qui mordent ou ruent, etc. (Dupont.)

3. *Exception.* — Les cerfs, biches et lapins ne sont pas des animaux nuisibles, et les préfets ne peuvent pas prescrire de battue pour leur destruction. (Cons. d'Etat, 1er avril 1881.)

4. *Classification.* — Sont classés comme animaux nuisibles, les loups, renards, blaireaux et sangliers. (Arr. 19 pluviôse an v.)

5. *Chasse.* — La destruction des animaux nuisibles n'est pas un fait de chasse, lorsqu'elle s'effectue dans les conditions réglementaires. (Circ. N 65. Cass. 2 déc. 1880.)

6. *Destruction. Permis de chasse. Epoques.* — Le permis de chasse n'est pas nécessaire pour l'exercice du droit de destruction des animaux malfaisants et nuisibles. Le propriétaire, en ce cas, use du droit de légitime défense. (Cass. 28 octobre 1892.)

Cette destruction peut avoir lieu aussi bien la nuit que le jour, et le droit de destruction peut être délégué. (Amiens, 29 décembre 1880.)

7. *Encouragement.* — Les corps administratifs doivent encourager la destruction des animaux nuisibles et malfaisants. (Loi du 28 septembre 1791, sect. IV, art. 20.)

8. *Chasse fermée.* — En temps prohibé, les adjudicataires, ainsi que les cofermiers qu'ils auraient désignés, pourront, avec l'assentiment et sous la surveillance de l'administration forestière, procéder à la chasse et à la destruction des animaux nuisibles, et ce, par tous les moyens dont l'emploi sera autorisé par le préfet, ou par des chasses et battues pratiquées conformément à l'arrêté du 19 pluviôse an v. (Chasse, Cah. des ch. 23.)

9. *Lévriers.* — L'emploi des chiens lévriers peut être autorisé par le préfet, pour la destruction des animaux nuisibles. (Loi du 3 mai 1844. Circ. N 72.)

10. *Destruction. Maire. Arrêté. Exécution.* — Le maire a le droit de prendre en tout temps, de concert avec le propriétaire ou détenteur du droit de chasse dans les buissons, bois ou forêts, les mesures nécessaires

à la destruction des animaux déclarés nuisibles par l'arrêté permanent du préfet. (Loi du 5 avril 1884, art. 90.)

L'arrêté du maire, relatif à la destruction des animaux nuisibles, n'est obligatoire qu'autant qu'il a été publié, affiché ou notifié individuellement. (Loi du 5 avril 1884, art. 96.)

11. *Loups. Sangliers. Destruction.* — Le maire est chargé, pendant le temps de neige, à défaut des détenteurs du droit de chasse, à ce dûment invités, de détourner les loups et sangliers remis sur le territoire de la commune; les mesures qu'il prescrit à cet effet sont exécutoires sur le terrain d'autrui, sans le consentement du propriétaire. Les habitants qui n'obéissent pas à la réquisition du maire sont passibles des peines de simple police. (Loi du 5 avril 1884, art. 90.)

Les personnes qui participent à ces chasses n'ont pas besoin de permis de chasse.

V. Battue. Traque.

12. *Destruction. Maire. Arrêté. Conditions.* — Lorsqu'il s'agit de la destruction de sangliers et autres animaux malfaisants dans les bois ou forêts appartenant à l'Etat, le maire d'une commune ne saurait faire exécuter un arrêté pris par lui, conformément à l'article 90 de la loi du 5 avril 1884, sans le porter officiellement à la connaissance de l'administration forestière et sans la mettre ainsi à même d'intervenir, si bon lui semble, dans cette destruction. (Trib. corr. de Compiègne, 29 juillet 1885.)

13. *Chasse. Adjudicataire.* — Les adjudicataires du droit de chasse, dans les bois soumis au régime forestier, n'ont pas le droit de détruire en tout temps les animaux nuisibles, parce qu'ils ne sont pas considérés comme fermiers. Ils n'ont ni semailles, ni récoltes à défendre contre les animaux qui pourraient les endommager. (Circ. Min. 22 juillet 1851.)

14. *Destruction. Dommage.* — Le fait, de la part du propriétaire ou du fermier, de repousser ou détruire des animaux nuisibles sur le lieu et au moment où ils portent dommage à ses récoltes, constitue, non pas un acte de chasse, mais l'exercice d'un droit de légitime défense. (Douai, 6 décembre 1882.)

15. *Propriétaire. Location. Droit de destruction.* — A moins de stipulation contraire, le propriétaire qui loue la chasse sur les terres qu'il cultive lui-même conserve, au regard de son locataire de la chasse, le droit de détruire les animaux nuisibles et malfaisants, et il peut déléguer ce droit à un tiers. (Trib. Corr. de Compiègne, 7 juillet 1885.)

16. *Etat des animaux détruits.* — Les conservateurs doivent adresser, avant le 1er août, l'état des animaux nuisibles détruits par les lieutenants de louveterie. (Circ. A 479 bis.)

L'état des animaux nuisibles détruits par les lieutenants de louveterie (série 8, n° 6) ne sera plus transmis à la direction. (Circ. N 416.)

17. *Etat des animaux détruits.* — Il sera envoyé au ministre des finances un état des animaux détruits par les chasses particulières, même par les pièges tendus dans les campagnes par les habitants, à l'effet d'être pourvu, s'il y a lieu, sur son rapport, au paiement des récompenses promises par l'article 20, section IV, du code rural. (Arr. 19 pluviôse an V, art. 7.)

18. *Battue.* — Après chaque battue, il sera dressé procès-verbal des animaux détruits, et un extrait en sera envoyé au ministre des finances. (Arr. 19 pluviôse an V, art. 6.)

19. *Appâts empoisonnés.* — Dans un domaine *non clos*, le propriétaire n'a pas le droit de mettre des appâts empoisonnés pour la destruction des animaux nuisibles, sans autorisation et sans avertir les voisins, sous peine de dommages-intérêts pour les animaux domestiques qui seraient victimes de ces appâts empoisonnés. V. Dommages. Battue.

ANIMAL SAUVAGE.

Dégâts. Responsabilité. Conditions. — Les propriétaires de forêts ou les fermiers du droit de chasse, qu'ils aient chassé ou non, ne sont pas responsables des dégâts causés par les animaux sauvages, si, ne changeant rien à l'état de nature, ils n'ont ni attiré, ni retenu, en flattant leurs instincts, ces animaux dans leurs bois.

L'article 1383 du code civil ne serait applicable qu'autant que soit l'Etat, dans un intérêt général, soit les particuliers, dans leur propre intérêt, auraient fait au fermier du droit de chasse, de la destruction des animaux nuisibles, une obligation qu'il aurait négligé de remplir.

Le droit de défense des riverains peut s'exercer soit par eux-mêmes sur leurs propres fonds, soit dans les forêts, mais par l'intervention de l'administration, qui ordonne des battues. (Trib. Civ. de Langres, 26 décembre 1883.)

ANNÉE.

1. *Moyenne. Calcul.* — L'année moyenne se calcule en prenant les quatorze dernières années, dont on retranche les deux plus fortes et les deux plus faibles, de sorte que l'année commune est calculée sur les dix années restantes. (Loi du 18 décembre 1790.)

2. *Année de chasse. Période.* — Lorsque l'acte de bail ne s'explique pas sur la valeur des termes employés pour fixer la durée du contrat, on doit suivre à cet égard l'usage des lieux ; l'année de chasse ne peut être considérée comme expirée qu'après la fermeture de la chasse. (Trib. Civ. de la Seine, 23 novembre 1886.)

ANNEXION.

1. *Lois.* — La Savoie et le Comté de Nice ont été réunis à la France par le Sénatus-Consulte des 12-14 juin 1860. La constitution et les lois françaises y ont été exécutoires le 1er janvier 1861. Les mesures pour l'introduction du régime français seront réglées par des décrets rendus avant le 1er janvier 1861, et ces décrets ont force de loi. (Senatus-Consulte, 12-14 juin 1860.)

2. *Régime forestier.* — Les lois, ordonnances et décrets concernant le régime forestier ont été rendus applicables à la Savoie et au Comté de Nice par décret du 13 juin 1860.

3. *Fonctionnaires.* — Le gouvernement français tiendra compte aux fonctionnaires civils, appartenant par leur naissance à la Savoie ou au Comté de Nice et qui deviendront Français, des droits qui leur sont acquis par les services rendus au gouvernement sarde. (Décr. 11 juin 1860, art. 5.)

4. *Droits d'usage.* — L'étendue d'un droit d'usage, concédé dans une province avant sa réunion à la France, doit être déterminée d'après la coutume de cette province. (Cass. 30 décembre 1844.)

ANNUITÉ.

Acquisition de terrains. Périmètres. — L'Etat aura la faculté de payer le montant de l'indemnité pour expropriation de terrain par annuités, dont chacune ne pourra être inférieure au 1/10 de la valeur totale attribuée aux terrains acquis.

Les annuités non payées porteront intérêt à 5 pour cent. L'Etat pourra se libérer en tout ou en partie par anticipation. (Loi du 4 avril 1882, art. 21.)

ANNULATION.

SECT. I. — ADJUDICATION, 1 — 7.

SECT. II. — PROCÈS-VERBAL, 8.

SECT. III. — CONDAMNATIONS, 9.

V. Fraude. Collusion. Dommages-intérêts.

SECT. I. — ADJUDICATION.

1. *Fraude. Collusion.* — Les ventes sont annulées en cas de fraude ou collusion. (Cod. For. 18, 19, 22.)

2. *Conséquences.* — L'annulation d'une vente, pour cause de fraude et collusion, entraîne pour les adjudicataires le paiement de l'amende et des dommages-intérêts (égaux à l'amende simple) (Cod. For. 205, 202) et la restitution des bois exploités ou paiement de leur valeur sur le pied du prix de vente. (Cod. For. 205.) Les dommages-intérêts sont dus par application de l'article 1382 du code civil. (Circ. N 80, art. 96.)

3. *Juridiction.* — L'annulation d'une vente fait partie de la peine et ne peut être prononcée que par les tribunaux correctionnels. (Cass. 22 avril 1837. Déc. Min. 30 mars 1868.) Cette décision s'applique aux infractions prévues par les articles 21 et 101 du code forestier. (Circ. N 87.)

4. *Compétence.* — Les tribunaux correctionnels, compétents pour réprimer les infractions prévues par l'article 22 du code forestier et en appliquer la pénalité, le sont également pour prononcer la nullité de l'adjudication faite à bas prix, par suite de manœuvres frauduleuses. (Cass. 22 avril 1837.)

5. *Juridiction.* — Dans le cas prévu par l'article 16 du code forestier (vente de coupes extraordinaires, quart de réserve, ou massif réservé pour croître en futaie, bois domaniaux), l'annulation de la vente est prononcée par le préfet. (Circ. N 87.)

6. *Bois communaux. Vente. Compétence.* — Les conseils de préfecture sont incompétents pour faire annuler la vente d'une coupe de bois communal, par le motif qu'elle n'avait pas été précédée de l'accomplissement régulier des formalités administratives prescrites par le code forestier, pour la vente des bois des communes.

Ce n'est qu'à l'autorité administrative qu'il peut appartenir de prononcer sur une contestation de l'espèce. (Cons. d'Etat, 16 février 1854.)

7. *Compétence. Formalités.* — C'est à l'autorité administrative qu'il appartient de connaître d'une demande tendant à faire prononcer l'annulation de l'adjudication d'une coupe de bois communal, pour défaut d'accomplissement des formalités prescrites par les articles 17, 19 et 100 du code forestier. (Défaut d'affiche, quinze jours avant la vente.) (Cons. d'Etat, 25 mars 1852.)

SECT. II. — PROCÈS-VERBAL.

8. *Vice de forme. Preuve.* — Quand un procès-verbal est annulé pour vice de forme, l'agent poursuivant doit demander au tribunal correctionnel qu'il soit suppléé au procès-verbal par l'audition des témoins et faire insérer ces conclusions dans le procès-verbal du jugement, afin que, sur sa demande incidente ainsi prouvée, il puisse fonder l'appel, en cas de refus. (Circ. 7 juin 1809.)

SECT. III. — CONDAMNATIONS.

9. *Sursis. Délai. Conditions.* — Lorsque, en cas de condamnation à l'emprisonnement

ou à l'amende, l'inculpé aura obtenu que le tribunal ordonne qu'il soit sursis à l'exécution de la peine, si, pendant le délai de cinq ans à dater du jugement ou de l'arrêt, le condamné qui a obtenu le sursis à l'exécution des condamnations n'a encouru aucune poursuite suivie de condamnation à l'emprisonnement ou à une peine plus grave pour crime ou délit de droit commun, la condamnation sera comme non avenue. (Loi du 26 mars 1891, art. 1.) Cette disposition n'est pas applicable en matière de contravention de simple police. (Cass. 5 mars 1892.) V. Sursis.

ANON.

Pâturage. — Si c'est un suivant qui tette encore sa mère et qui ne broute pas encore, il peut ne pas y avoir de pénalité pour son introduction en forêt, quoique ce soit une bête de somme. V. Ane.

ANTIDATE. — V. Faux.

ANTICIPATION.

1. *Principe.* — L'anticipation de terrain ne peut se prouver que par des titres ou des actes de possession et n'est passible de poursuites, que lorsqu'il y a eu enlèvement ou destruction de signe de limite, défrichement, ou exploitation et coupes de bois. Le délit est alors passible de la peine spéciale édictée pour le fait commis et constaté.

2. *Culture de terrain.* — L'anticipation résultant de la mise en culture d'un terrain vague ne peut donner lieu qu'à une action civile, s'il n'y a eu ni coupe, ni enlèvement de produits forestiers. V. Culture.

3. *Restitution. Fruits.* — En cas de restitution d'anticipation commise de *bonne foi*, la restitution des fruits perçus, avant la reprise de possession, n'est pas exigible. Il en serait autrement si l'anticipation avait été commise de mauvaise foi ; dans ce cas, l'anticipateur devrait les fruits à compter du jour où il aurait commis la voie de fait, sans préjudice des dommages-intérêts.

4. *Chemins vicinaux. Compétence.* — Les conseils de préfecture sont compétents, aux termes de la loi du 9 ventôse an XIII, pour connaître des empiètements qui ont lieu sur les chemins vicinaux régulièrement classés. (Cons. d'Etat, 6 février 1837.)

5. *Cours d'eau.* — Les anticipations sur les rivières, qui ne sont ni navigables, ni flottables, ne peuvent être poursuivies, ni punies comme délit. (Cass. 29 juin 1813.)

6. *Coupes.* — Les coupes par anticipation sont des coupes extraordinaires, qui ne peuvent avoir lieu qu'en vertu d'ordonnances spéciales. (Ord. 71.)

APANAGE.

1. *Définition.* — L'apanage était une dotation immobilière détachée par le roi du domaine de la couronne et attribuée à ses frères, fils ou petits-fils, pour leur tenir lieu de part héréditaire ; il devait faire retour à l'Etat en l'absence de descendants mâles en ligne directe.

2. *Principe.* — Il n'existe plus d'apanages en France et ils ne peuvent être constitués qu'en vertu d'une loi. (Loi du 21 septembre 1790.)

3. *Régime forestier.* — Les bois et forêts qui sont possédés par les princes à titre d'apanage, ou par des particuliers à titre de majorats réversibles à l'Etat, sont soumis au régime forestier, quant à la propriété du sol et à l'aménagement des bois. En conséquence, les agents de l'administration forestière y seront chargés de toutes les opérations relatives à la délimitation, au bornage et à l'aménagement, conformément aux dispositions des sections I et II du titre III du code forestier. Les articles 60 et 62 sont également applicables à ces bois et forêts.

L'administration forestière y fera faire les visites et opérations qu'elle jugera nécessaires pour s'assurer que l'exploitation est conforme à l'aménagement et que les autres dispositions du présent titre sont exécutées. (Cod. For. 82.)

4. *Régime forestier. Gestion.* — Les biens d'apanage sont, quant à la propriété du sol et à l'aménagement des bois, soumis au régime forestier. Les agents forestiers y sont chargés des opérations de délimitation, bornage et aménagement. Ils doivent faire des visites dans ces bois pour s'assurer que l'aménagement fixé est bien exécuté. (Cod. For. 89.) Les agents forestiers peuvent poursuivre les délits qui y sont commis. (Cod. For. 159.)

Les pénalités édictées par le code forestier sont applicables à tous les délits commis dans les bois d'apanage.

5. *Administration.* — Les bois d'apanage sont soumis à toutes les dispositions de l'ordonnance du 1er août 1827, en ce qui concerne la délimitation et l'aménagement, excepté toutefois que les aménagements, en vue de l'éducation des futaies (art. 68), ne leur sont pas applicables. (Ord. 125.)

6. *Visites.* — Les visites que l'article 89 du code forestier prescrit à l'administration de faire faire dans ces bois et forêts auront pour objet de vérifier s'ils sont régis et administrés conformément aux dispositions de ce code, aux titres constitutifs des apanages ou majorats et aux états ou procès-verbaux qui ont été ou seront dressés en exécution de ces titres. Ces visites ne seront faites que par des agents forestiers qui seront désignés par le conservateur local ou par le directeur général des forêts.

Elles auront lieu au moins une fois par an.

Les agents dresseront des procès-verbaux du résultat de leur visite et remettront ces procès-verbaux au conservateur, qui les transmettra sans délai au directeur général des forêts. (Ord. 127.)

7. *Poursuites.* — Les agents forestiers peuvent poursuivre les délits commis dans les bois détenus à titre d'apanage ou majorats réversibles, parce qu'ils sont soumis au régime forestier. (Cod. For. 159.)

8. *Instances.* — Les possesseurs d'apanage auront droit d'intervenir, comme partie intéressée, dans tous débats et actions relativement à la propriété. (Ord. 126.)

9. *Droits d'usage.* — L'article 61 du code forestier, relatif aux droits d'usage, est applicable aux forêts possédées à titre d'apanage. (Déc. Min. 28 juillet 1829.)

APANAGISTES.

Jouissance. — Les apanagistes ne peuvent jouir que conformément aux aménagements et à charge de conserver la substance des bois dont ils ont l'usufruit. (Cod. Civ. 578.)

APPATS EMPOISONNÉS. V. Poison.

APPEAU. APPELANT.

Qualification. Détention. Confiscation. — Les appeaux ou appelants ne sont pas des instruments de chasse proprement dits; ils ne constituent que des moyens secondaires. (Cass. 7 mars 1868). Leur détention n'est pas un délit (Orléans, 11 mai 1869), et, en cas de délit, leur confiscation ne doit pas être prononcée. (Aix, 2 mars 1876.)

APPEL.

SECT. I. — DÉFINITION. PRINCIPES. DROIT.

1. *Définition.* — L'appel est le recours à un tribunal supérieur, pour obtenir la réformation d'une sentence rendue en premier ressort.

2. *Principal.* — L'appel principal est celui qui a été interjeté le premier, par l'une des parties.

3. *Incident.* — L'appel incident est celui dirigé contre le même jugement, pendant l'instruction de l'appel principal.

En principe, on ne peut en matière correctionnelle (forestière) interjeter appel incident, en tout état de cause, comme on le fait en matière civile. (Pau, 28 nov. 1861. Proc. Civ. 443. Instr. crim. 202, 203.)

4. *Appel. Incident. Chefs distincts.* — Lorsqu'un jugement contient plusieurs chefs distincts et que l'une des parties interjette appel de l'un d'eux, l'intimé peut appeler incidemment, et en tout état de cause, non seulement de ce chef, mais encore de tous les autres. (Lyon, 5 décembre 1884. Cass. 11 janvier 1886.)

5. *Faculté.* — La faculté d'appeler appartient : 1° aux parties prévenues et responsables ; 2° à la partie civile, quant aux intérêts civils seulement ; 3° à l'administration forestière ; 4° au ministère public près le tribunal de première instance, lequel, dans le cas où il n'appellerait pas, sera tenu, dans le délai de quinzaine, d'adresser un extrait du jugement au magistrat du ministère public près le tribunal ou la cour qui doit connaître de l'appel ; 5° au ministère public près le tribunal ou la cour qui doit prononcer sur l'appel. (Instr. crim. 202.)

6. *Père. Mineur. Mari. Epouse.* — Le père peut, en sa seule qualité, interjeter appel d'un jugement correctionnel condamnant son enfant mineur ; mais le mari ne peut interjeter appel d'un jugement correctionnel rendu contre sa femme, que s'il est muni d'un pouvoir spécial. (Cass. 8 août 1874.)

7. *Qualité. Première instance. Changement. Fils. Héritier.* — Le fils qui a succombé en première instance, comme demandeur en poursuite d'un délit de chasse prétendument commis sur la propriété de son père, ne peut, celui-ci étant mort, faire appel du jugement en prenant la qualité d'héritier de son père, alors qu'il avait introduit la première instance en son nom personnel. (Bourges, 23 janvier et 3 avril 1890.)

8. *Ministère public. Agent forestier.* — Le ministère public et les agents forestiers ont, pour les appels, les mêmes droits que pour l'exercice des poursuites correctionnelles. Chacun de ces fonctionnaires jouit, à cet égard, d'un droit *personnel, distinct et principal* ; c'est-à-dire que l'inaction de l'un ne nuit pas au droit d'appel de l'autre, et chacun d'eux peut agir isolément, sans être gêné ou paralysé par le silence de l'autre. (Cass. 27 janvier 1837.)

9. *Ministère public. Administration.* — Lorsque des jugements en matière forestière sont rendus sur la poursuite du ministère public *seul*, l'administration des forêts, n'étant pas *partie*, n'a pas alors le droit d'appel. Cela provient de ce que l'intervention de l'administration est *facultative*, tandis que celle du ministère public est *obligatoire*. D'autre part, le ministère public étant indivisible, le procureur général, comme chef de l'action publique dans le ressort, est *partie* dans tous les jugements rendus et jouit ainsi du droit d'appel. (Meaume.)

10. *Ministère public. Administration.* — Si le ministère public a fait appel au nom de l'administration des forêts, celle-ci peut s'approprier l'appel, qui doit lui profiter quand elle se présente pour le soutenir. (Cass. 27 janvier 1837.)

11. *Appel général, limité.* — Le ministère public et l'administration forestière pouvant exercer concurremment et simultanément, soit l'action publique, soit l'action privée, l'appel peut avoir des effets distincts, suivant les termes dans lesquels il est interjeté.

Il est *général* ou *indéfini*, lorsqu'il est fait pour tous les *torts* et *griefs* que cause le jugement. (Cass. 22 janvier 1829.) Mais, comme l'appel du ministère public remet tout en question (Cass. 4 mars 1825), par la même raison, dès que l'appel de l'administration, général ou limité, a pour objet l'action *publique*, tout est également remis en question, comme avant le jugement.

Il n'en est pas de même si l'appel de l'administration est limité aux réparations civiles ; dans ce cas, le débat devant les juges d'appel ne peut plus porter que sur ce point. (Meaume.)

12. *Partie civile.* — L'appel de la partie civile ne met en cause que les parties du jugement relatives à l'intérêt privé de cette partie. (Cass. 7 mai 1819.)

13. *Partie civile. Recevabilité.* — La partie civile qui a obtenu des premiers juges la totalité de la somme par elle demandée, à titre de dommages-intérêts, est néanmoins recevable à former appel de la décision rendue, bien que le ministère public et le prévenu aient accepté le jugement, lorsqu'elle a un intérêt manifeste à faire réformer, dans ledit jugement, une disposition qui pourrait, dans des circonstances ultérieures, constituer à son encontre un préjugé défavorable. (Orléans, 15 mars 1892.)

14. *Instruction.* — Les agents ne doivent faire appel que lorsque le jugement porte atteinte, soit à la vindicte publique, soit aux droits de l'Etat, des communes ou des établissements publics, ou bien lorsqu'il renferme quelque principe contraire aux termes ou à l'esprit des lois. Il est convenable de ne faire appel que quelques jours après le jugement ; on doit auparavant consulter les magistrats du parquet. On ne doit pas renoncer à l'appel si le ministère public en appelle de son côté.

Il convient de faire appel, si la question est nouvelle et présente un intérêt réel pour l'administration ; quand la question est douteuse, c'est-à-dire résolue diversement par plusieurs cours. Il faut s'abstenir, si on est en opposition avec la jurisprudence de la cour de cassation.

Si le même jugement statue sur plusieurs délits distincts, l'appel doit faire mention expresse des chefs sur lesquels il porte, afin de limiter les débats. (Circ. A 577.)

15. *Conclusions.* — L'administration peut demander, en appel, la condamnation du prévenu pour le fait dont la preuve a été rapportée. Le fait doit être le *même*, mais sa qualification peut varier, ainsi que les conclusions. (Cass. 5 décembre 1833.) On peut aussi demander, pour la première fois en appel, des dommages-intérêts pour le préjudice éprouvé depuis le premier jugement. (Proc. Civ. art. 464.)

16. *Conclusions. Preuves.* — L'administration peut demander la production de nouvelles preuves à l'appui de la prévention ; les parties peuvent demander, en appel, la comparution de nouveaux témoins et l'audition des anciens témoins, en vertu de l'article 211 du code d'instruction criminelle. Ainsi, si l'appel est limité en ce qui concerne le *fond du débat*, il est illimité en ce qui concerne la preuve ; dès lors, le tribunal ne peut se refuser d'entendre les témoignages des gardes rédacteurs d'un procès-verbal insuffisant (que ces gardes aient ou non été entendus en première instance), à moins que le rejet ne soit motivé, sur ce que le tribunal se trouve suffisamment éclairé. (Cass. 21 juillet 1820, 23 août et 27 décembre 1823 et 16 décembre 1825.)

17. *Preuve testimoniale.* — D'après l'article 175 du code forestier, des délits forestiers peuvent aussi bien être prouvés par témoin devant la cour d'appel que devant le tribunal de première instance. (Meaume.)

18. *Cassation. Pourvoi.* — La partie civile, les prévenus, la partie publique, les personnes civilement responsables du délit pourront se pourvoir en cassation contre l'arrêt en appel. (Instr. Crim. art. 216.)

19. *Pourvoi.* — L'appel au conseil d'Etat, d'un arrêté du conseil de préfecture, est désigné sous le nom de pourvoi. (Cabantous.) V. Pourvoi.

SECT. II. — DROIT D'APPEL.

§ 1. *Agent forestier. Administration.*

20. *Appel. Désistement.* — Les agents de l'administration des forêts peuvent, en son nom, interjeter appel des jugements, mais ils ne peuvent se désister de leur appel sans autorisation spéciale. (Cod. For. 183.) V. Désistement.

21. *Agents.* — Les agents forestiers, à l'exclusion des préposés, ont seuls le droit d'interjeter appel des jugements rendus sur des délits forestiers. (Cass. 2 septembre 1830.)

22. *Qualités. Droit.* — Les agents forestiers, exerçant l'action publique (Cod. For. 159), ont, d'après l'article 183 du code forestier, le droit d'appel sur tous les jugements dans lesquels l'administration a été partie. Tout pourvoi fait par un agent forestier est formé au nom de l'administration (Cass. 7 juin 1819) ; dès lors, tout agent, qu'il ait ou non représenté l'administration à l'audience, peut interjeter appel d'un jugement au profit de l'administration. (Metz, 28 mai 1818.)

23. *Formalité.* — Si l'agent forestier chargé des poursuites croit nécessaire d'interjeter appel d'un jugement, il en passe la déclaration au greffe et en fait faire la signification au prévenu, dans les délais prescrits. (Instr. 23 mars 1821, art. 110.)

24. *Administration.* — L'administration forestière peut appeler seule des jugements de première instance, pour les condamnations civiles et pénales. (Cass. 5 novembre 1829.)

25. *Instance domaniale. Défendeur.* — En cas d'appel, par les parties, sur un jugement conforme aux conclusions de l'administration, il doit y être défendu sans attendre l'autorisation du ministre. (Règl. Min. du 3 juillet 1834. Circ. N 12.)

§ 2. *Ministère public.*

26. *Acquiescement.* — Le ministère public a un droit indépendant de faire appel contre les jugements, quand bien même l'administration et les agents forestiers y auraient acquiescé. (Cod. For. 184.)

27. *Qualité.* — Le ministère public, étant appelé à donner ses conclusions sur les poursuites intentées et dirigées par l'administration forestière, est par cela même partie et a, par ce seul fait, droit d'appel dans ces instances. (Cass. 27 janvier 1837.)

28. *Recours. Délai. Notification.* — Le procureur général près la cour qui doit connaître de l'appel devra notifier son recours, soit au prévenu, soit à la personne civilement responsable, dans le délai de deux mois à compter du jour de la prononciation du jugement, ou, si le jugement lui a été légalement notifié par une des parties, dans le délai d'un mois, à compter du jour de cette notification ; sinon, il sera déchu. (Instr. Crim. 205.)

29. *Frais.* — L'administration forestière peut être condamnée, comme toute autre partie civile, aux frais d'un appel relevé par le ministère public, dans son intérêt. (Cass. 16 avril 1836.)

§ 3. *Préfet.*

30. *Instance domaniale. Demandeur. Appel conservatoire.* — En cas de jugement contraire aux conclusions prises au nom de l'Etat, le ministre, après avoir entendu l'administration des forêts et celle des domaines, décide s'il y a lieu d'acquiescer ou d'en appeler (Règl. Min. 3 juillet 1834) ; mais l'appel peut être interjeté par le préfet, à titre de mesure conservatoire, dans le cas

où la décision ministérielle ne lui est pas parvenue dix jours au moins avant l'expiration du délai de recours. (Régl. 3 juillet 1834. Déc. Min. 4 juin 1862. Circ. N 12.) V. Instance.

SECT. III. — CONSÉQUENCES. PRESCRIPTION.

31. *Qualités.* — L'appel peut être général ou limité, c'est-à-dire porter sur le jugement en entier ou sur les réparations civiles seulement.

32. *Résultat.* — L'appel interjeté par l'administration forestière remet tout en question et permet d'acquitter le prévenu. (Colmar, 15 mars 1864.)

33. *Résultat.* — La condition de celui qui appelle ne peut être aggravée par les tribunaux supérieurs, lorsque les autres parties, soit privées, soit publiques, n'ont point appelé. (Duvergier. — Cons. d'État, 25 octobre 1806.)

34. *Partie. Droit.* — La partie qui n'a point appelé d'un jugement n'est point recevable, sur l'appel de la partie adverse, à prendre de nouvelles conclusions en aggravation de peine. (Cass. 21 février 1806.)

35. *Solidarité.* — L'appel d'un des condamnés solidaires ne profite pas aux autres. (Cass. 8 octobre 1829.)

36. *Indivisibilité.* — En matière indivisible (droit de servitude), l'appel formé en temps utile contre quelques-uns des intéressés conserve à l'appelant le droit d'interjeter appel contre les autres, même après l'expiration des délais (Cass. 14 août 1866) ; de même, l'appel interjeté par une des parties profite aux co-intéressés, qui peuvent intervenir devant le juge d'appel.

37. *Exécution.* — L'exécution consentie ou ordonnée d'un jugement du tribunal correctionnel, par le ministère public près de ce tribunal, n'est point un obstable à l'appel de ce même jugement interjeté par le ministère public près la cour qui doit en connaître. (Cass. 16 janvier 1824.)

38. *Condamnations civiles. Exécution. Non-solidarité. Non-acquiescement.* — L'exécution volontaire donnée, par l'une des parties condamnées, au jugement qui a prononcé, en matière forestière et sans solidarité contre plusieurs codéfenseurs, une condamnation civile en réparation du dommage causé, ne constitue pas une fin de non-recevoir contre l'appel des autres défenseurs qui n'ont pas acquiescé audit jugement et ne s'oppose point à ce que ceux-ci interjettent appel. (Chambéry, 13 juin 1885.)

39. *Prescription.* — Lorsqu'un jugement correctionnel a été frappé d'appel, il y a prescription, si, pendant trois ans depuis le jugement dont est appel, il n'a pas été fait d'acte d'instruction ou de poursuite. (Cass. 28 novembre 1857.)

SECT. IV. — JUGEMENT DONT ON PEUT APPELER.

40. *Jugement correctionnel.* — Les jugements en matière correctionnelle peuvent être attaqués par voie d'appel. (Instr. Crim. 199.)

41. *Jugement définitif.* — Tous les jugements *définitifs*, rendus en matière correctionnelle et sur les poursuites de l'administration forestière, peuvent être attaqués par voie d'appel. (Instr. Crim. 199.) Le paragraphe 2 de l'article 192 (Contravention) n'est pas applicable dans ce cas. (Cass. 12 novembre 1842.)

42. *Jugement interlocutoire.* — L'appel d'un jugement *interlocutoire* peut être interjeté avant le jugement définitif. (Procéd. Civ. art. 451, § 2.)

43. *Jugement préparatoire.* — L'appel d'un jugement *préparatoire* ne peut être interjeté qu'après le jugement définitif et conjointement avec l'appel de ce jugement. (Procéd. Civ., art. 451, § 1.)

44. *Jugement interlocutoire définitif.* — Tout jugement qui fixe un point du procès est définitif pour ce point, quoiqu'il puisse n'être que préparatoire ou interlocutoire sur le fond de la question elle-même ; il est, dès lors, susceptible d'appel. Tels sont les jugements qui renvoient à fin civile sur une question préjudicielle (Cass. 25 novembre 1826) ; qui rejettent une inscription de faux (Cass. 18 mars 1836); qui prononcent sur la compétence d'un tribunal (Cass. 31 janvier 1817); qui portent remise de cause pour fournir une preuve ou vérification défendue ou non admise par la loi, ou qui doit nécessairement enchaîner le tribunal. (Cass. 28 mai 1836.) Cependant la cour de cassation a décidé, en même temps, que les juges du fond n'étaient pas liés par l'arrêt interlocutoire. (Cass. 28 mai 1836.)

45. *Simple police.* — Les jugements de simple police ne peuvent être attaqués en appel, que lorsqu'ils prononcent un emprisonnement ou lorsque les amendes, restitutions et autres réparations civiles excèdent la somme de 5 francs, outre les dépens. (Instr. Crim. 172.) L'appel sera suspensif. (Instr. Crim. 173.)

46. *Qualification. Jugement.* — Ne sera pas recevable l'appel des jugements mal à propos qualifiés en premier ressort, ou qui, étant en dernier ressort, n'auraient pas été qualifiés. Seront sujets à l'appel les jugements qualifiés en dernier ressort, s'ils ont statué sur des questions de compétence ou sur des matières dont le juge de paix ne pouvait connaître qu'en premier ressort. Si le juge de paix s'est déclaré compétent, l'appel ne pourra être interjeté qu'après le jugement définitif. (Loi du 25 mai 1838, art. 14.)

SECT. V. — CITATIONS. FORMALITÉS. REQUÊTE.

47. *Pièces. Requête. Délais.* — Lorsqu'un appel aura été interjeté, l'agent forestier devra, dans la huitaine, transmettre au conservateur les pièces de la procédure (1° acte de la déclaration d'appel ; 2° copie de la requête d'appel ; 3° extrait du jugement attaqué), avec une requête contenant les griefs et les moyens d'appel. Si le conservateur juge l'appel fondé, il renvoie les pièces au chef de service, en lui donnant des instructions, s'il y a lieu. (Circ. A 577.)

48. *Requête. Délai.* — La requête contenant les moyens d'appel pourra être remise au greffe dans le délai de dix jours. Elle sera signée de l'appelant, ou d'un avoué, ou d'un fondé de pouvoir spécial. Dans ce dernier cas, le pouvoir sera annexé à la requête. Cette requête pourra être remise directement au greffe de la cour d'appel. (Instr. Crim. 204.) Elle est purement facultative et ne peut, quelles qu'en soient les conclusions, modifier le droit que confère au juge d'appel la généralité d'un acte d'appel. (Cass. 2 déc. 1865.) Un mandataire verbal n'a pas qualité pour remettre une requête d'appel. (Cass. 19 février 1836.)

49. *Délai. Ministère public. Exécution.* — Les officiers du ministère public près la cour ou le tribunal qui doit connaître de l'appel peuvent appeler dans le délai d'un ou deux mois, alors même que les jugements auraient été rendus sur les conclusions conformes du ministère public. Ils le peuvent nonobstant l'exécution volontaire ou forcée du jugement rendu. (Cass. 2 octobre 1824 et 2 février 1827.)

50. *Signification.* — L'appel de l'administration, contre un jugement rendu par défaut contre le prévenu, n'est pas nul, bien que le jugement n'ait pas été signifié. Cet appel n'enlève pas au défaillant le droit de faire opposition, s'il est dans le délai ; et l'appel n'est efficace que s'il n'y a pas opposition. (Cass. 25 juillet 1839.)

51. *Signification.* — Un acte d'appel ne peut être valablement signifié au domicile élu. (Procéd. Civ. art. 68. Paris, 7 avril 1868.)

52. *Citation.* — Les citations en appel doivent être signifiées à toutes les parties désignées au jugement frappé d'appel.

53. *Extraits. Délais.* — L'extrait des arrêts ou jugements rendus sur appel sera remis directement aux trésoriers généraux par les greffiers des cours et tribunaux d'appel, quatre jours après celui où le jugement aura été prononcé, si le condamné ne s'est point pourvu en cassation. (Ord. 189. Instr. du Min. des Fin. 20 septembre 1875.)

54. *Extrait. Recouvrement.* — Les percepteurs procèdent au recouvrement des condamnations. (Instr. du Min. des Fin. 20 septembre 1875.)

55. *Amende. Consignation.* — Tout appelant sera tenu de consigner l'amende d'avance, en faisant enregistrer son acte d'appel, sauf à en ordonner la restitution, si l'appel est jugé bien fondé ou si les parties transigent sur l'appel, avant le jugement. (Arrêté 27 nivôse an x. Amende de 5 ou 10 fr. Procéd. Civ. 471.)

56. *Enregistrement.* — Les appels des jugements de juge de paix sont enregistrés au droit fixe de 7 fr. 50, et ceux des jugements des tribunaux civils à 15 francs. (Lois des 22 frimaire an VII, art. 68, et 28 févr. 1872.)

SECT. VI. — DÉLAIS.

57. *Déclaration.* — La déclaration d'appeler doit, sous peine de déchéance, être faite au greffe du tribunal qui a rendu le jugement, dix jours au plus tard après celui où il a été prononcé ; si le jugement a été rendu par défaut, dix jours au plus tard après la signification qui en aura été faite à la partie condamnée ou à son domicile, en outre un jour par trois myriamètres. Pendant ce délai et pendant l'instance de l'appel, *il sera sursis à l'exécution du jugement.* (Instr. Crimin. 203. Cod. For. 187.)

58. *Jugement par défaut. Avis.* — Si le condamné par défaut interjette appel, l'agent forestier doit en donner avis au receveur des finances. (Ord. 188. Circ. N 149.)

59. *Jour férié.* — Un appel correctionnel interjeté le onzième jour après le prononcé du jugement n'est pas recevable, bien que le dixième soit férié. (Colmar, 30 août 1862. Cass. 28 août 1812.)

60. *Nullité. Délai. Jour férié.* — La déchéance résultant de la tardiveté de l'appel, même si le dixième jour est un jour férié, constitue une nullité d'ordre public et doit être admise en tout état de cause et même suppléé d'office. (Nîmes, 29 juillet 1875.)

61. *Jugement par défaut.* — Les délais d'appel (dix jours) pour les jugements rendus par défaut ne commencent à courir que du jour de la signification du jugement (Instr. crimin. 203. Cod. For. 209) et en même temps que le délai d'opposition (six jours). Dès lors, comme le prévenu peut former opposition avant la signification du jugement, il peut de même faire appel avant sa signification. (Cass. 23 sept. 1841.)

62. *Jugement par défaut.* — L'administration forestière et le ministère public peuvent également faire appel des jugements correctionnels par défaut, avant leur signification, d'autant que, le jugement étant contradictoire pour eux, les agents n'ont qu'un délai de dix jours, après le prononcé du jugement, pour interjeter l'appel. (Cass. 25 juillet 1839.) Malgré l'appel de l'administration, le prévenu

a le droit de former opposition au jugement, s'il est encore dans les délais fixés par l'article 187 du code d'instruction criminelle. (Cass. 25 juillet 1839.)

63. *Défaut.* — Le prévenu condamné par défaut qui s'est désisté de l'opposition, ou qui a laissé passer le délai, peut interjeter appel, s'il est encore dans les délais prescrits par l'article 203 du code d'instruction criminelle.

64. *Commencement.* — Les délais d'appel courent à partir de la signification des jugements par défaut. (Cod. For. 209.)

65. *Délai. Commencement.* — Le délai d'appel d'un jugement de débouté d'opposition, en matière correctionnelle, faute de comparaître, court seulement du jour de sa signification à personne, ou d'un acte d'exécution. (Dijon, 13 décembre 1881.)

66. *Jugement de police.* — L'appel des jugements rendus par le tribunal de police sera porté au tribunal correctionnel. Cet appel sera interjeté dans les dix jours de la signification de la sentence. (Instr. Crimin. 174.)

67. *Justice de paix.* — L'appel des jugements de juge de paix ne sera recevable ni avant les trois jours qui suivront celui de la prononciation du jugement, à moins qu'il n'y ait lieu à exécution provisoire, ni après les trente jours qui suivront sa signification, à l'égard des personnes domiciliées dans le canton. (Loi du 25 mai 1838, art. 13.)

68. *Instance civile.* — Le délai pour interjeter appel sera de deux mois. Il courra, pour les jugements contradictoires, du jour de la signification à personne ou à domicile ; pour les jugements par défaut, du jour où l'opposition ne sera plus recevable. (Procéd. Civ. 443.) V. Instance.

69. *Instance civile.* — Aucun appel d'un jugement non exécutoire par provision ne pourra être interjeté dans la huitaine, à dater du jour du jugement. Ceux interjetés dans ce délai seront déclarés non recevables. (Procéd. Civ. 449.)

SECT. VII. — AUDIENCES.

70. *Jugement. Délai.* — L'appel sera jugé à l'audience, dans le mois, sur le rapport fait par l'un des juges. (Instr. Crim. 209.)

71. *Nombre de juges.* — En toute matière, les arrêts des cours d'appel sont rendus par des magistrats délibérant au nombre impair. Ils sont rendus par cinq juges au moins, président compris.

Pour le jugement des causes qui doivent être portées aux audiences solennelles, les arrêts sont rendus par neuf juges au moins. Le tout à peine de nullité. (Loi du 30 août 1883, art. 1.)

72. *Instruction. Réquisitoire.* — Devant les tribunaux d'appel, l'instruction se fait comme devant les tribunaux correctionnels, sauf l'obligation d'un rapport sur le point litigieux de la part d'un des juges d'appel. L'agent forestier a également le droit d'exposer l'affaire et d'être entendu à l'appui de ses conclusions, avant le résumé du ministère public. L'appelant doit parler le premier. (Lyon, 11 août 1827.)

73. *Poursuites.* — Les appels sont poursuivis par l'agent forestier supérieur dans l'arrondissement duquel se trouve le tribunal saisi de l'appel. (Instr. 23 mars 1821, art. 78.)

74. *Audience. Plaidoirie.* — A la suite du rapport et avant que le rapporteur et les conseillers émettent leur opinion, le prévenu, soit qu'il ait été acquitté ou condamné, la personne civilement responsable du délit, la partie civile et le procureur général seront entendus, dans la forme fixée pour les audiences correctionnelles. (Instr. Crim. 210.)

75. *Formalités.* — Sont applicables aux jugements sur appel les formalités relatives à l'instruction, à l'audience, à la nature des preuves, à l'authenticité, à la signature, à la condamnation, aux frais, habituelles aux jugements correctionnels en première instance. (Instr. Crim. 211.)

76. *Appel des sentences du juge de paix.* — Les appels des juges de paix sont réputés matières sommaires et jugés à l'audience après les délais de la citation et sans aucune procédure, ni formalités. (Procéd. Civ. 404, 405.) V. Matière sommaire.

SECT. VIII. — JURIDICTION. COMPÉTENCE.

77. *Juridiction. Compétence. Première instance.* — Les tribunaux de première instance (civil) prononceront sur l'appel des jugements rendus en premier ressort par les juges de paix. (Loi du 27 ventôse an VIII, art. 7.)

78. *Juridiction correctionnelle.* — Les tribunaux correctionnels connaîtront des appels des jugements rendus par les tribunaux de simple police. (Décr. du 18 août 1810, art. 9.)

79. *Juridiction. Cour d'appel.* — L'appel du jugement des tribunaux de première instance sera porté à la cour d'appel. (Instr. Crim. 201. Loi du 27 ventôse an VIII, art. 22.)

80. *Compétence. Décision. Action civile et pénale.* Le juge d'appel, sur l'appel de la partie civile seule, peut, infirmant le jugement d'incompétence du tribunal correctionnel et évoquant le fond, statuer tant sur l'action publique que sur l'action civile et prononcer une peine contre le prévenu. (Cass. 30 janvier 1885.)

81. *Algérie. Compétence.* — En Algérie, les commandants de subdivision sont compétents, à l'exclusion des tribunaux correctionnels, pour connaître des jugements rendus par les commandants de place en matière de délits forestiers, commis en territoire militaire et punis d'une amende inférieure à 150 francs.

(Décr. 14 mai, 15 juin 1850. Cass. 4 nov. 1864.)

Dans les territoires maintenus transitoirement sous l'autorité militaire, le général commandant la division exerce les poursuites devant les juridictions militaires compétentes. (Loi du 9 décembre 1885, art. 10. Circ. N 357.)

SECT. IX. — ARRÊTS.

82. *Annulation. Violation de formes.* — Si le jugement est annulé pour violation ou omission non réparée des formes prescrites par la loi, à peine de nullité, la cour statuera sur le fond. (Instr. Crimin. 215.)

83. *Annulation. Crime.* — Si le jugement est annulé parce que le fait est de nature à mériter une peine afflictive ou infamante, la cour décernera le mandat d'arrêt ou de dépôt et renverra le prévenu devant le fonctionnaire compétent, autre que celui qui a rendu le jugement ou fait l'instruction. (Instr. Crimin. 214.)

84. *Annulation. Contravention.* — Si le jugement est annulé parce que le fait ne présente qu'une contravention de police, et si la partie publique et la partie civile n'ont pas demandé le renvoi, la cour prononcera la peine et statuera, s'il y a lieu, sur les dommages-intérêts. (Instr. Crimin. 213.)

85. *Réformation.* — Si le jugement est réformé en appel, parce que le fait n'est réputé ni contravention, ni délit, par aucune loi, la cour renverra le prévenu et statuera, s'il y a lieu, sur les dommages-intérêts. (Instr. Crimin. 212.)

86. *Chef d'appel.* — Une cour ne peut réformer que les points d'un jugement qui sont frappés d'appel ; tout jugement qui prononce *ultra petita* est essentiellement vicieux. (Cons. d'Etat. 12 nov. 1806.)

APPEL DE CAUSE.

Droit. — Les huissiers audienciers ne sont pas autorisés à prendre un droit d'appel de cause dans les affaires criminelles, correctionnelles et de police. (Décis. Minist. 18 oct. 1806.) V. Dépens. Huissier.

APPEL EN GARANTIE.

Définition. — Demande par laquelle le défendeur appelle un tiers dans une instance, pour prendre son fait et cause.

APPEL SEMESTRIEL. V. Réserve. Service militaire.

APPOINTEMENT. V. Traitement.

AQUEDUC.

1. *Travaux.* — Les travaux de construction et réparation d'aqueduc sont des travaux d'entretien. (Circ. N 22, art. 25.)

2. *Construction.* — Les petits aqueducs en pierres sèches peuvent être construits à l'aide de journées de prestation pour extraction de menus produits, après autorisation du conservateur.

3. *Dimensions.* — On ne doit donner aux aqueducs que les dimensions nécessaires pour le débit des eaux. (Circ. A 845.)

ARBITRAGE.

Définition. Droit. — Juridiction conférée par les parties ou par la loi à des simples particuliers (arbitres), pour juger une contestation suivant le compromis passé entre les parties. Voir pour les règles à suivre le code de procédure civile, art. 1003 à 1028.

L'État ne peut se soumettre à un arbitrage, les causes qui le concernent étant sujettes à communication au ministère public. (Cod. Procéd. Civ. art. 1004.) Il en est de même pour les communes. (Block, de Vatimesnil.)

ARBRES EN GÉNÉRAL.

1. *Définition.* — L'arbre est organisme vivant. On ne comprend, sous la dénomination *d'arbres*, que les brins ayant plus de 20 centimètres de tour, à 1 mètre du sol. (Grenoble, 12 juin 1839. Inédit.)

2. *Forêts jardinées. Sapins. Dimension.* — Dans les forêts résineuses, exploitées en jardinant, les sapins ayant moins de 20 centimètres de diamètre, à 1 mètre du sol, ne doivent pas être estimés comme bois, mais comme valeur d'avenir. (Montpellier, 19 juin 1882.)

3. *Classement.* — Pour les délits, les arbres ont été divisés en deux catégories ; ceux de la première catégorie ont été ensuite distribués en deux classes.

1re CATÉGORIE : arbres de deux décimètres de tour et au-dessus. (Cod. For. 192.)

1re *Classe :* Chênes, Hêtres, Charmes, Ormes, Frênes, Erables, Platanes, Pins, Sapins, Mélèzes, Châtaigniers, Aliziers, Noyers, Sorbiers, Cormiers et autres arbres fruitiers. (Cod. For. 192.)

2e *Classe :* Aunes, Tilleuls, Bouleaux, Trembles, Peupliers, Saules et les autres espèces non comprises dans la première classe (Cod. For. 192.) Houx, Fusain, Cornouiller sanguin. (Pau, 5 mars 1830.)

2me CATÉGORIE : Arbres au-dessous de deux décimètres de tour. (Cod. For. 194.)

4. *Pénalités. Arbres de première catégorie* (de deux décimètres de tour et au-dessus). — Pour coupe ou enlèvement de jour et sans circonstances aggravantes :

Amende. — 1re classe, 1 fr. par chaque décimètre pour chacun des deux premiers et 10 cent. en plus par chaque décimètre en sus. (Cod. For. 192.)

Amende. — 2e classe, 50 cent. par chaque décimètre pour chacun des deux premiers et 5 cent. en plus par chaque décimètres en sus. (Cod. For. 192.)

5. — *Tableau des pénalités pour coupe ou enlèvement d'arbres, dans tous les bois en général.*

CIRCONFÉRENCE.	AMENDE PAR DÉCIMÈTRE.	AMENDE ET PRISON POUR COUPE DE CHAQUE ARBRE.				OBSERVATIONS.
		LE JOUR.		Le jour avec la scie. Le jour avec récidive. Le jour avec scie et récidive. La nuit. La nuit avec scie. La nuit avec récidive. La nuit avec scie et récidive.		
ARBRES DE PREMIÈRE CLASSE.						
DÉCIM.	F. C.	F. C.		F. C.		
1	». »	». »		». »		La prison est facultative.
2	1. »	2. »		4. »		
3	1.10	3.30	Prison 5 jours au plus.	6.60	Prison 5 jours au plus.	—
4	1.20	4.80		9.60		
5	1.30	6.50		13. »		Pour les arbres au-dessus de 2 mètres de tour, les amendes se calculent en suivant la même marche.
6	1.40	8.40		16.40		
7	1.50	10.50		21. »		
8	1.60	12.80		25.60		
9	1.70	15.30		30.60		
10	1.80	18. »		36. »		
11	1.90	20.90		41.80		Les fractions de décimètres ne sont pas comptées pour le calcul de l'amende. (Cass. 10 juillet 1829.)
12	2. »	24. »		48. »	Prison 2 mois au plus.	
13	2.10	27.30	Prison 2 mois au plus.	54.60		
14	2.20	30.80		61.60		
15	2.30	34.50		69. »		
16	2.40	38.40		76.80		
17	2.50	42.50		85. »		Les amendes ne peuvent être que doublées. (Cass. 16 août 1849.)
18	2.60	46.80		93.60		
19	2.70	51.30		102.60		
20	2.80	56. »		112. »		
ARBRES DE DEUXIÈME CLASSE.						
DÉCIM.	F. C.	F. C.		F. C.		
1	». »	». »		». »		
2	0.50	1. »		2. »		
3	0.55	1.65		3.30		
4	0.60	2.40		4.80	Prison 5 jours au plus.	
5	0.65	3.25		6.50		
6	0.70	4.20	Prison 5 jours au plus.	8.40		
7	0.75	5.25		10.50		
8	0.80	6.40		12.80		
9	0.85	7.65		15.30		
10	0.90	9. «		18. »		Idem.
11	0.95	10.45		20.90		
12	1. »	12. »		24. »		
13	1.05	13.65		27.30	Prison 2 mois au plus.	
14	1.10	15.40		30.80		
15	1.15	17.25		34.50		
16	1.20	19.20	Prison 2 mois au plus.	38.40		
17	1.25	21.25		42.50		
18	1.30	23.40		46.80		
19	1.35	25.65		51.30		
20	1.40	28. »		56. »		

6. *Pénalités. Arbres de première catégorie.* — Pour coupe et enlèvement avec circonstances aggravantes, c'est-à-dire, si le délit a été commis la nuit, ou avec une scie ou par un délinquant en état de récidive : ou si le délit a été commis pendant la nuit et avec la scie, ou pendant la nuit par un délinquant en récidive, ou avec la scie par un délinquant en état de récidive ; ou si le délit a été commis la nuit, à l'aide de la scie et par un délinquant en état de récidive :

Amende. — 1re classe, 2 francs par décimètre pour les deux premiers et 20 centimes en plus pour chaque décimètre en sus. (Cod. For. 192, 201.)

Amende. — 2e classe, 1 franc par décimètre pour les deux premiers et 10 centimes en plus pour chaque décimètre en sus. (Cod. For. 192, 201.)

Si l'amende n'excède pas 15 francs: *emprisonnement* facultatif de 5 jours au plus. (Cod. For. 192. Loi du 18 juin 1859.)

Si l'amende excède 15 francs: *emprisonnement* facultatif de 2 mois au plus. (Cod. For. 192. Loi du 18 juin 1859.)

Restitution des bois coupés ou de leur valeur (Cod. For. 198.)

Dommages-intérêts facultatifs; minimum, amende simple. (Cod. For. 198, 202.)

Confiscation des instruments de délit, s'ils sont saisis, ou paiement de leur valeur. (Cod. For. 198.)

7. *Circonférence.* — Les circonférences doivent être mesurées à 1 mètre du sol, si l'arbre n'a pas été enlevé. Si l'arbre a été enlevé ou façonné, la circonférence doit être mesurée sur la souche. Si la souche a été enlevée, la circonférence sera calculée dans la proportion de 1/5 en sus de la dimension totale des quatre faces de l'arbre équarri. Si l'arbre et la souche ont disparu, l'amende sera calculée suivant la grosseur de l'arbre arbitrée par le tribunal d'après les documents du procès. (Cod. For. 192, 193.) Les fractions de décimètres ne sont pas comptées. (Cass. 10 juillet 1829.) V. Circonférence.

8. *Calcul.* — D'après l'article 192, l'amende se calcule par arbre et non pas d'après le nombre des délinquants. (Cass. 10 avril 1835.)

9. *Dimension.* — Si le procès-verbal n'indique pas la dimension des arbres, en l'absence de toute preuve supplémentaire, on peut évaluer, en charge à dos, la quantité de bois enlevé. (Cass. 10 mars 1837.)

10. *Indication.* — Lorsqu'un procès-verbal n'indique pas la dimension des arbres et se borne à dire qu'ils composent une charge d'homme, le tribunal doit appliquer l'article 194 du code forestier. (Cass. 10 mars 1837.)

11. *Pénalités. Arbres de deuxième catégorie* (au-dessous de 2 décimètres de tour). — La coupe ou l'enlèvement des bois de cette catégorie est puni, savoir :

Amende.	Le jour.	Le jour av. scie ou le jour av. récidive ou la nuit.	Le jour avec scie et récidive ou la nuit avec scie ou la nuit avec récidive.	La nuit avec scie et récidive
Par bête attelée à une charrette..	10 fr.		20 fr.	
Par charge de bête.. .	5		10	
Par charge d'homme ou par fagot. . . .	2		4	
	C. F. 194.		C. F. 194, 201.	

Emprisonnement facultatif de 5 jours au plus. (Cod. For. 194. Loi du 18 juin 1859.)

Restitution des bois ou de leur valeur (Cod. For. 198), même si les bois n'ont pas été enlevés. (Cass. 17 février 1849.)

Dommages-intérêts facultatifs; minimum, amende simple. (Cod. For. 198, 202.)

Confiscation des instruments du délit. (Cod. For. 198. Cass. 17 février 1849.)

12. *Amende. Calcul.* — L'amende, pour les bois inférieurs à deux décimètres de tour, doit être déterminée d'après le mode d'enlèvement. (Cass. 4 avril 1846.) Si les bois sont enlevés avec une charrette, l'amende se calcule d'après le nombre de bêtes attelées, sans se préoccuper de la quantité de bois et du mode d'attelage. (Cass. 16 août 1855.)

13. *Morceau de bois.* — Un seul morceau de bois n'ayant pas 20 centimètres de tour est considéré comme une charge d'homme. (Cass. 25 janvier 1862.)

14. *Pénalités. Semis ou plantation.* — La coupe ou l'enlèvement, dans tous les bois en général, d'arbres provenant de semis ou plantations et ayant moins de cinq ans est puni, savoir :

Amende par arbre, quelle qu'en soit la dimension.

Le jour.	3 fr. Cod. For. 194.
Le jour avec scie ou avec récidive ou la nuit. . . . Le jour avec scie et récidive ou la nuit avec scie ou la nuit avec récidive. La nuit avec scie et récidive	6 fr. Cod. For. 194, 201.

Emprisonnement obligatoire ; maximum, 1 mois. (Cod. For. 194, Loi du 18 juin 1859.)

Restitution des arbres ou de leur valeur (Cod. For. 198), même si les bois n'ont pas été enlevés. (Cass. 7 février 1849.)

Dommages-intérêts facultatifs ; minimum, amende simple. (Cod. For. 198, 202.)

Confiscation des instruments du délit. (Cod. For. 198. Cass. 7 février 1849.)

15. *Pénalités.* — L'article 194 du code forestier devrait être appliqué, quand bien même les arbres auraient plus de 2 déci-

mètres de tour, si toutefois ils étaient semés ou plantés depuis *moins de cinq ans*. Cette circonstance ne peut se présenter que pour des arbres à croissance très rapide.

16. *Champs. Coupe et enlèvement frauduleux.* — Le fait par un individu d'avoir, dans un champ, frauduleusement enlevé des arbres appartenant à autrui, et qu'il avait abattus en vue de se les approprier, ne constitue pas le délit prévu par l'article 445 du code pénal.

Ce fait ne constitue par non plus le délit de vol de récoltes ou autres productions utiles de la terre, prévu par l'article 388, § 5, dudit code pénal, mais rentre dans la disposition générale de l'article 401 du même code. (Cass. 11 novembre 1882.)

Pénalités : *prison* : 1 an au moins, 5 ans au plus. *Amende* : facultative, 16 francs au moins, 500 francs au plus. Privation des droits civils ou civiques, 5 ans au moins, 10 ans au plus. (Cod. Pén. 401.)

17. *Propriété particulière. Pénalités.* — La coupe des arbres à autrui, non soumis au régime forestier, leur écorcement ou mutilation de manière à les faire périr sont punis, savoir :

Prison : 6 jours à 6 mois par arbre : maximum, 5 années. (Cod. Pén. 445, 446.)

Si l'arbre mutilé ou écorcé n'a pas péri :

Amende : double du dédommagement dû au propriétaire.
Prison : 6 mois au plus.

Ces délits n'existent qu'autant qu'ils ont été commis dans un esprit malveillant et un but de destruction. (Cass. 11 novembre 1882.)

Si les arbres sont plantés sur une voie publique, communale, vicinale ou de traverse :

Minimum de l'emprisonnement, 20 jours. (Cod. Pén. 448.)

V. Routes.

Si le délit a été commis la nuit, ou si les arbres appartiennent à un fonctionnaire et ont été coupés par haine à raison de ses fonctions, on appliquera le maximum de la peine. (Cod. Pén. 450.) Si l'auteur du délit est un garde ou un officier de police, le maximum de la prison sera augmenté de 1/3 en sus et le minimum sera de 1 mois. (Cod. Pén. 462.) V. Maraudage.

18. *Mutilation.* — Ceux qui, dans les bois et forêts, auront éhoupé, écorcé ou mutilé des arbres, ou qui en auront coupé les principales branches, seront punis comme s'ils les avaient abattus par le pied. (Cod. For. 196.) V. Dévastation.

19. *Scierie.* — Pour introduction dans une scierie autorisée d'arbres non marqués du marteau du garde.

Amende : 50 à 500 francs. (Cod. For. 158.)
Récidive : *Amende double*, suspension facultative de l'usine. (Cod. For. 158.)

V. Scierie. Bille.

ARBRE D'AGRÉMENT.

Définition. — Les arbres d'agrément sont ceux qui, abstraction faite de tout produit, ornent et décorent une propriété, embellissent le paysage, soit par leur forme ou la couleur de leur feuillage et procurent de l'ombrage, un parfum ou un agrément quelconque.

Les arbres de l'espèce doivent être considérés comme arbres de futaie par leur destination et ne doivent pas être compris dans les exploitations de l'usufruitier.

ARBRE D'ASSIETTE.

Définition. — Arbre qui se trouve sur la limite d'une coupe et qui est marqué du marteau de l'arpenteur. V. Pied cornier. Parois.

ARBRES D'AVENUE.

Définition. — Les arbres constituant une avenue, c'est-à-dire plantés de chaque côté d'un chemin ou de l'avenue d'une habitation, sont des arbres d'ornement ; ils doivent être considérés comme des arbres de futaie non aménagés, destinés à rester sur pied et ne peuvent pas être compris dans les exploitations de l'usufruitier.

ARBRES DE BORDURE.

§ 1. *Sur les routes et chemins.*

1. *Propriété. Principe.* — Les arbres plantés sur un chemin public sont susceptibles d'une appropriation particulière indépendante de la propriété du sol : la propriété de ces arbres peut être acquise par prescription. (Cass. 21 novembre 1877.) V. Route.

2. *Chemins publics. Propriété.* — Les arbres anciens existant sur les chemins publics, autres que les grandes routes nationales, appartiennent aux propriétaires riverains, tant qu'on ne leur oppose ni titre, ni possession contraire. (Cass. 7 juin 1827.)

3. *Chemins communaux. Propriété.* — Les arbres plantés par les riverains sur le sol de chemins vicinaux ou simplement communaux, dans le sens de la loi du 9 ventôse an XIII, appartiennent à ces riverains et non à la commune ; il y a à cet égard dérogation au principe que la propriété du sol emporte la propriété du dessus. (Amiens, 26 juillet 1872.)

4. *Chemins vicinaux. Distance.* — Les préfets règlent la distance des plantations au bord des chemins vicinaux. (Loi du 21 mai 1836, art. 21.)

En cas de contravention, le juge de paix est compétent pour en connaître ; si les plantations avaient plus de 30 ans, elles devraient être maintenues par prescription. (Meaume.)

5. *Distance. Branches.* — Les arbres qui avancent sur le sol des chemins vicinaux

seront coupés à l'aplomb des limites de ces chemins, à la diligence des propriétaires et fermiers ; sinon, il sera dressé procès-verbal. (Règlement général du 15 avril 1872, art. 192 et 193.) V. Elagage.

§ 2. *En dehors des routes et chemins.*

6. *Classification.* — Les arbres de bordure autour des terrains cultivés, le long des fossés et cours d'eau, sont, suivant leur situation, considérés comme des arbres d'agrément ou d'ornement.

ARBRE CHABLIS. V. Chablis.

ARBRE CHARMÉ.

Définition. — Un arbre charmé, c'est-à-dire celui qu'on a fait périr au moyen de l'enlèvement d'un anneau d'écorce, est un arbre de délit, qui ne peut pas être délivré aux usagers. (Cass. 25 mars 1830.)

ARBRE COURONNÉ.

Définition. — Arbre dont la cime ou les branches ont été brisées par le vent ou la neige ou coupées en délit. V. Branche.

ARBRE DE DÉLIT. — V. Bois de délit.

ARBRE DÉPÉRISSANT.

1. *Définition.* — Seront considérés comme dépérissants les arbres morts en cime et présentant les signes d'un dépérissement assez avancé pour qu'ils soient désormais hors d'état de servir, soit à l'abri, soit à l'ensemencement du sol. (Déc. Min. 25 juillet 1872. Lettre de l'Admin. du 31 octobre 1872.)

2. *Reconnaissance. États.* — Les gardes constateront le nombre, l'essence, la grosseur et le volume des arbres dépérissants ; ils dresseront, par forêt et sur les formules destinées à la reconnaissance des chablis, des procès-verbaux qu'ils remettront à leur chef immédiat, dans le délai de dix jours de leur rédaction. Avant le 15 novembre de chaque année, le chef de cantonnement adressera au chef de service un état récapitulatif de ces procès-verbaux. (Déc. Min. du 25 juillet 1872. Lettre de l'Admin. du 31 octobre 1872.)

3. *Martelage. Estimation.* — Après autorisation, le chef de cantonnement, assisté du brigadier local, marquera les bois dépérissants du marteau de l'Etat, et dressera procès-verbal du martelage et de l'estimation. (Déc. Min. du 25 juillet 1872. Lettre de l'Admin. du 31 octobre 1872. Circ. N 366.)

4. *Réduction de coupes. Volume.* — On peut réduire l'importance des coupes ordinaires à raison du volume des arbres dépérissants exploités. (Déc. Min. du 25 juillet 1872. Lettre de l'Admin. du 31 octobre 1872.)

5. *Vente.* — Suivant l'importance des produits et l'urgence des exploitations, la vente de ces arbres sur pied en sera faite avec les coupes ordinaires ou sous forme de menus marchés. (Déc. Min. du 25 juillet 1872. Lettre de l'Admin. du 31 oct. 1872.)

V. Bois dépérissants.

ARBRE ÉBRANCHÉ.

Bois domaniaux et communaux. — La coupe de ces arbres est autorisée par le directeur général, après délibération du conseil d'administration. (Ord. 10 mars 1831, art. 2. Ord. 103, 134. Circ. A 266.)

Il paraît résulter implicitement du rapport du ministre de l'agriculture en date du 12 février 1888 que les conservateurs ont qualité actuellement pour autoriser les coupes de cette nature. (Circ. N 395.)

ARBRES ÉMONDÉS.

Définition. — On appelle ainsi les arbres soumis à un émondage périodique, ayant pour objet la coupe des branches feuillées tous les quatre ou cinq ans, pour en faire des fagots pour nourrir les bestiaux dans l'étable.

ARBRE ENCROUÉ.

Définition. — Arbre qui en supporte un autre coupé ou renversé par le vent, et dans les branches duquel il est tellement enchevêtré qu'on est obligé de l'abattre.

ARBRES ENDOMMAGÉS.

1. *Autorisation.* — La coupe de ces arbres est autorisée par le directeur général, après avis du conseil d'administration. (Ord. du 10 mars 1831. Ord. 103, 134. Circ. A 266.)

Même observation que pour les arbres ébranchés.

2. *Chandeliers. Bois incendiés.* — Les chandeliers sont considérés comme chablis ; la vente et l'exploitation en sont autorisées par le conservateur.

Il en est de même des arbres incendiés et de l'exploitation de ces bois par économie (dans les forêts domaniales seulement), lorsque les frais d'exploitation n'excèdent pas 500 fr. (Décr. 17 février 1888. Circ. N 395.)

ARBRES ÉPARS.

1. *Régime forestier.* — Les arbres épars appartenant aux communes ne sont pas soumis au régime forestier. (Déc. Min. 15 octobre 1827.)

2. *Usufruitier. Droit.* — L'usufruitier n'a pas le droit d'abattre les arbres de futaie épars sur les biens affectés à l'usufruit. (Orléans, 12 mai 1822.)

ARBRE EN ESTANT.

Définition. — Arbre sur pied, mort ou vif.

ARBRE FRUITIER.

1. *Définition.* — La qualification d'arbre fruitier, dans le sens de l'article 192 du code

forestier, ne comprend que les arbres fruitiers sauvages (non greffés) croissant naturellement dans les bois.

Dans le sens de l'article 594 du code civil, cette expression ne s'applique qu'aux arbres dont les fruits servent à l'alimentation de l'homme, en excluant les arbres qui ne produisent que des glands ou des feuilles, tels que le chêne et l'orme. (Angers, 8 mars 1866.) Mais l'article 594 du code civil ne s'applique pas aux arbres fruitiers sauvages, croissant dans les forêts. D'après Proudhon, les arbres à fruits sauvages et forestiers, qui se repeuplent et croissent sans le secours de l'homme, sont soumis aux mêmes règles que les arbres ordinaires des forêts.

2. *Usufruitier.* — Les arbres fruitiers qui meurent, ceux mêmes qui sont arrachés ou brisés par accident appartiennent à l'usufruitier, à charge de les remplacer par d'autres. (Cod. Civ. 594.) Ce remplacement est obligatoire.

3. *Coupe.* — Les arbres fruitiers qui ont atteint leur maturité doivent faire partie des coupes ; les autres, tels que poiriers, pommiers, sorbiers, aliziers et mérisiers, peuvent être conservés, lorsqu'ils n'ont point atteint leur maturité et qu'ils ne nuisent pas à la croissance d'essence plus utile. (Circ. A 104.)

4. *Classification.* — Arbre de première classe. (Cod. For. art. 192.)

ARBRE DE FUTAIE OU DE HAUTE FUTAIE.

1. *Définition.* — Arbre âgé, ayant un fût, c'est-à-dire une tige élevée, distincte et dépourvue de branches, doué d'une grande longévité, pouvant fournir des bois de fortes dimensions, durs, résistants, sains et propres aux constructions civiles et navales.

2. *Dénomination.* — L'expression *arbre de futaie* n'est qu'une ellipse servant à désigner, soit les véritables arbres de haute futaie, soit les arbres réservés dans les coupes de taillis, ou bien encore les essences qui, par leur nature et leurs qualités, sont susceptibles d'être exploités par le traitement de futaies. D'après Baudrillard, les mots *arbres de futaie* n'ont pas de signification précise ; il faut y ajouter un adjectif pour les déterminer et dire *arbres de petite futaie* ou *arbres de haute futaie.*

Les arbres de haute futaie sont, d'après Baudrillard, les grands arbres qu'on laisse parvenir à toute leur hauteur avant de les abattre ou ceux âgés de 120 à 200 ans.

Les pins maritimes âgés de 60 à 110 ans doivent être considérés comme des arbres de haute futaie. (Pau, 8 février 1886.)

3. *Bois résineux.* — Les bois qui ne s'exploitent pas en taillis et ceux d'essence résineuse, quel que soit leur âge, sont considérés comme arbres de futaie. (Cass. 20 février 1812.)

4. *Usufruitier. Réparations.* — L'usufruitier ne peut toucher aux arbres de haute futaie ; il peut seulement employer, pour faire les réparations dont il est tenu, les arbres arrachés ou brisés par accident ; il peut, même pour cet objet, en faire abattre, s'il est nécessaire, mais à la charge d'en faire constater la nécessité avec le propriétaire. (Cod. Civ. 592.)

5. *Nu-Propriétaire. Usufruit.* — Le nu-propriétaire, pendant l'usufruit, a le droit d'abattre les arbres de haute futaie non aménagés, lorsqu'ils sont dépérissants, s'ils ne sont pas arbres d'agrément et s'ils ne donnent aucun produit, et sans indemnité pour l'usufruitier. (Poitiers, 2 avril 1818. Angers, 8 mars 1866.)

6. *Bois. Arbre de futaie. Usufruitier.* — L'usufruitier d'un bois taillis n'a droit aux arbres de futaie qui s'y trouvent, qu'autant que ces arbres font partie d'une coupe réglée et dont l'époque d'exploitation est arrivée. (Cass. 16 décembre 1874.) V. Futaie. Usufruitier.

7. *Avenue. Agrément. Ornement.* — Les arbres d'agrément, d'ornement et ceux plantés en avenue sont, d'après Chailland, considérés comme arbres de futaie, quel que soit leur âge.

8. *Hêtre. Sapin. Classification.* — Les hêtres et les sapins doivent être rangés dans la catégorie des bois de haute futaie. (Besançon, 12 août 1852.)

9. *Arbres épars. Usufruitier.* — L'usufruitier n'a pas le droit d'abattre les arbres de futaie épars sur l'immeuble grevé d'usufruit. (Orléans, 12 mai 1822.)

ARBRE GISANT.

Définition. — Arbre mort ou vif, mais abattu et couché par terre.

ARBRE DE HOLLANDE.

Définition. — On appelle arbres de Hollande, ou propres au service, les arbres propres aux constructions civiles et navales, soit les hêtres, chênes et frênes ayant 5 à 7 mètres de longueur, et 0m,45 jusqu'à 1m,40 de tour, droits, sans nœuds, ou ayant une légère courbure uniforme, et ceux dans lesquels, à cause d'une courbure spéciale, on peut trouver le contour d'une roue hydraulique. Ce sont, en général, les arbres les plus beaux et de choix. (Metz, 10 janvier 1854.)

On appelle arbres de Hollande propres au sciage et au merrain, les arbres convenables au service de la marine, à la confection tant des vaisseaux que des tonneaux des navires. (Metz, 5 juillet 1854.)

ARBRE ISOLÉ.

Coupe. Pénalité. — Quiconque aura abattu un ou plusieurs arbres qu'il savait appartenir à autrui sera puni d'un *emprisonnement* qui ne sera pas au-dessous de 6 jours, ni au-dessus de 6 mois, à raison de chaque arbre, sans que la totalité puisse excéder 5 ans. (Cod. Pén. 445.) *Amende* : minimum, 16 francs, maximum, 1/4 des restitutions et dommages-intérêts. (Cod. Pén. 455.) (Cet article s'applique aux arbres isolés sur les routes et non pas aux forêts, ni aux bois particuliers, et non soumis au régime forestier.)

Si les arbres étaient plantés sur les routes, chemins, rues et places, minimum : *prison*, 20 jours. (Cod. Pén. 448.)

Si les arbres appartiennent à un fonctionnaire et ont été coupés ou mutilés, par haine à raison de ses fonctions, ou la nuit, le maximum de la peine sera toujours appliqué. (Cod. Pén. 450.)

ARBRE DE LIMITE.

Définition. — Arbre qui se trouve sur les limites d'une forêt ou d'une coupe, et, dans ce cas, il est marqué du marteau de l'arpenteur. V. Arpentage. Pied cornier. Parois.

ARBRE DE LISIÈRE (près de la propriété voisine).

1. *Distance. Hauteur.* — Il n'est permis d'avoir des arbres, arbrisseaux et arbustes près de la limite de la propriété voisine qu'à la distance prescrite par les règlements particuliers actuellement existants ou par des usages constants et reconnus, et, à défaut de règlements et usages, qu'à la distance de deux mètres de la ligne séparative de deux héritages pour les plantations dont la hauteur dépasse deux mètres et à la distance d'un demi-mètre pour les autres plantations. (Cod. Civ. art. 671.)

2. *Arrachage. Taille.* — Le voisin peut exiger que les arbres, arbrisseaux et arbustes plantés à une distance moindre que la distance légale soient arrachés ou réduits à la hauteur de deux mètres, à moins qu'il n'y ait titre, destination de père de famille ou prescription trentenaire.

Si les arbres meurent ou s'ils sont coupés ou arrachés, le voisin ne peut les remplacer qu'en observant les distances légales. (Cod. Civ. 672.)

3. *Haute tige. Basse tige.* — D'après l'article 671 du code civil, les arbres de haute tige seraient ceux dont la hauteur dépasse deux mètres, et les arbres de basse tige ceux qui n'atteignent pas cette taille.

4. *Mur.* — Les arbres, arbustes et arbrisseaux plantés de l'autre côté d'un mur séparatif ne sont assujettis à aucune distance, mais ils ne peuvent dépasser la crête du mur. (Cod. Civ. 671.)

5. *Branches. Racines. Coupe.* — Celui sur la propriété duquel avancent les branches des arbres du voisin peut contraindre celui-ci à couper ces branches. — Si ce sont les racines qui avancent sur son héritage, il a droit de les y couper lui-même.

Le droit de couper les racines ou de faire couper les branches est imprescriptible. (Cod. Civ. 673.) V. Elagage.

6. *Fruits. Propriété.* — Les fruits tombés des arbres dont les branches avancent sur la propriété du voisin appartiennent à ce dernier. (Cod. Civ. 673.)

7. *Principe.* — Les dispositions de l'article 671 du code civil ne sont pas d'ordre public. (Cass. 25 mars 1842.)

8. *Terrains boisés contigus.* — La prohibition de planter des arbres de haute tige, à moins de deux mètres des héritages voisins, s'applique aux bois et forêts, comme à toute autre propriété et sans qu'il y ait à distinguer entre les arbres semés ou plantés de main d'homme et ceux venus naturellement. (Cass. 28 novembre 1853, 24 juillet 1860 et 2 juillet 1877.)

9. *Distance.* — La distance à observer entre les plantations d'arbres et les héritages voisins est déterminée d'après la nature et non d'après l'élévation réelle des arbres. (Cass. 25 mai 1853.)

10. *Distance. Rejets. Usage.* — L'article 671 du code civil étant applicable aux forêts et aux héritages limitrophes en nature de bois, il s'ensuit que si, par suite d'usages locaux, pouvant être prouvés par témoins, les arbres de lisière doivent être plantés à des distances autres que celles indiquées à l'article 671, ces distances sont applicables aux arbres provenant des semis naturels ou de rejets et situés aux lisières des forêts. La distance se mesure du centre de l'arbre à la ligne délimitative. V. Lisière.

11. *Usages. Terrains boisés.* — Si l'usage des biens était de laisser croître tous les arbres jusqu'à la ligne délimitative, cet usage, dont les tribunaux sont seuls juges, devrait être suivi et appliqué aux massifs forestiers. (Cass. 28 juillet 1873.)

12. *Compétence.* — Les tribunaux civils sont seuls compétents sur les demandes des

riverains, tendant à faire reculer ou abattre les arbres de lisière existant en dehors des limites indiquées par les articles 671 et 672 du code civil, alors qu'ils ont moins de 30 ans. (Cons. d'Etat, 12 février 1863.) V. Elagage.

Mais si ces arbres ont plus de 30 ans, la prescription leur est acquise, et le riverain ne peut plus que requérir leur élagage et non pas leur enlèvement. (Cass. 29 mai 1832.)

13. *Compétence.* — Le juge de paix est seul compétent pour connaître des actions relatives à la distance prescrite pour la plantation des arbres à haute tige faite de main d'homme, ou provenant de semis naturel des arbres existants ; il l'est également pour statuer sur les exceptions tirées de l'acquisition par voie de prescription du droit de s'affranchir de la distance légale. (Cass. 13 mars 1850.) V. Compétence.

14. *Remplacement. Prescription.* — La prescription acquise par les arbres âgés de plus de 30 ans ne peut être revendiquée pour leurs remplaçants, rejets de souche, ou brins de semis, attendu que la servitude continue et apparente est acquise à l'arbre existant et non pas à l'emplacement dudit arbre.

Cela ressort de ce que le dommage éventuel pour le voisin provient de l'arbre lui-même et non point de la souche ou de son emplacement. (Cass. 29 mai 1832, 25 mars 1842 et 2 juillet 1877.)

15. *Servitude. Libération.* — Cette servitude peut être acquise à prix d'argent et à plus forte raison par prescription. Cependant, il faut distinguer si la libération du fonds est faite, quant aux prescriptions de la distance énoncée aux articles 671 et 672 du code civil, et alors elle comprend le droit de remplacement, ou bien si elle est restreinte aux arbres existants, et alors elle n'est que temporaire et limitée à la durée de ces arbres. (Paris, 7 janvier 1825.)

16. *Prescription.* — La prescription de l'emplacement des arbres ne commence à courir que du jour où l'arbre a été visible pour le riverain. (Cod. Civ. 2229. Cass. 2 juillet 1877.)

17. *Reculement. Prescription.* — L'action en reculement des arbres de lisière âgés de moins de 30 ans, jusqu'à la distance légale, est une action civile du ressort des tribunaux civils. Il en est de même pour la coupe des arbres qui ne se trouvent pas à la distance légale.

18. *Prescription.* — La prescription libératoire acquise par les arbres de 30 ans ne s'applique qu'à ces arbres seulement, et non pas au terrain limitrophe, ni aux jeunes arbres voisins. (Cass. 28 novembre 1853.)

19. *Haies. Plessées.* — Les plessées ou haies formées au dépens des bois ne peuvent faire titre, que si elles sont comprises dans la contenance du terrain et si la possession en est plus que trentenaire. (Dupin.)

20. *Vieilles souches. Prescriptions.* — Les arbres ayant moins de 30 ans d'existence et poussés sur de vieilles souches plus que trentenaires ne jouissent pas de la prescription pour être conservés à moins de 2 mètres de la ligne divisoire des propriétés, et doivent être arrachés. (Cass. 31 juillet 1865 et 2 juillet 1877.)

21. *Souches.* — Si la souche n'était pas coupée rez de terre et si elle était restée apparente, l'arbre pourrait être maintenu, mais les nouvelles branches devraient être élaguées.

22. *Plantation. Distance.* — Les plantations ou réserves, destinées à remplacer les arbres actuels de lisière, seront effectuées en arrière de la ligne de délimitation de la forêt, à la distance prescrite par l'article 671 du code civil. (Ord. 176.)

23. *Racines.* — Le droit de couper sur son terrain les racines des arbres de lisière voisins est imprescriptible. (Limoges, 2 avril 1846.)

24. *Dommage. Racines.* — Le dommage que les arbres de haute tige peuvent causer aux propriétés voisines ne résulte pas seulement de l'étendue de leurs branches, mais aussi du développement de leurs racines. (Cass. 25 avril 1876.)

25. *Plantation. Terrain.* — L'article 671 du code civil n'établit pas, en faveur de celui qui plante des arbres sur son fonds, une présomption légale de propriété sur le terrain qu'il doit laisser entre ses plantations et l'héritage contigu. (Cass. 14 avril 1852.)

26. *Distance. Présomption. Propriété.* — Les arbres de haute tige, plantés près de la limite, n'établissent pas une présomption légale de propriété de l'espace de 2 mètres, compris entre cette plantation et l'héritage voisin. (Bordeaux, 6 janvier 1857. Contra, Colmar, 6 avril 1842. Cass. 11 août 1875.)

ARBRE DE MARINE. V. Marine.

ARBRE MITOYEN.

1. *Définition. Propriété. Fruits.* — Les arbres qui se trouvent dans une haie mitoyenne, les arbres plantés sur la ligne séparative de deux héritages sont mitoyens ; quand ils meurent ou lorsqu'ils sont coupés ou arrachés, ils sont partagés par moitié ; les fruits sont recueillis à frais communs et partagés par moitié, soit qu'ils tombent naturellement, soit qu'ils aient été cueillis. Chaque propriétaire a le droit imprescriptible d'exiger que les arbres mitoyens soient arrachés. (Cod. Civ. 670.)

2. *Arbre. Indivision.* — Un arbre excru sur la ligne séparative de deux héritages appartient indivisément et par portions égales

aux deux propriétaires du fonds, quoiqu'il ne se trouve pas également sur les deux propriétés. (Colmar, 12 novembre 1856.)

3. *Exploitation. Régime forestier.* — Un arbre mitoyen avec un bois soumis au régime forestier ne peut être exploité qu'avec l'autorisation administrative, attendu que l'arbre, étant indivis, est comme tel soumis au régime forestier et à la gestion de l'administration. (Cod. For. 1.)

4. *Exploitation. Autorisation.* — La coupe des arbres mitoyens dans les forêts domaniales, communales et d'établissements publics est autorisée par le conservateur. (Décr. 17 février 1888. Circ. N. 395.)

5. *Bois domaniaux. Coupe. Vente.* — Dans les forêts domaniales, les conservateurs décideront si les coupes d'arbres mitoyens seront vendues en bloc sur pied ou par unités de marchandises. Ils pourront aussi en autoriser l'exploitation par les préposés ou par les concessionnaires, ainsi que l'exploitation par entreprise ou par économie, quand les frais à la charge de l'Etat ne dépasseront pas 200 fr. (Décr. du 17 février 1888. Circ. N 395.)

6. *Bois communaux. Coupe. Vente.* — Dans les forêts communales et d'établissements publics, la vente sur pied des arbres mitoyens sera autorisée par les conservateurs des forêts. Quand il y aura lieu d'adopter un autre mode de réalisation, l'autorisation en sera donnée par le préfet, sur la proposition des communes ou établissement publics et après avis du conservateur. (Décr. du 17 février 1888. Circ. N 395.)

7. *Adjudication. Frais.* — Est autorisée la perception de la taxe de 1 fr. 60 c. pour cent sur les adjudications d'arbres mitoyens entre l'Etat et les riverains (communes ou particuliers), pour tenir compte des frais d'adjudication, ainsi que de tous les droits fixes de timbre et d'enregistrement des procès-verbaux et actes relatifs à l'adjudication. (Décision du directeur général de l'enregistrement, 31 mars 1892, et note de la direction des forêts, 5 juillet 1892.)

8. *Produit.* — La coupe des arbres mitoyens n'est considérée comme produit principal, dans les bois domaniaux, que lorsque, par son importance, elle est de nature à modifier l'assiette des coupes annuelles. (Circ. A 833.)

9. *Coupe.* — Le fait d'avoir coupé un arbre mitoyen entre une forêt communale et celle d'un particulier constitue, de la part de ce dernier, un délit forestier. (Colmar, 13 décembre 1838.)

10. *Coupe. Arbre. Pénalité.* — Le copropriétaire qui coupe un arbre mitoyen, et par conséquent indivis, est passible, savoir :

Amende égale à la valeur des bois abattus. (Cod. For. 114.)

La cour de Colmar a appliqué l'article 192 du code forestier à la coupe d'un hêtre mitoyen. (Arrêt du 12 novembre 1856.)

ARBRE MORT.

Marque. — Les arbres morts sont marqués du marteau de l'Etat, par le chef de cantonnement et le brigadier. (Déc. Min. 25 juillet 1872. Lettre de l'Admin. 31 octobre 1872. Circ. N 417.) V. Arbre dépérissant ou mort en cime. Bois mort.

ARBRE D'ORNEMENT.

Qualité. — Les arbres plantés pour ornement et qui ne sont pas destinés à produire un revenu sont réservés, et l'usufruitier ne doit pas y toucher. (Proudhon.)

ARBRE DE PRODUIT.

1. *Définition.* — Ce sont les arbres sur lesquels l'usufruitier, en vertu de l'article 593 du code civil, peut prendre des produits annuels ou périodiques, suivant l'usage du pays ou la coutume du propriétaire.

Les têtards, les arbres émondés, les chênes-lièges, les pins-résinés, les arbres dont on récolte les feuilles, comme les mûriers, ou les fleurs, comme les tilleuls, sont des arbres de produit.

2. *Usufruitier. Nu-propriétaire.* — L'usufruitier ne peut pas couper les arbres de produit, ni en changer la destination; le nu-propriétaire peut couper ces arbres lorsqu'ils sont dépérissants et ne donnent plus des produits.

ARBRE DE RÉSERVE.

Marque. — Les arbres de réserve seront marqués du marteau de l'Etat à la hauteur et de la manière qui seront déterminées par l'administration. (Ord. 79.) V. Baliveaux. Modernes. Anciens. Pied cornier. Parois. Réserve.

ARBRISSEAU.

Définition. — Plante ligneuse qui n'atteint pas la hauteur de 5 mètres et se ramifie dès la base ; elle atteint rarement 2 décimètres de tour.

ARBUSTE.

1. *Définition.* — Plante ligneuse qui ne s'élève pas au delà de 1 mètre et qui n'a que très-rarement 2 décimètres de tour.

V. Plante.

2. *Coupes. Arrachis.* — Dans les coupes, les arbustes nuisibles doivent être arrachés. V. Nettoiement. Travaux mis en charges.

3. *Nettoiement.* — Les coupes doivent être nettoyées en ce qui concerne l'enlèvement des arbustes nuisibles, avant le terme fixé pour l'abatage (15 avril ou 1er juillet). (Cahier des charges, 21.)

En cas d'inexécution :

Amende: 50 à 500 francs. (Cod. For. 37.)
Dommages-intérêts facultatifs. (Cod. For. 37.)

4. *Nettoiement.* — L'obligation d'extraire les arbustes nuisibles s'applique à l'extraction des fragons. *(Ruscus aculeatus.)* (Poitiers, 25 avril 1861.)

ARCHITECTE.

1. *Garantie.* — Après 10 ans, l'architecte est déchargé de la garantie des gros ouvrages qu'il a faits ou dirigés. (Cod. Civ. 2270.)

2. *Responsabilité.* — Lorsqu'une construction faite sur un plan, tracé par un architecte, périt par le vice du plan, l'architecte est responsable, quoiqu'il n'ait pas été chargé de l'exécution des travaux. (Cass. 20 novembre 1817.)

3. *Travaux.* — On peut proposer à l'administration l'emploi d'un architecte pour la rédaction des projets et la direction des travaux. (Circ. N 22, art. 8.) V. Travaux.

ARCHIVES.

1. *Constitution.* — Les titres, plans et papiers relatifs à la propriété, aux aménagements et usages des bois sont recueillis avec soin et constituent les archives de chaque conservation, inspection et cantonnement. (Instr. 23 mars 1821.)

2. *Responsabilité.* — Les agents forestiers sont responsables des actes, titres et plans dont ils sont dépositaires. Les agents et préposés forestiers sont responsables de la perte, bris ou altération des marteaux, instruments, mesures, livres, etc., confiés à leur garde ou communiqués.

3. *État.* — Tous objets, titres, circulaires, livres, plans, instruments, etc., reçus sans observations par un agent sont réputés complets et en bon état. (Circ. N 51, § 18.)

4. *Coupes par unités de marchandises. Calepins.* — Les calepins des dénombrements des coupes vendues par unités de marchandises sont conservés dans les archives des cantonnements. (Circ. N 377.)

5. *Vente.* — Dans les vieilles archives, on ne doit considérer comme papiers inutiles que les affaires terminées depuis cinq ans au moins. En les vendant, on doit conserver les titres, mémoires et plans qui peuvent être utilement consultés. (Circ. A 218.) V. Papiers administratifs.

6. *Archives départementales. Maîtrise.* — Il doit être fait remise aux archives départementales des pièces et titres provenant des archives des anciennes maîtrises des eaux et forêts, qui se trouvent dans les bureaux des agents forestiers et qui ne sont pas nécessaires au service. (Circ. de l'administration, 4 novembre 1861.)

7. *Bureau. Démembrement.* — En cas de démembrement d'un bureau, on doit remettre les pièces relatives aux affaires ordinaires. Les sommiers et registres qui ne peuvent pas se séparer restent à l'ancien bureau, en remettant les matériaux fournis par les inspecteurs et autres chefs de service, pour la confection de ces registres. Quant aux ordonnances royales et aux sommiers des droits d'usage, il en sera remis une copie pour les départements faisant partie du nouveau bureau. On doit remettre tous les plans et actes, etc., quelle qu'en soit la date. Les archives à distraire devront être classées par nature d'affaires, et les inventaires devront indiquer le nombre de liasses et dossiers remis, concernant chaque objet du service, en suivant, autant que possible, la division des travaux adoptée dans les bureaux de l'administration. (Circ. A 313.)

8. *Destruction. Suppression. Soustraction. Pénalités.* — Tout fonctionnaire qui aura détruit, supprimé, soustrait ou détourné les actes et titres dont il était dépositaire en cette qualité, ou qui lui auront été remis ou communiqués à raison de ses fonctions, encourra :

Travaux forcés à temps : 5 à 20 ans. (C. Pén. 173.

ARDOISE. — V. Extraction ou enlèvement de produits. Pierres.

ARE.

Définition. — Mesure de superficie équivalant à 100 mètres carrés, ou un carré ayant 10 mètres de côté. V. Mesure.

ARGENT. V. Fonds.

ARGILE. — V. Extraction ou enlèvemen de produits.

ARMES.

1. *Définition.* — Sont compris dans le mot *arme* tous instruments ou ustensiles tranchants, perçants ou contondants. Les couteaux et les ciseaux de poche, les cannes simples ne seront réputés armes qu'autant qu'il en aura été fait usage pour tuer, frapper ou blesser. (Cod. Pén. 101.)

2. *Armes de guerre. Définition.* — Les armes de guerre sont celles qui servent ou qui ont servi à armer les troupes françaises ou étrangères. Peut être considérée comme arme de guerre, toute arme qui serait reconnue propre au service de guerre et qui serait une imitation réduite ou amplifiée d'une arme de guerre. (Loi du 14 juillet 1860, art. 2.) V. Etat de siége.

3. *Pistolets. Armes cachées ou apparentes.* — Le port de pistolet de poche est un délit; mais il n'en est pas de même des armes apparentes, telles que fusil de chasse, pistolet d'arçon et de ceinture. (Cass. 6 août 1824.)

4. *Pistolets de poche.* — Les pistolets de poche sont prohibés. (Ord. 23 février 1837.)

Tous les pistolets qui se mettent dans les poches sont, par ce seul fait, considérés et qualifiés comme *pistolets de poche*, quelles que soient leurs dimensions. Leur port en poche devient délictueux et rend passible les porteurs de ces armes des pénalités édictées par l'article 314 du code pénal.

5. *Port d'armes cachées. Réunion. Poursuites.* — Les personnes qui se trouveraient munies d'armes cachées ou qui auraient fait partie d'une réunion non réputée armée seront poursuivies individuellement comme si elles avaient fait partie d'une réunion armée. (Cod. Pén. 215.) V. Rébellion.

6. *Port d'armes prohibées.* — Pour port d'arme prohibée (stylet, tromblon, etc.) :

Amende :16 à 200 francs. Confiscation des armes. (Cod. Pén. 314.) Les armes prohibées, même saisies illicitement, doivent être confisquées. (Bourges, 12 mars 1869.)

7. *Détention d'armes de guerre.* — Pour détention illicite d'armes de guerre (fusil, couteau de chasse) :

Prison : 1 mois à 2 ans.
Amende : 16 francs à 1000 francs. Confiscation. (Loi du 24 mai 1834, art 3 et 4.)

8. *Saisie. Dépôt.* — Les armes saisies sur les délinquants doivent être déposées aux greffes des tribunaux. (Circ. 8 mars 1809.)

9. *Chasse.* — Les armes abandonnées par les délinquants restés inconnus sont saisies et déposées au greffe. (Cod. Chasse, art. 16.)

ARMÉE.

1. *Agents et préposés forestiers.* — Le personnel de l'administration des forêts entre dans la composition des forces militaires du pays ; il est soumis aux lois militaires et fait partie de l'armée. (Lois des 24 juillet 1873 et 15 juillet 1889. Circ. N 173. Circ. N 424.)

2. *Service militaire.* — Les commandants de bureau de recrutement n'affectent à aucun corps de l'armée active ou territoriale le personnel forestier n'ayant pas rang d'officier et comptant six mois au moins de fonctions dans l'administration. (Décr. 18 novembre 1890. Circ. N 424.) V. Service militaire. Chasseurs forestiers.

3. *Officiers de réserve. Armée territoriale.* — Les agents employés dans l'armée comme officiers de réserve ou de l'armée territoriale conservent l'uniforme du corps de chasseurs forestiers. (Décr. 18 novembre 1890. Circ. N 424.)

ARMEMENT.

1. *Désignation. Chasseur forestier.* — L'armement du chasseur forestier consiste en un fusil modèle 1886 avec ses accessoires ; épée-baïonnette, fourreau, baguette et nécessaire d'arme. (Lettre du Ministre de la Guerre, 24 mai 1890.)

2. *Chasseur forestier. Sergent-major.* — L'armement des sergents-majors de compagnie de chasseurs forestiers se compose d'un revolver et d'un sabre d'adjudant. Ces armes seront délivrées par le ministre de la guerre, à titre de prêt. (Déc. Min. de la Guerre, 8 mai 1878. Circ. N 227. Circ. N 259.)

3. *Mobilisation. Fusils.* — Les sergents-majors (brigadiers) des chasseurs forestiers, pourvus de fusils pour leur service ordinaire, devront, à partir de l'ordre de mobilisation, verser ces armes dans un magasin de troupe désigné, dès le temps de paix, par les soins du général commandant le corps d'armée. (Circ. N 317.)

4. *Fourniture.* — Le département de la guerre pourvoit à l'armement des chasseurs forestiers. (Décr. 2 avril 1875. Circ. N 173. Circ. N 259. Décr. 18 nov. 1890. Circ. N 424.)

5. *Entretien.* — Le département de l'agriculture assure l'entretien des armes en temps de paix. (Décr. 2 avril 1875. Circ. N 173. Décr. 18 novembre 1890. Circ. N 424.)

6. *Revue.* — Les conservateurs, dans leurs tournées, examinent l'armement des préposés. (Circ. N 18.)

7. *Chasseurs forestiers. Visite.* — Chaque année, les préposés doivent se rendre dans certains corps désignés pour y faire visiter leurs armes par les chefs armuriers. On pourra profiter des exercices de tir à la cible pour faire procéder à cette opération par le chef armurier du corps, directeur des exercices. (Lettre du Min. de la Guerre du 5 juillet 1891.)

8. *Entretien. Réparation.* — Les armes confiées aux préposés doivent toujours être en bon état d'entretien ; les réparations seront faites par les chefs ou ouvriers armuriers des corps désignés par le commandant de corps d'armée, sur la demande du conservateur. Les pièces de rechange et frais de transport seront à la charge du dépositaire. Les réparations de force majeure seront payées par le Trésor. (Déc. Min. 11 juillet 1875. Circ. N 184. Circ. N 259. Circ. N 408.)

9. *Pièces d'armes. Fournitures.* — Les pièces d'armes de rechange sont fournies aux chefs armuriers par le conservateur, qui en demande la délivrance aux entrepreneurs des

manufactures de la guerre. (Circ. N 259. Circ. N 275.)

10. *Réparations. Payement.* — Les frais de réparation des armes seront payés par les conservateurs, sur les mémoires des chefs armuriers ; les réparations d'entretien feront l'objet d'une retenue exercée sur le traitement des préposés, dans la forme indiquée par les circulaires N 76 et N 83. (Circ. N 184. Circ. N 275.)

Outre le prix du tarif, prime de 20 pour cent. (Circ. N 259.)

11. *Création et suppression d'emploi.* — En cas de création d'emploi, le conservateur demande les armes nécessaires à l'administration, qui s'entend avec le ministre de la guerre. En cas de suppression d'emploi ou de tout autre motif qui laisse une arme disponible, le conservateur demande à l'administration l'autorisation de rendre l'arme au service de l'artillerie. (Circ. N 259.)

12. *Destruction. Force majeure. Incendie. Remboursement. Versement. Remplacement.* — En cas de destruction par un incendie ou par suite de tout autre événement de force majeure, en temps de paix, des objets d'armement délivrés par le service de l'artillerie aux chasseurs forestiers, la valeur des objets détruits ou perdus doit être remboursée au département de la guerre par l'administration des forêts.

Les conservateurs demandent d'urgence l'allocation du crédit nécessaire pour opérer le versement de la valeur des objets perdus à la caisse du trésorier-payeur général, avec mention de retour au budget de l'artillerie, et se font délivrer par ce comptable un récépissé de la somme ainsi versée.

Au vu de ce récépissé, des objets neufs sont délivrés par le service de l'artillerie, en remplacement des objets détruits ou perdus. (Circ. N 355.)

13. *Dates. Mobilisation. Manœuvres. Remplacement.* — En cas de pertes provenant de force majeure, soit dans le cours d'une mobilisation, soit dans le cours d'une manœuvre ou de services exceptionnels exécutés sur ordre de l'autorité militaire, le conservateur fait établir un procès-verbal de perte par le sous-intendant militaire chargé de la surveillance administrative de la conservation et demande immédiatement à l'administration la délivrance d'une nouvelle arme. (Circ. N 259, art. 13. Circ. N 355.)

14. *Eliminés. Dépôt. Affectations.* — L'armement des préposés éliminés (fusil, épée-baïonnette et cartouches) doit être déposé dans les magasins désignés par l'autorité militaire.

Si le préposé éliminé vient à quitter la conservation, son armement est affecté à son successeur numérique, qui en prend possession. (Circ. N 440.)

15. *Changement de résidence.* — En cas de changement de résidence dans la même conservation, les préposés emportent leur arme ; s'ils quittent la conservation, ils laissent l'armement, c'est-à-dire l'arme et ses accessoires. En cas de mutation, le chef de cantonnement devra se faire remettre l'arme et vérifier l'état où elle se trouve, accessoires compris. En cas de nécessité, elle serait réparée aux frais du garde. Le livret du préposé et la feuille mobile devront porter note des mutations de l'arme. (Circ. N 257. Circ. N 259.)

16. *Algérie. Armement. Equipement.* — Les préposés qui sont nommés de France en Algérie laissent leur armement et leur équipement aux préposés qui les remplacent numériquement dans le service de la métropole. (Note de l'Admin. du 3 sept. 1875.)

17. *Chasseur forestier. Officier. Revolver.* — Les officiers de chasseurs forestiers peuvent se munir à leurs frais d'un revolver, dont le prix est de 50 francs. (Lettre du Min. de la Guerre du 15 juillet 1879.)

V. Fusil. Equipement. Armes. Cartouches. Chasseurs forestiers.

ARMOIRIE. V. Titre.

ARPENTAGE.

SECT. I. — AGENT. RÉPARTITION. FRAIS.

§ 1. *Arpentage en général.*

1. *Définition.* — Action de mesurer la superficie d'une forêt ou d'une coupe.

2. *Frais.* — Les frais d'arpentage des bois indivis sont supportés par les co-propriétaires, suivant leurs droits. (Cod. For. 115.)

§ 2. *Arpentage des coupes.*

3. *Opérations.* — Les arpentages des coupes sont placés dans les attributions du service ordinaire. (Circ. A 604.)

4. *Signature. Responsabilité. Erreur.* — Les procès-verbaux d'arpentage des coupes doivent toujours être établis et signés par les agents qui ont opéré sur le terrain. C'est à eux qu'incombe la responsabilité édictée par l'article 52 du code forestier. (Circ. N 423.)

5. *Agents forestiers.* — Les agents forestiers arpentent les coupes délivrées aux affectataires. (Ord. 109, 134.)

6. *Indemnités.* — Il ne sera plus alloué, à raison des arpentages, aucun frais de déplacement, d'expédition, de porte-chaîne ou bûcheron. (Circ. A 604.)

SECT. II. — OPÉRATION SUR LE TERRAIN.

§ 1. *Méthode. Principes.*

A. *Levé en général.*

7. *Déclinaison. Azimut.* — Lorsqu'on fait usage de la boussole, on doit mettre l'instrument en concordance avec l'azimut des bases de la triangulation, ou tenir compte de la déclinaison suivant les données de la triangulation. (Instr. 15 octobre 1860, art. 95.)

8. *Mode de levé. Courbes.* — L'arpentage des terrains de faible étendue sera opéré au moyen d'un polygone enveloppant, ou en profitant des routes existantes pour établir un polygone intérieur. Lorsque les lignes enveloppantes s'écarteront du périmètre, celui-ci sera levé par des lignes auxiliaires rattachées aux grandes lignes, de 500 mètres en 500 mètres; dans le levé des lignes sinueuses, la flèche des courbes ne devra pas excéder 50 centimètres. (Instr. 15 oct. 1860, art. 48, 49, 51.)

9. *Levé autour des forêts.* — Dans l'arpentage d'une forêt, on doit relever les routes, ruisseaux, murs, etc., se trouvant à une distance de 50 à 100 mètres de la forêt. (Instr. 15 octobre 1860, art 56.)

10. *Rattachements.* — Dans l'arpentage d'une forêt. le levé du périmètre ou des détails doit être rattaché aux points ou aux lignes trigonométriques. (Instr. 15 octobre 1860, art. 96.)

11. *Chaînage. Tolérance.* — Les tolérances entre les longueurs chaînées et celles données par la triangulation sont de : 1 pour cent pour les lignes de 0 à 100 mètres; 1 mètre pour les lignes de 100 à 500 mètres, et 2 décimètres par 100 mètres pour les longueurs excédant 500 mètres. (Instr. 15 octobre 1860, art. 10.) V. Chaînage. Angle. Triangulation. Calepin. Délimitation.

B. *Assiette des coupes.*

12. *Coupes à arpenter.* — Lorsque les coupes ont été autorisées, le conservateur fait procéder à l'arpentage de celles dont un aménagement régulier n'a pas irrévocablement déterminé la contenance et les limites. (Instr. 23 mars 1821, art. 35.)

13. *Coupes par pied d'arbre.* — Les coupes par pied d'arbres ou par stères ne sont pas arpentées, à moins de nécessité bien démontrée. Elles ne peuvent pas donner lieu à réarpentage. (Circ. A 475.)

14. *Forme des coupes.* — On doit, autant que possible, donner aux coupes une forme régulière. (Instr. 15 octobre 1860, art. 23.)

15. *Assiette des coupes.* — Les coupes seront assises de manière à se succéder de proche en proche et à offrir la forme la plus régulière possible. Elles seront disposées de façon que les bois d'une coupe en exploitation ne soient pas transportés à travers d'autres coupes précédemment exploitées. On doit leur faciliter une vidange sur une route, un chemin, une laie sommière, ou un cours d'eau flottable, et leur donner, autant que possible, les limites naturelles des cantons. Dans les massifs étroits et en coteaux,

on les établira de préférence en suivant la ligne de plus grande pente. La largeur ne doit pas être moindre que le sixième de leur longueur et doit se rapprocher autant que possible du tiers de cette dimension. (Instr. 15 octobre 1860, art. 148, 149.)

16. *Levé. Route. Maison. Enclave. Borne.* — Dans les arpentages de coupes, on doit relever les routes, enclaves, maisons de garde et autres, non comprises dans la contenance de la coupe ; figurer les haies, fossés, murs, en indiquant leurs propriétaires, ou s'ils sont mitoyens, et rattacher au levé les bornes, rochers, ponts, ruisseaux, poteaux, croix etc., les parois, pieds corniers (dimensions, essences). (Instr. 15 octobre 1860, art. 29, 35, 36, 37.)

17. *Laies.* — Pour les arpentages des coupes, les arpenteurs ne pourront, sous peine de révocation et sans préjudice des poursuites en dommages-intérêts, donner aux laies et tranchées qu'ils ouvriront pour le mesurage des coupes plus d'un mètre de largeur. Les bois en provenant feront partie de l'adjudication de chaque coupe, ou seront vendus par forme de menus marchés. (Ord. 75, 134. Instr. 15 octobre 1860, art. 27.)

18. *Limites. Coupes.* — Les coupes seront délimitées par des pieds corniers et parois ; lorsqu'il ne se trouvera pas d'arbres sur les angles pour servir de pieds corniers, les arpenteurs y suppléeront par des piquets et emprunteront au dehors ou au dedans de la coupe les arbres les plus apparents et les plus propres à servir de témoins. (Ord. 76.)

19. *Pieds corniers. Parois.* — L'arpenteur sera tenu de faire usage au moins de l'un des pieds corniers de la précédente vente. (Ord. 76.)

20. *Marques.* — Tous les arbres de limites seront marqués au pied, et le plus près de terre qu'il sera possible, du marteau de l'arpenteur, savoir : les pieds corniers sur deux faces, l'une dans la direction de la ligne qui sera à droite, et l'autre dans celle de la ligne qui sera à gauche ; et les parois sur une seule face, du côté et en regard de la coupe. (Ord. 76.)

L'arpenteur fera, au-dessus de chaque empreinte de son marteau, dans la même direction, à la hauteur d'un mètre, une entaille destinée à recevoir l'empreinte du marteau de l'Etat. (Ord. 76, 134.)

21. *Parois. Arbres.* — Les gros arbres qui se rencontrent sur les lignes sont marqués comme parois ; ils ne doivent être abattus que lorsqu'ils sont un obstacle insurmontable. (Circ. A 291.) V. Laie. Plan.

§ 2. *Levé. Calepin. Croquis.*

A. *Opération en général.*

22. *Calepin.* — Il sera tenu un calepin séparé, avec titre en tête, pour chaque levé de forêt. La première feuille devra contenir, en petit, le polygone enveloppant servant de canevas, avec les cotes de longueur et d'angles. Les feuilles suivantes reproduiront les lignes composant le polygone, avec leurs numéros, les croquis et les cheminements. (Instr. 15 octobre 1860, art. 57.)

23. *Calepin. Croquis.* — Le calepin présentera le croquis visuel des lieux. Le périmètre y sera figuré par un trait fort ; les lignes de construction et les perpendiculaires seront désignées par un trait pointillé, disposé suivant leur position respective sur le terrain. (Instr. 15 octobre 1860, art. 31.)

24. *Calepin.* — Tout le levé de détail de l'arpentage d'une forêt sera inscrit successivement sur un calepin spécial et de grande dimension, en y consignant toutes les opérations effectuées. (Instr. 15 octobre 1860, art. 99.)

25. *Calepin.* — Tous les détails de l'arpentage seront consignés à l'*encre* noire sur le calepin, au fur et à mesure de l'exécution sur le terrain. Si, sur le terrain, on ne peut pas inscrire l'arpentage à l'encre, les détails de l'opération établis au crayon seront copiés à l'encre sur une des pages suivantes du calepin. (Instr. 15 octobre 1860, art. 30.)

26. *Cotes. Inscription.* — Les cotes devront être inscrites sans rature ni surcharge. En cas d'erreur, on rectifiera par une nouvelle inscription en biffant légèrement, de façon à ne pas en empêcher la lecture. (Instr. 15 oct. 1860, art. 39.)

27. *Notes. Signes conventionnels. Cotes.* — Sur le calepin, les points de départ et d'arrivée d'une directrice seront figurés par un petit cercle ; les perpendiculaires, par un V placé au pied ; l'extrémité de toutes les autres lignes, par un point noir. Les cotes de longueur seront inscrites dans le sens de la marche de l'opération et perpendiculairement aux directrices. La longueur totale de chaque ligne sera inscrite entre deux parenthèses ◯. Les cotes des angles, mesurés au graphomètre ou au pantomètre, seront inscrites sur un arc de cercle ou sur la bissectrice ; celles des angles observés à la boussole, entre deux parenthèses et soulignées (—), seront placées près de la station et dans le sens de la marche. Un trait terminé par une flèche et partant d'un des sommets d'angle indiquera la méridienne terrestre. Pour les levés à l'équerre, au pantomètre et au graphomètre, l'angle que fait l'un des côtés avec la méridienne terrestre devra être inscrit à côté de la flèche. (Instr. 15 octobre 1860, art. 32, 33, 34.)

B. *Opération des coupes.*

28. *Détails. Calepins. Croquis.* — **Les** détails de chaque opération seront consignés sur un calepin, au fur et à mesure de l'exécution sur le terrain, suivant le modèle nº 4 de l'instruction sur les levés topographiques. (Instr. 15 octobre 1860, art. 30.)

SECT. III. — COUPES.

§ 1. *Procès-verbal. Formalités.*

29. *Epoque.* — Les arpentages doivent être faits dans l'année qui précédera la vente ou la délivrance des coupes. (Circ. A 604.)

30. *Minute.* — La minute des procès-verbaux d'arpentage, établie et signée par l'agent qui a fait l'opération sur le terrain, sera déposée à l'inspection. (Circ. A 604. Instr. 15 octobre 1860, art. 316. Circ. N 423.)

31. *Minutes. Formules.* — Le chef de cantonnement conserve, pour lui tenir lieu de minute, les croquis et calepins qui ont servi à la rédaction des procès-verbaux.

Il sera fourni aux agents des calepins spéciaux, ainsi que des nouvelles formules, pour les procès-verbaux d'arpentage. (Circ. A 604. Form. série 4, nº 5.)

32. *Arpenteurs. Plans. Coupes.* — Les arpenteurs dresseront des plans et procès-verbaux d'arpentage des coupes qu'ils auront mesurées, et ils y indiqueront toutes les circonstances nécessaires pour servir à la reconnaissance des limites de ces coupes, lors du récolement. (Ord. 77, 134.)

33. *Expédition.* — Les arpenteurs enverront immédiatement deux expéditions des plans des coupes à l'inspecteur ou à l'agent qui en remplira les fonctions dans l'arrondissement. (Ord. 77, 134.)

Il ne sera fait qu'une seule expédition du procès-verbal d'arpentage, laquelle sera remise à l'adjudicataire, s'il le demande. (Circ. A 604. Circ. N 292. Cah. des ch. art. 18.)

34. *Dépôt au secrétariat. Délai.* — Les procès-verbaux et plans d'arpentage des coupes à vendre devront être déposés par l'agent forestier chef de service, quinze jours avant l'époque fixée pour l'adjudication, au secrétariat de l'autorité administrative chargée de présider la vente, et ce fonctionnaire devra apposer son visa au bas de ces pièces pour en constater le dépôt. (Ord. 83, 134.) Après l'adjudication, ces pièces seront retirées du secrétariat et rendues aux agents forestiers. (Lettre Min. 10 octobre 1810.)

35. *Lot.* — Lorsque la coupe est divisée en plusieurs lots, on ne fait qu'un procès-verbal minute d'arpentage, indiquant la division des lots, et chaque lot est mis séparément sur une expédition. (Instr. 15 octobre 1860, art. 316.)

36. *Procès-verbal. Copie. Timbre.* — Les agents ne doivent délivrer la copie du procès-verbal d'arpentage qu'aux adjudicataires qui en feront la demande. Dans ce cas seulement, le droit de timbre de cette expédition sera compris dans l'état à payer par l'intéressé. (Circ. N 392. Cah. des ch. 18.)

37. *Timbre.* — Les procès-verbaux d'arpentage sont visés pour timbre en débet (1 fr. 80 c.). (Arr. Min. 4 juillet 1836.)

38. *Enregistrement. Délai.* — Les procès-verbaux d'arpentage sont enregistrés dans le délai de vingt jours. (Loi du 22 frimaire an VII.) Ce délai court, pour les coupes vendues, à partir de la date de l'adjudication et, pour les coupes délivrées en nature, de la date du procès-verbal de délivrance. (Décis. Min. 19 germinal an XIII, 12 juillet 1822. Circ. 17 juillet 1822.)

39. *Enregistrement. Droit.* — Les procès-verbaux d'arpentage sont enregistrés en débet au droit fixe de 3 francs en principal. (Arr. Min. 4 juillet 1836. Loi du 28 février 1872, art. 4.)

§ 2. *Plan.*

40. *Aménagement.* — Lorsque le plan des coupes aura été extrait du procès-verbal d'aménagement, le procès-verbal d'arpentage devra en faire mention. (Instr. 15 octobre 1860, art. 311.)

41. *Plans.* — Les plans relatifs aux arpentages doivent être conservés avec soin et être remis par les arpenteurs aux chefs de service. (Ord. 23. Circ. A 571 quater.)

42. *Echelle.* — Le plan des coupes est dressé à l'échelle de 1 à 2500. On n'emploie l'échelle de 1 à 5000 que lorsque le plan ne pourrait pas tenir dans la formule de l'administration. (Instr. 15 octobre 1860, art. 41.)

43. *Chemins. Limites naturelles. Dessin.* — Les chemins, ruisseaux, etc., limitant les coupes, seront tracés en traits pleins ; dans l'intérieur, ils seront figurés en traits pleins, s'ils sont distraits de la contenance, et en traits pointillés, dans le cas contraire. (Instr. 15 octobre 1860, art. 38.)

§ 3. *Vérification. Contenance.*

44. *Vérification des plans.* — Les plans doivent être vérifiés par les chefs de service et par le conservateur. (Circ. A 798.)

45. *Erreur. Tolérance.* — Lorsque la contenance résultant de l'arpentage ne différera pas plus de 1/30 de celle portée sur l'état d'assiette, pour les coupes de 5 hectares et au-dessous, et de 1/50 pour celles au-dessus, l'opération pourra être maintenue. En cas de plus forte différence, il faudra rectifier. Ces tolérances ne sont pas de rigueur pour les coupes d'amélioration (nettoiements, éclaircies) dont la contenance ne sert pas de base à l'estimation des produits. (Instr. du 15 octobre 1860, art. 45.)

46. *Erreur. Arpenteur. Dommage.* — Les erreurs d'arpentage de 1/20 ne donnent lieu qu'à des dommages-intérêts envers l'adminis-

tration; mais l'adjudicataire ne serait fondé à demander des dommages-intérêts contre l'agent arpenteur, que si l'erreur commise dans l'arpentage était de nature à lui causer un préjudice quelconque. (Cass. 31 août 1841.)

§ 4. *Différence. Responsabilité.*

47. *Erreur.* — Les agents qui arpentent les coupes sont passibles de tous dommages-intérêts par suite des erreurs commises, lorsqu'il en résultera une différence excédant 1/20 de l'étendue de la coupe. (Cod. For. 52.)

En cas de malversation, il sera fait application des articles 174 et 175 du code pénal.

Réclusion : *prison*, 6 mois à 2 ans; interdiction des fonctions civiles; *amende*, 1/4 à 1/2 des restitutions.

47 bis. *Erreur. Poursuites.* — En cas de poursuites pour erreur de 1/20 à exercer contre les agents arpenteurs, en vertu de l'article 52 du code forestier, pour dommages-intérêts, comme il ne s'agit que d'une action civile (Loi du 27 septembre 1791), les poursuites ne peuvent être exercées que par l'administration des domaines, après autorisation spéciale accordée par le ministre. (Conseil d'Etat, 22 juin 1831. Déc. Min. 23 juillet 1831. Circ. A 282.)

48. *Erreur. Arpenteur. Responsabilité.* — En cas d'erreur dans l'arpentage d'une coupe de plus de 1/20, commise par l'arpenteur, l'adjudicataire de la coupe n'a pas d'action spéciale en responsabilité contre l'arpenteur; il ne peut en avoir qu'en cas de préjudice constaté d'après le droit commun. (Cass. 31 août 1841.)

49. *Arpenteur. Responsabilité.* — Les agents arpenteurs ne sont responsables qu'au profit de l'administration forestière des erreurs de plus de 1/20 de l'étendue de la coupe. (Cass. 31 août 1841.)

ARPENTEUR.

1. *Définition.* — L'arpenteur est l'individu qui se charge par profession du mesurage des terres. Ce mot a vieilli; il est, en général, remplacé aujourd'hui par celui de géomètre. (Block.)

2. *Suppression.* — Le corps spécial d'arpenteurs, institué par l'ordonnance réglementaire (art. 19 à 23) et qui était chargé autrefois des arpentages, a été supprimé. Les arpentages font aujourd'hui partie des attributions des agents forestiers. (Circ. A 604.)

ARRACHIS. — V. Plants. Souches. Défrichement. Bornes. Epines.

ARRÉRAGES.

1. *Arrérages. Intérêts.* — Les arrérages échus produisent intérêt du jour de la demande ou de la convention. (Cod. Civ. 1155.) Les arrérages se prescrivent par cinq ans. (Cod. Civ. 2277.)

2. *Retard.* — Les pensionnaires qui négligent de toucher leurs arrérages pendant plus d'un an sont radiés des états de payement (décès présumés), sauf rétablissement avec rappel d'arrérages s'ils se présentent avant les trois années fixées comme terme de déchéance. (Déc. Min. 9 janvier 1847.) V. Pension.

ARRESTATION.

1. *Principe.* — Nul ne peut être arrêté que suivant la prescription de la loi. (Constitution du 4 novembre 1848.)

2. *Acte. Formalités.* — Pour que l'acte qui ordonne l'arrestation d'une personne puisse être exécuté, il faut : 1° qu'il exprime formellement le motif de l'arrestation et la loi en vertu de laquelle elle est ordonnée; 2° qu'il émane d'un fonctionnaire à qui la loi ait donné formellement ce pouvoir; 3° qu'il soit notifié à la personne arrêtée et qu'il lui en soit laissé copie. (Constitution du 22 frimaire an VIII, art. 77. Instr. Crim. 97, 98, 615.)

3. *Officier de police judiciaire. Flagrant délit.* — Les gardes champêtres et forestiers, considérés comme officiers de police judiciaire, arrêteront et conduiront devant le juge de paix ou devant le maire tout individu qu'ils auront surpris en flagrant délit, ou qui sera dénoncé par la clameur publique, lorsque ce délit emportera la peine d'emprisonnement ou une peine plus grave. Ils se feront donner à cet effet main-forte par le maire ou l'adjoint du lieu, qui ne pourra s'y refuser. (Instr. Crim. 16.)

4. *Flagrant délit.* — Tous les gardes de l'Etat, des communes et des particuliers doivent arrêter et saisir le prévenu surpris en flagrant délit, ou poursuivi par la clameur publique, et le conduire devant le chef du parquet, si le crime ou le délit emporte peine afflictive ou infamante (emprisonnement). (Instr. Crim. 106.)

5. *Inconnu. Flagrant délit.* — Tous les gardes de l'Etat, des communes et des particu-

liers arrêteront et conduiront devant le juge de paix ou le maire tout inconnu surpris en flagrant délit. (Cod. For. 163, 189. Loi du 18 juin 1859.)

6. *Chasse. Inconnu. Déguisement.* — Les délinquants ne peuvent pas être arrêtés; cependant, s'ils sont déguisés et s'ils refusent de faire connaître leurs noms, ou s'ils n'ont pas de domicile connu, ils sont conduits devant le maire ou le juge de paix, lequel s'assure de leur individualité. (Chasse, art. 25.)

7. *Officier de police judiciaire. Préposé. Agent.* — Les gardes seuls comme officiers de police judiciaire ont le droit d'arrestation provisoire; les agents ne l'ont pas.

8. *Autorité.* — Les officiers de police administrative ou judiciaire, lorsqu'ils remplissent publiquement quelques actes de leur ministère, peuvent faire saisir les individus qui troublent leur séance ou leurs opérations; ils dressent procès-verbal du délit et envoient ce procès-verbal, s'il y a lieu, ainsi que le prévenu, devant les juges compétents. (Instr. Crim. art. 509.)

9. *Arrestation. Fouilles. Soupçon.* — Les gardes ne peuvent, sans abus de pouvoir, arrêter et fouiller un individu qu'ils rencontrent en forêt, même hors des routes et chemins, sur le simple soupçon que cet individu est porteur d'engins prohibés dont rien ne révèle la présence. Le procès-verbal dressé en suite de ce fait est radicalement nul. (Rouen, 17 avril 1859.)

10. *Conduite de prisonnier.* — En cas d'arrestation, les gardes doivent immédiatement conduire leur prisonnier soit devant le maire, le juge de paix le plus voisin, le commissaire de police, le chef du parquet ou le brigadier de gendarmerie.

11. *Conduite de prisonnier.* — En cas d'arrestation, les gardes ne peuvent conduire un délinquant que devant le maire ou le juge de paix, mais non le contraindre d'assister à une vérification ou le conduire à un endroit où le bois serait déposé. (Cass. 7 avril 1837.) V. Flagrant délit.

12. *Vagabond.* — Si l'individu arrêté par les gardes et conduit devant le maire ou le juge de paix le plus voisin ne justifie pas de son identité, il doit être conduit devant le chef du parquet comme vagabond. (Cod Pén. 270.)

13. *Illégalité.* — Ceux qui, sans ordre des autorités constituées et hors le cas où la loi ordonne de saisir des prévenus, auraient arrêté ou détenu des personnes quelconques, encourront :

Peine : Travaux forcés à temps. (Cod. Pén. 341.)

14. *Illégalité.* — Si l'arrestation illégale a été effectuée avec un faux costume, sous un faux nom ou sous un faux ordre de l'autorité :

Peine : Travaux forcés à perpétuité. (C. P. 344.)

15. *Délinquant. Capture. Frais.* — La capture des délinquants solvables et insolvables condamnés à des amendes, restitutions, dommages-intérêts et frais pour délits forestiers, ne donne droit aux gendarmes qui l'ont opérée qu'à la taxe fixée par le nº 1 de l'article 6 du décret du 7 avril 1813, soit 3 fr. (Ord. 25 février 1832. Circ. A 296. Déc. du Min. de la Justice, 31 janvier 1833. Déc. 18 février 1863.)

16. *Fraudeur. Tabac.* — Les gardes doivent arrêter les fraudeurs et colporteurs de tabacs. (Loi du 18 avril 1816.) V. Fraude. Tabac.

17. *Fraudeurs. Allumette. Primes.* — Les gardes qui arrêtent les individus vendeurs en fraude des allumettes recevront une prime de 10 francs par personne arrêtée. (Décr. du 10 août 1875. Circ. N 185.)

18. *Forçat évadé. Prime.* — La capture d'un forçat évadé d'un établissement pénitentiaire donne droit à une prime de 50 fr. (Décr. du 18 février 1863, art. 283 modifié par le décret du 2 juillet 1877.)

Ces dispositions ne sont applicables qu'au cas où le forçat aura été repris en France ou dans une colonie autre que celle de son internement.

19. *Primes.* — Les arrestations donnent droit aux primes suivantes :

Déserteur ou insoumis	25	»
Prisonnier de guerre ou détenu d'un pénitencier ou d'un atelier de condamnés	25	»
Militaire absent illégalement dans la limite de la garnison	5	»
Hors de la limite de la garnison	6	»
Condamné évadé d'une maison centrale de force ou de correction	50	»
Contrebandier ou fraudeur	15	»
Evadé d'une maison correctionnelle de l'Etat	15	»

(Décr. du 18 février 1863. art. 277, 278, 280, 284. Ord. 31 décembre 1817. Déc. Min. de l'Intérieur, 7 janvier 1867.)

20. *Débiteur. Jour et heure d'arrestation.*— Le débiteur ne pourra être arrêté : 1º avant le lever et après le coucher du soleil; 2º les jours de fête légale; 3º dans les édifices consacrés au culte et pendant les exercices religieux seulement; 4º dans le lieu et pendant la tenue des séances des autorités constituées (Proc. Civ. 781), ni lorsqu'il sera cité et appelé comme témoin devant un tribunal. (Proc. Civ. 782.)

ARRÊT.

1. *Définition.* — Décision rendue par le conseil d'Etat, une cour d'appel ou la cour de cassation.

2. *Solennel.* — Celui rendu par la cour de cassation, toutes chambres réunies.

3. *Délai. Envoi.* — Les conservateurs doivent adresser à l'administration les arrêts intervenus en justice civile (Circ. A 671 bis), dans le délai de huit jours après la communication du directeur des domaines. (Circ. A 679.)

4. *Instances correctionnelles. Appels.* — Les conservateurs doivent transmettre en communication à l'administration les expéditions de tous les arrêts rendus en matière forestière correctionnelle sur les appels de l'administration ou des prévenus. (Circ. N 413.)

5. *Défaut. Opposition. Appel.* — Les arrêts rendus par défaut sur l'appel pourront être attaqués par la voie de l'opposition, dans la même forme et dans les mêmes délais que les jugements par défaut rendus par le tribunal correctionnel. (Instr. Crim. 208.)

6. *Nullités.* — Les arrêts qui ne sont pas rendus par le nombre de juges prescrits, ou qui ont été rendus par des juges qui n'ont pas assisté à toutes les audiences de la cause ou qui n'ont pas été rendus publiquement, ou qui ne contiennent pas les motifs, sont déclarés nuls. (Loi du 20 avril 1810, art. 7.)

ARRÊTÉ.

1. *Définition.* — Désignation des actes de l'autorité ou administration départementale et communale. (Loi du 12 août 1790.)

Désignation des décisions contentieuses des conseils de préfecture.

Décision prise par l'autorité administrative pour assurer l'exécution des lois et règlements. (Block.)

2. *Principes.* — Les arrêtés des préfets ne peuvent être attributifs de juridiction, ni constitutifs de peines. (Cass. 23 février 1811.)

3. *Forme.* — La loi n'a pas déterminé la forme à donner aux arrêtés administratifs. (Block.)

4. *Force.* — Les arrêtés de l'autorité ne sont obligatoires pour les tribunaux qu'autant qu'ils sont pris en exécution des lois. (Cass. 20 janvier 1860.)

5. *Poursuites.* — Les arrêtés pris par les préfets en conseil de préfecture ne peuvent être déférés au conseil d'Etat que pour incompétence ou excès de pouvoirs. (Cons d'Etat, 15 juillet 1842.)

6. *Procédure.* — Les arrêtés des préfets pris dans la limite de leurs fonctions ne peuvent être déférés au Conseil d'Etat, avant d'avoir été attaqués devant le ministre compétent. (Loi du 28 septembre 1791. Arrêté du 3 messidor an v. Loi du 9 ventôse an XIII. Cons. d'Etat, 26 juin 1822.)

7. *Infraction.* — Pour infraction aux arrêtés de l'autorité administrative (préfet) ou aux arrêtés publiés par l'autorité municipale en vertu des articles 3 et 4 du titre XI de la loi des 16-24 août 1790 et de l'article 46, titre I de la loi des 19-22 juillet 1791 :

Peine	*Amende*	1 à 5 fr. (C. Pén. 471.)
	En cas de récidive, en outre, *prison*......	3 j. au plus. (C. P. 474.)

8. *Timbre.* — Les expéditions des arrêtés préfectoraux délivrées à des particuliers sont soumises au timbre. (Loi du 15 mai 1816, art. 80. Circ. Fin. 23 juin 1856.)

ARRONDISSEMENT.

1. *Définition.* — Subdivision d'un département.

Circonscription territoriale sur laquelle s'étend la juridiction d'un tribunal ou d'un fonctionnaire.

2. *Définition.* — L'arrondissement n'est qu'une circonscription territoriale ; il n'est pas une personne civile. (Cabantous.)

3. *Signification.* — Ce mot a une signification différente suivant les circonstances dans lesquelles il est employé dans le code et dans l'ordonnance. (Lettre de l'Admin. 6 février 1828.)

4. *Arrondissement communal.* — L'arrondissement communal désigne l'étendue de la juridiction d'un tribunal.

ARTILLERIE (Délivrances à l').

1. *Bois. Produits divers.* — Les bois de bourdaine, les bois de fascinage, piquets, fascines et harts nécessaires aux exercices annuels des écoles d'artillerie, des corps de troupes isolés de leurs écoles respectives, des directions assimilées aux écoles d'artillerie seront coupés dans les forêts de l'Etat. (Décr. 10 octobre 1874, art. 1. Circ. N 167.)

2. *Fournitures. Demandes. Délivrances.* — Les fournitures à faire dans les forêts de l'Etat sont demandées par la direction d'artillerie ou les chefs des corps destinataires, qui font connaître aux agents forestiers les besoins en bois de toute nature, espèces, qualités, dimensions et quantités. Sur la proposition des agents locaux, le conservateur autorise les délivrances de préférence dans les forêts les plus *voisines* du lieu de destination. Lorsque l'état du peuplement, la possibilité, les dispositions de l'aménagement ne permettent pas de délivrer tout ou partie des bois demandés, le conservateur en informe sans retard les directeurs ou chefs de corps militaire, et il adresse un rapport à l'administration indiquant les motifs du refus. (Décr. 10 octobre 1874, art. 2 et 3. Circ. N 167.)

3. *Coupe. Exploitation.* — Les coupes seront faites par les soins de l'administration forestière, à moins que la proximité des lieux ne permette d'employer des hommes de troupe, sans les obliger à découcher. L'administration ne devra jamais réclamer le concours des hommes de troupe, s'il est reconnu

que le service ou l'instruction doive en souffrir. Le montant des frais de coupe, avancé par l'administration des forêts, sera remboursé par le département de la guerre. (Décr. 10 octobre 1874, art 4 et 6.)

4. *Transports.* — Les transports seront faits par les soins de l'artillerie, lorsque la proximité du lieu permettra de ne pas faire découcher le détachement. Le transport par chemin de fer sera exécuté par les soins de l'administration des forêts ; dans ce cas, les frais seront remboursés par le ministère de la guerre. (Décr. 10 octobre 1874, art. 5, 7.) Les frais de transport par les chemins de fer seront effectués dans les conditions ordinaires, en inscrivant sur l'ordre de transport cette mention en gros caractère : *Compte du service de la Guerre.* (Circ. N 167.)

5. *Délivrance.* — La délivrance des bois à l'artillerie sera constatée par un procès-verbal établi en double minute et signé par l'agent forestier et l'officier chargé de la réception. (Circ. N 167.)

6. *Crédit. Dépenses.* — Lorsqu'on ne pourra pas employer les ouvriers militaires, l'exploitation se fera au compte de l'Etat, et le conservateur pourra autoriser la dépense jusqu'à concurrence de 1000 francs par forêt, en même temps qu'il adressera des demandes à l'administration pour les crédits excédant cette somme. Lorsque les transports ne sont pas effectués par les soins de l'artillerie, les agents doivent comprendre, dans le crédit des frais d'exploitation, les transports depuis les chantiers jusqu'aux lieux où les compagnies de chemins de fer sont tenues de prendre les objets du matériel du ministère de l'agriculture. (Circ. N 167.)

7. *Paiement.* — Le prix des bois est payé par un virement du ministère de la guerre. Lorsque les frais de la délivrance sont arrêtés, on en avise l'administration sur une formule série 3, nº 16, qui a remplacé la formule série 4, nº 36 bis. (Décr. 10 octobre 1874, art. 8. Circ. N 167. Circ. N 372.)

8. *Surveillance. Indemnité.* — Le taux des indemnités allouées par le service de l'artillerie aux préposés forestiers, pour la surveillance des travaux d'exploitation, la direction et la surveillance des transports du bois de fascinage destiné à l'artillerie, est fixé comme il suit :

1º *Pour surveillance de l'exploitation :*

0f,05 par fascine pour saucissons ;
0f,05 par cent de harts ;
0f,125 par fascine pour gabions ;
0f,012 par grande perche ;
0f,004 par piquets divers.

2º *Pour surveillance du transport :*

25 pour cent des chiffres indiqués ci-dessus.

(Décision du Min. de la Guerre du 3 mai 1891. Circ. N 432.)

9. *Avance. Paiement. Remboursement.* — Ces indemnités sont avancées par le service des forêts et remboursées par virement de compte. (Déc. du Min. de la Guerre du 3 mai 1891. Circ. N 432.)

ASSAINISSEMENT.

1. *Classification.* — Les travaux d'assainissement, nécessaires au succès des repeuplements naturels ou artificiels des coupes, sont classés comme travaux d'entretien. (Circ. N 22, art. 25.) V. Fossé.

2. *Régime des eaux. Débordement. Dommages.* — Dans l'étude des projets d'assainissement, les agents doivent s'assurer que l'exécution des travaux n'amènera pas un changement notable dans le régime des cours d'eau appelés à recevoir le tribut des nouveaux fossés, c'est-à-dire que ces cours d'eau ne seront pas susceptibles de déborder ou de causer un dommage quelconque aux propriétés riveraines ; autrement, il y aurait lieu d'introduire, dans le système de l'assainissement, des réservoirs et des barrages successifs, destinés à ralentir l'écoulement des eaux. (Circ. N 22, art. 155.)

3. *Nivellement.* — Les projets d'assainissement, qui exigent un nivellement préalable du terrain, sont étudiés et établis de la manière indiquée au titre Ier de la 5e partie de l'instruction du 15 octobre 1860 sur les levés topographiques et le dessin des plans. (Circ. N 22, art. 156.)

4. *Nivellement.* — Le nivellement pour assainissement sera fait par cheminement sur les routes, lignes de coupes, lignes de faîtes, thalwegs, avec des points de repère fixés par des forts piquets arasés au niveau du sol. (Instr. 15 octobre 1860, art. 170, 171.)

5. *Plans. Relief. Courbes. Fossés. Nivellement.* — Les plans projets à joindre aux propositions d'assainissement, lesquels seront établis autant que possible à l'aide de plans d'aménagement, indiqueront à l'*encre noire* les divisions de la forêt et les chemins de toute nature. Les ruisseaux, ravins, mares et étangs recevront, sur leur surface, une teinte bleu de Prusse léger, dans lequel on mêlera un peu de cobalt ; les mares seront distinguées par une teinte d'encre de Chine pâle, mêlée avec un peu de brun. Les eaux salées seront désignées par une teinte verdâtre. Les parties marécageuses auront leurs contours indiqués en traits bleus pointillés et elles recevront une teinte générale de bleu léger. Lorsque la nature des propositions l'exigera, on représentera le relief du terrain au moyen des courbes de niveau. Les fossés proposés seront figurés à l'*encre rouge*, en traits pleins. Les fossés existants seront figurés en *bleu.* On désignera les artères principales par deux traits, et les artères secondaires par un seul trait. On inscrira sur le plan toutes les cotes résultant

des nivellements et, à défaut, on indiquera la direction et les pentes par mètre dans le sens des fossés. On indiquera en *rouge* les ouvrages d'art projetés. S'il y a des mouvements de terre, on joindra des profils en long et en travers. (Instr. 15 octobre 1860, art. 183 à 188 et 219.)

6. *Croquis. Fossés.* — Lorsque les agents ne jugent pas nécessaire de faire un nivellement exact du terrain, ils produisent un croquis indiquant l'ensemble des fossés et rigoles à ouvrir, leur pente approximative et la direction des ruisseaux dans lesquels les eaux doivent se déverser. (Circ. N 22, art. 157.)

7. *Projets généraux. Travaux.* — Quand l'exécution de certains travaux d'assainissement doit précéder celle de projets de repeuplement dont l'administration est saisie, ou qui lui parviendront prochainement, les conservateurs en font mention d'une manière apparente sur le bulletin d'envoi; ils indiquent de combien de temps il convient que l'assainissement précède le repeuplement. (Circ. N 22, art. 158.)

8. *Travaux.* — Lorsque l'assainissement et le repeuplement peuvent être exécutés la même année et par le même mode, les deux projets doivent être réunis et compris dans un seul bulletin d'envoi. (Circ. N 22, art. 159.)

9. *Projets de travaux. Envois.* — Les projets de travaux neufs concernant les assainissements doivent être adressés à l'administration, au fur et à mesure de leur préparation, pendant les six premiers mois de l'année pour l'année suivante. (Lettre de l'Admin. 29 septembre 1873.)

ASSASSINAT. V. Meurtre.

ASSIETTE.

1. *Actes.* — Le procès-verbal d'arpentage et de martelage fait seul preuve, entre l'administration et l'adjudicataire, de l'assiette et des limites de la coupe. (Cass. 6 septembre 1850.) V. Etat d'assiette.

2. *Changement. Coupes.* — Pour changement à l'assiette des coupes, ou pour y avoir ajouté des arbres ou une portion de bois, après l'adjudication.

Pour l'adjudicataire qui l'a fait et l'agent forestier qui l'a permis ou toléré, pénalités :

Amende égale au triple de la valeur des bois non compris dans l'adjudication. (C. F. 29.)
Restitution des bois ou de leur valeur. (C. F. 29.)

3. *Changement. Bois.* — Si les bois sont de meilleure nature ou qualité ou plus âgés que ceux de la vente, pour l'adjudicataire qui l'a fait et l'agent forestier qui l'a permis ou toléré, pénalités :

Amende comme pour les arbres coupés en délit. (C. F. 29, 192.)
Dommages-intérêts obligatoires, une somme double de l'amende. (C. F. 29, 192.)

V. Coupe par unités de produit. Griffage.

4. *Agent. Modification.* — Pour l'agent forestier qui aura toléré ou permis des changements à l'assiette des coupes, s'il y a lieu :

En cas de concussion : *réclusion*. (C. P. 174.)
En cas de malversation : *prison* : 6 mois à 2 ans. Exclusion des fonctions civiles.
Amende du 1/4 à 1/12 des restitutions. (C. P. 175.)

ASSIGNATION.

Définition. — Acte par lequel on est cité à comparaître devant un tribunal. (V. Citation.

ASSIMILATION.

Solde. Indemnités. — Les compagnies, sections et détachements de chasseurs forestiers appelés à l'activité sont assimilés à l'armée active pour la solde, les prestations, allocations et indemnités de toute nature. (Décr. 18 novembre 1890. Circ. N 424.) V. Chasseurs forestiers. Grade.

ASSOCIATION.

1. *Principe.* — L'association entre plusieurs, pour acquérir dans les ventes publiques, n'est point prohibée par la loi. (Cod. Pén. 412. Cass. 15 mai 1857.)

2. *Fonctionnaires.* — Tout fonctionnaire qui, soit ouvertement, soit par acte simulé ou interposition de personne, aura pris ou reçu quelque intérêt que ce soit dans les actes, adjudications, entreprises ou régies dont il a ou avait, au temps de l'acte, en tout ou en partie, l'administration ou la surveillance, ou dont il était chargé d'ordonnancer le paiement ou de faire la liquidation, encourra :

Peines :
- *Prison*, 6 mois à 2 ans.
- *Amende*, maximum, le 1/4; minimum, le 1/12 des restitutions.
- Incapacité absolue d'exercer aucune fonction publique. (Cod. Pén. 175.)

ASSOCIATION PASTORALE.

Subvention. — Dans les pays de montagne, des subventions peuvent être accordées aux associations pastorales, à raison des travaux entrepris pour l'amélioration, la consolidation du sol et la mise en valeur des pâturages. (Loi du 4 avril 1882, art. 5.) V. Restauration des terrains en montagne. Subvention.

ASSOCIATION SECRÈTE. V. Coalition. Vente.

ASSOCIATION SYNDICALE (de travaux).

1. *Principe.* — Les associations syndicales sont libres ou autorisées. (Loi du 21 juin 1865, art. 2.)

2. *Objet.* — Peuvent être l'objet d'une association syndicale, entre propriétaires intéressés, l'exécution et l'entretien des tra-

vaux : 1° de défense contre la mer, les fleuves, les torrents et rivières navigables ou non navigables ; 2° de curage, approfondissement, redressement et régularisation des canaux et cours d'eau non navigables, ni flottables, et des canaux de dessèchement et d'irrigation... ; 9° de drainage ; 10° de chemins d'exploitation et de toute autre amélioration agricole d'intérêt collectif. (Loi du 22 décembre 1888, art. 1er.)

3. *Chemins ruraux.* — On peut former une association syndicale pour l'ouverture, le redressement, l'élargissement, la réparation et l'entretien des chemins ruraux. (Loi du 20 août 1881, art. 19 à 32.)

4. *Restauration des terrains en montagne.* — Les propriétaires, les communes et établissements publics peuvent constituer des associations syndicales, conformément aux dispositions de la loi du 21 juin 1865, et s'entendre avec l'Etat pour exécuter des travaux de restauration des montagnes, qui leur seraient indiqués, et à pourvoir à leur entretien, sous le contrôle et la surveillance de l'administration forestière. Ils conservent les terrains leur appartenant compris dans les périmètres. (Loi du 4 avril 1882, art. 4.) V. Reboisement.

5. *Association syndicale libre. Organisation.* — Les associations syndicales libres se forment sans l'intervention de l'administration. Le consentement unanime des associés doit être constaté par écrit. L'acte d'association spécifie le but de l'entreprise ; il règle le mode d'administration de la société et détermine les voies et moyens pour subvenir à la dépense. L'extrait de cet acte doit, dans le délai d'un mois, être publié dans un journal d'annonces légales de l'arrondissement, transmis, en outre, au préfet et inséré dans le recueil des actes de la préfecture. (Loi du 21 juin 1865, art. 5 et 6.)

6. *Association syndicale autorisée. Organisation.* — Les propriétaires intéressés aux travaux spécifiés dans l'article 1er pourront être réunis par un arrêté préfectoral en associations syndicales autorisées, soit sur la demande d'un ou de plusieurs d'entre eux, soit sur l'initiative du maire ou du préfet, ou bien, lorsque les travaux auront été reconnus d'utilité publique, par un décret rendu en conseil d'Etat.

Les associations syndicales autorisées se constituent par arrêté préfectoral pour les travaux spécifiés dans les cinq premiers numéros de l'article 1er, si la majorité des intéressés, représentant au moins les deux tiers de la superficie des terrains, ou les deux tiers des intéressés représentant plus de la moitié de la superficie, ont donné leur adhésion. Pour les travaux spécifiés aux autres numéros du même article, le préfet ne pourra autoriser l'association qu'au cas d'adhésion des trois quarts des intéressés, représentant plus des deux tiers de la superficie et payant plus des deux tiers de l'impôt foncier afférent aux immeubles, ou des deux tiers des intéressés, représentant plus des trois quarts de la superficie et payant plus des trois quarts de l'impôt foncier afférent aux immeubles. (Loi du 22 décembre 1888, art. 5.)

7. *Autorisation. Travaux.* — Les préfets autorisent, sur l'avis des ingénieurs en chef, la constitution en associations syndicales des propriétaires intéressés à l'exécution et à l'entretien des travaux d'endiguement contre les fleuves et les torrents navigables et non navigables et des canaux d'arrosage et de dessèchement, lorsque ces propriétaires sont d'accord pour l'exécution desdits travaux et la répartition des dépenses. (Décr. du 25 mars 1852, tableau D, nos 5 et 6.)

8. *Capacité. Droits.* — Les associations syndicales peuvent ester en justice, où elles sont représentées par leur administrateur ou syndic ; elles peuvent acquérir à titre onéreux, vendre, échanger, transiger, emprunter et hypothéquer. (Loi du 21 juin 1865, art. 3.)

9. *Consentement.* — Les préfets n'ont point le droit de constituer des associations syndicales, sans le consentement des intéressés. (Conseil d'Etat, 2 mai 1866.)

10. *Contestation. Compétence.* — Les contestations relatives aux travaux, à la perception des taxes, à la fixation du périmètre et au classement des terrains sont de la compétence du conseil de préfecture, sauf recours au conseil d'Etat. (Loi du 21 juin 1865, art. 16.)

ASSOCIÉ.

1. *Associé. Vente.* — En cas de vente clandestine, les associés d'un adjudicataire ne sont pas complices, s'ils ont ignoré la vente clandestine et s'ils ont été trompés par l'adjudicataire.

2. *Nombre.* — L'administration a le droit de fixer, dans le cahier des charges, le nombre d'associés que peuvent avoir les adjudicataires des coupes. (Cass. 22 avril 1837.) V. Caution. Adjudicataire. Adjudication.

ASSURANCE CONTRE L'INCENDIE.

1. *Principe.* — Le contrat d'assurance ne peut jamais être un moyen de bénéfice pour l'assuré. (Cod. Com. 357, 358.)

2. *Contrat. Conditions.* — Le contrat d'assurance est rédigé par écrit. Il est daté du jour auquel il est souscrit. Il peut être fait sous signature privée. Il ne peut contenir aucun blanc. Il exprime le nom et le domicile de celui qui fait assurer, sa qualité de propriétaire ou de commissionnaire, le nom et la désignation de l'objet assuré, la nature et la valeur ou estimation de l'objet que l'on fait assurer, les temps auxquels les risques

doivent commencer et finir, la somme assurée, la prime ou coût de l'assurance et généralement toutes les autres conditions dont les parties sont convenues. (Cod. Com. 332.)

3. *Maison forestière.* — L'administration renonce à faire assurer les maisons forestières, et on ne doit pas renouveler les polices d'assurances. (Circ. N 258.)

4. *Classification.* — Les frais d'assurance des sécheries, des magasins de graines et des scieries sont considérés comme travaux d'entretien. (Circ. N 22, art. 25.)

5. *Précomptage.* — L'usager dont la maison est incendiée ne peut recevoir à la fois le montant intégral de l'assurance et le bois de construction que son droit d'usager l'autorise à demander pour reconstruire sa maison. Il doit en précompter la valeur sur celle de l'indemnité qui lui est due, et ce nonobstant toute clause contraire de la police d'assurance. (Besançon, 22 janvier 1867.)

6. *Principe.* — Le contrat d'assurance oblige l'assureur à payer à l'assuré une somme égale à la perte qui lui a été causée par le sinistre, et non pas seulement le montant de ce que l'assuré serait tenu de débourser pour reconstruire ou réparer. Les ressources venant en déduction des frais de construction, et non de la perte, ne peuvent être déduites par l'assureur. Il ne peut déduire de l'indemnité la valeur des bois auxquels un usager a droit pour reconstruire sa maison incendiée, alors surtout que, dans sa police, l'assuré a stipulé qu'en cas d'incendie la valeur de ces bois ne serait pas déduite. Cette clause, nullement contraire à l'ordre public, doit être exécutée. (Cass. 10 mai 1869.) V. Bois de construction.

ATELIER.

SECT. I. — ATELIER EN GÉNÉRAL, 1 — 13.

SECT. II. — ATELIER DANS LES COUPES, 14 — 21.

SECT. I. — ATELIER EN GÉNÉRAL.

1. *Autorisation.* — L'autorisation d'établir un atelier à façonner le bois dans une maison ou ferme existante, ou dont la construction a été autorisée à distance prohibée, est accordée par le préfet. (Décr. 25 mars 1852.)

1 bis. *Etablissement. Autorisation. Pénalité.* — L'établissement, sans autorisation du préfet, dans une maison ou ferme existante, ou dont la construction a été autorisée dans le rayon de 500 mètres des forêts soumises au régime forestier, d'un atelier à façonner le bois;

Excepté les maisons et usines qui font partie d'une population agglomérée (ville, village, hameau)(Cod. For. 156. Décr. 25 mars 1852), est puni, savoir :

Amende : 50 francs. (Cod. For. 154.) Récidive : 100 francs. (Cod. For. 201.)
Confiscation des bois ou de leur valeur. (Cod. For. 154.)

V. Construction.

2. *Retrait.* — La permission d'établir un atelier à façonner le bois dans une maison ou ferme peut être retirée lorsque ceux qui l'ont obtenue ont subi une condamnation pour délit forestier. (Cod. For. 154.)

3. *Visites.* — Les établissements autorisés sont soumis aux visites des agents et gardes forestiers, qui peuvent y faire toute perquisition sans l'assistance d'un officier public, pourvu qu'ils soient deux au moins, ou que l'agent ou le garde soit accompagné de deux témoins domiciliés dans la commune. (Cod. For. 157.)

4. *Commerce.* — L'article 154 ne défend que le commerce de bois, c'est-à-dire l'achat du bois pour le vendre avec bénéfice. Le propriétaire qui vend ou fabrique les produits de sa propriété ne fait pas acte de commerce.

5. *Propriétaire.* — On ne doit pas considérer comme atelier prohibé celui d'un propriétaire qui vend les produits de sa propriété façonnés chez lui. (Meaume.)

6. *Consommation personnelle.* — Le fait de la fabrication, dans une baraque à la distance prohibée par l'article 154 du code forestier, de sabots pour la consommation personnelle, sans en faire commerce, ne constitue pas le fait d'établissement d'un atelier à façonner le bois. (Cass. 14 mars 1850.)

7. *Autorisation personnelle.* — L'autorisation de façonner le bois est accordée *à la personne*, habitant la maison, et non pas à l'immeuble. En cas de changement, le nouveau locataire de l'immeuble doit se munir d'une permission individuelle pour façonner le bois. L'autorisation doit toujours être expresse et antérieure à l'établissement de l'atelier. (Meaume.)

8. *Retrait.* — Le retrait de l'autorisation pour façonnage de bois ne peut s'effectuer qu'à la suite d'une condamnation pour délit forestier. Une transaction ou une condamnation en responsabilité civile ne serait pas suffisante pour motiver le retrait d'une autorisation de l'espèce. Il faut une poursuite et une condamnation directe. Une condam-

nation comme civilement responsable ne suffirait pas non plus. (Meaume.)

9. *Terrain non clos.* — La loi n'exige une autorisation que pour les endroits clos dans lesquels les gardes ne peuvent pas toujours exercer leur surveillance. Ainsi tout individu, et à quelque distance que ce soit des forêts, peut établir un atelier à façonner le bois en *plein air*, parce que les gardes peuvent le surveiller. (Meaume.)

10. *Terrain clos.* — Tout terrain *clos*, situé à distance prohibée. dans lequel on a trouvé du bois nouvellement façonné, est considéré comme atelier, et cette circonstance suffit pour faire application de l'article 154 du code forestier. (Cass. 9 avril 1813.)

11. *Prescription.* — Le code forestier n'a établi aucune espèce de prescription applicable aux délits prévus par son article 154. Ces contraventions peuvent être poursuivies tant qu'elles subsistent et se perpétuent, quelle que soit l'époque à laquelle elles remontent. (Cass. 22 mai 1840.)

12. *Prescription.* — Du principe que l'on ne peut prescrire que les droits que l'on peut acquérir (Cod. Civ. 2226), il faut en conclure que la prescription trentenaire ne peut pas être invoquée pour un atelier à façonner le bois, établi à distance prohibée. La question, d'ailleurs, n'a jamais été résolue par la cour de cassation.

13. *Prescription.* — Le droit d'établir un atelier dans une maison située à distance prohibée ne peut s'acquérir par prescription, soit en vertu d'un titre ou d'une possession, quelle qu'en soit la durée. (Lyon, 9 février 1863.)

SECT. II. — ATELIER DANS LES COUPES.

14. *Adjudicataire.* — L'adjudicataire qui établit, dans sa coupe, un atelier sans en avoir reçu l'autorisation et la désignation *par écrit* de l'agent forestier, en ce qui concerne son emplacement, ou à un emplacement autre que celui désigné, encourra :

Amende pour chaque atelier non autorisé, 50 francs. (Cod. For. 38.)

S'il est en récidive, 100 francs. (Cod. For. 38, 201.)

Démolition des ateliers dans le délai d'un mois après le jugement. (Cod. For. 152.)

15. *Vidange.* — Les ateliers construits dans les coupes sont compris dans la vidange des coupes. (Cass. 21 février 1828.) V. Copeaux. Sciure.

16. *Nivellement. Plantation.* — Les adjudicataires doivent faire fouir, niveler et replanter les places d'atelier. (Cah. des ch. 33.) En cas d'inexécution, pas d'amende ; l'administration fait exécuter ces travaux aux frais des adjudicataires. (Cod. For. 41.)

17. *Autorisation.* — Les conservateurs autorisent l'établissement des ateliers dans les coupes, pour les adjudicataires. (Cod. For. 38.)

18. *Désignation.* — Les agents forestiers sont seuls compétents pour désigner l'emplacement des ateliers, et leur décision est sans appel. (Meaume.)

19. *Emplacement.* — Les brigadiers sont chargés de reconnaître et marquer les lieux où devront être établis les ateliers, sauf au chef de cantonnement à désigner ces lieux par écrit à l'adjudicataire. (Circ. A 585. Circ. N 416.)

20. *Désignation.* — La désignation des ateliers par écrit est la seule valable. (Cass. 16 mars 1833.)

21. *Désignation.* — La désignation par écrit se fait au moyen de la copie du procès-verbal dressé à cet effet. (Circ. A 158.)

ATMIDOMÉTRIE.

Expérience. — L'école forestière fait des expériences d'udométrie et d'atmidométrie comparées dont il est rendu compte chaque année. (Circ. N 60.)

ATTACHEMENT. V. Métrage.

ATTAQUE. V. Rébellion.

ATTELAGE.

Saisie. — Les gardes de l'administration et les gardes particuliers peuvent saisir et mettre en séquestre les attelages des délinquants. (Cod. For. 161, 189.)

ATTÉNUATION.

1. *Principe.* — Les peines ne peuvent être mitigées que dans les cas et dans les circonstances où la loi déclare le fait excusable et permet d'appliquer une peine moins rigoureuse. (Cod. Pén. 65.)

2. *Degré.* — Les peines prononcées par la loi, contre le prévenu ou accusé reconnu coupable et en faveur de qui on admettra des circonstances atténuantes, seront modifiées ainsi qu'il suit :

La mort	Travaux forcés à perpétuité ou à temps.
Travaux forcés à perpétuité	Travaux forcés à temps ou réclusion.
Déportation dans un fort	Déportation simple ou détention.
Déportation simple	Détention ou bannissement.
Travaux forcés à temps	Réclusion ou prison, 1 à 5 ans, et amende, 16 à 500 francs.
Maximum des peines afflictives	Minimum de la peine ou la peine inférieure.
Prison minimum, 1 an	Prison, 6 jours minimum.
Amende minimum, 500 fr.	Amende minimum, 16 fr.
Prison et amende Prison ou amende	Prison, 1 à 5 jours. Amende, 1 à 15 francs. Une des deux peines seulement. Substitution de l'amende à la prison.
	(Cod. Pén. 463.)

3. *Instance forestière.* — Les tribunaux ne peuvent, en matière forestière, admettre les circonstances atténuantes. A l'administration seule appartient le droit de faire des remises, réductions ou atténuations de peine. (Cass. 29 mars 1835, 27 janvier 1838.)

4. *Amende. Prison. Réduction. Substitution.* — Dans tous les cas où la peine d'emprisonnement et celle de l'amende sont prononcées par le code pénal, si les circonstances paraissent atténuantes, les tribunaux correctionnels sont autorisés, même en cas de récidive, à réduire l'emprisonnement même au-dessous de 6 jours et l'amende même au-dessous de 16 francs ; ils pourront aussi prononcer séparément l'une ou l'autre de ces peines et même substituer l'amende à l'emprisonnement, sans qu'en aucun cas elle puisse être au-dessous des peines de simple police. (Décret de la Délégation de Tours, 27 novembre 1870.)

ATTERRISSEMENT.

1. *Cours d'eau non navigable.* — Les atterrissements qui se forment dans les rivières ou ruisseaux non navigables, ni flottables, appartiennent au propriétaire riverain du côté où ils se sont formés. (Cod. Civ. 561.)

2. *Cours d'eau navigable.* — Les atterrissements qui se forment *dans le lit* des rivières et fleuves navigables ou flottables appartiennent à l'Etat. (Cass. 16 février 1836.)

3. *Riverain.* — Les atterrissements qui se forment *sur les bords* d'une rivière appartiennent au propriétaire riverain. Si c'est le long d'une grande route, ils appartiennent à l'Etat et non au propriétaire riverain de l'autre côté de la route. (Cass. 16 février 1836.)

4. *Attribution. Qualité.* — Est entaché d'excès de pouvoir, l'arrêté par lequel un préfet a compris dans le domaine public des atterrissements qui s'élèvent au-dessus du niveau du lit d'un fleuve. (Cons. d'Etat, 30 mai 1873.) V. Alluvion. Cours d'eau. Ile.

5. *Partage. Attribution.* — Les atterrissements formés par les cours d'eau ni navigables, ni flottables, appartiennent aux riverains proportionnellement à l'étendue de la propriété limitée par le cours d'eau ; le partage entre les divers riverains se fait habituellement, non pas en prolongeant les lignes divisoires des propriétaires, mais au moyen de lignes tirées perpendiculairement à l'axe du cours d'eau, de l'extrémité des lignes divisoires.

ATTITUDE.

1. *Chasse. Présomption.* — L'attitude de chasse, quand même elle serait complétement établie, ne saurait constituer qu'une présomption qui peut être affaiblie ou détruite par les autres circonstances de la cause, et les juges sont souverains appréciateurs à cet égard. (Bourges, 23 janvier et 3 avril 1890.)

2. *Chasse. Délit.* — Commettent un délit de chasse, savoir :

1° Ceux qui, munis de carnassières, marchent à petits pas dans la campagne, précédés de chiens de chasse, le fusil abattu horizontalement et dans l'attitude de guetter le gibier. (Orléans, 13 décembre 1849.)

2° Ceux qui sont sur le terrain d'autrui, le fusil armé et sous le bras et les chiens allant çà et là. (Paris, 26 janvier et 3 février 1866.)

3° Celui qui siffle pour appuyer son chien, de manière à faire passer le gibier du côté d'un autre chasseur qui tient un fusil horizontalement, alors même que celui qui appuyait le chien aurait remis son fusil à l'autre chasseur. (Nancy, 25 février 1874.)

4° Celui dont les chiens chassent un lièvre qui a gagné une forêt domaniale et qui, en attitude de chasse, attend la sortie du lièvre chassé. (Nancy, 15 mai 1884.)

ATTRIBUTION.

1. *Fixation.* — Le ministre de l'agriculture détermine les attributions du directeur des forêts, du conseil d'administration, de chacun des administrateurs, ainsi que la répartition du travail entre chacun des bureaux de l'administration centrale. (Ord. 5 janvier 1831. Décr. 15 décembre 1877, 18 février 1882, 14 janvier 1888, 12 octobre 1890. Circ. N 220. Circ. N 394. Circ. N 433.)

2. *Ministre.* — Les attributions conférées par l'ordonnance réglementaire à un directeur général, et exercées depuis 1877 par le sous-secrétaire d'Etat, viendront se réunir aux attributions spéciales que le ministre exerçait lui-même déjà. (Circ. N 289.)

3. *Juridiction.* — Malgré l'attribution des tribunaux correctionnels pour les délits forestiers, certains fonctionnaires jouissent d'un *privilège de juridiction*, qui modifie pour eux les dispositions de l'article 171 du code forestier. (Instr. Crim. 479, 483. Cod. For. 159.)

4. *Revendication.* — Les juges qui, sur la revendication formellement faite par l'autorité administrative d'une affaire portée devant eux, auront néanmoins procédé au jugement avant la décision de l'autorité supérieure et les officiers du ministère public qui auront fait les réquisitions ou donné les conclusions, encourront :

Amende : 16 à 150 francs. (Cod. Pén. 128.)

ATTROUPEMENT. V. Rassemblement.

AUBERGE.

Prohibition. — **Il est interdit aux agents et gardes de tenir auberge, sous peine de révocation. (Ord. 31.)**

AUDIENCE.

SECT. I. — TRIBUNAL DE PREMIÈRE INSTANCE, 1 — 30.

SECT. II. — COUR D'APPEL, 31 — 34.

V. Citation. Appel. Instruction. Conclusion. Témoins. Comparution.

SECT. I. — TRIBUNAL DE PREMIÈRE INSTANCE.

1. *Définition.* — Séance dans laquelle les juges écoutent les plaidoiries des parties et rendent leur jugement.

2. *Affaire en état. Evocation.* — Les tribunaux ont un pouvoir souverain d'appréciation, pour décider qu'une affaire se trouve en état et, par suite, pour l'évoquer. (Cass. 5 juillet 1882.)

3. *Instruction. Formalités. Procédure.* — L'instruction sera publique à peine de nullité. Le ministère public, la partie civile ou son défenseur et, à l'égard des délits forestiers, le conservateur, inspecteur ou inspecteur adjoint, ou, à leur défaut, le garde général, exposeront l'affaire. Les procès-verbaux ou rapports, s'il en a été dressé, seront lus par le greffier; les témoins pour ou contre seront entendus, s'il y a lieu, et les reproches proposés et jugés; les pièces pouvant servir à conviction ou à décharge seront représentées aux témoins et aux parties; le prévenu sera interrogé; le prévenu et les personnes civilement responsables proposeront leur défense; le ministère public résumera l'affaire et donnera ses conclusions; le prévenu et les personnes civilement responsables pourront répliquer.

Le jugement sera prononcé de suite, ou, au plus tard, à l'audience qui suivra celle où l'instruction aura été terminée. (Instr. crim. 190.)

4. *Agent forestier. Place. Tenue.* — Aux audiences tenues dans les cours et tribunaux, pour le jugement des délits et contraventions poursuivis à la requête de la direction des forêts, l'agent chargé de la poursuite aura une place particulière à la suite du parquet des procureurs et de leurs substituts. Il y assistera en uniforme et se tiendra découvert pendant l'audience. (Ord. 185. Décr. 18 juin 1809.)

5. *Agent forestier. Place.* — La place des agents forestiers doit être à la suite de celles des magistrats du parquet, sur le même plan et sans solution de continuité. (Déc. Min. 11 avril 1843.)

6. *Jours.* — L'inspecteur demande au président du tribunal d'assigner un jour périodique pour le jugement des affaires forestières. (Instr. du 7 prairial an IX.)

7. *Assistance. Délégation.* — L'agent chargé des poursuites est tenu d'assister personnellement aux audiences du tribunal de sa résidence, à moins d'empêchement légitime. Il peut déléguer l'agent sous ses ordres le plus à portée des tribunaux. S'il n'existe pas d'agent, le chef de service pourra s'entendre avec le ministère public pour la poursuite des délits; mais il se rendra aux audiences, lorsqu'il y aura un fait grave à réprimer ou un point de jurisprudence à fixer. (Circ. A 358.)

8. *Formalité. Tenue.* — Les agents forestiers se tiendront debout et découverts en portant la parole à l'audience et pendant la prononciation du jugement. Ils se réuniront avec le tribunal dans la chambre du conseil et entreront dans la salle des séances à la suite du ministère public. (Suivre l'usage du tribunal.)

9. *Réquisition. Réplique.* — Les agents forestiers portent la parole devant les tribunaux pour exposer les affaires forestières, et ils ont le droit d'adresser des questions aux prévenus et aux témoins, après avoir demandé la parole au président, qui ne peut la leur refuser. (Instr. crim 319. Cass. 19 septembre 1834.)

10. *Question.* — L'article 319 du code d'instruction criminelle, qui accorde au ministère public, durant les débats, le droit de faire lui-même des questions à l'accusé, après avoir demandé la parole au président, est applicable en matière correctionnelle. (Cass. 19 septembre 1834.)

11. *Renseignement* — Si, à l'audience, l'agent forestier croit utile d'éclaircir quelques doutes ou de rappeler quelques dispositions forestières, il demande à être entendu. (Décr. du 18 mai 1809. Instr. du 23 mars 1821.)

12. *Résumé.* — Les agents forestiers ne peuvent plus être entendus lorsque le ministère public, en vertu de l'article 190 du

code d'instruction criminelle, a résumé l'affaire et a présenté ses conclusions.

13. *Preuve. Témoins. Procès-verbal.* — Quand un procès-verbal est déclaré nul pour vice de forme, l'agent poursuivant demande qu'il soit suppléé au procès-verbal par l'audition des témoins et fait insérer ses conclusions dans le procès-verbal du jugement, afin que, la demande incidente étant ainsi prouvée, elle puisse fonder l'appel en cas de refus. (Circ. 7 juin 1809.)

14. *Instruction. Plaidoirie.* — Lorsque les juges trouveront qu'une cause est suffisamment éclaircie, le président devra faire cesser les plaidoiries. (Décr. du 30 mars 1808, art. 34 et 73.)

15. *Réplique. Prévenus.* — Devant la juridiction criminelle, tant en première instance qu'en appel, le prévenu et les personnes civilement responsables ont le droit, à peine de nullité des jugements ou arrêts intervenus, de répliquer au ministère public. (Cass. 21 juin 1851.)

16. *Remplacement.* — En cas d'absence aux audiences, les agents sont remplacés, dans tous les cas, par le ministère public. (Circ. 31 août 1811.)

17. *Formalités. Témoins. Interrogatoire. Question.* — Après chaque déposition, le président demandera au témoin si c'est de l'accusé présent qu'il a entendu parler. Il demandera ensuite au prévenu s'il veut répondre sur ce qui vient d'être dit contre lui. Le témoin ne pourra être interrompu. L'accusé ou son conseil pourront l'interroger par l'organe du président, après sa déposition, et dire contre lui et contre son témoignage tout ce qui pourra être utile à la défense de l'accusé. Le président pourra demander au témoin et à l'accusé tous les éclaircissements qu'il croira nécessaires à la manifestation de la vérité. Les juges et le ministère public auront la même faculté, en demandant la parole au président. La partie civile ne pourra faire des questions, soit au témoin, soit au prévenu, que par l'organe du président. (Instr. Crim. 319.)

18. *Témoins. Réponses.* — A l'audience, le greffier tiendra note des déclarations des témoins et des réponses du prévenu. Les notes du greffier seront visées par le président, dans les trois jours de la prononciation du jugement. (Instr. Crim. 189.)

19. *Comparution personnelle. Fondé de pouvoir.* — La personne citée comparaîtra par elle-même ou par un fondé de procuration spéciale. (Instr. Crim. 152.)

20. *Mandataire verbal. Représentant.* — Les dispositions de l'article 152 du code d'instruction criminelle n'étant pas prescrites à peine de nullité, il en résulte seulement pour les parties civiles et le ministère public le droit de s'opposer à la comparution et à l'audition d'un mandataire verbal se présentant pour l'inculpé. (Cass. 23 février 1877.)

21. *Comparution. Avoué.* — En matière correctionnelle, le prévenu n'est pas obligé de se faire représenter par un avoué.

22. *Interprète.* — Dans le cas où le prévenu, les témoins ou l'un d'eux ne parleraient pas la même langue ou le même idiome, le président nommera, d'office et à peine de nullité, un interprète. (Instr. Crim. 332.)

23. *Sourd et Muet.* — Si l'accusé ou le témoin est sourd et muet et ne sait pas écrire, le président nommera d'office pour interprète la personne qui aura le plus d'habitude de converser avec lui, et, s'il sait écrire, le greffier lui écrira les questions, recevra et donnera lecture des réponses. (Instr. Crim. 333.)

24. *Durée.* — Les audiences seront au moins de trois heures. (Décr. 30 mars 1808, art. 10 et 53.)

25. *Appel de cause. Rôle.* — Au jour d'audience, l'huissier fera appel des causes dans l'ordre de leur placement au rôle. (Décr. 30 mars 1808, art. 59.)

26. *Rôle. Ordre. Inscription.* — Il sera tenu un rôle sur lequel les causes forestières seront inscrites, dans l'ordre de leur présentation ; l'inscription doit être faite la veille au plus tard du jour où l'on se présentera. (Décr. 30 mars 1808, art. 55 et 56.)

27. *Assistants. Tenue.* — Ceux qui assisteront aux audiences se tiendront découverts, dans le respect et le silence. La même disposition sera observée dans les lieux où, soit les juges, soit le ministère public exerceront les fonctions de leur état. (Cod. de Proc. Civ. art. 88.)

28. *Tumulte.* — Lorsque à l'audience, ou tout autre lieu où se fait une instruction judiciaire, l'un ou plusieurs des assistants exciteront du tumulte, le président les fera expulser ; en cas de résistance, il les fera arrêter et emprisonner pour 24 heures. (Instr. crim. 504.)

29. *Injures.* — Si le tumulte a été accompagné d'injures ou voies de fait, il sera fait, séance tenante, application de peines correctionnelles. (Instr. crim. 505.)

30. *Instance civile. Représentation.* — En matière civile, la loi exige que les parties soient représentées par un avoué. (Proc. Civ. 75.)

SECT. II. — COUR D'APPEL.

31. *Parties. Désignation.* — Le ministère public ne désignera les parties que par leurs noms et prénoms ; il pourra seulement ajouter les titres de prince, duc, comte,

baron ou chevalier qui auront été conférés par le chef de l'Etat, et l'état et profession des parties. (Décr. 6 juillet 1810, art. 38.)

32. *Agent. Place.* — Les agents forestiers occupent, devant les cours d'appel, la même place que devant les tribunaux de première instance ; l'agent forestier qui a défendu en première instance peut aller défendre en appel, ou se faire représenter par l'agent forestier le plus voisin. (Circ. 31 août 1811.)

33. *Plaidoirie.* — Les agents forestiers ont le droit, aux audiences d'appel, d'exposer l'affaire et d'être entendus à l'appui de leurs conclusions, avant le résumé du ministère public. (Lyon, 11 août 1827.)

34. *Formalités.* — Les formalités de l'audience en appel sont les mêmes qu'en première instance. (Instr. crim. 211.)

AUMAILLES. (Bêtes.)

Définition. — Ce terme désigne les bœufs, vaches ou taureaux.

AUNE.

Classification. — Arbre de deuxième classe. (Cod. For. 192.)

AUTEUR DU DÉLIT.

Définition. — Celui qui commet un délit, ou qui, chargé d'empêcher un délit, le laisse faire.

AUTORISATION.

1. *Validité.* — Les autorisations ne sont valables que lorsqu'elles émanent de l'autorité ayant régulièrement pouvoir de les octroyer. (Montpellier, inédit, 20 décembre 1841.)

2. *Conditions.* — Les autorisations doivent être expresses, régulières et antérieures aux faits incriminés. (Cass. 19 novembre 1829.)

3. *Excuse.* — L'autorisation des propriétaires couvre le délit commis dans les bois particuliers, quand même cette autorisation ne serait présentée qu'après le commencement des poursuites.

4. *Délit.* — En cas de délit commis suivant une autorisation illégalement accordée, la poursuite doit être dirigée contre l'auteur de l'autorisation. (Cass. 23 septembre 1807.) V. Garantie.

AUTORITÉ.

1. *Définition.* — Pouvoir public. Gouvernement. (Littré.)

2. *Autorités constituées.* — Les pouvoirs et fonctionnaires établis par une constitution pour gouverner. (Littré.)

3. *Désignation.* — Le mot *autorités* désigne les autorités civiles et militaires, les magistrats et les officiers investis du pouvoir. (Littré.)

4. *Classification.* — Les autorités CIVILES comprennent les autorités *administratives* et *judiciaires*.

Les autorités *administratives* sont les administrations de département, de district (arrondissement) et les corps municipaux. (Loi de janvier 1790.)

Les autorités *judiciaires* sont constituées par les magistrats.

Les autorités MILITAIRES sont les *chefs* de la force publique.

5. *Administrative.* — L'autorité administrative est cette portion du pouvoir exécutif qui est chargée d'assurer l'application des *lois d'ordre public.*

6. *Judiciaire.* — L'autorité judiciaire a dans ses attributions l'application des *lois d'ordre privé et d'ordre pénal.* (Cabantous.) V. Préséance.

AUXILIAIRE.

1. *Chasse. Complicité.* — Celui qui frappe des broussailles avec un bâton pour déloger un lièvre poursuivi par des chasseurs, sans permis, se rend co-auteur ou complice du délit. (Rennes, 11 avril 1866.)

2. *Permis de chasse.* — Lorsque la chasse exige le concours de plusieurs personnes, les auxiliaires n'ont pas besoin d'être munis d'un permis de chasse, mais alors ils ne doivent pas être munis d'armes à feu. (Circ. Min. 22 juillet 1851.)

AVANCE.

1. *Travaux par économie.* — Il peut être fait des avances de fonds aux agents chargés des travaux à effectuer par économie ; le total de ces avances ne doit pas excéder 20,000 francs. Elles sont faites à charge par eux de produire, dans le délai d'un mois, au comptable qui a fait l'avance, les quittances des créanciers réels et autres pièces justificatives. En Algérie et à l'étranger, il peut être fait des avances de 35,000 francs au maximum, à charge d'en justifier dans un délai de 45 jours au plus. (Circ. N 104, art. 134.) V. Mandats.

2. *Remboursement. Reversement.* — Toute avance ou portion d'avance faite pour un service régi par économie et non employée, ou dont l'emploi ne serait pas justifié à l'expiration du délai fixé, doit être reversée immédiatement dans une caisse publique. (Circ. N 104, art. 136.)

3. *Quotité.* — On ne doit pas autoriser des avances de fonds supérieures à la dépense susceptible d'être justifiée, dans le délai d'un mois. (Circ. A 822.)

4. *Mandat. Timbre de quittance.* — La quittance d'un mandat d'avance de fonds donnée par un fonctionnaire n'est qu'une mesure d'ordre exempte de timbre. Les quittances des créanciers réels que l'interme-

diaire est tenu de fournir au comptable qui a fait l'avance des fonds sont seules sujettes au timbre de quittance. (Circ. N 104, § 1, nº 16.)

5. *Travaux.* — Les avances peuvent être faites pour les frais d'abattage et façonnage des bois non adjugés et pour les travaux d'entretien et d'amélioration, qui ne sont pas de nature à être exécutés par entreprise. (Circ. N 104, art. 135.)

6. *Périmètres de restauration des montagnes. Avance provisionnelle.* — En règle générale, l'ordonnancement des dépenses ne peut avoir lieu que pour les services faits.

Toutefois, des mandats d'avance provisionnelle peuvent être délivrés aux agents régisseurs de travaux pour faire face aux besoins urgents et imprévus, tels que le payement de fournitures et de transports au comptant ou celui de salaires d'ouvriers qui, pour une cause quelconque, ne pourraient attendre la fin du mois. (Instr. Gén. 2 février 1885, art. 135. Circ. N 345.)

7. *Mandat. Justification.* — Lorsqu'un mandat d'avance provisionnelle a été délivré à l'agent régisseur, il est justifié, suivant les mêmes règles que pour les mandats délivrés pour services faits, du payement des journées d'ouvriers qui n'ont pu attendre la fin du mois, avec cette seule différence que les feuilles de journées ne sont pas préalablement transmises au chef de service et qu'il n'est pas préparé par celui-ci de rôle-minute de journées.

Le rôle-minute est, dans ce cas, dressé par l'agent régisseur, qui l'envoie au chef de service *aussitôt* chaque payement effectué.

Il est justifié du payement des fournitures et transports dont le montant ne dépasse pas 10 francs, qu'il a été nécessaire de *payer comptant*, au moyen de quittances. (Form. série 7, nº 57. Instr. Gén. 2 février 1885, art. 166. Circ. N 345.)

8. *Mandat. Reliquat.* — Si le mandat d'avance provisionnelle n'a pas été touché avant la fin du mois, il reste disponible pour les besoins du mois suivant. S'il a été touché avant la fin du mois et si son montant total n'a pas été dépensé, le reliquat est reversé à la caisse du trésorier-payeur général ou du receveur des finances.

Le reversement est effectué d'office ou en vertu d'un ordre délivré par l'ordonnateur secondaire; l'original du récépissé, ainsi que la déclaration de versement sont adressés au conservateur; ce dernier joint la déclaration de versement aux pièces justificatives et transmet directement l'original du récépissé au secrétariat de la comptabilité du ministère de l'agriculture, en même temps que la *Situation des crédits, des droits, des mandats et des payements. (Art. 136 et 141 du règlement sur la comptabilité publique.)*

Les agents demandent, s'il y a lieu, par rapport spécial, l'ouverture d'un nouveau crédit représentant le montant de la somme reversée. (Instr. Gén. 2 février 1885, art. 167. Circ. N 345.)

AVANCEMENT.

SECT. I. — PRINCIPE. GÉNÉRALITÉS.

1. *Principe.* — Donner à chaque poste l'homme qui lui convient le mieux; approprier l'âge, le caractère, les mœurs, l'esprit de chacun aux nécessités de l'emploi, voilà le devoir de celui qui nomme; devoir complexe, délicat, à l'accomplissement duquel on ne peut apporter trop d'attention pour éviter les surprises, trop de volonté pour déjouer les intrigues, trop de désintéressement pour résister aux obsessions de la parenté et de la camaraderie. (Vivien.)

2. *Principe.* — Le moyen d'avancer est de bien servir et de rester fidèle aux sentiments d'honneur et de dignité. (Circ. N 121.)

3. *Tableau et comité d'avancement.* — Un comité d'avancement composé du ministre de l'agriculture, président, du directeur des forêts, vice-président, des trois administrateurs, vérificateurs généraux des forêts, du directeur de l'école nationale forestière et du conservateur des forêts, directeur de l'école de Barres, dresse chaque année un tableau d'avancement pour les agents de tous grades.

Le tableau d'avancement contient une liste de présentation pour chaque grade, jusqu'à celui de conservateur inclusivement. (Décr. 15 juin 1891. Circ. N 435.)

4. *Tableau d'avancement. Durée.* — Les tableaux d'avancement dressés par le comité et arrêtés par le ministre de l'agriculture serviront pour toutes les promotions à faire dans l'année de l'établissement du tableau. (Décr. 15 juin 1891. Circ. N 435.)

SECT. II. — ADMINISTRATION CENTRALE.

5. *Tableau d'avancement.* — Il n'existe pas de tableau d'avancement spécial pour les agents de l'administration centrale, qui sont considérés comme détachés provisoirement. C'est le comité d'avancement qui examine leurs titres. (Circ. N 435.)

6. *Conditions.* — Tout avancement ou nomination à un emploi a lieu à la dernière classe de cet emploi et au choix.

L'avancement en classe dans tous les emplois a lieu d'une classe à la classe immédiatement supérieure. Le choix pour cet avancement ne peut porter que sur les fonctionnaires ou employés, comptant au moins deux ans de service dans leur classe. (Décr. du 12 octobre 1890, art. 14. Circ. N 433.)

7. *Choix.* — Sont choisis : les commis d'ordre ou expéditionnaires, parmi les brigadiers sédentaires du service extérieur ;

Les rédacteurs : 1° parmi les inspecteurs-adjoints ou les inspecteurs de quatrième classe : 2° parmi les commis de la direction des forêts. (Décr. du 12 octobre 1890, art. 12. Circ. N 433.)

Les administrateurs des forêts seront choisis parmi les conservateurs, ayant deux ans au moins d'exercice dans le grade. (Décr. 15 juin 1891. Circ. N 435.)

SECT. III. — SERVICE EXTÉRIEUR.

§ 1. *Agents.*

8. *Nomination. Principe.* — Les nominations à tous les grades supérieurs à celui de garde général seront toujours faites parmi les agents du grade immédiatement inférieur et qui auront au moins deux ans d'exercice dans ce grade. (Ord. 11.)

9. *Conditions.* — Nul agent ne pourra obtenir un avancement de grade, s'il ne figure au tableau d'avancement. (Décr. du 15 juin 1891. Circ. N 435.)

10. *Tableau d'avancement.* — Peuvent être portés au tableau d'avancement :

1° Pour le grade d'inspecteur adjoint, les gardes généraux, quelle que soit leur origine, en activité de service et ayant, au 1er janvier de l'année de l'établissement du tableau d'avancement, au moins cinq ans de grade ;

2° Pour le grade d'inspecteur, les inspecteurs adjoints en activité de service et ayant, à cette même date, au moins cinq ans de grade et trois ans de service dans des fonctions actives ;

3° Pour le grade de conservateur, les inspecteurs en activité de service et ayant, à cette même date, au moins cinq ans de grade, dont deux au moins dans le service actif. (Arr. Min. du 15 juin 1891, art. 1, 3. Circ. N 435.)

11. *Retraite.* — Les agents portés au tableau d'avancement qui n'auront pas été promus à leur admission à la retraite pourront exceptionnellement, à cette époque, être élevés, à titre honorifique, au grade supérieur. (Arr. Min. du 15 juin 1891, art. 4. Circ. N 435.)

§ 2. *Préposés.*

A. *Préposés en général.*

12. *Propositions.* — En renvoyant, avant le 1er décembre, classées par ordre alphabétique, les feuilles de notes des préposés à l'administration, le conservateur y joint les tableaux annuels d'avancement (Form. série 1, n° 18.) ; les listes de présentation pour les nominations aux emplois de gardes forestiers, dûment revisées ; les états, avec demandes à l'appui, des préposés qui désirent être appelés soit dans leur grade actuel, soit avec avancement en dehors de la conservation.

Les tableaux d'avancement ne doivent comprendre que les préposés auxquels le nombre des vacances qui se produisent en moyenne dans les conservations donne quelque chance d'arriver dans le courant de l'année. (Lettres Circ. de l'Admin. 29 octobre 1884 et 22 octobre 1891.)

13. *Résidence.* — Les postes les plus avantageux doivent être réservés aux anciens préposés, qui auraient mérité, par leur bonne conduite, une amélioration de position dans leur grade. (Circ. A 464.)

B. *Brigadiers.*

14. *Agent. Conditions.* — Nul brigadier forestier ne pourra être nommé agent, s'il ne figure pas au tableau d'avancement.

Peuvent être portés au tableau d'avancement, les brigadiers en activité de service et qui auront, au 1er janvier de l'année pour laquelle le tableau est arrêté, quinze années de service actif. (Décr. du 15 juin 1891, art. 3. Arr. Min. du 15 juin 1891, art. 1 et 3. Circ. N 435.)

15. *Garde général stagiaire. Demande.* — Chaque année, avant le 1er juillet, les brigadiers qui se trouvent dans les conditions prévues par le décret du 14 janvier 1888, et qui se présentent comme candidats au grade de garde général stagiaire, adressent leur demande à leur chef hiérarchique. (Arr. Min. du 15 juin 1891, art. 2. Circ. N 435.)

16. *Service actif.* — Les brigadiers sédentaires ne pourront entrer dans le service actif, avec leur grade, que lorsqu'ils compteront quatre années d'exercice dans ce grade, à moins qu'ils n'aient déjà fait partie du service actif pendant deux ans au moins, en qualité de simples préposés. (Arr. Min. du 11 décembre 1886. Circ. N 375.)

17. *Classe.* — On ne doit proposer pour la 2e classe que des brigadiers ayant au moins deux ans de grade. (Circ. A 467.)

C. *Élèves de l'école secondaire d'enseignement professionnel.*

18. *Gardes généraux stagiaires.* — Les préposés qui ont satisfait aux examens de sortie de l'école secondaire d'enseignement professionnel sont nommés gardes généraux stagiaires. (Arr. Min. 19 octobre 1888.)

D. *Gardes.*

19. *Brigadier.* — Les gardes admis à l'école secondaire d'enseignement professionnel reçoivent immédiatement le grade de brigadier. (Arr. Min. 5 juin 1884, art. 3. Circ. N 336.)

20. *Brigadier.* — Le grade de brigadier domanial dans le service actif ne peut être conféré qu'aux gardes de ce service, ayant au moins deux ans d'exercice. (Circ. autogr. 18 mai 1863, no 94.)

21. *Brigadier.* — Les gardes sédentaires pourront être promus successivement, sans déplacement, brigadiers de 1re et 2me classe. (Arr. Min. 14 août 1840. Circ. A 487.)

22. *Service actif.* — Les gardes sédentaires ne pourront entrer dans le service actif qu'après quatre ans d'exercice, à moins qu'ils ne soient fils d'agents ou de préposés domaniaux, ou présentés par l'autorité militaire, ou anciens gardes cantonniers ou communaux. (Circ. N 375. Décr. du 28 janvier 1892.)

23. *Propositions.* — Lorsque le conservateur propose un préposé forestier communal pour un emploi domanial ou mixte, il produit à l'appui : un extrait de l'acte de naissance du candidat, un double de sa feuille individuelle, enfin, s'il a été militaire, une copie de ses états de service. (Circ. N 21, art. 20.)

24. *Classe.* — Les gardes domaniaux de 2e classe pourront, après deux ans de service, obtenir le titre de garde de 1re classe. (Arr. du directeur général, 10 décembre 1857.)

25. *Garde cantonnier. Triage.* — Les gardes cantonniers ne peuvent être promus à la 1re classe qu'après deux ans d'exercice. Les gardes cantonniers de 1re classe et 2me classe peuvent être nommés à des postes domaniaux ou mixtes après quatre années de service.

Toutefois, ce délai ne sera pas exigé pour les gardes cantonniers qui seraient fils de gardes domaniaux ou portés sur les états de présentation de l'autorité militaire. (Arr. du directeur général, 20 octobre 1862. Circ. A 823. Arr. Min. 11 déc. 1886. Circ. N 375.)

26. *Cantonniers. Age.* — Les gardes forestiers cantonniers peuvent être nommés à tout âge à des postes (triages) domaniaux ou mixtes. (Arr. Min. 11 déc. 1886. Circ. N 375.)

AVANT-PROJET.

Travaux. Bois domaniaux. — L'avant-projet des travaux contient tous les renseignements propres à faire apprécier l'utilité des travaux qu'il s'agit d'exécuter et, pour les routes, notamment, il établit avec précision la plus-value nette à espérer pour le Trésor. (Circ. N 22, art. 6.)

AVARIE.

1. *Responsabilité.* — Le voiturier est garant des avaries, autres que celles provenant du vice propre de la chose ou de la force majeure. (Cod. Comm. 103. Cod. Civ. 1784.)

2. *Colis. Graines.* — En cas d'avaries ou de déficit, l'état des colis est vérifié et constaté par experts nommés par le président du tribunal de commerce ou, à son défaut, par le juge de paix et par ordonnance au pied d'une requête. (Cod. Comm. art. 106.) Il en est donné avis immédiat à l'expéditeur. (Circ. N 22, art. 56). Prescription, 6 mois. (Cod. Comm. 108.) V. Transport.

AVENUE.

Contenance. — Il ne peut être fait aucune réclamation pour les avenues qui se trouvent dans l'intérieur des coupes et dont la distraction n'a pas été faite dans le plan d'arpentage, les coupes étant adjugées en bloc et sans garantie de contenance (Cah. des ch. 1.)

AVERTISSEMENT.

SECT. I. — JUSTICE DE PAIX.

1. *Timbre.* — Les avertissements donnés par les greffiers, avant citation devant le juge de paix, seront rédigés sur papier timbré de dimension de 50 centimes (60 centimes avec le double décime et demi). (Loi du 23 août 1871, art. 21.)

SECT. II. — DÉFRICHEMENT.

2. *Original.* — L'original est seul acte authentique. (Nîmes, 25 juin 1835.)

3. *Délai.* — Les avertissements pour défrichement, indiquant le jour où il sera procédé à la reconnaissance, se donnent, au domicile élu par le pétitionnaire, huit jours au moins avant celui fixé pour qu'il soit procédé, par un agent forestier, à la visite du terrain à défricher. (Cod. For. 219.)

Ces avertissements se donnent dans le mois du communiqué de la demande. Ils ne sont pas soumis à la formalité de l'enregistrement. (Déc. Min. 28 décembre 1859. Loi du 15 mai 1810, art. 80.)

Ils doivent contenir invitation d'assister ou de se faire représenter. (Ord. 192.)

Il importe de laisser écouler entre l'avertissement et la reconnaissance un délai de huit jours *pleins*, c'est-à-dire le jour où l'avertissement est donné et celui où la reconnaissance a lieu non compris. (Circ. N 352.)

4. *Frais.* — Les gardes reçoivent pour chaque avertissement de défrichement une indemnité de 30 centimes. (Déc. Min. 7 mars 1834. Circ. N 43, art. 30.)

5. *Notification.* — Si l'avertissement ne peut être notifié par un préposé, à cause de l'éloignement du domicile de la partie intéressée, il y aura lieu de procéder à sa signification par ministère d'huissier. (Circ. A 782. Circ. N 43, art. 31.) Les frais de cette signification sont réglés par le tarif du décret du 26 février 1807, art. 29 : à Paris, 2 francs ; ailleurs, 1 fr. 50 ; pour chaque copie, le 1/4 de l'original. (Déc. Min. 15 septembre 1832.)

SECT. III. — TRANSACTION.

6. *Rédaction.* — Les inspecteurs préparent les avertissements pour transaction. (Arr. Min. 27 décembre 1861. Circ. N 149.)

7. *Timbre.* — L'avertissement d'une transaction est exempt de timbre et d'enregistrement, comme acte d'administration intérieure. (Loi du 15 mai 1818, art. 80.)

8. *Notification.* — Les avertissements sont notifiés sans retard par les brigadiers et gardes. (Arr. Min. 30 janvier 1860. Circ. A 786. Circ. N 149.)

9. *Rétribution.* — Les avertissements pour transaction donnent droit, au garde chargé de la notifier, à une rétribution de 30 centimes. (Arr. du 30 janvier 1860, art. 12. Circ. A 786.)

10. *Envoi.* — Les avertissements peuvent être adressés par le maire ou par lettre, lorsque les préposés sont éloignés. (Circ. A 786.)

11. *Frais.* — Les frais de notification des avertissements pour transaction (0 fr. 30) doivent être ajoutés au montant de la transaction. (Circ. A 801.)

SECT. IV. — PRESTATIONS.

12. *Rédaction. Notification.* — L'inspecteur prépare les avertissements destinés aux délinquants admis à se libérer au moyen de prestations ; il les adresse au chef de cantonnement, qui les fait notifier sans retard, conserve les originaux des notifications relatives aux travaux à exécuter sur le sol forestier et transmet à l'agent voyer d'arrondissement ceux qui concernent les chemins vicinaux. (Circ. N 149.)

AVEU.

1. *Principe.* — L'aveu judiciaire fait pleine foi contre celui qui l'a fait ; il ne peut être divisé contre lui et ne peut être révoqué, à moins qu'on ne prouve qu'il a été la suite d'une erreur de fait. (Cod. Civ. 1356.)

2. *Indivisibilité.* — En matière correctionnelle, les aveux des prévenus ne sont pas indivisibles comme en droit civil, et, bien qu'ils soient un fait matériel, ils ne suffisent pas toujours pour motiver une condamnation. (Cass. 15 décembre 1814.)

3. *Degré de foi.* — Les procès-verbaux qui relatent les aveux des prévenus font foi jusqu'à inscription de faux, non de la *véracité* des aveux, mais seulement de leur existence.

4. *Fait matériel.* — Les aveux faits par le prévenu constituent un fait matériel. (Cass. 30 juillet 1835.) Mais il faut, pour cela, qu'il y ait un fait matériel de contravention ; sinon, ils peuvent être attaqués par la preuve testimoniale. (Cass. 31 janvier 1817.)

5. *Poursuite. Décision.* — Si un procès-verbal est argué de nullité, le tribunal, sans statuer sur cette exception et sans admettre la preuve testimoniale offerte pour suppléer au procès-verbal, peut se décider, sur la culpabilité du prévenu, d'après ses aveux et le résultat des débats. (Cass. 6 juin 1835.)

6. *Procès-verbal. Nullité.* — L'aveu du prévenu s'élève contre toute nullité des procès-verbaux. (Cass. 15 octobre 1852.)

7. *Validité. Appréciation.* — Le juge reste le maître d'apprécier la force probante d'un aveu fait par le prévenu, eu égard aux circonstances dans lesquelles il intervient ; mais il ne peut se refuser à en faire la base d'une condamnation, par le seul motif qu'aucun procès-verbal régulier n'a constaté le fait matériel du délit. (Cass. 29 juin 1848.)

AVIRON.

Délivrance. — Les conservateurs autorisent la délivrance des avirons pour flottage. (Ord. 4 décembre 1844. Circ A 568. Déc. Min. 13 mars 1841.) Dimensions : 60 à 70 centimètres de tour sur 10 à 11 mètres de longueur. Essences : aune ou tremble.

AVIS.

Ecriture. — Les avis des agents sont fournis en simple expédition. (Circ. A 584.)

AVOCAT.

1. *Concours.* — L'avocat nommé d'office pour une cause ne pourra refuser son ministère, sans faire approuver ses motifs d'excuse ou d'empêchement par le tribunal. (Ord. 20 novembre 1822, art. 41.)

2. *Plaidoirie.* — Les avocats parleront debout et couverts. (Décr. 2 juillet 1812, art. 12.) Mais ils se découvriront en prenant les conclusions ou en lisant les pièces du procès. (Décr. 14 décembre 1810.)

3. *Plaidoirie.* — Ne donneront lieu à aucune action en diffamation ou injure, les discours prononcés ou les écrits produits devant les tribunaux ; néanmoins, les juges pourront, s'il y a lieu, faire des injonctions aux avocats, ou même les suspendre de leurs fonctions pour six mois au maximum. (Loi du 17 mai 1819, art. 23.)

4. *Plaidoirie. Attaque. Pénalités.* — Toute attaque qu'un avocat se permettrait de diriger dans ses plaidoiries ou ses écrits contre les autorités établies sera réprimée immédiatement, sur les conclusions du ministère public, par le tribunal saisi de l'affaire. (Ord. 20 novembre 1822, art. 43.) Pénalité : avertissement, réprimande, interdiction temporaire, radiation du tableau.

5. *Instance domaniale.* — Dans les instances domaniales, le ministère des avocats est facultatif. (Règl. Min. 3 juillet 1834.)

6. *Défenseur.* — Dans les instances domaniales (question de propriété intéressant l'Etat), le ministère public est le véritable défenseur et fondé de pouvoirs de l'Etat. (Loi du 17 frimaire an VI. Cass. 27 août 1828.)

7. *Restauration des montagnes. Expropriations. Désignation.* — Le conservateur propose à la désignation du préfet l'avocat qui doit occuper pour l'Etat devant le tribunal et le jury d'expropriation. Toutefois, la désignation d'un avocat n'est faite que si l'importance des expropriations le comporte. (Instr. Gén. du 2 février 1885, art. 49. Circ. N 345.)

8. *Instance domaniale. Honoraires.* — Les suppléments d'honoraires d'avocat sont payés par l'administration des forêts, d'après la fixation faite par le préfet, sur l'avis du directeur des domaines et du conservateur. Les arrêtés de liquidation ne sont soumis à l'approbation du ministre que si la somme dépasse 2000 francs. (Loi du 20 juillet 1837. Arr. Min. 2 novembre 1838. Décr. 25 mars 1852. Circ. A 436.)

AVOUÉ.

1. *Principe.* — Le ministère des avoués est forcé en matière civile (Proc. Civ. 75) ; il est facultatif en matière commerciale, criminelle, correctionnelle et de police.

2. *Affaires forestières.* — Le ministère des avoués est exclu des affaires forestières, sauf le cas où il s'élève des questions de propriété. (Déc. Min. 17 mars 1824.)

3. *Question de propriété.* — L'administration n'est pas tenue de constituer avoué dans les affaires civiles, autres que celles relatives à des questions de propriété. (Déc. Min. 17 mars 1824.)

4. *Instance domaniale.* — Dans les instances domaniales (question de propriété intéressant l'Etat), le ministère public est le véritable défenseur et fondé de pouvoirs de l'Etat et les préfets n'ont pas besoin de constituer un avoué. (Loi du 17 brumaire an VI. Cass. 27 août 1828.)

5. *Restauration des montagnes. Expropriation. Désignation.* — Le conservateur propose à la désignation du préfet l'avoué qui doit occuper pour l'Etat devant le tribunal et le jury d'expropriation. (Instr. Gén. du 2 février 1885, art. 49. Circ. N 345.)

6. *Préfet. Constitution. Actes.* — Le préfet n'est tenu de constituer avoué que dans les affaires où il y a des formalités à remplir, des actes à signifier et une procédure à suivre; mais cette constitution n'est pas légalement obligatoire. (Lettre Min. 13 septembre 1822. Circ. A 70.)

7. *Plaidoirie.* — En l'absence ou sur le refus des avocats, les avoués pourront être autorisés par le tribunal à plaider en toute espèce de cause. (Décr. 2 juillet 1812, art. 5.)

8. *Comparution. Représentation.* — Dans les affaires relatives aux délits qui n'entraînent pas la peine d'emprisonnement, le prévenu pourra se faire représenter par un avoué. Le tribunal pourra néanmoins ordonner la comparution en personne. (Instr. Crim. 185.)

9. *Frais.* — Dans les affaires correctionnelles, l'assistance d'un avoué n'étant pas obligatoire, les frais d'avoué ne doivent pas être payés par l'administration, si elle suc-

combe dans l'instance. (Cass. 31 janvier 1833, 2 avril 1836, 27 juin 1861.) On ne doit donc rien signifier aux avoués.

10. *Frais.* — Le ministère de l'avoué n'étant pas exigé en matière correctionnelle, les frais auxquels donne lieu l'assistance de cet officier ministériel doivent être supportés par la partie qui a jugé à propos d'y recourir et ne peuvent être mis à la charge de la partie condamnée, qui ne les a pas occasionnés. (Cass. 26 avril 1856. Déc. Min. 11 novembre et 31 décembre 1823.)

11. *Frais. Juridiction criminelle.* — Les frais d'avoué devant les juridictions criminelles ne peuvent être de plein droit mis à la charge de la partie qui succombe. C'est au juge à apprécier s'ils sont frustratoires ou non et quels sont ceux dont il doit ordonner le remboursement. (Cass. 12 décembre 1873.)

Ces dispositions seraient applicables en matière forestière pour les délits commis dans les bois de particuliers.

12. *Frais. Prescription. Délai.* — L'action des avoués, pour le paiement de leurs frais et salaire, se prescrit par deux ans, à partir du jugement ou de la conciliation des parties. Pour les affaires non terminées, ils ne peuvent faire des demandes remontant à plus de cinq ans. (Cod. Civ. 2273.)

13. *Pièces. Responsabilité.* — Les avoués sont déchargés des pièces cinq ans après le jugement du procès. (Cod. Civ. 2276.)

AYSEMENT.

Définition. — Ce mot est indicatif d'un droit de servitude sur la propriété d'autrui. (Metz, 9 avril 1867.)

AZEROLIER.

Classification. — Arbre fruitier, 1re classe. (Cod. For. 192.)

AZIMUT.

Triangulation. — L'azimut sera déduit des positions géographiques des côtés des triangles de la carte de France, qui auront servi de base aux opérations. L'administration fait connaître l'azimut, en transmettant aux agents les documents nécessaires à la triangulation. (Instr. 15 octobre 1860, art. 79.)

Lorsqu'il n'aura pas été possible d'appuyer les opérations sur un ou plusieurs côtés d'un triangle de la carte de France, on pourra se borner à orienter l'une des bases à l'aide de la boussole. (Instr. 15 octobre 1860, art. 80.)

B

BAC.

Franchise. — Sont exempts du droit de péage les agents et préposés forestiers, lorsque le passage a lieu en raison de leurs fonctions et sous la condition qu'ils soient revêtus des marques distinctives de leurs fonctions, ou porteurs de leur commission. (Block.)

BAIL.

1. *Définition.* — Contrat par lequel on cède la jouissance d'une chose, pour un prix et pour un temps. (Littré.)

2. *Règle spéciale.* — Les baux des biens nationaux, des biens communaux et d'établissements publics sont soumis à des règlements particuliers. (Cod. Civ. 1712.)

3. *Autorisation. Bois domaniaux.* — Tout bail au compte du département de l'agriculture doit être autorisé par le ministre ou par son délégué spécial. L'approbation du ministre est nécessaire pour les baux qui ont plus de neuf ans de durée. (Circ. N 104, art. 53.) V. Location.

4. *Biens domaniaux. Autorisation.* — Les préfets statuent sur les baux à donner ou à

prendre, quelle qu'en soit la durée. (Pour les bois domaniaux, il faut que le prix du bail n'excède pas 500 francs par an.) (Décr. 25 mars 1852.)

5. *Biens ruraux communaux.* — Les baux des biens ruraux des communes doivent rarement dépasser dix-huit et jamais excéder trente ans.(Circ. Min. 5 mai 1852.) Les conseils municipaux règlent par leurs délibérations les conditions des baux, dont la durée n'excède pas dix-huit ans, qu'il s'agisse de biens ruraux ou de maisons et bâtiments donnés à ferme par les communes, ou des biens pris à loyer par elles. (Loi du 5 avril 1884, art. 67 et 68 combinés.) Quand la durée des baux excède dix-huit ans, le préfet statue en conseil de préfecture. Lorsque le préfet refuse son approbation, ou qu'il ne fait pas connaître sa décision dans un délai d'un mois, à partir de la date du récépissé, le conseil municipal peut se pourvoir devant le ministre de l'intérieur. (Loi du 5 août 1884, art. 69.)

La loi de 1884 n'a pas modifié la jurisprudence qui a été prescrite par la circulaire du ministre de l'intérieur du 5 mai 1852, recommandant aux préfets d'exiger que les baux des biens communaux fussent précédés des formalités suivantes : enquête de commodo et incommodo, expertise, rédaction d'un cahier des charges, mise aux enchères publiques, et qu'il y a lieu de suivre, dans le cas où l'approbation de l'autorité supérieure est requise. Quand le conseil municipal statue définitivement, il lui appartient de déterminer lui-même les formalités de nature à sauvegarder l'intérêt de la commune. La mise en ferme des biens communaux de toute nature doit donc, à moins d'autorisation contraire, avoir lieu par adjudication publique, aux enchères, sous les clauses et conditions insérées au cahier des charges dressé par le maire et homologué par le préfet sur l'avis du sous-préfet. (Block.)

Lorsque la commune prend un immeuble à loyer pour une durée supérieure à dix-huit ans, le bail est proposé par le maire au conseil municipal, qui délibère sur les conditions. Un expert désigné par le sous-préfet constate la contenance, la valeur et la situation ; puis le sous-préfet fait ouvrir une enquête de commodo et incommodo. Ensuite, le maire transmet la délibération du conseil municipal, le rapport de l'expert, le procès-verbal d'enquête, l'avis du commissaire-enquêteur, la promesse du bail et le budget de la commune, et le préfet autorise, par un arrêté, la commune à prendre l'immeuble à loyer. Le bail est passé par le maire (Loi du 5 avril 1884, art. 98), qui peut procéder en la forme administrative et en l'absence de tout notaire. Toutefois, le préfet, en vertu de son droit de surveillance, pourrait prescrire de recourir au ministère d'un notaire. (Block.)

6. *Actes. Enregistrement.* — Les baux sont ordinairement passés par acte sous-seing privé, entre les propriétaires et les agents forestiers délégués à cet effet, et rédigés en autant d'originaux que de parties ayant un intérêt distinct.

Ils sont enregistrés gratis pour les locations faites par l'Etat. (Circ. N 6. Déc. Min. 22 juin 1830.)

7. *Durée. Conditions.* — Les baux, quand ils doivent avoir plus de trois ans, ne peuvent être faits que pour trois, six ou neuf ans (Loi du 5 novembre 1790) et ils contiendront, en outre, la réserve pour l'Etat de la faculté de résilier sans indemnité et à quelque époque que ce soit de la durée du bail. (Circ. A 686.) Pour un bail excédant neuf ans, il faut une autorisation spéciale. (Loi du 5 novembre 1790, art. 9.)

8. *Projet. Examen.* — Les projets des baux doivent être soumis à l'examen préalable de l'administration. (Lettre de la direction 30 avril 1887.)

9. *Sous-location. Cession.* — Le preneur a le droit de sous-louer et même de céder son bail à un autre, si cette faculté ne lui a pas été interdite. Elle peut être interdite pour le tout ou partie. (Cod. Civ. 1717.) V. Location.

10. *Copie à l'administration.* — Immédiatement après la passation d'un bail, les conservateurs en transmettent à l'administration une copie certifiée conforme. (Circ. N 6.)

11. *Papier timbré. Frais.* — Les baux sont établis sur papier timbré à la charge des bailleurs. (Décis. du ministre des finances du 19 novembre 1868. Lettre de la direction du 30 avril 1887.)

12. *Obligation. Bailleur.* — Le bailleur est obligé : 1° de délivrer au preneur la chose louée ; 2° d'entretenir cette chose en état de servir à l'usage pour lequel elle a été louée ; 3° d'en faire jouir paisiblement le preneur pendant la durée du bail (Cod. Civ. 1719) ; de délivrer la chose en bon état de réparations de toute espèce et d'y faire, pendant la durée du bail, toutes les réparations nécessaires, autres que les réparations locatives. (Cod. Civ. 1720.)

13. *État des lieux.* — Le bailleur ne peut, pendant la durée du bail, changer la forme de la chose louée. (Cod. Civ. 1723.)

14. *Exécution.* — Les questions relatives à l'exécution des baux passés par l'administration sont du ressort des tribunaux. (Cons. d'Etat, 21 juin 1826.)

15. *Compétence.* — Toutes les difficultés concernant la validité, l'interprétation, l'exécution et la résiliation des baux des biens de l'Etat et des communes sont de la compétence des tribunaux judiciaires. (Cabantous.)

16. *Compétence. Exécution. Bois communaux.* — Les difficultés qui s'élèvent entre une commune et un fermier, au sujet de

l'exécution d'un bail, sont de la compétence de l'autorité judiciaire, bien que la carrière, objet du bail, soit située dans une forêt soumise au régime forestier et que le bail soit revêtu de la forme administrative. (Cass. 20 mai 1873.)

17. *Interprétation.* — C'est à l'autorité judiciaire qu'il appartient de donner l'interprétation du bail d'un immeuble appartenant à l'Etat, à moins qu'une disposition de loi n'ait fait attribution spéciale sur ce point à l'autorité administrative. (Cons. d'Etat, 12 mai 1853.) V. Chêne-liège.

18. *Exception.* — Un droit de bail, ne donnant aucun droit de propriété, ne peut servir de base à une exception préjudicielle, en cas de poursuites pour délit forestier. V. Location.

19. *Exception. Droit.* — Un bail administratif ne constitue pas une exception fondée sur un droit réel, dont la connaissance appartient à l'autorité judiciaire. (Metz, 27 avril 1864.)

20. *Annulation.* — Il n'appartient pas à l'autorité judiciaire d'annuler, soit directement, soit indirectement, un bail administratif pour défaut d'accomplissement des formalités prescrites par les règlements administratifs. (Metz, 27 avril 1864.)

21. *Durée.* — Le bail par écrit cesse de plein droit au terme fixé, sans qu'il soit nécessaire de donner congé. (Cod. Civ. 1737.)

22. *Résiliation.* — Un bail authentique n'est pas résilié par la vente du fonds, à moins de conditions spéciales. (Cod. Civ. 1743 et suivants.)

23. *Résiliation.* — Si, pendant la durée du bail, la chose louée est détruite en totalité par cas fortuit, le bail est résilié de plein droit; si elle n'est détruite qu'en partie, le preneur peut, suivant les circonstances, demander une diminution de prix ou la résiliation du bail. (Cod. Civ. 1722.)

24. *Chasse. Location.* — L'acte par lequel un propriétaire cède et abandonne exclusivement, pour une durée déterminée et pour un certain prix, tous les droits de chasse sur les terres qu'il possède n'est point une simple permission ou autorisation de chasse, mais un véritable bail, sans aucune réserve. (Colmar, 1er octobre 1867.)

25. *Poursuites. Exception.* — En cas de prévention de délit de chasse, l'exception tirée d'un bail ne constitue pas une exception fondée sur un droit *réel*. (Cass. 7 janv. 1853.)

26. *Chasse Interprétation.* — L'interprétation des clauses et conditions d'un bail de droit de chasse dans une forêt communale, d'où pourrait résulter une infraction punissable par l'article 11, § 5, de la loi sur la chasse, constitue une appréciation de droit, dont le contrôle rentre dans les attributions de la cour de cassation. (Cass. 25 mai 1855.)

27. *Chasse. Condition. Droit du locataire.* — Le bail existe dès l'instant où les parties sont d'accord ; peu importe le droit de l'administration d'annuler le bail. Le bail est exécutoire dès l'instant où il est conclu et le locataire de la chasse est en droit de poursuivre les délits commis, sans être tenu à montrer un bail ayant date certaine, lorsque le délinquant n'allègue aucun droit à lui conféré par le propriétaire et en contradiction avec le droit du locataire. (Rouen, 22 février 1878.)

28. *Chasse. Cession.* — Les adjudicataires ne pourront céder leur bail qu'en vertu d'une autorisation du chef de l'administration des forêts.

Les cessions seront passées au secrétariat de la préfecture ou de la sous-préfecture du lieu de l'adjudication.

Les cessionnaires ne pourront obtenir le permis spécial qu'en représentant l'acte de cession.

Nonobstant leur cession, les adjudicataires resteront, *jusqu'à la fin du bail* et décharge définitive, solidairement obligés avec les cessionnaires. (Cah. des ch. 13.)

29. *Chasse. Résiliation.* — En aucun cas, l'adjudicataire qui aura été privé du droit d'obtenir un permis de chasse ne sera fondé à demander la résiliation de son bail ou une diminution de prix. Les demandes en réduction ou résiliation ne suspendent pas les poursuites pour le recouvrement des termes dus. (Cah. des ch. 10.)

30. *Chasse. Adjudication. Enregistrement.* — L'adjudicataire payera comptant à la caisse du receveur des domaines, tant pour les droits fixes de timbre et d'enregistrement des procès-verbaux et actes relatifs à l'adjudication que pour tous autres frais, 1 fr. 60 c. pour cent du prix annuel de son bail, augmenté de la valeur moyenne annuelle des charges imposées pendant la durée du bail.

Il payera, en outre, les droits proportionnels d'enregistrement (20 centimes pour cent en principal) sur le montant total des annuités du bail, augmenté de la valeur totale des charges et du 1 fr. 60 pour cent. (Cah. des ch. 11.)

31. *Enregistrement.* — L'acte contenant bail d'une forêt pour plusieurs années n'est soumis qu'à un droit d'enregistrement de 20 centimes par cent francs et ne peut être assimilé à une vente de coupe de bois. (Cass. 22 février 1842.) V. Liège. Gemmage.

32. *Enregistrement.* — Les baux dont la durée est limitée sont enregistrés au droit de 20 centimes par cent francs sur le prix cumulé de toutes les années. (Loi du 16 juin 1824, art. 1.) Pour un bail administratif, délai : 20 jours ; pour un bail sous seing privé : 3 mois. (Loi du 22 frim. an VII, art. 20, 22.)

33. *Bail écrit. Droit. Enregistrement.* — En cas de bail écrit, le bailleur peut s'affranchir du droit en sus, en déposant son acte au

bureau de l'enregistrement. Il a un délai d'un mois en sus du preneur (soit quatre mois), pour faire ce dépôt ou sa déclaration. (Loi du 23 août 1871, art. 14.)

34. *Bail verbal. Déclaration. Droit.* — Tout bail verbal excédant une durée de trois ans ou dont le prix annuel excède 100 francs doit être déclaré au bureau du receveur d'enregistrement dans le délai de trois mois de l'entrée en jouissance. La déclaration du bail et le payement du droit sont à la charge du bailleur, sauf recours contre le preneur. (Loi du 28 février 1872, art. 6. Loi du 23 août 1871, art. 11.)

35. *Hypothèques.* — Les baux d'une durée de plus de dix-huit ans sont transcrits au bureau des hypothèques, conformément à l'article 2 de la loi du 23 mars 1855. La transcription est opérée gratuitement. (Circ. N 6, art 44.)

BALIVAGE.

V. Griffage. Réserve. Baliveau. Moderne. Ancien. Pied cornier. Parois. Opérations. Martelage.

SECT. I. — OPÉRATION.

§ 1. *Principes.*

1. *Définition.* — Le balivage est l'opération par laquelle on fait choix, avant l'exploitation d'une coupe, des arbres de l'âge (baliveaux) qui doivent être réservés par l'exploitant. (Meaume.)

2. *Agent. Nombre.* — Il sera procédé annuellement à chaque opération de balivage et de martelage par l'agent ou les agents qui seront désignés par le directeur des forêts. (Ord. 78. Décr. 30 mars 1886.)

L'exécution par deux agents est la règle générale ; toutefois, dans les chefferies, le chef de service opère avec l'assistance des brigadiers dans le cantonnement dont la gestion lui est confiée. (Circ. N 366.)

3. *Propositions. Délai.* — Les conservateurs doivent faire parvenir, avant le 15 février de chaque année, les propositions ayant pour objet d'établir une répartition spéciale de l'ensemble des opérations entre les divers agents d'une même inspection. (Circ. N 366.) V. Opérations.

4. *Bois communaux. Maire. Convocation. Assistance.* — Les agents locaux devront prévenir par écrit les maires des communes propriétaires de bois soumis au régime forestier du jour auquel devront avoir lieu les opérations de balivage des coupes communales. (Déc. Min. 25 juillet 1872.)

Les maires n'ont que le droit d'assister, sans participation, aux opérations dont les agents forestiers ont toute la responsabilité. (Lettre de l'Admin. du 31 octobre 1872.)

5. *Agent. Préposé.* — Les opérations de balivage se font quelquefois par un agent et un préposé, surtout pour les coupes affouagères. Lorsque ces opérations ne doivent pas donner lieu à indemnité, il n'y a pas lieu de consulter l'administration à ce sujet, ni de demander son autorisation. (Circ. aut. du 17 janvier 1853. Circ. N 26, art. 10. Circ. N 310.)

6. *Responsabilité.* — Le chef de service est seul responsable de l'opération de balivage. (Circ. N 366.)

7. *Désignation.* — Pendant le cours des opérations, les agents ne doivent jamais perdre de vue les porteurs des marteaux ; au lieu de les suivre, ils doivent plutôt les précéder, afin d'être plus à même de déterminer les réserves et d'empêcher qu'ils n'aillent trop vite et s'écartent trop. (Circ. A 80.)

8. *Choix.* — L'inspecteur veille à ce que les réserves soient bien espacées et de bon choix. (Instr. 23 mars 1821, art. 92.)

9. *Désignation.* — A moins que le taillis ne soit impénétrable, les agents doivent désigner eux-mêmes les baliveaux, comme les modernes et les anciens. (Circ. A 534 bis.)

10. *Eclaircie. Mode.* — Dans les coupes qui s'exploitent par éclaircie, les agents doivent, dans les propositions, indiquer, avec motifs à l'appui, le mode de balivage à employer. (Le balivage en réserve est la régle ; celui en délivrance est l'exception.) (Circ. A 377.)

11. *Affectation.* — Les agents forestiers effectuent le balivage et le martelage des coupes délivrées aux affectataires. (Ord. 109.) V. Affectation.

12. *Adjudicataire. Réserve.* — L'adjudicataire sera tenu de respecter tous les arbres marqués ou désignés pour demeurer en réserve, quelle que soit leur qualification, lors même que le nombre en excéderait celui qui est porté au procès-verbal de martelage et sans que l'on puisse admettre, en compensation d'arbres coupés en contravention, d'autres arbres non réservés, que l'adjudicataire aurait laissés sur pied. (Cod. For. 33.)

13. *Vérification.* — Les conservateurs, dans leurs tournées, vérifient les opérations de balivage les plus importantes ; ils s'assurent si elles ont été exécutées avec le concours de deux agents, si elles sont dirigées avec prudence et discernement, si les procès-verbaux sont rédigés au fur et à mesure des opérations et, au plus tard, dans un délai de quinze jours. (Circ. N 18. Circ. N 366.)

§ 2. *Nombre des réserves.*

14. *Taillis. Réserves. Nombre. Bois domaniaux.* — Lors de l'exploitation des taillis, il sera réservé 50 baliveaux de l'âge de la coupe par hectare. En cas d'impossibilité, les causes en seront énoncées aux procès-verbaux de balivage et de martelage. (Ord. 70, 134.)

15. *Règles. Baliveaux. Nombre. Bois communaux.* — Dans les coupes des bois des communes et des établissements publics, la réserve prescrite par l'article 70 de l'ordonnance sera de 40 baliveaux au moins et de 50 au plus par hectare. (Ord. 137.)

16. *Quart de réserve.* — Lors de la coupe des quarts de réserve, le nombre des arbres à conserver sera de 60 au moins et de 100 au plus par hectare. (Ord. 137.)

§ 3. *Marque des réserves.*

17. *Marque. Désignation.* — Le balivage se fait au moyen de marteau ou de griffes, lorsque les sujets sont trop faibles pour supporter l'empreinte du marteau. V. Martelage.

18. *Marque.* — Les pieds corniers, les parois et les arbres à réserver dans les coupes seront marqués du marteau de l'Etat, savoir : les arbres de limites, à la hauteur d'un mètre ; les arbres anciens, les modernes et les baliveaux de l'âge du taillis, à la hauteur et de la manière qui seront déterminées par les instructions de l'administration. (Ord. 79.) V. Réserves.

19. *Griffage.* — Les baliveaux de l'âge du taillis pourront être désignés par un simple griffage ou toute autre marque autorisée par l'administration, lorsque ces arbres seront trop faibles pour recevoir l'empreinte du marteau de l'État. (Ord. 79.)

20. *Marque.* — Dans les coupes qui s'exploitent en jardinant ou par pieds d'arbre, le marteau de l'Etat sera appliqué aux arbres à abattre, et la marque sera faite au corps et à la racine. (Ord. 80.)

21. *Côté. Nord.* — Dans les balivages, les marques doivent, dans chaque coupe, être appliquées du même côté, au nord. (Circ. A 91.)

22. *Arbre de marine.* — Toutes les coupes renfermant des arbres de marine sont marquées et balivées en réserve ; il n'est fait d'exception que pour celles dites d'extraction ou de jardinage. Suivant l'usage, ces dernières sont marquées en délivrance, mais alors deux arbres, choisis à proximité de chaque arbre de marine, sont frappés, comme témoins, du marteau de l'agent qui dirige l'opération. (Règl. Min. 19 février 1862, art. 4. Circ. N 7.)

23. *Place forte.* — Les arbres marqués pour les places fortes porteront deux empreintes, celle du marteau de l'Etat, à la racine, et celle du marteau de l'inspecteur qui aura procédé au martelage, à un mètre de terre. Indépendamment, chaque arbre aura un témoin frappé au corps du marteau de l'inspecteur. (Lettre du 15 janvier 1831.)

SECT. II. — ACTE. PROCÈS-VERBAL.

§ 1. *Rédaction. Formalités.*

24. *Désignation.* — Il sera fait mention, dans les affiches en cahier et dans le procès-verbal d'adjudication, du mode de martelage ou de désignation des arbres de réserve. (Ord. 79. Circ. N 337.)

25. *Nombre. Forêt résineuse.* — Dans les coupes de bois résineux ou de futaie par extraction d'arbres, les agents doivent consigner sur le calepin le nombre des arbres de chaque espèce marqués en délivrance. (Circ. A 80.)

26. *Calepins.* — Les calepins sont tenus en double. Chacun des doubles est exactement annoté de toutes les indications que comporte l'imprimé ; dans les calepins de balivage, les tableaux devront être toujours soigneusement remplis. (Circ. N 366.)

27. *Procès-verbal. Rédaction. Délai. Signature.* — Les procès-verbaux de balivage sont

établis exclusivement par les chefs de service, au fur et à mesure des opérations et, au plus tard, dans un délai de quinze jours. Ils ne comportent d'autre signature obligatoire que celle du chef de service. (Circ. N 366.)

28. *Procès-verbal. Désignation.* — Les procès-verbaux de balivage et de martelage indiqueront le nombre et les espèces d'arbres qui auront été marqués en réserve, avec distinction en baliveaux de l'âge, modernes, anciens, pieds corniers et parois. (Ord. 81.)

29. *Expédition.*— Les inspecteurs fourniront au conservateur une expédition des procès-verbaux de martelage, excepté en ce qui concerne les coupes affouagères communales délivrées. (Circ. A 417. Circ. A 621.)

30. *Zone frontière. Chemins. Réparation. Procès-verbal.* — Les procès-verbaux de balivage des coupes assises dans les territoires réservés de la zone frontière doivent renfermer les clauses et conditions concertées entre les deux services intéressés, relativement à la réparation des chemins, et notamment celle fixant le délai accordé à l'adjudicataire pour la démolition des ouvrages et le rétablissement des lieux. (Circ. N 388.)

31. *Jardinage. Limite.* — Pour les coupes par pied d'arbre, on doit indiquer dans les procès-verbaux de balivage et martelage la nature des limites naturelles, ainsi que l'essence et la dimension des parois et pieds corniers. (Circ. A 475.)

32. *Conditions.* — Les conditions insérées au procès-verbal de balivage ne peuvent prévaloir contre les indications contraires ou différentes insérées au cahier des charges et au procès-verbal d'adjudication. (Cass. 6 mars 1852.)

33. *Procès-verbal. Dépôt.* — Quinze jours avant l'époque fixée pour l'adjudication, l'agent forestier chef de service fera déposer au secrétariat de l'autorité administrative les procès-verbaux de balivage et martelage des coupes.

Le fonctionnaire qui devra présider à la vente apposera son visa au bas de ces pièces, pour en constater le dépôt. (Ord. 83, 134.)

Après l'adjudication, ces pièces sont retirées du secrétariat et rendues aux agents forestiers. (Lettre Min. 10 octobre 1810.)

34. *Procès-verbal. Arbre de marine.* — Les arbres de marine sont portés sur le procès-verbal de balivage de la coupe, par l'indication du numéro de série et de la circonférence à 1^{m},33 du sol. (Circ N 7, art. 9.)

35. *Arbre de marine.* — L'administration forestière fera dresser un procès-verbal de balivage des arbres de marine, contenant toutes les indications propres à faire juger de l'importance approximative de chaque arbre. Copie de ce procès-verbal sera transmise au ministère de la marine. (Décr. 16 octobre 1858, art. 3.)

36. *Place forte.* — Les procès-verbaux de balivage seront faits en triple et signés par les deux agents forestiers, l'officier du génie et le fournisseur ou son expert. Une expédition est remise à l'officier du génie, une au conservateur, et l'agent forestier rédacteur garde la troisième. Ces procès-verbaux présenteront le nombre et les dimensions des arbres (longueur moyenne par mètre et circonférence moyenne à un mètre du sol), leur cube en stères et leur estimation sur pied. (Lettre de l'Adm. du 15 janvier 1831.)

§ 2. *Interprétation.*

37. *Appréciation.* — Les procès-verbaux de balivage sont des actes administratifs dont l'appréciation n'est pas de la compétence des tribunaux ordinaires. (Cass. 18 août 1836.)

38. *Actes. Interprétation.* — Les procès-verbaux de balivage et de martelage étant des actes administratifs, leur interprétation appartient exclusivement aux tribunaux administratifs (conseil de préfecture), notamment en ce qui concerne les énonciations relatives à l'âge des arbres. (Cass. 18 août 1836.)

§ 3. *Timbre et Enregistrement.*

39. *Timbre. Enregistrement.* — Les procès-verbaux de balivage sont timbrés et enregistrés en débet. (Déc. Min. 23 avril 1805 et 4 juillet 1836. Circ. A 373.) Droit : timbre, 1 fr. 20 c.; enregistrement, 3 fr. 75 c.

40. *Enregistrement. Délai.* — Les procès-verbaux de balivage sont enregistrés dans le délai de vingt jours. (Loi du 22 frimaire an VII, art. 20.) Ce délai court, pour les coupes vendues, à partir de la date de l'adjudication, et pour les coupes délivrées en nature, à partir de la date du procès-verbal de délivrance. (Dec. Min. 19 germinal an XIII, 31 janvier 1817, 12 juillet 1822. Circ. 17 juillet 1822.)

BALIVEAU.

1. *Définition.* — Arbre réservé de l'âge de la coupe ou d'une révolution.

2. *Dénomination.* — L'expression de baliveau, employée seule, ne comprend pas les baliveaux anciens ou modernes ; elle doit, à moins de disposition contraire, être restreinte aux baliveaux de l'âge, c'est-à-dire de l'âge du taillis. (Paris, 25 juillet 1851.)

3. *Nombre. Bois domaniaux.* — Lors de l'exploitation des taillis, il sera réservé 50 baliveaux de l'âge par hectare. En cas d'impossibilité, les causes en seront énoncées aux procès-verbaux de balivage. (Ord. 70.)

4. *Nombre. Bois communaux.* — Dans les coupes de bois des communes, la réserve prescrite par l'article 70 de l'ordonnance sera de 40 baliveaux au moins et de 50 au plus par hectare. (Ord. 137.)

5. *Quart en réserve. Nombre.* — Lors de la coupe des quarts de réserve, le nombre des arbres à conserver sera de 60 au moins et de 100 au plus par hectare. (Ord. 137. Circ. A 163.)

6. *Marque.* — Les baliveaux de l'âge du taillis seront marqués du marteau de l'État, à la hauteur et de la manière qui seront déterminées par l'administration. (Ord. 79, 134.)

7. *Marque.* — Les baliveaux de l'âge seront marqués à la patte, le plus près de terre que faire se pourra. (Déc. Min. 10 août 1822.) Les marques seront faites du même côté, au nord. (Circ. A 91.)

8. *Griffage.* — Les baliveaux de l'âge du taillis pourront être désignés par un simple griffage ou toute autre marque autorisée par l'administration, lorsque ces arbres seront trop faibles pour recevoir l'empreinte du marteau de l'État. (Ord. 79, 134.) On doit choisir principalement des brins de semence ou de pied. (Circ. A 30.)

9. *Marque.* — Les baliveaux au choix des agents forestiers seront marqués de leur marteau particulier ou au moyen du griffage. (Ord. 79, 134.)

10. *Désignation.* — A moins que le taillis ne soit impénétrable, les agents doivent désigner eux-mêmes les baliveaux. (Circ. A 534 bis.)

11. *Procès-verbal de balivage.* — Le nombre et l'espèce des baliveaux marqués en réserve seront relatés dans les procès-verbaux de balivage. (Ord. 81, 134.)

12. *Exploitation.* — Les baliveaux modernes et anciens ne seront abattus qu'autant qu'ils seront dépérissants et hors d'état de prospérer jusqu'à une nouvelle révolution. (Ord. 70.)

13. *Branches. Chablis.* — L'adjudicataire respectera les baliveaux de tout âge, même ceux cassés par les vents ou par des accidents de force majeure indépendants du fait de l'exploitation ; il sera tenu de les représenter, ainsi que les cimeaux et branchages en provenant. (Cah. des ch. 26.)

BALLE. V. Munition.

BANDE.

1. *Paquet.* Les bandes des paquets contresignés ne doivent adhérer entre elles qu'au verso de la dépêche, à l'endroit où elle est cachetée. Les bandes ne doivent pas excéder le 1/3 de la largeur des paquets. (Déc. Min. 11 août 1852. Circ. N 46, art. 13, 14.)

2. *Semis.* — L'ouverture des bandes dans les coupes de régénération est considérée comme travail d'entretien. (Circ. N 22, art. 25.)

BANDEROLE.

Engins. Délit. Chasse. — Les banderoles ne sont pas des engins prohibés, et le fait de les placer le jour ou la nuit, sur son propre terrain, ne constitue pas un délit de chasse. (Cass. 16 juin 1866.) Il y aurait délit si on les plaçait sur le terrain d'autrui. (Trib. de Fontainebleau, 7 mai 1862.)

BANDITE. BANDIOTE.

1. *Définition. Principe.* — On appelle bandite, dans l'ancien Comté de Nice, un terrain grevé d'un droit de jouissance spécial de pâturage, de chasse ou autre, au profit d'un ou de plusieurs particuliers ou même d'une commune. Le droit de bandite est un droit personnel, susceptible de vente et d'hypothèque ; on ne peut alors le considérer comme un véritable droit d'usage ordinaire ou servitude établie au profit d'un fonds quelconque. Ce droit semble constituer un droit réel immobilier de co-propriété superficiaire et, comme tel, susceptible de partage pour faire cesser l'indivision.

Le droit de bandite de pâturage et les terrains bandites, grevés du droit de pâturage des chèvres et des moutons, existant dans le Comté de Nice, ont été un obstacle à la soumission de certains bois communaux au régime forestier.

La cour de Bordeaux a jugé, le 17 mars 1847, que le droit de chasse (oiseaux de rivière), concédé à titre onéreux par un particulier aux habitants d'une commune, constitue un démembrement de propriété et non pas seulement un droit d'usage. Or, cette concession à titre onéreux est semblable à l'établissement d'un droit des bandites.

Le propriétaire d'un droit de bandite s'appelle *bandiote*. V. Superficiaire. Tréfoncier.

2. *Exception préjudicielle de propriété.* — Lorsque les propriétaires d'un troupeau de chèvres, trouvé dans un bois communal, opposent aux poursuites dirigées contre eux une exception préjudicielle tirée de ce que le terrain fait partie d'une bandite cédée par la commune à leurs auteurs, en payement de ses dettes, le tribunal correctionnel méconnaît les prescriptions de l'article 182 du code forestier, en retenant la cause et en nommant un expert pour appliquer les titres, au lieu de renvoyer les prévenus à fins civiles. (Aix, 17 octobre 1880.)

3. *Régime forestier.* — Les bois communaux situés dans l'ancien Comté de Nice et grevés du droit de bandite doivent être

laissés en dehors du régime forestier, et ceux qui y seraient soumis en être distraits. (Déc. Min. 30 septembre 1867.)

BANNISSEMENT.

Pénalité. — La durée du bannissement, peine infamante, sera de 5 ans au moins et de 10 ans au plus. (Cod. Pén. 32.)

BARAQUE.

1. *Définition.* — Les baraques, loges, etc., sont des constructions ne pouvant servir à l'habitation ordinaire et permanente, et qui n'ont d'autre but que de fournir un abri ou un lieu de recel pour les délits. (Meaume.) V. Maison sur perches. Ferme.

2. *Définition.* — Une baraque peut emprunter et recevoir le caractère de *ferme*, si elle complète un ensemble de bâtiments propre à une exploitation rurale, si modeste qu'on le suppose. (Cass. 15 novembre 1873.)

3. *Construction. Autorisation. Distance.* — Pour construction de baraque, maison sur perches, loge ou hangar, sans autorisation du préfet, dans l'intérieur et à moins d'un kilomètre des forêts soumises au régime forestier (Décr. 25 mars 1852), pénalités :

Amende : 50 francs. (Cod. For. 152.)

En cas de *récidive, amende :* 100 francs. (Cod. For. 152, 201.)

Démolition dans le mois à dater du jour du jugement qui l'aura ordonnée. (Cod. For. 152.)

4. *Autorisation. Condition. Formule.* — La formule et les conditions de l'autorisation de baraques, loges, hangars, maisons sur perches, etc., ont été fixées par l'administration. (Déc. Min. 28 juin 1871. Circ. N 155.)

5. *Visites.* — Si la construction de la baraque, etc., a été autorisée, les agents et gardes forestiers peuvent y faire toute espèce de perquisitions, sans l'assistance d'un officier public, pourvu qu'ils se présentent au nombre de deux, ou accompagnés de deux témoins domiciliés dans la commune. (Cod. For. 157.) V. Construction.

6. *Appréciation.* — Si une loge ou baraque était une maison d'habitation, elle serait comprise dans la prohibition de l'article 156 du code forestier. L'appréciation de ce fait appartient aux tribunaux. (Nancy, inédit, 24 janvier 1844. Besançon, inédit, 12 mars 1832. Cass. 13 novembre et 13 décembre 1828.)

7. *Habitation. Autorisation.* — Une baraque destinée à l'habitation pendant une partie de l'année n'en reste pas moins soumise aux prescriptions qui régissent ce genre de construction. (Cass. 26 août 1853.)

8. *Distance. Population agglomérée.* — La prohibition de construction de baraque à distance prohibée s'applique même au cas où ces baraques font partie d'une population agglomérée. (Cass. 13 décembre 1834 et 13 novembre 1828.)

9. *Reconstruction.* — La reconstruction d'une baraque doit être autorisée dans les mêmes formes que pour sa construction primitive. (Cass. 26 août 1853.)

10. *Résinage. Entretien.* — Les baraques domaniales, mises à la disposition des adjudicataires, devront être entretenues pendant toute la durée du bail et remises, à la fin, en parfait état d'habitation.

A cet effet, le chef du cantonnement en fera remise sous inventaire à l'adjudicataire. Il constatera annuellement, avant le 1er mars, les réparations à faire et vérifiera, avant le 1er avril, si ces réparations ont été exécutées par l'adjudicataire.

En cas d'inéxécution desdites réparations dans le délai ci-dessus, les travaux seraient mis en régie, conformément à l'article 41 du code forestier. (Cah. des clauses spéciales, 4.)

11. *Résinage. Construction.* — Chaque adjudicataire aura la faculté de construire, dans son lot et sur l'emplacement qui lui sera désigné par les agents forestiers, des baraques pour servir au logement des résiniers. Ces baraques auront les parois de la cheminée en pierres ou en briques et seront recouvertes en tuiles. (Cah. des clauses spéciales, 9.)

12. *Ponts et chaussées. Chemins de fer. Travaux.* — La construction des baraques, hangars et autres bâtiments temporaires, par ordre de l'administration des ponts et chaussées, dans l'intérêt de son service et de l'exécution des chemins de fer, pourra avoir lieu, à distance prohibée des forêts, après qu'il aura été donné avis au conservateur par l'ingénieur en chef de la nécessité de leur exécution, de leur emplacement et de leur durée présumée. (Déc. Min. 24 juin 1851. Circ. A 668.) V. Hangar. Construction.

BARDEAU.

Cantonnement. — Il n'y a pas lieu, dans un cantonnement, de tenir compte des bois (bardeaux pour couverture en bois) dont l'emploi a cessé d'être nécessaire pour la couverture des maisons, par suite d'un règlement de police qui oblige a se servir de tuiles pour la toiture. (Cass. 26 décembre 1865.)

BARRAGE.

1. *Droit.* — Tout propriétaire riverain peut faire un barrage ou prise d'eau, sans détourner, ni embarrasser le cours d'eau d'une manière nuisible au bien général. (Loi du 6 octobre 1791, art. 4.) V. Cours d'eau.

2. *Irrigation.* — Tout propriétaire qui voudra se servir, pour l'irrigation de ses propriétés, des eaux naturelles ou artificielles dont il a le droit de disposer, pourra obtenir la faculté d'appuyer sur la propriété du riverain opposé les ouvrages d'art nécessaires à sa prise d'eau, à la charge d'une juste et préalable indemnité. Sont exceptés de cette servitude les bâtiments, cours et jardins attenant aux habitations. (Loi du 11 juillet 1847, art. 1.)

3. *Autorisation.* — L'autorisation d'établir un barrage sur un cours d'eau ni navigable ni flottable est accordée par le préfet, sur la proposition des ingénieurs (Décr. 25 mars 1852, tableau D), sauf le droit d'attache ou d'appui sur la rive opposée, si elle appartient à un autre propriétaire. (Loi du 11 juillet 1847.)

4. *Servitude.* — Une servitude de prise d'eau établie par titre et s'exerçant au moyen d'un barrage est éteinte lorsque, depuis plus de trente ans, le barrage est détruit, même par un événement de force majeure, comme une crue exceptionnelle. (Cass. 3 mars 1890.)

5. *Hauteur.* — Lorsqu'il y a lieu d'établir un barrage sur un *cours d'eau quelconque*, la hauteur en doit être fixée par le préfet. (Loi du 6 octobre 1791, art. 16. Cass. 9 mai 1843. Cons. d'Etat, 20 mai 1843.) V. Déversoir.

6. *Compétence.* — En cas d'abus ou de dommage, les tribunaux civils sont compétents. S'il s'agit de réclamations sur la confection des travaux, les conseils de préfecture sont compétents pour en connaître.

7. *Démolition. Obstacles à l'écoulement des eaux. Préfet.* — Il appartient au préfet d'ordonner la démolition d'un barrage sur une rivière non navigable, nuisible au libre écoulement des eaux, alors même que l'auteur de cet ouvrage se prétend propriétaire du terrain où il l'avait établi. (Cons. d'Etat, 9 août 1880.)

8. *Démolition. Travaux autorisés. Chute.* — L'autorité judiciaire est compétente pour ordonner, sur la plainte des parties dont les droits sont lésés, la modification ou la destruction de travaux que l'administration a autorisés, en vertu de ses attributions sur la police des cours d'eau non navigables ni flottables ; un tribunal peut prescrire la démolition des travaux de surélévation d'un barrage, autorisés dans l'intérêt d'un usinier, lorsque ces travaux empêchent un autre usinier d'utiliser complétement la chute d'eau dont il disposait avant leur exécution et portent ainsi atteinte à son droit de propriété. (Cass. 23 juillet 1879.)

BARRIÈRE.

1. *Adjudicataires.* — Les adjudicataires doivent rétablir les barrières endommagées ou détruites par le fait de l'exploitation. (Cah. des ch. 33. Circ. N 22, art. 330.) En cas d'inexécution, pas de pénalité ; l'administration fait exécuter les travaux aux frais des adjudicataires. (Cod. For. 41.)

2. *Travaux.* — La construction et la réparation des barrières sont classées comme travail d'entretien. (Circ. N 22, art. 25.)

3. *Conservation.* — Les gardes cantonniers veilleront à la conservation des barrières. (Instr. 13 août 1840.) V. Place forte.

BARROIS MOUVANT.

1. *Souveraineté.* — Les ducs de Lorraine et de Bar n'avaient pas la souveraineté pleine et entière sur la partie de leurs Etats connue sous le nom de *Barrois mouvant*. L'hommage lige auquel ils étaient tenus envers les rois de France, à raison du Barrois mouvant, était exclusif du droit de faire des lois organiques pour ce pays ; mais il n'était pas exclusif du droit de faire des lois de police et d'administration, dans lesquelles on peut ranger le droit de prendre du bois dans les forêts pour les besoins accordés aux habitants, ainsi que celui de vendre ledit bois. (Nancy, 22 février 1842.)

2. *Aliénabilité.* — Les biens que les ducs de Lorraine possédaient dans le Barrois mouvant n'étaient pas inaliénables. (Cass. 30 janvier 1821.)

BAS BOIS. V. Unterholz.

BASSIN.

Rivière torrentielle. — Le projet de loi de déclaration d'utilité publique des travaux de restauration de terrains en montagne peut comprendre l'ensemble des terrains à restaurer dans un même bassin de rivière torrentielle. (Décr. 11 juillet 1882, art. 7. Circ. N 345.)

BATON.

Pénalité — La coupe ou l'enlèvement de bois (un bâton) n'ayant pas 2 décimètres de tour est passible de 2 francs d'amende (Cod. For. art. 194) par chaque charge d'homme, alors même que le bois coupé ou enlevé ne présente pas une quantité suffisante pour former une charge d'homme. (Cass. 25 janvier 1862.)

BATON PLANTÉ (PATURAGE A).

Désignation. — Cette expression, servant à désigner un délit de pâturage *volontaire*, vient de ce que les bergers, en s'arrêtant pour garder leurs troupeaux, s'appuient sur leur bâton, qui, sous leur poids, se plante et s'enfonce dans la terre, ou parce que les bergers enfoncent eux-mêmes leur bâton pour avoir plus de stabilité.

BATTUE.

V. Louveterie. Chasse. Animal nuisible. Traque.

SECT. I. — DÉFINITION. PRINCIPES.

1. *Principe.* — La chasse connue sous le nom de *battue* et qui s'exerce avec le secours des traqueurs est permise aux adjudicataires de chasse, comme rentrant dans la chasse à tir. (Instr. Min. de l'intérieur, 11 février 1846. Circ. N 72, art. 6.)

Les battues ont pour objet la destruction des loups, renards, sangliers, blaireaux et autres animaux nuisibles.

2. *Principes. Battues. Conditions. Terrain d'autrui.* — Les chasses générales ou battues, prescrites par l'autorité administrative, dans un intérêt public, et qui peuvent être faites sur le terrain d'autrui, contre la volonté des propriétaires, sont des mesures exceptionnelles, dont la légalité est subordonnée à certaines conditions imposées pour la protection des propriétés particulières, pour la sécurité des personnes et pour l'efficacité de la poursuite des animaux nuisibles.

En dehors de ces conditions, la battue devient une chasse ordinaire soumise aux prescriptions de la loi du 3 mai 1840 et de l'arrêté du 19 pluviôse an v. Peu importe qu'elle soit faite par un lieutenant de louveterie ou l'un de ses préposés, ou un simple particulier. (Paris, 24 novembre 1882.)

3. *Définition.* — Les battues ou traques constituent, non pas un moyen de chasse spécial et distinct de ceux que la loi autorise, mais un accessoire de la chasse à tir et à courre, équivalant à l'aide que les chiens d'arrêt donnent au chasseur. (Cass. 29 novembre 1845.)

4. *Définition. Traques. Principe. Terrain d'autrui. Autorisation.* — La traque est un acte de chasse et, par suite, lorsqu'elle est pratiquée sur le terrain d'autrui sans l'autorisation du propriétaire, elle constitue le délit de chasse; le traqueur ne saurait, dans ce cas, être considéré comme un simple instrument entre les mains des chasseurs; il doit être réputé co-auteur du fait principal, et, comme tel, il est passible des peines portées par la loi. (Cass. Ch. réunies, 16 janv. 1872.)

5. *Traques. Destruction des animaux nuisibles.* — Les traques ordonnées par les maires pour la destruction des animaux nuisibles sont exécutoires sur le terrain d'autrui, sans le consentement du propriétaire. Les habitants qui n'obéissent pas à la réquisition du maire sont passibles des peines de simple police. (Loi du 5 avril 1882, art. 90.) Les personnes qui participent à ces chasses n'ont pas besoin de permis de chasse. (Cass. 8 mars 1845.)

6. *Nombre. Epoques.* — Il sera fait dans les forêts nationales et dans les campagnes, tous les trois mois et plus souvent, s'il est nécessaire, des chasses et battues générales ou particulières aux loups, renards, blaireaux et autres animaux nuisibles. (Arr. 19 pluviôse an v, art. 2.)

7. *Époques.* — Les battues générales, sauf les cas extraordinaires, doivent avoir lieu à deux époques de l'année, savoir : au mois de mars, avant que la terre soit couverte, et vers le mois de décembre, aux premières neiges. (Instr. Min. de l'intérieur, 9 juillet 1818.)

8. *Délai.* — Lorsque un arrêté préfectoral ordonnant une battue n'a pas fixé de délai, l'administration est présumée s'être reposée sur le lieutenant de louveterie du soin d'en apprécier l'opportunité, suivant les besoins de l'agriculture et les convenances des habitants. (Bourges, 24 mars 1870.)

SECT. II. — AUTORISATION.

9. *Arrêté.* — Chaque battue pour la destruction des animaux nuisibles doit être l'objet d'un arrêté spécial. (Lettre du ministre de l'intérieur, 13 déc. 1860. Circ. A 809.)

10. *Décision.* — Les préfets ordonnent des battues, soit sur l'avis du maire et du sous-préfet, soit sur la plainte d'un certain nombre de propriétaires. (Circ. Min. 22 juillet 1851.)

11. *Battues. Arrêtés. Conditions.* — Les préfets ne peuvent ordonner des battues, pour la destruction des animaux nuisibles, que de concert avec les agents forestiers. (Cons. d'Etat, 12 mai 1882.)

12. *Autorisation.* — Les battues ne peuvent faire l'objet d'autorisation permanente. (Circ. du ministre de l'intérieur, 1er mars 1865.)

13. *Autorisations. Bois communaux.* — Les sous-préfets autorisent des battues pour la destruction des animaux nuisibles, dans les bois des communes et des établissements de bienfaisance. (Décr. 13 avril 1861, art. 6.)

14. *Particulier. Propriétés.* — Le préfet peut autoriser le propriétaire lui-même à faire, sur ses terres, des battues aux animaux nuisibles (sangliers), lorsque leur multiplication donne lieu à des plaintes de la part des habitants. (Poitiers, 10 décembre 1836.)

L'article 9, § 3, de la loi sur la chasse implique pour le propriétaire, en cas d'urgence, le droit d'organiser une battue et de se faire aider et assister par tels auxiliaires qu'il lui plaira de choisir. (Caen, 26 juin 1878.)

15. *Autorisation. Condition.* — Les chasses et battues seront ordonnées par les administrations centrales des départements, de concert avec les agents forestiers de leur arrondissement, sur la demande de ces derniers et sur celle des administrations municipales de canton. (Règl. 20 août 1814, § 11. Arr. 19 pluviôse an v, art. 3.)

16. *Prescription. Exécution.* — Les préfets peuvent ordonner d'office des battues aux loups, même dans les bois soumis au régime forestier, sauf à en donner avis aux agents forestiers et aux officiers de louveterie, qui doivent diriger ces chasses et régler, de concert avec les maires, les mesures à prendre pour leur exécution. Si l'officier de louveterie est désigné, on doit s'entendre avec lui ; s'il n'est pas désigné, la battue sera dirigée par un agent forestier, qui s'entendra avec le maire. (Décis. Min. 12 septembre 1850. Circ. A 660.)

17. *Autorisation.* — Les préfets ont seuls qualité pour autoriser les battues dans les bois de l'Etat. Ils peuvent provoquer cette mesure. (Circ. A 809.)

18. *Destruction des animaux nuisibles. Neige. Chasse.* — Le maire est chargé, sous le contrôle du conseil municipal et la surveillance de l'autorité supérieure :

. . . .

9° De prendre, de concert avec les propriétaires ou les détenteurs du droit de chasse dans les buissons, bois et forêts, toutes les mesures nécessaires à la destruction des animaux nuisibles désignés par l'arrêté préfectoral ;

De faire, pendant le temps de neige, à défaut des détenteurs du droit de chasse, à ce dûment invités, détourner les loups et sangliers remis sur le territoire ; de requérir, à l'effet de les détruire, les habitants avec armes et chiens propres à la chasse de ces animaux ;

De surveiller, d'assurer l'exécution des mesures ci-dessus et d'en dresser procès-verbal. (Loi du 5 avril 1884, art. 90.)

19. *Bois domaniaux. Chasse. Bail.* — Les chasses en traques ou battues ne peuvent avoir lieu, pendant la dernière année du bail, qu'avec l'autorisation du conservateur. (Cah. des ch. 18.)

SECT. III. — EXÉCUTION.

§ 1. *Surveillance.*

20. *Exécution. Concours. Direction. Surveillance.* — Les lieutenants de louveterie, pour l'exécution des battues autorisées, ne sont tenus qu'à se concerter avec l'administration forestière, sous la surveillance de laquelle ces battues doivent être effectuées. (Cass. 21 janvier 1864.)

Les battues autorisées doivent être dirigées par les lieutenants de louveterie, sous la surveillance des agents forestiers, dont le concours est indispensable. (Circ. du ministre de l'intérieur, 22 juillet 1851.)

21. *Faire le bois. Délit. Surveillance.* — Lorsqu'il est constaté qu'en vue d'une chasse en battue de sangliers, autorisée par arrêté préfectoral, les prévenus avaient, sans avoir de chien, fait le bois, la veille du jour fixé pour la battue, cet acte de recherche initiale constitue un délit de chasse, si, contrairement aux prescriptions de l'arrêté du 19 pluviôse an v, il s'est accompli hors de la surveillance d'un agent forestier.

.... Et ce délit ne saurait être excusé par le motif que la faute, si elle a été commise, ne pourrait retomber que sur l'agent, qui, délégué par son administration, n'avait pas jugé utile d'assister à un acte qu'il regardait comme préliminaire et préparatoire. (Cass. 29 juin 1889.)

22. *Fermier de la chasse.* — Dans les forêts confiées à la surveillance de l'administration forestière, on ne peut pas faire des battues sans autorisation. (Cass. 20 février 1847.) Le fermier du droit de chasse peut cependant, en vertu de son bail et sans permission

spéciale, se livrer à la chasse, en traques ou en battues, excepté la dernière année du bail. (Cah. des ch. 18.)

23. *Autorisation régulière.* — Une simple lettre du préfet contenant réquisition aux officiers de louveterie de faire une battue, sans l'accomplissement des conditions réglées par les lois sur la matière, ne peut autoriser ou régulariser l'introduction des lieutenants de louveterie dans les propriétés particulières. (Cass. 3 janvier 1840.)

24. *Maire. Qualité. Poursuite. Juridiction.* — Le maire qui assiste à une battue au sanglier en temps de neige, qu'il a organisée conformément à l'article 90 de la loi du 5 avril 1884, n'exerce pas des fonctions d'officier de police judiciaire : en cas de délit commis dans le cours de la battue, le maire, ainsi que les chasseurs par lui convoqués, sont justiciables du tribunal correctionnel.

Mais les irrégularités qui pourraient être relevées dans l'organisation de la battue ne tombent pas sous le contrôle de l'autorité judiciaire. (Dijon, 4 janvier 1886.)

25. *Animal nuisible. Battues. Moyen de destruction.* — Rentre dans les pouvoirs conférés au maire, l'autorisation de faire usage de panneaux, afin de rendre les battues plus efficaces.

Il n'est pas nécessaire que les mesures jugées utiles par le maire pour la destruction des animaux nuisibles fassent l'objet d'un arrêté spécial.

De même, il n'est pas nécessaire que le maire assiste personnellement à l'exécution des mesures prises. (Cass. 12 juin 1886.)

26. *Formalités. Exécution. Décision.* — Lorsque les préfets ordonnent des battues pour la destruction des loups, les conservateurs veillent à ce que toutes les formalités prescrites par l'arrêté du 19 pluviôse an v soient ponctuellement exécutées.

Ils recommandent de rapporter des procès-verbaux contre les individus appelés, qui abandonneraient les battues pour se livrer à la chasse du gibier, et ils proposent, contre les gardes qui auraient contrevenu aux dispositions des lois et règlements, telle peine qu'ils jugent convenable. (Instr. 23 mars 1821.)

27. *Arrêté préfectoral. Infraction.* — L'infraction à un arrêté préfectoral qui fixe les conditions d'exécution d'une battue constitue le délit réprimé par l'article 11 de la loi du 3 mai 1844. (Besançon, 21 juillet 1877.)

28. *Exécution. Surveillance. Traqueurs.* — Les battues ordonnées seront exécutées sous la direction et la surveillance des agents forestiers, qui régleront, de concert avec les administrations municipales de canton, les jours où elles se feront et le nombre d'hommes qui y seront appelés. (Règl. 20 août 1814, § 11. Ord. 20 juin 1845, art. 4. Arr. 19 pluviôse an v, art. 4.)

29. *Chasseur. Exclusion.* — Les agents ou préposés chargés de diriger une battue peuvent refuser d'y admettre ou en exclure des chasseurs, sans même avoir à faire connaître les motifs de cette injonction. En cas de refus de la part du chasseur de quitter la battue, il est réputé avoir chassé en temps prohibé ou sur terrain d'autrui et doit être puni comme tel. (Tribunal d'Arbois, 5 mars 1878.)

30. *Bois et terrains particuliers.* — Les battues peuvent se faire dans les campagnes et bois, *non clos*, soumis au régime forestier ou appartenant aux particuliers, sans avoir besoin de demander l'assentiment des propriétaires. (Circ. Min. 22 juillet 1851.)

31. *Animaux. Désignation.* — Les battues ne peuvent être effectuées que contre les animaux désignés comme nuisibles dans les arrêtés relatifs aux battues. (Circ. Min. 22 juillet 1851.)

§ 2. *Concours.*

32. *Convocation. Refus. Pénalité.* — En cas de battue, le préfet prévient le maire de la commune sur laquelle doit se faire la battue, et le maire convoque les tireurs et traqueurs qui en doivent faire partie. Après la battue, le maire adresse au préfet la liste des habitants convoqués qui ne se sont pas présentés, et il leur est fait application de l'article 63 de l'arrêté du conseil du 25 février 1697. L'amende est de dix francs. (Cass. 13 juillet 1810.)

33. *Traqueurs. Permis. Terrain d'autrui.* — Les personnes qui participent, à titre de rabatteurs ou traqueurs, aux battues ordonnées par le maire n'ont pas besoin d'être munies d'un permis de chasse, si la traque a lieu sur le terrain d'autrui et avec l'autorisation du propriétaire (Cass. 8 mars 1845) ; dans le cas contraire, ils sont réputés coauteurs du délit de chasse commis sur le terrain d'autrui. (Cass. Chambres réunies, 16 janvier 1872.)

34. *Réquisition. Refus. Pénalité.* — Les peines édictées par l'article 471, § 15, du code pénal sont applicables à ceux qui, le pouvant, s'abstiennent d'obéir à la réquisition de l'autorité municipale, à l'effet de concourir à une battue régulièrement ordonnée pour la destruction des animaux nuisibles. (Vaucouleurs, 2 août 1861.)

Ceux qui auront contrevenu aux règlements ou arrêtés publiés par l'autorité municipale, en vertu de la loi des 16-24 août 1790, articles 3 et 4, et de la loi des 19-22 juillet 1791, article 46, encourront:

Amende: 1 à 5 francs. (Cod. Pén. 471, § 15.)

35. *Convocation. Réquisition. Irrégularité.* — Les chasseurs qui ont participé à une battue irrégulière, sur la convocation du

maire, ne sont à l'abri des poursuites, nonobstant leur bonne foi, que si cette convocation a eu le caractère de la réquisition légale prévue par l'article 90, n° 9, de la loi du 5 avril 1884. (Cass. 12 juin 1886.)

36. *Réquisition. Destruction d'animaux nuisibles. Refus. Pénalité.* — Les habitants qui n'obéissent pas à la réquisition du maire, pour les chasses ordonnées pour la destruction des animaux nuisibles, sont passibles des peines de simple police. (Loi du 5 avril 1884, art. 90.)

37 *Refus de concours. Réquisition. Pénalité.* — Seront punis, ceux qui, le pouvant, auront refusé ou négligé de prêter le concours dont ils auront été requis en cas de calamité (battue) :

Amende : 1 à 10 francs. (Cod. Pén. 475, § 12. Lettre de l'administration, 14 août 1845.)

38. *Battue. Chasse.* — Il doit être dressé des procès-verbaux contre ceux qui, appelés aux battues, les abandonneraient pour se livrer à la chasse du gibier. (Instr. 23 mars 1821.)

39. *Chevreuil tué au lieu d'un loup.* — Il n'y a pas délit de chasse de la part d'un chasseur qui, dans une battue pour la destruction des animaux nuisibles, tire au jugé dans un fourré et tue un chevreuil au lieu d'un loup, alors que l'animal tué avait déjà essuyé plusieurs coups de feu et que celui qui l'a tué n'a pas pu connaître l'animal sur lequel il tirait. (Cass. 16 novembre 1866.)

40. *Fermier de chasse.* — Les fermiers de la chasse souffriront les battues qui pourront être ordonnées, pour la destruction des loups et autres animaux nuisibles. (Cah. des ch. 24.) Ils concourront à ces battues. (Ord. 20 juin 1845. Circ. A 576 bis.)

41. *Indemnité.* — Il n'est dû aucune indemnité aux personnes qui participent aux battues.

42. *Maire. Irrégularité. Responsabilité.* — Les irrégularités commises par le maire, organisateur d'une battue aux sangliers, constituent des faits personnels, dont il appartient à l'autorité judiciaire d'apprécier les conséquences. (Cass. 12 juin 1886.)

§ 3. *Gibier. Résultat.*

43. *Animaux tués. Transport.* — Les animaux tués dans une battue (chevreuils, sangliers) peuvent être transportés au domicile des individus qui ont pris part à cette battue. (Rouen, 22 juin 1865.)

44. *Animaux tués. Propriété.* — Le fermier du droit de chasse dans une forêt de l'Etat n'a pas droit à la propriété des animaux nuisibles (sangliers) tués par un tiers, dans une battue ordonnée par l'autorité administrative, alors d'ailleurs qu'une clause du bail oblige le fermier à souffrir, en pareil cas, la destruction de ces animaux. (Cass. 22 juin 1843.)

45. *Procès-verbal des animaux tués.* — Il sera dressé procès-verbal de chaque battue, du nombre et de l'espèce des animaux qui auront été détruits ; un extrait en sera envoyé au ministre des finances. (Arr. 19 pluviôse an v, art. 6.)

BEAU-FRÈRE.

Prohibition. — Les beaux-frères des agents et gardes ne peuvent prendre part aux ventes. V. Agents. Ventes.

BELGIQUE. V. Frontière.

BÉLIER. V. Mouton. Pâturage.

BERGE.

1. *Principe.* — La berge est réputée l'accessoire de la propriété qu'elle borde, et, comme telle, elle doit être entretenue par le propriétaire de la partie principale. L'entretien des berges des rivières ni navigables, ni flottables, est à la charge des propriétaires riverains, à moins de concession de prise d'eau. (Block.) V. Cours d'eau. Canal.

2. *Berges. Francs-bords.* — Le propriétaire du bief ou canal d'une usine est, par cela même, présumé propriétaire des berges ou francs-bords du canal.

Une telle présomption cependant n'est pas absolue, et elle doit céder devant la preuve contraire résultant, soit de titres attribuant à un autre qu'au propriétaire du bief ou canal la propriété des berges ou francs-bords, soit de la prescription, soit même d'un ensemble de présomptions plus concluantes que celle qui milite en faveur du propriétaire incontesté du bief ou canal. (Paris, 28 janvier 1890.)

BERGER.

Animaux nuisibles. Destruction. — Les bergers qui sont en même temps colons partiaires, en ce sens qu'ils partagent avec le propriétaire le croît des troupeaux, ont le droit, pour la défense de ces troupeaux, de détruire les animaux malfaisants et principalement de repousser les bêtes fauves avec des armes à feu. (Circ. Int. 22 juillet 1851.)

V. Pâtre. Pâturage et, pour les délits, le nom de chaque animal.

BÉTAIL. BESTIAUX.

V. Attelage. Usager. Clochette. Commerce. Hors chemin. Saisie. Séquestre. Pâturage. Pâtre. Troupeau commun. Animal domestique.

1. *Classification.* — On comprend sous le nom de *bestiaux* les taureaux, bœufs, vaches, veaux, moutons, béliers, brebis, chèvres, boucs, cabris et agneaux. Les chevaux, mulets et ânes ne sont pas rangés dans cette catégorie. (Dupont.)

2. *Bestiaux de commerce.* — Les usagers et les habitants ne peuvent envoyer au pâturage ou au panage, dans les cantons défensables désignés des bois de l'Etat, des communes et des particuliers, que les bestiaux servant à leur propre usage. S'ils envoient ceux dont ils font commerce, à moins de titre spécial à cet effet, ils encourent les pénalités suivantes, d'après les articles 112 et 120 du code forestier :

Désignation des animaux.	Le jour.		La nuit ou en récidive, la nuit et en récidive.	
Cochon (pour un)..	2 fr.	C. F. 70, 199.	4 fr.	C.F.70, 199, 201.
Bête à laine.....	4		8	
Cheval ou bête de somme.........	6		12	
Bœuf, vache ou veau...........	10		20	

Dommages-intérêts facultatifs ; minimum, amende simple. (Cod. For. 199, 202.)

Saisie, s'il y a lieu. (Cod. For. 161.)

(Il n'est pas question de chèvres, ni de bois au-dessous de dix ans, car ces délits ne peuvent avoir lieu pour l'usage du droit de pâturage et dans les cantons défensables ; en dehors de ces conditions, les usagers encourent les pénalités ordinaires. Voir les noms des animaux.)

3. *Bestiaux de commerce. Habitants. Communes.* — Les habitants peuvent envoyer dans les pâturages communaux, dont ils jouissent en qualité d'habitants de la commune, les bestiaux dont ils font commerce, par exception à l'article 70 du code forestier. (Déc. Min. 2 novembre 1829.)

4. *Bétail de commerce.* — On ne considère comme bétail de commerce que celui qui est acheté maigre, pour être revendu après avoir été engraissé. Tous les animaux nés dans la ferme, quoique destinés à être vendus, sont considérés comme bétail à l'usage des usagers, ainsi que tous ceux servant à l'exploitation du domaine.

5. *Cheptel.* — Le bétail donné à cheptel n'est pas considéré comme bétail de commerce et peut être introduit au pâturage par l'usager. (Cass. 14 février 1862, 11 mars 1865.) V. Cheptel.

6. *Troupeau commun. Usager.* — La réunion des bestiaux des usagers en un troupeau commun, pour le pâturage, est puni, savoir :

Pour le pâtre des usagers, *amende*, 5 à 10 fr. (Cod. For. 72.)

En cas de récidive : *Prison obligatoire*, 5 à 10 jours. (Cod. For. 72, 201.)

La commune est responsable des condamnations civiles. (Cod. For. 72.)

7. *Pâturage hors chemin ou canton. Usagers.* — Pour pâturage des bestiaux des usagers, hors des cantons défensables ou hors des chemins désignés pour s'y rendre :

Pour le propriétaire : *amende* pour les animaux en délit. V. le nom des animaux.

Pour le pâtre des usagers : *amende*, 3 à 30 fr. (Cod. For. 76, 112, 120.)

Pour le pâtre en récidive, outre l'amende, *prison* facultative, 5 à 15 jours. (Cod. For. 76, 112.)

La commune est responsable des condamnations civiles. (Cod. For. 72.)

Cet article ne s'applique qu'aux usagers et aux pâtres des usagers. (Cass. 18 septembre 1835.) On peut poursuivre le pâtre ou l'usager propriétaire. (Cass. 30 avril 1836, 10 mai 1842.)

8. *Pâturage des bestiaux sans clochette.* — Le pâturage des bestiaux sans clochette est puni pour le propriétaire, savoir :

Le jour : *amende*, 2 fr. par bête. (Cod. For. 75.)

La nuit ou en récidive : *amende*, 4 fr. par bête. (Cod. For. 75, 201.)

9. *Marque.* — Les bestiaux des usagers doivent être marqués d'une marque spéciale, pour chaque commune ou section de commune usagère dans les bois de l'Etat, ou les bois particuliers ou ceux d'une autre commune. En cas d'infraction :

Amende, par tête de bétail non marqué : 3 francs. (Cod. For. 73, 112, 120.)

Récidive, 6 francs. (Cod. For. 201.)

10. *Pâturage à garde séparée.* — Le pâturage des bestiaux à garde séparée est puni, savoir :

Le jour : *amende* pour le propriétaire, 2 francs par bête. (Cod. For. 72.)

La nuit en récidive : *amende* pour le propriétaire, 4 francs par bête. (Cod. For. 72, 201.)

11. *Muselière.* — Pour les bestiaux non muselés introduits dans une coupe par un adjudicataire, l'amende de l'article 199 du code forestier, pour pâturage ordinaire, est applicable. (Cass. 16 mai 1834.)

12. *Nombre.* — Si le nombre des bestiaux des usagers et habitants excède celui fixé par l'administration, l'excédant est puni d'une amende, comme celle du pâturage ordinaire, savoir :

Cochon (pour un).	1 fr.	(C. F. 77, 112, 199.)
Bête à laine.	2 »	
Cheval ou bête de somme	3 »	
Bœuf, vache ou veau.	5 »	

Dommages-intérêts facultatifs ; minimum, amende simple. (Cod. For. 199, 202.)
Saisie, s'il y a lieu. (Cod. For. 161.)

13. *Attelage.* — Si les bestiaux non muselés étaient attelés, on pourrait appliquer l'article 147 du code forestier. V. Voiture.

14. *État.* — Les maires des communes et les particuliers jouissant du droit de pâturage ou de panage dans les forêts de l'État remettront annuellement à l'agent forestier local, avant le 31 décembre pour le pâturage, et avant le 30 juin pour le panage, l'état des bestiaux que chaque usager possède, avec la distinction de ceux qui servent à son propre usage et de ceux dont il fait commerce. (Ord. 118, 146.)

La même formalité est obligatoire pour l'usage du pâturage ou du panage de la part des habitants dans le bois communal. (Cod. For. 112. Ord. 146.)

15. *Nombre. Usager.* — Le conservateur fixe le nombre de bestiaux des usagers, dans les procès-verbaux des cantons défensables. (Cod. For. 68.)

16. *Saisie. Réclamation.* — Si la réclamation des bestiaux saisis n'a lieu qu'après la vente (dans tous les bois en général), le propriétaire n'aura droit qu'à la restitution du produit net de la vente, tous frais déduits, dans le cas où cette restitution serait ordonnée par le tribunal. (Cod. For. 169, 189.) V. Saisie.

17. *Dommage. Saisie.* — Lorsque des animaux (bestiaux) non gardés ou dont le gardien est inconnu ont causé du dommage, le propriétaire lésé a le droit de les conduire, sans retard, au lieu de dépôt désigné par le maire, qui, s'il connaît la personne responsable du dommage, aux termes de l'article 1385 du code civil, lui en donnera avis. (Loi du 4 avril 1889, art. 1.) V. Animal domestique.

18. *Bestiaux en délit. Destruction.* — Les gardes ne doivent jamais tuer les bestiaux trouvés en délit, alors même que le propriétaire est inconnu ; sans quoi, ils s'exposent à être poursuivis en réparation civile par le propriétaire. (Le Mans, 6 messidor an XII. Cass. 14 germinal an XIII.)

19. *Dégâts. Abandon.* — Les dégâts que les bestiaux de toute espèce, laissés à l'abandon, feront sur les propriétés d'autrui seront payés par les personnes qui ont la jouissance des bestiaux. (Loi des 28 septembre et 6 octobre 1791, art. 12.)

En cas d'insolvabilité par le propriétaire :

Amende : minimum, valeur de 3 journées de travail.
Prison : minimum, 3 jours. (Loi du 23 thermidor an IV, art. 2.)

20. *Pépinière. Pâturage.* — Il est interdit de mener des bestiaux sur le terrain d'autrui, notamment dans les plants ou pépinières d'arbres faits de main d'homme.

Pénalité : *Amende* de 11 à 15 francs. (Cod. Pén. art. 479, § 10.)

21. *Destruction.* — Ceux qui sans nécessité auront tué des bestiaux (bêtes de somme, bestiaux à cornes, à laine, porcs), si le fait a été commis dans des lieux n'appartenant pas au propriétaire des animaux, ni aux coupables, encourront :

Prison : 15 jours à 45 jours. (Cod. Pén. 453.)
Amende : minimum, 16 francs ; maximum, 1/4 des restitutions. (Cod. Pén. 455.)

Si le délit a été commis par un garde ou un officier de police, le maximum de la prison sera augmenté de 1/3 en sus. (Cod. Pén. 462.)

22. *Empoisonnement.* — Pour empoisonnement de bestiaux (chevaux, bêtes à corne et à laine et porcs), pénalités :

Prison : 1 an à 5 ans.
Amende : 16 à 300 francs ; maximum, 1/4 des restitutions et dommages-intérêts. (Cod. Pén. 455.)
Facultatif : surveillance de la haute police, 2 ans à 5 ans. (Cod. Pén. 452.)

Si le délit a été commis par un garde ou un officier de police, le maximum de la prison sera de 1/3 en sus. (Cod. Pén. 462.)

23. *Mort. Enfouissement.* — Les bestiaux morts seront enfouis dans la journée à 3 pieds (1m,30) de profondeur. En cas d'infraction :

Amende : valeur d'une journée de travail et les frais. (Loi, 28 septembre-6 octobre 1791, art. 13.)

BÊTE A LAINE. V. Mouton. Brebis. Bélier.

BÊTE DE SOMME. V. Ane. Cheval. Mulet.

BÊTE FAUVE.

1. *Destruction. Conditions. Colportage.* — Tout propriétaire peut tuer, en tout temps et sans être tenu de se conformer aux prescriptions des arrêtés préfectoraux relatifs à la destruction des animaux malfaisants ou nuisibles, les bêtes fauves,... soit au moment où elles causent dans son bois des dévastations,... soit au moment où elles font irruption dans son bois, pour lequel leur présence constitue un péril imminent,... alors, d'ailleurs, que le propriétaire ne s'est pas mis à la recherche de ces animaux et que les dommages causés par leur présence dans la région avaient été constatés.

Le colportage d'un sanglier tué dans les conditions légales ci-dessus spécifiées n'est pas prohibé. (Paris, 30 avril 1881, et Amiens, 31 août 1882.)

2. *Destruction. Moyens.* — L'article 9 de la loi du 3 mai 1844, qui reconnaît à tout propriétaire, possesseur ou fermier, le droit

de repousser ou détruire les bêtes fauves qui porteraient dommage à ses propriétés, ne limite pas les moyens qui peuvent être employés ; il ressort, au contraire, des termes mêmes de cet article, que tous les moyens sont licites, à la condition qu'ils soient exclusivement employés pour la destruction, notamment celle des loups, et qu'ils puissent sérieusement aboutir au résultat qu'on se propose d'atteindre.

Ce droit de destruction, personnel au propriétaire lésé, peut être par lui délégué, et cette délégation n'est soumise à aucune formalité. (Poitiers, 19 janvier 1883.)

3. *Destruction. Circonstances.* — Pour la destruction de bêtes fauves, il n'est pas nécessaire que les récoltes soient endommagées ; il suffit qu'il y ait péril imminent, surtout à raison des dommages causés dans le voisinage. (Cass. 8 déc. 1875.) V. Animal nuisible.

4. *Légitime défense. Dommage. Délit.* — Le droit reconnu par l'article 9, § 3, in fine de la loi du 3 mai 1844, au propriétaire ou fermier, de repousser ou détruire, même avec armes à feu, les bêtes fauves qui portent dommage à sa propriété, ne peut s'exercer légitimement qu'au cas d'une agression actuelle faite par cet animal contre la propriété, au moment même où le propriétaire ou fermier cherche à le capturer. Et l'on ne saurait voir, par suite, l'exercice légitime de ce droit, dans la recherche d'une bête fauve, entreprise un certain nombre d'heures après l'incursion dont cette bête a été l'auteur.

Il n'y a point lieu, d'ailleurs, de considérer la présence de bêtes fauves dans le voisinage d'une propriété comme un dommage actuel ou imminent, justifiant l'emploi des moyens propres à les détruire. La menace éventuelle et hypothétique d'incursions possibles ne peut être assimilée au cas de flagrant délit, défini par l'article 9 de la loi du 3 mai 1844. (Paris, 2 mars 1892.)

BEURRE.

Prohibition. — Il est interdit aux préposés de faire commerce de beurre. (Circ. A 341 et 448.)

BIBLIOTHÈQUES FORESTIÈRES.

1. *Etablissement. Conditions.* — Il est établi une bibliothèque forestière par brigade. Les livres sont déposés, autant que possible, dans une maison forestière et rangés sur des rayons en forme d'étagère. Un registre inventaire sera joint à chaque bibliothèque. Les préposés et les membres de leur famille vivant sous le même toit ont le droit d'emprunter des livres, deux volumes au plus à la fois, et de les conserver au plus deux mois. Les livres empruntés sont mentionnés à leur sortie et à leur rentrée sur l'inventaire, avec indication de leur état, et le préposé chargé de la gestion de la bibliothèque apposera sa signature pour constater la rentrée des livres prêtés. Les chefs de cantonnement surveilleront le bon entretien des bibliothèques, dont il sera fait un récolement annuel, au mois de décembre de chaque année. (Règl. 23 juin 1874.) Les bibliothèques contiennent de vingt à trente volumes.

2. *Rapport. Double des inventaires. Communication.* — Pour se renseigner sur la situation des bibliothèques, l'administration adresse, dans le courant du mois de février, les doubles des inventaires, qui doivent être communiqués aux bibliothécaires intéressés, chargés de les renvoyer après les avoir revêtus de leur visa et après les avoir mis à jour. (Circ. Min. 31 janvier 1890, nº 10.)

BICHES.

Classification. — Les biches ne sont pas des animaux nuisibles, dans le sens de l'arrêté du 19 pluviôse an v, et les préfets ne peuvent prendre des arrêtés prescrivant des battues pour leur destruction. (Cons. d'Etat, 1er avril 1881.) V. Cerf.

BIEN COMMUNAL.

1. *Définition.* — Celui à la propriété ou au profit duquel les habitants d'une ou plusieurs communes ont un droit acquis. (Cod. Civ. 542.)

2. *Définition.* — Les biens communaux sont ceux dont les habitants ont la jouissance en nature. (Block.)

3. *Définition.* — Tout droit utile, dont la participation s'acquiert par le seul fait de l'habitation dans une commune, est un bien communal. Les charges ou redevances auxquelles ce droit est subordonné constituent une charge communale. (Nancy, 11 juin 1844.)

4. *Définition. Droit d'usage.* — Un droit d'usage est un bien communal, au produit duquel chaque habitant de la commune a un droit acquis, aux termes de l'article 542 du code civil.

5. *Mise en valeur.* — Les biens communaux doivent être mis le plus promptement possible en culture, soit au moyen d'une amodiation à long terme, soit par allotissement entre habitants et par feu, au moyen d'une redevance annuelle. (Circ. Min. 10 juillet 1846.)

6. *Jouissance. Compétence.* — La juridiction civile est compétente pour statuer sur la demande d'un habitant, tendant à être compris parmi les personnes entre lesquelles est répartie la jouissance de certains biens communaux, sous des conditions déterminées par un cahier des charges. (Lyon, 24 mai 1878.)

7. *Juridiction. Litige.* — Les questions qui s'élèvent entre différentes sections de

communes, relativement aux droits de propriété sur les biens communaux, ne sont pas de la compétence des tribunaux. (Cons. d'Etat, 7 août 1843.)

8. *Propriété. Bois.* — La présomption de propriété en faveur des communes, consacrée par la loi du 10 juin 1793, ne s'applique qu'aux terres vaines et aux terrains vacants; à l'égard des bois, les communes ne peuvent les revendiquer qu'en prouvant : 1° qu'elles les ont anciennement possédés à titre de propriétaires; 2° qu'elles en ont été dépouillées par la puissance féodale. (Cass. 24 juin 1868.)

9. *Communes voisines. Revendication.* — La présomption établie par l'article 1, section IV, de la loi du 10 juin 1793, en vertu de laquelle les communaux sont censés appartenir aux communes sur le territoire desquelles ils se trouvent, ne forme pas obstacle à ce qu'une autre commune revendique la copropriété de ces communaux, si elle justifie en avoir eu, antérieurement à la loi précitée, une possession ou une jouissance promiscuë, réunissant les caractères requis pour prescrire. (Cass. 3 janvier 1872.)

V. Marais. Terres vaines et vagues. Commune. Vente.

BIEN DOTAL.

Mari. Bois. Jouissance. — Le mari ne peut aliéner à son profit des arbres coupés dans le bois de sa femme et qui n'a pas été mis en exploitation, soit par coupes périodiques sur un certain espace de terrain, soit par coupes d'un certain nombre d'arbres sur toute son étendue. (Lyon, 7 février 1883.) V. Usufruit. Futaie.

BIEN VACANT.

Tous les biens vacants et sans maître appartiennent au domaine public. (Cod. Civ. 539.)

BILAN.

Bois domanial. — L'administration centrale établit elle-même le bilan annuel exact des recettes et des dépenses, par article du budget et par conservation. (Circ. N 360.)

BILLON.

Appoint. — La monnaie de billon (cuivre) ne peut être donnée que pour l'appoint de 5 francs. (Décr. 18 août 1810.)

BILLE. BILLON. BILLOT.

1. *Conditions. Marque. Déclaration.* — Les possesseurs de scieries autorisées seront tenus, chaque fois qu'ils voudront faire transporter dans ces scieries ou dans les bâtiments ou enclos qui en dépendent des arbres, billes ou tronces, d'en remettre, à l'agent forestier local, une déclaration détaillée, en indiquant de quelle propriété les bois proviennent. Ces déclarations énonceront le nombre et le lieu de dépôt des bois; elles seront faites en double minute, dont une sera visée et remise au déclarant par l'agent forestier, qui en tiendra un registre spécial. Les arbres, billes ou tronces seront marqués, sans frais, par le garde forestier du canton ou par un des agents forestiers locaux, dans le délai de cinq jours après la déclaration. (Ord. 180.)

2. *Scierie. Déclaration. Introduction.* — Pour introduction, dans les scieries construites avec autorisation dans le rayon prohibé, de billes, billots ou billons, avant qu'ils aient été reconnus par le garde du triage et marqués de son marteau, ce qui doit avoir lieu dans les cinq jours de la déclaration faite par le scieur :

Amende : 50 à 300 francs. (Cod. For. 158.)
Récidive : 100 à 600 francs. Suppression facultative de l'usine. (Cod. For. 158.)

V. Scierie.

3. *Enclos. Chantier.* — L'enclos ou chantier de la scierie fait partie de l'usine. (Cass. 13 mars 1829.)

4. *Délit. Conditions.* — L'introduction de bois dans la scierie ou dans l'enclos ou chantier attenant, avant la marque de ce bois, constitue le délit prévu par l'article 158 du code forestier, quand bien même le propriétaire de l'usine aurait requis le garde pour marquer les bois déposés dans l'enclos ou chantier de l'usine. (Cass. 14 avril 1837.)

5 *Marque.* — La marque doit être appliquée à tous les bois de la scierie, quels qu'en soient la provenance et les propriétaires.

6. *Marque. Délai.* — La marque des billes ou tronces devant être faite dans les cinq jours de la déclaration, le propriétaire d'une scierie qui a déclaré des bois le 1er pourra les enlever le 7 sans encourir de risques. Dans ce cas, pour éviter toute fraude, il faudrait, contradictoirement avec le propriétaire de la scierie, marquer tous les bois existant dans l'usine et sur le chantier attenant, qui est considéré comme faisant partie de l'usine. (Cass. 13 mai 1829.)

7. *Récidive.* — La récidive indiquée à l'article 158, n'étant pas celle de l'article 201, doit être considérée au point de vue spécial de la récidive pour défaut de déclaration, quelle que soit l'époque à laquelle le premier délit de l'espèce a été commis. Dès lors, après un premier défaut de déclaration, il y a lieu d'appliquer l'amende double pour

toutes les omissions de déclarations ultérieures. Toutefois, la démolition de l'usine ne pourrait pas être prononcée, si le propriétaire avait acquis par prescription trentenaire le droit de la conserver.

8. *Scierie autorisée.* — Les dispositions de l'article 158 ne s'appliquent qu'aux scieries autorisées, établies à moins de 2000 mètres des bois et forêts et ne faisant pas partie d'une population agglomérée. (Cass. 22 février 1834.)

9. *Scierie. Marque.* — Les scieries établies dans le rayon prohibé, sans autorisation, mais qui ont acquis par prescription le droit d'être maintenues, sont également soumises à la marque des billons ou tronces. (Cass. 20 octobre 1835.)

10. *Scierie. Marque.* — Les scieries existant dans le rayon prohibé lors de la promulgation du code forestier sont soumises, comme celles autorisées depuis, à la marque des billes. (Cass. 3 juillet 1835.)

11. *Scierie. Marque. Dispense.* — Les scieries faisant partie d'une population agglomérée, bien que situées dans l'enceinte et à moins de 2 kilomètres des forêts, ne sont pas assujetties à la marque des billes, ni à leur déclaration. (Cass. 22 février 1834.)

BINAGE.

1. *Travaux.* — Les dépenses pour les binages dans les repeuplements, les dunes, les reboisements et les pépinières sont classées comme travaux d'entretien. (Circ. N 22, art. 25.)

2. *Exécution.* — Les binages peuvent se faire au moyen des journées de prestation, après autorisation du conservateur. (Circ. N 22, art. 319, 320.)

BLANC BOIS.

Définition. — Les bois blancs étaient ainsi appelés à cause de leur écorce blanche et parce que le bois est lui-même blanc ; tels sont l'aune, le bouleau, le peuplier, le saule et le tremble.

BLANC ÉTOC. V. Défrichement. Coupe à blanc étoc.

BLANCHIS.

Définition. — Partie d'un arbre dont on a enlevé l'écorce avec une partie de l'aubier, pour y appliquer l'empreinte du marteau ; s'appelle également plaquis ou miroir.

BLESSURE.

1. *Fonctionnaire.* — L'attaque, résistance avec violence ou voie de fait, faites à un fonctionnaire (garde ou agent) dans l'exercice de ses fonctions, seront punies, savoir :

Rébellion de la part de 3 à 20 personnes avec des armes, *réclusion.* (Cod. Pén. 211.)

Sans armes, *prison :* 6 mois à 2 ans. (Cod. Pén. 211.)

En outre, *amende facultative :* 16 à 200 francs. (Cod. Pén. 218.)

Rébellion par 2 personnes avec des armes, *prison :* 6 mois à 2 ans. (Cod. Pén. 212.)

Sans armes : *prison :* 6 jours à 6 mois. (Cod. Pén. 212.)

En outre, *amende facultative :* 16 à 200 francs. (Cod. Pén. 218.)

2. *Gardes. Indemnités.* — Des indemnités peuvent être allouées aux préposés blessés dans l'exercice ou à raison de leurs fonctions. (Arrêté du directeur général du 18 nov. 1848.)

3. *Mobilisation. Activité.* — A dater du jour de l'appel à l'activité, les agents et préposés mobilisés jouiront de tous les droits attribués aux militaires du même grade de l'armée active sous le rapport des pensions pour blessures. (Décr. 2 avril 1875 et 18 novembre 1890. Circ. N 173. Circ. N 424.)

4. *Violence volontaire.* — Tout individu qui volontairement aura fait des blessures ou porté des coups ou commis toute autre violence ou voie de fait :

S'il en est résulté une maladie ou incapacité de travail pendant plus de 20 jours :

Prison : 2 à 5 ans ; *Amende :* 16 à 200 fr. — Préméditation ou guet-apens : Réclusion. (C. P. 309, 310.)

S'il en est résulté une mutilation, privation de l'usage d'un membre, infirmité permanente :

Réclusion. Avec préméditation ou guet-apens, travaux forcés à temps. (Cod. Pén. 309, 310.)

Si les coups ont eu pour conséquence la mort :

Travaux forcés à temps. Avec préméditation et guet-apens, travaux forcés à perpétuité. (Cod. Pén. 309, 310.)

Si les blessures n'ont occasionné aucune maladie ou incapacité de travail pendant plus de 20 jours :

Prison : 6 jours à 2 ans ; *Amende :* 16 à 200 fr. — ou l'une des deux peines seulement. (C. P. 311.)

S'il y a eu préméditation et guet-apens :

Prison : 2 ans à 5 ans.
Amende : 50 à 500 francs (Cod. Pén. 311.)

5. *Imprudence.* — Quiconque, par défaut d'adresse ou de précaution, aura occasionné des blessures ou des coups involontaires :

Peine : *Prison :* 6 jours à mois. *Amende :* 16 à 100 francs, ou l'une de ces deux peines seulement. (Cod. Pén. 320.)

BLINDAGE. V. Place-forte.

BLOC.

Vente. — Lorsqu'une vente n'est pas faite en bloc, elle n'est point parfaite, en ce sens que les choses vendues sont aux risques du vendeur, jusqu'à ce qu'elles soient comptées, pesées ou mesurées. Si, au contraire, la vente est faite en bloc, elle est parfaite, quoique les choses vendues n'aient pas été pesées, comptées ou mesurées. (Cod. Civ. 1585 et 1586.)

BOEUF.

1. *Hors route.* — Pour un bœuf trouvé en délit de pâturage, hors des routes et chemins ordinaires et non attelé, dans les coupes et non muselé :

Pour le propriétaire, *amende :*

BOIS DE 10 ANS ET AU-DESSUS.

Le jour .... 5 fr. (Cod. For. 147, 199.)
Le jour avec récidive ou la nuit, ou la nuit avec récidive. } 10 fr. (C. F. 147, 199, 201.)

BOIS AU-DESSOUS DE 10 ANS.

Le jour .... 10 fr. (C. F. 147, 199.)
Le jour avec récidive ou la nuit, ou la nuit avec récidive. } 20 fr. (C. F. 147, 199, 201.)
Dommages-intérêts facultatifs ; minimum, amende simple. (Cod. For. 199, 201.)
Saisie, s'il y a lieu. (Cod. For. 161.)

2. *Muselière.* — L'introduction des bœufs non muselés dans une coupe, pour la vidange des bois, est punie comme délit de pâturage. (Cass. 16 mai 1834.)

3. *Commerce.* — Les usagers et habitants qui introduisent au pâturage, dans les cantons défensables désignés, des bœufs servant au commerce, encourent :

Amende :
Le jour. . . . . . . 10 fr.
La nuit ou en récidive ou la nuit et en récidive. } 20 fr. (Cod. F. 70, 112, 199, 201.)
Dommages-intérêts facultatifs. (Cod. For. 199.)

4. *Garde séparée.* — Pâturage des bœufs des usagers et habitants à garde séparée :

Amende, par tête de bétail, 2 fr. (Cod. F. 72, 112.)
Nuit ou récidive, ou nuit et récidive, 4 francs. (C. F. 112, 201.)

5. *Troupeau commun. Usagers.* — La réunion des bœufs des usagers en un troupeau commun est punie, pour le pâtre des usagers, savoir :

Amende : 5 à 10 francs. (Cod. For. 72.)
En cas de récidive : *prison obligatoire,* 5 à 10 jours. (Cod. For. 72, 201.)

La commune est responsable des condamnations civiles. (Cod. For. 72.)

6. *Marque.* — Pâturage des bœufs des usagers sans être marqués :

Amende, par tête de bétail, 3 francs. (Cod. For. 73.)
Récidive, 6 francs. (Cod. For. 201.)

7. *Clochette.* — Pâturage des bœufs des usagers et habitants, sans clochettes :

Amende, par tête de bétail, 2 fr. (Cod. For. 75, 112.)
Récidive ou nuit, ou nuit et récidive, 4 fr. (C. F. 201.)

8. *Hors cantons.* — Pâturage des bœufs des usagers et habitants hors des chemins ou cantons désignés :

Pour le propriétaire, *amende* fixée par l'article 199, pour bœuf trouvé en délit. V. 1 ci-dessus.
Pour le pâtre des usagers. { *Amende :* 3 à 30 fr. (Cod. F. 76, 112.) En cas de récidive, *emprisonnement* facultatif de 5 à 15 jours. (Cod. F. 76, 112.)

La commune est responsable des condamnations civiles prononcées contre le pâtre. (Cod. For. 72.)

Cet article ne s'applique qu'aux pâtres des usagers. (Cass. 18 septembre 1835.) On peut poursuivre le pâtre ou l'usager propriétaire des animaux.

9. *Excédant.* — Pâturage des bœufs des usagers ou habitants, excédant le nombre fixé par l'administration.

Pour le propriétaire, *amende* pour l'excédant fixée par l'article 199 pour bœuf trouvé en délit (Cod. F. 77, 112, 199) et suivant les circonstances aggravantes.

BOIS (EN GÉNÉRAL).

1. *Définition.* — Le mot *bois* désigne tantôt une agglomération d'arbres *(forêt),* tantôt la nature même de la substance dont ces végétaux sont formés *(ligneux).* V. Forêt.

2. *Définition. Conditions.* — A défaut d'autres prescriptions, il semble qu'on ne doit considérer comme *bois,* dans le sens légal du mot, que les massifs boisés de la contenance de dix hectares et au-dessus. (Cod. For. art. 224.)

3. *Forêt.* — Les mots *bois* et *forêt* sont synonymes. (Cass. 1er mai 1830.) V. Massif.

4. *Sapin. Forêts jardinées.* — Dans les forêts jardinées, les sapins de 60 centimètres de tour à un mètre du sol ne doivent pas être estimés comme bois, mais comme valeur d'avenir. (Montpellier, 19 juin 1882.)

5. *Matières.* — Les bois non abattus n'ont pas le caractère de meubles. (Cass. 10 décembre 1828.)

6. *Chasse. Délit.* — Faire le bois est un acte de chasse. (Cass. 29 juin 1889.)

BOIS ABROUTIS.

1. *Autorisation. Vente.* — Les conservateurs autoriseront la vente, par forme de menus marchés, dans les forêts domaniales et communales, des bois abroutis, lorsque les produits présumés n'excéderont pas 500 fr., et l'exploitation de ces mêmes bois par entreprise ou par économie, dans les forêts domaniales, lorsque les frais d'exploitation n'excéderont pas 200 fr. (Ord. 4 déc. 1844.)

Les maximum de 500 fr. et 200 fr. s'appliquent à des bois d'un seul tenant et non aux portions éparses de ces bois. (Circ. A 568.)

2. *Etat.* — L'état de l'exploitation des bois abroutis est supprimé. (Circ. 372.) V. Recepage. Menus marchés. Exploitation par économie.

BOIS D'AGRÉMENT.

Définition. — Les bois d'agrément, appelés jadis *bois marmentaux* ou *bois de touche*, sont ceux qui entourent une habitation, un jardin, et qui ne sont plantés ou conservés que pour l'ornement ou l'agrément. On doit les considérer comme bois de futaie par leur destination, et ils ne peuvent pas être compris dans les exploitations ordinaires.

BOIS BLANC. BOIS DUR.

1. *Enumération.* — Les bois blancs étaient, d'après Freminville, ceux qui ne portaient aucun fruit, tels que charme, tremble, bouleau, érable et autres. On comprenait quelquefois dans cette catégorie le châtaignier, le tilleul, l'orme, le frêne et le sapin.

2. *Calorique.* — Si les usagers ont droit aux morts bois et aux bois blancs et qu'une forêt soit aménagée en vue de la production en bois dur, on fait une délivrance en bois dur proportionnelle en puissance calorifique, comparée à celle du bois blanc, de manière à satisfaire ainsi les droits et les besoins des usagers.

BOIS CANARD.

1. *Définition.* — On appelle ainsi les bois qui, dans les flottages, ont plongé ou ont échoué sur la rive.

2. *Propriété.* — Ceux qui s'emparent des bois canards, sans l'autorisation formelle des flotteurs, commettent le délit de vol. (Limoges, 29 mai 1857.)

BOIS DE CHARBONNETTE.

Définition. — Bois de faible dimension destinés à être convertis en charbon. V. Charbonnette.

BOIS DE CHAUFFAGE.

SECT. I. — BOIS DOMANIAUX.

§ 1. *Vente et délivrance.*

1. *Estimation.* — On doit, dans le rapport des ventes, adresser à l'administration la moyenne de l'estimation et du prix de vente, pour chaque département, du stère empilé de bois de chauffage. (Circ. A 737.)

2. *Préposés. Fourniture.* — Les quantités et espèces de bois à fournir, pour le chauffage des préposés, doivent être indiquées sur les affiches en cahier. (Circ. N 80, art 13.) Les clauses spéciales indiquent l'essence, la qualité et les dimensions des bois destinés au chauffage des préposés et les époques de livraison. (Circ. N 80, art. 23.)

§ 2. *Délivrance usagère.*

3. *Etat des habitants. Usagers.* — Le maire de la commune, dont les habitants en totalité ou en partie exercent des droits d'usage en bois de chauffage, remettra, avant le 1er *janvier* de chaque année, à l'agent forestier local, une demande en forme d'état, d'après le modèle n° 9. Cette demande ne sera présentée que pour les communes où les délivrances sont subordonnées à *l'accroissement* de la population, ou à la *profession* de chaque usager. Dans les communes où les délivrances sont *fixes* et *invariables*, il n'est pas fourni d'état partiel, mais ces délivrances figurent sur l'état général modèle n° 2, fourni par le conservateur. (Circ. A 530.) V. Droit d'usage.

4. *Vérification.* — Après avoir fait vérifier les états partiels de chaque commune, l'agent forestier chef de service les adressera au conservateur avant le 1er *mai*, avec un état général n° 10.

Le conservateur adressera à l'administration, pour le 1er *juin*, les états partiels n° 9 fournis par les maires, avec un état général n° 2 (en double expédition) pour toute la conservation, indiquant sur une ligne par chaque commune usagère le résumé des délivrances à effectuer, avec des renseignements sur la possibilité de la forêt ; une expédition de l'état général reste à l'administration, qui renvoie l'autre expédition avec son approbation, ainsi que les états partiels des maires. (Circ. A 530.)

5. *Usage. Mise en charge.* — Les bois de chauffage, qui se délivrent par stères, seront mis en charge sur les coupes adjugées et fournis aux usagers par les adjudicataires, aux époques fixées par le cahier des charges.

Pour les communes usagères, la délivrance des bois de chauffage sera faite au maire, qui en fera effectuer le partage entre les habitants.

Lorsque les bois de chauffage se délivreront par coupe, l'entrepreneur de l'exploitation sera agréé par l'agent forestier local. (Ord. 122.) V. Bois d'usage.

6. *Coupe. Exploitation.* — Si les bois de chauffage se délivrent par coupe, l'exploitation en sera faite, aux frais des usagers, par un entrepreneur spécial nommé par eux et agréé par l'administration forestière. (Cod. For. 81.)

7. *Partage. Habitant. Pénalité.* — Aucun bois ne sera partagé sur pied, ni abattu par les usagers individuellement, et les lots ne pourront être faits qu'après l'entière exploitation de la coupe, à peine de *confiscation* de la portion de bois abattu afférente à chacun des contrevenants. (Cod. For. 81.)

8. *Agent. Pénalité.* — Les fonctionnaires ou agents qui auraient permis ou toléré la contravention (partage sur pied, abatage individuel) seront passibles d'une *amende* de 50 francs et demeureront, en outre, personnellement *responsables,* et sans aucun recours, de la mauvaise exploitation et de tous les délits qui pourraient avoir été commis. (Cod. For. 81.)

9. *Façonnage. Enlèvement.* — Les habitants des communes usagères peuvent enlever les bois de feu qui leur adviennent en partage, sans les avoir fait préalablement façonner en stères et en fagots, sauf aux agents forestiers à veiller à ce que ces bois reçoivent la destination voulue. (Décis. Min. 2 octobre 1829.)

10. *Délivrance. Usager. Maire.* — Les maires ne peuvent se refuser à accepter la délivrance et à faire, entre les habitants de la commune usagère, le partage des bois de chauffage délivrés à cette commune. (Ord. 122. Déc. Min. 23 février 1829.)

11. *Frais de façonnage.* — Dans le silence des titres, les usagers, dans les forêts domaniales, sont tenus du paiement des frais de façonnage des bois de feu, qui sont mis en charge sur les coupes pour être délivrés par les adjudicataires. (Nancy, 11 février 1852.)

12. *Droit de chauffage. Espèce de bois.* — Le droit de chauffage concédé en termes généraux, sans désignation d'espèce de bois, est censé embrasser tous les bois destinés au chauffage et peut s'exercer aussi bien sur les bois vifs en taillis que sur les bois morts ou les morts bois, à moins d'acte de jouissance interprétatif et fixant le mode d'exercice de ce droit. (Montpellier, 19 décembre 1871. Cass. 27 janvier 1873.)

SECT. II. — BOIS COMMUNAUX ET DES ÉTABLISSEMENTS PUBLICS.

§ 1. *Affouage.*

13. *Réserve. Fourniture.* — Lors des adjudications des coupes ordinaires et extraordinaires des bois des établissements publics, il est fait réserve, en faveur de ces établissements et dans les formes prescrites par l'autorité administrative, de la quantité de bois de chauffage nécessaire pour leur propre usage. (Cod. For. 102. Ord. 141, 142. Circ. N 80, art. 73.)

14. *Besoins. Réserve.* — Les maires et administrateurs doivent faire connaître, au 1er février de chaque année, les bois dont ils ont besoin et qu'il faut réserver sur les coupes. (Circ. A 164.)

15. *Partage. Bois de feu.* — S'il n'y a titre contraire, le partage de l'affouage, en ce qui concerne les bois de chauffage, se fera par feu, c'est-à-dire par chef de famille ou de maison, ayant domicile réel et fixe dans la commune, avant la publication du rôle. (Cod. For. 105. Circ. N 332.)

16. *Affouage. Taillis. Partage.* — Dans les coupes de taillis sous futaie, où les arbres sont destinés à être vendus ou à être délivrés pour bois de construction, le partage de l'affouage peut être fait immédiatement après l'exploitation du taillis. (Déc. Min. 22 février 1829.)

BOIS COMMUNAUX.

1. *Définition.* — Les bois des communes ou sections de communes sont ceux à la propriété desquels les habitants d'une ou de plusieurs communes ont un droit acquis. (Cod. Civ. 542.)

2. *Contenance.* — En 1870, la contenance des bois de communes et des établissements publics était de 2,134,050 hectares.

En 1871, elle était de 1,934,026 hectares. Diminution : 200,024 hectares, provenant de la perte de l'Alsace et de la Lorraine.

En 1889, la contenance des bois des communes et des établissements publics était, en France, y compris la Corse, de 1,915,370 hectares. (Circ. N 407.)

En Algérie, la contenance des forêts appartenant aux communes est de 78,685 hectares.

3. *Propriété.* — La désignation de *bois appartenant à une commune* n'emporte pas nécessairement l'idée d'une propriété pleine et entière. Elle peut s'appliquer aux bois possédés par la commune à titre d'usagère. (Metz, 9 avril 1867.)

4. *Désignation.* — La désignation de *bois communaux* n'indique pas toujours un fait de possession. Cette expression remplace quelquefois celle-ci : *Bois situés sur le territoire de telle commune* (Cass. 26 brumaire an XI) ou bois sur lesquels la commune avait un simple droit d'usage. (Nancy, 21 janvier 1857.)

5. *Législation. Principes.* — La législation a toujours eu pour but de maintenir dans son intégrité le domaine forestier des communes.

(Edit de 1667 défendant les aliénations de bois communaux. Lois des 28 août 1792 et 10 juin 1793, donnant aux communes le moyen de rentrer en possession des bois dont elles auraient été dépossédées, tout en interdisant le partage des bois communaux. Loi des 2 prairial an II et 21 mai 1797, défendant toute aliénation ou échange des bois sans autorisation. Décret du 13 décembre 1804 et loi du 20 mars 1813, renouvelant les défenses aux communes de vendre les bois, pâtis, mines, tourbières et autres biens dont les habitants jouissent en commun. Article 92 du code forestier, défendant la vente et le partage des bois communaux entre les habitants.)

6. *Législation. Usage.* — Toutes les dispositions des six premières sections du titre III du code forestier, articles 8 à 58, sont applicables aux bois communaux soumis au régime forestier, sauf les exceptions y insérées. (Cod. For. 90.) Toutes les dispositions de la huitième section du titre III (articles 62, 63, 64, 65, 66, 67, 68, 69, 70, 71, 72. 75, 76, 77, 78, 79, 80, 81, 82 et 85), sur l'exercice des droits d'usage dans les bois de l'Etat, sont applicables à la jouissance des communes et des établissements publics dans leurs propres bois, ainsi qu'aux droits d'usage dont ces mêmes bois pourraient être grevés, sauf les modifications résultant du titre VIII et à l'exception des articles 61, 73, 74, 83 et 84. (Cod. For. 112.)

7. *Législation.* — Toutes les dispositions des sections 2, 3, 4, 5 et 6 du titre II de l'ordonnance (art. 67, 68, 69, 70, 71, 72, 73, 74, 75, 76, 77, 78, 79, 80, 81, 82, 83, 84, 85, 86, 87, 89, 90, 91, 92, 93, 94, 95, 96, 97, 98, 99, 100, 101, 102, 103, 104) sont applicables aux bois des communes, à l'exception des articles 58 et 88 et sauf les modifications du titre VI du code forestier et du titre V de l'ordonnance. (Ord. 134.)

8. *Législation.* — Toutes les dispositions de la section IX du titre II (décrets des 12 avril 1854, 19 mai 1857, articles 117, 118, 119, 120 et 122) de la présente ordonnance, sur l'exercice des droits d'usage dans les bois de l'Etat, sont applicables à la jouissance des communes dans leurs propres bois, sauf les modifications qui résultent du présent titre et à l'exception des articles 121 et 123. (Ord. 146.)

9. *Régime forestier.* — Sont soumis au régime forestier les bois taillis et futaie appartenant aux communes et qui auront été reconnus susceptibles d'aménagement et d'exploitation régulière, par l'autorité administrative, sur la proposition de l'administration forestière et d'après l'avis du conseil municipal, et du conseil général. (Cod. For. 1, 90. Loi du 10 août 1871.)

10. *Etat signalétique.* — Les renseignements concernant la gestion des forêts communales sont groupés sur des états signalétiques, formule série 4, nº 1 C. (Circ. N 428.) V. Etat signalétique.

11. *Assimilation.* — Les bois communaux sont assimilés sous tous les rapports et sans restriction aucune aux bois de l'État. (Arrêté du 19 ventôse an X.)

12. *Bois et terrains communaux. Autorisation.* — La personne trouvée chassant dans les bois et sur les terrains communaux n'est pas fondée à exciper qu'elle y avait été autorisée verbalement par le maire de la commune.

Cette autorisation ne suffirait pas pour faire disparaître la contravention, car il ne dépend pas d'un maire de disposer d'un droit de chasse dans les bois et sur les terrains communaux. (Chambéry, 22 décembre 1881.)

13. *Propriété.* — Les bois communaux, bien que soumis au régime forestier et confiés à la surveillance de l'administration forestière, n'en constituent pas moins une propriété particulière, qui doit jouir de toute les garanties attachées à la propriété privée. (Cass. 29 mars 1845.)

14. *Bois non soumis au régime forestier.* — Les bois non soumis au régime forestier sont régis par les mêmes dispositions que les bois particuliers, sauf en ce qui concerne les défrichements.

15. *Jouissance.* — Les habitants des communes ne sont qu'usufruitiers des bois communaux.

16. *Jouissance.* — Les préfets statuent sur le mode de jouissance des biens communaux, quelle que soit la nature de l'acte primitif qui ait approuvé le mode actuel de jouissance. (Décr. 25 mars 1852.)

17. *Jouissance.* — Le droit de jouissance qui appartient aux communes, dans leurs bois, est assujetti aux mêmes formalités que celles auxquelles est soumis l'exercice de leurs usages, dans les forêts dont elles ne sont pas propriétaires. (Cass. 1er octobre 1846.)

18. *Produit. Jouissance.* — Les produits des bois communaux sont vendus ou délivrés en nature aux habitants, suivant les décisions prises par les conseils municipaux. (Meaume.)

19. *Décision.* — Comme le mode de jouissance se fait en vertu de délibérations sur lesquelles le préfet doit donner son avis, pour les approuver ou les rejeter, il s'ensuit que le préfet statue sur toutes les questions de mode de jouissance, de vente, ou de délivrance des coupes accordées à la commune.

20. *Extractions. Délivrance.* — Dans les bois communaux, les extractions de produits quelconques ne pourront avoir lieu qu'avec l'autorisation formelle des maires, sauf l'approbation du conservateur, qui fixera les conditions et le mode d'extraction ; quant au prix, il est fixé par le préfet, sur la proposition des maires. (Ord. 4 décembre 1844.)

21. *Aliénation.* — La section de l'intérieur, considérant... que c'est au chef même de l'Etat qu'il appartient de soumettre les bois des communes au régime forestier et de fixer l'aménagement auquel lesdits bois seront assujettis ;... que tout bois communal qui, par suite d'aliénation, devient la propriété d'un particulier, cesse de plein droit d'être soumis au régime forestier et à l'aménagement obligatoire auquel il était assujetti ; d'où il suit que, si l'on reconnaissait aux préfets le droit d'autoriser l'aliénation de tout ou partie d'un bois communal soumis au régime forestier, il appartiendrait à ces magistrats de rapporter indirectement et de mettre à néant les actes de l'autorité souveraine ;... que le décret du 25 mars 1852 n'a rien innové en ce qui concerne les aliénations des bois communaux soumis au régime forestier ; — est d'avis que les préfets ne sont pas compétents pour autoriser lesdites aliénations. (Avis du Conseil d'Etat, 11 novembre 1852.)

Cet avis a été transmis aux préfets par une circulaire du ministre de l'intérieur du 8 décembre 1852, no 807.

22. *Consistance. Réduction.* — L'administration s'est réservé de faire statuer sur tous les actes, tels que : aliénation, concession, transaction ou autres, qui auraient pour effet de réduire l'étendue du sol forestier, et ceux qui, comme les partages, peuvent affecter l'aménagement des bois. (Décis. Min. 2 février 1856.)

23. *Savoie et Nice.* — Les bois appartenant à des communes françaises et situés dans le comté de Nice, entre la ligne-frontière et la crête des Alpes, seront administrés par les agents du gouvernement français ; toutefois, ces agents ne seront appelés qu'à constater les délits ou contraventions en matière forestière qui seraient commis par des Français résidant en France, et leurs procès-verbaux ne pourront être mis en poursuite que devant les tribunaux français. (Convention du 7 mars 1861, art. 8. Circ. N° 29.)

24. *Affaires. Instruction.* — Les affaires intéressant les bois communaux doivent généralement être transmises par l'intermédiaire du préfet, qui doit donner son avis comme représentant l'Etat, tuteur légal des communes. (Lettre de l'Admin. 21 juil. 1871.)

25. *Communes étrangères. Bois situés en France.* — Les bois des communes étrangères, mais situés en France, sont soumis à la législation française dans tout ce qui concerne la propriété, le mode de possession ou de partage des bois, la répression des délits et les opérations forestières. Ces communes sont considérées comme mineures ; les autorisations pour jouir ou disposer sont accordées par l'autorité étrangère et l'autorité du lieu surveille la stricte exécution des mesures autorisées. Les communes peuvent transporter leurs bois chez elles, si les Français résidant dans le pays d'où elles dépendent jouissent de la même faculté. (Déc. Min. 18 novembre 1818.)

BOIS DE CONSTRUCTION.

SECT. I. — VENTE.

1. *Estimation.* — Dans le rapport des ventes, le conservateur doit envoyer la moyenne de l'estimation et du prix de vente, pour

chaque département, du mètre cube (volume réel en grume) des bois de service. (Circ. A 737.)

SECT. II. — DÉLIVRANCE.

§ 1. *Délivrance affouagère communale et d'établissements publics.*

2. *Futaie. Affouage.* — En ce qui concerne les bois de construction d'affouage, chaque année, le conseil municipal, dans sa session du mai, décidera s'ils doivent être en tout ou en partie vendus au profit de la caisse communale ou s'ils doivent être partagés en nature. Dans le premier cas, la vente aura lieu par les soins de l'administration forestière ; dans le second, le partage se fera par feu, c'est-à-dire par chef de famille ou de maison ayant domicile réel et fixe dans la commune, avant la publication du rôle d'affouage. (Cod. For. 105. Loi du 23 novembre 1883. Circ. N 332.)

3. *Bois communal. Délivrance. Besoin.* — Les communes qui ne sont pas dans l'usage d'employer la totalité des bois de leurs coupes à leur propre consommation feront connaître (le 1er février, Circ. A 164), à l'agent forestier local, la quantité de bois qui leur sera nécessaire, tant pour constructions que pour réparations, et il en sera fait délivrance, soit par l'adjudicataire de la coupe, soit au moyen d'une réserve sur cette coupe, le tout conformément à leur demande et aux clauses du cahier des charges de l'adjudication. (Ord. 141.)

4. *Etrangers.* — Pour avoir droit aux délivrances de futaie, les étrangers, chefs de famille ou de maison, ayant domicile réel et fixe dans la commune, doivent, en outre, avoir été autorisés par le chef de l'Etat à établir leur domicile en France. (Cod. For. 105. Circ. N 332.)

5. *Réserve. Besoin.* — Lors des adjudications des coupes ordinaires et extraordinaires des bois des établissements publics, il est fait réserve, en faveur de ces établissements et suivant les formes prescrites par l'autorité administrative, de la quantité de bois de construction nécessaire à leur propre usage. (Cod For. art. 102. Circ. N 80, art. 73.)

6. *Etablissements publics. Fournitures à leur usage. Délivrance.* — Les administrateurs des établissements publics donneront, chaque année (le 1er février, Circ. A 164), un état des quantités de bois, tant de chauffage que de construction, dont ces établissements auront besoin. Cet état sera visé par le sous-préfet et transmis par lui à l'agent forestier local.

Les quantités de bois ainsi déterminées seront mises en charge lors de la vente des coupes et délivrées à l'établissement par l'adjudicataire, aux époques qui seront fixées par le cahier des charges. (Ord. 142.)

§ 2. *Délivrance usagère.*

7. *Partage.* — Le bois de construction se partage entre les usagers, suivant le toisé des maisons, lorsqu'il est insuffisant pour satisfaire les besoins de tous les habitants ; mais ordinairement il se délivre au fur et à mesure des réparations à effectuer.

8. *Usagers. Demandes.* — Les conservateurs adressent, pour le 1er juin, à l'administration le devis de l'usager et le procès-verbal de vérification, en les accompagnant, pour toute la conservation, d'un état général en double. (Circ. A 292. Circ. A 530. Form. série 9, no 9.)

9. *Branches. Remanents.* — On ne doit ni branches ni remanents aux usagers qui n'ont droit qu'au bois de construction. (Déc. Min. 8 mai 1828.)

10. *Changement. Destination.* — Le bois de construction délivré pour une maison désignée ne peut, sans délit, être employé à une autre maison. Ce serait un changement de destination. (Cass. 7 mai 1830.)

11. *Changement de destination. Usagers.* — La constatation du changement de destination des bois délivrés à un usager, pour la reconstruction de sa maison, constitue un fait matériel. (Cass. 26 avril 1845.)

12. *Maison incendiée. Assurance.* — Le droit de marronage, pour la reconstruction d'une maison incendiée, ne peut pas être exercé par l'usager, si une indemnité lui a été payée par une compagnie d'assurance. (Nancy, 28 mai 1833.) Une décision ministérielle du 10 octobre 1823 décide que, malgré l'assurance, l'usager incendié a droit à la délivrance des bois pour reconstruire sa maison. (Comté de Dabo.) V. Marronage. Réserve. Délivrance d'urgence.

§ 3. *Ruine de guerre. Réédification.*

13. *Guerre.* — Les préfets doivent faire dresser l'état des maisons et bâtiments incendiés ou détruits par l'effet de la guerre, en indiquant leur nature, leur étendue et leur état actuel. Ils feront faire le devis des bois nécessaires à leur réédification ou qui ont été employés, si la réédification a eu lieu.

Cette quantité de bois leur sera délivrée dans les bois de la commune, s'il en existe, et à défaut dans les bois domaniaux les plus voisins, d'après la marque et la délivrance des agents forestiers. (Décr. 29 mai 1815.)

§ 4. *Travaux en montagne.*

14. *Fourniture. Exploitation.* — Dans les circonstances exceptionnelles, telles que cherté des transports ou rareté de l'essence sur les marchés, les bois nécessaires à l'exécution des travaux autorisés par l'administration seront exploités par forme d'extraction

ou d'éclaircie et disposés sur place pour être employés, après dessication convenable, par les entrepreneurs des travaux.

Le prix des bois sera versé à la caisse des domaines par l'adjudicataire, qui sera tenu d'en payer la valeur d'après le devis approuvé. Un extrait du procès-verbal d'adjudication sera adressé au directeur des domaines comme titre de recouvrement, avec la copie du devis relatif au prix des bois. Une mention spéciale de cette disposition sera faite sur l'affiche et le procès-verbal d'adjudication, indiquant l'obligation de payer la valeur des bois, sans déduction du rabais consenti pour les travaux. En cas d'inexécution des travaux, les bois exploités seront vendus comme menus marchés (valeur inférieure à 2000 francs). (Déc. Min. 15 février 1875. Circ. N 170.)

BOIS DE DÉLIT.

1. *Définition.* — Le bois de délit est celui qui a été l'objet ou qui provient d'un délit.

2. *Affouage.* — Les bois de délit ne peuvent accroître l'affouage qu'autant qu'ils se trouvent dans la coupe affouagère. (Déc. Min. 21 juin 1820.)

3. *Bois gisant.* — Les bois de délit ne sont pas compris dans le bois sec et gisant. (Cass. 7 mars 1829.)

4. *Usage.* — Les usagers ne peuvent jamais s'approprier les bois de délit. (Cass. 25 mars 1830.)

5. *Classification.* — Les bois de délit sont considérés comme produits accessoires. (Arr. 22 juin 1838, *Bois domaniaux.* Arr. 1er septembre 1838, *Bois communaux.*)

6. *Enlèvement. Pénalité.* — L'enlèvement des bois de délit, dans tous les bois en général, est puni des mêmes *amendes* et *restitutions* que pour la coupe ou le délit lui-même. (Cod. For. 197.) Il n'est pas parlé de l'emprisonnement.

Il y a aggravation de la peine suivant que le bois est débité à la scie, enlevé de nuit, ou si le délinquant est en récidive.

7. *Saisie. Séquestre.* — Les gardes doivent suivre les bois de délit jusque dans les lieux où ils auront été transportés, les saisir et les mettre en séquestre. (Cod. For. 161. Instr. Crim. 16.)

8. *Reconnaissance.* — Les gardes font mention sur leurs registres des bois de délit reconnus ; ils doivent en donner avis, sans délais, à leur supérieur immédiat. (Ord. 26.) Il leur est défendu d'en disposer lorsqu'ils sont gisants dans la forêt.

9. *Marque.* — Lorsqu'un arbre enlevé en délit a été retrouvé dans une perquisition, le garde doit le marquer de son marteau aux *deux extrémités du tronc*, de manière à ce qu'il soit impossible au séquestre ou gardien de modifier ultérieurement la *découpe* et d'enlever ainsi les signes de reconnaissance et de rapprochement, propres à établir l'identité entre l'arbre saisi et celui dont la souche a été reconnue en forêt. (Livret des préposés. Circ. A 454.)

Indiquer dans le procès-verbal les parties de l'arbre marquées du marteau et le nombre des empreintes apposées.

10. *Frais.* — Les frais de séquestre, de transport ou de façon des bois de délit sont imposés aux adjudicataires, qui sont tenus de les payer aux ayants droit au moment de la vente. (Circ. A 368.)

11. *Vente.* — Les inspecteurs et agents chefs de service provoquent la vente des bois de délit. (Instr. 22 mars 1821.)

12. *Adjudication.*— Les conservateurs auto riseront et feront effectuer les adjudications de bois provenant des délits. (Ord. 102, 134.)

13. *Conditions de la vente.* — L'inspecteur fixe le délai de vidange dans les conditions de la vente et le réduit au temps strictement nécessaire, sauf, s'il le juge convenable, à désigner des lieux de dépôt sur les bords des routes ou aux lisières des forêts. (Instr. 23 mars 1821.)

14. *Vente.* — Les bois de délit provenant des forêts domaniales, quelle qu'en soit la valeur, pourront être vendus aux chefs-lieux de canton ou dans les communes voisines de la forêt. (Ord. 20 mai 1837. Circ. N 80, art. 83.)

15. *Présomption. Culpabilité. Preuve.* — Les bois de délit trouvés dans l'intérieur d'une maison font peser sur le propriétaire de la maison la présomption légale (Cod. Civ. 1352) qu'il est l'auteur ou le complice du délit. C'est à lui qu'incombe la preuve qu'il possède ces bois légitimement et de bonne foi, en tant que cette preuve n'est pas contraire aux énonciations contenues dans le procès-verbal faisant foi jusqu'à inscription

de faux. (Cass. 26 septembre 1840. Cass. 11 juillet 1867.)

16. *Bois de délit.* — La personne chez laquelle on trouve une partie des arbres coupés en délit et qui ne veut pas déclarer les auteurs du délit ou ses complices est responsable des peines encourues pour le tout. (Cass. 23 octobre 1812.)

17. *Enlèvement.* — Le porteur de bois coupé en délit est présumé être l'auteur de la coupe. Il ne serait pas admissible à prouver que cette coupe a été faite par un autre. (Cass. 5 février 1830.) V. Meaume, tome II, page 899, § 1345.

18. *Moyen de transport.* — Si des bois coupés en délit et ayant moins de 20 centimètres de tour sont trouvés chez un délinquant, en l'absence de fait matériel prouvant le mode de transport employé, le délinquant sera toujours recevable à prouver que ce bois a été transporté à l'aide d'une voiture. (Meaume.)

19. *Possession. Identité.* — Ne peut être relaxé, sous prétexte que le délit n'est pas prouvé, l'individu détenteur d'un arbre, de la légitime possession duquel il ne justifie pas, alors que le procès-verbal constate que le rapatronnement et la comparaison de l'essence, de l'écorce et des copeaux, ont établi qu'il y avait identité parfaite entre cet arbre et la souche d'un arbre coupé en délit. (Cass. 13 avril 1849.)

20. *Possession.* — La présomption légale de fraude, qui résulte de la possession des bois de délit, tombe devant la preuve administrée par le prévenu, que ces bois ont été achetés, soit dans une vente publique, soit d'un individu faisant profession de vendre du bois. (Cass. 14 avril 1848.)

21. *Possession. Présomption.* — La possession de bois coupés en delit élève contre le détenteur une présomption de fraude, qui ne peut tomber que devant la preuve d'une provenance légitime. (Chambéry, 27 avril 1876.)

22. *Preuve. Possession.* — Un délinquant, chez lequel des bois coupés en délit ont été trouvés, ne peut pas affaiblir la foi due à un procès-verbal, en se fondant sur ce qu'il aurait été précédemment adjudicataire de la partie du bois où le délit a été commis. (Cass. 5 février 1830.)

23. *Possesseur. Remboursement.* — Si le possesseur actuel d'une chose volée l'a achetée dans un marché, ou une foire, ou d'un marchand vendant des choses pareilles, le propriétaire originaire ne peut se la faire rendre, qu'en remboursant au possesseur le prix qu'elle lui a coûté. (Cod. Civ. 2280.)

BOIS DÉPÉRISSANTS.

1. *Autorisation.* — Les conservateurs autoriseront les coupes de bois dépérissants dans les forêts domaniales, communales et d'établissements publics. (Décr. du 17 février 1888. Circ. N 395.)

2. *Bois domaniaux. Coupe. Vente.* — Dans les forêts domaniales, les conservateurs décideront si les coupes de bois dépérissants seront vendues en bloc sur pied ou par unités de marchandises. Ils peuvent aussi en autoriser l'exploitation par les préposés ou par les concessionnaires. Mais si l'exploitation doit avoir lieu au compte de l'Etat, l'autorisation et les crédits nécessaires doivent être demandés à la direction des forêts. (Décr. du 17 février 1888. Circ. N 395.)

3. *Bois communaux. Coupe. Vente.* — Dans les forêts communales et d'établissements publics, la vente sur pied des coupes de bois dépérissants sera autorisée par les conservateurs des forêts. Quand il y aura lieu d'adopter un autre mode de réalisation, l'autorisation en sera donnée par le préfet, sur la proposition des communes ou établissements publics et après avis du conservateur. (Décr. du 17 février 1888. Circ. N 395.)

4. *Adjudication. Lieu de vente.* — Les adjudications de bois dépérissants provenant des forêts domaniales, communales ou d'établissements publics, pourront être faites dans les chefs-lieux de canton ou dans les communes riveraines des forêts. (Décr. du 25 février 1888. Circ. N 396.)

5. *Martelage.* — Les bois dépérissants doivent être frappés du marteau de l'Etat. (Circ. N 417.)

6. *Frais de régie. Taxe.* — Les bois dépérissants sont assujettis à la taxe des frais de régie. (Circ. N 417.)

BOIS DOMANIAUX.

1. *Définition.* — Les bois domaniaux sont ceux que l'Etat possède à titre de propriété ; leurs produits font partie du revenu public.

2. *Contenance.* — En 1870, la contenance des bois de l'Etat était de 1,152,767 hectares.

En 1871, la contenance des bois domaniaux était de 998,540 hectares. Diminution : 154,227 hectares, provenant de la perte de l'Alsace et de la Lorraine.

En 1889, la contenance des bois de l'Etat était, en France y compris la Corse, de 1,070,477 hectares. (Circ. N 407.)

En Algérie, elle est de 2,498,642 hectares.

3. *Inaliénabilité.* — Le principe de l'inaliénabilité et de l'imprescriptibilité des grandes masses de bois domaniaux a été anéanti par l'effet de la loi du 25 mars 1817, qui a replacé cette nature de biens dans les con-

ditions du droit commun. Cette loi n'a pas été abrogée par les lois de finances des 1er mai 1825, 27 mars 1831 et 10 juin 1833, relatives à la dotation de la caisse d'amortissement. (Cass. 9 avril 1856. Cass. 27 juin 1854.)

4. *Aliénation.* — Quoique les bois domaniaux ne puissent être aliénés qu'en vertu d'une loi, cette règle souffre exception en faveur des communes qui demandent à acquérir, pour cause d'utilité publique. Dans ce cas, il suffit d'un décret qui déclare cette utilité et le ministre des finances peut ensuite traiter à l'amiable avec la commune intéressée, qui se trouve affranchie, d'ailleurs, des droits de mutation. (Bulletin officiel du ministre de l'intérieur, 1857, p. 215.)

5. *Masse. Inaliénabilité.* — Les bois domaniaux ayant une contenance au-dessous de 150 hectares, séparés et éloignés d'un kilomètre au moins des autres forêts, ne sont pas considérés comme faisant partie des grandes masses de forêt. (Loi du 23 août 1790.)

6. *Incorporation.* — L'édit du 16 avril 1667, qui déclare incorporés au domaine de la couronne les biens tenus et administrés pendant dix ans comme biens domaniaux, a supposé une possession de dix ans antérieure à la date de l'édit. (Cass. 17 mai 1852.)

7. *Affectation à un service.* — Les bois domaniaux peuvent être affectés au moyen d'un décret à un service public. L'article 4 de la loi du 18 mai 1850 est abrogé. (Décr. 25 mars 1852.)

8. *Caisse d'amortissement.* — Les bois de l'Etat sont affectés à la caisse d'amortissement.

La dotation annuelle de la caisse d'amortissement se compose :

1° Du produit net des coupes ordinaires et des produits accessoires des forêts ;

2° A titre de recettes extraordinaires, du produit net des coupes extraordinaires et aliénations de forêts qui pourront être autorisées par les lois et dont le montant n'aura pas été déjà ou ne serait pas, à l'avenir, affecté à des améliorations forestières. (Loi du 11 juillet 1868. Circ. N 25.)

La loi du 25 mars 1817 avait déjà affecté tous les bois de l'Etat à la caisse d'amortissement. V. Caisse d'amortissement.

9. *Aménagement.* — Tous les bois et forêts du domaine de l'Etat sont assujettis à un aménagement réglé par des ordonnances royales (Cod. For. 15.)

BOIS DUR. V. Bois blanc.

BOIS D'ÉTABLISSEMENT PUBLIC.

Nota. — Toutes les dispositions relatives aux bois communaux s'appliquent aux bois des établissements publics.

1. *Définition.* — Les bois des établissements publics sont ceux qui appartiennent aux hôpitaux, hospices, bureaux de bienfaisance, collèges, fabriques, séminaires, évêchés, archevêchés et à toute autre corporation établie ou maintenue par le gouvernement dans un but d'intérêt général. (Ord. 7 mai 1817.)

2. *Législation.* — Toutes les dispositions des six premières sections du titre III du code forestier, articles 8 à 58, sauf les modifications et exceptions y insérées, sont applicables aux bois des établissements publics soumis au régime forestier. (Cod. For. 90.) Toutes les dispositions de la 8e section du titre III du code forestier sur l'exercice des droits d'usage dans les bois de l'Etat (articles 62, 63, 64, 65, 66, 67, 68, 69, 70, 71, 72, 75, 76, 77, 78, 79, 80, 81, 82 et 85) sont applicables à la jouissance des établissements publics dans leurs propres bois, ainsi qu'aux droits d'usage dont ces mêmes bois pourraient être grevés, sauf les modifications résultant du titre VIII et à l'exception des articles 61, 73, 74, 83 et 84. (Cod. For. 112.)

Toutes les dispositions des sections 2, 3, 4, 5 et 6 du titre II de l'ordonnance (art. 67, 68, 69, 70, 71, 72, 73, 74, 75, 76, 77, 78, 79, 80, 81, 82, 83, 84, 85, 86, 87, 89, 90, 91, 92, 93, 94, 95, 96, 97, 98, 99, 100, 101, 102, 103, 104) sont applicables aux bois des établissements publics, à l'exception des articles 58 et 88 et sauf les modifications qui résultent du titre VI du code forestier et du titre V de l'ordonnance. (Ord. 134.)

Toutes les dispositions de la section 9 du titre II de l'ordonnance (Décr. du 12 avril 1854, 19 mai 1857, art. 117, 118, 119, 120 et 122), sur l'exercice du droit d'usage dans les bois de l'Etat, sont applicables à la jouissance des établissements publics dans leurs propres bois, sauf les modifications du présent titre et à l'exception des articles 121 et 123. (Ord. 146.)

3. *Régime forestier.* — Sont soumis au régime forestier les bois taillis et futaie appartenant aux établissements publics, qui auront été reconnus susceptibles d'aménagement et d'exploitation régulière, par l'autorité administrative, sur la proposition de l'administration forestière et d'après l'avis des administrateurs des établissements publics. (Cod. For. 1, 90.)

4. *Etat signalétique.* — Les renseignements concernant la gestion des forêts des établissements publics sont groupés sur un état signalétique. (Circ. N 428. Form. série 4, n° 1 C.) V. Etat signalétique.

5. *Bois non soumis.* — Les bois non soumis au régime forestier sont régis par les mêmes dispositions que les bois particuliers, sauf pour les défrichements.

6. *Extraction.* — Dans les bois des établissements publics, les extractions des productions quelconques ne pourront avoir lieu qu'en vertu d'une autorisation formelle des administrateurs, sauf approbation du conservateur, qui règle les conditions d'extraction. Le prix est fixé par le préfet, sur les propositions des administrateurs. (Ord. 4 décembre 1844.)

7. *Produit. Jouissance.* — Les produits des bois des établissements publics sont soumis au contrôle de l'administration supérieure, en ce sens qu'on ne peut vendre que le surplus de ce qui n'est pas nécessaire aux besoins. (Meaume.)

8. *Exploitation. Fermier. Domaine.* — Le fermier d'un domaine appartenant à un établissement public, dans lequel se trouvent compris des bois soumis au régime forestier, est assujetti aux règles tracées par le code forestier pour l'exploitation des bois, quand même il n'aurait rien été stipulé à ce sujet dans le bail. (Cass. 2 juin 1838.)

BOIS ÉTRANGER A LA COUPE.

Poursuite. Répression. — Le fait par un adjudicataire de faire abattre et enlever, dans une coupe voisine, des arbres, même marqués du marteau en délivrance, constitue un délit dont l'adjudicataire lésé a le droit de demander la réparation civile devant la juridiction correctionnelle, alors même que l'administration des forêts s'abstiendrait de poursuivre. (Nîmes, 30 juillet 1868.) V. Dépôt de bois.

BOIS FAÇONNÉS.

1. *Principe. Vente.* — La vente de tout bois qu'un propriétaire exploitera dans ses forêts pendant l'exercice, à tant la corde, lorsque le propriétaire se charge de l'abatage et du façonnage, est une vente à la mesure et non une vente en bloc. (Orléans, 31 août 1880.) V. Vente à la mesure.

2. *Produit. Classification.* — Les bois façonnés, provenant des coupes ordinaires ou extraordinaires des bois communaux ou d'établissements publics, ne sont jamais considérés comme produits accessoires. (Déc. Min. 22 juin 1838 et 17 janvier 1840.)

3. *Bois communaux et d'établissements publics. Exploitation. Coupe invendue.*— Lorsque les coupes communales et d'établissements publics restent invendues, le préfet peut, sur la proposition du conservateur, en autoriser l'exploitation par un entrepreneur responsable et la vente en bloc ou par lots des produits façonnés de ces coupes, dans une des communes voisines de la situation des bois. (Coupes ordinaires, Cah. des ch. 2.)

3 bis. *Exploitation par entreprise. Empilage.* — Le bois de chauffage sera empilé, autant que possible, par essence et qualité. Chaque pile ne pourra être moindre de cinq stères. (Cah. des ch.)

4. *Exercice. Adjudication.* — On doit faire la vente des bois façonnés dans l'année de l'exercice auquel ils appartiennent, afin de ne pas renvoyer les recettes d'un exercice à un autre. (Circ. N 69.)

5. *Bois communaux. Vente sur les lieux.* — Les préfets statuent en conseil de préfecture, sans l'autorisation du ministre, mais après avis du chef de service, sur la vente sur les lieux des produits façonnés provenant des bois des communes et des établissements publics, quelle que soit la valeur de ces produits. (Décr. 25 mars 1852, art. 3.) En cas de désaccord avec le conservateur, il en est référé à l'administration par un rapport spécial avec pièces à l'appui. (Circ. A 686.)

6. *Vente. Bois communaux.* — Les coupes ou les portions de coupes affouagères exploitées ou façonnées, d'une valeur de 500 francs et au-dessus, peuvent être vendues dans la commune propriétaire, sous la présidence du maire et avec l'intervention des agents forestiers, d'après l'autorisation du ministre et sur la proposition du préfet et de l'administration forestière. (Ord. 15 octobre 1834. Déc. Min. des 9 février 1843 et 5 mars 1844.) V. Adjudication.

7. *Enchères. Frais. Adjudication.* — Les bois façonnés seront vendus par lots, dans la forme ordinaire des adjudications aux enchères et à la charge, par ceux qui s'en rendront adjudicataires, de payer le prix de

l'abatage et de la façon desdits bois. (Ord. 88.) Cette disposition ne s'applique qu'au façonnage des bois de délit, chablis, élagage et essartements. (Circ. A 368.)

8. *Résultat de la vente à l'administration.* — Après la vente des bois façonnés, on en fait connaître le résultat à l'administration par un état indiquant les produits en nature, le prix de vente et le montant des frais de façonnage. (Circ. A 540 sexto.)

9. *Bois domanial. Adjudication. Compte-rendu à l'administration.* — Dans les dix jours de la vente des bois façonnés provenant des forêts domaniales, on adresse à l'administration un bulletin rendant compte de cette adjudication. Cette marche sera suivie pour tous les produits versés à la caisse des receveurs des domaines. (Lettre du 10 mars 1864, nº 4139.)

10. *Produit. Versement.* — Le produit des ventes des bois façonnés provenant des forêts domaniales doit être versé à la caisse des receveurs des domaines, excepté si la coupe est précomptée sur la possibilité. (Circ. A 833.)

11. *Traite. Bois communaux.* — Les adjudicataires de bois façonnés provenant des forêts communales sont tenus de fournir des traites, toutes les fois que la vente se fait à terme et qu'il s'agit de lots excédant 500 francs. (Déc. Min. 25 août 1865. Circ. N 15. Cah. des ch. 9.)

12. *Caution. Certificateur.* — Lorsque la vente aura lieu à terme, chaque adjudicataire sera tenu de présenter, sur le champ, une caution et un certificateur de caution reconnus solvables. Pour les lots inférieurs à 500 francs, le certificateur ne sera obligatoire que si le receveur l'exige. (Cah. des ch. 9.)

13. *Permis. Retard.* — L'adjudicataire ne pourra commencer l'enlèvement des bois qu'après avoir obtenu un permis de l'agent forestier local chef de service ; à défaut de quoi, il sera tenu de payer au propriétaire de la forêt une indemnité de 5 francs par stère et de 10 francs par cent de fagots enlevés. (Cah. des ch. 11.)

14. *Vidange.* — L'enlèvement, par un adjudicataire des lots, de bois façonnés à lui adjugés, sans y avoir été autorisé par un permis de l'administration forestière, alors que le cahier des charges prescrivait de n'enlever les bois qu'après cette formalité, ne constitue pas une infraction au cahier des charges et ne donne lieu à l'application d'aucune peine. (Colmar, 21 janvier 1841.) (Il aurait fallu sans doute poursuivre pour infraction à la vidange et non pas à l'exploitation ou au nettoiement des coupes.)

15. *Surveillance.* — Le soin de surveiller la livraison des bois façonnés aux adjudicataires incombe à l'administration. (Circ. A 831.)

16. *Frais. Droits. Paiement.* — Outre le prix principal d'adjudication, il sera payé immédiatement, entre les mains du receveur, soit de l'enregistrement, soit des domaines, pour les produits des bois de l'Etat :

1º 1 fr. 60 c. pour cent de ce prix, tant pour les droits fixes de timbre et d'enregistrement des procès-verbaux et actes relatifs à l'adjudication, que pour tous autres frais ;

2º Les droits proportionnels d'enregistrement sur le montant de l'adjudication, augmentés de la taxe de 1 fr. 60 c. pour cent. (Déc. du Min. des Fin. 7 avril 1883.)

S'il s'agit de produits de forêts appartenant à des communes ou à des établissements publics, les droits proportionnels seront perçus sur le montant de l'adjudication et acquittés, ainsi que les droits fixes de timbre et d'enregistrement des procès-verbaux et actes relatifs à l'adjudication, par les caisses municipales ou par celles des établissements publics, à l'exception des frais de timbre de l'expédition du procès-verbal d'adjudication à remettre au receveur municipal ou à celui de l'établissement propriétaire, lesdits frais étant à la charge de l'adjudicataire.

Si la commune ou l'établissement propriétaire le demande et si le procès-verbal de vente en contient l'obligation, l'adjudicataire payera comptant une partie du prix principal, suffisante pour l'acquittement des frais mis à leur charge par le paragraphe précédent. (Cah. des ch. 3.)

17. *Timbre et enregistrement.* — Les communes et établissements publics sont chargés d'acquitter les droits de timbre et d'enregistrement des procès-verbaux et actes relatifs aux adjudications opérées pour leur compte, quand il s'agit de bois façonnés. (Déc. Min. 13 janvier 1865. Circ. N 101.)

Toutefois, par exception, le droit de timbre de l'expédition du procès-verbal d'adjudication remise comme titre de perception au receveur de la commune ou de l'établissement propriétaire reste à la charge de l'adjudicataire. (Circ. N 38. Circ. N 101.)

18. *Frais. Timbre. Enregistrement. Bois communaux.* — Les droits de timbre et d'enregistrement des procès verbaux d'adjudication de bois façonnés sont acquittés au comptant ; tous les autres droits sont donnés en débet.

Pour le recouvrement des droits dus pour les actes en débet, les inspecteurs des forêts doivent adresser au receveur de l'enregistrement du lieu de l'adjudication un état (formule série 4, nº 41) indiquant les frais à payer. Cet état est envoyé immédiatement après chaque adjudication. (Circ. N 101.)

19. *Adjudication. Frais. Timbre et Enregistrement.*

DÉSIGNATION DES ACTES.	BOIS DOMANIAUX.			BOIS COMMUNAUX.		
	TIMBRE.	ENREGISTREMENT.	OBSERVATIONS.	TIMBRE.	ENREGISTREMENT.	OBSERVATIONS.
BOIS FAÇONNÉS. — Procès-verbal d'adjudication minute	Timbré (2 fr. 40 c.) par chaque feuille.	2 p. 0/0	Droit d'enregistrement, comptant si le prix est fixé au procès-verbal, en suspens s'il doit être déterminé par un procès-verbal de dénombrement.	Timbré (2 fr. 40 c.) par chaque feuille.	2 p. 0/0	Comme pour les bois domaniaux : 2 p. 0/0, droit de vente mobilière sur le prix ; plus 0.50 p. 0/0 pour la caution et 3 francs pour le certificateur de caution ; plus le double décime et demi.
Cahier des charges minute...........	Exempt.	Exempt.	La copie annexée au procès-verbal d'adjudication est timbrée.	Exempt.	Exempt.	Comme pour les bois domaniaux.
Procès-verbal de dénombrement des produits pour fixer le prix de vente..	Timbré (1 fr. 20 c.)	2 p. 0/0	»	Timbré (1 fr. 20 c.)	2 p. 0/0	»
PIÈCES A DÉLIVRER APRÈS L'ADJUDICATION — *Au Conserv. et Insp. des Forêts :* Expédition du pr.-verbal d'adjud.	Exempt.	Exempt.	»	Exempt.	Exempt.	»
Exemplaire du cahier des charges.	Id.	Id.	»	Id.	Id.	»
Aux Receveurs des Domaines ou municipaux : Expédition du pr.-verbal d'adjud.	Timbré (2 fr. 40 c.)	Id.	Le droit de timbre est compris dans de 1.60 p. 0/0.	Timbré (2 fr. 40 c.)	Id.	Le timbre est payé par l'adjudicataire.
Exemplaire du cahier des charges.	(1 fr. 80 c.)	Id.	Id.	(1 fr. 80 c.)	Id.	Id.
Aux Adjudicataires : Extrait du procès-verbal d'adjud.	(2 fr. 40 c.)	Id.	Id.	(2 fr. 40 c.)	Id.	Id.
Exemplaire du cahier des charges.	(2 fr. 40 c.)	Id.	Id.	(2 fr. 40 c.)	Id.	Id.
Au Receveur des finances et au chef de cantonnement : Extrait du procès-verbal d'adjud.	Exempt.	Id.	» Les droits fixes de timbre et d'enregistrement sont compris dans le 1.60 p. 0/0. (Cah. des ch. art. 3.)	Exempt.	Id.	» La commune ou l'établissement propriétaire paye les droits de timbre, d'enregistrement. (Cah. des ch. art. 3.) V. Formule série 4, n° 41.

20. *Expéditions. Extraits.* — Dans les cinq jours de l'adjudication, il sera fourni par le fonctionnaire présidant la séance, avec un exemplaire du cahier des charges, des *expéditions* et des *extraits* du procès-verbal, savoir :

Une expédition au conservateur des forêts ;

Une expédition à l'agent forestier local chef de service, pour les coupes de sa circonscription ;

Une expédition au receveur des domaines ;

Un extrait au receveur des finances, pour les articles qui le concernent ;

Un extrait à chaque adjudicataire, pour les articles qui le concernent ;

Un extrait au chef de cantonnement, pour les coupes de sa circonscription.

Les expéditions et extraits du procès-verbal d'adjudication et les exemplaires du cahier des charges seront délivrés sur papier libre ; mais les extraits à remettre aux adjudicataires devront être sur papier visé pour timbre.

Lorsqu'il y aura à exercer des poursuites contre un adjudicataire, le receveur se fera remettre un extrait du procès-verbal d'adjudication et un exemplaire du cahier des charges, le tout sur papier visé pour timbre. (Nota en marge de l'imprimé série 4, nº 40.)

BOIS ACHETÉ OU VENDU EN FRAUDE.

1. *Saisie.* — Les gardes doivent rechercher et saisir les bois achetés ou vendus en fraude. (Cod. For. 164.)

2. *Mauvaise foi. Complicité.* — Le fait d'avoir acheté des bois pendant la nuit, d'individus insolvables, et de les avoir immédiatement cachés dans une écurie, constitue la mauvaise foi et la complicité. (Grenoble, 13 novembre 1874.)

BOIS FRONTIÈRE. V. Frontière.

BOIS GELÉ.

Classification. — Le bois gelé de la cime au tronc ne doit pas être considéré comme bois mort, soumis à l'exercice d'un droit d'usage des habitants. (Cass. 4 août 1885. Nancy, 11 février 1886.)

BOIS GISANT. V. Bois mort.

BOIS GRAS.

Enlèvement. Tolérance. — L'enlèvement du bois gras sur les souches et les arbres résineux morts est généralement toléré ou autorisé moyennant des journées de prestation. En cas de poursuites, on pourrait appliquer soit l'article 80 du code forestier (crochet et ferrement), ou l'article 144 (produits divers), ou 197 (bois chablis ou de délit), ou même les articles 192, 194 et 198 du code forestier. V. Souche. Morceau.

BOIS INCENDIÉS.

1. *Autorisation. Exploitation. Coupes.* — Les conservateurs autoriseront les coupes de bois incendiés dans les forêts domaniales, communales et d'établissements publics. (Décr. du 17 février 1888. Circ. N 395.)

2. *Etat.* — L'état des exploitations des bois incendiés est supprimé. (Circ. N 372.)

3. *Bois domaniaux. Coupe. Vente.* — Dans les forêts domaniales, les conservateurs décideront si les coupes de bois incendiés seront vendues en bloc sur pied ou par unités de marchandises. Ils pourront aussi autoriser l'exploitation par les préposés ou les concessionnaires, ainsi que l'exploitation par entreprise ou par économie, quand les frais à la charge de l'Etat ne dépasseront pas 500 fr. (Décr. du 17 février 1888. Circ. N 395.)

4. *Bois communaux. Coupe. Vente.* — Dans les forêts communales et d'établissements publics, la vente sur pied des bois incendiés sera autorisée par les conservateurs des forêts. Quand il y aura lieu d'adopter un autre mode de réalisation, l'autorisation en sera donnée par le préfet, sur la proposition des communes ou établissements publics et après avis du conservateur. (Décr du 17 févr. 1888. Circ. N 395.)

BOIS INDIVIS.

1. *Régime forestier.* — Les bois indivis avec l'État, la couronne, les particuliers, les communes et les établissements publics sont soumis au régime forestier, pour la régie et la conservation, excepté cependant en ce qui concerne les frais d'administration. (Cod. For. 113.) V. Copropriétaire. Coupe. Délimitation.

2. *Partage.* — On peut soustraire les bois indivis au régime forestier, en faisant cesser l'indivision.

3. *Gardes.* — Pour les bois indivis entre l'Etat, la couronne, les particuliers, les communes et les établissements publics, l'administration forestière nommera les gardes, réglera leur salaire et aura seule le droit de les révoquer. (Cod. For. 115. Ord. 12.)

4. *Domaine.* — Toutes les dispositions de l'ordonnance du 1er août 1827 relatives aux bois de l'Etat sont applicables aux bois dans lesquels l'Etat a des droits de propriété indivis soit avec des communes, des établissements publics ou des particuliers. (Ord. 147.)

5. *Liste civile. Gestion.* — Les bois indivis entre le domaine de la couronne et les particuliers sont gérés d'après les règles appliquées aux bois de la couronne. (Ord. 147.)

6. *Commune. Régie.* — Les bois indivis entre les communes et les particuliers ou établissements publics seront régis conformément aux dispositions appliquées aux bois des communes et des établissements publics, (Ord. 147.)

7. *Procès. Soumission au régime forestier.* — Dans le cas où, par un jugement, une forêt est déclarée indivise entre une commune et un particulier, cette forêt peut être soumise au régime forestier, jusqu'à la solution définitive du procès. (Cod. For. 1. Cass. 23 décembre 1843.) V. Partage.

8. *Coupe. Exploitation.* — Aucune coupe ordinaire ou extraordinaire, exploitation ou vente, ne pourra être faite par les possesseurs copropriétaires, sous peine d'une *amende* égale à la valeur de la totalité des bois abattus ou vendus ; toutes ventes ainsi faites seront déclarées nulles. Restitution des bois ou de leur valeur. (Cod. For. 114, 205.)

9. *Répartition.* — Les copropriétaires auront, dans les restitutions et dommages-intérêts, la même part que dans le produit des ventes, chacun dans la proportion de ses droits. (Cod. For. 116, 204.)

10. *Frais de gestion. Répartition* — Les frais de délimitation, d'arpentage et de garde seront supportés par les propriétaires de bois indivis, chacun dans la proportion de ses droits. (Cod. For. 115.)

11. *Frais de régie* — Une commune copropriétaire d'un bois avec l'Etat doit payer les frais de régie proportionnellement à sa propriété. (Lettre de l'administration, 1er mars 1829.)

12. *Travaux.* — Lorsqu'il y a lieu d'effectuer des travaux extraordinaires pour l'amélioration des bois indivis entre l'Etat et les communes ou les particuliers, le conservateur communiquera les propositions ou projets aux copropriétaires. (Ord. 148.)

13. *Crédits.* Les conservateurs veillent à ce que la portion des dépenses à la charge des copropriétaires avec l'Etat soit allouée avant l'exécution des travaux. (Circ. N 22, art. 31.)

14. *Contribution.* — Les conservateurs s'assureront si les divers propriétaires des bois indivis avec l'Etat contribuent, proportionnellement à leurs droits, aux charges et impositions qui grèvent ces bois en vertu des lois du 21 mai 1836 (subvention des chemins vicinaux), 12 juillet 1865 (centimes départementaux), 18 juillet 1866 (dépenses départementales, centimes additionnels), 24 juillet 1867 (dépenses communales et centimes additionnels). (Circ. N 68. Circ. N 75.)

15. *Partage.* — L'administration des forêts soumettra incessamment au ministre des finances le relevé de tous les bois indivis entre l'Etat et d'autres propriétaires, en indiquant quels sont ceux dont le partage peut être effectué sans inconvénient.

Le ministre des finances décidera s'il y a lieu de provoquer le partage, et l'action sera, en conséquence, intentée et suivie conformément au droit commun et dans les formes ordinaires.

Lorsque les parties auront à nommer des experts, ces experts seront nommés :

Dans l'intérêt de l'Etat, par le préfet, sur la proposition du directeur des domaines, qui devra se concerter à ce sujet avec le conservateur, pour désigner un agent forestier;

Dans l'intérêt des communes, par le maire, sauf l'approbation du conseil municipal;

Dans l'intérêt des établissements publics, par les administrateurs de ces établissements. (Ord. 149.)

16. *Compétence.* — Les tribunaux civils sont seuls compétents sur les questions de propriétés relatives aux bois indivis entre des communes. (Cass. 26 août 1856. Nancy, 24 mars 1866.)

BOIS D'INDUSTRIE.

Renseignement. — Dans le rapport sur les ventes, les conservateurs doivent adresser à l'administration la moyenne de l'estimation et du prix de vente, par département, du mètre cube (volume réel en grume) des bois d'industrie. (Circ. A 737.) V. Bois d'usage.

BOIS DE LIGNE, LAIES OU TRANCHÉES.

1. *Bois. Adjudication.* — Le bois provenant des lignes ouvertes pour l'arpentage des coupes fera partie de l'adjudication de chaque coupe, ou sera vendu suivant la forme des menus marchés. (Ord. 75.)

2. *Adjudicataires.* — Lorsque les bois des lignes ne sont pas vendus, ils appartiennent aux adjudicataires des coupes que les laies délimitent. (Circ. A 291.)

3. *Abandon. Ouvriers. Préposés.* — Il est interdit aux agents d'abandonner à des préposés ou à des ouvriers les bois provenant des tranchées. (Circ. A 339.)

4. *Façonnage.* — Si on fait façonner le bois des lignes, on peut mettre le façonnage à la charge de l'acquéreur. (Inspection des finances.)

BOIS DE LA LISTE CIVILE.

1. *Définition.* — Bois faisant partie de la dotation immobilière de la couronne.

Ces bois ont fait en 1870 retour au domaine de l'Etat. (Décr. du 6 septembre 1870.)

2. *Contenance.* — En 1867, la dotation de la liste civile comprenait 67,202 hectares.

3. *Nomenclature.* — Etaient affectées à la dotation de la couronne les propriétés de Versailles, Marly, Saint-Cloud, Meudon, Saint-Germain, Compiègne, Fontainebleau, Pau, Strasbourg, Villeneuve-l'Etang, Lamothe Beuvron, la Grillère, Vincennes, Sénart, Dourdan et Laigue. (Sénatus-consulte du 12 décembre 1852.)

4. *Administration.* — Les forêts de la couronne étaient soumises aux dispositions du code forestier et assujetties à un aménagement régulier. (Cod. For. art. 86. Sénatus-consulte, 12 décembre 1852.)

5. *Personnel. Attribution.* — Les agents et gardes des forêts de la liste civile étaient en tout assimilés aux agents et gardes de l'administration forestière, tant pour l'exercice de leurs fonctions, que pour les poursuites des délits et contraventions. (Cod. For. 87. Décr. du 30 décembre 1860.)

6. *Préposés. Cessation de fonctions.* — Les gardes forestiers de la couronne, commissionnés par le ministre de la maison du souverain, conservent leurs titres et leurs fonctions, sans nouvelle prestation de serment, lorsque la cessation de l'usufruit a fait rentrer les bois surveillés dans la catégorie des bois domaniaux. (Trib. de Compiègne, 27 janvier 1874.)

7. *Législation.* — Toutes les dispositions du code forestier qui sont applicables au domaine de l'Etat l'étaient également aux bois et forêts qui faisaient partie de la liste civile, sauf les exceptions qui résultent de l'article 86 du code forestier. (Cod. For. 88.)

BOIS EN LITIGE.

1. *Régime forestier.* — Une forêt dont la propriété est contestée à l'Etat, mais dont ce dernier est en possession, est réputée soumise au régime forestier. (Cass. 7 juil. 1849.)

2. *Jouissance.* — Lorsqu'une forêt litigieuse est soumise au régime forestier par un arrêté préfectoral non attaqué, encore bien que la décision d'un tribunal ait autorisé chacune des parties (une commune et des particuliers) à jouir concurremment pendant la durée du litige, cette jouissance ne peut s'exercer que suivant les règles du code forestier et après en avoir obtenu la délivrance conformément à l'article 79 du même code. (Cass. 23 décembre 1843.)

3. *Produits.* — Les produits de toute nature provenant des bois en litige doivent être versés à la caisse des dépôts et consignations.

4. *Vente d'arbre.* — Le fait par un intéressé d'avoir vendu des arbres, dans une partie de forêt en litige, ne peut servir de base à une condamnation correctionnelle, mais seulement donner lieu à une action civile en dommages-intérêts. (Cass. 15 mars 1839.)

BOIS MORT.

1. *Définition.* — Le bois mort est le bois réellement mort et sec en cime et en racines, sur pied ou gisant, tombé et rampant par terre et qui n'est bon qu'à brûler.

2. *Ramassage. Principe. Excuse.* — Le fait de ramasser du bois mort dans une forêt constitue le délit prévu par l'article 194 du code forestier, et le prévenu ne peut être relaxé sous prétexte qu'indigent, il croyait user d'un droit appartenant aux pauvres, et qui n'avait jamais été contesté antérieurement. (Cass. 13 avril 1888.)

3. *Définition.* — Le bois mort est le bois réellement sec en cime et en racines ; la plus grande extension à donner à ces mots, c'est d'y comprendre les volis ou chablis uniquement propres au chauffage. (Orléans, 31 juillet 1848.)

4. *Définition.* — Le bois mort soumis à l'exercice du droit d'usage des habitants d'une commune est celui qui est mort naturellement de la cime à la racine, en dehors de tout sinistre et de toute circonstance exceptionnelle, et non le bois gelé de la cime au tronc. (Cass. 4 août 1885. Nancy, 11 février 1886.)

5. *Classification.* — Le droit d'enlever le bois mort ne comprend que le droit d'enlever le bois mort par caducité, et non pas les arbres renversés par accident ou coupés en délit. (Cass. 25 mars 1830.)

6. *Bois en estant. Classification.* — Le bois mort naturellement, sur pied, s'appelle bois en *estant*, excepté les bois de délit.

7. *Produit principal. Frais de régie. Taxe.* — Le bois mort sur pied, c'est-à-dire les arbres morts sont considérés comme produits principaux. (Circ. N 80, art. 65.)

Les coupes et les produits provenant de l'exploitation des bois morts sont assujettis à la taxe des frais de régie. (Circ. N 417.)

8. *Crochet.* — La prohibition de se servir de crochet ou ferrement n'est pas applicable à l'exercice du droit au bois sec en estant. (Cass. 4 août 1858.)

9. *Bois gisant.* — Le bois mort par terre s'appelle *gisant*; il est absolument mort, détaché de la terre et de l'arbre.

10. *Chablis. Tronc. Arbre abattu.* — Le droit au bois mort sec et gisant ne donne pas droit aux chablis, ni au corps des arbres abattus par les vents ou autrement. (Orléans, 31 juillet 1848.)

11. *Chablis. Marque.* — L'apposition du marteau du garde sur des chablis établit une présomption qu'au moment de leur chute ces arbres étaient encore verts. (Orléans, 31 juillet 1848.)

12. *Coupe.* — Le seul fait que le bois mort est *coupé* et non cassé rend l'usager passible de l'amende (3 fr.) édictée par l'article 80 du code forestier. (Cass. 27 avril 1833.)

13. *Enlèvement.* — L'enlèvement du bois sec et gisant est toléré gratuitement ou moyennant une redevance. Il ne devient délictueux que s'il a lieu en dehors des jours indiqués, ou avec des instruments défendus.

Le conservateur peut autoriser le ramassage et l'enlèvement du bois mort. V. Fagot. Crochet. Ferrement.

14. *Ramassage. Liste. Indigent. Cartes.* — Les communes riveraines ont la faculté de ramasser gratuitement et à la main et de transporter à dos d'homme le bois mort gisant dans les forêts domaniales,. excepté si ce bois appartient aux usagers. Cette tolérance est exercée au moyen de cartes personnelles, indiquant le jour et les heures, délivrées par le chef de service, chaque année, aux indigents, sur la présentation des listes dressées par les maires et le chef de cantonnement. (Déc. Min. 19 septembre 1853. Lettre de l'administration du 24 octobre 1853. Circ. N 416.)

En cas de procès-verbal dressé, le chef de cantonnement peut retirer, jusqu'à nouvel ordre, les cartes de permission pour le ramassage du bois mort.

(Les indigents à porter sur la liste sont ceux qui ne payent pas plus de 12 francs de contributions directes de toute nature. On doit renouveler chaque année les listes et les faire viser par le percepteur.)

15. *Autorisation.* — Un conseil de préfecture excède ses pouvoirs, en autorisant les habitants à prendre le bois mort dans une forêt communale. (Cons. d'Etat 15 juill. 1835.)

16. *Affouagiste.* — Un affouagiste ne peut pas se prévaloir de cette qualité, pour enlever le bois mort dans une forêt communale. (Cass. 12 juin 1840.)

17. *Usager. Ramassage. Exploitation.* — Le propriétaire n'est pas tenu de prévenir les usagers qu'il est dans l'intention d'exploiter le bois mort qu'ils n'enlèvent pas, attendu que, s'ils ne l'ont pas enlevé, ils sont censés ne pas en avoir besoin. (Bourges, 18 novembre 1829.)

18. *Usage. Elagage.* — L'usage au bois mort n'emporte pas interdiction pour le propriétaire du droit d'élagage, si d'ailleurs l'élagage n'est pas abusif. (Poitiers, 3 juin 1847.)

19. *Usager. Droit. Futaie. Tronc.* — L'usager au bois de chauffage, bois mort, n'a pas droit aux arbres de futaie morts, dont la tige peut être employée comme bois de construction ou de travail. Il n'a droit qu'aux parties des arbres de futaie qui ne sont propres qu'au chauffage.

20. *Usager. Titre Prohibition.* — La prohibition faite aux usagers. par l'ordonnance de 1669, de prendre dans les forêts le bois *sec* autre que celui *gisant à terre* est absolue et s'oppose à ce que les communes usagères puissent se prévaloir des titres qui leur confèrent le droit de prendre le *bois mort en estant, au croc et à la main*, même sans *cognée, ni ferrement*. (Poitiers, 11 juillet 1849.)

21. *Droit. Usage.* — Le droit au bois mort est soumis à la délivrance. (Cass. 17 avril 1846. Orléans, 31 juillet 1848.)

22. *Ramassage. Coupe.* — Le droit d'amasser le bois sec dans les forêts ne donne pas celui de le couper. (Cass. 15 fructidor an x, ou 2 septembre 1802.)

23. *Usager. Bois sec.* — L'usage au bois mort ne comprend que le bois sec et gisant et nullement le bois sec en estant. (Poitiers, 3 juin 1846.)

24. *Usager. Droit.* — Lorsque les droits des usagers ne sont pas limités au bois mort gisant ou aux branches sèches en estant, ceux-ci ont droit aux arbres sur pied, secs en cime et en racines.

25. *Crochet. Ferrement. Pénalités.* — Ceux qui n'ont d'autre droit que celui de prendre le bois mort sec et gisant ne peuvent, pour l'exercice de ce droit, se servir de crochet ou ferrement d'aucune espèce, sous peine de :

Amende : 3 francs. (Cod. For. 80, 120.) Nuit ou récidive : 6 fr. (Cod. For. 201, 112.)

V. Crochet.

26. *Instrument tranchant. Usager. Bois de délit.* — Les usagers au bois mort ne peuvent jamais s'introduire dans les forêts avec des instruments propres à couper du bois. Dans le bois mort, ne sont compris ni les chablis encore sur pied, ni les bois coupés en délit. (Cass. 7 mars 1829.)

27. *Autorisation. Coupe. Exploitation.* — Les conservateurs autoriseront les coupes de bois morts dans les forêts domaniales, communales et d'établissements publics. (Décr. du 17 février 1888. Circ. N 395.)

28. *Martelage.* — Les bois morts doivent être frappés du marteau de l'État. (Circ. N 417.)

29. *Bois domaniaux. Coupes. Vente.* — Dans les forêts domaniales, les conservateurs décideront si les coupes de bois morts seront vendues en bloc sur pied ou par unités de marchandises. Ils pourront aussi en autoriser l'exploitation par les préposés ou les concessionnaires. Mais, si l'exploitation doit avoir lieu par économie ou par entreprise au compte de l'État, l'autorisation et les crédits nécessaires devront être demandés à la direction des forêts. (Décr. du 17 février 1888. Circ. N 395.)

30. *Bois communaux. Coupes. Vente.* — Dans les forêts communales et d'établissements publics, la vente sur pied des coupes de bois morts sera autorisée par les conservateurs des forêts. Quand il y aura lieu d'adopter un autre mode de réalisation, l'autorisation en sera donnée par le préfet, sur la proposition des communes ou établissements publics et après avis du conservateur. (Décr. du 17 février 1888. Circ. N. 395.)

31. *Adjudication. Lieu de vente.* — Les adjudications de bois morts, provenant des forêts domaniales, communales ou d'établissements publics, pourront être faites dans les chefs-lieux de canton ou dans les communes riveraines des forêts. (Décr. du 25 février 1888. Circ. N 396.)

BOIS PARTICULIER.

SECT. I. — FRANCE, 1 — 19.

SECT. II. — ALGÉRIE, 20 — 23.

SECT. I. — FRANCE.

1. *Principes.* — Les mêmes règles de police doivent protéger les bois de l'État et les bois des particuliers, dans lesquels les propriétaires sont placés sur la même ligne que les agents du gouvernement.

2. *Jouissance. Droit.* — Les particuliers exercent sur leurs bois tous les droits résultant de la propriété, excepté le droit de défrichement et le droit de martelage de la marine, suspendu indéfiniment par ordonnance royale du 14 décembre 1838. (Cod. For. 2.)

3. *Jouissance. Principe.* — L'article 2 du code forestier est une restriction apportée au droit de propriété considéré comme le droit d'user ou d'abuser (*uti et abuti*). Il limite le droit de chacun, au point où la liberté immodérée deviendrait un dommage pour les autres, et établit ainsi, en quelque sorte, un droit de réparation civile contre ceux qui excèdent les limites de la loi.

4. *Contenance.* — La contenance des bois particuliers, qui n'est pas connue exactement, est, en France, de 6 à 7 millions d'hectares et, en Algérie, de 470,000 hectares environ.

5. *Travaux. Amélioration.* — Les particuliers peuvent exécuter, pour la conservation et l'entretien de leurs bois, tous les travaux qui ne causent pas un trop grand préjudice à l'usager. (Cass. 10 mai 1843.)

Dans tous les cas, l'usager ne peut que réclamer des dommages-intérêts.

6. *Gardes.* — Les propriétaires qui voudront avoir, pour la conservation de leurs bois, des gardes particuliers devront les faire agréer par le sous-préfet de l'arrondissement, sauf le recours au préfet, en cas de refus.

Ces gardes ne pourront exercer leurs fonctions qu'après avoir prêté serment devant le tribunal de première instance. (Cod. For. 117.) V. Garde particulier.

7. *Gardes. Commission.* — Les gardes des bois des particuliers ne seront admis à prêter serment qu'après que leurs commissions auront été visées par le sous-préfet de l'arrondissement.

Si le sous-préfet croit devoir refuser son visa, il en rendra compte au préfet, en lui indiquant le motif de son refus.

Ces commissions seront inscrites dans les sous-préfectures, sur un registre où seront relatés les noms et demeures des propriétaires et des gardes, ainsi que la désignation et la situation des bois. (Ord. 150.)

8. *Préposé de l'administration.* — Il est défendu aux gardes domaniaux de se livrer

à la surveillance des bois particuliers. (Circ. A 515 bis.)

9. *Droit d'usage. Cantonnement.* — Les particuliers jouiront, de la même manière que le gouvernement et sous les conditions déterminées par l'article 63, de la faculté d'affranchir leurs forêts de tous droits d'usage en bois. (Cod. For. 118.)

10. *Pâturage. Droit d'usage.* — Les droits de pâturage, parcours, panage et glandée, dans les bois des particuliers, ne pourront être exercés que dans les parties de bois déclarées défensables par l'administration forestière, et suivant l'état et la possibilité des forêts reconnus et constatés par la même administration.

Les chemins par lesquels les bestiaux devront passer pour aller au pâturage et pour en revenir seront désignés par le propriétaire. (Cod. For. 119.)

11. *Défensabilité. Agent.* — Lorsque les propriétaires ou les usagers seront dans le cas de requérir l'intervention d'un agent forestier pour visiter les bois des particuliers, à l'effet d'en constater l'état et la possibilité ou de déclarer s'ils sont défensables, ils en adresseront la demande au conservateur, qui désignera un agent forestier pour procéder à cette visite.

L'agent forestier ainsi désigné dressera procès-verbal de ses opérations, en énonçant toutes les circonstances sur lesquelles sa déclaration sera fondée.

Il déposera ce procès-verbal à la sous-préfecture, où les parties pourront en réclamer des expéditions. (Ord. 151.)

12. *Droit d'usage. Législation.* — Toutes les dispositions contenues dans les articles 64, 66, § 1er, 70, 72, 73, 75, 76, 78, § 1er, 2, 79, 80, 83 et 85 du code forestier, sont applicables à l'exercice des droits d'usage dans les bois des particuliers, lesquels y exercent, à cet effet, les mêmes droits et la même surveillance que les agents du gouvernement dans les forêts soumises au régime forestier. (Cod. For. 120.)

13. *Contestation. Compétence.* — En cas de contestation entre le propriétaire et l'usager, il sera statué par les tribunaux. (Cod. For. 121.)

14. *Constatation de délit. Procès-verbaux.* — Les délits et contraventions commis dans les bois non soumis au régime forestier sont recherchés et constatés tant par les gardes des bois et forêts des particuliers, que par les gardes champêtres des communes, les gendarmes, et, en général, par tous les officiers de police judiciaire chargés de rechercher et de constater les délits ruraux.

Les procès-verbaux feront foi jusqu'à preuve contraire.

Ces procès-verbaux, à l'exception de ceux dressés par les gardes particuliers, sont enregistrés en débet. (Loi du 18 juin 1859. Instr. Crim. 154. Cod. For. 188.)

15. *Poursuites.* — Les dispositions contenues aux articles 161, 162, 163, 167, 168, 169, 170, § 1er, 182, 185 et 187 du code forestier, sont applicables à la poursuite des délits et contraventions commis dans les bois non soumis au régime forestier. (Loi du 18 juin 1859.)

Toutefois, dans les cas prévus par l'article 169, lorsqu'il y aura lieu à effectuer la vente des bestiaux saisis, le produit net de la vente sera versé à la caisse des dépôts et consignations. (Ord. 8 juillet 1816, art. 2.)

Les dispositions de l'article 165 seront applicables à la rédaction des procès-verbaux dressés par les gardes des bois et forêts des particuliers. (Loi du 18 juin 1859. Cod. For. 189.)

16. *Jugement. Compétence. Délit.* — Il n'est rien changé aux dispositions du code d'instruction criminelle, relativement à la compétence des tribunaux pour statuer sur les délits et contraventions commis dans les bois et forêts qui appartiennent aux particuliers. (Cod. For. 190.)

17. *Législation.* — Les dispositions du code forestier qui ne s'appliquent pas aux bois particuliers sont :

L'article 61, relatif au dépôt des titres des usagers.

L'article 62, qui prohibe la concession d'un droit d'usage quelconque.

L'article 63, qui a été remplacé par l'article 118, relatif au cantonnement des droits d'usage.

L'article 65, qui attribue au conseil de préfecture la connaissance des contestations élevées par les usagers sur l'état et la possibilité des forêts.

Le paragraphe 2 de l'article 66, relatif à l'ouverture de la glandée et du panage.

L'article 67, relatif aux cantons défensables.

L'article 68, relatif au nombre des animaux à admettre au parcours.

L'article 69, relatif aux déclarations des cantons défensables.

L'article 71, reproduit par l'article 119, chemins pour le pâturage.

L'article 74, dépôt de l'empreinte du fer servant à marquer les bestiaux.

L'article 77, relatif au nombre des animaux à admettre au parcours.

Le paragraphe 3 de l'article 78, pâturage des moutons autorisé par ordonnance du chef de l'Etat.

L'article 81, relatif aux entrepreneurs des coupes affouagères. (Exploitation.)

L'article 82, relatif aux entrepreneurs des coupes affouagères. (Vidange.)

L'article 84, relatif au délai pour la reprise des bois d'usage non employés.

18. *Droit d'usage.* — L'article 65 du code forestier n'étant pas applicable aux bois

particuliers, il s'ensuit que la réduction du droit d'usage en bois, suivant l'état et la possibilité des forêts, ne semble pas possible. Cette condition, étant cependant inhérente à la conservation de la forêt et de l'usage, doit être appliquée. V. Droit d'usage. Usage. Usager.

19. *Arrêté préfectoral. Commune usagère.* — Un préfet qui, sous le prétexte de dévastations commises par le propriétaire dans un bois, dont plusieurs communes se prétendent usagères, prend des mesures pour restreindre, à ce propriétaire, la jouissance de sa forêt commet un excès de pouvoir. Cette contestation est de la compétence des tribunaux ordinaires. (Cons. d'État, 1er mai 1822.)

SECT. II. — ALGÉRIE.

20. *Exploitation. Déclaration. Autorisation. Défaut de notification.* — Tout particulier, européen ou indigène, qui voudra exploiter ou écorcer, en tout ou en partie et quelle qu'en soit l'essence, les bois qui lui appartiennent, sera tenu de faire au secrétariat de la sous-préfecture ou de la subdivision, ou au bureau de l'agent forestier local, une déclaration dans laquelle il indiquera l'âge et l'essence des bois qu'il veut exploiter, leur grosseur et leur nombre approximatif, l'étendue sur laquelle ils sont distribués, le nom et la situation précise de la forêt où ils se trouvent.

Il ne pourra, sous peine des amendes et des condamnations portées par les articles 192, 194 et 196 du code forestier, commencer son exploitation sans en avoir obtenu l'autorisation.

Cette autorisation sera donnée, sur l'avis du service forestier, par l'autorité préfectorale ou par son délégué, chargé de l'administration locale. Elle ne sera valable que pour un an, à partir du jour de la date.

Si, dans les trois mois qui suivent la déclaration, la décision du préfet n'est pas rendue et notifiée au propriétaire des bois, l'exploitation peut être effectuée. (Loi du 9 décembre 1885, art. 5. Circ. N 357.)

21. *Bois à exploiter, écorcer ou livrer au pâturage sans autorisation. Conditions.* — Les particuliers peuvent exploiter, écorcer ou livrer au pâturage, sans autorisation, dans leur propriété :

1o Les parcs et les jardins clos et attenant à une habitation;

2o Les bois non clos, au-dessous de dix hectares, lorsqu'ils ne font pas partie d'un autre bois qui compléterait une contenance de dix hectares, et qu'ils ne sont pas situés sur le sommet ou sur la pente d'une montagne ou d'un coteau. (Loi du 9 décembre 1885, art. 11. Circ. N 357.)

22. ***Produits divers. Exploitation. Colportage. Vente. Exportation. Réglementation. Peines.*** — Des arrêtés du gouverneur général, pris en conseil de gouvernement, détermineront les conditions de l'exploitation, du colportage, de la vente et de l'exportation des lièges (arrêté du 7 juillet 1886), des écorces à tan (arrêté du 10 juillet 1886), des produits résineux, goudron (arrêté du 4 août 1886) et des brins destinés à la fabrication des cannes (arrêté du 2 août 1886).

Les contraventions sont passibles d'une amende de 20 à 500 francs et peuvent l'être, en outre, d'un emprisonnement de 6 jours à 6 mois.

L'article 463 du code pénal est applicable. (Loi du 9 décembre 1885, art. 6 et 8. Circ. N 357.

23. *Exploitations abusives. Pâturage. Peines.* — Les exploitations abusives ou l'exercice du pâturage seront assimilés à des défrichements et, par conséquent, donneront lieu à l'application des articles 221 et 222 du code forestier. (Loi du 9 décembre 1885, art. 6. Circ. N 357.) V. Algérie. Exploitation.

BOIS D'USAGE.

SECT. I. — GÉNÉRALITÉ. PRINCIPE.

§ 1. *Nomenclature. Définition.*

1. *Nomenclature.* — Le bois d'usage comprend l'affouage, le maronage, le bois de travail, le bois de fente, le bois d'étai, le grand et le petit ramage, le bois à charruer, le bois d'œuvre, etc.

2. *Définition.* — Affouage. — Bois à chauffer. — Petit ramage. — Bois destiné au chauffage et aux usages domestiques des usagers.

3. *Définition.* — Maronage. — Grand ramage. — Bois d'œuvre. — Ces expressions comprennent les bois pour construire et réparer les maisons usagères.

4. *Définition.* — Bois de travail. — Bois de fente. — C'est le bois employé par différents métiers, tels que la menuiserie, ébénisterie, tonnellerie (douve merrain), sabotage, boissellerie (lattes, échalas), etc.

4 bis. *Définition.* — Bois à charruer. — C'est le bois nécessaire à la confection des instruments agricoles.

5. *Définition.* — Bois d'étai. — Ce sont les branches pour clore et ramer les légumes. Ce bois était anciennement nommé branche de *plein point.*

§ 2. *Droit. Enonciation. Base.*

6. *Concession.* — La concession d'un droit d'usage, sans autre désignation spéciale, ne s'étend qu'au bois de chauffage. Les bois durs ne sont compris dans les délivrances de l'espèce qu'en cas d'insuffisance de bois mort, chablis, volis, mort bois et bois blanc. (Meaume.)

7. *Chauffage. Définition.* — En l'absence d'une définition, une cour d'appel a pu décider que le bois de chauffage, à délivrer à une commune usagère, doit comprendre le bois nécessaire *pour cuire les aliments pour les bestiaux et faire des fromages.* (Cass. 18 novembre 1835.)

8. *Base. Chauffage.* — La délivrance du bois de chauffage doit être basée sur la consommation de l'usager, d'après le nombre de cheminées *existantes* lors de la concession du droit et d'après la possibilité de la forêt. On ne doit jamais délivrer des arbres de futaie pour le chauffage, quand bien même la possibilité serait insuffisante. Toutefois, il faudrait excepter le cas où le propriétaire aurait transformé la forêt du taillis en futaie; auquel cas, l'usager aurait le droit de prendre sur la futaie l'équivalent de ce qu'il aurait perdu sur le taillis.

9. *Enonciation. Droit.* — Lorsque le droit au bois de construction a été accordé sans autre indication, il comprend le bois pour construire à neuf, aussi bien que pour réparer. (Colmar, 28 mars 1832. Cass. 1er févr. 1837.)

10. *Bois de fente. Essences. Dimensions.* — Ces bois comprennent, pour la plupart, le bois pour échalas, qui doit d'abord être pris parmi les essences les moins précieuses, mais avec les dimensions suffisantes. Le choix des bois appartient au propriétaire exclusivement. Pour opérer le cantonnement, on calcule la moyenne des délivrances opérées par année. (Meaume.)

SECT. II. — JOUISSANCE. EMPLOI.

§ 1. *Répartition. Partage.*

11. *Bois délivré. Répartition.* — Les bois de construction délivrés à une commune appartiennent aux habitants *ut universitas* et doivent être délivrés à tout *habitant français* ayant domicile, qui y fait construire ou réparer une maison.

12. *Bois de construction. Délivrance.* — La délivrance des bois de construction doit être faite suivant les usages du pays et le mode de construction généralement adopté.

L'usager n'a droit qu'au corps des arbres. Les branchages et remanents appartiennent au propriétaire de la forêt. (Déc. Min. 8 mai 1828.) V. Maronage. Emploi.

13. *Partage.* — Le bois de construction se partage entre les usagers suivant le toisé des maisons, lorsqu'il est insuffisant pour satisfaire les besoins de tous; mais ordinairement il se délivre au fur et à mesure des besoins à satisfaire et des réparations à effectuer.

14. *Bois de travail. Usage. Délivrance.* — Les délivrances pour le bois de travail doivent s'effectuer suivant l'usage et comprendre les essences nécessaires au genre de travaux: frêne ou orme pour le charronnage, hêtre pour la boissellerie, etc., suivant l'évaluation des délivrances moyennes.

15. *Bois de feu. Insuffisance.* — En cas d'insuffisance de bois de feu, les usagers ne peuvent réclamer la délivrance de bois de service pour compléter leur affouage. (Nîmes, 14 juin 1867.)

16. *Qualités. Bois. Branches.* — Dans le silence des titres, les usagers ne peuvent exiger pour leur chauffage la délivrance de bois de qualité moyenne. Ils ne peuvent s'opposer à ce que, dans la composition des stères, on fasse entrer des branchages, soit du taillis, soit de la futaie faisant partie de la coupe exploitée à tire et aire, telle qu'elle se comporte. (Besançon, 26 juin 1867.) V. Affouage.

§ 2. *Mode de délivrance.*

17. *Demande.* — Les demandes en délivrance de bois d'usage doivent être rédigées sur timbre, comme les pétitions. (Loi du 13 brumaire an VII.)

18. *Constructions. Réparations. Devis.* — Aucune délivrance de bois pour constructions ou réparations ne sera faite aux usagers, que sur la présentation d'un devis dressé par des gens de l'art et constatant les besoins. (Ord. 123.)

19. *Époque. Reçu. Vérification.* — Les devis seront remis, avant le 1er février de chaque année, à l'agent forestier local, qui en donnera reçu ; et le conservateur, après avoir fait effectuer les vérifications qu'il jugera nécessaires, adressera l'état de toutes les demandes de cette nature au directeur général, en même temps que l'état général des coupes ordinaires, pour être revêtus de son approbation. (Ord. 123.)

20. *Délivrance.* — La délivrance des bois d'usage sera mise en charge sur les coupes en adjudication et sera faite à l'usager par l'adjudicataire, à l'époque fixée par le cahier des charges. (Ord. 123.)

21. *Urgence. Délivrance.* — Dans le cas d'urgence constatée par le maire de la commune, une délivrance pourra être faite en vertu d'un arrêté du préfet, rendu sur l'avis du conservateur. L'abatage et le façonnage des arbres auront lieu aux frais de l'usager, et les branchages et remanents seront vendus comme menus marchés. (Ord. 123.) V. Urgence. Délivrance d'urgence.

22. *Demande. Devis. Bois de service.* — L'usager remettra à l'agent forestier local, avant le 1er février (Ord. 123) et en double expédition, la demande à la suite de laquelle sera le devis des bois qu'il réclame. L'une des expéditions devra être sur papier *timbré* et conforme au modèle adopté par l'administration. (Circ. A 530.)

23. *Reçu.* — L'agent forestier local délivrera son reçu sur l'imprimé série 9, nº 7 ; après la vérification du devis, la demande, le devis et le procès-verbal de vérification seront adressés à l'agent forestier chef de service, qui inscrira ses observations dans le cas où les propositions de l'agent vérificateur devraient être modifiées. (Circ. A 530.)

24. *Pièces. État.* — Le chef de service transmettra toutes les pièces au conservateur, avant le 1er mai, avec un état général, série 9, nº 9, indiquant, sur une seule ligne, pour chaque commune du domicile des usagers, le résumé des devis, avec quelques renseignements sur la possibilité des forêts grevées d'usage. (Circ. A 530.)

25. *Envoi à l'administration.* — Le conservateur adresse, pour le 1er juin (Circ. A 292), à l'administration, la demande de l'usager, le devis en double expédition, avec l'état général pour toute la conservation. L'administration garde une des copies de l'état général et renvoie, revêtue de son approbation, l'autre expédition, avec la demande et le devis, qui sont ensuite renvoyés au chef de service et aux chefs de cantonnement, chargés de surveiller la délivrance des bois à l'usager. (Circ. A 530.)

26. *Vérification.* — Le procès-verbal de vérification d'une demande de bois de service doit être timbré, à cause du récépissé de l'usager.

27. *État des usagers.* — L'état nominatif des usagers auxquels il est dû une délivrance de bois de chauffage est exempt de timbre. (Loi du 15 mai 1818, art. 80.)

28. *Délivrance conditionnelle. Inexécution. Action civile.* — En cas de délivrance supplémentaire en dehors du devis et du droit de l'usager (délivrance sous condition de couvrir la maison en tuiles), l'inexécution des conditions de la délivrance ne peut donner lieu qu'à une action en dommages-intérêts, qui n'est pas de la compétence des tribunaux répressifs, attendu que le fait n'est pas prévu et puni par le code forestier. (Cass. 16 janvier 1836.)

29. *Façonnage.* — Les usagers ne sont pas obligés de façonner en forêt les bois qui leur sont délivrés. (Déc. Min. 2 oct. 1829.)

§ 3. *Emploi.*

30. *Usager. Emploi. Délai.* — Les bois de construction délivrés aux usagers doivent être employés dans le délai de deux ans. L'administration peut proroger ce délai ; mais si, à son expiration, les bois ne sont pas employés suivant la destination pour laquelle ils ont été délivrés, l'administration peut en disposer. (Cod. For. 84.)

31. *Emploi des bois. Justification.* — Il résulte de l'article 123 de l'ordonnance une présomption légale que les bois remis aux usagers pour un emploi déterminé leur ont été délivrés, comme disposés pour servir à cet emploi. Ils doivent donc justifier de l'emploi, en totalité, de la quantité des bois délivrés. (Cass. 25 avril 1845.)

32. *Emploi. Délai.* — A l'expiration du délai de deux ans, fixé par l'article 84, les

usagers sont tenus, sans autre avertissement préalable, de justifier de l'emploi des bois de construction qui leur ont été délivrés. (Cass. 28 février 1835.)

33. *Défaut d'emploi. Excuse.* — Si l'usager a remis à un entrepreneur, qui a fait faillite, les bois qui lui avaient été délivrés pour réparer sa maison et que cet entrepreneur n'ait pas rempli ses engagements, ni opéré la restitution des bois, ce fait constitue un cas de force majeure, qui l'empêche d'affecter ces bois à leur destination, et il n'est passible d'aucune peine. (Cass. 21 août 1851.)

34. *Bois volé. Excuse.* — Si l'usager prouvait que les bois délivrés lui ont été volés, il ne serait passible d'aucune peine, mais il ne pourrait plus exiger de délivrance nouvelle pour réparer sa maison.

§ 4. *Vente. Échange.*

35. *Vente. Échange. Usagers.* — Les usagers qui vendent, échangent ou emploient les bois d'usage à une destination autre que celle pour laquelle le bois a été accordé encourront, à moins de titres ou conventions contraires :

Amende : Pour le bois de chauffage, 10 à 100 francs. (Cod. For. 83.)
— Pour les bois de construction, le double de la valeur des bois ; minimum, 50 francs. (Cod. For. 83.)

36. *Prohibition. Conseil municipal.* — La prohibition de vendre ou d'échanger s'applique aussi bien aux communes qu'aux habitants, alors même que la délibération du conseil municipal autorisant la vente d'une portion d'affouage, avant le partage entre les habitants, aurait reçu l'approbation de l'autorité administrative. (Cass. 14 juin 1839.)

37. *Frais d'exploitation.* — Les usagers ne peuvent vendre une partie des bois d'usage qui leur sont délivrés, pour payer les frais d'exploitation. (Déc. Min. 8 mai 1828.)

38. *Vente. Excuse.* — La vente des bois d'usage ne peut pas être excusée par un arrêté du maire autorisant la vente des portions affouagères. (Metz, 5 juin 1833.)

39. *Transport. Indigent. Frais. Tolérance.* — On tolère que les indigents abandonnent une partie du bois délivré, pour payer son transport ou son équarrissage.

40. *Achat de bois d'usage. Complice.* — Celui qui achète le bois d'usage n'est pas complice du délit commis par celui qui le vend. (Cass. 6 mai 1837.)

41. *Vente ou échange. Prohibition.* — La prohibition de vendre ou d'échanger les bois d'usage n'est pas d'ordre public ; on peut y déroger par titre ou convention contraire. (Nancy, 2 janvier 1844.)

§ 5. *Vérification. Reprise. Instance.*

42. *Représentation. Poursuites.* — L'administration peut, sans attendre l'expiration du délai de deux ans, surveiller l'emploi des bois délivrés et, dans le cas où ils ne pourraient pas être représentés, poursuivre le contrevenant. (Cass. 30 juillet 1835.)

Le défaut de représentation des bois, suivant la destination de l'usage, établit, contre l'usager, une présomption d'emploi frauduleux. (Cass. 30 juillet 1835.)

43. *Vérification contradictoire.* — A l'expiration du délai de deux ans, l'administration n'a pas besoin d'avertir l'usager du jour où devra s'opérer la vérification de l'emploi des bois. La reconnaissance des bois doit être faite contradictoirement avec l'usager et constater ses déclarations. (Cass. 20 septembre 1832. Nancy, 21 novembre 1834.)

44. *Reprise. Saisie. Instance.* — La reprise de possession des bois d'usage non employés doit être constatée par un procès-verbal, et la validité de la saisie doit être prononcée par les tribunaux. L'usager doit donc être cité devant le tribunal et les frais de cette instance sont à sa charge. (Metz, inédit, 15 novembre 1837.)

45. *Défaut d'emploi. Saisie. Frais.* — Lorsqu'un usager néglige d'employer, dans le délai légal de deux ans, les bois de construction qui lui ont été délivrés, l'action en validité de la saisie des bois doit être portée par l'administration forestière devant la juridiction correctionnelle, quoique la loi ne prononce aucune peine contre l'usager. Les frais d'instance sont à la charge de l'usager qui les a nécessités, en refusant d'obtempérer à la saisie. (Metz, 12 juin 1867.)

46. *Reprise. Héritiers.* — La reprise des bois d'usage non employés peut être exercée contre les héritiers du prévenu, après son décès.

47. *Changement de destination.* — La constatation du changement de destination des bois délivrés à un usager pour la reconstruction de sa maison constitue un fait matériel. (Cass. 26 avril 1845.)

48. *Défaut d'emploi. Changement de destination. Expertise.* — Lorsqu'un procès-verbal, non attaqué en faux, constate que des bois délivrés à un usager n'ont pas été employés en totalité, ni conformément à leur destination, le tribunal ne peut ordonner une expertise, pour vérifier si le défaut d'emploi ne provient pas de ce que les bois ont été délivrés en grume, tandis que le procès-verbal de délivrance constate qu'ils ont été délivrés propres à être mis en œuvre, et que le changement de destination provient du retard de l'administration à faire la délivrance de ces bois. (Cass. 26 avril 1845.)

BOISSON.

1. *Fraude. Surveillance. Procès-verbaux. Remise.* — Les employés de l'administration des finances peuvent verbaliser en cas de contravention sur la circulation des boissons. Ils doivent donc surveiller les infractions à ce sujet, en vérifiant sommairement, dans le cours de leur service, les chargements qu'ils peuvent rencontrer des boissons ci-après :

1° Les vins, râpés et piquettes, les cidres poirés, hydromels, vermouth, vin cuit, vin de liqueur ;

2° Les esprits, eaux-de-vie, kirchs, rhums, tafias, genièvres, liqueurs, absinthes, fruits à l'eau-de-vie, élixirs ;

3° Les préparations à bases alcooliques, telles que parfums, eaux de senteurs, vernis, alcools dénaturés, chloroformes, aldéides, etc.

Ils doivent s'assurer qu'ils circulent en vertu d'expédition régulière.

Les employés (agents et préposés) toucheront, pour chaque contravention en matière de boissons, la moitié du produit des amendes et confiscations encourues et prononcées. (Loi du 28 février 1872, art. 5. Lettre Circ. du 20 mars 1872.)

2. *Défense.* — Il est interdit aux agents et gardes de vendre des boissons en détail, sous peine de révocation. (Ord. 31.)

3. *Délit.* — Pour ouverture d'un débit de boissons illicite et sans autorisation :

Amende : 25 à 500 francs.
Prison : 6 jours à 6 mois. (Décr. 29 déc. 1851.)

BOMBEMENT. V. Route. Laie.

BON PLAISIR.

1. *Interprétation.* — La clause de *bon plaisir*, insérée dans les actes de constitution de droit d'usage, doit s'entendre comme portant seulement sur le mode de jouissance que le propriétaire a toujours le droit de régler, et non pas sur le fond du droit lui-même. (Metz, 21 août 1833.)

2. *Interprétation.* — La clause de *bon plaisir* qui termine les arrêts récognitifs des droits d'usage, dans les forêts domaniales de l'ancienne province de Lorraine, doit être considérée comme une clause révérentielle et de style, alors surtout qu'elle n'est accompagnée d'aucune énonciation ou réserve quelconque qui en explique la portée. (Nancy, 13 mars 1850.)

3. *Valeur.* — On ne peut attribuer de valeur et d'effet à la clause de *bon plaisir* insérée dans les actes récognitifs de droit d'usage, concédés dans les forêts domaniales du duché de Bar, qu'autant que les concessions usagères sont postérieures à 1600. (Dijon, 16 juillet 1846.)

BONNE FOI.

1. *Principe.* — La bonne foi est toujours présumée ; c'est celui qui allègue la mauvaise foi à la prouver. (Cod. Civ. 2268.)

2. *Excuse légale.* — La bonne foi n'est pas une excuse légale admise par le code forestier. (Cod. For. 203. Cass. 20 juin 1823, 2 mai 1833, 12 juin 1834.)

3. *Gardes. Excuse.* — La bonne foi ne peut pas être admise comme excuse, pour les gardes poursuivis en responsabilité des délits commis (en vertu de l'article 6 du code forestier), et qu'ils n'ont pas constatés. (Cass. 23 mars 1850.)

4. *Battues.* — La bonne foi peut être admise comme excuse, lorsqu'il s'agit de battues prescrites par le préfet pour la destruction des animaux nuisibles. (Nancy, 11 mai 1850. Cass. 16 novembre 1866.)

5. *Chasse.* — La bonne foi n'est pas une excuse en fait de délit de chasse. (Cass. 21 juillet 1865.)

BORDEREAU.

1. *Travaux par économie.* — Les bordereaux d'envoi de pièces justificatives (pièces et quittances des parties prenantes) pour travaux par économie, dressés en double expédition (série 11, n° 33), sont soumis à la vérification et au visa de l'ordonnateur des avances et adressés ensuite, avec les pièces à l'appui, aux comptables du Trésor, qui renvoient une expédition desdits bordereaux, après l'avoir revêtue de leur déclaration de réception. (Circ. N 104, art. 136.) V. Comptabilité.

2. *Timbre.* — N'est point soumis au timbre, tout bordereau produit par un agent administratif à l'effet, soit d'obtenir le remboursement de dépenses ou avances, soit de justifier de l'emploi des fonds qui avaient été mis à sa disposition pour un service public. (Circ. N 104, § 1, n° 17.)

3. *Frais d'adjudication.* — Les bordereaux des frais d'adjudication sont dressés par le fonctionnaire qui aura présidé la vente et l'agent forestier chef de service. (Règl. Min. 4 juillet 1836, art. 9.)

4. *Expédition.* — Les bordereaux des frais d'adjudication se fournissent en simple expédition. (Circ. A 584.)

5. *Envoi. Délai.* — Les bordereaux des frais d'adjudication de travaux doivent être adressés dans les huit jours de l'adjudication. (Circ. A 409.)

6. *Frais d'impression.* — Les bordereaux des frais d'impression sont fournis en simple expédition, formule série 11, n° 5. (Circ. N 372.)

7. *Mandat.* — On dresse un bordereau collectif pour l'envoi des mandats. Ces bordereaux portent une série de numéros par département.

L'indication de ce numéro d'ordre est essentielle. Chaque ordonnateur secondaire aura sa série, qu'il suivra sans interruption depuis le commencement jusqu'à la fin de l'exercice. Les ordonnateurs secondaires, dont la circonscription comprend plusieurs départements, suivent une série spéciale de numéros par chaque département. (Nota en marge de l'imprimé série 11, n° 12.)

8. *Mode d'envoi.* — Les bordereaux s'adressent sans lettre d'envoi. (Circ. A 444.)

9. *Restauration des montagnes. Bordereau de situation.* — Aussitôt que la situation des travaux et dépenses est établie sur le sommier de comptabilité, l'agent régisseur la reproduit sur le bordereau de situation. Ce bordereau est transmis à la fin de chaque mois au chef de service, qui le conserve dans ses archives. (Instr. Gén. du 2 février 1885, art. 162, 163 et 182. Circ. N 345.)

10. *Restauration des montagnes. Mandat.* — Après chaque payement, l'agent régisseur envoie au chef de service, qui l'adresse immédiatement au conservateur :

Le bordereau détaillé (série 11, n° 33) en trois exemplaires, dont un pour le trésorier général, un pour le conservateur, et le troisième destiné à lui être retourné avec le récépissé de la trésorerie générale, pour être transmis à l'agent régisseur, à titre de décharge. (Instr. Gén. du 2 février 1885, art. 171 et 183. Circ N 345.)

11. *Restauration des montagnes. Mandats touchés.* — A la fin de chaque mois, le chef de service établit le bordereau des mandats touchés pendant le mois (formule série 7, n° 63) et l'adresse au conservateur. (Instr. Gén. du 2 février 1885, art. 180. Circ N 345.)

12. *Bois de marine.* — Les bordereaux des bois de marine sont fournis par les inspecteurs à la fin du mois de mars, et par les conservateurs le 1er mars de l'année suivante. (Circ. N 128.) V. Marine.

BORNAGE.

SECT. I. — DÉFINITION.

1. *Définition.* — Le bornage est l'opération matérielle qui constate sur le terrain, au moyen de signes convenus, naturels ou artificiels, l'accomplissement de la délimitation.

Le bornage est général, lorsqu'il s'effectue sur tout le périmètre de la forêt, et partiel, s'il n'a lieu que sur une partie.

On l'appelle judiciaire, lorsqu'il est prescrit par les tribunaux à la suite d'une instance, et amiable, s'il est fait du plein gré des riverains. V. Délimitation.

SECT. II. — ACTION. DEMANDE.

2. *Action.* — L'action en bornage peut être requise par l'administration ou par le riverain. (Cod. For. 8. Cod. Civ. 646.)

3. *Demande.* — Les demandes en bornage, entre les forêts de l'Etat et les propriétés riveraines, seront adressées au préfet du département. (Ord. 57.)

4. *Mémoire.* — L'action en bornage s'intente par un mémoire présenté au préfet. (Cod. For. 9.)

5. *Délimitation. Sursis.* — Toutefois, il sera sursis au bornage partiel si l'administration offre d'y faire droit en faisant la délimitation générale, dans le delai de six mois. (Cod. For. 9.)

6. *Qualité.* — L'action en bornage ne peut être exercée que par le propriétaire du sol. (L'administration et le préfet pour l'Etat ; le maire pour la commune, et les administrateurs pour les établissements publics.) L'usager ou le fermier ne sont pas recevables à intenter l'action en séparation. (Cass. 8 juillet 1819.)

7. *Demandeur. Action.* — L'action en bornage est recevable, quoique le demandeur ne justifie pas actuellement de sa propriété. Cette action peut être formée dans la vue d'obtenir ultérieurement le délaissement du terrain usurpé. (Montpellier, 14 janvier 1842.)

8. *Usufruitier.* — Il y a doute sur la question de savoir si l'usufruitier peut exercer l'action en bornage, et, le cas échéant, il serait bon de mettre le nu-propriétaire en cause, afin de rendre l'opération définitive avec tous les ayants droit. (Meaume.)

9. *Action.* — L'action en bornage peut être intentée tant que la ligne séparative n'est pas fixée par des bornes ayant un caractère usité. (Cass. 30 décembre 1818.)

10. *Prescription.* — L'action en bornage est imprescriptible.

SECT. III. — FORMALITÉS.

Nota — Les formalités pour le bornage sont les mêmes que pour la délimitation.

§ 1. *Rapport. Proposition. Arrêté.*

11. *Proposition.* — Lorsqu'il y a lieu de procéder à un bornage partiel ou général d'une forêt, le conservateur en fait la proposition par un rapport contenant tous les renseignements propres à éclairer l'administration. (Circ. N 54, art. 141.)

12. *Reconnaissance.* — Les agents doivent dresser un procès-verbal sommaire constatant le nombre et la nature des signes de bornages et leurs dimensions.

13. *Dépenses. Bois domaniaux.* — Le conservateur joint à ses propositions un état de la dépense du bornage et comprenant : 1° le nombre de bornes à fournir à neuf, à réparer et à numéroter ; 2° la longueur et le nombre de fossés et de bouts de fossés à ouvrir et à curer ; 3° la longueur et les dimensions des murs de clôture à construire et à réparer ; 4° le montant des frais de ces divers travaux et fournitures ; 5° les frais de direction et de surveillance de l'opération et de direction des travaux, de rédaction et d'expédition du procès-verbal, de timbre et d'enregistrement de ces actes. (Circ. N 64, art. 142.)

14. *Travaux. Projets.* — Les projets des travaux neufs de bornage sont réservés à l'appréciation de l'administration. (Circ. N 402.)

15. *Travaux. Propositions. Bois communaux et d'établissements publics.* — Les rapports et propositions de bornage concernant le bois des communes et d'établissements publics doivent, comme travaux extraordinaires et d'améliorations, être soumis aux conseils municipaux et aux administrations des établissements propriétaires, qui donneront leur avis par l'intermédiaire du préfet. (Ord. 136.)

16. *Dépenses. Bois communaux.* — S'il s'agit d'un bois communal ou d'établissement public, l'état des dépenses est transmis par le préfet au conseil municipal ou commission administrative, appelé à délibérer et à voter les dépenses. Dans ce dernier cas, les frais de timbre et d'enregistrement sont compris dans les dépenses. (Circ. N 64, art. 143.)

17. *Préliminaires. Arrêté.* — Lorsque les crédits nécessaires ont été alloués et que toutes les mesures sont prises pour la fourniture et le transport des bornes, le conservateur provoque l'arrêté préfectoral annonçant le bornage, propose l'expert et le géomètre, la fixation du jour et le point de départ de l'opération. (Circ. N 64, art. 166.)

18. *Formalités.* — Les experts et géomètres, agents et préposés, se conformeront aux règles tracées pour la délimitation générale, en ce qui concerne : les listes des riverains, leur convocation, les significations ou citations, les rectifications d'erreurs, les publications des arrêtés préfectoraux, les délais, l'ordre de l'opération, le timbre et l'enregistrement des actes. (Circ. N 64, art. 169.)

19. *Arrêté. Formalités.* — Les bornages sont prescrits par arrêté du préfet du département de la situation des bois, dans les mêmes formes et avec les formalités que pour les délimitations. (Cod. For. art. 12. Ord. art. 58. Circ. N 64, art. 144.)

20. *Arrêté. Copie.* — Des copies de l'arrêté préfectoral sont adressées par le conservateur à l'administration et aux chefs de service. (Circ. N 64, art. 168.)

21. *Publication.* — Lorsqu'il y aura lieu d'opérer le bornage d'une forêt soumise au régime forestier, cette opération sera annoncée deux mois d'avance par un arrêté du préfet, qui sera publié et affiché dans les communes limitrophes, et signifié au domicile des propriétaires riverains ou à celui de leurs fermiers, gardes ou agents. (Cod. For. 10.)

22. *Publication. Maire. Certificats.* — Les maires des communes où devra être affiché l'arrêté, par lequel le préfet appellera les riverains au bornage général, seront tenus d'adresser au préfet des certificats constatant que ces arrêtés ont été publiés et affichés dans ces communes. (Ord. 60, 65.)

23. *Arrêté. Signification.* — L'arrêté prescrivant le bornage doit être signifié aux riverains deux mois à l'avance ; mais il doit, d'après l'article 12 du code forestier, être pris dans le mois qui suit l'homologation ou l'année du dépôt. Toutefois, ce délai n'est pas obligatoire.

24. *Apanage. Majorat. Bois communaux et d'établissements publics.* — Toutes les dispositions relatives au bornage des bois de l'Etat sont applicables aux bois possédés à titres d'apanage et de majorat et aux bois des communes et établissements publics. (Cod. For. 90. Ord. 125.)

§ 2. *Expert. Agent.*

25. *Expert.* — Dans le cas où les parties étant d'accord pour opérer le bornage, il y aurait lieu à nommer des experts, le préfet, après avoir pris l'avis du conservateur des forêts et du directeur des domaines, nommera un agent forestier pour opérer comme expert dans l'intérêt de l'État. (Ord. 58.)

26. *Bois communaux. Expert.* — Dans les cas prévus par les articles 58 et 59, le préfet, avant de nommer les agents forestiers chargés d'opérer comme experts dans l'intérêt des communes et des établissements publics, prendra l'avis du conservateur et celui des maires et administrateurs. (Ord. 130.)

SECT. IV. — EXÉCUTION.

§ 1. *Conditions.*

27. *Signes de bornage. Frais.* — Les délimitations faites par simple bornage, c'est-à-dire avec les signes de bornage en usage dans le pays et les moins coûteux, se font à frais communs. (Cod. For. 14.) V. Délimitation.

28. *Exécution.* — Lorsque le procès-verbal de délimitation est signé par tous les riverains, il peut être procédé au bornage aussitôt après l'homologation. (Circ. N 64, art. 7.)

29. *Bornage. Délai.* — Un mois après que la délimitation est définitive, il doit être procédé au bornage, en présence des riverains dûment convoqués par un arrêté préfectoral annoncé et signifié deux mois à l'avance. (Cod. For. 10, 12.)

30. *Refus. Recours.* — Si les agents forestiers refusaient de procéder au bornage, après l'homologation d'une délimitation devenue définitive, les riverains auraient leur recours devant les tribunaux. (Cod. For. 13.)

31. *Délai.* — Après le délai de deux mois de publication, les agents de l'administration forestière procéderont au bornage, en présence ou en l'absence des propriétaires riverains. (Cod. For. 10, 12.)

32. *Bois communaux et d'établissements publics.* — Les dispositions relatives aux bois de l'Etat sont applicables aux bois des communes et des établissements publics. (Cod. For. 90.)

33. *Bois communaux et d'établissements publics.* — Lorsqu'il y aura lieu d'opérer le bornage des bois des communes et des établissements publics, il sera procédé de la manière prescrite pour les bois de l'Etat, sauf les modifications des articles 130, 131, 132, 133 et 134 de l'ordonnance. (Ord. 129.)

34. *Assistance. Opérations.* — Le maire de la commune ou l'un des administrateurs de l'établissement public aura droit d'assister à toutes les opérations, conjointement avec l'agent forestier nommé par le préfet. Ses dires, observations et oppositions seront exactement consignés au procès-verbal.

Le conseil municipal ou les administrateurs seront appelés à délibérer sur les résultats du procès-verbal, avant qu'il soit soumis à l'homologation. (Ord. 131.)

35. *Travaux.* — Moyennant les prix ou honoraires alloués au géomètre soumissionnaire, celui-ci est chargé des frais de voyage, d'ouvriers, de fourniture de papier (pour la minute seulement) et des travaux divers. (Circ. N 64, art. 176.)

36. *Responsabilité.* — L'expert est responsable du bornage et il doit veiller à sa bonne exécution. (Circ. N 64, art. 152.) Voir, pour le modèle de rédaction du procès-verbal, la circulaire N 64, modèle A.

37. *Exécution.* — Le bornage ne peut se faire en même temps que la délimitation que pour les délimitations partielles amiables. (Inspection des finances.)

38. *Exécution. Délimitation.* — Le bornage peut être effectué immédiatement après la délimitation, ou simultanément; dans ce cas, les deux opérations sont relatées au même procès-verbal. (Instr. 15 octobre 1860. Circ. N 64, art 164.)

39. *Bornage partiel.* — Il peut être procédé au bornage partiel, lorsque le procès-verbal de délimitation partielle a été approuvé par toutes les parties. (Déc. Min. 14 octobre 1840.)

40. *Bornage partiel.* — Le bornage partiel peut être effectué après un délai quelconque et même simultanément à la délimitation, si le riverain y adhère. (Circ. N 64.)

41. *Terrain contesté.* — Les terrains contestés sont réservés; mais si, dans l'intervalle de la délimitation et du bornage, il survient un désistement, ou si les tribunaux consacrent les limites données par la délimitation, le bornage est effectué d'après cet acte. (Circ. N 64, art. 150.)

42. *Bornage judiciaire.* — A défaut de désistement pour les terrains contestés ou de décision judiciaire conforme au procès-verbal de délimitation, il est procédé au bornage par des experts judiciaires. (Circ. N 64, art. 151.)

43. *Plantation de bornes. Trouble.* — La plantation de bornes faite par un propriétaire, sans avoir fait statuer sur la propriété prétendue par son voisin, doit être considérée comme un trouble à la possession de ce dernier, qui peut, en conséquence, pour s'y maintenir, intenter une action en complainte devant le juge de paix, ou le préfet s'il s'agit d'un bois soumis au régime forestier. (Cass. 27 août 1829.)

44. *Etat de situation.* — Les conservateurs sont tenus au courant de l'exécution des travaux d'art concernant les délimitations et les aménagements par l'état série 2, nº 7 (Circ. N 359), et il leur appartiendra d'imprimer aux opérations des arpenteurs, par l'intermédiaire et sous le contrôle des chefs de service, l'activité et l'exactitude désirables. (Circ. N 372.)

45. *Condition. Contiguïté.* — Pour effectuer un bornage, il faut qu'il y ait contiguïté. Des terrains séparés par un chemin vicinal ou une rivière ne peuvent pas être bornés; mais un ravin, un ruisseau, un sentier ou un chemin d'exploitation non classé ne sont pas des signes suffisants pour empêcher la contiguïté.

§ 2. *Mode. Signe.*

46. *Mode.* — Le mode de bornage à adopter est celui convenu avec le riverain. (Circ. N 64, art. 138.)

47. *Limites naturelles.* — On ne doit pas planter de bornes lorsque le procès-verbal de délimitation constate que la ligne séparative est fixée par des limites naturelles ou par des signes quelconques, suffisamment stables et apparents.

48. *Bornes.* — Un riverain est toujours en droit d'exiger la plantation de bornes, quelque claire et apparente que puisse être la ligne séparative. (Cass. 30 décembre 1818.)

49. *Signe de bornage.* — L'expert doit se concerter, autant que possible, avec les parties présentes sur les signes de bornage qui doivent être employés. (Circ. N 64, art. 37.)

50. *Mode de bornage.* — Si une des parties tient à un mode de bornage spécial, elle doit le faire à ses frais et sur son terrain.

51. *Mode de bornage.* — En cas de désaccord sur le mode de bornage (bornes ou fossés), la difficulté doit être soumise aux tribunaux ordinaires.

52. *Frais. Dépenses.* — Le riverain n'est tenu qu'à la dépense strictement nécessaire au bornage; par conséquent, lorsque l'usage de la localité est d'employer des pierres au-

tres que celles dont l'administration prescrit l'emploi, le propriétaire de la forêt doit supporter l'excédant de la dépense. (Circ. N 64, art. 191, nota.)

53. *Limites naturelles.* — Un sentier privé, un simple ruisseau, un ravin dont l'emplacement fait partie des fonds qu'ils bordent ou traversent ne serviraient de limites, qu'autant qu'ils seraient reconnus ou déclarés tels par les titres de l'une ou de l'autre partie. (Pardessus.)

54. *Délimitation. Croix.* — Lorsque la nature du terrain ne permettra pas de planter des bornes, le sommet des angles sera fixé par une croix ou par tout autre signe sur le rocher. (Circ. N 64, art. 26.)

55. *Croix.* — Lors du bornage, les croix de la délimitation sont remplacées par un carré de 0m,20 gravé dans le rocher, avec le numéro assigné au point par la délimitation. (Circ. N 64, art. 148.)

56. *Frais.* — Lorsque la séparation ou délimitation sera effectuée par un simple bornage, elle sera faite à frais communs. (Cod. For. 14.)

57. *Bornage simple.* — Le bornage simple à frais communs consiste soit dans la plantation de bornes en pierre ou de poteaux, soit dans l'établissement de fossés d'angles. (Circ. N 64, art. 137.)

58. *Signe de bornage.* — Lorsqu'il s'agit d'un simple bornage, une des parties peut toujours contraindre l'autre à employer le mode de bornage qui, suivant la localité, est le moins dispendieux. Les fossés d'angles peuvent être employés pour un bornage à frais communs. (Circ. A 229. Circ. N 64, art. 149.)

Il faut que la ligne de délimitation passe par l'axe des fossés d'angles. (Issoudun, 19 août 1839.)

59. *Fossé.* — Lorsque le bornage sera effectué par des fossés de clôture, ils seront exécutés aux frais de la partie requérante et pris en entier sur son terrain. (Cod. For. 14.)

60. *Bornage continu. Exécution. Entretien.* — Le bornage effectué au moyen d'un fossé continu, d'une haie vive, d'un mur, d'un talus ou palissade servant de clôture, se fait aux frais et sur le terrain de la partie requérante. La confection et l'entretien de ce bornage sont exclusivement à la charge du propriétaire qui l'a fait établir. (Cod. For. 14. Circ. N 64, art. 137.)

SECT. V. — CONTENTIEUX.

§ 1. *Opposition.*

61. *Réclamation.* — Si, à l'expiration du délai d'un an, après le dépôt du procès-verbal de délimitation, il n'a été élevé aucune réclamation par les propriétaires riverains contre le procès-verbal et si le gouvernement n'a pas déclaré son refus d'homologuer, l'opération sera définitive. (Cod. For. 12.)

62. *Opposition.* — Les riverains ne sont pas recevables à former opposition au bornage, lorsque la délimitation est devenue définitive. Néanmoins, si des contestations s'élèvent, il en est fait mention au procès-verbal. (Circ. N 64, art. 158.)

63. *Opposition.* — Si les observations portent sur la forme ou les dimensions des bornes adoptées par l'administration, ou sur le mode de bornage, l'expert en fait l'objet d'un rapport spécial. Ce rapport est envoyé, avec les avis du chef de service et du conservateur, à l'administration si le bois est domanial, et au préfet s'il s'agit d'un bois communal ou d'établissement public. (Circ. N 64, art. 159, 160.)

§ 2. *Compétence. Juridiction. Contestation.*

64. *Refus de l'administration. Recours.* — Il y a recours devant les tribunaux, de la part des riverains, si l'administration refusait de procéder au bornage, un mois après que la délimitation est devenue définitive, c'est-à-dire après le délai d'un an pour le dépôt du procès-verbal de délimitation à la préfecture. (Cod. For. 12, 13. Circ. N 64, art. 162.)

65. *Contestations.* — Les contestations en cas de bornage, pour les bois soumis au régime forestier, sont portées devant les tribunaux et non pas devant le juge de paix. (Cod. For. 13. Lyon, 10 mai 1878.)

66. *Contestation. Compétence. Terrain revendiqué. Prescription.* — Lorsque dans une question de bornage une partie de terrain est contestée, le juge de paix devient incompétent pour statuer. (Cass. 15 décembre 1868.)

Il en est de même lorsqu'une commune revendique des terrains, en vertu des lois des 10 juin et 28 août 1792, et excipe même de la prescription. (Cass. 3 janvier 1872.)

67. *Compétence.* — En cas de litige, l'action doit être portée devant le tribunal du domicile du demandeur, même lorsque la forêt est située sur plusieurs arrondissements.

68. *Compétence.* — Les juges de paix connaissent des actions en bornage, lorsque la propriété ou les titres qui l'établissent ne sont pas contestés (Loi du 25 mai 1838) ; au delà de ces limites, les actions en bornage sont de la compétence des tribunaux de première instance. Toutefois, si la propriété des biens repose sur un acte administratif, la connaissance des débats appartient à l'autorité administrative. (Block.) (Lyon, 10 mai 1878.) V. Juge de paix.

69. *Procédure.* — Les formes ordinaires suivant lesquelles les actions en bornage doivent être intentées sont celles détermi-

nées pour le jugement des affaires domaniales. (Loi du 5 novembre 1790. Règlement du 3 juillet 1834.)

70 *Action judiciaire.* — Lorsqu'il s'élèvera des contestations ou des oppositions, les communes ou établissements propriétaires seront autorisés à intenter action ou à défendre, s'il y a lieu, et les actions seront suivies par les maires et administrateurs, dans la forme ordinaire. (Ord. 132.) V. Instance. Délimitation.

71. *Contentieux.* — Les difficultés concernant les travaux de bornage soumissionnés et relatifs aux forêts domaniales doivent être déférées au conseil de préfecture, parce qu'ils sont considérés comme travaux publics. (Circ. N 74. Inspection des finances.)

La circulaire N 74 avait admis comme établi que tous travaux effectués par les agents de l'Etat et à son compte constituaient des travaux publics et que la connaissance des contestations sur l'interprétation et l'exécution des marchés y relatifs appartenait aux conseils de préfecture. Mais, dans l'état actuel de la jurisprudence, l'autorité judiciaire seule est compétente pour statuer. (Circ. N 319.)

SECT. VI. — MINUTE. DÉPÔT. CERTIFICAT.

72. *Signification. Originaux.* — Les originaux des significations sont joints à la minute du procès-verbal de bornage, lors du dépôt à la préfecture. (Circ. N 64, art. 170.)

73. *Publication. Certificat.* — Les certificats de publication des arrêtés préfectoraux sont joints à la minute du procès-verbal, lors du dépôt à la préfecture. (Circ. N 64, art. 170.)

74. *Vérification.* — Avant toute signature, le procès-verbal de bornage est vérifié successivement par le chef de service et le conservateur, qui indiquent les modifications et rectifications à y introduire. Cet acte est ensuite soumis, avec les pièces justificatives, à l'administration, qui statue sur sa régularité. Les changements prescrits sont effectués par les expert et géomètre. (Circ. N 64, art. 69, 153.)

75. *Procès-verbal. Dépôt.* — Aussitôt qu'elle est revêtue des formalités exigées, la minute du procès-verbal de bornage est déposée à la préfecture, pour être réunie au procès-verbal de délimitation. (Circ. N 64, art. 154.)

76. *Procès-verbal de limites. Dépôt.* — Le procès-verbal de la délimitation sera immédiatement déposé au secrétariat de la préfecture et, par extrait, au secrétariat de la sous-préfecture, en ce qui concerne chaque arrondissement. Il en sera donné avis par un arrêté du préfet, publié et affiché dans les communes limitrophes. Les intéressés pourront en prendre connaissance et former leur opposition dans le délai d'une année, à dater du jour où l'arrêté aura été publié. (Cod. For. 11.)

77. *Dépôt. Certificat. Publication.* — Les maires doivent justifier, par des certificats, de la publication de l'arrêté préfectoral prescrivant le dépôt du procès-verbal au secrétariat de la préfecture. Les certificats sont fournis par les préfets, lors des propositions pour l'homologation. (Circ. N 54.)

SECT. VII. — HOMOLOGATION. ADHÉSION. EXPÉDITION.

78. *Ratification. Consentement.* — L'opération du bornage devient définitive par le consentement formel ou tacite des riverains, pourvu qu'il y ait été procédé conformément au procès-verbal de délimitation.

79. *Homologation.* — Le procès-verbal de bornage n'est point soumis à l'homologation du gouvernement.

80. *Homologation.* — Les procès-verbaux de bornage ne sont soumis à l'homologation que lorsqu'ils comportent des modifications au procès-verbal de délimitation. Dans ce cas, l'expédition destinée à l'administration centrale est transmise au ministre de l'agriculture par le préfet, comme pour les délimitations. (Circ. N 64, art. 157. Circ. N 220.)

81. *Expédition.* — Lorsqu'il n'y a pas lieu à homologation, l'expédition destinée à l'administration est transmise directement par le conservateur, après qu'elle a été certifiée conforme par le secrétaire général. (Circ. N 64, art. 156.)

SECT. VIII. — FRAIS.

§ 1. *Répartition. Timbre. Enregistrement.*

82. *Frais. Bois communaux.* — L'opération du bornage ne rentre pas dans les frais d'administration prescrits par l'article 107 du code forestier; les communes et établissements publics doivent payer les frais de cette opération. (Cons. d'Etat, 23 juillet 1841. Circ. N 64, art. 188.)

83. *Frais. Répartition.* — Le bornage étant la conséquence et le complément de la délimitation, les frais de cette opération doivent être supportés en commun par les propriétaires de la forêt et les propriétaires riverains à l'époque de la délimitation, et non pas par les acquéreurs des terrains limitrophes, postérieurement à cette opération. (Trib. de Saint-Dié, 14 juillet 1855.)

84. *Frais. Proportion.* — Les riverains contribuent au bornage pour la moitié des dépenses, proportionnellement à l'utilité pour chacun d'eux des travaux qui en font l'objet. Un seul riverain peut payer la moitié de plusieurs bornes, et la moitié d'une borne

peut être payée par plusieurs riverains. (Circ. N 64, art. 191.)

85. *Frais généraux.* — Les frais généraux de bornage (voyage, fournitures de bornes, ouverture de fossés d'angles mitoyens ou de fossés continus mitoyens, direction des travaux, rédaction de la minute du procès-verbal, copie pour le ministre, papier et reliure) sont payés par moitié par les riverains, dans la proportion de l'utilité des travaux pour chacun d'eux. Les frais de copie et papier pour le procès-verbal destiné aux agents forestiers ou au propriétaire de la forêt sont payés par le propriétaire seul. (Imprimé série 2, nº 4.)

86. *Fossés. Murs. Frais.* — Les frais de bornage exécuté au moyen de bouts de fossés ou de murs sont supportés en commun par moitié. (Décis. Min. 29 juin 1829. Circ. A 129. Circ. N 64 art. 149.)

87. *Frais. Calcul.* — Les frais de bornage seront établis par articles séparés pour chaque riverain et supportés en commun entre l'administration et lui. (Ord. 66.)

88. *Etat des frais.* — Aussitôt que les opérations sont terminées, le chef de service adresse au conservateur : 1º l'état des riverains ; 2º les mémoires des sommes dues aux agents, géomètres et tous autres. (Circ. N 64, art. 194.)

89. *Frais spéciaux. Indemnités.* — Les conservateurs dressent les états de frais spéciaux dus aux agents du service ordinaire, pour les bornages généraux (Décis. 25 août 1861), ainsi que les autres états de frais spéciaux de ces opérations (Décis. Min. 7 janv. 1863), et les états de frais généraux pour tous les riverains. (Ord. 66 et 133.) (Form. série 2, nºs 4, 8, 9.)

90. *Timbre. Enregistrement.* — Les actes constatant les bornages, ainsi que les états de répartition des frais, sont visés pour timbre et enregistrés en débet, à la diligence de l'agent forestier et du géomètre, sauf recouvrement ultérieur. (Ord. 66, 133.) Ces formalités sont remplies dans le délai de vingt jours, à dater de la clôture des actes. (Circ. N 64, art. 186.) V. Délimitation pour les frais de timbre et d'enregistrement.

§ 2. *Recouvrement. Paiement.*

91. *Frais. Recouvrement. Bois domaniaux.* — L'état des frais (série 2, nº 4) sera dressé par le conservateur des forêts et visé par le préfet. Il sera remis au receveur des domaines, qui poursuivra, par voie de contrainte, le paiement des sommes à la charge des riverains, sauf l'opposition, sur laquelle il sera statué par les tribunaux, conformément aux lois. (Ord. 66. Cod. Civ. 646.)

92. *Frais. Recouvrement. Bois communaux.* — L'état des frais de bornage dressé par le conservateur et visé par le préfet sera remis au receveur de la commune ou de l'établissement propriétaire, qui percevra le montant des sommes mises à la charge des riverains et, en cas de refus, en poursuivra le paiement par toutes les voies de droit, au profit et pour le compte de ceux à qui ces frais sont dus. (Ord. 133.)

93. *Indemnité. Agents. Paiement. Recouvrement.* — Les communes et établissements publics qui auraient requis des bornages partiels ou généraux payeront directement et intégralement aux ayants droit, *autres que les agents forestiers*, les frais de ces opérations, et recouvreront ensuite sur les propriétaires riverains le montant des frais tombant à la charge de chacun d'eux.

Lorsque les bornages de bois communaux ou d'établissements publics auront été requis par les riverains, il sera procédé conformément aux dispositions de l'article 133 de l'ordonnance réglementaire du 1er août 1827.

Dans l'un et l'autre cas, les frais de la coopération des agents du service des travaux d'art, réglés d'après un tarif arrêté par le ministre des finances, seront versés par les receveurs des communes ou établissements publics dans les caisses du domaine, à titre de remboursement d'avance et comme produits accessoires des forêts.

Les frais alloués pour le concours des agents chargés d'opérer comme experts et dans l'intérêt des communes ou d'établissements publics, ainsi que les frais de recouvrement des sommes mises à la charge des riverains seront supportés en entier par lesdits établissements et communes. (Ord. 25 mars 1845. art. 3.)

94. *Etat des dépenses.* — Les agents doivent fournir, pour le 15 octobre, un état des dépenses concernant les bornages généraux. (Circ. N 64, art. 219.)

§ 3. *Indemnité. Honoraires.*

95. *Agents. Indemnités. Tarif.* — Les dispositions des décrets et arrêtés des 25 et 28 août 1861 sont applicables aux bornages généraux et expertises exécutés par les agents du service ordinaire dans les bois des communes et établissements publics. (Arr. du Min. des Fin. 7 janvier 1863.)

Les frais de coopération des agents de tous grades aux travaux de bornage, dans les bois communaux, sont fixés à 6 francs par jour, pour chaque jour employé au cabinet (dont 4 fr. pour les agents et 2 fr. pour l'Etat), et à 11 fr. par jour employé sur le terrain (dont 7 fr. pour les agents et 4 fr. pour l'Etat). Les journées de voyage sont comptées comme employées sur le terrain. (Circ. N 64, art. 205. Décr. 25 août 1861. Décis. Min. 28 août 1861.)

Il sera fourni un double décompte pour les frais dus aux agents et ceux dus à l'Etat.

Les agents des travaux d'art et ceux des commissions spécialement rétribués n'ont pas droit à cette indemnité, qui est alors attribuée en entier au Trésor. (Circ. N 64, art. 207.)

96. *Tarif. Agent. Bois domaniaux.* — Le tarif pour la coopération des agents forestiers est applicable aux bois domaniaux (11 fr. par jour sur le terrain et 6 fr. au cabinet), mais ces sommes sont encaissées par le domaine, l'administration se réservant de régler, sur la proposition du conservateur, la somme à allouer aux agents, à titre d'indemnité. (Circ. N 64, art. 208.)

97. *Coopération des agents. Bois communaux.* — Il est fourni, pour la part revenant à l'Etat et pour celle qui devra être comptée aux agents, des décomptes distincts indiquant les sommes à payer par chaque commune, section de commune ou établissements publics. (Circ. N 64, art. 206.) V. Recouvrement.

98. *Indemnités. Agents.* — Les agents ont droit aux indemnités pour les bornages partiels comme pour les bornages généraux. (Circ. N 113.)

99. *Piquets. Travaux. Honoraires.* — Les honoraires alloués aux géomètres pour rétablissements de piquets disparus et direction du bornage sont de 0 fr. 70 c. par borne, fossé ou mur d'angle. (Circ. N 64, art. 176.)

SECT. IX. — TRAVAUX DIVERS. AMÉNAGEMENT.

100. *Travaux. Reboisement. Projets.* — Les projets des travaux concernant le bornage du périmètre ou des lignes de division des forêts sont établis d'après l'instruction du 15 octobre 1860. (Circ. N 22, art. 160.)

101. *Ligne d'aménagement. Futaie. Taillis.* — Les lignes de division et d'aménagement dans les taillis et les futaies pourront être fixées par des bornes, des bouts de fossés ou par un bombement transversal des lignes. (Instr. 15 octobre 1860, art. 164.)

102. *Périmètres de restauration.* — Avant le commencement des travaux, il est procédé à la reconnaissance et à la fixation provisoire ou définitive des limites du périmètre dans chacune des séries.

Les limites sont fixées immédiatement par des signes de bornage apparents et durables, tels que bornes brutes, bouts de fossés, rigoles, croix gravées sur les rochers.

S'il y a des difficultés soulevées par les riverains, et dans ce cas seulement, les agents forestiers proposent à l'administration l'exécution des bornages partiels nécessaires pour faire trancher définitivement le litige.

L'opération est alors exécutée conformément aux règles tracées par la circulaire N 64. (Instr. Gén. 2 février 1885, art. 105 et 106. Circ. N 345.)

103. *Périmètres de mise en défens.* — Il est procédé avant le commencement des travaux à une délimitation sommaire et à un bornage économique. (Instr. Gén. 2 février 1885, art. 233. Circ. N 345.) V. Délimitation.

BORNE.

1. *Qualité. Authenticité.* — Pour qu'une borne ait le caractère de *limite* et que son déplacement donne ouverture à une action publique, il suffit qu'elle ait été reconnue pour telle par les propriétaires qu'elle intéresse et que leur possession y ait été conforme. Il n'est pas indispensable de prouver que cette borne a été officiellement plantée. (Nancy, 10 janvier 1844.)

2. *Plantation. Trouble.* — La plantation de bornes opérée par un propriétaire, sans qu'il ait été statué sur la propriété prétendue par son voisin, est considérée comme un trouble à la possession de ce dernier, qui peut, en conséquence, intenter une action en complainte devant le juge de paix. (Cass. 27 août 1829.)

3. *Plantation. Témoins.* — Les bornes sont plantées verticalement et de manière à ce que leur centre corresponde au centre des piquets. La plus grande face doit être perpendiculaire à la bissectrice de l'angle dont elles fixent le sommet. La face principale des bornes intermédiaires est dirigée dans le sens des lignes du périmètre de la forêt. Il est placé, sous chaque borne, de la poussière de charbon ou de tuile ou de toute autre matière étrangère au sol. La partie non taillée doit être complétement enterrée. (Instr. 15 octobre 1860, art. 134. Circ. N 64, art. 147.)

4. *Aménagement. Position. Distance.* — Le centre des bornes sera placé sur les lignes séparatives des divisions, la plus grande face dirigée dans le sens de ces lignes et à une distance uniforme d'un mètre du bord des routes et laies sommières. S'il y a des fossés, la distance d'un mètre sera mesurée du bord extérieur du fossé. Lorsque

les lignes des coupes aboutiront sur le périmètre, le centre des bornes des coupes sera placé à une distance uniforme de cinq mètres de la ligne périmétrale. (Instr. 15 octobre 1860, art. 165.)

5. *Fossés. Distance.* — Les bouts de fossés intermédiaires sont espacés de 50 à 100 mètres, de telle sorte que deux hommes puissent s'apercevoir de l'un à l'autre. (Circ. N 64, art. 140.) Il doit en être de même pour l'espacement des bornes.

6. *Bornes de périmètre. Dimension. Taille. Forme.* — Les bornes de délimitation ont 0m,80 de hauteur, 0m,22 sur une face et 0m,08 sur l'autre; elles sont taillées à vives arêtes sur une hauteur de 0m,35 et sont arrondies à la tête, dans le sens de leur plus grande largeur. (Circ. N 64, art. 139.)

7. *Numéros.* — Des numéros en chiffres arabes de 0m,08 de hauteur sont gravés à une profondeur d'un centimètre sur une des faces les plus larges des bornes; ils doivent correspondre aux numéros des piquets mentionnés dans le procès-verbal de délimitation. Le numéro est tourné du côté de la forêt. (Circ. N 64, art. 146, 147.)

8. *Numéro.* — Les bornes ne reçoivent de numéros d'ordre que dans le cas où l'opération s'applique, soit à la totalité du périmètre, soit à une portion de forêt dont le surplus est déjà aborné. (Circ. N 64, art. 163.)

9. *Borne d'aménagement. Dimensions.* — Les bornes d'aménagement auront 0m,60 de hauteur, 0m,20 sur une face et 0m,15 sur l'autre face. Elles seront taillées à vives arêtes sur une hauteur de 0m,20 à 0m,25 ; on donnera à la tête la forme de diamant. La partie non taillée sera enterrée. (Instr. 15 octobre 1860, art. 166.)

10. *Numéro. Chiffres.* — Les bornes des coupes recevront sur leur plus grande face, gravés sur une hauteur de 0m,05 à 0m,06, en chiffres arabes, les numéros des coupes qui se trouvent en regard, et, sur le côté faisant face à la laie sommière, l'indication de la série dont les coupes dépendent. (Instr. 15 octobre 1860, art. 166.)

11. *Borne intermédiaire.* — Les bornes intermédiaires qui pourront être plantées sur les lignes de division seront de moindres dimensions et sans aucune indication. (Instr. 15 octobre 1860, art. 166.)

12. *Conservation.* — Les gardes, brigadiers et agents sont chargés de veiller à la conservation des bornes. Les préposés font une visite annuelle des bornes du 1er août au 1er septembre et en rendent compte à leur chef immédiat, qui provoque, s'il y a lieu, les réparations nécessaires. (Circ. N 64, art. 161.)

13. *Surveillance.* — Les gardes cantonniers veilleront à la conservation des bornes de route. (Instr. 13 août 1840. Livret des gardes.)

14. *Remplacement.* — Le remplacement des bornes de périmètre et de division d'aménagement est considéré comme un travail d'entretien. (Circ. N 22, art. 25.)

15. *Rétablissement.* — Les adjudicataires doivent rétablir les bornes endommagées ou détruites par le fait de l'exploitation ou de la vidange des bois. (Cah. des ch. 33. Circ. N 22, art. 330.) En cas d'inexécution, pas de pénalité ; l'administration fait effectuer les travaux aux frais des adjudicataires. (Cod. For. 41.)

16. *Honoraires.* — Les honoraires du géomètre pour plantation de bornes sont fixés à 0 fr. 70 c. par borne. (Circ. N 64, art. 176.)

17. *Enlèvement. Déplacement.* — Pour le fait d'enlèvement ou déplacement de borne :

Prison : 1 mois à 1 an. (Cod. Pén. 456.)
Amende : égale au 1/4 des restitutions et dommages-intérêts ; minimum, 50 francs. (Cod. Pén. 456.)
Si le délit a été commis par un garde ou officier de police, le maximum de la prison est augmenté de 1/3 en sus. (Cod. Pén. 462.)

18. *Enlèvement. Déplacement. Vol.* — L'enlèvement ou déplacement de bornes, pour commettre un vol, est puni, savoir :

Prison : 2 ans à 5 ans. (Cod. Pén. 389.)
Amende : 16 à 500 francs. (Cod. Pén. 389.)
Facultatif : Privation des droits civils, 5 ans à 10 ans et surveillance de la haute police. (Cod. Pén. 42, 389.)
Si le délit a été commis par un garde ou officier de police, le maximum de la prison est augmenté de 1/3 en sus. (Cod. Pén. 462.)

19. *Déplacement. Délit.* — Le délit de déplacement de bornes existe, lorsque, d'une part, le fait matériel est constaté et que, d'autre part, le prévenu se contente d'alléguer que les opérations originaires de bornage ont été irrégulières, sans justifier d'un redressement ordonné par la juridiction compétente. (Paris, 4 novembre 1886.)

20. *Poursuites.* — Le délit de déplacement de bornes commis dans les bois soumis au régime forestier, bien que prévu et puni par l'article 456 du code pénal, peut être constaté et poursuivi par l'administration forestière, parce qu'il y a une atteinte directe à la propriété forestière, dont la répression donne lieu à une poursuite devant le tribunal correctionnel. (Dijon, inédit, 13 février 1833.)

21. *Déplacement. Enlèvement. Exception de propriété.* — Le juge du délit de déplacement de bornes, devant lequel le prévenu soulève une exception de propriété appuyée sur un titre, rejette valablement l'exception, pour passer outre au jugement du fond, en se fondant sur ce que le titre invoqué ne s'applique pas au terrain où le délit a été commis. A cet égard, l'appréciation du juge est souveraine.

Dans une poursuite pour enlèvement de bornes contradictoirement plantées, l'exception de propriété est inadmissible, en tant du moins que le prévenu n'allègue pas une acquisition de propriété postérieure à l'abornement. (Cass. 19 juillet 1878.)

22. *Poursuite. Compétence.* — L'administration est compétente pour poursuivre la réparation civile du délit de déplacement de bornes. (Cass. 20 juin 1866.)

23. *Juridiction.* — Les actions civiles en déplacement de bornes, commis dans l'année, doivent être portées devant le juge de paix de la situation de l'objet. (Proc. Civ. 3.)

BOUC.

Pâturage. — La défense du pâturage des chèvres s'applique aux boucs. (Cass. 1er août 1811.) V. Chèvres.

BOUCHOYAGE.

1. *Définition.* — Le droit de bouchoyage est un droit de buissonnage, qui consiste dans la faculté de couper les épines, arbustes et menus bois qui croissent sur le fonds d'autrui, pour les employer à son usage. (Proudhon.)

2. *Cantonnement.* — Le droit de bouchoyage établi par titre est susceptible de cantonnement. (Besançon, 10 avril 1826.)

BOUGIE. V. Enchères. Frais.

BOULEAU. Arbre de 2e classe. (Cod. For. 192.)

BOURDAINE (Bois de).

SECT. I. — BOIS DOMANIAUX, COMMUNAUX ET D'ÉTABLISSEMENTS PUBLICS, 1—24.

§ 1. *Exploitation en régie,* 1 —15.

§ 2. *Exploitation par entreprise,* 16 — 24.

SECT. II. — BOIS PARTICULIERS, 25.

SECT. I. — BOIS DOMANIAUX, COMMUNAUX ET D'ÉTABLISSEMENTS PUBLICS.

§ 1. *Exploitation en régie.*

1. *Principe.* — Le bois de bourdaine continuera à être exploité par les soins du service forestier, conformément aux prescriptions des circulaires 167 et 192, dans les conservations où le département de la guerre jugera préférable de ne point recourir au système de l'entreprise. (Circ. N 315.)

2. *Demande. Désignation. Délivrance. Bois domaniaux.* — Les bois de bourdaine seront coupés dans les bois de l'Etat, suivant les demandes des directeurs des poudreries, qui feront connaître les quantités de bois nécessaires à leurs services. Le conservateur, sur l'avis des agents forestiers locaux, autorisera la délivrance dans la forêt la plus voisine des lieux de destination. En cas de refus, il en informera le directeur de la poudrerie et devra envoyer immédiatement à l'administration un rapport indiquant le motif du refus. (Décr. du 10 oct. 1874. Circ. N 167.)

3. *Délivrances. Bois communaux.* — Les délivrances de bourdaine peuvent être faites dans les bois communaux, après autorisation du conservateur ; le prix fixé par le préfet serait acquitté par le ministre de la guerre, et les frais d'exploitation et de transport seraient avancés par l'administration des forêts, comme pour les fournitures dans les bois domaniaux. (Ord. 4 décembre 1844. Circ. N 167.)

4. *Coupe. Exploitation.* — Le bois de bourdaine sera exploité par les soins de l'administration des forêts, à moins que la proximité ne permette d'employer les hommes de troupe sans découcher. (Décr. 10 octobre 1874. Circ. N 167.)

5. *Déchets. Dessication.* — Le bois de bourdaine devant être évalué d'après son poids sec, le déchet résultant de la dessication sera déterminé d'après des expériences faites dans les poudreries et énoncées dans un procès-verbal, qui sera dressé par le conseil d'administration de la poudrerie. (Lettre Min. du 5 déc. 1874. Circ. N 167.)

6. *Frais d'exploitation.* — Le bois de bourdaine étant employé dépourvu de son écorce, il y aura lieu de le faire écorcer en forêt, après la coupe. Le prix de cette opération est d'environ 50 à 60 centimes par botte. Les prix d'exploitation, de façon et de débardage seront augmentés du prix d'écorçage. (Circ. N 167.)

7. *Procès-verbal de délivrance. Prix.* — A la fin de l'extraction, le chef de cantonnement dresse un procès-verbal de délivrance pour faire payer le prix des produits enlevés. Le conservateur fixe le prix pour les forêts domaniales et le préfet pour les forêts com-

munales. Les procès-verbaux de délivrance seront établis sur les imprimés série 5, nº 23. (Circ. N 192.)

8. *Délivrance.* — La délivrance sera constatée par un procès-verbal (form. série 5, nº 23), ou état estimatif dressé en double et signé par un agent forestier et l'officier ou garde-magasin chargé de la réception. Ce procès-verbal donnera le détail des produits délivrés, leur estimation en argent, ainsi que les frais d'exploitation et de transport, lorsque ces frais devront être prélevés sur les crédits alloués. Ce procès-verbal de délivrance est adressé à l'administration. (Circ. N 167. Circ. N 192.)

9. *Transport.* — Les transports seront faits par l'artillerie, lorsque la proximité permettra de ne pas faire découcher le détachement; sinon, ils seront exécutés par l'administration forestière. Les frais de transport par chemin de fer seront effectués par l'administration des forêts et donneront lieu à remboursement. (Décr. 10 octobre 1874. Circ. N 167.)

10. *Botte. Dimension. Prix.* — Le bois de bourdaine est généralement livré en bottes de 1m,25 à 1m,30 de long sur 1 mètre à 1m,10 de tour. La botte sèche pèse de 20 à 25 kilogrammes ; le diamètre des brins varie de 10 à 35 millimètres; on pourrait réduire à 60 ou 65 centimètres la longueur de deux bottes.

Le prix moyen du bois de bourdaine sec peut être fixé de 0 fr. 75 c. à 1 fr. 25 c. par 100 kilogrammes. Pour la délivrance dans les forêts communales, les agents forestiers doivent défendre l'intérêt de l'Etat contre les demandes exagérées des communes. (Lettre Min. 5 décembre 1874. Circ. N 167.)

11. *Prix.* — A partir du 1er janvier 1876, la valeur du bois de bourdaine sera calculée en prenant pour unité la botte de 1 mètre de tour et de 1m,30 de longueur, et le prix de la botte est fixé à 17 centimes pour les forêts domaniales. (Circ. N 192.)

12. *Gratifications. Indemnité.* — On comprendra dans la dépense d'exploitation l'indemnité de 1 franc par cent de fagots allouée aux préposés domaniaux et communaux chargés des détails de la délivrance, ou soit 5 centimes par botte. (Déc. Min. 14 février 1876. Circ. N 167. Circ. N 192.)

13. *Paiement.* — Lorsque les frais afférents à chaque délivrance auront été arrêtés, on devra en informer l'administration par un bulletin établi sur la formule série 4, nº 36 bis. (Cette formule a été remplacée par l'imprimé série 3, nº 16. Circ. N 372.) La valeur de la délivrance dans les bois de l'Etat sera payée, par voie de virement de compte, par le ministre de la guerre. (Décr. 10 octobre 1874. Circ. N 167.)

14. *Crédits.* — Lorsque l'exploitation sera faite au compte de l'Etat, les conservateurs pourront autoriser la dépense jusqu'à concurrence de 1000 francs par forêt, en même temps qu'ils adresseront à l'administration des demandes spéciales, pour les crédits qui devraient excéder cette somme.

Les agents devront comprendre dans les dépenses d'exploitation les frais de transport depuis le chantier jusqu'au point où les chemins de fer sont tenus de prendre le matériel du ministère de l'agriculture. (Circ. N 167.)

15. *Délivrance. Timbre et enregistrement. Bois communaux.* — Dans les délivrances de bois de bourdaine faites à l'Etat dans les bois communaux, le procès-verbal spécialement dressé et destiné à servir de titre de recouvrement aux receveurs municipaux (indépendamment du procès-verbal de délivrance prescrit par la circulaire 167) doit être visé pour timbre et enregistré gratis. (Déc. Min. 11 juin 1823. Loi du 22 frimaire an VII, art. 70, § 2, nº 1.)

§ 2. *Exploitation par entreprise.*

16. *Recherche. Extraction. Etat.* — Chaque année, avant le 15 janvier, le département de la guerre adresse à l'administration des forêts l'état des conservations où la bourdaine sera recherchée et extraite, pendant la campagne suivante, par les entrepreneurs chargés de la fournir aux poudreries nationales. (Règl. Min. 1er mars 1883, art. 1. Circ. N 315.)

17. *Coupe. Ecorçage.* — La coupe et l'écorçage de la bourdaine ne peuvent avoir lieu que dans les cantons et parcelles désignés à l'avance par les agents forestiers locaux. (Règl. Min. du 1er mars 1883, art. 5. Circ. N 315.)

18. *Surveillance.* — Les gardes forestiers veillent à ce que les bois soient coupés hors sève (du 1er octobre au 1er avril) et mis en fagots de 1m,25 à 1m,30 de longueur, sur 1 mètre de circonférence, liés avec deux harts suffisamment solides pour résister aux transports. (Règl. Min. du 1er mars 1883, art. 9. Circ. N 315.)

19. *Paiement.* — Les quantités de fagots sont constatées au moyen d'états qui seront dressés par les agents forestiers et qui serviront de base aux paiements à effectuer par l'entrepreneur. Ces paiements se feront entre les mains du receveur des domaines, pour la bourdaine extraite dans les forêts domaniales, et, quand il s'agit de bois communaux ou d'établissements publics, dans les caisses des receveurs des communes ou établissements propriétaires. (Règl. Min. du 1er mars 1883, art. 10. Circ. N. 315.)

20. *Bois domaniaux. Redevance.* — Le prix à payer par fagot ou botte de 1m,25 à 1m,30 de longueur, sur 1 mètre de circonférence, sera de 17 centimes pour les bois provenant

des forêts de l'Etat. (Règl. Min. du 1er mars 1883, art. 11. Circ. N 315.)

21. *Bois communaux et d'établissements publics. Redevance.* — En ce qui concerne ces bois, le prix de la botte, fixé au commencement de chaque année par les préfets, est porté par les conservateurs, avant le 15 juin, à la connaissance du ministre de l'agriculture, qui transmet l'ensemble des renseignements au ministre de la guerre. (Règl. Min. du 1er mars 1883, art. 12. Circ. N 315.)

22. *Bois domaniaux. Recouvrement. Liquidation.* — Les titres de perception sont transmis au directeur des domaines.

Dès que les versements sont opérés, les conservateurs adressent à l'administration les quittances justificatives du recouvrement, en les accompagnant d'états de répartition. Au vu de ces pièces, la dépense sera liquidée au profit des préposés, par imputation sur les fonds des restitutions. Les sommes ainsi imputées seront mandatées par les conservateurs. (Circ. N 315.)

23. *Bois communaux et d'établissements publics. Recouvrement. Liquidation.* — Les versements effectués aux caisses des receveurs des communes ou des établissements propriétaires sont imputés au compte des cotisations municipales, et ces versements sont subordonnés à l'envoi direct par le conservateur au trésorier-payeur général des titres de perception. Ces titres portent décompte et sont émis par le conservateur. Le trésorier-payeur général se charge de les transmettre aux receveurs intéressés.

Il appartient aux conservateurs de se concerter avec les préfets, pour faire mandater les indemnités aux préposés forestiers. (Circ. N 315.)

24. *Assistance. Surveillance. Indemnité. Paiement.* — Une indemnité, à titre de droit d'assistance et de surveillance, est allouée aux préposés forestiers chargés d'effectuer les délivrances de bois de bourdaine. Le paiement de cette indemnité, fixée à 1 centime par botte, est effectué par l'entrepreneur entre les mains du receveur des domaines, pour la bourdaine extraite dans les forêts domaniales, et, quand il s'agit de bois communaux ou d'établissements publics, dans les caisses des receveurs des communes ou d'établissements propriétaires. (Règl. Min. du 1er mars 1883, art. 10 et 13. Circ. N 315.) V. Entrepreneur.

SECT. II. — BOIS PARTICULIERS.

25. *Législation.* — D'après l'arrêt du conseil du 7 mai 1709, il était défendu, à peine de 300 francs d'amende et de confiscation des bois, à tous les propriétaires des bois situés à 12 lieues des moulins à poudre, de comprendre le bois de bourdaine dans les ventes et coupes de leurs bois. La distance de 12 lieues avait été fixée à 6 myriamètres par l'arrêté du 25 fructidor an XI. (Circ. A 173.) Le rayon dans lequel l'administration des poudres et salpêtres est autorisée à faire rechercher, couper et enlever, dans tous les temps, les bois de bourdaine, a été fixé à 15 myriamètres par décret du 16 floréal an XIII. (Circ. A 269.) Les fagots de bois de bourdaine de 3, 4 et 5 ans seront payés 25 centimes la botte ou bourrée, et 30 centimes pour ceux livrés par les adjudicataires des coupes. Les fagots doivent avoir 2 mètres de longueur sur 1m,50 de tour. D'après Cabantous, ces dispositions n'auraient pas été abrogées par l'article 218 du code forestier, parce que ces matières ne sont pas régies par le code forestier.

BOURGEON DE SAPIN.

Enlèvement. Pénalité. — Le délit d'enlèvement de bourgeons de sapin peut être poursuivi, si la dimension des arbres est connue, comme mutilation d'arbre (Cod. For. 196), ou bien comme enlèvement de bois n'ayant pas 2 décimètres de tour (Cod. For. 194), ou comme extraction de produits forestiers (Cod. For. 144), et suivant les circonstances du délit, si le mode d'enlèvement est seul connu.

BOURRÉE. V. Fagot.

BOURSE. V. Ecole pratique de sylviculture des Barres. Institut agronomique.

BOUSSOLE.

1. *Dimension.* — La boussole aura une aiguille de 12 centimètres de longueur au moins ; le limbe portera la division sexagésimale de demi-degré en demi-degré, numérotée de gauche à droite, sans interruption de 0 à 360. Elle sera munie d'un niveau, d'une lunette plongeante et sera montée sur une genouillère avec pince et vis de rappel. (Instr. 15 octobre 1860, art. 17.) V. Instrument.

2. *Usage.* — La boussole peut servir pour tous les arpentages forestiers. L'angle azimutal doit être vérifié à chacune des extrémités des lignes. Lorsque les lignes ont 400 mètres et plus, on vérifie l'angle de 200 mètres en 200 mètres et on prend la moyenne. (Instr. 15 octobre 1860, art. 22.)

3. *Emploi.* — Pendant la saison des chaleurs, on évitera de se servir de la boussole après dix heures du matin. (Instr. 15 octobre 1860, art. 76.)

BRACONNIER. V. Transaction. Délinquant.

BRANCHE.

1. *Coupe. Propriété rurale. Ville. Pénalités.* — Le fait de couper des branches d'arbre et

de se les approprier ne constitue pas simplement le maraudage ordinaire puni comme contravention de police ; un tel fait, quand il est commis dans les plantations d'arbres, autres que les bois taillis et futaie, tombe sous l'application de l'article 36 de la loi du 6 octobre 1791.

Pénalité : *amende* double du dédommagement dû au propriétaire ; minimum, valeur de 3 journées de travail.
Prison : 3 jours ; maximum, 3 mois.

Il en est ainsi, lorsque ce délit porte atteinte à une propriété rurale ; accompli au détriment d'une plantation d'arbres situés dans une ville, à défaut de dispositions précises, ce fait doit être réprimé comme vol ordinaire, par application de l'article 401 du code pénal.

Prison : 1 à 5 ans.
Amende : 16 à 500 francs. (Cass. 1er mars 1872.)

2. *Elagage.* — Le voisin peut exiger que les branches des arbres de lisière avançant sur son fonds soient coupées. (Cod. Civ. 673. Loi, 20 août 1881.) V. Arbre de lisière. Elagage.

3. *Principales.* — La coupe des branches *principales* (une seule branche) d'un arbre est punie de la même peine que celle de la coupe de l'arbre lui-même. (Cod. For. 196. Nancy, 8 mars 1828.) V. Arbres. Maraudage.

4. *Principales.* — La constatation de la coupe des branches *principales*, au lieu de branches *parasites*, constitue un fait matériel. (Rouen, 17 avril 1845.)

5. *Secondaires.* — Si les branches ne sont pas *principales*, le délit est puni comme enlèvement de bois de moins de 2 décimètres de tour. (Cod. For. 194.) V. Fagot.

6. *Secondaires. Dimensions. Mesurage.* — Les branches ayant plus de 20 centimètres de tour paraissent ne pas être comprises dans les dispositions de l'article 194 du code forestier ; elles y rentrent cependant, parce que les branches allant toujours en s'amincissant finissent par avoir *moins* de 20 centimètres de tour et que la loi n'a prescrit aucun point de mesurage pour la circonférence et n'a pas indiqué si on doit prendre le maximum, le minimum ou la moyenne. V. *Revue des eaux et forêts*, 1878, page 46.

7. *Chablis.* — La coupe des branches d'un chablis est punie par l'article 194, lorsque les branches ont moins de 20 centimètres de tour. (Nancy, 12 avril 1820.)

8. *Bois de marine.* — Les branches des arbres réservés pour la marine font seules partie de la vente. L'adjudicataire en effectuera la coupe sur pied, suivant les indications de l'agent local. (Ancien cah. des ch.)

9. *Bois de marine.* — Les branches désignées comme étant propres aux constructions navales seront laissées dans toute leur longueur. (Ancien cah. des ch.)

BRANDON.

1. *Définition.* — Morceau d'étoffe ou lien de paille mis autour d'un bâton. Signe annonçant une saisie de fruits pendants par racines ; indiquant la mise en réserve ou la mise en défens d'un bois.

2. *Saisie. Délai.* — La saisie-brandon ne pourra être faite que dans les six semaines qui précéderont l'époque ordinaire de la maturité des fruits ; elle sera précédée d'un commandement, avec un jour d'intervalle. (Cod. Procéd. Civ. 626.)

BRASSÉE. V. Fagot. Charge d'homme.

BREBIS. V. Mouton.

BREVET. V. Invention.

BRIGADIER.

SECT. I. — PROPOSITION. NOMINATION. AVANCEMENT.

§ 1. *Service actif.*

(Domanial et communal.)

1. *Nomination.* — Les brigadiers domaniaux ou mixtes sont nommés par le ministre de l'agriculture. (Décr. 23 octobre 1883. Circ. N 322. Décr. 14 janvier 1888. Circ. N 394.)

2. *Choix. Brigadiers domaniaux et mixtes.* — Les brigadiers du service actif sont choisis parmi les gardes domaniaux ou mixtes ayant au moins deux ans de grade, (Circ. A 414. Circ. A 464) ou les brigadiers sédentaires ayant passé quatre ans dans les bureaux. (Circ. autogr. 94. 18 mai 1863. Circ. N 375.)

3. *Liste de présentation. Epoque.* — La liste par ordre de mérite des gardes domaniaux et mixtes, susceptibles de passer brigadiers, doit être fournie, avec divers renseignements, pour le 25 novembre au plus tard. (Circ. autogr. 29 octobre 1884 et 22 octobre 1891.)

4. *Avancement.* — Les brigadiers à triage doivent être de préférence appelés aux postes de brigadiers sans triage. (Circ. A 552 bis.)

5. *Avancement.* — Les préposés admis à l'école secondaire d'enseignement professionnel reçoivent, s'ils ne l'ont déjà, le grade de brigadier. (Arr. Min. du 5 juin 1884, art. 3. Circ. N 336.)

6. *Avancement. Demande.* — Chaque année, avant le 1er juillet, les brigadiers qui se trouvent dans les conditions prévues par le décret du 14 janvier 1888, et qui se présentent comme candidats au grade de garde général stagiaire, adressent leur demande à leur chef hiérarchique. (Arr. Min. du 15 juin 1891. Circ. N 435.)

7. *Tableau d'avancement.* — Peuvent être portés au tableau d'avancement, pour le grade de garde général stagiaire, les brigadiers qui auront, au 1er janvier de l'année pour laquelle le tableau est arrêté, quinze années de service actif. (Arr. Min. du 15 juin 1891. Circ. N 435.) V. Avancement.

8. *Nomination. Brigadiers communaux. Choix.* — Les brigadiers communaux sont nommés par les préfets, sur la proposition du conservateur. Le conservateur ne peut présenter, pour le grade de brigadier communal, que des gardes ayant au moins deux ans d'exercice dans un triage (Circ. N 21, art. 4), ou étant depuis quatre ans brigadiers dans un bureau. (Circ. aut. 94, 18 mai 1863.)

9. *Commission. Brigadiers communaux.* — Le conservateur commissionne les brigadiers communaux et d'établissements publics. (Déc. Min. 18 mai 1853. Circ. N 21, art. 5.)

10. *Brigadiers communaux. Ecole secondaire.* — Les brigadiers communaux sont admis à concourir pour l'admission à l'école secondaire d'enseignement professionnel. (Arr. Min. du 23 juin 1879.)

Les préposés forestiers communaux et d'établissements publics jouissent de tous les avantages qui sont accordés à leurs collègues du service domanial par l'article 6 de l'arrêté ministériel du 8 avril 1870, réglant les conditions d'admission des préposés aux emplois d'agent forestier. (Arr. Min. du 23 juin 1879. Circ. N 250.)

§ 2. *Service sédentaire.*

11. *Choix.* — Les brigadiers sédentaires seront pris parmi les gardes sédentaires ou à triage ayant au moins deux ans d'exercice. (Arr. Min. 14 août 1840. Circ. A 487.)

12. *Elèves.* Les élèves de l'école forestière qui, à la fin, soit de la première, soit de la deuxième année d'études, sont rayés des cadres peuvent, lorsqu'ils ont satisfait à la loi sur le recrutement de l'armée, être appelés aux fonctions de brigadier dans le service sédentaire. Deux ans au moins après leur nomination en qualité de brigadiers sédentaires, ils seront admis à subir les examens de sortie de l'école; mais ils ne peuvent, en cas de succès, être nommés au grade de garde général stagiaire, avant d'avoir accompli leur vingt-cinquième année. (Arr. Min. du 12 octobre 1889, art. 31.)

13. *Service actif.* — Les brigadiers sédentaires ne peuvent entrer dans le service actif, avec leur grade, que lorsqu'ils comptent quatre ans d'exercice dans ce grade, à moins qu'ils n'aient déjà fait partie du service actif pendant deux ans au moins, en qualité de simples préposés. (Arr. Min. du 11 décembre 1886. Circ. N 375.)

14. *Ordre.* — Lorsque l'inspecteur est en tournée, les brigadiers sédentaires ne doivent donner aucun ordre aux agents. (Circ. A 487.) Ils peuvent transmettre les pièces.

15. *Classes.* — Les brigadiers sédentaires sont divisés en trois classes, au traitement de 1000, 1100 et 1200 francs. (Arrêté du directeur général, 10 décembre 1858. Circ A 765. Circ. N 224.)

Il existe, en outre, une classe exceptionnelle, au traitement de 1300 francs. Ceux qui sont décorés de la médaille forestière touchent 50 francs en sus de leur traitement. (Arr. Min. du 26 avril 1889. Circ N 409.) V. Traitement.

SECT. II. — ORGANISATION. SURVEILLANCE.

16. *Triage.* — Les brigadiers n'auront pas de triage, à moins de nécessité bien établie. Leur surveillance s'étendra sur le

triage de tous les gardes de leur brigade. (Arrêté du directeur général, 8 janvier 1840. Circ. A 467.)

17. *Triage. Brigade. Organisation.* — Les brigadiers domaniaux sans triage ne doivent avoir que des bois domaniaux dans leur circonscription. Toutefois, il faut que les triages confiés à leur surveillance ne soient pas placés à des distances telles que, pour les visiter, ils soient entraînés à des frais hors de proportion avec leur traitement. Si dans les brigades il y a des triages mixtes, les brigadiers domaniaux ne doivent en surveiller que la partie domaniale. (Circ. A 470 quater.)

18. *Brigade. Garde. Surveillance.* — On ne doit placer sous les ordres d'un brigadier que le nombre de gardes sur lesquels il pourra étendre une surveillance active et réelle ; la résidence du brigadier doit être centrale, de manière à assurer cette surveillance. (Circ. A 142.)

19. *Triage. Surveillance.* — Lorsque les brigadiers sont préposés à la garde d'un triage, ils sont assujettis aux mêmes obligations et soumis aux mêmes vérifications que les simples gardes. En qualité de brigadiers, ils doivent exercer une surveillance constante sur les gardes de leur circonscription, veiller à la conservation des triages et constater les délits qui n'auraient pas été relevés par leurs subordonnés. (Circ. A 467.)

20. *Préposés communaux.* — Il est défendu aux brigadiers domaniaux de surveiller les gardes des bois des communes et des établissements publics, qui ne contribuent pas, dans une proportion convenable à leur traitement. (Circ. A 591 ter.)

21. *Commune. Dépense.* — Il n'est pas possible d'imposer à des communes la création d'un brigadier sans triage et de considérer une semblable dépense comme obligatoire pour elles. (Bulletin officiel du ministre de l'intérieur, 1856, p. 113.)

SECT. III. — OBLIGATION. SERVICE. INSTRUCTION.

22. *Ambulants.* — Dans la région des Maures et de l'Estérel, il a été institué des brigadiers ambulants pour la surveillance des incendies.

23. *Travaux.* — Les brigadiers doivent, comme les gardes, consacrer à des travaux d'amélioration tout le temps qui n'est pas absorbé par la surveillance et les autres exigences du service. (Livret des préposés. Circ. A 454. Circ. N 22, art. 288.)

24. *Surveillance.* — Les brigadiers sont tenus d'observer les mouvements des délinquants et de s'éclairer sur leur solvabilité. (Circ. A 467.)

25. *Délégation. Remplacement. Vente.* — Les conservateurs délèguent les brigadiers pour suppléer les agents, dans les ventes sur les lieux des produits principaux et accessoires des bois de communes et établissements publics, quel que soit le chiffre de l'estimation de ces produits. (Ord. 13 janvier 1847.)

Les inspecteurs pourront se faire remplacer ou autoriser les agents sous leurs ordres à se faire remplacer par un chef de brigade, dans les adjudications sur les lieux des produits forestiers dont l'évaluation ne dépassera pas 500 francs. (Décr. 25 févr. 1888. Circ. N 396.)

26. *Service.* — Les brigadiers sont chargés : 1° de reconnaître et marquer les lieux où devront être établis les fosses ou fourneaux pour charbon, et les loges et ateliers, sauf au chef du cantonnement à désigner ces lieux par écrit, suivant le vœu de l'article 38 du code forestier ; 2° d'opérer, dans les cantons désignés par leurs chefs, la délivrance des plants, des harts et généralement de tous les menus produits, autres que ceux dont l'enlèvement, s'opérant sur plusieurs points à la fois, ne peut avoir lieu que sous la surveillance du garde local ; 3° de marquer, lorsque le conservateur en aura donné l'autorisation, les porcs et les bestiaux admis au parcours, dans les cantons défensables. (Circ. A 585. Circ. N 416.)

27. *Citation. Exploit.* — Les brigadiers sans triage sont chargés des citations, oppositions et significations. (Arrêté du Directeur général, 8 janvier 1840. Circ. A 467.) Ils ne peuvent recevoir plus de 200 francs par an, quel que soit le nombre des actes signifiés. (Circ. N 382.)

28. *Attributions. Service.* — Les brigadiers ont les mêmes attributions judiciaires et administratives et les mêmes droits que les gardes.

Ils sont les intermédiaires entre les gardes et les gardes généraux.

Indépendamment du triage spécial qui leur est confié, ils exercent leur surveillance sur les autres garderies dépendantes de leur brigade et sur la conduite administrative et privée des gardes. (Livret des préposés. Circ. A 454.)

29. *Ordres.* — Les brigadiers peuvent, sous leur responsabilité, donner aux gardes tous ordres motivés par l'intérêt du service. (Livret des préposés. Circ. A 454.)

30. *Renseignements.* — Les brigadiers fournissent aux gardes généraux tous les renseignements et informations concernant le service. (Livret des préposés. Circ. A 454.)

31. *Responsabilité.* — Les brigadiers demeurent personnellement responsables de toutes les irrégularités qu'il était de leur devoir de remarquer dans le service des préposés sous

leurs ordres, et qu'ils n'auront pas immédiatement signalées. (Livret des préposés. Circ. A 454.)

BRIN.

1. *Coupe. Pénalité. Poursuite.* — La coupe ou l'enlèvement d'un brin inférieur à 2 décimètres est considéré comme le commencement d'un fagot. (Cod. For. 194. Besançon, inédit, 14 décembre 1836. Metz, inédit, 3 mai 1837.) La cour de cassation a jugé, le 30 septembre 1836, que ce fait ne donnait lieu qu'à une demande en dommages-intérêts à porter par l'administration devant le tribunal correctionnel. V. Plant. Arbre. Rejet. Bâton.

2. *Algérie. Bois particuliers. Cannes.* — Un arrêté du gouverneur général, en date du 2 août 1886, règle la vente et l'expédition des brins destinés à la fabrication des cannes.

BRINDILLE.

Définition. Pénalité. — Petite branche autre que les branches principales d'un arbre et dont la coupe et l'enlèvement sont punis comme délit de fagotage. V. Fagot.

BRIQUETERIE.

1. *Autorisation.* — Lorsqu'il s'agira de briqueterie, il sera d'abord statué par le préfet, sur la demande d'autorisation, sans préjudice du droit des tiers et des oppositions qui pourraient s'élever. Il sera ensuite procédé suivant les formes prescrites par le décret du 15 octobre 1810 et par les ordonnances des 14 janvier 1815 et 29 juillet 1818. (Ord. 177.) V. Etablissement insalubre ou incommode. Construction.

2. *Visite.* — Les briqueteries autorisées sont soumises aux visites des agents et gardes, sans l'assistance d'un officier public, pourvu qu'ils soient au nombre de deux ou accompagnés de deux témoins domiciliés dans la commune. (Cod. For. 157.)

3. *Etablissement non autorisé.* — Pour établissement, soit temporaire, soit permanent, dans l'intérieur et à moins d'un kilomètre des forêts soumises au régime forestier et sans l'autorisation du préfet, d'une briqueterie ou tuilerie, pénalité :

Amende : 100 à 500 francs. (Cod. For. 151.)
Démolition de l'usine. (Cod. For. 151. Décr. 25 mars 1852.)

BRIS DE CLOTURE.

Pénalité. — Quiconque aura en tout ou en partie détruit des clôtures, de quelques matériaux qu'elles soient faites, sera puni :

Prison : Minimum, 1 mois; maximum, 1 an.
Amende : égale au 1/4 des restitutions et des dommages-intérêts; minimum, 50 francs. (Cod. Pén. art. 456.)

BRIS DE RÉSERVE.

1. *Observation ou violation des règles d'exploitation. Principe.* — Le bris de réserve, qui a eu lieu en exécution des prescriptions relatives à l'exploitation et à la vidange, ne donne lieu qu'au paiement d'une indemnité; mais, s'il a lieu par suite de l'inobservation des règles fixées, il y a alors un fait délictueux puni par l'article 37 du code forestier, nonobstant tous dommages pour les réserves brisées en suite du délit.

2. *Réparation civile. Valeur. Compétence.*— Le bris de réserve ne constitue pas le délit prévu par l'article 33 du code forestier, attendu que l'article 27 du cahier des charges a prévu le fait. Seulement, l'adjudicataire doit prévenir sur le champ le chef du cantonnement. (Cah. des ch. 27.)

L'adjudicataire paiera les réserves brisées à raison du chiffre fixé par les clauses spéciales. En cas de difficultés pour évaluer les réparations civiles, les tribunaux civils sont seuls compétents. (Cass. 12 avril 1822.)

3. *Responsabilité. Adjudicataire. Pénalité. Poursuite.* — Si, dans le cas prévu par l'article 27 du cahier des charges, l'adjudicataire n'avertit pas *sur le champ* le chef du cantonnement, il est responsable des arbres de réserve cassés, qui, alors, peuvent ne pas être considérés comme réserves brisées par le fait de l'exploitation. (Nancy, 28 juillet 1824, inédit.)

Dans ce cas, il peut même tomber sous l'application de l'article 37 du code forestier (contravention aux clauses de l'exploitation, 50 à 500 francs *d'amende)*, parce que le remplacement des réserves brisées peut devenir impossible. (Cass. 1er févr. 1851, 3 janv. 1852.)

4. *Dommage. Compétence.* — En cas de contestation sur le dommage causé à des arbres réservés dans la coupe ou dans la coupe voisine, par la chute des arbres exploités, les tribunaux civils sont seuls compétents, car le fait qui donne lieu au procès n'est pas un délit. (Cass. 12 avril 1822.)

Si cependant le bris des réserves avait été causé parce que l'adjudicataire ne se serait pas conformé aux clauses imposées pour l'exploitation, il pourrait alors être poursuivi devant le tribunal correctionnel, pour inexécution des conditions, et être passible devant ce tribunal de tous dommages-intérêts causés par le fait délictueux, provenant de l'inexécution des conditions du cahier des charges et des clauses spéciales.

5. *Adjudicataire. Obligation.* — L'adjudicataire respectera les réserves brisées par le vent ou par des accidents de force majeure, autres que ceux d'exploitation, et représentera les cimeaux et branches en provenant. (Cah. des ch. 26.)

6. *Remplacement. Réserves.* — Lorsque des réserves ont été encrouées, abattues, ou endommagées par le fait de l'exploitation, on pourra les remplacer par des arbres choisis parmi ceux abandonnés à l'exploitation. Ces arbres seront marqués du marteau de l'agent forestier. Dans aucun cas, la valeur de ces arbres ne devra excéder celle des réserves brisées. (Cah. des ch. 27.)

7. *Indemnité. Valeur.* — Lorsqu'on ne remplacera pas ces réserves ou lorsqu'on les remplacera par des arbres d'une valeur inférieure, l'adjudicataire payera, à titre d'indemnité, soit la valeur des réserves, soit la différence entre leur valeur et celle des remplaçants désignés. Le minimum de la valeur des réserves est fixé par les clauses spéciales. Il est dressé un acte de ces bris de réserve, et les frais de timbre et d'enregistrement sont à la charge de l'adjudicataire. (Cah. des ch. 27.)

8. *Chablis.* — Les réserves brisées sont marquées comme chablis et vendues au profit du propriétaire de la forêt. (Cah. des ch. 28.)

9. *Cession de gré à gré. Chablis.* — Les réserves renversées par le vent (chablis) dans une coupe domaniale en exploitation peuvent, après autorisation, être cédées par le conservateur aux adjudicataires de ces coupes, de gré à gré, au mieux des intérêts du Trésor, pour éviter de mettre deux adjudicataires différents dans la même coupe.

10. *Remplacement.* — Les agents locaux ont la faculté de remplacer ou de ne pas remplacer les réserves brisées. Lorsqu'il n'y a pas lieu à remplacement, le procès-verbal de reconnaissance en déduit les motifs et évalue le dommage résultant pour le repeuplement du sol, et la diminution de la valeur vénale de l'arbre de réserve brisé. S'il y a remplacement, le procès-verbal établit : 1° la valeur effective des arbres pris en remplacement ; 2° la somme du dommage d'après les bases fixées par les clauses spéciales ; 3° la différence en plus ou en moins entre ces deux évaluations. (Circ. A 397.)

11. *Arbres.* — **On ne comprend comme arbres que les brins ayant plus de 2 décimètres de tour, à 1 mètre du sol.** (Grenoble, inédit, 12 juin 1839.)

12. *Rédaction des procès-verbaux.* — Les procès-verbaux de bris de réserves sont rédigés en double minutes. (Lettre de l'administration, 19 avril 1850, n° 531.) Ils sont signés par l'adjudicataire ou son facteur. (Cah. des ch. 27. Form. série 4, n° 44 quater.)

13. *Enregistrement.* — Les procès-verbaux de bris de réserves doivent être enregistrés dans le délai de vingt jours. (Loi du 22 frimaire an VII, art. 20, § 5. Déc. Min. 16 juin 1851.) Ils doivent être visés pour timbre et enregistrés en débet. (Déc. Min. 4 décembre 1845. Circ. A 581.)

Les procès-verbaux de bris de réserves sont maintenant enregistrés au droit fixe de 3 francs, plus le double décime et demi ; total : 3 fr. 75. (Loi du 28 février 1872.)

14. *Enregistrement. Délai.* — La décision ministérielle du 22 juin 1838 dispose que les procès-verbaux de bris de réserves doivent être dressés contradictoirement avec l'adjudicataire et approuvés par le conservateur ; en outre, le délai de vingt jours ne commence à courir, pour les actes administratifs soumis à l'autorité supérieure, que du jour où leur approbation est connue de l'agent rédacteur. Les procès-verbaux de bris de réserves ne doivent donc être soumis à l'enregistrement qu'après avoir été revêtus de l'approbation du conservateur et dans le délai de vingt jours, après cette date.

15. *Dommage.* — Les clauses spéciales doivent fixer d'avance un minimum de dommage à payer par les adjudicataires pour bris de réserves, sans s'occuper de la valeur intrinsèque des arbres appartenant au propriétaire. Le dommage provient de l'absence de réserves, sur les points où elles étaient nécessaires pour la régénération de la forêt. (Circ. A 397.)

16. *Dommage. Indemnité. Fixation.* — Le minimum du dommage causé par les bris de réserves, pendant l'exploitation, est fixé dans les clauses spéciales. (Circ. N 80, art. 22.)

17. *Dommage. Classe.* — Le minimum du dommage doit être divisé en trois classes (baliveaux, modernes et anciens), avec des prix différents pour les coupes de taillis ou de futaie. (Circ. A 419.)

18. *Indemnité. Recouvrement.* — L'indemnité due par l'adjudicataire est recouvrée au vu du procès-verbal d'estimation dressé contradictoirement avec lui, et approuvé par le conservateur. (Arrêté Min. 22 juin 1838. Circ. A 429.)

19. *Paiement. Délai.* — Le paiement des réserves brisées ou endommagées par l'exploitation peut se faire en plusieurs termes

successifs, au lieu d'être effectué en une seule fois. Il appartient au ministre de fixer les échéances et d'autoriser ce mode de paiement.

20. *Indemnité. Produits accessoires.* — Les indemnités pour réserves abattues ou endommagées sont considérées comme produits accessoires. (Arrêté du 22 juin 1838, Bois domaniaux. Arrêté du 1er septembre 1838, Bois communaux et d'établissements publics.)

BROUETTE.

1. *Introduction. Pénalité.* — L'introduction d'une brouette dans les bois, hors des routes et chemins ordinaires, est considérée comme le délit prévu par l'article 147 du code forestier (Cass. 19 décembre 1838), quoiqu'il n'y ait pas de dégâts, ni intention de nuire. (Caen, 22 février 1888.) V. Voiture.

AMENDE. — BOIS DE DIX ANS ET AU-DESSUS.

Le jour	10 fr. (Cod. For. 147.)
Le jour avec récidive ou la nuit, ou la nuit avec récidive.	20 fr. (C. F. 147, 201.)

BOIS AU-DESSOUS DE DIX ANS.

Le jour	20 fr. (C. F. 147, 201.)
Le jour avec récidive, ou la nuit, ou la nuit avec récidive.	40 fr. (C. F. 147, 201.)

Dommages-intérêts ; *minimum*, amende simple. (C. F. 147, 202.)

2. *Chargement.* — Si la brouette est chargée d'un produit délictueux, le délit est alors caractérisé par l'objet enlevé, avec les modifications résultant, pour la pénalité, du mode de transport et des autres circonstances.

3. *Mode d'enlèvement.* — L'enlèvement de produits forestiers effectué de mains d'homme et à l'aide d'une brouette est considéré comme charge d'homme, et le délinquant n'encourt qu'une amende de 2 à 6 francs. (Dijon, inédit, 20 juillet 1836.) V. Extraction et le nom des produits.

BROUSSAILLE.

1. *Définition.* — Mauvais bois. Touffes de buissons épineux. Partie de terrain couverte de mauvais bois. V. Menus produits. Fagot. Défrichement. Algérie.

2. *Algérie. Défrichement. Exploitation. Pâturage.* — Les dispositions du titre XV du code forestier, relatives au défrichement des bois des particuliers, et celles des articles 5, 6 et 8 de la présente loi sont applicables aux broussailles :

1° Se trouvant sur le sommet ou sur la pente des montagnes ou coteaux ;

2° Servant à la protection des sources et cours d'eau ;

3° Servant à la protection des dunes et des côtes contre les érosions de la mer et l'envahissement des sables ;

4° Nécessaires à la salubrité publique. (Loi du 9 déc. 1885, art. 12. Circ. N 357.)

En cas de destruction ou défrichement :

Amende : 500 à 1500 francs par hectare et reboisement. (Cod. For. art. 224.)

V. Défrichement.

3. *Algérie. Feu. Autorisation. Pénalité.* — L'emploi du feu pour la destruction des broussailles est soumis à une autorisation préalable de la part de l'autorité administrative locale.

Toute contravention sera passible d'une amende de 20 à 500 francs et pourra l'être, en outre, d'un emprisonnement de six jours à six mois. (Loi du 9 décembre 1885, art. 8 et 14. Circ. N 357.)

BRUYÈRE.

1. *Définition.* — Arbuste sauvage. Les bruyères ne sont pas considérées comme bois.

2. *Enlèvement. Délit.* — Le délit d'enlèvement de bruyères, dans tous les bois en général, est puni par l'article 144 du code forestier. La pénalité varie suivant les moyens d'enlèvement et les circonstances. V. Enlèvement.

3. *Délivrance. Produit.* — La délivrance des bruyères est considérée comme menus produits. (Arr. 22 juin 1838, Bois domaniaux. Arr. 1er septembre 1838, Bois communaux et d'établissements publics.)

4. *Enlèvement. Usage.* — L'usage consistant dans la faculté d'enlever les bruyères d'une forêt n'autorise pas l'usager à enlever les feuilles mortes. (Cass. 13 octobre 1824.)

5. *Délivrance.* — Lorsque les bruyères ne peuvent pas être vendues, l'administration peut en autoriser l'extraction aux conditions qu'elle déterminera. (Arr. Min. 22 avril 1840. Circ. A 471 bis.)

BUIS. — Arbrisseau. V. Arbre. Souche. Enlèvement.

BUCHERAGE.

1. *Définition.* — Droit de prendre le bois destiné au chauffage des habitants.

Ce bois ne peut être enlevé qu'à faix et à col, sans introduire des bêtes de somme ou des voitures dans le bois, parce que cette dernière manière d'enlever ces produits rendrait la servitude plus onéreuse. (Cass. 10 avril 1839.)

2. *Usage.* — Lorsqu'à un droit de bûcherage la commune usagère ajoute le droit de *casser du bois*, il y a lieu de décider que les

habitants peuvent, en cas d'insuffisance du bois mort, prendre du bois vert, mais seulement pour la satisfaction de leurs besoins domestiques et en s'attaquant aux essences les moins précieuses. (Aix, 13 août 1858.)

BUCHERON.

1. *Qualités. Ouvriers.* — Doivent être considérés comme des préposés du propriétaire, et non comme des entrepreneurs, les bûcherons employés dans une forêt, alors que le choix des ouvriers, le droit de donner des ordres et des instructions, le droit de surveillance appartiennent au propriétaire de la forêt et ont été exercés par lui, et alors, d'ailleurs, que le propriétaire ne justifie de l'existence d'aucun traité qui permette d'apprécier la nature des accords intervenus. Il importe peu que les bûcherons aient été payés à la tâche et non à la journée. (Toulouse, 3 mars 1883.)

2. *Adjudicataire. Responsabilité.* — L'adjudicataire est responsable des délits commis par ses bûcherons, dans la coupe et à l'ouïe de la cognée. (Cod. For. 46.)

3. *Travaux.* — Les préposés sont employés pour les travaux comme bûcherons, chaque fois que le service ne peut en souffrir. (Circ. N 22, art. 9.) A défaut, l'administration autorise, sur les propositions du conservateur, l'emploi d'ouvriers étrangers. (Circ. N 22, art. 10.)

BUDGET.

1. *Définition.* — Le budget est l'acte par lequel sont prévues et autorisées les dépenses et recettes annuelles de l'Etat. (Décr. du 31 mai 1862.)

2. *Formation.* — Le budget de l'Etat, qui, une fois voté, prend le nom de loi de finances, présente distinctement les recettes et les dépenses. Celles-ci doivent être établies par ministère, par chapitre et par article, et sont examinées avant les recettes destinées à les acquitter.

Chaque ministère prépare son budget particulier et se concerte avec le ministre des finances. Celui-ci, après avoir centralisé et coordonné les budgets spéciaux des divers ministères, y ajoute le budget des recettes, pour compléter le budget général de l'Etat.

Le budget forme un volume qui comprend trois divisions : l'exposé des motifs, le texte du projet de loi, partie essentielle du budget, et les documents généraux annexés.

Le projet de loi portant fixation du budget général des dépenses et des recettes d'un exercice se subdivise en titres et en articles. Les titres représentent des divisions plus grandes que les articles. Leur nombre a varié ; on en trouve six dans les budgets actuels :

Titre Ier. — Budget ordinaire.

Titre II. — Budget des dépenses sur ressources extraordinaires.

Titre III. — Budget des dépenses sur ressources spéciales.

Titre IV. — Budgets annexes rattachés par ordre au budget général.

Titre V. — Services spéciaux du Trésor.

Titre VI. — Moyens de service et dispositions diverses. (Block.)

3. *Loi de règlement. Projet. Epoque.* — La présentation du projet de loi de règlement définitif du budget du dernier exercice clos et la production des comptes des ministres à l'appui doivent avoir lieu, au plus tard, à l'ouverture de la session des Chambres qui suit la clôture de l'exercice. (Loi du 25 janvier 1889, art. 6. Circ. N 406.)

4. *Fixation.* — Le budget général de l'administration des forêts est fixé par le ministre de l'agriculture. (Ord. 7. Circ. N 220.)

5. *Communes. Décisions.* — Le budget de chaque commune est proposé par le maire, voté par le conseil municipal et réglé par le préfet. Lorsqu'il pourvoit à toutes les dépenses obligatoires et qu'il n'applique aucune recette extraordinaire aux dépenses, soit obligatoires, soit facultatives ordinaires ou extraordinaires, les allocations portées audit budget pour les dépenses facultatives ne peuvent être modifiées par l'autorité supérieure. (Loi du 5 avril 1884, art. 145.)

BULLETIN D'EMPLOI DE JOURNÉES.

Restauration des montagnes. Etablissement. — En même temps que la feuille de journées, le surveillant tient au courant le bulletin d'emploi de journées (formule série 7, nº 46), indiquant, jour par jour ou semaine par semaine, selon les cas ou les instructions du chef de section, le travail effectué et la dépense correspondante.

Le bulletin est tenu pour l'ensemble du chantier.

Un même bulletin ne peut s'appliquer qu'à une seule division du périmètre ; il doit donc être tenu dans une semaine, pour un même chantier, autant de bulletins qu'il y a de divisions touchées par les travaux de ce chantier.

C'est à l'aide des totaux du bulletin ou de l'ensemble des bulletins, s'il y en a plusieurs pour le même chantier, que le surveillant établit au verso de la feuille de journées le tableau intitulé : *Résultat de l'emploi des journées.*

Les bulletins d'emploi de journées sont transmis, le premier jour de chaque semaine, à l'agent régisseur, qui les garde dans ses archives. (Instr. Gén. 2 février 1885, art. 152, 155 et 203. Circ. N 345.)

BULLETIN D'ENVOI.

1. *Travaux.* — Les travaux d'amélioration doivent être transmis à l'administration avec un bulletin spécial pour chaque proposition

distincte, par forêt et par nature des travaux, avec un numéro d'urgence formant une série unique par conservation. (Circ. autogr. 48, 12 août 1853.) V. Travaux.

2. *Repeuplement.* — Les bulletins prescrits par la circulaire autogr. nº 79 seront également fournis par les travaux de repeuplement. (Lettre du 14 mai 1873, nº 2005.)

3. *Crédits. Non-emplois.* — Le conservateur, immédiatement après l'exécution d'un travail en régie qui n'aura pas absorbé l'intégralité du crédit alloué, informera l'administration du montant des fonds restés sans emploi par l'envoi d'un bulletin série 3, nº 16, approprié à tous les cas. (Circ. N 372.)

4. *Travaux de restauration des montagnes. Devis.* — Les devis des travaux en régie sont adressés dans un bulletin d'envoi spécial, série 7, nº 38. (Instr. Gén. du 2 février 1885, art. 116. Circ. N 345.)

5. *Travaux de restauration des montagnes. Paiement.* — Après chaque paiement, l'agent régisseur adresse un bulletin d'envoi de pièces justificatives au chef de service, qui le renvoie après avoir rempli le récépissé, qui constitue pour l'agent régisseur une décharge provisoire.

Le chef de service transmet au conservateur, aussitôt après avoir reçu de l'agent régisseur les justifications de l'emploi des mandats délivrés au nom de cet agent, un bulletin d'envoi de justifications, qui est renvoyé revêtu du récépissé. (Instr. Gén. du 2 février 1885, art. 171, 179, 183, 186. Circ. N 345, form. série 7, nº 59.)

BUREAU.

SECT. I. — ADMINISTRATION CENTRALE.

1. *Administration centrale des forêts.* — L'administration des forêts comprend trois bureaux :

1er *Bureau.* — Contentieux, enseignement forestier, acquisitions, matériel ;

2e *Bureau.* — Aménagements, exploitations ;

3e *Bureau.* — Reboisements, travaux, repeuplements, défrichements.

Le personnel extérieur est placé sous les ordres immédiats du directeur. (Décr. du 12 octobre 1890. Circ. N 433.)

2. *Personnel de l'administration centrale.* — Le personnel de l'administration centrale et la comptabilité relèvent du bureau central, qui est placé sous les ordres immédiats du chef du cabinet du ministre. (Décr. du 12 octobre 1890. Circ. N 433.)

3. *Organisation des bureaux de la direction des forêts.* — A la tête de chacun des trois bureaux est placé un administrateur ayant sous ses ordres un ou deux inspecteurs, chefs de section. (Décr. du 12 octobre 1890, art. 12. Circ. N 433.)

4. *Attributions.* — Par arrêté du 16 avril 1891, les attributions de la direction des forêts sont réparties comme il suit :

PERSONNEL EXTÉRIEUR.

(Sous les ordres immédiats du directeur. Application au décret du 12 octobre 1890.)

Distribution du courrier d'arrivée de la direction des forêts. — Préparation du travail pour la nomination des agents et préposés forestiers à tous les emplois : mutations, intérims, congés, retraites, missions. — Feuilles de notes et renseignements sur le personnel. — Préparation des tableaux d'avancement. — Propositions au ministre pour les distinctions honorifiques. — Mesures disciplinaires. — Avis des décès des légionnaires, médaillés et pensionnaires. — Création et suppression d'emplois. — Changements dans les circonscriptions. — Admission aux emplois de préposés des candidats civils et militaires. — Répartition du fonds de secours. — Fixation des indemnités aux agents et préposés ; frais de bureau et de loyer. — Indemnité de logement.

Admission des agents et préposés dans les hôpitaux civils et militaires.

Organisation militaire. — Nomination des officiers. — Mobilisation. — École nationale forestière, école secondaire d'enseignement professionnel des Barres et école pratique de sylviculture des Barres. (Personnel, Examens, Bourses.) — Affaires réservées.

1er BUREAU.

Contentieux. Acquisitions. Enseignement forestier. Matériel des forêts.

1re SECTION. — *Contentieux civil et correctionnel.* — Questions de propriété, de servitude, d'usage et d'affectation. — Bois possédés à titre d'apanage et de majorat. — Cantonnements et rachats. — Échanges, partages dans les bois domaniaux, communaux et d'établissements publics. — Instances administratives et judiciaires. — Appels. — Pourvois en cassation et au conseil d'État. — Examen des demandes d'honoraires hors taxes. — Centralisation des jugements et arrêts rendus en matière forestière. — Instances correctionnelles. — Mesures à prendre contre les insolvables. — Examen des divers états relatifs à la répression des délits. — Remise et modération de condamnations : cessation de poursuites, abandon de procès-verbaux, transactions.

Dépaissance des bêtes à laine ; concessions temporaires et autres tolérances dans les forêts domaniales.

Suite des affaires de chasse devant les tribunaux. — Exécution des lois et règlements sur la chasse, la louveterie et la destruction des animaux dangereux ou nuisibles. — Conservation des espèces utiles aux forêts et à l'agriculture.

Etudes des questions litigieuses intéressant les différents services et déférées spécialement à l'examen de la section.

Etablissement et vérification des créances concernant les frais d'instance en matière civile ou correctionnelle et les salaires dus aux conservateurs des hypothèques.

Acquisitions de terrains reboisés ou à reboiser. — Acquisitions, conformément aux dispositions de la loi du 3 mai 1841, de terrains compris dans les périmètres de restauration. — Acquisitions, suivant les règles du droit commun, des terrains pouvant être appelés exceptionnellement à compléter ces périmètres. — Projets de contrats. — Liquidations des acquisitions et expropriations.

2me SECTION. — Secrétariat du conseil des forêts. — Suite donnée aux avis du conseil. — Administrateurs. — Tournées spéciales. — Examen des rapports de tournées et de gestion des vérificateurs généraux, des conservateurs et des inspecteurs.

Examens des rapports présentés aux conseils généraux et d'arrondissement. — Suite donnée aux vœux de ces assemblées.

Ecole nationale forestière, école secondaire d'enseignement professionnel et école pratique de sylviculture des Barres (direction des études ; programmes d'enseignement). — Cours de sylviculture dans les écoles normales.

Indemnités et gratifications à l'occasion d'incendies dans les forêts.

Instructions et circulaires concernant le service technique.

Bibliothèques forestières.

Matériel forestier. — Marteaux, étuis, plaques. — Habillement et équipement des chasseurs forestiers. — Masse d'entretien. — Inspection d'armes.

Exécution des marchés passés pour le transport des objets de matériel. — Demandes de matériel, de fournitures de bureau, d'imprimés spéciaux.

2me BUREAU.

Aménagement. Exploitations.

1re SECTION. — Préparation des plans de campagne annuels pour études d'aménagements. — Vérification des états. — Indemnités afférentes aux opérations d'aménagement. — Aménagements domaniaux et communaux (partie forestière). — Règlements et plans spéciaux d'exploitation. — Revision périodique. — Contrôle des aménagements. — Aménagements domaniaux et communaux (partie géodésique). — Application des aménagements sur le terrain.

Etats d'assiette. — Coupes d'amélioration de toute nature. — Produits accidentels en bois : chablis, bois morts et dépérissants, arbres mitoyens. — Recépages, élagages et essartements. — Délimitations et bornages.

Délivrances de bois à la marine, à la guerre et autres services publics ; bois de bourdaine pour les poudreries nationales, bois de fascinage pour l'artillerie, règlements des comptes de ces délivrances. — Délivrances de bois de chauffage : 1o aux préposés (indemnités qui en tiennent lieu, crédits pour l'exploitation) ; 2o aux employés des divers services publics.

Travaux de régénération, de démasclage et de mise en valeur des forêts de chêne-liège. — Allocation de crédits pour frais d'abatage et de façonnage de bois au compte de l'Etat. — Questions économiques. — Importations, exportations, mercuriales, régime douanier. — Industries utilisant le bois et les produits divers des forêts.

Statistique. — Recherches et expériences scientifiques. — Météorologie forestière.

Répartition et emploi des crédits affectés aux travaux de la section. — Approbation des marchés.

2me SECTION. — Constitution et établissement du régime domanial. — Affectation aux divers services publics (champs de tir, de manœuvre, etc.). — Régime forestier communal et des établissements publics. — Soumission et distraction. — Défrichements et aliénations.

Coupes extraordinaires dans les bois des communes et des établissements publics.

Vente des coupes et des produits de toute nature dans les forêts soumises au régime forestier. — Cahier des charges générales : rédaction et applications. — Cahiers des clauses spéciales, contrôle des propositions des conservateurs. — Interprétation des clauses de toute nature relatives aux ventes. — Demandes en annulation ou en réduction de prix sur mesures ou déficit de mesures. — Recomptage et vérification des réserves. — Lieux et publicité des ventes.

Mises en charge sur les coupes.

Concession et location : terrains, carrières, mines, minières. — Résines. — Ecorces. — Liège. — Alfa. — Menus produits.

Constatation de tous les produits principaux, accidentels ou accessoires, vendus ou cédés à prix d'argent. — Tenue des livres et comptes correspondants. — Comptes partiels et définitifs des budgets des recettes.

Amodiation du droit de chasse dans les forêts de l'Etat. — Cahier des charges : rédaction et interprétation, fermiers et cofermiers.

— Cession de baux. — Location de la pêche dans l'intérieur des forêts. — Chasses réservées. — Entretien et exploitation.

Règlement des frais d'administration des bois des communes et des établissements publics.

Exercice de la dépaissance dans les bois communaux et d'établissements publics et autres tolérances dans ces bois.

3me BUREAU.

Reboisements. Repeuplements. Défrichements. Travaux.

1re SECTION. — Restauration des terrains en montagne. — Sécheries affectées aux travaux de reboisement. — Récolte, achat et essais des graines. — Répartition des plants et des graines affectés aux reboisements. — Subventions en nature, en argent et en travaux.

Etablissement des périmètres d'utilité publique, de restauration et de mise en défens. — Réglementation des pâturages communaux. — Revision annuelle de la liste des communes assujetties à cette réglementation.

Défrichement des bois des particuliers. — Examens des déclarations. — Notification des décisions. — Tenue des registres.

Répartition et emploi des fonds affectés aux travaux de la section. — Approbation des marchés.

2me SECTION. — Repeuplements. — Substitution d'essences. — Dégagement des semis et plantations. — Emondage des réserves. — Nettoiement dans les jeunes bois de moins de dix ans.

Création et entretien des pépinières et sécheries affectées à l'usage des forêts ; répartition des plants et des graines. — Délivrance de plants ou de graines à prix d'argent. — Concessions à charge de repeuplements. — Gratifications aux préposés domaniaux pour travaux dans leurs triages.

Dunes : travaux de mise en valeur, d'entretien, de conservation et de fixation des dunes du littoral maritime. — Subventions aux communes et aux particuliers.

Routes, chemins, ponts : construction, réparation, entretien. — Cession de terrains pour ouverture et exploitation de voies ferrées, de routes nationales, départementales, vicinales, rurales, etc. — Subventions aux compagnies, aux départements et aux communes pour établissement de voies de toute nature utiles à l'exploitation des forêts. — Indemnités pour dégradations extraordinaires. — Etude de chemins forestiers dans les forêts communales.

Expositions forestières : organisation et matériel. — Concours régionaux. — Primes et médailles.

Construction, réparation et entretien de maisons forestières, scieries et bâtiments divers. — Acquisition et location de bâtiments et terrains pour le même objet. — Projets de contrats. — Acquisition et entretien des mobiliers des maisons forestières et bâtiments divers. — Remise à l'administration des domaines des immeubles et matériaux sans emploi. — Assurances contre l'incendie.

Clôture et assainissement des forêts. — Curage des ruisseaux. — Ouverture des tranchées garde-feu et précautions à prendre contre les incendies.

Tableau général des propriétés de l'Etat : revision annuelle. (Ordon. 14-28 juin 1833.)

Répartition et emploi des fonds affectés aux travaux de la section. — Approbation des marchés.

5. *Correspondance. Indication des services. Numéro d'ordre.* — Afin d'assurer la régularité des affaires et leur prompte expédition, il est indispensable que les indications marginales de la correspondance portent très exactement les numéros du bureau auquel chaque affaire se rapporte, ainsi que la mention du numéro d'ordre auquel on répond. (Circ. N 9.)

SECT. II. — SERVICE EXTÉRIEUR. AGENT.

6. *Service du reboisement.* — Les chefs de circonscription seuls sont pourvus d'un bureau subventionné par l'Etat. (Note de l'inspection générale du reboisement du 20 janvier 1886.)

7. *Vérification.* — Les conservateurs vérifient dans leurs tournées les bureaux des inspecteurs et des chefs de cantonnement. (Circ. N 18.)

8. *Fourniture. Travaux.* — Lorsque la rédaction des projets de travaux entraîne des fournitures de bureau de quelque importance, l'administration peut, sur la proposition des conservateurs, les prendre à sa charge. (Circ. N 22, art. 10.)

9. *Frais.* — Il est alloué ordinairement aux conservateurs des frais de bureau. Le conservateur mandate directement cette somme par trimestre, sans joindre des pièces justificatives à l'appui du mandat.

10. *Impôt mobilier.* — Les fonctionnaires publics ne sont assujettis à l'impôt mobilier pour leur bureau, qu'autant que ce local fait partie de leur habitation personnelle. (Cons. d'Etat, 24 mars 1859.)

C

CABANE.

Définition. Prohibition. — Une petite cabane en terre et bruyère, pour s'abriter, rentre dans les constructions prohibées par l'article 152 du code forestier. (Cass. 20 juin 1851.) V. Baraque. Construction.

CABARET. — V. Boisson. Auberge.

CABRI. V. Chevreau.

CACHET. V. Sceau.

CADASTRE.

1. *Définition. Objet.* — Le cadastre a pour objet exclusif d'amener l'égalité proportionnelle de la contribution foncière. Il consiste en opérations d'art (plans), qui servent à déterminer la contenance de chaque parcelle de propriété, et en travaux d'expertise (matrice), qui ont pour but d'évaluer et de fixer le revenu imposable des parcelles.

2. *Preuve.* — Le plan cadastral est un commencement de preuve par écrit ; il constate le fait de la jouissance au moment de l'arpentage.

3. *Foi.* — Le cadastre ne constitue pas un droit de propriété, et il ne fait foi que relativement aux contenances et aux limites des héritages. (Toulouse, 20 juillet 1820.)

4. *Possession. Preuve.* — On peut prendre en considération la délimitation cadastrale comme corroborant la preuve de la possession invoquée par une des parties. (Cass. 20 avril 1868.)

5. *Possession. Titre.* — En l'absence de possession utile et de tout titre, on peut considérer les indications du cadastre comme des preuves suffisantes de propriété. (Cass. 13 juin 1838, 27 novembre 1861.)

6. *Propriété. Inscription.* — Une partie est à bon droit déclarée propriétaire d'un terrain figurant au cadastre sous son nom, possédé par elle depuis plus de trente ans utiles à prescrire, et pour lequel elle a toujours été inscrite au rôle des contributions et a seule payé les impôts. (Cass. 30 juin 1874.)

7. *Limites.* — Lors de la confection du cadastre, les agents forestiers reconnaissent et fixent, par des tranchées de 1 mètre et des piquets, les limites des forêts domaniales, qu'ils vérifient après l'arpentage des géomètres du cadastre. Pour les forêts communales, les agents se font accompagner du maire des communes propriétaires. (Déc. Min. 5 mars 1830. Circ. A 249.)

8. *Copies.* — Les directeurs des contributions directes doivent communiquer sur place les documents cadastraux aux agents des diverses administrations publiques et leur laisser prendre, sous leur responsabilité, sans déplacer les pièces et sans requérir de certificats de conformité, les copies ou extraits des matrices cadastrales et états de sections qui sont nécessaires dans l'intérêt de l'État. (Circ. de l'administration des contributions directes, 16 juin 1865, nº 445. Circ. N 99.)

9. *Plan.* — Les directeurs restent exclusivement chargés de la rédaction des copies ou extraits des plans cadastraux. (Circ. de l'administration des contributions directes 16 juin 1865, nº 445. Circ. N 99.)

10. *Prix des copies ou extraits.* — Le prix des copies ou extraits du cadastre réclamés dans un intérêt public est fixé, savoir :

1º Copie des plans parcellaires (papier ordinaire), 0 fr. 0275 par hectare et 0 fr. 0125 par parcelle.

2º Copie des plans parcellaires (papier calque), 0 fr. 01 par hectare et 0 fr. 005 par parcelle.

3º Copie ou extrait des tableaux d'assemblage (papier ordinaire), 0 fr. 01 par hectare.

4º Copie ou extrait des tableaux d'assemblage (papier calque), 0 fr. 004 par hectare.

5º Réduction ou développement des tableaux d'assemblage ou réduction des plans parcellaires, 0 fr. 02 par hectare.

6º Extrait de la matrice cadastrale ou état de section, 0 fr. 01 par parcelle.

(Lettre du ministre des finances, 13 mars 1852. Circ. N 99.)

11. *Recherches. Autorisation.* — Les agents forestiers ne peuvent faire aucune recherche dans les bureaux des directeurs des contributions directes que sur l'ordre du conservateur, qui désigne les agents. (Circ. N 99.)

12. *Copie. Extrait. Autorisation.* — Les copies ou extraits de plans ne peuvent être réclamés que sur l'autorisation de l'administration. (Circ. N 99.)

13. *Réclamation. Classement.* — Les réclamations contre le classement des bois et autres propriétés non bâties ne sont plus recevables, après les six mois qui suivent la mise en recouvrement du premier rôle cadastral. (Loi du 15 septembre 1807. Conseil d'Etat, 23 juin 1865.)

14. *Classement. Compétence.* — Le conseil de préfecture est compétent, à l'exclusion du préfet, pour prononcer sur les réclamations concernant le tarif des évaluations, lorsque cette opération est inséparable du classement.

Le classement est bien fait en prenant pour base le produit réel des coupes annuelles.

Pour les bois aménagés, on doit prendre le prix moyen des coupes annuelles, déduction faite des frais d'entretien, de garde et de repeuplement. On doit, en outre, faire une évaluation distincte et spéciale pour les vieilles écorces. (Cons. d'Etat, 27 fév. 1835.)

15. *Géomètre.* — Les géomètres du cadastre ne peuvent être poursuivis, à cause des dégâts commis dans les forêts, que sur l'autorisation du ministre. (Lettre Min. 15 fructidor an XII.)

16. *Valeur. Calcul.* — Les valeurs cadastrales ont été calculées en faisant une réduction de 25 pour cent sur les valeurs brutes et en prenant la moitié du reste.

CADEAU. V. Corruption.

CADRE. V. Plan. Compagnies de chasseurs forestiers.

CAHIER DES CHARGES.

Nomenclature des cahiers des charges.

Aliénation. Bois domaniaux.
Bois façonnés. (Vente.)
Chasse. (Location du droit.)
Coupes ordinaires. (Vente.)
Coupe par unités de produits. (Vente.)
Ecorce de chêne-liège. (Mise en ferme.)
Extraction des résines. (Adjudication.)
Fournitures de graines résineuses à l'administration des forêts. (Soumission.)
Liège de reproduction. Bois domaniaux en Algérie. (Vente.)
Travaux d'amélioration. (Adjudication.)
Travaux de mise en valeur. Forêt de chêne-liège en Algérie. (Adjudication.)

1. *Définition.* — Nomenclature détaillée des conditions d'une vente et des moyens d'exploitation. Conditions d'exploitation imposées à tous les adjudicataires.

2. *Délibération. Approbation. Durée.* — Les conditions générales des adjudications sont établies par un cahier des charges délibéré par la direction des forêts et approuvé par le ministre de l'agriculture. (Ord. 7. Décr. du 19 mars 1891. Circ. N 431.) Le cahier des charges générales pour la vente des coupes est devenu permanent. (Circ. N 431.)

3. *Validité.* — Les clauses et conditions des cahiers des charges sont toutes de rigueur et ne pourront jamais être réputées comminatoires. (Ord. 82, 134. Décr. du 19 mars 1891. Circ. N 431.)

4. *Préfets.* — Les préfets sont tenus de se conformer au cahier des charges approuvé par le ministre. (Déc. Min. 7 nov. 1801.)

5. *Dépôt. Secrétariat.* — Quinze jours avant l'époque fixée pour l'adjudication, l'agent forestier chef de service fera déposer, au secrétariat de l'autorité administrative qui devra présider à la vente, une expédition du cahier des charges générales. (Ord. 83, 134.)

6. *Visa.* — Le fonctionnaire qui devra présider à la vente apposera son visa au bas de cette pièce, pour en constater le dépôt. (Ord. 83, 134.)

7. *Clauses spéciales.* — Les cahiers des charges générales ne règlent que les conditions générales, et l'administration a toujours le droit d'ajouter les clauses spéciales, soit pour étendre ou restreindre, dans certains cas, les stipulations générales, soit même pour créer des conditions non prévues. (Circ. A 277.)

8. *Enonciation de délit.* — Le cahier des charges est le règlement qui spécifie les délits prévus et punis par l'article 37 du code forestier. L'administration est chargée de spécifier ces délits, qui varient suivant le mode d'exploitation et les arbres. V. Abatage. Nettoiement. Exploitation.

9. *Infraction. Pénalités.* — Les contraventions aux clauses et conditions des cahiers des charges, relativement au mode d'abatage des arbres et au nettoiement des coupes, seront punies, savoir :

Amende : 50 à 500 francs. (Cod. For. 37. Cahier des charges, 24.)

Dommages-intérêts : obligatoires; minimum, amende simple. (Cod. For. 37, 202. Cass. 23 juillet 1842.)

10. *Coupes par unités de produits. Infraction. Pénalité.* — Toute contravention aux articles 12, 13, 14, § 2, 15, § 1, 16,17, 20, 23 du cahier des charges pour la vente sur pied et par unités de produits donnera lieu, indépendamment des poursuites correctionnelles qui pourraient être exercées, au paiement, à titre de clause pénale civile, d'une somme dont l'importance sera fixée par le conservateur et qui ne pourra être inférieure à 10 francs, ni supérieure à 50 francs.

Les frais de timbre et d'enregistrement résultant de cette convention seront également à la charge de l'adjudicataire.

En outre, dans le cas de contravention à l'article 23, l'adjudicataire sera tenu de payer le double de la valeur des bois enlevés, d'après les prix fixés par le procès-verbal d'adjudication. Si la quantité et la qualité de ces bois n'ont pu être régulièrement constatées, leur valeur sera fixée d'office par le conservateur. (Cah. des ch. 24.)

11. *Ambiguïté. Interprétation.* — Le cahier des charges étant le contrat qui fait la loi commune de l'administration et de l'adjudicataire, toute clause obscure et ambiguë doit s'interpréter contre elle. (Cass. 4 mars 1836.)

12. *Interprétation. Application.* — Les cahier des charges sont imposés à l'adjudicataire, et un tribunal ne doit pas les discuter, mais examiner si les délits incriminés sont prévus et punis par les conditions insérées. V. Renvoi à fins civiles.

13. *Conditions. Paiement.* — Les conditions de vente et les termes de paiement, pour les adjudications dont le prix de vente est versé à la caisse des domaines, sont réglés, soit par des cahiers des charges spéciaux, approuvés par le ministre ou l'administration, soit d'après des dispositions arrêtées par le conservateur et inscrites au procès-verbal d'adjudication. (Circ. N 80, art. 27.)

14. *Travaux. Inexécution.* — En cas d'inexécution, les travaux sont exécutés par voie de régie, aux frais des adjudicataires. (Cod. For. 41.)

15. *Marchés. Garanties. Dispenses.* — Les cahiers des charges déterminent l'importance des garanties pécuniaires à produire :

Par les soumissionnaires, à titre de cautionnements provisoires, pour être admis aux adjudications ;

Par les adjudicataires, à titre de cautionnements définitifs, pour répondre de leurs engagements.

Ils peuvent, s'il y a lieu, dispenser de l'obligation de déposer un cautionnement provisoire ou définitif. Ils peuvent disposer que le cautionnement, réalisé avant l'adjudication, à titre provisoire, servira de cautionnement définitif.

Ils déterminent les autres garanties, telles que : cautions personnelles et solidaires, affectations hypothécaires, dépôts de matières dans les magasins de l'Etat, qui peuvent être demandées, à titre exceptionnel, aux fournisseurs et entrepreneurs, pour assurer l'exécution de leurs engagements. Ils déterminent l'action que l'administration peut exercer sur ces garanties. (Décr. du 18 novembre 1882, art. 4. Circ. N 304.)

16. *Services du matériel. Marchés. Traités. Conventions.*— Les cahiers des charges, marchés, traités ou conventions à passer pour les services du matériel, doivent toujours exprimer l'obligation, pour tout entrepreneur ou fournisseur, de produire les titres justificatifs de ses travaux, fournitures et transports dans un délai déterminé, sous peine de déchéance. (Décr. du 18 nov. 1882, art. 27. Circ. N 304.)

17. *Menus produits.* — Il n'est point imprimé de cahier des charges pour les adjudications de menus produits. Les conditions de la vente sont stipulées au procès-verbal d'adjudication. Toutefois, si la valeur des objets à adjuger dépassait 500 francs, il pourrait être rédigé un cahier des charges, dont le projet serait soumis à l'administration. (Arr. Min. 9 février 1836, art. 2. Circ. A 368.)

18. *Menus produits. Conditions.* — En général, le cahier des charges pour la vente des menus produits ne doit renfermer que les conditions pour fixer le terme de paiement, le délai et le mode d'enlèvement et les chemins de vidange. Ces conditions sont insérées au procès-verbal d'adjudication. (Circ. A 368.)

19. *Format.* — Le format adopté pour le cahier des charges générales est celui d'une feuille de papier timbré de 1 fr. 80 c. (Circ. N 80, art. 31.)

20. *Timbre. Enregistrement.* — Les cahiers des charges sont exempts du timbre et de l'enregistrement sur la *minute,* mais les copies doivent être timbrées. (Déc. Min. 30 septembre 1831. Loi du 15 mai 1818, art. 80. Circ. A 364.) *La minute* du cahier des charges soumise à l'approbation du ministre est

exempte du timbre, mais la copie du cahier des charges qui fait partie intégrante du procès-verbal d'adjudication doit être en entier sur papier timbré. (Circ. A 365 bis.)

21. *Timbre. Enregistrement. Minute. Copies.* — La minute du cahier des charges rédigée administrativement est dispensée du timbre et de l'enregistrement; mais, lorsque cet acte est mentionné, par voie de référence, dans le procès-verbal d'adjudication, afin d'éviter l'annexe d'une copie ou d'une exécution, cet acte devient partie intégrante de ce procès-verbal et doit alors être timbré. Les copies doivent toujours être timbrées. (Déc. Min. 29 juillet 1874.)

22. *Timbre. Travaux.* — Lorsque le cahier des charges est un document administratif d'une application générale et ne constitue pas une annexe du marché, l'original est exempt du timbre. (Circ. N 104.)

23. *Timbre.* — Les cahiers des charges des coupes sont visés pour timbre en débet. (Déc. Min. 28 janvier 1832.)

24. *Clauses spéciales. Timbre.* — Les clauses spéciales, annexées à un cahier des charges non timbré, sont soumises à la formalité du timbre comme constituant une annexe spéciale du marché. (Circ. N 104.)

CAHIER DES CHARGES GÉNÉRALES
pour l'aliénation des bois de l'Etat.

Art. 1er. Les bois seront vendus francs de toutes rentes, redevances ou prestations foncières, comme aussi de toutes dettes, rentes constituées ou hypothèques.

Art. 2. Ils sont pareillement vendus sans garantie de mesure, consistance et valeur, avec toutes les servitudes actives et passives inhérentes à la propriété, notamment avec les droits d'usage et d'affectation, déclarés ou non, dont ils peuvent être grevés.

L'acquéreur jouira des servitudes actives, sauf à les faire valoir, et souffrira les servitudes passives, droits d'usage et d'affectation, déclarés ou non, sauf à s'en défendre à ses risques, périls et fortune, sans pouvoir, dans aucun cas, appeler l'Etat en garantie.

Quelles que soient la nature et l'étendue de ces droits et servitudes au moment de l'adjudication, quelque importance que ces droits et servitudes puissent acquérir par la suite, quelle que puisse être la différence en plus ou en moins dans les mesure, consistance et valeur, il ne pourra être exercé respectivement aucun recours en indemnité, réduction ou augmentation de prix de vente.

Art. 3. Tout acquéreur sera censé bien connaître le bois qu'il aura acquis et ne pourra prétendre à aucune diminution, soit pour redressement de limites et confins, soit pour quelque cause que ce puisse être, prévue ou non prévue, exprimée ou non exprimée dans le présent cahier des charges.

Art. 4. S'il existe entre des usagers, affectataires ou riverains et l'Etat, des contestations sur la nature des droits d'usage ou d'affectation, ou sur les limites des forêts, dès le jour de la vente, elles concerneront l'acquéreur, qui succèdera en tous points aux droits de l'Etat, profitera des bénéfices et supportera les pertes qui pourraient en résulter, sans que, d'aucune part, il puisse y avoir lieu à indemnité ; toutefois, il ne pourra transiger avec les riverains, usagers ou affectataires, avant d'avoir acquitté le prix intégral de la vente, *à moins que l'administration ne l'y ait autorisé* ; le tout à peine de nullité des transactions.

Les frais d'instance faits avant la vente seront payés par l'Etat.

Art. 5. Lorsque des bois ou parties de bois seront vendus avec la faculté de défricher, il en sera fait mention dans les affiches et dans les procès-verbaux d'adjudication.

Art. 6. Il est interdit aux agents forestiers de se rendre acquéreurs, soit par eux-mêmes, soit par personnes interposées, d'aucune partie de bois à aliéner, soit dans la circonscription administrative où ils remplissent leurs fonctions, soit partout ailleurs.

La même interdiction est étendue aux préfets et sous-préfets, aux préposés de l'administration des domaines et de l'enregistrement, aux receveurs généraux des finances et aux délégués de ces divers fonctionnaires, mais seulement en ce qui concerne les bois ou forêts à l'adjudication desquels ils sont chargés de concourir.

Les ventes faites contrairement à ces dispositions seront nulles, sans préjudice des peines disciplinaires encourues.

Art. 7. Le président de la vente pourra, sur la demande du receveur général des finances ou de son délégué, requérir que l'adjudicataire ou le command élu fournisse bonne et valable caution, laquelle s'obligera solidairement avec lui, à moins que l'acquéreur ou le command ne préfère verser immédiatement à la caisse du receveur général le sixième du prix, sans préjudice des autres conditions du cahier des charges.

Si la caution présentée par le command n'est pas reçue, l'adjudication restera pour le compte de l'adjudicataire direct, à moins que celui-ci ne consente à se porter lui-même caution du command déclaré.

Art. 8. Toutes les contestations qui pourront s'élever pendant les opérations sur la qualité et la solvabilité des enchérisseurs, sur la validité des enchères et des soumissions, sur l'admission du command ou de la caution et sur tous les autres incidents relatifs à l'adjudication seront décidées par le fonctionnaire qui présidera ou aura présidé à la vente.

Art. 9. Sauf les cas déterminés par l'article 2, paragraphe 2, de la loi du 28 juillet

1860, relative à la construction des routes forestières, les ventes ne pourront avoir lieu que par adjudication publique. Elles se feront, soit au rabais, soit aux enchères, soit sur soumissions cachetées.

Les affiches indiqueront le mode d'adjudication adopté pour chaque forêt.

Art. 10. Les ventes au rabais seront faites de la manière suivante :

La mise à prix et le taux auquel les rabais devront être arrêtés seront déterminés par le conservateur ou l'agent forestier qui le remplacera.

Le chiffre en sera remis au président de la vente, après la lecture de chaque article de l'affiche.

La mise à prix annoncée par le crieur sera diminuée successivement, d'après un tarif réglé à l'avance, et affiché dans la salle d'adjudication, jusqu'à ce qu'une personne prononce les mots : *Je prends*. L'adjudication sera tranchée au taux du rabais dont le crieur aura énoncé ou commencé à énoncer le chiffre lorsque les mots : *Je prends*, seront prononcés.

Art. 11. Lorsqu'on vendra aux enchères, le montant de l'estimation formera la mise à prix. Quelle que soit la quotité de l'estimation, les enchères ne pourront être moindres de :

25 fr.	p. les objets au-dessous de	2000 f.
50 fr.	pour ceux de 2000 fr. à	10000 f.
100 fr.	pour ceux de 10000 fr. à	50000 f.
200 fr.	pour ceux de 50000 fr. à	100000 f.
500 fr.	pour ceux de 100000 fr. à	300000 f.
1000 fr.	pour ceux qui excéderont	300000 f.

Le premier feu ne sera allumé que lorsqu'il aura été mis une enchère.

Aucune adjudication ne pourra être faite qu'après l'extinction de trois bougies allumées successivement.

Si pendant la durée des trois bougies, il survient des enchères, l'adjudication ne pourra être faite qu'après l'extinction de deux feux sans enchère survenue pendant leur durée.

Art. 12. L'adjudication par voie de soumissions cachetées aura lieu de la manière suivante :

A l'ouverture de la séance, ou immédiatement après l'annonce à haute voix de la vente d'un lot sur soumissions cachetées, il sera déposé sur le bureau un paquet cacheté contenant le minimum du prix au-dessous duquel l'adjudication ne pourra être prononcée.

Les soumissions seront reçues cachetées, des mains des soumissionnaires et réunies sur le bureau pour être ouvertes en leur présence, sans déplacement, le tout publiquement et séance tenante.

Les soumissions, une fois déposées, ne pourront plus être retirées.

Toute soumission, pour être valable, devra : 1° être faite conformément au modèle ci-dessous (1), sur une feuille de papier timbré (60c) ; 2° être souscrite par une personne solvable ou notoirement connue pour telle, pour son propre compte ou comme command d'une personne solvable ; 3° exprimer en toutes lettres la somme offerte, sans stipulation d'aucune condition éventuelle autre que celles prévues aux cahiers des charges générales et spéciales.

La réception des soumissions terminée, celles-ci seront ouvertes, cotées et parafées par les membres du bureau et lues publiquement. Le bureau sera juge de leur validité et se retirera, s'il y a lieu, pour en délibérer.

Après cette opération, le président procédera à l'ouverture du paquet contenant le minimum du prix fixé ; il le fera reconnaître secrètement par les membres du bureau, et l'adjudication sera prononcée en faveur de la personne qui aura offert le prix le plus élevé, pourvu qu'il soit au moins égal au chiffre de l'estimation.

Dans aucun cas, le chiffre de l'estimation ne sera rendu public.

Art. 13. Dans le cas où plusieurs personnes ayant fait simultanément des enchères ou des soumissions auraient des droits égaux à être déclarées adjudicataires, il sera ouvert de nouvelles enchères auxquelles ces personnes seront seules admises à prendre part, et, s'il n'y a pas d'enchères, il sera procédé à un tirage au sort entre ces mêmes adjudicataires, selon le mode qui sera fixé par le président de la vente.

Art. 14. Les bois en vente seront adjugés, soit en bloc, soit par lots, suivant l'indication qui en aura été faite dans les affiches.

Dans l'un et l'autre cas, les adjudications seront définitives.

Cependant, lorsque tous les lots d'un même bois n'auront pas été adjugés, il pourra y avoir lieu à remise en vente en bloc, mais seulement dans le cas où les affiches annonçant la vente contiendront une mention spéciale à cet égard.

Il sera alors procédé à la mise en vente en un ou plusieurs blocs des lots non adjugés. S'il ne se présente pas d'acquéreurs, les lots non adjugés, réunis à ceux qui l'ont été provisoirement, seront mis en vente en un seul bloc, et, à défaut d'offres suffisantes sur ce bloc, l'adjudication de tous les lots sera annulée.

Art. 15. La faculté de déclarer *ami* ou *command* devra être réservée par l'acte de

---

(1) MODÈLE.

Je soussigné *(nom, prénoms, profession)* , demeurant à déclare offrir la somme de *(en chiffres)*, *(somme en toutes lettres)* pour prix principal du lot du bois domanial de art. n° de l'affiche.

A le 189 .

(Signature.)

vente et ne pourra être exercée que par l'adjudicataire direct au profit d'un seul individu et pour la totalité du lot ou des lots qui seraient réunis en un seul article de vente, en vertu des dispositions de l'article 14.

Nul ne pourra être élu command s'il ne réunit les qualités requises pour être adjudicataire direct. S'il n'est pas accepté, l'adjudication restera pour le compte de l'adjudicataire.

La déclaration de l'adjudicataire et l'acceptation du command auront lieu simultanément, par acte passé dans les trois jours de l'adjudication, au secrétariat de la préfecture ou de la sous-préfecture devant laquelle il aura été procédé à l'adjudication.

Il ne sera pas dû de droit proportionnel pour la déclaration de command, lorsqu'elle aura été passée conformément aux dispositions qui précèdent et avec le concours d'un préposé de l'administration de l'enregistrement, ou si, à défaut de ce concours, elle a été enregistrée ou notifiée au receveur dans les trois jours de l'adjudication.

Art. 16. L'adjudicataire et le command, s'il en est déclaré, sont tenus de faire, le premier dans l'acte d'adjudication, et le second dans l'acte d'acceptation de la déclaration passée à son profit, élection de domicile au chef-lieu du département où le bois aura été vendu.

Faute par eux de faire cette élection, tous les actes postérieurs leur seront valablement signifiés au secrétariat de la préfecture.

Art. 17. Conformément à la loi du 23 mars 1855, l'Etat fera inscrire, dans les quarante-cinq jours qui suivront l'adjudication, son privilège de vendeur. Les frais de l'inscription, comprenant le droit de timbre des bordereaux et des registres de formalité, le salaire du conservateur (1 franc) et le droit d'inscription de 1 franc p. 1000 de la créance inscrite, plus le double décime et le demi-décime, seront à la charge de l'acquéreur.

Les acquéreurs seront tenus de payer à la caisse du receveur des domaines et de l'enregistrement :

1° Pour frais d'adjudication, droit fixe de timbre et d'enregistrement, 0 fr. 80 c. p. 0/0 du prix principal d'adjudication ;

2° Pour frais proportionnels et décimes 2 fr. 50 c. p. 0/0, sauf l'addition de 0 fr. 63 c. p. 0/0 pour droit de cautionnement, en principal et décimes, dans le cas où une caution aura été fournie.

Ces droits seront liquidés sur le prix principal et les charges accessoires, telles que frais d'adjudication, de timbre, d'enregistrement et payement du salaire des gardes, prévus par l'article 26 du présent cahier des charges.

Le payement des frais ci-dessus réglés aura lieu dans les vingt jours de la vente.

Art. 18. L'adjudicataire aura, pour remplir les formalités préalables à son entrée en possession, un délai d'un mois, pendant lequel il ne payera pas d'intérêt.

Le prix principal, déduction faite du sixième dans le cas prévu par l'article 7, sera divisé par cinquièmes, dont le premier sera payé dans le mois, à partir du jour de l'adjudication. Pour les quatre autres cinquièmes, l'adjudicataire souscrira des effets sur papier au timbre proportionnel, à l'ordre du receveur général du département dans lequel l'adjudication aura eu lieu, et payables à sa caisse de six mois en six mois, ou au choix de l'adjudicataire, à un domicile pris par lui à Paris.

Les quatre derniers cinquièmes porteront intérêts à 4 p. 0/0 du jour fixé pour l'échéance du premier terme. Tous les mois seront comptés pour trente jours, chaque jour sera compté pour un 360e.

En conséquence, chacun des effets souscrits comprendra :

1° Le cinquième en principal du prix de la vente, déduction faite du sixième, quand il y aura lieu ;

2° Les intérêts de la totalité de la somme restant due sur ce prix jusqu'au jour de l'échéance de cet effet.

La remise de ces effets n'opérera ni novation, ni dérogation aux droits résultant au profit de l'Etat du procès-verbal d'adjudication.

Tout payement par anticipation d'un ou plusieurs effets donnera lieu à une bonification d'escompte calculée à raison de 4 p. 0/0 l'an sur le montant de l'effet (principal et intérêts compris).

Quand un acquéreur payera un ou plusieurs termes dans le mois qui suivra l'adjudication, il ne devra aucun intérêt sur les sommes versées ; mais ce payement ne lui donnera droit à aucun escompte.

Lorsque la même personne sera devenue adjudicataire de plusieurs lots d'une même forêt, elle pourra souscrire soit des traites spéciales pour chaque lot, soit des traites collectives pour l'ensemble des lots adjugés.

Art. 19. L'expédition du procès-verbal d'adjudication ne sera délivrée à l'acquéreur que lorsqu'il aura justifié avoir rempli les formalités imposées par les articles 17 et 18.

Il ne pourra faire aucun acte de propriété qu'après en avoir reçu l'autorisation écrite de l'agent forestier chef de service de l'arrondissement. Cette autorisation ne lui sera accordée que s'il produit :

1° L'expédition du procès-verbal d'adjudication ;

2° Les certificats constatant qu'il a fourni ses obligations et satisfait aux payements exigés par les articles 17 et 18 du présent cahier des charges.

L'agent forestier apposera son visa sur ces pièces.

Art. 20. En cas de retard de payement, les intérêts courront de plein droit, sur le pied de 5 p. 0/0, à partir du jour de l'exigibilité des sommes dues.

Les acquéreurs pourront, en outre, être déchus du bénéfice de leur adjudication.

Cette déchéance sera prononcée, s'il y a lieu, par le préfet du département, sur la demande du directeur des domaines; mais l'arrêté de déchéance ne pourra être mis à exécution, qu'après avoir reçu l'approbation du ministre des finances.

Cet arrêté prononcera en même temps contre l'acquéreur, à titre de dommages-intérêts, conformément à l'article 8 de la loi du 15 floréal an x, une amende égale au dixième du prix principal de l'adjudication, s'il n'a été rien versé en atténuation, ou au vingtième, s'il a été payé un ou plusieurs termes.

Dans tous les cas, la reprise de possession n'aura lieu qu'un mois après la notification de l'arrêté de déchéance à l'acquéreur primitif, au détenteur actuel, aux acquéreurs intermédiaires, s'ils sont connus, et aux créanciers inscrits ayant hypothèque spéciale. Pendant le cours de ce délai, tous ceux à qui l'arrêté aura été notifié seront admis à désintéresser le Trésor par le payement intégral de la somme exigible en principal, intérêts et frais; moyennant quoi, ils seront subrogés dans tous les droits résultant, au profit du Trésor, du procès-verbal d'adjudication, en conformité des dispositions de l'ordonnance royale du 11 juin 1817, tant pour les droits fixes de timbre et d'enregistrement des procès-verbaux et actes relatifs à l'adjudication, que pour tous autres frais.

Le tout sans préjudice du droit qu'a le Gouvernement de faire suivre contre l'acquéreur, tant sur les biens vendus que sur ses biens personnels, par les voies de droit et en vertu d'une simple contrainte administrative, l'exécution de toutes les obligations qu'il a contractées par le procès-verbal d'adjudication, suivant les règles tracées par les articles 7 et 8 de la loi précitée du 15 floréal an x.

Art. 21. La contribution foncière concernant les bois qui cessent de faire partie du domaine de l'État sera à la charge de l'acquéreur, à partir du jour de l'adjudication.

Art. 22. Les acquéreurs n'auront aucun droit au prix des coupes adjugées avant le jour de la vente des bois; ils n'auront aucune indemnité à réclamer à ce sujet.

Ils ne pourront troubler en aucune manière les adjudicataires de coupes qui n'auraient pas excédé leurs droits et se seraient conformés à leurs obligations. Ils les laisseront jouir des chemins de vidange et de toutes les facilités qui leur auront été accordées pour l'exploitation et la vidange des coupes.

Art. 23. Les coupes vendues et qui n'auront pas été récolées le seront aux époques prescrites par le cahier des charges.

L'acquéreur du bois sera appelé pour être présent au récolement, s'il le juge convenable.

Art. 24. Lorsque les bois auront été vendus avec faculté de défrichement, l'acquéreur ne pourra exploiter la superficie des lots qui lui sont adjugés que s'il a payé au moins les trois cinquièmes du prix principal de ces bois et fourni, pour le surplus, des obligations admises par le receveur général et payables dans le délai d'un an à courir du jour de la vente, avec l'intérêt calculé conformément aux dispositions de l'article 18 du présent cahier des charges.

Lorsque les bois devront être conservés en nature, l'acquéreur se conformera aux indications que l'affiche et le procès-verbal d'adjudication contiendront sur l'étendue et la consistance des exploitations qu'il pourra faire annuellement, jusqu'au moment de sa complète libération.

Les dispositions établies à cet égard ne pourront être modifiées qu'avec l'autorisation de l'administration.

Art. 25. Dans le cas où un acquéreur contreviendrait aux dispositions qui précèdent, il en sera dressé procès-verbal par les agents forestiers, et l'acquéreur encourra les peines fixées par l'article 29 du code forestier.

Art. 26. Le salaire des gardes pour chaque bois ou article de vente sera à la charge de l'acquéreur, à dater du jour de l'adjudication jusqu'à ce que, par le paiement définitif du prix, cet acquéreur soit devenu propriétaire incommutable.

Ce salaire sera réglé par le conservateur; le montant en sera porté sur l'affiche et dans le procès-verbal d'adjudication, et le recouvrement en sera fait à l'expiration de chaque mois par les receveurs des domaines.

L'administration se réserve la faculté de retirer les gardes des bois aliénés avant l'époque de la complète libération des acquéreurs, si elle le juge convenable.

Le traitement des gardes cessera d'être à la charge des acquéreurs à partir du jour où l'administration leur aura notifié son intention à cet égard.

Art. 27. Les quittances délivrées par le receveur général et la remise des effets acquittés n'opéreront la libération définitive de l'acquéreur qu'autant que les payements auront été reconnus réguliers et conformes aux dispositions de l'article 18 du présent cahier des charges. Ce décompte sera dressé par le directeur des domaines et approuvé par l'administration centrale des domaines.

Art. 28. S'il existe dans les dépôts des titres, plans et procès-verbaux d'aménagements, de bornages, etc., ils seront remis aux acquéreurs qui auront justifié de leur entière libération, sans toutefois que cette remise puisse s'étendre aux cahiers de réformation, registres et autres actes administratifs collectifs, dont il pourra néanmoins leur être délivré des extraits ou expéditions à leurs frais.

Art. 29. Aucune des clauses et conditions portées au présent cahier des charges ne sera réputée comminatoire. Elles sont toutes de rigueur expresse.

Approuvé par le ministre des finances, le 9 février 1866.

CAHIER DES CHARGES

pour la vente des bois façonnés dans les bois de l'Etat, des communes et des établissements publics.

Art. 1er. Les bois seront vendus dans l'état où ils se trouvent, sans qu'il puisse être fait aucune réclamation sur les quantité et qualité énoncées tant en l'affiche qu'au procès-verbal d'adjudication.

Art. 2. Le prix de vente sera versé, pour les produits des bois de l'Etat, quels que soient d'ailleurs le montant de l'estimation de chaque lot et les termes de payement, dans la caisse du receveur des domaines du canton ; et pour ceux des bois des communes et établissements publics, dans la caisse des receveurs de ces communes et établissements.

Art. 3. Outre le prix principal d'adjudication, il sera payé immédiatement, entre les mains du receveur soit de l'enregistrement, soit des domaines, pour les produits des bois de l'Etat :

1o 1 fr. 60 c. pour cent du montant de l'adjudication (1), tant pour les droits fixes de timbre et d'enregistrement des procès-verbaux et actes relatifs à l'adjudication que pour tous autres frais ;

2o Les droits proportionnels d'enregistrement sur le montant de l'adjudication, augmenté de la taxe de 1 fr. 60 c. pour cent. (Déc. du Min. des Fin. 7 avril 1883.)

S'il s'agit de produits de forêts appartenant à des communes ou à des établissements publics, les droits proportionnels seront perçus sur le montant de l'adjudication et acquittés, ainsi que les droits fixes de timbre et d'enregistrement des procès-verbaux et actes relatifs à l'adjudication, par les caisses municipales ou par celles des établissements publics, à l'exception des frais de timbre de l'expédition du procès-verbal d'adjudication à remettre au receveur municipal ou à celui de l'établissement propriétaire, lesdits frais étant à la charge de l'adjudicataire.

Si la commune ou l'établissement propriétaire le demande et si le procès-verbal de vente en contient l'obligation, l'adjudicataire payera comptant une partie du prix principal, suffisante pour l'acquittement des frais mis à leur charge par le paragraphe précédent.

Art. 4. Les ventes seront faites par adjudication au *rabais* ou aux *enchères* ; le mode en sera indiqué immédiatement après la lecture de chacun des articles de l'affiche.

Art. 5. L'adjudication au rabais aura lieu de la manière suivante : la mise à prix annoncée par le crieur sera diminuée successivement jusqu'à ce qu'une personne prononce les mots : *Je prends*.

Dans le cas où plusieurs personnes se porteraient simultanément adjudicataires du même lot, il sera mis aux enchères, mais seulement entre elles, d'après le mode indiqué à l'article ci-après.

Art. 6. L'adjudication aux enchères sera faite après l'extinction de trois bougies allumées successivement. Si, pendant la durée de trois bougies, il survient des enchères, l'adjudication ne pourra être prononcée qu'après l'extinction du dernier feu sans enchère.

Art. 7. Les enchères ne pourront être moindres du *vingtième* de la mise à prix.

Art. 8. La minute du procès-verbal d'adjudication sera rédigée sur papier visé pour timbre et signée, séance tenante, par tous les fonctionnaires présents et par les adjudicataires ou leurs fondés de pouvoirs.

Art. 9. Lorsque la vente aura lieu à terme, d'après la déclaration qui en sera faite au moment de l'adjudication, chaque adjudicataire sera tenu de présenter sur le champ une caution et un certificateur de caution reconnus solvables, lesquels s'engageront, solidairement avec lui, à toutes les charges et conditions de l'adjudication.

S'il s'agit de produits de forêts appartenant à des communes ou à des établissements publics, les adjudicataires seront tenus de fournir des traites pour les lots dont l'estimation est supérieure à 500 francs.

Pour les lots de 500 francs et au-dessous, bien que vendus à terme, la présentation d'un certificateur de caution ne sera obligatoire que si le receveur de la commune ou de l'établissement public l'exige.

Art. 10. Les bois de feu que l'adjudicataire des coupes de bois de l'Etat pourra être tenu de fournir pour le chauffage des gardes seront choisis par le chef de cantonnement, parmi les bois vendus, et sans que l'adjudicataire puisse être astreint à en modifier la confection.

Les quantités à fournir, les conditions de transport et les époques de livraison seront indiquées aux clauses spéciales.

Faute par l'adjudicataire de remplir ces obligations, il y sera pourvu à ses frais dans la forme prescrite par l'article 41 du code forestier.

Art. 11. L'adjudicataire ne pourra commencer l'enlèvement des bois qu'après avoir

(1) Le montant de l'adjudication se compose du prix principal en numéraire, augmenté de la valeur des charges (travaux, fournitures, etc.) imposées sur les coupes. Toutefois, on ne considère pas comme une charge la valeur des bois façonnés à fournir aux préposés forestiers et aux usagers ; mais les frais de transport de ces bois sont compris dans le montant de l'adjudication et demeurent soumis à la taxe de 1 fr. 60 c. pour cent.

obtenu un permis de l'agent forestier local, chef de service ; à défaut de quoi, il sera tenu de payer au propriétaire de la forêt une indemnité de cinq francs par stère et de dix francs par cent de fagots pour les bois qu'il aurait enlevés.

Ce permis ne lui sera délivré que sur la présentation des certificats des receveurs chargés du recouvrement et, s'il y a lieu, des gardes forestiers, constatant l'accomplissement des formalités prescrites par les articles 2, 3 et 9 ci-dessus, selon que la vente a lieu au comptant ou à terme, et par l'article 10 suivant.

Art. 12. La vidange aura lieu, sous les peines portées à l'article 40 du code forestier, par les chemins indiqués au procès-verbal d'adjudication et sera terminée dans le délai fixé au même acte. Ce délai courra à partir du jour de l'adjudication.

Art. 13. Lorsque les produits d'une coupe de bois domanial seront vendus en bloc en un seul lot, l'adjudicataire pourra être tenu de payer aux communes les subventions spéciales auxquelles celles-ci ont droit, en exécution de l'article 14 de la loi du 21 mai 1836, pour dégradations extraordinaires causées aux chemins vicinaux par le transport de ces produits.

Art. 14. Les conditions particulières à chaque vente ou à chaque coupe seront insérées aux clauses spéciales annexées au présent cahier.

Art. 15. Toutes les dispositions du présent cahier des charges sont de rigueur. Aucune d'elles ne pourra être réputée comminatoire. Elles recevront leur application jusqu'à ce qu'il en ait été autrement ordonné.

Délibéré en conseil d'administration, le 30 mai 1883.

Clauses spéciales.

Art. 1er. Délais de payement :

....

Art. 2. Bois de chauffage à livrer aux gardes :

....

Art. 3. Indication des chemins de vidange :

....

Art. 4. Délai de vidange :

....

Art. 5. Indemnités pour dégradations extraordinaires occasionnées par la vidange aux chemins vicinaux :

....

Proposé par des forêts.
A , le 189 .

APPROUVÉ.
A , le 189 .

Le Conservateur des Forêts,

CAHIER DES CHARGES

pour l'adjudication du droit de chasse dans les forêts de l'Etat.

TITRE PREMIER.

Dispositions générales.

Art. 1er. A moins de stipulations contraires dans l'acte d'adjudication, les baux seront consentis pour neuf années, qui commenceront le 1er juillet 1890.

Le point de départ des baux consentis après cette date sera réglé comme il suit :

Tout bail consenti pendant le temps où la chasse est close courra à partir du 1er juillet de l'année dans laquelle l'adjudication aura lieu.

Tout bail consenti pendant le temps où la chasse est ouverte courra rétroactivement à partir du 1er janvier ou du 1er juillet, selon que l'adjudication aura été effectuée dans le courant du 1er ou du 2e semestre.

Les baux, quelle que soit leur date, expireront pour la chasse à tir le 28 février 1899 et pour la chasse à courre le 30 avril 1899.

Les huit ou dix derniers mois du bail compteront pour une année entière.

Art. 2. Il ne sera accordé aucune réduction sur le prix des baux pour défaut de mesure dans l'étendue des forêts ou parties de forêts adjugées.

En cas d'aliénation de la forêt amodiée, par voie d'échange ou autrement, en cas d'affectation à un service public, etc., le bail sera résilié de plein droit et sans indemnité.

Il sera accordé, sur le terme payé d'avance, une réduction proportionnelle à la durée de la jouissance dont le fermier aura été privé.

Si la destination de la forêt n'est modifiée qu'en partie, par suite d'aliénation, d'affectation à un service de l'Etat, d'échange, de location ou de concession, l'Etat ne devra aucune indemnité au fermier, le bail sera maintenu et le prix en sera réduit ou augmenté, par décision ministérielle, proportionnellement à l'étendue qui aura été distraite ou ajoutée. Toutefois, l'Etat ne pourra obliger le fermier à subir une extension de contenance qui entraînerait une augmentation du prix du bail.

TITRE II.

Adjudications.

Art. 3. Les adjudications seront faites aux enchères à l'extinction des feux.

Lorsque, faute d'offres suffisantes, les adjudications n'auront pu avoir lieu, elles seront, si l'agent forestier le juge à propos, remises, séance tenante et sans nouvelles affiches, au jour qui sera fixé par le président.

Art. 4. Les adjudications aux enchères seront prononcées après l'extinction de trois bougies allumées successivement. Si, pendant la durée de ces trois bougies, il survient des enchères, l'adjudication ne pourra être prononcée qu'après l'extinction d'un dernier feu sans enchère survenue pendant sa durée.

Les enchères ne pourront être moindres de 10 francs pour les mises à prix au-dessous de 200 francs ; de 20 francs pour celles de 200 à 1000 francs, et de 50 francs pour celles au-dessus de 1000 francs.

Art. 5. Le droit de chasse à tir et le droit de chasse à courre pourront être adjugés séparément à des personnes différentes dans une même forêt, suivant les indications formulées à cet effet sur les affiches.

Dans le cas où le droit de chasse à courre et le droit de chasse à tir sur un même lot sont loués séparément, les adjudications sont définitives en ce qui concerne le droit de chasse à tir.

En ce qui concerne la chasse à courre, si la demande en est faite, séance tenante, par un des preneurs des lots adjugés, les divers lots adjugés ou non adjugés d'une même forêt pourront être remis en adjudication en bloc, aux enchères :

A. Si l'adjudication en bloc ne doit porter que sur des lots déjà adjugés, la mise à prix sera basée sur le montant total des adjudications partielles, augmenté de 25 p. 0/0.

B. Si l'adjudication en bloc doit comprendre un ou plusieurs lots non adjugés, la mise à prix sera basée sur le montant total des adjudications partielles et des mises à prix des lots non adjugés, augmenté dans la même proportion.

Le seul fait de la demande de réunion en un seul lot de plusieurs lots de chasse à courre équivaudra à un engagement de se rendre adjudicataire du bloc au taux de la nouvelle mise à prix.

En cas de non-location de la chasse à tir ou de la chasse à courre, le droit non affermé est expressément réservé et l'administration conserve toujours la faculté de le remettre en adjudication.

Dans le cas où le droit de chasse à tir et le droit de chasse à courre sont réunis et loués sans disjonction, les adjudications prononcées sont définitives.

Art. 6. Les personnes insolvables ne pourront prendre part aux adjudications.

Le président de l'adjudication sera juge de la solvabilité des preneurs, le receveur des domaines entendu.

Il lui appartiendra, en cas de doute, d'exiger la présentation immédiate d'une caution et d'un certificateur de caution, et, à défaut de garanties suffisantes, de remettre l'article en adjudication.

Les personnes non domiciliées en France qui voudront prendre part aux adjudications devront, avant la séance, justifier de leur solvabilité auprès du receveur des domaines du lieu de l'adjudication, qui pourra exiger d'elles telles garanties qu'il jugera convenable.

Art. 7. Les minutes des procès-verbaux d'adjudication seront rédigées sur papier visé pour timbre et signées sur le champ par tous les fonctionnaires présents et par les adjudicataires ou leurs fondés de pouvoirs ; s'ils sont absents, ou ne peuvent signer, il en sera fait mention aux procès-verbaux.

Art. 8. Chaque adjudicataire sera tenu de donner, dans les cinq jours qui suivront celui de l'adjudication, une caution et un certificateur de caution reconnus solvables, lesquels s'obligeront solidairement avec lui à toutes les charges et conditions du bail.

Les cautions et certificateurs de caution ne pourront être reçus que du consentement du receveur des domaines, et l'acte en sera passé au secrétariat du lieu de l'adjudication et à la suite du procès-verbal d'adjudication.

Faute par l'adjudicataire de fournir les cautions dans le délai prescrit, il sera déchu de l'adjudication, et une adjudication aura lieu à sa folle enchère, dans les formes ci-dessus déterminées et suivant les conditions spécifiées par l'article 24 du code forestier.

L'adjudicataire déchu payera les frais de la première adjudication, à raison de 1 fr. 60 c. pour cent sur le prix annuel du bail dont il s'était rendu adjudicataire, augmenté de la valeur des charges calculée conformément aux dispositions de l'article 11 ci-après.

L'adjudicataire, les caution et certificateur de caution sont tenus d'élire domicile dans le lieu où l'adjudication aura été faite. A défaut de quoi, tous les actes postérieurs leur sont valablement signifiés au secrétariat de la sous-préfecture.

TITRE III.

Prix des baux et frais d'adjudication.

Art. 9. Le prix annuel de location sera payé par semestre et d'avance, le 1er juillet et le 1er janvier, dans la caisse du receveur des domaines du lieu de l'adjudication.

Art. 10. Les demandes en résiliation de baux et en réduction de fermages ne suspendront pas l'effet des poursuites pour le recouvrement des termes arriérés.

En aucun cas, l'adjudicataire qui aura été privé du droit d'obtenir un permis de chasse, par application des articles 6, 7, 8 et 18 de la loi du 3 mai 1844, ne sera fondé à demander la résiliation de son bail ou une diminution de prix.

Art. 11. L'adjudicataire payera comptant à la caisse du receveur des domaines, tant pour les droits fixes de timbre et d'enregistrement des procès-verbaux et actes relatifs à l'adjudication, que pour tous autres frais, 1 fr. 60 c. pour cent du prix annuel de son bail, augmenté de la valeur moyenne annuelle des charges imposées pendant la durée du bail.

Il payera, en outre, les droits proportionnels d'enregistrement sur le montant total des annuités du bail, augmenté de la valeur totale des charges et du 1.60 pour cent stipulé au 1er paragraphe.

TITRE IV.

Cessions de baux, adjonctions et substitutions de cofermiers.

Art. 12. Le fermier pourra s'adjoindre, dans la jouissance de son bail, des cofermiers dont le nombre sera déterminé par les affiches et dans le procès-verbal d'adjudication.

Les cofermiers devront être agréés par le conservateur.

Ils ne seront agréés qu'après avoir souscrit l'engagement de se conformer, comme le fermier lui-même, aux clauses et conditions du présent cahier des charges relatives à l'exploitation et à la police de la chasse (1).

Art. 13. Les adjudicataires ne pourront céder leur bail qu'en vertu d'une autorisation du chef de l'administration des forêts.

Les cessions seront passées au secrétariat de la préfecture ou de la sous-préfecture du lieu de l'adjudication.

Les cessionnaires ne pourront obtenir le permis spécial dont il est question à l'article 16 ci-après qu'en représentant l'acte de cession.

Nonobstant leur cession, les adjudicataires resteront, *jusqu'à la fin du bail* et décharge définitive, solidairement obligés avec les cessionnaires.

Art. 14. Le conservateur pourra autoriser les substitutions de cofermiers. Les nouveaux cofermiers ne seront définitivement agréés qu'après avoir souscrit l'engagement dont il est fait mention dans l'article 12.

TITRE V.

Exploitation et police de la chasse.

Art. 15. Dans le cas où le droit de chasse à tir et le droit de chasse à courre sur un même lot seront loués séparément à des personnes différentes, la chasse à courre, à cors et à cris, comprendra le grand gibier (cerf, daim, sanglier, loup).

Elle pourra être exercée d'après le mode généralement en usage, deux fois par semaine pendant la durée de la chasse à tir et trois fois par semaine après la clôture de cette chasse.

Le choix des jours sera concerté un mois au moins avant la date ordinaire de l'ouverture de la chasse, entre l'adjudicataire et l'agent forestier chef du service local, qui préviendra de ce choix, en temps opportun, les locataires de la chasse à tir. Les dimanches et fêtes ne pourront jamais être désignés.

Le fait par les piqueurs d'aller en reconnaissance avec leurs limiers en dehors des jours indiqués pour l'exercice de la chasse à courre ne sera pas réputé acte de chasse. Toutefois, ces piqueurs ne pourront pénétrer dans les enceintes.

La chasse à tir comprendra toute espèce de gibier autre que celles ci-dessus spécifiées.

Sous la réserve des dispositions qui précèdent, les droits respectifs des chasseurs, soit à courre, soit à tir, tels qu'ils résultent des lois, règlements et usages, sont et demeurent expressément réservés. Toutefois, ni les chasseurs à tir, ni leurs gardes ne pourront chasser, ni tirer les animaux nuisibles et oiseaux de toute sorte en dehors des jours de chasse qui leur sont réservés.

L'administration n'entend encourir ni garantie, ni responsabilité à cet égard. Elle ne pourra, en aucun cas, être appelée en cause dans les contestations qui pourraient s'élever entre les adjudicataires.

Art. 16. Les fermiers et cofermiers ne pourront se livrer à la chasse qu'après avoir obtenu, indépendamment du permis de chasse de l'autorité compétente, un permis spécial du conservateur ou de l'agent forestier délégué par lui.

Art. 17. Les fermiers et cofermiers pourront se faire accompagner chacun par trois personnes, ou les autoriser à chasser isolément en leur donnant par écrit des permissions spéciales et nominatives dont ils fixeront la durée, sauf approbation de l'inspecteur des forêts.

Le fermier qui ne désignera pas de cofermiers ou qui, dans cette désignation, n'atteindra pas le maximum déterminé par l'acte d'adjudication, pourra s'adjoindre, dans les conditions ci-dessus indiquées, autant de fois quatre personnes qu'il restera de cofermiers non désignés. Le fermier pourra aussi, avec l'agrément du conservateur, transférer cette faculté à l'un des cofermiers.

Art. 18. La chasse en traques ou en battues est permise aux fermiers de la chasse à tir. Toutefois, ce mode de chasse ne pourra être pratiqué pendant la dernière année du bail qu'avec l'autorisation du conservateur.

Art. 19. Il est défendu d'enlever ou de détruire les faons ou levrauts, ainsi que les nids et couvées d'oiseaux.

Art. 20. Dans le cas où le conservateur reconnaîtra que la surabondance du gibier, et notamment du lapin, est de nature à porter préjudice aux peuplements forestiers ou aux propriétés riveraines, il devra mettre le fermier en demeure, par sommation extrajudiciaire, de détruire, dans un délai déterminé, les animaux dont le nombre et l'espèce lui seront indiqués.

---

(1) MODÈLE D'ENGAGEMENT.

Je soussigné demeurant à m'engage, si je suis agréé en qualité de cofermier de M. fermier du droit de chasse dans l forêt domaniale d à me conformer aux clauses et conditions contenues aux titres IV, V et VI du cahier des charges, dont je déclare avoir pris une connaissance suffisante.

Fait à , le 189 .

NOTA. Cet engagement, qui devra être souscrit sur papier timbré, sera annexé au procès-verbal d'adjudication.

Le fermier devra faire connaître à l'agent forestier, chef de cantonnement, au moins un jour à l'avance, les dates des jours où auront lieu les destructions.

Faute par le fermier de satisfaire à la mise en demeure, il sera procédé d'office à la destruction par les soins du service forestier. Le gibier abattu appartiendra à celui qui l'aura tué.

Les adjudicataires de la chasse à tir seront tenus de supporter les destructions de grands animaux effectués au fusil par les adjudicataires de la chasse à courre sur réquisition administrative, sans qu'il soit nécessaire de convoquer lesdits adjudicataires de la chasse à tir.

Art. 21. Le service des forêts se réserve la faculté de poursuivre la destruction des lapins quand il le jugera convenable, en tout temps et par tous les moyens, sauf par l'emploi du fusil. L'adjudicataire n'a aucun droit sur les lapins tués ou pris dans ces conditions.

L'introduction du lapin sur le sol forestier est formellement interdite.

En cas d'infraction à cette clause constatée par un jugement, l'administration aura le droit de résilier le bail sans indemnité.

Art. 22. Les adjudicataires sont directement responsables vis-à-vis des propriétaires, possesseurs ou fermiers des héritages riverains ou non des dommages causés à ces héritages par les lapins, les autres animaux nuisibles et toute espèce de gibier.

Ils devront conséquemment intervenir pour prendre fait et cause pour l'Etat, dans le cas où celui-ci serait l'objet d'une action en dommages-intérêts.

Ils devront indemniser les agents et préposés forestiers des dommages causés aux jardins et terrains affectés à ces employés par les animaux nuisibles et, en général, par toute espèce de gibier. Le montant des dommages à payer sera réglé par le conservateur, qui en fixera la répartition, le cas échéant, entre les adjudicataires de la chasse à tir et ceux de la chasse à courre.

Art. 23. En temps prohibé, les adjudicataires, ainsi que les cofermiers qu'ils auront désignés, pourront, avec l'assentiment et sous la surveillance de l'administration forestière, procéder à la chasse et à la destruction des animaux dangereux, malfaisants ou nuisibles, et ce, par tous les moyens dont l'emploi sera autorisé par le préfet, ou par des chasses et battues pratiquées conformément à l'arrêté du 19 pluviôse an v.

Art. 24. Les fermiers souffriront les battues qui pourront être ordonnées pour la destruction des loups et autres animaux nuisibles.

Ils concourront à ces battues. *(Ordonnance du 20 juin 1845.)*

Art. 25. Ils ne pourront s'opposer à l'exercice du droit accordé aux lieutenants de louveterie de chasser le sanglier à courre deux fois par mois, pendant le temps où la chasse est permise. *(Règlement du 20 août 1814. Ordonnance du 20 juin 1845.)*

TITRE VI.

Surveillance et conservation de la chasse.

Art. 26. La surveillance et la conservation de la chasse restent spécialement confiées aux agents et gardes forestiers dans les conditions déterminées par les lois et règlements, aux termes desquels les fermiers ne peuvent réclamer d'eux aucun service spécial et extraordinaire à cet effet.

Néanmoins, les fermiers pourront, avec l'autorisation du conservateur, instituer des gardes particuliers de la chasse dans leurs lots respectifs. Le choix de ces gardes sera également soumis à l'approbation du conservateur, à qui il appartiendra, le cas échéant, d'exiger leur renvoi. Le conservateur aura également le droit d'exiger le renvoi des ouvriers employés à l'entretien de la chasse (élevage et agrainage des faisans, entretien des sentiers et des pièges, etc.).

Les gardes particuliers sont autorisés à porter des armes à feu. Avec l'autorisation du fermier, ils pourront chasser même isolément et hors de la présence de celui-ci.

Il leur est interdit de porter un uniforme qui puisse être confondu avec celui des préposés forestiers.

Art. 27. Les infractions aux lois et règlements de la part des fermiers et cofermiers ou des personnes dont ils sont accompagnés, et les délits de chasse commis par les personnes sans titre dans les forêts affermées, seront poursuivis correctionnellement, sauf à la partie lésée, d'après la connaissance que l'agent forestier ou le ministère public lui aura donnée du procès-verbal, à intervenir pour requérir les dommages-intérêts auxquels elle aura droit.

Art. 28. Des affiches détermineront aussi exactement que possible, pour chaque forêt, les limites de chaque lot, avec les conditions particulières de jouissance, et donneront une description détaillée des accessoires de la chasse mis à la disposition des fermiers, tels que bâtiments pour pied à terre, faisanderie, etc.

Les bâtiments de toute nature, ainsi que le matériel de la chasse, les clôtures et les treillages, seront livrés dans l'état où ils se trouvent, sans que l'administration des forêts puisse être tenue d'y faire, soit des améliorations ou des réparations, soit des changements.

Les fermiers devront les entretenir et les livrer, à l'expiration de leur bail, en bon état d'entretien, sans pouvoir réclamer aucune indemnité pour les améliorations qu'ils y auraient apportées.

Ils répondront de l'incendie dans les conditions prévues par l'article 1733 du code civil.

Les bâtiments étant mis à la disposition des fermiers pour l'exploitation de la chasse ne pourront recevoir une autre destination sans l'assentiment du conservateur.

Il est expressément interdit de les louer pour un commerce quelconque et d'y loger des gardes ou gens à gages sans l'autorisation de l'inspecteur.

Art. 29. L'administration se réserve expressément, sans que le fermier de la chasse puisse s'y opposer ou s'en prévaloir, pour se soustraire à l'exécution des clauses et conditions de l'adjudication, la faculté d'exploiter et de traiter comme bon lui semblera toutes les forêts ou parties de forêts comprises dans l'amodiation, d'y faire tous les travaux d'amélioration, routes, maisons, fossés, plantations, semis ou autres de quelque nature que ce soit, de protéger à l'aide de clôtures (treillages, grillages ou autres) les repeuplements naturels ou artificiels, ainsi que les jeunes coupes exposées à la dent du gibier, d'effectuer des délivrances de menus produits (plants, épines, fougère, bruyère, bois mort, glands, faînes, pierres, sable, etc.), d'y autoriser le pâturage et le panage aussi bien des bestiaux des préposés forestiers que de ceux des usagers ou concessionnaires.

Délibéré en conseil des forêts, le 29 juin 1889.

M. le ministre des finances a donné son adhésion au présent cahier des charges par lettre en date du 2 août 1889.

CAHIER DES CHARGES

pour la vente des coupes des bois de l'Etat, des communes et des établissements publics.

TITRE PREMIER.

Des adjudications.

Art. 1er. Toutes les coupes seront adjugées en bloc et sans garantie de nombre d'arbres, de cubage, de contenance, d'essence, d'âge et de qualité.

Art. 2. Les ventes seront faites par adjudication au rabais.

Lorsque, faute d'offres suffisantes, des coupes ou des lots de coupes n'auront pas été vendus à la première lecture de l'affiche, l'adjudication en sera renvoyée à l'époque de la mise en vente des coupes de l'exercice suivant.

Toutefois, dans des circonstances exceptionnelles et en cas d'urgence bien constatée, le directeur des forêts pourra, sur la proposition du préfet, autoriser la remise en vente de coupes de bois de communes et d'établissements publics.

En outre, à l'égard des coupes domaniales, le ministre de l'agriculture pourra autoriser la vente sur pied, par unités de produits, ou l'exploitation au compte de l'Etat des articles restés invendus.

A l'égard des coupes de bois des communes et des établissements publics, le préfet pourra, en cas d'insuccès, autoriser, sur la proposition du conservateur, soit la vente sur pied par unités de produits, soit l'exploitation par un entrepreneur responsable et la vente en bloc ou par lots des produits façonnés dans l'une des communes voisines de la situation des bois. (*Ordonn. royale du 24 août 1840.*)

Art. 3. La vente au rabais aura lieu de la manière suivante :

La mise à prix et le taux auquel les rabais devront être arrêtés seront déterminés par le conservateur ou l'agent forestier qui le remplacera.

La mise à prix annoncée par le crieur sera diminuée successivement, d'après un tarif réglé à l'avance et affiché dans la salle d'adjudication, jusqu'à ce qu'une personne prononce les mots : *Je prends.*

L'adjudication sera tranchée au taux du rabais dont le crieur aura énoncé ou commencé à énoncer le chiffre, lorsque les mots : *Je prends*, seront prononcés.

Si plusieurs personnes se portent simultanément adjudicataires, la coupe est tirée au sort, à moins que l'un des preneurs ne réclame les enchères. Le concours est alors ouvert entre les preneurs.

Art. 4. Dans le cas prévu à l'article précédent, l'adjudication aux enchères sera faite après l'extinction des trois bougies allumées successivement. Si, pendant la durée de la dernière de ces trois bougies, il survient des enchères, l'adjudication ne pourra être prononcée qu'après l'extinction d'un dernier feu sans enchère survenue pendant sa durée.

Les enchères ne pourront être moindres du vingtième de la mise à prix si elle est de 500 francs et au-dessous, du vingt-cinquième si elle est de 501 à 1000 francs, et du quarantième si elle excède 1000 francs.

Art. 5. Le fonctionnaire chargé de présider la vente sera juge de la solvabilité des preneurs.

En cas de doute, il lui appartiendra d'exiger la présentation immédiate d'une caution et d'un certificateur de caution solvables, ou de remettre l'article en vente, à défaut de garanties suffisante.

Les personnes non domiciliées en France qui voudront prendre part aux adjudications devront, avant la séance, justifier de leur solvabilité auprès du trésorier-payeur général du département, qui pourra exiger d'elles telles garanties qu'il jugera convenable.

Art. 6. La déclaration de command ne pourra être faite que séance tenante.

Si le command a les qualités requises pour être admis et si son mandat est présenté immédiatement par l'adjudicataire, l'acceptation du command ne sera pas nécessaire ; mais si ce dernier n'a pas donné de mandat, il sera tenu d'accepter par le procès-verbal même d'adjudication, et séance tenante.

La déclaration de command et l'acceptation, étant insérées dans le procès-verbal, ne donneront lieu à aucun droit particulier.

Art. 7. Les minutes des procès-verbaux d'adjudication seront rédigées sur papier visé pour timbre et signées sur le champ par tous les fonctionnaires présents et par les adjudicataires ou leurs fondés de pouvoirs, et, dans le cas d'absence, ou s'ils ne veulent ou ne peuvent signer, il en sera fait mention au procès-verbal.

Art. 8. Chaque adjudicataire sera tenu, sous les peines portées par l'article 24 du code forestier, de donner, dans les cinq jours qui suivront celui de l'adjudication, une caution et un certificateur de caution reconnus solvables, lesquels s'obligeront solidairement avec lui à toutes les charges et conditions de l'adjudication et seront notamment soumis comme lui à l'obligation d'élire domicile au lieu d'adjudication ; à défaut de quoi, tous actes postérieurs leur seront valablement signifiés au secrétariat de la sous-préfecture. *(Article 27 du code forestier.)* L'adjudicataire sera, dans le cas de déchéance, tenu de payer, s'il s'agit de bois de l'Etat, les frais de la première adjudication, à raison de 1.60 pour cent du montant de l'adjudication (1) et, s'il s'agit de bois de communes ou d'établissements publics, lesdits frais d'après le chiffre qui aura été arrêté par le président de la vente.

Dans le cas de payement au comptant prévu par le dernier paragraphe de l'article 12 ci-après, les adjudicataires ne seront dispensés de donner une caution et un certificateur de caution qu'à la condition d'effectuer, dans le délai ci-dessus indiqué, le dépôt d'un cautionnement égal au vingtième du montant de l'adjudication, et d'acquitter, indépendamment des frais spécifiés à l'article 10, les droits relatifs à ce cautionnement. Toutefois, le cautionnement fourni par l'adjudicataire lui-même sera affranchi de la perception de tout droit si l'acte qui le constate fait corps avec le procès-verbal d'adjudication. Il pourra être fait en numéraire, en rentes sur l'Etat et valeurs du Trésor au porteur ou en rentes sur l'Etat nominatives ou mixtes (2).

Art. 9. Les cautions et certificateurs seront reçus du consentement du trésorier-payeur général du département ou de son fondé de pouvoirs, et en présence du receveur des domaines, pour les coupes de bois domaniaux, du consentement du trésorier-payeur général pour les coupes extraordinaires des bois des communes et établissements publics, et du consentement des maires et des receveurs de ces communes, et des administrateurs et receveurs des établissements publics pour les coupes ordinaires.

Les actes y relatifs seront passés au secrétariat du lieu de la vente et à la suite du procès-verbal d'adjudication.

TITRE II.

Du prix des ventes, des frais d'adjudication et des droits de timbre et d'enregistrement.

Art. 10. Outre le prix principal de l'adjudication, il sera payé :

Par les adjudicataires des coupes de bois domaniaux,

1.60 pour cent du montant de l'adjudication (1), tant pour les droits fixes de timbre et d'enregistrement des procès-verbaux et actes relatifs à l'adjudication, que pour tous autres frais. *(Arrêté ministériel du 4 juillet 1836, décisions du ministre des finances du 19 juillet 1872 et du 11 avril 1883)* ;

Par les adjudicataires de bois indivis entre l'Etat et les communes et établissements publics,

Et par les adjudicataires des coupes de bois des communes et des établissements publics,

Les droits fixes de timbre et d'enregistrement du procès-verbal et des autres actes relatifs à l'adjudication. *(Articles 12, § 1er de la loi du 13 brumaire an VII, 17 de la loi du 2 juillet 1862, 8 de la loi du 18 mai 1850, 1 et 2 de la loi du 23 août 1871, 4 de la loi du 28 février 1872 et 2 de la loi du 30 décembre 1873.)*

Chaque adjudicataire des coupes de bois domaniaux, indivis, communaux et d'établis-

---

(1) Voir la note 1 sous l'article 10.

(2) Les valeurs du Trésor, transmissibles par voie d'endossement, endossées en blanc, sont considérées comme valeurs au porteur. (Décr. du 18 nov. 1882, art. 5.) La valeur en capital des rentes à affecter aux cautionnements est calculée : pour les cautionnements provisoires, au cours moyen du jour de la veille du dépôt; pour les cautionnements définitifs, au cours moyen du jour de l'approbation de l'adjudication. Les bons du Trésor à l'échéance d'un an ou de moins d'un an sont acceptés pour le montant de leur valeur en capital et intérêts. Les autres valeurs déposées pour cautionnement sont calculées d'après le dernier cours publié au *Journal officiel*. (Même décret, art. 6.) Les cautionnements, quelle qu'en soit la nature, sont reçus par le directeur de la caisse des dépôts et consignations ou par ses préposés; ils sont soumis aux règlements spéciaux à cet établissement. Les oppositions sur les cautionnements provisoires ou définitifs doivent avoir lieu entre les mains du comptable qui a reçu lesdits cautionnements. Toutes autres oppositions sont nulles ou non avenues. (Même décret, art. 7.) Lorsque le cautionnement consiste en rente nominative, le titulaire de l'inscription de rente souscrit une déclaration d'affectation de la rente et donne à la caisse des dépôts et consignations un pouvoir irrévocable à l'effet de l'aliéner, s'il y a lieu. L'affectation de la rente au cautionnement définitif est mentionnée au Grand Livre de la Dette publique. (Même décret, art. 8.)

(1) Le montant de l'adjudication se compose du prix principal en numéraire, augmenté de la valeur des charges (travaux, fournitures, etc.) imposées sur la coupe. Toutefois, on ne considérera pas comme une charge la valeur *sur pied* des bois à fournir aux préposés forestiers et aux usagers.

sements publics, payera, de plus, le droit fixe afférent au certificat de caution, lorsqu'il y aura lieu, et les droits proportionnels d'enregistrement sur le montant de l'adjudication augmenté, pour les bois domaniaux, du 1.60 pour cent, et pour les bois indivis, communaux et d'établissements publics, des droits fixes de timbre et d'enregistrement des actes antérieurs et postérieurs à l'adjudication (1). *(Loi du 22 frimaire an VII, art. 14, n° 5, et 69, § 5, n° 1; loi du 23 août 1871, art. 1er, loi du 30 décembre 1873, art. 2, et décision du ministre des finances du 7 avril 1883.)*

Art. 11. Les adjudicataires verseront, immédiatement après la réception des cautions :

Pour les bois domaniaux,

Le 1.60 pour cent, les droits proportionnels d'enregistrement et le droit fixe afférent au certificat de caution, lorsqu'il y aura lieu, dans la caisse du receveur soit de l'enregistrement, soit des domaines;

Pour les bois indivis entre l'Etat et les communes et établissements publics,

Le dixième de la part afférente aux communes et aux établissements publics sur le prix principal d'adjudication, dans la caisse du receveur de la commune ou de l'établissement public ;

Les droits fixes et proportionnels de timbre et d'enregistrement, dans la caisse du receveur soit de l'enregistrement, soit des domaines ;

Pour les bois communaux et d'établissements publics,

Le dixième du prix principal d'adjudication, dans la caisse du receveur de la commune ou de l'établissement propriétaire ;

Les droits fixes et proportionnels de timbre et d'enregistrement, dans la caisse du receveur soit de l'enregistrement, soit des domaines.

Art. 12. Dans les dix jours de l'adjudication, chaque adjudicataire fournira au trésorier-payeur général du département, pour les coupes de bois domaniaux et les coupes extraordinaires des bois des communes et des établissements publics, et aux receveurs de ces communes et établissements pour les coupes ordinaires,

Quatre traites payables au domicile desdits comptables, aux échéances suivantes :

La première, au 31 mars qui suivra l'adjudication ; la seconde, au 30 juin ; la troisième, au 30 septembre ; la quatrième, au 31 décembre (2).

Chacune de ces traites comprendra, pour les coupes de bois de l'Etat, le quart du prix principal, et, pour les bois des communes et des établissements publics, le quart du prix diminué du dixième de ce prix payé comptant ; les fractions, s'il en existe, seront comprises dans la dernière traite.

Les traites n'opéreront ni novation ni dérogation aux droits résultant du procès-verbal d'adjudication, au profit de l'Etat, des communes et des établissements propriétaires.

Tout adjudicataire qui n'aura pas fourni ses traites dans le délai prescrit ci-dessus y sera contraint par les voies de droit et tenu, en outre, de payer, soit à l'Etat, soit à la commune ou à l'établissement public pro-

---

(1) Ces actes sont le procès-verbal de balivage, la citation à récolement, et, s'il y a lieu, le procès-verbal d'arpentage. *(Lettre du directeur général de l'enregistrement et des domaines du 21 avril 1883, décret du 30 mars 1886, décisions du ministre de l'agriculture du 30 novembre 1887 et du ministre des finances du 16 février 1888.)*

(2) *MODÈLE DES TRAITES à souscrire.*

TRAITE D'ADJUDICATION DE COUPES DE BOIS.

B.P.F. ....

Échéance d *Département d*

COUPE DE L'EXERCICE 189 .

A (*le nom de la ville*), ce (*la date à laquelle la traite est souscrite*).

Au (*le jour et le nom du mois*) prochain fixe, payez par cette seule de change, à l'ordre de M. (*le nom du certificateur de caution qui endossera*) , la somme de .... valeur en payement à échoir à la même époque, de la coupe (*le nom de la coupe du bois ou de la forêt*) dont vous êtes adjudicataire, suivant procès-verbal du , la présente traite n'opérant d'ailleurs ni novation ni dérogation aux droits résultant de ce procès-verbal. (*Ici la signature de la caution, qui doit souscrire la traite.*)

Accepté pour la somme de (*en toutes lettres*), que je m'engage à payer, à l'échéance, à la caisse de M. le (*).

Monsieur (*le nom de l'adjudicataire*), adjudicataire de la coupe de (*la désigner*), à (*domicile exact de l'adjudicataire*). (*Ici la signature de l'adjudicataire, qui, comme principal obligé, doit accepter.*)

(*) Trésorier-payeur général *ou* Receveur de la commune ou de l'établissement public.

priétaire, à titre de dommages-intérêts, une somme équivalente au vingtième du prix total de son adjudication (1).

Toutefois les adjudicataires des coupes de bois domaniaux dont le prix est encaissé par les trésoriers-payeurs généraux auront la faculté, à toute époque, de se libérer au comptant, moyennant un escompte dont le taux sera arrêté chaque année par le ministre des finances. Les adjudicataires des coupes ordinaires et extraordinaires dans les bois des communes et des établissements publics jouiront de la même faculté, moyennant un escompte dont le taux sera fixé chaque année par le préfet. Les affiches indiqueront le taux de l'escompte.

Art. 13. Lorsque la même personne sera devenue adjudicataire de plusieurs lots d'une même coupe, elle conservera la liberté de souscrire des traites spéciales pour chaque lot; mais elle pourra ne fournir que des traites collectives pour le payement de divers lots adjugés, si les trésoriers ou receveurs, après avoir agréé les cautions et certificateurs, jugent cette mesure compatible avec leur responsabilité.

En ce qui concerne les coupes adjugées dans les bois indivis, il sera souscrit des obligations séparées pour la somme revenant à chaque co-propriétaire.

Art. 14. En cas de retard de payement, les intérêts courront de plein droit, sur le pied de 5 pour cent par an, à partir du jour de l'exigibilité des sommes dues.

Art. 15. Le parterre des coupes comprenant les lieux de dépôt désignés dans la forêt ne sera point considéré comme le chantier ou le magasin des adjudicataires, et les bois qui s'y trouvent déposés pourront, par suite, être retenus en cas de faillite, conformément aux dispositions de l'article 577 du code de commerce.

TITRE III.

Exploitation, vidange et récolement.

Art. 16. Le garde-vente que l'adjudicataire doit avoir, conformément à l'article 31 du code forestier, ne pourra être parent ou allié du garde du triage, ni des agents de la localité.

Il sera tenu, toutes les fois qu'il en sera requis, de représenter son registre aux agents forestiers, pour être visé et arrêté par eux.

L'adjudicataire pourra permettre à tous individus auxquels il livrera des bois provenant de sa coupe, de les marquer d'un marteau spécial. L'empreinte de ce marteau sera apposée à côté de celle du marteau de l'adjudicataire.

Art. 17. Tout adjudicataire qui, avant la délivrance du permis d'exploiter, réclamera une vérification à l'effet de faire constater un déficit dans le nombre des arbres de réserve indiqué au procès-verbal de balivage et martelage, s'engage, par le seul fait de sa demande, à payer à la caisse du receveur des domaines du canton de la situation des bois une indemnité de dix francs par jour de travail de chaque agent, et de trois francs par jour de travail de chaque garde, s'il est reconnu qu'il n'existe pas de déficit. Il payera, en outre, les frais de timbre et d'enregistrement du procès-verbal de vérification. (*Articles 12, § 1er de la loi du 13 brumaire an VII, 17 de la loi du 2 juillet 1862, 8 de la loi du 18 mai 1850, 1 et 2 de la loi du 23 août 1871, 4 de la loi du 28 février 1872 et 2 de la loi du 30 décembre 1873.*)

Art. 18. Le permis d'exploiter sera délivré par l'agent forestier chef de service, sur la présentation des pièces dont le détail suit :

1o Les certificats constatant que l'adjudicataire a fait admettre ses cautions, fourni ses traites ou payé au comptant, satisfait aux payements exigés par l'article 11 du présent cahier des charges et rempli, s'il y a lieu, les conditions stipulées dans le dernier paragraphe de l'article 8 dudit cahier;

2o L'acte de la prestation de serment de son facteur ou garde-vente;

3o Le registre dudit garde, pour être coté et parafé;

4o Son marteau, dont la forme sera triangulaire.

L'agent forestier apposera son visa sur les pièces mentionnées aux numéros 1o, 2o et 3o du présent article.

Il délivrera, en outre, à l'adjudicataire, s'il le demande : 1o une expédition du procès-verbal de son adjudication, dès qu'elle aura été établie au secrétariat du lieu de la vente; 2o des exemplaires du cahier des charges et des clauses spéciales; 3o une expédition du procès-verbal d'arpentage et du plan de la coupe. Toutes ces pièces seront visées pour timbre. (*Lettre du ministre des finances du 3 mars 1891.*)

Art. 19. L'adjudicataire remettra le permis au chef du cantonnement et le préviendra du jour où il se proposera de commencer l'exploitation.

Art. 20. A moins de clauses contraires, les bois seront exploités à tire et aire, et à la cognée, le plus près de terre que faire se pourra, de manière que l'eau ne puisse séjourner sur les souches. Les racines devront rester entières.

Art. 21. L'abatage des bois sera entièrement terminé le 15 avril qui suivra l'adjudication.

Les bois à écorcer en vertu de l'acte d'ad-

(1) Les adjudicataires qui ne voudront pas libeller eux-mêmes leurs traites pourront les faire établir par les receveurs des finances ou par les receveurs municipaux. Ils auront, dans ce cas, à leur payer une rétribution qui sera réglée, indépendamment des frais de timbre, à 50 centimes par traite, quel que soit d'ailleurs le nombre de lots auxquels cette traite s'applique. Le coût de la formule de la traite est compris dans cette rétribution.

judication seront coupés avant le 1er juillet.

La vidange sera terminée le 15 avril de l'année suivante.

Les coupes seront nettoyées, savoir : en ce qui concerne le ravalement des anciens étocs et l'enlèvement des épines, ronces et autres arbustes nuisibles, avant le terme fixé pour l'abatage ; en ce qui concerne le façonnage des ramiers, avant le 1er juin qui suivra l'adjudication.

A l'égard des ramiers provenant des bois qui auront été écorcés en vertu du procès-verbal d'adjudication, ce dernier délai est prorogé jusqu'au 15 juillet suivant.

Si des circonstances locales nécessitent d'autres termes, il en sera fait mention dans les clauses spéciales de l'adjudication.

Art. 22. Tout adjudicataire qui, pour cause majeure et imprévue, ne pourra achever la coupe ou la vidange aux termes prescrits, et aura besoin d'un délai, sera tenu d'en faire la demande au conservateur, sur papier timbré (*articles 12, § 1er de la loi du 13 brumaire an VII, 17 de la loi du 2 juillet 1862 et 2 de la loi du 23 août 1871*), vingt jours au moins avant l'expiration desdits termes.

Cette demande fera connaître l'étendue des bois restant à exploiter, ou les quantités et qualités des bois existant sur le parterre de la coupe, les causes du retard dans l'exploitation ou la vidange, et le délai qu'il est nécessaire d'accorder. Il sera statué sur son objet par le conservateur.

L'adjudicataire, par le seul fait d'une demande en prorogation de délai d'exploitation ou de vidange, s'oblige à payer les indemnités fixées par l'administration.

Les délais de coupe ou de vidange courront du jour de l'expiration des termes fixés par l'article précédent.

Dans le cas où les adjudicataires n'auraient pas profité des délais qui leur auront été accordés, ils ne pourront obtenir décharge de l'indemnité fixée que sur un procès-verbal de l'agent forestier local, dressé, au plus tard, le jour de l'expiration du terme de l'exploitation ou de la vidange, enregistré à leurs frais (*articles 12, § 1er de la loi du 13 brumaire an VII, 17 de la loi du 2 juillet 1862, 8 de la loi du 18 mai 1850, 1 et 2 de la loi du 23 août 1871, 4 de la loi du 28 février 1872 et 2 de la loi du 30 décembre 1873*), et constatant qu'effectivement ils n'ont pas profité du bénéfice de la décision.

Art. 23. Le mode d'exploitation dans les forêts traitées en futaie sera fixé par des clauses spéciales.

Art. 24. Toute contravention aux clauses et conditions des cahiers des charges générales et spéciales, relatives au mode d'abatage des arbres et au nettoiement des coupes, sera punie conformément à l'article 37 du code forestier.

Art. 25. Il est interdit à l'adjudicataire, à moins que le procès-verbal d'adjudication n'en contienne l'autorisation expresse, de peler ou d'écorcer sur pied aucun des bois de sa vente, sous les peines portées par l'article 36 du même code.

Art. 26. L'adjudicataire respectera tous les arbres mis en réserve, quels que soient leur qualification et leur nombre.

Dans aucun cas, ni sous quelque prétexte que ce soit, il ne pourra être délivré à l'adjudicataire aucun des arbres de réserve, quand même il s'en trouverait un nombre excédant celui porté aux procès-verbaux de martelage et d'adjudication. Cet excédent ne pourra donner lieu à aucune indemnité en faveur de l'adjudicataire.

Il respectera les baliveaux de tout âge et autres arbres réservés, même ceux qui seraient cassés ou renversés par les vents, ou par des accidents de force majeure indépendants du fait de l'exploitation.

Il sera tenu de les représenter, ainsi que les cimeaux et branchages en provenant.

Art. 27. Si, malgré l'exécution des prescriptions relatives à l'exploitation et à la vidange des coupes, des réserves ont été encrouées, abattues ou endommagées par le fait de l'exploitation, l'adjudicataire sera tenu d'en avertir sur le champ le chef du cantonnement, qui devra en faire la reconnaissance et l'estimation contradictoires.

L'acquéreur sera tenu, *si l'agent forestier le juge nécessaire*, de remplacer ces réserves par des arbres pris parmi ceux abandonnés à l'exploitation. Ces arbres seront choisis par l'agent forestier et marqués de son marteau particulier.

Dans aucun cas, la valeur des arbres ainsi marqués ne devra excéder celle des arbres remplacés.

Lorsque le remplacement ne sera pas jugé nécessaire, ou lorsqu'il sera opéré par des arbres d'une valeur inférieure à celle des réserves endommagées ou abattues, l'acquéreur sera tenu de payer, à titre d'indemnité, la valeur de ces réserves ou la différence entre cette valeur et celle des arbres marqués en remplacement ; le tout d'après l'évaluation contradictoire qui en aura été faite.

L'évaluation des réserves endommagées ou abattues ne pourra jamais descendre au-dessous d'un minimum qui sera fixé à l'avance pour chaque catégorie, et sera consigné dans les clauses spéciales.

Si une réserve encrouée peut être dégagée sans qu'il soit nécessaire de l'abattre, l'agent forestier chef de service réglera le montant du dommage éprouvé.

Il sera dressé procès-verbal de ces reconnaissances et évaluations, lequel sera signé par l'adjudicataire ou son facteur et adressé au conservateur, qui, après l'avoir vérifié et approuvé, assurera le recouvrement des indemnités exigibles.

Les frais de timbre et d'enregistrement du procès-verbal seront à la charge de l'adjudicataire. (*Articles 12, § 1er de la loi du 13 brumaire an VII, 17 de la loi du 2 juillet*

1862, 8 de la loi du 18 mai 1850, 1 et 2 de la loi du 23 août 1871, 4 de la loi du 28 février 1872 et 2 de la loi du 30 décembre 1873.)

Art. 28. Les réserves renversées, endommagées ou abattues, dans les cas prévus par les deux articles précédents, seront marquées comme chablis et vendues au profit du propriétaire de la forêt, dans la forme ordinaire.

Art. 29. S'il est reconnu que les adjudicataires ne peuvent trouver une quantité suffisante de harts dans les coupes qui leur ont été vendues, il pourra leur en être accordé, sur l'autorisation de l'agent forestier chef de service.

Pour les bois domaniaux ou indivis entre l'Etat et les communes ou les établissements publics, le prix de ces harts sera fixé dans le procès-verbal de comptage qui en sera dressé.

Pour les bois communaux et d'établissements publics, le prix en sera arrêté par le préfet.

Art. 30. Il est défendu aux adjudicataires de faire ou laisser paître les animaux de trait ou de bât dans les forêts, même de les conduire dans les ventes sans les museler.

Art. 31. La vidange s'opérera par les chemins désignés dans le procès-verbal d'adjudication ou dans l'affiche en cahier.

Néanmoins, le conservateur pourra assigner dans le cours de l'exploitation d'autres chemins de vidange à l'adjudicataire, sur sa demande, et celui-ci sera tenu, par le seul fait de cette demande, de payer l'indemnité qui serait mise à sa charge, à moins qu'il ne renonce au bénéfice de la décision.

Art. 32. Les laies séparatives des coupes seront entretenues, et les étocs recepés par les adjudicataires, qui, au fur et à mesure de l'exploitation, feront enlever les bois qui tomberont sur ces laies, afin qu'elles soient toujours libres.

Art. 33. Sont obligés les adjudicataires :

1° A tenir les chemins libres dans les coupes, de manière que les voitures puissent y passer librement en tout temps;

2° A faire fouir, niveler et replanter ou semer les places des ateliers ;

3° A réparer, dans les forêts, suivant le détail précis qui en sera inséré dans les affiches, conformément au mode d'exécution indiqué, et d'après la dépense prévue, les chemins et routes désignés pour la vidange ;

4° A y rétablir les ponts, ponceaux, fossés, bornes, barrières, poteaux, murs de clôture, sangsues, glacis, etc., endommagés ou détruits par le fait de l'exploitation ou de la vidange des bois.

Art. 34. Les adjudicataires des coupes des bois de l'Etat sont tenus de payer aux communes les subventions spéciales auxquelles celles-ci ont droit, en exécution de l'article 14 de la loi du 21 mai 1836 et de l'article 11 de la loi du 20 août 1881, pour dégradations extraordinaires causées aux chemins vicinaux et chemins ruraux classés par le transport des produits desdites coupes.

Art. 35. Sous les peines portées par la loi, tous les bois et arbres réservés et, dans les coupes marquées en délivrance, l'empreinte du marteau de l'Etat sur les souches des arbres exploités devront être représentés par les adjudicataires lors du récolement.

Art. 36. Les adjudicataires se conformeront, au surplus, aux dispositions spéciales du code forestier et de l'ordonnance du 1er août 1827.

Délibéré en Conseil d'administration, le 18 mars 1891.

CAHIER DES CHARGES

pour la vente des coupes par unités de produits dans les forêts de l'Etat, des communes et des établissements publics.

§ 1er.

Adjudication.

Art. 1er. Les ventes par unités de produits ont lieu aux clauses et conditions du cahier des charges générales de l'exercice courant, sauf les modifications qui résultent des dispositions suivantes.

Art. 2. La vente comprend, sans garantie de contenance, de nombre d'arbres ou de quantité : 1° tous les bois désignés dans la coupe, à un moment quelconque de l'exploitation, par les agents et préposés forestiers, à charge par l'adjudicataire de les faire abattre et façonner et d'en payer la valeur, sur procès-verbal de dénombrement, d'après les prix fixés par le procès-verbal d'adjudication ; 2° les produits de l'élagage des arbres réservés, lorsque cette opération sera jugée utile.

Art. 3. L'adjudication aura lieu soit au rabais, soit aux enchères. Elle portera sur l'ensemble des diverses unités de marchandises dont le prix de base ou la mise à prix sera indiqué aux affiches.

Les rabais et enchères seront réglés à tant pour cent des prix de base ou de la mise à prix. Les fractions de centièmes ne seront pas admises.

Art. 4. L'adjudication au rabais aura lieu de la manière suivante : le chiffre annoncé par le crieur sera diminué successivement d'après un tarif réglé à l'avance et affiché dans la salle d'adjudication, jusqu'à ce qu'une personne prononce les mots : *Je prends.*

Si plusieurs personnes se portent simultanément adjudicataires, la coupe est tirée au sort, à moins que l'un des preneurs ne réclame les enchères ; le concours est alors ouvert entre les preneurs d'après le mode indiqué à l'article suivant.

Art. 5. L'adjudication sera tranchée après l'extinction de trois bougies allumées successivement. Si, pendant la durée de la dernière des trois bougies, il survient des enchères, l'adjudication ne sera prononcée qu'après l'extinction d'un dernier feu sans enchères.

Art. 6. Les cautions que l'adjudicataire est tenu de fournir, conformément à l'article 8 du cahier des charges générales, seront reçues du consentement du receveur des domaines pour les coupes des bois domaniaux, et du consentement des maires et des receveurs municipaux, des administrateurs et receveurs des établissements publics pour les coupes des bois des communes et des établissements publics.

En cas d'insolvabilité des cautions, constatée par faillite ou autrement, toutes les sommes dues deviendront immédiatement exigibles, à moins que l'adjudicataire ne fasse agréer, par le receveur intéressé, une nouvelle caution. (Code civil, article 2020.)

§ II.

Prix de vente et charges accessoires.

Art. 7. Les adjudicataires des coupes de bois domaniaux verseront à la caisse des receveurs de l'enregistrement et des domaines :

1° Dans le délai fixé par les clauses spéciales, lequel ne pourra excéder six mois, le prix principal d'adjudication réglé par le procès-verbal de dénombrement ;

2° Dans les dix jours de la clôture du procès-verbal de dénombrement, 1 fr. 60 c. pour cent du montant de l'adjudication (1), tant pour les droits fixes de timbre et d'enregistrement des actes relatifs à la vente que pour tous autres frais, et les droits proportionnels d'enregistrement et de caution sur le montant de l'adjudication augmenté de la taxe de 1 fr. 60 c. pour cent. (Décision du ministre des finances du 7 avril 1883.)

Le droit fixe de certificateur de caution sera payé, en outre, dans le même délai, après le premier dénombrement.

Art. 8. Les adjudicataires des coupes de bois communaux et d'établissements publics payeront, dans les délais indiqués à l'article précédent :

1° A la caisse du receveur de la commune ou de l'établissement public propriétaire, le prix principal réglé par le procès-verbal de dénombrement ;

2° A la caisse du receveur de l'enregistrement, les droits fixes de timbre et d'enregistrement des actes relatifs à l'adjudication et de certificateur de caution, les droits proportionnels d'enregistrement et de caution sur le montant de l'adjudication augmenté des droits fixes de timbre et d'enregistrement des actes antérieurs ou postérieurs à l'adjudication, c'est-à-dire du procès-verbal de balivage et, s'il y a lieu, du procès-verbal d'arpentage.

(1) Le montant de l'adjudication se compose du prix principal en numéraire, augmenté de la valeur des charges (travaux, fournitures, etc.) imposées sur la coupe. Toutefois, on ne considérera pas comme une charge la valeur *sur pied* des bois à fournir aux préposés forestiers et aux usagers.

Art. 9. Le montant des charges de toute nature, pour travaux ou fournitures incombant à l'adjudicataire et dont l'évaluation en argent est indiquée aux affiches, sera défalqué en bloc du montant de l'adjudication sur le procès-verbal de dénombrement.

§ III.

Préliminaires de l'exploitation.

Art. 10. L'adjudicataire commencera l'exploitation à l'époque fixée par les clauses spéciales ou qui lui sera indiquée par le chef de cantonnement.

Le chef de cantonnement pourra exiger le renvoi de tout individu d'une incapacité notoire pour l'exploitation des bois, ou qui refuserait de se conformer aux prescriptions des agents et préposés chargés de surveiller l'exploitation.

Art. 11. L'adjudicataire ne sera tenu d'avoir un garde-vente que si les clauses spéciales lui en imposent l'obligation.

§ IV.

Exploitation.

Art. 12. Le nettoiement préalable de la coupe, c'est-à-dire l'enlèvement des houx, épines, bruyères et autres arbres nuisibles, pourra être prescrit par le procès-verbal d'adjudication, qui fera connaître, s'il y a lieu, le prix auquel seront payés les produits de l'opération. Dans le cas où ils seraient délivrés gratuitement, l'adjudicataire qui voudra les abandonner sera tenu de se conformer aux instructions de l'agent local relativement à leur réunion en tas ou à leur incinération.

Art. 13. L'adjudicataire fournira, aux jours fixés par le chef de cantonnement, le nombre d'ouvriers qui sera reconnu nécessaire pour opérer, d'après les indications de cet agent ou de son délégué, l'abatage des bois compris dans la vente et, s'il y a lieu, l'élagage de ceux laissés sur pied.

Art. 14. L'adjudicataire ne pourra, sous les peines portées par les articles 33 et 34 du code forestier, abattre ou exploiter d'autres bois que ceux qui auront été indiqués par l'agent local ou par les préposés désignés par lui.

Il sera tenu d'ailleurs, ainsi que ses ouvriers, de se conformer à toutes les mesures qui lui seront prescrites par le chef de cantonnement pour le mode d'exploitation, la dimension des produits et la marche des travaux.

Art. 15. Si, dans le cours de l'exploitation, l'adjudicataire désire fabriquer une catégorie de marchandises autre que celles prévues au procès-verbal d'adjudication, il en fera la demande par écrit au conservateur, qui fixera les prix de base des nouvelles unités de produits et les fera notifier administrativement audit adjudicataire.

En cas d'infraction à cette règle, le prix des nouvelles catégories de marchandises sera fixé d'office par le conservateur, sans préjudice de l'application de l'article 24 ci-dessous.

Art. 16. L'adjudicataire fera façonner et empiler, pour être compris dans le dénombrement, les bois provenant de chablis, volis et de lignes d'arpentage, situés dans l'intérieur de la coupe. Toutefois, il ne sera pas astreint à cette obligation si la valeur desdits bois dépasse le 1/10e du produit total de la coupe.

Art 17. Au fur et à mesure du façonnage, les bois de toute nature, sauf les arbres en grume, seront, s'il y a lieu, réunis aux endroits indiqués par les clauses spéciales.

Dans tous les cas, ils seront disposés pour le dénombrement conformément aux indications des agents forestiers ou de leurs délégués.

Art. 18. Les harts, pour les bourrées, fagots et écorces provenant de la vente seront délivrées gratuitement à l'adjudicataire, qui les fera exploiter à ses frais dans les lieux désignés par le chef de cantonnement, sous la surveillance du garde du triage. Si les agents forestiers jugent que cette extraction ne peut avoir lieu, ou qu'elle doit être limitée à certaines essences, mention en sera faite au procès-verbal d'adjudication.

Art. 19. Pendant le cours de l'exploitation, les agents pourront vérifier les bois pour s'assurer de leur nombre et de leur nature ; les piles qui auront été défaites seront aussitôt rétablies par l'adjudicataire.

Art. 20. Avant que le dénombrement soit effectué, les ouvriers ne pourront se servir, pour leur usage particulier, que d'épines, plantes parasites ou remanants désignés par le garde du triage.

L'enlèvement de ces bois et l'emploi de toute autre nature de produits seront considérés comme délits, et poursuivis conformément aux dispositions du code forestier.

Art. 21. Les délais d'abatage, de façonnage et de vidange seront déterminés par les clauses spéciales, ainsi que les conditions particulières à chaque vente.

§ V.

Dénombrement et enlèvement des produits.

Art. 22. Aussitôt que la coupe aura été mise en état de réception dans les conditions déterminées par les clauses spéciales, il sera dressé, contradictoirement avec l'adjudicataire dûment appelé, un procès-verbal de dénombrement, qui réglera les sommes par lui dues.

Le procès-verbal sera signé par les agents et préposés forestiers présents, et par l'adjudicataire ou son représentant ; s'il ne peut ou ne veut signer, ou s'il est absent, il en sera fait mention.

Des dénombrements partiels pourront être autorisés par le conservateur, dans des cas exceptionnels dont il sera seul juge et sous les conditions d'ordre et de police qu'il déterminera.

Art. 23. L'adjudicataire ne pourra enlever aucun bois qu'après avoir obtenu le permis de l'inspecteur des forêts. Ce permis lui sera délivré sur la production du procès-verbal de dénombrement et des certificats des receveurs constatant qu'il a satisfait au payement des frais d'adjudication et des droits de timbre et d'enregistrement indiqués aux articles 7 et 8.

Art. 24. Toute contravention aux articles 12, 13, 14, § 2, 15, § 1, 16, 17, 20, 23 du présent cahier des charges donnera lieu, indépendamment des poursuites correctionnelles qui pourraient être exercées, au payement, à titre de clause pénale civile, d'une somme dont l'importance sera fixée par le conservateur et qui ne pourra être inférieure à 10 francs, ni supérieure à 50 francs.

Les frais de timbre et d'enregistrement résultant de cette contravention seront également à la charge de l'adjudicataire.

En outre, dans le cas de contravention à l'article 23, l'adjudicataire sera tenu de payer le double de la valeur des bois enlevés, d'après les prix fixés par le procès-verbal d'adjudication. Si la quantité et la qualité de ces bois n'ont pu être régulièrement constatées, leur valeur sera fixée d'office par le conservateur.

Art. 25. L'adjudicataire se conformera pour le surplus aux dispositions du code forestier et de l'ordonnance du 1er août 1827, qui le concernent.

Art. 26. A l'expiration du délai de vidange, le récolement de la coupe se fera dans les formes ordinaires.

Délibéré en conseil d'administration, le 15 février 1888.

CAHIER DES CHARGES

pour la mise en ferme de l'écorce des chênes-liège dans les bois de l'Etat, des communes et des établissements publics.

TITRE Ier.

Des adjudications.

Art. 1er. Le fermage de l'écorce des chênes-liège est consenti, en bloc, sans garantie aucune, soit de contenance, de nombre d'arbres, d'essence, de dimensions, soit d'âge et de qualité, etc.

Le propriétaire de la forêt ne répond d'aucun cas fortuit prévu ou imprévu ; tous les risques et périls, généralement quelconques sont laissés à la charge exclusive du fermier, sans que ce dernier puisse se prévaloir des dispositions des articles 1722 et 1733 du code civil et se dispenser de payer les annuités échues ou à échoir, le tout en conformité des dispositions de l'article 1772 du même code.

Réserve faite pour une circonstance exceptionnelle qui sera signalée plus loin (article 34), le fermier, en cas de sinistre, d'incendie ou de tout autre accident qui aurait détruit tout ou partie de la forêt amodiée, ne pourra prétendre ni à la résiliation de son bail, ni à une diminution du prix de son fermage, ni à aucun dédommagement devant l'indemniser des travaux ou avances qu'il a faits, ou de la perte des produits qu'il aurait dû réaliser ou enfin des bénéfices qu'il aurait pu faire.

Art. 2. A moins de stipulations contraires, insérées dans les clauses spéciales, les baux sont consentis pour une période de douze années entières et consécutives.

L'adjudication se fera en nombre entier de francs, sur la mise à prix du montant d'une année de fermage.

Elle se fera au rabais.

Toutefois, en cas d'insuccès, le conservateur ou son délégué pourra, s'il le juge convenable, faire procéder séance tenante à une nouvelle adjudication, soit aux enchères, soit sur soumissions cachetées.

Lorsque, faute d'offres suffisantes, l'adjudication n'aura pu avoir lieu, elle pourra être remise, séance tenante et sans nouvelles affiches, au jour qui sera indiqué par le président, sur la proposition de l'agent forestier. Il y sera alors procédé en présence des mêmes fonctionnaires ou de leurs délégués. L'agent forestier restera libre d'employer l'un des trois modes d'adjudication et, s'il y a lieu, chacun d'eux successivement dans l'ordre qu'il jugera préférable.

En ce qui concerne les forêts domaniales, le ministre de l'agriculture pourra, en cas d'insuccès, autoriser l'exploitation des écorces au compte de l'Etat.

En ce qui concerne les forêts des communes et des établissements publics, le préfet, sur la proposition du conservateur et l'avis des maires ou administrateurs intéressés, pourra de même autoriser l'exploitation au compte de la commune ou de l'établissement propriétaire, puis la vente des produits, soit en bloc, soit par lots, dans l'une des communes voisines de la situation des bois.

Art. 3. L'adjudication au rabais aura lieu de la manière suivante :

La mise à prix et le taux auquel les rabais devront être arrêtés seront déterminés par le conservateur ou l'agent forestier qui le remplacera.

La mise à prix annoncée par le crieur sera diminuée successivement, d'après un tarif réglé à l'avance et affiché dans la salle d'adjudication jusqu'à ce qu'une personne prononce les mots : *Je prends*.

L'adjudication sera tranchée au taux du rabais dont le crieur aura énoncé ou commencé à énoncer le chiffre, lorsque les mots : *Je prends*, seront prononcés.

Si plusieurs personnes se portent simultanément adjudicataires, le lot est tiré au sort, à moins que l'un des preneurs ne réclame les enchères. Le concours est alors ouvert entre les preneurs.

Art. 4. L'adjudication aux enchères sera faite après l'extinction de trois bougies allumées successivement. Si, pendant la durée de la dernière de ces trois bougies, il survient des enchères, l'adjudication ne pourra être prononcée qu'après l'extinction d'un dernier feu sans enchère survenue pendant sa durée.

Les enchères ne pourront être moindres du vingtième de la mise à prix, si celle-ci est de 500 francs et au-dessous, du vingt-cinquième si elle est de 501 à 1000 francs, et du quarantième si elle excède 1000 francs.

Art. 5. L'adjudication par voie de soumission aura lieu de la manière suivante :

Les soumissions écrites sur papier timbré (1) devront toujours être remises cachetées et en séance publique. Il n'en sera plus admis après l'ouverture de l'une quelconque de celles qui auront été déposées. L'adjudication sera prononcée par le président en faveur de l'auteur de l'offre la plus élevée, si toutefois le conservateur ou son délégué juge l'offre suffisante.

Lorsque plusieurs soumissionnaires auront offert le même prix et que ce prix sera jugé suffisant, il sera procédé, séance tenante, à une réadjudication aux enchères, mais seulement entre les preneurs.

Art. 6. Le fonctionnaire chargé de présider l'adjudication décidera de toute contestation qui pourrait surgir pendant la séance.

Il sera juge de la solvabilité des preneurs. En cas de doute, le président exigera la présentation immédiate d'une caution et d'un certificateur de caution solvables ; à défaut de garanties suffisantes, il remettra l'article en adjudication.

Les personnes non domiciliées en France, qui voudront prendre part aux adjudications, devront, avant la séance, justifier de leur

---

(1) MODÈLE DE SOUMISSION.

Département d......

Arrondissement d......

Forêt d......

Je soussigné (*nom, prénoms, demeure...*), après avoir pris connaissance du cahier des charges générales, des clauses spéciales et de l'affiche concernant le fermage des chênes-liège dans le bois domanial (*ou communal*) pour.... années qui commenceront le.... et finiront le...., déclare me rendre adjudicataire du lot désigné à l'affiche sous le n°.... aux clauses et conditions stipulées dans lesdits cahiers, moyennant le prix (*en toutes lettres*), par chaque année.

solvabilité auprès des receveurs intéressés, qui pourront exiger d'elles telles garanties qu'ils jugeront convenable.

Art. 7. La déclaration de command ne pourra être faite que séance tenante.

Si le command a les qualités requises pour être admis et si son mandat est présenté immédiatement par l'adjudicataire, l'acceptation de command ne sera pas nécessaire ; mais si ce dernier n'a pas donné de mandat. il sera tenu d'accepter par le procès-verbal même d'adjudication, et séance tenante.

La déclaration de command et l'acceptation, étant insérées dans le procès-verbal, ne donneront lieu à aucun droit particulier.

Art. 8. Les minutes des procès-verbaux d'adjudication seront rédigées sur papier visé pour timbre et signées sur le champ par tous les fonctionnaires présents et par les adjudicataires ou leurs fondés de pouvoirs, et, dans le cas d'absence, ou s'ils ne veulent ou ne peuvent signer, il en sera fait mention au procès-verbal.

Art. 9. Chaque adjudicataire sera tenu, sous les peines portées par l'article 24 du code forestier, de donner, dans les cinq jours qui suivront celui de l'adjudication, une caution et un certificateur de caution reconnus solvables, lesquels s'obligeront solidairement avec lui à toutes les charges et conditions de l'adjudication, seront notamment soumis comme lui à l'obligation d'élire domicile au lieu d'adjudication ; à défaut de quoi, tous actes postérieurs leur seront valablement signifiés au secrétariat de la sous-préfecture.

Art. 10. Les cautions et certificateurs de cautions seront reçus :

Du consentement du receveur des domaines pour les bois domaniaux ; pour les bois des communes et des établissements publics, du consentement des maires et des receveurs de ces communes et des administrateurs et receveurs de ces établissements publics.

Les actes y relatifs seront passés au secrétariat du lieu de la vente et à la suite du procès-verbal d'adjudication.

Faute par l'adjudicataire de fournir les cautions dans le délai prescrit, il sera déchu de l'adjudication et une adjudication aura lieu à sa folle enchère, dans les formes ci-dessus déterminées et suivant les conditions spécifiées par l'article 24 du code forestier.

L'adjudicataire déchu payera :

1° La différence entre le montant des annuités cumulées de son adjudication et le montant correspondant résultant de la réadjudication.

2° Les frais de la première adjudication :

Calculés à raison de 1 fr. 60 c. pour cent d'une annuité, s'il s'agit de bois domaniaux ;

Arrêtés par le président de la vente, s'il s'agit de bois des communes et des établissements publics.

TITRE II.

Du prix des fermages, des frais d'adjudication et des droits de timbre et d'enregistrement.

Art. 11. Outre le prix principal de l'adjudication, il sera payé :

Par les adjudicataires dans les bois domaniaux,

1.60 pour cent du montant de l'adjudication (1) tant pour les droits fixes de timbre et d'enregistrement des procès-verbaux et actes relatifs à l'adjudication que pour tous autres frais.

Par les adjudicataires dans les bois indivis entre l'Etat, les communes et les établissements publics, et par les adjudicataires dans les bois des communes et des établissements publics,

Les droits fixes de timbre et d'enregistrement du procès-verbal et des autres actes relatifs à l'adjudication.

Chaque adjudicataire paiera de plus les droits proportionnels d'enregistrement sur le montant total des annuités du bail augmenté :

1° De la valeur totale des charges ;

2° Et du 1.60 pour cent, représentant les frais et droits fixes (bois domaniaux) ou des droits fixes de timbre et d'enregistrement des actes antérieurs et postérieurs à l'adjudication (bois domaniaux, indivis et communaux).

Art. 12. Les adjudicataires verseront immédiatement après la réception des cautions :

Pour les bois domaniaux,

Le 1.60 pour cent et les droits proportionnels dans la caisse soit de l'enregistrement, soit des domaines.

Pour les bois indivis entre l'Etat et les communes et les établissements publics,

Le dixième de la portion de la première annuité afférente aux communes et aux établissements publics, sur le prix principal d'adjudication, dans la caisse du receveur de la commune ou de l'établissement public.

Les droits fixes et proportionnels de timbre et d'enregistrement dans la caisse du receveur soit de l'enregistrement, soit des domaines.

Pour les bois communaux et d'établissements publics,

Le dixième du prix principal d'adjudication dans la caisse du receveur de la commune ou de l'établissement propriétaire.

Les droits fixes et proportionnels de timbre et d'enregistrement dans la caisse du receveur soit de l'enregistrement, soit des domaines.

Art. 13. Le prix principal du fermage sera payable chaque année, en un ou plusieurs termes, dont l'échéance et le montant seront indiqués dans les clauses spéciales, savoir :

---

(1) Le montant de l'adjudication se compose du prix principal en numéraire, augmenté de la valeur moyenne annuelle des charges.

Pour les bois domaniaux : à la caisse du receveur des domaines.

Pour les bois indivis : à la caisse du receveur des domaines pour la part revenant à l'Etat, et à la caisse du receveur des communes ou établissements publics pour la part revenant à chacun d'eux.

Pour les bois communaux et d'établissements publics : à la caisse du receveur de la commune ou de l'établissement public.

Pour les bois indivis et pour les bois des communes et des établissements publics, le dernier versement relatif à la première annuité sera diminué du dixième qui aura été payé comptant.

Art. 14. En cas de retard de paiement, les intérêts courront de plein droit sur le pied de cinq pour cent par an, à partir du jour de l'exigibilité des sommes dues.

Art. 15. Le parterre des fermes, comprenant les lieux de dépôt occupés sur le sol forestier, ne sera pas considéré comme le chantier ou le magasin des adjudicataires, et les produits qui s'y trouvent déposés pourront par suite être retenus, en cas de faillite, conformément aux dispositions de l'article 577 du code de commerce.

Art. 16. Dans les dix jours de l'adjudication et après l'acquittement des sommes spécifiées à l'article 11, il sera délivré par le secrétariat du lieu de l'adjudication, savoir :

1° A l'adjudicataire, une expédition du procès-verbal de son adjudication, un exemplaire du cahier des charges générales et des clauses spéciales, le tout sur papier visé pour timbre ;

2° A l'inspecteur chef de service, une expédition, sur papier libre, du procès-verbal précité ;

3° Au conservateur et au préfet, mais seulement quand la vente n'aura pas été faite au chef-lieu de la préfecture, un extrait dudit procès-verbal.

4° Aux receveurs intéressés, chacun en ce qui les concerne, une expédition du procès-verbal, un exemplaire du cahier des charges générales et des clauses spéciales, le tout sur papier visé pour timbre.

TITRE III.

Exploitation et jouissance.

Art. 17. A moins de stipulation contraire dans le procès-verbal d'adjudication, l'adjudicataire sera tenu d'avoir un garde-vente.

Le garde-vente ne pourra être parent ou allié du garde du triage, ni des agents de la localité. Il devra être agréé par l'agent local, au début de chaque année d'exploitation.

Il sera tenu, toutes les fois qu'il en sera requis, de représenter son registre aux agents forestiers pour être visé et arrêté par eux.

Il devra inscrire sur ce registre, jour par jour et sans lacune, la mention des arbres démasclés, montés, levés et montés en même temps, et cela séparément pour chacune de ces catégories.

Art. 18. Le permis d'exploiter sera délivré par l'agent forestier chef de service, sur la présentation des pièces dont le détail suit :

1° Les certificats constatant que l'adjudicataire a fait admettre ses cautions, satisfait aux payements exigés par les articles 11 et 12 du présent cahier des charges ;

2° L'expédition du procès-verbal de son adjudication ;

3° (S'il y a lieu) l'acte de prestation de serment du garde-vente, le registre dudit garde pour être coté et parafé.

L'agent forestier apposera son visa sur chacune des pièces.

Art. 19. L'adjudicataire remettra le permis d'exploiter au chef de cantonnement et préviendra cet agent du jour où il se propose de commencer l'opération.

Cette notification devra être renouvelée chaque année, huit jours au moins avant le commencement des opérations.

Art. 20. Pendant toute la durée de son bail, le fermier aura la faculté de commencer l'écorcement dès l'arrivée de la sève.

Cette opération devra être interrompue à partir du 15 août de chaque année.

La vidange sera terminée le 15 septembre suivant.

Art. 21. Tout adjudicataire qui, pour cause majeure et imprévue, ne pourra achever la vidange au terme prescrit et aura besoin d'un délai, sera tenu d'en faire la demande au conservateur. sur papier timbré, dix jours au moins avant l'expiration dudit terme.

Cette demande fera connaître les quantités de lièges existant sur le parterre du lot affermé, les causes du retard dans la vidange et le délai qu'il est nécessaire d'accorder. Il sera statué sur son objet par le conservateur.

L'adjudicataire, par le seul fait d'une demande en prorogation, s'oblige à payer les indemnités fixées par le conservateur.

Les délais de vidange courront à partir du 16 septembre.

Dans le cas où les adjudicataires n'auraient pas profité des délais qui leur auront été accordés, ils ne pourront obtenir décharge de l'indemnité fixée que sur un procès-verbal de l'agent forestier local dressé au plus tard le 15 septembre, enregistré à leurs frais et constatant qu'effectivement ils n'ont pas profité du bénéfice de la décision.

Art. 22. Moyennant l'accomplissement des formalités prescrites par l'article 19, l'adjudicataire aura le droit de lever les planches de liège ayant atteint une épaisseur de vingt-trois millimètres sur les neuf dixièmes au moins de leur largeur, mesure prise sur la section transversale soit supérieure, soit inférieure, et sur les parties saines et régulières.

Le mot planche s'entendra du cylindre complet d'écorce levée sur la circonférence tout entière de l'arbre. La largeur de la planche correspond à la circonférence développée ; sa hauteur est la dimension mesurée dans le sens de la hauteur de l'arbre.

Art. 23. Dès l'origine du bail, l'adjudicataire sera tenu de démascler les chênes-liège de cinquante centimètres de tour et au-dessus, mesure prise sur écorce, à un mètre du sol. — Pendant toute la durée du bail, il devra continuer ces démasclages et faire toutes les augmentations nécessaires sur tous les chênes à mesure qu'ils atteindront la dimension indiquée ci-dessus ou à l'article suivant.

Art. 24. La hauteur totale démasclée à partir du sol ne devra pas excéder le double de la circonférence du tronc mesurée comme il est dit à l'article 23.

Les branches ne seront démasclées qu'à la condition de mesurer au moins soixante centimètres de tour, sur écorce, à un mètre de leur point d'attache.

La longueur écorcée sur l'une quelconque des branches, ajoutée à celle déjà écorcée sur le tronc, ne devra pas excéder le double de la circonférence du tronc, mesurée sur écorce à un mètre du sol. Toutefois, les dimensions précédemment indiquées pourront, s'il y a lieu, être modifiées par le conservateur, à l'aide d'une stipulation insérée dans les clauses spéciales.

Art. 25. Aucun arbre ne pourra être écorcé dans une même année, ou dans le cours de deux années consécutives, sur plus d'un mètre cinquante centimètres de hauteur, nonobstant l'épaisseur acquise par le liège de reproduction.

Art. 26. Aucun chêne écorcé pendant deux années consécutives ne pourra subir un nouvel écorcement pendant l'année suivante.

Art. 27. Seront poursuivis comme délinquants, les adjudicataires qui auront levé des écorces, démasclé des arbres au-dessous des dimensions fixées ou en dehors des délais fixés par les cahiers des charges, tant générales que spéciales. (Art. 30 du code forestier.)

Art. 28. Sera passible des poursuites et des peines prévues par l'article 37 du code forestier, tout adjudicataire qui aura contrevenu aux clauses du présent cahier des charges et notamment aux articles 25 et 26.

Art. 29. L'adjudicataire sera tenu d'enlever, d'après les indications de l'agent forestier local et dans les délais qui lui seront assignés :

1° Les écorces dites *mûres* qui auraient atteint l'âge de 18 ans sans présenter l'épaisseur de 23 millimètres.

2° Les écorces dites *noires*, c'est-à-dire les écorces éventuellement avariées par suite d'un incendie. (Ces écorces lui appartiendront sans augmentation de redevance.)

L'adjudicataire devra émonder les arbres démasclés au-dessus de la section supérieure de l'écorce, sur une hauteur égale à celle de la portion démasclée ou augmentée.

Immédiatement après la levée, il pratiquera, au couteau, sur la mère, dans le sens longitudinal, parallèlement à l'axe du bois, du haut en bas de la levée, deux ou plusieurs fentes opposées l'une à l'autre et pénétrant jusqu'à l'aubier.

Art. 30. En cas d'invasion de maladies sévissant sur le chêne-liège, l'adjudicataire sera tenu de prendre toutes les mesures préventives, curatives ou réparatrices, qui lui seront prescrites par les agents forestiers et d'appliquer ces mesures dans les formes et les délais qui lui seront indiqués.

Art. 31. A défaut par les adjudicataires d'effectuer dans les délais prescrits les travaux de toute nature imposés par le cahier des charges générales et des clauses spéciales, ces travaux seront exécutés à leurs frais à la diligence des agents forestiers et sur l'autorisation du préfet, qui arrêtera ensuite le mémoire des dépenses et le rendra exécutoire contre les adjudicataires pour le paiement, le tout conformément aux dispositions de l'article 41 du code forestier et sans préjudice des poursuites à exercer, ni des réparations à exiger en exécution des articles 30 et 37 du code forestier.

Art. 32. Le corps des chênes-liège étant expressément réservé, l'adjudicataire qui les aurait abattus ou fait périr par un démasclage abusif, qui aurait arraché ou mutilé soit le bois, soit la mère, sera passible des peines et réparations portées par l'article 34 du code forestier.

Art. 33. Si, dans les cas prévus par les articles 23, 24, 25, 26, 29 et 30 du présent cahier des charges, il y a lieu de réclamer du fermier des dommages et intérêts, le montant en sera réglé par trois experts nommés l'un par le préfet, l'autre par le conservateur et le troisième par le fermier.

Si l'expert de l'adjudicataire n'est pas nommé ou n'a pas comparu au jour que le préfet aura fixé pour procéder à l'expertise, l'opération faite par les deux autres experts sera réputé contradictoire.

La simple signification du procès-verbal des experts obligera l'adjudicataire à verser immédiatement le montant des indemnités fixées, dans la caisse du receveur intéressé, sous peine d'y être contraint par toutes les voies de droit et notamment celles prévues par l'article 28 du code forestier.

Les frais d'expertise seront entièrement à la charge de l'adjudicataire.

Art. 34. Par dérogation aux stipulations de l'article 1er du présent cahier des charges, si, dans le cours d'une année, un incendie détruit la forêt sur les trois cinquièmes au moins de l'étendue du lot affermé, l'adjudicataire pourra réclamer la résiliation du bail, mais il n'aura droit à aucun remboursement ni dédommagement destiné à l'indemniser des avances ou des travaux qu'il aura faits, soit de la perte des produits qu'il aurait pu réaliser, soit enfin des bénéfices qu'il aurait pu faire.

La résiliation sera prononcée par le directeur pour une forêt domaniale ou indivise, et après avis du préfet pour une forêt communale ou d'établissement public.

Le bail restera en vigueur jusqu'au jour où la résiliation sera notifiée à l'adjudicataire.

Celui-ci, pour être admis à résilier, devra fournir la preuve que l'incendie ne provient ni de son fait, ni de celui des ouvriers, et qu'il en a combattu la marche par tous les moyens à sa disposition.

Nonobstant la résiliation prononcée, l'adjudicataire continuera à encourir les responsabilités édictées par les articles 45 et 46 du code forestier, jusqu'à ce qu'il ait obtenu la décharge d'exploitation. Dans le cas où l'adjudicataire renoncerait à la résiliation, il pourra réclamer pour les annuités restant à courir une diminution du prix de son fermage proportionnelle à la diminution des produits à récolter. L'évaluation en sera faite par trois experts, comme il a été dit à l'article 33. Les annuités déjà versées et les travaux exécutés resteront acquis au propriétaire, qui, dans aucun cas, n'aura de remboursement à effectuer.

Art. 35. L'Etat, les communes et les établissements propriétaires des bois dans lesquels l'écorcement du liège est affermé se réservent de faire dans les mêmes bois toutes les ventes d'arbres ou autres produits généralement quelconques, toutes exploitations et tous travaux, en un mot de prendre toutes mesures ayant pour objet la mise en valeur, l'amélioration de la forêt en général, la culture des diverses essences, la protection des massifs contre l'incendie ou tout autre fléau et contre les animaux nuisibles ; le tout, sans que le fermier puisse réclamer aucune indemnité, restitution ou réduction de bail pour les chênes-liège ou recepés ou abattus, ou endommagés soit par suite des travaux, soit par la chute des arbres vendus.

Art. 36. Si des chênes-liège sont renversés par les vents ou viennent à sécher sur pied, ou seulement à dépérir, le fermier sera tenu d'en donner avis à l'agent local, qui prendra ou prescrira telles mesures qu'il jugera nécessaire.

Art. 37. Il est interdit aux adjudicataires : 1° de faire ou de laisser paître les animaux de trait ou de bât dans les forêts ; 2° de les conduire dans le lot affermé sans les avoir muselés préalablement.

Art. 38. La vidange s'opérera par les chemins désignés dans le procès-verbal d'adjudication ou le cahier des clauses spéciales.

Toutefois, dans le cours du bail, le conservateur pourra désigner d'autres chemins de vidange à l'adjudicataire sur sa demande, et celui-ci sera tenu, par le seul fait de cette demande, de payer l'indemnité qui serait mise à sa charge, à moins qu'il ne renonce au bénéfice de la décision.

Art. 39. Les laies séparatives des coupes, les tranchées et sentiers garde-feu seront tenus constamment libres.

Art. 40. Sont obligés les adjudicataires :

1° A tenir les chemins libres dans la forêt, de manière que les voitures puissent y passer librement en tout temps.

2° A réparer les ponts, ponceaux, murs, bornes, barrières, poteaux, sangsues, glacis, fossés, etc., endommagés ou détruits par le fait de l'exploitation ou de la vidange des produits.

Art. 41. Les adjudicataires (dans les bois de l'Etat) seront tenus de payer aux communes les subventions spéciales auxquelles celles-ci ont droit en exécution de l'article 14 de la loi du 21 mai 1836 et de l'article 11 de la loi du 20 août 1881, pour dégradations extraordinaires causées aux chemins vicinaux et chemins ruraux par le transport des produits de leurs lots.

Art. 42. Toutes les dispositions du présent cahier des charges sont de rigueur ; aucune d'elles ne pourra être réputée comminatoire. Sous la réserve des dérogations qui pourraient être apportées par les clauses spéciales aux articles 2, 24, 25, 26 et 34, toutes les dispositions précitées recevront leur entière application, et ce, jusqu'à ce qu'il en ait été autrement ordonné.

Les fermiers des écorces de chênes-liège seront soumis et se conformeront, quant au surplus, à toutes les dispositions du code forestier et à celles de l'ordonnance du 1er août 1827, qui concernent les adjudications des coupes de bois, notamment aux dispositions des articles 45 et 46 du code forestier.

Délibéré en conseil d'administration, le 27 octobre 1886.

CAHIER DES CHARGES

pour l'adjudication de l'extraction des résines dans les bois de l'Etat, des communes et des établissements publics.

TITRE Ier.

Des adjudications.

Art. 1er. La durée des baux sera indiquée par les affiches et reproduite dans l'acte d'adjudication.

Les pins à gemmer à vie et à mort seront désignés dans chaque lot.

L'extraction de la résine sera adjugée en bloc.

L'affiche et l'acte d'adjudication énonceront si les arbres à gemmer à mort font, ou non, partie de l'adjudication.

Les baux seront consentis sans aucune garantie de quantité ni de qualité.

Art. 2. L'adjudication se fera, soit au rabais, soit par soumission cachetée.

L'opération commencera par celui de ces

deux modes que l'agent forestier indiquera au président de la vente.

Si des lots restent invendus, le président pourra, séance tenante, et sur la proposition de l'agent forestier, procéder à une nouvelle adjudication par lots ou par réunion de lots, et, en cas d'insuccès, remettre les adjudications à un jour qu'il fixera, ou les ajourner indéfiniment.

Le préfet pourra, d'ailleurs, sur la proposition du conservateur, autoriser dans les forêts communales et d'établissements publics l'extraction de la résine par voie de régie, sous la direction d'un entrepreneur responsable, et la vente des matières résineuses à un atelier désigné.

Art. 3. L'adjudication au rabais aura lieu de la manière suivante :

La mise à prix et le taux auquel les rabais devront être arrêtés seront déterminés par le conservateur ou l'agent forestier qui le remplacera.

La mise à prix annoncée par le crieur sera diminuée successivement, d'après un tarif réglé à l'avance et affiché dans la salle d'adjudication, jusqu'à ce qu'une personne prononce les mots : *Je prends.*

L'adjudication sera tranchée au taux du rabais dont le crieur aura énoncé ou commencé à énoncer le chiffre, lorsque les mots *Je prends* seront prononcés.

Si plusieurs personnes se portent simultanément adjudicataires, le lot est tiré au sort, à moins que les enchères ne soient réclamées par l'un des preneurs. Le concours est alors ouvert entre eux.

Art. 4. Dans le cas prévu à l'article précédent, l'adjudication aux enchères sera faite après l'extinction de trois bougies allumées successivement. Si, pendant la durée de ces trois bougies, il survient des enchères, l'adjudication ne pourra être prononcée qu'après l'extinction d'un dernier feu sans enchère survenue pendant sa durée.

Les enchères ne pourront être moindres du 20me de la mise à prix, si elle est de cinq cents francs et au-dessous, du 25me si elle est de cinq cent un francs à mille francs, et du 40me si elle excède mille francs.

Art. 5. L'adjudication par voie de soumission aura lieu de la manière suivante :

Les soumissions devront toujours être faites sur papier timbré et remises cachetées, en séance publique.

Le président fixera une heure, passé laquelle aucune soumission ne pourra plus être déposée ; il sera ensuite procédé à leur ouverture. L'adjudication sera prononcée par le président, si l'agent forestier juge l'offre suffisante.

Lorsque plusieurs soumissionnaires auront offert le même prix et que ce prix sera jugé suffisant, le lot sera tiré au sort ou remis aux enchères ainsi qu'il est prescrit par l'article 3.

L'offre faite sur l'ensemble de plusieurs articles ne sera admise qu'autant qu'elle sera supérieure au montant des soumissions partielles, y compris, pour les lots non soumissionnés, le prix de l'estimation de ces lots.

Art. 6. Le fonctionnaire chargé de présider l'adjudication sera juge de la solvabilité des acquéreurs.

En cas de doute ou d'offre exagérée, il lui appartiendra d'exiger la présentation immédiate d'une caution et d'un certificateur de caution solvables, ou de remettre l'article en adjudication, à défaut de garanties suffisantes.

Art. 7. La déclaration de command ne pourra être faite que séance tenante.

Si le command a les qualités requises pour être admis et si l'adjudicataire présente son mandat immédiatement, l'acceptation du command n'est pas nécessaire ; mais, si ce dernier n'a pas donné de mandat, il sera tenu d'accepter par le procès-verbal même d'adjudication, et séance tenante.

La déclaration de command et l'acceptation, étant insérées dans le procès-verbal, ne donneront lieu à aucun droit particulier.

Art. 8. Les minutes des procès-verbaux d'adjudication seront rédigées sur papier visé pour timbre, et signées sur le champ par tous les fonctionnaires présents et par les adjudicataires ou leurs fondés de pouvoirs, et, dans le cas d'absence ou s'ils ne veulent ou ne peuvent signer, il en sera fait mention au procès-verbal.

Art. 9. Chaque adjudicataire sera tenu, sous les peines portées par l'article 24 du code forestier, de donner, dans les cinq jours qui suivront celui de l'adjudication, une caution et un certificateur de caution reconnus solvables, lesquels s'obligeront solidairement avec l'adjudicataire à toutes les charges et conditions de l'adjudication. Ils seront soumis comme lui à l'obligation d'élire domicile au lieu d'adjudication ; à défaut de quoi, tous actes postérieurs leur seront valablement signifiés au secrétariat de la sous-préfecture (article 27 du code forestier).

L'adjudicataire sera, dans le cas de déchéance, tenu de payer, s'il s'agit de bois de l'Etat, les frais de la première adjudication, à raison de 1.60 pour cent du prix principal pour une année ; et, s'il s'agit de bois de communes ou d'établissements publics, lesdits frais d'après le chiffre qui en aura été arrêté par le président de la vente.

Les cautions et certificateurs de cautions seront reçus du consentement du receveur des domaines pour les bois de l'Etat, et pour les bois des communes et établissements publics du consentement des maires et administrateurs, et des receveurs des communes et établissements intéressés.

Les actes en seront passés au secrétariat du lieu de la vente, et à la suite du procès-verbal d'adjudication.

TITRE II.

Prix des adjudications.

Art. 10. Outre le prix principal de l'adjudication, il sera payé :

Par les adjudicataires, dans les bois de l'Etat,

1.60 pour cent du montant de l'adjudication (1), pour la ferme entière, tant pour les droits fixes de timbre et d'enregistrement des procès-verbaux et autres actes relatifs à l'adjudication, que pour tous autres frais;

Et par les adjudicataires, dans les bois communaux et d'établissements publics,

Les droits fixes de timbre et d'enregistrement des procès-verbaux et des autres actes relatifs à l'adjudication.

Chaque adjudicataire, dans les bois de l'Etat, des communes et établissements publics, paiera, de plus, les droits proportionnels d'enregistrement (2 pour cent en principal) sur le montant cumulé des annuités, augmenté, pour les bois domaniaux de 1.60 pour cent, et pour les bois des communes et établissements publics des droits fixes de timbre et d'enregistrement des actes antérieurs et postérieurs à l'adjudication (2).

Art. 11. Les adjudicataires verseront à la caisse du receveur de l'enregistrement et des domaines, dans les dix jours qui suivront l'adjudication :

Pour les bois domaniaux,

Le 1.60 pour cent et les droits proportionnels d'enregistrement, basés sur le montant de l'adjudication pour la ferme entière.

Pour les bois communaux et d'établissements publics,

Les droits fixes de timbre et d'enregistrement des actes relatifs à l'adjudication, et les droits proportionnels d'enregistrement, basés sur le montant de la ferme entière.

Art. 12. Le prix du bail sera versé chaque année, par moitié, les 15 août et 15 décembre, dans la caisse, soit du receveur des domaines, soit du receveur des communes ou des établissements publics propriétaires, suivant la catégorie des bois; en cas de retard de paiement, les intérêts courront de plein droit sur le pied de 5 pour cent par an, à partir de l'exigibilité des sommes dues.

La résiliation du bail pourra, en outre, être poursuivie contre l'adjudicataire.

Art. 13. Le parterre des coupes comprenant les lieux de dépôt désignés dans la forêt ne sera point considéré comme le chantier ou le magasin des adjudicataires et les bois qui s'y trouvent déposés pourront, par suite, être retenus en cas de faillite, conformément aux dispositions de l'article 577 du code de commerce.

(1) Le montant de l'adjudication se compose du prix principal, en numéraire, augmenté de la valeur des charges (travaux, fournitures, etc.), imposées sur la coupe. Toutefois, on ne considérera pas comme une charge la valeur sur pied des bois à fournir aux préposés forestiers ou aux établissements communaux.

(2) Ces actes sont le procès-verbal de balivage, la citation à récolement et, s'il y a lieu, le procès-verbal d'arpentage.

TITRE III.

Exploitation, vidange et récolement.

Art. 14. Le garde-vente ou facteur que l'adjudicataire doit avoir, conformément à l'article 31 du code forestier, ne pourra être parent ou allié du garde du triage ni des agents de la localité.

L'adjudicataire pourra présenter l'un de ses ouvriers comme facteur, lequel sera tenu de produire à toute réquisition son registre aux agents forestiers, pour être visé et arrêté par eux.

Si des circonstances particulières permettaient de dispenser l'adjudicataire d'avoir un garde-vente, il en serait fait mention au procès-verbal d'adjudication.

Art. 15. Le permis d'exploiter sera délivré à l'adjudicataire par l'agent forestier chef de service, avec un exemplaire visé pour timbre du cahier des charges et des clauses spéciales, sur la présentation des pièces dont le détail suit :

1° Certificats constatant qu'il a fait admettre ses cautions et satisfait aux paiements exigés par l'article 10 du présent cahier des charges;

2° S'il y a lieu, acte de prestation de serment du garde-vente et registre dudit garde, pour être coté et parafé;

3° Marteau, dont la forme sera triangulaire.

L'agent forestier apposera son visa sur les pièces mentionnées aux numéros 1° et 2° ci-dessus.

Il délivrera, en outre, à l'adjudicataire, aussitôt qu'elle aura été établie au secrétariat du lieu de la vente, une expédition sur papier visé pour timbre du procès-verbal d'adjudication.

Art. 16. L'adjudicataire remettra le permis d'exploiter au chef du cantonnement, et il le préviendra du jour où il se proposera de commencer son exploitation.

Art. 17. Les quarres et entailles seront conduites conformément aux prescriptions des clauses spéciales, arrêtées par le conservateur et approuvées par le directeur de l'administration des forêts.

Si les arbres à gemmer à mort sont abandonnés aux adjudicataires, ceux-ci pourront les travailler comme ils l'entendront.

Dans le cas contraire, les adjudicataires devront les gemmer de manière à ne point leur enlever la valeur qu'ils doivent conserver comme bois d'œuvre et de chauffage. Les dimensions des quarres devront être telles que leur ensemble ne dépasse jamais les limites d'un équarrissage régulier.

Art. 18. Tout arbre travaillé contrairement aux principes rappelés à l'article précédent et aux clauses spéciales sera considéré comme un arbre mutilé, et, dès lors, l'adjudicataire sera traité comme s'il l'avait abattu par le pied, en conformité des dispositions combinées des articles 192 et 196 du code forestier.

L'adjudicataire sera passible des mêmes peines, toutes les fois que, pour conduire la résine dans le godet, il aura pratiqué au pied des arbres gemmés à vie des incisions circulaires assez profondes pour attaquer le bois.

Art. 19. L'adjudicataire respectera tous les arbres mis en réserve, quels que soient leur qualification et leur nombre.

Dans aucun cas autre que ceux spécifiés au présent cahier, il ne pourra être abandonné à l'adjudicataire aucun arbre de réserve, quand même il se trouverait un nombre d'arbres délivrés inférieur à celui porté aux procès-verbaux de martelage et d'adjudication. Cette différence ne pourra donner lieu à aucune indemnité en faveur de l'adjudicataire.

Art. 20. Dans aucun cas et sous aucun prétexte, les empreintes du marteau de l'État ne pourront être enlevées; elles devront rester intactes pendant la durée du bail; et, dans ce but, toutes les précautions nécessaires devront être prises au moment de l'ouverture des quarres. On devra même éviter soigneusement que ces empreintes ne soient obstruées par la résine.

Tout arbre sur lequel lesdites empreintes auraient disparu sera considéré comme ne faisant pas partie de la ferme, et rendra l'adjudicataire passible de l'application de l'article 196 du code forestier.

Le mode de martelage sera indiqué dans l'affiche et rappelé au procès-verbal d'adjudication.

Art. 21. Si pour cas imprévus, tels que tracé de laies, garde-feu, travaux d'aménagement, travaux de défenses du littoral, ou pour toute autre cause, des arbres compris dans la ferme étaient abattus ou en étaient distraits, il sera procédé de la manière suivante :

Une indemnité égale au revenu moyen annuel produit par chaque arbre gemmé à vie sera allouée à l'adjudicataire pour chaque année qui restera à courir.

Semblable indemnité lui sera accordée pour les arbres gemmés à mort, mais dans le cas seulement où l'abatage de ces arbres aurait lieu avant la troisième année du bail.

Ces indemnités seront réglées contradictoirement entre le chef du cantonnement et l'adjudicataire ou son facteur, et approuvées par le conservateur.

Art. 22. Dans le cas où, pendant le cours de l'exploitation, des arbres à gemmer à vie ou des réserves viendraient à mourir ou à être arrachés et brisés par les vents, ou par toute autre cause étrangère à l'administration, l'adjudicataire en préviendra l'agent forestier local, afin que la reconnaissance de ces arbres soit faite sans retard.

L'adjudicataire devra, sur l'invitation qui lui en sera faite et dans un délai de quinze jours, exploiter ces arbres; il lui sera facultatif de s'en rendre acquéreur sur procès-verbal d'estimation contradictoire, dont il acquittera les frais et paiera le montant aux caisses qui lui seront indiquées et dans les délais qui seront fixés par cet acte.

Le procès-verbal d'estimation approuvé par le conservateur sera exécutoire sans aucune autre formalité.

Aucune indemnité ne sera accordée à l'adjudicataire pour la privation qu'il éprouverait de la jouissance de ceux des arbres destinés à être gemmés à vie.

Les arbres gemmés à mort et vendus, qui mourront sur pied dans le cours du bail, devront être exploités immédiatement par l'adjudicataire et, au plus tard, quinze jours après la mise en demeure qui lui en sera faite par l'agent local.

Si les arbres gemmés à mort ne sont pas vendus, il sera procédé, au sujet de ceux qui mourront sur pied pendant le cours du bail, comme il a été dit précédemment pour les arbres à gemmer à vie et les réserves.

Art. 23. Dans le cas de bris de réserve, par le seul fait de l'exploitation régulièrement conduite, l'adjudicataire sera tenu, envers l'État ou la commune propriétaire, à une indemnité dont le minimum sera fixé à l'avance pour chaque nature de réserve et sera consigné dans les clauses spéciales. Cette indemnité sera indépendante du prix de délivrance facultative desdits arbres brisés à l'adjudicataire, qui sera tenu en tous cas de les receper. Cette opération devra être terminée dans le délai de huit jours, à partir de la date du procès-verbal contradictoire, constatant le bris de réserve.

Art. 24. Le service forestier aura la faculté de vendre, sans attendre le récolement de la coupe, les chablis, volis, arbres morts ou bois de réserve dont l'adjudicataire aurait refusé de se rendre acquéreur dans les conditions spécifiées aux articles 22 et 23; dans ce cas, l'adjudicataire sera tenu de souffrir l'introduction dans sa coupe des ouvriers et des attelages du nouvel exploitant, et n'en demeurera pas moins soumis à la responsabilité légale résultant de son marché.

Art. 25. Si l'adjudicataire voulait établir des ateliers de distillation, ou des scieries à vapeur, il en ferait la demande en la forme ordinaire. Il devrait alors accepter sans réserve les conditions qui lui seraient imposées pour éviter tout accident et tout dommage à la forêt.

Art. 26. Tout adjudicataire qui, pour cause majeure et imprévue, ne pourra achever l'exploitation ou la vidange aux termes prescrits, et aura besoin d'un délai, sera tenu d'en faire la demande au conservateur sur papier timbré (art. 12 de la loi du 13 brumaire an VII, 17 de la loi du 2 juillet 1862 et 2 de la loi du 23 août 1871), vingt jours au moins avant l'expiration desdits termes.

Cette pétition fera connaître l'importance des bois restant à exploiter ou les quantités et espèces de produits existant sur le parterre de la coupe, les causes du retard dans l'exploitation ou la vidange et le délai qu'il est nécessaire d'accorder. Il sera statué sur son objet par le conservateur.

L'adjudicataire, par le seul fait d'une demande en prorogation de délai d'exploitation ou de vidange, s'oblige à payer les indemnités fixées par l'administration.

Les délais d'exploitation ou de vidange courront du jour de l'expiration des termes fixés par les clauses spéciales.

Dans le cas où les adjudicataires n'auraient pas profité des délais qui leur auront été accordés, ils ne pourront obtenir décharge de l'indemnité fixée que sur un procès-verbal de l'agent forestier local, dressé, au plus tard, le jour de l'expiration du terme de l'exploitation ou de la vidange, enregistré à leurs frais (art. 12 de la loi du 13 brumaire an VII, 17 de la loi du 2 juillet 1862, 8 de la loi du 18 mai 1850, 1 et 2 de la loi du 23 août 1871, 4 de la loi du 28 février 1872 et 2 de la loi du 30 décembre 1873) et constatant qu'effectivement ils n'ont pas profité du bénéfice de la décision.

Art. 27. La vidange s'opérera par les chemins existants et par ceux qui seront désignés par le procès-verbal d'adjudication et dans l'affiche.

Néanmoins, le conservateur pourra assigner, dans le cours de l'exploitation, d'autres chemins de vidange à l'adjudicataire, sur sa demande, et celui-ci sera tenu, par le seul fait de cette demande, de payer l'indemnité qui serait mise à sa charge, à moins qu'il ne renonce au bénéfice de la décision.

Art. 28. Il est défendu aux adjudicataires de faire ou de laisser paître en forêt les animaux de trait et de bât. Ces animaux ne pourront, d'ailleurs, être conduits dans les ventes sans être muselés.

Art. 29. Les adjudicataires feront enlever, au fur et à mesure de l'exploitation, les bois qui tomberont sur les laies séparatives des coupes, afin qu'elles soient toujours libres.

Art. 30. Sont obligés les adjudicataires :

1° A tenir constamment libres les chemins intérieurs des coupes ;

2° A réparer, en forêt, les voies de vidange, conformément aux indications des affiches ;

3° A rétablir les poteaux, clôtures, bornes et généralement les ouvrages de toute nature détruits ou endommagés par le fait de l'exploitation ou de la vidange.

Art. 31. A une époque quelconque du cours du bail et dans un délai de six mois après son expiration, l'administration aura le droit de procéder à un récolement de tous les arbres et bois existant sur les lots et d'y appeler l'adjudicataire, afin de procéder contradictoirement.

Art. 32. Les adjudicataires, dans les bois de l'Etat, sont tenus de payer aux communes les subventions spéciales auxquelles celles-ci ont droit en exécution de l'article 14 de la loi du 21 mai 1836, pour dégradations extraordinaires survenues aux chemins vicinaux par le transport des produits qui leur appartiennent en propre, soit en vertu de l'adjudication, soit par suite de l'application des articles 20 et 21 du présent cahier des charges.

Art. 33. Toutes les dispositions du présent cahier des charges recevront leur application jusqu'à ce qu'il en soit autrement ordonné.

Les adjudicataires se conformeront, au surplus, aux dispositions spéciales du code forestier et de l'ordonnance réglementaire du 1er août 1827.

Délibéré en conseil d'administration, le 9 mai 1888.

CAHIER DES CLAUSES SPÉCIALES

pour l'adjudication de l'extraction des résines dans les bois de l'Etat, des communes et des établissements publics.

CHAPITRE 1er.

Bois de l'Etat.

Art. 1er. Les arbres à gemmer à mort font partie de l'adjudication, mais sont vendus en bloc et sans garantie de nombre.

Il est défendu aux adjudicataires, sous les peines portées à l'article 57 du code forestier, d'abattre, de ramasser ou d'emporter des cônes, semences ou autres productions des forêts.

Art. 2. Les arbres à mort, qu'ils aient ou non été gemmés, devront être abattus avant le 1er avril 18 , sous les peines prononcées par l'article 40 du code forestier.

La coupe, pour laquelle l'usage de la scie est facultatif, aura lieu aussi près que possible de l'empreinte de délivrance apposée sur la souche ; cette empreinte devra être respectée et représentée au récolement. La vidange, fixée au 15 octobre 18 pour les coupes d'amélioration et au 15 avril 18 pour les coupes principales (coupes à blanc étoc), est facultative en ce sens que l'adjudicataire pourra, sans encourir la pénalité de l'article 40 du code forestier, abandonner tout ou partie des produits des arbres abattus ; mais, passé le 15 octobre 18 pour les coupes d'amélioration, le 15 avril 18 pour les coupes principales, les bois ainsi délaissés appartiendront à l'Etat, qui en disposera comme bon lui semblera.

Les arbres morts sur pied, désignés lors du martelage, devront être abattus dans un délai d'un mois à dater du jour de l'adjudication.

Art. 3. Si les adjudicataires désirent établir des charbonnières, ils en feront la demande par écrit au chef de cantonnement, qui désignera, ou fera désigner, les lieux où pourront être pris les gazons, les herbes ou les feuilles nécessaires.

Les charbonnières seront entourées, à

CAH. DES CH. (CL. SP. RÉS.)

quatre mètres de distance de leur base, par un fossé ayant d'ouverture 1m,50, de profondeur sous corde 0m,80, et de largeur au fond 0m,15. Dans les coupes à blanc étoc, ce fossé ne sera point exigé.

Le terrain entre la base des charbonnières et le fossé d'enceinte sera entièrement nettoyé.

Les fourneaux ne pourront être allumés avant le 1er octobre et seront éteints avant le 1er mars de chaque année.

La vidange définitive des charbons hors de la forêt devra être faite aux termes fixés à l'article 2.

Art. 4. Les baraques domaniales mises à la disposition des adjudicataires devront être entretenues pendant toute la durée du bail et remises à la fin en parfait état d'habitation.

A cet effet, le chef de cantonnement en fera remise sous inventaire à l'adjudicataire. Il constatera annuellement, avant le 1er mars, les réparations à faire et vérifiera, avant le 1er avril, si ces réparations ont été exécutées par l'adjudicataire.

En cas d'inéxécution desdites réparations dans le délai ci-dessus, les travaux seraient mis en régie, conformément à l'article 41 du code forestier.

Art. 5. Tous les ans, avant le 15 juillet, l'adjudicataire fournira, façonnera et transportera gratuitement, après réception sur le parterre de la coupe, aux domiciles indiqués dans l'affiche, les quantités qui y sont indiquées de bois refendu et écorcé, provenant de pins vifs et de qualité marchande.

Les bûches auront centimètres de longueur et au minimum centimètres de circonférence moyenne après écorçage; celles qui auront plus de centimètres de circonférence au milieu, seront refendues de manière à ne pas excéder cette dimension. Le bois ainsi préparé sera empilé par stères.

Les fagots auront centimètres de hauteur sur centimètres de tour. Ils seront formés de bois droits, ayant au moins 6 centimètres de circonférence au petit bout, et seront disposés par tas de dix.

A défaut de fagots, il sera délivré six stères de bûches par cent de fagots.

Faute par les adjudicataires de se conformer à toutes les conditions stipulées ci-dessus, la fourniture sera effectuée dans les formes établies par l'article 41 du code forestier, soit par régie, soit par marché direct.

Dans ce cas, l'évaluation insérée au procès-verbal d'adjudication, et portée sur les affiches, ne pourra, en aucun cas, être considérée comme devant limiter le montant des frais de la fourniture par régie ou par marché direct.

CHAPITRE II.

Bois des communes et des établissements publics.

Art. 6. Si les arbres gemmés à mort font partie de l'adjudication, les dispositions des articles 1, 2 et 3 ci-dessus leur seront appliquées.

CHAPITRE III.

Bois de l'Etat, des communes et des établissements publics.

Art. 7. Les arbres à vie seront gemmés à une seule quarre, qui sera commencée audessus du collet de la racine et élevée toujours verticalement, savoir : la première année, de 55 centimètres ; chacune des trois années suivantes, de 75 centimètres, et la cinquième, de 1 mètre, de façon à ce que la hauteur totale de la quarre soit de 3m,80.

Dans le cas où la période de gemmage ne serait que de quatre années, la quarre serait élevée de 0m,65 la première, de 0m,95 chacune des deux années suivantes, et de 1m,25 la quatrième, de façon à ce que la hauteur totale de la quarre soit aussi de 3m,80. La largeur des quarres ne pourra excéder 0m,09 dans la partie inférieure de l'arbre et 0m,08 dans la partie supérieure, c'est-à-dire au-dessus de la hauteur de la quarre de la troisième année.

Leur profondeur ne pourra excéder 0m,01, mesure prise sous corde tendue d'un bord à l'autre de l'entaille, à la naissance inférieure de la partie rouge de l'écorce.

Les quarres anciennes seront abandonnées, quelle que soit leur hauteur.

L'opération du gemmage sera limitée entre le 1er mars et le 15 octobre de chaque année ; mais l'adjudicataire pourra commencer à racler les pins qui devront être résinés, et à placer les crampons, dès le 10 février.

Il pourra aussi récolter le barras jusqu'au 31 décembre de chaque année de la ferme, excepté la dernière année, où cette opération devra être terminée le 15 octobre.

Art. 8. L'adjudicataire pourra élaguer les arbres à vie jusqu'à la hauteur de 4m,50.

Art. 9. Chaque adjudicataire aura la faculté de construire, dans son lot et sur l'emplacement qui lui sera désigné par les agents forestiers, des baraques pour servir au logement des résiniers. Ces baraques auront les parois de la cheminée en pierres ou en briques et seront recouvertes en tuiles. L'adjudicataire sera tenu de les démolir et d'en enlever les matériaux dans les deux mois qui suivront le terme fixé pour l'achèvement de la vidange ou du gemmage ; faute de quoi et passé ce délai, les constructions appartiendront au propriétaire de la forêt.

Art. 10. L'adjudicataire ne pourra traîner les corps d'arbres que sur une autorisation spéciale du chef de cantonnement.

A moins d'indications contraires portées sur les affiches, les bois pourront être enlevés au moyen de voitures. A défaut de chemins ouverts, ces voitures suivront les tracés qui seront désignés.

Art. 11. Le minimum des indemnités à payer par l'adjudicataire, dans le cas prévu par l'article 21 du cahier des charges, est fixé ainsi qu'il suit, non compris les frais de timbre et d'enregistrement du procès-verbal de constatation :

0f,25c pour les brins de 0m,20 à 0m,50 de circonférence ;

1f,50c pour les arbres de 0m,51 à 1 mètre ;

6 francs pour ceux de 1m,01 à 2 mètres ;

10 francs pour ceux de 2m,01 et au-dessus.

La circonférence des arbres sera mesurée à 1 mètre du sol.

Dans le cas où les arbres auraient disparu, leur circonférence sera mesurée à la souche ou évaluée par l'agent forestier local

Art. 12. Les travaux imposés sur les coupes seront exécutés jusqu'à concurrence des sommes portées sur l'affiche, pour les coupes vendues, et sur le permis d'exploiter, pour celles délivrées en nature, à la diligence et sous la direction du chef de cantonnement, par des ouvriers choisis par lui, et aux époques qu'il jugera le plus convenable.

Les adjudicataires ou entrepreneurs paieront les ouvriers au vu des certificats de réception délivrés par cet agent et qui vaudront décharge.

En cas de retard de paiement, le mémoire des sommes dues sera arrêté par le préfet et rendu par lui exécutoire contre les adjudicataires ou entrepreneurs.

CAHIER DES CHARGES

relatif aux fournitures de graines résineuses à faire à l'administration des forêts.

Art. 1er. Les fournitures de graines résineuses feront l'objet de marchés de gré à gré, en exécution des dispositions contenues dans l'article 18 du décret du 18 novembre 1882.

Les marchés relatifs à leur exécution seront soumis aux dispositions suivantes :

TITRE Ier.

Soumissions.

Art. 2. Les soumissions seront rédigées sur papier timbré, à peine de nullité ; elles devront :

1o Etre conformes au modèle ci-annexé ;

2o Indiquer le prix par kilogramme (poids net) demandé pour les graines à fournir ;

3o Spécifier la proportion de semences dont la germination est garantie ;

4o Contenir élection de domicile à Paris.

Art. 3. Tout soumissionnaire sera tenu de joindre à son marché un certificat du directeur de la caisse des dépôts et consignations ou de ses préposés constatant le versement, dans sa caisse, d'un cautionnement égal au dixième du montant de la fourniture dont il est chargé.

Le cautionnement pourra être fait en numéraire, en rentes sur l'Etat et valeur du Trésor au porteur ou en rentes sur l'Etat nominatives ou mixtes (1).

Art. 4. Toute soumission qui ne sera pas accompagnée du certificat de versement du cautionnement mentionné à l'article qui précède pourra être réputée nulle et non avenue.

Art. 5. Les marchés seront soumis à l'approbation du directeur des forêts, par application du décret précité.

S'il n'a pas été statué dans le délai d'un mois à compter du jour de leur présentation, le soumissionnaire pourra en exiger la résiliation. Il ne pourra prétendre à aucune indemnité dans le cas où les marchés ne seraient pas approuvés.

Art. 6. Le fournisseur recevra, s'il le demande, une copie certifiée de sa soumission et du présent cahier des charges.

Art. 7. Dans les vingt jours qui suivront l'envoi du marché approuvé ou des pièces ci-après, il versera à la caisse du receveur des domaines, à Paris, au vu d'un état dressé par le directeur des forêts : 1o les frais d'enregistrement dudit marché ; 2o le prix du timbre des copies de pièces qui lui seront délivrées ; 3o le prix du timbre de la copie de la soumission à fournir au receveur central de la Seine, à Paris.

Sera également à sa charge le prix du timbre du procès-verbal de réception des graines.

---

(1) Les valeurs du Trésor, transmissibles par voie d'endossement, endossées en blanc, sont considérées comme valeurs au porteur. (Décret du 18 novembre 1882, art. 5.)

La valeur en capital des rentes à affecter aux cautionnements est calculée : pour les cautionnements provisoires, au cours moyen du jour de la veille du dépôt ; pour les cautionnements définitifs, au cours moyen du jour de l'approbation de l'adjudication.

Les bons du Trésor à l'échéance d'un an ou de moins d'un an sont acceptés pour le montant de leur valeur en capital et intérêts.

Les autres valeurs déposées pour cautionnement sont calculées d'après le dernier cours publié au *Journal officiel*. (Même décret, art. 6.)

Les cautionnements, quelle qu'en soit la nature, sont reçus par le directeur de la caisse des dépôts et consignations ou par ses préposés ; ils sont soumis aux règlements spéciaux à cet établissement.

Les oppositions sur les cautionnements provisoires ou définitifs doivent avoir lieu entre les mains du comptable qui a reçu lesdits cautionnements. Toutes autres oppositions sont nulles ou non avenues. (Même décret, art. 7.)

Lorsque le cautionnement consiste en rente nominative, le titulaire de l'inscription de rente souscrit une déclaration d'affectation de la rente et donne à la caisse des dépôts et consignations un pouvoir irrévocable à l'effet de l'aliéner, s'il y a lieu.

L'affectation de la rente au cautionnement définitif est mentionnée au Grand-Livre de la Dette publique. (Même décret, art. 8.)

TITRE II.

Exécution des fournitures.

Art. 8. Il ne pourra sous-traiter, c'est-à-dire céder tout ou partie de son marché, sans le consentement de l'administration. Dans tous les cas, il demeurera personnellement responsable tant envers l'administration qu'envers les tiers.

En cas d'infraction à cette clause, l'administration pourra prononcer la résiliation pure et simple du marché et le cautionnement versé pourra rester acquis à l'Etat.

Art. 9. L'administration se réserve la faculté d'augmenter ou de réduire ses commandes du 1/5 de la quantité portée sur chaque marché approuvé ; elle devra, dans ce cas, prévenir le fournisseur quarante jours au moins avant l'époque fixée pour la livraison.

Les prix et conditions du marché ne seront pas modifiés par cette augmentation ou cette réduction.

Art. 10. Les graines livrées devront être désailées, fraîches, de bonne qualité et purgées de toutes matières étrangères, telles que sable, poussière, débris d'écailles, graines vaines, etc. Soumises aux vérifications indiquées à l'article 12, elles devront produire une proportion de semences susceptibles de germination au moins égale à celle indiquée dans la soumission.

TITRE III.

Réceptions et payements.

Art. 11. Les vérifications seront faites au domaine des Barres, par les soins du directeur de cet établissement, dans les trente jours qui suivront l'arrivée des graines.

Aussitôt, il fera connaître au soumissionnaire, par lettre recommandée, le jour où les épreuves seront commencées.

Faute par le fournisseur de répondre à cette mise en demeure, d'assister ou de se faire représenter aux épreuves, celles-ci seront réputées contradictoires.

Art. 12. Elles porteront : 1° sur le poids ; 2° sur la pureté des graines ; 3° sur leur qualité ou faculté germinative.

Les graines seront pesées, déduction faite du poids des sacs.

Elles seront ensuite passées au tarare, de manière à les débarrasser de toutes les matières étrangères.

Enfin, pour constater leur qualité, il sera pris au hasard, parmi les semences ainsi nettoyées, un nombre déterminé de graines (1200 à 2500), pour être essayées soit sur une flanelle, soit sur une terrine remplie de terre et placée dans une serre chaude dont la température sera constamment maintenue entre 15 et 20 degrés centigrades. Les épreuves seront poursuivies pendant trois semaines ; les graines qui auront germé seront enlevées au fur et à mesure et pointées sur un calepin spécial.

Le procès-verbal du pesage, du nettoyage et de l'épreuve de germination sera signé par le directeur du domaine ou l'agent forestier délégué et par l'entrepreneur ou son mandataire, s'il a jugé convenable d'assister ou de se faire représenter à ces opérations.

Art. 13. L'administration ne payera que les graines réellement entrées en magasin ; en conséquence, le déficit constaté dans le poids à l'arrivée et le déchet résultant du nettoyage au tarare donneront lieu à une réduction proportionnelle du prix de la fourniture, sans qu'il soit admis aucune tolérance de déchet.

Art. 14. Si des pesées après nettoyage il résulte que le poids net est supérieur au poids soumissionné, augmenté ou diminué ainsi qu'il est spécifié à l'article 9, cet excédent sera accepté jusqu'à concurrence de 2/100 des quantités commandées et payé au prix résultant de la soumission.

S'il dépasse cette proportion, il pourra être mis à la disposition du fournisseur, qui devra le faire enlever dans un délai de quinze jours.

Art. 15. Toute fourniture qui n'aura pas satisfait aux conditions de germination fixées par la soumission sera acceptée et, dans ce cas, le prix par kilogramme sera réduit dans la proportion du déficit constaté, de telle sorte que si, en regard d'une garantie fixée à 70 p. 0/0 par exemple, la vérification n'a révélé que 60 p. 0/0 de bonnes graines, la réduction sera opérée dans la proportion de 60 à 70.

Art. 16. Toutefois, si la proportion des bonnes graines est inférieure de dix unités au minimum garanti, la fourniture sera refusée.

Art. 17. Les graines devront être expédiées en sacs d'un poids net de 50 kilogrammes au domaine des Barres, en gare à Nogent-sur-Vernisson (Loiret).

Les sacs devront porter la marque du fournisseur et resteront acquis à l'administration des forêts.

Les frais d'emballage et de port jusqu'à destination sont à la charge du soumissionnaire.

Art. 18. Les graines devront être rendues à Nogent-sur-Vernisson avant le 20 février. S'il y a retard dans la livraison, pour quelque motif que ce soit, il sera fait au fournisseur une retenue de 0 fr. 01 par franc sur le prix total de la fourniture et pour chaque jour de retard.

Art. 19. Le payement des fournitures sera effectué en un seul terme, sans intérêts, dans les trois mois de l'acceptation des graines ; il aura lieu au moyen d'un mandat délivré sur la caisse du receveur central de la Seine, à Paris, lequel mandat sera acquitté en espèces françaises ou billets de la banque de France.

Art. 20. Toutes les difficultés qui pourront survenir dans l'application ou l'interprétation des clauses du présent cahier des charges seront portées devant le ministre de l'agriculture, sauf recours au Conseil d'Etat.

Délibéré en conseil, le 15 novembre 1890.

CAHIER DES CHARGES

concernant la vente sur pied et en bloc des lièges de reproduction existant dans les forêts domaniales de l'Algérie.

I. — ADJUDICATION.

Art. 1er. La vente ne comprend que les lièges de reproduction ayant au minimum 23 millimètres d'épaisseur. Elle aura lieu par adjudication publique, en bloc et en , sans garantie de quantité, ni de qualité.

Elle se fera au rabais.

Art. 2. L'adjudication au rabais aura lieu de la manière suivante : le chiffre annoncé par le crieur sera diminué successivement, d'après un tarif réglé à l'avance et affiché dans la salle d'adjudication, jusqu'à ce qu'une personne prononce les mots : *Je prends*.

Dans le cas où plusieurs personnes se porteraient simultanément adjudicataires, le lot sera tiré au sort entre elles, d'après le mode qui sera fixé par le président de la vente, ou, si l'une d'elles le réclame, mis aux enchères entre lesdites personnes.

L'adjudication aux enchères sera tranchée après l'extinction de trois bougies allumées successivement. Si, pendant la durée de la dernière de ces trois bougies, il survient des enchères, l'adjudication ne sera prononcée qu'après l'extinction du dernier feu sans enchère.

La mise à prix sera fixée par l'agent forestier.

Art. 3. L'adjudicataire sera tenu de fournir immédiatement une caution reconnue solvable, laquelle s'obligera solidairement avec lui à toutes les charges et conditions de l'adjudication. Il en sera passé acte à la suite du procès-verbal d'adjudication. Les personnes insolvables ne pourront prendre part aux adjudications, ni servir de caution.

Le fonctionnaire chargé de présider la vente sera juge de la solvabilité des preneurs et des cautions, sur l'avis du receveur comptable présent à l'adjudication.

Afin de garantir à l'État l'exécution des travaux imposés sur l'exploitation, l'adjudicataire sera tenu de verser à la caisse des dépôts et consignations une somme égale au dixième du prix principal de son adjudication. Ce versement devra être effectué avant tout enlèvement de récolte et sera remboursé sur la production d'un certificat de l'agent forestier chef de service, constatant que l'adjudicataire a rempli toutes ses obligations vis-à-vis de l'Etat.

Art. 4. La minute du procès-verbal d'adjudication sera rédigée sur papier visé pour timbre, et signée sur le champ par tous les fonctionnaires présents et par les adjudicataires ou leur fondés de pouvoir ; s'ils ne veulent ou ne peuvent signer, il en sera fait mention au procès-verbal.

Art. 5. L'adjudicataire et sa caution seront tenus, au moment de l'adjudication, d'élire domicile dans le lieu où l'adjudication aura été faite ; à défaut de quoi, tous les actes postérieurs leur seront valablement signifiés au secrétariat du lieu de la vente.

Art. 6. Tout procès-verbal d'adjudication emporte contre les adjudicataires et leurs cautions, exécution parée et solidarité, tant pour le prix principal, les charges accessoires, les frais de la vente et des travaux mis en charge, que pour les dommages-intérêts, restitutions, amendes et frais encourus.

II. — PRIX DE VENTE ET CHARGES ACCESSOIRES.

Art. 7. Outre le prix principal d'adjudication, il sera payé 1.60 p. 100 du montant de l'adjudication (1), tant pour les droits fixes de timbre et d'enregistrement des procès-verbaux et actes relatifs à l'adjudication, que pour tous autres frais.

Chaque adjudicataire payera de plus les droits proportionnels d'enregistrement sur le montant de l'adjudication augmenté du 1.60 p. 100.

Art. 8. Les adjudicataires verseront immédiatement dans la caisse du receveur de l'enregistrement et des domaines le 1.60 p. 100 et les droits proportionnels d'enregistrement.

Art. 9. Le prix principal sera payé à la caisse du receveur des domaines en trois termes égaux : le premier dans les trente jours qui suivent l'adjudication, le deuxième au 18 , et le troisième au 18 . En cas de retard de payement, les intérêts courront de plein droit sur le pied de 5 p. 100 par an, à partir du jour de l'exigibilité des sommes dues.

Art. 10. Il sera remis à l'adjudicataire, par les soins du service forestier, aussitôt qu'elle aura été établie au secrétariat du lieu de la vente, une expédition sur papier visé pour timbre du procès-verbal de son adjudication, ainsi qu'un exemplaire du cahier des charges et des clauses spéciales également visé pour timbre.

Il sera délivré, en outre, un plan-croquis du lot adjugé.

Art. 11. Le parterre des lots ne sera pas considéré comme le chantier ou le magasin des adjudicataires, et les produits qui s'y trouvent déposés pourront, par suite, être

---

(1) Le montant de l'adjudication se compose du prix principal en numéraire augmenté de la valeur des travaux imposés sur la coupe.

saisis et revendiqués, en cas de faillite, conformément aux dispositions des articles 2102 du code civil et 576 et 577 du code de commerce.

III. — PRÉLIMINAIRES DE L'EXPLOITATION.

Art. 12. Le permis d'exploiter sera délivré par l'agent forestier chef de service, sur la présentation des reçus constatant le versement à la caisse des domaines du 1.60 p. 100 des droits proportionnels d'enregistrement et du premier terme du prix principal.

L'adjudicataire ne pourra commencer son exploitation qu'après avoir présenté ce permis au chef de cantonnement et l'avoir informé, par écrit, au moins six jours à l'avance, du jour où il voudra commencer ses travaux. Il remettra préalablement à cet agent la liste des ouvriers qu'il se propose d'employer à son exploitation.

Le chef de cantonnement pourra exiger le renvoi de tout individu contre lequel il aura été verbalisé pour délit forestier ou qui serait d'une incapacité notoire, ou qui refuserait de se conformer aux prescriptions des agents et préposés chargés de surveiller l'exploitation.

Art. 13. L'adjudicataire sera tenu d'avoir un garde-vente et de remplir à cet effet les dispositions réglementaires.

IV. — EXPLOITATION.

Art. 14. L'opération de la levée des lièges sera faite suivant les meilleures règles de l'art et conformément aux indications des agents forestiers. Elle ne pourra avoir lieu que pendant la saison de la sève, et elle sera suspendue, sur l'ordre du service forestier, pendant les jours de pluie ou de trop fortes chaleurs.

L'écorce mère (le liber) ne devra être, dans les levées ou les sondages, ni blessée, ni écorchée, ni déchirée, ni enlevée, sous quelque prétexte que ce soit.

Les bords des écorces enlevées devront toujours être coupés, afin que celle restant sur l'arbre ne soit ni soulevée, ni détachée. A cet effet, la hauteur de la tire du liège sera fixée par une entaille circulaire, tracée avec le plus grand soin, de manière à ne pas entamer le liber.

La levée du liège aura lieu sur la circonférence entière de l'arbre ; elle se fera de manière à ne laisser aucune portion d'écorce au pied de l'arbre. Elle s'arrêtera à la naissance des branches principales.

Art. 15. Tout écorcement abusif ou prématuré portant sur des arbres ou portions d'arbre dont la décortication sera faite en dehors des indications de l'article 14 donnera lieu à l'application de l'article 196 du code forestier contre l'adjudicataire.

Art. 16. La levée du liège de reproduction devra être terminée le

L'enlèvement des produits devra être terminé le

Il aura lieu par les chemins existants.

Art. 17. Il ne pourra être établi aucun gourbi en dehors des points qui auront été désignés à cet effet par le service forestier. Les bois nécessaires à l'adjudicataire pour l'installation de son personnel lui seront délivrés gratuitement sur sa demande.

Art. 18. Il est interdit à l'adjudicataire de faire ou de laisser paître, dans les parties de forêt non défensables, les animaux de trait ou de bât employés à l'exploitation.

Art. 19. Aucun feu ne devra être allumé dans l'intérieur ou à moins de 200 mètres des forêts, si ce n'est dans les gourbis ou dans des fosses d'un mètre de profondeur entourées d'une murette en pierres sèches. Le sol, autour de ces gourbis et de ces fosses, sera débroussaillé et pioché dans un rayon de 20 mètres. L'adjudicataire sera, d'ailleurs, responsable de tous dommages causés à la forêt en cas d'incendie des gourbis et dans le cas où le feu allumé, même dans les conditions ci-dessus prescrites, viendrait à s'étendre à la forêt. L'interdiction d'allumer du feu en dehors des gourbis est absolue du 1er juillet au 1er novembre.

Art. 20. L'adjudicataire est responsable, conformément aux dispositions des articles 45 et 46 du code forestier, de tous les délits, dégâts ou contraventions commis dans la vente et à l'ouïe de la cognée.

Art. 21. L'adjudicataire ne pourra prétendre, pour fait de non-jouissance occasionné par des incendies ou par tout autre accident, à aucune indemnité, ni à aucun dédommagement quelconque devant l'indemniser des travaux qu'il aurait pu faire ; il devra, dans tous les cas, verser au Trésor le montant intégral du prix d'adjudication aux époques fixées.

Art. 22. Toutes les dispositions du présent cahier des charges sont de rigueur ; aucune d'elles ne pourra être réputée comminatoire.

L'adjudicataire se conformera, au surplus, aux dispositions du code forestier et de l'ordonnance réglementaire du 1er août 1827, ainsi qu'aux lois et règlements existants ou qui interviendraient sur le régime forestier en Algérie.

Il se soumettra à la juridiction administrative pour toutes les questions d'interprétation auxquelles le présent cahier des charges pourrait donner lieu.

Délibéré en conseil d'administration, le 15 novembre 1883.

CAHIER DES CLAUSES ET CONDITIONS GÉNÉRALES

imposées aux entrepreneurs de travaux pour le service de l'administration des forêts.

Art. 1er. Les travaux seront entrepris, soit par voie d'adjudication publique au rabais et sur soumissions cachetées, soit en vertu d'une convention faite de gré à gré.

Tous les marchés relatifs à leur exécution seront soumis aux dispositions suivantes :

TITRE PREMIER.

Adjudications.

Art. 2. Tout concurrent sera tenu de produire un certificat constatant sa capacité, excepté dans les cas où il s'agira d'exécuter des travaux d'entretien d'une valeur inférieure à 500 francs, de fournir des matériaux, d'ouvrir ou de curer des fossés.

Art. 3. Ce certificat sera délivré :

Pour les travaux de routes, par un agent forestier chef de service, un ingénieur des ponts et chaussées ou un agent voyer en chef ;

Pour les travaux de construction, par un agent forestier chef de service, un ingénieur des ponts et chaussées, un officier supérieur du génie ou un architecte ;

Pour les travaux forestiers proprement dits, par un agent forestier chef de service.

Le certificat de capacité ne devra pas avoir plus de trois ans de date au moment de l'adjudication. Il y sera fait mention de la manière dont les soumissionnaires ont rempli leurs engagements, soit envers l'administration, soit envers les tiers, soit envers les ouvriers, dans les travaux qu'ils ont exécutés ou surveillés. Ces travaux devront avoir été faits dans les dix dernières années.

Les certificats de capacité seront présentés, cinq jours au moins avant l'adjudication, à l'inspecteur des forêts, qui devra les viser à titre de communication.

Art. 4. Tout soumissionnaire sera tenu de présenter, séance tenante, une caution reconnue solvable, qui s'obligera solidairement, par l'acte même d'adjudication, à toutes les charges et conditions de l'entreprise.

Cette caution pourra être remplacée, à la volonté du soumissionnaire, par un certificat du directeur de la caisse des dépôts et consignations ou de ses préposés, constatant le versement, dans sa caisse, d'un cautionnement provisoire égal au trentième de l'estimation des travaux, déduction faite de toutes les sommes à valoir pour cas imprévus, indemnités et ouvrages en régie. Le cautionnement pourra être fait en numéraire, en rentes sur l'Etat et valeurs du Trésor au porteur ou en rentes sur l'Etat nominatives ou mixtes (1).

Le cautionnement réalisé avant l'adjudication, à titre provisoire, servira de cautionnement définitif au soumissionnaire qui sera déclaré entrepreneur et restera affecté à la garantie des engagements contractés par ce dernier jusqu'à la liquidation définitive des travaux. Après cette liquidation, il sera restitué à l'adjudicataire en vertu d'une mainlevée donnée par le conservateur.

Art 5. Les adjudications auront lieu par voie de soumissions cachetées, sur un seul concours, et seront annoncées par voie d'affiches indiquant le lieu, le jour et l'heure de l'opération.

L'évaluation totale du devis, non compris les sommes à valoir, sera insérée dans l'affiche pour servir de base aux soumissions.

Art. 6. Le bureau sera composé du conservateur, président, ou de son délégué, et de deux agents ou préposés forestiers. La minute restera déposée dans les archives du chef de service.

Art. 7. Les paquets seront remis cachetés au président de l'adjudication. Ils recevront immédiatement un numéro dans l'ordre de leur présentation. Il n'en sera plus reçu lorsque le dépouillement sera commencé.

Les concurrents pourront toutefois faire parvenir leurs soumissions, avec les pièces à l'appui, par lettre recommandée, au président, avant le jour de l'adjudication. Cette lettre recommandée devra porter extérieurement une mention indiquant la nature du contenu et avertissant qu'elle ne doit pas être ouverte avant l'adjudication. Les lettres recommandées, ainsi parvenues au président, seront déposées par lui sur le bureau, après la remise des paquets des autres concurrents en séance publique.

Art. 8. Les paquets seront sous double enveloppe. La première, qui sera cachetée, contiendra : 1° le certificat de capacité; 2° une présentation de caution signée du concurrent et de la caution elle-même ou un

(1) Les valeurs du Trésor, transmissibles par voie d'endossement, endossées en blanc, sont considérées comme valeurs au porteur. (Décret du 18 novembre 1882, art. 5.)

La valeur en capital des rentes à affecter aux cautionnements est calculée : pour les cautionnements provisoires, au cours moyen du jour de la veille du dépôt ; pour les cautionnements définitifs, au cours moyen du jour de l'approbation de l'adjudication.

Les bons du Trésor à l'échéance d'un an ou de moins d'un an sont acceptés pour le montant de leur valeur en capital et intérêts.

Les autres valeurs déposées pour cautionnement sont calculées d'après le dernier cours publié au *Journal officiel*. (Même décret, art. 6.)

Les cautionnements, quelle qu'en soit la nature, sont reçus par le directeur de la caisse des dépôts et consignations ou par ses préposés; ils sont soumis aux règlements spéciaux à cet établissement.

Les oppositions sur les cautionnements provisoires ou définitifs doivent avoir lieu entre les mains du comptable qui a reçu lesdits cautionnements. Toutes autres oppositions sont nulles et non avenues. (Même décret, art. 7.)

Lorsque le cautionnement consiste en rente nominative, le titulaire de l'inscription de rente souscrit une déclaration d'affectation de la rente et donne à la caisse des dépôts et consignations un pouvoir irrévocable à l'effet de l'aliéner, s'il y a lieu.

L'affectation de la rente au cautionnement définitif est mentionnée au Grand-Livre de la Dette publique. (Même décret, art. 8.)

récépissé constatant le versement du cautionnement provisoire; 3° enfin la seconde enveloppe.

Celle-ci, cachetée aussi, contiendra la soumission.

Art. 9. Un modèle de soumission sera annexé à l'affiche. Toute soumission qui n'y serait pas exactement conforme pourra être réputée nulle et non avenue.

Art. 10. Les soumissions seront rédigées sur papier timbré, à peine de nullité, ainsi que les certificats de capacité et les offres de caution ou récépissés de cautionnement produits à l'appui. Elles devront stipuler des rabais de centièmes sur le prix total du devis et non une somme totale de dépense. Les rabais fractionnaires sont interdits; toute fraction de centième sera, le cas échéant, comptée pour une unité.

Art. 11. A l'instant fixé pour l'ouverture des paquets, la première enveloppe sera décachetée, et il sera dressé un état des pièces envoyées par chaque concurrent.

Art. 12. Les concurrents se retireront ensuite de la salle d'adjudication, et le président, après avoir examiné les pièces produites et consulté les membres du bureau, arrêtera la liste des concurrents agréés.

Art. 13. Immédiatement après, la séance redeviendra publique; le président proclamera les noms des concurrents et remettra aux concurrents écartés leurs soumissions, sans les ouvrir.

Art. 14. On ouvrira ensuite les autres soumissions, et le concurrent qui aura présenté le plus fort rabais et dont la soumission aura été reconnue régulière sera déclaré adjudicataire.

Art. 15. Si deux ou plusieurs concurrents avaient présenté un rabais égal et exprimant l'offre la plus avantageuse, il sera ouvert, dans la même forme, un débat entre eux, soit séance tenante, si ces soumissionnaires sont tous présents, soit, en cas contraire, à une époque ultérieure déterminée par le bureau. Les rabais de la nouvelle adjudication ne pourront être inférieurs à ceux de la première.

Si les nouvelles offres, quoique supérieures aux précédentes, sont encore égales entre elles, le concours sera continué; mais, si les concurrents s'arrêtent au même chiffre de rabais et le maintiennent, il sera tiré au sort entre eux.

Art. 16. Les résultats de chaque adjudication seront constatés par un procès-verbal relatant toutes les circonstances de l'opération.

Art. 17. La minute du procès-verbal sera adressée immédiatement au conservateur, avec la soumission admise. On y joindra les réclamations écrites qui auraient pu être déposées contre l'adjudication.

Art. 18. Le procès-verbal de l'adjudication sera soumis à l'approbation du directeur des forêts ou du conservateur.

S'il n'a pas été statué dans le délai d'un mois, à compter du jour de l'adjudication, le soumissionnaire pourra exiger la résiliation du marché.

Il ne pourra prétendre à aucune indemnité dans le cas où le marché ne serait pas approuvé.

Art. 19. Il sera délivré à l'entrepreneur une copie certifiée du devis, du bordereau des prix, du détail estimatif et, s'il le demande, du procès-verbal d'adjudication, du présent cahier des charges, ainsi que des plans du projet lorsqu'il s'agira de travaux autres que des travaux de routes.

Art. 20. Dans les vingt jours qui suivront l'approbation du procès-verbal, l'entrepreneur versera à la caisse du receveur des domaines du lieu de l'adjudication, au vu d'un état dressé par l'inspecteur des forêts : 1° les frais de timbre et d'enregistrement du procès-verbal d'adjudication ; 2° le prix du timbre des copies de pièces qui lui seront délivrées ; 3° le prix du timbre de la copie du procès-verbal d'adjudication à fournir au trésorier-payeur général.

Sur la présentation du certificat du receveur des domaines constatant le payement de ces frais, l'inspecteur délivrera à l'entrepreneur le permis d'exécuter les travaux; ce permis, non soumis au timbre et à l'enregistrement, servira à l'entrepreneur de pièce d'accréditation auprès des agents et préposés locaux.

Sera également à la charge de l'entrepreneur le prix du timbre du procès-verbal de réception définitive, qui devra être signé par lui pour acceptation.

TITRE II.

Exécution des travaux.

Art. 21. L'entrepreneur ne pourra sous-traiter, c'est-à-dire céder tout ou partie de son marché, sans le consentement de l'administration. Dans tous les cas, il demeurera personnellement responsable tant envers l'administration qu'envers les ouvriers et les tiers.

En cas d'infraction à cette clause, l'administration pourra, suivant le cas, soit prononcer la résiliation pure et simple du marché, soit procéder à une nouvelle adjudication à la folle enchère de l'entrepreneur.

Art. 22. L'entrepreneur ne pourra, pendant la durée de l'entreprise, s'éloigner sans autorisation du lieu de ses travaux.

En cas d'absence, il choisira et fera agréer un représentant capable de le remplacer, de manière qu'aucune opération ne puisse être retardée ou suspendue.

Dans tous les cas, toutes les notifications se rattachant à son entreprise seront valables lorsqu'elles auront été faites, soit au domicile qu'il sera tenu, dans les quinze jours de l'approbation de l'adjudication, d'élire à proximité des travaux, soit, à défaut de cette élection de domicile, à la mairie de la commune de la situation des travaux.

Art. 23. A l'époque fixée par le marché ou indiquée par les agents forestiers, il mettra la main à l'œuvre; il exécutera tous les ouvrages, en se conformant strictement aux plans, profils, tracés, instructions et ordres de service qui lui seront donnés.

Art. 24. Le nombre des ouvriers de chaque profession sera toujours proportionné à la quantité d'ouvrage à faire. Pour mettre l'agent directeur à même d'assurer l'accomplissement de cette condition, il lui sera remis périodiquement, et aux époques par lui fixées, une liste nominative des ouvriers.

Art. 25. L'entrepreneur sera tenu de fournir à ses frais les équipages, outils, instruments et autres objets nécessaires à l'exécution des travaux.

S'il y a lieu de faire des travaux dont la dépense soit imputable sur la somme à valoir, l'entrepreneur devra, s'il en est requis, fournir les ouvriers, outils et machines nécessaires pour l'exécution de ces travaux.

Les journées d'ouvriers, le loyer et l'entretien du matériel lui seront payés au prix de l'adjudication, ou, à défaut de prix porté au devis, suivant un prix débattu de gré à gré entre l'entrepreneur et le directeur des travaux ou fixé à dire d'experts.

Art. 26. L'entrepreneur se conformera, pendant le cours du travail, aux changements qui lui seront ordonnés *par écrit*, et sous la responsabilité de l'agent forestier, pour des motifs d'utilité ou d'économie. Il ne lui sera tenu compte de ces changements qu'autant qu'il justifiera de l'ordre écrit de cet agent.

Art. 27. L'entrepreneur ne pourra de lui-même apporter aucun changement au projet. Tous ouvrages exécutés en infraction à cette clause demeureront à sa charge, sans préjudice de sa responsabilité pour les dommages possibles résultant des changements non autorisés et sans qu'il puisse arguer d'autorisation verbale, ni de tolérance de la part des agents forestiers.

Il sera tenu de faire immédiatement, si les agents forestiers lui en donnent l'ordre, remplacer les matériaux ou reconstruire les ouvrages dont les dimensions ou les dispositions ne seront pas conformes au devis.

Toutefois, si les agents reconnaissent que les changements faits par l'entrepreneur ne sont contraires ni à la solidité, ni au goût, les nouvelles dispositions pourront être maintenues; mais alors l'entrepreneur n'aura droit à aucune augmentation de prix à raison des dimensions plus fortes ou de la valeur plus considérable que pourront avoir les matériaux ou les ouvrages. Dans ce cas, les métrages seront basés sur les dimensions prescrites sur le devis. Si, au contraire, les dimensions sont plus faibles ou la valeur des matériaux moindre, les prix seront réduits en conséquence.

Art. 28. L'entrepreneur ne pourra réclamer aucune augmentation de prix sous le prétexte que des variations notables seraient survenues dans la valeur des matériaux ou de la main-d'œuvre. L'administration ne pourra, de son côté, pour un semblable motif, faire subir aucune diminution au montant du marché.

L'entrepreneur ne pourra également réclamer aucun changement dans les prix par lui consentis, sous prétexte qu'il y aurait eu erreur ou omission dans la composition des prix du sous-détail du devis; mais il pourra réclamer contre les erreurs de métrage qui auraient été commises à son préjudice.

L'administration se réserve, à cet égard, le même droit.

Dans ce cas, les augmentations ou diminutions seront basées sur les prix du marché.

Art. 29. Les matériaux proviendront des lieux indiqués au devis; ils seront de la meilleure qualité, parfaitement travaillés et mis en œuvre suivant les règles de l'art.

Ces matériaux ne pourront être employés qu'après la visite et la réception qui en seront faites par les agents forestiers.

Les bois acceptés seront marqués du marteau des mêmes agents.

En cas de surprise, de mauvaise qualité ou de malfaçon, ils seront rebutés et remplacés aux frais de l'entrepreneur.

Art. 30. L'entrepreneur ne pourra, dans aucun cas, livrer au commerce les matériaux qu'il aurait fait extraire, pour l'exécution de son marché, dans les bois ou terrains régis par l'administration des forêts.

Art. 31. Toutes les fois que les agents prescriront l'emploi de matières neuves ou de démolition appartenant à l'État, l'entrepreneur ne sera payé que des frais de main-d'œuvre, d'après les éléments des prix du bordereau, rabais déduit, sans pouvoir répéter de dommages pour manque de gain sur les fournitures supprimées.

Art. 32. Lorsque les agents forestiers présumeront qu'il existe dans les ouvrages des vices de construction, ils ordonneront, soit en cours d'exécution, soit avant la réception définitive, la démolition et la reconstruction des ouvrages présumés vicieux.

Les dépenses résultant de cette vérification seront à la charge de l'entrepreneur lorsque les vices de construction seront reconnus.

Toute démolition prescrite par les agents et qui n'aura pas pour cause une infraction au devis, un vice de construction ou l'emploi de matériaux prohibés, restera à la charge de l'administration.

Art. 33. Il ne sera alloué à l'entrepreneur aucune indemnité à raison des pertes, avaries ou dommages occasionnés par négligence, imprévoyance, défaut de moyens ou fausses manœuvres.

Ne sont pas compris toutefois dans la disposition précédente les cas de force majeure qui, dans le délai de dix jours au plus après l'événement, auront été signalés par l'entrepreneur ; dans ces cas néanmoins, il ne pourra être rien alloué qu'avec l'approbation de l'administration. Passé le délai de dix jours, l'entrepreneur ne sera plus admis à réclamer.

Art. 34. Lorsqu'il sera reconnu indispensable d'exécuter des ouvrages non prévus ou d'extraire des matériaux dans des lieux autres que ceux indiqués au devis, les prix en seront réglés d'après les éléments de ceux de l'adjudication ou par assimilation aux ouvrages les plus analogues. Dans le cas d'une impossibilité absolue d'assimilation, on prendra pour terme de comparaison les prix courants du pays.

Les nouveaux prix, après avoir été débattus par l'agent forestier avec l'entrepreneur, seront soumis à l'approbation de l'administration. Si l'entrepreneur n'accepte pas la décision de l'administration, il sera statué par l'autorité compétente.

Art. 35. En cas d'augmentation dans la masse des travaux, l'entrepreneur sera tenu d'en continuer l'exécution jusqu'à concurrence d'un tiers en sus du montant de l'entreprise. Au delà de cette limite, l'entrepreneur aura droit à la réalisation de son marché.

Art. 36. En cas de diminution dans la masse des ouvrages, l'entrepreneur ne pourra élever aucune réclamation tant que la diminution n'excédera pas le tiers du montant de l'entreprise. Si la diminution est de plus du tiers, il recevra, s'il y a lieu, à titre de dédommagement, une indemnité qui, en cas de contestation, sera réglée par l'autorité compétente.

Art. 37. Lorsque les changements ordonnés auront pour résultat de modifier l'importance de certaines natures d'ouvrages, de telle sorte que les quantités prescrites diffèrent de plus de moitié, en plus ou en moins, des quantités portées au détail estimatif, l'entrepreneur pourra présenter, en fin de compte, une demande en indemnité basée sur le préjudice que lui auraient causé les modifications apportées à cet égard dans les prévisions du projet.

Art. 38. L'agent chargé de la direction des travaux pourra exiger le changement ou le renvoi des employés et ouvriers de l'entrepreneur pour cause d'insubordination, d'improbité ou d'incapacité.

Art. 39. S'il survient quelque difficulté entre l'agent chargé de la direction et l'entrepreneur au sujet de l'application des prix ou des métrages, il en sera référé au conservateur.

Art. 40. Lorsqu'un ouvrage languira faute de matériaux, d'ouvriers, etc., de manière à faire craindre qu'il ne soit pas achevé aux époques prescrites, ou bien si l'entrepreneur était convaincu de fraude quant à la qualité des matériaux, d'incapacité ou de mauvaise foi en ce qui concerne l'accomplissement des conditions de son marché, un arrêté du conservateur mettra en demeure l'entrepreneur et sa caution de prendre, dans un délai déterminé, les mesures nécessaires pour régulariser la situation. Ce délai, sauf les cas d'urgence, ne sera pas moins de dix jours à dater de la notification de l'arrêté de mise en demeure.

A l'expiration de ce délai, si l'entrepreneur ou sa caution n'ont pas exécuté les dispositions prescrites, le conservateur, par un second arrêté, ordonnera l'établissement d'une régie aux frais de l'entrepreneur.

Il en sera aussitôt rendu compte au directeur des forêts, qui, selon les circonstances, pourra ordonner la continuation de la régie aux frais de l'entrepreneur, ou prononcer la résiliation du marché, ou ordonner une nouvelle adjudication sur folle enchère.

Pendant la durée de la régie, l'entrepreneur sera autorisé à en suivre les opérations, sans qu'il puisse toutefois entraver l'exécution des ordres des agents forestiers.

Il pourra, d'ailleurs, être relevé de la régie par le directeur des forêts, s'il justifie des moyens nécessaires pour reprendre les travaux et les amener à bonne fin.

Les excédents de dépenses qui résulteront de la régie ou de l'adjudication sur folle enchère seront prélevés sur les sommes qui pourront être dues à l'entrepreneur, sans préjudice des droits à exercer contre lui et sa caution en cas d'insuffisance.

Si la régie ou l'adjudication sur folle enchère amenait, au contraire, une diminution dans les dépenses, l'entrepreneur et sa caution ne pourraient réclamer aucune part de ce bénéfice, qui resterait acquis à l'administration.

Art. 41. Dès que la mise en régie aura été signifiée à l'entrepreneur et à sa caution, il sera dressé un procès-verbal détaillé constatant l'état d'avancement des travaux, ainsi que la situation des ateliers, la nature, la quantité et la qualité du matériel et des matériaux approvisionnés.

Sommation d'assister à l'opération sera faite à l'entrepreneur et à sa caution, qui pourront, d'ailleurs, l'un et l'autre, consigner leurs observations au procès-verbal.

Il pourra être fait usage par l'agent régisseur, avec l'autorisation du conservateur, de tout ou partie du matériel et des approvisionnements de l'entreprise, y compris les chevaux. La valeur du matériel et des approvisionnements ainsi retenus sera indiquée dans le procès-verbal ; elle sera calculée d'après les éléments fournis par le devis ou, à défaut, estimée de gré à gré ou à dire d'experts. Le matériel ainsi utilisé par la régie sera entretenu et réparé aux frais de l'entrepreneur, auquel il sera tenu compte, lors du règlement final de l'entreprise, des manquements survenus dans ce matériel ou des détériorations qu'il aurait pu subir en dehors de l'usure ordinaire.

Art. 42. En cas de décès ou de faillite de l'entrepreneur, le contrat sera résilié de plein droit, sauf à l'administration à accepter, s'il y a lieu, les offres qui pourront être faites pour la continuation des travaux, soit par la caution, qui sera tout d'abord mise en demeure de faire connaître sa détermination, soit par les héritiers ou les créanciers.

Il en sera de même lorsque l'entrepreneur aura disparu du pays depuis plus d'un mois, sans avoir rempli les formalités prescrites par les deux premiers paragraphes de l'article 22 du présent cahier des charges.

TITRE III.

Réceptions et payements.

Art. 43. Immédiatement après l'achèvement des travaux, il sera procédé à leur réception.

Elle sera définitive si les travaux ne sont pas soumis à la garantie.

Dans le cas contraire, la réception sera provisoire. Il sera procédé, à l'expiration du délai de garantie, à la réception définitive.

Art. 44. L'entrepreneur et sa caution seront responsables, pendant le délai de garantie, de la bonté et de la solidité des ouvrages, et obligés de les entretenir.

Il est bien entendu toutefois que l'administration ne renonce pas à la faculté d'invoquer au besoin les dispositions des articles 1792 et 2270 du code civil, qui fixe à dix ans le délai de garantie pour les grosses constructions.

Art. 45. Les attachements seront pris par le surveillant, au fur et à mesure de l'avancement des travaux, en présence de l'entrepreneur et contradictoirement avec lui; celui-ci devra les signer au moment de la présentation qui lui en sera faite.

Lorsque l'entrepreneur refusera de signer les attachements ou ne les signera qu'avec réserve, il lui sera accordé un délai de dix jours, à dater de la présentation des pièces, pour formuler par écrit ses observations. Passé ce délai, les attachements seront censés acceptés par lui comme s'ils étaient signés sans réserve.

Dans ce cas, il sera dressé procès-verbal de la présentation et des circonstances qui l'auront accompagnée. Ce procès-verbal sera annexé aux pièces non acceptées. Les résultats des attachements inscrits sur les carnets des surveillants ne seront portés en compte qu'autant qu'ils auront été admis par l'agent directeur des travaux.

Art. 46. Le décompte général et définitif de l'entreprise, auquel seront joints les métrés et les pièces à l'appui, sera présenté, sans déplacement, à l'acceptation de l'entrepreneur.

Si l'entrepreneur refuse d'accepter ou s'il ne signe qu'avec réserve, il devra déduire ses motifs par écrit, dans les vingt jours qui suivront la présentation des pièces. Dans ce cas, il sera dressé procès-verbal de la présentation et des circonstances qui l'auront accompagnée.

Passé ce délai, le décompte sera censé accepté par lui, quand même il ne l'aurait pas signé ou ne l'aurait signé qu'avec une réserve dont les motifs ne seraient pas spécifiés.

Le procès-verbal de présentation devra toujours être annexé au décompte non accepté.

Art. 47. Lorsque le cahier des charges spéciales n'aura pas imposé l'obligation d'achever la totalité des ouvrages avant tout payement, il pourra être procédé, au fur et à mesure de l'avancement des travaux et d'après les conditions prévues au marché, à des payements d'acompte, tant pour la fourniture des matériaux que pour les travaux exécutés.

Art. 48. Toutefois, il ne pourra être fait de payement d'acompte avant que les travaux exécutés ou les approvisionnements apportés à pied d'œuvre aient atteint le quart au moins du prix total de l'entreprise.

Art. 49. Les payements d'acompte ne pourront être effectués que jusqu'à concurrence des cinq sixièmes, au plus, de la valeur des matériaux ou des ouvrages reçus. (Règlement du 26 décembre 1866, art. 107.) Le dernier payement sera effectué après le règlement final de l'entreprise.

Art. 50. Il ne sera pas dû d'intérêts pour retard dans les payements d'acompte; mais, si l'entrepreneur ne pouvait être entièrement payé dans le délai de trois mois à partir du jour de la signature du procès-verbal de réception définitive, il pourrait prétendre à des intérêts pour cause de retard dans le payement de la somme qui lui resterait due à partir de cette époque.

Art. 51. Lorsque l'administration ordonnera la cessation absolue ou l'ajournement indéfini des travaux adjugés, l'entreprise sera immédiatement résiliée, sans préjudice de l'indemnité qui pourra être allouée à l'entrepreneur, s'il y a lieu.

Si les travaux ont reçu un commencement d'exécution, l'entrepreneur pourra requérir qu'il soit procédé de suite à la réception provisoire des ouvrages exécutés et à leur réception définitive, après l'expiration du délai de garantie.

TITRE IV.

Dispositions diverses.

Art. 52. Pour le cas où des difficultés viendraient à s'élever entre l'administration et l'entrepreneur sur le sens et l'exécution des clauses et conditions de l'entreprise et ne pourraient être résolues à l'amiable, l'entrepreneur sera tenu, en attendant qu'il ait été statué sur ces difficultés par l'autorité compétente, de poursuivre l'exécution des travaux, et, dans le cas où il s'y refuserait, il y serait pourvu comme il est dit à l'article 40.

Art. 53. Le recouvrement de toutes les sommes dont l'entrepreneur sera constitué débiteur, par suite de l'inexécution du présent cahier des charges et après application du cautionnement à l'extinction des débets liquidés par les ministres compétents, sera poursuivi contre lui et contre sa caution par voie de contrainte administrative, à la diligence de l'agent judiciaire du Trésor, comme rétentionnaire de deniers publics.

Art. 54. L'entrepreneur se soumet à la responsabilité déterminée par l'article 206 du code forestier (§§ 1 et 2), à raison des contraventions et délits commis par ses ouvriers et voituriers pendant toute la durée des travaux.

Art. 55. Les dispositions du présent cahier des charges, à l'exception des articles 5 à 8, 11 à 17 et du premier paragraphe de l'article 18, sont applicables aux marchés passés par voie de soumission directe.

Art. 56. Toute soumission directe rappellera celui des paragraphes de l'article 18 du décret du 18 novembre 1882 dont il sera fait application.

Le marché ne sera définitif que par l'approbation du directeur des forêts ou du conservateur mentionnée sur la soumission.

Art. 57. Toutes les dispositions du présent cahier des charges sont de rigueur; aucune d'elles ne pourra être réputée comminatoire. Elles recevront leur application jusqu'à ce qu'il en ait été autrement ordonné.

Délibéré en conseil d'administration, les 27 juillet et 8 août 1883.

CAHIER DES CHARGES

concernant les travaux de mise en valeur à exécuter dans les forêts de chênes-liège en Algérie.

Art. 1er. Les travaux seront entrepris, soit par voie d'adjudication publique au rabais et sur soumissions cachetées, soit en vertu d'une convention faite de gré à gré.

Tous les marchés relatifs à leur exécution seront soumis aux dispositions suivantes :

TITRE PREMIER.

Adjudications.

Art. 2. Tout concurrent sera tenu de présenter un certificat constatant sa capacité. Ce certificat ne pourra être délivré que par un agent forestier chef de service.

Art. 3. Tout soumissionnaire sera tenu de présenter, séance tenante, une caution reconnue solvable, qui s'obligera solidairement, par l'acte même d'adjudication, à toutes les charges et conditions de l'entreprise.

Cette caution pourra être remplacée, à la volonté du soumissionnaire, par un certificat du directeur de la caisse des dépôts et consignations ou de ses préposés, constatant le versement, dans sa caisse, d'un cautionnement provisoire égal au trentième de l'estimation des travaux, déduction faite de toutes les sommes à valoir pour cas imprévus, indemnités et ouvrages en régie. Le cautionnement pourra être fait en numéraire, en rentes sur l'État et valeurs du Trésor au porteur ou en rentes sur l'État, nominatives ou mixtes (1).

Le cautionnement réalisé avant l'adjudication, à titre provisoire, servira de cautionnement définitif au soumissionnaire qui sera déclaré entrepreneur et restera affecté à la garantie des engagements contractés par ce dernier jusqu'à liquidation définitive des travaux. Après cette liquidation, il sera restitué à l'adjudicataire en vertu d'une mainlevée donnée par le conservateur.

Art. 4. Les adjudications auront lieu par voie de soumissions cachetées, sur un seul concours, et seront annoncées par voie d'affiches indiquant le lieu, le jour et l'heure de l'opération.

Les prix fixés par arbre à démascler, par are de débroussaillement à opérer au pied de ces arbres, par mètre courant de chemins ou de tranchées à établir sur une largeur déterminée, seront insérés sur les affiches pour servir de base aux offres.

L'évaluation totale du devis sera, en outre, indiquée dans les affiches à titre de renseignement.

Art. 5. Le bureau sera composé du conservateur, président, ou de son délégué, et

---

(1) Les valeurs du Trésor, transmissibles par voie d'endossement, endossées en blanc, sont considérées comme valeurs au porteur. (Décret du 18 novembre 1882, art. 5.)

La valeur en capital des rentes à affecter aux cautionnements est calculée : pour les cautionnements provisoires, au cours moyen du jour de la veille du dépôt; pour les cautionnements définitifs, au cours moyen du jour de l'approbation de l'adjudication.

Les bons du Trésor à l'échéance d'un an ou de moins d'un an sont acceptés pour le montant de leur valeur en capital et intérêts.

Les autres valeurs déposées pour cautionnement sont calculées d'après le dernier cours publié au *Journal officiel*. (Même décret, art. 6.)

Les cautionnements, quelle qu'en soit la nature, sont reçus par le directeur de la caisse des dépôts et consignations ou par ses préposés; ils sont soumis aux règlements spéciaux à cet établissement.

Les oppositions sur les cautionnements provisoires ou définitifs doivent avoir lieu entre les mains du comptable qui a reçu lesdits cautionnements. Toutes autres oppositions sont nulles et non avenues. (Même décret, art. 7.)

Lorsque le cautionnement consiste en rente nominative, le titulaire de l'inscription de rente souscrit une déclaration d'affectation de la rente et donne à la caisse des dépôts et consignations un pouvoir irrévocable à l'effet de l'aliéner, s'il y a lieu.

L'affectation de la rente au cautionnement définitif est mentionnée au Grand-Livre de la Dette publique. (Même décret, art. 8.)

de deux agents ou préposés forestiers. La minute restera déposée dans les archives du chef de service.

Art. 6. Les paquets seront remis cachetés au président de l'adjudication. Ils recevront immédiatement un numéro dans l'ordre de leur présentation. Il n'en sera plus reçu lorsque le dépouillement sera commencé.

Les concurrents pourront toutefois faire parvenir leurs soumissions avec les pièces à l'appui, par lettre recommandée, au président, avant le jour de l'adjudication. Cette lettre recommandée devra porter extérieurement une mention indiquant la nature du contenu et avertissant qu'elle ne doit pas être ouverte avant l'adjudication. Les lettres recommandées, ainsi parvenues au président, seront déposées par lui sur le bureau après la remise des paquets des autres concurrents en séance publique.

Art. 7. Les paquets seront sous double enveloppe. La première, qui sera cachetée, contiendra : 1o le certificat de capacité ; 2o une présentation de caution signée du concurrent et de la caution elle-même ou un récépissé constatant le versement du cautionnement provisoire ; 3o enfin la seconde enveloppe.

Celle-ci, cachetée aussi, contiendra la soumission.

Art. 8. Un modèle de soumission sera annexé à l'affiche. Toute soumission qui n'y serait pas exactement conforme pourra être réputée nulle et non avenue.

Art. 9. Les soumissions seront rédigées sur papier timbré, à peine de nullité, ainsi que les certificats de capacité et les offres de caution ou récépissés de cautionnement produits à l'appui. Elles devront stipuler des rabais de centièmes sur le prix des unités et non une somme totale de dépense. Les rabais fractionnaires sont interdits : toute fraction de centième sera, le cas échéant, comptée pour une unité.

Art. 10. A l'instant fixé pour l'ouverture des paquets, la première enveloppe sera décachetée, et il sera dressé un état des pièces envoyées par chaque concurrent.

Art. 11. Les concurrents se retireront ensuite de la salle d'adjudication, et le président, après avoir examiné les pièces produites et consulté les membres du bureau, arrêtera la liste des concurrents agréés.

Art. 12. Immédiatement après, la séance redeviendra publique ; le président proclamera les noms des concurrents et remettra aux concurrents écartés leurs soumissions sans les ouvrir.

Art. 13. On ouvrira ensuite les autres soumissions, et le concurrent qui aura présenté le plus fort rabais et dont la soumission aura été reconnue régulière, sera déclaré adjudicataire.

Art. 14. Si deux ou plusieurs concurrents avaient présenté un rabais égal et exprimant l'offre la plus avantageuse, il sera ouvert, dans la même forme, un débat entre eux, soit séance tenante, si ces soumissionnaires sont tous présents, soit, en cas contraire, à une époque ultérieure déterminée par le bureau. Les rabais de la nouvelle adjudication ne pourront être inférieurs à ceux de la première.

Si les nouvelles offres, quoique supérieures aux précédentes, sont encore égales entre elles, le concours sera continué ; mais, si les concurrents s'arrêtent au même chiffre de rabais et le maintiennent, il sera tiré au sort entre eux.

Art. 15. Les résultats de chaque adjudication seront constatés par un procès-verbal relatant toutes les circonstances de l'opération.

Art. 16. La minute du procès-verbal sera adressée immédiatement au conservateur, avec la soumission admise. On y joindra les réclamations écrites qui auraient pu être déposées contre l'adjudication.

Art. 17. Le procès-verbal de l'adjudication sera soumis à l'approbation du directeur des forêts ou du conservateur.

S'il n'a pas été statué dans le délai d'un mois à compter du jour de l'adjudication, le soumissionnaire pourra exiger la résiliation du marché.

Il ne pourra prétendre à aucune indemnité dans le cas où le marché ne serait pas approuvé.

Art. 18. Il sera délivré à l'entrepreneur une copie certifiée du devis, du bordereau des prix, du détail estimatif, et, s'il le demande, du procès-verbal de l'adjudication et du présent cahier des charges.

Art. 19. Dans les vingt jours qui suivront l'approbation du procès-verbal, l'entrepreneur versera à la caisse du receveur des domaines du lieu de l'adjudication, au vu d'un état dressé par l'inspecteur des forêts : 1o les frais de timbre et d'enregistrement du procès-verbal d'adjudication ; 2o le prix du timbre des copies de pièces qui lui seront délivrées ; 3o le prix du timbre de la copie du procès-verbal d'adjudication à fournir au trésorier-payeur général.

Sur la présentation du certificat du receveur des domaines constatant le payement de ces frais, l'inspecteur délivrera à l'entrepreneur le permis d'exécuter les travaux ; ce permis, non soumis au timbre et à l'enregistrement, servira à l'entrepreneur de pièce d'accréditation auprès des agents et préposés locaux.

Sera également à la charge de l'entrepreneur le prix du timbre du procès-verbal de réception définitive, qui devra être signé par lui pour acceptation.

TITRE II.

Exécution des travaux.

Art. 20. L'entrepreneur ne pourra sous-traiter, c'est-à-dire céder tout ou partie de son marché, sans le consentement de l'administration. Dans tous les cas, il demeurera personnellement responsable tant envers l'administration qu'envers les ouvriers et les tiers.

En cas d'infraction à cette clause, l'administration pourra, suivant les cas, soit prononcer la résiliation pure et simple du marché, soit procéder à une nouvelle adjudication à la folle enchère de l'entrepreneur.

Art. 21. L'entrepreneur ne pourra, pendant la durée de l'entreprise, s'éloigner sans autorisation du lieu de ses travaux.

En cas d'absence, il choisira et fera agréer un représentant capable de le remplacer, de manière qu'aucune opération ne puisse être retardée ou suspendue.

Dans tous les cas, toutes les notifications se rattachant à son entreprise seront valables lorsqu'elles auront été faites, soit au domicile qu'il sera tenu, dans les quinze jours de l'approbation de l'adjudication, d'élire à proximité des travaux, soit, à défaut de cette élection de domicile, à la mairie de la commune de la situation des travaux.

Art. 22. Les travaux seront commencés à l'époque fixée par le marché ou à celle indiquée par les agents forestiers ; ils seront exécutés conformément aux indications du devis et aux instructions et ordres de service qui seront donnés à l'entrepreneur.

Art. 23. Le nombre des ouvriers sera toujours proportionné à la quantité d'ouvrage à faire. Pour mettre l'agent directeur à même d'assurer l'accomplissement de cette condition, il lui sera remis périodiquement, et aux époques par lui fixées, une liste nominative des ouvriers.

L'agent directeur des travaux pourra exiger le renvoi de tout individu contre lequel il aurait été verbalisé depuis un an pour délit forestier, ou qui serait d'une incapacité notoire, ou qui refuserait de se conformer aux prescriptions des agents et préposés chargés de surveiller les travaux.

Art. 24. L'entrepreneur sera tenu de fournir à ses frais les outils, instruments et autres objets nécessaires à l'exécution des travaux.

Art. 25. L'entrepreneur se conformera, pendant le cours du travail, aux changements qui lui seront ordonnés *par écrit* et sous la responsabilité de l'agent forestier, pour des motifs d'utilité ou d'économie. Il ne lui sera tenu compte de ces changements qu'autant qu'il justifiera de l'ordre écrit de cet agent.

Art. 26. L'entrepreneur ne pourra de lui-même apporter aucun changement au projet. Tous ouvrages exécutés en infraction à cette clause demeureront à sa charge, sans préjudice de sa responsabilité pour les dommages possibles résultant des changements non autorisés et sans qu'il puisse arguer d'autorisation verbale, ni de tolérance de la part des agents forestiers.

Art. 27. L'entrepreneur ne pourra réclamer aucune augmentation de prix, sous le prétexte que des variations notables seraient survenues dans la valeur des matériaux ou de la main-d'œuvre. L'administration ne pourra, de son côté, pour un semblable motif, faire subir aucune diminution au montant du marché.

L'entrepreneur ne pourra également réclamer aucun changement dans les prix par lui consentis, sous prétexte qu'il y aurait eu erreur ou omission dans la composition des prix du sous-détail du devis.

Art. 28. Il ne sera alloué à l'entrepreneur aucune indemnité à raison des pertes, avaries ou dommages occasionnés par négligence, imprévoyance, défaut de moyens ou fausses manœuvres.

L'entrepreneur ne pourra non plus prétendre à aucun dédommagement soit pour perte de matériel, soit pour atténuation de bénéfices, dans le cas où la forêt viendrait à être incendiée en tout ou en partie pendant l'exécution des travaux.

Art. 29. En cas d'augmentation dans la masse des travaux, l'entrepreneur sera tenu d'en continuer l'exécution jusqu'à concurrence d'un tiers en sus du montant de l'entreprise. Au delà de cette limite, l'entrepreneur aura droit à la résiliation du marché.

Art. 30. En cas de diminution dans la masse des ouvrages, l'entrepreneur ne pourra élever aucune réclamation tant que la diminution n'excédera pas le tiers du montant de l'entreprise. Si la diminution est de plus du tiers, il recevra, s'il y a lieu, à titre de dédommagement, une indemnité qui, en cas de contestation, sera réglée par l'autorité compétente.

Art. 31. Le démasclage portera sur tous les arbres désignés par le service forestier et ayant atteint une circonférence égale au minimum fixé par les clauses spéciales.

L'exploitation commencera par le canton qui sera indiqué par l'agent directeur des travaux. Elle se fera de proche en proche, sans laisser en arrière d'autres arbres que ceux dont le démasclage ne serait pas encore praticable par suite du défaut de sève. Ces arbres seront repris dès que l'ascension de la sève le permettra, de manière à être démasclés dans l'année.

L'opération du démasclage sera faite suivant les meilleures règles de l'art et conformément aux indications des agents forestiers. Elle ne pourra avoir lieu que pendant la saison de la sève et elle sera suspendue, sur l'ordre du service forestier, pendant les jours de pluie ou de trop fortes chaleurs.

L'écorce mère (le liber) ne devra être, dans les levées ou les sondages, ni blessée, ni écorchée, ni déchirée, ni enlevée, sous quelque prétexte que ce soit, sous les peines portées par l'article 196 du code forestier.

Les bords des écorces enlevées devront toujours être nettement coupés, afin que celles restant sur l'arbre ne soient ni soulevées, ni détachées. A cet effet, la hauteur de la tire du liège mâle sera fixée par une entaille circulaire, tracée avec le plus grand soin, de manière à ne pas entamer le liber.

Le démasclage aura lieu sur la circonférence entière de l'arbre. Il se fera en commençant rez terre, de manière à ne laisser aucune partie de l'écorce au pied de l'arbre. Il s'arrêtera à la naissance des branches principales.

Si cette règle devait être modifiée par suite de l'état de végétation des arbres, l'entrepreneur aurait à se conformer aux indications des agents forestiers.

Art. 32. Les plaques de liège de reproduction qui pourraient se trouver soit à la base, soit sur une partie du tronc des arbres, seront levées d'une manière complète et à la hauteur voulue.

L'entrepreneur procédera, en outre, à la levée du liège de reproduction sur les arbres qui lui seront désignés.

Le prix payé à l'entrepreneur dans les deux cas prévus par le présent article sera celui fixé par le procès-verbal d'adjudication pour les arbres à démascler.

Les lièges de reproduction resteront la propriété de l'Etat; ils seront déposés par les soins et aux frais de l'entrepreneur sur les points indiqués par le service forestier.

Art. 33. Le mode d'exécution des travaux de débroussaillement, d'ouverture de tranchées et chemins sera réglé par le devis et les clauses spéciales.

Il en sera de même des délais d'exécution des travaux de toute nature, des délais d'enlèvement des produits et d'incinération.

Art. 34. Les produits résultant de la levée du liège mâle, à la réserve des écorces nécessaires à la consommation des indigènes usagers, ceux provenant du débroussaillement et de l'ouverture des tranchées et chemins exécutés en vertu du marché seront, — sauf indication contraire insérée au devis et aux clauses spéciales, — abandonnés gratuitement à l'entrepreneur.

Si l'entrepreneur ne peut utiliser ces produits, il sera tenu de les faire transporter et incinérer à ses frais sur les points et aux jours fixés par le service forestier.

Conformément aux prescriptions de la loi du 17 juillet 1874, cette incinération ne pourra être effectuée du 1er juillet au 1er novembre.

Art. 35. Les harts nécessaires pour lier en fagots les produits abandonnés à l'entrepreneur lui seront délivrées gratuitement; il les fera exploiter à ses frais, sous la surveillance du service forestier, dans les lieux qui lui seront désignés.

Art. 36. L'entrepreneur pourra construire en forêt, sur les points qui lui auront été désignés à cet effet par le service forestier, des gourbis pour loger ses ouvriers. Si le procès-verbal d'adjudication en fait mention, il sera tenu d'établir un gourbi spécialement affecté à l'agent ou au préposé forestier chargé de la surveillance des travaux.

Les bois et matériaux divers nécessaires à ces constructions seront délivrés gratuitement à l'entrepreneur, sur sa demande, quand ils pourront être pris dans la forêt.

A l'expiration du délai de vidange, ces gourbis demeureront la propriété de l'Etat, sans que l'entrepreneur puisse prétendre à aucune indemnité.

Art. 37. Pendant la durée des travaux, les ouvriers ne pourront se servir pour leur usage particulier que des remanents abandonnés à l'entrepreneur ou de morts-bois désignés par le garde du triage. L'emploi de toute autre nature de produits sera considéré comme délit et poursuivi conformément aux dispositions du code forestier.

Art. 38. Il est interdit à l'entrepreneur de faire ou de laisser paître, dans les parties de forêt non défensables, les animaux de trait ou de bât employés à l'exploitation.

Art. 39. Aucun feu ne pourra être allumé dans l'intérieur ou à moins de 200 mètres des forêts, si ce n'est dans les gourbis, dans des fosses d'un mètre de profondeur entourées d'une murette en pierres sèches, ou enfin sur les emplacements désignés par le service forestier pour brûler les remanents non utilisés par l'entrepreneur, sous les peines portées par l'article 42 du code forestier.

Autour de ces gourbis, de ces fosses ou emplacements, le sol sera pioché et complètement débarrassé des herbes et des broussailles dans un rayon de 20 mètres.

L'adjudicataire sera, d'ailleurs, responsable de tous dommages causés à la forêt en cas d'incendie des gourbis et dans le cas où le feu allumé, même dans les conditions ci-dessus précitées, viendrait à s'étendre à la forêt.

L'interdiction d'allumer du feu en dehors des gourbis est absolue du 1er juillet au 1er novembre.

Art. 40. S'il survient quelque difficulté entre l'entrepreneur au sujet de l'application des prix ou des métrages, il en sera référé au conservateur.

Art. 41. Lorsqu'un ouvrage languira faute d'ouvriers, etc., de manière à faire craindre qu'il ne soit pas achevé aux époques prescrites, ou bien si l'entrepreneur était convaincu de fraude, d'incapacité ou de mauvaise foi en ce qui concerne l'accomplissement des conditions de son marché, un arrêté du conservateur mettra en demeure l'entrepreneur et sa caution de prendre, dans un délai déterminé, les mesures nécessaires pour régulariser la situation. Ce délai, sauf les cas d'urgence, ne sera pas de moins de dix jours à dater de la notification de l'arrêté de mise en demeure.

A l'expiration de ce délai, si l'entrepreneur ou sa caution n'ont pas exécuté les dispositions prescrites, le conservateur, par un second arrêté, ordonnera l'établissement d'une régie aux frais de l'entrepreneur.

Il en sera aussitôt rendu compte au directeur des forêts, qui, selon les circonstances, pourra ordonner la continuation de la régie aux frais de l'entrepreneur, ou prononcer la résiliation du marché, ou ordonner une nouvelle adjudication sur folle enchère.

Pendant la durée de la régie, l'entrepreneur sera autorisé à en suivre les opérations, sans qu'il puisse toutefois entraver l'exécution des ordres des agents forestiers.

Il pourra, d'ailleurs, être relevé de la régie par le directeur des forêts, s'il justifie des moyens nécessaires pour reprendre les travaux et les amener à bonne fin.

Les excédents de dépenses qui résulteront de la régie ou de l'adjudication sur folle enchère seront prélevés sur les sommes qui pourront être dues à l'entrepreneur, sans préjudice des droits à exercer contre lui et sa caution, en cas d'insuffisance.

Si la régie ou l'adjudication sur folle enchère amenait, au contraire, une diminution dans les dépenses, l'entrepreneur et sa caution ne pourraient réclamer aucune part de ce bénéfice, qui resterait acquis à l'administration.

Art. 42. Dès que la mise en régie aura été signifiée à l'entrepreneur et à sa caution, il sera dressé un procès-verbal détaillé constatant l'état d'avancement des travaux, ainsi que la situation des ateliers, la nature, la quantité et la qualité du matériel.

Sommation d'assister à l'opération sera faite à l'entrepreneur et à sa caution, qui pourront d'ailleurs, l'un et l'autre, consigner leurs observations au procès-verbal.

Il pourra être fait usage par l'agent régisseur, avec l'autorisation du conservateur, de tout ou partie du matériel de l'entreprise, y compris les chevaux. La valeur du matériel ainsi retenu sera indiquée dans le procès-verbal ; elle sera calculée d'après les éléments fournis par le devis ou, à défaut, estimée de gré à gré ou à dire d'experts. Le matériel ainsi utilisé par la régie sera entretenu et réparé aux frais de l'entrepreneur, auquel il sera tenu compte, lors du règlement final de l'entreprise, des manquements survenus dans ce matériel ou des détériorations qu'il aurait pu subir en dehors de l'usure ordinaire.

Art. 43. En cas de décès ou de faillite de l'entrepreneur, le contrat sera résilié de plein droit, sauf à l'administration à accepter, s'il y a lieu, les offres qui pourront être faites pour la continuation des travaux, soit par la caution, qui sera tout d'abord mise en demeure de faire connaître sa détermination, soit par les héritiers ou les créanciers.

Il en sera de même lorsque l'entrepreneur aura disparu du pays depuis plus d'un mois, sans avoir rempli les formalités prescrites par les deux premiers paragraphes de l'article 21 du présent cahier des charges.

TITRE III.

Réceptions et payements.

Art. 44. Immédiatement après l'achèvement des travaux, il sera procédé à leur réception.

Elle sera définitive si les travaux ne sont pas soumis à la garantie.

Dans le cas contraire, la réception sera provisoire. Il sera procédé, à l'expiration du délai de garantie, à la réception définitive.

Art. 45. L'entrepreneur et sa caution seront responsables des travaux pendant le délai de garantie et obligés de les entretenir.

Art. 46. Les attachements seront pris par le surveillant au fur et à mesure de l'avancement des travaux, en présence de l'entrepreneur et contradictoirement avec lui ; celui-ci devra les signer au moment de la présentation qui lui en sera faite.

Lorsque l'entrepreneur refusera de signer les attachements ou ne les signera qu'avec réserve, il lui sera accordé un délai de dix jours, à dater de la présentation des pièces, pour formuler par écrit ses observations. Passé ce délai, les attachements seront censés acceptés par lui comme s'ils étaient signés sans réserve. Dans ce cas, il sera dressé procès-verbal de la présentation et des circonstances qui l'auront accompagnée. Ce procès-verbal sera annexé aux pièces non acceptées. Les résultats des attachements inscrits sur les carnets des surveillants ne seront portés en compte qu'autant qu'ils auront été admis par l'agent directeur des travaux.

Art. 47. Le décompte général et définitif de l'entreprise, auquel seront joints les métrés et les pièces à l'appui, sera présenté, sans déplacement, à l'acceptation de l'entrepreneur.

Si l'entrepreneur refuse d'accepter ou s'il ne signe qu'avec réserve, il devra déduire ses motifs par écrit, dans les vingt jours qui suivront la présentation des pièces. Dans ce cas, il sera dressé procès-verbal de la présentation et des circonstances qui l'auront accompagnée.

Passé ce délai, le décompte sera censé accepté par lui, quand même il ne l'aurait pas signé ou ne l'aurait signé qu'avec une réserve dont les motifs ne seraient pas spécifiés.

Le procès-verbal de présentation devra toujours être annexé au décompte non accepté.

Art. 48. Le procès-verbal de la réception définitive, accompagné des autres pièces de l'entreprise, sera envoyé à l'administration centrale, chargée du règlement final.

Art. 49. Lorsque le cahier des charges spéciales n'aura pas imposé l'obligation d'achever la totalité des travaux avant tout payement, il pourra être procédé, au fur et à mesure de leur avancement et d'après les conditions prévues au marché, à des payements d'acompte.

Art. 50. Toutefois il ne pourra être fait de payement d'acompte avant que les travaux exécutés aient atteint le quart au moins du prix total de l'entreprise.

Art. 51. Les payements d'acompte ne pourront être effectués que jusqu'à concurrence des cinq sixièmes, au plus, de la valeur des matériaux ou des ouvrages reçus. (Règlement du 26 décembre 1866, art. 107.) Le dernier payement sera effectué après le règlement final de l'entreprise par l'administration centrale.

Art. 52. Il ne sera pas dû d'intérêts pour retard dans les payements d'acompte; mais, si l'entrepreneur ne pouvait être entièrement payé dans le délai de trois mois à partir du jour de la signature du procès-verbal de réception définitive, il pourrait prétendre à des intérêts pour cause de retard dans le payement de la somme qui lui resterait due à partir de cette époque.

Art. 53. Lorsque l'administration ordonnera la cessation absolue ou l'ajournement indéfini des travaux adjugés, l'entreprise sera immédiatement résiliée, sans préjudice de l'indemnité qui pourra être allouée à l'entrepreneur, s'il y a lieu.

Si les travaux ont reçu un commencement d'exécution, l'entrepreneur pourra requérir qu'il soit procédé de suite à la réception provisoire des ouvrages exécutés et à leur réception définitive après l'expiration du délai de garantie.

TITRE IV.

Dispositions diverses.

Art. 54. Pour le cas où des difficultés viendraient à s'élever entre l'administration et l'entrepreneur sur le sens et l'exécution des clauses et conditions de l'entreprise et ne pourraient être résolues à l'amiable, l'entrepreneur sera tenu, en attendant qu'il ait été statué sur ces difficultés par l'autorité compétente, de poursuivre l'exécution des travaux, et, dans le cas où il s'y refuserait, il y serait pourvu comme il est dit à l'article 41.

Art. 55. Le recouvrement de toutes les sommes dont l'entrepreneur sera constitué débiteur, par suite de l'inexécution du présent cahier des charges et après application du cautionnement à l'extinction des débets liquidés par les ministres compétents, sera poursuivi contre lui et contre sa caution par voie de contrainte administrative, à la diligence de l'agent judiciaire du Trésor, comme rétentionnaire de deniers publics.

Art. 56. L'entrepreneur se soumet à la responsabilité déterminée par l'article 206 du code forestier (§§ 1 et 2), à raison des contraventions et délits commis par ses ouvriers et voituriers pendant toute la durée des travaux.

Art. 57. Les dispositions du présent cahier des charges, à l'exception des articles 4 à 7, 10 à 16 et du premier paragraphe de l'article 17, sont applicables aux marchés passés par voie de soumission directe.

Art. 58. Toute soumission directe rappellera celui des paragraphes de l'article 18 du décret du 18 novembre 1882, dont il sera fait application.

Le marché ne sera définitif que par l'approbation du directeur des forêts ou du conservateur mentionnée sur la soumission.

Art. 59. Toutes les dispositions du présent cahier des charges sont de rigueur ; aucune d'elles ne pourra être réputée comminatoire. Elles recevront leur application jusqu'à ce qu'il en ait été autrement ordonné.

Délibéré en conseil d'administration, le 4 juin 1884.

CAILLOU. V. Pierre. Enlèvement.

CAISSE D'AMORTISSEMENT.

1. *Dotation* — La dotation annuelle de la caisse d'amortissement se compose : 1° du produit net des coupes ordinaires et des produits accessoires des forêts........ ; 6° des produits nets des coupes extraordinaires et aliénations des forêts, dont le montant ne serait pas affecté à des améliorations forestières. (Règlement, art. 192. Circ. N 104.)

2. *Domaine.* — Les biens cédés à la caisse d'amortissement ne font plus partie du domaine public. (Décr. 17 février 1809.)

3. *Situation.* — La caisse d'amortissement ne fonctionne plus depuis de longues années, et ses livres ont été fermés en 1888. Toutefois, l'institution subsiste. (*Journal off.* 4 janvier 1889.)

CAISSE NATIONALE DES RETRAITES POUR LA VIEILLESSE.

1. *Création. Dénomination.* — A partir du 1er janvier 1887, la caisse des retraites, créée par la loi du 18 juin 1850, a pris le nom de caisse nationale des retraites pour la vieillesse. (Loi du 20 juillet 1886, art. 1er.)

2. *Emploi des fonds. Compte courant.* — Les fonds de la caisse nationale des retraites sont employés en rentes sur l'Etat, en valeur du Trésor, ou soit en valeurs garanties par le Trésor, soit en obligations départementales et communales. Les sommes nécessaires pour assurer le service des arrérages sont déposées en compte courant au Trésor. Le taux de l'intérêt dudit compte est fixé par le ministre des finances et ne peut être inférieur au taux d'après lequel est calculé, pour l'année, le montant des rentes viagères à servir aux déposants. (Loi du 20 juillet 1886, art. 22.)

Le compte courant au Trésor ne peut être supérieur à cinquante millions. (Loi du 26 février 1887, art. 28.)

3. *Préposé. Retenue.* — Il sera fait, sur le traitement des préposés des bois communaux et d'établissements publics soumis au régime forestier, en fonctions au 1er janvier 1860, des retenues destinées à être placées à la caisse des retraites pour la vieillesse créée, sous la garantie de l'Etat, par les lois des 18 juin 1850, 28 mai 1853 et 7 juillet 1856.

Sont exceptés de cette disposition :

1o Les préposés mixtes;

2o Les préposés auxquels les communes ou les établissements publics auraient assuré une pension de retraite ;

3o Les préposés dont le traitement est inférieur à 300 francs;

4o Les préposés qui, au 1er janvier 1860, auraient dépassé l'âge de 45 ans.

Néanmoins, les préposés de ces deux dernières catégories pourront être admis au bénéfice du présent règlement. (Règl. Min. 26 décembre 1859, art. 1. Circ. A 785.)

4. *Retenue. Tarif.* — Les retenues à effectuer seront les suivantes :

1o Une somme annuelle de 20 francs pour les traitements de 300 à 499 francs ;

Une somme annuelle de 30 francs pour les traitements de 500 à 599 francs ;

Une somme annuelle de 40 francs pour les traitements de 600 francs et au-dessus.

2o Lors de l'entrée en fonctions des préposés nouvellement nommés :

Une somme de 20 francs pour les traitements de 300 à 499 francs ;

Une somme de 30 francs pour les traitements de 500 à 599 francs;

Une somme de 40 francs pour les traitements de 600 francs et au-dessus.

3o Lors d'une augmentation de traitement par avancement :

Une somme de 10 francs pour une augmentation de 50 à 100 francs;

Une somme de 20 francs pour une augmentation de 100 francs et au-dessus. (Règl. min. 26 décembre 1859, art. 2. Circ. A 785.)

5. *Versement. Mariage.* — Le versement opéré antérieurement au mariage reste propre à celui qui l'a fait.

Le versement fait pendant le mariage par l'un des deux conjoints profite séparément à chacun d'eux, par moitié.

Le déposant marié, qui justifiera soit de sa séparation de corps, soit de sa séparation de biens, sera admis à effectuer des versements à son profit exclusif

En cas d'absence ou d'éloignement d'un des deux conjoints depuis plus d'une année, le juge de paix pourra, suivant les circonstances, accorder l'autorisation de faire des versements au profit exclusif du déposant. Sa décision pourra être frappée d'appel devant la chambre du conseil du tribunal de première instance. (Loi du 20 juillet 1886, art. 13.)

6. *Livret. Versement.* — Le livret qui doit être remis à chaque déposant est établi par la caisse des dépôts et consignations ; il est revêtu de son timbre et délivré gratuitement. (Décr. 28 décembre 1886, art. 11.)

Il sera loisible aux préposés d'augmenter le taux des versements déterminés (no 4). Les versements supplémentaires seront effectués conformément aux dispositions du règlement ministériel du 26 décembre 1859, art. 2. (Circ. A 785.)

7. *Conditions.* — Les versements seront faits sous les conditions de liquidation suivantes :

1o Aliénation du capital, quel que soit l'état civil du préposé;

2o Entrée en jouissance à soixante ans, sauf le cas prévu par l'article 11 de la loi du 20 juillet 1886.

Si le préposé est maintenu en fonctions après l'âge de soixante ans, le préfet pourra, sur l'avis du conservateur, reculer d'année en année, jusqu'à soixante-cinq ans, l'époque de la liquidation de la pension.

L'entrée en jouissance pourra également être reculée jusqu'à soixante-cinq ans pour les gardes actuellement en fonctions ayant dépassé l'âge de quarante-cinq ans, qui auront demandé à participer au bénéfice du règlement. (Règl. Min. 26 décembre 1859, art. 3. Circ. A 785.)

8. *Ajournement d'âge ou de jouissance.* — Les demandes pour ajourner à un âge ultérieur à soixante ans l'entrée en jouissance de la retraite, ou pour fixer une jouissance de la rente afférente à un nouveau versement, ne peuvent être souscrites que dans le trimestre qui précède l'ouverture de la rente, c'est-à-dire dans le trimestre qui correspond à la naissance du déposant. (Instr. 10 octobre 1876. Circ. N 207.)

9. *Mode.* — Le montant des retenues à effectuer sera indiqué, par les soins des inspecteurs des forêts, sur les états de traitement et mandats de payement.

Les retenues seront opérées, conformément à ces indications, par les receveurs des communes et des établissements publics, au moment de l'acquittement des mandats, et versées par eux à la caisse des receveurs généraux ou des receveurs particuliers des finances. (Règl. Min. 26 décembre 1859, art. 4. Circ. A 785).

10. *Retenues. Epoques.* — Les retenues seront faites sur les mandats pour le deuxième et le quatrième trimestre de chaque année. (Circ. N 23.)

11. *Versement. Montant.* — Les versements sont reçus et liquidés à partir de 1 franc et sans fraction de franc. (Loi du 20 juillet 1886, art. 5.)

12. *Versement. Epoque.* — Le montant des retenues sera versé à la caisse des retraites avant l'expiration des premier et deuxième trimestres. (Circ. N 23.)

13. *Caisse. Versement.* — Les versements de 1 franc au moins et sans fraction de franc sont reçus, à Paris, à la caisse des dépôts et consignations, dans les départements par les trésoriers-payeurs généraux et receveurs particuliers des finances, et en Algérie par les trésoriers-payeurs et les payeurs particuliers.

Lorsque, le déposant étant marié, le versement doit, conformément au paragraphe 5 de l'article 13 de la loi du 20 juillet 1886, profiter par moitié à son conjoint, aucun versement n'est reçu s'il n'est de 2 francs ou multiple de 2 francs. (Décr. du 28 décembre 1886, art. 1.)

14. *Remboursement. Versements irréguliers. Intérêts.* — Est remboursée sans intérêts, par la caisse, toute somme versée irrégulièrement, par suite de fausse déclaration sur les qualités civiles, noms et âges des déposants.

Sont également remboursées sans intérêts, les sommes qui, lors de la liquidation définitive, seraient insuffisantes pour produire une rente viagère de 2 francs. (Loi du 20 juillet 1886, art. 19.)

15. *Remboursement.* — Conformément aux articles 1974 et 1975 du code civil, toute somme versée au profit d'une personne morte au jour du versement, ou atteinte de maladie dont elle est morte dans les vingt jours du versement, est remboursée sans intérêts. (Décr. du 28 décembre 1886, art. 29.)

16. *Retenues. Fraction.* — Lorsque le traitement du préposé se composera de plusieurs fractions payées par différentes communes, soit que ces communes se trouvent situées dans le même département, soit qu'elles se trouvent situées dans divers départements, les retenues à exercer sur la totalité dudit traitement seront effectuées sur la plus forte de ces fractions, dans le département où se trouve la résidence du préposé. (Règl. Min. 26 décembre 1859, art. 8. Circ. A 785.)

17. *Cessation de service. Changement de résidence. Décès.* — Lorsqu'un préposé quittera l'administration, ou passera dans le service mixte ou domanial, avant l'entrée en jouissance de la pension viagère, son livret lui sera remis, contre récépissé, par l'agent intermédiaire.

En cas de changement de résidence d'un préposé, son livret sera adressé, avec un état de situation extrait du carnet mentionné en l'article 7, au conservateur, qui fera parvenir le tout à l'agent intermédiaire de la nouvelle résidence du préposé.

En cas de décès d'un préposé marié, son livret sera remis à sa veuve contre récépissé. (Règl. Min. 26 décembre 1859, art. 9. Circ. A 785.)

18. *Changement d'état civil.* — S'il survient un changement dans les qualités civiles d'un préposé soumis à la retenue pour la caisse de la vieillesse, l'inspecteur le fera connaître au conservateur, afin que la déclaration en puisse être faite au premier versement qui suit, par les soins de l'agent intermédiaire. (Règl. Min. 26 décembre 1859, art. 10. Circ. A 785.)

19. *Changement. Etat civil.* — S'il survient un changement dans les qualités civiles du déposant, il est tenu de le déclarer au premier versement qui suit.

Il produit, en même temps, les justifications qui pourraient être nécessaires pour constater le changement survenu et notamment, en cas de divorce, le jugement qui l'a prononcé.

NOTA. En cas de mariage du préposé, il doit en donner avis sans retard à son chef immédiat et faire, en ce qui concerne sa femme, les productions et déclarations mentionnées dans les articles 2 et 3 du décret du 28 décembre 1886. La production de l'acte de mariage n'est pas nécessaire.

Si la femme du préposé vient à décéder, celui-ci doit produire l'acte de décès.

20. *Prolongation.* — Si le préposé âgé de moins de soixante-cinq ans, qui cesse ses fonctions selon les prévisions du paragraphe 3 de l'article 3 du présent règlement, manifeste l'intention de continuer les versements de ses propres deniers, son livret lui sera remis, contre récépissé, par l'agent intermédiaire. (Règl. Min. 26 décembre 1859, art. 11. Circ. A 785.)

21. *Nouvelle déclaration.* — Si un déposant veut soumettre de nouveaux versements à des conditions autres que celles qu'il a fixées pour ses versements antérieurs, il est tenu d'en faire la déclaration, et les versements faits avant cette nouvelle déclaration restent soumis aux conditions des déclarations précédentes. (Décr. du 28 décembre 1886, art. 7.)

22. *Déclaration de versement. Pièces.* — Les déclarations prescrites par les articles 2, 3, 6, 7 et 8 sont consignées sur une feuille

spéciale pour chaque déposant. Cette feuille est signée par le déposant ou par son intermédiaire, ainsi que par le préposé de la caisse nationale des retraites.

Les pièces justificatives exigées ci-dessus sont annexées à ladite feuille. (Décr. du 28 décembre 1886, art. 9.)

NOTA. Dans le cas où l'original des actes de l'état civil et autres pièces justificatives n'est pas produit, il doit en être remis des expéditions délivrées par les dépositaires publics de l'original ou d'une expédition authentique.

23. *Pièces justificatives. Dépôt.* — Les feuilles spéciales et les pièces justificatives à l'appui sont réunies à la caisse des dépôts et consignations et y demeurent déposées.

Elles servent à l'ouverture du livret de chaque déposant et à l'établissement du registre matricule de tous les déposants, contenant le compte de chacun d'eux. (Décr. du 28 décembre 1886, art. 10.)

24. *Noms. Pièces.* — Tout déposant qui, soit par lui même, soit par un intermédiaire, opère un premier versement, fait connaître ses nom, prénoms, qualité civile, nationalité, âge, profession et domicile.

Il produit son acte de naissance ou, à défaut, un acte de notoriété qui en tienne lieu, délivré dans les formes prescrites par l'article 71 du code civil.

Ces actes sont délivrés gratuitement et dispensés des droits de timbre et d'enregistrement, avec mention de l'usage auquel ils sont destinés. (Décr. du 28 décembre 1886, art. 2.)

25. *Conjoint.* — Si le déposant est marié, il fait, en ce qui concerne son conjoint, les productions et déclarations énoncées dans l'article précédent.

Dans le cas prévu au paragraphe 8 par l'article 13 de la loi du 20 juillet 1886, le déposant produit l'autorisation accordée par le juge de paix ou par la chambre du conseil du tribunal de première instance. (Décr. du 28 décembre 1886, art. 3.)

26. *Séparation de corps ou de biens.* — En cas de séparation de corps ou de biens, le déposant doit produire l'extrait du jugement qui a prononcé la séparation.

L'extrait du jugement doit être accompagné des certificat et attestation prescrits par l'article 548 du code de procédure civile et, en outre, dans le cas prévu par l'article 1444 du code civil, des justifications établissant que la séparation de biens a été exécutée. (Décr. du 28 décembre 1886, art. 4.)

27. *Intermédiaire.* — Les fonctions d'intermédiaire seront remplies, dans chaque département, par un agent forestier désigné par le conservateur. (Règl. Min. 26 décembre 1859, art. 5. Circ. A 785.)

28. *Etat des retenues. Comptabilité.* — Dans les dix premiers jours des mois de janvier et juillet, le conservateur adressera au receveur général, pour le semestre précédent, un état indiquant, par inspection forestière, les retenues à effectuer.

A l'expiration du second mois de chaque semestre, le receveur général renverra cet état au conservateur, après avoir indiqué, dans les colonnes à ce destinées, le montant des retenues centralisées et de celles qui ne l'ont pas encore été. Il conservera un relevé de ces dernières, afin de pouvoir en suivre le recouvrement.

Le conservateur transmettra immédiatement l'état des retenues aux agents intermédiaires, qui accompliront les formalités prescrites, pour les versements par intermédiaires.

Les bordereaux établis par les intermédiaires et les pièces à l'appui devront être remis au receveur général dans le courant de la deuxième dizaine du troisième mois de chaque semestre. Immédiatement après la remise de ces pièces, le receveur général procédera, conformément aux instructions, à l'ouverture des livrets et à l'enregistrement des versements sur les livrets tant anciens que nouveaux. Le receveur général remettra ensuite les livrets régularisés à l'agent intermédiaire, qui en donnera décharge. (Règl. Min. 26 décembre 1859, art. 6. Circ. A 785.)

29. *Bordereau.* — Les bordereaux de versement doivent indiquer le trimestre et l'année de la naissance du déposant ; l'âge et l'époque de son entrée en jouissance de la rente afférente aux versements effectués devront y être indiqués à l'avenir. Il ne sera plus fourni qu'un bordereau en simple expédition. (Circ. N 207.)

30. *Décompte. Livret.* — Les agents forestiers chargés des fonctions d'intermédiaire resteront dépositaires des livrets.

Ils tiendront un carnet dans lequel ils inscriront successivement les retenues imposées sur le traitement de chaque garde et les versements effectués pour le compte du même garde, ainsi que la rente correspondante.

Un état des soldes existant sur ce carnet à l'expiration de chaque année sera remis, dans la première quinzaine de janvier, au receveur général, pour servir au contrôle de ses écritures. (Règl. Min. 26 décembre 1859, art. 8. Circ. A 785.)

31. *Récépissé.* — Le récépissé que le trésorier général doit délivrer et au dos duquel il doit détailler les bordereaux et les versements ne forme titre qu'à la charge par l'intermédiaire de le faire viser dans les vingt-quatre heures de sa date par le préfet ou le sous-préfet. (Circ. N 207.)

32. *Livret.* — Trois mois après le[er] versement effectué, le déposant, ou le porteur de son livret, a le droit de demander l'inscription

sur le livret de la rente viagère correspondante.

A l'époque de l'entrée en jouissance de la rente viagère, le montant en sera définitivement fixé et inscrit au grand-livre de la caisse nationale des retraites. (Décr. du 28 décembre 1886, art. 18.)

33. *Jouissance. Age. Tarif.* — L'entrée en jouissance de la pension est fixée, au choix du déposant, de cinquante à soixante-cinq ans.

Les tarifs sont calculés jusqu'à ce dernier âge.

Les rentes viagères au profit de personnes âgées de plus de soixante-cinq ans sont liquidées suivant les tarifs déterminés pour cet âge. (Loi du 20 juillet 1886, art. 10.)

34. *Retraite. Entrée en jouissance.* — Lorsqu'un préposé aura atteint l'époque de l'entrée en jouissance de la pension de retraite, son livret sera adressé, par les soins de l'agent intermédiaire, avec un certificat de vie, au directeur général de la caisse des dépôts et consignations, par l'entremise du receveur général ou du receveur particulier des finances.

L'extrait d'inscription de la rente liquidée définitivement sera ensuite transmis au titulaire par les soins du receveur général ou du receveur particulier des finances et de l'agent intermédiaire. (Règl. Min. 26 décembre 1859, art. 11. Circ. A 785.)

35. *Jouissance. Rente. Renvoi. Taux.* — L'ayant droit à une rente viagère, qui a fixé son entrée en jouissance à un âge inférieur à soixante-cinq ans, peut, dans le trimestre qui précède l'ouverture de la rente, reporter sa jouissance à une autre année d'âge accomplie, sans que, en aucun cas, la rente augmentée d'après les tarifs en vigueur puisse excéder 1200 francs, ni qu'il y ait lieu au remboursement d'une partie du capital déposé. (Loi du 20 juillet 1886, art. 16.)

36. *Pension. Age. Incapacité.* — Dans le cas de blessures graves ou d'infirmités prématurées régulièrement constatées, conformément au décret du 27 juillet 1861, et entraînant incapacité absolue de travail, la pension pourra être liquidée même avant cinquante ans et en proportion des versements faits avant cette époque. (Loi du 20 juillet 1886, art. 11.)

37. *Rente viagère. Maximum.* — Le maximum de la rente viagère que la caisse des retraites est autorisée à faire inscrire sur la même tête est de 1200 francs. (Loi du 20 juillet 1886, art. 7.)

38. *Cession. Saisie.* — Les rentes viagères constituées par la caisse nationale des retraites pour la vieillesse sont incessibles et insaisissables jusqu'à concurrence de 360 fr. (Loi du 20 juillet 1886, art. 8.)

39. *Certificat de vie. Timbre.* — Les certificats à produire, soit pour inscription des rentes viagères de la vieillesse, soit pour le payement des arrérages desdites rentes, sont exemptés des droits de timbre et peuvent être délivrés, soit par les notaires, soit par le maire de la résidence du rentier. (Décr. du 28 décembre 1886, art. 32.)

40. *Actes. Timbre. Enregistrement.* — Les certificats, actes de notoriété et autres pièces exclusivement relatives à l'exécution de la présente loi seront délivrés gratuitement et dispensés des droits de timbre et d'enregistrement. (Loi du 20 juillet 1886, art. 24.)

41. *Règlement.* — Il sera remis à chaque préposé un exemplaire du règlement, auquel seront annexés des extraits des principales dispositions légales ou administratives régissant la caisse des retraites pour la vieillesse et un tableau des rentes viagères approximatives acquises, dans les cas qui doivent se présenter le plus fréquemment dans la carrière des préposés forestiers communaux ou d'établissements publics. (Règl. Min. 26 décembre 1829, art. 12. Circ. A 785.)

42. *Rente viagère. Calcul.* — Le montant de la rente viagère à servir est calculé d'après des tarifs tenant compte pour chaque versement :

1° De l'intérêt composé du capital;

2° Des chances de mortalité en raison de l'âge des déposants et de celui auquel commence la retraite, calculées d'après les tables de *Deparcieux*;

3° Du remboursement, au décès, du capital versé, si le déposant en a fait la demande au moment du versement. (Loi du 28 juillet 1886, art. 9.)

43. — *Tarif des rentes viagères produites par un versement annuel de 10 francs.*

AGES au PREMIER versement.	CAPITAL ALIÉNÉ. JOUISSANCE DE LA RENTE A			
	50 ans.	55 ans.	60 ans.	65 ans.
25........	34 00	54 04	88 32	152 85
30........	24 26	39 84	66 49	116 66
35........	16 36	28 33	48 80	87 32
40........	9 98	19 02	34 48	63 58
45........	4 83	11 51	22 95	44 45
50........	0 71	5 52	13 73	29 16
55........	»	0 81	6 48	17 15
60........	»	»	0 93	7 94
65........	»	»	»	1 11

L'intérêt qui sert de base aux tarifs est fixé chaque année d'après celui que la caisse retire des fonds qui lui sont remis. Les résultats du présent tableau ne sont donc donnés qu'à titre de renseignement. (Le taux de l'intérêt, pour l'année 1893, a été fixé à 3 fr. 50 par décret du 28 déc. 1892.)

CALAMITÉ. V. Secours.

CALENDRIER.

Validité. — Le calendrier grégorien a force de loi en France. (Sénatus-consulte du 22 fructidor an XIII. Cass. 27 décembre 1811.) V. Mois.

CALENDRIER FORESTIER.

Note. — L'administration avait adressé aux agents, sous le nom de Calendrier forestier, un agenda ou aide-mémoire pour la production des états périodiques. Ce document vieilli et incomplet n'a pas été remplacé. V. Etats fixes et périodiques.

CALEPIN.

1. *Fourniture. Imprimés.* — L'administration a fait imprimer des calepins différents pour les coupes de taillis, de futaie et les récolements. Ces calepins doivent être tenus avec soin et propreté ; l'usage exclusif en est obligatoire. (Circ. A 474. Circ. A 520 bis.)

2. *Arpentage. Fourniture.* — Il sera fourni aux agents des calepins spéciaux pour les arpentages. (Circ. A 604.)

3. *Martelage. Vérification.* — Les agents doivent consigner sur leurs calepins le nombre des arbres de chaque essence marqués en délivrance, et, après chaque opération, ils doivent s'assurer, par la vérification réciproque de leurs calepins, de l'exactitude des dénombrements. (Circ. A 80.) V. Opération.

4. *Balivage. Martelage.* — Les calepins pour les opérations de balivage et de martelage des coupes sont tenus en double; chacun des doubles est exactement annoté de toutes les indications que comporte l'imprimé ; dans les calepins de balivage notamment, les tableaux doivent toujours être soigneusement remplis. (Circ. N 366.)

5. *Arbre de marine.* —Chaque arbre marqué pour la marine est inscrit, lors du martelage, sur un calepin spécial. (Form. série 4, nº 55. Circ. N 7.)

6. *Récolement.* — Les calepins, tenus en double, doivent porter mention expresse de la constatation ou de la non-constatation des délits ou contraventions qui auraient été reconnus. (Circ. N 366.)

7. *Notes. Récolement.* — Il est interdit de porter à l'avance, sur les calepins de récolement, les chiffres des réserves indiqués aux procès-verbaux de balivage et martelage. (Circ. A 474.)

8. *Fourniture. Arpentage.* — Les calepins pour les arpentages des coupes seront fournis par l'administration, établis par exercice et cantonnement et signés lisiblement ; ils feront partie des archives du cantonnement. Les gardes généraux stagiaires, qui procéderont à des arpentages, remettront au chef de cantonnement de la situation des coupes les calepins qu'ils auront dressés.

Il sera établi des calepins distincts pour les coupes de bois domaniaux et pour celles des bois communaux. (Instr. 15 octobre 1860, art. 309, 310.)

9. *Arpentage.* — Les calepins d'arpentage des coupes tiendront lieu de minutes aux chefs de cantonnement. (Instr. 15 octobre 1860, art. 316. Circ. A 604.)

10. *Vérification. Tenue.* — Les conservateurs s'assurent, dans leurs tournées, si les calepins sont bien tenus et annotés de tous les renseignements nécessaires pour la rédaction des procès-verbaux des opérations. (Circ. N 18.)

11. *Preuve.* — Les tribunaux ne peuvent ordonner la production des calepins pour vérifier les martelages. (Nancy, 21 décembre 1833.)

12. *Coupes par unités de marchandises. Dénombrement. Archives.* — Pour les dénombrements des produits des coupes vendues par unités de marchandises, les agents doivent se servir des calepins série 4, nº 5, qu'ils adaptent à cet usage. Ces calepins sont conservés dans les archives des cantonnements. (Circ. N 377.)

13. *Travaux en régie.* — Les travaux en régie de toute nature (travaux à prix d'argent imposés sur les coupes, travaux des concessionnaires, travaux des préposés, travaux des délinquants insolvables), effectués dans les forêts domaniales, communales ou d'établissements publics, doivent toujours être constatés par des calepins d'attachement. (Circ. N 416.)

14. *Restauration des montagnes. Travaux en régie.* — Tout surveillant établi sur un chantier de travaux en régie doit tenir un calepin de journées.

Dès son admission dans un chantier, chaque ouvrier est immatriculé sur l'état de contrôle du calepin des journées sous un numéro d'ordre qui reste constant pendant toute l'année et reçoit une carte d'inscription au contrôle. (Form. série 7, nº 49.)

L'immatriculation s'opère par la signature de l'ouvrier sur l'état du contrôle. Dans le cas où il est illettré, mention en est faite sur cet état.

Le surveillant transcrit sur le calepin de journées :

1° Chaque soir, les données numériques de la feuille de journées et, s'il y a lieu, les observations de l'agent régisseur ou de son délégué ;

2° A la fin de chaque semaine, le règlement du compte des ouvriers, les récapitulations de la comptabilité et le résultat de l'emploi des journées.

Le calepin doit être tenu avec le plus grand soin suivant ces indications et renfermer par conséquent la collection complète des copies des feuilles de journées.

Il reste entre les mains du surveillant, qui en adresse un extrait à l'agent régisseur le premier jour de chaque semaine. (Instr. Gén. 2 février 1885, art. 141, 142, 151 et 155. Circ. N 345.)

CALOMNIE. V. Diffamation. Dénonciation.

CAMPEMENT.

Fourniture. — Le ministre de la guerre pourvoit à la fourniture des objets de campement des chasseurs forestiers. (Décr. du 18 novembre 1890, art. 10. Circ. N 424.)

CANAL.

1. *Ouverture. Action.* — L'ouverture d'un canal dans une forêt, pour détourner ou conduire les eaux, ne peut donner lieu qu'à une action civile, à moins que les travaux n'aient occasionné l'arrachis ou la coupe de quelques arbres. (Cass. 3 mars 1838.)

2. *Creusement. Pénalité.* — L'ouverture d'un canal constituant le fait d'extraction est, nonobstant l'absence d'intention de tout enlèvement, passible des peines édictées par l'article 144 du code forestier. (Cass. 28 novembre 1872.)

3. *Ouverture. Autorisation.* —L'ouverture d'un canal dans une forêt communale est autorisée par le préfet. (Décr. du 25 mars 1852, tableau C, § 8.)

4. *Etude. Abatage.* — Le conservateur autorise l'abatage des bois nécessaires pour les études ayant pour objet l'établissement, l'élargissement ou la rectification des canaux (navigation, irrigation) d'utilité publique, et autorise la mise en vente de ces bois. (Déc. Min. 11 août 1843. Circ. A 540. Circ. N 59.)

5. *Propriété. Usine.* — Le propriétaire d'une usine est présumé propriétaire du canal artificiel qui alimente cette usine ; mais cette présomption cède à la preuve contraire, tirée des titres ou des circonstances de la cause. (Cass. 18 août 1863.) V. Berges.

CANARD. V. Volaille.

CANDIDAT.

V. Emploi. Examen. Garde forestier. Militaire.

SECT. I. — ÉCOLE FORESTIÈRE. INSTITUT AGRONOMIQUE.

1. *Ecole forestière.* — Les élèves de l'école forestière se recrutent parmi les élèves diplômés de l'institut agronomique. Pour être admis à l'école forestière, les élèves de l'institut agronomique doivent avoir eu 22 ans au plus au 1er janvier de l'année courante. Pour ceux ayant satisfait à la loi militaire, la limite sera reculée du temps passé sous les drapeaux. (Décr. du 9 janvier 1888. Circ. N 394.) V. Ecole forestière.

2. *Institut agronomique.* — Les candidats doivent justifier qu'ils sont âgés de 17 ans révolus le 1er janvier de l'année où ils se présentent.

Toute demande d'admission doit être faite sur papier timbré et adressée, *avant le 15 juin*, au ministre de l'agriculture ; le candidat doit y faire connaître : 1° ses titres scientifiques ; 2° s'il désire être interrogé sur l'agriculture ; 3° son adresse ; 4° la ville dans laquelle il désire subir les épreuves écrites ; 5° s'il demande une bourse.

Cette demande doit être accompagnée : 1° de l'acte de naissance du candidat ; 2° d'un certificat de vaccine ; 3° d'un certificat de moralité délivré par le chef de l'établissement dans lequel le candidat a accompli sa dernière année d'études, ou, à défaut, par le maire de sa dernière résidence ; 4° d'une obligation souscrite sur papier timbré par les parents ou le tuteur du candidat, pour garantir le payement de la rétribution scolaire.

Cette pièce doit être *dûment légalisée*. Elle est exigée de tous les candidats, même de ceux qui demandent une bourse. (Programme des conditions d'admission, approuvé le 20 février 1892. *Journal officiel* du 2 avril 1892.) V. Institut agronomique.

SECT. II. — ECOLES DES BARRES.

§ 1. *Ecole secondaire d'enseignement professionnel.*

3. *Conditions.* — Sont admis à l'école secondaire les préposés ayant trois ans de service actif, moins de 35 ans d'âge et déclarés aptes à suivre cet enseignement après un examen préalable.

Il suffira de deux ans de service actif pour les élèves diplômés de l'école pratique de sylviculture. (Décr. 14 janvier 1888, art. 5. Circ. N 394.) V. Ecole secondaire des Barres.

4. *Demandes.* — Les demandes d'admission au concours doivent parvenir à la direction des forêts au plus tard le 1er mars de l'année du concours, sous peine de rejet. (Circ. N 347.)

§ 2. *Ecole pratique de sylviculture.*

5. *Demandes. Pièces.* — Les candidats doivent avoir 17 ans au moins et 35 ans au plus au 1er janvier de l'année de leur admission.

Ils ont à fournir les pièces suivantes, qui doivent être adressées au ministre de l'agriculture avant le 1er juin :

1° Demande du candidat, s'il est majeur, ou des parents, dans le cas contraire (sur timbre) ;

2° Extrait de l'acte de naissance, dûment légalisé ;

3° Un certificat de bonne conduite délivré par le maire de la résidence effective du candidat ;

4° Un engagement, soit du père de famille ou d'un répondant, soit du candidat lui-même, s'il est majeur, d'acquitter régulièrement le prix de la pension. (Arr. Min. du 15 janvier 1888, art. 6. Circ. N 394.) V. Ecole pratique de sylviculture des Barres.

SECT. III. — BRIGADIERS CANDIDATS AU GRADE DE GARDE GÉNÉRAL STAGIAIRE.

6. *Demande. Epoque.* — Chaque année, avant le 1er juillet, les brigadiers du service actif qui ont 15 années de services et qui se présentent comme candidats au grade de garde général stagiaire adressent leur demande à leur chef hiérarchique. (Arr. Min. 15 juin 1891, art. 2. Circ. N 435.)

7. *Propositions. Epoque.* — Le conservateur transmet avant le 25 novembre, pour chaque candidat, un rapport détaillé, dans lequel ses titres sont constatés et appréciés par les différents chefs, et la copie de ses feuilles de notes. (Arr. Min. du 15 juin 1891, art. 2. Circ. N 435.)

8. *Ajournement. Inscription.* — D'après l'examen de ces documents, le comité d'avancement se prononce sur l'ajournement ou sur l'inscription au tableau des candidats. (Arr. Min. du 15 juin 1891, art. 2. Circ. N 435.)

SECT. IV. — SERVICE DOMANIAL EN FRANCE ET EN ALGÉRIE. (PRÉPOSÉS ACTIFS ET SÉDENTAIRES.)

§ 1. *Candidats militaires.*

9. *Sous-officiers rengagés.* — Les emplois de garde domanial et de garde sédentaire (désignés au tableau B de la loi) sont exclusivement attribués, en France, dans la proportion de 3/4 et, en Algérie, pour la totalité, aux sous-officiers âgés de moins de 40 ans et ayant 15 ans de service, dont 4 ans avec le grade de sous-officier, et, en second lieu, aux sous-officiers âgés également de moins de 40 ans et ayant passé dix ans sous les drapeaux dans l'armée active, dont 4 ans avec le grade de sous-officier. (Loi du 18 mars 1889, art. 14 et 21.)

10. *Sous-officiers. Préférence.* — Dans le cas où tous les emplois réservés par la loi du 18 mars 1889 aux sous-officiers rengagés ne peuvent pas être donnés, à raison de l'insuffisance du nombre de candidats, et dans le cas où la totalité des emplois énumérés par la loi du 18 mars 1889 n'a pas été réservée aux sous-officiers rengagés, les sous-officiers remplissant les conditions fixées par l'article 84 de la loi du 15 juillet 1889 (5 ans de service actif dans les armées de terre ou de mer, dont deux comme sous-officier), ont, pour obtenir ces emplois, un droit de préférence à l'égard de tous les candidats. (Décret du 28 janvier 1892, art. 7.)

Ces candidats peuvent obtenir, en France et en Algérie, les emplois de garde domanial et de garde sédentaire. Ils peuvent être aussi nommés gardes cantonniers en France. (Extrait du tableau annexé au décret du 28 janvier 1892.)

11. *Age.* — Pour les postes de France, les candidats doivent avoir moins de 35 ans ; pour ceux d'Algérie, la limite d'âge est fixée à 37 ans. (Extrait du tableau annexé au décret du 28 janvier 1892.)

12. *Instruction.* — Les candidats gardes domaniaux doivent savoir lire, écrire, rédiger un procès-verbal, faire les quatre règles de l'arithmétique et connaître les éléments du système métrique. Les candidats gardes sédentaires doivent, en outre, avoir une belle écriture courante et une bonne orthographe. (Extrait du tableau annexé au décret du 28 janvier 1892.)

13. *Aptitude physique.* — Les candidats doivent n'avoir aucune infirmité et être d'une constitution suffisamment robuste pour supporter les fatigues d'un service pénible. Ceux qui doivent être appelés en Algérie doivent, en outre, savoir monter à cheval. (Extrait du tableau annexé au décret du 28 janvier 1892.)

14. *Insuffisance. Autres candidats.* — A défaut de candidats ayant le temps de service exigé par l'article 84 de la loi du 15 juillet 1889 (5 ans de service actif dans les armées de terre ou de mer, dont deux comme officier, sous-officier, caporal ou brigadier), les emplois vacants peuvent être attribués aux candidats qui n'ont pas la durée de service exigée par l'article précité. Ces candidats doivent subir les mêmes épreuves que celles indiquées dans les tableaux annexés au décret du 28 janvier 1892. Ils doivent, en outre, remplir toutes les conditions fixées par les règlements spéciaux à chaque département ministériel. (Décr. du 28 janvier 1892, art. 5.)

15. *Demande.* — Les sous-officiers rengagés doivent faire leur demande par écrit à leur chef de corps, dans les douze mois qui précèdent le terme de leur rengagement. (Loi du 18 mars 1889, art. 15.)

Les autres candidats adressent leur demande d'emploi au général commandant le corps d'armée dans la région duquel se trouve le corps auquel le candidat a appartenu ou appartient. Si le candidat est présent au corps, la demande est transmise par la voie hiérarchique. Si le candidat est dans ses foyers, elle est transmise par l'intermédiaire de la gendarmerie. (Décr. du 28 janvier 1892, art. 2.)

§ 2. *Candidats forestiers.*

16. *Fils d'agents ou de préposés. Gardes cantonniers. Gardes communaux.* — Le surplus des emplois de garde domanial ou mixte et de garde sédentaire (1/4) est réservé :

1° Aux fils d'agents ou de préposés domaniaux ou mixtes âgés de plus de 25 ans et de moins de 35, ayant satisfait à la loi sur le recrutement de l'armée, sachant lire, écrire, rédiger un procès-verbal, faire les quatre règles de l'arithmétique et connaissant les éléments du système métrique ;

2° Aux gardes cantonniers et aux gardes communaux ayant au moins quatre années de service, qui sont présentés par le conservateur.

Les gardes communaux peuvent être nommés jusqu'à 35 ans. Toutefois, cette limite d'âge est reportée à 40 ans pour ceux qui justifient de cinq ans de services militaires pouvant entrer dans la liquidation d'une pension de retraite.

Les gardes cantonniers peuvent être nommés à tout âge à des postes domaniaux ou mixtes. (Arr. Min. du 11 décembre 1886. Circ. N 375.)

17. *Fils d'agents ou de gardes. Préférence.* — La préférence pour les candidats fils d'agents ou de gardes ne s'étend pas aux petits-fils, ni aux gendres. (Circ. A 464.)

18. *Liste de présentation. Revision.* — Pour faciliter la revision des listes de présentation, les agents font connaître, le cas échéant, les motifs de toute nature pouvant entraîner des changements dans les renseignements antérieurs. (Circ. N 375.)

19. *Liste de présentation. Envoi.* — A la fin de novembre, les conservateurs adressent à l'administration la liste de présentation des candidats pour le service actif. (Circ. aut. 22 octobre 1891. Form. série 1, n° 2.)

20. *Garde communal. Avancement.* — Lorsque le conservateur propose un garde communal pour un poste domanial ou mixte, il produit à l'appui un extrait de l'acte de naissance, un double de sa feuille individuelle et une copie de ses états de services, s'il a été militaire. (Circ. N 21, art. 20.)

21. *Retraite. Remplacement.* — Les propositions de candidats en remplacement de gardes à mettre à la retraite ne doivent être adressées que lorsque le préposé est admis à faire valoir ses droits à la retraite. (Décis. du directeur général, 8 mars 1858.)

SECT. V. — SERVICE COMMUNAL.

22. *Pièces. Renseignements.* — Il est fourni les mêmes pièces et les mêmes renseignements pour les candidats gardes communaux que pour les candidats à des postes domaniaux.

23. *Liste de présentation. Conditions.* — Les gardes des communes sont choisis sur une liste de trois candidats dressée par le conservateur.

Les candidats doivent être âgés de 25 ans au moins et de 35 au plus, savoir lire et écrire et être capables de rédiger un procès-verbal. (Arr. Min. du 3 mai 1852, art. 3 et 4. Circ. A 684. Circ. N 375.) V. Garde forestier.

CANNES (Brins destinés à la fabrication des). V. Brins. Bois particulier. Exploitation. Algérie.

CANTON.

1. *Définitions.* — Circonscription territoriale renfermant plusieurs communes et formant une subdivision de l'arrondissement et le ressort dans lequel s'exerce la juridiction du juge de paix.

Partie d'une forêt à laquelle on donne un nom particulier.

2. *Procès-verbal.* — L'omission du nom du canton où un délit a été commis n'est pas une cause de nullité, pour le procès-verbal constatant ce délit. (Cass. 14 novembre 1835.)

CANTON DÉFENSABLE.

Définition. — Celui que l'on peut ouvrir au pâturage, parce qu'il n'a plus rien à craindre de la dent du bétail. V. Défensabilité. Pâturage. Usager.

CANTONNEMENT. (CIRCONSCRIPTION.)

1. *Définition. Consistance.* — Ce nom désigne l'étendue de bois surveillée par un inspecteur adjoint, un garde général ou un garde général stagiaire.

Il faut que la circonscription des cantonnements soit telle que, déduction faite du temps matériel que les agents sont tenus de donner aux opérations, aux reconnaissances, à l'instruction sur le terrain des diverses affaires, et acception faite des travaux sédentaires de bureau et des jours de repos indispensables à des agents voués à une existence laborieuse et active, il leur reste le temps nécessaire pour effectuer des tournées de surveillance. (Inspection des finances.)

2. *Etendue.* — Un chef de cantonnement peut surveiller 20 gardes, dont les triages ont de 250 à 600 hectares, soit en moyenne 425 hectares; le cantonnement peut donc avoir de 4250 à 8500 hectares; moyenne: 6375 hectares. (Circ. du 22 mars 1801.)

L'étendue moyenne des cantonnements serait actuellement, en France, de 7250 hectares.

CANTONNEMENT DE DROIT D'USAGE.

V. Maronage. Précomptage. Rachat. Droit d'usage. Impôt. Frais de garde. Affouage. Pâture. Pâturage.

SECT. I. — PROJET. ÉTUDE.

§ 1. *Principes. Droit. Faculté.*

1. *Définitions.* — Le cantonnement est la faculté accordée au propriétaire d'une forêt de transformer une servitude d'usage en un droit de pleine propriété, concédé en échange à l'usager.

Attribution faite en toute propriété aux usagers d'une portion de la forêt, pour affranchir le surplus des droits d'usage qu'ils avaient sur cette forêt et dont ils retrouvent l'équivalent au moyen du cantonnement.

2. *Droit d'usage en bois. Action.* — Tous les propriétaires de bois peuvent affranchir leurs forêts de tout droit d'usage *en bois*, moyennant un cantonnement amiable ou judiciaire.

L'action en affranchissement par voie de cantonnement n'appartient qu'au propriétaire de la forêt grevée de droit d'usage et nullement à l'usager. (Cod. For. 63, **111, 112, 118.**)

3. *Algérie. Droit d'usage. Affranchissement.* — Le gouvernement pourra affranchir les forêts de l'État, en Algérie, de tout droit d'usage, moyennant un cantonnement. L'action en affranchissement n'appartiendra qu'au gouvernement et non aux usagers. Tous les propriétaires de forêts jouiront des mêmes droits et sous les mêmes conditions.

Les ressources propres aux usagers seront toujours précomptées; le cantonnement sera réglé de gré à gré, et, en cas de contestation, par les tribunaux. (Loi du 9 décembre 1885, art. 1. Circ. N 357.)

4. *Vaine pâture.* — Le droit de vaine pâture, fondé sur un titre de commune à particulier, peut être cantonné. (Loi, 28 septembre-6 octobre 1791, art. 8.)

La vaine pâture établie à titre particulier, sur un héritage déterminé, s'exerce conformément aux droits acquis. Mais le propriétaire de l'héritage grevé peut toujours l'affranchir, soit moyennant indemnité fixée à dire d'experts, soit par voie de cantonnement. (Loi du 9 juillet 1889, art. 12.)

5. *Vive pâture.* — Les droits de pâture vive ne sont pas susceptibles d'être rachetés; ils peuvent seulement être soumis au cantonnement. (Tribunal de Mayenne, 2 décembre 1875.)

6. *Prés. Marais.* — L'article 5 de la loi du 28 août 1792, disposant, en termes généraux et sans distinction de l'origine des biens, que le cantonnement peut être demandé tant par les usagers que par le propriétaire, n'a été abrogé ni par le code civil, ni par le code forestier, qui en a seulement limité l'application.

En conséquence, la demande en cantonnement est recevable, aujourd'hui encore, de la part de l'usager dont les droits s'exercent, en dehors des bois et forêts, sur des prés ou marais. (Cass. 24 février 1885.)

7. *Usager. Demande.* — Bien que le propriétaire ait seul le droit de cantonnement, cependant, lorsqu'il a par son fait (en défrichant) mis obstacle à l'exercice d'un droit d'usage, l'usager a le droit d'exiger le cantonnement ou une indemnité. (Cass. 2 août 1841.)

8. *Copropriétaire.* — Aucun des copropriétaires d'une forêt indivise ne peut contraindre un des copropriétaires indivis à exercer l'action en cantonnement contre des usagers. (Besançon, 9 juillet 1831.)

9. *Nombre d'usagers.* — Quel que soit le nombre des usagers, il n'est dû qu'un seul cantonnement, sauf subdivision entre eux. (Poitiers, 26 févr. 1850. Cass. 18 juin 1851.)

10. *Habitant. Commune.* — Un cantonnement peut être demandé par un habitant contre sa commune. (Colmar, 21 décembre 1827.)

11. *Renonciation.* — La faculté de cantonnement étant d'ordre public, le propriétaire ne peut pas y renoncer à toujours, pour lui et les siens. (Cass. 17 juillet 1867.)

12. *Classification. Distinction.* — Le cantonnement est amiable ou judiciaire. Il est amiable, lorsque la transformation de la servitude d'usage en droit de propriété s'opère de gré à gré entre les parties. Il est judiciaire, lorsque l'usager refuse les offres faites et que la question litigieuse est portée devant les tribunaux.

13. *Bon plaisir. Inaliénabilité.* — Si un droit d'usage a été établi en violation du principe de l'inaliénabilité du domaine et sous la clause du bon plaisir, il n'y a pas lieu à cantonner ce droit, qui peut être supprimé purement et simplement.

14. *Décrets.* — Les dispositions des décrets des 12 avril 1854 et 19 mai 1857 sont applicables aux droits des communes et des établissements publics dans leurs propres bois. (Ord. 146.)

15. *Droit d'usage.* — On ne peut cantonner un droit d'usage personnel, précaire et susceptible d'extinction. (Arr. Min. 4 mars 1830.)

16. *Forêt indivise. Cantonnement partiel.* — Si l'usager ne peut résister à un cantonnement total de son droit, il a la faculté de repousser un cantonnement partiel, offert par un des copropriétaires d'une forêt grevée du droit d'usage. (Besançon, 9 juillet 1831. Bourges, 22 juillet 1839.)

17. *Cantonnement général. Action.* — Un cantonnement ne peut être ordonné par les tribunaux qu'autant que le propriétaire qui le demande a mis en cause tous les usagers. (Bourges, 15 juin 1838.)

18. *Cantonnement général. Usager.* — Un usager n'est obligé à subir le cantonnement qu'autant qu'il est demandé pour la totalité du fonds grevé. (Besançon, 11 juillet 1859.)

19. *Pâturage. Servitude.* — Le droit de pâturage concédé aux habitants d'une commune, à charge par eux de payer une redevance annuelle par tête de bétail, constitue une servitude réelle, sujette au cantonnement d'après la loi du 22 août 1792. (Chambéry, 13 décembre 1867.)

20. *Pâturage. Rachat préalable. Co-usagers.* — L'exercice de l'action en cantonnement n'est point subordonné au rachat préalable des droits de pâturage et autres servitudes qui grèvent la portion de forêt à abandonner à l'usager; il suffit de tenir compte de ces servitudes dans l'estimation du cantonnement. (Cod. For. 63, 64 et 65. Décr. 19 mai 1857, art. 11.) Il n'est pas nécessaire, en pareil cas, que les autres co-usagers soient mis en cause. (Cass. 16 juillet 1867 et 27 janvier 1874.)

21. *Pâturage. Prairies.* — Les droits de pâturage établis sur des prairies peuvent être cantonnés. Le cantonnement facultatif peut y être établi suivant l'ancienne législation. (Rouen, 14 août 1845.)

22. *Propriété grevée.* — Le propriétaire qui poursuit un cantonnement n'est pas obligé de donner à l'usager une propriété quitte et franche de toute servitude; il lui suffit de l'abandonner dans l'état où elle se trouve, lors de la demande en cantonnement, sauf à tenir compte des charges dont elle est grevée. (Besançon, 26 juin 1867. Cass. 27 janvier 1874.)

23. *Plusieurs usagers. Possibilité.* — Lorsqu'une forêt est grevée de droits d'usage au profit de plusieurs communes et que le propriétaire introduit une instance contre l'une d'elles, il n'y a pas lieu d'ordonner la mise en cause des autres communes, pour faire juger contradictoirement la question de possibilité. (Besançon, 13 juin 1864.)

24. *Partage. Droit d'usage.* — Lorsque, dans un partage d'ascendants, il n'a pas été fait mention expresse des droits d'usage d'inégale étendue, attachés aux immeubles formant le lot de chaque copartageant et qu'un cantonnement a transformé ces droits d'usage en des portions de pleine propriété d'inégale valeur, il y a lieu de procéder, entre tous les enfants, à un supplément de partage sur les cantonnements, sans qu'on puisse attribuer à chacun d'eux la portion correspondante aux droits d'usage sur son immeuble. (Angers, 22 juin 1843.)

25. *Cantonnement amiable.* — Le décret du 19 mai 1857 n'est qu'un règlement d'administration intérieure; il est étranger au cantonnement judiciaire, et ses règles ne sont pas obligatoires pour les tribunaux, qui peuvent seulement appliquer, par analogie, celles de ses dispositions qui conviennent au cantonnement judiciaire. (Besançon, 9 mai 1864.)

26. *Principes. Partage.* — Les principes du partage en général, adoptés pour la détermination des parts, d'après des droits déjà définis et fixés, sont inapplicables au cantonnement. (Cass. 25 février 1845.)

27. *Tiers denier.* — Le droit de tiers denier, réservé au propriétaire d'une forêt grevée de droit d'usage, ne fait pas obstacle à l'exercice du cantonnement.

28. *Cantonnement. Aménagement.* — Si une commune a eu ses droits d'usage cantonnés sur un point quelconque de la forêt, le propriétaire du fonds peut exercer le cantonnement, pour libérer son fonds de la servitude

dont il est resté grevé. Dans ce cas, l'évaluation du droit se fait, sauf titres contraires, d'après la quotité des produits retirés par l'usager de la portion de forêt où son usage a été circonscrit. (Cass. 7 août 1833, 1er décembre 1835.) V. Droit d'usage.

29. *Cantonnement. Aménagement. Possibilité. Restriction.* — Les juges du fond ont pu décider que l'aménagement d'une forêt de l'Etat, pour l'exercice de droits d'usage, a eu pour objet et pour résultat de restreindre à un seul canton l'assiette de ces droits et d'en affranchir, pour le présent et pour l'avenir, le surplus de la forêt ;

Qu'en conséquence, le cantonnement ne devait s'opérer que sur la possibilité du seul canton affecté à ces droits, sans qu'il y eût à considérer si cette possibilité était ou non suffisante pour satisfaire les droits et les besoins des usagers. (Cass. 14 juin 1881.)

30. *Triage.* — Si une commune a subi le triage proprement dit, elle n'est plus usagère et ne peut plus être cantonnée.

31. *Capitalisation. Possibilité.* — Le cantonnement, après aménagement ancien, établi par une transaction, en exécution de laquelle le droit d'usage a été concentré sur une portion de la forêt, doit être, comme un cantonnement ordinaire, réglé d'après le système de la capitalisation au denier vingt ; et non d'après la possibilité de la forêt, alors surtout que cette possibilité dépasse les besoins des usagers. (Bourges, 19 mai 1884.)

32. *Aménagement.* — Le cantonnement sur aménagement ne doit pas porter sur toutes les parties de la forêt primitivement grevée, mais seulement sur les cantons spécialement affectés par l'aménagement au service des droits d'usage. (Metz, 8 mars 1842.)

33. *Droit d'usage aménagé.* — Le cantonnement d'un droit d'usage déjà aménagé s'opère comme le cantonnement d'un usage non aménagé, notamment par capitalisation. (Cass. 14 juin 1881.)

34. *Cantonnement. Aménagement-règlement. Distinction.* — On doit considérer comme constituant un cantonnement transmissif du droit de propriété, et non comme un aménagement-règlement, une transaction par laquelle un seigneur, voulant affranchir ses forêts des droits d'usage dont elles étaient grevées, en abandonne deux cantons aux communes usagères, pour lesdits cantons demeurer en usage aux communes, sans que le seigneur puisse faire aucune restriction aux habitants, ni y prétendre aucun droit, sinon les droits de justice et seigneurie d'usage. (Paris, 20 décembre 1867.)

§ 2. *Projets.*

35. *Voie amiable.* — Les projets de cantonnement doivent être faits en vue d'arriver, autant que possible par les voies amiables, au dégrèvement des forêts asservies aux droits d'usage. (Circ. A 736.)

36. *Projets.* — Les projets de cantonnement pour les bois soumis au régime forestier sont fixés par le ministre. (Ord. 7.)

37. *Proposition. Mémoire.* — Les propositions tendant à faire déclarer l'opportunité des cantonnements seront adressées par le conservateur des forêts au préfet, qui, après avoir pris l'avis du directeur des domaines, transmettra le tout, avec son propre avis, au ministre.

Il sera ensuite procédé conformément à l'article 1 du décret du 12 avril 1854. (Décr. du 19 mai 1857, art. 1.)

38. *Formalités. Proposition. Bois domaniaux.* — Lorsqu'il y a lieu d'affranchir les forêts de l'Etat des droits d'usage en bois, au moyen d'un cantonnement, le directeur général des forêts en adresse la proposition au ministre des finances, qui statue sur l'opportunité, après avoir pris l'avis de l'administration des domaines. (Décr. du 19 mai 1857, art. 1. Décr. du 12 avril 1854, art. 1.)

39. *Communes et établissements publics. Demandes. Formalités.* — Les communes ou établissements publics qui veulent affranchir leurs bois des droits d'usage quelconques, par voie de cantonnement, en adressent la demande au préfet, qui statue sur l'opportunité, après avoir pris l'avis des agents forestiers. (Décr. du 12 avril 1854, art. 6.)

40. *Etudes.* — Les études préalables pour déterminer les offres du cantonnement sont faites suivant le mode tracé par l'article 1, paragraphe 2, du décret du 12 avril 1854. (Décr. du 12 avril 1854, art. 7.)

41. *Propositions.* — Pour l'instruction préalable à la déclaration d'opportunité, on suivra la marche prescrite pour les affaires domaniales. Les propositions à adresser au préfet, en lui signalant l'urgence, renfermeront les renseignements suivants :

1° Etat de la forêt grevée des droits d'usage (nom, origine, situation, contenance, limites, sol, nature et proportions des essences, consistance du peuplement, mode d'exploitation) ;

2° Revenu moyen pendant les dix dernières années ;

3° Frais de garde ;

4° Population usagère ;

5° Nature des droits d'usage ;

6° Exercice des droits d'usage ;

7° Motifs établissant l'opportunité du cantonnement.

(Circ. A 758.)

42. *Concession. Bonification.* — A la valeur déterminée de l'émolument usager, il sera ajouté, à titre de concession :

1° Une somme égale à 15 pour cent de ladite valeur ;

2° Le capital au denier vingt des frais de garde et d'impôt que les usagers, une fois cantonnés, auront à supporter comme propriétaires. (Décr. du 19 mai 1857, art. 10.)

43. *Concession. Voie amiable.* — Les bonifications accordées aux usagers par le décret du 19 mai 1857, pour obtenir un cantonnement amiable, ne sont que de simples facultés sans droit ; les usagers ne sont donc pas fondés à en réclamer le bénéfice, lorsque, par suite de leur refus, le cantonnement est devenu judiciaire. (Cass. 16 juillet 1867.)

44. *Rapport. Propositions.* — Toutes mentions ou observations relatives à des projets antérieurs, toute discussion de principes, tout exposé de vues ou de systèmes particuliers aux agents opérateurs seront soigneusement écartés du procès-verbal et ne pourront être produits, s'il y a lieu, que séparément. (Circ. A 758.)

45. *Procès-verbal. Plan.* — Les procès-verbaux contenant proposition de cantonnement seront dressés en double expédition. Il y sera joint un plan de cantonnement, sur lequel la portion de forêt représentant les concessions faites à l'usager sera distinctement figurée. (Décr. du 19 mai 1857, art. 15. Circ. A 758.)

46. *Projet. Résumé.* — Les projets de cantonnement doivent être résumés à la fin des rapports, dans des tableaux ou formules, suivant les indications de la circulaire A 758.

47. *Prairie. Evaluation.* — Pour opérer le cantonnement d'une prairie grevée d'un droit d'usage, on commence par évaluer en argent le droit d'usage sur toute la prairie, même sur la partie qui aurait été retranchée par l'effet d'un aménagement antérieur, en ayant égard aux droits et aux besoins des habitants, c'est-à-dire au nombre de bestiaux qu'ils peuvent légalement envoyer au pâturage. Puis on évalue la propriété de la prairie dans son état actuel et comme si elle était libre de la servitude d'usage ; enfin, on abandonne à l'usager une portion de cette propriété, en représentation de la valeur de l'usage estimé. (Rouen, 14 août 1845.)

§ 3. *Expertise.*

48. *Expertise. Etudes.* — Si l'opportunité du cantonnement est reconnue, il est procédé, par deux agents forestiers, aux études nécessaires pour déterminer les offres à faire à l'usager. (Décr. 12 avril 1854, art. 1 et 7.)

49. *Base. Expertise antérieure.* — Les tribunaux peuvent déterminer sans expertise préalable la base d'un cantonnement, alors qu'ils puisent les éléments de leurs décisions dans une expertise antérieure. (Nancy, 15 juin 1876.)

50. *Etudes. Bois communaux.* — Sur la demande de la commune ou de l'établissement public propriétaire, il est adjoint aux deux agents forestiers un troisième expert dont la désignation appartient à la commune ou à l'établissement. Ce troisième expert fait, concurremment avec les agents forestiers, les études nécessaires pour la détermination des offres. (Décr. 12 avril 1854, art. 7.)

51. *Evaluation.* — On doit, dans l'évaluation du cantonnement, comprendre la totalité du fonds soumis à l'usage, même les parties défrichées. (Cass. 24 août 1869.)

52. *Exploitation. Sursis.* — Pendant que les experts procèdent à un cantonnement, il y a lieu à défendre les exploitations. (Nancy, 18 décembre 1841.)

SECT. II. — DROIT DES USAGERS.

§ 1. *Détermination du droit des usagers.*

53. *Evaluation du droit.* — On doit apprécier l'étendue du droit d'usage pour le cantonnement :

1° D'après le titre constitutif et ainsi qu'il suit :

A. Il ne faut jamais s'arrêter à la lettre des expressions du titre, quelque formelles qu'elles puissent paraître ; on doit toujours rechercher quelle est la nature du droit concédé.

B. L'usage concédé, sans autre désignation spéciale, ne s'étend qu'à l'usage en bois de chauffage.

C. En cas de doute, on doit décider en faveur du propriétaire.

On doit tenir compte des droits éteints par prescription et dont le propriétaire a bénéficié.

2° D'après la nature du droit, c'est-à-dire :

A. Suivant la satisfaction des besoins des usagers.

B. Suivant la possibilité de la forêt.

Sans que la condition du propriétaire soit pire que celle de l'usager, qui ne peut donc obtenir, au maximum, que la moitié de la forêt en cantonnement.

3° D'après l'espèce et la quantité des produits délivrés, savoir :

A. Bois de chauffage. (Bois mort et morts-bois.)

B. Bois de service ou de construction.

C. Bois de travail.

D. Bois de fente.

4° D'après le nombre des parties prenantes (usager) reconnues existant au 4 août 1789. (Nancy, 26 juin 1828.) (Meaume.)

54. *Précomptage. Besoins généraux. Appréciation.* — En précomptant les ressources particulières aux usagers, il faut apprécier tous les besoins généraux. A cet égard, au point de vue des droits de maronage à cantonner, il convient de tenir compte des bois nécessaires aux usagers pour terrassements, socles et plafonds, stalles d'écuries, aires de granges et d'écuries, lieux d'aisance, mobilier

agricole, clôtures de jardins, alors même qu'aux termes d'un règlement d'aménagement les usagers ne peuvent recevoir que les bois nécessaires pour la charpente des toitures, couvertures de bardeaux, poutres, solives ou plots, pour planchers de chambre et greniers à graines, cloisons ou séparations, portes et fenêtres, et non pour tous autres usages. (Cass. 14 juin 1881.)

§ 2. *Emolument.*

A. *Délivrance. Base.*

55. *Valeur du droit.* — Dans la détermination de la valeur d'un droit d'usage, il faut considérer :
1° L'évaluation en nature ;
2° L'estimation en argent.

56. *Evaluation en nature.* — Dans l'évaluation en nature des produits annuels de l'usage, les experts doivent toujours chercher à établir les valeurs moyennes. Pour les délivrances en bois de feu, on prend la moyenne des délivrances faites pendant 15, 20 ou 25 ans. Pour les bois de construction, on calcule la quantité de bois nécessaire pour construire et réparer les maisons usagères pendant la durée moyenne de ces maisons, en tenant compte des chances accidentelles de destruction, incendie, etc., et on divise ce volume par le nombre d'années de la durée des maisons, pour avoir la redevance moyenne annuelle.

Quant aux chances d'incendie, on peut simplifier en capitalisant les primes d'assurance. (Meaume.)

57. *Valeur en argent.* — Pour avoir la valeur en argent, on doit rechercher la valeur du bois *sur pied*, c'est-à-dire déduire de la valeur marchande les frais moyens de façonnage et de transport ; il faut tenir compte pour chaque canton des difficultés particulières dépendant de la situation des bois (éloignement, difficultés de façonnage et de transport), et, une fois qu'on a établi la valeur sur pied de chaque unité de marchandises ou espèces de bois délivrés (déduction faite des frais de transport et façonnage), on a le revenu annuel moyen en argent représentant la valeur du droit d'usage. (Meaume.)

58. *Délivrance. Possibilité.* — Toutes les fois que les délivrances stipulées par les titres dépasseront la possibilité de la forêt, la détermination de cette possibilité formera l'évaluation de l'émolument annuel usager.

Cette règle s'appliquera à l'évaluation de chacune des espèces de droits à servir. (Décr. du 19 mai 1857, art. 5.)

59. *Possibilité.* — Chacun des droits de maronage ou d'affouage est restreint à ce que la possibilité comporte en bois de construction ou de chauffage, et, en aucun cas, des bois de service ou d'industrie ne peuvent être exigés comme complément de délivrance en bois de feu. (Circ. A 758.)

60. *Défense de vendre.* — Dans le calcul de l'émolument usager, il n'y a pas lieu d'avoir égard à la dépréciation résultant de la défense faite aux usagers, par l'article 83 du code forestier, de vendre ou d'échanger les bois d'usage. (Besançon, 26 juin 1867.)

61. *Bois différents. Evaluation.* — Les droits de l'émolument usager doivent être distingués et évalués séparément, s'il emploie des bois de nature et de valeur différentes. (Circ. A 758.)

62. *Emolument. Droits.* — Dans l'évaluation de l'émolument usager, chaque espèce de droits à servir donnera lieu à une estimation distincte. (Décr. du 19 mai 1857, art. 2.)

63. *Bois mort. Morts-bois.* — La valeur de l'usage au bois mort et aux morts-bois peut être fixée au cinquième de la valeur de la forêt. (Nancy, 15 juin 1876.)

B. *Affouage.*

64. *Nombre d'habitants.* — Lorsqu'un droit d'usage a été concédé, en échange de la *propriété de bois communaux*, à une communauté d'habitants, *ut universi*, sans limitation du nombre d'habitants, on doit admettre celui des habitants existant au jour de la demande en cantonnement. (Paris, 23 mai 1845.)

65. *Feu croissant.* — Pour les forêts domaniales, l'usage à feu croissant ne pouvait pas exister, et le cantonnement doit être basé sur les états de réformation dressés par les commissaires royaux et contenant le dénombrement des usagers.

66. *Bases de l'émolument.* — C'est d'après le nombre des feux et ménages existant à l'époque où l'action en cantonnement a été introduite qu'il faut fixer l'émolument usager annuel, sans avoir égard aux variations survenues pendant le cours de l'instance. (Besançon, 26 juin 1867.)

67. *Feu croissant. Maisons.* — Si le titre conférait expressément un droit d'usage à feu croissant, on ne devrait y comprendre que les maisons existant lors de l'introduction de la demande en cantonnement. (Besançon, 14 février 1833.)

68. *Besoins généraux. Détermination. Fruitières.* — En Franche-Comté, il convient, pour la détermination des besoins généraux des communes usagères, de tenir compte de la consommation du bois de chauffage nécessaire aux fromageries. (Cass. 14 juin 1881.)

69. *Affouage. Quotité.* — La quotité annuelle de l'affouage, toutes les fois qu'elle ne consistera pas en une délivrance fixe, et l'émolument annuel de tous droits d'usage

en bois, autres que le maronage, seront déterminés par les moyennes calculées sur le plus grand nombre d'années possible. (Décr. du 19 mai 1857, art. 4.)

70. *Emolument. Affouage.* — Pour le calcul de l'émolument de l'affouage, il est essentiel de s'assurer si l'ensemble des délivrances admises correspond bien à la production moyenne de la forêt. (Circ. A 758.)

C. *Maronage.*

71. *Maison moyenne usagère.* — Pour établir un cantonnement, il importe de déterminer la maison moyenne usagère, en recherchant aussi exactement que possible le nombre, l'état et les proportions des maisons existant à l'époque de la demande en cantonnement et de déterminer, d'après ces bases, le volume des bois d'usage dus par le propriétaire de la forêt et nécessaires aux reconstructions. (Cass. 14 juin 1881.) V. Maison.

72. *Etat des maisons. Tuiles. Chaumes.* — C'est à l'état des maisons et des toitures, au jour de la demande en cantonnement, qu'on doit s'attacher pour l'évaluation de l'émolument du droit de maronage, alors même que des usagers auraient substitué des couvertures en tuiles aux toitures de chaume existant à l'époque de la concession du droit. (Nîmes, 14 juin 1867.)

73. *Maronage. Délivrance.* — Les délivrances ordinaires sont celles que motive la vétusté des bâtiments ; les délivrances extraordinaires sont celles qu'occasionnent les incendies, ou la destruction subite d'un grand nombre d'habitations. (Circ. A 758.)

74. *Besoins. Evaluation. Couvertures en tuiles. Bardeaux.* — Dans les localités où les couvertures en tuiles sont seules autorisées par les règlements administratifs, il n'y a pas lieu, pour l'évaluation des besoins des communes usagères, de tenir compte des couvertures en bois des maisons, ces couvertures en bois ne constituant pas un besoin réel et légitime, ni des délivrances de bardeaux faites par l'Etat, dans certains cas particuliers. (Cass. 14 juin 1881.)

75. *Maronage. Entretien.* — Dans l'opération du cantonnement, il n'y a pas lieu, pour déterminer la valeur d'un droit de maronage limité au bois nécessaire à la reconstruction des maisons détruites, soit par vétusté, incendie, ou autre cas fortuit, de prendre en considération les bois destinés aux cloisons, portes et fenêtres, dont la consommation n'entraîne que des réparations d'entretien. (Cass. 26 décembre 1865.)

76. *Maisons usagères. Dimensions.* — En cas de cantonnement, il y a lieu de prendre pour base de l'émolument usager les anciennes dimensions des maisons et non celles qui ont pu leur être données en les reconstruisant. (Cass. 14 juin 1881.)

77. *Evaluation. Possibilité.* — Si l'état de la forêt ne permet pas de fournir la délivrance complète aux usagers, on établira la réduction à faire subir à l'émolument usager, suivant la possibilité de la forêt. (Arr. Min. 4 mars 1830.)

78. *Estimation. Emolument. Délivrance.* — Pour évaluer l'émolument annuel en bois de maronage, on déterminera le volume total des bois des espèces dues que comporte l'ensemble des bâtiments usagers, et on divisera ce volume par le nombre d'années formant la durée moyenne desdits bois, eu égard aux essences employées, à l'âge des bois, à leurs dimensions et aux circonstances locales, telles que climat, situation, usages locaux, etc.

Toutefois, dans le cas où, depuis un grand nombre d'années, les délivrances de bois de maronage auraient été constamment effectuées dans des proportions ordinaires, la moyenne des délivrances connues pourra être prise pour évaluation de l'émolument annuel du droit.

Pour tenir compte des chances d'incendie, on ajoutera à la valeur en argent de l'émolument annuel en maronage la somme à laquelle les bâtiments usagers auront été ou pourront être annuellement taxés à titre de prime d'assurance. (Décr. 19 mai 1857, art. 3.)

79. *Incendie.* — Dans le calcul de la valeur du cantonnement, il y a lieu de tenir compte des chances d'incendie qui, en détruisant les maisons usagères, peuvent obliger le propriétaire à de nouvelles délivrances. (Colmar, 22 janvier 1867.)

80. *Avalanche. Ouragan.* — Dans les localités où il existe des causes particulières de destruction, telles qu'avalanches, ouragans, etc., il en sera tenu compte, comme pour les chances d'incendie, en ajoutant la valeur de la prime d'assurance. (Circ. A 758.)

81. *Besoins généraux. Calcul. Risques de guerre.* — Il n'y a pas lieu de comprendre, dans le calcul des besoins généraux des communes usagères, ceux qui ne se sont jusqu'alors révélés par aucun fait préjudiciable et de nature à être pris en considération dans le calcul des éventualités dommageables, tels que les risques de guerre. (Cass. 14 juin 1881.)

82. *Pâturage.* — Lorsque la forêt à affranchir de droits d'usage en bois sera grevée en outre de droits de parcours, pour tenir compte à l'usager de ces droits, en tant que grevant la partie de forêt attribuée en cantonnement, il sera ajouté au capital de l'émolument usager une somme égale au produit de la capitalisation au denier vingt du revenu annuel, qui pourrait être retiré du parcours sur ladite portion de forêt. (Décr. 19 mai 1857, art. 11.)

§ 3. *Estimation en argent.*

83. *Délivrance. Valeur.* — La valeur en argent des délivrances annuelles sera fixée d'après le prix courant des marchandises dans la localité. (Décr. 19 mai 1857, art. 6.)

84. *Déduction. Redevances. Frais.* — Il sera défalqué de la somme représentant la valeur annuelle des délivrances :

1° Les redevances payées ou dues par les usagers, en vertu des titres ;

2° La part des frais de garde *payée* annuellement par eux, au prorata de leur jouissance (Circ. A 758) ;

3° Les frais d'exploitation des bois délivrés, si ces frais ne se trouvent pas défalqués dans l'évaluation des délivrances ;

4° La valeur, s'il y a lieu, des travaux mis en charge sur les coupes usagères. (Décr. 19 mai 1857, art. 7.)

85. *Déduction. Contributions.* — Il ne sera fait aucune déduction à raison de la contribution foncière, à moins que le payement n'en ait été mis à la charge des usagers par une stipulation expresse du titre.

Les frais de timbre des actes relatifs aux délivrances ne seront pas non plus défalqués. (Décr. 19 mai 1857, art. 7.)

86. *Déduction. Redevances.* — Quoique les redevances dues par titre ne soient pas payées par l'usager, elles doivent être défalquées de l'émolument usager. (Circ. A 758.)

87. *Précomptage.* — Les produits en bois que les usagers retirent annuellement de leurs propres forêts ne seront pas précomptés en déduction de l'émolument du droit d'usage, sauf le cas où, soit d'après les stipulations expresses du titre, soit d'après des faits de jouissance équivalents à titre, les délivrances ne devraient être faites aux usagers qu'après emploi de leurs propres ressources en bois et en complément de ces mêmes ressources. (Décr. 19 mai 1857, art. 8.)

88. *Précomptage.* — Lorsque l'emploi des ressources des usagers, préalablement aux délivrances, aura été expressément stipulé par le titre, ou lorsque, d'après la jouissance qui aura été exercée, il sera constant que la concession des droits d'usage n'a eu lieu qu'en vue de servir de complément aux produits des bois possédés en propre par les usagers, le précomptage des ressources de ces bois devra nécessairement être effectué dans l'évaluation de l'émolument usager. (Circ. A 758.)

89. *Précomptage. Maronage. Possibilité.* — Dans le cas où il y a lieu, lors du cantonnement de droit de maronage, de précompter les ressources particulières des communes usagères, jusqu'à concurrence de leurs besoins généraux, et d'appliquer les excédents éventuels aux besoins des usagers, on doit rechercher et déterminer : 1° la possibilité des forêts particulières des communes usagères, c'est-à-dire leurs ressources personnelles ; 2° tous leurs besoins généraux en bois de construction et d'utilisation, abstraction faite de l'état et de l'importance des maisons existantes. (Cass. 14 juin 1881.)

90. *Droit de vente.* — Lorsque des communes usagères ont la faculté de vendre les produits sur lesquels elles exercent leurs droits d'usage, cette faculté doit, lors du cantonnement, être fixée à 1/6 en sus de la portion qui devrait leur être accordée, si cette faculté n'existait pas. (Besançon, 28 février 1840.)

91. *Frais d'impôt et de garde.* — Lorsqu'une commune usagère a été exonérée par ses titres du paiement de l'impôt foncier et des frais de garde, la capitalisation de l'émolument annuel de son droit doit être opérée sans déduction de ces charges. (Besançon, 26 juin 1867.)

92. *Revenu. Capitalisation. Taux.* — Le revenu net du droit d'usage sera capitalisé au denier vingt. (Décr. 19 mai 1857, art. 9.)

93. *Capitalisation.* — Le juge saisi d'une action en cantonnement est investi d'un pouvoir discrétionnaire, pour la fixation du taux de capitalisation de l'émolument annuel des droits d'usage. Il peut adopter la capitalisation au *denier vingt*, lorsqu'il déclare qu'il ne rencontre dans la cause aucune circonstance exceptionnelle de nature à en faire préférer une autre. (Cass. 16 juillet 1867.)

94. *Concession.* — A la valeur déterminée de l'émolument du droit d'usage il sera ajouté, à titre de concession :

1° Une somme égale à 15 pour cent de ladite valeur ;

2° Le capital au denier vingt des frais de garde et d'impôt que les usagers, une fois cantonnés, auront à supporter comme propriétaires. (Décr. du 19 mai 1857, art. 10.)

SECT. III. — CANTONNEMENT.

§ 1. *Mode et base d'évaluation.*

95. *Estimation du fonds.* — Lorsque, dans un cantonnement, on a la valeur en argent du droit d'usage, il faut faire l'estimation, fonds et superficie, de la portion de forêt à détacher et représentant, en *capital argent*, la valeur de ce droit d'usage. V. Estimation.

96. *Plan.* — Avant de procéder aux estimations, il sera fait le plan de la forêt grevée d'usage, de manière à connaître son étendue, sa configuration, sa situation et le nombre de coupes qui composent son aménagement. (Arr. Min. 4 mars 1830.)

97. *Bases. Droit.* — Le cantonnement à opérer avec les usagers d'une forêt doit avoir pour base, quant au propriétaire,

non seulement son droit de propriété, mais aussi les facultés, même non encore exercées, dont ce propriétaire se trouve investi. (Cass. 2 juillet 1862.)

98. *Frais d'exploitation.* — Les frais d'exploitation étant à la charge des usagers, les produits des bois doivent être estimés d'après le prix des bois *sur pied.*

99. *Chasse.* — Il y a lieu de tenir compte, dans la valeur vénale de la partie de forêt abandonnée en cantonnement, du droit de chasse qui doit être capitalisé. (Metz, 14 août 1866.)

100. *Superficie. Réalisation.* — Dans l'estimation de la valeur du cantonnement, on doit avoir égard au délai nécessaire pour la réalisation de la superficie abandonnée à l'usager. Il y a lieu, en conséquence, d'admettre la mesure de l'escompte autorisé par l'article 13 du décret du 19 mai 1857, et d'opérer cet escompte au taux de 5 pour cent par an, sauf déduction de la valeur de l'accroissement annuel des bois, des frais généraux de l'exploitation et des bénéfices de la spéculation. (Colmar, 22 janvier 1867.)

101. *Portion abandonnée. Charges.* — Le propriétaire, qui poursuit le cantonnement des droits d'usage dont une forêt est grevée, n'est pas tenu de transmettre à l'usager une propriété franche de toutes charges et servitudes; il lui suffit d'abandonner la forêt dans l'état où elle se trouve, sauf à tenir compte de ces charges et servitudes dans l'estimation de la valeur du cantonnement. (Besançon, 13 juin 1864.)

102. *Assiette. Choix.* — Le cantonnement sera assis, autant que possible, à la convenance des usagers et en conciliant l'intérêt du propriétaire. (Décr. du 19 mai 1857, art. 12. Circ. A 758.)

§ 2. *Estimation en argent. Déduction. Élément.*

103. *Superficie. Estimation.* — La superficie entière du cantonnement sera estimée à sa valeur vénale actuelle.

Les bois trop jeunes, pour avoir une valeur actuellement commerçable, seront estimés d'après leur produit présumé à l'âge où ils commenceront à remplir cette condition. (Décr. du 19 mai 1857, art. 13.)

104. *Sol. Estimation.* — Le sol sera estimé d'après la valeur des sols boisés similaires dans la localité.

Cette valeur sera déterminée au moyen des transactions qui pourront être connues. A défaut de transactions connues, le sol sera estimé directement par des calculs basés sur le produit net dont ce sol serait susceptible, étant cultivé en nature de bois, à l'exploitabilité déterminée par le maximum d'intérêt annuel en argent du capital engagé.

Dans l'un et l'autre cas, le produit du pâturage sera compté parmi les éléments de revenu du sol.

Il ne sera pas tenu compte du droit de chasse et de pêche.

Le taux d'intérêt à employer dans les calculs sera celui des placements en biens fonds similaires dans la localité. (Décr. du 19 mai 1857, art. 14.)

105. *Carrières.* — S'il existe des carrières dans les forêts usagères, leur valeur doit entrer en ligne de compte dans l'évaluation du sol abandonné aux usagers. (Bourges, 19 mai 1884.)

106. *Chemins. Etang.* — L'assiette des chemins nécessaires à l'exploitation du restant de la propriété doit être déterminée par les experts, ainsi que la zone nécessaire à l'exploitation d'un étang bordant la portion de forêt abandonnée aux usagers. (Bourges, 19 mai 1884.)

107. *Cantonnement. Estimation. Argent.* — Dans l'estimation en argent, on doit tenir compte de ce que, à mesure que la masse des produits à livrer à la fois s'élève, le prix de l'unité de ces mêmes produits s'abaisse. (Circ. A 758.)

108. *Impôt de main-morte.* — Lorsqu'il s'agit de déterminer la valeur vénale de la portion de forêt à attribuer à une commune, en cantonnement, il doit être tenu compte de l'impôt foncier et des frais de garde qui constituent des charges ordinaires de la jouissance, mais il n'y a pas lieu d'avoir égard à l'impôt de main-morte, qui a été établi sur les communes en remplacement des droits ordinaires de mutation et de succession. (Besançon, 26 juin 1867.)

109. *Impôts. Frais de garde.* — La portion de forêt représentant la valeur nette de l'émolument usager capitalisé ne doit pas être augmentée de la valeur capitalisée des impôts et frais de garde, dont l'usager sera tenu à titre de propriétaire. (Colmar, 22 janvier 1867.)

110. *Quotité, Jouissance.* — L'usager, en devenant possesseur du fonds qui lui est adjugé en cantonnement, ne peut pas avoir une jouissance équivalente à celle qu'il avait avant le cantonnement; autrement, le propriétaire du fonds grevé se trouverait lésé. L'usager doit perdre en produit ce qu'il gagne en solidité. (Meaume.)

111. *Quotité.* — Dans un cantonnement, l'usager ne peut jamais avoir une portion plus étendue que celle du propriétaire. (Besançon, 19 floréal an IX. Nancy, 13 février 1841. Colmar, 15 février 1838.)

112. *Quotité. Maximum.* — Un cantonnement ne peut, au maximum, allouer à l'usager que la moitié de la forêt grevée d'usage.

SECT. IV. — PROPOSITION.

§ 1. *Offres à l'usager.*

113. *Offres. Bois domaniaux.* — Les offres sont soumises par l'administration des forêts au ministre des finances, qui, après avoir pris l'avis de la direction générale des domaines, prescrit, s'il y a lieu, au préfet de les signifier à l'usager. (Décr. 12 avril 1854, art. 2.)

114. *Mise en possession. Limite.* — Avant toute acceptation de cantonnement, les lignes séparatives du lot abandonné aux usagers seront ouvertes, et le maire de la commune sera invité à procéder à leur reconnaissance sur le terrain, en compagnie d'une députation du conseil municipal. Les agents forestiers assisteront à cette visite et en dresseront un procès-verbal qui sera joint au dossier, après avoir été présenté à la signature du maire. La commune ne pourra plus ainsi élever des réclamations après sa mise en possession du cantonnement. (Circ. N 208.)

115. *Condition. Acceptation.* — Si l'usager déclare accepter les offres, il est passé entre le préfet et lui, en la forme administrative, un acte constatant son engagement, sous réserve de l'homologation du chef de l'Etat. (Décr. 12 avril 1854, art. 3.)

116. *Refus. Modification.* — Si l'usager propose des modifications au projet qui lui a été signifié, ou s'il refuse absolument d'y adhérer, il en est référé au ministre des finances, qui statue et ordonne, s'il y a lieu, au préfet d'intenter l'action en cantonnement. (Décr. 12 avril 1854, art. 4.)

117. *Offres. Bois communaux.* — La commune ou l'établissement propriétaire est appelé par le préfet à déclarer s'il entend donner suite aux offres de cantonnement. Sur sa déclaration affirmative, les offres sont soumises au ministre de l'intérieur. En cas d'avis favorable, le ministre des finances statue sur l'opportunité des offres. Il est ensuite procédé conformément aux articles 3 et 4 du présent décret. (Décr. du 12 avril 1854, art. 7.)

118. *Modification. Refus. Bois communaux.* — Toutefois, les modifications qui seraient imposées par l'usager, dans le cas prévu par l'article 4, doivent être acceptées par la commune ou l'établissement propriétaire et approuvées par le ministre de l'intérieur, avant d'être soumises à l'homologation du chef de l'Etat, et par le ministre des finances. Si l'usager refuse d'adhérer aux offres, l'action devant les tribunaux ne peut être intentée que par le maire ou les administrateurs, suivant la forme prescrite par les lois. (Loi du 13 juillet 1837. Décr. 12 avril 1854, art. 7.)

119. *Offre. Eclaircissement.* — Au moment des offres du cantonnement, les agents locaux doivent intervenir auprès des usagers pour leur faciliter l'intelligence des procès-verbaux et leur faire apprécier les avantages du cantonnement et des concessions qui leur sont faites. (Circ. A 758.)

§ 2. *Jouissance. Plus-value.*

120. *Droit. Réduction.* — Sur l'action en cantonnement formée par le propriétaire, les tribunaux ne peuvent, durant la litispendance, ordonner que le droit des usagers sera réduit dans les limites des droits éventuels qui doivent être le résultat du cantonnement. (Cass. 11 mars 1846.)

121. *Plus-value. Instance.* — L'usager qui a continué de jouir de ses droits pendant l'instance en cantonnement doit tenir compte au propriétaire de la plus-value dont s'est accrue la portion de bois donnée en cantonnement, depuis le jour où elle a été fixée, jusqu'au jour où l'usager a été mis en possession. (Lyon, 18 novembre 1864.) S'il n'avait pas joui de ses droits d'usage, la plus-value du cantonnement lui serait acquise. (Nancy, 5 juin 1841.)

122. *Délivrance. Instance. Plus-value. Déduction.* — Lorsque les délivrances usagères n'ont pas été interrompues pendant une instance en cantonnement, le propriétaire est fondé à demander que l'on retranche, du canton à abandonner à l'usager, une parcelle d'une valeur égale à la plus-value dont ce canton s'est accru, depuis la date du dépôt du procès-verbal des experts judiciaires.

Cette demande peut être produite pour la première fois en appel. (Nancy, 28 décembre 1866.)

123. *Retard de jouissance. Plus-value.* — Lorsque le cantonnement d'une commune usagère a été définitivement réglé à une époque déterminée et que néanmoins elle a reçu, depuis cette époque et pendant un certain temps, des délivrances de bois pris sur d'autres parties de la forêt, le juge peut, sans violer aucune loi, condamner la commune au payement d'une indemnité représentant la plus-value acquise par son cantonnement, pendant le temps qu'ont duré les délivrances. (Cass. 10 février 1868.)

124. *Jouissance indivise. Co-usagers.* — Lorsque des communes usagères ont exercé simultanément des droits sur une même forêt, en vertu de titres concédés dans différentes époques et sans contestation de la part de la commune dont les titres sont les plus anciens, cette commune ne peut, lors du cantonnement, prétendre à un droit de préférence exclusif, alors même que la portion accordée en cantonnement représenterait un capital inférieur à l'estimation de ses droits. (Besançon, 28 février 1840.)

§ 3. *Attribution du cantonnement.*

125. *Cantonnement. Affectation de bois concédés à la commune.* — C'est à l'autorité municipale, sous la surveillance de l'autorité supérieure, qu'il appartient de décider si la portion de forêt attribuée en cantonnement restera affectée aux besoins des habitants. (Colmar, 22 janvier 1867.)

126. *Cantonnement. Bois. Attribution.* — Lorsque le droit d'usage dont une forêt était grevée au profit des habitants a été cantonné, ces droits d'usage sont éteints et la portion de forêt qui les remplace appartient à la commune. Les bois provenant de cette portion de forêt doivent être partagés et délivrés à tous les habitants, suivant le mode déterminé par l'article 105 du code forestier, à moins d'usage contraire existant pour la répartition du produit des anciennes forêts communales. (Conseil d'État, 31 janvier 1867. Tribunal d'Arbois, 17 décembre 1879.)

127. *Particuliers usagers. Cantonnement. Propriété.* — Lorsqu'un droit d'usage, concédé *ut universi*, n'est plus exercé que par les propriétaires des maisons construites antérieurement à l'application des lois abolitives de la féodalité, en cas de cantonnement de ce droit, la portion de forêt qui en représente la valeur devient la propriété de la commune, à l'exclusion des propriétaires des anciennes maisons usagères, parce que le droit d'usage était communal, et ces propriétaires ne sont même pas fondés à prétendre à la jouissance exclusive des fruits et produits du cantonnement. (Saint-Dié, 20 avril 1866.)

128. *Maronage. Droit spécial.* — Lorsqu'un droit de maronage appartenant à une commune ne s'étend qu'à certaines maisons déterminées (par exemple, à celles qui ont été construites antérieurement au 4 août 1789), les propriétaires de ces maisons sont fondés à réclamer, en cas de cantonnement, la jouissance exclusive de la portion de forêt qui a été attribuée à la commune comme équivalent de ce droit. (Lettre du Min. de l'Int. 13 mars 1858.)

129. *Instance entre la commune et les maisons usagères.* — C'est aux tribunaux qu'il appartient de statuer sur les contestations qui pourraient s'élever, entre la commune et les propriétaires des anciennes maisons usagères, au sujet de la jouissance de la portion de forêt attribuée à la commune en cantonnement des droits d'usage. (Lettre du Min. de l'Int. 13 mars 1858.)

130. *Droit particulier. Héritiers.* — Lorsqu'un droit d'usage a été concédé à des particuliers *ut singuli*, pour eux et leurs héritiers à perpétuité, la portion de forêt attribuée en cantonnement à leurs descendants doit être répartie entre eux par portions égales et non pas suivant leurs besoins actuels. (Lyon, 25 mars 1862.)

SECT. V. — JURIDICTION. CONTENTIEUX.

131. *Bois particulier. Compétence.* — En cas de contestation entre le propriétaire et l'usager, il sera statué par les tribunaux. (Cod. For. 121.)

132. *Compétence.* — L'action en cantonnement est de la compétence des tribunaux ordinaires. (Cod. For. 63.)

133. *Tribunaux. Base. Expertise.* — Les tribunaux ont un pouvoir souverain et discrétionnaire, soit pour la fixation de la base du cantonnement, soit pour le mode d'expertise, soit pour toutes les questions qui touchent au règlement du cantonnement des usagers. (Cass. 25 février 1845.)

134. *Evaluation.* — En matière de cantonnement, les tribunaux ont un pouvoir discrétionnaire pour apprécier l'étendue et la valeur des droits des parties et pour déterminer la portion de la forêt qui doit être attribuée en pleine propriété à l'usager, sans être liés par les énonciations des procès-verbaux d'expertise. (Toulouse, 2 juillet 1855.)

135. *Rescission. Compétence.* — C'est à l'autorité judiciaire qu'appartient la connaissance de l'action par laquelle une commune demande, contre l'État, pour cause de lésion et d'erreur, la rescission d'un cantonnement amiable intervenu entre elle et l'administration forestière. (Conseil d'État, 20 mars 1862.)

136. *Offre. Tribunaux. Validité.* — Lorsque l'État fait une offre aux usagers qui la refusent, le tribunal est saisi d'une simple demande en validité d'offre. Dans ce cas, il peut la valider ou l'annuler comme insuffisante, mais il ne peut pas la dépasser.

137. *Cantonnement. Usager. Droit. Appel.* — L'appel d'un jugement, qui statue que des usagers ont droit à un cantonnement et nomme des experts pour désigner le canton de bois à délivrer, doit être interjeté avant le jugement définitif qui homologue l'expertise. (Cass. 16 avril 1833.)

138. *Usager. Cantonnement. Appel.* — Lorsqu'une commune, déclarée simple usagère par un jugement, persiste sur l'appel à se prétendre propriétaire, son adversaire peut, sur cet appel, former contre elle, pour la première fois, une demande en cantonnement. Cette demande doit être considérée comme une exception, et non pas une nouvelle demande soumise aux deux degrés de juridiction. (Cass. 13 juillet 1838.)

139. *Offre. Frais.* — Lorsque le propriétaire a fait une offre pour le cantonnement et que, par suite du refus des usagers, le cantonnement est réglé par les tribunaux, les dépenses de l'expertise judiciaire et de l'instance sont à la charge des parties, d'après les résultats du procès comparés aux offres des propriétaires. (Cass. 24 août 1869.)

SECT. VI. — FRAIS. DÉCISIONS.

§ 1. *Frais. Indemnité.*

140. *Indemnité. Vacation.* — Les indemnités et frais auxquels les agents forestiers seraient reconnus avoir droit et les vacations du troisième expert seront supportés en entier par la commune ou l'établissement public. (Décr. du 12 avril 1854, art. 7.)

Ces conditions s'appliquent aux bois des communes et des établissements publics. (Ordon. 146.). V. Rachat.

141. *Agents. Indemnités.* — Des indemnités sont attribuées aux agents et préposés pour le cantonnement des bois communaux. (Circ. N 26, art. 5. Circ. N 310.)

142. *Frais. Expertise.* — Les frais d'expertise doivent être partagés proportionnellement aux portions de forêt restant au propriétaire, ou concédées à l'usager. Les frais d'instance doivent être supportés par la partie qui les a occasionnés. (Colmar, 22 janvier 1867.)

143. *Frais. Expertise.* — Les frais du cantonnement, y compris ceux d'expertise, doivent être supportés par chacune des parties, au prorata de son émolument. (Nancy, 15 juin 1876.)

144. *Ouvriers-gardes. Indemnité.* — Pour les travaux de cantonnement, on doit employer les gardes comme ouvriers, lorsque le service n'aura pas à en souffrir. Dans ce cas, les gardes qui pourront rentrer le soir chez eux recevront une indemnité de 1 franc par jour, et de 2 francs s'ils sont obligés de découcher. On ne tiendra compte du parcours qu'au delà de 20 kilomètres. (Lettre du directeur général du 25 juin 1858, nº 1507.

145. *Frais.* — La demande en cantonnement constitue une demande en transformation de propriété et de jouissance, dont les frais doivent porter exclusivement sur le propriétaire, à moins que l'usager ne lui conteste le droit de demander le cantonnement. (Orléans, 27 août 1852.)

146. *Droit de mutation.* — Le cantonnement étant un partage de propriété, les co-partageants ne sont passibles que d'un droit fixe d'enregistrement.

§ 2. *Sommier des décisions.*

147. *Bois domaniaux.* — Il doit être formé et tenu à jour, dans chaque conservation, un sommier des cantonnements effectués depuis la promulgation du code forestier et de ceux en cours d'exécution. (Circ. A 672.)

CANTONNIER. V. Garde cantonnier.

CAPACITÉ. V. Certificat.

CAPCASAL. CAPCASALIER.

Définition. Droit. — Dans le diocèse de Dax et en Gascogne, on appelait *capcasals* les maisons anciennes ou primitives dans chaque paroisse. Les propriétaires de ces maisons, appelés *capcasaliers*, prétendaient avoir certains droits spéciaux de propriété et d'usage sur les biens de la paroisse.

Une décision du conseil d'Etat, en date du 14 février 1839, a décidé que ces habitants capcasaliers n'avaient pas droit ou qualité pour s'attribuer et se partager des biens communaux.

CAPITALISATION.

1. *Définition.* — Formation d'un capital en multipliant son revenu par un certain taux.

2. *Emolument. Taux.* — Dans un cantonnement l'émolument usager doit être capitalisé au denier vingt (5 p. 0/0). (Cass. 25 févr. 1845.)

3. *Cantonnement. Revenu.* — Le revenu du droit d'usage sera capitalisé au denier vingt (5 p. 0/0). (Nancy, 20 juillet 1829. Décr. du 19 mai 1857, art. 9.)

4. *Cantonnement. Instance.* — Le décret du 19 mai 1857, fixant le mode de capitalisation dans les opérations de cantonnement, n'est pas obligatoire pour les tribunaux. (Nîmes, 14 juin 1867.)

5. *Droits d'usage. Bases.* — On peut capitaliser l'émolument usager au denier vingt-cinq, eu égard aux avantages que le cantonnement procure au propriétaire. Dans un même cantonnement, on peut capitaliser à des taux différents les divers émoluments formant la base du cantonnement. (Metz, 14 août 1866.)

6. *Fixation. Taux.* — Le juge saisi d'une action en cantonnement est investi d'un pouvoir discrétionnaire pour la fixation du taux de la capitalisation. (Cass. 16 juillet 1867.) V. Cantonnement.

CAPORAL.

Choix. — Les caporaux des compagnies de chasseurs forestiers seront pris parmi les brigadiers ou les gardes de première classe. (Décr. 2 avril 1875, art. 5. Circ. N 173. Décr. 18 novembre 1890, art. 5. Circ. N 424.)

CAPTURE.

1. *Primes.* — Les arrestations opérées, hors de la présence des huissiers, en vertu de mandements de justice, donnent droit aux primes suivantes, en faveur des préposés forestiers qui font ces captures :

Pour l'exécution de tout mandat, jugement ou arrêt n'emportant pas une peine d'emprisonnement de plus de 5 jours :

Villes au-dessous de 40000 âmes.. 3 fr.

Villes au-dessus de 40000 âmes et l'Algérie, excepté Alger .... 4 »

Villes de Paris et d'Alger .... 5 »

Pour l'exécution d'un jugement emportant une peine d'emprisonnement de 6 jours au moins, 12 francs dans les villes au-dessous de 40000 âmes, 15 francs dans les villes au-dessus de 40000 âmes et en Algérie, excepté Alger, et 18 francs pour les villes de Paris et d'Alger.

La prime doit être réclamée dans le délai de 5 ans, sous peine de déchéance. (Décr. 18 février 1863.) V. Frais. Poursuite. Arrestation.

2. *Droit.* — Le droit de capture, fixé à 3 francs pour l'emprisonnement des condamnés en matière forestière, s'applique aux délinquants insolvables comme aux délinquants solvables. (Déc. Min. 31 janvier 1833. Instruction du ministère des finances, 20 septembre 1875, art. 219.)

3. *Paiement.* — Les frais de capture dus à la gendarmerie sont payés trimestriellement, sur l'acquit des conseils d'administration des compagnies de gendarmerie.

Les frais de capture dus à d'autres agents de la force publique sont payés sur des mémoires taxés par le président du tribunal et appuyés des procès-verbaux d'arrestation. Ils sont timbrés conformément aux règles ordinaires, sauf toutefois en ce qui concerne les brigadiers et gardes forestiers, qui ont été assimilés aux gens de guerre. (Décr. du 18 février 1863, art. 291. Instruction du ministère des finances, 20 septembre 1875, art. 221 et 222.) V. Arrestation.

4. *Frais. Avances.* — Lorsque la capture est effectuée, soit avant la condamnation, en vertu des mandats d'amener, de dépôt ou d'arrêt, soit après la condamnation ou exécution d'un jugement prononçant l'emprisonnement, ces frais sont à la charge du ministère de la justice et payés par les receveurs de l'enregistrement.

Mais les frais de capture faits pour arriver au recouvrement des condamnations pécuniaires sont payés par les receveurs des finances, qu'il s'agisse de condamnés solvables ou de condamnés insolvables, de délits forestiers ou d'autres délits. Ces frais consistent d'ordinaire dans le coût du commandement et la gratification accordée aux gendarmes pour la capture. (Instruction du ministère des finances, 20 septembre 1875, art. 216 et 217.)

CARABINE. V. Armement.

CARBONISATION. V. Charbonnière.

CARNET D'ATTACHEMENT.

1. *Restauration des montagnes. Travaux en régie.* — Tout surveillant établi sur un chantier de travaux en régie doit tenir un carnet d'attachement (form. série 7, n° 47), sur lequel il inscrit les tâches et fournitures, ainsi que les décisions ou, à leur défaut, la série qu'elles concernent.

Ce carnet ne sert qu'à la comptabilité d'une seule série.

Si un surveillant est appelé à opérer dans plusieurs séries, il est muni d'autant de carnets.

Il est pris sur ce carnet, pour chaque constatation, un attachement qui est signé immédiatement par l'intéressé ou son représentant et par le surveillant.

A la fin de la semaine, chaque surveillant établit le relevé des attachements inscrits sur son carnet. (Form. série 7, n° 51.) Cet extrait est la copie textuelle des attachements correspondant à la semaine écoulée ; il est transmis le premier jour de chaque semaine à l'agent régisseur, qui le garde dans ses archives.

A l'aide des relevés établis par les surveillants, l'agent régisseur dresse sur la même formule (série 7, n° 51) une récapitulation dans laquelle il groupe les attachements par fournisseur et tâcheron, etc., de manière à faire ressortir pour chacun d'eux la somme qui lui est due, et le transmet au chef de service à la fin de chaque mois. Ces extraits du carnet sont conservés dans les archives du chef de service. (Instr. Gén. 2 février 1885, art. 141, 153, 154, 155, 163, 182 et 203. Circ. N 345.)

2. *Restauration des montagnes. Travaux par entreprise.* — Le surveillant tient deux carnets d'attachement pour chaque entreprise. (Form. série 7, n°s 65 et 65 bis.) Il inscrit sur l'un les travaux exécutés, sur l'autre les approvisionnements.

Chaque attachement doit être accepté, signé et daté par l'entrepreneur ou son représentant. Le surveillant appose sa signature à côté de celle de la partie intéressée et, à la fin de chaque semaine, il dresse sur un imprimé unique (form. série 7, n° 67) un extrait de chacun des deux carnets et l'envoie à l'agent directeur des travaux, qui établit une situation (form. série 7 n° 68), à transmettre au chef de service. (Instr. Gén. 2 février 1885, art. 189, 190, 191 et 192. Circ. N 345.)

CAROUBIER.

Classe. — Le caroubier peut être considéré comme un arbre fruitier de première classe (Cod. For. 192), parce que son fruit est comestible.

CARRIÈRE.

SECT. I. — GÉNÉRALITÉS, 1 — 18.

SECT. II. — BOIS DOMANIAUX, CONCESSION, 19 — 23.

SECT. I. — GÉNÉRALITÉS.

1. *Définition. Classification.* — Les carrières renferment : les ardoises, grès, pierres à bâtir et autres, marbres, granits, pierres à chaux et à plâtre, pouzzolanes, trass, basaltes, laves, marnes, craies, sables, pierres à fusil, argiles, kaolin, terres à foulon, terres à poterie, substances terreuses, cailloux, terres pyriteuses considérées comme engrais, le tout exploité à ciel ouvert ou avec des galeries souterraines. (Loi du 21 avril 1810, art. 4.) Les mines et les matières désignées comme minières ne font pas partie des carrières. (Cons. d'Etat, 19 juillet 1843.)

2. *Terrain non soumis au régime forestier. Principes.* — L'exploitation des carrières à ciel ouvert a lieu en vertu d'une simple déclaration faite au maire de la commune et transmise au préfet. Elle est soumise à la surveillance de l'administration et à l'observation des lois et règlements en vigueur ou qui seraient rendus sous forme de décrets en Conseil d'Etat. (Loi du 27 juillet 1880, art. 81.)

3. *Ouverture. Pénalité.* — Pour l'ouverture d'une carrière sans autorisation, on applique les peines édictées pour enlèvement ou extraction de produits forestiers. V. Enlèvement. Extraction. Travaux publics.

4. *Juridiction. Peine.* — Les contraventions en matière de carrière à ciel ouvert sont soumises à la juridiction et punies des peines de simple police. (Cass. 29 août 1845.)

5. *Bois soumis au régime forestier. Autorisation.* — L'ouverture des carrières est autorisée par le conservateur dans les bois domaniaux et par les maires dans les bois communaux, comme extraction de produits. (Ord. 4 décembre 1844.)

Pour les bois domaniaux, le conservateur fixe les conditions et le prix d'extraction ; pour les bois communaux, le conservateur fixe les conditions et le préfet fixe le prix d'extraction. V. Concession.

6. *Abatage d'arbres. Emplacement.* — Les conservateurs autorisent l'abatage des arbres situés sur l'emplacement des carrières concédées et à ouvrir, car l'exploitation de ces arbres est une conséquence forcée de l'autorisation desdites carrières, donnée en vertu de l'ordonnance du 4 décembre 1844 et de la circulaire A 568. (Lettre de l'Admin. 30 mars 1849, nº 2145.)

7. *Exploitation.* — L'exploitation des carrières à ciel ouvert peut avoir lieu sans autorisation spéciale de l'autorité administrative. La loi du 21 avril 1810 n'est pas applicable à ces travaux.

8. *Exploitation. Tranchée. Précautions.* — Les propriétaires, locataires et ouvriers qui exploitent des carrières à tranchée ouverte à côté d'un terrain nu doivent couper les terres en retraite par banquettes, ou avec talus suffisant pour empêcher l'éboulement des terres. (Ord. 23 janvier 1779.)

9. *Exploitation. Galeries.* — Pour l'exploitation des carrières souterraines, il faut, outre l'autorisation du propriétaire, remplir les formalités de la loi du 21 avril 1810, art. 81 et 82.

10. *Enlèvement de pierres. Vol. Pénalités.* — L'enlèvement de pierres dans une carrière en exploitation constitue un vol.

Peine. *Prison :* 1 an à 5 ans. (Cod. Pén. 388.)
— *Amende :* 16 fr. à 500 fr. (Cod. Pén. 388.)

11. *Interdiction.* — Un préfet peut interdire une carrière comme dangereuse. (Cons. d'Etat, 24 décembre 1844.)

12. *Route. Distance.* — La loi du 21 avril 1810 n'a pas abrogé les dispositions de l'arrêté du conseil du 5 avril 1772, qui défend d'ouvrir aucune carrière à ciel ouvert, à moins de 30 toises (58m,47) de distance des bords extérieurs des routes. La contravention constitue un délit de grande voirie. (Cons. d'Etat, 27 octobre 1837.) Il est défendu d'ouvrir une carrière à moins de 30 toises (58m,47) des murs des édifices quelconques. (Ord. 17 mars 1780.)

13. *Travaux publics.* — Les entrepreneurs des travaux d'utilité publique peuvent occuper et exploiter, malgré les propriétaires, les carrières qui leur sont désignées par l'administration. (Lois 28 juillet 1791-16 septembre 1807.)

14. *Travaux publics. Matériaux.* — Si, pour des travaux publics, les entrepreneurs enlèvent des matériaux dans une carrière

en exploitation désignée dans le devis, ils doivent alors payer la valeur des matériaux enlevés. (Cons. d'Etat, 6 septembre 1813.)

15. *Travaux publics. Carrière ouverte.* — Lorsque le cahier des charges fixe à un entrepreneur une carrière ouverte dans un bois soumis au régime forestier, pour y extraire des matériaux, l'entrepreneur n'encourt aucune pénalité, s'il ne se conforme pas aux prescriptions des articles 170 et 171 de l'ordonnance réglementaire du code forestier. (Caen, 2 décembre 1858.)

16. *Carrière en exploitation. Travaux publics.* — Est considérée comme carrière en exploitation, pour les extractions de travaux publics, celle où, à une époque quelconque, il y a eu une exploitation, même intermittente. (Cabantous.)

17. *Extraction de matériaux. Travaux publics. Carrière en exploitation.* — Un terrain dans lequel on a pratiqué quelques extractions peu importantes et gratuites ne saurait être considérée comme une carrière en exploitation. En conséquence, le propriétaire n'a pas droit à la valeur des matériaux extraits ; il suffit de lui allouer une indemnité pour la dépréciation du terrain. (Conseil de préfecture du Pas-de-Calais, 13 août 1887.)

18. *Etablissement d'utilite publique.* — En cas de *nécessité*, les établissements et manufactures *d'utilité générale* peuvent exploiter des carrières, aux lieu et place du propriétaire et malgré lui. (Loi du 28 juillet 1791.)

SECT. II. — BOIS DOMANIAUX. CONCESSION.

19. *Location. Terrains domaniaux.* — Les locations des carrières, à la différence des baux proprement dits, impliquent l'aliénation, non des fruits de l'immeuble, mais d'une portion de l'immeuble lui-même, et il est tout naturel que la concession ou location de carrières dans les propriétés domaniales soit entourée de garanties particulières. (Lettre du Min. des Fin. 31 mars 1866.) V. Location. Bail.

20. *Concession par adjudication. Durée. Autorisation.* — Sont autorisées par les préfets, sur propositions conformes des chefs de service des domaines et des forêts, les concessions des carrières d'une durée de 9 ans au plus, quel que soit le prix des matériaux vendus, mais à la condition que la concession ait lieu par voie d'adjudication publique. (Déc. Min. des 27 juillet 1886 et 2 février 1887. Circ. N 383.)

21. *Concessions amiables. Durée. Autorisation.* — Sont autorisées par les préfets, sur propositions conformes des chefs de service des domaines et des forêts, les concessions amiables d'une durée n'excédant pas 9 années et pour lesquelles le montant des redevances cumulées ne dépasse pas 500 francs. (Déc. Min. des 27 juillet 1886 et 2 février 1887. Circ. N 383.)

22. *Concessions. Autorisation ministérielle.* — Sont soumises à la sanction du ministre des finances, par l'initiative du ministre de l'agriculture, les concessions autres que celles par adjudication ou amiable, ou d'une durée de plus de 9 années. (Déc. Min. des 27 juillet 1886 et 2 février 1887. Circ. N 383.)

23. *Adjudication. Taxe.* — En cas d'adjudication de carrière, la taxe de 1.60 p. 0/0 doit être calculée sur le montant des redevances cumulées pour la durée entière de la concession. (Circ. N 383.)

CARTES A JOUER.

Répression. — Les gardes forestiers de l'administration ont le droit de concourir à la répression de la fraude sur les cartes à jouer.

Les dispositions relatives à la répression de la fraude du tabac sont applicables aux délits relatifs à la contrebande des cartes à jouer. (Loi du 28 avril 1816, art. 169.) V. Contrebande.

CARTE DE FRANCE.

1. *Concours.* — Les agents forestiers doivent prêter leur concours aux officiers du service topographique, chargés de la construction, de la vérification ou des modifications survenues dans l'état de la carte de France. (Lettres de l'Admin. 21 mars 1863 et 2 août 1875.)

2. *Agents. Préposés. Achat.* — Les agents et préposés doivent, pour l'acquisition des cartes de l'état-major, s'adresser, soit directement, soit, si besoin est, par l'intermédiaire des conservateurs, aux libraires dépositaires de ces cartes. (Circ. N 325.)

3. *Administration. Achat.* — Les achats pour le compte de l'Etat seront réalisés de la même manière par la voie du commerce local, sous réserve de l'approbation préalable de l'administration ou de l'allocation des crédits nécessaires. (Circ. N 325.)

4. *Copie de la minute.* — Le service topographique du ministère de la guerre fournit des copies sur papier calque de la carte minute à l'échelle de 1/40000 avec les courbes du niveau à l'équidistance de 10 mètres, au prix de 10 francs le décimètre carré.

CARTE D'INSCRIPTION AU CONTROLE.

Travaux de reboisement.— Tout payement, soit en argent, soit par mandat individuel, entre les mains d'un ouvrier donne lieu, au moment où il est effectué, à une constatation inscrite au verso de la carte d'inscription au contrôle. (Formule série 7, n° 49. Instr. générale, 2 février 1885, art. 168. Circ. N 345.)

CARTOUCHES.

1. *Mobilisation.* — Le nombre de cartouches pour la mobilisation a été calculé à raison de 56 par sous-officier, et de 112 par caporal ou chasseur.

Les hommes des unités désignées pour être appelées à l'activité, dès la publication de l'ordre de mobilisation, doivent seuls être détenteurs en tout temps des cartouches de mobilisation. Les autres hommes ne possèdent pas leurs cartouches, qui sont déposées dans les magasins militaires désignés par le général commandant en chef le corps d'armée. (Instr. du Min. de la guerre.)

2. *Défense personnelle.* — Il peut être délivré, pour sa défense personnelle, à chaque homme, qui en est personnellement responsable, un paquet de 8 cartouches, modèle 1886.

Ce paquet est prélevé sur l'approvisionnement de mobilisation et ne donne lieu à aucun remboursement. (Lettre du Min. de la guerre, 20 septembre 1890.)

3. *Exercices de tir.* — Chaque année, il est alloué des cartouches pour les exercices de tir.

4. *Fausses cartouches.* — Un jeu comprenant 10 fausses cartouches par fusil, modèle 1886, est mis gratuitement à la disposition de chaque chef de cantonnement, pour l'instruction des préposés sous ses ordres. (Décis. du Min. de la guerre, 5 déc. 1890.)

5. *Agents détachés.* — Les agents détachés dans la réserve de l'armée active ou dans l'armée territoriale doivent adresser toutes demandes de cartouches de tir aux chefs de corps sous les ordres desquels ils sont placés par leurs commissions d'officiers de réserve ou de l'armée territoriale. V. Munition.

CAS FORTUIT.

Définition. — Celui qui est occasionné par des événements imprévus et de force majeure. On n'en est pas responsable, à moins de clause spéciale. (Cod. Civ. art. 1148, 1722, 1772 et 1773.)

CASSATION.

V. Pourvoi. Instance.

SECT. I. — PRINCIPES. GÉNÉRALITÉS.

1. *Définition.* — Arrêt qui annule un jugement, un acte ou une procédure pour cause soit de violation, soit de fausse interprétation de la loi.

2. *Définition. Pouvoir.* — Les fonctions du tribunal de cassation seront de prononcer sur toutes les demandes en cassation contre les jugements en dernier ressort, de juger les demandes de renvoi d'un tribunal à un autre pour cause de suspicion légitime, les conflits de juridiction, les règlements de juge et les demandes de prise à partie contre tout un tribunal. (Décr. 12 août 1790, art. 2.)

3. *Principes.* — Le tribunal de cassation annulera toutes les procédures dans lesquelles les formes auront été violées, et tout jugement qui contiendra une contravention expresse au texte de la loi. Sous aucun cas et aucun prétexte, il ne pourra connaître du fond des affaires. Après avoir cassé les procédures ou jugement, il renverra le fond des affaires aux tribunaux qui devront en connaître. (Décr. 12 août 1790, art. 4.)

4. *Second pourvoi. Arrêt solennel. Autorité.* — Lorsque, après la cassation d'un premier arrêt ou jugement rendu en dernier ressort, le deuxième arrêt ou jugement rendu dans la même affaire sera attaqué par les mêmes moyens, la cour de cassation statuera toutes les chambres réunies.

Lorsque le deuxième arrêt ou jugement rendu est cassé pour les mêmes motifs que le premier, la cour d'appel ou le tribunal auquel l'affaire est renvoyée se conformera à la décision de la cour de cassation, sur le point de droit jugé par cette cour. (Loi, 1er avril 1837.)

5. *Motif de cassation. Principes.* — Lorsque, à la suite d'une condamnation (arrêt ou jugement correctionnel en dernier ressort), il y aura eu, soit dans l'instruction, soit dans la procédure, soit dans l'arrêt ou le jugement lui-même, violation ou omission de quelque formalité prescrite à peine de nullité, cette omission ou violation donnera lieu, sur la poursuite de la partie prévenue ou condamnée (partie civile et responsable), ou du ministère public, à l'annulation de l'arrêt de condamnation et de ce qui l'a précédé, à partir du plus ancien acte nul. Il en sera de même dans le cas d'incompétence et lorsqu'il aura été omis ou refusé de prononcer, soit sur une ou plusieurs demandes de l'accusé, soit sur une ou plusieurs réquisitions du ministère public tendant à user d'une faculté ou d'un droit accordé par la loi, bien que la peine de nullité ne fût pas textuellement attachée à l'absence de la formalité dont l'exécution aura été demandée ou requise. (Instr. Crim. 408, 413.)

6. *Motif. Citation.* — On ne pourra pas demander la cassation sous prétexte d'erreur dans la citation du texte de la loi, si la peine est la même. (Instr. Crim. 411.)

7. *Double demande.* — Lorsqu'une demande en cassation aura été rejetée, la partie qui l'aura formée ne pourra plus se pourvoir en cassation contre le même arrêt. (Instr. Crim. 438.)

8. *Principe. Instruction.* — Les recours en cassation contre les arrêts préparatoires et d'instruction ou les jugements en dernier ressort de cette qualité ne seront ouverts qu'après l'arrêt ou jugement définitif. (Instr. Crim. 416.)

9. *Jugements préparatoires.* — Le recours en cassation contre les jugements préparatoires ou d'instruction ne sera ouvert qu'après le jugement définitif; mais l'exécution volontaire de tels jugements ne pourra, en aucun cas, être opposée comme fin de non-recevoir. (Loi du 2 brumaire an IV.)

10. *Juge de paix. Pourvoi.* — Les jugements rendus par les juges de paix ne peuvent être attaqués devant la cour de cassation que pour excès de pouvoir ou incompétence, et non pour violation d'une disposition légale. (Loi du 17 ventôse an VIII, art. 77. Loi du 25 mai 1838, art. 15.)

10 bis. *Expropriation pour travaux d'utilité publique. Jugement.* — Le jugement d'expropriation ne peut être attaqué que par la voie du recours en cassation, et seulement pour incompétence, excès de pouvoir ou vice de forme. (Loi du 3 mai 1841, art. 20.)

11. *Effet. Sursis.* — En matière civile, la demande en cassation n'arrêtera pas l'exécution du jugement. (Décr. du 12 août 1790, art. 16.) En autre matière, le pourvoi est suspensif du jugement. (Instr. crim. 373.)

12. *Délai. Décision.* — La cour de cassation, en toute affaire correctionnelle ou de police, peut statuer sur les pourvois en cassation dix jours après la déclaration ; elle devra y statuer dans le mois, au plus tard, qui suivra le délai de dix jours, pour le dépôt des pièces. (Instr. Crim. 425.) (Délais : trois jours pour le pourvoi ; dix jours pour les pièces ; trente jours pour statuer ; total, quarante-trois jours, soit un mois et demi environ.)

SECT. II. — FACULTÉ. CONDITIONS. DÉLAI.

13. *Droit. Faculté.* — La partie civile, le prévenu, la partie publique, les personnes civilement responsables du délit peuvent se pourvoir en cassation contre les arrêts. (Instr. Crim. 216. Loi du 13 juin 1856.)

14. *Nullité. Peines.* — Lorsque la nullité procédera de ce que l'arrêt aura prononcé une peine autre que celle appliquée par la loi à la nature du crime ou du délit, l'annulation pourra être poursuivie tant par le ministère public que par la partie condamnée. La même action appartiendra au ministère public contre les acquittements basés sur la non-existence d'une loi pénale, qui pourtant aurait existé. (Instr. Crim. 410.)

15. *Motif. Condamnation. Conclusion.* — La partie civile pourra requérir la cassation, si l'arrêt a prononcé des condamnations civiles supérieures aux demandes de la partie acquittée. Cette portion de l'arrêt pourra être annulée. (Instr. Crim. 412.)

16. *Déclaration. Formalité.* — La déclaration de recours en cassation sera faite au greffier du tribunal qui a rendu le jugement, par la partie condamnée, et signée d'elle et du greffier ; et, si le déclarant ne veut ou ne peut signer, le greffier en fera mention. Cette déclaration pourra être faite, dans la même forme, par l'avoué de la partie condamné ou par un fondé de pouvoir spécial ; dans ce dernier cas, le pouvoir demeurera annexé à la déclaration. Elle sera inscrite sur un registre spécial et public. (Instr. Crim. 417.)

17. *Notification. Délai.* — Lorsque le recours en cassation, contre un arrêt ou jugement en dernier ressort, rendu en matière criminelle, correctionnelle ou de police, sera exercé par la partie civile, s'il y en a une, ou par le ministère public, ce recours, outre l'inscription prescrite à l'article 417, sera notifié à la partie contre laquelle il sera dirigé dans un délai de trois jours. Lorsque la partie sera en liberté, le demandeur en cassation lui notifiera son recours par le ministère d'un huissier, soit à sa personne, soit au domicile par elle élu. Le délai sera, dans ce cas, augmenté d'un jour par chaque distance de 3 myriamètres. (Instr. Crim. 418.)

18. *Délai. Formalité. Sursis.* — Le condamné aura trois jours francs, après celui

où son arrêt aura été prononcé, pour déclarer au greffe qu'il se pourvoit en cassation. Le procureur général pourra, dans le même délai, déclarer au greffe qu'il demande la cassation de l'arrêt. La partie civile aura le même délai, mais elle ne pourra se pourvoir que quant aux dispositions relatives à ses intérêts civils. Pendant ces trois jours et jusqu'à la réception de l'arrêt de la cour de cassation, il sera sursis à l'exécution de l'arrêt. (Instr. Crim. 373.)

19. *Matière civile. Délai.* — Le délai pour se pourvoir en cassation sera de deux mois, délai franc, à compter du jour où la signification de la décision, objet du pourvoi, aura été faite à personne ou à domicile. A l'égard des jugements et arrêts par défaut, ce délai ne courra qu'à partir du jour où l'opposition ne sera plus recevable. (Loi du 2 juin 1862, art. 1 et 9.)

20. *Instance domaniale. Pourvoi.* — Lorsque l'administration des domaines n'aura pas été informée de la décision du ministre le dixième jour avant l'expiration du délai, elle introduira un pourvoi, par requête sommaire, sauf à s'en désister dans le cas où le ministre acquiescerait à l'arrêt. (Déc. Min. 4 juin 1862.)

SECT. III. — FORMALITÉS. PROCÉDURE.

20 bis. *Instruction.* — L'instruction au tribunal de cassation se fera sur simple requête ou mémoire déposé au greffe. (Loi du 2 brumaire an IV, art. 16.)

21. *Conclusion.* — On ne peut produire en cassation que les moyens fournis en appel. (Cass. 9 mai 1866.)

22. *Moyen. Requête.* — Les moyens fondés sur la violation d'une disposition d'ordre public peuvent être présentés pour la première fois en cassation. (Cass. 24 juin 1851.)

23. *Requête. Délai.* — Le condamné ou la partie civile, soit en faisant sa déclaration, soit dans les dix jours suivants, pourra déposer au greffe de la cour ou du tribunal qui a rendu l'arrêt ou le jugement attaqué une requête contenant ses moyens de cassation. Le greffier lui en donnera un reçu. (Instr. Crim. 422.)

24. *Pièces à joindre. Amende. Consignation.* — La partie civile qui se sera pourvue en cassation est tenue de joindre aux pièces une expédition authentique de l'arrêt, et elle est tenue, à peine de déchéance, de consigner une amende de 150 francs, ou la moitié si l'arrêt est rendu par défaut. (Instr. Crim. 419.)

25. *Amende. Dispense.* — Sont dispensés de l'amende : .... 2° les agents publics, pour affaires concernant directement l'administration et les domaines de l'Etat. (Instr. Crim. 420. Loi du 28 juin 1877.)

26. *Annulation. Amende.* — Lorsque l'arrêt ou le jugement aura été annulé, l'amende consignée sera rendue sans délai. (Instr. Crim. 437.)

SECT. IV. — CONSÉQUENCE. RENVOI.

27. *Annulation. Renvoi.* — Lorsque la cour de cassation annulera un arrêt ou jugement rendu en matière correctionnelle, elle renverra le procès et les parties devant une cour ou un tribunal de même qualité que celui qui aura rendu l'arrêt ou le jugement annulé. (Instr. Crim. 427.)

28. *Acquittement. Pourvoi.* — Lorsque le renvoi de la partie civile aura été prononcé, nul ne pourra se prévaloir en cassation contre elle pour violation ou omission des formes prescrites pour la défense. (Instr. Crim. 413.)

29. *Jugement. Annulation.* — Lorsque le jugement aura été seul cassé, l'affaire sera portée à l'audience du tribunal ordinaire qui avait jugé en dernier ressort ; elle y sera plaidée sur les moyens de droit, sans aucune forme de procédure et sans que les parties puissent plaider sur le point réglé par le premier jugement. Si le nouveau jugement est conforme à celui qui a été cassé, il pourra encore y avoir lieu à la demande en cassation. (Décr. 12 août 1790, art. 21.)

30. *Procédure. Annulation.* — Dans le cas où la procédure aura été cassée, elle sera recommencée à partir du premier acte où les formes n'auront pas été observées ; l'affaire sera plaidée de nouveau et il pourra y avoir lieu à cassation contre le second jugement. (Décr. du 12 août 1790, art. 20.)

SECT. V. — FRAIS.

31. *Annulation. Frais.* — Dans le cas où, soit la cour de cassation, soit la cour d'appel annulera une instruction, elle pourra ordonner que les frais de la procédure à recommencer seront à la charge de celui qui a commis la nullité. Mais il faut une faute très grave. (Instr. Crim. 415.)

32. *Partie civile. Condamnation.* — La partie civile qui succombera dans son recours en matière correctionnelle sera condamnée à une indemnité de 150 francs et aux frais envers la partie acquittée, absoute ou renvoyée. La partie civile sera, de plus, condamnée envers l'Etat à une amende de 150 francs, ou de 75 francs seulement si l'arrêt ou jugement a été rendu par défaut.

Les administrations ou régies de l'Etat et les agents publics qui succomberont ne seront condamnés qu'aux frais et à l'indemnité. (Instr. Crim. 436.)

33. *Administration. Condamnation. Frais.* — Les administrations publiques, quelles qu'elles soient, notamment l'administration

forestière, au cas de rejet de leurs pourvois en cassation contre une décision d'acquittement ou d'absolution, sont passibles des frais de l'instance et de l'indemnité de 150 francs envers la partie défenderesse, même dans le cas où les poursuites intentées par elles auraient pour objet, non l'obtention des dommages-intérêts, mais l'exercice même de l'action publique. (Cass. 28 août 1868.)

SECT. VI. — POURSUITES DANS L'INTÉRÊT DE LA LOI.

34. *Pourvoi dans l'intérêt de la loi.* — Dans le cas d'acquittement, l'annulation de l'arrêt pourra être poursuivie par le ministère public dans l'intérêt de la loi seulement, et sans préjudicier à la partie acquittée. (Instr. Crim. 409.)

35. *Arrêt définitif. Pourvoi dans l'intérêt de la loi.* — Le procureur général peut déférer à la cour de cassation des arrêts définitifs, ayant acquis force de chose jugée ; mais alors la cassation du jugement ne profite en rien aux parties qui n'ont pas réclamé dans le délai utile fixé. (Instr. Crim. 442.)

36. *Jugement. Dernier ressort. Pourvoi dans l'intérêt de la loi.* — Si le commissaire du gouvernement apprend qu'il ait été rendu en dernier ressort un jugement contraire aux lois, ou aux formes de procéder, ou dans lequel un juge ait excédé ses pouvoirs et contre lequel cependant aucune des parties n'ait réclamé dans le délai fixé, après ce délai expiré, il en donnera connaissance au tribunal de cassation dans l'intérêt de la loi. (Loi du 27 ventôse an VIII, art. 88.)

CASSIS.

1. *Curage.* — Les gardes cantonniers doivent procéder au curage des cassis. (Instr. 13 août 1840. Livret des préposés.)

2. *Exécution.* — Les cassis peuvent être effectués au moyen de prestations pour délivrances des menus produits, après autorisation du conservateur. (Circ. N 22, art. 322.)

CASTINE.

Extraction. — Il est permis à tous les maîtres de forges de tirer castines en tous lieux et endroits où ils trouveront commodité pour l'usage de leurs forges et fourneaux, en dédommageant les propriétaires de la valeur *du dessus* de leurs terres seulement, suivant l'estimation des experts. (Arr. du conseil du roi, 20 juin 1631. Arr. Min. 2 juillet 1811.)

CATALOGUE DES IMPRIMÉS.

Envoi. — Chaque année, l'administration adresse un catalogue des imprimés aux conservateurs, qui le lui renvoient dans le délai d'un mois à partir de sa réception dans les conservations, après y avoir indiqué le nombre d'imprimés dont ils ont besoin (Form. série 12, n° 12), avec la demande générale d'imprimés. (Form. série 12, n° 13.)

CAUSE.

Qualité. — Une cause est illicite quand elle est prohibée par la loi, quand elle est contraire aux bonnes mœurs et à l'ordre public. (Cod. Civ. 1133.)

CAUTION.

V. Cautionnement. Solvabilité. Maire. Mainlevée provisoire. Saisie. Séquestre.

SECT. I. — PRINCIPES. RESPONSABILITÉ.

1. *Définition.* — Engagement d'un tiers (la personne elle-même) qui garantit au créancier l'exécution de l'obligation prise par le débiteur, si ce dernier n'y satisfait pas lui-même.

2. *Qualités.* — La caution doit avoir : la capacité de contracter, un bien suffisant pour répondre de l'objet de l'obligation, et son domicile dans le ressort de la cour d'appel où est donnée la caution. (Cod. Civ. 2018.)

3. *Obligation.* — Celui qui se rend caution d'une obligation se soumet envers le créancier à satisfaire à cette obligation, si le débiteur n'y satisfait pas lui-même. (Cod. Civ. 2011.)

4. *Condition.* — Le cautionnement ne se présume pas; il doit être exprès et on ne peut l'étendre au delà des limites dans lesquelles il a été contracté. (Cod. Civ. 2015.)

5. *Opposition.* — La caution peut opposer au créancier toutes les exceptions qui appartiennent au débiteur principal et qui sont inhérentes à la dette; elle ne peut opposer les exceptions personnelles. (Cod. Civ. 2036.)

6. *Principes. Responsabilité.* — Les cautions sont responsables et contraignables solidairement par corps au payement de toutes les condamnations pécuniaires, dommages-intérêts, restitutions et amendes encourus pour les délits commis, soit dans les ventes, soit à l'ouïe de la cognée, par les adjudicataires ou par les facteurs, gardes-ventes, ouvriers, bûcherons, voituriers et tous autres employés par les adjudicataires. (Cod. For. 28, 46.) V. Adjudicataire.

7. *Adjudicataire. Opposition.* — La caution ne peut former opposition contre un jugement prononcé contre l'adjudicataire. (Cod. For. 28. Grenoble, 14 juillet 1838.)

8. *Responsabilité.* — La caution est responsable de toutes les condamnations prononcées contre l'adjudicataire et elle ne peut proposer, dans ce cas, que des exceptions personnelles.

9. *Décès. Faillite. Responsabilité.* — Si l'adjudicataire est décédé ou failli, la caution est responsable des amendes et des réparations civiles, même pour les délits non constatés à cette époque. (Cass. 23 avril 1836.)

10. *Adjudicataire. Décès.* — Après le décès de l'adjudicataire, l'action pénale subsiste contre la caution. (Cass. 5 avril 1811.)

11. *Interdiction. Responsabilité.* — La caution est responsable d'un adjudicataire interdit. (Besançon, inédit, 23 novembre 1840.)

12. *Conséquence.* — Les engagements des cautions passent à leurs héritiers. (Cod. Civ. 2017.)

13. *Cession de bail.* — La caution d'un adjudicataire de chasse ne pourrait s'opposer à la cession du bail, ni alléguer que le cautionnement serait annulé par le fait même de la cession, d'après l'article 2015 du code civil, parce qu'elle s'est engagée en connaissant les clauses du cahier des charges, dont l'article 13 prévoit le cas de cession; les conditions ne sont donc pas modifiées et la caution doit subir ce changement, sauf action civile contre l'adjudicataire.

SECT. II. — PRÉSENTATION. ACCEPTATION.

14. *Coupes. Présentation. Délai.* — Faute par l'adjudicataire de fournir la caution et le certificateur de caution solvables exigés, dans le délai des cinq jours qui suivent celui de l'adjudication, il sera déchu de son adjudication par arrêté du préfet et il sera procédé à une nouvelle adjudication à sa folle enchère; il sera tenu de payer les différences entre son prix et celui de la revente, sans pouvoir réclamer l'excédent, s'il y en a. (Cod. For. 24, 28. Cah. des ch. 8.) V. Déchéance.

15. *Coupes. Payement au comptant.* — Les adjudicataires des coupes tant domaniales que communales qui se libéreront au comptant seront dispensés de fournir une caution et un certificateur de caution, à la condition d'effectuer le dépôt d'un cautionnement en numéraire ou en titres nominatifs de rentes sur l'État, égal au vingtième du montant de l'adjudication. (Circ. N 198. Circ. N 292. Cah. des ch. 8.) V. Cautionnement.

16. *Travaux.* — Tout soumissionnaire de travaux sera tenu de présenter, séance tenante, une caution reconnue solvable, qui s'obligera solidairement, par l'acte même d'adjudication, à toutes les charges et conditions de l'entreprise. (Cah. des ch. 4.)

17. *Offres. Soumissions cachetées.* — Les offres de caution produites à l'appui des soumissions cachetées doivent être rédigées sur timbre à peine de nullité. (Cah. des ch. 10.)

18. *Travaux d'exploitation par entreprise. Bois domaniaux.* — L'entrepreneur devra fournir une caution qui sera acceptée par le président de l'adjudication. (Anc. cah. des ch. art. 2.)

19. *Produits façonnés.* — Lorsque la vente aura lieu à terme, d'après la déclaration qui en sera faite au moment de l'adjudication, chaque adjudicataire sera tenu de présenter sur le champ une caution et un certificateur de caution reconnus solvables, lesquels s'engageront, solidairement avec lui, à toutes les charges et conditions de l'adjudication.

S'il s'agit de produits de forêts appartenant à des communes ou à des établissements publics et de lots de 500 francs et au-dessous, bien que vendus à terme, la présentation d'*un certificateur de caution* ne sera obligatoire que si le receveur de la commune ou de l'établissement public l'exige. (Cah. des ch. 9. Circ. N 102.)

20. *Aliénation.* — Le président de la vente pourra, sur la demande du receveur des finances ou de son délégué, requérir l'adjudicataire ou le command de fournir caution, à moins que l'acquéreur ou le command ne verse immédiatement le 1/6 du prix. Si la caution n'est pas reçue, l'adjudication restera pour le compte de l'adjudicataire, à moins que celui-ci ne soit la caution du command. (Anc. cah. des ch. 7.)

21. *Adjudication. Réception. Coupes ordinaires et extraordinaires.* — Les cautions

et certificateurs de caution sont reçus du consentement du trésorier général ou de son fondé de pouvoir, et en présence du receveur des domaines pour les coupes de bois domaniaux, et du consentement du trésorier général pour les coupes extraordinaires des bois communaux et d'établissements publics, et du consentement des maires et receveurs municipaux et des administrateurs et receveurs des établissements publics pour les coupes ordinaires. (Cah. des ch. 9.)

22. *Coupes par unités de produits. Réception.* — Les cautions que l'adjudicataire est tenu de fournir seront reçues du consentement du receveur des domaines pour les coupes des bois domaniaux, et du consentement des maires et des receveurs municipaux, des administrateurs et receveurs des établissements publics pour les coupes des bois des communes et des établissements publics. (Cah. des ch. 6.)

23. *Acceptation.* — La réception des cautions et certificateurs de cautions est constatée par un acte dressé au secrétariat du lieu de l'adjudication et inscrit à la suite du procès-verbal d'adjudication. (Cah. des ch. 9.)

24. *Acceptation.* — La caution est reçue par le receveur des domaines pour les adjudications dont le prix est payable dans sa caisse.

25. *Acceptation.* — Si la contrainte par corps a été prononcée contre un délinquant pour amendes ou autres condamnations pécuniaires, la caution, fournie pour éviter l'emprisonnement, doit être admise par le receveur des finances, ou, en cas de contestation de sa part, elle peut être déclarée bonne et valable par le tribunal de l'arrondissement. (Cod. For. 212. Circ. N 149.)

26. *Maire.* — Le maire, en qualité de magistrat municipal, ne peut pas être caution.

27. *Maires.* — Les maires, en leur qualité de fonctionnaires, ne peuvent être cautions, au nom de la commune, pour avoir mainlevée de la saisie du troupeau commun. Ils ne peuvent être cautions qu'en leur propre et privé nom et de leurs deniers. (Grenoble, inédit, 25 avril 1840.)

28. *Travaux. Timbre. Enregistrement.* — Le certificat de caution doit être timbré et enregistré aux frais de l'entrepreneur, après l'approbation du marché. (Déc. Min. 1er décembre 1856 et 10 juillet 1857. Circ. A 759. Circ. N 22, art. 205.)

SECT. III. — SOLVABILITÉ. PAIEMENT. POURSUITE. GARANTIE.

29. *Solvabilité.* — La solvabilité d'une caution ne s'estime qu'eu égard à ses propriétés foncières, excepté en matière de commerce. (Cod. Civ. 2019.)

30. *Coupes. Solvabilité.* — Avant de se prononcer sur la solvabilité des cautions et des certificateurs de cautions, le président doit consulter le trésorier-payeur général. La responsabilité imposée à ce comptable lui donne le droit de les accepter ou de les refuser ; toute latitude lui est laissée à cet égard. (Circ. N 80, art. 46.)

31. *Saisie. Solvabilité.* — En cas de contestation sur la solvabilité de la caution, relativement à une saisie, il sera statué par le juge de paix. (Cod. For. 168.)

32. *Insolvabilité. Remplacement.* — Lorsque la caution est devenue insolvable, il doit en être donné une autre. (Cod. Civ. 2020.)

33. *Coupes par unités de produits. Insolvabilité.* — En cas d'insolvabilité des cautions, constatée par faillite ou autrement, toutes les sommes dues deviendront immédiatement exigibles, à moins que l'adjudicataire ne fasse agréer, par le receveur intéressé, une nouvelle caution. (Cod. Civ. art. 2020. Cah. des ch. 6.)

34. *Remplacement. Gage.* — Celui qui ne peut trouver une caution peut donner à sa place un gage de nantissement suffisant. (Cod. Civ. 2041.)

35. *Solidarité. Poursuites.* — La caution solidaire peut être poursuivie sans que le débiteur principal le soit. (Cod. Civ. 1200.)

36. *Responsabilité. Payement.* — La caution, pour un condamné qui veut éviter la contrainte par corps, devra payer dans le mois, à peine de poursuites. (Loi du 22 juillet 1867, art. 11.)

37. *Responsabilité. Poursuites.* — Lorsque la caution, reçue pour un condamné qui veut éviter la contrainte par corps, ne paye pas, on ne doit plus poursuivre le condamné, mais bien la caution, qui, par son acceptation, a libéré celui auquel elle s'est substituée. (Meaume.)

38. *Paiement. Poursuites.* — La caution n'est obligée de payer qu'à défaut du débiteur principal, qui doit être préalablement discuté dans ses biens, à moins qu'elle ne se soit engagée solidairement avec le débiteur. (Cod. Civ. 2021, 1203.)

39. *Faculté. Mise en cause.* — La caution qui requiert la discussion du débiteur principal doit en indiquer les biens. (Cod. Civ. 2023.)

40. *Subrogation. Droit.* — La caution qui a payé la dette est subrogée à tous les droits du créancier. (Cod. Civ. 2029.)

CAUTIONNEMENT.

SECT. I. — GÉNÉRALITÉS, COUPES, 1 — 4.

SECT. II. — TRAVAUX, 5 — 19.

SECT. I. — GÉNÉRALITÉS. COUPES.

1. *Définition.* — Acte par lequel s'engage la caution. Titre qui la garantit.

2. *Acte. Rédaction.* — Les employés des préfectures et sous-préfectures rédigent les minutes des procès-verbaux d'adjudication, ainsi que les actes de déclaration de command et de cautionnement. (Instr. 11 novembre 1818.)

3. *Adjudicataires. Paiement au comptant.* — Dans le cas de payement au comptant, les adjudicataires de coupes ne seront dispensés de donner une caution et un certificateur de caution qu'à la condition d'effectuer, dans le délai de cinq jours à partir de l'adjudication, le dépôt d'un cautionnement égal au vingtième du montant de l'adjudication et d'acquitter, indépendamment des frais, les droits relatifs à ce cautionnement. Toutefois, le cautionnement fourni par l'adjudicataire lui-même sera affranchi de la perception de tout droit, si l'acte qui le constate fait corps avec le procès-verbal d'adjudication. Il pourra être fait en numéraire, en rentes sur l'Etat et valeurs du Trésor au porteur ou en rentes sur l'Etat nominatives ou mixtes. (Cah. des ch. art. 8.)

4. *Travaux mis en charge sur les ventes. Dépôt. Remboursement.* — Dans le cas où les adjudicataires sont tenus, en vertu des clauses particulières, de verser en espèces, soit à titre de garantie ou de cautionnement, le montant de l'estimation des travaux imposés, ce versement doit être fait dans la caisse du receveur des finances. L'emploi ou la restitution des sommes ainsi versées ne doit avoir lieu que sur les procès-verbaux des agents constatant l'exécution des travaux et en vertu d'un mandat du préfet (Circ. A 149.)

SECT. II. — TRAVAUX.

5. *Adjudicataires. Dépôt.* — On ne doit obliger les adjudicataires de travaux à déposer un cautionnement, que lorsque le chiffre de la dépense à effectuer paraîtra nécessiter cette garantie. Les conservateurs jugent de l'opportunité d'imposer un cautionnement. Pour les travaux peu importants, la promesse de cautionnement est souvent suffisante.

Le cautionnement (effet ou espèces) est déposé entre les mains du receveur des finances. (Lettre de l'administration, 16 janvier 1851, n° 3122.)

6. *Versement.* — La caution pourra être remplacée, à la volonté du soumissionnaire, par un certificat du directeur de la caisse des dépôts et consignations ou de ses préposés constatant le versement, dans sa caisse, d'un cautionnement provisoire égal au trentième de l'estimation des travaux, déduction faite de toutes sommes à valoir pour cas imprévus, indemnités et ouvrages en régie. Le cautionnement pourra être fait en numéraire, en rentes sur l'Etat et valeurs du Trésor au porteur ou en rentes sur l'Etat nominatives ou mixtes.

Le cautionnement réalisé avant l'adjudication, à titre provisoire, servira de cautionnement définitif au soumissionnaire qui sera déclaré entrepreneur, et restera affecté à la garantie des engagements contractés par ce dernier jusqu'à la liquidation définitive des travaux. Après cette liquidation, il sera restitué à l'adjudicataire en vertu d'une mainlevée donnée par le conservateur. (Cah. des ch. 4.)

7. *Dépôt de titres. Formalités. Oppositions.* — Les cautionnements, quelle qu'en soit la nature, sont reçus par le directeur de la caisse des dépôts et consignations ou par ses préposés; ils sont soumis aux règlements spéciaux à cet établissement.

Les oppositions sur les cautionnements provisoires ou définitifs doivent avoir lieu entre les mains du comptable qui a reçu lesdits cautionnements. Toutes autres oppositions sont nulles ou non avenues.

Lorsque le cautionnement consiste en rente nominative, le titulaire de l'inscription de rente souscrit une déclaration d'affectation de la rente et donne à la caisse des dépôts et consignations un pouvoir irrévocable à l'effet de l'aliéner, s'il y a lieu.

L'affectation de la rente au cautionnement définitif est mentionnée au Grand-Livre de la Dette publique.

Les valeurs du Trésor, transmissibles par voie d'endossement, endossées en blanc, sont considérées comme valeurs au porteur.

La valeur en capital des rentes à affecter aux cautionnements est calculée : pour les cautionnements provisoires, au cours moyen du jour de la veille du dépôt; pour les cautionnements définitifs, au cours moyen du jour de l'approbation de l'adjudication.

Les bons du Trésor à l'échéance d'un an ou de moins d'un an sont acceptés pour le montant de leur valeur en capital et intérêts.

Les autres valeurs déposées pour cautionnement sont calculées d'après le dernier cours publié au *Journal officiel*. (Décr. 18 novembre 1882, art. 5, 6, 7 et 8. Circ. N 304.)

8. *Versement. Formalités.* — Le cautionnement en numéraire est versé à la caisse du trésorier-payeur général ou du receveur particulier des finances. Le récépissé sur timbre est annexé au procès-verbal d'adjudication et restitué à l'entrepreneur, après la réception définitive des travaux.

Le cautionnement immobilier se réalise par l'inscription prise au bureau des hypothèques, à la diligence du chef de service, sur la présentation de l'offre de cautionnement, signée par l'entrepreneur et du procès-verbal d'adjudication.

Dans tous les cas, il est délivré à l'entrepreneur, après la réception des travaux et le délai de garantie, un extrait du procès-verbal de la réception définitive, qui lui sert de décharge et à l'aide duquel il obtient soit la restitution du cautionnement mobilier, soit la radiation hypothécaire. (Circ. N 22, art. 191.)

9. *Récépissé. Soumission cachetée. Timbre.* — Les récépissés de cautionnement produits à l'appui des soumissions cachetées doivent être rédigés sur timbre, à peine de nullité. (Cah. des ch. 10.)

10. *Reprise. Remboursement.* — Si des soumissionnaires non admis ont déposé un cautionnement mobilier, le président de l'adjudication doit, avant de lever la séance, leur remettre l'autorisation nécessaire pour en opérer la reprise immédiate. (Circ. N 22, art. 192.)

11. *Restitution des cautionnements provisoires.* — La caisse des dépôts et consignations restitue les cautionnements provisoires, au vu de la mainlevée donnée par le fonctionnaire chargé de l'adjudication, ou d'office aussitôt après la réalisation du cautionnement définitif de l'adjudicataire. (Décr. du 18 novembre 1882, art. 10. Circ. N 304.)

12. *Restitution des cautionnements définitifs.* — Les cautionnements définitifs ne peuvent être restitués, en totalité ou en partie, qu'en vertu d'une mainlevée donnée par le ministre ou le fonctionnaire délégué à cet effet. (Décr. du 18 novembre 1882, art. 10. Circ. N 304.)

13. *Dépôt. Retrait. Remboursement.* — Les cautionnements dont le remboursement n'a pas été effectué par le Trésor, faute de productions ou de justifications suffisantes dans le délai d'un an, à compter de la cessation des fonctions du titulaire ou de la réception des fournitures et travaux, peuvent être versés, en capital et intérêt, à la caisse des dépôts et consignations, à la conservation des droits de qui il appartiendra. Ce versement libère définitivement le Trésor. (Décr. du 31 mai 1862, art. 144. Règl. du 26 décembre 1866, art. 146. Circ. N 104.)

14. *Remboursement par le Trésor.* — Lorsque des rentes ou valeurs affectées à un cautionnement définitif donnent lieu à un remboursement par le Trésor, la somme remboursée est touchée par la caisse des dépôts et consignations et cette somme demeure affectée au cautionnement jusqu'à due concurrence, à moins que le cautionnement ne soit reconstitué en valeurs semblables. (Décr. du 18 novembre 1882, art. 9. Circ. N 304.)

15. *Certificat. Timbre.* — Les certificats de cautionnement ou de solvabilité doivent, à peine de nullité, être rédigés sur papier timbré. (Cah. des ch. art. 10. Circ. Min. de l'Agric. 3 juillet 1886, n° 97.)

16. *Certificat de réalisation. Timbre. Exception.* — Si le certificat est délivré à titre de document de comptabilité, la contribution du timbre n'est pas exigible ; dans ce cas, le certificat doit être revêtu d'une mention indiquant l'usage auquel il est destiné. (Circ. Min. de l'Agric. 3 juillet 1886, n° 97.)

17. *Enregistrement. Droit gradué. Droit proportionnel. Minimum.* — Les actes de cautionnement pour les travaux domaniaux sont enregistrés au droit fixe de 5 francs pour les sommes de 1000 à 5000 francs ; de 10 fr., pour les sommes de 5000 à 10000 francs ; de 20 francs pour les sommes de 10000 à 20000 francs, et de 20 francs, pour chaque somme ou valeur de 20000 francs ou fraction de 20000 francs. Le taux est calculé sur le prix exprimé ou par l'évaluation des objets. Il n'est perçu que le droit de 0 fr. 50 p. 0/0 du cautionnement, lorsque ce droit ne s'élève pas à 5 francs en principal ; le minimum de la perception est de 0 fr. 25. (Loi du 28 février 1872, art. 1 et 2. Circ. N 132. Circ. N 202.)

18. *Timbre. Enregistrement.* — L'acte de cautionnement doit toujours être timbré et enregistré. (Arrêt Min. 1er décembre 1856. Circ. A 757.)

19. *Timbre. Enregistrement.* — Les frais de timbre et d'enregistrement de l'acte de cautionnement sont à la charge de l'entrepreneur. (Cah. des ch. 20.)

CAYOLAR.

Définition. — Espèce de propriété existant dans les Basses-Pyrénées (arrondissement de Mauléon) et consistant en une cabane de berger, un parc pour les moutons, un droit de pâturage et un droit de prendre du bois pour l'entretien de la cabane, du parc, pour le chauffage et la cuisson des aliments.

La prescription acquisitive peut s'appliquer à ce genre de propriété. (Cass. 10 avril 1877.)

CÈDRE.

Classification. — Cet arbre, étant peu répandu dans les forêts, en France, n'a pas été compris dans la nomenclature de l'article 192 du code forestier, et la jurisprudence n'a pas encore eu à décider s'il doit entrer dans la catégorie des pins, sapins et mélèzes, considérés comme genres. En Algérie, cet arbre constitue des massifs assez importants.

CENDRES.

Enlèvement. — L'enlèvement des cendres restant sur les places à charbon est un délit. V. Fraisil. Enlèvement.

CENS.

Définition. — Redevance annuelle, féodale ou non.

CENSE.

Définition. — Propriété chargée ou grevée de cens.

CENTIMES.

1. *Comptabilité.* — On tient compte des centimes dans l'allocation du douzième du traitement; mais les fractions de centimes se négligent. Chaque fraction de centime est complétée par un centime entier au profit du Trésor. (Règl. du 26 décembre 1866, art. 63. Circ. N 104.)

2. *Retenue. Retraites.* — On doit toujours forcer les centimes pour la caisse des retraites, quel que soit le chiffre des millimes.

CENTIMES ADDITIONNELS.

1. *Bois domaniaux.* — Les forêts et bois de l'Etat acquittent les centimes additionnels ordinaires et extraordinaires affectés aux dépenses des communes dans la même proportion que les propriétés privées. (Loi du 5 avril 1884, art. 144.)

2. *Départementaux.* — Au mois de janvier, le conservateur reçoit l'état du montant des centimes départementaux (pour les forêts domaniales), fourni par le directeur des contributions directes, ainsi que les avertissements remis aux agents, qui doivent s'assurer que les forêts domaniales ne sont pas trop imposées. V. Impôt.

3. *Recette ordinaire. Exercice.* — Une coupe de bois, bien qu'elle n'ait lieu que tous les deux ans, constitue une recette ordinaire qui doit être comptée en totalité dans l'année où elle est réalisée, pour déterminer s'il y a lieu de percevoir des centimes additionnels spéciaux. (Cons. d'Etat, 30 mai 1884.)

4. *Dépenses d'amélioration. Travaux.* — Une commune ne peut recourir à une imposition extraordinaire de centimes additionnels, pour le payement des dépenses relatives aux bois communaux indiquées dans l'article 106 du code forestier, qu'en cas d'insuffisance du produit des coupes pour faire face à ces dépenses. (Cons. d'État, 20 décembre 1886.)

CERCLES MILITAIRES.

Admission. — Les agents forestiers sont admis dans les cercles militaires, en qualité d'officiers de réserve et de l'armée territoriale. (Décr. des 12 juillet 1886 et 18 novembre 1890.)

CÉRÉMONIE PUBLIQUE.

1. *Invitations.* — Les archevêques et évêques dans la ville de leur résidence, les curés et desservants dans leur paroisse respective, adresseront des invitations aux fonctionnaires et aux corps qui doivent assister aux cérémonies. (Déc. Min. 18 juillet 1814, 17 septembre 1830 et 29 septembre 1852.)

2. *Réunion. Invités.* — Les autorités appelées aux cérémonies publiques se réuniront chez la personne qui doit y occuper le premier rang. (Décr. du 24 messidor an XII, section III, art. 7.)

3. *Commencement. Sortie.* — La cérémonie ne commencera que lorsque l'autorité qui occupera la première place aura pris séance. Cette autorité se retirera la première. (Décr. du 24 messidor an XII, art. 12.)

4. *Places.* — Il y aura dans les cathédrales et paroisses une place distinguée pour les individus catholiques qui remplissent les autorités civiles. (Loi du 18 germinal an X.) V. Préséance.

5. *Dispositions. Préséance.* — L'autorité ecclésiastique qui a la police et la surveillance des églises déterminera les places qui seront assignées, dans la cérémonie religieuse, aux différentes autorités, en se conformant au décret du 24 messidor an XII.

6. *Places. Eglises. Chœur. Nef.* — Dans les cérémonies publiques, les généraux de division, les premiers présidents de cours d'appel et les archevêques seront placés à droite ; les préfets, les présidents de cours criminelles, les généraux de brigade, les évêques seront placés à gauche ; le reste du cortège sera placé en arrière. Lorsqu'il y aura impossibilité de placer dans le chœur de l'église la totalité des membres des corps invités, les membres se placeront dans la nef et dans un ordre analogue à celui des chefs. Néanmoins, il sera réservé, de concert avec les évêques et curés et les autorités civiles et militaires, le plus de stalles qu'il sera possible ; elles seront destinées de préférence aux présidents et procureurs, aux principaux officiers de l'état-major, à l'officier supérieur de gendarmerie, au doyen et aux membres du

conseil de préfecture. (Décr. du 24 messidor an XII, section IV, art. 9, 10 et 11.)

CERF.

1. *Classification.* — Les cerfs ne sont pas des animaux nuisibles dans le sens de l'arrêté du 19 pluviôse an V, et les préfets ne peuvent prendre des arrêtés prescrivant des battues pour leur destruction. (Cons. d'Etat, 1er avril 1881.)

2. *Chasse à courre. Chasse à tir. Cerf tué. Contravention. Auteur du délit. Complicité.* — Lorsque, conformément aux prévisions de l'article 15 du cahier des charges, le droit de chasse à courre et le droit de chasse à tir ont été loués séparément dans une forêt domaniale, le fait de tuer un cerf dans une chasse à tir constitue une contravention audit cahier des charges, en même temps que le délit prévu par l'article 1er, § 2, de la loi du 3 mai 1844 (chasse sur le terrain d'autrui sans le consentement du propriétaire ou de ses ayants droit) ; il tombe donc sous l'application des dispositions répressives de l'article 11, 2o et 5o, de la même loi.

Si le corps du cerf est trouvé dans un hangar dépendant d'une maison qui sert de rendez-vous de chasse à l'adjudicataire du droit de chasse à tir et si ce dernier, tout en reconnaissant que l'animal a été tué dans la forêt de l'Etat par un de ses invités, refuse de désigner cet invité, il doit être lui-même condamné comme complice par recel de la double infraction dont l'auteur principal reste inconnu. (Paris, 15 juin 1891.)

3. *Poursuite. Passage. Délit.* — Commettent le délit de chasse sur le terrain d'autrui sans autorisation, les chasseurs qui, au cours d'une chasse à courre ayant pour objet la poursuite d'un cerf, ont traversé la propriété d'autrui, si le cerf était alors loin d'être sur ses fins et n'a été atteint qu'à une certaine distance de ce terrain. (Poitiers, 7 août 1889.)

4. *Dommage. Responsabilité. Conditions.* — Le propriétaire ou locataire d'une forêt est responsable du dommage causé aux propriétés voisines par les cerfs et biches peuplant la forêt, lorsqu'il a fait rigoureusement défendre la chasse de la forêt, qu'il s'est opposé à toute destruction des cerfs et biches et en a ainsi favorisé la multiplication. (Cass. 14 février 1882.)

5. *Dommage. Multiplication. Responsabilité.* — Le locataire d'une chasse, qui a exercé une protection constante et rigoureuse, par tous les moyens en son pouvoir, pour arriver à la conservation et à la multiplication du gros gibier et notamment des cerfs et biches, est responsable du dommage causé par ces animaux aux propriétés voisines, alors même que, dans les deux années qui ont précédé le procès, il avait fait quelques battues dans lesquelles quelques animaux auraient été tués, si les moyens employés n'ont pas été suffisants pour arriver à la destruction des cerfs et des biches dont le nombre est toujours considérable.

Il appartient aux tribunaux de constater souverainement les faits qui motivent la responsabilité. (Cass. 24 avril 1883.)

6. *Responsabilité. Dommage.* — Le locataire d'une chasse dans un bois n'est pas responsable de plein droit du dommage causé aux propriétés voisines par le grand gibier, cerfs, biches, etc., qui l'habite ou s'y rassemble ; il ne peut être recherché à cet égard que s'il y a de sa part faute, négligence ou imprudence dans les termes des articles 1382 et 1388 du code civil. (Cass. 15 janvier 1872.)

7. *Lancé. Poursuite.* — Lorsqu'un cerf, lancé par le propriétaire d'une chasse à courre, n'a pas cessé d'être poursuivi par sa meute, même sur un terrain neutre, ce fait constitue une prise de possession par occupation.

En conséquence, nul n'a le droit de tuer l'animal ainsi poursuivi, en s'embusquant sur le terrain neutre.

Dans ces circonstances, loin de pouvoir obtenir des dommages-intérêts du propriétaire de la chasse, dont le piqueur a repris possession de l'animal, ceux qui l'ont tué sont, au contraire, passibles de dommages-intérêts envers le locataire de la chasse. (Justice de paix du canton nord de Dourdan (Seine-et-Oise), 22 février 1883.)

CERISIER.

Classification. — Arbre fruitier de 1re classe. (Cod. For. 192.)

CERISE.

Tolérance. — Fruit du cerisier. Son enlèvement, en général toléré, peut être poursuivi comme délictueux. V. Fruit. Enlèvement.

CERNER.

Délit. Pénalité. — Le fait de cerner un arbre, c'est-à-dire d'enlever un anneau d'écorce ayant pour résultat de faire périr l'arbre, est délictueux.

Sa pénalité est la même que celle de la coupe de l'arbre. V. Ecorcement. Arbre.

CERTIFICAT.

1. *Capacité.* — Le certificat de capacité sera délivré : pour les travaux de route, par un agent forestier chef de service, par un ingénieur des ponts et chaussées ou par un agent voyer en chef ; pour les travaux de construction, par un agent forestier chef de service, un ingénieur des ponts et chaussées,

un officier supérieur du génie ou un architecte; pour les travaux forestiers proprement dits, par un agent forestier chef de service.

Le certificat de capacité ne devra pas avoir plus de trois ans de date, au moment de l'adjudication. Il y sera fait mention de la manière dont les soumissionnaires ont rempli leurs engagements, soit envers l'administration, soit envers les tiers, soit envers les ouvriers, dans les travaux qu'ils ont exécutés ou surveillés. Ces travaux devront avoir été faits dans les dix dernières années.

Les certificats de capacité seront présentés, cinq jours au moins avant l'adjudication, à l'inspecteur des forêts, qui devra les viser à titre de communication. (Cah. des ch. 3.)

2. *Timbre.* — Les certificats de capacité doivent être rédigés sur papier timbré, à peine de nullité. (Cah. des ch. 10.)

3. *Travaux.* — Les soumissionnaires de travaux ne doivent pas fournir de certificats de capacité, pour les travaux d'entretien d'une valeur inférieure à 500 francs, pour fourniture de matériaux, curage ou ouverture de fossés. (Cah. des ch. 2.)

4. *Certificat de vie. Pension.* — Les certificats de vie délivrés par un notaire, à produire pour le payement de pension (Ord. 6 juin 1839 et loi du 15 mai 1818), doivent être sur papier timbré. Il est dû au notaire, pour leur délivrance, pour chaque trimestre à percevoir :

De 600 fr. et au-dessus......	0 f.	50 c.
De 600 à 301 fr............	0	35
De 300 à 101 fr............	0	25
De 100 à 50 fr.............	0	20
Au-dessous de 50 fr.........	0	00

(Décr. du 9 novembre 1853, art. 46. Circ. N 81, art. 117.)

5. *Pension. Infirmités.* — Les certificats pour constatation d'infirmité ou d'accident et destinés à demander ou à faire valoir des droits à la retraite doivent en général être légalisés, en ce qui concerne les signatures, parce que ces pièces sortent en général du ressort de ceux qui les ont délivrées.

6. *Complaisance. Pénalité. Faux.* — Tout médecin, chirurgien ou officier de santé qui, mû par don et promesse et pour favoriser quelqu'un, certifiera faussement des maladies, une infirmité propre à dispenser d'un service public, et celui qui se sera fait délivrer ce faux certificat au moyen de don et promesse encourront, savoir :

Pénalité. *Prison :* 1 an à 4 ans.
Facultatif : privation des droits civils, civiques et de famille pendant 5 à 10 ans. (Cod. Pén. 160.)

Pour usage de faux certificat.

Amende : 100 à 3000 francs et jusqu'au quart du bénéfice du faux. (Cod. Pén. 164.)

7. *Faux. Pénalité.* — Les faux certificats de toute nature et d'où il pourrait résulter, soit lésion envers les tiers, soit préjudice envers le Trésor public, seront punis, selon qu'il y aura lieu, comme faux en écriture privée ou publique, si la loi n'a pas prévu le cas spécial. (Cod. Pén. 162.)

8. *Preuve. Instance.* — Les certificats, n'étant que de simples témoignages dépourvus de la solennité des débats, ne peuvent pas servir à combattre un procès-verbal faisant foi jusqu'à preuve contraire. (Cass. 20 juin 1828.)

CERTIFICATEUR DE CAUTION.

1. *Définition.* — Celui qui se rend caution d'une caution envers le débiteur principal. V. Caution. Paiement.

2. *Présentation. Délai.* — Le certificateur, comme la caution, doit être présenté dans le délai de cinq jours. (Cod. For. 24. Cah. des ch. 8.)

3. *Vente. Bois façonné. Bois communal.* — L'obligation de présenter un certificateur de caution, pour les lots de 500 francs et au-dessous, ne sera imposée que si le receveur de la commune ou de l'établissement public l'exige. (Circ. N 102.)

4. *Solvabilité. Acceptation.* — Le receveur du prix des coupes est libre d'accepter ou de refuser le certificateur de caution. (Circ. N 80, art. 46.)

5. *Enregistrement.* — Les frais de certificateur de caution sont de 3 fr. en principal. (Loi du 28 février 1872.)

6. *Solidarité. Poursuite.* — Le certificateur de caution solidaire peut être poursuivi pour la totalité de la dette, sans que le débiteur principal soit poursuivi. (Cod. Civ. 1200.)

CESSATION DE FONCTION. V. Fonction.

CESSATION DE POURSUITE.

1. *Ministère public.* — La cessation de poursuite accordée par le ministre ne fait pas obstacle au droit de poursuite par le ministère public. (Puton.)

2. *Demandes.* — Il n'y a plus de demande de cessation de poursuite depuis qu'on peut transiger avant les poursuites, excepté cependant pour les adjudicataires ou entrepreneurs de coupes, pour tous les délits qui donnent lieu à des condamnations dépassant 500 francs (Circ N 262) et les délits de droit commun, pour lesquels l'administration ne peut pas transiger. V. Remise de condamnation. Transaction.

3. *Délit de droit commun.* — Pour les délits de droit commun, qui ne sont pas susceptibles de transaction par l'administration, on peut adresser au ministre une demande

en cessation de poursuite qu'il a le droit d'accorder. (Déc. Min. 31 août 1852.)

CESSATION DE SERVICE. V. Service forestier.

CESSIBILITÉ.

Arrêté du préfet. Formalités. — Après les publications faisant connaître le dépôt à la mairie des plans des terrains dont la cession paraît nécessaire à l'exécution des travaux d'utilité publique, une commission, présidée par le sous-préfet, comprenant quatre membres du conseil général ou du conseil d'arrondissement, du maire de la commune et de l'un des ingénieurs chargé de l'exécution des travaux, se réunira à la sous-préfecture dans un délai de huitaine. Cette commission, qui ne peut délibérer valablement qu'autant que cinq membres sont présents, reçoit pendant huit jours les observations des propriétaires. Les opérations doivent être terminées dans le délai de dix jours; après quoi, le procès-verbal est transmis par le sous-préfet au préfet. S'il y a des changements, le procès-verbal et les pièces restent déposés huit jours à la sous-préfecture, où les parties intéressées peuvent en prendre connaissance.

Sur le vu du procès-verbal et des documents y annexés, le préfet détermine, par un arrêté motivé, les propriétés qui doivent être cédées pour l'exécution des travaux et l'époque à laquelle il sera nécessaire d'en prendre possession. (Loi du 3 mai 1841, titre II. Mesures d'administration relatives à l'expropriation.)

CESSION.

SECT. I. — TERRAIN, 1 — 16.

SECT. II. — COUPES, 17 — 18.

SECT. I. — TERRAIN.

1. *Définition.* — Acte par lequel on cède à autrui soit une chose, soit un droit.

2. *Immeubles.* — Les cessions gratuites d'immeubles à l'Etat sont instruites, auorisées et réalisées dans la même forme que les acquisitions faites à titre onéreux. (Circ. N 6.)

3. *Prise de possession.* — Toute portion de terrain domanial, jugée nécessaire pour l'ouverture ou le redressement d'une route départementale ou d'un chemin vicinal, est cessible, sauf indemnité préalable. La prise de possession ne doit avoir lieu qu'après que la cession a été consentie, ou que l'expropriation a été prononcée. (Circ. A 686.)

4. *Décision. Route. Chemin.* — Les préfets statuent, en conseil de préfecture et sur la proposition du conservateur, sur les cessions des terrains domaniaux compris dans les tracés de routes nationales, départementales et de chemins vicinaux. (Décr. 25 mars 1852.)

En cas de désaccord avec le conservateur, il en est référé à l'administration par un rapport spécial, avec pièces à l'appui. (Circ. A 686. Circ. N 59.)

5. *Bois domaniaux. Route.* — Les cessions de terrain domanial pour les routes, qui seront désormais autorisées par le préfet, ne doivent avoir pour objet que des terrains dont la cessibilité, pour cause d'utilité publique, est établie de la manière suivante :

Pour les routes départementales :

1° Par un acte du gouvernement, qui autorise les travaux; 2° un plan du tracé définitif; 3° un arrêté du préfet portant désignation du terrain qui doit être cédé et indication de l'époque à laquelle il sera nécessaire d'en prendre possession. (Loi du 3 mai 1841, art. 2 et 11. Circ. A 686.)

Pour les chemins vicinaux:

1° Par un arrêté du préfet, qui autorise les travaux ; 2° un plan approuvé du tracé et des terrains à céder. (Loi du 21 mai 1836, art. 16. Circ. A 686.)

6. *Indemnité.* — Il est procédé, pour la fixation de l'indemnité due à l'Etat, à une estimation contradictoire de la valeur du sol. On ne perdra pas de vue que, si l'exécution des travaux doit procurer une augmentation de valeur immédiate et spéciale à la forêt, cette augmentation doit être prise en considération dans l'évaluation du montant de l'indemnité. (Loi du 3 mai 1841, art. 51. Circ. A 686.)

7. *Expert.* — Le conservateur doit se concerter avec le directeur des domaines pour le choix de l'agent appelé à concourir à l'estimation et pour les propositions à présenter, d'après les résultats de l'estimation, relativement à la cession projetée, au chiffre de l'indemnité et aux conditions à imposer. (Circ. A 686. Circ. N 59.)

8. *Cession amiable. Travaux publics.* — Les cessions amiables de terrains domaniaux, pour les travaux publics exécutés par les compagnies, sont autorisées par le ministre. (Loi du 3 mai 1841. Déc. Min. 10 juillet 1855. Circ. N 59.) V. Travaux. Marché.

9. *Route. Bois.* — Les bois existant sur des terrains cédés pour une route sont toujours réservés à l'Etat. (Circ. N 59, art. 51.)

10. *Contrat.* — Les contrats de cession pour travaux, routes et chemins, sont passés dans la forme des actes administratifs, avec le concours d'un agent forestier désigné par le conservateur et d'un agent des domaines. (Loi du 3 mai 1841. Circ. N 59.)

11. *Contrat. Timbre.* — Les actes de cession amiable de terrains pour les travaux publics sont visés pour timbre et enregistrés gratis. (Loi du 3 mai 1841, art. 13.)

12. *Contrat. Hypothèque.* — Le contrat de cession à l'Etat est enregistré et transcrit gratis au bureau des hypothèques. (Loi du 23 mars 1855. Circ. N 6.)

13. *Copie administrative. Hypothèque.* — Immédiatement après la transcription, les conservateurs des forêts adressent à l'administration une copie du contrat, avec un certificat du conservateur des hypothèques établissant la situation hypothécaire des immeubles cédés à l'Etat. (Circ. N 6.)

14. *Terrain. Bois. Cession amiable.* — Les bois existant sur des terrains domaniaux cédés à l'amiable ne doivent être exploités qu'après la passation des contrats de cession et le payement des indemnités, s'il en est dû à l'Etat. (Circ. N 59, art. 29.)

15. *Restauration des terrains. Mineurs. Immeubles dotaux. Autorisation.* — Les biens de mineurs, d'interdits, d'absents ou autres incapables, désignés dans l'arrêté préfectoral de cessibilité pour travaux d'utilité publique, peuvent être cédés amiablement par les tuteurs, par ceux qui ont été envoyés en possession provisoire et tous représentants des incapables, après autorisation du tribunal donnée sur simple requête, en la chambre du conseil, le ministère public entendu. Il en est de même des immeubles dotaux et des majorats. (Loi du 3 mai 1841, art. 13.)

C'est aux intéressés qu'incombe en principe l'obligation de requérir l'autorisation du tribunal. Toutefois, comme les frais de procédure doivent être supportés par le Trésor, l'administration des forêts peut utilement prendre l'initiative des démarches. Dans ce but, le conservateur propose au préfet la désignation d'un avoué pour présenter requête et en suivre l'effet devant le tribunal compétent. (Instr. Gén. 2 février 1885, art. 37. Circ. N 345.)

16. *Restauration des montagnes. Cessions amiables.* — Aussitôt que le montant des offres est approuvé, les agents forestiers se mettent en relation avec les propriétaires pour traiter amiablement.

Les propositions faites à ceux-ci doivent toujours être verbales; elles peuvent être supérieures aux offres légales, s'il y a lieu, tout en restant inférieures ou au plus égales au chiffre adopté par l'administration pour les offres amiables. Toute latitude est laissée aux agents pour traiter dans ces limites.

Si l'accord s'établit, l'adhésion des propriétaires est immédiatement constatée par écrit et le bulletin de cession est libellé en double et sur une feuille visée pour timbre. L'un des doubles est remis, séance tenante, au propriétaire; l'autre est provisoirement conservé dans les archives du conservateur, après enregistrement.

Dans ce bulletin de cession, le vendeur déclare accepter pour limites de sa propriété les lignes figurées et cotées au plan parcellaire et qui sont ou seront déterminées sur le terrain par un bornage amiable que l'administration fera établir à ses frais. (Instr. Gén. 2 février 1885, art. 34. Circ. N 345.)

SECT. II. — COUPES.

17. *Principes.* — L'administration n'intervient pas dans les cessions de coupes par les adjudicataires. (Circ. A 186.)

18. *Responsabilité.* — Les cessions faites par les adjudicataires, envers des tierces personnes, ne les déchargent pas de leur responsabilité et ne dérogent en rien aux privilèges du vendeur sur les bois de la coupe. (Cass. 27 juin 1836.)

CHABLIS.

SECT. I. — RECONNAISSANCE. FORMALITÉS. DÉLIT.

1. *Définition.* — Arbres déracinés ou rompus par les vents, la neige ou le givre.

2. *Classification.* — Les chablis ne sont pas compris dans le bois sec et gisant. (Cass. 7 mars 1829.) V. Bris de réserve.

3. *Bois mort.* — Les chablis ne peuvent être considérés comme bois sec et mort. Cependant, si le propriétaire les néglige et qu'ils soient complètement secs et non façonnés, les usagers au bois mort pourraient les enlever.

4. *Chandeliers.* — Les chandeliers, de même que les volis, doivent être considérés comme chablis, et leur vente et leur exploitation sont autorisées comme pour les chablis. (Déc. Min. 7 août 1858. Circ. A 770.)

5. *Reconnaissance.* — Les gardes doivent mentionner sur leurs registres les chablis qu'ils auront reconnus et en donner, sans délai, avis à leur chef immédiat. (Ord. 26.)

6. *Constatation. Délai. Marque.* — Les gardes constateront le nombre, l'essence et la grosseur des arbres abattus ou rompus par les vents, les orages ou tous autres accidents ; ils en dresseront des procès-verbaux qu'ils remettront à leur chef immédiat, dans les dix jours de la rédaction, en indiquant, dans la colonne d'observation, le nombre des chablis et celui des chandeliers. Ils doivent inscrire ces procès-verbaux sur leur livret.

La reconnaissance de ces chablis sera faite sans délai par un agent forestier, qui les marquera de son marteau. (Ord. 101, 134. Form. série 5, n° 2.)

7. *Abandon.* — Il est interdit aux agents d'abandonner les chablis à des préposés ou à des ouvriers. (Circ. A 339.) Défense aux gardes d'en disposer.

8. *Procès-verbal. Timbre. Enregistrement.* — Les procès-verbaux de reconnaissance et d'estimation des chablis sont exempts de timbre et d'enregistrement. (Décis. Min. 28 juin 1822.)

9. *Marque.* — L'apposition du marteau du garde sur les chablis et volis est une présomption qu'au moment de leur chute ces arbres étaient encore verts et pouvaient servir de bois d'œuvre. (Orléans, 31 juillet 1848.)

10. *Marque. Quille. Chandelier.* — Les chablis ont deux parties, la *quille* ou *chandelier*, resté debout et adhérent au sol, et le *volis*, renversé et cassé. La partie adhérente au sol doit, en cas de vente, être marquée du marteau de l'Etat, par le chef de cantonnement, assisté du brigadier. La partie détachée est marquée du marteau du chef de cantonnement. (Décis. de l'Adm. 2 septembre 1858.)

11. *Usufruit.* — Les chablis ne peuvent être considérés comme des fruits du fonds soumis à l'usufruit, et, par conséquent, ils appartiennent au nu-propriétaire et non pas à l'usufruitier, quand bien même le précédent propriétaire eût été dans l'usage d'imputer annuellement, sur son revenu, les chablis de l'année. (Nancy, 7 avril 1869.)

12. *Fruit. Revenu annuel. Attribution.* — Bien que les chablis, c'est-à-dire les arbres déracinés ou rompus par accident, ne doivent pas, en général, être considérés comme des *fruits* proprement dits, ils peuvent au moins être envisagés, dans certaines circonstances, comme des revenus annuels et appartenant, dès lors, à celui auquel les revenus sont attribués. (Cass. 21 août 1871.)

13. *Attribution. Usufruit.* — Si les chablis proviennent du taillis, ils doivent appartenir à l'usufruitier, et, s'ils proviennent de la futaie, au nu-propriétaire. (Proudhon.)

14. *Enlèvement.* — L'enlèvement des chablis, dans les forêts en général, est puni des mêmes amendes et restitutions que la coupe de l'arbre sur pied. (Cod. For. 197.) V. Arbre.

15. *Pénalités. Conclusion.* — L'amende se calcule d'après la circonférence de l'arbre et les circonstances de l'enlèvement, nuit, récidive, scie, etc. (Cod. For. 192, 197, 198.) L'emprisonnement, n'étant pas compris dans la peine édictée par l'article 197 du code forestier, ne doit pas être prononcé.

16. *Façonnage.* — La loi ne punit que le fait d'enlèvement de chablis. Cependant, si le chablis a été façonné et dénaturé, l'article 197 du code forestier est applicable, parce que l'enlèvement est considéré comme commencé. (Cass. 24 septembre 1829.)

On pourrait, d'ailleurs, poursuivre les délinquants pour port d'instruments tranchants hors des routes et chemins.

SECT. II. — COUPE ET EXPLOITATION.

§ 1. *Produits.*

17. *Estimation. Produits accidentels.* — Les chablis seront considérés comme produits accidentels, lorsqu'ils ne donneront pas lieu à un précomptage sur la possibilité. (Circ. N 80, art. 65.)

18. *Frais de régie.* — Dans les forêts communales et d'établissements publics, les chablis non précomptés sont exempts de la taxe de frais de régie. (Circ. N 417.)

§ 2. *Vente.*

19. *Bois morts et dépérissants. Réunion de lots.* — Quand les produits provenant de l'exploitation des chablis et des bois morts ou dépérissants sont naturellement disposés pour être vendus ensemble, il n'y a plus intérêt à faire des lots spéciaux. On doit les réunir

ensemble, de manière à éviter une double adjudication et une confusion résultant de la présence simultanée de deux adjudicataires sur le même point de la forêt. (Circ. N 417.)

20. *Vente. Exploitation.* — Les conservateurs autorisent la vente, l'exploitation et la délivrance des chablis. (Ord. 102.)

21. *Adjudication.* — Les conservateurs autoriseront et feront effectuer les adjudications de chablis. (Ord. 102, 134.)

22. *Vente.* — Les chablis non délivrés doivent être vendus avec le concours des agents forestiers. (Ord. 23 juin 1830, 3 octobre 1841.)

23. *Adjudication.* — Les inspecteurs et agents chefs de service provoquent la vente des chablis. (Instr. 23 mars 1821.)

24. *Responsabilité. Réserve. Ouïe de la cognée.* — L'adjudicataire d'une coupe de chablis est responsable des délits commis à l'ouïe de la cognée de chacun des arbres vendus.

Les arbres indûment coupés dans ces limites sont des arbres de réserve, et l'article 34 du code forestier est applicable. (Cass. 14 janvier 1888.)

25. *Condition de la vente.* — L'inspecteur fixe le délai de vidange des chablis, dans les conditions de la vente, et le réduit au temps strictement nécessaire, sauf à accorder des lieux de dépôt au bord des routes ou sur les lisières des forêts. (Instr. 23 mars 1821.)

26. *Adjudication. Lieux de vente.* — Les chablis des forêts domaniales et communales, quelle qu'en soit la valeur, pourront, par exception à l'article 86 de l'ordonnance, être adjugés au chef-lieu de canton ou dans les communes voisines ou propriétaires des forêts. (Ord. 20 mai 1837 et 15 sept. 1838. Circ. N 80, art. 83 et 84.)

27. *Exploitation par entreprise.* — L'entrepreneur sera tenu de façonner et d'empiler, sur la réquisition du chef de cantonnement, les chablis existant dans la coupe et à l'ouïe de la cognée. (Anc. cah. des ch. 27.)

28. *Adjudication. Frais.* — L'adjudicataire paiera, dans les cinq jours, indépendamment des droits proportionnels d'enregistrement et, s'il y a lieu, des droits de caution et de certificateur de caution ;

Pour les produits des bois de l'Etat :

1.60 p. 0/0 du montant de l'adjudication, comprenant le prix principal et la valeur des charges. (Circ. N 283.)

Pour les produits des bois des communes et établissements publics :

Les droits fixes de timbre.

29. *Recouvrement.* — Le prix de vente des chablis est encaissé :

1° Pour les forêts domaniales, par les receveurs des domaines, quand les produits ne sont pas précomptés ; par les trésoriers-payeurs généraux, en cas de précomptage ;

2° Pour les forêts communales et d'établissements publics, par les receveurs municipaux. (Circ. N 417.)

§ 3. *Délivrance.*

30. *Affouage.* — Les chablis peuvent être distribués en affouage. (Déc. Min. 11 octobre 1833.)

31. *Emploi. Bois communaux.* — Pour disposer des chablis, il faut consulter la commune, afin que le conseil municipal puisse faire connaître s'il demande la vente ou la délivrance de ces bois. (Déc. Min. 11 octobre 1833.)

32. *Bois communaux. Vente.* — Nonobstant la délibération du conseil municipal autorisant la délivrance gratuite des chablis, le préfet peut en ordonner la vente au profit de la caisse communale, surtout lorsqu'il s'agit de chablis existant en dehors de la possibilité annuelle. (Cons. d'Etat, 12 avril 1878.)

33. *Bois communaux. Exploitation.* — En ce qui concerne le mode d'exploitation, il y aura lieu, soit de délivrer les chablis en nature, soit de les vendre, selon la *demande* qu'en feront les *conseils municipaux*. (Déc. Min. 11 octobre 1833.)

34. *Délivrance. Bois communaux. Affouage.* — La délivrance des chablis en nature est autorisée par le conservateur, selon la demande. (Déc. Min. 11 octobre 1833.) Les chablis servent ainsi de supplément d'affouage, et les maires en ont la libre disposition, après la délivrance qui leur en est faite par les agents forestiers et acceptée par eux, sur un procès-verbal en double. Si la délivrance est importante, le maire désigne un entrepreneur responsable, comme pour une coupe.

35. *Bois communaux. Délivrance. Formalités.* — En cas de délivrance en nature, un état détaillé des chablis devra être dressé en double et signé par le maire et l'agent forestier local. (Déc. Min. 11 octobre 1833.) Le maire constate son reçu sur un des doubles, qui est renvoyé à l'inspecteur. (Déc. Min. 3 décembre 1845.)

Il est bon d'indiquer sur le procès-verbal des chablis laissé entre les mains du maire, comme titre de la delivrance, à quel titre et dans quel but cette délivrance est faite.

CHAINAGE.

1. *Exécution.* — Les chaînages doivent être faits sur des lignes jalonnées, surtout lorsque les lignes ont plus de 50 mètres, et sans interruption d'une extrémité à l'autre de la ligne, en cotant au passage tous les points à lever, fossés, chemins, etc.

Les chaînages doivent être faits horizontalement ; dans les fortes pentes, il faut chaîner plutôt en descendant qu'en montant, et de 5 en 5 mètres ;

Les fiches doivent être plantées bien perpendiculairement. (Instr. 15 octobre 1860, art. 4, 5, 6 et 7.)

2. *Tolérances.* — Les tolérances accordées pour le mesurage direct des lignes, par rapport aux longueurs données par la triangulation, sont de : un pour cent pour les lignes au-dessous de cent mètres (de 0 à 100 mètres) ;

Un mètre, pour les lignes de 100 à 500 mètres.

Deux décimètres par 100 mètres (0.20 p. 0/0), pour les lignes ayant plus de 500 mètres. (Instr. 15 octobre 1860, art. 10.)

3. *Cotes.* — Les cotes de longueur sont inscrites dans le sens de la marche de l'opération et perpendiculairement aux directrices, sans rature ni surcharge. (Instr. 15 octobre 1860, art. 32 et 39.)

CHAINE.

1. *Agent.* — Les agents doivent être pourvus à leurs frais d'une chaîne. (Instr. 15 octobre 1860, art. 305.) V. Instrument.

2. *Construction. Forme.* — Le décamètre en forme de chaîne devra avoir des chaînons d'une force suffisante et de la longueur de deux ou de cinq décimètres. Les anneaux à chaque mètre seront exécutés avec un métal d'une couleur différente de celui employé pour les autres anneaux. (Ord. 16 juin 1839.)

3. *Arpentage.* — On ne pourra employer que la chaîne divisée de deux en deux décimètres, avec fiches en fer, ou la chaîne-ruban. La chaîne doit être de dix mètres et fréquemment vérifiée et rectifiée. (Instr. 15 octobre 1860, art. 3.)

4. *Triangulation.* — Les bases et les côtés des polygones faisant directement partie de la triangulation seront mesurés avec la chaîne-ruban. (Instr. 15 octobre 1860, art. 64.)

5. *Vérification.* — Les chefs de service doivent vérifier, au moment des arpentages et lors des aménagements et délimitations, la longueur des chaînes employées par les agents sous leurs ordres. (Instr. 15 octobre 1860, art. 308.)

6. *Usage. Fourniture.* — En cas de besoin, l'administration fournit les chaînes-rubans. (Instr. 15 octobre 1860, art. 306.) Elles sont recommandées pour la mesure des grandes lignes. (Instr. 15 octobre 1860, nota de l'art. 3.)

7. *Préposés.* — Tous les préposés doivent être munis d'une chaîne métrique d'une longueur de deux mètres ; des anneaux en cuivre indiqueront les décimètres. (Instr. 13 août 1840. Circ. A 522.)

8. *Préposés.* — Les gardes doivent toujours, dans leurs tournées, être munis de leur chaîne. (Instr. 13 août 1840. Livret des préposés.)

9. *Achat. Entretien.* — L'achat et l'entretien des chaînes métriques sont à la charge des préposés. (Circ. A 522.)

CHAINEUR.

Porte-chaîne. Les préposés sont employés comme porte-chaîne, lorsque l'intérêt du service ne peut en souffrir. A défaut de préposés, l'administration, sur la proposition du conservateur, autorise l'emploi d'ouvriers étrangers. (Circ. N 22, art. 9 et 10.)

CHAMBRE CIVILE.

Définition. — Réunion de juges qui, dans un tribunal ou cour d'appel, statuent sur les procès civils.

CHAMBRES CONSULTATIVES D'AGRICULTURE.

1. *Organisation.* — Les chambres consultatives ont été définitivement instituées par un décret en date du 25 mars 1852. Antérieurement à ce décret, une loi du 20 mars 1851 avait réglé l'organisation de ces chambres ; mais cette loi présentait de telles difficultés dans l'application qu'elle a dû être abrogée et remplacée par le décret indiqué ci-dessus. (Block.)

2. *Constitution.* — Il y a dans chaque arrondissement une chambre consultative d'agriculture.

Les chambres consultatives sont composées des agriculteurs notables, nommés par le préfet, et sont formées d'autant de membres qu'il y a de cantons dans l'arrondissement, sans que ce nombre puisse être inférieur à six. (Décr. du 25 mars 1852, art. 1, 2, 3.)

3. *Avis.* — Elles présentent leurs vues sur les questions intéressant l'agriculture. Leur avis peut être demandé sur les changements à opérer dans la législation, en ce qui touche les intérêts agricoles. (Décr. du 25 mars 1852, art. 6.)

CHAMBRE DU CONSEIL.

Définition. — Lieu où les juges se retirent pour délibérer sur les causes plaidées à l'audience.

CHAMBRE CORRECTIONNELLE.

Définition. — Réunion de juges qui, dans un tribunal ou une cour d'appel, jugent les procès correctionnels.

CHAMBRE CRIMINELLE.

Définition. — Assemblée de conseillers qui, à la cour de cassation, jugent les pourvois en matière criminelle, correctionnelle et de police.

CHAMBRE DES MISES EN ACCUSATION.

Définition. — Juridiction qui statue sur la question de savoir si un inculpé doit être renvoyé devant tel ou tel tribunal.

CHAMBRE DES REQUÊTES.

Définition. — Assemblée de conseillers de la cour de cassation qui statuent sur les demandes de cassation en matière civile, les prises à partie et les règlements de juge.

CHAMPIGNON.

1. *Tolérance.* — L'enlèvement des champignons est généralement toléré. Cependant il peut être poursuivi en vertu de l'article 144 du code forestier. V. Enlèvement. Extraction. Végétaux nuisibles.

2. *Dégâts dans les bois vendus.* — La présence dans le bois employé à une construction du champignon parasite dit *polyporus vaporius* doit être considérée comme un vice caché.

Lorsque, par suite de l'action délétère de ce parasite, il y a eu perte totale ou partielle d'un édifice, celle-ci est mise à la charge du vendeur, qui ignorait le vice du bois vendu, ainsi que le prix à restituer à l'acquéreur, avec remboursement à ce dernier des frais occasionnés par la vente ; il y a lieu de faire rentrer dans cette catégorie de frais toutes les dépenses qui ont été nécessaires pour remettre l'immeuble dans l'état où il serait resté si la chose n'avait pas péri. (Rennes, 19 juin 1891.)

CHAMPOYAGE.

Définition. — Employé comme synonyme de pâturage dans les forêts, ce mot signifie plus ordinairement le droit de vaine pâture dans les champs, après la récolte.

CHANDELIER.

1. *Définition.* — Partie inférieure de la tige de l'arbre restée debout, lorsque la tête a été brisée par une cause quelconque.

Le chandelier est considéré comme arbre dans le sens de l'article 192 du code forestier.

Les chandeliers sont assimilés aux chablis. V. Chablis.

2. *Vente. Exploitation.* — La vente et l'exploitation des chandeliers sont autorisées par le conservateur, comme pour les chablis. (Déc. Min. 7 août 1858. Circ. A 770.)

3. *Marque.* — Les chandeliers à vendre doivent être marqués du marteau de l'Etat par le chef de cantonnement, assisté du brigadier local. (Decis. de l'Adm. 1er nov. 1858.)

4. *Bois communaux. Reconnaissance. Rapport.* — Les gardes des bois communaux devront constater le nombre, l'essence, la grosseur et le volume des chandeliers ; ils en dresseront par forêt un état qu'ils remettront à leur chef immédiat, dans les dix jours de leur rédaction. Avant le 15 novembre, le chef de cantonnement adresse un état récapitulatif, avec un rapport sur l'opportunité de réduire les coupes en raison du volume des chandeliers. (Déc. Min. du 25 juillet 1872. Lettre de l'Adm. du 31 octobre 1872.)

5. *Autorisation. Martelage. Vente. Bois communaux.* — Après décision du conservateur, le chef de cantonnement, assisté du brigadier local, marquera les chandeliers du marteau de l'État et dressera procès-verbal du martelage et de l'estimation. Suivant l'importance des produits et l'urgence, la vente sur pied en sera faite en même temps que les coupes ordinaires ou sous forme de menus marchés. (Déc. Min. du 25 juillet 1872. Lettre de l'Adm. du 31 octobre 1872.)

CHANGEMENT.

1. *Cessation de service. Délai.* — Les agents appelés à changer de résidence doivent cesser leur service dans un délai maximum de quinze jours, après avoir reçu avis de la décision qui les concerne, à moins de motifs graves dont le conservateur aurait à justifier en proposant une dérogation à cette règle. (Circ. N 234.)

2. *Installation. Cessation de service.* — En aucun cas, les conservateurs ne peuvent retenir les agents ou préposés appelés d'une conservation dans une autre, ni différer l'installation de ceux envoyés dans leur circonscription. (Circ. N 51.) V. Serment.

3. *Départ. Arrivée. Date. Délai.* — Chaque conservateur doit faire connaître les dates exactes du départ et de l'arrivée de ses subordonnés. Si le terme fixé a été dépassé, il en est rendu compte à l'administration, pour être pris les mesures disciplinaires jugées convenables. (Circ. A 215.)

4. *Notes individuelles.* — En cas de changement de résidence d'un agent changeant de conservation, le conservateur sous les

ordres duquel il se trouvait doit transmettre à son collègue, en même temps que le certificat de cessation de service de cet agent, une copie de sa dernière feuille de note. (Circ. autogr. du 18 novembre 1871.) V. Mutation.b

5. *Feuillet matricule.* — En cas de changement de conservation, les deux exemplaires de feuillet matricule mobile du préposé sont adressés à la conservation dans laquelle il entre. (Circ. N 179.)

6. *Contrôle nominatif. Non-disponibles.* — A chaque changement de résidence, le conservateur doit adresser au commandant du bureau de recrutement un bulletin de mutation concernant le contrôle de l'homme entrant dans la conservation. (Circ. N 183.) V. Contrôle. Domicile.

7. *Punition.* — Le changement de résidence comme mesure disciplinaire est prononcé par le ministre ou le préfet, chacun pour les employés à sa nomination. (Circ. A 655. Circ. N 51.)

8. *Voyage. Délai.* — En cas de changement de résidence, les agents et préposés doivent se rendre à leur nouvelle destination dans un délai de dix jours, à partir de la cessation de leurs fonctions. L'administration se réserve de fixer un plus long délai, quand la distance à parcourir paraîtra l'exiger. (Circ. N 51, § 24.)

9. *Algérie. Délai. Embarquement.* — Le délai à assigner aux agents et préposés forestiers passant du service de la métropole à celui de l'Algérie, ou réciproquement, est déterminé par les conservateurs, qui sont tenus de le mentionner sur le certificat de cessation de fonctions délivré à l'agent ou au préposé, en indiquant séparément le temps qui lui est accordé : 1° pour se rendre de sa résidence au port d'embarquement ; 2° pour la traversée ; 3° pour se transporter du port d'embarquement à son nouveau poste (dix jours). (Circ. N 107.)

10. *Chasseur forestier. Agent assimilé. Bulletin.* — Les bulletins de mutation des agents assimilés doivent être adressés au commandant de recrutement de la subdivision du tirage au sort. (Circ. N 277.)

11. *Affectation militaire.* — Lorsque les agents sont changés, ils doivent, dès leur installation, faire connaître à l'administration, par la voie hiérarchique, s'ils désirent conserver leur ancienne affectation militaire ou en recevoir une autre dans le ressort de leur nouvelle résidence. (Circ. N 446.)

CHANGEMENT DANS LES COUPES.

V. Coupe. Assiette. Adjudicataire.

CHANTERELLES.

Classification. Délit. Confiscation. — Les chanterelles ne sont pas des instruments de chasse proprement dits ; ce ne sont que des moyens secondaires. (Cass. 7 mars 1868.) Leur détention n'est pas un délit. (Paris, 3 avril 1851.) En cas de délit, leur confiscation ne doit pas être prononcée. (Aix, 2 mars 1876.)

CHANTIER DE COMMERCE DE BOIS, — DE SCIERIE.

1. *Etablissement non autorisé. Pénalité.* — L'établissement d'un chantier pour faire le commerce de bois, dans une maison ou ferme existante ou dont la construction a été autorisée dans le rayon de 500 mètres des forêts soumises au régime forestier, et sans avoir obtenu l'autorisation du préfet (Décr. du 25 mars 1852), est puni, savoir :

Amende : 50 francs. (Cod. For. 154.) Récidive : 100 francs. (Cod. For. 201.) Confiscation des bois. (Cod. For. 154.)

2. *Autorisation. Préfet.* — L'autorisation d'établir un chantier pour faire le commerce de bois, dans une maison ou ferme existante ou dont la construction a été autorisée à distance prohibée, est accordée par le préfet. (Décr. du 25 mars 1852.)

3. *Autorisation. Personne.* — L'autorisation de vendre du bois, dans une maison ou ferme autorisée à distance prohibée, est accordée à la personne habitant la maison et non pas à l'immeuble. En cas de changement, le nouveau locataire de l'immeuble doit se munir d'une permission individuelle pour vendre et faire le commerce de bois. L'autorisation doit être expresse et antérieure à l'établissement du chantier. (Meaume.) V. Construction.

4. *Terrain clos.* — Tout terrain *clos* situé à distance prohibée, dans lequel on trouve des bois déposés, peut être considéré comme un chantier de bois, suivant l'article 154 du code forestier. (Cass. 9 avril 1813.) V. Atelier.

5. *Commerce.* — L'article 154 ne défend que le commerce de bois, c'est-à-dire l'achat du bois pour le vendre avec bénéfice. Le propriétaire qui vend les produits de sa propriété ne fait pas acte de commerce.

6. *Exception.* — Les habitants des maisons et usines faisant partie d'une population agglomérée, village ou hameau, n'ont pas besoin d'autorisation pour l'établissement d'un chantier, quand même la maison ou usine aurait été autorisée en vertu de l'article 153 du code forestier. (Cod. For. 156.)

7. *Autorisation. Retrait.* — L'autorisation d'établir un chantier ou magasin peut être retirée, lorsque ceux qui l'ont obtenue ont subi une condamnation pour délit forestier. (Cod. For. 154.)

8. *Retrait. Condition.* — Le retrait de l'autorisation de faire le commerce de bois ne peut s'effectuer qu'à la suite d'une condamnation pour délit forestier. Une transaction ou une condamnation en responsabilité civile ne serait pas suffisante pour motiver le retrait d'une autorisation de l'espèce. Il faut une poursuite et une condamnation directe. (Cod. For. 154. Meaume.)

9. *Perquisition.* — Les agents et gardes peuvent faire, dans ces chantiers, toute perquisition sans l'assistance d'un officier de police judiciaire (public), pourvu que les gardes soient au nombre de deux, ou qu'ils soient accompagnés de deux témoins domiciliés dans la commune. (Cod. For. 157.) V. Visite domiciliaire.

10. *Terrain non clos.* — La loi n'exige une autorisation que pour les endroits clos dans lesquels les gardes ne peuvent pas toujours exercer leur surveillance. Aussi tout individu, et à quelque distance que ce soit des forêts, peut établir un dépôt de bois en plein air pour en faire le commerce, parce que les gardes peuvent le surveiller. (Meaume.)

11. *Prescription.* — Du principe que l'on ne peut prescrire que les droits que l'on peut acquérir (Cod. Civ. 2226), il faut en conclure que la prescription trentenaire ne peut être invoquée pour un chantier à vendre le bois, établi à distance prohibée ; la question n'a, d'ailleurs, jamais été résolue par la cour de cassation. (Résolu dans ce sens, Lyon, 9 février 1863.) V. Atelier.

12. *Scierie.* — Le chantier attenant à une scierie est considéré comme faisant partie de la scierie. (Cass. 13 mars 1829.) V. Scierie.

CHANTIER DE TRAVAUX FORESTIERS.

1. *Travaux de restauration. Surveillance.* — Il est établi sur tout chantier de travaux, quel que soit le mode d'exécution, un ou plusieurs surveillants ayant la qualité de préposés forestiers ou de chefs d'atelier.

Ces derniers sont nommés par le conservateur, sur la proposition du chef de service, qui fournit pour chacun d'eux, lors de sa première présentation, un dossier semblable à celui exigé pour les candidats gardes, y compris l'extrait du casier judiciaire.

Le conservateur fixe les travaux que doivent surveiller les chefs d'atelier et le taux de leur salaire, soit à la journée, soit au mois. (Instr. Gén. du 2 février 1885, art. 120. Circ. N 345.)

2. *Travaux de restauration. Surveillants. Rôle.* — Le rôle de surveillants est indiqué dans l'instruction générale du 2 février 1885, articles 141 à 156, pour les travaux en régie, et articles 189, 190 et 191, pour les travaux par entreprise. (Circ. N 345.)

CHAPITRE. V. Comptabilité.

CHAR. V. Voiture.

CHARBON. V. Charbonnière.

CHARBONNETTE.

Définition. Débit. — Le bois destiné à la carbonisation prend le nom de charbonnette. On lui donne généralement une longueur de 60 a 80 centimètres et on fait souvent entrer dans le bois de charbon des rondins qui n'ont pas plus de 2 à 3 centimètres. (Nanquette. Exploitation, débit et estimation des bois.)

CHARBONNIÈRE.

1. *Définition.* — Lieu désigné pour la carbonisation des bois provenant d'une coupe.

2. *Autorisation.* — Les agents forestiers (conservateurs) autorisent les adjudicataires à établir des fosses à charbon dans l'intérieur des coupes. (Cod. For. 38.)

3. *Désignation.* — Les agents forestiers ont seuls qualité pour désigner les places à charbon aux adjudicataires des coupes, et cette désignation est sans appel. (Cod. For. 38.)

4. *Mode de désignation.* — La désignation des places à charbon doit être faite par *écrit ;* l'adjudicataire ne peut y suppléer par aucune preuve. (Cass. 16 mars 1833.)

5. *Désignation.* — La désignation de l'emplacement se fait par la remise de la copie du procès-verbal dressé à cet effet. (Circ. A 158.)

6. *Reconnaissance. Marque. Procès-verbal.* — Les brigadiers sont chargés de reconnaître et marquer les places à charbon, sauf au chef de cantonnement à en faire la désignation par écrit. (Circ A 585. Imprimé série 4, nº 44.) Le procès-verbal de délivrance sera

rédigé et signé par le préposé ayant opéré. (Circ. N 416.)

7. *Absence de désignation.* — Si les agents ne désignaient pas les places à charbon demandées, l'adjudicataire pourrait demander, devant les tribunaux ordinaires, l'application et l'appréciation du cahier des charges.

8. *Désignation. Demande.* — Les agents forestiers ne sont pas obligés de désigner, par avance et sans qu'on le leur demande, les emplacements sur lesquels les adjudicataires peuvent établir les fosses à charbon. Dès lors, leur silence, lorsqu'ils n'ont pas été provoqués, ne peut servir d'excuse à un adjudicataire qui a établi des fosses sans avoir obtenu, *par écrit*, la désignation des emplacements. (Cass. 16 juillet 1846.)

9. *Condition. Nivellement.* — Les conditions spéciales pour le nivellement et le repiquement des places à charbon sont insérées aux clauses spéciales. (Circ. N 80, art. 22.)

10. *Résinage. Travaux. Précautions.* — Les charbonnières seront entourées, à quatre mètres de distance de leur base, par un fossé ayant d'ouverture $1^m,50$, de profondeur sous corde $0^m,80$, et de largeur au fond $0^m,15$.

Le terrain entre la base des charbonnières et le fossé d'enceinte sera entièrement nettoyé.

Les fourneaux ne pourront être allumés avant le 1er octobre et seront éteints avant le 1er mars de chaque année.

La vidange définitive des charbons hors de la forêt devra être faite avant le 15 octobre. (Clauses spéciales, résines, art. 3.)

11. *Double délit.* — Si des délinquants établissent une charbonnière, ils doivent être poursuivis pour la coupe des bois et pour feu allumé à l'intérieur de la forêt.

12. *Etablissement. Mise en feu.* — L'adjudicataire qui, sans autorisation, *construit* une faulde et *l'allume* commet deux délits distincts et encourt les amendes prévues par les articles 38 (*amende :* 50 fr.) et 42 (*amende :* 50 à 100 fr.) du code forestier. (Nancy, 9 décembre 1828.)

13. *Place à charbon. Etablissement non autorisé. Pénalité.* — L'adjudicataire qui établit une place à charbon, faulde ou charbonnière sans autorisation *écrite*, ou à un endroit autre que celui désigné par *écrit* par les agents forestiers, encourra :

Amende : 50 francs. (Cod. For. 38.) En récidive, 100 francs. (Cod. For. 38, 201.)

Pour inflammation sans autorisation :

Amende : 10 à 100 francs. (Cod. For. 42. Nancy, 9 décembre 1828.)

14. *Coupes affouagères.* — On peut faire du charbon dans les coupes affouagères, en se faisant délivrer une place à charbon. (Cod. For. 38. Déc. Min. du 4 juin 1841.)

15. *Charbonnière. Feu. Bois particuliers.* — Les particuliers propriétaires de bois ont le droit de faire fabriquer du charbon dans leurs coupes et d'allumer du feu dans les baraques ou ateliers qui s'y trouvent. Les acheteurs des coupes de bois particuliers peuvent exercer les mêmes droits, si les propriétaires les leur concèdent. (Lettre de l'Admin. du 19 septembre 1829.)

16. *Incendie. Responsabilité.* — Celui qui a acquis, d'un propriétaire de bois, une certaine quantité d'arbres à transformer en charbon, sur le parterre de la coupe, ne peut se décharger, sur l'entrepreneur qu'il a choisi pour opérer la carbonisation, des risques d'incendie qu'entraîne cette opération. Il est tenu de surveiller les opérations de son entrepreneur et il répond de l'incendie occasionné par la faute de l'entrepreneur ou de ses ouvriers. (Bordeaux, 11 juillet 1859.)

CHARIOT. V. Voiture.

CHARGE (EN GÉNÉRAL).

Désignation. — Ce mode d'enlèvement sert à fixer la pénalité pour les délits de coupe, extraction et enlèvement des bois au-dessous de 2 décimètres de tour, des fagots et autres produits du sol forestier. (Cod. For. 57, 144, 194.)

CHARGE DE BÊTE DE SOMME.

Pénalité. — L'enlèvement, opéré au moyen d'une bête de somme, de fruits, semences et productions quelconques, dans tous les bois en général (Cod. For. 112, 120), est puni, par chaque charge de bête de somme, savoir :

AMENDE POUR UN DÉLINQUANT ORDINAIRE.

Le jour.	5 à 15 fr. (C. F. 144.)
Le jour avec récidive, la nuit, ou la nuit avec récidive.	10 à 30 fr. (C. F. 144, 201.)

AMENDE POUR UN ADJUDICATAIRE DU PANAGE (C. F. 57) OU POUR UN USAGER (C. F. 85).

Le jour.	10 à 30 fr. (C. F. 144.)
Le jour avec récidive, la nuit, ou la nuit avec récidive.	20 à 60 fr. (C. F. 144, 201.)

Emprisonnement facultatif de 3 jours au plus. (Loi du 18 juin 1859.)
Restitution des produits ou de leur valeur (C. F. 198.)
Dommages-intérêts facultatifs; minimum: amende simple. (C. F. 198, 202.)
Confiscation des instruments du délit. (C. F. 198.)

CHARGE D'HOMME.

1. *Conclusions.* — Lorsque l'enlèvement des bois est réellement opéré à dos d'homme,

on ne doit calculer l'amende que par charges effectives, quand bien même chaque charge se composerait de plusieurs fagots liés. (Metz, inédit, 21 octobre 1834.)

2. *Pénalité.* — L'enlèvement, à dos d'homme, de fruits, semences et productions quelconques, dans tous les bois en général (Cod. For. 112, 120), est puni, par chaque charge d'homme, savoir :

AMENDE POUR UN DÉLINQUANT ORDINAIRE.

Le jour.	2 à 6 fr. (C. F. 144.)
Le jour avec récidive, la nuit, ou la nuit avec récidive.	4 à 12 fr. (C. F. 144, 201.)

AMENDE POUR UN ADJUDICATAIRE DU PANAGE (C. F. 57) OU POUR UN USAGER (C. F. 85).

Le jour.	4 à 12 fr. (C. F. 144.)
Le jour avec récidive, la nuit, ou la nuit avec récidive.	8 à 24 fr. (C. F. 144, 201.)

Emprisonnement facultatif de 3 jours au plus. (Loi du 18 juin 1859.)
Restitution des produits ou de leur valeur. (Cod. F. 198.)
Dommages-intérêts facultatifs ; minimum : amende simple. (C. F. 198, 202.)
Confiscation des instruments du délit. (C. F. 198.)

3. *Mode d'enlèvement. Brouette.* — Est considéré comme charge d'homme l'enlèvement des produits forestiers effectué de main d'homme, à l'aide d'une brouette. *Amende :* 2 à 6 francs. (Dijon, inédit, 20 juillet 1836.) V. Extraction.

4. *Traîneau.* — Est considéré comme charge d'homme l'enlèvement opéré avec un traîneau. (Cass. 1er août 1844.)

5. *Fagot. Ligature.* — Pour les produits autres que le bois, la ligature en fagot est sans importance, et la charge d'un homme peut être composée de plusieurs fagots. (Dijon, inédit, 5 mars 1834.)

6. *Quantité.* — Est considérée comme charge d'homme, une quantité de bois même insuffisante pour faire la charge d'un homme, telle qu'un bâton n'ayant pas 0m,20 de tour. (Cass. 25 janvier 1862.)

7. *Mode d'enlèvement.* — Lorsqu'une certaine quantité de bois coupé n'est pas encore réunie en fagot, en l'absence de fait matériel désignant le moyen de transport, on doit évaluer les brins coupés en charge d'homme.

CHARGÉ DE COURS.

1. *Nomination.* — Les chargés de cours à l'école forestière sont nommés par le ministre de l'agriculture. (Décr. du 12 oct. 1889.)

2. *Choix. Dérogation.* — Ils sont choisis parmi les agents forestiers. Il pourra être dérogé à cette règle en ce qui concerne ceux d'art militaire et de langue allemande. (Décr. du 12 octobre 1889.)

3. *Indemnité.* — Les agents chargés de cours reçoivent une indemnité fixe et annuelle de 1000 francs, outre le traitement afférent à leur grade administratif ; mais le total de leurs émoluments ne pourra pas dépasser 6000 francs. (Décr. du 12 oct. 1889.)

4. *Avancement.* — Ils conservent leurs droits à l'avancement dans les cadres du personnel jusqu'au grade d'inspecteur inclusivement. (Décr. du 12 octobre 1889.)

CHARME.

Classification. — Arbre de première classe. (Cod. For. 192.)

CHARMER UN ARBRE.

Définition. — Ecorcement annulaire et partiel de l'arbre, en vue de le faire périr. La pénalité de ce fait est la même que si l'arbre avait été coupé par le pied. V. Arbre. Ecorcement.

CHARNIGUE.

Classification. Prohibition. — La chasse au chien charnigue, variété ou congénère du lévrier, est prohibée comme la chasse au lévrier de pure race. (Cass. 9 août 1889.)

CHARRETÉE.

1. *Mode d'enlèvement.* — Le mode d'enlèvement de bois ou produits forestiers, effectué à l'aide d'une voiture ou charrette, est puni suivant le nombre d'animaux attelés, en tenant compte des circonstances de nuit et récidive et si le délit est commis par un adjudicataire. V. Fagot. Bois. Fruits. Produits, etc.

2. *Enlèvement. Bois.* — L'enlèvement de bois de moins de 2 décimètres de tour, avec une charrette ou voiture, est puni, savoir :

Amende, par bête attelée :

Le jour.	10 fr. (C. F. 194.)
Le jour avec récidive, la nuit, ou la nuit avec récidive.	20 fr. (C. F. 194, 201.)

Emprisonnement facultatif de 5 jours au plus. (Cod. For. 194. Loi du 18 juin 1859.)
Restitution des bois ou de leur valeur. (C. F. 198.)
Dommages-intérêts facultatifs ; minimum : amende simple. (Cod. For. 198, 202.)
Confiscation des instruments du délit. (C. F. 198.)

3. *Produit quelconque.* — L'enlèvement, opéré à l'aide d'une charrette, de graines, fruits, semences ou autres produits quelconques, dans tous les bois en général (Cod. For. 112, 120), est puni, par chaque bête attelée, savoir :

AMENDE POUR UN DÉLINQUANT ORDINAIRE.

Le jour.	10 à 30 fr. (C. F. 144.)
Le jour avec récidive, la nuit, ou la nuit avec récidive.	20 à 60 fr. (C. F. 144, 201.)

AMENDE POUR UN ADJUDICATAIRE DU PANAGE (C. F. 57) OU POUR UN USAGER (C. F. 85).

Le jour.	20 à 60 fr. (C. F. 144.)
Le jour avec récidive, la nuit, ou la nuit avec récidive.	40 à 120 fr. (C. F. 144, 201.)

Emprisonnement facultatif de 3 jours au plus. (Cod. For. 57, 144. Loi du 18 juin 1859.)
Restitution des produits ou de leur valeur. (Cod. For. 198.)
Dommages-intérêts facultatifs ; minimum : amende simple. (Cod. For. 198, 202.)
Confiscation des instruments du délit. (Cod. For. 198.)

CHARRETTE A BRAS.

Pénalité. — Un enlèvement opéré avec une charrette à bras doit être considéré comme fait par charge d'homme. V. Voiture. Brouette.

CHARROI. V. Vidange. Enlèvement.

CHARTE.

Définition. — Ecrit constatant des droits reconnus, concédés ou vendus par un souverain ou un seigneur à une corporation, à une communauté ou à une province.

CHASSE.

V. Animal nuisible. Lapin. Gibier. Frais. Cahier des charges. Adjudication. Gratification.

CHAPITRE I.

Généralités. Définitions.

1. *Attribut. Propriété. Principe.* — Le droit de chasse forme un attribut de la propriété, qui demeure réservé au propriétaire du terrain, à l'exclusion du fermier, à moins de stipulations contraires dans le bail ou de circonstances spéciales. (Cass. 5 avril 1866.)

2. *Principes. Fait de chasse.* — Ce qui caractérise le fait de chasse, c'est la recherche et la poursuite du gibier. Du moment où ils tendent à sa capture, peu importent les moyens employés.

Il y a là une question de fait laissée à l'appréciation du juge. (Paris, 21 juillet 1882.)

3. *Principe. Acte de chasse.* — Le fait de poursuivre une pièce de gibier, pour s'en emparer, constitue un fait de chasse. (Chambéry, 7 mai 1885.)

4. *Acte de chasse. Condition.* — La chasse comprend un ensemble d'opérations qui commencent par la recherche d'un animal sauvage, pour aboutir ultérieurement à sa capture; l'acte initial du piqueur ou de toute autre personne qui fait le bois, même sans être accompagné d'un limier ou chien courant, est en lui-même un acte de chasse. (Cass. 29 juin 1889.)

5. *Chien. Quête. Laisse.* — Le fait de quêter ou rechercher, en temps prohibé, le gibier dans les champs, avec des chiens, constitue le délit de chasse, quand même le maître des chiens n'aurait pas pour but de capturer le gibier, mais seulement de dresser les chiens, et quand même les chiens seraient tenus en laisse. (Poitiers, 10 novembre 1882.)

6. *Passage des chiens. Délit.* — Le passage des chiens, en action de chasse, sur le terrain d'autrui constitue un délit, à moins qu'il ne soit démontré : 1° que le gibier poursuivi avait été lancé dans un lieu où le droit de chasse appartenait au prévenu, 2° et que, de plus, celui-ci n'a pu empêcher à temps la poursuite illicite.

La preuve de cette impossibilité est mise à sa charge. (Cass. 11 mai 1881. Paris, 27 mai 1882.)

7. *Chien. Quête. Dressage.* — Fait acte de chasse, l'individu qui parcourt la campagne, même sans arme, accompagné d'un chien d'arrêt qu'il excite de la voix et du geste à chasser.

Peu importe que le prévenu ne fasse chasser son chien que pour le dresser. (Nîmes, 24 mai 1883.)

8. *Chien. Divagation. Terrain d'autrui.* — Le fait, par un chien, de parcourir une propriété étrangère et d'y faire lever du gibier ne constitue pas en soi-même, à la charge du maître de ce chien, un délit de chasse sur le terrain d'autrui.

Il faut, pour qu'il en soit ainsi, que le propriétaire de l'animal demeure convaincu de s'être associé à l'introduction de ce dernier dans ladite propriété ou d'avoir cherché à en profiter.

Les tribunaux ont, à cet égard, un pouvoir de souveraine appréciation. (Tribunal de Compiègne, 26 décembre 1882.)

9. *Affût. Chien courant. Terrain d'autrui.* — Commet le délit puni par l'article 11 de la loi du 3 mai 1844, l'individu qui, se trouvant sur un terrain lui appartenant, attend un gibier poursuivi par son chien sur une propriété dont la chasse est louée à un tiers, alors surtout que le chien dont il se sert est un chien couchant ou d'arrêt. (Paris, 8 janvier 1884.)

10. *Chien. Gibier capturé.* — Commet un délit de chasse, l'individu qui n'est pas muni d'un permis de chasse et qui s'empare d'un gibier poursuivi par un tiers et que son propre chien a réussi à atteindre. (Paris, 2 avril 1884.)

11. *Délit. Condition.* — Le délit de chasse n'est punissable qu'autant qu'il a été librement consenti et volontairement exécuté. (Cass. 23 janvier 1873.)

12. *Délit collectif. Délit personnel.* — Il n'y a pas délit collectif dans le fait de deux individus chassant sans permis ; il y a deux délits indépendants, pouvant être poursuivis séparément et, s'il y a lieu, devant deux juridictions. (Orléans, 3 juin 1865.) Le délit de chasse est un délit personnel, et chaque délinquant est personnellement passible d'une amende. (Cass. 17 juillet 1823. Colmar, 5 juin 1860.)

CHAPITRE II.

Police de la chasse en général.

(Loi du 3 mai 1844.)

SECT. I. — EXERCICE DU DROIT DE CHASSE.

13. *Permis. Ouverture. Autorisation.* — Nul ne pourra chasser, sauf les exceptions ci-après, si la chasse n'est pas ouverte et s'il ne lui a pas été délivré un permis de chasse par l'autorité compétente.

Nul n'aura la faculté de chasser sur la propriété d'autrui sans le consentement du propriétaire ou de ses ayants-droit. (Loi Chasse, art. 1.)

14. *Terrain clos.* — Le propriétaire ou possesseur peut chasser ou faire chasser en tout temps, sans permis de chasse, dans ses possessions attenant à une habitation et entourées d'une clôture continue faisant obstacle à toute communication avec les héritages voisins. (Loi Chasse, art. 2.) V. Clôture.

15. *Ouverture. Clôture.* — Les préfets détermineront, par des arrêtés publiés au moins dix jours à l'avance, les époques des ouvertures et celles des clôtures des chasses, soit à tir, soit à courre, à cor et à cris, dans chaque département. (Loi Chasse, art. 3. Loi du 22 janvier 1874.)

16. *Arrêté. Ouverture.* — Dans leurs arrêtés, les préfets ont le droit de fixer le jour et l'heure de l'ouverture de la chasse. (Amiens, 11 octobre 1875.)

17. *Fermeture. Gibier.* — Dans chaque département, il est interdit de mettre en vente, de vendre, d'acheter, de transporter et de colporter du gibier pendant le temps où la chasse n'y est pas permise. (Loi Chasse, art. 4.)

18. *Gibier saisi. Chasse non permise.* — En cas d'infraction à cette disposition, le gibier sera saisi et immédiatement livré à l'établissement de bienfaisance le plus voisin, en vertu soit d'une ordonnance du juge de paix, si la saisie a eu lieu au chef-lieu de canton, soit d'une autorisation du maire, si le juge de paix est absent, ou si la saisie a été faite dans une commune autre que celle du chef-lieu. Cette ordonnance ou cette autorisation sera délivrée sur la requête des agents ou gardes qui auront opéré la saisie et sur la présentation du procès-verbal régulièrement dressé. (Loi Chasse, art. 4.)

19. *Gibier saisi. Chasse permise.* — Lorsque la chasse est permise, la saisie du gibier tué est illégale et donne ouverture contre son auteur à une action en dommages et intérêts devant les tribunaux civils. (Grenoble, 11 mars 1879.)

20. *Perquisition.* — La recherche du gibier ne pourra être faite à domicile que chez les aubergistes, chez les marchands de comestibles et dans les lieux ouverts au public. (Loi Chasse, art. 4.)

21. *Œufs. Couvées.* — Il est interdit de prendre ou de détruire, sur le terrain d'autrui, des œufs et des couvées de faisans, de perdrix et de cailles. (Loi Chasse, art. 4.)

22. *Permis. Formalités.* — Les permis de chasse seront délivrés, sur l'avis du maire et du sous-préfet, par le préfet du département dans lequel celui qui en fera la demande aura sa résidence ou son domicile. (Loi Chasse, art, 5.)

23. *Permis. Délivrance.* — Les sous-préfets statueront désormais, soit directement, soit par délégation des préfets, sur les affaires qui, jusqu'à ce jour, exigeaient la décision préfectorale et dont la nomenclature suit : ..... 3° délivrance des permis de chasse. (Décr. du 13 avril 1861.)

24. *Permis. Frais.* — Le prix du permis de chasse est fixé à 25 francs en principal,

dont 15 francs pour l'Etat et 10 francs pour la commune. (Loi Chasse, art. 5. Loi de Fin. 20 déc. 1872.) Comme la loi du 2 juin 1875, art. 6, ajoute 2 décimes à la part de l'État, le prix est ainsi de 28 francs, dont 18 pour l'État et 10 pour la commune. (Circ. du directeur de la comptabilité publique du 26 juillet 1875.)

25. *Permis. Durée.* — Les permis de chasse seront personnels; ils seront valables pour toute la France et pour un an seulement. (Loi Chasse, art. 5.)

26. *Permis. Refus.* — Le préfet pourra refuser le permis de chasse :

1° A tout individu majeur qui ne sera point personnellement inscrit, ou dont le père ou la mère ne serait pas inscrit au rôle des contributions :

2° A tout individu qui, par une condamnation judiciaire, a été privé de l'un ou de plusieurs des droits énumérés dans l'article 42 du code pénal, autres que le droit de port d'armes ;

3° A tout condamné à un emprisonnement de plus de six mois pour rébellion ou violence envers les agents de l'autorité publique ;

4° A tout condamné pour délit d'association illicite, de fabrication, débit, distribution de poudre, armes ou autres munitions de guerre ; de menaces écrites ou de menaces verbales avec ordre ou sous condition ; d'entraves à la circulation des grains ; de dévastations d'arbres ou de récoltes sur pied, de plants venus naturellement ou faits de main d'homme ;

5° A ceux qui auront été condamnés pour vagabondage, mendicité, vol, escroquerie ou abus de confiance.

La faculté de refuser le permis de chasse aux condamnés dont il est question dans les paragraphes 3, 4 et 5 cessera cinq ans après l'expiration de la peine. (Loi Chasse, art. 6.)

27. *Permis. Incapacité.* — Le permis de chasse ne sera pas délivré :

1° Aux mineurs qui n'auront pas seize ans accomplis ;

2° Aux mineurs de seize à vingt et un ans, à moins que le permis ne soit demandé pour eux par leur père, mère, tuteur ou curateur, porté au rôle des contributions ;

3° Aux interdits ;

4° Aux gardes champêtres ou forestiers des communes et établissements publics, ainsi qu'aux gardes forestiers de l'État et aux gardes-pêche. (Loi Chasse, art. 7.)

28. *Permis. Erreur.* — La disposition de la loi qui interdit de délivrer un permis de chasse aux gardes forestiers n'a pas pour effet de convertir en délit le fait d'un garde forestier qui chasse en vertu d'un permis qui lui a été délivré par erreur ou par surprise. (Cass. 28 janvier 1858.)

29. *Permis. Prohibition.* — Le permis de chasse ne sera pas accordé :

1° A ceux qui, par suite de condamnations, sont privés du droit de port d'armes ;

2° A ceux qui n'auront pas exécuté les condamnations prononcées contre eux pour l'un des délits prévus par la présente loi ;

3° A tout condamné placé sous la surveillance de la haute police. (Loi Chasse, art. 8.)

30. *Mode de chasse.* — Dans le temps où la chasse est ouverte, le permis donne à celui qui l'a obtenu le droit de chasser de jour, soit à tir, soit à courre, à cor et à cris, suivant les distinctions établies par les arrêtés préfectoraux, sur ses propres terres et sur les terres d'autrui avec le consentement de celui à qui le droit de chasse appartient. (Loi Chasse, art. 9. Loi du 22 janvier 1874.)

31. *Prohibition.* — Tous les autres moyens de chasse, à l'exception des furets et des bourses destinés à prendre les lapins, sont formellement prohibés. (Loi Chasse, art. 9.)

32. *Oiseaux de passage.* — Néanmoins, les préfets des départements, sur l'avis des conseils généraux, prendront des arrêtés pour déterminer :

1° L'époque de la chasse des oiseaux de passage autres que la caille, la nomenclature des oiseaux et les modes et procédés de chasse pour les diverses espèces. (Loi Chasse, art 9. Loi du 22 janvier 1874.)

33. *Gibier d'eau.* — Les préfets, sur l'avis des conseils généraux, prendront des arrêtés pour déterminer :

2° Le temps pendant lequel il sera permis de chasser le gibier d'eau dans les marais, sur les étangs, fleuves et rivières. (Loi Chasse, art. 9.)

34. *Animaux malfaisants.* — Les préfets, sur l'avis des conseils généraux, prendront des arrêtés pour déterminer :

3° Les espèces d'animaux malfaisants ou nuisibles que le propriétaire, possesseur ou fermier, pourra en tout temps détruire sur ses terres, et les conditions de l'exercice de ce droit, sans préjudice du droit appartenant au propriétaire ou au fermier de repousser et de détruire, même avec les armes à feu, les bêtes fauves qui porteraient dommage à ses propriétés. (Loi Chasse, art. 9.)

35. *Battues. Fermier.* — Les fermiers de la chasse, ainsi que leurs associés, seront tenus de concourir aux chasses et battues qui seront ordonnées par les préfets, pour la destruction des animaux nuisibles. (Ord. 20 juin 1845. Cah. des ch. 24.) V. Animal nuisible.

36. *Conservation des oiseaux.* — Les préfets pourront prendre également des arrêtés pour prévenir la destruction des oiseaux, ou pour favoriser leur repeuplement. (Loi du 22 janvier 1874.)

37. *Lévriers.* — Les préfets pourront prendre des arrêtés pour autoriser l'emploi des chiens lévriers pour la destruction des animaux malfaisants ou nuisibles. (Loi Ch. 9.)

38. *Neige.* — Les préfets pourront prendre des arrêtés pour interdire la chasse pendant les temps de neige. (Loi Ch. 9.) V. Neige.

39. *Gratification.* — Des ordonnances détermineront la gratification qui sera accordée aux gardes et gendarmes rédacteurs des procès-verbaux ayant pour objet de constater les délits. (Loi Chasse, art. 10.)

40. *Gratification. Amendes.* — La gratification mentionnée en l'article 10 sera prélevée sur le produit des amendes.

Le surplus desdites amendes sera attribué aux communes sur le territoire desquelles les infractions auront été commises. (Loi Chasse, art. 19.)

41. *Gratification. Tarif.* — Les gratifications sont de dix francs par condamnation prononcée en matière de chasse et sont prélevées sur le fonds commun en vertu de mandats de payement du préfet. (Loi de finances, 27 déc. 1890, art 11. Circ. N 430).

42. *Armes. Engins. Confiscation.* — Les armes, engins ou autres instruments de chasse, abandonnés par les délinquants restés inconnus, seront saisis et déposés au greffe du tribunal compétent. La confiscation et, s'il y a lieu, la destruction en seront ordonnées sur le vu du procès-verbal. (Loi Ch. 16.)

43. *Confiscation des armes.* — En cas de délit de chasse commis sur un terrain soumis au régime forestier et entraînant la confiscation de l'arme, cette confiscation ne peut pas être refusée sous prétexte que l'administration forestière, partie poursuivante, n'a pas qualité pour la requérir. (Cass. 28 janvier 1847.) La confiscation de l'arme n'est possible qu'au cas où le délit a été commis par un individu non muni d'un permis de chasse. Mais il n'y a pas lieu à confiscation, quand il s'agit de chasse pendant la nuit, par un individu muni d'un permis de chasse. (Paris, 14 novembre 1892.)

SECT. II. — POURSUITES. JUGEMENT.

44. *Preuve.* — Les délits prévus par la loi sur la chasse seront prouvés, soit par procès-verbaux ou rapports, soit par témoins, à défaut de rapports et procès-verbaux, ou à leur appui. (Loi Chasse, art. 21.)

45. *Procès-verbaux.* — Les procès-verbaux des maires et adjoints, commissaires de police, officier, maréchal des logis ou brigadier de gendarmerie, gendarmes, gardes forestiers, gardes-pêche, gardes champêtres ou gardes assermentés des particuliers, feront foi jusqu'à preuve contraire. (Loi Ch. 22.)

46. *Procès-verbaux.* — Les procès-verbaux des employés des contributions indirectes et des octrois feront également foi jusqu'à preuve contraire, lorsque, dans la limite de leurs attributions respectives, ces agents rechercheront et constateront les délits prévus par le paragraphe 1er de l'article 4. (Loi Chasse, art. 23.)

47. *Procès-verbal. Affirmation.* — Dans les vingt-quatre heures du délit, les procès-verbaux des gardes seront, à peine de nullité, affirmés par les rédacteurs devant le juge de paix ou l'un de ses suppléants, ou devant le maire ou l'adjoint soit de la commune de leur résidence, soit de celle où le délit aura été commis. (Loi Chasse, art. 24.)

48. *Nullité du procès-verbal. Témoins. Partie civile.* — Le procès-verbal constatant un délit de chasse est nul s'il n'a été affirmé qu'après les vingt-quatre heures du délit, alors qu'on n'invoque aucun cas de force majeure capable d'empêcher l'affirmation dans le délai fixé. (Cass. 28 janvier 1875.)

Dans ce cas, la partie civile peut faire entendre des témoins pour établir le délit. (Rouen, 22 février 1878.)

49. *Saisie. Arrestation. Désarmement.* — Les délinquants ne pourront être saisis, ni désarmés ; néanmoins, s'ils sont déguisés ou masqués, s'ils refusent de faire connaître leurs noms, ou s'ils n'ont pas de domicile connu, ils seront conduits immédiatement devant le maire ou le juge de paix, lequel s'assurera de leur individualité. (Loi Chasse, art. 25.)

50. *Désarmement. Arme à terre.* — Les gardes qui constatent un délit de chasse ne peuvent jamais désarmer le chasseur, alors même que l'arme aurait été enlevée reposant sur le sol près du chasseur et pendant son sommeil. (Grenoble, 11 mars 1879.)

51. *Poursuite.* — Tous les délits prévus par la présente loi seront poursuivis d'office par le ministère public, sans préjudice du droit conféré aux parties lésées par l'article 182 du code d'instruction criminelle. (Loi Chasse, art. 26.)

52. *Terrain d'autrui. Plainte.* — Néanmoins, dans le cas de chasse sur le terrain d'autrui sans le consentement du propriétaire, la poursuite d'office ne pourra être exercée par le ministère public, sans une plainte de la partie intéressée, qu'autant que le délit aura été commis dans un terrain clos, suivant les termes de l'article 2, et attenant à une habitation, ou sur des terres non encore dépouillées de leurs fruits. (Loi Chasse, art. 26.)

53. *Condamnation.* — Ceux qui auront commis conjointement les délits de chasse seront condamnés solidairement aux amendes, dommages-intérêts et frais. (Loi Chasse, art. 27.)

54. *Responsabilité.* — Le père, la mère, le tuteur, les maîtres et commettants sont civile-

ment responsables des délits de chasse commis par leurs enfants mineurs non mariés, pupilles demeurant avec eux, domestiques ou préposés, sauf tout recours de droit.

Cette responsabilité sera réglée conformément à l'article 1384 du code civil et ne s'appliquera qu'aux dommages-intérêts et frais, sans pouvoir toutefois donner lieu à la contrainte par corps. (Loi Chasse, art. 28.)

55. *Mineur.* — Le père qui a procuré à son fils mineur et avec connaissance de cause l'arme ayant servi à la perpétration du délit doit être puni comme complice. (Rouen, 11 novembre 1875.)

56. *Prescription.* — Toute action relative aux délits prévus par la présente loi sera prescrite par le laps de trois mois, à compter du jour du délit. (Loi Chasse, art. 29.)

57. *Poursuite. Prescription.* — En matière de délit de chasse, la prescription spéciale de trois mois édictée par l'article 29 de la loi du 3 mai 1844, à compter du jour du délit, est également acquise à l'expiration du même laps de temps à partir du dernier acte de poursuite. (Paris, 26 juin 1880.)

58. *Propriété de la liste civile.* — Les dispositions de la présente loi relatives à l'exercice du droit de chasse ne sont pas applicables aux propriétés de la liste civile. Ceux qui commettraient des délits de chasse dans ces propriétés seront poursuivis et punis conformément aux sections II et III. (Loi Chasse, art. 30.)

SECT. III. — PÉNALITÉS.

59. *Délit. Peine.* — En cas de conviction de plusieurs délits prévus par le code de la chasse, par le code pénal ou par les lois spéciales, la peine la plus forte sera seule prononcée. (Loi Chasse, art. 17.)

60. *Peines. Cumul.* — Les peines encourues pour des faits postérieurs à la déclaration du procès-verbal de contravention pourront être cumulées, s'il y a lieu, sans préjudice des peines de la récidive. (Loi Chasse, art. 17.)

61. *Atténuation.* — L'article 463 du code pénal n'est pas applicable aux délits prévus par la loi du 3 mai 1844 sur la chasse. (Loi Chasse, art. 20.)

62. *Complicité.* — Les règles générales sur la complicité établies dans le code pénal sont applicables aux délits de chasse. Celui qui sciemment reçoit du gibier tué en délit se rend complice du délinquant. (Rouen, 9 juin 1871.)

63. *Délit. Absence de permis. Pénalités.* — La chasse sans permis est punie suivant les cas, savoir :

Amende : 16 à 100 fr. (L. Ch. 11.)

Si le terrain est clos, ou chargé de fruits :

Amende double facultative, 16 à 200 fr. (L. Ch. 11.)

Si le délit est commis par un garde champêtre ou forestier :

Maximum obligatoire, 100 à 200 fr. (L. Ch. 12.)

En cas de récidive, déguisement, masque, faux nom, violence, menaces :

Amende double facultative, 16 à 200 fr. (L. Ch. 14.)
Pénalités du code pénal, s'il y a lieu. (L. Ch. 14.)

En cas de récidive, s'il n'a pas été satisfait aux condamnations :

Prison facultative, 6 jours à 3 mois. (L. Ch. 14.)

Dans tous les cas :

Confiscation des engins, armes et instruments de chasse, en cas de saisie.
A défaut de représentation, paiement de leur valeur à fixer par le tribunal; minimum : 50 fr. (L. Ch. 16.)
Privation de permis facultative ; maximum : 5 ans. (L. Ch. 18.)

64. *Terrain d'autrui. Pénalités.* — La chasse sur le terrain d'autrui, sans le consentement du propriétaire, est punie, savoir :

Amende : 16 à 100 fr. (L. Ch. 11.)

Terrain chargé de fruits, ou terrain clos, mais non attenant à une habitation :	Terrain clos et attenant à une habitation :
Amende double facultative, 16 à 200 fr. (L. Ch. 11.)	*Amende*, 50 à 300 fr. (L. Ch. 13.) *Prison* facultative, 6 jours à 3 mois. (L. Ch. 13.) *Peines* du code pénal, s'il y a lieu. (L. Ch. 13.)
Si le délit est commis par un garde champêtre ou forestier : Maximum obligatoire, 100 ou 200 fr. (L. Ch. 12.)	LA NUIT. *Amende*, 100 à 1000 fr. (L. Ch. 13.) *Prison* facultative, 3 mois à 2 ans. (L. Ch. 13.) *Peines* du code pénal, s'il y a lieu. (L. Ch. 13.)

En cas de récidive, déguisement, masque, faux nom, violences, menaces :

Amende double facultative, 16 à 200 fr. (L. Ch. 14.) En cas de récidive, s'il n'a pas été satisfait aux condamnations : *Prison* facultative, 6 jours à 3 mois. (L. Ch. 14.)	*Peines* doubles facultatives : *Amende :* 50 à 600 fr., et 100 à 2000 fr. (L. Ch. 14.) *Prison*, 6 jours à 6 mois, et 3 mois à 4 ans. (L. Ch. 14.)

Peines du code pénal, s'il y a lieu. (L. Ch. 14.)
Confiscation des engins et instruments de chasse en cas de saisie.
A défaut de saisie ou de représentation, paiement de leur valeur, à fixer par le tribunal ; minimum : 50 francs. (L. Ch. 16.)

Les armes ne seront pas confisquées si la chasse était permise et si le délinquant avait un permis de chasse. (Loi Chasse, 16.)

Dommages-intérêts à régler par le tribunal. (L. Ch. 16.
Privation de permis, facultative ; maximum : 5 ans (L. Ch. 18.)

65. *Chien. Passage. Pénalités.* — Le passage de chiens courants sur l'héritage d'autrui, à

la poursuite du gibier lancé sur la propriété du maître, constitue :

Délit facultatif. V. art. 43 pour la pénalité. (L. Ch. 11.)
Sauf action civile en cas de dommage. (L. Ch. 11. Cod. Civ. art. 1385.)

66. *Arrêtés préfectoraux. Pénalités.* — La chasse en contravention des arrêtés préfectoraux concernant :

Les oiseaux de passage ;
Le gibier d'eau ;
La chasse en temps de neige ;
L'emploi des chiens lévriers ;
La destruction des oiseaux et animaux nuisibles ou malfaisants, est passible :

Amende : 16 à 100 fr. (L. Ch. 11.)

Si le délit est commis par un garde champêtre ou forestier :

Amende, maximum obligatoire : 100 fr. (L. Ch. 12.)

En cas de récidive, déguisement, masque, faux nom, violence ou menaces :

Amende double facultative, 16 à 200 fr. (L. Ch. 14.)
Peines du code pénal, s'il y a lieu. (L. Ch. 14.)

En cas de récidive, s'il n'a pas été satisfait aux condamnations :

Prison facultative, 6 jours à 3 mois. (L. Ch. 14.)

Dans tous les cas :

Confiscation des engins et instruments de chasse, en cas de saisie.
A défaut de saisie ou de représentation, paiement de leur valeur à fixer par le tribunal ; minimum : 50 fr. (L. Ch. 16.)

Les armes ne seront pas confisquées si la chasse était permise et si le délinquant avait un permis de chasse. (Loi Chasse, art. 16.)

Dommages-intérêts à régler par le tribunal. (L. Ch. 16.)
Privation de permis, facultative ; maximum : 5 ans. (L. Ch. 18.)

67. *Enlèvement. Œufs. Couvée. Pénalités.* — La destruction ou l'enlèvement sur le terrain d'autrui :

Des œufs de faisans, perdrix ou cailles ;
Des couvées de faisans, perdrix ou cailles, sera puni, savoir :

Amende : 16 à 100 fr. (L. Ch. 11.)

Si le délit est commis par un garde champêtre ou forestier :

Amende, maximum obligatoire : 100 fr. (L. Ch. 12.)

En cas de récidive, déguisement, masque, faux nom, violence ou menaces :

Amende double facultative, 16 à 200 fr. (L. Ch. 14.)
Peines du code pénal, s'il y a lieu. (L. Ch. 14.)

En cas de récidive, s'il n'a pas été satisfait aux condamnations :

Prison facultative, 6 jours à 3 mois. (L. Ch. 14.)

Dans tous les cas :

Confiscation des engins et instruments de chasse, en cas de saisie.
A défaut de saisie ou de représentation, paiement de leur valeur, à fixer par le tribunal ; minimum : 50 fr. (L. Ch. 16.)

Les armes ne seront pas confisquées si la chasse était permise et si le délinquant avait un permis de chasse. (Loi Chasse, 16.)

Domm.-intérêts à régler par le tribunal. (L. Ch. 16.)
Privation de permis, facultative ; maximum : 5 ans. (L. Ch. 18.)

68. *Cahier des charges. Infraction. Pénalités.* — L'infraction au cahier des charges de la part du fermier locataire du droit de chasse, dans les bois soumis au régime forestier, et sur les propriétés dont la chasse est louée au profit des communes ou établissements publics, est punie, savoir :

Amende : 16 à 100 fr. (L. Ch. 11.)

Si le délit est commis par un garde champêtre ou forestier :

Amende, maximum obligatoire : 100 fr. (L. Ch. 12.)

En cas de récidive, déguisement, masque, faux nom, violence ou menaces :

Amende double facultative, 16 à 200 fr. (L. Ch. 14.)
Peines du code pénal, s'il y a lieu. (L. Ch. 14.)

En cas de récidive, s'il n'a pas été satisfait aux condamnations :

Prison facultative, 6 jours à 3 mois. (L. Ch. 14.)

Dans tous les cas :

Confiscation des engins et instruments de chasse, en cas de saisie.
A défaut de saisie ou de représentation, paiement de leur valeur, à fixer par le tribunal ; minimum : 50 fr. (L. Ch. 16.)

Les armes ne seront pas confisquées si la chasse était permise et si le délinquant avait un permis de chasse. (Loi Chasse, art. 16.)

Domm.-intérêts à régler par le tribunal. (L. Ch. 16.)
Privation du permis, facultative ; maximum : 5 ans. (L. Ch. 18.)

69. *Temps prohibé.* — La chasse, en temps prohibé, est punie, savoir :

Amende : 50 à 200 fr. (L. Ch. 12.)
Prison facultative : 6 jours à 2 mois. (L. Ch. 12.)

La nuit, sur le terrain d'autrui, à l'aide d'engins prohibés, par d'autres moyens que ceux autorisés et avec une arme apparente ou cachée :

Peines doubles facultatives.	*Amende :* 50 à 400 fr. *Prison facultative :* 6 jours à 4 mois.	L. Ch. 12.

Si le délit a été commis par un garde champêtre ou forestier :

Amende, maximum obligatoire : 200 à 400 fr.
Prison facultative : 6 jours à 2 mois ou 4 mois. (L. Ch. 12.)

En cas de récidive, déguisement, masque, faux nom, violence ou menaces :

Peines doubles facultatives.	*Amende:* 50 à 400 ou à 800 fr. *Prison* facultative : 6 jours à 4 ou 8 mois. *Peines* du Cod. Pén. s'il y a lieu.	L. Ch. 14.

Dans tous les cas :

Confiscation des engins et instruments de chasse, en cas de saisie. (L. Ch. 16.)
A défaut de saisie ou de représentation, paiement de leur valeur à fixer par le tribunal ; minimum : 50 fr. (L. Ch. 16.)

Les armes ne seront pas confisquées si la chasse était permise et si le délinquant avait un permis de chasse. (Loi Chasse, 16.)

Destruction des engins de chasse prohibés.
Domm.-intérêts à régler par le tribunal. (L. Ch. 16.)
Privation du permis, facultative ; maximum : 5 ans. (L. Ch. 18.)

70. *Nuit.* — La chasse :
A. Pendant la nuit;
B. A l'aide d'engins ou d'instruments prohibés;
C. Par d'autres moyens que ceux autorisés, est punie, savoir :

Amende : 50 à 200 fr. (L. Ch. 12.)
Prison facultative : 6 jours à 2 mois. (L. Ch. 12.)

Si le délit a été commis sur le terrain d'autrui avec une arme apparente ou cachée :

Peines doubles facultatives.	*Amende :* 50 à 400 fr. *Prison* facultative : 6 jours à 4 mois.	L. Ch. 12.

Si le délit a été commis par un garde champêtre ou forestier :

Amende, maximum obligatoire : 200 à 400 fr.
Prison facultative : 6 jours à 2 mois. (L. Ch. 12.)

En cas de récidive, déguisement, masque, faux nom, violence ou menaces :

Peines doubles facultatives.	*Amende :* 50 à 400 ou à 800 fr. *Prison* facultative : 6 jours à 4 ou 8 mois. *Peines* du C. P. s'il y a lieu.	L. Ch. 14.

Dans tous les cas :

Confiscation des engins et instruments de chasse, en cas de saisie. (L. Ch. 16.)
A défaut de saisie ou de représentation, paiement de leur valeur à fixer par le tribunal ; minimum : 50 fr. (L. Ch. 16.)

Les armes ne seront pas confisquées si la chasse était permise et si le délinquant avait un permis de chasse. (Loi Chasse, 16.)

Destruction des engins de chasse prohibés.
Domm.-intérêts à régler par le tribunal. (L. Ch. 16.)
Privation du permis, facultative ; maximum : 5 ans. (L. Ch. 18.)

71. *Drogues. Appâts.* — L'emploi
A. de drogues | de nature à enivrer ou
B. d'appâts | détruire le gibier.
est puni, savoir :

Amende : 50 à 200 fr. (L. Ch. 12.)
Prison facultative : 6 jours à 2 mois. (L. Ch. 12.)

La nuit, sur le terrain d'autrui, à l'aide d'engins prohibés, par d'autres moyens que ceux autorisés et avec une arme apparente ou cachée :

Peines doubles facultatives.	*Amende* : 50 à 400 fr. *Prison* facultative : 6 jours à 4 mois.	L. Ch. 12.

Si le délit a été commis par un garde champêtre ou forestier :

Amende, maximum obligatoire : 200 à 400 fr.
Prison facultative : 6 jours à 2 mois ou 4 mois. (L. Ch. 12.)

En cas de récidive, déguisement, masque, faux nom, violence ou menaces :

Peines doubles facultatives.	*Amende :* 50 à 400 ou à 800 fr. *Prison* facultative : 6 jours à 4 ou 8 mois. *Peines* du C. P. s'il y a lieu.	L. Ch. 14.

Dans tous les cas :

Confiscation des engins de chasse, en cas de saisie. (L. Ch. 16.)
A défaut de saisie ou de représentation, paiement de leur valeur à fixer par le tribunal; minimum : 50 fr. (L. Ch. 16.)

Les armes ne seront pas confisquées si la chasse était permise et si le délinquant avait un permis de chasse. (Loi Chasse, 16.)

Destruction des engins de chasse prohibés.
Domm.-intérêts à régler par le tribunal .(L. Ch. 16.)
Privation de permis facultatif; maximum : 5 ans. (L. Ch. 18.)

72. *Appelants. Chanterelles.* — La chasse,
A. Avec appeaux,
B. — appelants,
C. — chanterelles, est punie, savoir :

Amende : 50 à 200 fr. (L. Ch. 12.)
Prison facultative : 6 jours à 2 mois. (L. Ch. 12.)

La nuit, sur le terrain d'autrui, à l'aide d'engins prohibés, par d'autres moyens que ceux autorisés et avec une arme apparente ou cachée :

Peines doubles, facultatives.	*Amende* : 50 à 400 fr. *Prison* facultative : 6 jours à 4 mois.	L. Ch. 12.

Si le délit a été commis par un garde champêtre ou forestier :

Amende, maximum obligatoire : 200 à 400 fr.
Prison facultative : 6 jours à 2 ou 4 mois. (L. Ch. 12.)

En cas de récidive, déguisement, masque, faux nom, violence ou menaces :

Peines doubles facultatives.	*Amende* : 50 à 400 ou à 800 fr. *Prison* facultative : 6 jours à 4 ou à 8 mois. *Peines* du C. P. s'il y a lieu.	L. Ch. 14.

Dans tous les cas :

Confiscation des engins et instruments de chasse, en cas de saisie. (L. Ch. 16.)
A défaut de saisie ou de représentation, paiement de leur valeur à fixer par le tribunal; minimum : 50 fr. (L. Ch. 16.)

Les armes ne seront pas confisquées si la chasse était permise et si le délinquant avait un permis de chasse. (Loi Chasse, 16.)

Destruction des engins de chasse prohibés.
Domm.-intérêts à régler par le tribunal. (L. Ch. 16.)
Privation du permis, facultative ; maximum : 5 ans. (L. Ch. 18.)

73. *Engins et instruments prohibés.* — Pour :

A. Détention, B. Possession, C. Port,	hors du domicile	de filets, engins ou instruments de chasse prohibés.

Amende : 50 à 200 fr. (L. Ch. 12.)
Prison facultative : 6 jours à 2 mois. (L. Ch. 12.)

Si le délit a été commis par un garde champêtre ou forestier :

Amende, maximum obligatoire : 200 fr. (L. Ch. 12.)
Prison facultative : 6 jours à 2 mois. (L. Ch. 12.)

En cas de récidive, déguisement, masque, faux nom, violence ou menaces :

Peines doubles facultatives.	*Amende* : 50 à 400 fr. *Prison* facultative : 6 jours à 4 mois. *Peines* du C. P. s'il y lieu.	L. Ch. 14.

Confiscation et destruction des engins de chasse prohibés. (L. Ch. 16.)
A défaut de saisie ou de représentation, paiement de leur valeur à fixer par le tribunal ; minimum : 50 fr. (L. Ch. 16.)
Privation du permis, facultative ; maximum : 5 ans. (L. Ch. 18.)

74. *Gibier. Temps prohibé.* — Pour

A. Vente B. Achat C. Transport D. Colportage	de gibier en temps de chasse prohibé :

Amende : 50 à 200 fr. (L. Ch. 12.)
Prison facultative : 6 jours à 2 mois. (L. Ch. 12.)

Si le délit a été commis par un garde champêtre ou forestier :

Amende, maximum obligatoire : 200 fr. (L. Ch. 12.)
Prison facultative : 6 jours à 2 mois. (L. Ch. 12.)

En cas de récidive, déguisement, masque, faux nom, violence ou menaces :

Peines doubles facultatives.	*Amende* : 50 à 400 fr. *Prison* facultative : 6 jours à 4 mois. *Peines* du C. P. s'il y a lieu.	L. Ch. 14.

Saisie et confiscation du gibier à livrer à l'établissement de bienfaisance le plus voisin. (L. Ch. 14.)
Privation du permis, facultative ; maximum : 5 ans. (L. Ch. 18.)

CHAPITRE III.

Police de la chasse dans les bois soumis au régime forestier.

SECT. I. — LOCATION DE LA CHASSE.

§ 1. *Bois domaniaux.*

75. *Location. Bois de l'Etat.* — A partir du 1er septembre 1832, le droit de chasse dans les forêts de l'Etat pourra être affermé et mis en adjudication.

Le gouvernement est chargé de faire tous les règlements nécessaires pour assurer l'exécution de cette disposition. (Loi du 21 avril 1832, art. 5. Circ. A 304. Loi du 24 avril 1833, art. 5. Circ. N. 72.)

La chasse à courre et la chasse à tir peuvent être adjugées séparément. (Cah. des ch. art. 5.)

76. *Adjudication.* — A l'avenir, le droit de chasse dans les forêts domaniales sera affermé, soit par adjudication aux enchères et à l'extinction des feux, soit par adjudication au rabais, soit enfin sur soumissions cachetées, suivant que les circonstances l'exigeront. (Ord. du 20 juin 1845.)

77. *Bail.* — Les baux pourront être consentis pour une durée de neuf années. (Ord. du 20 juin 1845, art. 1.)

78. *Fermier. Condition.* — Un cahier des charges approuvé par le ministre réglera les conditions auxquelles les fermiers seront assujettis.

Il devra contenir les dispositions nécessaires à l'effet d'assurer la destruction des animaux nuisibles, tant dans l'intérêt de la conservation des forêts qu'en vue de préserver de tous dommages les propriétés particulières. (Ord. du 20 juin 1845, art 3. Circ. N 72.) Le dernier cahier des charges a été approuvé le 29 juin 1889.

79. *Adjudication. Formalités.* — L'adjudication se fait aux chefs-lieux de préfecture, de sous-préfecture et même de canton, aux enchères ou à l'extinction des feux. Le prix en est recouvré par le receveur des domaines de l'arrondissement où se fait la location. Il n'est rien dû pour défaut de mesures dans l'étendue de chaque cantonnement de chasse.

80. *Mode d'adjudication.* — L'adjudication par soumission n'est employée qu'en cas d'insuccès des enchères. Les mises à prix sont soumises à l'administration pour chaque lot. (Circ. A 838.)

81. *Lot. Mise à prix.* — Les mises à prix pour les adjudications de chasse dans les bois domaniaux ne devront pas descendre au-dessous de vingt centimes par hectare, à moins de circonstances particulières. (Circ. A 735.)

82. *Location. Lot.* — Les massifs forestiers de grande contenance pourront être mis en adjudication en un seul lot, dans les localités où des sociétés possédant meutes et équipages manifesteraient le désir de les affermer pour se livrer à la grande chasse. Dans ce cas, on doit élever la mise à prix à une somme au moins égale à celle qu'on aurait pu atteindre, en fractionnant le massif en plusieurs lots. (Circ. autogr. nº 95, 18 juin 1863.)

83. *Fermage. Prix. Annuité.* — Le prix annuel de location sera payé par semestre et d'avance, le 1er juillet et le 1er janvier, dans la caisse du receveur des domaines du lieu de l'adjudication. (Cah. des ch. art. 9.)

84. *Produit.* — La chasse est considérée comme un produit accessoire. (Arr. Min. 22 juin 1838. Circ. A 470. Circ. A 477.) Les conditions d'adjudication sont celles imposées pour la vente des menus produits.

85. *Aliénation. Modification. Résiliation.* — En cas d'aliénation de la forêt amodiée, par voie d'échange ou autrement, en cas d'affectation à un service public, etc., le bail sera résilié de plein droit et sans indemnité.

Il sera accordé, sur le terme payé d'avance, une réduction proportionnelle à la durée de la jouissance dont le fermier aura été privé.

Si la destination de la forêt n'est modifiée qu'en partie, par suite d'aliénation, d'affectation à un service de l'Etat, d'échange, de location ou de concession, l'Etat ne devra aucune indemnité au fermier, le bail sera maintenu et le prix en sera réduit ou augmenté, par décision ministérielle, proportionnellement à l'étendue qui aura été distraite ou ajoutée. Toutefois, l'Etat ne pourra obliger le fermier à subir une extension de contenance qui entraînerait une augmentation du prix du bail. (Cah. des ch. art. 2.)

86. *Frais d'adjudication. Bois domaniaux.* — L'adjudicataire payera comptant à la caisse du receveur des domaines, tant pour les droits fixes de timbre et d'enregistrement des procès-verbaux et actes relatifs à l'adjudication que pour tous autres frais, 1.60 pour cent du prix annuel de son bail, augmenté de la valeur moyenne annuelle des charges imposées pendant la durée du bail.

Il payera, en outre, les droits proportionnels d'enregistrement sur le montant total des annuités du bail, augmenté de la valeur totale des charges et du 1.60 pour cent. (Cah. des ch. 11.)

§ 2. *Bois communaux et d'établissements publics.*

87. *Concession.* — Le droit de chasse dans les bois communaux ne doit pas être concédé gratuitement. (Bull. Offic. du Min. de l'Int. 1857, p. 259.)

88. *Permission.* — Un maire ne peut pas accorder une permission de chasse dans les bois communaux; le droit de chasse doit être mis en ferme. (Cass. 5 février 1848. Chambéry, 22 décembre 1881.)

89. *Location.* — Les maires et les administrateurs des établissements publics ont le droit d'affermer la chasse dans les forêts communales et d'établissements publics soumises au régime forestier, sous la condition d'approbation de la part du préfet ou du ministre de l'intérieur. (Décr. du 25 prairial an XIII, 14 juin 1805. Circ. A 470. Loi du 18 juillet 1837.) Mais cette amodiation ne peut avoir lieu qu'en adjudication publique. (Lettre de l'administration du 18 février 1846 Circ. A 477. Circ N 72, § 3.)

90. *Adjudication.* — La mise en ferme de la chasse dans les forêts communales a lieu par les soins de l'administration municipale, *sans le concours des agents forestiers.* (Décr. 25 prairial an XIII. Loi du 18 juillet 1837. Circ. Min. de l'Int. 4 novembre 1850.)

91. *Cahier des charges.* — Les maires des communes et les administrateurs des établissements publics doivent communiquer préalablement les projets des cahiers des charges aux conservateurs, dont les observations pourraient suggérer des modifications utiles dans la rédaction de ces cahiers. (Lettre-circ. du Min. de l'Int. du 17 février 1887. Circ. N 381.)

92. *Procès-verbal d'adjudication.* — Les maires doivent adresser aux agents forestiers locaux une expédition du procès-verbal d'adjudication du droit de chasse, ainsi qu'un exemplaire du cahier des charges. (Circ. du Min. de l'Int. du 4 novembre 1850. Circ. A 662. Circ. N 72, § 3. Lettre-circulaire du Ministre de l'Intérieur du 17 février 1887. Circ. N 381.)

93. *Mise en ferme.* — Une commune peut être autorisée à affermer ses droits de chasse, sans recourir aux formalités de l'adjudication. (Bull. offic. du Min. de l'Int. 1856, p. 19.)

94. *Location.* — Les communes peuvent louer leurs chasses comme il leur convient, pourvu que leurs délibérations soient approuvées par le préfet. (Bulletin officiel. Puton.)

95. *Bail.* — Le conseil municipal règle les conditions des baux de chasse dont la durée ne dépasse pas dix-huit ans. Pour une durée plus longue, la délibération doit être approuvée par le préfet, qui statue en conseil de préfecture. (Loi du 5 avril 1884, art. 68 et 69.)

96. *Permission.* — Le consentement du propriétaire, pour chasser dans les bois communaux, ne peut résulter que d'une permission régulièrement délivrée, ou d'un bail régulier en la forme administrative, soit en vertu du décret du 25 prairial an XIII, soit en vertu de la loi du 18 juillet 1837. (Cass. 4 mai 1855. Paris, 21 juin 1855.)

97. *Permission.* — Les tribunaux correctionnels sont incompétents pour apprécier la régularité d'une délibération *approuvée* par le préfet, par laquelle le conseil municipal d'une commune accorde gratuitement à tous les habitants la faculté de chasser dans les bois de la commune, en se conformant aux lois.

En conséquence, le tribunal peut, sans violer la loi, acquitter un individu poursuivi pour avoir chassé dans les bois de la commune, en vertu d'une semblable autorisation. (Cass. 13 septembre 1850.)

98. *Produit.* — La location de la chasse dans les bois communaux n'est pas considérée comme produit accessoire. (Déc. Min. 30 janvier 1840. Circ. A 470. Circ. A 477.)

SECT. II. — EXERCICE DE LA CHASSE.

§ 1. *Surveillance. Braconnage.*

99. *Défense de chasser. Bois domaniaux.* — Il est absolument interdit de chasser dans les forêts domaniales. (Arr. du Gouv. du 28 vendémiaire an V.)

100. *Chasse. Autorisation.* — La chasse sans autorisation, dans les forêts soumises au régime forestier, est interdite à tout particulier, même lorsque la chasse est ouverte. (Arr. du 28 vendémiaire an V. Décr. du 25 prairial an XIII. Cass. 23 mai 1835.)

101. *Agent. Interdiction.* — Il est interdit aux agents de tout grade de chasser dans les bois de leur circonscription; ils ne doivent pas se rendre locataires de la chasse dans les bois communaux placés sous leur surveillance, ou accompagner, à titre d'amis, le fermier dans les forêts domaniales dont la gestion leur est confiée. (Circ. N 65. Circ. N 72, art. 18.)

102. *Préposés. Interdiction.* — Il est interdit aux gardes et brigadiers forestiers de chasser (Loi du 3 mai 1844, art. 7. Circ. A 557), de porter des fusils de chasse (Circ. N 55) et d'avoir des chiens courants ou d'arrêt. (Circ. N 72, art. 19.)

103. *Préposés. Défenses.* — Les agents doivent rappeler fréquemment ces défenses et signaler immédiatement à l'administration, en suivant l'ordre hiérarchique, les préposés qui les enfreindraient. (Circ. N 72, art. 20.)

104. *Police. Surveillance. Attribution.* — La surveillance et la police des chasses, dans les bois de l'Etat, sont dans les attributions du grand veneur. (Ord. 15 août 1814.) La police de la chasse, dans les forêts de l'Etat, est attribuée à l'administration des forêts, qui remplira, à cet égard, les fonctions attribuées au grand veneur. (Ord. 14 septembre 1830. Circ. N 72, art. 1.)

105. *Surveillance. Enlèvement des nids.* — Les préposés forestiers doivent constater les infractions à la loi sur la chasse, en vue d'empêcher l'enlèvement des nids et la destruction des petits oiseaux. (Circ. autogr. du 10 septembre 1874.)

Le rapport annuel sur la protection des petits oiseaux, prescrit par la circulaire autographiée du 10 septembre 1874, ne sera plus adressé. (Circ. N 416.)

106. *Permission.* — Lorsque l'amodiation de la chasse n'a pu être réalisée dans les conditions ordinaires d'adjudication publique, des permissions annuelles dites *licences* peuvent être délivrées, moyennant redevance, par l'administration, sur la proposition des conservateurs. (Circ. A 286. Circ. A 304. Ord. du 24 juillet 1832. Déc. Min. du 28 novembre 1863. Circ. N 72, § 2.)

107. *Surveillance. Fermier. Garde particulier. Ouvriers.* — La surveillance et la conservation de la chasse restent spécialement confiées aux agents et gardes forestiers dans les conditions déterminées par les lois et règlements, aux termes desquels les fermiers ne peuvent réclamer d'eux aucun service spécial et extraordinaire à cet effet.

Néanmoins, les fermiers pourront, avec l'autorisation du conservateur, instituer des gardes particuliers de la chasse dans leurs lots respectifs. Le choix de ces gardes sera également soumis à l'approbation du conservateur, à qui il appartiendra, le cas échéant, d'exiger leur renvoi.

Le conservateur aura également le droit d'exiger le renvoi des ouvriers employés à l'entretien de la chasse (élevage et agrainage des faisans, entretien des sentiers et des pièges, etc.). (Cah. des ch. 26.) V. Garde particulier.

108. *Surveillance. Bois communaux.* — Les communes n'ont pas le droit d'introduire, à titres particuliers, des surveillants, quels qu'ils soient, dans les forêts communales; les agents forestiers ont seuls mission d'assurer l'exécution des lois et règlements sur la chasse. (Circ. Min. de l'Intér. 4 nov. 1850.)

109. *Jouissance. Lots. Clôture. Modification de la chasse louée.* — Lorsqu'une forêt a été divisée en plusieurs lots, en vue de la location de la chasse, et qu'elle se trouve, par suite de l'adjudication, partagée entre deux fermiers, le fait par l'un d'eux d'établir, sur la limite de ses lots, un grillage interrompu aux points d'intersection avec les routes forestières qu'il rencontre n'autorise pas l'autre fermier à prétendre que l'état de la chose louée a été modifié à son détriment et à exiger du propriétaire la suppression d'une clôture qui mettrait obstacle, suivant lui, à la libre circulation du gibier dans la totalité de la forêt.

Et la pose d'autres grillages en retour, bordant, sur 60 ou 80 mètres, les routes forestières laissées libres, ne saurait être considérée comme une fraude ou un artifice employé pour attirer le gibier du voisin et le retenir. (Trib. de Bourges, 17 février 1891.)

110 *Jouissance. Permis spécial.* — Les fermiers et cofermiers ne pourront se livrer à la chasse qu'après avoir obtenu, indépen-

damment du permis de chasse de l'autorité compétente, un permis spécial du conservateur ou de l'agent forestier délégué par lui. (Cah. des ch. 16.)

111. *Permis de chasse.* — Toute personne régulièrement autorisée à chasser, dans les forêts soumises au régime forestier, doit, en outre, être munie d'un permis de chasse. (Loi du 3 mai 1844, art. 1er et 5. Circ. N 72, art. 4.)

112. *Permis de chasse.* — Le permis de chasse donne la faculté de chasser de jour, soit à tir, soit à courre, à cors et à cris, dans le temps où la chasse est ouverte, à ceux au profit desquels le droit de chasse est affermé. (Loi du 3 mai 1844, art. 9. Circ. N 72, art. 5.)

113. *Chasse isolée. Amis. Permission.* — Les fermiers et cofermiers pourront se faire accompagner chacun par trois personnes, ou les autoriser à chasser isolément, en leur donnant par écrit des permissions spéciales et nominatives dont ils fixeront la durée, sauf approbation de l'inspecteur des forêts. (Cah. des ch. 17.)

114. *Jouissance. Exercice.* — Dans le cas où le droit de chasse à tir et le droit de chasse à courre sur un même lot seront loués séparément à des personnes différentes, la chasse à courre, à cors et à cris, comprendra le grand gibier (cerf, daim, sanglier, loup). Elle pourra être exercée d'après le mode généralement en usage, deux fois par semaine pendant la durée de la chasse à tir et trois fois par semaine après la clôture de cette chasse.

Le choix des jours sera concerté, un mois au moins avant la date ordinaire de l'ouverture de la chasse, entre l'adjudicataire et l'agent forestier chef du service local, qui préviendra de ce choix, en temps opportun, les locataires de la chasse à tir. Les dimanches et fêtes ne pourront jamais être désignés. Le fait par les piqueurs d'aller en reconnaissance avec leurs limiers, en dehors des jours indiqués pour l'exercice de la chasse à courre, ne sera pas réputé acte de chasse. Toutefois, ces piqueurs ne pourront pénétrer dans les enceintes.

La chasse à tir comprendra toute espèce de gibier autre que celles ci-dessus spécifiées.

Sous la réserve des dispositions qui précèdent, les droits respectifs des chasseurs soit à courre, soit à tir, tels qu'ils résultent des lois, règlements et usages, sont et demeurent expressément réservés. Toutefois, ni les chasseurs à tir, ni leurs gardes ne pourront chasser, ni tirer les animaux nuisibles et oiseaux de toute sorte en dehors des jours de chasse qui leur sont réservés.

L'administration n'entend encourir ni garantie, ni responsabilité à cet égard. Elle ne pourra, en aucun cas, être appelée en cause dans les contestations qui pourraient s'élever entre les adjudicataires. (Cah. des ch. 15.)

115. *Battue.* — La chasse connue sous le nom de *battue*, et qui s'exerce avec le secours des traqueurs, est permise comme rentrant dans la chasse à tir. (Instr. du Min. de l'Int. 11 fév. 1846. Circ. N 7, art. 26.)

116. *Amis. Piqueurs.* — Les personnes par lesquelles les fermiers et cofermiers peuvent se faire accompagner sont : les amis, piqueurs ou gens à gage, sans qu'il y ait lieu de distinguer entre eux, lorsque ces personnes sont munies d'armes à feu. (Circ. A 735.)

117. *Cofermier. Permission.* — Lorsqu'un fermier retire le droit de chasse à un cofermier, les agents doivent se faire signifier ce retrait par écrit, afin de retirer la permission de chasse donnée au cofermier et de le poursuivre, s'il chassait après le retrait de l'autorisation. (Circ. A 838.)

118. *Animaux nuisibles.* — La destruction des animaux nuisibles ou du gibier surabondant n'est pas considérée comme un fait de chasse, quand elle s'effectue dans les conditions réglementaires. (Circ. N 72, art. 18.)

119. *Louvetier. Chasse à courre. Sanglier.* — Le fermier de la chasse ne pourra s'opposer à l'exercice du droit accordé aux lieutenants de louveterie de chasser le sanglier à courre deux fois par mois, pendant le temps où la chasse est permise. (Règlement du 20 août 1814. Ord. 20 juin 1845. Cah. des ch. 25.)

120. *Fermiers. Arrêtés préfectoraux.* — Les fermiers doivent se soumettre à toutes les prescriptions des arrêtés préfectoraux concernant l'exercice et la police de la chasse, ainsi qu'aux dispositions des cahiers des charges réglant les conditions de la jouissance. (Circ. N 72, art. 9.)

121. *Lieutenant de louveterie. Chasse.* — Les conservateurs statuent sur les réclamations du lieutenant de louveterie, à l'occasion des chasses que ne tolèrent pas les agents locaux. (Circ. A 809.)

122. *Trouble. Dommage. Responsabilité. Compétence. Exercices militaires.* — L'autorité judiciaire est seule compétente pour connaître d'une contestation entre l'État et le locataire du droit de chasse dans une forêt domaniale, à l'occasion du trouble qui aurait été apporté à la jouissance du locataire.

Il en est ainsi alors même que le fait duquel résulterait le trouble à la jouissance proviendrait d'exercices et tirs prescrits par l'administration militaire. (Trib. des conflits, 29 novembre 1884.)

123. *Dommage. Responsabilité. Compétence. Exercices militaires.* — Il y a lieu de déclarer l'État responsable des dommages de toute

nature que causent des exercices militaires à des propriétaires, et notamment du dommage causé par des exercices de troupes exécutés dans une plaine le jour de l'ouverture de la chasse, lorsque ces opérations ont été prescrites en dehors des cas prévus par la loi du 24 juillet 1873.

Et l'action en responsabilité ainsi formée contre l'Etat est de la compétence de l'autorité administrative et non de l'autorité judiciaire. (Conseil d'Etat, 25 juillet 1884.)

§ 2. *Délit. Constatation.*

124. *Délit. Constatation.* — Les préposés forestiers constatent les délits de chasse, dans les bois soumis au régime forestier situés dans l'arrondissement pour lequel ils sont assermentés. Partout ailleurs, ils sont incompétents. Les procès-verbaux sont dressés dans la forme prescrite. (Circ. A 454.)

125. *Preuve testimoniale.* — Les délits de chasse peuvent, à défaut de procès-verbaux, être établis par la preuve testimoniale et notamment par la déposition du garde particulier qui, ayant vu commettre le délit, n'en a pas dressé procès-verbal. (Cass. 24 mai 1878.)

126. *Constatation. Délit.* — Les agents et les préposés constatent les délits de chasse, dans les bois soumis au régime forestier, savoir : les agents, dans toute l'étendue du territoire pour lequel ils sont commissionnés, et les préposés dans l'arrondissement du tribunal près duquel ils sont assermentés. (Cod. For. art. 160. Loi du 3 mai 1844, art. 22. Circ. N 72, art. 11.)

127. *Procès-verbaux. Déclaration verbale.* — Les gardes qui constatent un délit de chasse doivent déclarer verbalement leur procès-verbal au délinquant, toutes les fois qu'ils pourront s'approcher de lui, et mentionner dans ledit procès-verbal que cette déclaration a été faite. (Circ. N 400.)

128. *Délit en plaine.* — Les gardes forestiers n'ont pas qualité pour constater les délits de chasse en plaine. (Déc. Min. 21 mai 1829. Cass. 9 mai 1828.)

129. *Foi due aux procès-verbaux.* — Les procès-verbaux des agents et gardes forestiers, constatant des délits de chasse dans les bois soumis au régime forestier, font foi jusqu'à inscription de faux, parce que les délits de l'espèce sont des délits forestiers. (Cass. 26 avril 1845. Rouen 25 mai 1855.)

Les procès-verbaux des agents et gardes forestiers constatant des délits de chasse (en dehors des terrains soumis au régime forestier) ne font foi que jusqu'à preuve contraire. (Loi Chasse, art. 22. Montpellier, 14 février 1853. Orléans, 10 juin 1861.)

130. *Procès-verbaux. Formalités.* — On doit observer, pour la rédaction et l'enregistrement des procès-verbaux de chasse, les formalités prescrites pour les procès-verbaux des autres délits forestiers. (Circ. N 72, art. 13.)

131. *Délit. Constatation.* — La constatation des délits de chasse, dans les bois soumis au régime forestier, doit avoir lieu dans la forme prescrite pour la constatation des *autres délits forestiers*. (Arrêté du 28 vendémiaire an v.)

132. *Heure.* — Les procès-verbaux de chasse doivent indiquer l'heure où le délit a été commis et l'heure où le procès-verbal a été affirmé. V. Affirmation. Procès-verbal.

133. *Adjudicataire. Procès-verbal. Poursuites.* — Les adjudicataires du droit de chasse peuvent faire constater et poursuivre, en leur nom, les délits de chasse. (Cass. 21 janvier 1837.)

134. *Gibier. Saisie. Temps prohibé.* — Le gibier saisi pendant le temps où la chasse est fermée (Loi du 3 mai 1844, art. 4), de même que le gibier trouvé pris à des pièges ou engins prohibés et celui qui est abandonné par les délinquants, est immédiatement livré à l'établissement de bienfaisance le plus voisin, en vertu soit d'une ordonnance du juge de paix, si la saisie a eu lieu au chef-lieu de canton, soit d'une autorisation du maire, si le juge de paix est absent, ou si la saisie a été faite dans une commune autre que celle du chef-lieu.

Cette ordonnance ou cette autorisation est délivrée sur la requête des agents ou gardes qui ont opéré la saisie et sur la présentation du procès-verbal régulièrement dressé. (Circ. N 72, art. 17.)

135. *Gardes. Procès-verbaux. Instructions.* — Il est défendu aux gardes de désarmer les chasseurs ; mais les procès-verbaux doivent faire connaître la nature des armes ou engins laissés entre les mains des délinquants et en donner la description exacte, avec l'indication de leur valeur. (Circ. N 72, art. 15.)

136. *Armes. Engins. Saisie.* — Les armes, engins ou instruments de chasse, abandonnés par les délinquants restés inconnus, sont saisis et déposés au greffe du tribunal compétent. (Loi du 3 mai 1844, art. 16. Circ. N 72, art. 16.)

137. *Gratification.* — La gratification pour délit de chase est due pour chaque condamnation prononcée. (Ordon. du 5 mai 1845, art. 2. Loi de finances, 27 décembre 1890, art. 11. Circ. N 430.)

SECT. III. — POURSUITES.

138. *Contraventions.* — Les infractions à la loi sur la chasse et aux arrêtés pris pour son exécution constituent des contraventions de police, quoique la connaissance en appartienne aux tribunaux correctionnels. (Cass. 17 juillet 1857, 15 décembre 1870.)

139. *Qualifications. Poursuites.* — Les délits de chasse commis dans les bois soumis au régime forestier sont assimilés aux délits forestiers proprement dits, et l'administration forestière a qualité pour en poursuivre la répression. (Conseil d'Etat, 26 novembre 1860, approuvé le 22 décembre 1860.)

140. *Poursuites.* — Les agents forestiers ont qualité pour poursuivre directement la répression des délits de chasse commis dans les bois et forêts soumis au régime forestier. L'article 26 de la loi du 3 mai 1844 n'a pas dérogé, à cet égard, à la législation antérieure. (Circ. N 72, art. 23.)

141. *Poursuites. Compétence.* — L'administration est compétente pour poursuivre d'office les délits de chasse commis dans les bois domaniaux et communaux soumis au régime forestier. (Cass. 9 janvier 1846, 27 février 1865.)

142. *Partie civile.* — En cas de nullité du procès-verbal, la partie civile a le droit de faire entendre des témoins pour prouver le délit de chasse. (Rouen, 22 février 1878.)

143. *Poursuites.* — L'administration forestière peut poursuivre le délit de chasse sans permis. (Cass. 21 août 1852.)

144. *Infraction. Poursuites.* — Les infractions aux lois et règlements de la part des fermiers et cofermiers et des personnes dont ils sont accompagnés, et les délits de chasse commis par les personnes sans titre dans les forêts affermées sont poursuivis correctionnellement, sauf à toute partie lésée, d'après la connaissance que l'agent forestier ou le ministère public lui a donnée du procès-verbal, à intervenir pour requérir les dommages-intérêts auxquels elle peut avoir droit. (Circ. N 72, art. 10.)

145. *Délit personnel.* — Le délit de chasse est un délit personnel, et chacun des délinquants est personnellement passible d'une amende. (Cass. 17 juillet 1823. Colmar, 5 juin 1860.)

146. *Gardes. Pénalités.* — Indépendamment des peines prononcées (maximum) par les tribunaux, les gardes qui chassent encourent toute la sévérité de l'administration. (Cir. N 72, art. 22.)

147. *Garde forestier. Poursuites.* — Les délits de chasse commis par les gardes, même dans l'exercice de leurs fonctions, ne constituent pas des faits relatifs à ces fonctions ; ils peuvent être poursuivis directement par le ministère public, sans qu'il soit besoin de l'autorisation de l'administration. Ils sont poursuivis devant la 1re chambre de la cour d'appel. (Cass. 5 mars 1846. Cass. 2 mars 1854. Conseil d'Etat, 12 mai 1855. Rouen, 2 août 1858.)

148. *Délit. Garde. Poursuites.* — Le délit de chasse commis par un garde, en dehors des forêts confiées à sa surveillance, peut être poursuivi sans l'autorisation de l'administration et devant les tribunaux correctionnels ordinaires. (Cass. 8 août 1846. Conseil d'Etat, 6 août 1850.)

149. *Gardes particuliers. Aggravation.* — L'aggravation de peine, prononcée par l'article 12 de la loi du 3 mai 1844, n'est pas applicable aux gardes particuliers pour délit de chasse commis dans les bois confiés à leur surveillance. (Cass. 17 août 1860.)

150. *Gardes particuliers. Aggravation.* — L'aggravation de peine est applicable aux gardes particuliers en cas de chasse sans permis, dans les lieux confiés à leur surveillance. (Alger, 17 avril 1872.)

151. *Gardes de chemins de fer. Poursuites.* — Les délits de chasse commis par les gardes des chemins de fer doivent être poursuivis devant la cour d'appel. (Instr. Crim. art. 483. Metz, 4 juin 1855.)

152. *Maire. Adjoint. Fonctions.* — Un maire ou adjoint trouvé chassant sur le territoire de sa commune ne peut, en dehors de toute autre circonstance, être réputé avoir agi dans l'exercice de ses fonctions de police judiciaire. (Grenoble, 4 décembre 1867. Paris, 27 avril 1872.)

153. *Bois communaux. Permission. Poursuites.* — Les tiers qui chassent isolément dans une forêt communale, avec la permission du fermier de la chasse, sont personnellement passibles des peines portées par la loi, si le bail interdisait au fermier d'accorder de telles permissions. (Cass. 18 août 1849.)

154. *Sans permission. Terre avec récolte.* — Si un individu est trouvé chassant sur des terres non dépouillées de leur récolte, lorsque la chasse est ouverte, il doit, s'il ne produit pas le consentement du propriétaire, qui annulerait le délit, être puni des peines prévues par l'article 11 de la loi du 3 mai 1844 et non de celles de l'article 12. (Cass. 18 juillet 1845.)

155. *Etang salé. Mer.* — La loi sur la chasse du 3 mai 1844 est inapplicable à ceux qui chassent, au moyen d'embarcations, sur la mer et sur les étangs salés en dépendant. (Aix, 12 mars 1856.)

156. *Gibier de mer. Clôture. Plage. Bateaux.* — La défense de chasser après la clôture de la chasse s'applique à la chasse au gibier de mer, soit sur la plage, soit en bateau. (Cass. 20 janvier 1860.)

157. *Militaires. Compétence.* — La répression des délits de chasse commis par les militaires appartient aux tribunaux ordinaires. (Conseil d'Etat, 4 janvier 1806.)

158. *Transaction.* — Les délits de chasse commis dans les bois soumis au régime forestier étant des délits forestiers, l'adminis-

tration a le droit de transiger, et le ministre a le droit d'accorder la remise totale ou partielle des condamnations. (Conseil d'Etat, 26 novembre 1860. Décis. Min. 22 décembre 1860 et 31 août 1852.) V. Transaction.

159. *Transaction.* — Le droit de transaction, attribué à l'administration des forêts par l'article 159 du code forestier, s'applique à tous les délits de chasse commis dans les bois soumis au régime forestier. (Cons. d'Etat 26 novembre 1860. Cass. 2 août 1867. Circ. N 72, art. 24.)

160. *Transaction.* — Le droit de transaction, avant jugement, s'applique à tous les délits de chasse (chasse sans permis, en temps prohibé) commis dans les bois soumis au régime forestier. (Cass. 24 décembre 1868).

161. *Amendes. Remise. Modération.* — Nonobstant l'attribution qui en a été faite aux communes par l'article 19 de la loi du 3 mai 1844, les amendes prononcées pour délits de chasse peuvent être remises ou modérées. (Déc. Min. du 30 septembre 1844. Circ. N 72, art. 25.)

162. *Transaction. Gratification.* — On doit toujours réserver, dans le règlement des transactions de chasse, outre les frais, la somme nécessaire pour le payement de la gratification à laquelle le rédacteur du procès-verbal a droit, aux termes de l'ordonnance du 5 mai 1845. (Règlement sur la comptabilité du 26 décembre 1866, § 481. Circ. N 72, art. 26. Loi de finances, 27 décembre 1890, art. 11. Circ. N 430.)

SECTION. IV. — DROIT D'USAGE. CONCESSION.

163. *Droit de chasse. Cession.* — La clause par laquelle une commune cède à des particuliers, à titre onéreux, le droit de chasse, pour eux et leurs descendants, sur la superficie générale des biens communaux tant qu'ils ne seront pas aliénés ou partagés, ne constitue ni un démembrement perpétuel de la propriété, ni une servitude personnelle; n'étant pas non plus entachée de féodalité, elle est donc parfaitement licite et obligatoire; elle est absolue et exclusive de la participation de la commune dans les droits cédés. (Cass. 13 décembre 1869.)

164. *Droit de chasse. Concession.* — Le droit de chasse aux oiseaux de rivière concédé à titre onéreux par un particulier, aux habitants d'une commune, constitue un démembrement de propriété et non pas seulement un droit d'usage. (Bordeaux, 17 mars 1847.)

165. *Concession. Servitude personnelle.* — La concession d'un droit de chasse au profit des propriétaires successifs d'un domaine sur des fonds voisins ayant fait partie de ce domaine, mais qui en ont été détachés par aliénation, ne peut avoir le caractère d'une servitude réelle; c'est là une servitude personnelle, qui ne profite pas au donataire lui-même, mais seulement à la personne du propriétaire de ce domaine, et qui, dès lors, est prohibée par l'article 686 du code civil. (Cass. 9 janvier 1891.)

166. *Droit féodal. Concession. Abolition.* — Le droit de chasse étant, sous l'ancienne législation, un droit essentiellement féodal ne pouvait être concédé à des vassaux. Si la concession avait été faite, elle aurait été supprimée par les lois de 1789 et 1793, qui ont aboli les droits féodaux. (Metz, 17 août 1865.)

167. *Concession. Féodalité.* — Est nulle, comme entachée de féodalité, la concession de droit de chasse faite aux habitants d'une commune par un seigneur, en vertu de sa puissance seigneuriale et non comme propriétaire privé. La possession plus que trentenaire des droits de chasse ayant leur origine dans une concession entachée de féodalité ne peut être invoquée par une commune concessionnaire, alors qu'elle ne justifie pas que son titre ait été interverti. (Cass. 28 mai 1873.)

167 bis. *Tréfoncier. Superficiaire. Droit. Propriété.* — Lorsque dans un immeuble la superficie appartient à un propriétaire, et le fonds à un autre, le droit de chasse paraît, à moins de clauses contraires, continuer à appartenir au tréfoncier. (Puton.)

SECT. V. — POURSUITE INTERNATIONALE DES DÉLITS DE CHASSE. FRANCE ET BELGIQUE.

168. *Poursuites. Infractions.* — La France et la Belgique s'engagent à poursuivre ceux de leurs nationaux qui auraient commis sur le territoire de l'autre Etat des infractions en matière de chasse, de la même manière et par application des mêmes lois que s'ils s'en étaient rendus coupables dans leur pays. (Convention du 6 août 1885, art. 1. Circ. N 374.)

169. *Poursuites. Condition. Territoire.* — La poursuite des infractions n'aura lieu que si l'inculpé est trouvé sur le territoire du pays à qui elle appartient, et elle ne pourra s'exercer si l'inculpé prouve qu'il a été jugé définitivement dans le pays où l'infraction a été commise. (Convention du 6 août 1885, art. 1. Circ. N 374.)

170. *Procès-verbaux. Envoi.* — Pour les infractions commises en Belgique par des Français, les procès-verbaux seront transmis aux procureurs de la République, par l'intermédiaire des procureurs royaux, et, pour les infractions commises en France par des Belges, les procès-verbaux seront transmis aux procureurs royaux par l'intermédiaire des procureurs de la République. (Convention du 6 août 1885, art. 2. Circ. N 374.)

171. *Procès-verbaux. Degré de foi.* — Les procès-verbaux dressés régulièrement par les

agents de chaque pays feront foi, jusqu'à preuve contraire, devant les tribunaux de l'autre pays. (Convention du 6 août 1885, art. 2. Circ. N 374.)

172. *Amendes. Frais. Recouvrement.* — L'Etat où la condamnation sera prononcée percevra seul le montant des amendes et des frais. (Convention du 6 août 1885, art. 3. Circ. N 374.)

173. *Durée.* — La présente convention est conclue pour un temps indéterminé et demeurera en vigueur jusqu'à l'expiration d'une année à partir du jour où la dénonciation en sera faite. (Convention du 6 août 1885, art. 4. Circ. N 374.) V. Frontière.

CHASSE A COURRE.

1. *Ouverture. Clôture.* — La chasse à courre, à cor et à cris, peut avoir une ouverture et une clôture distincte de la chasse à tir. (Loi du 22 janvier 1874.)

2. *Loup. Destruction. Mode de chasse.* — La présence de loups dans un canton peut être considérée comme portant un dommage actuel et imminent, qui justifie l'emploi, pour leur destruction, de tous les moyens usités en pareil cas, et notamment de la chasse à courre. (Cass. 28 avril 1883.)

3. *Invités.* — Les personnes invitées à une chasse à courre, qui n'ont ni dirigé, ni appuyé les chiens, peuvent être considérées comme n'ayant pas accompli d'acte de chasse, encore qu'elles aient assisté au lancé et même à la poursuite de l'animal chassé. (Cass. 28 juillet 1881.)

4. *Chasseurs. Armes.* — Dans une chasse à courre au sanglier, les chasseurs peuvent porter un fusil pour leur défense, sans que cette circonstance puisse convertir la chasse à courre en chasse à tir, alors surtout qu'il n'est pas établi que l'animal chassé ait été tiré. (Trib. de Vesoul, 24 juillet 1877.)

CHASSE A TIR.

1. *Animal réservé. Tir. Cerf et biche. Animal nuisible.* — L'adjudicataire de la chasse à tir, dans une forêt de l'Etat où la chasse à courre est louée séparément à une autre personne, commet le délit puni par l'article 11, § 5, de la loi du 3 mai 1844, lorsqu'il tire sur les grandes bêtes (dans l'espèce, des cerfs et des biches), réservées exclusivement pour la chasse à courre par le cahier des charges, quand même un arrêté préfectoral aurait classé ces grandes bêtes au nombre des animaux nuisibles. (Trib. de Compiègne, 12 avril 1881.)

2. *Cerf. Biche. Animal réservé.* — L'adjudicataire de la chasse à tir, dans une forêt de l'Etat où la chasse à courre est louée à une autre personne, ne peut, sans commettre l'infraction prévue et punie par l'article 11, § 5, de la loi du 3 mai 1844, tirer sur les grandes bêtes, réservées exclusivement par le cahier des charges pour la chasse à courre.

En vain soutiendrait-il que, depuis la mise en location de la chasse, un arrêté préfectoral a classé ces grandes bêtes parmi les animaux nuisibles et malfaisants que tout propriétaire, possesseur et fermier, peut détruire en tout temps, parce qu'on ne saurait, en effet, considérer, en pareil cas, le locataire de la chasse à tir comme substitué aux droits du propriétaire de la forêt, relativement à la destruction d'animaux sur lesquels précisément ce dernier lui défend de tirer. (Trib. de Compiègne, 4 janvier 1881.)

CHASSEURS FORESTIERS.

SECT. I. — FRANCE, 1 — 11.

SECT. II. — ALGÉRIE, 12 — 19.

V. Ancienneté. Armement. Assimilation. Ecole forestière. Equipement. Feuilles de route. Grade. Insigne. Mobilisation. Officier. Uniforme.

SECT. I. — FRANCE.

1. *Organisation.* — Les préposés forestiers sont organisés, suivant l'effectif, en compagnies, sections ou détachements de chasseurs forestiers. (Décr. du 18 novembre 1890. Circ. N 424.)

2. *But.* — Les unités de chasseurs forestiers sont destinées à seconder, en principe, dans la région de leur service de paix, les opérations des armées actives ou de la défense des places fortes. (Décr. du 18 novembre 1890. Circ. N 424.)

3. *Composition. Compagnies.* — Les cadres des compagnies, sections et détachements des chasseurs forestiers sont pris dans le personnel de l'administration des forêts et composés, autant que possible, de manière que les préposés soient placés sous les ordres de leurs chefs du temps de paix.

Ils varient avec les effectifs des unités.

Ceux d'une compagnie comprennent au plus :

Un capitaine commandant ;
Un capitaine en second ;
Deux lieutenants (ou un lieutenant et un sous-lieutenant) ;
Un sergent-major ;
Cinq sergents, dont un fourrier ;
Huit caporaux ;
Deux clairons.

Ils peuvent être réduits à deux officiers.

Les cadres d'une section ne peuvent dépasser un demi-cadre de compagnie. Ils peuvent être réduits à un officier.

Ceux d'un détachement ne peuvent dépasser un quart du cadre d'une compagnie. Ils peuvent ne pas comprendre d'officier.

Les commandants de compagnie sont montés, en cas d'appel à l'activité. (Décr. du 18 novembre 1890. Circ. N 424.)

4. *Armement. Equipement. Campement.* — Le ministre de la guerre pourvoira à l'armement et au grand équipement des chasseurs forestiers, ainsi qu'à la fourniture des havresacs ; il leur fera distribuer des objets de campement, dès que l'ordre de mobilisation aura été donné. (Décr. du 2 avril 1875. Circ. N 173. Décr. du 18 nov. 1890. Circ. N 424.)

5. *Honneurs. Récompenses. Pensions.* — A dater du jour de l'appel à l'activité, les compagnies, sections ou détachements de chasseurs forestiers font partie intégrante de l'armée et jouissent des mêmes droits, honneurs et récompenses que les corps de troupe qui la composent. Sous le rapport des pensions pour infirmités et blessures et des pensions de veuves, les officiers, les sous-officiers, caporaux et soldats jouissent de tous les droits attribués aux militaires du même grade dans l'armée active. (Décr. du 18 nov. 1890. Circ. N 424.)

6. *Inspections générales.* — Les compagnies, sections ou détachements de chasseurs forestiers sont soumis, dans la période de paix, à des inspections générales.

Les réunions de compagnies, sections ou détachements appelés à être inspectés doivent avoir lieu par fractions de troupes. (Décr. du 18 novembre 1890. Circ. N 424.)

7. *Nomination des officiers.* — Les agents sont nommés par le Président de la République au grade qui leur a été attribué.

Les agents assimilés aux grades de capitaine, lieutenant ou sous-lieutenant, non compris dans les cadres des unités de chasseurs forestiers, reçoivent un titre de nomination leur donnant une affectation dans les cadres de l'armée comme officiers de réserve ou de l'armée territoriale.

Les inspecteurs et conservateurs qui ne sont pas employés ne reçoivent pas de titre de nomination ; ils sont munis, dès le temps de paix, d'instructions émanant de l'autorité militaire et précisant leurs devoirs, dans le cas où leur résidence serait menacée par l'ennemi. (Décr. du 18 novembre 1890. Circ. N 424.)

8. *Contrôle.* — Dès que les contrôles de guerre des unités forestières seront arrêtés, le conservateur des forêts adressera aux commandants des bureaux de recrutement les noms des hommes faisant partie de son personnel et astreints au service dans l'armée active ou dans l'armée territoriale, en indiquant la date de leur entrée au service dans l'administration.

Il tiendra ensuite ces officiers au courant de toutes les mutations concernant ces hommes et ceux de la même catégorie qui seraient admis ultérieurement dans les compagnies, sections ou détachements de sa conservation.

Les commandants de recrutement n'affectent à aucun corps de l'armée active ou territoriale le personnel forestier n'ayant pas rang d'officier et comptant six mois au moins de fonctions dans l'administration.

Les préposés appartenant aux unités mises à la disposition de l'autorité militaire dès la publication de l'ordre de mobilisation jouissent de cette prérogative, même s'ils n'ont pas six mois de fonctions. (Décr. du 18 novembre 1890. Circ. N 424.)

9. *Sous-officiers. Caporaux. Clairons. Nomination.* — Les nominations de sous-officiers, caporaux et clairons, dans les compagnies de chasseurs forestiers, appartiennent aux conservateurs. (Circ. N 362.)

10. *Effectif des unités Etat numérique.* — Les conservateurs doivent faire parvenir à l'administration, pour le 10 janvier et le 10 juillet de chaque année, un état numérique de l'effectif des unités de chasseurs forestiers, faisant connaître les modifications qui se sont produites au cours du semestre précédent. (Circ. N 389. Form. série 1, n° 24.)

11. *Mobilisation. Sergent-major.* — Les sergents-majors des chasseurs forestiers, pourvus de carabines (fusils modèle 1886) pour leur service ordinaire, devront, à partir de l'ordre de mobilisation, verser ces armes dans un magasin de troupe désigné, dès le temps de paix, par les soins du général commandant le corps d'armée. (Circ. N 317.)

SECT. II. — ALGÉRIE.

12. *Principe.* — Les dispositions du décret du 18 novembre 1890, réorganisant sur de nouvelles bases le corps des chasseurs forestiers et déterminant, en cas de mobilisation, les affectations des agents ou préposés de l'administration des forêts, sont rendues applicables à l'Algérie. (Décr. du 2 avril 1892. Circ. N 444.)

13. *Organisation.* — Dans chacun des trois départements de l'Algérie, les chasseurs forestiers sont organisés, au point de vue

militaire, en sections correspondant autant que possible, aux inspections forestières. (Instr. Min. 4 avril 1892. Circ. N 444.)

14. *But.* — Les unités de chasseurs forestiers sont destinées à seconder, en principe, dans la région de leur service de paix, les opérations des colonnes ; elles peuvent aussi concourir à la défense des centres de colonisation et à la surveillance des voies de communication. (Instr. Min. 4 avril 1892. Circ. N 444.)

15. *Consigne.* — Chaque chef de détachement reçoit, dès le temps de paix, une consigne à laquelle il se conforme au reçu de l'ordre de mobilisation. (Instr. Min. 4 avril 1892. Circ. N 444.)

16. *Cadre.* — Le cadre d'une section comprend au maximum :

Un capitaine commandant ;

Un lieutenant ou sous-lieutenant ;

Un sergent adjoint au commandant de la section pour l'administration ;

Autant de sous-officiers que la section comporte de détachements.

Chaque détachement, commandé par un sergent, est pourvu d'un nombre de caporaux variable selon l'effectif. (Instr. Min. 4 avril 1892. Circ. N 444.)

17. *Monture.* — Les divers agents ou préposés peuvent utiliser pour leur service du temps de guerre les montures dont ils font usage en temps de paix ; ils ont droit, dans ce cas, aux allocations de fourrages réglementaires. (Instr. Min. 4 avril 1892. Circ. N 444.)

18. *Habillement. Armement. Equipement.* — Les chasseurs forestiers sont habillés, armés et équipés en hommes à pied : leur équipement subit toutefois des modifications analogues à celles qui sont adoptées dans les compagnies d'infanterie montée. (Instr. Min. 4 avril 1892. Circ. N 444.)

19. *Mobilisation.* — Dès la publication de l'ordre de mobilisation, le corps des chasseurs forestiers en Algérie est à la disposition du général commandant le 19e corps d'armée, qui détermine l'appel à l'activité des unités, en totalité ou en partie, selon les circonstances. (Instr. Min. 4 avril 1892. Circ. N 444.)

CHATAIGNE.

Tolérance. — L'enlèvement des châtaignes dans les bois est en partie toléré. — Voir, pour la pénalité : Fruit. Enlèvement.

CHATAIGNIER.

Classification. — **Arbre de 1re classe.** (Cod. For. 192.)

CHAUFFAGE.

1. *Délivrance. Quantité.* — Les brigadiers et gardes domaniaux reçoivent chaque année, pour leur chauffage, 8 stères de bois et 100 fagots. (Circ. A 395. Circ. A 421 ter. Déc. Min. 23 juin 1837.) V. Garde.

2. *Quantité.* — En montagne, la fourniture réglementaire peut être augmentée suivant les exigences locales. (Circ. N 125.)

3. *Qualité.* — Le bois doit être de qualité marchande et les fagots doivent avoir 1m,33 de hauteur et 0m,83 de tour. (Circ. A 395.)

4. *Préposés domaniaux. Remplacement.* — Les conservateurs pourront, sans avoir à en référer à l'administration, remplacer, quand ils le jugeront à propos, la fourniture des 100 fagots par 8 stères de bois de chauffage. (Circ. N 416.)

5. *Mode de délivrance.* — Les adjudicataires sont chargés, par les clauses spéciales, de fournir ce bois au domicile des employés, aux époques désignées. (Circ. A 395. Circ. A 421 ter.)

6. *Réception.* — Le chef de cantonnement reçoit le bois, *sur la coupe*, et le marque, aux deux extrémités, de son marteau ; le procès-verbal de cette opération sert de décharge à l'adjudicataire, après que le garde a certifié la réception à son domicile. (Circ. A 395. Circ. A 421 ter.)

7. *Délivrance. Chablis. Marque.* — Lorsque, dans les forêts de l'Etat, il n'y a pas de coupes vendues ou exploitées, la délivrance du bois de chauffage, pour les préposés, s'effectue parmi les chablis, les volis, les morts bois, bois morts, dépérissants et étouffés, lesquels sont marqués au corps et à la racine du marteau des agents forestiers. Il est dressé procès-verbal de cette opération, dont la copie est consignée au livret du garde. (Circ. A 395. Circ. A 421 ter. Décis. Min. 23 juin 1837.)

8. *Frais d'exploitation et de transport.* — Lorsque, faute de coupes vendues, le chauffage des préposés est délivré parmi les chablis, morts-bois, etc., les bois sont exploités et transportés au domicile des préposés aux

frais de l'administration ; à cet effet et suivant l'importance de la délivrance, les conservateurs proposent pour l'exploitation et le transport des bois, soit le mode d'économie, soit celui par soumission. La dépense est imputée sur les frais d'exploitation des coupes par économie. (Circ. A 654. Décis. Min. 29 mai 1850.)

9. *Frais. Proposition.* — Les propositions de crédits, pour les frais d'exploitation et de transport du bois de chauffage pour les gardes domaniaux, doivent être résumées dans un état collectif par département et adressées à l'administration avant le 1er juin de chaque année. (Circ. A 691.) (Après la vente des coupes.)

10. *Vente. Echange.* — Il est interdit aux préposés de vendre ou d'échanger le bois qui leur est accordé par l'administration pour leur chauffage. (Circ. A 395.)

11. *Mutation.* — En cas de mutation, il sera fait inventaire des bois restant au domicile du garde pour être remis à son successeur. (Circ. A 395.)

12. *Préposés du reboisement.* — Les gardes et brigadiers du reboisement recevront une indemnité de 100 francs pour leur chauffage. (Lettres-circ. de l'Adm. 7 août 1861 et 3 mars 1862.)

13. *Préposés mixtes* — Pour les gardes et brigadiers mixtes, l'Etat doit contribuer à la délivrance du bois de chauffage, dans la même proportion qu'il contribue à leur traitement. Les communes, dont ces gardes ou brigadiers mixtes surveillent les bois, ne sont pas tenues de leur accorder le surplus de la délivrance. (Circ. A 665 ter.)

14. *Préposés sédentaires.* — Les préposés sédentaires ont droit au chauffage. Quand les bois ne peuvent être délivrés en nature, l'ayant droit reçoit une indemnité équivalente, qui ne doit en aucun cas dépasser 100 francs. (Décis. Min. du 28 février 1890. Circ. N 418.)

15. *Délivrance affouagère. Gardes domaniaux.* — N'ont pas droit au chauffage les gardes domiciliés dans des communes usagères ou propriétaires de bois et dont l'affouage est délivré en nature aux habitants. Cependant, si l'affouage était inférieur à la délivrance (8 stères et 100 fagots), ces préposés recevraient le complément dans les forêts de l'Etat. (Décis. Min. 23 juin 1837. Circ. A 395.) V. Affouage.

16. *Gardes communaux.* — Il n'y a pas lieu d'accueillir, contre le gré des conseils municipaux, des propositions de l'autorité préfectorale tendant à faire accorder aux gardes communaux du bois de chauffage comme il en est accordé aux gardes des bois de l'Etat. (Bulletin officiel du ministère de l'Intérieur, 1856, p. 171.)

CHAUSSÉE.

Dimensions. — Une chaussée d'empierrement doit avoir : en montagne, 2m,50 de largeur, sur 0m,10 à 0m,15 d'épaisseur ; et en plaine, 3 mètres, sur 0m,20 à 0m,25 (Circ. N 22, art. 66.)

CHAUX. V. Four à chaux.

CHEF DE BUREAU.

Suppression. — Les chefs de bureaux ont été supprimés par décret du 11 mai 1878. (Circ. N 229.) V. Administrateur.

CHEF DE CANTONNEMENT.

1. *Désignation.* — Les chefs de cantonnement sont les inspecteurs adjoints, gardes généraux et gardes généraux stagiaires.

2. *Surveillance.* — Ils doivent visiter assidûment les forêts de leur cantonnement et veiller à leur conservation et au maintien des limites, dans leur intégrité. (Instr. 23 mars 1821.)

3. *Tournées.* — Les travaux extérieurs constituent la principale occupation des chefs de cantonnement. (Circ. A 852.)

4. *Livre-journal.* — Les chefs de cantonnement tiennent un livre-journal sur lequel est inscrite la correspondance et où ils indiquent, jour par jour, l'emploi de leur temps. (Instr. 23 mars 1821, art. 119. Circ. A 391.)

5. *Emploi du temps.* — A l'expiration de chaque mois, les chefs de cantonnement envoient à l'inspecteur un extrait du livre-journal. (Circ. A 584. Circ. N 329.)

6. *Sommier.* — Les chefs de cantonnement tiennent un sommier des procès-verbaux et un répertoire des dossiers, avec leurs numéros d'ordre. (Circ. A 584.)

7. *Attributions.* — Indication des principales attributions *spéciales* aux chefs de cantonnement :

1o Désignation des loges et fourneaux aux adjudicataires. (Cod. For. 38. Circ. A 585.)

2o Marque des chablis. (Ord. 101.)

3o Réception des devis pour demande de bois d'usage. (Ord. 123.)

4o Réception des déclarations de billes à introduire dans les scieries. (Ord. 180.)

CHEF DE FAMILLE OU DE MAISON.

1. *Chef de famille. Définition. Conditions. Affouage.* — Sera considéré comme chef de famille ou de maison tout individu possédant un ménage ou une habitation à feu distincte, soit qu'il y prépare la nourriture pour lui et les siens, soit que, vivant avec d'autres à une table commune, il possède des propriétés

divisées, qu'il exerce une industrie distincte ou qu'il ait des intérêts séparés. (Cod. For. 105. Loi du 23 novembre 1883. Circ. N 332.)

2. *Définitions.* — Sont compris dans cette désignation les curés et desservants, les maîtres d'école et les célibataires. (Chambre des députés, discussion.)

On doit entendre, par les expressions de chef de famille ou de maison, tout habitant maître de sa personne et de son domicile, sans se préoccuper de la question de savoir s'il a ou non une famille et des enfants.

3. *Décision. Compétence.* — L'autorité administrative est seule compétente pour décider si un habitant est ou non chef de famille ou de maison, en ce qui concerne l'affouage. (Conseil d'Etat, 23 mai 1844.)

4. *Affouage.* — Le chef de famille a seul droit à l'affouage.

On doit entendre par chef de famille ou de maison tout habitant d'une commune remplissant les autres conditions d'aptitudes relativement à l'affouage, lors même qu'il vivrait en commun avec certains membres de sa famille ou des étrangers, si cette communauté d'existence ne le place pas sous leur dépendance absolue et s'il conserve des intérêts distincts et notamment une habitation séparée. (Besançon, 20 avril 1875.)

5. *Affouage.* — Pour avoir droit à l'affouage dans une commune, l'habitant doit posséder un ménage ou une habitation à feu distincte et y préparer sa nourriture pour lui et pour les siens. Si l'habitant vit à la table d'une autre personne, il doit à lui : 1° posséder des propriétés divisées; 2° exercer une industrie distincte; 3° avoir des intérêts séparés. S'il remplit ces trois conditions, il doit être considéré comme chef de famille. (Cass. 14 juin 1892.)

6. *Qualité. Conditions.* — L'habitant d'une commune affouagère, marié et père de famille, qui possède des immeubles, paie des impôts et est locataire d'une maison dans cette commune, doit être considéré comme ayant la qualité de chef de famille ou de maison, lui donnant droit à l'affouage, encore bien qu'il vive sous le même toit et à la même table que l'un de ses parents. (Bourges, 29 octobre 1889.)

7. *Défaut de qualité.* — Celui qui vit à la même table et au même foyer qu'un de ses parents, habitant la même commune, et dont les biens sont confondus avec ceux de ce parent qui les administre, n'a pas, encore bien qu'il ait conservé dans le domicile commun une chambre séparée, la qualité de chef de famille ou de maison lui donnant droit à l'affouage. (Toulouse, 8 mars 1886.)

CHEF DE SECTION.

Administration centrale. Nombre. — Dans chaque bureau de l'administration centrale, il existe deux inspecteurs, chefs de section ou sous-chefs de bureau, ce qui porte leur nombre à six. (Décr. du 12 octobre 1890. Circ. N 433.)

CHEF DE SERVICE.

1. *Désignation.* — Les chefs de service sont ordinairement des inspecteurs. Les inspecteurs adjoints et les gardes généraux sont quelquefois chefs de service, suivant les divisions territoriales. V. Inspecteur.

2. *Travaux de restauration. Rôle.* — Le rôle du chef de service est déterminé dans l'instruction générale du 2 février 1885, articles 182 à 184 pour les travaux en régie, et articles 193, 194 et 195 pour les travaux par entreprise. (Circ. N 345.)

3. *Restauration des montagnes. Comptabilité.* — Le chef de service ne doit, en aucun cas, remplir les fonctions d'agent régisseur.

Il vérifie et vise toute pièce de comptabilité produite par l'agent régisseur. (Instr. Gén. 2 février 1885, art. 172. Circ N 345.)

4. *Attributions.* — Indication des principales attributions *spéciales* aux chefs de service :

A. *Coupes. (Vente et exploitation.)*

1° Rédaction des affiches. (Ordon. 84. Circ. N 337.)

2° Fixation des délais de vidange pour la vente des chablis. (Instr. 23 mars 1821, art. 101.)

3° Dépôt au secrétariat de la vente des pièces pour les adjudications. (Ord. 83.)

4° Délivrance du permis d'exploiter. (Ord. 92.)

5° Permis d'enlèvement des bois façonnés. (Cah. des ch. 11.)

6° Délivrance de harts aux adjudicataires. (Cah. des ch. 29.)

7° Règlement des dommages pour réserves encrouées et non abattues. (Cah. des ch. 27.)

8° Dépôt et entretien des marteaux de l'Etat. (Ord. 36.)

B. *Poursuites.*

1° Direction des poursuites. (Instr. 23 mars 1821, art. 106.)

2° Rédaction des conclusions. (Circ. A 358.)

3° Fixation des délais des transactions. (Circ. A 786. Circ. N 149.)

4° Signification des jugements. (Ord. 188.

C. *Affaires diverses.*

1° Expertise pour extraction de matériaux destinés aux travaux publics. (Ord. 172.)

2° Notification des cantons défensables. (Cod. For. 69. Circ. A 389.)

3° Permis et permissions de chasse aux fermiers de la chasse. (Cah. des ch. 16 et 17.)

4° Instruction au premier degré des affaires mixtes. (Décr. 12 décembre 1884. Circ. N 348.)

CHEMINS (EN GÉNÉRAL).

V. Passage. Destruction. Hors route. Commission de travaux mixtes. Vidange. Travaux mis en charge. Route.

SECT. I. — GÉNÉRALITÉS. DÉFINITIONS.

1. *Chemins publics.* — Ceux qui font partie de la grande ou de la petite voirie. La grande voirie comprend les routes nationales et départementales, ainsi que les chemins de fer (Loi du 15 juillet 1845, art. 1) ; la petite voirie, les chemins vicinaux et les chemins ruraux. V. Chemins vicinaux et ruraux.

1 bis. *Chemin public. Caractères.* — Un chemin doit être considéré comme public et appartenant à une commune, lorsqu'il a été compris dans le tableau parcellaire des voies appartenant à la commune approuvé par l'autorité préfectorale, sert à relier des voies publiques importantes, est affecté à l'usage continu du public depuis trente ans au moins et a été entretenu par la commune qui en donne les alignements. (Cass. 7 nov. 1892.) V. Chemins ruraux.

2. *Chemin de vidange.* — Chemin non public, uniquement destiné à l'exploitation et à la vidange et qui est indiqué à l'adjudicataire pour conduire, hors de la coupe ou de la forêt, les produits de son exploitation.

3. *Chemins non classés.* — Les chemins non classés comme dépendant du domaine public, national ou municipal, sont considérés comme dépendance de la forêt. (Nancy, 18 octobre 1828.)

4. *Chemins ordinaires.* — On doit entendre par *routes* et *chemins ordinaires*, dans le sens de l'article 147 du code forestier, les *chemins ouverts à tous et consacrés à l'usage public*, par opposition aux *chemins forestiers ou privés* que le propriétaire établit soit *temporairement*, soit *d'une manière fixe et permanente*, sur son propre sol, et qu'il entretient à ses frais pour l'exploitation et le service de sa forêt. (Cass. 23 juillet 1858.)

5. *Chemins ordinaires.* — Les chemins ordinaires sont ceux qui servent habituellement de communication aux habitants de deux ou plusieurs communes.

Les laies, chemins et sentiers établis momentanément pour la vidange des bois, la séparation des coupes et le service intérieur de la forêt, ne sont pas compris dans la désignation des chemins ordinaires. (Cass. 29 avril 1830.)

6. *Chemins ordinaires.* — On doit entendre par *chemins ordinaires* ceux ouverts à tous et consacrés à l'usage public. Un chemin d'exploitation, alors même qu'il est permanent, d'une largeur fixe et uniforme, parfaitement viable et relié à d'autres routes, n'est pas un chemin ordinaire. (Colmar, 27 décembre 1862.)

7. *Délit.* — La circulation hors des routes et chemins ordinaires devient délictueuse dans certaines circonstances, savoir :

Pour port de serpes, cognées, haches, scies et autres instruments de même nature. (Cod. For. 146.) V. le nom de ces instruments.

Pour introduction de voitures hors des routes et chemins ordinaires désignés. (Cod. For. 147.) V. Voiture.

Pour troupeaux ou bestiaux hors des chemins ordinaires, ou désignés pour aller au pâturage. V. Pâturage. Troupeaux. Bestiaux et le nom de chaque animal.

Pour les adjudicataires qui tracent ou fréquentent des chemins non désignés. V. Vidange.

8. *Contiguïté. Bornage.* — Un chemin classé empêche la contiguïté de deux propriétés et, dès lors, empêche le bornage ; il n'en est pas de même d'un sentier, ou chemin non classé.

9. *Massif.* — Au point de vue du défrichement, les chemins publics ou privés qui

traversent un massif de bois n'ont pas pour effet d'isoler les diverses portions qu'ils séparent et dont la réunion constitue un ensemble de 10 hectares et au-dessus. (Cass. 28 août 1847. Circ. N 43, art. 2.)

10. *Chemin d'exploitation.* — L'exécution et l'entretien des chemins d'exploitation ayant un intérêt collectif peuvent être l'objet d'une association syndicale. (Lois des 21 juin 1865 et 22 décembre 1888.)

11. *Propriété.* — Le propriétaire d'un bois n'est pas légalement présumé propriétaire des chemins qui traversent ce bois ; dès lors, s'il revendique ces chemins contre une commune qui est en possession, c'est à lui qu'incombe la preuve du droit de propriété qu'il invoque. (Cass. 11 avril 1853.)

12. *Enclave.* — En cas d'enclave, c'est le préfet qui autorise l'usage d'un chemin pour se rendre dans la propriété enclavée, en traversant un bois domanial ou communal. (Décr. 25 mars 1852.)

13. *Contenance.* — Il ne peut être fait aucune réclamation pour les chemins qui se trouvent dans l'intérieur des coupes et dont la distraction n'a pas été faite dans le plan d'arpentage, les coupes étant adjugées en bloc et sans garantie de contenance. (Cah. des ch. 1.)

14. *Travaux. Abatage.* — Les décisions régulières, qui autorisent des travaux d'amélioration (routes et chemins) dans les bois soumis au régime forestier, autorisent implicitement les abatages d'arbres que ces travaux occasionnent. (Décis. Min. 15 mai 1862. Circ. A 819.)

15. *Quart en réserve. Ouverture.* — Aucune coupe d'arbre ne peut être faite dans les quarts en réserve, pour ouverture et élargissement de chemin, si ce n'est avec l'autorisation du chef de l'État, comme pour les coupes extraordinaires. (Décis. Min. 6 novembre 1828.)

16. *Impraticabilité. Force majeure.* — La force majeure étant une excuse, le prévenu qui, par suite de l'état d'*impraticabilité* d'un chemin public ordinaire, a passé dans un bois n'est passible d'aucune condamnation, en vertu des dispositions de l'article 41 du titre II de la loi du 28 septembre 1791. (Cass. 16 août 1828, 21 nov. 1835, 27 juin 1845.)

Mais il faut que le voiturier prouve que le chemin était impraticable. Si le garde énonçait dans son procès-verbal que le chemin était praticable, cette énonciation d'un fait matériel fait foi jusqu'à inscription de faux. (Cass. 6 août 1834.) V. Impraticabilité.

17. *Fait matériel.* — La constatation du fait de *faux chemin* constitue un fait matériel. (Cass. 18 décembre 1829.)

18. *Extraction de matériaux.* — Lorsque des chemins, pour extraction de matériaux destinés à des chemins vicinaux, n'ont pas été désignés par le conservateur et qu'un agent voyer s'est introduit dans une forêt, hors des chemins ordinaires, pour faire des transports par ordre de ses supérieurs, il n'y a pas lieu à des poursuites devant les tribunaux correctionnels, parce qu'il s'agit d'interpréter des actes administratifs. (Cons. d'État, 28 mai 1846.)

19. *Zone frontière. Ouverture. Rectification. Empierrement.* — L'ouverture, la rectification et l'empierrement des chemins forestiers situés en territoires réservés, aussi bien que de ceux compris dans le rayon des enceintes fortifiées, sont désormais soumis à l'autorisation militaire, quelles que soient les dimensions de ces chemins. (Décr. du 8 septembre 1878. Circ. N 253.)

SECT. II. — CHEMINS DE VIDANGE POUR LES COUPES.

20. *Principe. Chemins de vidange.*—L'administration ne peut accorder des chemins de vidange que dans les coupes et les forêts qui les comprennent. Les adjudicataires ne peuvent jamais interpeller l'administration pour obtenir ou faciliter des passages en dehors du sol forestier, excepté en cas d'enclave.

21. *Pénalité.* — La vidange des bois se fera par les chemins désignés au cahier des charges, au procès-verbal d'adjudication ou dans l'affiche en cahier. (Cah. des ch. 31.) L'adjudicataire qui pratique un nouveau chemin est puni, savoir :

Amende : 50 à 200 fr. (C. F. 39.)
Récidive, *amende :* 100 à 400 fr. (C. F. 39, 201.)
Dommages-intérêts obligatoires. (Cass. 28 juillet 1842.)
Minimum : amende simple. (C. F. 39, 202.)

22. *Désignation.* — S'il n'y avait pas de chemin désigné pour la vidange, l'adjudicataire devrait en demander la désignation. En cas de délit, l'article 147 (10 francs par voiture pour les bois au-dessus de dix ans et 20 francs pour les bois au-dessous de dix ans et dommages-intérêts) serait seul applicable. (Cass. 18 décembre 1829.)

23. *Chemin de vidange.* — Le conservateur peut, dans le courant de l'exploitation, désigner de nouveaux chemins de vidange à l'adjudicataire, qui, par le seul fait de sa demande, s'oblige à payer l'indemnité mise à sa charge, à moins qu'il ne renonce aux bénéfices de la décision. (Ord. 4 décembre 1844. Cah. des ch. 31.)

L'indemnité à payer par l'adjudicataire est fixée par le conservateur.

24. *Chemins non désignés. Autorisation.* — Les chemins de vidange non désignés ne seront accordés qu'à charge d'indemnité, à moins qu'ils ne soient indispensables. (Circ. A 568.)

25. *Interdiction. Autorité municipale.* — L'autorité municipale est incompétente pour

interdire à l'adjudicataire d'une coupe affouagère, dans un bois communal, de se servir d'un chemin de vidange désigné et faisant partie du sol forestier : un tel droit n'appartient qu'à l'administration des forêts. (Cass. 30 novembre 1872.)

26. *Hors chemin de vidange.* — Si les voitures d'un adjudicataire sont trouvées hors des routes et chemins de vidange, l'article 147 du code forestier n'est pas applicable. Cet adjudicataire est passible des condamnations édictées par l'article 39, pour délit de chemin de vidange, à moins qu'il n'y ait pas de chemins indiqués pour la vidange de la coupe. (Cass. 17 nov. 1843. Circ. A 550.)

27. *Chemin de vidange. Entretien.* — L'entretien des chemins de vidange étant à la charge des adjudicataires, ceux-ci ne peuvent jamais se prévaloir de la force majeure ou de l'impraticabilité de ces chemins pour s'en écarter. (Cass. 29 avril 1830, 23 mai 1833, 4 juillet 1839.)

28. *Hors chemin.* — Il suffit que les voitures d'un adjudicataire soient trouvées dans une partie de la forêt autre que les chemins désignés par le cahier des charges, pour la vidange des coupes, pour qu'il y ait lieu à l'application de l'article 39 du code forestier ; il n'est pas nécessaire que le chemin illégalement parcouru ait été frayé par l'adjudicataire. (Cass. 14 juin 1844.)

29. *Nouveau chemin. Vidange. Voiturier.* — Le fait par un voiturier d'avoir pratiqué un nouveau chemin, pour opérer la traite des bois provenant d'une coupe, constitue le délit prévu par l'article 39 du code forestier, quand même ce voiturier ne serait pas au service de l'adjudicataire ou de l'entrepreneur de la coupe. (Cass. 16 mai 1840.)

30. *Amende. Chemin.* — L'amende édictée par l'article 39 du code forestier est encourue par l'adjudicataire, quoiqu'il n'ait pas entièrement tracé, ouvert ou pratiqué un chemin nouveau. Il suffit qu'il ait fait la vidange de ses bois par un chemin ou une partie de la forêt autre que celle indiquée par le cahier des charges. (Cass. 3 novembre 1832. Cass. 13 août 1852.)

31. *Vidange. Réparation. Circulation.* — Les adjudicataires doivent faire réparer les chemins de vidange d'après le détail précis inséré dans les affiches, conformément au mode d'exécution fixé et d'après la dépense prévue. (Cah. des ch. 33. Circ. N 22, art. 328.)

En cas d'inexécution, pas d'amende ; l'administration fait exécuter les travaux aux frais des adjudicataires. (Cod. For. 41.)

Les adjudicataires doivent tenir les chemins libres dans les coupes, de manière à ce que les voitures puissent librement y passer en tout temps. (Cah. des ch. 33.)

32. *Zone frontière. Réparation. Clause.* — Toutes les fois qu'une coupe doit être assise dans les territoires de zone frontière, réservés en ce qui concerne les chemins forestiers, les représentants des administrations des forêts et du génie se concertent sur les clauses à insérer relativement à la réparation des chemins. (Circ. N 388.)

33. *Chemin d'exploitation. Viabilité. Entretien.* — L'article 34 de la loi du 20 août 1881, qui oblige, les uns envers les autres, tous les propriétaires dont les héritages sont desservis par un chemin ou sentier d'exploitation à contribuer, dans la proportion de leur intérêt, aux travaux nécessaires à l'entretien de ce chemin et à sa mise en état de viabilité, s'applique aux chemins de vidange des bois, comme à tous autres chemins d'exploitation ordinaires. (Cass. 10 juin 1890.)

34. *Entretien. Adjudicataires.* — La création des gardes cantonniers n'a pas déchargé les adjudicataires de l'obligation d'entretenir et réparer les chemins, suivant les prescriptions du cahier des charges. (Circ. A 470 bis.)

35. *Bois particulier.* — Le silence, dans la vente d'une coupe de bois particulier, sur le chemin de vidange pour l'exploitation, autorise l'acquéreur à passer par tous les chemins existant dans la forêt. (Cass. 17 novembre 1843.)

36. *Bois particulier. Chemin. Vidange.* — Si un adjudicataire de bois particulier pratique de nouveaux chemins, ou s'écarte pour la vidange des chemins désignés, il encourt la pénalité de l'article 47 du code forestier. (Cass. 5 juin 1841.) V. Hors routes. Voiture.

SECT. III. — CHEMINS POUR LE PATURAGE.

37. *Chemin pour le pâturage. Désignation.* — Les agents forestiers désignent les chemins par lesquels devront passer les bestiaux des usagers et des habitants, pour se rendre au pâturage et au panage et pour en revenir. Si ces chemins traversent des cantons non défensables, il pourra être fait, à frais communs entre les usagers et le propriétaire de la forêt, des fossés ou toute autre clôture pour empêcher les troupeaux d'aller dans la forêt. (Cod. For. 71, 112.)

38. *Pâturage. Désignation.* — Les chemins par lesquels les bestiaux devront passer, pour aller au pâturage, panage, parcours ou glandée, seront, dans les bois soumis au régime forestier, désignés par les agents forestiers. (Cod. For. 71, 112.) Dans les bois particuliers, ces chemins sont désignés par les propriétaires. (Cod. For. 119. Ord. 35, 151.)

39. *Chemin du pâturage. Désignation.* — L'exercice du droit de la désignation des chemins par lesquels les bestiaux des usagers devront passer, pour aller au pâturage

et en revenir, s'arrête à la limite de la forêt et ne saurait être étendu aux chemins situés au dehors. (Cass. 7 février 1857.)

40. *Classement.* — Dans l'intérieur de la forêt, les chemins désignés pour le pâturage peuvent être reconnus comme appartenant à la commune usagère et même classés ; cette qualité semble ne pas empêcher la désignation prescrite par les articles 71, 112 et 119 du code forestier. (Cass. 9 décembre 1874.)

41. *Réparation. Pâturage.* — L'entretien des chemins désignés pour le pâturage et le panage est à la charge des usagers, qui, aux termes de l'article 698 du code civil, doivent exécuter à leurs frais les travaux nécessaires pour user de la servitude.

42. *Bois communaux. Frais. Pâturage.* — La commune, pour l'usage des habitants, doit supporter seule les frais de clôture des chemins ; mais il n'en serait pas de même si cette commune avait un droit d'usage sur une autre commune.

43. *Conflit. Compétence.* — En cas de contestation sur la désignation des chemins et par suite de l'absence de désignation de l'autorité qui doit vider le conflit, les usagers doivent s'adresser au ministre, sauf pourvoi devant le conseil d'État. (Serrigny. Meaume.)

44. *Bois particuliers. Clôture. Pâturage.* — En l'absence de texte dans la loi, si l'usager ou le propriétaire veut faire clore les chemins par où passe le bétail, pour aller au pâturage, les frais de clôture sont à la charge de la partie qui les exigera ; sinon, ils sont à la charge de celui qui exerce la servitude, sans que l'usager puisse rien demander au propriétaire, à moins de stipulation spéciale dans les titres. (Cod. Civ. art. 697, 698.)

45. *Pâturage hors chemin.* — Si les bestiaux des usagers sont trouvés hors des chemins indiqués pour aller ou revenir du pâturage ou du panage, pénalités :

Amende, contre le pâtre, 3 à 30 fr. (C. F. 76, 112.)

En cas de récidive, outre l'amende, *prison* facultative, 5 à 15 jours. (C. F. 76, 112.)

Amende, contre le propriétaire des animaux.

Comme pour les animaux trouvés en délits. (V. le nom des animaux. C. F. 199.)

46. *Bestiaux hors chemin. Pâturage.* — Dès que les bestiaux ou animaux sont trouvés hors chemin, il y a présomption légale de pâturage, et le délit consiste dans l'introduction de ces animaux. (Cass. 26 décembre 1806 et 15 février 1811.)

CHEMINS D'EXPLOITATION.

1. *Définition.* — Les chemins et sentiers d'exploitation sont ceux qui servent exclusivement à la communication entre divers héritages ou à leur exploitation. Ils sont, en l'absence de titre, présumés appartenir aux propriétaires riverains, chacun en droit soi ; mais l'usage en est commun aux intéressés. Ils peuvent être interdits au public. Les propriétaires intéressés sont tenus de contribuer à leur entretien et à leur mise en état de viabilité. Ils ne peuvent être supprimés que du consentement des intéressés. (Loi du 20 août 1881, art. 33, 34 et 35.)

2. *Entretien.* — L'article 34 de la loi du 20 août 1881, qui oblige les uns envers les autres tous les propriétaires, dont les héritages sont desservis par un chemin ou sentier d'exploitation, à contribuer, dans la proportion de leur intérêt, aux travaux nécessaires à l'entretien de ce chemin et à sa mise en état de viabilité, s'applique aux chemins de vidange des bois appartenant à des particuliers, comme à tous autres chemins d'exploitation ordinaires.

Vainement on objecterait que, pour les chemins de vidange, il est d'usage que l'entretien et la mise en état de viabilité aient lieu en comblant seulement les ornières et en nivelant le sol au moyen de matériaux pris dans la propriété même.

L'article 34 de la loi du 20 août 1881 ne fait pas de distinction ; et, quelle que soit la nature du chemin, lorsque les juges, par une appréciation souveraine, ont déclaré que les travaux réclamés sont nécessaires à la mise en état de viabilité de ce chemin, la condamnation de l'un des propriétaires à contribuer dans la proportion de son intérêt à ces travaux est suffisamment justifiée. (Cass. 10 juin 1890.)

CHEMINS DE FER.

1. *Classification. Législation.* — Les chemins de fer font partie de la grande voirie. Sont applicables aux chemins de fer les lois et règlements sur la grande voirie, relatifs à la conservation des chemins, au passage des bestiaux, aux dépôts de matériaux, aux servitudes relatives à l'écoulement des eaux, aux occupations temporaires de terrain, aux alignements, aux distances pour les constructions, plantations, extractions et dépôts des matériaux. (Loi du 15 juillet 1845, 1, 2, 3.)

2. *Direction. Construction.* — La direction des chemins de fer d'intérêt local et les conditions de leur construction sont décidées par le conseil général. (Loi du 10 août 1871, art. 46, § 12.)

3. *Limite.* — Les chemins de fer, lorsqu'ils limitent une forêt, sont pris comme limite, sans qu'il soit besoin d'en faire mention dans le procès-verbal de délimitation; mais ils sont indiqués sur les plans. (Circ. N 64, art. 31.)

4. *Responsabilité.* -- Une compagnie de chemin de fer est responsable du dommage qu'elle cause (incendie), quand bien même elle n'aurait commis aucune infraction aux règlements auxquels elle est assujettie. (Seine, 30 novembre 1859.)

5. *Etudes.* — Pour les études de chemin de fer, il suffit qu'une ampliation de l'arrêté autorisant les travaux soit adressée au chef de service, pour le mettre à même de veiller à ce que les études se fassent avec le moins de dommage possible. Les agents ne doivent apporter aucun obstacle à l'exécution des travaux. (Circ. N 59, art. 34.)

6. *Etudes. Abatage.* — Le conservateur autorise l'abatage des arbres pour les études des tracés relatifs à l'établissement d'un chemin de fer. (Circ. N 59.)

7. *Police.* — Les gardes forestiers, comme officiers de police judiciaire, peuvent constater les infractions à la police des chemins de fer. (Loi du 15 juillet 1845, art. 23.)

8. *Chasse.* — Celui qui chasse sur la ligne d'un chemin de fer, sans l'autorisation de la compagnie, commet le délit prévu par l'article 11, § 2, de la loi du 3 mai 1844. (Trib. de Melun, 16 décembre 1883.)

9. *Circulation.* — Les gardes forestiers en uniforme ou revêtus des insignes de leurs fonctions peuvent s'introduire dans l'enceinte des chemins de fer, y circuler ou stationner, en se conformant aux mesures de précautions déterminées. (Ord. 15 décembre 1846.)

10. *Gardes. Circulation.* — Les gardes forestiers ne peuvent ni forcer, ni escalader les barrières. Si l'intérêt du service exige leur passage habituel sur des points de la ligne éloignés du passage à niveau, les inspecteurs des forêts s'entendront avec les ingénieurs pour faire ouvrir sur ces points, avec l'assentiment du préfet, des portes dont les clefs seront remises aux gardes forestiers. Ces portes seront établies aux frais de l'administration forestière, qui sera chargée de les entretenir. Les inspecteurs s'entendront avec les ingénieurs pour déterminer les portions des lignes où les exigences du service rendront nécessaire la circulation des gardes forestiers. Ceux-ci ne devront circuler que dans des limites fixées et suivre toujours les francs-bords, sans jamais marcher sur la voie ferrée. En cas de désaccord, il en sera référé au conservateur, sauf recours à l'administration et à la direction du chemin de fer.

En cas de flagrant délit, les gardes forestiers ne seront pas tenus d'observer les dispositions précédentes, mais ils devront toujours faire connaître, au moins verbalement, leurs noms et les motifs de leur passage aux gardes de la compagnie qu'ils rencontreront. L'inspecteur devra réprimer toute infraction qui ne serait pas motivée. (Lettre-circ. de l'Adm. 25 avril 1864.)

11. *Coupes par contenance. Levé.* — Les terrains qui sont occupés par les chemins de fer et qui ne doivent pas être compris dans la contenance des coupes sont levés de la même manière que le périmètre. (Instr. du 15 octobre 1860, art. 29.)

12. *Transport à prix réduit. Service militaire.* — Les agents et préposés forestiers bénéficient du transport à prix réduit sur les chemins de fer à l'occasion du service militaire, d'après les ordres de l'autorité militaire ou de l'autorité administrative compétente. Des feuilles de route sont délivrées et signées par l'intendant pour ces déplacements, dont les motifs doivent être indiqués. (Circ. Min. de la Guerre du 28 août 1879. Circ. N 254.)

13. *Barrières.* — Si les compagnies de chemins des fer sont tenues de se clore pour défendre la voie contre les passants, elles ne sont pas tenues d'établir des barrières suffisantes pour arrêter les bestiaux. C'est aux riverains qu'il incombe, soit de fermer leurs pâturages, soit de faire surveiller leurs animaux. (Paris, 29 novembre 1892.)

CHEMINS RURAUX.

1. *Définition.* — Les chemins ruraux sont les chemins appartenant aux communes, affectés à l'usage du public, qui n'ont pas été classés comme chemins vicinaux. (Loi du 20 août 1881, art. 1.)

2. *Conditions. Déclaration.* — Pour qu'un chemin non classé soit déclaré chemin rural, dans le sens des articles 1 et suivants de la loi du 20 août 1881, il faut qu'à la destination du chemin se joigne, soit le fait d'une circulation générale et continue, soit l'intervention de l'autorité municipale, sous forme d'actes de surveillance et de voirie.

Les états de reconnaissance dressés par les communes, en vertu de circulaires ministérielles, ne sont que des espèces d'inventaires non contradictoires et ne peuvent créer même une présomption en faveur de ces communes.

Lorsque toutes les présomptions énumérées dans l'article 2 de la loi de 1881 sont en faveur de l'une des parties revendiquant la jouissance d'un chemin, il n'y a pas lieu d'exiger de cette partie la preuve de son droit de propriété.

Si toutes ces présomptions sont contraires aux prétentions de la commune revendiquante, le chemin litigieux est un chemin privé, rentrant dans la catégorie des chemins d'exploitation. (Loi du 20 août 1881, art. 33 à 37. Pau, 6 décembre 1886.)

2 bis. *Circulation. Conditions.* — La circulation générale et continue, dans le sens de la loi de 1881, et susceptible de faire considérer et classer un chemin comme public, ne doit pas s'entendre d'une circulation incessante et non interrompue.

L'exposé des motifs de la loi dit qu'il y aura circulation générale, lorsque la circulation sera exercée, à leur gré, par la généralité des habitants ; de même, il définit « circulation continue » la circulation non accidentelle ne permettant pas de supposer qu'elle soit le résultat d'une pure tolérance.

Une commune démontre suffisamment l'affectation du chemin à l'usage du public et la circulation générale et continue par ce fait qu'un chemin est placé au centre même du village et qu'il en réunit les deux voies les plus importantes, et, d'autre part, qu'il conduit les habitants du bas du pays au cimetière, alors qu'il a été pratiqué de temps immémorial. (Besançon, 30 novembre 1892.)

3. *Communal. Conditions.* — Un chemin rural doit être présumé communal, lorsqu'il n'est pas imposé à la contribution foncière et que les habitants de la commune en ont joui depuis un temps immémorial, dans la partie qui figure au cadastre comme chemin. (Lyon, 30 octobre 1891.)

4. *Usage public.* — L'affectation à l'usage public peut s'établir par la destination du chemin, jointe soit au fait de la circulation générale et continue, soit à des actes de surveillance et de voirie de l'autorité municipale. (Loi du 20 août 1881, art. 2.)

5. *Propriété.* — Tout chemin affecté à l'usage du public est présumé, jusqu'à preuve contraire, appartenir à la commune sur laquelle il est situé. (Loi du 20 août 1881, art. 3.)

6. *Désignation. Classement.* — La désignation des chemins est faite par le conseil municipal, sur l'avis du maire. Le classement des chemins ruraux appartient à la commission départementale, après enquête. (Loi du 20 août 1881, art. 4.)

7. *Droit de passage. Arrêté administratif. Possession. Complainte.* — L'arrêté administratif, qui reconnaît comme chemin rural un sentier sur lequel la commune ne réclame qu'un droit de passage pour ses habitants, n'en vaut pas moins, pour la commune, prise de possession du sol et implique virtuellement, de sa part, la prétention de le comprendre dans son domaine public.

En conséquence, l'action en complainte de celui qui se déclare propriétaire et possesseur du sol doit être examinée ; le jugement qui l'écarte, en se bornant à constater que la commune était déjà en possession du droit de passage et en concluant que l'arrêté de reconnaissance n'a pas modifié la situation des parties en cause, manque de base légale et viole l'article 5 de la loi du 20 août 1881. (Cass. 15 avril 1890.)

8. *Prescription.* — Les chemins ruraux qui ont été l'objet d'un arrêté de reconnaissance deviennent imprescriptibles. (Loi du 20 août 1881, art. 6.)

9. *Police.* — L'autorité municipale est chargée de la surveillance et de la conservation des chemins ruraux. (Loi du 20 août 1881, art. 9.)

10. *Dégradations. Indemnité.* — Les entrepreneurs ou propriétaires de forêts, mines, carrières, etc., devront des indemnités pour les dégradations extraordinaires résultant du transport du produit de leurs exploitations sur ces chemins. (Loi du 20 août 1881, art. 11.)

11. *Syndicat.* — On peut établir des syndicats pour l'ouverture, le redressement, l'élargissement et la réparation des chemins ruraux. (Loi du 20 août 1881, art. 19.)

12. *Impraticabilité. Responsabilité.* — L'article 41 de la loi du 28 septembre 1791, qui oblige les communes à payer aux riverains des chemins publics une indemnité pour le dommage causé à leur fonds par les personnes qui s'y font un passage, à raison de l'impraticabilité de ce chemin, est applicable aux chemins ruraux. (Cass. 10 mai 1881.)

La disposition dudit article 41, autorisant le voyageur à passer sur le fonds riverain du chemin impraticable, s'applique au cas où le chemin impraticable est un chemin rural. (Cass. 9 décembre 1885.)

CHEMINS VICINAUX.

V. Étude. Échange. Route. Travaux publics. Subvention.

SECT. I. — LOI DU 21 MAI 1836, TEXTE.

§ 1. *Chemins vicinaux ordinaires.*

1. *Entretien. Principe.* — Les chemins vicinaux légalement reconnus sont à la charge des communes, sauf les dispositions de l'article 7 ci-après. (Art. 1.)

2. *Prestation. Centimes. Vote.* — En cas d'insuffisance des ressources ordinaires des communes, il sera pourvu à l'entretien des chemins vicinaux, à l'aide, soit de prestations en nature dont le maximum est fixé à trois journées de travail, soit de centimes spéciaux en addition au principal des quatre contributions directes et dont le maximum est fixé à cinq.

Le conseil municipal pourra voter l'une ou l'autre de ces ressources, ou toutes les deux concurremment.

Le concours des plus imposés ne sera pas nécessaire dans les délibérations prises pour l'exécution du présent article. (Art. 2.)

3. *Prestation. Quotité.*—Tout habitant, chef de famille ou d'établissement, à titre de propriétaire, de régisseur, de fermier ou de colon partiaire, porté au rôle des contributions directes, pourra être appelé à fournir, chaque année, une prestation de trois jours :

1° Pour sa personne et pour chaque individu mâle, valide, âgé de dix-huit ans au moins et de soixante ans au plus, membre ou serviteur de la famille et résidant dans la commune ;

2° Pour chacune des charrettes ou voitures attelées, et, en outre, pour chacune des bêtes de somme, de trait, de selle, au service de la famille ou de l'établissement dans la commune. (Art. 3.)

4. *Évaluation. Exécution.* — La prestation sera appréciée en argent, conformément à la valeur qui aura été attribuée annuellement pour la commune à chaque espèce de journée par le conseil général, sur les propositions des conseils d'arrondissement.

La prestation pourra être acquittée en nature ou en argent, au gré du contribuable. Toutes les fois que le contribuable n'aura pas opté dans les délais prescrits, la prestation sera de droit exigible en argent.

La prestation non rachetée en argent pourra être convertie en tâche, d'après les bases et évaluations de travaux préalablement fixées par le conseil municipal. (Art. 4.)

5. *Vote. Exécution.* — Si le conseil municipal, mis en demeure, n'a pas voté, dans la session désignée à cet effet, les prestations et centimes nécessaires, ou si la commune n'en a pas fait emploi dans les délais prescrits, le préfet pourra, d'office, soit imposer la commune dans les limites du maximum, soit faire exécuter les travaux.

Chaque année, le préfet communiquera au conseil général l'état des impositions établies d'office en vertu du présent article. (Art. 5.)

6. *Intérêt. Concours.* — Lorsqu'un chemin vicinal intéressera plusieurs communes, le préfet, sur l'avis des conseils municipaux,

désignera les communes qui devront concourir à sa construction ou à son entretien et fixera la proportion dans laquelle chacune d'elles y contribuera. (Art. 6.)

§ 2. *Chemins vicinaux de grande communication.*

7. *Classement. Dimension.* — Les chemins vicinaux peuvent, selon leur importance, être déclarés chemins vicinaux de grande communication par le conseil général, sur l'avis des conseils municipaux, des conseils d'arrondissement, et sur la proposition du préfet.

Sur les mêmes avis et propositions, le conseil général détermine la direction de chaque chemin vicinal de grande communication et désigne les communes qui doivent contribuer à sa construction ou à son entretien.

Le conseil général fixe la largeur et les limites du chemin et détermine annuellement la proportion dans laquelle chaque commune doit concourir à l'entretien de la ligne vicinale dont elle dépend; il statue sur les offres faites par les particuliers, associations de particuliers ou de communes. (Loi du 21 mai 1836, art. 7. Loi du 10 août 1871, art. 44 et 46.)

8. *Subvention.* — Les chemins vicinaux de grande communication et, dans des cas extraordinaires, les autres chemins vicinaux pourront recevoir des subventions sur les fonds départementaux.

Il sera pourvu à ces subventions au moyen des centimes facultatifs ordinaires du département, et des centimes spéciaux votés annuellement par le conseil général.

La distribution des subventions sera faite, en ayant égard aux ressources, aux sacrifices et aux besoins des communes, par le préfet, qui en rendra compte, chaque année, au conseil général.

Les communes acquitteront la portion des dépenses mises à leur charge au moyen de leurs revenus ordinaires et, en cas d'insuffisance, au moyen de deux journées de prestations sur les trois journées autorisées par l'article 2, et des deux tiers des centimes votés par le conseil municipal en vertu du même article. (Art. 8.)

9. *Attribution.* — Les chemins vicinaux de grande communication sont placés sous l'autorité du préfet. Les dispositions des articles 4 et 5 de la présente loi leur sont applicables. (Art. 9.)

§ 3. *Dispositions générales.*

10. *Prescription.* — Les chemins vicinaux reconnus et maintenus comme tels sont imprescriptibles. (Art. 10.)

11. *Agents.* — Le préfet pourra nommer des agents voyers.

Leur traitement sera fixé par le conseil général.

Ce traitement sera prélevé sur les fonds affectés aux travaux.

Les agents voyers prêteront serment; ils auront le droit de constater les contraventions et délits et d'en dresser des procès-verbaux. (Art. 11.)

12. *Centimes. Maximum.* — Le maximum des centimes spéciaux qui pourront être votés par les conseils généraux, en vertu de la présente loi, sera déterminé annuellement par la loi de finances. (Art. 12.)

13. *Contributions. Centimes.* — Les propriétés de l'Etat, productives de revenus, contribueront aux dépenses des chemins vicinaux dans les mêmes proportions que les propriétés privées, et d'après un rôle spécial dressé par le préfet.

Les propriétés de la Couronne contribueront aux mêmes dépenses, conformément à l'article 13 de la loi du 2 mars 1832. (Art. 13.)

Les communes ne peuvent demander le concours de l'Etat que lorsqu'elles votent des centimes spéciaux. (Circ. A 383.)

14. *Dégradation extraordinaire. Viabilité. Subvention.* — Toutes les fois qu'un chemin vicinal, entretenu à l'état de viabilité par une commune, sera habituellement ou temporairement dégradé par des exploitations de mines, de carrières, de forêts ou de toute entreprise industrielle appartenant à des particuliers, à des établissements publics, à la Couronne ou à l'Etat, il pourra y avoir lieu à imposer aux entrepreneurs ou propriétaires, suivant que l'exploitation ou les transports auront eu lieu pour les uns ou les autres, des subventions spéciales, dont la quotité sera proportionnée à la dégradation extraordinaire qui devra être attribuée aux exploitations.

Ces subventions pourront, au choix des subventionnaires, être acquittées en argent ou en prestations en nature et seront exclusivement affectées à ceux des chemins qui y auront donné lieu.

Elles seront réglées annuellement, sur la demande des communes, par les conseils de préfecture, après des expertises contradictoires, et recouvrées comme en matières de contributions directes.

Les experts seront nommés suivant le mode déterminé par l'article 17 ci-après.

Ces subventions pourront aussi être déterminées par abonnement; elles seront réglées, dans ce cas, par le préfet, en conseil de préfecture. (Art. 14.)

15. *Dégradation. Tierce expertise.* — Lorsque les deux experts chargés d'apprécier les dégradations extraordinaires causées à un chemin vicinal n'ont pu se mettre d'accord sur l'existence de ces dégradations extraordinaires, le conseil de préfecture doit, à peine de nullité de la décision à intervenir, ordon-

ner une tierce expertise. (Cons. d'Etat, 6 décembre 1890.)

16. *Largeur. Fixation. Riverain.* — Les arrêtés du conseil général ou de la commission départementale, portant reconnaissance et fixation de la largeur d'un chemin vicinal, attribuent définitivement au chemin le sol compris dans les limites qu'ils déterminent.

Le droit des propriétaires riverains se résout en une indemnité, qui sera réglée à l'amiable ou par le juge de paix du canton, sur le rapport d'experts nommés conformément à l'article 17. (Loi du 21 mai 1836, art. 15. Circ. N 59, art 56. Loi du 10 août 1871, art. 44, 86.)

17. *Ouverture. Redressement. Expropriation.* — Les travaux d'ouverture et de redressement des chemins vicinaux seront autorisés par arrêtés de la commission départementale du conseil général.

Lorsque, pour l'exécution du présent article, il y aura lieu de recourir à l'expropriation, le jury spécial chargé de régler les indemnités ne sera composé que de quatre jurés. Le tribunal d'arrondissement, en prononçant l'expropriation, désignera, pour présider et diriger le jury, l'un de ses membres ou le juge de paix du canton. Ce magistrat aura voix délibérative, en cas de partage.

Le tribunal choisira, sur la liste générale prescrite par l'article 29 de la loi du 7 juillet 1833, quatre personnes pour former le jury spécial et trois jurés supplémentaires. L'administration et la partie intéressée auront respectivement le droit d'exercer une récusation péremptoire.

Le juge recevra les acquiescements des parties.

Son procès-verbal emportera translation définitive de propriété.

Le recours en cassation, soit contre le jugement qui prononcera l'expropriation, soit contre la déclaration du jury qui réglera l'indemnité, n'aura lieu que dans les cas prévus et selon les formes déterminées par la loi du 6 juillet 1833. (Loi du 21 mai 1836, art. 16. Loi du 10 août 1871, art. 44, 86.)

18. *Extraction de matériaux. Occupation. Indemnité.* — Les extractions de matériaux, les dépôts ou enlèvements de terre, les occupations temporaires de terrains seront autorisés par arrêté du préfet, lequel désignera les lieux ; cet arrêté sera notifié aux parties intéressées, au moins dix jours avant que son exécution puisse être commencée.

Si l'indemnité ne peut être fixée à l'amiable, elle sera réglée par le conseil de préfecture, sur le rapport d'experts nommés, l'un par le sous-préfet et l'autre par le propriétaire.

En cas de discord, le tiers-expert sera nommé par le conseil de préfecture. (Art. 17.)

19. *Indemnité.* — L'action en indemnité des propriétaires, pour les terrains qui auront servi à la confection des chemins vicinaux et pour extraction de matériaux, sera prescrite par le laps de deux ans. (Art. 18.)

20. *Changement. Abandon.* — En cas de changement de direction ou d'abandon d'un chemin vicinal, en tout ou en partie, les propriétaires riverains de la partie de ce chemin qui cessera de servir de voie de communication pourront faire leur soumission de s'en rendre acquéreurs et d'en payer la valeur, qui sera fixée par des experts nommés dans la forme déterminée par l'article 17. (Art. 19.)

21. *Pièces. Enregistrement.* — Les plans, procès-verbaux, certificats, significations, jugements, contrats, marchés, adjudications de travaux, quittances et autres actes ayant pour objet exclusif la construction, l'entretien et la réparation des chemins vicinaux, seront enregistrés moyennant le droit fixe de 1 fr. 50. (Loi du 21 mai 1836, art. 20. Loi du 28 février 1872, art. 4. Circ. Min. Int. 17 août 1872.)

Les actions civiles intentées par les communes ou dirigées contre elles, relativement à leurs chemins, seront jugées comme affaires sommaires et urgentes, conformément à l'article 405 du code de procédure civile. (Art. 20.)

22. *Règlement.* — Dans l'année qui suivra la promulgation de la présente loi, chaque préfet fera, pour en assurer l'exécution, un règlement qui sera communiqué au conseil général et transmis, avec ses observations, au ministre de l'intérieur, pour être approuvé, s'il y a lieu.

Ce règlement fixera, dans chaque département, le maximum de la largeur des chemins vicinaux ; il fixera, en outre, les délais nécessaires à l'exécution de chaque mesure, les époques auxquelles les prestations en nature devront être faites, le mode de leur emploi ou de leur conversion en tâches, et statuera, en même temps, sur tout ce qui est relatif à la confection des rôles, à la comptabilité, aux adjudications et à leur forme, aux alignements, aux autorisations de construire le long des chemins, à l'écoulement des eaux, aux plantations, à l'élagage, aux fossés, à leur curage et à tous autres détails de surveillance et de conservation. (Art. 21.)

23. *Abrogations. Dispositions.* — Toutes les dispositions des lois antérieures demeurent abrogées en ce qu'elles auraient de contraire à la présente loi. (Art. 22.)

SECT. II. — GÉNÉRALITÉS.

24. *Définition. Etablissement.* — Le mot *chemin* comprend les ponts et autres ouvrages qui en font partie. (Cons. d'Etat, 26 août 1842.)

25. *Limite. Délimitation.* — Lorsqu'un chemin classé limite une forêt, on lève le périmètre, en le considérant comme fixé par

une délimitation partielle et sans aucune autre formalité. (Circ. N 64, art. 31.)

SECT. III. — TRAVAUX.

26. *Travaux.* — Le préfet désigne les localités ou territoires sur lesquels les travaux doivent avoir lieu, lorsque cette désignation ne résulte pas du décret. (Loi du 3 mai 1841.)

27. *Construction. Promesse.* — Les agents ne doivent rien promettre pour la construction des chemins vicinaux, sans l'avis de l'administration. (Circ. A 405 quater.)

28. *Etude. Abatage.* — Les conservateurs autorisent l'abatage des bois pour les études d'établissement, rectification et élargissement de chemins vicinaux. (Déc. Min. du 5 juillet 1837. Circ. A 400. Circ. N 59.)

29. *Abatage illicite.* — Tout abatage, fait sans autorisation, peut donner lieu à des poursuites contre l'agent voyer qui l'aurait effectué. (Cass. 6 septembre 1845.)

30. *Tracé. Abatage d'arbres.* — Un agent voyer ne peut, sans autorisation, abattre des arbres dans les bois soumis au régime forestier, pour faire le tracé d'un chemin vicinal. (Cass. 29 mars 1845.)

31. *Travaux mixtes.* — Les chemins vicinaux de toutes classes, quelles que soient leurs dimensions, sont, dans les territoires réservés de la zone frontière et dans le rayon des enceintes fortifiées, soumis aux lois et règlements sur les travaux mixtes. (Décr. du 8 septembre 1878, art. 3. Circ. N 253.)

32. *Arbres. Distance. Elagage.* — Les arbres qui avancent sur le sol des chemins vicinaux seront coupés à l'aplomb des limites de ces chemins, à la diligence des propriétaires ou fermiers ; sinon, il sera dressé procès-verbal. (Régl. général, 15 avril 1872, art. 192.)

SECT. IV. — CLASSEMENT.

33. *Direction. Classement. Déclassement.*— Les conseils généraux statuent définitivement sur la direction, le classement et le déclassement des chemins vicinaux de grande communication et des chemins vicinaux d'intérêt commun, sur l'avis des conseils municipaux et d'arrondissement, lorsque le tracé ne se prolonge pas sur plusieurs départements. (Loi du 21 mai 1836, art. 7. Loi du 10 août 1871, art. 44, 46. Circ. N 59, art 3.) Lorsque le tracé se prolonge sur plusieurs départements par une autre voie de communication, il convient qu'un accord soit tenté avec ce ou ces départements, et, pour arriver à cet accord, il est procédé dans les formes déterminées par les articles 89 et 90 de la loi du 10 août 1871.

34. *Classement. Déclassement. Ouverture. Redressement.* — Les chemins vicinaux, autres que ceux de grande communication ou d'intérêt commun, sont classés ou déclassés par la commission départementale, qui statue aussi sur les travaux d'ouverture ou de redressement desdits chemins. (Loi du 10 août 1871, art. 86.)

35. *Classement. Contestation.* — Lorsqu'un chemin a été classé après une délibération du conseil municipal publiée et affichée dans la commune, on ne peut pas attaquer ce classement pour irrégularité. (Cons. d'Etat, 14 août 1837.)

36. *Chemin particulier. Expropriation. Classement.* — Lorsqu'il s'agit, non d'un chemin fréquenté par le public, en vertu soit d'un droit positif, soit d'un long usage, mais d'un chemin pratiqué seulement par le propriétaire et dont le public n'a jamais joui, il est nécessaire de procéder, non plus conformément à l'article 15, mais conformément à l'article 16 de la loi du 21 mai 1836. (Instr. du Min. de l'Intérieur aux préfets, du 24 juin 1836. Circ. N 59, art. 57.)

37. *Classement. Formalités.* — Lorsqu'un chemin a servi, depuis un temps immémorial, à la communication de plusieurs communes, le conseil général peut le classer comme chemin vicinal, sans observer les formalités de déclaration d'utilité publique. (Cons. d'Etat, 17 août 1836.)

38. *Route forestière. Classement. Indemnité.* — Quand une commune manifeste l'intention de provoquer le classement d'une route ou portion de route forestière et quand, à raison des dépenses qu'a faites l'Etat, la somme à payer, à titre d'indemnité, par ladite commune, paraît élevée, eu égard à ses ressources présumées, les agents locaux doivent en prévenir aussitôt le maire et lui indiquer, par aperçu, le montant de ces dépenses.

Ils profitent, en outre, de l'enquête pour consigner de nouveau leurs observations à ce sujet. (Circ. N 59, art. 58.)

39. *Route forestière. Classement. Indemnité.* — Le conservateur, de son côté, après avoir examiné avec soin l'affaire et notamment les pièces relatives aux dépenses qu'a nécessitées la construction de la route, fait connaître au préfet, le plus tôt possible et, en tous cas, avant l'arrêté de class ment, le montant approximatif de l'indemnité qu'il se réserve de réclamer au profit du Trésor. (Circ. N 59, art. 59.)

40. *Arrêté. Limite. Enquête.* — La décision par laquelle le conseil général détermine les limites d'un chemin vicinal d'intérêt commun doit, à peine de nullité, être précédée d'une enquête. (Cons. d'Etat, 20 nov. 1874.)

41. *Classement. Exception préjudicielle.* — Le classement par erreur d'un chemin commun vicinal, alors qu'il appartient à un

particulier, et la publicité de ce chemin ne constituent pas une exception préjudicielle capable de faire annuler le délit énoncé dans l'article 147 du code forestier. (Paris, 13 août 1868.)

SECT. V. — IMPOSITIONS.

42. *Impositions. Réclamations.* — Les impositions établies pour chemins vicinaux, soit en nature, soit en argent, étant assimilées aux contributions directes, les réclamations qui s'y rapportent seront instruites et jugées dans la même forme que pour les contributions directes. (Circ. Min. du 12 septembre 1836, n° 187.) Elles sont vérifiées par le contrôleur et jugées par le conseil de préfecture, sauf recours au conseil d'Etat. On doit se pourvoir en décharge dans le délai de trois mois à partir de la publication du rôle. (Circ. A 383.)

Le délai de réclamation court du 1er janvier, quoique les rôles de prestation soient publiés avant le 1er janvier de l'année à laquelle ils se rapportent, généralement en novembre. (Circ. Fin. 12 déc. 1846, n° 139.)

43. *Entretien. Paiement.* — Le contingent à payer par l'Etat, pour l'entretien des chemins vicinaux, est liquidé par les conservateurs. (Circ. A 514. Circ. N 402.)

Il est établi sur la formule série 11, n° 26, et fourni en simple expédition. (Lettre du 22 janvier 1872. Circ. N 372.)

SECT. VI. — VIABILITÉ.

44. *Viabilité. Dégradation.* — Lorsque l'état de viabilité des chemins vicinaux a été constaté, le conservateur, sur la demande du maire ou du préfet, désigne un agent pour procéder à la vérification des dégradations provenant de l'exploitation des forêts domaniales, afin de fixer la proportion de l'indemnité à payer pour l'entretien de ces chemins. (Loi du 21 mai 1836, art. 14.)

45. *Viabilité. Constatation.* — La viabilité des chemins vicinaux doit être constatée contradictoirement par le maire et un agent forestier ou, à son défaut, par un expert désigné par le conservateur. Lorsque le maire invite l'agent forestier à venir constater la viabilité d'un chemin, celui-ci doit en référer à son chef immédiat pour avoir des instructions. Rendus sur les lieux, ils dressent ensemble un procès-verbal en double et signé, lequel doit servir de base pour le règlement ultérieur des indemnités à réclamer par la commune. En cas de désaccord entre le maire et les agents forestiers, il est nommé des experts. (Circ. A 383.)

46. *Etat de viabilité. Acte. Timbre. Enregistrement.* — Le procès-verbal de reconnaissance de l'état de viabilité des chemins vicinaux doit être timbré et enregistré au comptant, au droit de 1 fr. 50. (Loi du 21 mai 1836, art. 20. Loi du 28 février 1872, art 4.) V. Expertise.

SECT. VII. — DÉGRADATION. SUBVENTION.

47. *Adjudicataires. Transport des coupes. Subventions.* — Les adjudicataires des coupes des bois domaniaux sont obligés de payer aux communes les subventions pour dégradations aux chemins vicinaux, causées par le transport du produit des coupes. (Loi du 21 mai 1836, art. 14. Loi du 20 août 1881, art. 11. Cah. des ch. 34.)

48. *Dégradation. Subvention. Propriétaire.* — Une subvention est demandée aux propriétaires des forêts dont l'exploitation dégrade les chemins, sauf recours des propriétaires, s'il y a lieu, contre les adjudicataires des coupes de bois. Elle est due non seulement sur les chemins de la commune de la situation des forêts, mais encore sur ceux situés dans d'autres communes.

49. *Dégradation. Propriétaire.* — Le propriétaire est responsable des dégradations extraordinaires causées à un chemin vicinal, quand bien même son voiturier aurait passé à son insu sur ce chemin. (Cons. d'Etat, 18 janvier 1862.)

50. *Dégradation. Usagers.* — L'Etat ne peut être tenu de réparer les dégradations causées par les exploitations faites au profit des usagers; c'est contre ceux-ci que les communes doivent former leurs demandes en réparation de chemin. (Circ. A 415. Circ. N 59, art. 102.)

51. *Réparation. Usagers.* — Les usagers ou affectataires, qui, d'après leurs titres, ne sont pas formellement dispensés de toute espèce d'impôts, sont tenus de contribuer avec l'Etat à la dépense des chemins vicinaux, dans la proportion des produits qu'ils retirent des forêts. (Décis. Min. 17 janvier 1838. Circ. A 415.)

52. *Dégradation.* — Ne peut pas être considérée comme *extraordinaire* la dégradation pour laquelle il ne serait dû qu'une subvention de 2 fr. 25. (Cons. d'Etat, 22 juin 1858.)

53. *Compétence. Dégradations. Dommages.* — Le tribunal correctionnel, qui condamne à l'amende pour dégradations causées à un chemin vicinal, est compétent pour statuer sur les dommages-intérêts. (Cons. d'Etat, Conflit, 13 mars 1875.)

SECT. VIII. — RECTIFICATION. CESSION DE TERRAIN.

54. *Elargissement.* — Les arrêtés du conseil général ou de la commission départementale pris en exécution de l'article 15 de la loi du 21 mai 1836, pour l'élargissement des chemins vicinaux, sont notifiés aux propriétaires des terrains expropriés huit

jours au moins avant l'occupation de ces terrains.

Lorsque les terrains à occuper font partie du domaine forestier de l'Etat, le conservateur prend les mesures nécessaires pour que les bois y existants soient vendus et enlevés dans le plus bref délai. (Circ. N 59, art. 60. Loi du 10 août 1871, art. 44, 86.)

55. *Elargissement. Redressement.* — L'arrêté préfectoral autorisant non l'élargissement, mais le redressement d'un chemin vicinal, est entaché d'excès de pouvoir, si les terrains affectés à ce redressement n'ont été l'objet ni d'une cession amiable, ni d'une expropriation pour cause d'utilité publique. (Cons. d'Etat, 23 mars 1872.)

56. *Elargissement. Alignement.* — Il appartient à la commission départementale de déterminer l'alignement et de fixer la largeur d'un chemin vicinal ordinaire, en y comprenant telles parcelles de terrain qui sont nécessaires. (Cons. d'Etat, 7 août 1874.)

57. *Rectification. Cession de terrain.* — Le conservateur autorise les concessions de terrains forestiers domaniaux pour établissement, élargissement et rectification des chemins vicinaux. (Circ. N 59, art. 28.)

58. *Cession de terrain.* — Les cessions à l'amiable de terrains forestiers domaniaux, nécessaires à l'ouverture ou au redressement des chemins vicinaux, sont instruites et réalisées dans les mêmes formes que les cessions relatives à l'ouverture, au redressement ou à l'élargissement des routes départementales. (Circ. N 59, art. 55.)

59. *Cession de terrain. Bois.* — En cas de cession de terrain domanial pour élargissement d'un chemin vicinal, les bois existant sur les terrains cédés peuvent être abattus, parce qu'il y a dépossession immédiate du propriétaire. (Circ. N 59, art. 30.)

60. *Indemnité. Règlement. Actes.* — Il est procédé au règlement amiable des indemnités de dépossession dues à l'Etat, en vertu de l'article 15 de la loi du 21 mai 1836, de la même manière que pour les cessions amiables. Mais, l'arrêté de classement ayant pour effet d'attribuer définitivement au chemin le sol occupé, on ne doit passer d'acte qu'autant qu'il y aurait lieu de stipuler un droit de retour au profit de l'Etat, en échange de l'abandon total ou partiel des indemnités dues. (Circ. N 59, art. 61.)

61. *Payement. Indemnité.* — Le payement des indemnités de dépossession n'est pas exigible avant la prise de possession du sol, comme pour les cessions de terrains compris dans le tracé d'ouverture ou de redressement des chemins vicinaux. (Instr. du Min. de l'Intérieur aux préfets, du 24 juin 1836. Circ. N 59, art. 61.)

62. *Abandon. Cession de terrain.* — En cas de changement de direction ou d'abandon d'un chemin vicinal, en tout ou partie, les propriétaires riverains de la partie de ce chemin qui cesse de servir de voie de communication peuvent faire leur soumission de s'en rendre acquéreurs et d'en payer la valeur, qui est fixée par des experts nommés dans la forme déterminée par l'article 17 de la loi du 21 mai 1836. (Loi du 21 mai 1836, art. 19. Circ. N 59, art. 63.)

63. *Aliénation de terrain.* — Lorsque l'aliénation a été autorisée par le préfet, le maire de la commune en prévient par écrit et individuellement chacun des propriétaires riverains, qui doivent faire connaître, dans un délai de quinze jours, s'ils veulent se rendre acquéreurs des terrains déclarés limitrophes. (Circ. N 59, art. 64.)

64. *Acquisition.* — Avant l'expiration du délai de quinze jours, le conservateur déclare adhérer à l'acquisition des terrains qu'il lui paraît utile de réunir au sol forestier, mais sous la réserve expresse de l'approbation de l'autorité supérieure. (Circ. N 59, art. 65.)

65. *Echange.* — Les terrains déclassés peuvent être acquis par voie d'échange à l'amiable avec les terrains compris dans les tracés des nouveaux chemins et suivant les formalités exigées pour les routes départementales. Les délibérations des conseils municipaux remplacent les délibérations des conseils généraux. (Circ. N 59, art. 66.)

66. *Cession de terrain.* — Les préfets statuent en conseil de préfecture, sans l'autorisation du ministre, mais sur la proposition conforme du chef de service, en matière domaniale ou forestière, sur la cession des terrains domaniaux compris dans le tracé des chemins vicinaux, ainsi que sur les échanges de terrains provenant du déclassement des chemins vicinaux. (Loi du 24 mai 1842. Décr. du 25 mars 1852. Lettre Min. 29 mai 1852.) Les décisions sont définitives, même lorsqu'à raison d'une plus-value certaine il y a lieu de renoncer à la totalité de l'indemnité due au Trésor. (Déc. Min. 30 juillet, 5 août 1863 et 19 février 1864.) Si les arrêtés des préfets sont pris contrairement aux propositions des chefs de service, le conservateur en réfère à l'administration, et il est sursis à l'exécution des arrêtés jusqu'à la décision du ministre. (Lettre Min. 29 mai 1852.)

67. *Terrains classés. Action possessoire.* — Les terrains classés, fixés ou attribués à un chemin vicinal sans opposition de la part des riverains, ne peuvent plus être l'objet de l'action possessoire. (Cass. 12 août 1873.)

CHEMINÉE.

1. *Pénalité.* — Pour négligence d'entretien, de réparation ou de nettoyage des cheminées :

Amende : 1 à 5 fr. (C. P. 471.)

En cas de récidive, en outre, *prison :* 3 jours au plus. (C. P. 474.)

2. *Entretien. Nettoyage.* — La peine prononcée par l'article 471 du code pénal est encourue par cela seul que le feu a éclaté dans une cheminée et en dehors, lors même qu'il serait établi que cette cheminée a été nettoyée deux fois dans l'année, conformément à l'usage des lieux. (Cass. 13 oct. 1849.)

Toutefois, la circonstance que le feu a éclaté dans une cheminée ne constitue pas nécessairement la contravention punie par l'article 471, s'il est constaté qu'il n'y a pas eu négligence d'entretien et que la cheminée a été ramonée en temps utile. (Cass. 23 juin 1865.) V. Incendie.

CHÊNE BLANC OU ROUVRE.

1. *Classification.* — Arbre de 1re classe. (Cod. For. 192.)

2. *Culture. Travaux.* — Dans les coupes de taillis sous futaie, où les baliveaux chênes de semis deviennent rares, il faut planter 50 à 100 brins de chêne de haute ou basse tige par hectare, lorsque le sol permet aux arbres de prospérer. Ces plants seront pris dans les coupes voisines, en pépinière ou dans le commerce. Les propositions de ces travaux sont adressées, sous forme d'état, au plus tard le 1er septembre de l'année qui précède le récolement des coupes. (Circ. A 779.) V. Repiquement.

CHÊNE KERMÈS.

Classification. — Arbre appartenant au genre chêne et qui, par suite, doit légalement être considéré comme un arbre de 1re classe. (Cod. For. 192.)

Mais, d'autre part, comme la tige de cet arbuste n'a presque jamais 2 décimètres de tour, il s'ensuit que les délits dont il serait l'objet ne pourraient, en réalité, être punis que comme coupe et enlèvement de bois au-dessous de 2 décimètres de tour. (Cod. For. 194.) V. Fagot. Enlèvement. Kermès.

CHÊNE-LIÈGE.

1. *Classification.* — Arbre appartenant au genre chêne et qui, par suite, doit être légalement considéré comme un arbre de 1re classe. (Cod. For. 192.) V. Liège.

2. *Concessions. Algérie.* — Les concessions temporaires de forêt de chênes-liège appartenant à l'Etat, en Algérie, ont été converties en propriétés définitives, sous la condition que les concessionnaires paieront à l'Etat, les deux tiers de la contenance concédée et non incendiée, au prix fixe de 60 francs par hectare. Ce payement devait s'effectuer en vingt annuités. (Décr. du 2 février, 11 mars 1870.)

3. *Chêne-liège. Débroussaillement. Tranchée.* — En Algérie, tout propriétaire de forêt de chênes-liège, qui ne serait pas débroussaillée, peut être contraint, par le propriétaire d'un terrain limitrophe de même nature, à l'ouverture et à l'entretien pour sa part, sur la limite des deux fonds contigus, d'une tranchée débarrassée des essences résineuses et maintenue en parfait état de débroussaillement.

La largeur totale de cette tranchée et la répartition de cette largeur sur chacun des fonds limitrophes seront fixées d'accord entre les parties intéressées et, en cas de désaccord, par les préfets, le conservateur des forêts entendu, sous réserve des dispositions du décret du 16 août 1853, relatif aux travaux exécutés dans les zones frontières. (Loi du 9 décembre 1885, art. 3.)

4. *Ouverture de tranchées. Instance. Procédure.* — Les actions concernant l'ouverture et l'entretien des tranchées de protection de forêts de chênes-liège, en Algérie, seront instruites et jugées comme les actions en bornage. (Loi du 9 décembre 1885, art. 4.)

5. *Algérie. Compétence.* — Le décret du 28 mars 1862 a investi les conseils de préfecture de l'Algérie du droit de statuer sur les contestations qui pourraient s'élever entre les concessionnaires des forêts de chênes-liège et l'administration. Cette attribution n'est pas susceptible d'application en France; mais elle peut être considérée comme une simple extension de la compétence conférée aux conseils de préfecture par la loi du 28 pluviôse an VIII, en matière de vente des biens de l'Etat. (Cabantous.)

CHÊNE VERT. V. Yeuse.

CHÊNE ZÉEN.

Classification. — Arbre appartenant au genre chêne et qui, par suite, doit être considéré comme arbre de 1re classe. (Cod. For. 192.)

Le chêne zéen, qui n'existe pas en France, constitue, en Algérie, des massifs forestiers importants; on évalue à 53826 hectares la superficie occupée par cette essence.

CHEPTEL.

1. *Définition.* — Le bail à cheptel est un contrat par lequel l'une des parties donne à l'autre des animaux susceptibles de croît et de profit, à l'effet de les garder et soigner, sous des conditions convenues. (Cod. Civ. 1711, 1800.)

2. *Animaux. Qualités.* — Les animaux donnés à cheptel sont considérés comme meubles. (Cod. Civ. 522.)

3. *Responsabilité.* — Le propriétaire des bestiaux donnés à cheptel n'est pas responsable des délits de pâturage commis par le cheptelier. (Cass. 11 mars 1865.) Le preneur à cheptel est seul passible, à l'exclusion du propriétaire, des amendes édictées par l'article 199, pour délit de pâturage. (Cass. 14 février 1862.)

4. *Responsabilité. Délit.* — Celui qui prend des bestiaux à cheptel est responsable des délits de pâturage, même s'ils avaient été commis dans les bois ou terrains du propriétaire des animaux donnés à cheptel. (Orléans, 22 août 1870.)

5. *Fermier.* — En cas de troupeau donné à cheptel, le fermier est considéré comme le seul propriétaire. (Cass. 10 septembre 1835.)

CHEVAL.

1. *Pâturage. Pénalité.* — Le pâturage d'un cheval des usagers ou habitants, hors des cantons désignés pour le pâturage ou des chemins indiqués pour s'y rendre, est puni, savoir :

Pour le propriétaire, *amende :*

BOIS DE 10 ANS ET AU-DESSUS.

Le jour....... 3 fr. (C. F. 112, 199.)
Le jour avec récidive, la nuit, ou la nuit avec récidive. } 6 fr. (C. F. 112, 199, 201.)

BOIS AU-DESSOUS DE 10 ANS.

Le jour........ 6 fr. (C. F. 112, 199.)
Le jour avec récidive, la nuit, ou la nuit avec récidive. } 12 fr. (C. F. 112, 199, 201.)

Dommages-intérêts facultatifs ; minimum : amende simple. (C. F. 199, 202.)
Saisie et séquestre, s'il y a lieu. (C. F. 161.)

Pour le pâtre des usagers, *Pénalité :*

Le jour : *amende* de 3 à 30 francs. (C. F. 76.)
En récidive. { *Amende :* 3 à 30 francs. *Prison* facultative de 5 à 15 jours. } C. F. 76, 201.

La commune est responsable des condamnations civiles. (Cod. For. 72.)

L'amende contre le pâtre est indépendante de celle du propriétaire. (Cass. 10 août 1848.)

On peut poursuivre le propriétaire ou le pâtre des usagers seul. (Cass. 10 mai 1842.)

Mais, si le propriétaire est lui-même le gardien, l'amende du pâtre n'est pas applicable. (Cass. 2 mai 1845.)

2. *Pâturage. Nombre.* — Le pâturage de chevaux excédant le nombre fixé par l'administration est puni, savoir :

Pour le propriétaire : *Amende* comme pour chevaux trouvés en délit et suivant les circonstances. (C. F. 77, 112, 199, 201.)

3. *Pâturage. Clochettes.* — Le pâturage d'un cheval sans clochette est puni, savoir :

Amende : par tête de bétail, 2 francs. Récidive ou nuit, 4 francs. (C. F. 75, 112, 201.)

4. *Animal de commerce.* — Le pâturage par les usagers ou habitants d'un cheval servant au commerce est puni, savoir :

Amende : le jour, 6 francs; la nuit ou en récidive, 12 francs. (C. F. 70, 199.)
Dommages-intérêts facultatifs. (C. F. 112, 202.)
Tenir compte de l'âge des bois.

5. *Pâturage. Garde séparée.* — Le pâturage d'un cheval ou bête de somme à garde séparée est puni, savoir :

Amende : par tête, 2 francs ; nuit ou récidive, 4 francs. (C. F. 72, 112, 201.)

6. *Pâturage sans marque.* — Le pâturage d'un cheval des usagers sans être marqué est puni, savoir :

Amende : par tête de bétail, 3 francs ; récidive, 6 francs. (C. F. 72, 201, 120.)

7. *Hors routes et chemins.* — Lorsqu'un cheval est trouvé dans les ventes non muselé (Cass. 16 mai 1834), ou dans les bois et hors des routes et chemins, il y a présomption légale de délit de pâturage, et ce fait donne lieu aux pénalités comme pour délit de pâturage, si l'animal n'est pas attelé. (C. F. 147.)

BOIS DE 10 ANS ET AU-DESSUS.

Le jour. . . . . 3 fr. (C. F. 147, 199.)
Le jour avec récidive, ou la nuit, ou la nuit avec récidive. } 6 fr. (C. F. 147, 199, 201.)

BOIS AU-DESSOUS DE 10 ANS.

Le jour. . . . . 6 fr. (C. F. 147, 199.)
Le jour avec récidive, ou la nuit, ou la nuit avec récidive. } 12 fr. (C. F. 147, 199, 201.)

Dommages-intérêts facultatifs ; minimum : amende simple. (C. F. 199, 202.)
Saisie et mise en séquestre, s'il y a lieu. (C. F. 161.)

8. *Algérie. Préposés.* — Les préposés du service actif, brigadiers et gardes, reçoivent une indemnité fixe annuelle de 500 francs, et les gardes indigènes, de 400 francs, pour frais d'entretien de cheval. (Arr. Min. 30 décembre 1885. Circ. N 358.)

9. *Agent monté. Entretien.* — On ne doit considérer comme agent monté et ayant un cheval, pour avoir droit aux gratifications, que ceux qui ont entretenu un cheval pendant au moins neuf mois de l'année. (Circ A 520.)

10. *Indemnité. Agents.* — Les agents auxquels est imposée l'obligation d'être montés justifieront de la possession d'un cheval par une simple déclaration au chef de service. En cas d'infraction constatée, la restitution de l'indemnité sera prononcée, sans préjudice des peines disciplinaires qu'il pourra

y avoir lieu d'appliquer, selon les circonstances. Lorsqu'un agent se sera défait de son cheval pour une cause quelconque, il lui sera donné un délai d'un mois pour s'en procurer un autre. Lorsque ce délai sera dépassé, l'indemnité cessera de courir à partir du jour où l'agent aura discontinué d'être possesseur d'une monture. (Lettre-Circ. 11 février 1865.) V. Indemnité.

11. *Chasseurs forestiers. Commandants de compagnie.* — Les commandants de compagnie sont montés, en cas d'appel à l'activité. (Décr. du 18 novembre 1890. Circ. N 424.)

12. *Prestation. Taxe.* — Les chevaux possédés en conformité des règlements administratifs sont exempts de taxe (Loi du 2 juillet 1862) et de la prestation pour chemins vicinaux. (Cons. d'Etat, 8 avril 1842. Circ. A 513. Circ. N 135.) V. Prestation.

CHÈVRE.

1. *Pénalité. Pâturage.* — Le pâturage des chèvres est interdit dans les bois soumis au régime forestier et dans tous les terrains qui en dépendent, ainsi que dans les bois particuliers, nonobstant tout titre ou usage contraire, et sous les pénalités suivantes, par chèvre :

Pour le propriétaire, *Amende* :

BOIS DE 10 ANS ET AU-DESSUS.

Le jour.	4 fr. (C. F. 78, 110, 120, 199.)
Le jour avec récidive, la nuit, ou la nuit avec récidive.	8 fr. (C. F. 78, 110, 120, 199, 201.)

BOIS AU-DESSOUS DE 10 ANS.

Le jour.	8 fr. (C. F. 78, 110, 199, 120.)
Le jour avec récidive, la nuit, ou la nuit avec récidive.	16 fr. (C.F. 78, 110, 120, 199, 201.)

Dommages-intérêts facultatifs; minimum; amende simple. (C. F. 199, 202.)

Saisie et séquestre, s'il y a lieu. (C. F. 161.)

Pour le pâtre, *Pénalités* :

Amende : 15 francs. (C. F. 78, 110.)

En cas de récidive	*Amende* : 15 francs. *Prison obligatoire* : 5 à 15 jours.	C. F. 78, 110.

Si les usagers introduisent des chèvres au pâturage, pénalités :

Pour le propriétaire : *Amende*, par chèvre, 8 fr. (double de celle fixée par l'art. 199). (C. F. 78, 110.)

Pour le berger : *Amende*, 15 fr. (C. F. 78, 110.)

Pour le berger, en cas de récidive : *Amende*, 30 fr. *Prison* obligatoire, 5 à 15 jours. (C. F. 78, 110.)

Si ce délit a été commis dans un bois au-dessous de 10 ans :

L'*amende* pour le propriétaire est alors de 16 francs par chèvre.

Si, en outre, le délit a été commis de nuit ou en récidive :

L'amende est alors pour le propriétaire de 32 francs par tête de bétail, et, pour le berger, elle est de 30 francs (C. F. 201), outre la prison obligatoire de 5 à 15 jours.

Si le propriétaire est lui-même le gardien du troupeau, l'amende spéciale pour le pâtre ne lui est pas applicable. (Cass. 2 mai 1845.)

On peut poursuivre indistinctement le propriétaire usager ou le pâtre. (Cass. 10 mai 1842.)

2. *Pâturage. Habitants. Administrateurs. Pénalités.* — Les habitants des communes et les employés ou administrateurs, qui introduisent ou font introduire, dans les bois des communes ou établissements publics, des chèvres, sont punis des amendes prévues par l'article 199. (C. F. 110.)

Pour le berger : *Amende* : 15 fr.

En récidive : *Amende*, 30 fr. *Prison* obligatoire : 5 à 15 jours. (C. F. 78, 110.)

3. *Amende. Pénalités.* — L'amende contre le propriétaire est indépendante de celle du pâtre. On doit poursuivre et faire punir les deux auteurs du délit, l'un comme propriétaire des animaux et l'autre comme conducteur. S'il y a plusieurs pâtres, chacun d'eux encourt l'amende de 15 francs, quand bien même le fils du propriétaire serait le pâtre du troupeau.

4. *Parcours. Pâture. Pénalités.* — Dans les pays qui ne sont sujets ni au parcours, ni à la vaine pâture, pour toute chèvre qui sera trouvée sur l'héritage d'autrui, contre le gré du propriétaire de l'héritage, pénalités :

Amende : valeur d'une journée de travail pour le propriétaire de la chèvre.

Dans les pays de parcours ou de vaine pâture, où les chèvres ne sont pas rassemblées et conduites en troupeau commun, celui qui aura des chèvres ne pourra les mener aux champs qu'attachées. En cas de contravention, pénalités :

Amende : valeur d'une journée de travail par chèvre.

En quelque circonstance que ce soit, lorsque les chèvres auront fait du dommage aux arbres fruitiers ou autres, haies, vignes, ou jardins, pénalités :

Amende double, sans préjudice des dommages-intérêts au propriétaire. (Loi 28 septembre-6 octobre 1791, art. 18.)

5. *Prohibition.* — La défense de faire paître des chèvres s'étend également aux boucs. (Cass. 1er août 1811.)

6. *Bois particulier.* — L'article 78 du code forestier, qui défend aux usagers le pâturage des chèvres, est applicable aux bois particuliers. (Cass. 31 mars 1848.)

7. *Prohibition.* — La prohibition d'introduire des chèvres dans les bois est générale et absolue et s'applique aux chèvres que l'on est d'usage, dans certains pays, de mettre dans les troupeaux de moutons comme *menons* ou *conducteurs.* (Cass. 7 mai 1830.) L'autorisation d'introduire les moutons ne peut servir d'excuse à l'introduction des chèvres, nécessaires à la conduite du troupeau. (Cass. 16 mars 1833.)

8. *Particulier. Usage.* — Les propriétaires dont les bois sont grevés d'un droit d'usage peuvent interdire le pâturage des chèvres dans leurs bois, ou le permettre. Ils peuvent eux-mêmes envoyer leurs chèvres dans leurs bois. (Cass. 26 juillet et 18 octobre 1811.) V. Bandite. Vacant.

9. *Bois particulier. Pâturage.* — Les particuliers peuvent faire pâturer des chèvres dans leurs bois, et accorder cette faculté à d'autres personnes. (Avis du Cons. d'Etat, 18 brumaire an XIV. Cass. 26 juillet et 18 octobre 1811.)

10. *Droit d'usage. Pâturage. Particulier.* — Bien que la cour de cassation en ait jugé autrement (Cass. 11 mars 1844), un propriétaire peut, en vendant son bois, se réserver le droit ou la propriété d'y faire pâturer les chèvres et les moutons, et l'acquéreur ne peut pas le contraindre au rachat de ce droit en vertu de l'article 78 du code forestier. (Meaume, tom. 2, p. 336 et suiv.)

Sous le code forestier, la prohibition du pâturage des chèvres, dans les bois des particuliers, n'est pas d'ordre public. (Meaume.)

11. *Usager. Rachat.* — La défense d'introduire des chèvres au pâturage constitue une prohibition d'ordre public, qui ne permet pas au propriétaire de s'affranchir de l'obligation d'indemniser les usagers valablement investis du droit de dépaissance des chèvres, en leur offrant de les maintenir dans l'exercice de ce droit. (Cass. 12 juin 1866.)

12. *Excuse. Pâturage. Propriété.* — L'individu qui a fait pacager un troupeau de chèvres sur un terrain qui ne lui appartient pas ne peut valablement opposer une exception préjudicielle, résultant de la propriété qu'aurait, de ce terrain, la personne qui lui a donné l'autorisation d'y conduire ses chèvres. (Cass. 13 septembre 1850.) V. Bandite. Exception préjudicielle.

13. *Usager. Pâturage. Indemnité.* — Les usagers qui prétendent avoir joui du pâturage des chèvres dans les bois domaniaux et communaux, en vertu de titres valables ou d'une possession équivalente à ces titres, peuvent, s'il y a lieu, réclamer une indemnité qui sera réglée de gré à gré, ou par les tribunaux. (Cod. For. 78.)

14. *Demande de rachat du droit d'usage. Délai.* — La demande en indemnité pour le pâturage des chèvres, dans un bois particulier, a pu être formée plus de trente ans après le code forestier, si le pâturage a été continué du consentement du propriétaire. (Cass. 12 juin 1866.)

15. *Terrains particuliers. Pâturage. Conditions. Dommages.* — Les préfets peuvent, après avoir pris l'avis des conseils généraux et des conseils d'arrondissement, déterminer par des arrêtés les conditions sous lesquelles les chèvres peuvent être conduites et tenues au pâturage. Les propriétaires des chèvres conduites en commun sont solidairement responsables des dommages qu'elles causent. (Loi du 4 avril 1889, art. 2 et 3.)

CHEVREAU.

Pâturage. Pénalité. — Jeune animal de l'espèce caprine, tétant encore sa mère, mais dont l'introduction en forêt ne peut être tolérée, à cause des prescriptions du code forestier. En cas d'infraction et de délit, mêmes pénalités que pour les chèvres.

CHEVREUIL.

1. *Dégâts. Classification.* — Le chevreuil, lorsqu'il fait des dégâts, peut être considéré comme bête fauve (animal nuisible). (Rouen, 22 juin 1865. Paris, 21 juin 1866.)

2. *Chevreuil blessé.* — Celui qui ayant mortellement blessé un chevreuil sur son terrain le suit dans la forêt d'autrui, sans appuyer ses chiens et portant en bandoulière son fusil déchargé, ne commet pas un délit de chasse. (Cass. 23 juillet 1869.)

3. *Chevreuil mort.* — Ne commet point de soustraction frauduleuse, celui qui, même sur la propriété d'autrui, s'empare d'un chevreuil tué depuis plusieurs jours et qu'aucun chasseur n'avait réclamé, ni recherché.

En pareil cas, on ne saurait considérer ce gibier comme appartenant à une personne inconnue, et il devient la propriété du premier occupant. (Trib. de Compiègne, 12 avril 1881.)

4. *Battue. Délit involontaire.* — Il n'y a pas délit de chasse de la part d'un chasseur qui, dans une battue aux animaux nuisibles, tire au jugé dans un fourré et tue un chevreuil au lieu d'un loup, alors que l'animal tué avait déjà essuyé plusieurs coups de feu et que celui qui l'a tué n'a pu connaître l'animal sur lequel il tirait. (Cass. 16 novembre 1866.)

CHEVRIER.

Définition. — Gardien de chèvres. V. Berger. Pâtre.

CHICOT.

Définition. — Portion de la tige qui reste hors de terre, lorsqu'un arbre a été abattu ou rompu près de sa souche. V. Souche.

CHIEN (en général).

1. *Destruction. Circonstances. Pénalités.* — Un chien, comme tout autre animal domestique, est une propriété mobilière, dont la destruction constitue la contravention punie par l'article 479, § 1, du code pénal.

Amende : 11 à 15 fr.

Cette pénalité est encourue même lorsque cette destruction a eu lieu dans un terrain clos appartenant à l'auteur du fait. (Angers, 7 janvier 1873.)

Mais cette destruction volontaire échappe à toute incrimination, lorsqu'elle a eu lieu par nécessité, par exemple par un propriétaire sur son terrain et au moment où cet animal portait atteinte à sa propriété. (Cass. 7 juillet 1871. Bordeaux, 4 mars 1879.)

Cependant la cour de Poitiers a décidé, le 14 novembre 1879, qu'un propriétaire n'a pas le droit de tuer un chien qui vient, dans sa propriété, manger ses poules. Il n'y a, en pareil cas, ni nécessité, ni péril imminent, pouvant légitimer la destruction de ce chien.

2. *Excitation. Passants. Pénalités.* — Ceux qui auront excité ou n'auront pas retenu leurs chiens, lorsqu'ils attaquent ou poursuivent les passants, quand même il n'en serait résulté aucun dommage, encourront :

Amende : 6 à 10 fr. (C. P. 475.)

En cas de récidive, *Prison,* maximum : 5 jours (C.P. 478.)

3. *Chien hydrophobe. Destruction.* — Les chiens mordus par un autre chien atteint d'hydrophobie ne peuvent être abattus, sur l'ordre de l'autorité, que dans les lieux publics et non pas dans le domicile de leurs maîtres, s'ils y sont tenus attachés. (Cass. 16 novembre 1872.)

CHIENS DE CHASSE (courants ou d'arrêt).

1. *Meute.* — Les lieutenants de louveterie doivent avoir dix chiens courants et quatre limiers. (Règl. 20 août 1814, art. 6.)

2. *Préposés.* — Il est interdit aux préposés d'avoir des chiens courants ou d'arrêt. (Circ. N 72.)

3. *Chasse. Délit.* — L'emploi de chiens courants constitue un fait de chasse, même de la part du maître qui n'a qu'un fusil chargé et qui est dépourvu de cartouches, alors que le maître suit les chiens et préside à leurs recherches. (Nîmes, 29 janv. 1880.)

4. *Quête. Délit de chasse.* — Il y a délit de chasse dans le fait de faire quêter un chien dans une luzerne, en temps prohibé, même lorsque le propriétaire n'aurait d'autre but que de dresser son chien. (Cass. 17 févr. 1853.)

5. *Quête. Laisse. Temps prohibé. Délit.* — Le fait, par un individu, d'avoir, en temps prohibé, fait quêter ses chiens dans un champ non clos constitue le délit de chasse prévu et puni par l'article 12 de la loi du 3 mai 1844, quand même il serait constaté que le prévenu était sans armes, qu'il tenait ses chiens en laisse et que son but unique était de dresser ces animaux à poursuivre le gibier. (Poitiers, 10 novembre 1882.)

6. *Protection des œufs et couvées.* — Est légal et obligatoire l'arrêté préfectoral qui, pour prévenir la destruction des oiseaux, œufs et couvées, interdit la divagation des chiens, après la clôture de la chasse.

L'infraction à cet arrêté est, en conséquence, passible de l'amende édictée par l'article 11, § 3, de la loi du 3 mai 1844 (16 à 100 fr.).

Le fait de laisser chasser son chien en temps prohibé constitue, d'ailleurs, le délit prévu et puni par l'article 12, § 1, de ladite loi. (Trib. de Beaune, 6 novembre 1888 et 5 novembre 1889.)

7. *Divagation. Pénalité.* — Lorsqu'un arrêté préfectoral, légalement pris, a interdit, afin de prévenir la destruction des oiseaux, œufs et couvées, de laisser errer des chiens, soit dans les bois, soit dans la plaine, toute infraction à cet arrêté tombe sous l'application de l'article 9 du paragraphe 3 de la loi du 3 mai 1844. (Nancy, 23 janvier 1884.)

8. *Protection du gibier. Divagation.* — Les arrêtés que peuvent prendre les préfets, pour prévenir la destruction et favoriser le repeuplement des oiseaux, s'appliquent non seulement aux oiseaux vivant d'insectes, mais encore aux oiseaux qualifiés de gibier.

Un préfet agit dans la limite de ses pouvoirs en interdisant de laisser errer les chiens dans les bois ou la plaine, pour prévenir la destruction des œufs et couvées. (Angers, 28 juillet 1879.)

9. *Arrêté. Divagation.* — L'arrêté par lequel il est interdit aux propriétaires de chiens de laisser errer ces animaux, soit dans les bois, soit dans la plaine, pendant le temps où la chasse est prohibée, est pris dans la limite des pouvoirs donnés aux préfets par l'article 9 de la loi du 3 mai 1844. (Dijon, 26 novembre 1890.)

10. *Divagation. Arrêté préfectoral.* — Lorsqu'un arrêté préfectoral, légalement pris en vertu de l'article 9, § 4, de la loi du 3 mai 1844, oblige les propriétaires de chiens à veiller à ce que ces animaux n'errent pas dans les bois et dans la plaine, celui qui laisse, à une certaine distance de lui et pendant un certain temps, ses chiens parcourir des récoltes tombe sous l'application de l'article 11, § 3, de la loi précitée. (Rouen, 2 décembre 1881.)

11. *Divagation. Morsure.* — Un chien doit nécessairement être considéré comme un animal malfaisant ou féroce, dont la divagation est défendue par l'article 475, § 7, du code pénal, lorsque, sans provocation constatée, il a attaqué une personne sur la voie publique et l'a mordue.

Et la contravention de divagation ne peut être écartée, en ce cas, sous prétexte que le chien appartient à la race des lévriers, qui est d'un naturel souple et docile, et qu'il n'est point établi qu'il ait l'habitude de se jeter sur les passants. (Cass. 15 mai 1891.)

12. *Arrêté préfectoral. Divagation. Etendue.* — L'arrêté préfectoral contenant défense de laisser errer les chiens durant la période de la fermeture de la chasse est sanctionné par l'article 11, § 3, de la loi du 3 mai 1844. Il ne vise que le cas de divagation en l'absence ou hors de la surveillance et de l'action de leur maître, mais il ne s'applique pas à l'hypothèse où celui-ci se trouve dans la campagne, accompagné de son chien, qu'il conserve à une très courte distance de lui, sans l'exciter, ni le lancer à la quête du gibier. (Trib. de Langres, 24 juin 1892.)

13. *Chasse. Délit.* — Le propriétaire d'un chien d'arrêt est en délit, lorsque, après avoir été prévenu plusieurs fois par le garde qu'il ne devait pas laisser son chien d'arrêt errer en forêt, il est constaté que ce chien a chassé pendant une heure, alors que son maître se trouvait dans une vigne voisine de la forêt. (Trib. de Tonnerre, 17 juillet 1885.)

14. *Acte volontaire.* — L'existence de tout délit de chasse est subordonnée à un acte personnel et volontaire ayant pour but de rechercher et de poursuivre le gibier, afin de se l'approprier. En conséquence, on ne saurait relever un délit de chasse contre celui dont les chiens se sont échappés et, guidés par leur seul instinct, ont poursuivi du gibier sur le terrain d'autrui, sans qu'il y ait eu, de sa part, aucune participation. (Dijon, 14 janvier 1889.)

15. *Poursuite du gibier. Terrain d'autrui. Délit.* — Le fait par un chien, qui a lancé un lièvre sur un terrain où son maître avait le droit de chasse et l'a poursuivi dans une forêt où la chasse lui était défendue, d'abandonner la première voie et de relever en forêt un autre lièvre, ne saurait constituer un délit à la charge du maître, alors que ce maître, placé hors de la forêt, à une distance de 250 mètres, a été dans l'impossibilité d'empêcher son chien de poursuivre le second lièvre. (Paris, 22 février 1892.)

16. *Rappel.* — Le fait de laisser chasser les chiens sans les rappeler constitue le délit prévu par l'article 11 de la loi du 3 mai 1844. C'est aux prévenus d'établir la preuve qu'ils ont été dans l'impossibilité de rappeler leurs chiens. (Trib. d'Annecy, 18 déc. 1888.)

17. *Passage. Excuse.* — Le passage de chiens courants sur l'héritage d'autrui, à la suite du gibier, est excusable, lorsqu'il est constaté, en fait, que le gibier poursuivi a été lancé sur la propriété du chasseur, qui a fait tous ses efforts pour rompre les chiens et pour les rappeler.

Cette constatation, souverainement faite par la cour d'appel, échappe au contrôle de la cour de cassation. (Cass. 1er mai 1880.)

18. *Simple passage. Absence de délit.* — Le simple passage de chiens courants à la poursuite du gibier, dans un bois où leur maître n'a pas droit de chasse, ne constitue pas un délit à la charge de celui-ci, alors que les faits de la cause ne permettent pas d'induire que le maître s'est associé à la poursuite, par un acte personnel et volontaire.

Peu importe que le maître des chiens, invité par le garde à les rappeler, ait négligé de les rejoindre ou d'essayer de les rompre. (Dijon, 16 mars 1892.)

19. *Rappel.* — Il ne suffit pas, pour satisfaire à la loi, de rappeler et de corner les chiens lancés à la poursuite du gibier dans une forêt dont la chasse est amodiée. Le propriétaire du chien doit, en outre, chercher à les rompre ; il est en délit, alors surtout qu'il n'a rien fait pour qu'il en soit ainsi et que même il a déclaré qu'il se moquait du propriétaire de la chasse.

Dans ces circonstances, le propriétaire des chiens doit être condamné pour avoir chassé sur le terrain d'autrui. (Dijon, 4 janv. 1882.)

20. *Passage de chiens. Terrain d'autrui.* — Le jugement correctionnel ne peut excuser le passage de chiens courants sur l'héritage d'autrui, que s'il constate que le gibier poursuivi par les chiens a été levé sur la propriété de leur maître et que le prévenu a cherché à rompre les chiens et à les em-

pêcher de pénétrer sur le terrain d'autrui, ou qu'il a été dans l'impossibilité de le faire, et c'est au prévenu qu'incombe la charge d'en rapporter la preuve. (Cass. 11 mai 1881.)

21. *Destruction. Divagation.* — Un propriétaire a le droit de détruire des chiens de chasse qui s'introduisent dans son parc, même sans l'assentiment de leur maître, alors qu'au moment où il les blesse ou les tue, les chiens qui, plusieurs fois déjà avaient pénétré chez lui, parcouraient en tous sens sa propriété. (Trib. de Loches, 19 juin 1885.)

22. *Destruction.* — Les propriétaires de bois et forêts ou leurs agents ont le droit de tuer les chiens qui viennent chasser et causent ainsi un dommage actuel au droit de propriété. (Trib. de Dreux, 17 mai 1881.)

CHOSE JUGÉE.

1. *Définition.* — Point décidé par une juridiction et devenu inattaquable par les voies ordinaires.

2. *Définition.* — La chose jugée réside dans le dispositif et non dans les motifs du jugement. (Cass. 3 décembre 1856.)

3. *Condition.* — La poursuite et l'action publique s'éteignent par le fait du jugement d'acquittement. (Instr. Crim. 360.)

Pour constituer la chose jugée au correctionnel, il faut :

1° Qu'il s'agisse d'un jugement susceptible d'exécution ; si le jugement est purement *préparatoire*, s'il ne prononce pas sur le fond du procès, si les dispositions sont contradictoires ou incertaines, la décision ne peut pas produire la chose jugée ;

2° Que le jugement soit *définitif*, c'est-à-dire inattaquable par quelque voie que ce soit, telle qu'opposition ou appel ;

3° Qu'il y ait identité entre le fait qui a été l'objet de la première poursuite et le fait qui est l'objet de la seconde.

4. *Force. Autorité.* — Le jugement passé en force de chose jugée a tous les droits d'une vérité incontestable (Conseil d'Etat, 12 novembre 1806), et le fait qui l'a motivé ne peut plus donner lieu à poursuite. Toutefois, un fait jugé peut donner lieu à une seconde poursuite, si la qualification légale du délit et la pénalité sont changées.

5. *Fait. Autorité.* — L'autorité de la chose jugée n'a lieu qu'à l'égard de ce qui a fait l'objet du jugement. (Cod. Civ. art. 1351.)

6. *Partie. Autorité.* — Un jugement n'a force de chose jugée que pour les parties représentées dans l'instance, quand bien même il s'agirait d'un droit identique. Ainsi un cantonnement fait par un maire n'oblige pas les habitants qui ont des droits d'usage sur un domaine faisant partie d'une commune, mais qui en a été détaché. (Cass. 2 août 1841.)

7. *Conséquence. Autorité.* — La chose jugée au possessoire est sans influence sur le pétitoire (Cass. 28 décembre 1857), ou sur un jugement correctionnel. (Cass. 16 février 1859.)

8. *Exception.* — L'exception de la chose jugée doit être déclarée non recevable, lorsque la décision d'où on la fait résulter n'est pas produite en forme probante. (Cod. Civ. 1351. Cass. 10 février 1868.)

9. *Cassation. Exception.* — L'exception de la chose jugée ne peut pas être utilement proposée pour la première fois en cassation. (Cass. 10 février 1858 et 23 mai 1873.)

10. *Condition. Violation.* — La violation de la chose jugée ne résulte que de la contradiction existant entre les dispositifs de deux jugements ayant caractère définitif. (Cass. 24 juillet 1863.)

11. *Calcul. Erreurs.* — Il n'y a pas violation de la chose jugée dans la rectification des erreurs de calculs qui se sont glissées dans un jugement. (Trib. de Schlestadt, 14 août 1861.)

12. *Erreurs. Rectification.* — Il n'y a pas atteinte à la chose jugée dans la décision par laquelle une cour rectifie différentes erreurs contenues dans un précédent arrêt. (Cass. 23 novembre 1824.)

13. *Prescription.* — Il n'y a pas chose jugée, lorsqu'une commune, qui a été repoussée dans son exception de prescription *acquisitive*, invoque pour le même objet la prescription *libératoire*. (Besançon, 12 décembre 1864.)

CIBLE. V. Tir.

CIRCONFÉRENCE.

1. *Mesure.* — La circonférence des arbres coupés en délit doit se mesurer à un mètre du sol. (Cod. For. 34, 192.) Si l'arbre a été enlevé et façonné, le tour sera mesuré sur la souche ; si la souche a été enlevée, le tour sera calculé dans la proportion de 1/5 en sus de la dimension totale des quatre faces de l'arbre équarri. (Cod. For. 193.) V. Arbre.

2. *Souche. Mesure.* — On ne doit mesurer la circonférence sur la souche que s'il est impossible de faire autrement et si le procès-verbal constate l'impossibilité de mesurer à un mètre du sol, parce que le bois est façonné. Cette déclaration constitue un fait matériel,

faisant foi jusqu'à inscription de faux, et, dans ce cas, les tribunaux sont obligés d'accepter la circonférence prise sur la souche. (Cass. 14 janvier 1830.) Toute autre évaluation serait arbitraire et illégale. (Cass. 5 avril 1851.)

3. *Mesure. Hauteur.* — Si le procès-verbal ne dit pas à quelle hauteur la circonférence a été mesurée, on doit présumer qu'elle l'a été d'après les dispositions de la loi, si le prévenu a assisté au mesurage, sans élever de réclamations. (Cass. 18 juin 1842.)

4. *Mesure. Fait.* — La déclaration que le mesurage de la circonférence a été fait à un mètre du sol constitue un fait matériel, faisant foi jusqu'à inscription de faux. (Nancy, 8 mars 1833.)

5. *Bout. Mesure.* — Lorsqu'on ne peut pas savoir à quelle hauteur l'arbre a été coupé, on doit mesurer la circonférence au gros bout et à la coupe.

6. *Dimensions. Evaluation.* — Lorsqu'un procès-verbal énonce que la dimension des arbres coupés ou enlevés est égale ou supérieure à deux décimètres de tour, les tribunaux ne peuvent considérer comme charge à dos la quantité de bois détaillée au procès-verbal. (Cass. 4 août 1836.)

7. *Dimensions. Arbitrage.* — Lorsqu'un procès-verbal, qui constate l'enlèvement en délit de plusieurs arbres, n'en fait connaître ni l'essence, ni les dimensions, et qu'il ne résulte pas qu'il y ait eu impossibilité de les constater, le tribunal doit en arbitrer la grosseur, d'après les documents du procès. (Cass. 20 mars 1830.)

8. *Dimension. Preuves.* — Le prévenu peut faire entendre des témoins pour établir la véritable circonférence de l'arbre, si on ne peut pas le représenter, ni le trouver. (Cass. 12 septembre 1829.)

9. *Décimètres. Fraction.* — Dans la mesure de la circonférence, les fractions de décimètres ne se comptent pas. (Cas. 10 juillet 1829.)

CIRCONSCRIPTION.

1. *Changement.* — Le changement des circonscriptions des arrondissements forestiers est du ressort du ministre. (Ord. 7.)

2. *Agents. Préposés.* — Le ministre détermine les circonscriptions et cantonnements et tirages dans lesquels les agents et les préposés domaniaux doivent exercer leurs fonctions. (Ord. 10. Décr. du 14 janvier 1888. Circ. N 394.)

3. *Surveillance. Délit.* — Les agents ne peuvent constater les délits que dans le territoire pour lequel ils sont commissionnés, et les gardes forestiers, dans toute l'étendue de l'arrondissement du tribunal près duquel ils ont prêté serment. (Cod. For. 160.)

4. *Autorité.* — C'est le serment qui confère aux employés le droit de constater par procès-verbaux les infractions à la loi forestière. Ce droit, pour les agents, est limité à l'étendue de leur *circonscription*, et, pour les gardes, il s'étend dans tout le ressort du tribunal auprès duquel ils sont assermentés.

5. *Délit.* — Dans le cas où la trace d'un délit entraînerait les gardes en dehors de la circonscription pour laquelle ils sont assermentés, ils doivent requérir l'assistance des agents ou gardes locaux, pour les suppléer.

CIRCONSTANCE AGGRAVANTE.

1. *Nomenclature.* — Les circonstances aggravantes des délits sont : la nuit, l'emploi de la scie et l'état de récidive (Cod. For. 201), et les amendes doivent être doublées autant de fois qu'il y a de circonstances aggravantes. (Nancy, 17 mars 1837. *Contra*, Cass. 16 août 1849.)

L'âge des bois (au-dessous de 10 ans), la qualité du délinquant (usager ou adjudicataire) sont des circonstances aggravantes, mais constitutives d'une certaine nature de délit, et, bien que dans ces cas l'amende soit doublée par rapport à d'autres délits identiques, elle n'est qu'une amende simple, parce qu'elle est la sanction d'un cas spécialement prévu par le code et faisant exception au cas général.

Si le délit est commis par un agent ou préposé qui devait le réprimer ou le surveiller, celui-ci subira toujours le maximum de la peine. (Cod. Pén. 198.)

Pour la chasse, les peines édictées par les articles 11 et 12 sont portées au maximum, si le délit est commis par un préposé forestier. (Loi Chasse, 3 mai 1844, art 12.)

2. *Amende. Doublement.* — Le concours des différentes circonstances aggravantes prévues par l'article 201 du code forestier ne peut jamais donner lieu qu'au *doublement* de l'amende encourue. Cette amende ne pourrait être triplée, alors même que le délit aurait été commis de nuit, en récidive et avec l'aide d'une scie. (Cass. 16 août 1849.) V. Aggravation de peine.

CIRCONSTANCE ATTÉNUANTE.

1. *Principes.* — La force majeure est la seule excuse admise par le code forestier. On ne peut appliquer aux peines forestières les dispositions de l'article 463 du code pénal, pour les circonstances atténuantes qui ne sont pas admises. (Cod. For. 203.)

Ainsi la bonne foi et le défaut d'intention ne peuvent jamais faire mitiger les amendes. V. Atténuation.

2. *Coalition.* — Les dispositions de l'article 463 du code pénal (circonstances atténuantes) sont applicables au délit de coalition

prévu par l'article 22 du code forestier et puni par l'article 412 du code pénal.

3. *Code forestier.* — Les tribunaux ne pourront appliquer aux matières réglées par le code forestier les dispositions de l'article 463 du code pénal. (Cod. For. 203.)

4. *Proportion. Réduction.* — Dans tous les cas où la peine de l'emprisonnement et celle de l'amende sont prononcées par le code pénal, si les circonstances paraissent atténuantes, les tribunaux correctionnels sont autorisés, même en cas de récidive, à réduire ces deux peines comme il suit :

Si la peine prononcée par la loi, soit à raison de la nature du délit, soit à raison de l'état de récidive du prévenu, est un emprisonnement dont le minimum ne soit pas inférieur à un an et une amende dont le minimum ne soit pas inférieur à 500 francs, les tribunaux pourront réduire l'emprisonnement jusqu'à six jours et l'amende jusqu'à 16 francs.

Dans tous les autres cas, ils pourront réduire l'emprisonnement même au-dessous de six jours et l'amende même au-dessous de 16 francs ; ils pourront aussi prononcer séparément l'une ou l'autre de ces peines, et même substituer l'amende à l'emprisonnement, sans qu'en aucun cas elle puisse être au-dessous des peines de simple police. (Cod. Pén. 463, § 9.)

5. *Contravention de police.* — Les dispositions de l'article 463 (circonstances atténuantes) sont applicables à toutes les contraventions de police prévues par les articles 464 à 482 du code pénal. (Cod. Pén. 483.)

CIRCONVOISIN. V. Voisin.

CIRCULAIRES.

1. *Autorité.* — L'autorité des circulaires est purement morale ; la loi ne peut en recevoir aucune atteinte. Elles ne peuvent créer aucune obligation pour les citoyens, mais elles lient les agents mêmes de l'administration. (Vivien.)

2. *Coordination.* — La coordination et la refonte des circulaires détruiraient une confusion fâcheuse. Les circulaires se succèdent, se remplacent et parfois se contredisent ; l'agent qui leur demande une règle de conduite ne la trouve pas toujours clairement tracée. (Vivien.)

3. *Séries successives.* — L'administration des forêts a édicté successivement plusieurs séries de circulaires, savoir :

1° Série de circulaires dont le numéro 1 commençait le 22 janvier 1798 (3 pluviôse an VI) et dont le dernier numéro 642 portait la date du 11 juin 1817. Les titres de ces circulaires sont relatés au second volume des règlements forestiers de Baudrillard ; aucune de ces dispositions n'est actuellement en vigueur, soit à cause de la nouvelle législation forestière, soit à cause de la nouvelle organisation de l'administration.

2° Série de circulaires dont le numéro 1 commence au 27 novembre 1820 et le dernier numéro 856 porte la date du 10 juin 1865. Une partie de ces circulaires est encore en vigueur, et, pour les différencier, on a fait précéder leurs numéros de la lettre indicative A et, dans la table chronologique, cette série est qualifiée série A.

3° Série de circulaires dont le numéro 1 commence le 22 juin 1852, sous la rubrique de circulaires autographiées. Cette série semble abandonnée parce que l'administration a publié un certain nombre de lettres circulaires autographiées ou manuscrites sans numéro de cette série. Ces circulaires sont mentionnées avec leurs dates et ne font pas l'objet d'une table chronologique.

4° Série en cours, dont le numéro 1 porte la date du 12 septembre 1865. Pour les distinguer, les numéros de cette série de circulaires sont précédés de la lettre N et, à la table chronologique, ces instructions sont qualifiées de circulaires série N.

4. *Tables.* — A l'avenir, les circulaires de l'administration des forêts seront accompagnées de tables chronologiques et de tables alphabétiques. (Circ. N 1, art. 1.)

5. *Reliure.* — Les circulaires sont reliées en volumes, aux frais des agents qui en sont dépositaires, au fur et à mesure de la publication des tables. (Circ. N 1, art. 2. Circ. N 48, art. 1.)

6. *Reliure.* — Les agents doivent faire relier les volumes des circulaires dans les trois mois de la publication des tables et d'après le modèle de l'administration. Le conservateur doit s'assurer de ce fait. (Circ. N 146.)

7. *Classement.* — Les circulaires seront classées par ordre de numéros. (Circ. N 1, art. 3.)

8. *Inventaire.* — Chaque volume sera inscrit sur l'inventaire de la conservation, de l'inspection et du cantonnement. (Circ. N 1, art. 4.)

9. *Détérioration. Remplacement.* — Les volumes ou numéros égarés ou détériorés seront remplacés aux frais des agents. (Circ. N 1, art. 5.)

10. *Cessation de fonctions. Dépôt.* — Les volumes et numéros distribués aux gardes généraux en stage, aux agents détachés et aux membres des commissions seront, en cas de cessation de fonctions, déposés, sur reçu, dans les bureaux de la conservation ou d'une inspection désignée par le conservateur. (Circ N 1, art 6.)

11. *Collection. Abonnement particulier. Prix.* — S'ils désirent former une collection particulière, les agents de tout grade pourront s'abonner aux circulaires qui seront émises à partir de ce jour, moyennant le payement d'une somme qui sera fixée chaque année, d'après le prix de revient. (Circ. N 1, art. 7.)

12. *Abonnement.* — Dès la réception de la présente circulaire, les agents feront connaître, par l'intermédiaire des conservateurs, s'ils entendent user de la faculté d'abonnement. (Circ. N 1, art. 8.)

13. *Abonnement.* — Les conservateurs transmettront sans retard à l'administration un état récapitulatif des demandes d'abonnement. (Circ. N 1, art. 9.)

14. *Abonnement. Frais.* — Le prix de l'abonnement aux circulaires est fixé à 1 franc par an. Cette somme fera l'objet d'une retenue sur le traitement du mois de décembre. Les circulaires de l'année seront adressées en un seul envoi aux agents abonnés, dans le courant du mois de janvier de l'année suivante. Les abonnements seront renouvelés d'office, tant que les agents n'auront pas déclaré y renoncer. Les demandes nouvelles d'abonnement seront transmises à l'administration par les conservateurs. (Circ. N 20. Circ. N 47.)

15. *Refonte des circulaires.* — Les circulaires précédemment émises seront successivement refondues. (Circ. N 1, art 11.)

16. *Transcription. Conservations.* — Toutes les circulaires des conservateurs doivent être transcrites, dans les bureaux des conservations, sur un registre spécial. (Circ. N 416.)

CIRCULAIRES. (PREMIÈRE SÉRIE.)

Objet. — Cette série de circulaires embrasse la période du 3 pluviôse an VI jusqu'au 11 juin 1817 ; elle ne renferme que des documents sans valeur actuelle, et ne figure ici que pour mémoire.

CIRCULAIRES. (DEUXIÈME SÉRIE. — SÉRIE A.) Du 27 novembre 1820 au 10 juin 1865.

TABLE chronologique des Circulaires de l'Administration des Forêts (série A) du n° 1 en date du 27 novembre 1820 jusqu'au n° 856 en date du 10 juin 1865.

NUMÉROS DES CIRCULAIRES. En vigueur, avec ou sans modification	NUMÉROS DES CIRCULAIRES. Abrogées, remplacées, sans emploi.	DATE des CIRCULAIRES.	OBJET des CIRCULAIRES.	DÉSIGNATION des documents modifiant, complétant ou abrogeant les circulaires.
			1820.	
»	1	27 nov...	Organisation..........................	Code forestier.
»	2	30 id....	Id..........................	Id.
»	3	30 id....	Nominations..........................	Sans objet.
»	4	30 id....	Id..........................	Id.
»	5	15 déc....	Statistique..........................	Id.
»	6	15 id....	Remise de service..........................	Id.
			1821.	
»	7	10 janvier.	Nominations..........................	Sans objet.
»	8	7 février.	Correspondance..........................	Circ. N 46.
»	9	12 id...	Etat d'assiette..........................	Circ. N 360.

NUMÉROS DES CIRCULAIRES. En vigueur, avec ou sans modification.	Abrogées, remplacées, sans emploi.	DATE des CIRCULAIRES.	OBJET des CIRCULAIRES.	DÉSIGNATION des documents modifiant, complétant ou abrogeant les circulaires.
»	10	16 février.	Incompatibilité	Ord. art. 33.
»	11	21 id...	Correspondance	Circ. N 46.
»	12	3 mars...	Pêche	Décr. 29 avril 1862.
»	13	28 février.	Traitements	Circ. N 104.
»	14	10 mars...	Correspondance	Circ. N 46.
»	15	12 id....	Envoi d'imprimés	Sans objet.
16	»	23 id....	Travaux	Circ. A 489. Circ. N 22.
»	17	24 id....	Comptabilité	Circ. N 104.
»	18	28 id....	Surveillance. Inspection des finances.	Circ. A 98.
»	19	31 id....	Comptes semestriels	Circ. N 380.
»	20	24 avril...	Comptabilité	Circ. N 104.
»	21	20 id....	Arpenteurs	Sans objet.
»	22	11 mai....	Correspondance	Circ. A 633. Rappel.
»	23	14 id....	Gratifications	Sans objet.
»	24	16 id....	Pêche	Décr. 29 avril 1862.
25	»	19 id....	Instruction générale (23 mars 1821)	»
»	26	22 id....	Tournées. Indemnités	Circ. N 18.
»	27	28 id....	Amendes forestières. Recouvrement.	Sans objet.
»	27[2]	11 juin...	Instances domaniales	Circ. N 12.
»	28	14 id....	Société d'agriculture	Sans objet.
»	29	28 id....	Aliénation. Défrichement	Id.
»	30	5 juillet..	Cahier des charges	Id.
»	31	12 id....	Traitement	Id.
»	32	16 id....	Candidats. Gardes	Circ. A 524. Circ. N 375.
»	33	28 id....	Aliénation	Sans objet.
»	34	3 août...	Id	Id.
»	35	4 id...	Pêche	Décr. 29 avril 1862.
»	36	21 id....	Mutations	Circ. A 529.
»	37	6 sept...	Tournées	Circ. N 18.
»	38	17 id....	Renseignements	Sans objet.
»	39	20 id....	Pêche	Décr. 29 avril 1862.
»	40	6 octobre	Frais d'administration	Cod. For. art. 107.
»	41	8 id....	Aliénation	Sans objet.
»	42	16 id....	Id	Id.
»	43	17 id....	Pêche	Décr. 29 avril 1862.
»	44	18 id....	Bornage. Fossé	Cod. For. art. 11.
»	45	23 id....	Pêche	Décr. 29 avril 1862.
»	46	24 id....	Adjudication	C. A 423. Sans objet.
»	47	25 id....	Pêche	Décr. 29 avril 1862.
»	48	19 nov....	Comptabilité. Gratifications	Circ. N 104.
»	49	26 id....	Travaux. Id	Circ. A 572. Circ. A 707. Circ. N 22.
			1822.	
»	50	25 février.	Gratifications	Circ. A 572. Circ. A 707. Circ. N 22.
51	»	27 id....	Constructions à distance prohibée..	Circ. A 110.
»	52	1er mars.	Exploits. Remise	C. A 182 sext. C. N 382.
»	53	2 id....	Comptabilité	Circ. N 104.
»	54	6 id....	Gardes communaux. Commission...	Cod. For. 160.
»	55	30 id....	Arrêts. Recueil	Sans objet.
»	56	13 avril..	Retenue. Retraite	Circ. N 104.
»	57	19 id....	Société d'agriculture	Sans objet.
»	58	14 mai....	Renseignements	Id.
»	59	6 juin...	Correspondance	Circ. N 46.
60	»	12 id....	Tabac. Plantation	Circ. N 178.

NUMÉROS DES CIRCULAIRES. En vigueur, avec ou sans modification.	Abrogées, remplacées, sans emploi.	DATE des CIRCULAIRES.	OBJET des CIRCULAIRES.	DÉSIGNATION des documents modifiant, complétant ou abrogeant les circulaires.
»	61	18 juin...	Accréditation.	C. N 51. Rappel. C. Min. nº 12, 25 fév. 1890.
»	62	28 id....	Défrichement.	C. A 611. Cod. For. 219.
63	»	12 juillet..	Frais de citations.	Circ. A 345. Circ. A 656. Circ. N 382.
»	64	15 id....	Frais de justice.	C. A 345. C. N 104.
65	»	17 id....	Timbre et enregistrement de procès-verbal.	»
»	66	24 id....	Comptabilité. Gardes communaux.	Cod. For. art. 94 et 108.
»	67	6 août...	Cahier des charges, 1822.	Sans objet.
»	68	10 id....	Affiches. Ventes.	Circ. N. 52, 98, 252.
»	69	14 id....	Imprimés.	Circ. A 574. Circ. N 67.
70	»	28 sept...	Instance domaniale. Avoués.	»
»	71	27 id....	Frais d'impressions.	Circ A 514.
72	»	7 nov...	Etat du personnel.	Circ. A 516 bis. Circ. A 642 bis.
»	73	9 id....	Chasse. Défense. Agents.	Circ. N 65. Circ. N 72. Rappel.
»	74	14 déc....	Gratifications.	Sans objet.
75	»	18 id....	Comptabilité. Ordonnancement.	Circ. N 104.
»	76	28 id....	Comptabilité. Ordonnancement.	Circ. A 343. Circ. A 345. Circ. N 104.
			1823.	
77	»	8 janvier.	Coupes de quart en réserve.	Circ. A 387. Note de la Direct. 11 janv. 1886.
78	»	14 février.	Délimitation. Bois communaux.	Circ. N 64.
»	79	15 mars..	Maison forestière. Assurance.	Circ. N 258.
80	»	20 id....	Balivage. Martelage. Arpentage.	Circ. N 366, 423.
»	81	23 avril...	Pêche.	Décret, 29 avril 1862.
»	82	28 id....	Arpentage. Vérification.	Ord. 17 déc. 1844.
»	83	9 mai...	Société d'agriculture.	Sans objet.
»	84	3 juin...	Cahier des charges, 1824.	Id.
»	85	24 id....	Génie maritime. Délivrance. Bois communaux.	Id.
»	86	30 juillet.	Cessation de poursuites.	Id.
»	87	8 sept...	Travaux.	Circ. N 22.
88	»	6 octobre	Frais de justice.	Circ. N 104.
89	»	13 id....	Instance domaniale.	»
»	90	20 id....	Gratification.	Sans objet.
91	»	26 nov...	Martelage.	»
			1824.	
»	92	12 mars..	Comptabilité.	Circ. N 104.
»	93	18 id....	Arbre de marine.	Ord. 14 déc. 1838.
94	»	8 avril...	Instance. Produits forestiers.	»
95	»	14 id....	Délits. Insolvables.	Circ. A 348. C. N 149.
»	96	20 id....	Société d'agriculture.	Sans objet.
»	97	26 mai...	Poursuites. Extraits de jugements.	Circ. A 465.
»	98	17 id....	Inspection des finances.	Circ. N 286.
»	99	25 id....	Comptabilité.	Circ. N 104.
»	100	9 août...	Ventes. Renseignements.	Circ. N 80.
»	101	2 id....	Défrichement.	Cod. For. art. 219.
»	102	14 id....	Cahier des charges, 1825.	Sans objet.
»	103	30 octobre	Jour des ventes.	C. A 769. C. A 805. C. N. 80. Rappel.

NUMÉROS DES CIRCULAIRES. En vigueur, avec ou sans modification.	Abrogées, remplacées, sans emploi.	DATE des CIRCULAIRES.	OBJET des CIRCULAIRES.	DÉSIGNATION des documents modifiant, complétant ou abrogeant les circulaires.
104	»	11 nov...	Martelage. Réserves..............	»
»	105	1er déc..	Garde. Responsabilité............	Cod. For. art. 6.
»	106	Id....	Agent. Vente d'emploi...........	Sans objet.
»	107	2 id....	Renseignements. Améliorations.....	Id.
»	108	Id....	Ecole forestière. Avis............	Id.
»	109	3 id....	Envoi d'imprimés................	Id.
110	»	11 id....	Constructions à distance prohibée...	Rappel.
»	111	12 id....	Arbres de marine................	Ord. 14 déc. 1838.
»	112	13 id....	Frais d'arpentage................	Cod. For. art. 107.
»	113	14 id....	Aménagement. Plans. Expéditions..	Sans objet.
»	114	31 id....	Correspondance.................	Circ. A 266. Circ. A 584. Circ. A 633.
			1825.	
»	115	1er février	Adjudication.....................	Loi du 4 mai 1837.
»	116	2 id....	Etat des ventes..................	Circ. N 80.
»	117	15 id....	Coupes communales. Vente. Frais..	C. F. art. 107. C. A 175.
118	»	23 id....	Gardes. Poursuites criminelles. Procédure.....................	Circ. N 39.
»	119	13 mars..	Tabac. Plantation...............	Circ. A 227. Rappel.
»	120	16 id....	Futaie..........................	Sans objet.
»	121	17 id....	Bois engagés. Renseignements......	Id.
»	122	19 avril..	Société d'agriculture............	Id.
123	»	15 id....	Frais d'adjudication.............	Circ. A 128. Circ. A 172. Circ. N 80.
»	124	22 id....	Maisons forestières. Incendie. Indemnités.......................	Circ. N 258.
»	125	28 id....	Arpenteurs. Rétributions. Saisie....	Sans objet.
»	126	15 mai...	Travaux. Dépenses...............	Circ. A 820. Rappel.
127	»	24 id....	Jugement. Signification..........	Circ. A 285.
»	128	18 juillet.	Cahier des charges, 1826.........	Sans objet.
»	129	Id....	Id. id..........	Id.
»	130	19 id....	Timbre et enregistrement. Délivrance. Hart.......................	Circ. N 80.
»	130[2]	27 sept...	Cahier des charges, 1826..........	Sans objet.
»	131	29 id....	Frais. Débiteur. Mise en liberté....	Id.
132	»	8 déc....	Délai d'exploitation et de vidange. Indemnités..................	»
»	133	13 id....	Etat des ventes. Renseignements...	Sans objet.
»	133[2]	16 id....	Comptabilité. Exercices 1825 et 1826.	Id.
»	134	20 id....	Comptes administratifs...........	Circ N 5.
»	134[2]	24 id....	Réserves et produits. Coupes. Renseignements.....................	Sans objet.
			1826.	
»	134[3]	10 janvier.	Remplacement de gardes mis à la retraite......................	Sans objet.
»	134[4]	Id....	Agents. Sollicitations............	Id.
»	135	16 id....	Permis d'exploiter. Timbre. Enregistrement....................	Circ. A 537.
»	136	19 id....	Correspondance. Franchise........	Circ. N 46.
»	137	31 id....	Id. Id.........	Id.
»	137[2]	25 mars..	Frais d'arpentage................	Cod. For. art. 107.
»	137[3]	15 avril...	Correspondance. Rappel...........	Sans objet.
»	138	24 id....	Société d'agriculture.............	Id.
»	138[2]	25 id....	Pêche...........................	Décr. du 29 avril 1862.
»	138[3]	12 mai...	Gardes. Responsabilité...........	Cod. For. art. 6.

NUMÉROS DES CIRCULAIRES. En vigueur, avec ou sans modification.	Abrogées, remplacées, sans emploi.	DATE des CIRCULAIRES.	OBJET des CIRCULAIRES.	DÉSIGNATION des documents modifiant, complétant ou abrogeant les circulaires.
»	138[4]	15 juin...	Frais d'arpentage................	Cod. For. art. 107.
»	138[5]	17 id....	Pension. Veuves................	Loi du 9 juin 1853.
»	139	26 id....	Travaux d'amélioration...........	Circ. A 825. Circ. N 22.
»	140	28 juillet.	Bois indivis. Contribution. Frais de gardes......................	Cod. For. titre VII.
»	141	1er août..	Franchise. Contre-seing...........	Circ. N 46.
»	142	5 id....	Réorganisation. Brigadiers et gardes.	Sans objet.
»	143	10 id....	Cahier des charges, 1827..........	Id.
»	144	Id....	Id. id...........	Id.
»	144[2]	16 id.. .	Agents. Cheval. Rappel...........	Circ. A 448 bis.
»	145	4 sept...	Demande de renseignements.......	Sans objet.
146	»	24 octobre	Incendies. Crime. Procès-verbal. (Instr. Crim. art. 29.)...........	»
»	146[2]	4 déc....	Frais de justice. Comptabilité......	C. A 345. C. A 514.
»	146[3]	Id....	Id. Id.........	Id.
»	146[4]	9 id....	Frais de justice. Liquidation.......	Circ. N 104.
»	147	12 id....	Frais de justice..................	Circ. A 345.
»	148	20 id....	Etat de défensabilité..............	Ord. art. 118, 119.
»	148[2]	Id....	Envoi d'imprimés................	Sans objet.
149	»	23 id....	Agent. Maniement de fonds........	»

1827.

»	149[2]	5 janvier.	Etat des bois défensables..........	Circ. A 584.
»	149[3]	Id...	Envoi d'imprimés................	Sans objet.
150	»	15 id....	Produit des coupes communales extraordinaires. Recouvrement...	Circ. N. 104.
»	150[2]	31 mars..	Demande de renseignements.......	Sans objet.
»	150[3]	18 avril...	Ouvrages forestiers. Abonnement...	Id.
»	151	24 id....	Adjudicataires. Rétributions. Paiement. Clauses................	C. A 377 bis. Rappel.
»	152	14 mai...	Etat des bois communaux..........	Ord. art. 128.
»	153	19 id....	Société d'agriculture..............	Sans objet.
154	»	5 juin...	Mesures disciplinaires. Révocation..	Circ. A 655.
»	155	25 id....	Martelage. Marine................	Sans objet.
»	155[2]	27 id....	Délai de vidange................	Id.
»	155[3]	29 id....	Culture des arbres résineux........	Id.
»	156	9 juillet..	Décès des légionnaires............	Circ. A 621.
»	156[2]	11 id....	Envoi des jugements. Rébellion....	Sans objet.
»	156[2]	8 août...	Demandes de renseignements. Rappel.	Id.
»	157	30 id....	Rectification d'articles...........	Id.
»	157[2]	Id...	Bois indivis. Frais de garde........	C.F. 115. C. A 369[2], 515.
»	157[3]	31 id....	Gardes cantonniers. Renseignements.	Sans objet.
»	158	11 sept...	Cahier des charges, 1828..........	Id.
»	159	Id...	Id. id...........	Id.
»	159[2]	3 octobre	Rectification d'erreur.............	Id.
»	160	23 id....	Uniforme.......................	C. N 436. C. N 438.
»	160[2]	12 nov...	Demandes de renseignemts. Travaux.	Sans objet.
»	160[3]	Id...	Id. Aliénation.	Id.
»	161	30 id....	Instruction. Amnistie du 3 novembre.	Id.
162	»	5 déc....	Travaux d'amélioration...........	Décr. 25 mars 1852.

1828.

163	»	8 janvier.	Aménagement. Instruction.........	Circ. N 307, 415.
164	»	Id...	Etat d'assiette. Id...........	Circ. N 360.
»	165	14 id....	Feuille de notes.................	C. A 560. C. A 564 ter. C. A 571 bis. C. A 776.

NUMÉROS DES CIRCULAIRES. En vigueur, avec ou sans modification.	Abrogées, remplacées sans emploi.	DATE des CIRCULAIRES.	OBJET des CIRCULAIRES.	DÉSIGNATION des documents modifiant, complétant ou abrogeant les circulaires.
166	»	15 février.	Coupes affouagères. Contribution...	»
»	167	Id ...	Envoi des circulaires aux préfets...	Sans objet.
»	167[2]	Id ...	Formation des dossiers. Renseignts.	Id.
»	168	6 mars ..	Etat des ventes et récolements.....	Circ. N 80.
»	169	7 id....	Agents. Travaux extraordinaires. Indemnités....................	Circ. N 26, 310.
»	170	7 id....	Baliveaux. Exploitation...........	Circ. N 360, 395.
171	»	10 id....	Coupes affouagères. Exploitation....	»
»	172	31 id....	Coupes communales. Imprimés.....	Sans objet.
»	173	19 avril...	Arbres dépérissants. Exploitation...	Circ. N 395.
174	»	26 id....	Régime forestier. Instruction.......	Circ. N 154, 188.
»	175	28 id....	Arpentage. Frais. Décime.........	Cod. For. art. 107.
»	176	29 id....	Société d'agriculture..............	Sans objet.
»	177	10 mai ...	Inspection des finances...........	Circ. N 286.
»	178	6 juin ...	Traitement des gardes.............	Circ. N 21.
»	178[2]	11 id....	Défrichement. Instruction.........	Circ. N 43.
»	179	17 id....	Envoi de circulaires. Préfet........	Sans objet.
»	180	2 juillet .	Délimitation. Bois communaux.....	Circ. N 64.
»	181	11 id....	Vente des coupes. Adjudication....	Circ. N 80.
»	182	12 id....	Demande de renseignements.......	Sans objet.
»	182[2]	16 id....	Fourniture d'imprimés............	Id.
»	182[3]	23 id....	Cahier des charges, 1829..........	Id.
»	182[4]	7 août ...	Instance domaniale. Affectation.....	Circ. N 12.
182[5]	»	13 id....	Cassation. Pourvoi................	»
»	182[6]	20 id....	Préposés. Remise des exploits......	Circ. N 382.
»	183	25 id ...	Travaux mis en charge............	Circ. N 22. Rappel.
184	»	1er sept..	Délimitation. Bois domaniaux......	Circ. N 64.
185	»	8 id....	Taxes d'affouage..................	»
185[2]	»	12 id....	Coupes affouagères. Délivrance.....	»
»	186	16 id....	Cahier des charges, 1829..........	Sans objet.
»	187	Id....	Id.........................	Id.
»	187[2]	22 id....	Id.........................	Id.
187[3]	»	7 octobre	Personnel. Prestation de serment. Date.........................	»
»	188	13 id....	Arbre de marine.................	Ord. 14 déc. 1838.
»	188[2]	24 id....	Défrichement....................	Circ. N 43.
»	189	25 id....	Exécution des jugements..........	Circ. A 380.
»	190	30 id....	Port d'armes.....................	Loi du 3 mai 1844.
»	191	31 id....	Délimitation de forêt. Transition....	Sans objet.
»	192	Id ...	Délimitation de forêt. Envoi au préfet.	Id.
193	»	16 nov ...	Droits d'usage...................	»
194	»	24 id....	Cassation. Pourvoi. Avis..........	Circ. A 577.
»	195	27 id....	Demande de renseignements........	Sans objet.
»	196	Id ...	Id.......................	Id.
»	196[2]	6 déc....	Gratifications, 1828.............	Id.
»	196[3]	Id ...	Annulation de crédit.............	Id.
»	197	18 id....	Délimitation. Frais. Indemnité.....	Circ. N 64, 113.
»	198	29 id....	Régime forestier..................	Sans objet.
»	199	Id ...	Surenchères.....................	Loi du 4 mai 1837.
»	200	31 id....	Coupes affouagères. Partage des bois.	Circ. A 235.
			1829.	
»	201	6 janvier	Réarpentage, 1829................	Sans objet.
»	202	6 février.	Etat des ventes..................	Circ. A 584, 621.
203	»	7 id....	Délimitation. Copies..............	»
»	204	Id ...	Délimitation. Envoi au préfet......	Sans objet.
205	»	Id ...	Droits d'usage. Sommier...........	»

NUMÉROS DES CIRCULAIRES. En vigueur, avec ou sans modification	Abrogées, remplacées sans emploi.	DATE des CIRCULAIRES.	OBJET des CIRCULAIRES.	DÉSIGNATION des documents modifiant, complétant ou abrogeant les circulaires.
»	205²	28 février.	Frais de justice..................	Circ. N 104.
»	206	1er mars..	Cahier des charges................	Sans objet.
»	207	Id ...	Cahier des charges. Envoi au préfet.	Id.
»	207²	5 id....	Droits d'usage. Renseignements.....	Id.
»	208	Id ...	Affiches. Transport. Frais.........	Circ. A 408.
»	209	Id ...	Envoi de modèles pour les opérations.	C. A 514. C. N 52.
»	210	10 id....	Envoi de modèles au préfet........	Sans objet.
211	»	28 id....	Coupes affouagères. Partage........	»
»	212	31 id....	Arpentage et réarpentage. Arpenteur.	Cod. For. 107.
212²	»	10 avril...	Frais de poursuites correctionnelles.	»
»	212³	12 id....	Frais de citations................	Circ. A 361 bis.
»	213	14 id....	Coupes affouagères. Frais..........	Cod. For. 107.
»	214	Id ...	Coupes affouagères. Préfet.........	Sans objet.
»	215	17 id....	Congés........................	Circ. A 496. Circ. N 91.
216	»	22 id....	Marteaux de l'Etat................	Circ. N 77, 364.
»	217	11 mai ...	Société d'agriculture..............	Sans objet.
217²	»	6 juin ...	Cassation. Pourvoi. Pièces.........	»
»	218	Id ...	Vieux papiers. Vente.............	Sans objet.
»	219	24 id....	Envoi au préfet..................	Id.
220	»	24 id....	Délimitation. Timbre. Frais........	Circ. N 64.
»	221	28 id....	Pêche..........................	Décr. du 29 avril 1862.
»	222	Id ...	Id...........................	Id.
»	223	7 juillet..	Congé..........................	Circ. N 91.
»	224	11 août...	Pêche..........................	Décr. du 29 avril 1862.
»	225	14 id....	Cahier des charges, 1830..........	Sans objet.
»	226	Id ...	Cahier des charges au préfet.......	Id.
227	»	25 id....	Tabac..........................	C. A 355, 644. C. N 178.
»	228	9 sept ...	Etat. Renseignements.............	Sans objet.
»	228²	12 id....	Frais d'adjudication..............	Circ. A 846.
229	»	18 id....	Bornage. Fossés..................	»
»	229²	21 id....	Arpenteur. Coupes affouagères. Frais.	Cod. For. 107.
»	229³	23 id....	Arrêts de la cour de cassation. Recueil.	Sans objet.
»	229⁴	2 octobre	Pêche..........................	Décr. du 29 avril 1862.
»	229⁵	31 id....	Graines pour semis. Tarif..........	Sans objet.
230	»	25 nov ...	Procès-verbal d'adjudication. Copie. Timbre.......................	»
231	»	Id ...	Menus produits. Affiches...........	Circ. N 80.
»	232	4 déc....	Réarpentage. Citation. Frais.......	Circ. A 233 ter. Circ. A 408 bis.
232²	»	29 id....	Coupes extraordinaires............	Note Circ. du 11 janvier 1886.

1830.

233	»	9 janvier.	Délinquants insolvables...........	Circ. N 149.
233²	»	16 id....	Comptabilité. Mandat. Pièces.......	Circ. N 104.
233³	»	14 id....	Récolement. Réarpentage. Citation..	Circ. N 382.
»	234	31 mars ..	Amnistie du 14 mars 1830.........	Sans objet.
»	234²	7 avril...	Déboisement. Reboisement........	Id.
»	234³	15 id....	Renseignements sur le service......	Id.
235	»	24 id....	Affouage. Etablissements communaux. Chauffage................	»
»	235²	26 id....	Affiche. Impression...............	Circ. N 80.
236	»	30 id....	Menus produits. Vente............	»
»	237	27 mai ...	Cantonnements. Usagers...........	Circ. A 758.
»	238	28 id....	Bois de marine...................	Circ. A 446.
»	238²	2 juin ...	Congés pour les élections.........	Sans objet.
239	»	11 id....	Insolvables. Incarcération. Etat....	Circ. N 149.

NUMÉROS DES CIRCULAIRES. En vigueur, avec ou sans modification.	Abrogées, remplacées, sans emploi.	DATE des CIRCULAIRES.	OBJET des CIRCULAIRES.	DÉSIGNATION des documents modifiant, complétant ou abrogeant les circulaires.
240	»	11 juin....	Affirmation. Procès-verbaux.......	»
»	241	19 juillet..	Menus produits. Vente...........	Circ. N 80.
»	242	28 id....	Empreinte. Marteau. Agent. Dépôt.	Circ. N 77.
»	243	9 août...	Affiche. Modèle.................	Circ. N 80. Circ. N 337.
»	244	11 id....	Cocarde tricolore...............	Sans objet.
»	245	19 id....	Chemins vicinaux...............	Circ. A 383. Circ. N 59.
»	246	31 id....	Congé..........................	Circ. N 91.
»	247	1er sept..	Cahier des charges, 1831..........	Sans objet.
»	248	Id ...	Id.........................	Circ. A 301.
»	249	7 id....	Cadastre.......................	Sans objet.
»	249^{2}	9 id....	Pêche..........................	Décr. 29 avril 1862.
»	250	Id ...	Serment........................	Circ. A 696. Circ. N 51.
251	»	13 id....	Délimitation. Extrait.............	Circ. N 64.
»	251^{2}	29 id....	Chasse.........................	Sans objet.
252	»	1er oct...	Travaux d'amélioration. Constatation.	Circ. N 426.
»	253	12 id....	Délimitation....................	Circ. N 64.
»	253^{2}	20 id....	Usurpation. Prescription..........	Sans objet.
»	253^{3}	23 id....	Renseignements sur les ventes......	Circ. A 423.
»	254	13 nov ...	Aménagement. Exécution..........	Sans objet.
255	»	17 id....	Maison forest. Réparations locatives.	»
»	256	27 id....	Amnistie, 8 novembre 1830........	Sans objet.
»	257	22 janvier.	Aliénation. Instructions...........	C. A 328. C. A 689.
»	257^{2}	29 nov....	Pêche..........................	Décr. 29 avril 1862.
»	258	30 id....	Id...........................	Id.
»	258^{2}	4 déc....	Serment........................	Circ. A 696. Circ. N 51.
»	259	9 id....	Chemins communaux. Renseignemts.	Sans objet.
»	259^{2}	24 id....	Travaux pour 1831...............	Id.

1831.

»	260	24 février.	Résidence. Agent.................	Sans objet.
»	261	7 mars ..	Chasse. Renseignements...........	Id.
»	261^{2}	18 id....	Pêche..........................	Décr. 29 avril 1862.
»	261^{3}	16 id....	Id...........................	Id.
»	262	17 id....	Aliénation. Renseignements........	Sans objet.
263	»	21 id....	Commission. Préposés. Timbre.....	»
»	264	22 id....	Aliénation......................	Circ. A 689.
»	265	23 id....	Arpenteur. Rétribution. Timbre....	Sans objet.
»	265^{2}	20 avril...	Aliénation. Frais................	C. A 689. C. A 700.
»	266	8 id....	Directeur général. Attributions.....	Circ. N 220.
»	267	Id ...	Id. Envoi au préfet..	Sans objet.
»	268	9 id....	Imprimés.......................	Id.
»	269	14 id,...	Aliénation. Cahier des charges.....	Circ. A 700.
»	270	12 id....	Au préfet.......................	Sans objet.
271	»	Id ...	Délimitation. Opposition..........	Circ. N 64.
»	272	28 id....	Congé..........................	Circ. N 91.
»	272^{2}	3 mai ...	Envoi d'imprimés................	Sans objet.
»	272^{3}	6 id....	Aliénation. Table de cubage.......	Id.
»	272^{4}	23 id....	Aliénation. Envoi au préfet.......	Id.
»	273	Id ...	Aliénation. Lotissement...........	Id.
»	274	Id ...	Aliénation. Frais. Dépenses........	Id.
»	275	Id ...	Retenues sur le traitement.........	Loi du 9 juin 1853.
»	275^{2}	Id ...	Aliénation. Tarif d'estimation......	Sans objet.
»	275^{3}	25 id....	Aliénation. Estimation............	Id.
»	275^{4}	26 id....	Catalogue des bois à aliéner........	Id.
»	275^{5}	30 id....	Id....................	Id.
»	275^{6}	2 juin...	Aliénation. Calepin de comptage....	Id.

NUMÉROS DES CIRCULAIRES. En vigueur, avec ou sans modification.	Abrogées, remplacées, sans emploi.	DATE des CIRCULAIRES.	OBJET des CIRCULAIRES.	DÉSIGNATION des documents modifiant, complétant ou abrogeant les circulaires.
»	275[7]	20 juin...	Procès-verbaux d'estimation. Coupes domaniales....................	Circ. A 474.
»	275[8]	25 id....	Comptes administratifs............	Circ. N 5.
»	276	1er juillet .	Envoi au préfet..................	Sans objet.
»	277	Id ...	Aliénation. Cahier des charges. Interprétation..................	Id.
»	277[2]	Id ...	Délimitation. Frais...............	Circ. N 64.
»	278	30 id....	Id.........................	Id.
»	279	Id ...	Id.........................	Id.
»	280	6 août...	Extraction des matériaux. Travaux publics......................	Circ. N 33. Circ. N 59.
»	281	21 id....	Garde nationale..................	Conseil d'Etat, 17 juillet 1861.
»	282	Id ...	Arpenteur. Responsabilité. Poursuites........................	Circ. N 423.
»	283	3 sept...	Cahier des charges, 1832..........	Sans objet.
»	284	Id....	Id. Envoi au préfet.	Id.
»	285	5 sept...	Frais de justice..................	Circ. A 766.
»	286	6 id....	Chasse. Permissions..............	Circ. A 305. Circ. A 335. Circ. N 72.
287	»	Id ...	Lieutenant de louveterie...........	Circ. N 209.
»	288	Id ...	Aliénation. Remise. Agent.........	Sans objet.
»	289	20 id....	Compagnie de guides. Habillement..	Circ. N 173.
»	290	15 octobre	Défrichement....................	Circ. A 611. Circ. N 43.
»	290[2]	Id ...	Résultat des ventes...............	Circ. A 423.
»	290[3]	29 id....	Pêche...........................	Décr. 29 avril 1862.
»	290[4]	18 nov...	Service en général................	Sans objet.
291	»	4 id....	Bois des lignes. (Ord. 75.)..........	»
»	291[2]	17 id....	Décoration. Renseignements.......	Sans objet.
			1832.	
292	»	8 janvier.	Etat d'assiette...................	Circ. N 360.
»	292[2]	10 février.	Procès-verbaux d'adjudication. Envoi	Sans objet.
»	293	15 id....	Aménagement. Renseignements.....	Id.
»	294	5 mars ..	Etat des ventes..................	Circ. N 80.
»	294[2]	10 id....	Retenue sur le traitement.........	Circ. N 104.
»	294[3]	29 id....	Etat des ventes..................	Circ. N 80.
»	295	17 avril...	Aliénation......................	Cahier des charges.
296	»	29 id....	Délinquants insolvables. Capture. Frais..........................	Ord. du 25 février 1832. Décr. du 18 févr. 1863.
»	297	30 id....	Choléra. Mise en liberté...........	Sans objet.
»	298	8 mai ...	Aliénation. Cahier des charges.....	Cahier des charges.
»	299	18 juin...	Délimitation.....................	Circ. N 64.
»	300	Id ...	Id. Envoi au préfet........	Sans objet.
301	»	Id ...	Coupes. Lotissement.............	Circ. N 431.
»	302	2 juillet .	Défrichement....................	Circ. N 43.
»	303	Id ...	Id. Envoi au préfet.......	Sans objet.
»	303[2]	27 id....	Aliénation. Remise aux agents.....	Id.
»	304	31 id....	Chasse. Location................	Circ. A 335.
»	305	Id ...	Id. Envoi au préfet......	Sans objet.
»	306	4 août...	Défrichement. Timbre. Enregistremt.	Décis. Min. du 28 décembre 1859.
»	307	Id ...	Permis d'exploiter. Agent. Responsabilité........................	Sans objet.
»	308	6 id....	Correspondance..................	Circ. A 374.
»	309	Id ...	Congé..........................	Circ. N 91.

NUMÉROS DES CIRCULAIRES. En vigueur, avec ou sans modification.	Abrogées, remplacées, sans emploi.	DATE des CIRCULAIRES.	OBJET des CIRCULAIRES.	DÉSIGNATION des documents modifiant, complétant ou abrogeant les circulaires.
»	310	10 août...	Réorganisation..................	Sans objet.
»	311	Id....	Id..........................	Id.
»	312	23 id....	Id..........................	Décr. 2 septembre 1862.
»	313	24 id....	Service. Installation............	Sans objet.
»	314	Id ...	Id..........................	Id.
»	315	Id ...	Id..........................	Id.
»	316	3 sept...	Cahier des charges, 1833..........	Id.
»	317	Id ...	Id..........................	Id.
»	318	26 id....	Défrichement. Opposition..........	Circ. N 43.
»	318[2]	Id ..	Id. Envoi au préfet.....	Sans objet.
»	319	5 octobre	Comptabilité.....................	Circ. N 104.
»	319[2]	18 id....	Aliénation. Catalogue.............	Sans objet.
»	319[3]	26 id....	Employés dans les bureaux. Commis. Avancement..................	Id.
320	»	22 nov ...	Garde. Admission. Avancement....	C. A 464. C. A 524. C. A 619. C. N 110.
»	320[2]	11 déc....	Gratifications....................	Sans objet.
»	321	»	Circulaire supprimée par l'Admin.	Id.
»	322	»	Id..........................	Id.
»	322[2]	24 id....	Réorganisation. Délai.............	Id.
»	323	26 id....	Etat d'assiette..................	Id.

1833.

»	324	20 janvier.	Triage. Renseignements...........	Sans objet.
»	324[2]	23 id....	Imprimés........................	Id.
»	325	9 février.	Cantonnement. Renseignements....	Id.
»	325[2]	Id ...	Arrêts de la cour de cassation......	Id.
»	326	13 id....	Aliénation.......................	Circ. A 700.
»	327	Id ...	Aliénation. Replacement des gardes.	Sans objet.
»	328	22 id....	Aliénation. Instructions...........	Id.
»	328[2]	26 mars ..	Retenue, 1/12 sur le traitement....	Circ. N 104.
329	»	4 avril...	Cassation. Pourvois. Instructions...	Circ. N 413.
»	330	5 juin...	Congé...........................	Circ. N 91.
»	331	12 id....	Régime forestier..................	Sans objet.
»	331[2]	3 juillet .	Glandée et fainée. Adjudication....	Id.
»	332	24 id....	Bois de marine...................	Ord. 14 déc. 1838.
»	333	5 août...	Cahier des charges, 1834..........	Sans objet.
»	334	Id ...	Id..........................	Id.
»	335	Id ...	Chasse. Mise en ferme.............	Circ. A 735.
»	336	Id ...	Chasse. Envoi au préfet	Sans objet.
337	»	18 sept ...	Citations. Nullités...............	»
»	337[2]	25 id....	Adjudication. Proc.-verbal. Signature	Sans objet.
338	»	5 octobre	Etat d'assiette. Exercice..........	Circ. N 360.
»	339	6 id....	Abus et irrégularités dans le service.	Sans objet.
340	»	17 id....	Aménagement et exploitation.......	Circ. N 415.
341	»	28 id....	Préposés logés. Terrain. Vaches....	Circ. A 747.
»	341[2]	2 nov ...	Abus et irrégularités dans le service.	Sans objet.
»	341[3]	16 id....	Travaux. Fonds des améliorations. Observations..................	Id.
»	341[4]	12 déc....	Semis et repeuplement. Instructions.	Id.
»	342	26 id....	Notes et renseignements...........	Circ. A 624. Circ A 665.
»	342[2]	Id....	Gratifications....................	Circ. A 520.

1834.

»	342[3]	12 janvier.	Tournée du conservateur..........	Circ. N 18.
»	343	2 mars ..	Etat des traitements..............	Circ. A 405 oct.

NUMÉROS DES CIRCULAIRES. En vigueur, avec ou sans modification.	Abrogées, remplacées, sans emploi.	DATE des CIRCULAIRES.	OBJET des CIRCULAIRES.	DÉSIGNATION des documents modifiant, complétant ou abrogeant les circulaires.
»	344	6 mars...	Arpenteur. Rétribution...........	Sans objet.
»	344[2]	10 id....	Aliénation, 1834................	Id.
»	345	17 id....	Frais de justice..................	Circ. A 405. Circ. A 514. Circ. A 656.
»	345[2]	18 id....	Frais de justice. Envoi au préfet...	Sans objet.
»	345[3]	21 id....	Gardes des bois aliénés. Traitement.	Id.
»	346	30 id....	Réarpentage. Frais. Renseignements.	Id.
»	347	31 id....	Maison forestière. Réparations......	Circ. A 797.
»	347[2]	6 mai ...	Arrêts de la cour de cassation......	Sans objet.
348	»	16 id....	Frais de poursuites. Délinquants insolvables...................	Circ. N 149.
»	348[2]	22 id....	Frais de poursuites. Délinquants insolvables. Envoi au préfet.....	Sans objet.
349	»	23 juin...	Saisie. Séquestre. Instructions......	Circ. N 242.
»	350	25 id....	Maison forestière. Renseignements..	Sans objet.
»	351	1er juillet.	Pêche..........................	Décr. 29 avril 1862.
»	352	11 id....	Cahier des charges, 1834..........	Sans objet.
»	352[2]	Id ...	Id. Envoi au préfet.	Id.
»	353	2 août...	Travaux. Justification des dépenses..	Circ. N 22.
»	354	29 id....	Affiches. Transport..............	Circ. A 408 bis.
»	354[2]	Id ...	Glands. Faînes. Renseignements....	Sans objet.
355	»	13 sept...	Tabac. Fraude..................	Circ. A 644. Circ. N 178.
»	355[2]	20 id....	Arpenteur. Rétribution...........	Sans objet.
»	355[3]	30 id....	Aliénation. Catalogue............	Id.
356	»	21 nov...	Délimitation....................	Circ. N 64.
»	356[2]	Id ...	Semis en 1835....................	Sans objet.
»	356[3]	14 déc....	Notes individuelles..............	Circ. A 516. Circ. A 564.
»	356[4]	13 id....	Travaux en 1834. Réception.......	Sans objet.

1835.

357	»	11 janvier.	Comptabilité. Livre des droits constatés.........................	Circ. N 104.
358	»	13 id....	Sommiers des poursuites..........	Circ. A 584. Circ. A 786.
359	»	17 id....	Constructions à distance prohibée...	Circ. N 155.
»	359[2]	3 février.	Aliénation. Vente en 1835.........	Sans objet.
360	»	21 mars..	Constructions à distance prohibée. Démolition....................	Circ. N 155.
»	361	17 juin...	Travaux. Renseignements..........	Sans objet.
361[2]	»	3 juillet..	Comptabilité. Écritures............	Circ. N 104.
»	362	16 id....	Travaux. Renseignements..........	Sans objet.
363	»	18 id....	Travaux. Justification des dépenses. Timbre..........................	Circ. N 319.
»	364	30 id....	Cahier des charges................	Circ. A 365 bis.
»	364[2]	Id ...	Id. Envoi au préfet..	Sans objet.
»	364[3]	3 août...	Travaux. Renseignements.........	Id.
»	364[4]	27 id....	Cahier des charges. Timbre........	Circ. N 80.
»	365	12 sept...	Travaux. Renseignements..........	Sans objet.
»	365[2]	Id ...	Vente des coupes. Instructions.....	Id.
»	365[3]	9 octobre	Semis de 1836..................	Id.
366	»	12 déc....	Certificat d'insolvabilité..........	Circ. N 149.
367	»	Id ...	Significations. Procès-verbaux......	»
»	367[2]	23 id....	Imprimés.......................	Sans objet.

1836.

368	»	18 février.	Menus produits. Frais............	Circ. N 36.
»	368[2]	26 id....	Délimitation. Bornage. Frais.......	Circ. A 542.
»	369	14 mars..	Id.......................	Id.

NUMÉROS DES CIRCULAIRES. En vigueur, avec ou sans modification.	Abrogées, remplacées, sans emploi.	DATE des CIRCULAIRES.	OBJET des CIRCULAIRES.	DÉSIGNATION des documents modifiant, complétant ou abrogeant les circulaires.
»	369[2]	24 mars..	Bois indivis. Gardes. Traitement...	Sans objet.
»	369[3]	3 avril...	Tournée du conservateur..........	Circ. N 18.
»	370	25 mai ...	Travaux..........................	Circ. A 489.
»	370[2]	Id ...	Travaux. Renseignements.........	Sans objet.
371	»	23 juin...	Compte de gestion................	Circ. N 5. Circ. N 380.
»	372	21 juillet .	Adjudication des coupes. Frais.....	Circ. A 846.
»	373	Id ...	Vente des coupes................	Circ. N 431.
»	373[2]	Id ...	Id. Envoi au préfet...	Sans objet.
»	374	22 id....	Correspondance..................	Id.
375	»	28 id....	Menus produits. Frais d'adjudication.	Circ. N 160.
»	375[2]	1er août ..	Arpenteurs. Renseignements.......	Sans objet.
»	376	12 id....	Comptabilité. Paiement...........	Circ. N 104.
»	376[2]	10 id....	Budget de 1835..................	Sans objet.
»	376[3]	22 id....	Clauses spéciales................	Circ. N 80.
377	»	8 sept...	Martelage. Coupes par éclaircie.....	»
377[2]	»	10 id....	Ventes. Clauses verbales. Interdiction......	Circ. N 80.
»	377[3]	12 id....	Surenchères.....................	Loi du 4 mai 1837.
»	377[4]	6 octobre	Défrichement. Renseignements.....	Sans objet.
378	»	5 nov ...	Délimitation. Timbre et enregistrement.......................	»
»	379	19 id....	Délivrances.....................	Ord. 4 décembre 1844.
»	379[2]	17 id....	Chemins vicinaux................	Sans objet.
380	»	30 id....	Jugement par défaut. Extrait.......	Circ. N 149.
»	381	14 déc....	Commis. Renseignements..........	Sans objet.
»	382	28 id....	Commis surnuméraires............	Id.
»	383	29 id....	Chemins vicinaux................	Circ. N 59.
»	384	30 id....	Coupes communales. Délivrance. Urgence......................	»
»	384[2]	»	Comptabilité. Travaux...........	Circ. N 104.

1837.

385	»	30 janvier	Aménagements et assiettes de coupes.........................	Circ. N 360. Circ. N 415.
»	386	31 id....	Forêts aménagées. Renseignements..	Sans objet.
»	386[2]	Id ...	Usagers. Cantonnement. Renseignements........................	Id.
387	»	21 février.	Coupes extraordinaires. Instructions.	Circ. A 576 ter. Note du 11 janvier 1886.
»	388	22 id....	Id. Envoi au préfet.	Sans objet.
388[1]	»	28 mars ..	Agents. Missions................	Circ. A 541. Rappel.
389	»	Id ...	Défensabilité. Formule............	»
»	390	17 avril...	Droit d'usage. Affranchissement. Renseignements............	Sans objet.
391	»	20 id....	Sommiers et registres............	Circ. A 584.
391[2]	»	6 mai ...	Imprimés. Rappel...............	Circ. N 52.
391[3]	»	10 id....	Cessation de poursuites..........	Circ. N 149.
»	392	25 id....	Service. Pension.................	Circ. N 81.
»	393	20 juin...	Amnistie.......................	Sans objet.
394	»	Id ...	Chablis. Bois façonnés. Vente......	»
395	»	3 juillet..	Gadres. Chauffage...............	Circ. N 125. Circ. N 418.
»	396	6 août...	Cahier des charges. Envoi au préfet.	Sans objet.
»	397	Id ...	Cahier des charges, 1837.........	Id.
»	398	31 juillet .	Franchise et contre-seing.........	Circ. N 46.
»	399	7 août...	Arbre de marine................	Ord. 14 décembre 1838.
»	400	Id ...	Chemins vicinaux. Abatage.......	Circ. N 59.

NUMÉROS DES CIRCULAIRES. En vigueur avec ou sans modification.	Abrogées, remplacées, sans emploi.	DATE des CIRCULAIRES.	OBJET des CIRCULAIRES.	DÉSIGNATION des documents modifiant, complétant ou abrogeant les circulaires.
»	400²	9 août...	Travaux mis en charge. Renseignements	Sans objet.
401	»	21 id....	Récolements préparatoires	»
»	401²	25 id....	Ventes. Coupes domaniales. Estimation	Circ. N 80.
»	402	28 id....	Défrichement	Circ. N 43.
»	403	7 sept...	Réorganisation. Triage	Sans objet.
»	404	Id ...	Service sédentaire. Commis	Id.
404²	»	13 id....	Poursuite. Imprimés	»
»	404³	21 id....	Vente, 1837	Sans objet.
»	404⁴	28 id....	Gardes communaux. Traitement	Id.
405	»	Id ...	Frais de justice	Circ. N 52.
»	405²	2 octobre	Semis de 1838	Sans objet.
»	405³	3 id....	Etat d'assiette	Circ. N 360.
»	405⁴	18 id....	Etat des ventes	Circ. N 80.
405⁵	»	Id ...	Routes départementales et vicinales.	»
»	405⁶	7 nov ...	Aménagement	Circ. A 591. Circ. N 415.
»	405⁷	15 id....	Chemins vicinaux. Dépenses	Sans objet.
405⁸	»	20 id....	Payement mensuel des traitements..	Circ. N 49. Circ. N 104.
»	406	27 id....	Envoi d'imprimés	Sans objet.
»	407	7 déc....	Paquets. Poids	Circ. N 46.
»	408	12 id....	Travaux. Crédit. Renseignements...	Sans objet.
»	408²	19 id....	Frais de citation	Id.
»	409	27 id....	Travaux. Adjudications. Frais	Circ. A 661. Circ. N 22.
			1838.	
»	410	5 janvier.	Comptes administratifs	Circ. N 5. Circ. N 380.
»	411	6 id....	Tolérances dans les forêts	Sans objet.
»	411²	»	Amnistie de 1837	Id.
»	412	11 id....	Ecole forestière	Circ. N 394.
»	412²	5 février.	Préposés. Retraite	Sans objet.
»	413	10 id....	Concession de terrains usurpés	Id.
»	414	21 id....	Candidats. Gardes et brigadiers. Présentation	Circ. N 375.
415	»	13 mars ..	Chemins vicinaux	Circ. N 59.
»	416	23 id....	Tournées des conservateurs	Circ. N 18.
417	»	26 id....	Opérations. Actes	Circ. A 584.
»	418	28 id....	Arpenteurs. Frais	Sans objet.
»	419	2 mai ...	Clauses spéciales	Circ. N 80.
»	420	7 id....	Travaux. Décime	Circ. A 661.
421	»	10 id....	Usagers. Taxe	»
»	421²	Id ...	Sous-Inspecteurs. Attributions. Traitement	Circ. A 532.
»	421³	21 id....	Garde. Chauffage. Garde à cheval...	Sans objet.
422	»	26 id....	Usagers. Délivrances. Timbre. Enregistrement	»
»	422²	19 juillet.	Personnel. Etat	Sans objet.
»	423	23 id...	Vente, 1838	Circ. N 431.
»	424	24 id...	Vente, 1838. Envoi au préfet	Sans objet.
»	424²	13 août..	Affiches. Forme	Circ. N 80. Circ. N 337.
»	425	14 id....	Personnel. Inspecteur. Classe	Circ. A 799.
»	426	21 id....	Franchise. Contre-seing	Circ. N 46.
»	426²	11 sept...	Ventes. Ordre	Circ. N 80.
427	»	21 id....	Travaux. Fossés. Dimension	Circ. N 22.
»	428	26 octobre	Adjudication. Frais	Cahier des charges.
429	»	6 nov....	Produits accessoires. Constatation. Recouvrement	Circ. A 790. Circ. N 210.

NUMÉROS DES CIRCULAIRES. En vigueur avec ou sans modification.	Abrogées, remplacées, sans emploi.	DATE des CIRCULAIRES.	OBJET des CIRCULAIRES.	DÉSIGNATION des documents modifiant, complétant ou abrogeant les circulaires.
»	430	6 nov...	Produits accessoires. Constatation. Recouvrement. Envoi au préfet...	Sans objet.
431	»	Id...	Frais de poursuite................	»
»	432	Id...	Personnel. Gardes généraux. Traitement......................	Circ. A 602.
»	432²	7 id....	Pêche........................	Décr. 29 avril 1862.
433	»	13 id....	Chablis. Vente...................	»
434	»	1er déc...	Imprimés. Catalogue.............	Circ. N 52.
»	435	26 id....	Comptabilité, payement par mois...	Circ. N 104.
			1839.	
436	»	9 février.	Frais d'instance civile............	Circ. N 12.
437	»	11 id....	Constructions à distance prohibée..	Circ. N 155.
»	438	Id...	Chasse et pêche. Frais d'adjudication.	Cahier des charges.
»	439	15 id....	Chasse. Cahier des charges.........	Circ. N 412.
440	»	21 id....	Délimitation. Frais...............	Circ. N 64.
»	440²	22 id....	Produits accessoires. Imprimés.....	Sans objet.
441	»	27 id....	Coupes affouagères. Taxe..........	»
»	442	24 avril..	Franchise. Contre-seing...........	Circ. N 46.
»	443	2 mai...	Conservation. Circonscription......	Sans objet.
»	444	3 id....	Ordonnancement des dépenses......	Circ. N 49. Circ. N 104.
445	»	27 id....	Chemins vicinaux. Contributions...	»
»	445²	1er juin..	Présentation de candidats..........	Circ. N 375.
»	446	4 juillet..	Arbres de marine.................	Circ. A 621.
447	»	12 id....	Clauses spéciales.................	Circ. N 80.
448	»	4 août...	Gardes domaniaux. Pâturage, 2 vaches	»
448²	»	5 id....	Agents. Cheval....................	Lett.-Circ. 11 fév. 1865.
»	449	13 id....	Cahier des charges, 1839..........	Sans objet.
»	450	Id...	Id. Envoi au préfet..	Id.
451	»	20 id....	Subordination. Hiérarchie.........	»
»	452	21 id....	Aménagement. Futaie.............	Circ. N 415.
452²	»	28 id....	Vente...........................	Circ. N 80.
453	»	30 id....	Classe. Personne. Conservateur.....	»
454	»	20 sept...	Garde. Livret....................	Circ. N 93.
»	455	Id...	Sous-Inspecteur. Attribution. Résidences........................	Circ. A 532.
»	456	1er oct....	Délimitation. Frais...............	Circ. N 64.
457	»	2 id....	Aliénation. Bois communaux.......	Lois, 10 août 1871 et 5 avril 1884.
»	458	10 id....	Conservateur. Classes............	Circ. A 799.
»	459	11 id....	Inspecteur. Classes...............	Circ. A 799. Circ. N 301.
»	460	22 id....	Pêche........................	Décr. 29 avril 1862.
461	»	24 id....	Remise d'amende. Cessation de poursuites......................	Circ. A 786. Circ. N 149.
»	461²	6 nov...	Intérim. Indemnités..............	Circ. N 26. Circ. N 310.
»	462	23 id....	Fonds des améliorations. Crédits...	Sans objet.
»	462²	4 déc....	Etat d'assiette de 1840...........	Id.
463	»	6 id....	Agents. Notes. Résidences.........	Circ. A 505 bis.
»	463²	23 id....	Coupes. Lots.....................	Circ. A 751.
464	»	Id...	Gardes et brigadiers. Nomination...	Circ. A 524.
465	»	24 id....	Etat. Procès-verbaux. Jugements. Appels........................	Circ. A 584.
			1840.	
466	»	10 janvier.	Garde cantonnier. Instructions.....	Circ. N 22.
467	»	17 id....	Brigadier. Attributions. Classes.....	Circ. A 765.
468	»	25 id....	Adjudicataire. Facteur. Marteau....	Circ. N 330.

NUMÉROS DES CIRCULAIRES. En vigueur, avec ou sans modification.	Abrogées, remplacées, sans emploi.	DATE des CIRCULAIRES.	OBJET des CIRCULAIRES.	DÉSIGNATION des documents modifiant, complétant ou abrogeant les circulaires.
»	469	8 février.	Récompense	Sans objet.
470	»	12 id....	Chasse. Bois communaux. Produits accessoires	»
»	470²	14 id....	Chemins forestiers. Entretien	Id.
»	470³	29 id....	Chemins vicinaux	Circ. A 479 ter.
»	470⁴	Id ...	Réorganisation des garderies	Sans objet.
»	471	6 avril...	Coalition punie	Id.
471²	»	Id ...	Produits accessoires. Bois façonnés.	»
471³	»	Id ...	Id	»
»	472	27 id....	Tournée du conservateur	Circ. N 18.
473	»	2 mai ...	Pension. Services	Circ. N 81.
474	»	9 id....	Estimation	Circ. A 511. Circ. A 609.
475	»	11 id....	Arpentage. Coupes par pieds d'arbre.	»
»	476	12 id....	Défrichement	Circ. N 71.
477	»	1er juin..	Produits accessoires	Circ. A 833.
»	478	2 id....	Chemins vicinaux	Circ. N 59.
479	»	21 id....	Gardes terrassiers	Circ. A 797.
479²	»	22 id....	Louveterie	Circ. N 72.
»	479³	30 id....	Chemins. Annulation de circulaires.	Sans objet.
»	479⁴	15 juillet.	Défrichement	Circ. A 787.
»	480	22 id....	Gardes terrassiers. Payement	Circ. A 680.
481	»	23 id....	Etat général de répartition des frais. Délimitation	Circ. N 64.
»	482	27 id....	Gratifications, 1/3 des amendes	Sans objet.
»	483	4 août...	Amélioration. Pépinières	Id.
»	484	9 id....	Soumission d'aménagement. Modèles.	Circ. A 591.
»	485	14 id....	Ventes des coupes de 1840	Sans objet.
»	486	Id ...	Ventes des coupes de 1840. Au préfet.	Id.
»	487	17 id....	Gardes et brigadiers sédentaires	Circ. N 375.
488	»	14 id....	Armement, habillement et équipement des gardes	Circ. A 739. Circ. A 767.
»	489	17 id....	Etat des améliorations. Formules...	Circ. A 567 bis.
»	489²	9 octobre	Demande de renseignements	Sans objet.
489³	»	13 id....	Soumissions. Conditions	Circ. N 319.
»	490	14 déc....	Habillement. Masse	Circ. A 569.
»	491	29 octobre	Pêche	Décr. 29 avril 1862.
»	492	31 id....	Pêche. Envoi au préfet	Sans objet.
»	492²	13 nov ...	Cahier des charges, 1840	Id.
493	»	1er déc ..	Bois domaniaux. Sommiers de consistance	Circ. N 360.
»	494	2 id....	Dépense imprévue. Comptabilité	Circ. N 104.
»	495	15 id....	Repeuplement. Envoi au préfet	Sans objet.
»	495²	22 id....	Produits accessoires. Renseignements.	Id.
			1841.	
495³	»	8 janvier.	Vente de bois façonnés. Chablis	Circ. A 833.
496	»	25 id....	Décompte de traitement. Envoi de pièces	Circ. N 51.
»	497	30 id....	Usage. Délivrance. Renseignement..	Sans objet.
498	»	16 février.	Compte administratif	Circ. A 654. Circ. N 5. Circ. N 380.
»	499	26 id....	Habillement. Préposés. Soumission. Prix	Circ. N 370.
»	500	27 id....	Délimitation. Frais de citation	Circ. N 64.
»	500²	Id ...	Id. Id. Au préfet.	Sans objet.
»	500³	8 avril...	Tournée des conservateurs	Circ. N 18.
501	»	10 mai ...	Statistique forestière	Circ. A 722.

NUMÉROS DES CIRCULAIRES. En vigueur, avec ou sans modification.	Abrogées, remplacées, sans emploi.	DATE des CIRCULAIRES.	OBJET des CIRCULAIRES.	DÉSIGNATION des documents modifiant, complétant ou abrogeant les circulaires.
502	»	20 mai	Délimitation. Frais. Payement.....	Circ. N 64.
»	502²	Id ...	Id. Au préfet.	Sans objet.
»	503	5 juillet .	Sous-inspecteur. Service..........	Déc. Min. 27 juil. 1844.
504	»	7 id....	Travaux des gardes cantonniers....	Circ. A 565. Circ. N 22. Circ. N 416.
»	505	8 id....	Arpentage. Réarpentage. Frais.....	Sans objet.
»	505	9 id....	Notes semestrielles...............	Circ. A 556 bis.
»	506	12 id....	Bureaux de l'administration........	Circ. N 433.
507	»	5 août...	Ecobuages. Fosses à chaux.........	»
»	508	Id....	Id. Au préfet.	Sans objet.
509	»	13 id....	Travaux. Cahier des charges.......	Circ. N 22. Circ. N 319.
510	»	14 id....	Travaux d'amélioration............	Circ. N 22.
511	»	16 id....	Cahier des charges. Exercice 1841..	Circ. A 719. Circ. N 431.
»	512	19 id....	Id. Au préfet.	Sans objet.
513	»	27 id....	Chevaux. Prestations.............	»
514	»	20 sept...	Dépenses. Ordonnancement. Liquidation........................	Circ. N 67. Circ. N 100. Circ. N 402.
515	»	21 id....	Bois grevés d'usage. Frais de gardes.	»
»	516	27 id....	Correspondance...................	Circ. N 46.
»	516²	26 nov....	Feuilles des notes du personnel....	Circ. A 621. Circ. A 642 bis.

1842.

517	»	2 janvier.	Frais de gestion des bois communaux.	Circ. A 583. Circ. A 613.
»	517²	Id ...	Id. Au préfet.	Sans objet.
»	518	21 février.	Tournées annuelles des inspecteurs..	Circ. A 621.
519	»	8 mars ..	Adjudication. Délégation. Préposés..	Circ. A 593. Circ. N 396.
»	519²	9 id....	Id. Au préfet.	Sans objet.
»	520	9 avril...	Gratifications....................	Id.
»	520²	11 id....	Tournée du conservateur..........	Circ. N 18.
520³	»	12 id....	Imprimés.........................	Circ. N 52.
521	»	29 id....	Produits accessoires..............	Circ. A 583.
»	521²	30 id....	Produits accessoires. Au préfet.....	Sans objet.
522	»	6 mai ...	Marteaux et chaînes métriques.....	Circ. N 77. Circ. N 163.
523	»	8 id....	Jugement. Communication. Greffe..	»
»	523²	22 id....	Gardes communaux. Habillement. Equipement.......................	Sans objet.
»	524	3 juin ...	Préposés. Service actif. Nomination.	Circ. N 375.
»	525	17 id....	Préposés. Maladies. Blessures. Avantages...........................	Circ. A 854. Circ. A 855. Circ. N 13. Circ. N 17. Circ. N 47.
»	526	15 août...	Prix des surmesures. Recouvrement.	Sans objet.
»	526²	31 id....	Masse d'habillement..............	Circ. A 569.
»	527	Id ...	Cahier des charges, 1842..........	Sans objet.
»	528	Id ...	Cahier des charges, 1842. Au préfet.	Id.
529	»	8 octobre	Feuilles individuelles des préposés..	Circ. N 21.
»	529²	9 nov....	Cheval. Renseignements..........	Sans intérêt.

1843.

530	»	14 février.	Délivrances usagères.............	»
»	530²	15 id....	Masse des sous-officiers nommés gardes..........................	Circ. N 189.
»	530³	27 id....	Chasse. Cahier des charges, 1842...	Sans objet.
»	531	14 id....	Sous-inspecteurs. Classe..........	Circ. A 738.

NUMÉROS DES CIRCULAIRES. En vigueur avec ou sans modification.	Abrogées, remplacées, sans emploi.	DATE des CIRCULAIRES.	OBJET des CIRCULAIRES.	DÉSIGNATION des documents modifiant, complétant ou abrogeant les circulaires.
532	»	15 février	Attributions des sous-inspecteurs...	Circ. A 554. Circ. N 301.
533	»	1er avril.	Arpentage....................	»
»	534	4 id....	Arpentage. Envoi au préfet........	Sans objet.
»	534²	3 mai...	Tournées des conservateurs........	Circ. N 18.
535	»	25 juin...	Traitement des préposés...........	»
»	535²	14 juillet..	Reboisement des montagnes. Renseignement....................	Sans objet.
»	535³	15 id....	Réorganisation des garderies. Renseignement....................	Id.
536	»	4 sept...	Produits accessoires...............	»
»	537	22 id....	Cahier des charges, 1843..........	Circ. N 431.
»	538	23 id....	Cahier des charges, 1843. Au préfet.	Sans objet.
»	539	29 id....	Délimitation. Bornage............	Circ. N 64.
540	«	Id...	Travaux publics. Abatage des bois..	Circ. N 59.
»	540²	17 octobre	Brigadiers. Renseignements........	Sans objet.
»	540³	21 id....	Ecritures. Renseignements.........	Id.
»	540⁴	9 déc....	Bureaux de l'administration........	Circ. N 433.
»	540⁵	22 id....	Préposés. Nomination. Demande....	Sans objet.
540⁶	»	23 id....	Etat d'assiette....................	Circ. N 360.

1844.

541	»	20 janvier.	Agents. Missions.................	Circ. N 26. Circ. N 310.
»	541²	18 avril...	Tournées des conservateurs........	Circ. N 18.
542	»	26 id....	Délimitation. Bornage. Etat des frais..........................	Circ. N 64.
543	»	27 id....	Préposés sédentaires. Fils d'agent. Candidat......................	Circ. N 375.
544	»	27 mai....	Travaux publics. Extractions de matériaux......................	Circ. N 33. Circ. N 59.
»	545	3 juin...	Bois de charbonnette.............	Sans objet.
545²	»	7 id....	Préposés domaniaux. Surveillance. Propriétés particulières..........	»
»	545³	20 id....	Adjudication. Frais. Renseignements.	Sans objet.
546	»	15 juillet..	Droit d'usage. Expertise...........	»
»	547	16 id....	Droit d'usage. Expertise. Au préfet.	Sans objet.
548	»	19 id....	Travaux. Concessionnaires. Menus produits......................	Circ. N 22. Circ. N 372.
»	549	24 id....	Travaux. Comptabilité............	Circ. N 104.
»	550	26 id....	Cahier des charges, 1844..........	Sans objet.
»	550²	27 id....	Cahier des charges, 1844. Au préfet.	Id.
551	»	31 id....	Etat d'assiette...................	Circ. N 360.
552	»	31 id....	Routes et chemins. Subvention volontaire....................	Circ. N 59.
»	553	12 août...	Institution. Gardes généraux adjoints.	Circ. N 301.
554	»	13 id....	Nombre des inspecteurs et sous-inspecteurs..................	Circ. A 738. Circ. N 799. Décr. 29 oct. 1887.
555	»	22 id....	Vente sur les lieux des coupes de bois.	Circ. N 80.
»	555²	23 id....	Id. Au préfet.	Sans objet.
»	556	27 id....	Défrichements. Renseignements....	Id.
»	556²	31 id....	Arpenteur. Garde à cheval. Renseignements..................	Id.
»	556³	Id...	Notes. Personnel des gardes.......	Circ. A 624.
»	557	2 sept...	Chasse. Défense..................	Circ. N 72.
»	558	31 octobre.	Pêche............................	Décr. 29 avril 1862.
»	559	18 nov...	Marteau. Etat....................	Circ. N 77.

NUMÉROS DES CIRCULAIRES		DATE des CIRCULAIRES.	OBJET des CIRCULAIRES.	DÉSIGNATION des documents modifiant, complétant ou abrogeant les circulaires.
En vigueur, avec ou sans modification.	Abrogées, remplacées, sans emploi.			
560	»	29 nov....	Gardes généraux et sous-inspecteurs sédentaires....................	»
561	»	30 id....	Etat d'assiette....................	Circ. N 360.
562	»	10 déc....	Préposés. Actes de domesticité.....	»
563	»	11 id....	Service de la louveterie...........	»
564	»	13 id....	Attributions des conservateurs.....	»
»	564[2]	14 id....	Id. Au préfet.	Sans objet.
564[3]	»	21 id....	Feuilles individuelles............	Circ. aut. 29 oct. 1884.
			1845.	
»	564[4]	28 janvier.	Préposé. Réserve. Service militaire..	Circ. N 424.
»	565	28 id....	Travaux des gardes cantonniers....	Circ. N 22. Circ. N 416.
566	»	30 id....	Comptabilité.....................	Circ. N 104.
566[2]	»	22 février.	Défrichements. Eboulements.......	Circ. N 43.
»	566[3]	28 id....	Arpentage et réarpentage..........	Circ. A 604. Circ. A 592 quinq. Circ. A 708. Circ. N 423.
»	567	10 mars ..	Préposés. Service militaire. Réserve.	Circ. N 173. Circ. N 424.
»	567[2]	18 id....	Suppression d'état...............	Sans objet.
568	»	22 id....	Attribution des conservateurs......	Circ. N 395.
»	568[2]	Id ...	Id. Au préfet.	Sans objet.
»	569	25 id....	Habillement. Equipement et armement des gardes...............	Circ. N 176. Circ. N 370.
569[2]	»	27 id....	Sous-inspecteurs. Gardes généraux adjoints. Attributions...........	Circ. N 301.
570	»	21 avril...	Délimitation. Frais...............	»
571	»	30 id....	Correspondance. Réponse. Célérité..	»
»	571[2]	2 mai ...	Tournées des conservateurs........	Circ. N 18.
»	571[3]	9 id....	Académie. Renseignements. Foudre.	Sans objet.
571[4]	»	10 id....	Plans. Conservation..............	»
»	572	28 juin ...	Travaux exécutés par les gardes et brigadiers....................	Circ. A 707. Circ. N 22. Circ. N 416.
573	»	29 id....	Chemins. Subventions. Offres......	Circ. N 59.
»	573[2]	30 id....	Id. Au préfet.	Sans objet.
574	»	5 juillet..	Chasse. Procès-verbaux. Gratification	Circ. N 430.
575	»	6 id....	Cahier des charges, 1845...........	Circ. N 431.
»	575[2]	Id ...	Cahier des charges, 1845. Au préfet.	Sans objet.
575[3]	»	11 id....	Travaux d'art. Instruction.........	Circ. A 798.
»	576	30 id....	Chasse. Baux. Cahier des charges...	Circ. N 412.
»	576[2]	Id...	Id. Au préfet.	Sans objet.
»	576[3]	31 id....	Délivrance d'urgence. Arrêté.......	»
»	576[4]	Id ...	Jours fériés. Célébration..........	Loi du 12 juillet 1880.
»	576[5]	31 août...	Envois. Imprimés..................	Circ. A 592 quater.
576[6]	»	16 sept ...	Délimitation. Opposition..........	Circ. N 64.
577	»	27 id....	Appels. Désistement...............	»
»	577[2]	2 octobre	Délimitation. Aménagement........	Sans objet.
578	»	6 id....	Extraction de matériaux...........	Circ. N 33. Circ. N 59.
»	578[2]	10 nov....	Chasse. Adjudication partielle. Envoi d'affiche....................	Sans objet.
»	578[3]	14 id....	Etat d'assiette...................	Id.
»	578[4]	27 id....	Gratifications....................	Sans objet.
579	»	1er déc...	Défrichement......................	Circ. N 43.
580	»	15 id....	Aménagement. Bois communaux.....	Circ. N 103.
»	580[2]	16 id....	Id. Au préfet.	Sans objet.

NUMÉROS DES CIRCULAIRES. En vigueur, avec ou sans modification.	Abrogées, remplacées, sans emploi.	DATE des CIRCULAIRES.	OBJET des CIRCULAIRES.	DÉSIGNATION des documents modifiant, complétant ou abrogeant les circulaires.
			1846.	
580[3]	»	3 janvier.	Feuilles individuelles. Agent.......	Circ. N 435.
581	»	13 id....	Bris de réserve. Timbre et enregistrement....................	Loi du 28 février 1872.
»	581[2]	15 id....	Arpentage et réarpentage..........	Sans objet.
582	»	9 février.	Compte de gestion................	Circ. N 5. Circ. N 380.
582[2]	»	10 id....	Maison forestière. Construction.....	Circ. N 112.
583	»	4 mars...	Frais de régie. Bois communaux. Etat estimatif.................	Circ. A 615. Circ. N 162. Circ. N 211.
»	583[2]	5 id....	Frais de régie. Bois communaux. Etat estimatif. Envoi au préfet...	Sans objet.
584	»	27 id....	Simplification des écritures........	Circ. A 621. Circ. N 52. Circ. N 416.
585	»	2 avril...	Brigadiers sans triage. Attributions.	»
586	»	16 id....	Préposés logés en maison forestière. Règlement..................	»
»	586[2]	16 id....	Punition infligée.................	Sans objet.
»	587	14 mai ...	Cahier des charges, 1846...........	Id.
»	587[2]	Id ...	Cahier des charges, 1846. Au préfet.	Id.
588	»	27 id....	Route et chemin. Paiement de subvention..................	Circ. N 59.
»	588[2]	Id ...	Route et chemin. Paiement de subvention. Envoi au préfet.....	Sans objet.
»	589	29 id....	Examen. Garde général adjoint.....	C. A 803. Sans objet.
»	590	13 juin ...	Armement. Habillements de préposés.	Circ. N 176. Circ. N 370.
»	590[2]	26 id....	Id. Soumission.	Id.
»	590[3]	27 id....	Etat d'assiette..................	Circ. A 834. Circ. N 360.
590[4]	»	28 id....	Défrichement..................	Circ. N 43.
»	591	9 août...	Aménagement. Instruction..........	Circ. N 415.
»	591[2]	10 id....	Conservateur. Classes.............	Circ. A 799.
»	591[3]	22 id....	Brigadiers domaniaux. Surveillance. Bois communaux..............	Sans objet.
592	»	16 nov ...	Exploitation par entreprise ou économie.....................	»
592[2]	»	26 id....	Maisons forestières. Toitures.......	»
592[3]	»	25 id....	Etat estimatif des coupes à délivrer.	»
»	592[4]	28 id....	Envoi d'imprimés.................	Circ. N 52.
592[5]	»	30 id....	Chef de cantonnement. Instrument d'arpentage..................	»
»	592[6]	22 déc....	Gardes généraux adjoints. Uniforme.	Sans objet.
			1847.	
»	592[7]	16 janvier.	Arpentage. Agent des travaux d'art.	Sans objet.
593	»	24 février.	Adjudication. Assistance..........	»
»	593[2]	25 id....	Id. Au préfet.	Sans objet.
593[3]	»	13 avril...	Tournées des conservateurs........	Circ. N 18.
594	»	30 id....	Pensions à titre exceptionnel.......	Circ. N 81.
»	595	3 juin...	Arpentage. Instruction............	C. A 798. Instr. 15 octobre 1860.
»	596	21 juillet .	Cahier des charges, 1847..........	Sans objet.
»	596[2]	22 id....	Cahier des charges, 1847. Au préfet.	Id.
»	597	24 id....	Entretien des armes. Instruction...	Id.
»	598	31 id....	Défrichement..................	Circ. N 43.
»	598[2]	Id ...	Défrichement. Envoi au préfet.....	Sans objet.
»	599	10 nov...	Punition infligée.................	Id.

NUMÉROS DES CIRCULAIRES. En vigueur, avec ou sans modification.	Abrogées, remplacées, sans emploi.	DATE des CIRCULAIRES.	OBJET des CIRCULAIRES.	DÉSIGNATION des documents modifiant, complétant ou abrogeant les circulaires.
»	599[2]	11 nov...	Délimitation. Bornage............	Circ. N 64.
600	»	Id ...	Défrichement....................	Circ. N 43.
»	601	12 id....	Délimitation. Minute. Dépôt.......	Circ. N 54. Circ. N 64.
»	601[2]	12 id....	Id. Au préfet.	Sans objet.
601[3]	»	26 id....	Etat d'assiette..................	Circ. N 360.
602	»	30 id....	Traitement. Sous-inspecteurs, gardes généraux et gardes généraux adjoints	Circ. N 235. Circ. N 245. C. N 276. C. N 354.
603	»	23 déc.....	Maison forestière. Projet..........	Circ. N 22. Circ. N 112.
			1848.	
604	»	31 janvier.	Arpentage. Opération géodésique...	»
»	605	11 février.	Respect hiérarchique.............	Circ. N 294.
»	606	4 mars ..	Surveillance. Zèle...............	Sans objet.
606[2]	»	19 avril ..	Pétition collective...............	»
»	606[3]	30 id....	Serment politique................	Circ. A 683.
»	606[4]	3 mai ...	Dévastation des forêts............	Sans objet.
»	606[5]	6 id....	Exploitation par économie.........	Id.
»	607	11 id....	Dévastation. Remise d'amende.....	Id.
»	607[2]	12 id....	Tournée des conservateurs.........	Circ. N 18.
»	608	20 id....	Défrichement. Plus-value..........	Loi, 22 juillet 1850.
609	»	25 id....	Coupes. Estimations..............	»
610	»	Id ...	Travaux d'amélioration...........	Circ. N 22.
611	»	26 id....	Défrichement. Instruction.........	Circ. N 43.
»	612	Id ...	Recouvrement. Contrainte par corps.	Sans objet.
»	613	12 juin ...	Désordre dans les forêts..........	Id.
614	»	30 id....	Absence sans autorisation...	Circ. N 324. Circ. N 390.
615	»	6 juillet .	Coupe délivrée en nature. Estimation.	»
»	615[2]	7 id....	Id. Au préfet.	Sans objet.
»	615[3]	8 id....	Conservation. Circonscription. Modification.....................	Id.
616	»	9 id....	Ventes. Adjudication de travaux...	Circ. N 80. Cah. des ch. de travaux.
»	616[2]	10 id....	Id. Envoi au préfet	Sans objet.
»	617	17 id....	Délimitation. Etat de répartition des frais........................	Circ. N 64.
»	618	21 id....	Chasse. Cahier des charges.........	Sans objet.
»	619	23 id....	Cahier des charges, 1842..........	Id.
»	619[2]	24 id....	Cahier des charges, 1842. Au préfet.	Id.
»	619[3]	5 août...	Préposés. Nomination.............	Circ. N 375.
620	.	8 id....	Enquête contre les préposés.......	»
621	»	10 id....	Simplification des écritures........	Circ. A 642 bis. Lettre 11 juin 1850. C. N 416.
»	622	11 id....	Vente des remanents non partagés des coupes affouagères...........	Circ. N 80.
623	»	14 id....	Poursuites des délits..............	»
624	»	27 id....	Feuilles de notes. Agents..........	»
»	625	29 id....	Simplification des états d'assiette....	C. A 641 bis. C. N 360.
»	626	8 sept...	Président des ventes. Pouvoir......	Circ. N 80.
»	626[2]	Id ...	Id. Au préfet.	Sans objet.
»	627	15 id....	Travaux d'amélioration. Bois communaux.........................	Circ. A 658.
»	628	12 octobre	Bureaux de l'administration........	Circ. N 433.
»	628[2]	14 id....	Pêche...........................	Décr. 29 avril 1862.
629	»	27 nov ..	Délimitation et bornage	Circ. N 64.
»	629[2]	5 déc...	Id Envoi au préfet..	Sans objet.

NUMÉROS DES CIRCULAIRES. En vigueur, avec ou sans modification.	Abrogées, remplacées, sans emploi.	DATE des CIRCULAIRES.	OBJET des CIRCULAIRES.	DÉSIGNATION des documents modifiant, complétant ou abrogeant les circulaires.
			1849.	
»	629[3]	13 avril...	Commission des gardes communaux. Pièces à joindre................	Circ. A 684.
630	»	28 id....	Ventes des coupes, 1849...........	Circ. N 80.
»	630[2]	Id ...	Ventes des coupes, 1849. Au préfet.	Sans objet.
630[3]	»	15 mai ...	Tournée des conservateurs.........	Circ. N 18.
»	630[4]	22 id....	Inspecteur. Classement............	Circ. A 799.
631	»	28 id....	Travaux d'utilité publique. Abatage d'arbres.........................	Circ. N 35. Circ. N 59.
632	»	25 juin ...	Travaux publics. Extraction des matériaux.....................	Circ. N 33. Circ. N 59.
»	633	3 août...	Bureaux de l'administration........	Circ. N 433.
»	634	23 id....	Délit de pêche..................	Décr. 29 avril 1862.
»	635	12 sept ...	Publication des mutations.........	Circ. A 705.
»	636	24 id....	Pêche.........................	Décr. 29 avril 1862.
637	»	25 id....	Délimitation. Bornage. Timbre. Enregistrement	Circ. N 64.
638	»	11 octobre	Délits commis par des douaniers....	»
»	639	8 nov ...	Pensions. Pièces.................	Circ. N 81.
»	640	10 id....	Employés de la liste civile. Retraite.	Sans objet.
641	»	27 id....	Défrichement. Instruction.........	Circ. N 43.
641[2]	»	7 id....	Etat d'assiette..................	Circ. N 360.
»	642	31 déc....	Examen. Garde général adjoint.....	C. A 803. Sans objet.
			1850.	
»	642[2]	11 janvier.	Etat des agents..................	Lettre 14 janvier 1856.
»	643	16 id....	Employé de la liste civile. Pension. Retenue.....................	Sans objet.
644	»	25 id....	Tabac. Fraude...................	Circ. N 178.
645	»	5 février.	Cahier des charges, 1850..........	Circ. N 431.
»	645[2]	Id ...	Cahier des charges, 1850. Au préfet.	Sans objet.
»	646	6 id....	Culture des arbres verts..........	Id.
647	»	21 id....	Pensionnaires. Décès. Arrérages. Paiement.....................	Circ. N 81.
»	648	22 id....	Arrêts de la cour de cassation......	Sans objet.
649	»	23 id....	Cessation de poursuite. Remise d'amende. Instruction...........	Circ. N 149.
650	»	17 avril ..	Travaux d'amélioration...........	Circ. N 22.
651	»	18 id....	Délimitation. Bornage. Répartition des frais.....................	Circ. N 64.
652	»	25 id....	Plan d'une citerne...............	Circ. N 22.
»	653	6 juin ...	Délimitation. Procès-verbal. Modèle.	Circ. N 64.
654	»	15 id....	Chauffage des gardes.............	Circ. N 125.
655	»	19 id....	Peines disciplinaires.............	»
656	»	21 id....	Frais de citation et significations. Préposés......................	Circ. N 85. Circ. N 382.
657	»	24 id....	Pétition. Timbre................	Circ. N 32.
658	»	26 juillet .	Travaux d'amélioration. Aménagement. Recepage. Travaux de route.	
»	658[2]	27 id....	Trav. d'amélioration. Aménagement. Recepage. Trav. de route. Au préfet.	» Sans objet.
»	658[3]	27 août...	Renseignements statistiques........	Id.
»	659	9 octobre	Plus-value. Défrichement. Taxe....	Loi 22 juillet 1850.
660	»	11 id....	Battues aux loups. Instruction.....	»

NUMÉROS DES CIRCULAIRES.		DATE des CIRCULAIRES.	OBJET des CIRCULAIRES.	DÉSIGNATION des documents modifiant, complétant ou abrogeant les circulaires.
En vigueur, avec ou sans modification.	Abrogées, remplacées sans emploi.			
»	660[2]	22 octobre	Délimitation. Bornage. Aménagements. Etat de situation.........	Circ. N 64.
»	660[3]	15 nov...	Plantation de route. Renseignement.	Sans objet.
661	»	2 déc....	Travaux d'amélioration............	Circ. N 319.
662	»	7 id....	Chasse. Bois communal. Procès-verbal d'adjudication. Copie.....	Circ. N 72.
»	663	20 id....	Défrichement. Plus-value..........	Sans objet.
			1851.	
»	664	3 février.	Vente des coupes. Exercice 1851...	Sans objet.
665	»	11 id....	Feuilles de notes. Agents..........	»
»	665[2]	10 avril...	Brigadier. Traitement.............	Circ. A 765. Circ. N 409.
665[3]	»	21 mai...	Chauffage des gardes mixtes........	Circ. N 125.
666	»	22 id....	Remise d'amende..................	Circ. N 149.
667	»	30 id....	Condamnés insolvables à incarcérer.	Circ. N 149.
668	»	19 juillet.	Travaux publics. Baraques temporaires.....................	»
»	668[2]	Id...	Construction à distance prohibée...	Décr. 25 mars 1852.
669	»	22 id....	Préposés. Récolte d'herbe.........	»
»	669[2]	31 id....	Délimitation. Soumission. Modèle...	Circ. N 64.
669[3]	»	5 août...	Travaux publics. Baraques........	»
»	670	8 id....	Produits accessoires. Procès-verbal d'adjudication.................	Circ. N 80.
670[2]	»	12 id....	Aménagement. Etat de situation de travaux......................	Circ. N 359.
»	671	1er oct...	Essartement......................	Circ. N 59.
671[2]	»	2 id....	Envoi à l'administration. Arrêt de justice civile..................	»
672	»	13 nov...	Sommier de droits d'usage et de cantonnement..................	»
»	673	20 id....	Travaux d'amélioration. Cah. des ch.	Circ. N 319.
»	674	19 déc....	Pêche............................	Décr. 29 avril 1862.
675	»	31 id....	Dépens liquidé. Copie. Agent......	»
			1852.	
»	676	19 janvier.	Amnistie.........................	Sans objet.
676[2]	»	22 id....	Arpentage. Retenue de traitement..	»
»	676[3]	Id...	Congés. Préposés..................	Circ. N 90. Circ. N 91.
»	676[4]	24 id....	Garde cantonnier. Retenue. Retraite.	Sans objet.
»	676[5]	Id...	Garde cantonnier. Traitement. Avancement.......................	Circ. A 823. Circ. N 375.
»	677	19 février.	Correspondance. Franchise........	Circ. N 46.
»	678	5 mars..	Cahier des charges, 1852..........	Sans objet.
»	679	15 avril...	Instance domaniale. Jugement......	Circ. N 12.
»	680	Id...	Garde cantonnier. Retenue........	Sans objet.
»	681	28 id....	Congés. Suspension temporaire.....	Id.
682	»	29 id....	Demande. Voie hiérarchique.......	»
»	683	13 mai...	Serment politique................	Circ. N 51.
684	»	14 id....	Lieutenant de louveterie. Gardes communaux. Nomination........	Circ. N 110.
»	684[2]	14 id....	Id. Envoi au préfet........	Sans objet.
684[3]	»	24 id....	Incendie. Surveillance...........	Circ. N 416.
»	685	28 id....	Congés. Agent..................	Circ. N 90
686	»	29 id....	Décentralisation administrative.....	»
»	686[2]	8 juin...	Délit de pêche. Répression.........	Décr. 29 avril 1862.
»	686[3]	10 id....	Imprimés.........................	Sans objet.

 CIRCULAIRES (SÉRIE A).

NUMÉROS DES CIRCULAIRES. En vigueur, avec ou sans modification.	Abrogées, remplacées, sans emploi.	DATE des CIRCULAIRES.	OBJET des CIRCULAIRES.	DÉSIGNATION des documents modifiant, complétant ou abrogeant les circulaires.
»	686[1]	14 juin...	Cahier des charges, 1852..........	Sans objet.
»	687	30 id....	Aménagement. Délimitation. Bornage	Id.
688	»	Id ...	Préposés. Force publique. Avantages.	»
»	689	1er juillet.	Aliénations, 1852. Instruction......	Sans objet.
690	»	15 id....	Maison forestière. Etat et plan.....	Circ. N 285.
691	»	27 id....	Chauffage des gardes.............	Circ. N 125.
»	692	31 id....	Produit des coupes. Prix. Frais....	Circ. A 719. Circ. A 737.
»	693	20 août...	Bois à aliéner. Lotissement........	Sans objet.
694	»	22 id....	Aliénation. Procès-verbal descriptif et estimatif....................	»
695	»	26 id....	Préposés. Service. Distraction......	»
»	696	4 sept...	Serment politique................	Circ. N 51.
697	»	17 id....	Délimitation. Extrait. Commune....	»
698	»	3 octobre	Procès-verbal de délimitation. Notes. Correction......................	Circ. N 64.
699	»	4 id....	Travaux d'amélioration...........	Cahier des charges.
»	700	7 id....	Aliénations. Cahier des charges....	Sans objet.
»	701	20 id....	Bois communaux. Organisation. Renseignements..................	Id.
»	702	23 nov ...	Arpentage. Calepin..............	Instr. 15 octobre 1860.
»	703	25 id....	Congés........................	Circ. N 91.
704	»	20 déc....	Changement de résidence..........	»
»	705	31 id....	Mutation. Tableau. Suppression....	Sans objet.

1853.

En vigueur	Abrogées	Date	Objet	Désignation
»	706	13 janvier.	Nouvelle fausse..................	Sans objet.
»	707	14 id....	Travaux. Semis et repeuplement....	Circ. N 22.
»	708	16 id....	Séjour. Voyage. Indemnités........	Circ. N 26. Circ. N 310.
709	»	19 id....	Délimitation. Minute. Timbre......	Circ. N 64.
»	710	21 id....	Etat des agents désirant le professorat, l'Algérie, etc............	Sans objet.
711	»	12 février.	Gardes domaniaux. Panage, 2 porcs..	»
712	»	13 id....	Travaux. Cahier des charges.......	Circ. N 22. Circ. N 319.
»	713	21 id....	Aliénation. Cahier des charges.....	»
»	714	21 mars ..	Travaux. Marchés. Frais de timbre et enregistrement..............	Circ. N 22.
715	»	27 mai ...	Gardes communaux. Commission...	Circ. N 21. Circ. N 110.
716	»	1er juin ...	Militaire. Délit forestier. Poursuites.	»
»	717	8 juin..	Agent. Uniforme.................	Circ. N 438.
»	718	7 juillet .	Punition infligée.................	Sans objet.
»	719	14 id....	Cahier des charges, 1853..........	Circ. N 431.
»	720	8 août...	Agent. Uniforme.................	Circ. N 138. Circ. N 438.
721	»	23 id....	Aliénation. Estimation............	»
722	»	8 sept...	Cantonnement. Statistique.........	»
»	723	4 octobre	Ingénieur des constructions navales.	Sans objet.
»	724	8 id....	Aliénation. Cahier des charges.....	Id.
»	725	25 id....	Punitions infligées...............	Id.
»	726	28 id....	Travaux en 1854..................	Id.
727	»	12 nov...	Rapport des préposés avec les commissaires de police..............	»
»	728	14 déc....	Correspondance en franchise.......	Circ. N 46.

1854.

En vigueur	Abrogées	Date	Objet	Désignation
»	729	12 janvier	Correspondance en franchise.......	Circ. N 46.
»	730	18 id....	Avis de crédit..................	Sans objet.
731	»	20 février.	Pensions civiles..................	Circ. N 31. Circ. N 81.

NUMÉROS DES CIRCULAIRES — En vigueur, avec ou sans modification.	NUMÉROS DES CIRCULAIRES — Abrogées, remplacées, sans emploi.	DATE des CIRCULAIRES.	OBJET des CIRCULAIRES.	DÉSIGNATION des documents modifiant, complétant ou abrogeant les circulaires.
732	»	22 février.	Candidat. Gardes. Conscription.....	Circ. N 375.
733	»	9 mai ...	Congés. Arrêté ministériel.........	Circ. N 91.
734	»	12 id....	Remise de condamnation. Cessation de poursuites.................	Circ. N 149.
735	»	20 id....	Chasse. Baux....................	Circ. N 72. Circ. N 412.
736	»	22 id....	Droit d'usage. Cantonnement.......	»
737	»	27 id....	Cahier des charges, 1854..........	Circ. N 431.
738	»	31 id....	Conservateurs. Sous-inspecteurs. Classement....................	Circ. A 799.
739	»	20 août...	Préposés. Uniforme...............	Circ. N 176. Circ. N 436.
»	740	28 id....	Correspondance..................	Circ. N 46.
741	»	10 octobre	Médecin. Invalidité. Serment......	Circ. N 81.
			1855.	
742	»	16 février.	Préposés mixtes. Retenue..........	Circ. N 21.
743	»	6 avril...	Cahier des charges, 1855...........	Circ. N 431.
744	»	8 août...	Agents et préposés. Serment. Droit de greffe.......................	Circ. N 51. Circ. N 339.
»	745	15 sept...	Correspondance. Franchise........	Circ. N 46.
»	746	31 octobre	Travaux d'amélioration. Timbre....	Circ. A 757. Circ. N 22.
			1856.	
747	»	4 février.	Terrains concédés aux gardes logés.	Circ. N 125.
748	»	15 id....	Frais d'instance. Frais de poste....	»
»	749	25 mars ..	Amnistie, 1856...................	Sans objet.
»	750	9 avril...	Amnistie. Frais..................	Id.
751	»	25 id....	Cahier des charges, 1856..........	Circ. N 431.
»	752	22 mai ...	Correspondance. Facteur. Poids....	Circ. N 46.
»	753	14 juin...	Examen. Gardes généraux adjoints..	C. A 803. Sans objet.
»	754	10 juillet .	Franchise. Postes................	Circ. N 46.
»	755	20 sept...	Ecole forestière. Bourses..........	Décr. 12 octobre 1889.
756	»	25 nov ...	Affiches en cahiers. Envois........	»
757	»	30 déc....	Travaux. Cahier des charges.......	Circ. N 22. Circ. N 319.
			1857.	
758	»	6 juin...	Cantonnement. Droits d'usage......	Circ. N 208.
759	»	14 juillet .	Travaux d'amélioration. Timbre. Enregistrement...................	Circ. N 22.
760	»	16 id....	Frais de régie. Bois communaux et d'établissements publics.........	Circ. N 162. Circ. N 211. Circ. N 393.
761	»	22 id....	Cahier des charges, 1857..........	Circ. N 431.
762	»	1er sept..	Zone frontière. Commissions mixtes. Travaux publics................	Circ. N 22. Circ. N 35. C. N 151. C. N 253.
763	»	22 octobre	Menus produits. Bois domaniaux. Délivrance.....................	Circ. N 271.
764	»	14 nov ...	Travaux. Cahier des charges.......	Circ. N 22. Circ. N 319.
765	»	15 déc....	Préposés. Traitement. Augmentation.	Circ. N 409.
			1858.	
766	»	25 février.	Procès-verbaux. Abandon..........	»
767	»	30 mars ..	Préposés. Uniforme. Galons........	Circ. N 176. Circ. N 370. Circ. N 436.
768	»	26 avril...	Délimitation. Bornage. Travaux. Paiement.....................	Circ. N 64.

NUMÉROS DES CIRCULAIRES. En vigueur, avec ou sans modification.	Abrogées, remplacées, sans emploi.	DATE des CIRCULAIRES.	OBJET des CIRCULAIRES.	DÉSIGNATION des documents modifiant, complétant ou abrogeant les circulaires.
769	»	6 mai...	Coupes. Cahier des charges, 1858...	Circ. A 805. Circ. N 431.
770	»	16 août...	Chablis. (Tronc, chandelier.) Délivrance........	»
»	771	4 octobre	Pêche........	Décr. 29 avril 1862.
»	772	27 id....	Préposés. Armement........	Circ. N 259.
»	773	2 nov...	Bois de marine. Martelage........	Circ. A 816.
»	774	21 déc....	Gardes généraux adjoints. Traitement.	Circ. N 301.
»	775	22 id....	Pêche. Préposés. Indemnité........	Décr. 29 avril 1862.
776	»	29 id....	Préposés. Notes. Avancement. Candidats........	Circ. N 21.
			1859.	
777	»	18 février.	Coupes. Cahier des charges, 1859...	Circ. N 431.
»	778	19 mars..	Gardes communaux. Pension de retraite........	C. A 785. C. N 4. C. N 23.
779	»	16 avril...	Culture du chêne. Taillis........	»
»	780	4 juin...	Bois de marine. Lieu de dépôt.....	Circ. A 816.
781	»	26 nov...	Défrichement........	Circ. N 43.
782	»	28 id....	Id........	Id.
783	»	10 déc....	Bois de marine. Estimation........	Circ. A 816.
»	784	23 id....	Agent. Algérie. Traitement........	Circ. N 358.
			1860.	
»	785	9 janvier.	Garde communal. Caisse de retraite pour la vieillesse........	Circ. N 4.
786	»	31 id....	Transaction........	Circ. N 149. Circ. N 206.
787	»	7 février.	Défrichement. Opposition........	Circ. N 43.
»	788	3 mai...	Pisciculture. Instruction........	Sans objet.
»	789	1er juin..	Id. Récompense.	Id.
790	»	12 id....	Coupes, Cahier des charges, 1860...	Circ. N 431.
»	791	12 juillet.	Correspondance. Franchise........	Circ. N 46.
792	»	24 id....	Missions spéciales. Frais. Tarif.....	Circ. N 26. Circ. N 310.
»	793	14 août...	Garde pêche. Instruction........	Décr. 29 avril 1862.
»	794	16 id....	Code forestier. Envoi........	Sans objet.
»	795	17 id....	Reboisement des montagnes........	Circ. N 345.
796	»	7 déc....	Agents. Feuilles individuelles......	»
797	»	10 id....	Travaux de réparation et entretien. Instruction........	Circ. N 22.
798	»	31 id....	Levé topographique. Dessins des plans.	Circ. N 64. Circ. N 120.
			1861.	
799	»	25 janvier.	Conservateur. Inspecteur. Classement.	Décr. 29 octobre 1887.
800	»	9 mars..	Préposés. Mariages........	Circ. N 50.
801	»	12 id....	Transaction........	Circ. N 149.
802	»	10 avril..	Travaux par régie........	Circ. N 22. Circ. N 108.
»	803	20 id....	Examen. Garde général adjoint.....	C. N 118. Sans objet.
804	»	30 id....	Coupes vendues à l'unité des produits.	Circ. N 377. Circ. N 398.
805	»	8 mai...	Coupes. Cahier des charges, 1861...	Circ. N 431.
»	806	1er juin..	Reboisement des montagnes........	Circ. N 345.
807	»	31 octobre	Zone frontière. Défrichements......	Circ. N 43. Circ. N 151. Circ. N 253.
808	»	5 nov...	Aménagement. Bois communaux....	Circ. N 103.
809	»	18 id....	Lieutenant de louveterie. Attributions........	»
»	810	23 id....	Aliénation. Ventes aux communes..	Sans objet.
811	»	9 déc....	Délinquant à incarcérer. Frais de capture........	Circ. N 149.

NUMÉROS DES CIRCULAIRES. En vigueur, avec ou sans modification.	Abrogées, remplacées, sans emploi.	DATE des CIRCULAIRES.	OBJET des CIRCULAIRES.	DÉSIGNATION des documents modifiant, complétant ou abrogeant les circulaires.
			1862.	
812	»	11 janvier.	Délit de chasse. Gratification.......	Circ. N 72. Circ. N 430.
813	»	13 id....	Transactions..............	Circ. N 149.
814	»	4 février.	Prestation en nature. Insolvables...	Circ. N 22. Circ. N 149.
815	»	10 mars ..	Préposés. Nomination. Date........	»
816	»	12 id....	Bois de marine..................	Circ. N 7.
817	»	14 avril...	Coupes. Cahier des charges, 1862...	Circ. N 431.
»	818	17 mai ...	Pêche........................	Décr. 29 avril 1862.
819	»	4 juin ...	Attributions des conservateurs.....	Circ. N 395.
820	»	30 id....	Frais de tournée. Indemnité.......	Circ. A 832. Circ. N 26. Circ. N 310.
»	821	6 août...	Correspondances. Franchises.......	Circ. N 46.
»	822	27 sept...	Emploi de crédit. Dépenses........	Circ. N 22.
»	823	20 octobre	Préposés. Cantonniers et mixtes. Traitements.................	Circ. N 409.
824	»	25 nov ...	Inventaire des archives...........	Circ. N 51.
825	»	12 déc....	Transaction. Bulletin. Indication...	Circ. N 149.
826	»	13 id....	Transport sur le chemin de fer....	Circ. N 67.
827	»	17 id....	Adjudication. Bois communaux. Receveur des domaines............	Circ. N 80.
			1863.	
828	»	21 janvier.	Mission. Intérim. Indemnité.......	Circ. A 847. Circ. N 26. Circ. N 310.
829	»	13 mars ..	Gardes communaux. Traitement. Centralisation.................	Circ. N 21.
830	»	18 id....	Coupes extraordinaires. Instructions.	Note du 11 janv. 1886.
831	»	28 id....	Travaux d'exploitation. Cah. des ch.	»
832	»	13 avril ..	Martelage. Préposés. Indemnité....	Circ. N 26. Circ. N 310.
833	»	8 mai ...	Produits domaniaux accessoires. Recouvrement.................	Circ. N 80.
834	»	19 id....	Etat d'assiette..................	Circ. N 360.
»	835	3 juin...	Enseignement préparatoire. Préposés.	Sans objet.
836	»	8 id....	Chemins vicinaux. Subvention. Paiement.....................	Circ. N 59.
837	»	11 id....	Coupes. Cahier des charges, 1863...	Circ. N 431.
838	»	12 id....	Chasse. Baux. Cahier des charges...	Circ. N 72. Circ. N 412.
839	»	9 juillet .	Vente. Unités de produits. Façonnage. Paiement....................	»
840	»	14 id....	Bois façonné. Ventes. Cah. des ch..	Circ. A 853. Circ. N 102.
841	»	19 octobre	Défrichement....................	Circ. N 43.
842	»	10 nov ...	Bois domaniaux. Produit. Perception.	C. N 19. C. N 66. C. N 80.
843	»	8 déc....	Frais de régie. Coupes délivrées....	»
844	»	21 id....	Travaux d'amélioration. Bois domaniaux. Cahier des charges.......	Circ. N 319.
			1864.	
»	845	24 janvier.	Route forestière. Choix. Economie..	Sans objet. Circ. N 2.
846	»	15 mars ..	Frais d'adjudication. Tarif.........	»
847	»	14 avril...	Mission. Tournée. Indemnité.......	Circ. N 26. Circ. N 310.
848	»	27 mai ...	Coupes. Cahier des charges, 1864...	Circ. N 431.
»	849	7 juin...	Garde général. Examen...........	Sans objet.
850	»	18 octobre	Travaux. Pièces à timbrer. Paiement.	Circ. N 22.
»	851	26 déc....	Reboisement et gazonnement.......	Circ. N 345.

NUMÉROS DES CIRCULAIRES. En vigueur avec ou sans modification.	Abrogées, remplacées, sans emploi.	DATE des CIRCULAIRES.	OBJET des CIRCULAIRES.	DÉSIGNATION des documents modifiant, complétant ou abrogeant les circulaires.
			1865.	
852	»	7 mars ..	Tournées. Indemnités fixes........	Circ. N 422.
853	»	9 id....	Bois façonnés. Ventes. Cah. des ch..	Circ. N 102.
»	854	3 avril ..	Frais d'hôpitaux militaires. Préposés.	Circ. N 144.
»	855	29 id....	Id..................	Id.
856	»	10 juin ...	Coupes. Cahier des charges, 1865...	Circ. N 431.

CIRCULAIRES. (TROISIÈME SÉRIE. — AUTOGRAPHIÉES.)

Pour mémoire.

CIRCULAIRES. (QUATRIÈME SÉRIE. — SÉRIE N.)
Commençant le 12 septembre 1865.

Table alphabétique.

TABLE chronologique des Circulaires de l'Administration des Forêts (série N), commençant au n° 1, en date du 12 septembre 1865.

NUMÉROS DES CIRCULAIRES. En vigueur, avec ou sans modification.	NUMÉROS DES CIRCULAIRES. Abrogées, remplacées, sans emploi.	DATE des CIRCULAIRES.	OBJET des CIRCULAIRES.	DÉSIGNATION des documents modifiant, complétant ou abrogeant les circulaires.
			1865.	
1	»	12 sept. . .	Circulaires.	Circ. N 20, 47, 48, 92, 146.
2	»	13 id. . . .	Routes. Forêts communales.	»
»	3	4 déc. . . .	Ecole forestière. Admission.	Circ. N 290, 356, 394.
4	»	15 id. . . .	Caisse des retraites. Retenues.	Circ. N 23, 207.
			1866.	
5	»	7 février.	Compte de gestion.	Circ. N 380.
6	»	9 id. . . .	Acquisition. Cession. Location	Circ. N 233, 248, 297, 298, 327.
7	»	24 id. . . .	Bois de marine. Délivrance.	Circ. N 128, 205, 241, 272, 293, 385.
8	»	10 mars . .	Défrichements. Renseignements. . . .	Circ. N 42, 43, 71, 115, 151, 256, 270, 280, 352, 427.
»	9	26 id. . . .	Administr[on] centrale. Organisation. .	Circ. N 137, 229, 230, 342, 363, 433.
10	»	29 id. . . .	Secours.	Circ. N 10, 70, 104, 81, 450.
11	»	23 avril. . .	Cahier des charges. Exercice 1866. .	C. N 56, 86, 111, 119, 122, 130, 140, 156, 180, 198, 212, 228, 251, 267, 283, 292, 312, 331, 350, 365, 387, 397, 410, 419, 431
12	»	2 mai . . .	Instance domaniale.	»
13	»	8 id. . . .	Hôpitaux militaires. Hospices. Bains.	Circ. N 17, 47, 96, 144, 152, 225, 266, 323, 414.
14	»	12 id. . . .	Dunes. Fixation.	Circ. N 22.
15	»	15 id. . . .	Bois façonnés. Traites.	Circ. N 69, 101, 102.
16	»	16 id. . . .	Délimitation. Bornage. Bois commun.	Circ. N 54, 57, 64, 113.
17	»	21 id. . . .	Etablissements thermaux. Admission.	Circ. N 47, 96, 144, 152, 225, 266, 323, 414.
18	»	4 juin . . .	Tournées des conservateurs.	»
19	»	7 id. . . .	Produits domaniaux. Encaissement.	Circ. N 66, 69, 210.
20	»	8 id. . . .	Circulaires. Abonnement.	Circ. N 47, 48, 92, 146.
21	»	4 juillet. .	Gardes et brigadiers mixtes et communaux.	Circ. N 110, 375.
22	»	14 août. . .	Travaux forestiers.	Circ. N 170, 319, 376.
23	»	20 id. . . .	Caisse des retraites. Retenues.	Circ. N 207.
»	24	24 id. . . .	Enquête agricole.	»
25	»	28 id. . . .	Caisse d'amortissement.	Circ. N 27.
26	»	31 id. . . .	Indemnités éventuelles.	Circ. N 310.
27	»	13 sept. . .	Aliénations. Coupes extr[es]. Produits.	Circ. N 105.
»	28	19 id. . . .	Notification d'une punition.	Sans objet.
29	»	20 id. . . .	Police des forêts. Frontière Sarde. .	Circ. N 30, 34, 148.
30	»	21 id. . . .	Police des forêts. Frontière Suisse. .	Circ. N 34.

NUMÉROS DES CIRCULAIRES. En vigueur, avec ou sans modification.	Abrogées, remplacées, sans emploi.	DATE des CIRCULAIRES.	OBJET des CIRCULAIRES.	DÉSIGNATION des documents modifiant, complétant ou abrogeant les circulaires.
31	»	25 août...	Retraites. Propositions d'admission.	Circ. N 81, 450.
32	»	26 id....	Pétitions. Timbre................	Circ. N 124, 361.
33	»	27 sept...	Extraction de matériaux. Voirie vicinale. Indemnités............	Circ. N 59.
34	»	28 id....	Police des forêts. Loi, 22 juin 1866.	»
35	»	3 octobre	Zone frontière. Limites. Commission mixte........................	Circ. N 43, 151, 253, 348, 388.
36	»	9 id....	Franchises et contre-seings........	Circ. N 46, 84, 134, 150, 164, 174, 182, 216, 278, 326, 353, 434, 441.
37	»	13 id....	Mise en valeur des marais et bois communaux. Loi, 28 juillet 1860.	Circ. N 147.
38	»	17 id....	Produits forestiers communaux. Frais de timbre.....................	Circ. N 101, 102, 392.
39	»	30 id....	Garantie administrative. Privilège de juridiction....................	Décr. 19 sept. 1870.
40	»	9 nov...	Agents en disponibilité...........	»
41	»	13 id....	Chemins vicinaux. Loi............	»
42	»	20 id....	Défrichemnt. Timbre des déclarations.	C. N 43, 71, 115, 151, 256, 270, 280, 352, 427
43	»	4 déc....	Défrichements	Id.
44	»	28 id....	Aménagement des bois communaux. Contrôle	Circ. N 103, 154.
45	»	29 id....	Passage. Servitude légale. Tolérance.	»
46	»	31 id....	Franchises et contre-seings........	C. N 84, 134, 150, 164, 174, 182, 216, 278, 326, 353, 434, 441.
			1867.	
»	47	27 février.	Hôpitaux. Circulaires. Retenues....	Circ. N 96, 146.
»	48	28 id....	Circulaires. Reliure............ ..	Circ. N 92, 146.
49	»	13 mars..	Comptabilité. États de traitement...	Circ. N 104, 107, 406.
50	»	29 id....	Préposé domanial ou mixte. Mariage.	»
51	»	11 avril...	Serment. Installation.............	Circ. N 234, 339.
52	»	17 id....	Imprimés. Frais d'impression......	Circ. N 98, 252.
53	»	3 mai...	Échange de bois et terrains doman..	Circ. N 62.
54	»	22 id....	Délimitation. Arrêté. Proc.-verbaux.	Circ. N 57, 64, 113, 345.
»	55	23 id....	Armement. Préposés.............	Circ. N 184.
56	»	24 id....	Cahier des charges. Exercice 1867.	Circ. N 86, 111, 119, 122, 130, 140, 156, 180, 198, 212, 228, 251, 267, 283, 292, 312, 331, 350, 365, 387, 397, 410, 419, 431.
57	»	26 id....	Délimitations. Rédaction des procès-verbaux......................	Circ. N 64, 113, 345.
»	58	29 id....	Exposition universelle de 1867.....	Sans objet.
59	»	31 id....	Travaux publics. Extraction de matériaux	»
»	60	25 juillet..	Expériences d'udométrie et d'atmidométrie	Sans objet.
»	61	27 id....	Menus produits. Travaux..........	Circ. N 372.
62	»	31 id....	Échange. Mise en possession.......	»

NUMÉROS DES CIRCULAIRES. En vigueur, avec ou sans modification	Abrogées, remplacées sans emploi.	DATE des CIRCULAIRES.	OBJET des CIRCULAIRES.	DÉSIGNATION des documents modifiant, complétant ou abrogeant les circulaires.
63	»	22 août...	Chasse. Transaction..............	»
64	»	28 id....	Délimitations et bornages..........	Circ. N 113, 345.
65	»	3 sept. ..	Chasse. Police....................	Circ. N 72, 321, 374, 381, 400.
66	»	25 id....	Produits domaniaux. Contrôle des recettes........................	C. N 69, 105, 210, 247.
67	»	15 octobre	Matériel. Transport................	Circ. N 100.
68	»	21 id....	Contributions. Dépenses départementales et communales............	Circ. N 75.
69	»	24 id....	Bois façonnés. Coupes par unités de produits. Produits accidentels....	Circ. N 101, 210, 247.
70	»	25 id....	Secours....	Circ. N 81, 104, 450.
71	»	29 id....	Défrichements..................	Circ. N 115, 256, 270, 280, 352, 427.
72	»	30 octobre	Chasse. Location et police.........	Circ. N 321, 374, 381, 400.
73	»	7 nov...	Marchés. Frais de timbre..........	Circ. N 132.
»	74	8 id....	Travaux. Compétence des conseils de préfecture.....................	Circ. N 319.
75	»	9 id....	Contributions. Dépenses départementales et communales............	»
76	»	11 id....	Retenues. Remboursement d'avances.	Circ. N 284.
77	»	20 id....	Marteaux......................	Circ. N 384.
78	»	14 déc....	Délimitations et bornages. Soumissions..........................	»
79	»	20 id....	Partage des bois indivis...........	»
80	»	28 id....	Vente des coupes de bois..........	Circ. N 87, 314, 373.
81	»	30 id....	Pensions. Retraite................	Circ. N 450.

1868.

82	»	23 mars ..	Défensabilité. Bois particul. Moutons.	»
83	»	24 id....	Armement des préposés. Munitions.	Circ. N 259.
84	»	24 avril...	Franchise et contre-seing..........	Circ. N 134, 150, 164, 174, 182, 216, 278, 326, 353, 434, 441.
85	»	29 id....	Frais de justice..................	Circ. N 165, 382.
86	»	1er mai..	Cahier des charges. Exercice 1868.	Circ. N 111, 119, 122, 130, 140, 156, 180, 198, 212, 228, 251, 267, 283, 292, 312, 331, 350, 365, 387, 397, 410, 419, 431.
87	»	11 id....	Ventes. Nullité. Compétence.......	Circ. N 314, 373.
88	»	18 id....	Comptabilité. Crédits sans emploi...	Circ. N 104.
»	89	19 id....	Expériences d'udométrie et d'atmidométrie........................	Sans objet.
90	»	26 id....	Congés..........................	Circ. N 91, 268, 324, 390.
91	»	6 juin...	Id..........................	Circ. N 268, 324, 390.
92	»	22 id....	Circulaires. Reliure..............	Circ. N 146.
93	»	26 id....	Préposés. Livrets................	»
94	»	29 id....	Graines. Réception..............	Circ. N 158, 296.
95	»	3 juillet..	Repeuplement artificiel des coupes..	Circ. N 133, 168, 244, 261.
96	»	8 id....	Hôpitaux militaires. Admission.....	Circ. N 144, 152, 225, 266, 323, 414.

NUMÉROS DES CIRCULAIRES. En vigueur, avec ou sans modification.	Abrogées, remplacées, sans emploi.	DATE des CIRCULAIRES.	OBJET des CIRCULAIRES.	DÉSIGNATION des documents modifiant, complétant ou abrogeant les circulaires.
97	»	25 juillet..	Recomptage des réserves..........	»
98	»	28 id....	Insertion dans les journaux. Frais..	Circ. N 252.
99	»	1er août.	Cadastre. Copies ou extraits.......	Circ. N 297.
100	»	3 id....	Avances. Frais d'emballage et de transport.....................	»
101	»	7 id....	Bois façonnés. Timbre et enregistrement. Recouvrement.........	Circ. N 102.
102	»	18 id....	Bois façonnés. Cahier des charges...	Cah. des ch. 30 mai 1883.
103	»	22 id....	Aménagement. Frais. Bois commaux.	Circ. N 154.
104	»	24 id....	Comptabilité......................	Circ. N 107, 406.
»	105	23 octobre	Aliénation. Bois domaniaux.......	»
106	»	17 nov...	Traitement. Préposés sédentaires...	Circ. N 224, 409.
107	»	21 id....	Comptabilité. Liquidation de traitements........................	Circ. N 406.
108	»	17 déc....	Mise en régie. Notification.........	»
			1869.	
»	109	8 mai...	Expériences d'udométrie et d'atmidométrie......................	Sans objet.
110	»	28 juin...	Gardes communaux. Candidats militaires.......	Circ. N 375.
111	»	10 juillet..	Cahier des charges. Exercice 1869..	Circ. N 119, 122, 130, 140, 156, 180, 198, 212, 228, 251, 267, 283, 292, 312, 331, 350, 365, 387, 397, 410, 419, 431.
112	»	10 août...	Maisons forestières à construire.....	»
113	»	17 id....	Délimitations. Indemnités.........	»
»	114	18 id....	Amnistie..........................	Sans objet.
115	»	4 sept...	Défrichements..................	Circ. N 151, 256, 270, 280, 352, 427.
			1870.	
116	»	7 avril...	Etats de gestion..................	Circ. N 360, 428, 448.
»	117	18 juin...	Expériences de météorologie.......	Sans objet.
»	118	20 id....	Enseignement des préposés........	Circ. N 250, 295, 336, 394.
119	»	21 id....	Cahier des charges. Exercice, 1870.	Circ. N 122, 130, 140, 156, 180, 198, 212, 228, 251, 267, 283, 292, 312, 331, 350, 365, 387, 397, 410, 419, 431.
120	»	24 id....	Aménagement Futaie. Plan........	Circ. N 120, 126, 133, 172, 307, 359, 415, 426.
			1871.	
121	»	16 avril...	Recommandation. Sollicitation. Publicité..........................	Circ. N 324.
122	»	10 juillet..	Cahier des charges. Exercice 1871..	Circ. N 130, 140, 156, 180, 198, 212, 228, 251, 267, 283, 292, 312, 331, 350, 365, 387, 397, 410, 419, 431.

NUMÉROS DES CIRCULAIRES. En vigueur, avec ou sans modification.	Abrogées, remplacées, sans emploi.	DATE des CIRCULAIRES.	OBJET des CIRCULAIRES.	DÉSIGNATION des documents modifiant, complétant ou abrogeant les circulaires.
»	123	17 juillet..	Lettre du général Cambriels. Mise à l'ordre du jour.	Sans objet.
124	»	18 sept...	Pétitions. Timbre.	Circ. N 361.
125	»	18 octobre	Attribution de terrain. Chauffage...	Circ. N 418.
126	»	15 déc....	Aménagement. Expédition des plans.	Circ. N 133, 172, 307, 359, 415, 426.
			1872.	
»	127	18 janvier.	Expériences de météorologie.	Circ. N 131, 141.
128	»	24 février.	Bois de marine.	Circ. N 205, 241, 272, 293, 385.
129	»	26 juin...	Menus travaux exécutés par les gardes.	»
130	»	31 juillet..	Cahier des charges. Exercice 1872..	Circ. N 140, 156, 180, 198, 212, 228, 251, 267, 283, 292, 312, 331, 350, 365, 387, 397, 410, 419, 431.
»	131	17 octobre	Expériences de météorologie.	Circ. N 141.
			1873.	
132	»	4 janvier.	Marchés. Enregistrement.	Circ. N 202.
133	»	6 id....	Aménagement. Repeuplements.	Circ. N 172, 307, 359, 415, 426.
134	»	28 id....	Franchise. Domaine des Barres.	Circ. N 150, 164, 174, 182, 216, 278, 326, 353, 434, 441.
135	»	21 février.	Taxe des chevaux et voitures.	»
136	»	15 avril ..	Prompte expédition des affaires.	»
»	137	Id ...	Administr[on] centrale. Organisation.	Circ. N 229, 230, 342, 363, 433.
138	»	9 mai....	Uniforme des agents. Petite tenue..	C. N 175, 236, 378, 438.
»	139	31 id....	Carte d'état-major. Remaniement...	Circ. N 143, 325.
140	»	10 juin ...	Cahier des charges. Exercice 1873..	Circ. N 156, 180, 198, 212, 228, 251, 267, 283, 292, 312, 331, 350, 365, 387, 397, 410, 419, 431.
»	141	26 juillet .	Expériences de météorologie.	»
142	»	5 sept. ..	Coupes par unités de produits. Cahier des charges.	Circ. N 283, 398.
»	143	Id ...	Carte d'état-major. Fourniture.	Circ. N 325.
144	»	25 nov ...	Frais d'hôpitaux. Retenue.	Circ. N 152, 225, 266, 323, 414.
145	»	8 déc....	Aménagement. Places d'expérience..	»
			1874.	
146	»	15 janvier.	Circulaires. Reliure.	»
147	»	17 id....	Reboisements. Subvention. Situation.	Circ. N 193.
148	»	5 février.	Préposés. Responsabilité. Poursuites.	»
149	»	18 id....	Condamnations forestières. Recouvrement.	Circ. N 165, 318, 430.
150	»	23 id....	Franchise.	Circ. N 164, 174, 182, 216, 278, 326, 353, 434, 441.
151	»	26 mars ..	Zone frontière.	Circ. N 253, 348, 388.

NUMÉROS DES CIRCULAIRES. En vigueur, avec ou sans modification.	Abrogées, remplacées, sans emploi.	DATE des CIRCULAIRES.	OBJET des CIRCULAIRES.	DÉSIGNATION des documents modifiant, complétant ou abrogeant les circulaires.
152	»	4 mai ...	Etablissements thermaux militaires. Admission	Circ. N 225, 266, 323, 414.
153	»	25 juin ...	Chasse. Gratifications. Paiement	Circ. N 171.
154	»	26 id. ...	Loi sur les conseils généraux. Interprétation	»
155	»	27 id. ...	Constructions à distance prohibée	»
156	»	29 id. ...	Cahier des charges. Exercice 1874	Circ. N 180, 198, 212, 228, 251, 267, 283, 292, 312, 331, 350, 365, 387, 397, 410, 419, 431.
157	»	27 juillet	Propriétés de l'Etat. Tableau	»
158	»	28 id. ...	Graines. Transport et vérification	Circ. N 296.
»	159	Id ...	Modifications de l'article 105 du code forestier	Circ. N 332.
160	»	21 août ...	Produits domaniaux. Frais d'adjudication	»
161	»	4 déc. ...	Mémoire. Timbre	Circ. N 361.
162	»	5 id. ...	Frais de régie. Liquidation	Circ. N 211, 393.
163	»	8 id. ...	Marteau. Gardes du reboisement	»
			1875.	
164	»	5 janvier.	Franchises postales	Circ. N 174, 182, 216, 278, 326, 353, 434, 441.
165	»	Id ...	Frais de justice. Remboursement	Circ. N 382.
»	166	26 id. ...	Engagés conditionnels. Ecole forestre.	Circ. N 186.
167	»	2 février.	Délivrances à l'artillerie	Circ. N 192.
168	»	5 mars ..	Repeuplements artificiels	Circ. N 244, 261.
169	»	8 id. ...	Fraude sur les allumettes. Surveillance	Circ. N 185.
170	»	11 id. ...	Travaux forestiers. Livraison de bois.	»
171	»	27 id. ...	Délits de ch. Gratification. Paiement.	Circ. N 430.
172	»	9 avril ..	Aménagement. Conversion en futaie.	Circ. N 307, 359, 415, 426.
173	»	14 id. ...	Organisation militaire	Circ. N 239, 302, 424, 444.
174	»	5 mai ...	Franchises postales	Circ. N 182, 216, 278, 326, 343, 424, 441.
175	»	10 id. ...	Uniforme des agents. Pardessus	Circ. N 236, 378, 438.
176	»	11 id. ...	Uniforme des préposés. Grande tenue.	Circ. N 436.
177	»	20 id. ...	Insignes de grade	Circ. N 403, 436, 438, 449.
178	»	7 juin ...	Tabacs. Fraude. Répression	»
179	»	9 id. ...	Chasseurs forestiers. Registre matrle.	»
180	»	15 id. ...	Cahier des charges. Exercice 1875	Circ. N 198, 212, 228, 251, 267, 283, 292, 312, 331, 350, 365, 387, 397, 410, 419, 431.
181	»	18 id. ...	Coupes par unités de produits. Procès-verbal d'adjudication	Circ. N 377, 396.
182	»	8 juillet .	Franchises postales et candidats gardes	Circ. N 216, 278, 326, 353, 434, 441.
183	»	9 id. ...	Service militaire. Contrôle	Circ. N 187, 219, 231.

NUMÉROS DES CIRCULAIRES. En vigueur, avec ou sans modification.	Abrogées, remplacées, sans emploi.	DATE des CIRCULAIRES.	OBJET des CIRCULAIRES.	DÉSIGNATION des documents modifiant, complétant ou abrogeant les circulaires.
184	»	1er août.	Armes. Réparations	Circ. N 259, 264, 408.
185	»	31 id.	Allumettes. Fraude. Répression	»
»	186	3 sept.	Candidats à l'école forestière. Engagement conditionnel. Sursis	Loi du 15 juillet 1889.
187	»	9 id.	Service militaire. Domicile	Circ. N 219, 231.
188	»	15 nov.	Régime forestier. Soumission. Distraction	»
189	»	19 id.	Habillement. Fournitures. Masse	Circ. N 223, 237, 237 bis, 370, 386.
190	»	10 déc.	Chasseurs forestiers. Compagnies	»
			1876.	
191	»	15 février.	Etats de paiement. Timbre	»
192	»	25 id.	Bois de bourdaine. Prix. Indemnités.	Circ. N 315.
193	»	15 mars.	Reboisements particuliers. Bulletins.	»
»	194	21 id.	Reboisement. Instruction générale	Circ. N 305, 345.
195	»	18 avril.	Assimilations des grades	Circ. N 281, 316, 340, 424.
»	196	12 juin.	Ecole des Barres. Concours	Circ. N 394.
197	»	23 id.	Candidats gardes. Certificat de médecin	Circ. N 375.
198	»	30 juin.	Cahier des charges. Exercice 1876.	Circ. N 212, 228, 251, 267, 283, 292, 312, 331, 350, 365, 387, 397, 410, 419, 431.
199	»	1er juillet	Inspection des finances. Candidats	»
200	»	7 id.	Mobilisation. Solde	Circ. N 204.
201	»	21 sept.	Chasseurs forestiers. Mobilisation	Sans objet.
202	»	29 id.	Marchés. Enregistrement	»
203	»	31 octobre	Tabac de cantine. Délivrance	»
204	»	30 nov.	Mobilisation. Appointements	»
205	»	14 déc.	Bois de marine. Prix	Circ. N 241, 272, 293, 385.
206	»	30 id.	Transactions après jugement	Circ. N 214, 262, 318.
207	»	29 id.	Caisse de retraite pour la vieillesse.	Loi du 20 juillet 1886.
			1877.	
208	»	31 janvier.	Cantonnement des droits d'usage	»
209	»	1er juin.	Lieutenant de louveterie	»
210	»	6 juin.	Produits domaniaux. Recouvrement.	Circ. N 247.
211	»	13 id.	Frais de régie. Recouvrement	Circ. N 393.
212	»	22 id.	Cahier des charges. Exercice 1877.	Circ. N 228, 251, 267, 283, 292, 312, 331, 350, 365, 387, 397, 410, 419, 431.
»	213	27 id.	Ecole des Barres. Concours	Circ. N 394.
214	»	13 juillet.	Transactions. Recouvrement. Contrôle	Circ. N 262, 318.
»	215	23 id.	Elections	Sans objet.
216	»	18 octobre	Franchises postales	Circ. N 278, 326, 353, 434, 441.
217	»	30 id.	Accréditation. Signature	Circ. N 265.
218	»	23 nov.	Procès-verbal de réception de travaux. Timbre	Circ. N 349.
219	»	30 id.	Service militaire. Contrôle. Mutations	Circ. 219.

NUMÉROS DES CIRCULAIRES. En vigueur, avec ou sans modification.	Abrogées, remplacées, sans emploi.	DATE des CIRCULAIRES.	OBJET des CIRCULAIRES.	DÉSIGNATION des documents modifiant, complétant ou abrogeant les circulaires.
			1878.	
220	»	11 janvier.	Direction générale. Transfert. Suppression	»
»	221	19 id....	Inspecteurs généraux. Création	Circ. N 226, 308. Décr. du 25 déc. 1887.
222	»	21 id....	Marques de respect. Officiers. Agents.	»
223	»	1er février	Habillement des préposés	Circ. N 237, 237 bis, 370, 386.
224	»	13 avril...	Traitement des préposés. Augmentation	Circ. N 409.
225	»	7 mai...	Hôpitaux. Admission	Circ. N 266, 323, 414.
»	226	8 juin...	Inspection générale. Attributions...	Circ. N 308. Décr. du 25 décembre 1887.
227	»	Id...	Armement. Sergents-majors	Circ. N 259, 317.
228	»	19 id.....	Cahier des charges. Exercice 1878..	Circ. N 251, 267, 283, 292, 312, 331, 350, 365, 387, 397, 410, 419, 431.
»	229	23 id....	Administrion céntrale. Organisation.	Circ. N 230, 342, 363, 433.
»	230	1er juillet	Id. Attributions.	Id.
231	»	2 id....	Contrôle nominatif	Circ. N 277.
»	232	16 sept...	Inspecteurs. Suppression de la quatrième classe	Circ. N 301.
233	»	Id...	Acquisitions. Concours des agents des domaines	»
234	»	9 octobre	Cessation de service. Délai	»
235	»	20 nov....	Sous-inspecteurs. Traitement	Circ. N 354.
236	»	25 id....	Uniforme des agents	Circ. N 378, 438.
237	»	6 déc....	Habillement des préposés. Masse....	Circ. N 237 bis, 370, 386.
237[2]	»	Id...	Id. Id.....	Circ. N 370, 386.
238	»	14 déc....	Petite tenue des préposés	Circ. N 449.
»	239	16 id....	Organisation militaire. Elèves des Barres	Sans objet.
»	240	23 id....	Gardes généraux adjoints. Traitement.	Id.
			1879.	
»	241	7 février.	Bois de marine. Marque	Circ. N 272, 293, 385.
242	»	28 id....	Saisies	»
243	»	7 mars...	Acquisitions. Mutations	Circ. N 248, 297, 298, 327.
244	»	11 id....	Travaux. Attributions des consteurs..	Circ. N 402.
»	245	22 id....	Gardes généraux. Traitement	»
246	»	18 avril...	Délivrance de plants	Circ. N. 416.
»	247	7 mai...	Produits domaniaux. Etat comparatif.	Circ. N 416.
248	»	24 id....	Acquisitions. Hypothèques	Circ. N 297, 298, 327.
»	249	30 id....	Exposition universelle de 1878.....	»
»	250	30 juin...	Enseignement préparatoire des préposés	Circ. N 295, 336, 394.
251	»	12 juillet..	Cahier des charges. Exercice 1879..	Circ. N 267, 283, 292, 312, 331, 350, 365, 387, 397, 410, 419, 431.
252	»	14 id....	Impression. Affiches	»

NUMÉROS DES CIRCULAIRES. En vigueur, avec ou sans modification.	Abrogées, remplacées, sans emploi.	DATE des CIRCULAIRES.	OBJET des CIRCULAIRES.	DÉSIGNATION des documents modifiant, complétant ou abrogeant les circulaires.
253	»	23 juillet..	Zone frontière. Travaux mixtes.....	Circ. N 348, 388.
254	»	31 octobre	Transports militaires..............	Circ. N 378, 421.
255	»	Id ...	Revolvers. Agents forestiers.......	Circ. N 263.
256	»	26 nov ...	Défrichement. Plans.............	Circ. N 270, 280, 352, 427.
257	»	27 id....	Armement. Changement...........	Circ. N 259.
258	»	29 id....	Assurances. Polices...............	»
259	»	30 déc....	Armement. Chasseurs forestiers.....	Circ. N 275, 440.
			1880.	
260	»	20 janvier.	Indemnités fixes. Liquidation......	Circ. N 279, 311, 344, 369, 422.
261	»	21 id....	Travaux. Crédits collectifs.........	Circ. N 402, 416.
262	»	22 id....	Transactions. Attributions.........	Circ. N 318.
263	»	13 février.	Révolvers. Agents forestiers........	»
264	»	12 mars...	Visite des armes..................	Circ. N 408.
265	»	3 avril...	Accréditation. Signature...........	C. Min. 25 févr. 1890.
266	»	5 juin ...	Hôpitaux. Admission..............	Circ. N 323, 414.
267	»	11 id....	Cahier des charges. Exercice 1880..	Circ. N 283, 292, 312, 331, 350, 365, 387, 397, 410, 419, 431.
268	»	6 juillet..	Congés. Calcul des retenues........	»
269	»	16 id....	Préposés. Prise à partie. Poursuites.	»
270	»	17 id....	Défrichement. Opposition..........	Circ. N 280, 352, 427.
271	»	2 octobre	Délivrances de menus produits. Timbre....................	Circ. N 425.
·272	»	9 nov ...	Bois de marine. Marteaux.........	Circ. N 293, 385.
273	»	Id ...	Chasse. Cahier des charges........	Circ. N 412.
274	»	15 déc....	Création de conservation..........	Circ. N 407.
			1881.	
275	»	25 janvier.	Armement. Réparations...........	Circ. N 440.
276	»	2 février.	Gardes généraux stagiaires. Traitement.......................	Circ. N 447.
277	»	17 id....	Contrôle nominatif. Mutations......	»
278	»	9 mars ..	Franchise. Contre-seing...........	Circ. N 326, 353, 434, 441.
279	»	10 id....	Indemnités fixes. Calcul...........	Circ. N 311, 344, 369, 422.
280	»	30 id....	Défrichement. Opposition..........	Circ. N 352, 427.
»	281	27 avril...	Assimilation de grades. Elèves à l'école forestière...............	Circ. N 424.
»	282	30 id....	Suppression de conservation.......	Sans objet.
283	»	17 mai ...	Coupes ordinaires et par unités de produits. Cahier des charges.....	Circ. N 292, 312, 331, 350, 365, 387, 397, 410, 419, 431.
284	»	21 id....	Avances. Remboursement.........	»
285	»	24 id....	Mobilier. Inventaire..............	Circ. N 335.
286	»	9 juin ...	Contrôle des adjudications.........	»
»	287	26 juillet .	Stage des élèves de l'école forestière.	Circ. N 368.
»	288	21 nov...	Bourses à l'école forestière.........	Décr. du 12 oct. 1889.
			1882.	
»	289	25 janvier.	Conseil d'administration. Vice-Présidence......................	»
»	290	16 mai ...	Ecole forestière. Admission........	Circ. N 356, 394.

NUMÉROS DES CIRCULAIRES. En vigueur, avec ou sans modification.	Abrogées, remplacées, sans emploi.	DATE des CIRCULAIRES.	OBJET des CIRCULAIRES.	DÉSIGNATION des documents modifiant, complétant ou abrogeant les circulaires.
»	291	3 juin...	Notification d'une lettre ministérielle	Sans objet.
292	»	5 id....	Cahier des charges. Exercice 1882..	Circ. N 312, 331, 350, 365, 387, 397, 410, 419, 431.
293	»	20 id....	Bois de marine. Prix.............	Circ. N 385.
294	»	Id ...	Correspondance. Salutations.......	»
»	295	22 id....	Enseignement pour le grade de garde général adjoint.................	Circ. N 336, 394.
296	»	27 id....	Travaux. Présentation des projets.	Circ. N 376.
297	»	17 juillet..	Acquisition. Contrôle des estimations.	Circ. N 298, 327.
298	»	24 id....	Acquisitions. Emolument des avoués.	Circ. N 327.
299	»	12 août...	Station de recherches et d'expériences. Création	Circ. N 367.
»	300	22 id....	Création de conservations.........	Circ. N 407.
301	»	21 sept...	Service forestier. Réorganisation...	Circ. N 322, 338, 394.
»	302	17 octobre	Organisation militaire............	Circ. N 424, 444.
303	»	25 nov ...	Conservations et inspections. Tableau.	Circ. N 322, 341, 405, 407.
304	»	6 déc....	Adjudications. Marchés...........	»
»	305	12 id....	Reboisement. Instruction générale..	Circ. N 345.
306	»	30 id....	Avancement. Tableau............	Circ. N 322, 394, 435.

1883.

307	»	20 février.	Aménagements. Instruction générale.	Circ. N 359, 415, 426.
»	308	12 avril...	Inspecteurs généraux. Traitement..	Décr. du 26 déc. 1887.
»	309	18 id....	Ecole des Barres................	Circ. N 394.
310	»	25 id....	Indemnités éventuelles...........	Circ. N 329.
311	»	9 mai ...	Indemnités fixes. Corse...........	Circ. N 344, 369.
312	»	30 id....	Cahier des charges. Exercice 1883..	Circ. N 331, 350, 365, 387, 397, 410, 419, 431.
313	»	11 juillet..	Médaille forestière...............	Circ. N 334, 379, 437.
314	»	17 id....	Vente des coupes ordinaires. Taxe de 1.60 pour cent.............	»
315	»	4 août...	Bourdaine. Exploition par entreprise..	»
316	»	14 id....	Assimilation de grades............	Circ. N 340, 424.
317	»	6 octobre	Armes et effets des invalides.......	Circ. N 440.
318	»	8 id....	Transactions. Signification des procès-verbaux..................	»
319	»	6 nov ...	Travaux. Cahier des charges.......	»
»	320	31 déc....	Reboisement. Service temporaire. Création.....................	Circ. N 433.
321	»	Id ...	Chasse. Surveillance.............	»

1884.

322	»	20 février.	Service forestier. Réorganisation...	Circ. N 338, 394.
323	»	28 id....	Hôpitaux. Traitement.............	Circ. N 414.
324	»	17 mars ..	Congé. Hiérarchie. Instructions.....	Circ. N 390.
325	»	7 avril...	Carte d'état-major. Vente directe...	»
»	326	26 id....	Franchises postales..............	Circ. N 353, 434, 441. Circ. Min. 28 février 1890.
327	»	10 mai ...	Acquisitions. Purge d'hypothèques..	»
»	328	13 avril...	Mesures disciplinaires...........	»
329	»	14 mai ...	Indemnités fixes................	Circ. N 422.

NUMÉROS DES CIRCULAIRES. En vigueur, avec ou sans modification.	Abrogées, remplacées, sans emploi.	DATE des CIRCULAIRES.	OBJET des CIRCULAIRES.	DÉSIGNATION des documents modifiant, complétant ou abrogeant les circulaires.
330	»	15 mai...	Marteaux des adjudicataires. Empreinte..........................	»
331	»	3 juin...	Cahier des charges. Exercice 1884..	Circ. N 350, 365, 387, 397, 410, 419, 431.
332	»	10 id. ..	Loi modifiant l'art. 105 du Cod. For.	»
333	»	20 id....	Routes forestières. Entretien.......	»
334	»	15 juillet..	Médaille forestière................	Circ. N 379, 437.
335	»	Id ...	Mobilier. Acquisition............	»
336	»	24 id....	Ecoles des Barres................	Circ. N 347, 394.
337	»	1er août..	Vente des coupes. Affiches.........	»
338	»	11 id....	Service forestier. Réorganisation....	Circ. N 394.
339	»	24 sept. ..	Serments. Prestation.............	»
»	340	16 octobre	Assimilations de grades...........	Circ. N 424.
»	341	24 déc....	Conservations. Tableau...........	Circ. N 405, 407.
			1885.	
342	»	21 janvier.	Administration centrale. Organisation	Circ. N 363, 394, 433.
343	»	22 id....	Service pastoral. Organisation......	»
344	»	8 février.	Indemnités fixes. Corse...........	Circ. N 369.
345	»	2 id....	Reboisement. Instruction générale...	»
346	»	14 avril ..	Legs Delahaye. Répartition........	»
347	»	13 juin...	Ecole secondaire des Barres........	Circ. N 394.
348	»	4 juillet..	Zone frontière. Travaux mixtes....	Circ. N 388.
349	»	12 id....	Travaux à la tâche. Timbre des états.	»
350	»	8 id....	Cahier des charges. Exercice 1885..	Circ. N 365, 387, 397, 410, 419, 431.
351	»	27 id....	Gardes généraux stagiaires. Renseignements....................	Circ. N 416.
352	»	29 août...	Défrichements	Circ. N 427.
353	»	23 sept. ..	Franchises postales..............	Circ. N 434, 441.
354	»	17 octobre	Inspecteurs adjoints. Classe exceptionnelle......................	»
355	»	29 déc....	Armement. Pertes................	»
»	356	30 id....	Ecole forestière. Admission........	Circ. N 394.
			1886.	
357	»	8 janvier.	Algérie. Loi forestière............	»
358	»	14 id....	Algérie. Traitements. Indemnités...	»
359	»	1er mars.	Aménagement. Situation des travaux.	Circ. N 415, 426.
360	»	27 id....	Etats d'assiette..................	»
361	»	31 id....	Pétitions et mémoires. Timbre.....	»
362	»	Id...	Sous-officiers. Nomination.........	»
363	»	1er mai..	Administration centrale. Organisation	Circ. N 394, 433.
364	»	12 id....	Marteaux de l'Etat...............	»
365	»	8 juillet..	Cahier des charges. Exercice 1886..	Circ. N 387, 397, 410, 419, 431.
366	»	10 id. ...	Coupes. Opérations..............	Circ. N 423.
367	»	30 id. ...	Ecole forestière. Analyses chimiques.	»
368	»	31 id. ...	Stage. Elèves de l'école forestière...	»
369	»	7 août...	Indemnités fixes. Corse...........	»
370	»	30 id. ...	Habillement des préposés. Cahier des charges	Circ. N 386.
371	»	12 octobre	Algérie. Attributions du gouverneur.	»
372	»	15 id....	Simplification des écritures........	Circ. N 416.
373	»	21 id....	Coupes. Travaux mis en charge.....	»

NUMÉROS DES CIRCULAIRES. En vigueur, avec ou sans modification.	Abrogées, remplacées, sans emploi.	DATE des CIRCULAIRES.	OBJET des CIRCULAIRES.	DÉSIGNATION des documents modifiant, complétant ou abrogeant les circulaires.
374	»	2 déc....	Chasse. Convention avec la Belgique.	»
375	»	14 id....	Candidats gardes. Conditions.......	»
»	376	21 id....	Travaux. Instructions.............	Circ. N 416.
377	»	17 id....	Coupes par unités de produits......	Circ. N 396.
			1887.	
378	»	3 février.	Agents. Port de l'uniforme.........	»
»	379	12 id....	Médaille forestière. Retraite........	Sans objet.
380	»	16 id....	Comptes de gestion...............	»
381	»	10 mars. .	Chasse. Bois communaux. Location.	»
382	»	25 id....	Frais de justice. Rétribution.......	»
383	»	15 id....	Carrières. Concession.............	»
384	»	21 avril...	Marteaux des agents..............	»
385	»	4 mai ...	Bois de marine. Prix..............	»
386	»	31 id....	Habillement des préposés. Adjudicion.	»
387	»	19 juillet..	Cahier des charges. Exercice 1887..	Circ. N 397, 410, 419, 431.
388	»	10 sept...	Zone frontière. Chemins...........	»
389	»	24 octobre	Chasseurs forestiers. Etat de l'effectif.	»
390	»	18 nov ...	Congés. Absences irrégulières......	»
391	»	30 id....	Conseils municipaux. Rapports.....	»
			1888.	
392	»	28 février.	Coupes communales. Timbre. Enregistrement.....................	»
393	»	3 mars. .	Frais de régie. Liquidation.........	»
394	»	24 id....	Service des forêts. Réorganisation..	Circ. N 433.
395	»	4 avril...	Conservateurs. Attributions........	Circ. N 402, 404.
396	»	Id...	Adjudications....................	»
397	»	23 mai....	Cahier des charges. Exercice 1888..	Circ. N 410, 419, 431.
398	»	30 id....	Coupes par unités de produits. Cahier des charges..................	»
399	»	5 juin...	Hôpitaux. Agents................	Circ. N 411, 414, 420.
400	»	12 id....	Chasse. Procès-verbaux...........	»
401	»	24 juillet..	Chasseurs forestiers. Ordres de service	»
402	»	14 août...	Conservateurs. Liquidations........	Circ. N 404.
403	»	19 octobre	Insignes de grades...............	Circ. N 436, 438, 449.
			1889.	
404	»	10 janvier.	Conservateurs. Liquidations.......	»
405	»	14 id....	Conservations. Tableau...........	Circ. N 407.
406	»	23 id....	Exercice financier................	»
407	»	30 avril. .	Conservations. Tableau...........	»
408	»	13 mai ...	Chasseurs forestiers. Visite des armes	Circ. N 440.
409	»	20 id....	Traitement des préposés. Augmentation.........................	»
410	»	25 id....	Cahier des charges. Exercice 1889..	Circ. N 419, 431.
411	»	27 id....	Hôpitaux. Agents. Paiement des frais.	Circ. N 414, 420.
412	»	19 avril...	Chasse. Cahier des charges.........	»
413	»	26 août...	Poursuites. Centralisation des arrêts.	»
414	»	9 sept...	Hôpitaux. Agents. Paiement des frais.	Circ. N 420.

NUMÉROS DES CIRCULAIRES. En vigueur, avec ou sans modification.	NUMÉROS DES CIRCULAIRES. Abrogées, remplacées, sans emploi.	DATE des CIRCULAIRES.	OBJET des CIRCULAIRES.	DÉSIGNATION des documents modifiant, complétant ou abrogeant les circulaires.
			1890.	
415	»	4 janvier.	Aménagement. Cadre.............	Circ. N 426.
416	»	16 id....	Simplification de la marche du service.	»
417	»	5 février.	Chablis. Bois morts et dépérissants. Vente........................	»
418	»	18 mars..	Préposés sédentaires. Chauffage.....	»
419	»	8 mai...	Cahier des charges. Exercice 1890..	Circ. N 431.
420	»	22 août...	Hôpitaux. Agents. Paiement des frais.	»
421	»	9 octobre	Transports militaires.............	»
422	»	17 déc....	Indemnités fixes.................	»
423	»	16 id....	Coupes. Arpentage...............	»
»	424	30 id....	Organisation militaire...........	»
			1891.	
»	425	19 janvier.	Bois morts, secs et gisants. Enlèvent.	Sans objet.
426	»	5 février.	Aménagement. Délimitations. Acomptes........................	»
427	»	20 id....	Défrichements. Instruction.........	»
428	»	2 mars...	Etats signalétiques. Bois communaux.	Circ. N 448.
429	»	15 avril...	Décoration. Reglementation........	»
430	»	20 id....	Produit des amendes. Loi de finances.	Circ. N 445.
431	»	1er mai..	Coupes. Cahier des charges........	»
432	»	13 id....	Bois de fascinage................	»
433	»	16 juin...	Administration centrale. Organisation	»
434	»	17 id....	Franchise postale et télégraphique..	Circ. N 441.
435	»	24 id....	Avancement. Tableau.............	»
436	»	25 juillet..	Uniforme. Chasseurs forestiers......	Circ. N 449.
437	»	31 id....	Médaille forestière...............	»
438	»	16 nov....	Uniforme. Agents forestiers........	»
439	»	24 id....	Chasseurs forestiers. Ancienneté de grade........................	»
440	»	29 déc....	Armement des éliminés...........	»
			1892.	
441	»	26 janvier.	Franchise postale................	»
442	»	3 mars..	Chasseurs forestiers. Convocation...	»
443	»	4 id....	Statistique agricole..............	»
444	»	16 mai...	Organisation militaire. Algérie.....	»
445	»	20 sept...	Frais de justice. Droits dus aux greffiers......................	»
446	»	28 octobre	Chasseurs forestiers. Affectation....	»
447	»	4 nov...	Gardes généraux stagiaires. Traitemnt.	»
448	»	5 id....	Etats signalétiques. Bois communaux.	»
449	»	12 id....	Uniforme. Chasseurs forestiers en Algérie......................	»
450	»	15 déc....	Retraites.......................	»
			1893.	
451	»	25 février.	Tir à la cible des chasseurs forestiers.	»
452	»	26 mars..	Bois communaux. Droits de timbre et d'enregistrement. Dégrèvement.	»

CIRCULATION. V. Hors route.

CITATION A DÉLIMITATION.

1. *Préposés.* — Les gardes peuvent faire les citations à délimitation et à bornage, parce que ce sont de simples actes d'administration, ne soulevant aucune question de propriété.

2. *Formalités.* — Les formalités de l'article 68 du code de procédure civile sont applicables aux citations en délimitation faites par les gardes, en vertu de l'article 173 du code forestier.

3. *Original. Riverains.* — On doit, autant que possible, comprendre, sur le même original d'exploit, tous les riverains qui peuvent être cités dans une journée. (Circ. A 500.)

4. *Minutes. Copies. Timbre.* — Les minutes et copies des citations données aux riverains sont soumises à la formalité du visa pour timbre. (Loi du 13 brumaire an VII, art. 12. Circ. N 64, art. 215.)

5. *Frais.* — Les citations à délimitation et bornage sont payées à raison de 50 centimes par original, et 50 centimes par copie. Ces sommes sont allouées, savoir :

1o Au chef de service, 10 centimes par original et 10 centimes par copie, pour l'impression des formules de citation. (L'impression de l'arrêté annexé à ces formules n'est pas comprise dans ces frais.)

2o Aux agents qui ont préparé le travail des citations (état des riverains), 40 centimes par original et 20 centimes par copie.

3o Aux gardes citateurs, 20 centimes par copie. (Décis. Min. 1er sept. et 2 déc. 1840. Circ. N 64, art. 212 et 213.)

CITATION EN INSTANCE.

V. Nullité. Domicile. Copie. Réassignation. Exploit. Signification. Délai. Remise d'exploit. Procès-verbal. Frais. Militaires. Comparution.

SECT. I. — GÉNÉRALITÉS. CONDITIONS. NULLITÉS.

1. *Définition.* — Acte comportant injonction de paraître en justice.

2. *Original.* — L'original de la citation doit être seul consulté pour l'authenticité. (Nîmes, arrêt inédit, 25 juin 1835.)

3. *Énonciation.* — La citation énoncera les faits et tiendra lieu de plainte. (Instr. Crim. 183.)

4. *Condition. Nullité.* — L'acte de citation doit, à peine de nullité, contenir la copie du procès-verbal et de l'acte d'affirmation, et l'original doit mentionner l'exécution de ces formalités. (Cod. For. 172. Circ. A 337. Cass. 14 mars 1856.)

5. *Délit.* — En l'absence de procès-verbal, la citation est valable, lorsqu'elle fait connaître d'une manière précise l'objet de la prévention. (Foix, 29 août 1851.)

6. *Conclusions.* — Il n'est pas nécessaire, pour la validité de la citation, qu'elle contienne les conclusions du demandeur ou l'indication de la loi pénale invoquée. (Cass. 19 décembre 1834.)

7. *Qualification. Conclusions.* — Bien que la loi n'exige pas que la citation contienne

la qualification des faits incriminés et les conclusions qui seront demandées contre le prévenu, elle ne défend pas de les y insérer, et cela même est préférable.

8. *Requête. Parties.* — Une citation donnée au nom et à la requête d'un inspecteur des forêts est nulle; elle doit être donnée au nom et à la requête de l'administration forestière. (Cass. 29 octobre 1824.)

9. *Domicile. Poursuivant.* — La partie civile fera, par l'acte de citation, élection de domicile dans la ville où siège le tribunal. (Instr. Crim. 183.)

10. *Domicile.* — Bien que l'article 183 du code d'instruction criminelle impose l'obligation d'indiquer, dans l'acte de citation, le domicile de la partie civile, cette omission n'entraîne pas la nullité de la citation; seulement, dans ce cas, l'agent forestier n'est pas fondé à se plaindre, s'il n'a pas reçu les actes qui eussent dû être notifiés à son domicile. (Bourges, 30 juin 1841.) Les agents forestiers peuvent, d'ailleurs, élire domicile chez leurs collègues, ou au parquet du ministère public.

11. *Procès-verbal régulier. Procès-verbal de garde champêtre.* — Si un délit a été constaté par un procès-verbal régulier, ou si même il n'y a pas eu de procès-verbal, la citation donnée, sans avoir égard à ce procès-verbal, n'en serait pas moins valable. Il n'en est pas de même si le procès-verbal a été rédigé par un garde champêtre; dans ce cas, l'administration renonce à se prévaloir du procès-verbal, pour s'en tenir à la preuve testimoniale. (Rouen, 21 décembre 1843. Dijon, inédit, 29 janvier 1834.)

12. *Procédure civile.* — Les règles tracées par le code de procédure civile, pour la validité des assignations, ne sont pas applicables aux citations données en matière forestière. (Cass. 16 juillet 1846.)

13. *Formalités. Validité.* — Les formalités prescrites à peine de nullité pour la validité des citations, en matière civile, ne sont point applicables aux citations en matière correctionnelle; il suffit, pour la validité de ces actes, que le prévenu ait su qu'il était cité et qu'il ait connu le fait qui lui était imputé. (Cass. 14 janvier 1830. Nancy, 30 juillet 1867.)

14. *Remplacement.* — Une citation correctionnelle présumée nulle peut être remplacée par une citation régulière pour le même fait, si cette seconde citation a été donnée au prévenu avant l'échéance de la prescription. (Grenoble, 25 mai 1878.)

15. *Formalités. Instruction criminelle. Procédure civile.* — Bien qu'en matière forestière les formalités des actes de citation paraissent n'être soumis qu'aux deux conditions de la copie du procès-verbal et de l'acte d'affirmation, et à celles prescrites par les articles 182 (remise au prévenu), 183 (élection de domicile) et 184 (délai) du code d'instruction criminelle, les citations ne sont pas moins, et à peine de nullité, soumises aux prescriptions des articles 68 (remise de l'exploit), 69 (domicile) et 70 du code de procédure civile. (Cass. 15 janvier 1820, 15 octobre 1834 et 11 août 1842.)

Les dispositions de l'article 61 (date, nom, etc.) du code de procédure civile n'étant pas essentielles et constitutives de l'acte de citation, leur omission n'entraîne pas la nullité de l'acte. (Cass. 5 mai 1809, 14 janv. 1830, 3 mai et 19 décembre 1834.)

16. *Nullité. Instance.* — La nullité de la citation peut être invoquée pour la première fois en appel, si la cause de nullité (erreur de date du procès-verbal et de la copie) n'a pu être connue auparavant du prévenu. (Cass. 17 février 1844.)

17. *Comparution.* — Une citation ne pourra jamais être annulée, si le jugement auquel elle a appelé le prévenu a été rendu *contradictoirement* avec lui, puisqu'il a comparu. (Instr. Crim. 184.)

18. *Nullité. Remise. Conditions.* — Les citations doivent, à peine de nullité :

1° Etre remises à la personne ou au domicile du prévenu, ou au maire, en constatant la fermeture du domicile et le refus du voisin à recevoir la copie. (Cass. 15 octobre 1834).

2° Etre remises au domicile *réel* et non pas à un autre domicile. (Cass. 21 mai 1842.)

3° Etre signées. (Grenoble, inédit, 10 juin 1840).

4° Contenir l'indication du jour auquel l'individu cité doit comparaître. (Nancy, inédit, 21 décembre 1842.)

Un acte de citation est nul :

1° Si l'original ne mentionne pas qu'il a été donné copie de l'acte d'affirmation. (Cass. 26 mai 1838.)

2° Si la copie ne relate pas l'affirmation. (Colmar, 10 février 1842.)

3° Si la copie ne mentionne pas la signature du rédacteur du procès-verbal. (Cass. 6 mai 1830.)

4° Si la copie ne relate pas la clôture. (Grenoble, 14 juin 1838.)

5° Si la copie porte pour le délit une date erronée. (Cass. 17 février 1844.)

6° Si la copie ne mentionne pas le nom de l'officier public qui a reçu l'affirmation. (Grenoble, 26 août 1830.)

19. *Validité. Conditions.* — 1° La citation délivrée au prévenu et à son père civilement responsable n'est pas nulle, parce que les mots *qu'il n'en ignore* ont été laissés au singulier par le garde citateur et parce que l'adjoint a simplement signé l'original, au lieu de le viser, conformément à l'article 68 du code de procédure civile. (Orléans, 9 avril 1877.)

2° La citation donnée à une commune n'est pas nulle, parce que la copie ne relate pas l'absence du maire ou de l'adjoint, ce qui aurait obligé de remettre l'original au procureur de la République; l'essentiel est que l'original soit visé par ce magistrat. (Cass. 25 avril 1876.)

SECT. II. — RÉDACTION.

§ 1. *Original.*

20. *Chef de service. Rédaction.* — Les agents chefs de service seront chargés de dresser les originaux de citations et toutes les copies. (Circ. A 358.)

21. *Rédaction.* — Les citations des actes dont les gardes délivrent copies peuvent être rédigées à la suite de ces actes. (Loi du 13 brumaire an VII, art. 23. Décis. Min. 25 novembre 1835. Circ. A 367.)

22. *Requête. Poursuivant.* — La citation est nulle si elle n'indique pas à la requête de qui elle est faite. (Colmar, 7 janvier 1820.)

23. *Insolvable.* — Lorsque plusieurs procès-verbaux auront été dressés dans le mois contre le même individu insolvable, il ne sera fait qu'une seule citation, à laquelle sera jointe la copie de tous les procès-verbaux. (Décis. Min. 26 juillet 1831, 12 avril 1834. Circ. A 285. Circ. A 348.)

24. *Insolvable.* — Si un procès-verbal est dressé contre plusieurs individus insolvables, il n'y aura qu'un seul original de citation, dont copie sera délivrée à chacune des parties. (Décis. Min. 26 juillet 1831. Circ. A 285.)

§ 2. *Copie.*

25. *Copie. Procès-verbal séparé.* — La copie du procès-verbal devant, au vœu de la loi, être remise en même temps que l'acte de citation, il est indifférent que cette copie soit avant ou après la citation et même séparée; il suffit qu'elle soit remise. (Cass. 22 février 1839.)

26. *Remise.* — La citation doit constater que la copie du procès-verbal a été remise au prévenu. (Besançon, inédit, 1er avril 1833.)

27. *Remise de la copie.* — Si la citation ne porte pas la preuve que la copie du procès-verbal a été remise au prévenu, il peut s'élever une incertitude à ce sujet, et la citation est nulle. (Besançon, inédit, 1er avril 1833.)

28. *Copie du procès-verbal. Introduction d'instance.* — La copie du procès-verbal et de l'affirmation n'est obligatoire que pour les citations introductives d'instance. Cette obligation n'existe pas pour les citations postérieures. (Cass. 24 septembre 1835.)

29. *Copie.* — La copie du procès-verbal remplace, pour les citations, l'énonciation des faits de la prévention imposée par l'article 183 du code d'instruction criminelle. (Cass. 25 novembre 1831, 3 mai, 19 décembre 1834.)

30. *Copie. Procès-verbal.* — Chacun des prévenus dénommés dans l'original d'un procès-verbal doit recevoir une copie de la citation, avec copie du procès-verbal; s'il n'y avait qu'une copie pour plusieurs prévenus, celui qui l'aurait reçue serait seul légalement cité. (Cass. 3 février 1827.)

31. *Copie. Procès-verbal. Exactitude.* — Il n'est pas nécessaire que les copies du procès-verbal et de l'acte d'affirmation soient déclarées exactes, ou même qu'elles soient signées. La loi ne l'exige pas. (Cass. 6 mars et 12 juin 1834.)

32. *Copie incomplète.* — Une citation n'est pas nulle si, dans une copie incomplète du procès-verbal, les parties omises sont sans intérêt pour la défense et n'altèrent en rien le sens du procès-verbal. (Nancy, 31 décembre 1823. Metz, 20 janvier 1836.)

33. *Abréviation.* — Aucun texte de la loi n'interdit, en matière correctionnelle, de mentionner les dates essentielles contenues dans un exploit par des signes ou abréviations usités dans la pratique.

En conséquence, est régulière la copie d'une citation donnée à comparaître devant le tribunal correctionnel à l'audience du 17 décembre, lorsque le mot décembre est indiqué par le signe Xe. (Poitiers, 28 juin 1889.)

34. *Copie. Procès-verbal. Enregistrement. Mention. Oubli.* — L'omission de la mention de l'enregistrement, sur la copie du procès-verbal donnée lors de la citation, n'est pas une cause de nullité pour la citation. (Cass. 30 janvier 1834, 7 mai 1835.)

35. *Procès-verbal. Enregistrement.* — La citation donnée à un prévenu n'est pas nulle, parce qu'elle ne mentionne pas l'enregistrement du procès-verbal, si, d'ailleurs, elle renferme copie de ce procès-verbal et de l'acte d'affirmation. (Cass. 13 février 1847.)

36. *Copie. Double procès-verbal.* — Lorsque deux procès-verbaux ont été rédigés pour le même fait, il suffit de donner copie de l'un des deux. (Cass. 1er mai 1830.)

37. *Double procès-verbal.* — Lorsque le même délit est constaté par deux procès-verbaux, il n'est pas nécessaire de signifier les deux procès-verbaux en tête de la citation; la copie d'un seul procès-verbal suffit. (Cass. 12 septembre 1846.)

38. *Poursuite. Ministère public.* — Si la poursuite d'un délit forestier, constaté par un agent de l'administration forestière, est exercée par le ministère public, la citation donnée à sa requête doit, à peine de nullité, contenir la copie du procès-verbal. (Cass. 4 décembre 1828 et 5 mars 1836.)

Si le délit n'avait pas été constaté par des agents de l'administration des forêts, la copie du procès-verbal ne serait pas indispensable.

SECT. III. — REMISE.

§ 1. *Remise.*

39. *Chef de cantonnement. Envoi.* — Les chefs de cantonnement reçoivent les exploits de citation, les distribuent aux gardes chargés de les remettre aux prévenus et renvoient les originaux en due forme. (Circ. A 358.)

40. *Agents.* — Les agents ne peuvent pas faire les citations.

41. *Préposés. Exploits.* — Les gardes peuvent faire toutes les citations dans les poursuites exercées par l'administration forestière. (Cod. For. 173.)

42. *Préposés. Brigadiers. Remise.* — A moins de circonstances particulières, les brigadiers sans triage sont exclusivement chargés de la remise des citations. (Circ. A 467.)

43. *Préposé. Déplacement.* — Les chefs de service doivent confier les citations au préposé qui aura la plus faible distance à parcourir, et ce n'est que dans les cas tout à fait exceptionnels qu'il y aura lieu de recourir à l'application du tarif annexé à l'arrêté ministériel du 20 avril 1883. (Circ. N 382.)

44. *Délit forestier. Ministère public.* — Les gardes peuvent faire les citations pour les délits forestiers poursuivis à la requête du ministère public. (Cass. 26 juillet 1822. Conseil d'Etat, 17 mars 1824.)

45. *Livret. Inscription.* — Les gardes inscriront sur leurs livrets toutes les citations dont ils ont été chargés, en désignant leur objet et le nom de la personne à qui la copie a été remise. (Ord. 26.)

46. *Instance civile.* — Les gardes ne peuvent instrumenter que pour l'administration et ils sont sans pouvoir, en matière civile, dans les actions domaniales poursuivies à la requête du préfet.

47. *Condition.* — La citation doit contenir la preuve qu'elle a été remise, ou qu'on a fait tout ce qu'il fallait pour qu'elle fût remise au prévenu.

48. *Domicile. Remise.* — La citation doit être remise au véritable domicile ou au domicile élu. (Proc. Civ. 68.)

49. *Conditions. Parties.* — La citation doit être remise au domicile et à une personne parente ou serviteur du prévenu, ou se disant tel. La citation doit être signée ; elle doit contenir l'indication du jour où le prévenu doit comparaître et indiquer à la requête de qui elle est faite.

La citation doit être donnée directement aux prévenus et aux personnes civilement responsables du délit par les conservateurs, inspecteurs, inspecteurs adjoints, gardes généraux et, dans tous les cas, par le ministère public. (Instr. Crim. 182.)

50. *Remise. Etranger.* — Une citation est nulle si, remise au domicile du prévenu, elle l'a été à une personne qui n'est ni le parent, ni le serviteur du prévenu, ou qui ne s'est pas annoncée comme tel. (Besançon, inédit, 25 février 1839.)

51. *Prévenu absent. Maire. Voisin.* — Si le prévenu est absent, que le voisin refuse d'accepter la citation et de signer l'original, elle doit être remise au maire, en constatant le fait. (Proc. Civ. 68.)

52. *Voisin. Signature. Maire.* — La copie de la citation ne doit être remise au voisin que s'il n'y a personne au domicile du prévenu, ce qui doit être constaté dans l'exploit, à peine de nullité. (Cass. 29 mai 1811.) Dans ce cas, le voisin doit signer l'original, à peine de nullité. En cas de refus du voisin, la citation est remise au maire ; mais le refus du voisin doit être constaté. (Proc. Civ. art. 68, 70.)

53. *Domicile inconnu. Ministère public.* — Si le domicile du prévenu est inconnu, la copie de l'exploit doit être remise au ministère public et une copie doit être affichée à la porte du tribunal. (Proc. Civ. 69, § 8. Cass. 11 août 1842.)

54. *Adjudicataire.* — La citation faite à la sous-préfecture, si l'adjudicataire n'a pas élu domicile au chef-lieu de l'adjudication, est valable, soit qu'elle s'applique à une poursuite correctionnelle ou à une action civile. (Cass. 29 juin 1844.)

55. *Militaires.* — Les citations faites aux militaires prévenus de délit forestier leur sont remises directement ; mais, en même temps, le chef du corps auquel appartient l'inculpé doit recevoir administrativement avis de l'assignation. (Décis. Min. 17 mai 1853. Circ. A 716.)

56. *Communes.* — Les communes seront citées en la personne ou au domicile du maire. L'original sera visé par celui à qui la copie de l'exploit sera laissée ; en cas d'absence ou de refus, le visa sera donné par le juge de paix ou le chef du parquet, le tout à peine de nullité. (Proc. Civ. 69, 70.) En cas de refus de visa, *amende* de 5 francs. (Proc. Civ. 1039.)

57. *Maire.* — Les citations adressées aux maires peuvent être, en cas d'absence des titulaires régulièrement constatée, remises au domicile et à la personne de l'adjoint et, en cas d'absence de l'adjoint, au conseiller le premier dans l'ordre du tableau. (Cass. 8 mars 1834.)

58. *Maire. Visa.* — La citation donnée à un maire, pour la commune, n'est pas

nulle parce que l'original n'est pas visé par le maire, lorsqu'il est constant que ce dernier en a eu connaissance. (Cass. 14 janv. 1830.)

59. *Administration. Etablissements publics.* — Seront citées, les administrations, en leurs bureaux, dans le lieu où réside le siège de l'administration; dans les autres lieux, en la personne et au bureau de leurs préposés. L'original sera visé par celui à qui la copie sera remise; en cas d'absence ou de refus, elle sera visée par le juge de paix ou le chef du parquet, le tout à peine de nullité. (Proc. Civ. 69, 70.) En cas de refus de visa, *amende* de 5 francs. (Proc. Civ. 1039.)

60. *Etat. Domaine.* — Sera cité, l'Etat, lorsqu'il s'agit de domaines ou droits domaniaux, en la personne ou au domicile du préfet du département où siège le tribunal devant lequel doit être portée la demande en première instance. L'original sera visé de celui qui recevra la copie; en cas d'absence ou de refus, il sera visé par le juge de paix ou le chef du parquet, le tout à peine de nullité. (Proc. Civ. 69, 70.) En cas de refus du visa, *amende* de 5 fr. (Proc. Civ. 1039.)

§ 2. *Délai.*

61. *Délai.* — Il y aura au moins un délai de trois jours, outre un jour par trois myriamètres, entre la citation et le jugement, à peine de la nullité de la condamnation qui serait prononcée par défaut; mais cette nullité ne pourra être présentée qu'à la première audience et avant toute exception ou défense. (Instr. Crim. 184.)

62. *Délai. Distance. Nullité.* — Le délai entre la citation et le jour d'audience est de trois jours et, en outre, un jour par trois myriamètres à parcourir. Ce délai est franc, c'est-à-dire qu'on ne doit y comprendre ni le jour de la citation, ni le jour de l'audience. (Instr. Crim. 185.)

Si le tribunal était saisi par une citation, sans que les délais légaux eussent été observés, le tribunal peut prononcer d'office la nullité de la citation ou surseoir à statuer dans l'état de cette procédure. (Cass. 2 octobre 1840.)

Le délai légal observé, la citation est régulière, quand même elle fixerait un jour de comparution très éloigné. (Orléans, 20 décembre 1842.)

63. *Délai.* — La citation à trop bref délai n'est pas nulle, mais le jugement par défaut qui interviendrait sur cette citation est nul. (Instr. Crim. 184. Cass. 14 avril 1832.)

64. *Simple police. Délai.* — La citation en simple police ne pourra être donnée à un délai moindre de 24 heures, plus un jour par trois myriamètres, à peine de nullité de la citation et du jugement qui serait rendu par défaut. (Instr. Crim. 146.)

§ 3. *Jour.*

65. *Jour férié.* — Les citations, comme tous les actes de poursuite en matière correctionnelle, peuvent être faites un jour férié. (Cass. 28 décembre 1832, 26 avril 1839 et 25 novembre 1875.)

66. *Jour férié. Audience.* — Une citation donnée pour un jour férié ou pour un jour autre que celui où le tribunal doit s'occuper de l'affaire est nulle, et le prévenu ne pourrait valablement être condamné par défaut à une audience qui ne serait pas celle indiquée par la citation. (Montpellier, inédit, 8 août 1831.)

SECT. IV. — FRAIS.

§ 1. *Timbre et enregistrement.*

67. *Timbre.* — La citation étant, la plupart du temps, annexée au procès-verbal, le timbre se trouve compris avec celui du procès-verbal; mais il faut tenir compte du timbre de la copie du procès-verbal qui accompagne la citation.

68. *Copie. Timbre.* — La copie de la citation doit être sur papier visé pour timbre, à peine de nullité. (Loi du 13 brumaire et 22 frimaire an VII.)

69. *Enregistrement. Délai.* — Les citations doivent être enregistrées dans les quatre jours de la signification (Loi du 22 frimaire an VII, art. 20); dans tous les cas, avant l'audience.

70. *Enregistrement. Droit.* — Les citations en matière judiciaire correctionnelle sont enregistrées au droit fixe de 1 fr. 50 en principal (Loi du 28 février 1872), pour chaque délinquant non solidaire. Lorsque ces actes interviennent sur des procès-verbaux de garde forestier, ils sont enregistrés en débet. (Loi du 22 frimaire an VII, art. 68 et 70.) Lorsqu'il y a plusieurs délinquants sur le même procès-verbal, on doit examiner s'ils sont solidaires.

71. *Enregistrement. Droit.* — Les citations en matière civile et administrative sont enregistrées au droit fixe de 2 francs. (Loi du 15 mai 1850, art. 8. Loi du 22 frimaire an VII. Loi du 26 janvier 1892, art. 7.)

§ 2. *Frais divers.*

72. *Préposés.* — Il est attribué 0 fr. 30 par citation à chaque préposé, sur l'état de répartition des frais de justice, sans que le total de la somme allouée puisse s'élever par préposé à plus de 200 francs par an; ces frais se payent par année sur des états dressés en simple. (Décis. Min. 7 mars 1834. Loi de finances de 1838. Circ. A 405. Décis. Min. 27 février 1886. Circ. N 372. Circ. N 382.)

73. *Frais de voyage. Indemnité.* — Les préposés pourront recevoir des indemnités

spéciales, calculées d'après les tarifs réglementaires, toutes les fois que les déplacements qui leur seront occasionnés par des actes de citation entraîneront pour eux des dépenses hors de proportion avec l'indemnité fixe qui leur est allouée. (Décis. Min. 27 février 1886. Circ. N 382.)

74. *Coût.* — Le coût des citations doit être mis à la fin de l'original et de la copie, à peine de 5 francs d'*amende,* payables à l'instant de l'enregistrement. (Proc. Civ. 67.)

75. *Préposés. Taxe.* — Les gardes sont taxés, pour les citations, comme les huissiers des juges de paix, lorsqu'ils les remplacent. (Original, 0 fr. 50. Copie, 0 fr. 50.) (Cod. For. 173.)

76. *Procès-verbaux. Frais.* — Copie du procès-verbal. Timbre...... 0f,60
Minute. Timbre................ 0 60
(Compris dans la feuille du procès-verbal.)
Minute. Enregistrement et décimes.......................... 1 88
(Par prévenu non solidaire.)
Copie. Citation. Timbre........ 0 60
Original de la citation. Rédaction 0 50
(Suivant la population.)
Copie de la citation. Écriture... 0 50
(Suivant la population.)

Total........... 4 68

77. *Ecritures.* — Original de la citation à Paris. Rédaction........ 1 00
Copie de la citation à Paris..... 0 75

Total........... 1 75

Original de la citation pour les villes de 40000 âmes et au-dessus. Rédaction........................ 0 75
Copie de la citation pour les villes de 40000 âmes et au-dessus 0 60

Total........... 1 35

Original de la citation dans les autres villes. Rédaction.......... 0 50
Copie de la citation dans les autres villes.................... 0 50

Total.......... 1 00

CITATION A RÉARPENTAGE ET RÉCOLEMENT.

1. *Rédaction.* — Les citations à récolement sont rédigées par les agents chefs de service, avec une seule copie pour l'adjudicataire. (Circ. A 417.)

2. *Signification. Formalités. Domicile. Timbre et Enregistrement.* — Les citations à récolement sont signifiées et remises à l'adjudicataire par les gardes, soit au domicile réel, soit au domicile élu, soit au secrétariat de la sous-préfecture; elles doivent indiquer le jour de l'opération et, autant que possible, l'heure de chaque opération, sans que l'inobservation de cette dernière formalité entraîne la nullité de la citation. Elles doivent être visées pour timbre et enregistrées en débet, dans les quatre jours. (Loi du 22 frimaire an VII. Circ. A 346. Circ. A 591.) Droit : 3 francs en principal.

3. *Remise. Préposés.* — Les citations pour réarpentage et récolement ne doivent être données par les gardes des triages, qu'autant que la résidence de ces gardes le permet. (Circ. A 233 ter.)

4. *Frais. Recouvrement. Bois communaux.* — Les citations à récolement, prescrites par l'article 48 du code forestier, doivent être délivrées dans tous les cas. Les droits de timbre et d'enregistrement relatifs à ces actes sont compris dans l'état série 4, n° 25. (Circ. N 392.)

5. *Préposés. Remise.* — Les citations données aux adjudicataires pour les réarpentages et les récolements sont remises par les gardes, auxquels il n'est plus rien alloué pour cela. (Budget de 1838. Circ. A 408 bis.)

CITERNE.

1. *Etablissement.* — Les citernes à adjoindre, en cas de besoin, aux maisons forestières sont, autant que possible, établies sur le modèle adopté par l'administration, sauf à lui faire subir les modifications jugées nécessaires, à raison des circonstances locales. (Circ. N 22, art. 142.)

2. *Plan.* — Il est fourni aux entrepreneurs des copies de plans et dessins, lorsqu'il s'agit de travaux de construction de citerne. (Circ. N 22, art. 202.)

3. *Murs.* — L'épaisseur des maçonneries, notamment, doit être fixée d'après les dimensions de la construction à établir, la nature et la qualité des matériaux à employer et la nature du terrain environnant. (Circ. N 22, art. 143.)

4. *Capacité.* — Pour déterminer la capacité d'une citerne, il faut rechercher la quantité d'eau qui tombe annuellement, en tenant compte des pertes (évaporation, infiltration), la répartition des pluies suivant les saisons, la surface de projection des toitures et surtout l'existence à proximité de l'eau non potable et cependant propre aux usages domestiques. La dimension des murs dépend de la nature du terrain et de la qualité des matériaux employés; le modèle fourni par l'administration a une capacité de 66 hectolitres et peut servir de guide pour ces constructions. (Circ. A 652.)

CLAIRIÈRE.

Définition. — Faible contenance non boisée située au milieu d'un massif boisé.

CLAMEUR PUBLIQUE. V. Secours.

CLANDESTINITÉ.

Condition. — Une vente est supposée clandestine, si elle n'a pas été annoncée, au moins quinze jours d'avance, par des affiches apposées au chef-lieu du département, dans le lieu de la vente, dans la commune de la situation des bois et dans les communes environnantes. (Cod. For. 17.) V. Adjudication.

CLASSE.

1. *Attribution.* — La classe est attribuée à la personne et non au poste. (Décis. Min. 22 février 1843.)

2. *Conservateurs.* — Les classes des conservateurs sont attachées à la personne et non à la résidence. (Ord. 12 avril 1839. Circ. A 453.)

3. *Inspecteurs adjoints. Première classe. Nombre.* — Le nombre des inspecteurs adjoints de première classe ne devra pas être supérieur à 65. (Arr. Min. 14 octobre 1885. Circ. N 354.)

4. *Inspecteurs adjoints. Hors classe. Nombre.* — Le nombre des inspecteurs adjoints hors classe en activité de service ne pourra jamais dépasser 12. (Arr. Min. du 14 octobre 1885. Circ. N 354.)

5. *Inspecteurs adjoints. Hors classe. Conditions.* — Peuvent seuls être nommés inspecteurs adjoints hors classe les agents de première classe de ce grade, ayant dépassé l'âge de 52 ans et ne se trouvant plus dans les conditions voulues pour être portés au tableau d'avancement pour le grade supérieur. (Arr. Min. du 14 octobre 1885. Circ. N 354.)

6. *Brigadiers. Hors classe.* — Peuvent seuls être nommés brigadiers hors classe, les proposés de la première classe de ce grade, ayant dépassé l'âge de 50 ans et ne se trouvant plus dans les conditions voulues pour être portés au tableau d'avancement pour le grade supérieur. (Arr. Min. du 26 avril 1889. Circ. N 409.) V. Traitement.

CLASSEMENT DES AFFAIRES.

1. *Numéro.* — Chaque affaire doit être enregistrée sous un seul et même numéro, depuis son arrivée dans les bureaux jusqu'à sa conclusion. (Circ. A 114.)

2. *Dossier.* — Dans les bureaux des agents, il doit être ouvert, pour chaque affaire, un dossier ayant un numéro spécial et contenant la correspondance par ordre de date. Un répertoire indique la série des numéros et la nature des affaires. Chaque dossier est déposé dans un carton ou casier ayant une indication générale. Le même ordre est suivi dans le classement des archives. (Circ. A 584.)

CLAUSES.

SECT. I. — CLAUSES EN GÉNÉRAL, 1 — 5.

SECT. II. — CLAUSES SPÉCIALES, 6 — 30.

SECT. I. — CLAUSES EN GÉNÉRAL.

1. *Définition.* — Dispositions particulières d'un acte ou d'un contrat, qui en explique ou en modifie l'effet.

2. *Principe.* — Toute clause ou condition impossible, ou prohibée par la loi, rend nulle la convention qui en dépend. (Cod. Civ. 1172.)

3. *Double sens.* — Lorsqu'une clause est susceptible de deux sens, on doit plutôt l'entendre dans celui avec lequel elle peut avoir quelque effet, que dans le sens où elle n'en produit aucun. (Cod. Civ. 1157.)

4. *Ambiguïté.* — Ce qui est ambigu s'interprète par ce qui est d'usage dans le pays où le contrat est passé. (Cod. Civ. 1159.)

5. *Nombre.* — On doit éviter de surcharger les coupes de clauses particulières, dont la multiplicité effraie souvent les marchands de bois et nuit au succès des adjudications. Elles doivent être restreintes à celles que les besoins de la localité, l'état des coupes ou le mode d'exploitation rendent strictement nécessaires. (Circ. A 419.)

SECT. II. — CLAUSES SPÉCIALES.

6. *Définition.* — Les clauses spéciales renferment les conditions particulières imposées aux adjudicataires de coupes de bois

7. *Obligation.* — Les clauses et conditions, tant *générales que particulières*, sont toutes

de rigueur et ne pourront être réputées comminatoires. (Ord. 82, 134. Décr. du 19 mars 1891. Circ. N 431.)

8. *Projet. Epoque.* — Les conservateurs se font remettre chaque année, avant le 1er mai, par les inspecteurs, les projets de clauses spéciales ; ces projets sont divisés en trois sections : la première comprend les clauses proposées ; la deuxième, les observations à l'appui ; la troisième est destinée à recevoir les observations et décisions de l'administration. (Circ. N 80, art. 18.)

9. *Proposition. Délai. Epoque.* — Les clauses spéciales sont arrêtées par les conservateurs et soumises, en double minute, à l'approbation de l'administration, deux mois avant l'époque fixée pour l'adjudication des coupes. (Ord. 82, § 2. Circ. A 376 ter, 419, 447. Circ. N 80, art. 19. Décr. du 19 mars 1891. Circ. N 431.)

10. *Verbale.* — Il ne peut être imposé aux adjudicataires d'autres conditions que celles stipulées par le cahier des charges générales et spéciales. Toute clause verbale est expressément interdite. (Circ. A 377 bis. Circ. N 80, art. 25.)

11. *Cahier. Propositions.* — Les conservateurs réunissent en un seul cahier les clauses spéciales de leur arrondissement, lorsqu'ils peuvent le faire sans nuire aux exigences de chaque localité ; mais, dans ce cas, ils ont toujours le soin de joindre à leur travail d'ensemble les propositions des inspecteurs. (Circ. A 419. Circ. N 80, art. 20.)

12. *Ventes par unités de produits.* — Dans les ventes par unités de produits, il sera dressé un cahier de clauses spéciales pour chaque conservation. (Circ. N 142.)

Les clauses spéciales pour les coupes vendues par unités de produits seront libellées, s'il y a lieu, au moyen d'un acte distinct du procès-verbal d'adjudication et imprimées, en cas de besoin. (Circ. N 181.)

13. *Restriction. Division.* — Les clauses spéciales doivent être restreintes à celles que les besoins de la localité rendent strictement nécessaires.

Elles sont divisées en plusieurs chapitres, comprenant : le premier, celles qui se rapportent exclusivement aux bois domaniaux ; le deuxième, celles qui s'appliquent en même temps aux bois domaniaux et aux bois des communes et des établissements publics, et le troisième, celles qui concernent uniquement les bois de cette dernière catégorie. (Circ. A 419. Circ. N 80, art. 21.)

14. *Conditions. Peines.* — Il est interdit d'imposer, dans les conditions des ventes, aux adjudicataires en retard, des peines ou indemnités que les tribunaux, dans le silence de la loi, refuseraient d'appliquer. (Circ. A 183.)

15. *Conditions spéciales. Place à charbon. Bris de réserve.* — Les conservateurs insèrent les conditions particulières relatives à l'exploitation des coupes, au nivellement et au repiquement des fosses à charbon et aux bois de marine.

Ils déterminent le minimum du dommage causé à la reproduction par l'enlèvement des réserves brisées ou endommagées pendant l'exploitation et dont la valeur est à distraire de celle des arbres désignés en remplacement.

Ce minimum doit être fixé d'une manière distincte pour les coupes de taillis sous futaie, pour les coupes d'amélioration et pour celles de régénération dans les futaies pleines. (Circ. A 419. Circ. N 80, art. 22.)

16. *Bois à écorcer. Délais.* — Les délais d'abatage et de ramassage des ramiers, pour les bois à écorcer, peuvent, s'il y a lieu, être modifiés dans les clauses spéciales. (Circ. N 140.)

17. *Chauffage des préposés.* — Les clauses spéciales indiquent l'essence, la qualité et les dimensions des bois destinés au chauffage des préposés, ainsi que les époques des livraisons. (Circ. A 395. Circ. N 80, art. 23.)

18. *Chemins vicinaux. Adjudicataires. Subvention.* — Quand les subventions pour dégradations extraordinaires des chemins vicinaux font l'objet d'abonnements avec les communes, le cahier des clauses spéciales indique la quote-part qui doit être payée par chaque adjudicataire. (Circ. N 59, art. 113. Circ. N 80. art. 24.)

19. *Zone frontière. Chemins forestiers. Réparation.* — Toutes les fois qu'une coupe doit être assise dans les territoires de la zone frontière, réservés en ce qui concerne les chemins forestiers, les représentants des administrations des forêts et du génie se concertent sur les clauses à insérer relativement à la réparation des chemins. (Circ. N 388.)

20. *Mise en charge.* — Les mises en charge doivent être renfermées dans les limites les plus étroites et n'avoir pour objet exclusif que les travaux spécifiés au cahier des charges générales. (Circ. N 80, art. 26.)

21. *Impression.* — Les clauses spéciales sont imprimées dans les départements, à la diligence des conservateurs, sur l'autorisation spéciale de l'administration et d'après le format adopté par le cahier des charges générales, c'est-à-dire d'une feuille de papier timbré de 1 fr. 80. (Circ. N 80, art. 32.)

22. *Impression. Frais.* — Les frais d'impression seront acquittés par l'administration. (Règl. Min. du 4 juillet 1836, art. 2.)

23. *Timbre.* — Les clauses spéciales des coupes sont visées pour timbre en débet. (Décis. Min. 28 janvier 1832.)

Les clauses spéciales annexées ou faisant suite à un cahier des charges non timbré, comme document administratif, sont soumises à la formalité du timbre, parce qu'elles constituent une annexe spéciale du marché. (Circ. N 104.)

24. *Dépôt au secrétariat. Visa.* — Quinze jours avant l'époque fixée pour l'adjudication, l'agent forestier chef de service fera déposer au secrétariat de l'autorité administrative qui devra présider à la vente une expédition du cahier des clauses spéciales.

Le fonctionnaire qui devra présider à la vente apposera son visa au bas de cette pièce, pour en constater le dépôt. (Ord. 83, 134.)

25. *Aliénation. Projet.* — Les projets de clauses spéciales pour les aliénations seront envoyés en double. (Circ. A 724.)

26. *Aliénation.* — Les clauses spéciales à ajouter au cahier des charges générales, pour chaque lot de vente, indiqueront le mode de l'adjudication et l'époque de la vente. Elles seront déposées aux bureaux des préfectures et sous-préfectures et dans ceux des agents forestiers du département et des départements limitrophes, pour en être donné connaissance. (Arr. Min. 21 septembre 1852. Circ. A 700.)

27. *Conditions. Produits accessoires.*— Les clauses et conditions d'exploitation, de vidange et de paiement, pour les adjudications de produits accessoires, ne peuvent être insérées au procès-verbal d'adjudication qu'après avoir reçu préalablement l'approbation du conservateur. (Circ. N 80, art. 87.)

28. *Travaux.* — Les clauses spéciales détaillées dans le rapport justificatif du projet indiquent la saison la plus favorable pour la confection des travaux, ainsi que les délais d'exécution et de garantie. (Circ. N 22, art. 17.)

29. *Travaux.* — Les clauses spéciales relatives aux délais d'exécution ou de garantie et au payement d'acompte sont réglées par le conservateur. Elles sont inscrites à la suite du devis. (Circ. N 73, art. 17.)

30. *Infractions. Pénalités.* — L'infraction ou l'inobservation des clauses spéciales prescrivant des modes particuliers d'exploitation, quels qu'ils soient, relatifs à l'abatage des arbres et au nettoiement des coupes, est punie, savoir :

Amende : 50 à 500 fr. (C. F. 37. Cah. des ch. 24.)
Dommages-intérêts : minimum, amende simple (C. F. 37, 202), facultatifs. (Nancy, inédit, 21 déc. 1842.)

En cas d'inexécution, les travaux sont exécutés par voie de régie, aux frais de l'adjudicataire. (Cod. For. 41.)

CLAYONNAGE. CLAYON.

Travaux. — Les réparations de clayonnages dans les dunes sont considérées comme travaux d'entretien. (Circ. N 22, art. 25.) V. Place forte.

CLEF.

1. *Marteau.* — Le marteau de l'Etat doit être dans un étui fermé à deux clefs, et chaque chef de cantonnement a une clef dont il ne doit jamais se dessaisir. Le chef de service est responsable de la remise de la seconde clef aux chefs de cantonnements. Les deux clefs de l'étui d'un marteau ne doivent jamais être entre les mains du même agent. (Lettre de l'Admin. 15 juillet 1829.)

2. *Fausses.* — Sont qualifiées fausses clefs, celles qui n'ont pas été destinées par le propriétaire aux serrures auxquelles elles ont été employées. (Cod. Pén. 398.)

CLOCHETTE.

1. *Condition.* — Une clochette qui ne fait pas de bruit n'est pas considérée comme clochette.

2. *Pâturage. Pénalité.* — Les bestiaux des usagers et des habitants admis au pâturage, dans les bois soumis au régime forestier, doivent être munis d'une clochette. En cas d'infraction, pénalités, savoir :

Amende : 3 fr. par tête de bétail sans clochette. (Cod. For. 75, 112, 120.)

3. *Bétail. Application.* — La disposition de l'article 75 (clochette) s'applique aux bêtes à laine, comme au gros bétail. (Nîmes, 2 juillet 1840.)

4. *Porcs.* — L'obligation d'avoir une clochette n'est pas applicable aux porcs. (Baudrillard. Dupin.)

5. *Bois particulier.* — L'obligation de mettre une clochette aux bestiaux s'applique aux usagers dans les bois particuliers.

6. *Pâtre. Battant.* — Si le berger enlève les clochettes ou le battant, ou les rend muettes, il n'encourt aucune peine. L'amende est pour le propriétaire, envers lequel le pâtre est responsable, d'après l'article 1384 du code civil.

CLOTURE (FERMETURE).

V. Pâturage. Chemin. Mur. Plan. Pâture. Parc. Parcours. Enclave. Passage.

1. *Définition*. — On appelle clôture un mur, haie, fossé, palissade, plessée et toutes les manières d'isoler un terrain.

2. *Principe. Mitoyenneté*. — Toute clôture qui sépare les héritages est réputée mitoyenne, à moins qu'il n'y ait qu'un seul des héritages en état de clôture, ou s'il y a titre, prescription ou marque contraire. (Cod. Civ. 666. Loi du 20 août 1881.)

3. *Conditions. Barrière*. — On ne peut considérer comme clôture, dans le sens de l'article 456 du code pénal, une barrière temporaire établie par un garde ; cet obstacle ne peut être assimilé qu'à une simple défense verbale. (Cass. 17 novembre 1843.)

4. *Vaine pâture. Conditions*. — Est réputé clos pour la vaine pâture tout terrain entouré soit par une haie vive, soit par un mur, une palissade, un treillage, une haie sèche, d'une hauteur d'un mètre au moins, soit par un fossé de 1m,25 d'ouverture et de 0m,50 de profondeur, soit par des traverses en bois ou des fils métalliques distants entre eux de 0m,33 au plus et s'élevant à un mètre de hauteur, soit par toute autre clôture continue et équivalente, faisant obstacle à l'introduction des animaux. (Loi du 9 juillet 1889, art. 6.)

5. *Conditions. Mur. Haie*. — L'héritage sera réputé clos, lorsqu'il sera entouré d'un mur de 4 pieds de hauteur (1m,30), avec barrière ou porte, ou lorsqu'il sera exactement fermé et entouré de palissades, de treillages, d'une haie vive, d'une haie sèche faite avec des pieux ou cordelée avec des branches, ou de toute autre manière de faire les haies en usage dans chaque localité, ou enfin d'un fossé de 4 pieds (1m,30) de large au moins, à l'ouverture, et de 2 pieds (0m,66) de profondeur. (Loi du 28 septembre-6 octobre 1791, art. 6.)

6. *Action*. — Les actions en usurpation de clôture, commises dans l'année, doivent être portées devant le juge de paix de la situation du litige. (Proc. Civ. 3.)

7. *Droit*. — Tout propriétaire peut clore son héritage, sauf les droits de passage pour enclave. (Cod. Civ. 647.)

8. *Droit*. — Le droit de clore et de déclore ses héritages résulte essentiellement de celui de propriété et ne peut être contesté à aucun propriétaire. Toutes lois contraires sont abolies. (Loi du 28 septembre-6 octobre 1791, art. 4.)

9. *Servitude de passage*. — Celui qui est soumis à une servitude de passage conserve cependant le droit de clore sa propriété. Il peut notamment, en établissant une barrière, remettre la clef au propriétaire de la servitude, de façon à lui maintenir l'usage de son droit. (Amiens, 27 janvier 1892.)

10. *Entretien*. — La clôture mitoyenne doit être entretenue à frais communs ; mais le voisin peut se soustraire à cette obligation en renonçant à la mitoyenneté. Cette faculté cesse s'il s'agit d'un fossé servant habituellement à l'écoulement des eaux. (Cod. Civ. 667. Loi du 20 août 1881.)

11. *Pâture. Parcours*. — Le droit de parcours et le droit simple de vaine pâture ne pourront, en aucun cas, empêcher les propriétaires de clore leurs héritages. (Loi du 28 septembre-6 octobre 1791, art. 5.)

12. *Vaine pâture*. — Le propriétaire qui veut se clore perd son droit au parcours et vaine pâture, en proportion du terrain qu'il y soustrait. (Cod. Civ. 648.)

13. *Pâturage. Chemin*. — Les frais de clôture, pour empêcher la divagation des bestiaux, en suivant les chemins désignés pour le pâturage et le panage, sont à la charge du propriétaire et de l'usager. (Cod. For. 71.)

Le droit de demander l'établissement d'une clôture est réciproque.

En cas de conflit sur l'utilité de la clôture, l'autorité judiciaire serait compétente pour juger le débat, mais l'autorité administrative doit fixer l'emplacement de la clôture. Si la clôture est faite dans un bois communal pour le pâturage des troupeaux des habitants, la dépense est en entier à la charge de la commune.

14. *Chasse. Haie. Brèches*. — Une haie vive de plus d'un mètre de hauteur, n'offrant aucune brèche et formant obstacle à toute communication avec les héritages voisins, forme une clôture pour le terrain clos. (Rouen, 19 février 1867.) Si la haie présente des brèches, elle ne peut pas constituer la clôture dans le sens de l'article 2 de la loi du 3 mai 1844. (Rouen, 25 février 1875. Caen, 5 janvier 1876.)

15. *Rivière. Chasse*. — Une rivière ne forme pas clôture dans le sens de l'article 2 de la loi sur la chasse du 3 mai 1844. (Rennes, 17 août 1863.)

16. *Chasse. Pieux. Fils de fer. Espacement*. — On ne saurait considérer comme une clôture continue, faisant obstacle à toute communication avec les héritages voisins et, par suite, autorisant la chasse sans permis, des pieux en bois espacés entre eux de plus de 3 mètres et traversés par trois fils de fer superposés, à 0m,33 l'un de l'autre, à partir du sol (Rouen, 22 mars 1880), et

surtout si le chien a pu traverser cette clôture. (Rouen, 24 novembre 1859.)

17. *Chasse. Piquets et fils de fer.* — Un terrain n'est pas suffisamment clos et, par conséquent, on ne peut y chasser sans permis quand il est entouré par des piquets élevés de 1m,20, distants l'un de l'autre de 0m,30 à 0m,40 et qui sont reliés entre eux par quatre fils de fer parallèles espacés d'environ 0m,30. (Aix, 26 février 1876.)

18. *Chasse. Pieux. Fils de fer.* — La clôture continue, dans le sens de l'article 2 de la loi du 3 mai 1844, est celle qui, si elle est formée de pieux et de fils de fer, est telle que les personnes ne puissent passer. (Rouen, 22 mars 1880.)

19. *Chasse. Maison attenant à une habitation.* — L'article 2 de la loi du 3 mai 1844, en disposant que le propriétaire ou possesseur peut chasser ou faire chasser en tout temps, sans permis de chasse, dans ses possessions attenant à une habitation et entourées d'une clôture faisant obstacle à toute communication avec les héritages voisins, n'a pas déterminé la nature de cette clôture, qui peut varier suivant le temps, les localités et les inventions nouvelles ; il laisse sur ce point aux tribunaux la plus grande latitude d'appréciation et se borne à exiger que la clôture soit continue et empêche toute communication avec le dehors. (Tribunal de Beauvais, 11 décembre 1889.)

19 bis. *Travaux. Bois communaux.* — Les travaux extraordinaires de clôture ne pourront être effectués, dans les bois communaux ou d'établissements publics, qu'après que les conseils municipaux ou les administrateurs des établissements propriétaires auront été consultés sur les propositions de travaux et que les préfets auront donné leur avis.

Si les communes ou établissements propriétaires n'élèvent aucune objection sur les travaux projetés, ces travaux pourront être autorisés par le préfet, sur la proposition du conservateur. Dans le cas contraire, il sera statué par le chef de l'État, sur le rapport du ministre des finances. (Ord. 135, 136.) V. Travaux. Amélioration.

20. *Travaux. Envoi. Bois domaniaux.* — Les projets de travaux neufs concernant les clôtures doivent être adressés à l'administration, au fur et à mesure de leur préparation, pendant les six premiers mois de chaque année, pour l'année suivante. (Lettre de l'Administration, 29 septembre 1873.)

21. *Bris de clôture. Passage.* — Tout voyageur qui déclôt un champ, pour se faire un passage dans sa route, paiera le dommage fait au propriétaire et, de plus, une amende de la valeur de trois journées de travail, à moins que le juge de paix ne décide que le chemin public était impraticable ; alors, les dommages et les frais de clôture seront à la charge de la communauté. (Loi, 28 septembre-6 octobre 1791, art. 41.)

22. *Dégradation.* — Il est défendu de dégrader les clôtures sous peine d'une amende de la valeur de trois journées de travail, avec emprisonnement facultatif pour une durée ne pouvant dépasser un mois. (Loi rurale, 28 septembre-6 octobre 1791, titre II, art. 17.)

23. *Destruction.* — La destruction de clôtures, de quelques matériaux qu'elles soient faites, est punie, savoir :

Prison : un mois à un an. (Cod. Pén. 456.)

Amende égale au 1/4 des dommages-intérêts et des restitutions ; minimum : 50 fr. (Cod. Pén. 456.)

Si l'auteur du délit est un garde ou un officier de police, le maximum de la prison sera de 1/3 en sus. (Cod. Pén. 462.)

24. *Chemins de fer. Barrières.* — Si les compagnies de chemins de fer sont tenues de se clore pour défendre la voie contre les passants, elles ne sont pas tenues d'établir des barrières suffisantes pour arrêter les bestiaux. C'est aux riverains qu'il incombe soit de fermer leurs pâturages, soit de faire surveiller les animaux. (Paris, 20 novembre 1892.)

CLOTURE. (TERMINAISON.)

1. *Définition.* — Ce mot exprime la fin de la rédaction d'un acte ou l'achèvement d'une opération ou d'un travail quelconque.

2. *Procès-verbal. Acte.* — La date de la clôture d'un procès-verbal est indépendante de celle où le procès-verbal a été dressé et où le délit a été constaté. La clôture ne date que du moment indiqué comme étant celui où le procès-verbal est terminé.

3. *Procès-verbal.* — Les procès-verbaux doivent mentionner l'époque du délit ou, du moins, celle de sa constatation ; il faut que la date de la clôture y soit clairement exprimée, puisqu'elle sert de point de départ aux délais d'affirmation et d'enregistrement. Les erreurs ou nullités de date ne peuvent être rectifiées que par les énonciations prises *dans l'acte lui-même.* (Cass. 28 août 1812.)

4. *Acte. Délimitation.* — Le procès-verbal de délimitation, après la clôture de tout le travail, reçoit une clôture générale.

COALITION.

V. Grève.

1. *Définition.* — Manœuvres frauduleuses tendant à nuire aux enchères. (Martignac.)

2. *Conditions. Association.* — Il y a trouble à la liberté des enchères et, par suite, délit, lorsque l'association formée entre diverses personnes, pour acquérir un objet qu'elles ont l'intention de se partager ensuite, a pour but et pour résultat d'empêcher les intéressés d'enchérir isolément, en se faisant une libre concurrence, d'obtenir à vil prix l'objet mis aux enchères et de partager ensuite le bénéfice réalisé. (Chambéry, 5 mai 1881.)

3. *Délit.* — Toute association secrète ou manœuvre entre les marchands de bois ou autres, tendant à nuire aux enchères, à les troubler ou à obtenir les bois à plus bas prix, donnera lieu à l'application des peines portées par l'article 412 du code pénal, indépendamment de tous dommages-intérêts, et, si l'adjudication a été faite au profit de l'association secrète ou des auteurs desdites manœuvres, elle sera déclarée nulle. (Cod. For. 22.)

4. *Pénalités.* — Toute coalition pour nuire aux enchères, troubler les adjudications et obtenir les bois à plus bas prix, donne lieu aux peines suivantes :

Amende : 100 fr. à 5000 fr. (C. F. 22. C. Pén. 412.)
Prison : 15 jours à 3 mois. (C. F. 22. C. Pén. 412.)
Dommages-intérêts ; minimum : amende simple. (Cod. For. 22, 202.)

Si l'adjudication a été faite au profit des auteurs de la coalition :

La vente sera déclarée nulle. (Cod. For. 22.)
Les acquéreurs paieront les dommages-intérêts. (Cod. For. 202, 205.)
Restitution des bois exploités au paiement de leur valeur sur le pied du prix de vente. (Cod. For. 205.)

5. *Poursuite. Dommages-intérêts.* — Le ministère public est seul compétent pour la poursuite du délit de coalition, mais l'administration peut réclamer des dommages-intérêts fondés sur la nullité de la vente. Ce délit est poursuivi par le ministère public, parce qu'il est commis hors de l'enceinte des bois et forêts.

6. *Association.* — En prohibant la coalition, la loi n'a pas prohibé les associations en participation formées dans le but d'acheter et d'exploiter en commun les coupes de bois. (Meaume.)

7. *Tentative.* — La tentative de coalition, même sans exécution, est punie des peines édictées par l'article 412 du code pénal. (Cass. 19 novembre 1841.)

8. *Tentative. Contrat.* — L'existence seule d'un contrat, constatant une association secrète qui aurait pour but l'emploi, même éloigné, de manœuvres frauduleuses, fait encourir les peines prononcées par l'article 412 du code pénal. (Cass. 12 mars 1841.)

9. *Complice. Enchérisseur.* — Celui qui, par dons ou promesses, écarte un enchérisseur d'une adjudication est passible des peines édictées par l'article 412 du code pénal. Celui qui a vendu sa retraite de l'adjudication est, comme complice de ce délit, passible de la même peine. (Cass. 8 janvier et 14 août 1860.)

10. *Entraves. Enchérisseur.* — Les individus qui, venus à une adjudication dans le but de surenchérir individuellement pour la totalité des objets mis en vente, se concertent soudainement pour les acquérir à vil prix, sous la promesse de les partager entre eux d'une manière égale, et s'en rendent adjudicataires par l'effet d'un seul avoué, se rendent coupables du délit d'entrave à la liberté des enchères. (Cass. 15 mai 1857.)

11. *Concert frauduleux.* — La convention, par laquelle plusieurs individus s'associent pour qu'un seul d'entre eux enchérisse jusqu'à une somme déterminée, avec condition qu'en cas d'adjudication à leur profit la chose adjugée serait ultérieurement attribuée à l'un d'eux, qui, dans ce cas, payerait une certaine somme aux autres, constitue un concert frauduleux. (Cass. 19 nov. 1841.)

12. *Opposition aux lois.* — Tout concert de mesures contraires aux lois, pratiqué soit par la réunion d'individus ou de corps dépositaire de quelque partie de l'autorité publique, soit par députation ou correspondance entre eux, sera puni, savoir :

Prison : 2 mois à 6 mois à chaque coupable.
Interdiction *facultative* des droits civiques et de tout emploi public pendant 10 ans. (Cod. Pén. 123.)

13. *Fonctionnaires. Opposition aux lois.* — Pour coalition contre l'exécution des lois ou les ordres du Gouvernement par les fonctionnaires :

Peine : bannissement. (Cod. Pén. 124.)

CO-ASSOCIÉ. V. Caution.

CO-AUTEUR.

1. *Définition.* — Ceux qui ont coopéré, participé ensemble et d'une manière active à la perpétration d'un même délit en sont les co-auteurs.

2. *Aggravation de peine.* — Les co-auteurs d'un délit sont passibles de l'aggravation de peine attachée à la qualité personnelle de l'un des délinquants. (Chambéry, 29 avril 1867.) V. Auxiliaire.

COCHENILLE. V. Kermes.

COCHON. V. Porc.

CODE FORESTIER.

1. *Promulgation.* — Le code forestier a été promulgué le 31 juillet 1827, et les droits

acquis antérieurement doivent être jugés, en cas de contestation, d'après les lois et règlements antérieurs. (Cod. For. 218.)

2. *Savoie. Comté de Nice.* — Le code forestier, les lois, ordonnances, décrets concernant le régime forestier ont été rendus applicables à la Savoie et au Comté de Nice, par décret en date du 13 juin 1860, ayant force de loi, d'après le sénatus-consulte du 12 juin 1860.

3. *Application.* — Il est dans le système de la loi forestière d'assurer, par des pénalités de la compétence correctionnelle ou de police, le maintien des règles de la police forestière et la réparation des atteintes portées au droit des propriétaires de forêts; c'est dans cet esprit que le code forestier doit être entendu et appliqué, lorsqu'il n'y a pas de disposition contraire. (Cass. 23 juillet 1858.)

4. *Poursuites. Tunisie.* — Le code forestier est un instrument d'ordre public applicable *de plano*, sauf le cas de dérogation expresse et spéciale, dans un pays de protectorat, comme dans une colonie, par identité de motif; spécialement, il est applicable en Tunisie à l'égard de tout Français ou protégé Français, ainsi que des autres européens ou indigènes, dans les conditions où les traités les soumettent à la juridiction française. Mais ce principe doit être combiné avec les règles spéciales résultant des décrets beylicaux revêtus du visa du résident général. En conséquence, l'administration des travaux publics a seule qualité en Tunisie, à l'exclusion de l'administration des forêts, pour exercer des poursuites relatives aux délits et contraventions en matière forestière. (Trib. de Tunis, 2 juillet 1890.)

COGNÉE.

1. *Port hors chemin.* — Le port de cognées hors des routes et chemins ordinaires est puni, savoir :

Amende : Le jour, 10 fr. (C. F. 146.)
— Le jour en récidive ou la nuit, ou la nuit en récidive, 20 fr. (C. F. 146, 201.)
Confiscation de l'instrument. (C. F. 146.)

2. *Confiscation.* — Les cognées trouvées entre les mains des délinquants ou de leurs complices seront confisquées. (Cod. For. 198.)

3. *Coupe affouagère.* — Les habitants d'une commune qui, sans être ouvriers de l'adjudicataire ou de l'entrepreneur, s'introduisent dans une coupe affouagère avec des cognées, peuvent être poursuivis comme délinquants ordinaires. (Cass. 21 février 1839.)

COFERMIER.

1. *Admission. Chasse.* — Le fermier pourra s'adjoindre, dans la jouissance de son bail, des cofermiers, dont le nombre sera déterminé par les affiches et dans le procès-verbal d'adjudication. Les cofermiers devront être agréés par le conservateur; ils ne seront agréés qu'après avoir souscrit (sur papier timbré) l'engagement de se conformer, comme le fermier lui-même, aux clauses et conditions du cahier des charges relatives à l'exploitation et à la police de la chasse. (Cah. des ch. 12.)

2. *Nombre. Affiche.* — Le nombre des cofermiers doit être annoncé dans l'affiche. (Circ. A 838.)

3. *Nombre.* — On admet généralement un cofermier par 300 hectares. (Circ. A 838.)

4. *Permis de chasser.* — Le cofermier ne peut se livrer à la chasse qu'après avoir obtenu, indépendamment du permis de chasse de l'autorité compétente, un permis spécial du conservateur ou de l'agent forestier délégué par lui. (Cah. des ch. 16.)

5. *Amis.* — Le cofermier pourra se faire accompagner par trois personnes (amis), ou les autoriser à chasser isolément, en leur donnant par écrit des permissions spéciales et nominatives, dont il fixera la durée, sauf approbation de l'inspecteur des forêts. (Cah. des ch. art. 17.) V. Chasse.

6. *Substitution.* — Le conservateur pourra autoriser les substitutions des cofermiers, qui ne seront agréés qu'après avoir fourni (sur timbre) l'engagement exigé des cofermiers par l'article 12 du cahier des charges. (Cah. des ch. 14.)

7. *Retrait.* — Le fermier peut retirer les droits concédés au cofermier; mais, dans ce cas, il doit notifier par écrit ce retrait à l'administration, en rendant le permis spécial. (Circ. A 838.)

COLLETS.

1. *Engins prohibés.* — Les collets sont des engins prohibés, dont la détention et le port constituent un délit. (Orléans, 11 mai 1869.)

2. *Terrain clos.* — Le propriétaire d'un terrain clos attenant à une habitation ne peut, sans commettre un délit de chasse, tendre des collets dans ce terrain, lors même qu'il n'a eu d'autre but que de détruire des lapins qui y causaient des dommages. (Trib. de Compiègne, 18 mai 1886.)

3. *Visite. Collets tendus.* — La simple visite de collets tendus dans un bois pour prendre des lièvres peut, dans certaines circonstances et lors même qu'il serait reconnu que les prévenus ne se sont pas baissés pour les retendre, servir de base à une condamnation.

Et le locataire de la chasse, qui s'est porté partie civile, peut obtenir des dommages-intérêts. (Trib. de Gray, 20 janvier 1891.)

COLLUSION.

Nullité. — Lorsque les ventes seront déclarées nulles pour collusion, les acquéreurs, indépendamment des amendes et dommages-intérêts, seront condamnés à restituer les bois exploités ou à en payer la valeur sur le pied du prix de la vente. (Cod. For. 205.)

COLONIES.

1. *Ile de la Réunion. Régime forestier.* — Un règlement délibéré par le conseil général de l'île de la Réunion déterminera le régime des eaux et forêts, auquel sera soumise la colonie. Les peines applicables aux délits et contraventions ne pourront dépasser le maximum des peines fixé par le code forestier de la métropole. Ce règlement pourra être rendu provisoirement exécutoire par un arrêté du gouverneur pris en conseil privé. Il deviendra de plein droit exécutoire si, dans un délai de six mois à dater du vote, un arrêté du Président de la République, pris en conseil des ministres, n'en a pas prohibé ou suspendu l'exécution ; il aura définitivement force de loi si, dans un délai de sept ans, il n'a pas été modifié ou annulé par une loi. (Loi du 14 février 1872.)

2. *Ile de la Martinique. Régime forestier.* — La loi du 14 février 1872, relative au régime forestier de l'île de la Réunion, est déclarée applicable à la Martinique. (Décr. des 25 février et 2 mai 1873.)

COLPORTAGE DES BOIS. V. Exploitation des bois en Algérie.

COLPORTAGE DE GIBIER.

1. *Période. Délit. Petits oiseaux.* — Le colportage du gibier ne constitue un fait punissable que s'il a eu lieu dans le temps où la chasse est prohibée.

L'arrêté préfectoral qui se borne à interdire la destruction des petits oiseaux n'est point applicable au fait de colportage. (Rennes, 9 mars 1887.)

2. *Prohibition. Période. Neige.* — La prohibition de colporter et de vendre le gibier est restreinte au temps qui s'écoule entre la clôture et l'ouverture de la chasse; le colportage du gibier peut avoir lieu en temps de neige. (Cass. 15 janvier 1876.)

3. *Période. Cessation. Tolérance.* — Le droit de colporter et de vendre le gibier cesse le jour même de la clôture de la chasse. (Aix, 29 mai 1867.)

Après la clôture de la chasse, on peut accorder une tolérance d'un jour ou deux, pour faciliter l'écoulement du gibier tué en temps permis. (Circ. Min. 22 juillet 1851.)

4. *Oiseaux de passage. Gibier d'eau.* — Le colportage des oiseaux de passage et gibier d'eau est permis pendant tout le temps où il est permis de les tirer. (Circ. Min. 22 juillet 1851.)

5. *Messageries. Facteur.* — Un facteur de messagerie qui transporte du gibier à son insu, dans un colis qu'il n'avait pas le droit de vérifier, n'est pas passible d'une amende pour colportage du gibier en temps prohibé. (Cass. 9 décembre 1859.)

COMBLEMENT. V. Fossé.

COMICE AGRICOLE.

1. *Objet.* — Les comices agricoles sont chargés des intérêts agricoles pratiques, du jugement des concours et de la distribution des primes et récompenses dans leurs circonscriptions. (Loi du 20 mars 1851, art. 5.)

2. *Agent. Membre.* — Les agents forestiers, comme d'autres personnes non propriétaires (fermiers ou colons), peuvent être admis comme membres des comices à la majorité des deux tiers des votants. (Loi du 20 mars 1851, art. 2.) V. Chambre d'agriculture.

COMITÉ. V. Conseil d'État.

COMMAND.

1. *Définition.* — Le command est celui qui a donné à autrui l'ordre d'acheter pour son compte, et que l'acheteur provisoire s'est réservé de nommer, après l'adjudication.

2. *Définition.* — La déclaration de command a pour but de substituer une personne inconnue à celle au profit de laquelle l'adjudication a été prononcée. Le président est seul compétent pour prononcer sur son admissibilité.

3. *Admission.* — La déclaration de command n'est admise que si elle est faite immédiatement après l'adjudication et séance tenante. (Cod. For. 23.)

4. *Droits. Formalités.* — La déclaration et l'acceptation de command, étant insérées dans le procès-verbal d'adjudication, ne donnent lieu à aucun droit, et il n'est besoin d'aucune signification particulière au président de la vente. (Décis. Min. 21 mai 1828. Cah. des ch. 6. Circ. N 80, art. 50.)

5. *Qualité.* — Si le command a les qualités requises pour être admis et si l'adjudicataire présente son mandat immédiatement, l'acceptation du command n'est pas nécessaire. (Cah. des ch. 6. Circ. N 80, art. 50.)

6. *Condition. Signature.* — Si le command n'a pas donné de mandat, il est tenu d'ac-

cepter par le procès-verbal même d'adjudication, en le signant séance tenante. (Cah. des ch. 6. Circ. N 80, art. 50.)

7. *Associé.* — La déclaration de command peut être faite au profit de plusieurs personnes ou d'une société ; le cahier des charges n'a pas limité le nombre des associés.

8. *Revente. Droit.* — Si la déclaration de command comprenait une revente de tout ou partie de l'objet adjugé, elle serait passible d'un droit proportionnel de mutation. (Cass. 18 février 1839.)

9. *Déclaration. Conditions. Revente.* — La déclaration de command qui n'est pas faite dans le délai et les conditions déterminés constitue une revente sujette à un droit de 2 p. 0/0. (Loi du 22 frimaire an VII, art. 69.)
Lorsque la déclaration est faite par acte public et notifiée dans les vingt-quatre heures de l'adjudication, elle est sujette au droit fixe de 4 fr. 50 en principal. (Loi du 28 avril 1816, art. 44. Loi du 28 février 1872, art. 4.)

10. *Aliénation. Réserve.* — La faculté de déclarer command devra être réservée par l'acte de vente et ne pourra être exercée que par l'adjudicataire direct, au profit d'un seul individu et pour la totalité du lot ou des lots qui seraient réunis en un seul article de vente. Nul ne pourra être élu command, s'il ne réunit les qualités nécessaires pour être adjudicataire direct. La déclaration de l'adjudicataire et l'acceptation du command auront lieu simultanément, par acte passé dans les trois jours de l'adjudication au secrétariat de la préfecture ou sous-préfecture de l'adjudication ; il ne sera pas dû de droit proportionnel, pour la déclaration de command, si elle a été passée conformément aux dispositions qui précèdent et avec le concours d'un préposé de l'enregistrement, ou si elle a été enregistrée ou notifiée au receveur dans les trois jours de l'adjudication ; mais, hors ce cas, il est dû un droit fixe de 4 fr. 50. (Décis. Min. 21 janvier 1857. Instruction des Domaines, 24 février 1857, n° 2092. Ancien Cah. des ch. 15. Loi du 28 février 1872.)

COMMANDEMENT.

1. *Définition.* — Sommation faite par huissier de payer une somme ou de faire quelque chose à laquelle on est obligé par un titre exécutoire.

2. *Enregistrement.* — Le commandement (si la somme à payer est inférieure à 100 fr.) doit être enregistré gratis, comme acte de poursuite. (Loi du 16 juin 1824, art. 6.)

3. *Signification.* — Le commandement prescrit par l'article 211 et qui doit contenir l'extrait du jugement de condamnation ne peut être signifié que si le jugement est passé en force de chose jugée.

4. *Signification.* — Le commandement doit être fait en même temps que la signification de l'extrait du jugement contradictoire ; il en résulte une économie de frais et de temps. (Décis. Min. 4 octobre 1828.)

5. *Frais.* — Timbre de l'original du commandement 0f,60
Timbre de la copie du commandement 0 60
Original du commandement. Ecriture................................ 2 »
Copie (1/4 du coût de l'original)... 0 50
Enregistrement (gratis au-dessous de 100 fr. et 1 fr. au-dessus), mémoire.. 0 00
Copie de l'extrait de jugement (0.20 par rôle de 20 lignes à la page et 10 mots à la ligne), soit............ 0 20
Répertoire...................... 0 10
Frais de voyage (4 fr. pour le premier myriamètre et 2 fr. pour chaque demi-myriamètre en sus), mémoire... 0 00
Si le jugement était contradictoire, l'extrait devra être sur papier visé pour timbre à 1.80, mémoire........ 0 00

COMMENCEMENT D'EXÉCUTION.

Pénalité.— Le commencement d'exécution, d'enlèvement ou d'extraction est puni comme si le délit avait été consommé. (Cass. 28 juin 1811, 21 octobre 1824.) V. Extraction ou Enlèvement. Tentative.

COMMENCEMENT DE PREUVE PAR ECRIT.

1. *Définition.* — On appelle ainsi tout acte écrit qui est émané de celui contre lequel une demande est formée, ou de celui qu'il représente, et qui rend vraisemblable le fait allégué. (Cod. Civ. 1347.)

2. *Copies.* — Les copies faites par notaire et ayant moins de trente ans ne peuvent, en cas de perte de l'original, servir que de commencement de preuve par écrit ; lorsque les copies ne sont pas faites par notaire, elles ne servent que de commencement de preuve par écrit, quelle que soit leur ancienneté. (Cod. Civ. 1335.)

3. *Transcription.* — La transcription d'un acte sur les registres publics ne pourra servir que de commencement de preuve par écrit. (Cod. Civ. 1336.) V. Acte authentique.

COMMERÇANT.

Qualité. — Est commerçant celui qui exerce les actes de commerce et en fait sa profession habituelle. (Cod. Com. 1.)

COMMERCE.

Interdiction. — Il est interdit aux préposés de faire commerce de bois, lait, beurre, légumes et boissons. (Circ. A 341. Circ. A 454. Circ. A 463.)

COMMERCE DE BOIS.

1. *Définition.* — Le commerce de bois consiste à acheter du bois pour le revendre. (Cod. Com. 632.)

2. *Patente.* — Le particulier qui achète habituellement du bois de construction, en France, pour le livrer à l'étranger, doit être assujetti à la patente, alors même que ce bois ne serait livré qu'à l'étranger. (Cons. d'Etat, 19 juillet 1867.)

3. *Propriétaire.* — Le propriétaire de bois vendant le produit de son propre fonds ne fait pas acte de commerce ; c'est l'action primitive d'acheter pour revendre qui constitue l'acte de commerce. Celui qui achète pour son usage ne fait pas acte de commerce. (Cod. Com. 632, 638.)

4. *Agents et préposés.* — Il est interdit aux gardes ou agents de faire le commerce de bois, sous peine de révocation.

Il en est de même pour les industries où le bois est employé comme matière principale. (Ord. 31.)

COMMETTANT.

Définition. — Celui qui donne le pouvoir ou l'ordre de faire quelque chose. V. Responsabilité.

COMMIS.

1. *Direction des forêts. Recrutement.* — Les commis d'ordre ou expéditionnaires sont recrutés exclusivement parmi les brigadiers sédentaires du service extérieur. (Décr. 12 octobre 1890, art. 12. Circ. N 433.)

2. *Avancement.* — Les commis de la direction des forêts peuvent obtenir des emplois de rédacteurs, mais ils n'auront aucune assimilation avec les agents du service extérieur. Leur nombre ne devra pas excéder trois, et ils ne pourront, en aucun cas, demander à rentrer dans le service extérieur. (Décr. du 12 octobre 1890, art. 12. Circ. N 433.)

3. *Employés.* — Aucune personne ne doit être employée, à titre gratuit, dans les bureaux des agents, sans l'autorisation de l'administration. (Circ. A 382.) V. Sédentaire.

4. *Auxiliaires.* — L'administration mettra à la disposition des agents la somme reconnue par elle nécessaire pour payer des auxiliaires temporaires, quand le besoin s'en fera sentir. (Circ. N 106.)

5. *Préposés.* — Il est sévèrement défendu aux agents de détourner des préposés de leur surveillance, pour les occuper à des écritures de bureau. (Circ. A 404.)

COMMISSAIRE DE POLICE.

1. *Fonctions.* — Les commissaires de police sont officiers de police judiciaire et organes du ministère public ; ils sont, en outre, officiers de police administrative et, à ce titre, chargés de toutes les fonctions de police générale et municipale. (Cabantous.)

2. *Circonscription.* — La circonscription des commissaires de police s'étend à tout le canton.

3. *Contravention. Constatation.* — Les commissaires de police peuvent constater les *contraventions* commises dans les propriétés rurales et forestières, dans toute la circonscription où ils exercent leurs fonctions. (Instr. Crim. 11, 12.)

4. *Visite domiciliaire.* — Les commissaires de police doivent accompagner les gardes, lorsqu'ils sont requis pour assister à une visite domiciliaire, et signer le procès-verbal de perquisition et de séquestre. (Cod. For. 162.)

5. *Réquisition.* — Les commissaires de police pourront, au besoin, requérir les gardes forestiers de leur *canton* ; les gardes devront les informer de tout ce qui intéresse la tranquillité publique. (Décr. 28 mars 1852, art. 3.)

6. *Préposé. Ordres. Service. Transmission.* — Dans les circonstances ordinaires et lorsque la tranquillité publique n'est pas menacée, les commissaires de police devront, pour adresser aux préposés forestiers les communications qu'ils auraient à leur faire parvenir, employer l'intermédiaire des gardes généraux. Ils ne pourront charger ces préposés d'un service de police étranger à leurs fonctions.

Dans les cas de trouble, ils pourront les requérir directement comme auxiliaires de la force publique. Les gardes forestiers adresseront directement et sans retard aux commissaires de police cantonaux les renseignements intéressant la tranquillité publique qu'ils sont tenus de leur faire parvenir, aux termes de l'article 32 de l'arrêté ministériel du 30 avril 1853. (Circ. A 727.)

COMMISSAIRE RÉFORMATEUR.

Définition. — Fonctionnaire chargé de vérifier les titres des usagers et de dresser des états ou dénombrements des maisons usagères du XVIe au XVIIe siècle.

COMMISSION.

1. *Définition.* — Acte de l'autorité administrative, qui institue un agent ou un garde et qui désigne la circonscription territoriale sur laquelle ses fonctions doivent s'exercer.

2. *Tribunal. Greffe. Enregistrement.* — Les agents forestiers doivent faire enregistrer leur commission au greffe des tribunaux, sous peine de nullité des actes et d'encourir les conséquences de cette nullité, par rapport à la responsabilité des dommages-intérêts. (Cod. For. 5. Cod. Pén. 174. Cod. Civ. 1383.)

3. *Greffe. Timbre.* — Il n'est dû aucun droit de timbre pour la transcription de la commission sur le registre spécial tenu au greffe; ce registre est exempt de timbre. (Loi du 13 brumaire an VII. Instr. des Domaines, 30 juin 1864.)

4. *Tribunal. Agent. Date.* — Les conservateurs doivent faire connaître, par lettre spéciale et dans un très bref délai, la date précise de l'enregistrement (au greffe) de la commission de chaque agent ou garde. (Circ. A 187 ter.)

5. *Timbre.* — Les commissions des agents et préposés sont sujettes au timbre de dimension, même lorsqu'il n'y a pas lieu à prestation de serment. (Circ. N 51.)

Lorsqu'elles ne sont pas sur papier timbré, elles doivent être soumises soit au timbre extraordinaire, soit au visa pour timbre. (Loi du 13 brumaire an VII, art. 12. Arr. Min. 17 février 1831. Circ. A 263.)

6. *Enregistrement.* — Les commissions des agents et préposés ne sont pas soumises à l'enregistrement.

7. *Changement de résidence.* — Dans le cas de changement de résidence, les agents et préposés doivent, avant d'entrer en fonctions, faire enregistrer leur commission au greffe des tribunaux dans le ressort desquels ils sont appelés à exercer leurs fonctions. (Circ. N 51, §§ 2 et 3.)

8. *Préposés communaux.* — Les préfets doivent adresser aux conservateurs les extraits de leur arrêté portant nomination des gardes communaux. (Circ. autogr. du 28 mai 1853, n° 36.)

9. *Préposés communaux.* — Les conservateurs commissionnent les gardes et brigadiers communaux et d'établissements publics. (Arr. Min. 18 mai 1853. Circ. A 715. Circ. N 21. Form. série 1, n° 12.)

10. *Préposés communaux. Visa.* — Les commissions des préposés communaux ne sont plus soumises au visa de l'administration. (Circ. A 684.)

11. *Gardes particuliers. Timbre. Enregistrement.* — Les commissions des gardes particuliers doivent être timbrées; elles doivent être enregistrées au droit fixe de 3 francs (en principal), avant d'être soumises à l'agrément du sous-préfet. (Il est dû autant de droits d'enregistrement que la commission porte de propriétaires ayant des droits distincts.) (Décis. Min. 2 septembre 1830. Loi du 15 mai 1818, art. 80. Décis. Min. 20 juin 1820. Loi du 28 février 1872.)

12. *Garde particulier. Sous-préfecture.* — Les commissions des gardes particuliers sont inscrites, dans les sous-préfectures, sur un registre où sont relatés les noms et demeures des propriétaires et des gardes, ainsi que la désignation et la situation des bois. (Ord. 150.)

COMMISSION DÉPARTEMENTALE.

1. *Nomination.* — Le conseil général élit dans son sein une commission départementale. (Loi du 10 août 1871, art. 2.)

2. *Chefs de service. Renseignements.* — Les chefs de service des administrations publiques, dans les départements, sont tenus de fournir, verbalement ou par écrit, tous les renseignements qui leur seraient réclamés par la commission départementale, sur les affaires placées dans ses attributions. (Loi du 10 août 1871, art. 76.)

COMMISSION D'HABILLEMENT.

SECT. I. — COMMISSION CENTRALE, 1 — 13.

SECT. II. — COMMISSION LOCALE, 14 — 18.

SECT. I. — COMMISSION CENTRALE.

1. *Livraison. Délai.* — Les fournitures confectionnées devront être présentées à la commission de réception, dans le délai de 25 jours à partir de la date de la notification de la commande, lorsqu'il s'agira de première mise, et dans un délai double, lorsqu'il s'agira de fourniture de renouvellement. (Cah. des ch. 19. Circ. N 370.)

2. *Retard. Retenues. Remise.* — Si les fournitures ne sont pas présentées au terme voulu, le soumissionnaire sera passible d'une indemnité de 1 p. 0/0 du montant de la fourniture par chaque jour de retard. Toutefois le directeur des forêts pourra, sur l'avis de la commission centrale, accorder remise partielle ou entière de la retenue. (Cah. des ch. 20. Circ. N 370.)

3. *Résiliation. Indemnité.* — Dans le cas où la retenue de 1 p. 0/0 par jour de retard viendrait à atteindre le taux de 20 p. 0/0 ou si les refus de réception des effets atteignaient, dans l'espace d'une année, la proportion du

tiers de la totalité des effets de même catégorie présentés à la commission, le ministre pourrait prononcer la résiliation du marché. Dans ce cas, le soumissionnaire serait tenu de verser, à titre de dédommagement à la caisse des masses, une somme égale au dixième de la somme totale des payements effectués ou à effectuer à son profit, depuis la date de l'approbation du marché jusqu'à celle de la résiliation. (Cah. des ch. 21. Circ. N 370.)

4. *Livraison. Accusé de dépôt.* — Lorsque les effets et objets seront prêts à être livrés, le soumissionnaire en donnera avis à l'administration des forêts, qui lui fera connaître le lieu où ils devront être transportés, par les soins et aux frais dudit soumissionnaire, pour être soumis à l'examen de la commission centrale. Il sera remis au soumissionnaire un accusé de dépôt, qui dégagera sa responsabilité quant au délai de livraison. (Cah. des ch. 23. Circ. N 370.)

5. *Etiquette. Marques.* — Sur chaque objet, sera posée une étiquette en papier fort, portant le nom du destinataire. Le numéro matricule et le timbre de mise en service seront apposés sur la doublure, en la forme qui sera indiquée. (Cah. des ch. 23. C. N 370.)

6. *Examen.* — L'examen de la commission se fera en comparant les effets et objets fournis avec les modèles servant de types et les échantillons déposés. (Cah. des ch. 23. Circ. N 370.)

7. *Soumissionnaire. Obligation.* — Le soumissionnaire sera tenu d'assister en personne ou de se faire représenter aux séances de la commission, lorsqu'il en sera requis par le président. (Cah. des ch. 23. Circ. N 370.)

8. *Refus d'office.* — S'il était reconnu que le morceau de drap saillant devant servir à l'épreuve a été rajusté, le vêtement serait refusé d'office, sans plus d'examen. (Cah. des ch. 23. Circ. N 370.)

9. *Latitude.* — La commission pourra faire découdre telle partie des vêtements qu'elle jugera convenable, pour faciliter sa vérification, sans que le soumissionnaire puisse réclamer, de ce fait, aucune indemnité. (Cah. des ch. 23. Circ. N 370.)

10. *Cas de fraude. Indemnité.* — Dans le cas où la pièce à laquelle tient le morceau d'épreuve serait reconnue de qualité supérieure au reste du vêtement, ou s'il était constaté que les draps et les toiles employés fussent de provenance autre que celle des pièces reçues par la commission centrale, le fournisseur payerait, au profit de la caisse des masses, une indemnité de 100 francs par vêtement. Après trois fraudes de cette nature, dûment établies, le marché pourrait être résilié dans les conditions déterminées par l'article 21, sauf toutes les poursuites que de droit, au point de vue de l'action publique. (Cah. des ch. 24. Circ. N 370.)

11. *Réception. Constatation. Marque de rebut.* — Les résultats de la vérification seront constatés par un procès-verbal, signé de tous les membres de la commission, dont copie sera remise au soumissionnaire, sauf recours devant le directeur des forêts, statuant en conseil d'administration et sans appel.

Les effets et objets reconnus non acceptables seront marqués d'un signe de rebut et devront être enlevés immédiatement par le soumissionnaire, auquel il est interdit de les conserver plus de quarante-huit heures dans ses ateliers ou magasins de confection. (Cah. des ch. 25. Circ. N 370.)

12. *Estampille. Expédition.* — Les vêtements, képis et objets de petit équipement acceptés seront marqués, séance tenante, d'une estampille et rendus au soumissionnaire, qui sera tenu de les faire emballer, dans un local désigné par l'administration, le jour qui suivra les réceptions, et de les faire transporter, à ses risques et à ses frais, à la résidence des destinataires. A cet effet, il sera accordé à l'adjudicataire, pour l'emballage et le transport des colis au chemin de fer, un délai de huit jours et, pour le transport à destination, un autre délai calculé d'après les tarifs des compagnies de chemins de fer, pour la petite vitesse. (Cah. des ch. 26. Circ. N 370.)

13. *Colis. Nombre.* — Il sera fait autant de colis distincts que l'exigera la commission, suivant un état d'expédition annexé au procès-verbal et remis en double au soumissionnaire. Toutefois, le nombre des colis ne pourra pas dépasser celui des chefs-lieux de cantonnement dans une même conservation. (Cah. des ch. 26. Circ. N 370.)

SECT. II. — COMMISSION LOCALE.

14. *Essayage.* — Immédiatement après l'arrivée des effets et objets, la commission locale sera convoquée ; elle réunira les préposés auxquels ils sont destinés ; l'essai aura lieu en présence du tailleur représentant le soumissionnaire dans le cantonnement. (Cah. des ch. 27. Circ. N 370.)

15. *Refus. Acceptation. Retouches.* — La commission locale s'assurera d'abord que tous les effets et objets portent l'estampille de la commission centrale et qu'ils n'ont pas été détériorés en cours de transport. Les effets qui ne porteraient pas l'empreinte du cachet de la commission centrale, ainsi que les effets détériorés, seront refusés et remis au tailleur représentant le soumissionnaire. Les effets et objets acceptés seront remis aux préposés destinataires. Ceux qui nécessiteront des retouches, susceptibles d'être opérées sur place, seront reçus à rectification, et il suffira ensuite de l'acceptation de l'agent président de la commission locale pour en constater la réception définitive. (Cah. des ch. 27. Circ. N 370.)

16. *Effets rejetés.* — Les vêtements et képis rejetés, comme non appropriés à la taille des hommes, seront rendus au tailleur représentant le soumissionnaire, auquel il les renverra à ses frais.

Ces vêtements et képis pourront être utilisés ultérieurement par le soumissionnaire, qui sera tenu de les remplacer, dans le délai de vingt jours, devant la commission centrale. (Cah. des ch. 27. Circ. N 370.)

17. *Procès-verbal.* — Les résultats de l'examen de la commission locale seront constatés par un procès-verbal signé de tous les membres, et l'acceptation ultérieure des effets reçus à correction sera mentionnée à la suite. (Cah. des ch. 27. Circ. N 370.)

18. *Réceptions. Bulletins.* — Des bulletins de réception résumant ces résultats seront adressés au soumissionnaire, par l'intermédiaire de l'administration centrale. (Cah. des ch. 27. Circ. N 370.)

COMMISSION MIXTE DES TRAVAUX PUBLICS.

SECT. I. — INSTITUTION, COMPOSITION, COMPÉTENCE, TRAVAUX, 1 — 23.

SECT. II. — INSTRUCTION, CONFÉRENCE, 24—49.

V. Défrichement. Travaux. Zone frontière.

SECT. I. — INSTITUTION. COMPOSITION. COMPÉTENCE. TRAVAUX.

1. *Institution. Objet.* — La commission mixte des travaux publics est instituée pour l'examen et la discussion des projets dont l'exécution, dans l'étendue de la zone frontière et dans le rayon des servitudes des enceintes fortifiées, peut intéresser à la fois la défense du territoire et un ou plusieurs des services civils.

Sa mission est d'apprécier les intérêts des divers services, de les concilier et, si elle ne parvient à établir l'accord entre eux, d'indiquer dans quelle limite il lui paraît possible de donner satisfaction à leurs besoins respectifs, sans compromettre la défense du pays. (Décr. 16 août 1853, art. 3. Circ. N 43.)

2. *Algérie.* — La commission mixte des travaux publics est instituée en Algérie, et, par conséquent, y sont rendus exécutoires la loi du 7 avril 1851 et le décret du 16 août 1853, concernant la zone frontière et la commission mixte des travaux publics, le décret du 3 mars 1874 sur le rayon des enceintes fortifiées et celui du 2 avril 1874, relatif à la création des chemins de fer. (Décr. 22 juin 1876.)

3. *Composition.* — La commission mixte des travaux publics sera composée ainsi qu'il suit : quatre conseillers d'Etat, dont un président ; deux inspecteurs généraux du génie ; un inspecteur général de l'artillerie ; deux inspecteurs généraux des autres armes ; deux inspecteurs généraux des ponts et chaussées ; un officier général de la marine ; un inspecteur général, membre du conseil des travaux maritimes ; un secrétaire archiviste. (Loi du 7 avril 1851, art. 3. Circ. N 35.)

4. *Circonscription. Agent.* — Lorsque les travaux à exécuter concernent plusieurs arrondissements, la désignation de l'agent chargé de représenter le service forestier sera faite par l'inspecteur ou le conservateur, suivant qu'il s'agira d'un travail s'étendant à plusieurs cantonnements ou sur plusieurs inspections de la même conservation. Cette désignation serait réservée au ministre dans le cas seulement où le travail s'étendrait sur plusieurs conservations. (Circ. N 253.)

5. *Compétence. Défrichement.* — Sont de la compétence de la commission mixte :

1° Dans toute l'étendue de la zone frontière, les défrichements des forêts et des bois appartenant à l'Etat, aux communes ou aux établissements publics ;

2° Dans les territoires spéciaux délimités par les décrets des 31 juillet 1861 et 3 mars 1874, ainsi que dans le rayon des enceintes fortifiées, le défrichement des bois des particuliers. (Décr. du 8 septembre 1878.)

Les bois communaux et d'établissements publics non soumis au régime forestier, compris dans la zone frontière, sont placés sur la même ligne que les bois soumis à ce régime. (Circ. N 253.)

6. *Compétence. Chemins forestiers.* — Dans les territoires réservés de la zone frontière et le rayon des enceintes fortifiées, les chemins forestiers (ouverture, rectification, empierre-

ment) qui desservent les forêts de l'Etat, des communes ou des établissements publics, sont soumis aux lois et règlements sur les travaux mixtes, quelles que soient leurs dimensions. (Décr. du 8 septembre 1878. Circ. N 253.)

En dehors de ces territoires, tous les chemins forestiers peuvent s'exécuter librement. (Circ. N 22, art. 82.)

7. *Compétence. Ponts.* — Les travaux concernant les ponts établis ou à établir sur les cours d'eau navigables ou flottables, pour le service des chemins forestiers, dans l'étendue de la zone frontière, sont de la compétence de la commission mixte, lorsque l'ouverture des ponts entre culées dépasse six mètres. (Décr. du 8 septembre 1878. Circ. N 253.)

8. *Entretien. Réparation.* — Les travaux d'entretien ou de réparation, c'est-à-dire ayant uniquement pour but de conserver un ouvrage ou de le remettre dans l'état où il était précédemment, sans aucune modification, ne sont pas de la compétence de la commission mixte. (Décr. du 16 août 1853, art. 8. Circ. N 22, art. 93. Circ. N 253.)

9. *Projet. Examen. Travaux.* — Tous les projets de routes ou de ponts, qui ne se trouvent pas dans les cas d'exonération prévus, doivent être soumis, avant leur exécution et leur approbation, à l'examen de la commission mixte des travaux publics. (Circ. N 22, art. 94.)

10. *Zone de servitude. Chemins. Ponts.* — Dans l'étendue des zones de servitude des places de guerre et des postes militaires, tous les chemins forestiers, ainsi que les ponts qui les desservent, restent soumis aux règlements sur les travaux mixtes, quelles que soient leurs dimensions. (Décr. du 15 mars 1862, art. 4. Circ. N 22, art. 95. Circ. N 35.)

11. *Travaux de défense.* — Le ministre de la guerre a, en outre, la faculté de faire exécuter, aux frais de son département, les travaux qui lui paraissent indispensables à la défense, tant sur les chemins vicinaux ou forestiers à ouvrir ou à rectifier dans les limites indiquées, que sur les ponts à construire ou à reconstruire pour le service de ces chemins, dans toute l'étendue de la zone frontière, lorsque, par leurs dimensions, ces ponts cessent d'être soumis aux règlements sur les travaux mixtes. (Décr. du 15 mars 1862, art. 5. Circ. N 35.)

12. *Communication.* — A cet effet, avant qu'il soit procédé par les services civils à l'adjudication, s'il y a lieu, des travaux relatifs à ces chemins ou à ces ponts, les projets en sont communiqués au directeur des fortifications par le préfet du département ou par le conservateur des forêts de la circonscription dans laquelle doivent être exécutés ces travaux. (Décr. du 15 mars 1862, art. 5. Circ. N 35.)

13. *Indication des travaux. Délais.* — Dans le délai de deux mois, et immédiatement dans les cas d'urgence signalés par ces fonctionnaires, le directeur des fortifications leur fait connaître, chacun en ce qui le concerne, les travaux particuliers, tels que dispositifs de mines, coupures, retranchements, etc., qu'il serait nécessaire de faire, dans l'intérêt de la défense, sur ces chemins ou sur ces ponts. (Décr. du 15 mars 1862, art. 5. Circ. N 35.)

14. *Modification.* — Les officiers du génie rédigent, dans l'étendue de la zone frontière, les projets de détail des coupures, murs de soutènement, chambres de mines et autres dispositifs de défense dont l'exécution deviendrait nécessaire, en cas d'adoption des travaux civils qui sont proposés. (Décr. du 16 août 1853, art. 13, § 3. Circ. N 22, art. 102.)

15. *Détail des travaux. Dépenses.* — Le détail des travaux de défense est inséré dans le cahier des charges relatif à l'adjudication ou à l'entreprise des travaux du chemin ou du pont dont il s'agit; la dépense supplémentaire qu'ils peuvent entraîner est supportée par le budget du département de la guerre, et l'exécution a lieu sous la surveillance du service militaire. (Décr. du 15 mars 1862, art. 5. Circ. N 35.)

16. *Délai. Réserve. Exécution.* — Lorsque, dans le délai de deux mois indiqué, le directeur des fortifications n'a fait aucune réserve dans l'intérêt de la défense, il est passé outre à l'exécution des travaux. (Décr. du 15 mars 1862, art. 5. Circ. N 35.)

17. *Décision. Chemin forestier.* — Il n'est donné aucune autorisation pour l'exécution des travaux, autres que ceux de réparation ou d'entretien à entreprendre sur les chemins forestiers qui restent soumis aux règlements sur les travaux mixtes, avant que le projet de ces travaux ait été l'objet d'une décision approbative du ministre de la guerre. (Décr. du 15 mars 1862, art. 6. Circ. N 22, art. 117.)

18. *Décision. Délai.* — Si, dans un délai de trois mois, à dater de la remise du projet au directeur des fortifications, il n'est intervenu aucune décision du ministre de la guerre, l'exécution des travaux peut être autorisée. (Décr. du 15 mars 1862, art. 6. Circ. N 22, art. 118. Circ. N 35.)

19. *Ponts. Chemins.* — Il en est de même à l'égard des ponts à établir pour le service des chemins forestiers dans toute l'étendue de la zone frontière, lorsque ces ponts ne se trouvent pas dans les conditions mentionnées à l'article 3 du décret du 8 septembre 1878. (Circ. N 22, art. 119. Circ. N 253.)

20. *Projet de travaux. Pièces.* — Les projets de travaux mixtes doivent comprendre :

Un plan d'ensemble des dispositions projetées ;

Des dessins particuliers donnant, dans le cas de projets de détail, au moyen de plans, de coupes, de profils, d'élévations et de cotes de nivellement, tous les renseignements nécessaires à la complète intelligence de l'affaire, au point de vue des intérêts en présence. (Décr. du 16 août 1853, art. 13, §§ 5, 6 et 7. Circ. N 22, art. 103.)

21. *Plans.* — Lorsqu'on fournira des plans à soumettre à la commission mixte des travaux publics, on devra faire connaître, par des teintes, le service public dont dépendent les bâtiments, terrains, etc., figurés sur les plans. (Instr. 15 octobre 1860, art. 287, 288.) V. Plan.

22. *Carte. Chemin.* — La carte et l'état général que doivent faire dresser, d'après les prescriptions des deux premiers paragraphes de l'article 40 du décret du 16 août 1853, les préfets des départements situés en totalité ou en partie dans la zone frontière, ne comprennent, d'une manière obligatoire, que ceux des chemins vicinaux ou forestiers qui restent soumis aux règlements sur les travaux mixtes.

Ces derniers chemins sont également les seuls qui doivent nécessairement figurer sur la carte et sur l'état des travaux projetés que font dresser les préfets, toutes les fois qu'ils en reconnaissent la nécessité, aux termes du dernier paragraphe de ce même article 40. (Décr. du 15 mars 1862, art. 7. Circ. N 35.)

23. *Ponts.* — Les ponts établis au croisement d'une voie de terre classée et d'une voie d'eau navigable ou flottable ne sont pas soumis aux règlements sur les travaux mixtes, lorsque la portée de ces ponts n'excède pas les dimensions fixées, en raison de leur mode de construction, à l'article 3 du décret du 8 septembre 1878. (Décr. du 15 mars 1862, art. 8. Circ. N 35. Circ. N 253.)

SECT. II. — INSTRUCTION. CONFÉRENCE.

24. *Affaire. Expédition.* — Les affaires de la compétence de la commission mixte sont traitées et expédiées d'urgence, à tous les degrés de la hiérarchie administrative. Elles comportent deux degrés d'instruction dans les localités, à moins qu'elles ne fassent l'objet d'un projet de loi ou d'une adhésion directe. (Décr. du 16 août 1853, art. 11. Circ. N 22, art. 98.)

25. *Conférence. Visite des lieux.* — Les conférences doivent être tenues sur les lieux, et on ne doit pas se borner à la simple inscription d'un avis sur un procès-verbal. (Circ. N 253.)

26. *Contraventions.* — Les contraventions sur les travaux mixtes sont constatées par les gardes du génie, qui en dressent procès-verbaux, faisant foi jusqu'à inscription de faux ; la gendarmerie, dans chaque arrondissement, est tenue de signaler aux officiers du génie les travaux qui s'exécutent sur les chemins forestiers. Lorsqu'il s'agit de travaux exécutés pour le compte de l'Etat et où le fait constaté résulterait d'ordres donnés par un fonctionnaire ou agent du gouvernement, le procès-verbal est communiqué à ce fonctionnaire et transmis aux ministres compétents, qui en font d'urgence le renvoi à la commission mixte, laquelle examine l'affaire. Jusqu'à la décision à intervenir, les travaux demeurent suspendus. (Décr. du 16 août 1853, art. 31 et 32.)

27. *Algérie. Instruction au premier et deuxième degré.* — En Algérie, les affaires du ressort de la commission mixte sont instruites au second degré par l'ingénieur en chef des ponts et chaussées, qui désigne l'ingénieur ordinaire pour l'instruction du premier degré. (Décr. du 22 juin 1876.)

28. *Instruction au premier degré. Chemins forestiers. Défrichement.* — Les officiers et agents chargés exclusivement de l'instruction au premier degré sont, dans leurs arrondissements respectifs,

Pour le ministre de la guerre :

Les chefs du génie, en tout ce qui a trait aux intérêts de la défense ou au service de l'armée de terre, les commandants et les sous-directeurs de l'artillerie.

Pour le ministre de l'agriculture :

Les inspecteurs, inspecteurs adjoints et les gardes généraux des forêts, à l'égard : 1o des chemins forestiers ; 2o des défrichements de bois et de forêts. (Décr. du 12 décembre 1884. Circ. N 348.)

29. *Instruction au premier degré.* — L'instruction au premier degré d'une affaire mixte a lieu dès l'époque de la rédaction primitive des projets. Toutefois, l'officier ou l'agent que l'affaire concerne spécialement ne peut provoquer de conférences qu'autant qu'il en a reçu l'ordre ou obtenu l'autorisation de son chef. Tout agent ou tout officier appelé à une conférence doit y prendre part immédiatement. (Décr. du 16 août 1853, art. 12, dernier paragraphe. Circ. N 22, art. 100.)

30. *Instruction au premier degré* — L'agent forestier présente les projets relatifs aux ouvrages et aux établissements que les règlements mettent dans les attributions de son service. (Décr. du 16 août 1853, art. 13, § 1er. Circ. N 22, art. 101. Décr. du 12 déc. 1884. Circ. N 348.)

31. *Instruction au premier degré. Conférence.* — Les agents forestiers et les officiers du génie, chargés d'instruire une affaire au premier degré, dressent, de concert, un procès-verbal destiné à constater les résultats de leurs conférences.

L'agent forestier fait l'exposé de l'affaire et la description des ouvrages proposés.

Chacun des chefs des autres services intervenants donne, en ce qui le concerne, son avis sur les diverses dispositions projetées et stipule les conditions, les obligations ou les réserves à réclamer dans l'intérêt de son service.

Les délégués et les autres agents qui ont le droit d'être entendus dans les conférences font consigner au procès-verbal les explications et les observations qui leur paraissent utiles. (Décr. du 16 août 1853, art. 14, §§ 1 à 4. Circ. N 22 art. 104. Décr. du 12 déc. 1884. Circ. N 348.)

32. *Instruction au premier degré. Procès-verbal. Division.* — Le procès-verbal est divisé, s'il y a lieu, en paragraphes concernant :

1o Les dispositions d'ensemble;

2o Les dispositions de détail, lesquelles peuvent donner lieu à autant d'articles distincts qu'il y a d'ouvrages proposés, susceptibles d'être discutés ou examinés séparément;

3o Le mode d'exécution des travaux, quand plusieurs services doivent en être chargés ou lorsqu'il y a désaccord sur la question de savoir à quel service cette exécution sera confiée;

4o L'imputation de la dépense, surtout s'il y a doute à cet égard ou si elle doit porter sur plusieurs administrations. (Décr. du 16 août 1853, art. 14, §§ 5 à 9. Circ. N 22, art. 105.)

33. *Procès-verbal. Rédaction. Formalités.* — Dans tous les cas, le procès-verbal ne doit renfermer que les propositions, adhésions ou réserves auxquelles chaque fonctionnaire s'arrête définitivement et ne présenter que le résumé des avis communs ou des opinions respectives, avec leurs motifs.

Il est daté du jour de sa clôture et soumis à la signature de tous ceux qui ont été entendus dans les conférences; mais les signatures des officiers et des agents chargés de l'instruction de l'affaire sont les seules indispensables. (Décr. du 16 août 1853, art. 14, §§ 10 et 11. Circ. N 22, art. 106.)

34. *Copies du procès-verbal et des pièces.* — Il est fait du procès-verbal de conférence, des dessins et des autres pièces à y annexer, par les soins de l'agent qui a pris l'initiative des conférences et aux frais du service qu'il représente, autant d'expéditions signées en minute qu'il y a d'officiers ou d'agents chargés de l'instruction de l'affaire au premier degré.

Toutes les pièces à joindre à un procès-verbal sont visées à la date de ce procès-verbal. (Décr. du 16 août 1853, art. 15. Circ. N 22, art. 107.)

35. *Instruction au deuxième degré.* — L'instruction au deuxième degré des affaires mixtes est faite, suivant le cas, par les directeurs du génie ou de l'artillerie de terre et les conservateurs des forêts. (Décr. du 12 décembre 1884. Circ. N 348.)

36. *Instruction au deuxième degré.* — Aussitôt que ces fonctionnaires ont reçu, des officiers et agents sous leurs ordres, les pièces relatives à l'instruction d'une affaire au premier degré, ils les visent et échangent mutuellement leurs apostilles.

Si l'un d'eux réclame exceptionnellement une conférence, elle a lieu sans aucun retard, et il est procédé alors d'une manière analogue à celle prescrite pour l'instruction au premier degré. (Décr. du 12 décembre 1884, art. 16. Circ. N 348.)

37. *Dossier. Avis. Ministre.* — Les dossiers de l'affaire contenant chacun les avis des directeurs et des conservateurs sont transmis respectivement aux divers ministres que l'affaire concerne. (Décr. du 12 décembre 1884, art. 16. Circ. N 348.)

38. *Inspecteur. Avis.* — Les inspecteurs des forêts, dans les cas importants et difficiles, doivent consulter les conservateurs, avant de formuler les observations et avis qu'ils sont appelés à échanger avec les délégués des autres services. (Circ A 762. Circ. N 22, art. 111.)

39. *Conférence.* — Les conservateurs ne doivent réclamer de conférences que dans les circonstances où un débat verbal est indispensable pour rendre complète l'intelligence des faits et porter plus sûrement la conviction dans les esprits. (Circ. A 762. Circ. N 22, art. 111.)

40. *Dossier. Remise.* — Les conservateurs des forêts remettent immédiatement aux préfets les dossiers relatifs à l'instruction des affaires mixtes. (Décis. Min. du 28 juillet 1857. Circ. A 762. Circ. N 22, art. 112. Circ. N 348.)

41. *Conservateur. Avis. Administration.*— Les conservateurs informent l'administration des forêts de la date de la remise des dossiers au préfet et lui fournissent leur avis. (Circ. A 762. Circ. N 22, art. 113. Circ. N 348.)

42. *Avis. Préfet. Eclaircissement.* — Les conservateurs doivent, en outre, lorsqu'il y a lieu, user de leur influence auprès des préfets, soit pour éclairer plus complétement ces fonctionnaires sur la valeur des questions engagées, soit pour accélérer l'envoi des pièces au ministre. (Circ. A 762. Circ. N 22, art. 114.)

43. *Projet. Adhésion.* — Chaque directeur et chaque conservateur peut adhérer immédiatement, au nom du service qu'il représente, à l'exécution des travaux mixtes proposés par une autre administration, quand ces travaux lui paraissent sans inconvénient pour son service, ou que les inconvénients peuvent disparaître moyennant certaines dispositions qu'il impose.

Cette faculté ne peut s'étendre, toutefois, aux travaux qu'une autorité supérieure aurait signalés comme nuisibles, ni à ceux qui seraient à faire sur un terrain affecté au service dont l'adhésion est nécessaire. (Décr. du 16 août 1853, art. 18, §§ 1 et 2. Circ. N 22, art. 115. Circ. N 348.)

44. *Adhésion conditionnelle.* — Les travaux, objets d'une adhésion conditionnelle, ne peuvent être entrepris qu'autant que l'acceptation des obligations stipulées a été notifiée au service qui les a imposées. (Circ. N 22, art. 116.)

45. *Adhésion. Avis.* — Chaque directeur et chaque conservateur fait connaître les adhésions et les acceptations qu'il a données, ou qui lui ont été notifiées, au ministre sous les ordres duquel il est placé.

Ces adhésions et ces notifications sont conservées dans les archives de la commission mixte. (Décr. du 16 août 1853, art. 18, §§ 3, 4 et 5. Circ N 22, art 116. Circ. N 348.)

46. *Examen. Envoi au ministre.* — Une expédition des procès-verbaux des délibérations de la commission mixte est adressée à chacun des ministres que l'affaire concerne, avec le dossier y relatif. (Décr. du 16 août 1853, art. 20. Circ. N 22, art. 121.)

47. *Décision. Ministre. Instruction.* — Chaque ministre fait connaître immédiatement aux autres ministres intéressés s'il donne ou non son approbation aux conclusions de la délibération de la commission mixte.

S'il y a approbation, le ministre duquel dépend le service qui a présenté le projet donne à l'affaire la suite qu'elle comporte. Si tous les ministres n'adhèrent pas aux conclusions de la commission, le chef de l'Etat statue. Le président de la commission est informé par les ministres de toutes les décisions prises. Les avis de la commission mixte sont communiqués au conseil d'Etat, pour les matières qui, d'après les lois, doivent être soumises à ses délibérations. (Décr. du 16 août 1853, art. 21. Circ. N 22, art. 122.)

48. *Décision. Réserves.* — Chaque service notifie aux administrations intervenantes les dispositions arrêtées et les conditions, obligations ou réserves qui l'intéressent. (Décr. du 16 août 1853, art. 22. Circ. N 22, art. 123.)

49. *Consultation.* — Sont consultés, dans l'instruction des affaires de la compétence de la commission mixte :

Le comité des fortifications ;

Le comité de l'artillerie, toutes les fois qu'un officier d'artillerie prend part à la conférence ;

Le conseil général des ponts et chaussées, pour toutes les affaires qui intéressent les départements de l'agriculture, du commerce et des travaux publics, de l'intérieur et des finances. (Décr. du 16 août 1853, art. 19. Circ. N 22, art. 120.)

COMMISSION SPÉCIALE. (AMÉNAGEMENT ET CANTONNEMENT.)

1. *Aménagement.* — Les commissions d'aménagement, créées par décision ministérielle du 20 avril 1838, afin de donner plus de régularité et une plus vive impulsion aux travaux, étaient composées en principe de trois agents. Elles étaient placées directement sous les ordres du conservateur, avec lequel le plus élevé en grade devait correspondre. (Circ. 20 juin 1838.)

2. *Cantonnement.* — Les commissions de cantonnement, établies en 1857, en vue d'imprimer aux opérations de cantonnement la plus grande célérité possible, étaient placées sous les ordres des conservateurs. (Circ. A 758.)

3. *Situation actuelle.* — Il n'existe plus, à proprement parler, de *commissions spéciales* (aménagement, cantonnement, reboisement, travaux d'art). Cependant aucune décision n'est intervenue officiellement. On a pris l'habitude d'appeler *service* ce qu'on dénommait autrefois *commission.*

4. *Livre-journal.* — Les agents, membres des commissions ou du service spécial, doivent tenir chacun un livre-journal pour servir de contrôle à l'emploi de leur temps. (Circ. A 758.)

5. *Indemnité.* — Ils reçoivent une indemnité annuelle de 1000 francs. (Circ. A 796.)

COMMISSION SPÉCIALE. (RESTAURATION DES TERRAINS EN MONTAGNE.)

1. *Composition. Nomination.* — La commission spéciale des travaux de restauration et de conservation des terrains en montagne est composée : du préfet ou de son délégué, président, avec voix prépondérante ; d'un membre du conseil général et d'un membre du conseil d'arrondissement, autres que ceux du canton où se trouve le périmètre, délégués par leur conseil respectif et toujours rééligibles, et, dans l'intervalle des sessions, par la commission départementale ; de deux délégués de la commune intéressée désignés dans les mêmes conditions par le conseil municipal ; d'un ingénieur des ponts et chaussées ou des mines ; d'un agent forestier, ces deux derniers membres nommés par le préfet. (Loi du 4 avril 1882, art. 2.)

2. *Délégués du conseil municipal. Désignation.* — Dans la huitaine après la clôture de l'enquête, le conseil municipal désigne les deux délégués chargés de représenter la commune dans la commission spéciale. Ces délégués doivent être choisis en dehors des propriétaires de parcelles comprises dans le périmètre. (Décr. du 11 juillet 1882, art. 4.)

3. *Conseiller général. Conseiller d'arrondissement. Désignation.* — Dans le cours de la session, le conseil d'arrondissement et le conseil général désignent chacun un de leurs membres, autres que ceux du canton où se trouve le périmètre, pour les représenter à la commission spéciale. Dans l'intervalle des sessions, les membres du conseil général et du conseil d'arrondissement sont désignés par la commission départementale. (Décr. du 11 juillet 1882, art. 5.)

4. *Ingénieur. Agent forestier.* — Le préfet désigne, pour faire partie de la commission spéciale, un ingénieur des ponts et chaussées ou des mines et un agent forestier. (Décr. du 11 juillet 1882, art. 6.)

5. *Convocation. Réunion.* — Le préfet convoque la commission spéciale, qui se réunit au lieu indiqué par un arrêté spécial de convocation, dans la quinzaine de la date de cet arrêté. Elle examine séparément pour chaque commune les pièces de l'instruction, les déclarations consignées au registre de l'enquête, et, après avoir recueilli tous les renseignements nécessaires, elle donne son avis motivé, tant sur l'utilité publique de l'entreprise que sur les mesures d'exécution indiquées dans l'avant-projet. (Décr. du 11 juillet 1882, art. 6.)

6. *Avis. Procès-verbal.* — L'avis de la commission doit être formulé sous forme de procès-verbal, dans le délai d'un mois à partir de l'arrêté de convocation. (Décr. du 11 juillet 1882, art. 6.)

7. *Réglementation des pâturages.* — La commission spéciale pour le règlement des pâturages sera composée du secrétaire général ou du sous-préfet, président, d'un conseiller général et du plus âgé des conseillers d'arrondissement du canton, d'un délégué du conseil municipal de la commune et de l'agent forestier. (Loi du 4 avril 1882, art. 13.)

COMMISSION SYNDICALE.

1. *Institution.* — Lorsque plusieurs communes possèdent des biens ou des droits indivis, un décret du Président de la République instituera, si l'une d'elles le réclame, une commission syndicale composée de délégués des conseils municipaux des communes intéressées.

Chacun des conseils élira dans son sein, au scrutin secret, le nombre des délégués qui aura été déterminé par le décret du Président de la République.

La commission syndicale sera présidée par un syndic élu par les délégués et pris parmi eux. Elle sera renouvelée après chaque renouvellement des conseils municipaux.

Les délibérations sont soumises à toutes les règles établies pour les délibérations des conseils municipaux. (Loi du 5 avril 1884, art. 161.)

2. *Attribution.* — Les attributions de la commission syndicale et de son président comprennent l'administration des biens et droits indivis et l'exécution des travaux qui s'y rattachent.

Ces attributions sont les mêmes que celles des conseils municipaux et des maires, en pareille matière.

Mais les ventes, échanges, partages, acquisitions, transactions demeurent réservés aux conseils municipaux, qui pourront autoriser le président de la commission à passer les actes qui y sont relatifs. (Loi du 5 avril 1884, art. 162.)

3. *Répartition des dépenses.* — La répartition des dépenses votées par la commission syndicale est faite entre les communes intéressées par les conseils municipaux.

Leurs délibérations seront soumises à l'approbation du préfet.

En cas de désaccord entre les conseils municipaux, le préfet prononcera, sur l'avis du conseil général ou, dans l'intervalle des sessions, de la commission départementale. Si les conseillers municipaux appartiennent à des départements différents, il sera statué par décret.

La part de la dépense définitivement assignée à chaque commune sera portée d'office aux budgets respectifs, conformément à l'article 149 de la présente loi. (Loi du 5 avril 1884, art. 163.)

4. *Subventions.* — Si l'entreprise est subventionnée par le département, les membres de la commission syndicale sont nommés par la commission départementale. (Loi du 10 août 1871, art. 87.)

COMITÉ D'AVANCEMENT.

1. *Tableau d'avancement.* — Un comité d'avancement, composé du ministre de l'agriculture, président, du directeur des forêts, vice-président, de trois administrateurs, vérificateurs généraux des forêts, du directeur de l'école nationale forestière et du conservateur des forêts, directeur de l'école des Barres, dresse, chaque année, un tableau d'avancement pour les agents de tous grades. Ce tableau contient une liste de présentation pour chaque grade, jusqu'à celui de conservateur inclusivement. (Décis. du 15 juin 1891, art. 1 et 2. Circ. N 435.)

2. *Réunion.* — Le comité chargé de dresser les tableaux d'avancement se réunira, chaque année, dans le courant du mois de janvier. (Arr. Min du 15 juin 1891. Circ. N 435.)

COMMUNE.

1. *Définition.* — La commune actuelle peut être définie : la circonscription administrative élémentaire du territoire national, investie de la personnalité civile, qui, sous des conditions de contrôle déterminées, constitue, dans l'administration générale de l'Etat, un organe distinct chargé en même temps de la gestion de ses intérêts particuliers. (Block.)

2. *Définition.* — Une commune est une société de citoyens unis par des relations locales, soit qu'elle forme une municipalité particulière, soit qu'elle fasse partie d'une autre municipalité. (Loi du 10 juin 1793.)

Les communes forment une personne morale qui subsiste, se perpétue et qui peut posséder et aliéner ses biens comme les particuliers. Toutefois, l'exercice de leur droit de propriété est soumis à certaines formes protectrices qui les placent, à cet égard, sous la tutelle de l'Etat, qui surveille l'emploi des revenus et intervient nécessairement toutes les fois qu'il s'agit de faire subir une modification à la propriété patrimoniale de la commune.

3. *Définition.* — Les communes sont une réunion d'habitants liés entre eux par une origine et des institutions communes. (Cabantous.)

4. *Faculté.* — Les communes ont essentiellement le caractère de personne civile, pouvant contracter, acquérir, posséder, aliéner et comparaître en justice. A ce point de vue, leur qualité de circonscription administrative n'est qu'accessoire. (Cabantous.)

5. *Autorisation de plaider. Revendication. Non-recevabilité.* — Une commune est également représentée en justice par un de ses habitants autorisé par le conseil de préfecture à poursuivre en justice, à défaut de ladite commune, la revendication d'un chemin.

Il en est ainsi, surtout alors que la commune, mise en cause et préalablement appelée à en délibérer, a refusé d'exercer l'action qui lui appartenait.

En conséquence, si, ultérieurement, la commune poursuit la même revendication, le défendeur est fondé à lui opposer l'exception de chose jugée, tirée de la décision intervenue dans l'instance introduite par l'habitant qui a été autorisé à agir, à défaut par la commune de le faire. (Lyon, 17 novembre 1891.)

6. *Action communale.* — L'exercice des actions des communes n'appartient au préfet ou à un délégué spécial que lorsque le maire, après en avoir été requis, refuse ou néglige de faire un des actes qui lui sont prescrits par la loi. (Loi du 5 avril 1884, art. 85.)

7. *Procès.* — Les communes seront tenues, pour former une demande en justice, de se conformer aux lois administratives. (Proc. Civ. 1032.)

8. *Procès.* — Une commune ne peut être forcée de plaider contre son gré. (Bulletin officiel du ministère de l'intérieur, 1858, p. 20.)

9. *Propriétés.* — Les communes possèdent deux espèces de biens : ceux *patrimoniaux*, tels que marchés, promenades, édifices publics, ceux dont les revenus sont versés à la caisse communale pour être employés à des objets d'utilité générale, et ceux *communaux*, dont les produits sont perçus en nature, distribués entre les habitants et affectés à leurs usages personnels. Les bois communaux peuvent tenir de ces deux genres de propriétés, en ce sens que les coupes affouagères délivrées en nature sont biens communaux et que celles du quart en réserve vendues sont biens patrimoniaux.

10. *Hypothèque judiciaire.* — Le domaine privé d'une commune peut être grevé d'une hypothèque judiciaire, prise au nom de celui qui a obtenu un jugement contre la commune ; dès lors que celle-ci a été autorisée à plaider, ses biens deviennent susceptibles de l'hypothèque. (Agen, 18 juillet 1892.)

11. *Réunion de communes. Biens. Revenu en nature.* — La commune réunie à une autre commune conserve la propriété des biens qui lui appartenaient et la jouissance des biens dont les fruits sont perçus en nature. (Loi du 5 avril 1884, art. 7.)

12. *Bois usager. Besoins locaux.* — Les communes qui ne sont pas dans l'usage d'employer la totalité des bois de leurs coupes à leur propre consommation feront connaître à l'agent forestier local la quantité de bois qui leur sera nécessaire, tant pour chauffage que pour constructions et réparations, et il en sera fait délivrance, soit par l'adjudicataire de la coupe, soit au moyen d'une réserve sur cette coupe, le tout conformément à leur demande et aux clauses du cahier des charges de l'adjudication. (Ord. 141.)

COMMUNE ÉTRANGÈRE.

1. *Régime.* — Les bois possédés par des communes étrangères et situés sur le territoire français sont assimilés aux bois possédés par des particuliers. (Décis. Min. 2 mai 1851.)

2. *Législation.* — Les communes étrangères, dont les bois sont situés en France, sont soumises à la législation française dans tout ce qui concerne la propriété, le mode de possession ou de partage de ces bois, la répression des délits et les opérations forestières.

Elles sont considérées comme des propriétaires en état de minorité et, lorsqu'elles veulent jouir ou disposer, elles doivent justifier de l'autorisation suffisante.

Elles peuvent faire transporter chez elles les bois qu'elles exploitent, si les Français propriétaires de biens fonds dans le pays dont dépend leur territoire jouissent également et réciproquement de cette faculté. (Décis. Min. 18 nov. 1818.) V. Frontière.

COMMUNICATION.

1. *Instruction. Affaires.* — On doit, en renvoyant les affaires, se conformer à toutes les indications portées sur le communiqué. (Série 12, n° 10.) V. Correspondance.

2. *Instances. Ministère public.* — D'après l'article 83 du code de procédure civile, les affaires concernant l'État, le domaine, les communes et établissements publics sont communiquées au ministère public qui alors donne ses conclusions à l'audience.

3. *Prescriptions.* — Les agents ne doivent pas, sans autorisation, donner à des personnes étrangères à l'administration communication des affaires administratives, papiers, rapports, dossiers, etc., dont ils sont responsables. Ils doivent s'abstenir d'annoter les pièces communiquées et d'y rien écrire.

COMMUNISTE.

Définition. — Celui qui jouit ou qui possède en commun avec d'autres.

Un communiste peut prescrire en totalité la chose commune au préjudice d'un autre communiste, au moyen d'une possession, *animo domini*, exclusive de tout acte de possession de la part de ce dernier. (Nîmes, 27 juillet 1857.)

COMPAGNIES DE CHASSEURS FORESTIERS.

1. *Formation.* — Les préposés sont organisés, suivant l'effectif, en compagnies, sections ou détachements de chasseurs forestiers. (Décr. du 18 novembre 1890, art. 2. Circ. N 424.)

2. *Cadres.* — Les cadres des compagnies, sections et détachements des chasseurs forestiers sont pris dans le personnel de l'administration des forêts et composés, autant que possible, de manière que les préposés soient placés sous les ordres de leurs chefs du temps de paix.

Ils varient avec les effectifs des unités.

Ceux d'une compagnie comprennent au plus :

Un capitaine commandant ;

Un capitaine en second ;

Deux lieutenants (ou un lieutenant et un sous-lieutenant) ;

Un sergent-major ;

Cinq sergents, dont un fourrier ;

Huit caporaux ;

Deux clairons.

Ils peuvent être réduits à deux officiers. (Décr. du 18 nov. 1890, art. 4. Circ. N 424.)

3. *Lieux de formation.* — Le ministre de la guerre détermine les lieux de formation des compagnies, sections ou détachements. (Décr. du 18 nov. 1890, art. 6. Circ. N 424.)

4. *Mobilisation. Activité. Assimilation. Avantages.* — A dater du jour de l'appel à l'activité, les compagnies ou sections de chasseurs forestiers font partie intégrante de l'armée et jouissent des mêmes droits, honneurs et récompenses que les corps de troupe qui la composent. Les lois et règlements qui les régissent leur sont applicables; elles sont assimilées à l'armée active pour la solde, les prestations, allocations et indemnités de toute nature. (Décr. du 18 novembre 1890, art. 9. Circ. N 424.)

5. *Inspection générale.* — Les compagnies, sections ou détachements de chasseurs forestiers seront soumis, dans les périodes de paix, à des inspections générales dans la forme déterminée par le ministre de la guerre, de concert avec le ministre de l'agriculture. La réunion des compagnies, sections ou détachement inspectés aura lieu par fractions de troupes assez réduites, pour ne pas occasionner de déplacement onéreux et ne pas compromettre le service forestier. (Décr. du 18 nov. 1890, art. 11. Circ. N 424.)

6. *Organisation. Préparation.* — L'organisation de guerre des compagnies sera préparée sans retard par le ministre de la guerre et la direction des forêts. Elle comprendra la constitution des compagnies, sections ou détachements et l'indication du lieu de rassemblement, en cas d'envahissement de la région sur laquelle est exercé leur service de paix. (Décr. du 18 novembre 1890, art. 12. Circ. N 424.) V. Chasseurs forestiers. Registre matricule.

COMPARUTION.

1. *Audience.* — Dans les affaires relatives à des délits qui n'entraînent pas la peine d'emprisonnement, le prévenu pourra se faire représenter par un avoué. Le tribunal pourra néanmoins ordonner sa comparution. (Instr. Crim. 185.)

2. *Avocat. Ami.* — On exige rarement la comparution du prévenu en personne; on tolère même qu'il se fasse représenter par un avocat, un parent ou un ami, mais cette tolérance n'a rien de légal. V. Audience.

3. *Mandataire verbal.* — Les dispositions de l'article 152 du code d'instruction criminelle n'étant pas prescrites à peine de nullité, il en résulte seulement, pour la partie civile et le ministère public, le droit de s'opposer

à l'audition d'un mandataire verbal, se présentant pour l'inculpé non comparant. (Cass. 23 février 1877.)

4. *Fille. Représentation.* — Une fille, prévenue d'un délit forestier, ne peut se faire représenter à l'audience par un individu habitant avec elle et muni d'une procuration timbrée et enregistrée. (Grenoble, 13 novembre 1874.) La comparution est de droit, lorsque le tribunal l'ordonne ou que le délit entraîne la peine d'emprisonnement. (Instr. Crim. 185.)

5. *Défaut.* — Le prévenu qui ne comparaît pas sera jugé par défaut. (Instr. Crim. 186.)

6. *Citation. Nullité.* — La comparution du prévenu à l'audience couvre toutes les nullités de la citation, alors surtout que le jugement intervenu est contradictoire. (Instr. Crim. 184. Cass. 15 février 1821.)

7. *Citation. Irrégularité.* — La comparution du prévenu le rend non recevable à exciper d'une irrégularité contenue dans la citation. (Cass. 30 janvier 1846 et 12 février 1876.)

8. *Comparution volontaire. Consentement.* — Un prévenu peut être jugé sur sa comparution volontaire sans citation, mais avec son consentement *formellement exprimé.* (Cass. 23 novembre 1837.) Le consentement *tacite* laisserait le jugement sans valeur. V. Jugement.

9. *Comparution volontaire.* — La comparution volontaire et sans citation d'un prévenu de délit devant le tribunal peut valablement saisir le tribunal. (Cass. 18 avril 1822.)

10. *Action civile.* — Si l'action publique est éteinte, le prévenu, pour la poursuite en action civile, peut se faire représenter à l'audience, alors même que le délit eût été de nature à entraîner la peine d'emprisonnement. (Nancy, 19 février 1856.)

11. *Garde. Contradiction.* — On ne peut exiger à l'audience la comparution du garde rédacteur, lorsque cette audition tendrait à le faire contredire ou confirmer son procès-verbal, attendu, d'ailleurs, que ses dépositions seraient impuissantes à détruire les faits établis par cet acte. La comparution du garde ne peut être requise que pour suppléer à l'insuffisance ou à l'obscurité du procès-verbal. (Cass. 27 février 1827, 28 août 1824, 15 juillet 1846.) V. Témoin.

COMPÉTENCE.

SECT. I. — GÉNÉRALITÉS.

1. *Définition. Principes.* — Le mot « compétence », pris dans son acception la plus générale, désigne l'aptitude légale d'une autorité ou d'une juridiction à faire un acte ou à rendre une décision. (Block.)

La compétence est la mesure du pouvoir du juge. (Boncenne.)

Droit que la loi défère à chaque tribunal, d'exercer juridiction dans les affaires qu'elle spécifie, et à chaque officier, de faire les actes prescrits pour l'introduction des demandes en justice, leur instruction et l'exécution des décisions du tribunal.

La compétence dépend : 1° de la nature de l'affaire ou de la matière (civile, criminelle, administrative, etc.); 2° de la personne (fonctionnaire, militaire, etc.); 3° de la situation (territoire, ressort). V. Privilège de juridiction.

2. *Principes.* — Les juges ne pourront, à peine de forfaiture, troubler de quelque manière que ce soit les opérations du corps administratif, ni citer devant eux les administrateurs, à raison de leurs fonctions. (Loi des 16-24 août 1790, titre II, art. 13.)

Défenses itératives sont faites aux tribunaux de connaître des actes administratifs de quelque espèce qu'ils soient. (Décr. du 16 fructidor an III.)

3. *Principes. Ordre public.* — L'incompétence des tribunaux de droit commun, pour connaître des faits imputés à un fonctionnaire de l'ordre judiciaire ou administratif, est d'ordre public et peut être opposée en tout état de cause et devant toutes les juridictions. (Paris, 10 mai 1872.)

4. *Dérogation. Condition.* — Il ne peut être dérogé à une règle de compétence (recours devant le conseil de préfecture par les entrepreneurs de travaux publics) par une clause du cahier des charges de l'entreprise. (Cons. d'Etat, 15 mars 1829, 17 mai 1855.)

5. *Domicile. Lieu du délit. Tribunal.* — Le domicile du délinquant fixe la compétence des tribunaux, aussi bien que le lieu du délit. (Cass. 16 janvier 1806.)

6. *Agent. Tribunaux.* — Les agents forestiers sont incompétents pour représenter l'administration devant toute juridiction autre que celle des tribunaux correctionnels. (Cod. For. 159, 160, 171.)

7. *Incompétence. Appel.* — Si une citation a été donnée devant un tribunal incompétent, le cité, bien que condamné devant ce tribunal sans en avoir décliné la compétence, peut opposer ce moyen pour la première fois en appel.

8. *Acte administratif. Prescription individuelle ou générale. Tribunaux ordinaires.* — Le droit qui appartient à l'autorité administrative d'interpréter les actes émanés d'elle et d'en fixer le sens, lorsqu'il est obscur et ambigu, ne s'applique qu'aux actes d'administration proprement dits, qui contiennent des prescriptions individuelles et non aux actes réglementaires, par lesquels l'autorité administrative établit, dans la limite de sa compétence, des dispositions générales obligatoires pour tous; ces derniers actes doivent, comme les lois elles-mêmes dont ils sont le complément, être interprétés par les tribunaux chargés d'en faire l'application. (Besançon, 1er août 1863.)

9. *Tribunaux ordinaires. Acte administratif. Application.* — S'il est interdit aux tribunaux civils d'interpréter les actes administratifs dans ce qu'ils ont d'ambigu et d'obscur, cette défense ne va pas jusqu'à mettre obstacle à l'application pure et simple desdits actes, quand le texte est clair et précis et ne donne lieu à aucun débat sérieux. (Cass. 17 novembre 1890.)

10. *Affaire administrative. Affaire connexe, mixte.* — Lorsqu'une affaire administrative se compose de deux parties sur lesquelles deux autorités différentes (préfet et ministre) doivent statuer et que, cependant, les deux parties de cette affaire sont *connexes*, c'est-à-dire tellement liées entre elles que l'exécution de l'une des décisions dépend de l'autre décision, c'est à l'autorité supérieure qu'il appartient de statuer sur le tout, par un seul et même acte. (Cons. d'Etat, 30 avril et 25 mai 1852.)

Lorsque cette connexité n'existe pas et que l'affaire est seulement *mixte*, chacune des autorités doit statuer librement et séparément sur la partie de l'affaire qui est de sa compétence propre. (Cons. d'Etat, 11 novembre 1852.)

11. *Demandes connexes. Dérogation.* — Lorsqu'une demande comprend plusieurs chefs, dont les uns rentrent dans la compétence exclusive du tribunal civil et les autres dans les attributions spéciales du juge de paix, mais qui sont créées par les liens d'une étroite connexité, le tribunal civil peut statuer sur le tout, sans dépasser la limite de sa compétence. (Cass. 28 juillet 1873.)

12. *Dommages-intérêts.* — Dans tous les cas où les agents forestiers ont à poursuivre une action, soit civile, soit pénale, les tribunaux correctionnels sont compétents; tels sont les cas de dommages-intérêts motivés par l'application de l'article 198 du code forestier, bien que l'action soit purement civile. (Cass. 30 septembre 1836.)

12 bis. *Dommages-intérêts. Taux de la demande.* — La demande de dommages-intérêts, qui n'est que l'accessoire de la demande principale, ne peut avoir pour effet de modifier la compétence en dernier ressort. (Paris, 3 février 1893.)

13. *Responsabilité. Gardes. Cautions.* — Il en est de même dans le cas de la responsabilité des gardes (art. 6 du code forestier) et des poursuites en responsabilité contre les cautions des adjudicataires. (Cass. 5 avr. 1811.)

14. *Amnistie. Réparations civiles.* — Les tribunaux correctionnels sont compétents pour statuer sur les réparations civiles d'un délit amnistié. (Cass. 26 octobre 1821 et 19 septembre 1832.) Dans ce dernier cas, la poursuite en réparation civile appartient à l'administration forestière seule, à l'exclusion du ministère public, dont l'article 171 du code forestier ne parle pas. (Cass. 18 janvier 1828.)

15. *Héritiers. Bois d'usage. Constructions.* — Les tribunaux correctionnels sont compétents pour les poursuites en réparations civiles contre les héritiers, après le décès du

prévenu, comme aussi celles en restitution de bois délivrés aux usagers et non employés (Cod. For. 84), et à la démolition des constructions établies à distance prohibée. (Cod. For. 153.)

16. *Action forestière. Tribunaux.* — Les tribunaux compétents pour les actions forestières sont : 1° celui du lieu où le délit a été commis ; 2° celui de la résidence du prévenu ; 3° celui où il a pu être trouvé. (Instr. Crim. 23, 62, 182. Cod. For. 187.)

17. *Règles de la compétence de l'administration forestière.* — L'article 171 du code forestier, aux termes duquel toutes les actions et poursuites exercées au nom de l'administration générale des forêts, en réparation de délits ou contraventions en matière forestière, doivent être portées devant les tribunaux correctionnels, n'a pas eu pour but d'apporter une exception aux principes qui régissent l'exercice des actions publiques et civiles ; il a seulement édicté une règle spéciale de compétence, attribuant aux tribunaux correctionnels, dans tous les cas, même dans le cas de simples contraventions, la connaissance des actions poursuivies à la requête de l'administration des forêts. L'administration ne saurait donc y puiser le droit exceptionnel d'exercer l'action civile divisément de l'action publique.

En tout cas et lorsqu'il s'agit des conséquences non d'un délit forestier, mais d'un délit de droit commun, poursuivi antérieurement à la requête seule du ministère public et sur lequel il a été définitivement statué, l'article 171, quelle que soit sa portée, reste sans influence, et c'est alors devant la juridiction civile que l'administration des forêts doit poursuivre la réparation du dommage qui lui a été causé. (Cass. 9 mai 1870.)

SECT. II. — TRIBUNAUX ORDINAIRES.

§ 1. *Justice de paix.*

18. *Juge de paix. Maire. Contravention.* — La connaissance des contraventions de police est attribuée au juge de paix et au maire. (Instr. Crim. 138.)

19. *Amende. Taux. Tribunal de police.* — C'est le taux supérieur maximum de l'amende ou de la peine encourue qui fixe la compétence des tribunaux de police. (Cass. 31 janvier 1824.)

20. *Algérie. Juge de paix. Délit forestier.* — En Algérie, la connaissance des délits et contraventions commis, même dans les bois soumis au régime forestier, appartient aux juges de paix et non aux tribunaux correctionnels, dans tous les cas où les peines n'excèdent pas 6 mois d'emprisonnement et 500 francs d'amende. (Décr. des 14 mai 1850 et 19 avril 1854. Alger, 5 mars 1868.)

21. *Juge de paix. Algérie.* — Le décret du 14 mai 1850, qui attribue aux juges de paix de l'Algérie la connaissance des délits et contraventions en matière forestière, dans le cas où l'amende réclamée par la citation ne dépasse pas 150 francs est toujours en vigueur et s'applique aux poursuites faites à la requête de l'administration forestière, comme à celles faites à la requête des particuliers. (Alger, 27 mai 1887.)

22. *Dommages.* — Le juge de paix cesse d'être compétent pour connaître des dommages aux champs, fruits et récoltes, lorsque la propriété et la servitude sont contestées ; mais il faut que la contestation ait un caractère sérieux. (Loi du 25 mai 1835, art. 5.)

23. *Elagage. Juge de paix.* — Les juges de paix sont seuls compétents pour les actions en élagage. (Loi du 25 mai 1838, art. 5, § 1.)

24. *Bois particuliers. Récidive. Tribunaux ordinaires.* — En cas de poursuite devant un juge de paix, l'état de récidive doublant l'amende, la compétence du juge de paix ne subsiste que si l'amende ainsi doublée n'excède pas 15 francs. (Cass. 4 juillet 1844.)

25. *Bois non soumis. Contraventions.* — La connaissance des *contraventions* commises dans les bois non soumis au régime forestier est attribuée aux juges de paix, lorsqu'elles sont poursuivies à la requête des particuliers. (Instr. Crim. 138, 139.) Il en serait de même si le ministère public poursuivait. (Cass. 25 janvier 1838.)

26. *Qualification. Tribunal de simple police. Incompétence.* — Lorsqu'un tribunal de simple police est saisi de la connaissance d'un fait qualifié délit ou contravention, il doit examiner quelle est la disposition de la loi qui le prévoit et le punit et ne se dessaisir que lorsqu'il résulte de cet examen que le fait rentre bien réellement dans les prévisions d'une disposition dont l'application excède sa compétence. (Cass. 18 février 1854, 4 décembre 1862.) V. Bornage.

§ 2. *Tribunal de première instance. (Civil et correctionnel.)*

27. *Tribunaux ordinaires. Propriété. Capacité.* — En droit commun et hors le cas où une loi exceptionnelle en a disposé autrement, les questions de *propriété et de capacité* sont du ressort de l'autorité judiciaire. (Cass. 3 février 1844.)

28. *Tribunaux correctionnels.* — Les tribunaux correctionnels sont seuls compétents pour les poursuites en délit forestier intentées par l'administration forestière. (Cod. For. 171. Instr. Crim. 179.) Excepté en Algérie.

29. *Tribunaux correctionnels. Bois particuliers.* — La connaissance des délits commis dans les bois particuliers n'est attribuée aux tribunaux correctionnels que lorsqu'ils emportent une amende au-dessus de 15 francs. (Cass. 27 juin 1811.)

30. *Tribunaux correctionnels.* — Les tribunaux correctionnels connaîtront de tous les *délits* (bois en général) dont la peine excède 5 jours de prison et 15 francs d'amende. (Instr. Crim. 179.)

31. *Bois particuliers. Tribunaux ordinaires.* — Il n'est rien changé aux dispositions du code d'instruction criminelle, relativement à la compétence des tribunaux pour statuer sur les délits et contraventions commis dans les bois et forêts qui appartiennent aux particuliers. (Cod. For. 117, 187, 190. Instr. Crim. 20, 137, 139, 179. Cod. Pén. 9, 10, 11, 464.)

32. *Action civile. Action pénale. Tribunaux correctionnels.* — Les tribunaux correctionnels sont compétents pour connaître de l'action civile et de l'action pénale poursuivies à la requête de l'administration forestière. V. Poursuite. Action civile.

33. *Vente. Nullité. Tribunaux judiciaires.* — L'autorité judiciaire a le droit de se prononcer sur des conventions qui sont le résultat de délits spécifiés (vente, nullité) et au sujet desquels il ne s'élève, d'ailleurs, aucune question relative soit à la forme, soit au sens d'un acte administratif. (Cass. Cons. d'Etat. Circ. N 87.)

34. *Tribunaux. Bois particuliers. Usagers.* — En cas de contestation entre le propriétaire et l'usager, il sera statué par les tribunaux. (Cod. For. 121.) Excepté pour la nécessité du pâturage. (Cod. For. 64.)

35. *Bois communal. Cantonnement. Jouissance. Partage. Tribunaux judiciaires.* — Lorsqu'à la suite d'un cantonnement exécuté entre une commune et l'Etat, les habitants de cette commune prétendent exercer, sur les produits de la portion de la forêt attribuée en toute propriété, les mêmes droits que ceux qu'ils exerçaient avant le cantonnement, et que la commune soutient que le partage doit s'exercer sur d'autres bases, c'est à l'autorité judiciaire qu'il appartient de connaître de la contestation. (Cons. d'Etat, 31 janvier 1867.)

36. *Contrats. Administration. Adjudicataire.* — Les tribunaux judiciaires sont compétents pour déterminer le sens et la portée des contrats auxquels est intervenue l'administration des forêts, au point de vue du droit et des obligations qui en résultent pour l'administration et l'adjudicataire. (Trib. des conflits. Décision du 13 juin 1890.)

37. *Tribunaux ordinaires. Décret. Régime forestier.* — Les tribunaux sont compétents pour appliquer un décret qui soumet des bois communaux au régime forestier, alors que le sens de ce décret ne présente aucune ambiguïté. (Grenoble, 27 mars 1866.)

38. *Exception préjudicielle. Tribunaux civils.* — Les questions préjudicielles de propriétés sont renvoyées devant les tribunaux civils, seuls juges en ces matières. Ici, le juge de l'action n'est pas le juge de l'exception, à cause de la nature du droit et du titre sur lesquels s'élève le débat.

39. *Sentences des grands maîtres. Tribunaux ordinaires.* — Les tribunaux ordinaires ont le droit, à l'exclusion des tribunaux administratifs, d'interpréter les décisions et sentences rendues par les grands maîtres réformateurs, avant 1669, ces sentences ayant caractère de décisions judiciaires. (Cass. 8 août 1853.)

40. *Qualification. Tribunaux correctionnels.* — Si un fait qui n'est qu'une contravention a été qualifié délit et si la partie publique ou la partie civile n'ont pas demandé le renvoi en simple police, le tribunal correctionnel appliquera la peine et statuera, s'il y a lieu, sur les dommages-intérêts. Dans ce cas, tout jugement sera en dernier ressort. (Instr. Crim. 192.)

41. *Marchés.* — La connaissance des contestations sur l'interprétation et l'exécution de marchés pour fournitures ou travaux, survenues entre l'administration forestière et des entrepreneurs, appartient à l'autorité judiciaire. (Cons. d'Etat, 2 mai 1873. Circ. N 319.)

SECT. III. — TRIBUNAUX ADMINISTRATIFS.

42. *Conseil de préfecture. Contentieux.* — A l'avenir, seront portées devant les conseils de préfecture toutes les affaires contentieuses dont le jugement est attribué au préfet, en conseil de préfecture, sauf recours au conseil d'Etat. (Loi du 21 juin 1865, art. 11.)

43. *Conseil de préfecture. Acte administratif.* — Le conseil de préfecture est seul compétent pour interpréter un acte administratif, tel qu'un marché passé avec un entrepreneur de travaux publics pour extraction de matériaux.

44. *Conseil de préfecture.* — La compétence du conseil de préfecture, dans l'étendue de son ressort, est déterminée, non par le caractère de l'action ou le domicile des parties, mais par la situation des lieux. (Cabantous.)

45. *Conseil de préfecture. Pâturage. Nécessité.* — Lorsqu'une commune usagère prétend qu'un droit de pâturage, dont le propriétaire de la forêt veut opérer le rachat, est pour elle d'absolue nécessité, le conseil de préfecture est seul compétent pour statuer sur ce sujet. (Cod. For. 64, § 2.)

46. *Affouage. Aptitude.* — Les tribunaux administratifs sont seuls et exclusivement compétents, pour prononcer sur la question de savoir si l'habitant qui réclame contre la liste et demande son inscription réunit les conditions d'aptitude nécessaires pour

participer à l'affouage. Ces tribunaux sont le conseil de préfecture et le conseil d'Etat, formant le premier et le second degré de la juridiction administrative.

C'est donc au conseil de préfecture du département, dans lequel est comprise la commune, que le réclamant devra soumettre sa demande, quel que soit, d'ailleurs, le motif de sa réclamation, comme au juge naturel et général de tout le contentieux en matière de jouissance communale. (Migneret.) V. Domicile. Chef de famille.

S'il s'agit de réclamations basées sur la qualité d'*étranger*, sur un usage contraire au mode de distribution prescrit par l'article 105, dont l'existence ou la légalité serait contestée, sur des titres particuliers, sur des réunions ou distractions de communes, les tribunaux ordinaires doivent continuer à en connaître. (Meaume.)

47. *Travaux publics. Fouilles. Entrepreneurs. Indemnités.* — Les conseils de préfecture sont seuls compétents pour les difficultés entre les entrepreneurs des travaux publics et l'administration, sur le sens ou l'exécution des clauses de leurs marchés (cette disposition ne serait pas applicable à l'administration forestière, V. Circ. N 319) et sur les indemnités dues aux particuliers, à raison des terrains pris ou fouillés pour les travaux publics. (Loi du 28 pluviôse an VIII, titre II, sect. I, art. 4.)

48. *Extraction de matériaux. Travaux publics.* — Lorsqu'un propriétaire averti excipe de la clôture de son terrain pour s'opposer à l'extraction des matériaux pour les travaux publics, le conseil de préfecture est seul compétent pour décider de ce litige. (Toulouse, 10 mars 1834.)

49. *Zone frontière.* — Le conseil de préfecture est compétent pour les infractions commises, dans la zone frontière, contre la loi sur les travaux mixtes. (Loi du 7 avril 1851, art. 7. Circ. N 35.)

COMPLAINTE.

1. *Définition.* — Dans son acception générale, ce mot indique toute action possessoire. Dans un sens plus restreint et plus usuel même, il désigne l'action par laquelle une personne troublée dans la possession annale d'un immeuble demande à y être maintenue. (Block.)

2. *Action. Ouverture.* — L'action en complainte (possessoire) doit être formée dans l'année du trouble, contre l'auteur de ce trouble. (Ord. avril 1667. Proc. Civ. art. 23.) V. Juge de paix.

3. *Principe. Action.* — Si aucun est troublé en la possession et jouissance d'un héritage, droit réel ou universalité de meubles qu'il possédait publiquement, sans violence, à autre titre que de fermier ou possesseur précaire, il peut, dans l'année du trouble, former complainte, en cas de saisine et nouvelleté contre celui qui a fait le trouble.

Celui qui aura été dépossédé par violence ou voie de fait pourra demander la réintégrande par action civile et ordinaire, ou extraordinairement par action criminelle, et, s'il a choisi l'une des deux, il ne pourra se servir de l'autre, à moins qu'on ne lui réserve l'action civile.

Celui contre lequel la complainte sera jugée ne pourra former la demande au pétitoire, avant que le trouble n'ait cessé et que celui qui a été dépossédé ne soit rétabli.

Les demandes en complainte ne pourront être jointes au pétitoire, ni le pétitoire poursuivi, avant que la demande en complainte n'ait été terminée. (Ord. avril 1667, titre XVIII, art. 1, 2, 4 et 5.)

4. *Habitants. Censitaires.* — L'action en complainte existe au profit des habitants qui, sous le nom de censitaires, sont dans l'usage de se partager les produits d'un bois, à l'exclusion des autres habitants ; cette action peut leur appartenir *ut singuli*, et ils ne sont pas alors tenus d'agir comme s'ils constituaient une section de commune. (Cass. 24 février 1874.)

5. *Action en réintégrande.* — L'action en réintégrande est recevable même entre communistes associés ayant, par leur titre, des droits indivis, attendu que le juge de cette action n'a pas à se préoccuper des titres que le défendeur, auteur du trouble, pourrait faire valoir contre le demandeur qui se plaint d'une dépossession violente. (Cass. 25 juin 1889.)

COMPLICE. COMPLICITÉ.

1. *Définition.* — Le complice est celui qui, par dons, promesses, menaces, abus d'autorité ou de pouvoir, artifices, etc., a provoqué un délit ou donné des instructions pour le commettre ; celui qui a procuré les instruments, en sachant l'emploi auquel ils devaient servir ; celui qui a, avec connaissance de cause, aidé, assisté, préparé ou facilité le délit ; celui qui a recélé les objets enlevés en délit. Les complices seront punis de la même peine que les auteurs du délit. (Cod. Pén. 59, 60, 62.)

2. *Principes. Délit. Contravention.* — La complicité n'existe que pour les délits et non pour les contraventions.

3. *Principes. Application.* — Les dispositions des articles 59, 60 et 62 du code pénal, relatives à la complicité, sont applicables à tous les crimes et délits réprimés par des lois spéciales. (Cass. 20 janvier 1877.)

4. *Peines.* — Les complices sont solidaires des condamnations (amende, dommages-intérêts et frais) prononcées contre eux ou les auteurs. (Cod. Pén. 55.)

5. *Délits forestiers.* — Le principe relatif à la complicité n'est pas applicable aux délits de coupe de bois prévus par le code forestier. Lorsque plusieurs délinquants ont coopéré à un délit, il ne doit être prononcé que l'amende afférente à ce délit et tous les délinquants la supportent cumulativement ou solidairement. (Cass. 23 août 1834.)

6. *Préposés. Juridiction.* — Les complices d'un garde, quoique simples particuliers, sont soumis à la même procédure que le garde. (Cass. 30 janvier 1845.)

7. *Maître. Domestique.* — Le maître qui donne à son domestique l'ordre de commettre un délit est passible des peines portées par la loi contre ce délit, et non pas seulement des dommages-intérêts résultant de la responsabilité civile. (Cass. 11 janvier 1808.)

8. *Poursuites.* — L'action pénale peut être exercée contre les complices d'un délit, malgré le décès de l'auteur du délit.

9. *Fait délictueux.* — Celui qui traite avec un tiers pour l'exécution d'un fait qualifié délit par la loi se rend complice ou co-auteur de ce délit. (Aix, 9 mars 1865.)

10. *Bois de délit.* — La personne chez laquelle on trouve une partie des arbres coupés en délit et qui ne veut pas déclarer ses complices est responsable des peines encourues pour tout le délit. (Cass. 23 oct. 1812.)

11. *Bois acheté de nuit. Insolvables.* — Le fait d'avoir acheté des bois, pendant la nuit, d'individus insolvables et de les avoir cachés dans une écurie, constitue la complicité. (Grenoble, 13 novembre 1874.)

12. *Bois d'usage.* — Celui qui achète des bois d'usage délivrés à un usager n'est pas complice du délit commis par l'usager et ne peut pas être puni et poursuivi comme tel. (Cass. 6 mai 1837.)

13. *Chasse.* — Les règles générales sur la complicité sont applicables aux délits de chasse. (Rouen, 9 juin 1871. Cass. 20 janvier 1877.) V. Achat de gibier.

14. *Chasse. Circonstances.* — Pour le délit de chasse, est considéré comme complice : celui qui porte le sac du chasseur, bat le buisson et cherche sur la neige la piste du gibier (Lyon, 28 mars 1865) ; celui qui porte une arme pour commettre un délit de chasse, sachant qu'elle devait y servir (Limoges, 28 décembre 1854) ; celui qui sciemment reçoit du gibier tué en délit (Rouen, 9 juin 1871) ; le père qui garde des œufs de perdrix enlevés par son fils (Cass. 20 janvier 1877) ; celui qui reçoit et se trouve détenteur de gibier pris à l'aide d'engins prohibés, bien que l'auteur du délit soit resté inconnu (Blois, 10 novembre 1876) ; celui qui loue à des braconniers des voitures, les transportant et les attendant sur le lieu du délit, alors que ce loueur connaissait les agissements des braconniers. (Trib. de Melun, 5 janv. 1881.)

COMPTABILITÉ.

CHAPITRE I.

Comptabilité en général.

SECT. I. — PRINCIPES GÉNÉRAUX.

1. *Principes.* — Tout service rendu à l'Etat, sous une condition pécuniaire, donne lieu à une créance, qui existe après l'accomplissement des conditions consenties ou imposées. Cette créance étant constatée, le conservateur, en qualité d'ordonnateur secondaire, demande à l'administration les fonds pour payer cette créance. Le ministre *ouvre un crédit* ; après cette délégation, l'ordonnateur secondaire mandate la créance, et c'est en vertu du *mandat* délivré que le créancier se présente chez un comptable de l'Etat, qui le solde ; dès lors, la créance est payée et l'Etat libéré.

2. *Dépenses. Autorisation. Principe.* — Toutes les dépenses ressortissant au ministère de l'agriculture sont autorisées par le ministre lui-même. (Arr. Min. 18 juillet 1888. Circ. N 402.)

3. *Dépenses. Atténuation de recettes.* — Les dépenses par atténuation de recettes sont interdites. (Ord. 31 mai 1838. Circ. A 606 quinquies.)

4. *Opérations. Registres. Sommiers.* — Les créances donnent lieu à quatre opérations : 1o *constatations des droits* ; 2o *demande et ouverture de crédit* ; 3o *délivrance des mandats ;*

4° *payements*. Les trois premières opérations se consignent dans les bureaux des ordonnateurs secondaires, sur trois livres spéciaux : 1° *livre des droits constatés* (Circ. A 357) ; 2° *livre-journal des crédits ;* 3° *livre-journal des mandats.*

Il existe un quatrième livre *(livre des comptes)*, sur lequel figurent les crédits, les mandats et les payements. (Livre des travaux. V. n° 22.)

Cette division suffit pour un seul département. Lorsqu'une conservation comprend plusieurs départements, on établit des états par département sur lesquels on consigne les sommes qui les concernent, avec la division par nature de dépense. (Crédit. Mandat. Payement.)

5. *Livres et registres des conservateurs. Nomenclature.* — Les livres de la comptabilité administrative des conservateurs sont au nombre de quatre, savoir :

1° Un livre-journal des crédits délégués ;

2° Un livre d'enregistrement des droits des créanciers ;

3° Un livre-journal des mandats délivrés ;

4° Un livre de compte par nature de dépense.

Ces livres sont tenus par exercice ; les opérations de chaque exercice se cumulent sur les mêmes livres, jusqu'à l'époque de la clôture. (Décr. 31 mai 1862, art. 299 à 301. Règl. Min. 26 décembre 1866, art. 171.)

6. *Livre-journal des crédits délégués.* — Le livre-journal des crédits délégués reçoit l'enregistrement sommaire en masse des ordonnances ou extraits d'ordonnances dans l'ordre de leur arrivée. Cet enregistrement doit avoir lieu dans le mois de l'émission de l'ordonnance, sans avoir égard à celle de la réception de la lettre d'avis et sans que la limite accordée pour compléter les écritures, et fixée au 5 du mois suivant, puisse être dépassée. (Règl. Min. 26 décembre 1866, art. 172.)

7. *Livre des droits constatés.* — Le livre des droits constatés est destiné à l'enregistrement des créances du ministère des finances, aussitôt que leur fixation a été déterminée par la liquidation, et quand bien même le payement devrait en être ajourné.

Ce livre est arrêté à la fin de chaque mois, après y avoir inscrit les droits personnels acquis à tous les titulaires d'emploi pour leurs services. (Règl. Min. 26 décembre 1866, art. 173.)

8. *Livre-journal des mandats.* — Le livre-journal des mandats délivrés est consacré à l'enregistrement immédiat et successif, par ordre numérique, de tous les mandats individuels ou collectifs délivrés. (Règl. Min. 26 décembre 1866, art. 174.)

9. *Livre des comptes.* — Le livre des comptes par nature de dépense est destiné à rapprocher et à présenter sous un seul aspect, pour chaque division de la nomenclature détaillée du budget, les crédits délégués, les mandats délivrés et les payements effectués. Il est procédé, à cet effet, pour les crédits et les mandats, au dépouillement : 1° du livre-journal des crédits ; 2° du livre-journal des mandats ; 3° du relevé des mandats acquittés, qui est reçu des comptables du Trésor au commencement de chaque mois. (Règl. Min. 26 décembre 1866, art. 175.)

10. *Livres de comptabilité.* — Les livres de comptabilité des ordonnateurs secondaires sont arrêtés, pour chaque exercice, au 30 avril de l'année qui suit celle dont l'exercice porte la dénomination. (Loi du 25 janvier 1889. Circ. N 406.)

11. *Chapitres.* — La division des crédits par nature de dépense a fait diviser le budget en chapitres, articles et paragraphes.

Les chapitres de la comptabilité de l'administration forestière sont les suivants :

Exercices périmés. Exercices clos. Personnel. Personnel et matériel de l'enseignement forestier. Amélioration et entretien des forêts domaniales. Restauration et conservation des terrains en montagne. Fixation des dunes. Aménagement et exploitation. Chasses. Impositions. Matériel et dépenses diverses. Remboursement.

12. *Exercices clos et périmés.* — Les dépenses des *exercices périmés* et *exercices clos* sont liquidées directement par l'administration. Toutefois, pour les *exercices clos*, les crédits de délégation non consommés au 31 décembre de chaque année doivent être annulés dans la comptabilité des ordonnateurs secondaires, et les mandats délivrés sur ces crédits cessent d'être payables à la même époque. (Régl. Min. 26 déc. 1866, art. 161.)

13. *Clôture de l'exercice. Pièces à fournir.* — Au 30 avril de chaque année, le conservateur adresse au ministère de l'agriculture :

1° Une situation sommaire et définitive des crédits délégués, des dépenses constatées et des mandats émis à la clôture de l'exercice, ainsi que les bordereaux délivrés par les trésoriers-payeurs généraux constatant les payements effectués à la fin de l'exercice ;

2° L'état de développement, par département et par nature de dépense, du net des crédits délégués et des payements effectués à la fin de l'exercice ;

3° L'état de développement, par classe d'emploi, du montant net de la dépense définitive de l'exercice par traitements fixes ;

4° L'état nominatif présentant, par chapitre, article et paragraphe, le montant des créances restant à payer à la clôture de l'exercice, ainsi que la nature des créances ;

5° Un état récapitulatif des versements effectués pendant toute la durée de cet exercice ;

6° Un état récapitulatif des certificats de réimputation délivrés pendant le même exercice. (Circ. Min. autogr. 13 août 1884. Loi du 25 janvier 1889. Circ. N 406.)

14. *Prescription.* — Les créances d'exercices clos, non payées pendant l'année où elles ont été mandatées, ne sont réordonnancées que sur des réclamations spéciales, sauf la limite de la prescription quinquennale. (Décr. du 31 mai 1862, art. 161.)

15. *Clôture.* — A l'expiration de la période quinquennale (Loi du 29 janvier 1831, art. 9), toutes les créances restant à solder sont annulées et l'exercice cesse de figurer sur la comptabilité du ministère. (Décr. du 31 mai 1862, art. 134. Règl. Min. 26 décembre 1866, art. 165. Circ. N 104. Loi du 25 janv. 1889. Circ. N 406.)

16. *Restauration des montagnes. Comptabilité spéciale.* — Il est tenu une comptabilité spéciale par série et par périmètre ou par fraction de périmètre comprise dans une section d'agent directeur et régisseur de travaux.

La comptabilité est arrêtée par mois. Pour plus de commodité et afin d'éviter le fractionnement des semaines, il est convenu que cette période de comptabilité se termine au dernier samedi du mois. (Instr. Gén. du 2 février 1885, art. 134. Circ. N 345.)

SECT. II. — CONSTATATION DES DROITS.

17. *Droits constatés. Personnel.* — Les droits sont constatés par les arrêtés de nomination et la présence à leur poste des agents et préposés.

18. *Indemnités.* — L'administration fixe annuellement les indemnités et le conservateur les liquide mensuellement ou par trimestre.

19. *Correspondance. Transport.* — Le crédit pour payer les menus frais de correspondance avancés par les agents est ouvert par l'ordonnance délivrée par le ministre. La liquidation se fait par le conservateur et par semestre, d'après les reçus fournis par les agents à l'appui des états de frais. (Circ. N 402.)

20. *Exploitation par économie.* — Les travaux par économie sont exécutés sous la direction d'un agent chargé de surveiller et payer les ouvriers. Ce mode d'exécution oblige de mandater, au nom de l'agent régisseur, la somme présumée nécessaire, avant de pouvoir constater les droits. Cependant ce mandatement ne s'opère qu'après que l'agent s'est engagé à fournir, dans le délai de trente jours, les pièces justificatives de l'emploi de la somme demandée, dont il demeure responsable, jusqu'à la fourniture des états d'ouvriers émargés.

21. *Etat de journées.* — Cet état doit être adressé dans le délai d'un mois, à dater du jour où le mandat a été touché. Il est attesté par l'agent régisseur, certifié par le chef de service, visé par le conservateur et envoyé au trésorier-payeur général.

22. *Reversement.* — Si tout le mandat n'avait pas été employé, il y aurait lieu de reverser l'excédant non employé dans la caisse du trésorier-payeur général, qui en donne un récépissé et en même temps une déclaration de versement.

L'agent régisseur adresse le récépissé au conservateur, en faisant connaître le numéro, la date et le montant du mandat auquel il se rapporte ; le conservateur transmet le récépissé au ministère de l'agriculture, et la déclaration de versement de la somme restée sans emploi, avec les autres pièces, au trésorier-payeur général.

23. *Bordereau.* — Les agents spéciaux des services régis par économie forment des bordereaux en double expédition (en triple expédition pour les travaux exécutés dans les périmètres de restauration) (Form. série 11, n° 33) des pièces et quittances fournies par les parties prenantes, en y joignant, s'il y a lieu, le récépissé du reversement de la somme non employée ou non justifiée ; ils soumettent ces bordereaux à la vérification et au visa de l'ordonnateur des avances et les produisent ensuite, avec les pièces à l'appui, aux comptables du Trésor, qui leur remettent une expédition desdits bordereaux, après l'avoir revêtue de leur déclaration de réception. (Règl. Min. 26 décembre 1866, art. 136. Circ. N 104. Instr. Gén. du 2 févr. 1885, art. 183. Circ. N 345.)

24. *Travaux d'entretien et d'amélioration.* — Ce chapitre comprend tous les travaux autres que les exploitations par économie, tels que les frais de délimitation et aménagement, construction de maison forestière, route, fossés d'assainissement, etc. Les conservateurs sont chargés de toutes les liquidations.

Ces liquidations s'opèrent d'après les procès-verbaux de réception provisoire et définitive dressés par les agents. Pour les travaux de peu d'importance, un seul procès-verbal de réception suffit ; mais, pour les travaux considérables, où il a été imposé un délai de garantie, le travail n'est reçu que provisoirement, et, dans ce cas, le conservateur ne liquide que jusqu'à concurrence des 5/6 de l'entreprise, sur le vu du procès-verbal de réception provisoire ; le dernier paiement est effectué après le règlement final de l'entreprise ; le cahier des charges indique, d'ailleurs, la marche à suivre. Les procès-verbaux de réception doivent être signés par l'agent et l'entrepreneur. (Circ. A 514.)

25. *Registre des travaux.* — Il est établi dans les conservations un registre spécial pour la comptabilité des travaux d'amélioration de toute nature. (Form. série 3, nº 15. Circ. N 22, art. 35.)

26. *Contribution pour chemins vicinaux. Bois domaniaux.* — Au mois de janvier, le directeur des contributions directes transmet au conservateur, avec les avertissements, l'état du montant des centimes départementaux. Le conservateur liquide ensuite cette dépense. (Circ. A 415. Circ. N 68. Circ. N 99. Circ. N 402.)

27. *Frais de bureau des conservateurs.* — Il est alloué un crédit annuel pour frais de bureau; ces frais sont mandatés directement par le conservateur et par trimestre, sans qu'il soit nécessaire de joindre des pièces justificatives à l'appui de ce mandat. (Circ. A 566.)

28. *Indemnité aux sous-officiers. Préposé domanial. Premier établissement.* — Cette indemnité est ordinairement de 100 francs, et elle est réduite de la valeur de l'habillement fourni. (Arr. Min. du 28 octobre 1873. Circ. N 189.)

29. *Frais d'adjudication.* — Ces frais sont liquidés par le conservateur; sur le vu des pièces suivantes :

Bordereau de frais pour { Coupes ordinaires et extraordinaires et autres produits principaux. / Tous les menus produits. / La chasse. }

Chaque bordereau doit être arrêté en toutes lettres par l'agent qui assiste à la vente; il doit être signé par lui et le fonctionnaire président, avec la mention de la qualité de chacun.

Il doit indiquer en tête le jour et la nature de la vente; les parties prenantes doivent être désignées au tableau par les noms et prénoms. (Vérifier les bordereaux, car les frais varient suivant la vente.)

Chaque bordereau, arrêté par le conservateur, est joint comme pièce justificative à l'un des mandats délivrés en vertu de cet arrêté. (Form. série 11, nº 6.)

30. *Frais d'impression.* — Ces frais sont liquidés par le conservateur, sur la production des pièces suivantes :

1º Mémoire de l'imprimeur en double expédition, dont une sur timbre, arrêtée par l'imprimerie nationale;

2º Deux exemplaires de chaque imprimé;

3º Etat des frais dressé par l'inspecteur et arrêté par le conservateur.

Pour les clauses spéciales, le conservateur dresse lui-même l'état des frais et l'arrête. (Circ. N 402.)

31. *Frais d'instance correctionnelle. Mémoires des greffiers et huissiers.* — Ces frais sont liquidés par le conservateur, sur le vu des mémoires fournis par les greffiers et les huissiers, en simple expédition. A l'appui de ces titres, les créanciers doivent joindre les reçus des parties auxquelles les extraits de jugements ont été remis; ces reçus sont fournis par l'inspecteur des forêts, le receveur des domaines ou le ministère public. Les dépenses de cette nature se liquident en fin d'année.

32. *Citations à témoins.* — Les citations taxées par le président du tribunal sont payées directement par le receveur des domaines, qui demande ensuite au conservateur un mandat d'une somme égale pour régulariser ses écritures. Ces mandats sont renvoyés par le retour du courrier, attendu qu'on mandate une somme déjà payée.

33. *Exercice. Frais. Paiement.* — Les frais de poursuite et d'instance et autres frais judiciaires appartiennent à l'année pendant laquelle le paiement en est ordonné. Pour les condamnations à la charge de l'Etat, l'exercice est déterminé par la date des jugements ou arrêtés définitifs.

34. *Frais de poursuite tombés en non-valeur. Frais de fourrière. Frais de vente des animaux saisis, etc.* — Ces états ne sont pas soumis à la taxe du président du tribunal ; il suffit qu'ils soient visés par le directeur des domaines. (Décis. Min. 9 juin 1855. Circ. A 514.)

35. *Frais d'instance civile.* — Le décret de décentralisation du 25 mars 1852 a investi les préfets du droit de liquider, en dernier ordre, les dépenses de l'Etat autres que celles qui sont soumises à la taxe des tribunaux et jusqu'à concurrence de 2000 francs, sauf recours au ministre des finances, dans le cas où les parties trouveraient leurs intérêts lésés par les arrêtés préfectoraux.

Ces dépenses sont, dans tous les cas, à la charge de l'administration, soit que l'Etat gagne son procès, soit qu'il succombe. (Lettre du directeur des domaines, 8 juin 1859.) Elles doivent comprendre par prévision les frais d'expertise. (Circ. A 546.)

36. *Remboursement.* — L'administration liquide les fonds de remboursement ou de restitution destinés à rendre des sommes indûment versées dans la caisse du Trésor.

37. *Bois aliéné. Salaire des gardes.* — Le salaire des gardes des bois aliénés est payé par les acquéreurs jusqu'à la libération entière; mais, comme ce traitement appartient

aux gardes, c'est un remboursement que fait l'État. Ce traitement est mandaté sur les formules ordinaires, mais il est dressé un état spécial de traitement, qui est transmis à l'administration avec les autres états des agents.

38. *Bois indivis.* — Le même mode est employé pour le salaire des bois indivis.

39. *Enregistrement des droits constatés.* — Sur le livre des droits constatés, on opère l'enregistrement des créances.

SECT. III. — CRÉDITS.

40. *Crédits.* — Il y a les crédits d'office et les crédits demandés.

41. *Crédits d'office.* — Les crédits d'office sont accordés par le ministre, sur la proposition de l'administration.

42. *Crédits demandés.* — Les crédits demandés par le conservateur se divisent en deux classes :

1° Crédits de prévision ;

2° Crédits limités.

A. — *Crédits de prévision.* — Ces crédits s'appliquent aux créances qu'il est nécessaire de mandater immédiatement après la constatation des droits et qu'on ne peut évaluer exactement au commencement du mois ; tels sont les frais du personnel, d'adjudication, de justice, etc., pour lesquels il est bon d'avoir, par avance, les fonds dont on peut disposer. Toutefois, il faut éviter d'exagérer les demandes, de peur d'avoir des excédants de crédits trop considérables.

B. — *Crédits limités.* — On range dans cette catégorie les crédits qui ne peuvent être dépassés et qui sont fixés d'après les propositions des agents. La décision qui les autorise fixe le montant de la dépense, et les conservateurs ne peuvent excéder ce chiffre.

43. *Dépenses. Crédits.* — On doit, pour les dépenses, se renfermer strictement dans la spécialité de chaque article du budget, indiqué dans les lettres de notification. (Circ. A 822.)

44. *Demandes. Délai. Etats.* — Les demandes mensuelles de crédits d'office doivent être adressées le premier de chaque mois, au plus tard. (Note de la direction, 18 janvier 1884. Form. série 11, n° 18.)

Les états de crédit de prévision ne doivent comprendre que des nombres entiers. (Lettre de l'administration, 11 mars 1869.)

45. *Ouverture des crédits mensuels.* — Les crédits sont ordinairement délégués vers le 14 ou le 15 de chaque mois. Les conservateurs en reçoivent avis le 17 ou le 18, par l'envoi d'une ordonnance ministérielle, portant un numéro d'ordre, qui doit être enregistré de suite après sa réception.

Les ordonnateurs secondaires sont autorisés à attendre jusqu'au 5 du mois suivant inclusivement, avant d'arrêter le livre d'enregistrement des crédits délégués. (Note Min. 29 août 1859.)

46. *Sommes.* — Les sommes en chiffres, inscrites dans le corps d'une ordonnance ou d'un mandat, ainsi que de toutes les pièces à l'appui, doivent être énoncées en toutes lettres dans l'arrêté de l'ordonnateur ou du liquidateur. (Circ. N 104, § 1, n° 21.)

47. *Enregistrement des crédits.* — On les enregistre en bloc, sur le livre-journal des crédits ; par chapitres, articles et paragraphes, sur le livre des comptes ; par chapitres, par articles, par paragraphes et par département, sur l'état de crédits dressés à cet effet.

SECT. IV. — MANDATS.

48. *Mandats. Principes.* — Il y a trois espèces de mandats : 1° mandats de traitement; 2° mandats de dépenses diverses; 3° mandats d'exercice clos. Ces mandats se dressent sur des imprimés spéciaux. (Form. série 11, n°s 9, 10 et 11.)

Aucun mandat ne peut être délivré sans être accompagné de pièces justificatives, excepté ceux de frais de bureau des conservateurs.

La somme arrêtée en toutes lettres ne doit être ni surchargée, ni raturée.

En outre, dans le service du reboisement, il existe des mandats à talon et pour payements individuels. (Form. série 7, n°s 62 et 62 bis.)

49. *Mandats de traitement.* — Les mandats de traitement comprennent :

1° Traitement annuel ;

2° Traitement à payer, suivant le nombre de jours de service ;

3° Retenues pour retraite, avancement ou admission, congés, mesure disciplinaire, etc. ;

4° Total des retenues ;

5° Restant à payer.

Le mandat est arrêté au chiffre de la colonne du traitement dû, mais l'Etat en retient une partie pour les pensions civiles, et le fonctionnaire ne touche que la différence de ces deux sommes.

Pour tous les cas de décompte de mandats, il faut étudier et résoudre chaque cas séparément pour chaque retenue et faire ensuite le total.

50. *Mobilisation. Délégation.* — En cas de mobilisation, les préposés peuvent déléguer leur traitement civil et ils adressent aux conservateurs un pouvoir d'émarger sur papier libre. Ce pouvoir sera joint au pre-

mier mandat qui sera toujours au nom du titulaire, mais avec la mention de la personne déléguée. La délégation peut être complète ou partielle et à une ou à plusieurs parties prenantes; dans tous les cas, il faut autant de mandats qu'il y a de parties prenantes différentes. (Circ. N 204.)

51. *Paiement. Retenues.* — Les traitements ou allocations passibles de retenues, qui sont acquittés par les comptables du Trésor, sont *portés pour le brut* dans les ordonnances et mandats, et il y est fait mention spéciale des retenues à exercer pour pension. (Décr. du 9 novembre 1853, art. 5. Circ. N 81, art. 13.)

52. *Service. Installation. Départ.* — Le jour de l'installation compte comme service ; le jour de départ ne compte pas.

53. *Mois.* — Les mois de comptabilité sont de 30 jours.

54. *Mois. Retenues.* — Pour les retenues, de quelque nature qu'elles soient, tous les mois seront comptés pour 30 jours ; lorsque le mois aura 31 jours, le dernier jour ne comptera pas ; mais les mois de 28 jours, comme celui de février, compteront pour 30 jours. (Circ. N 268.)

55. *Retenues.* — La retenue du premier douzième d'augmentation ne doit pas s'exercer par anticipation, mais seulement à partir de la décision, ou de la prestation de serment, ou de l'installation.

56. *Serment. Installation. Traitement.* — Si le fonctionnaire doit prêter serment, son traitement ne commence à courir que du jour où il a prêté serment ; dans le cas contraire (service sédentaire), le traitement est liquidé à partir de son installation.

57. *Centimes. Pensions civiles.* — On doit toujours forcer les centimes pour les pensions civiles, quel que soit le chiffre des millimes, sans pour cela excéder le chiffre total formant le 1/12 ou le 5 p. cent, ou lui être inférieur.

58. *Cessation de service. Changement.* — En cas de changement d'un agent, le conservateur fait connaître la date de sa cessation du service et l'époque à partir de laquelle il ne figure plus sur les états de traitements de la conservation, afin qu'on puisse établir le décompte pour tout son temps de service.

59. *Traitements.* — Les changements de traitement, par suite de classes, courent à partir de la date de l'arrêté qui les a prononcés.

En cas de changement de grade, les augmentations ou diminutions ne courent qu'à partir du serment ou de l'installation.

60. *Délai pour se rendre.* — Il est accordé aux agents et préposés, pour se rendre à leur poste, un délai de dix jours, à partir de la cessation de leurs fonctions. L'administration se réserve de fixer un plus long délai, quand la distance à parcourir paraîtra l'exiger. (Circ. N 51, § 24.)

61. *Mesures disciplinaires. Retenues.* — Les retenues pour mesures disciplinaires doivent être faites au profit des pensions civiles.

62. *Suspension.* — En cas de suspension, les retenues profitent intégralement aux pensions civiles. V. Retenue. Suspension.

63. *Rappel de traitement.* — Si un agent a reçu en moins dans un mois, on lui fait un rappel de traitement le mois suivant ; mais, si l'erreur s'est produite au mois de décembre, on rectifie au moyen d'un état supplémentaire de traitement pour le mois de décembre. On procéderait de même si un agent arrivait dans une conservation au mois de janvier, après avoir quitté son poste au mois de décembre, en vertu d'un congé.

64. *Nouveaux gardes. Traitement.* — L'arrêté de nomination fixe toujours la date de l'entrée en jouissance du traitement.

65. *Agents et préposés venant d'Algérie. Réciproque.* — Lorsque des agents et des préposés passent du service de l'Algérie à celui de la métropole ou réciproquement, leur traitement est imputé sur le budget du service dans lequel entrent les employés déplacés. (Circ. N 107.)

66. *Pièce justificative. Etat de traitement.* — On joint à tous les mandats, comme pièce justificative, l'état de traitement.

67. *Exercice clos. Mandat. Dépenses diverses.* — Les mandats d'exercice clos sont rédigés dans la forme ordinaire ; toutefois, il faut faire attention de ne pas confondre les chapitres, les articles et les paragraphes.

68. *Pièces justificatives.* — On doit énoncer sur tous les mandats les pièces justificatives qui les accompagnent, et, lorsque les mêmes pièces en concernent plusieurs, on les joint au premier mandat, en indiquant sur les autres le numéro de celui auquel les pièces justificatives sont annexées.

69. *Enregistrement.* — Tous les mandats s'inscrivent à la suite les uns des autres sur le livre-journal des mandats, et chacun porte un numéro appartenant à une série non interrompue. Cet enregistrement se fait par chapitres, articles et paragraphes.

70. *Bordereau d'envoi de mandats.* — On réunit tous les mandats par département dans un bordereau collectif, portant un numéro qui doit aussi figurer sur les mandats. on suit une série de numéros par départe-

ment; on additionne les dépenses par chapitres, articles et paragraphes, et on consigne le résultat obtenu sur les livres des comptes; enfin on enregistre les totaux par chapitres, articles et paragraphes sur l'état des mandats délivrés.

Avant d'arrêter les bordereaux en toutes lettres, on s'assure que l'addition du montant des bordereaux, émis pour chaque département, donne un total égal à celui qu'on obtient au livre des mandats, en additionnant toutes les sommes mandatées.

71. *Visa du trésorier-payeur général.* — On adresse ensuite les mandats, avec les bordereaux, à chaque chef de service, qui en accuse réception, en renvoyant le bulletin de transmission, et les transmet au trésorier-payeur général pour les faire viser. En ce qui concerne le département où se trouve le siège de la conservation, les mandats sont adressés directement par le conservateur au trésorier-payeur général, qui les vise et les renvoie ensuite.

72. *Visa.* — Les pièces justificatives, produites à l'appui d'un mandat, doivent être revêtues du visa de l'ordonnateur ou de son délégué ; s'il y a un bordereau, il suffit que le bordereau soit visé par l'ordonnateur et que les pièces soient arrêtées par le chef de service que la dépense concerne. (Circ. N 104, § 1, n° 6.) V. Bordereau.

73. *Habillement. Fourniture.* — Au vu des procès-verbaux de réception et après autorisation de la dépense, le directeur des forêts adresse au directeur général de la caisse des dépôts et consignations un mandat de la somme due au fournisseur. Ce mandat est payable à Paris, sur la présentation de la lettre d'avis adressée au fournisseur et contre sa quittance. (Arrêté Ministériel, 28 octobre 1875, art. 7. Circ. N 189.)

SECT. V. — JUSTIFICATION. PAIEMENT. ÉTAT.

74. *Payements.* — Tous les mandats sont acquittés par les receveurs de l'Etat, au nom du trésorier-payeur général, qui, au moyen d'un bordereau adressé au commencement de chaque mois, fait connaître au conservateur les mandats acquittés. Le conservateur indique par un trait, sur le livre des mandats, les numéros qui figurent sur le relevé du payeur et consigne ensuite les résultats par chapitres, articles et paragraphes : 1° sur le livre des comptes ; 2° sur l'état des payements par département.

75. *Réimputation des dépenses.* — Lorsqu'on a provoqué le déclassement d'une dépense qui a déjà fait l'objet de plusieurs mandats, il suffit de fournir au trésorier-payeur général, sur la caisse duquel les mandats ont été acquittés, *un seul* certificat de réimputation, en prenant soin, toutefois, d'y consigner le détail des mandats dont l'application doit être changée. (Lettre du secrétariat général des finances, 15 juillet 1857.)

76. *Etats mensuels au ministère.* — Les états mensuels à adresser au ministère de l'agriculture, le 5 de chaque mois, sont :

1° Etat et décompte des traitements mandatés au profit des agents (nominatif en février). (Form. série 11, n° 20. Circ. A 435. Circ. N 49. Note du 31 janvier 1889.)

2° Même état pour les préposés.

3° Etat des indemnités fixes mandatées au profit des agents et préposés (nominatif en février). (Circ. N 260. Circ. N 279. Form. série 11, n° 41.)

4° Situation, au premier du mois, des dépenses autorisées, des dépenses liquidées et des sommes restant sans emploi. (Form. série 11, n° 22. Circ. Min. 14 août 1888. Circ. N 402.)

Ces trois états sont établis en simple expédition. (Circ. N 402.)

Il est, en outre, transmis au ministère de l'agriculture, le 10 de chaque mois, la situation des crédits délégués, des droits constatés, des mandats délivrés et des paiements effectués. (Règl. Min. 26 décembre 1866, art. 176. Circ. N 104. Comptabilité, série 1, n° 60.)

77. *Etat de situation.* — Avant d'établir l'état de situation, il faut arrêter tous les livres ; l'opération consiste ensuite en un simple relevé du livre des comptes, qui donne les crédits, les mandats et les paiements.

Pour remplir l'état des payements, au moyen de l'état par nature de dépenses et par département, les résultats obtenus devront satisfaire aux conditions suivantes :

1° Le chiffre des crédits devra être le même que celui qu'on obtient sur le livre-journal des crédits.

2° Ceux des mandats et des droits constatés devront concorder avec le total général obtenu sur le livre des mandats.

3° Enfin le chiffre des payements devra être égal à la somme des totaux généraux, qui figurent sur les bordereaux fournis par le payeur.

78. *Etat de développement des crédits et des paiements.* — Cet état se fournit avec la feuille de situation, tous les trois mois, et se dresse par département, à l'aide des états de crédit et de paiement ; les annulations ne figurent pas sur cet état ; on n'y consigne que le net des totaux, et on doit obtenir les résultats suivants :

1° Les totaux par chapitres doivent être égaux à ceux qui figurent sur la situation.

2° Le chiffre des crédits doit être le même que celui du livre-journal des crédits.

3° Le chiffre des paiements doit être égal à la somme des totaux généraux, qui figurent sur les bordereaux fournis par les payeurs.

4° La somme des paiements par département doit être la même que celle de ces mêmes bordereaux. (Circ. 21 juin 1846. Comptabilité, série 1, nº 60 bis.)

79. *Etat du montant présumé de la dépense en fin d'exercice.* — Avant le 1er décembre de chaque année, on doit fournir à l'administration un état faisant connaître, par article et par département, le montant présumé de la dépense en fin d'exercice, les compléments de crédits nécessaires et les crédits délégués devant rester sans emploi et être annulés. (Circ. autogr. nº 53, 30 décembre 1853.)

80. *Mesures légales.* — Toute pièce énonçant des quantités en poids ou mesures doit être rejetée, si ces quantités sont exprimées autrement qu'en poids ou mesures du système décimal. (Loi du 4 juillet 1837. Circ. N 104, § 1, nº 26.)

81. *Ratures. Surcharges et approbation.* — Les pièces justificatives qui présentent des ratures et renvois ne sont pas admises sans l'approbation, en toutes lettres, des renvois et du nombre des mots rayés *comme nuls.* (Circ. N 104, § 1, nº 22.) V. Renvoi. Rature.

82. *Ratures. Surcharges.* — Aucune pièce produite pour la justification des dépenses ne doit être grattée, ni surchargée ; lorsqu'il y a lieu d'y opérer une rectification dans la somme ou dans le texte, la partie à corriger est biffée au moyen d'un trait de plume et remplacée par l'énonciation exacte qui doit lui être substituée. La substitution en interligne ou par renvoi est approuvée et signée ou paraphée par le liquidateur. (Règl. Min. du 26 décembre 1866, art. 72. Circ. N 104.) V. Liquidation. Pièces justificatives.

83. *Signatures.* — Les signatures griffées sont interdites. (Circ. N 104, § 1, nº 24.)

84. *Timbre.* — Les mandats, ayant pour objet des avances faites par le Trésor à des régisseurs comptables pour des services régis par économie, sont exempts de timbre.

85. *Timbre.* — Les quittances de dix francs et au-dessous sont exemptes de timbre. (Loi du 13 brumaire an VII.)

86. *Original. Copie.* — A défaut de la minute ou de l'original de toute pièce justificative à produire aux comptables du Trésor, il peut y être suppléé par des copies dûment certifiées par les agents administratifs compétents et mentionnant, s'il y a lieu, l'accomplissement de la formalité de l'enregistrement.

Les copies remises aux parties pour être produites par elles, aux lieu et place de l'expédition originale, sont délivrées sur timbre, lorsque le timbre est exigé pour l'original.

Les copies faites par les soins de l'administration, pour l'ordre de la comptabilité, sont exemptes de timbre. Elles doivent contenir une mention expresse de leur destination. (Décis. Min. 10 septembre 1830 et 20 janvier 1832.)

Les ordonnances, mandats et quittances sont toujours produits en original. (Circ. N 104, § 2, nº 37.)

87. *Dates.* — Les pièces produites en justification des dépenses et surtout les mémoires des entrepreneurs doivent toujours indiquer la date précise soit de l'exécution des services ou des travaux, soit de la livraison des fournitures. (Circ. N 104, § 1, nº 8.)

88. *Complément des pièces.* — Dans tous les cas où les énonciations contenues dans les pièces produites ne paraîtraient par suffisamment précises, les comptables peuvent se faire délivrer par les ordonnateurs, soit avant le payement, soit en exécution des arrêts de la cour des comptes, des certificats administratifs qui complètent ces énonciations. (Circ. N 104, § 2, nº 38.)

89. *Envoi.* — Les pièces de dépenses, telles qu'état et bordereau, s'adressent sans lettres d'envoi. (Circ. A 444.)

90. *Restauration des montagnes. Vérification.* — Toutes les fois qu'il le juge utile et, dans tous les cas, au moins une fois par trimestre, le chef de service procède à la vérification de la comptabilité des agents régisseurs.

Il dresse immédiatement un procès-verbal de cette opération, qu'il transmet au conservateur. (Form. série 7, nº 64.)

Le conservateur procède, comme le chef de service, à la vérification de la comptabilité des agents régisseurs, conserve dans ses archives les procès-verbaux dressés à ce sujet et rend compte de ces opérations dans un chapitre spécial de son rapport de tournées. (Instr. Gén. 2 février 1885, art. 181, 183 et 187. Circ. N 345.)

91. *Restauration des montagnes. Travaux à l'entreprise. Sommes à valoir.* — En ce qui concerne l'emploi des sommes à valoir, relatives aux travaux par entreprise, la comptabilité de l'agent directeur et celle du chef de service sont tenues comme pour les travaux en régie.

Les sommes à valoir ne doivent être employées qu'à des travaux imprévus, en rapport direct avec les entreprises pour lesquelles elles ont été allouées et seulement lorsque ces travaux ne peuvent être imposés à l'entrepreneur, en vertu de son marché, parce qu'ils comprennent des ouvrages dont les prix ne sont pas portés au devis.

Il y a lieu notamment de s'abstenir de les employer à apporter des modifications aux dimensions et au mode de construction des ouvrages prévus, ces dernières devant, d'ailleurs, toujours être approuvées, soit par le conservateur, soit par l'administration. (Instr. Gén. du 2 février 1885, art. 195 et 196. Circ. N 345.)

92. *Conservations.* — Tableau des opérations à effectuer dans le courant du mois.

JOURS du mois.	NATURE DES OPÉRATIONS.	OBSERVATIONS.
1	Demande de crédits d'office...............	Doit parvenir au ministère avant le 4.
1 au 5	Etats et décompte des traitements mandatés au profit des agents et préposés..........	Adresser au ministère.
Id.	Etats des indemnités fixes...............	Id.
1 au 10	Situation mensuelle des dépenses..........	Id.
Id.	Situation mensuelle des crédits, des droits, des mandats et des paiements...........	Id.
Id.	Etat de développement des crédits et des paiements (tous les trimestres)	Id.
15 au 18	Enregistrement des crédits................	Mandatement après l'arrivée de l'ordonnance.
25 au 30	Constater les droits pour les dépenses non liquidées	»
30	Adresser les mandats, les enregistrer.......	»
»	Constater les droits et délivrer les mandats pour les dépenses urgentes..............	Tout le mois.

CHAPITRE II.

Liquidation. Résumé des modes de comptabilité et indication des pièces à produire à l'appui des ordonnances ou mandats de payements. (Circ. N 104.) (1)

SECT. I. — PRINCIPE.

93. *Liquidation. Conservateur.* — Les conservateurs sont chargés de toutes les liquidations sans exception. (Circ. N 402. Circ. N 404.)

SECT. II. — PERSONNEL.

§ 1. *Traitement.*

94. *Traitements.* — Les traitements des agents et gardes forestiers ne courent qu'à compter du jour de la prestation du serment (2).

(1) Le directeur de l'administration, les conservateurs dans les arrondissements forestiers et le directeur de l'Ecole forestière sont les ordonnateurs secondaires du service des forêts.

On entend par décisions de l'administration les décisions prises par le conseil d'administration, composé du président et des administrateurs.

Dans tous les cas où, d'après la présente nomenclature, une liquidation doit être approuvée par décision de l'administration, il pourra être suppléé à la production de cette décision par la mention de sa date, dûment certifiée par l'ordonnateur secondaire.

La lettre T veut dire *timbré.*

(2) L'état nominatif, produit à l'appui des mandats délivrés pour traitements ou pour indemnités périodiques, est arrêté par les conservateurs. (Circ. N 49.)

Traitements fixes soumis aux retenues pour le service des pensions civiles.
(Loi du 9 juin 1853.)

1. Etat nominatif dûment arrêté, indiquant, pour chaque fonctionnaire ou agent :

A. — Le grade et l'emploi ;
B. — Le chiffre du traitement annuel ;
C. — La durée du service ;
D. — La somme brute à ordonnancer ;
E. — Le montant des retenues à exercer au profit du Trésor pour le service des pensions civiles, en exécution de la loi du 9 juin 1853, savoir :

Retenue de 5 p. cent ;
Retenue du premier douzième de traitement ou d'augmentation ;
Retenue pour congé, absence ou mesure disciplinaire.

Et pour déterminer le montant desdites retenues :

En cas de nomination nouvelle ou de promotion : la date de la décision (1), l'époque de l'entrée en jouissance, la position et le traitement antérieurs.

En cas d'absence pour service public : la nature du service.

En cas d'absence par suite de congé: la date de la décision qui a accordé le congé, avec ou sans dispense de retenue, la nature et la durée du congé, l'époque de la cessation et de la reprise des fonctions.

En cas de retenue disciplinaire (art. 66 du Règlement) : la date de la décision qui en a fixé le montant.

(1) Extrait certifié de l'arrêté de nomination, lorsque l'entrée en jouissance aura été fixée à une époque antérieure à l'installation.

F. — Pour les retenues autres que celles à exercer pour le service des pensions civiles : la nature et le montant de la retenue et la date de la décision qui l'a prescrite ;

G. — La somme nette à payer, déduction faite du montant des retenues.

2. Quittance de l'ayant droit, par émargement ou séparée.

De plus, pour les gardes, en cas de rappel de traitement, décision de l'administration.

94 bis. *Décompte pour les mandats :*

TRAITEMENTS			
Total par an.	Brut par mois.	Net par mois, déduction faite de 5 p. cent pour la retraite.	Net par jour, déduction faite de 5 p. cent pour la retraite.
fr. c.	fr. c.	fr. c.	fr. c.
50 »	4.166	3.95	0.0132
100 »	8.333	7.91	0.2636
200 »	16.666	15.83	0.5273
300 »	25 »	23.75	0.7916
400 »	33.33	31.66	1.055
500 »	41.66	39.58	1.319
600 »	50 »	47.50	1.650
700 »	58.33	55.413	1.8471
800 »	66.66	63.32	2.1106
900 »	75 »	71.25	2.375
1000 »	83.33	79.16	2.635
1200 »	100 »	95 »	3.1664
1800 »	150 »	142.50	4.750
2000 »	166.66	158.33	5.2776
2200 »	183.33	173.16	5.772
2600 »	216.66	205.83	6.861
3000 »	250 »	237.50	7.916
3400 »	283.33	269.16	8.972
4000 »	333.33	316.66	10.555
4500 »	375 »	356.25	11.875
5000 »	416.66	395.83	13.194
6000 »	500 »	475 »	15.833
7000 »	583.33	554.13	18.471
8000 »	666.66	633.33	21.111
9000 »	750 »	712.50	23.750
10000 »	833.33	791.66	26.388

§ 2. *Indemnités.*

95. *Indemnités.* — Des indemnités sont allouées aux agents :

1o Pour le service des dunes ;

2o Pour travaux temporaires des commissions de cantonnement et d'aménagement ;

3o Pour le service des travaux d'art ;

4o Pour entretien de chevaux ;

5o Pour travaux extraordinaires, services divers.

Les indemnités comprises sous les numéros 1, 2, 3 et 4 sont fixes et périodiques ; celles comprises sous le numéro 5 résultent de décisions spéciales du ministre.

96. *Indemnité. Liquidation. Etats.* — A la fin de chaque mois, les conservateurs fournissent un état des indemnités *fixes* mandatées pour le mois, le trimestre ou le semestre écoulé. Cet état sera établi sur l'état série 11, no 41 ; il sera dressé en simple expédition (Circ. N 402) et nominatif pour le mois de janvier ; pour les autres mois, il sera divisé en trois catégories, savoir :

1o Montant en bloc des indemnités payables par mois ;

2o Montant en bloc des indemnités payables par trimestre ;

3o Montant en bloc des indemnités payables par semestre.

Les indemnités payables par mois qui n'ont pas varié comprennent les indemnités :

Aux commissions d'aménagement et de reboisement ;

Aux professeurs des écoles des Barres ;

Aux élèves de l'école secondaire des Barres ;

Aux gardes généraux stagiaires en mission ;

Aux jardiniers de l'école forestière ;

Aux sergents, caporaux et instructeurs militaires ;

Aux commis temporaires ou pour travaux extraordinaires d'écriture ;

A divers, pour surveillance ou autre cause.

Les indemnités payables par trimestre :

Aux conservateurs, pour frais de bureau ;

Aux inspecteurs, pour frais de tournées ;

Aux chefs de cantonnement, pour frais de tournées ;

Aux agents et préposés des dunes ;

Aux agents de la Corse ;

Aux agents dont la circonscription embrasse un département ;

Aux gardes généraux stagiaires et préposés chargés de la direction d'un cantonnement ;

Aux préposés reconnus admissibles au grade de garde général stagiaire, faisant fonctions d'agent ;

Aux préposés, pour frais de logement ;

Aux préposés, pour frais de chauffage. (Circ. N 260.)

A. — *Indemnités périodiques, annuelles ou temporaires.*

(Exemptes de retenues pour le service des pensions civiles.)

1. Etat nominatif, dûment arrêté, indiquant pour chaque fonctionnaire ou agent :

A. — Le grade et l'emploi ;

B. — Le chiffre de l'indemnité annuelle ;

C. — La durée du service ;

D. — *Dans le cas où ladite indemnité n'est pas portée au budget,* la date de la décision qui l'a fixée ;

E. — La somme à payer.

2. Quittance de l'ayant droit, par émargement ou séparée.

b. — *Indemnités variables calculées d'après des tarifs et autres bases fixes de liquidation.*

(Exemptes de retenues pour le service des pensions civiles.)

Travaux extraordinaires. Frais de tournées, de missions, etc.

1. Etat nominatif, dûment arrêté, présentant les bases du calcul des droits acquis et la somme à payer à chaque fonctionnaire ou agent.
2. Tarifs ou autres actes qui fixent ces bases.
3. Quittance de l'ayant droit.

c. — *Indemnités spéciales et gratifications.*

(Exemptes de retenues pour le service des pensions civiles.)

1. Décision qui accorde l'indemnité ou la gratification.
2. Quittance de l'ayant droit.

SECT. III. — MATÉRIEL.

97. *Décision.* — Toutes les dépenses sont autorisées par le ministre. (Circ. N 402.)

§ 1. *Fournitures.*

98. *Fourniture et entretien des marteaux et plaques des gardes.* — Les mémoires sont arrêtés par les conservateurs. Les objets fournis sont pris en charge par l'agent destinataire.

a. — *Fournitures exécutées en vertu d'adjudications publiques ou de marchés de gré à gré.*

Payement unique ou intégral.

1° Procès-verbal d'adjudication ou marché de gré à gré (T), dûment approuvé et enregistré;

2° Cahier des charges (T);

NOTA. Si le cahier des charges est un document administratif d'une application générale et ne constitue pas une annexe spéciale du marché, l'original est exempté du timbre. La partie du cahier des charges qui renferme les clauses spéciales du marché est soumise au timbre.

3° Devis ou soumission (T), contenant l'indication des fournitures et des prix, lorsque ces détails ne résultent ni du procès-verbal d'adjudication ou du marché (n° 1), ni du cahier des charges (n° 2);

4° Certificat constatant la réalisation du cautionnement ou la dispense qui en a été donnée;

5° Facture (T) ou mémoire (T), dûment certifié et arrêté, contenant le détail des fournitures en quantités, les prix d'unités, la date des livraisons et la somme à payer;

6° Certificat constatant l'exécution du service dans les délais et suivant les conditions stipulées, faisant connaître, s'il y a lieu, la date des ordres de livraisons et, de plus, mentionnant la prise en charge par qui de droit des fournitures, ou le numéro d'inscription sur l'inventaire ou le catalogue des objets qui en sont susceptibles;

7° En cas d'exonération ou de réduction des retenues encourues pour retard dans les livraisons, décision qui a prononcé cette exonération ou cette réduction ;

8° Quittance (T) de l'ayant droit;

9° En cas de traité de gré à gré pour les fournitures au-dessus de 20,000 francs ou de 5,000 francs par an, si elles embrassent plusieurs années (Décr. 18 novembre 1882, art. 18. Circ. N 304);

Certificat de l'ordonnateur, relatant l'une des exceptions spécifiées par le paragraphe 1er de l'article 50 du règlement.

NOTA. 1° Lorsque les fournitures résultant d'une même adjudication ou d'un même marché sont scindées, mais que chaque livraison fait l'objet d'une liquidation distincte et complète, dont le montant est ordonnancé intégralement, on produit à l'appui du premier payement toutes les justifications indiquées ci-dessus; pour les payements suivants, les justifications numéros 5, 6, 7 (s'il y a lieu) et 8 sont seules produites, et il suffit de rappeler le numéro de l'ordonnance ou du mandat à l'appui duquel les justifications numéros 1, 2, 3, 4 et 9 (s'il y a lieu) ont été jointes antérieurement, ainsi que la date et le lieu du payement.

Chaque facture ou mémoire doit rappeler la situation de l'entrepreneur, quant aux quantités qu'il était tenu de fournir aux termes de son marché.

2° En cas de *traité à forfait*, il n'est pas nécessaire que le mémoire contienne le décompte détaillé en quantités et deniers, qui ne serait que la reproduction textuelle du devis ou du cahier des charges.

Payements fractionnés.

Premier acompte.

1° Extrait certifié du procès-verbal d'adjudication ou du marché, mentionnant l'approbation et l'enregistrement;

2° Extrait du cahier des charges faisant connaître le montant du cautionnement et les conditions du payement (Règl. art. 50, § 4);

3° Certificat constatant la réalisation du cautionnement ou la dispense qui en a été donnée;

4° Décompte portant la liquidation des fournitures effectuées, indiquant la somme à ordonnancer et, s'il y a lieu, la somme retenue (Règl. art. 109);

5° Quittance (T) de l'ayant droit;

6° En cas de traité de gré à gré pour les fournitures au-dessus de 20,000 francs, ou de 5,000 francs par an, si elles embrassent plusieurs années (Décr. 18 novembre 1882, art. 18. Circ. N 304):

Certificat de l'ordonnateur, relatant l'une des exceptions spécifiées par le paragraphe 1er de l'article 50 du règlement.

Acomptes subséquents.

1° Décompte portant liquidation des fournitures effectuées, indiquant, s'il y lieu, la somme retenue, le détail des acomptes payés, les dates et numéros des ordonnances ou mandats en vertu desquels ces payements ont été faits, le montant et le numéro de l'acompte à ordonnancer (Règl. art. 109);

2° Quittance (T) de l'ayant droit;

3° Dans le cas où le solde serait payé par une autre caisse que celle qui a payé les acomptes:

Certificat (à rattacher au dernier mandat d'acompte) indiquant le numéro et la date de l'ordonnance ou du mandat de solde auquel se trouvent jointes les pièces justificatives de la dépense, le lieu du payement et le compte à l'appui duquel ces pièces doivent être produites;

4° Dans le cas où les premiers payements auraient été effectués par une autre caisse que celle chargée d'acquitter un nouvel acompte ou le solde :

Bulletin indiquant les payements antérieurs et certificat de non-opposition délivré par le comptable désigné audit bulletin.

Payement pour solde.

1° Procès-verbal d'adjudication ou marché de gré à gré (T), dûment approuvé et enregistré;

2° Cahier des charges (T);

Nota. Si le cahier des charges est un document administratif d'une application générale et ne constitue pas une annexe spéciale du marché, l'original est exempté du timbre. La partie du cahier des charges renfermant des clauses spéciales est soumise au timbre.

3° Devis ou soumission (T) contenant l'indication des fournitures et des prix, lorsque ces détails ne résultent ni du procès-verbal d'adjudication ou marché (n° 1), ni du cahier des charges (n° 2);

4° Facture (T) ou mémoire (T), dûment vérifié et arrêté, contenant le détail en quantités, les prix d'unités et le montant total des fournitures, ainsi que la date des livraisons;

5° Décompte relatant les acomptes payés, les dates et les numéros des ordonnances ou mandats antérieurs et la somme à payer ;

6° Certificat constatant l'exécution du service dans les délais et suivant les conditions stipulées, faisant connaître, s'il y a lieu, la date des ordres de livraison et, de plus, mentionnant la prise en charge par qui de droit des fournitures, ou le numéro d'inscription sur l'inventaire ou le catalogue des objets qui en sont susceptibles ;

7° En cas d'exonération ou de réduction des retenues encourues pour retard dans les livraisons, décision qui a prononcé cette exonération ou cette réduction ;

8° Quittance (T) de l'ayant droit;

9° En cas d'exécution d'une même fourniture en plusieurs années, à l'appui du payement de solde :

Décompte général de l'entreprise, détaillé et dûment certifié. (Règl. art. 110.)

Nota. Lorsque les adjudications ou marchés sont passés pour plusieurs années et que les dépenses se soldent par exercice, on produit, à l'appui du payement de solde du premier exercice, toutes les justifications indiquées ci-dessus; pour les payements de solde de chacun des exercices ultérieurs, les justifications numéros 4, 5, 6, 7 (s'il y a lieu) et 8 sont seules produites, et il suffit de rappeler le numéro de l'ordonnance ou du mandat à l'appui duquel les justifications numéros 1, 2 et 3 ont été produites, ainsi que la date et le lieu du payement.

b. — *Fournitures exécutées sur simple mémoire, lorsque la dépense n'excède pas 1500 francs.*
(Décr. du 18 nov. 1882, art. 22. Circ. N 304.)

1° Facture (T) ou mémoire (T), dûment vérifié et arrêté, contenant le détail des fournitures et quantités, les prix d'unités, la date de la livraison et la somme à payer ;

2° Certificat constatant la prise en charge des fournitures, ou indiquant le numéro d'inscription sur l'inventaire ou le catalogue des objets qui en sont susceptibles ;

3° Quittance (T) de l'ayant droit.

Nota. Lorsqu'il est payé un ou plusieurs acomptes sur le montant d'un mémoire, les pièces justificatives doivent être fournies à l'appui du payement du premier acompte. On s'y réfère pour les payements suivants.

§ 2. *Transport.*

99. *Frais de transport des paquets.* — Les transports sont effectués en vertu de marchés passés pour l'ensemble des services du ministère des finances.

a. — *Transports exécutés en vertu d'adjudications publiques ou de marchés de gré à gré.*

Payement unique ou intégral.

1° Procès-verbal d'adjudication (T) ou marché de gré à gré (T), dûment approuvé et enregistré ;

2° Cahier des charges ;

Nota. Si le cahier des charges est un document d'une application générale et ne constitue pas une annexe spéciale du marché, l'original est exempté du timbre. La partie du cahier des charges renfermant les clauses spéciales du marché est soumise au timbre.

3° Tarifs et états des distances entre les différents points à desservir ;

4° Certificat constatant la réalisation du cautionnement ou la dispense qui en a été donnée ;

5° Facture (T) indiquant les bases de la liquidation et le montant total des transports effectués ;

6° Décompte de liquidation présentant, s'il y a lieu, le calcul des retenues encourues pour retard, perte ou avarie, et, en cas d'exonération ou de réduction des retenues pour retards, accordées par décision ministérielle ou administrative, mentionnant la date de cette décision et établissant la somme nette à payer ;

7° Pour les transports de matériel : lettres de voiture (T), acquits-à-caution ou justifications analogues constatant la date du départ et celle de la réception par le destinataire des objets transportés, *et, en cas de perte ou d'avarie*, procès-verbal faisant connaître la nature, le nombre et la valeur des objets perdus ;

Pour les transports de personnel : réquisition ou justification analogue, donnant la date du départ et celle de l'arrivée, dûment certifiées.

8° Quittance (T) de l'ayant droit ;

9° En cas de traité de gré à gré pour les transports au-dessus de 20000 francs, ou de 5000 francs par an, s'ils embrassent plusieurs années (Décr. du 18 novembre 1882, art. 18. Circ. N 304) :

Certificat de l'ordonnateur relatant l'une des exceptions spécifiées par le paragraphe 1er de l'article 50 du Règlement.

En cas d'exécution des transports de matériel par *abonnement* et à *forfait* : les justifications ci-dessus nos 1, 2, 4, 5 et (s'il y a lieu) 9, et, de plus, certificat constatant la régulière exécution du service.

Nota. Lorsque les adjudications ou marchés pour transports sont passés pour plusieurs années et que les dépenses se soldent par exercice, on produit, à l'appui du payement de solde du premier exercice, toutes les justifications indiquées ci-dessus ; pour le payement de solde de chacun des exercices ultérieurs, les justifications 5, 6, 7 et 8 sont seules produites, et il suffit de rappeler le numéro de l'ordonnance et du mandat à l'appui duquel les justifications numéros 1, 2, 3, 4 et 9 (s'il y a lieu) ont été produites, ainsi que la date et le lieu du payement.

Payements fractionnés.

Premier acompte.

1° Extrait certifié du procès-verbal d'adjudication ou du marché, mentionnant l'approbation et l'enregistrement ;

2° Extrait certifié du cahier des charges faisant connaître le montant du cautionnement et les conditions du payement ;

3° Certificat constatant la réalisation du cautionnement ou la dispense qui en a été donnée ;

4° Décompte portant liquidation des transports effectués et indiquant la somme retenue (Règl. art. 109) et la somme à payer ;

5° Quittance (T) de l'ayant droit ;

6° En cas de traité de gré à gré pour les transports au-dessus de 20000 francs, ou de 5000 francs par an, lorsqu'ils embrassent plusieurs années (Décr. du 18 novembre 1882, art. 18. Circ. N 304) ;

Certificat de l'ordonnateur, relatant l'une des exceptions spécifiées par le paragraphe 1er de l'article 50 du Règlement.

Acomptes subséquents.

1° Décompte portant liquidation des transports effectués, indiquant la somme retenue, le détail des acomptes payés, les dates et numéros des ordonnances ou mandats en vertu desquels ces payements ont été faits, le montant et le numéro d'ordre du payement à ordonnancer ;

2° Quittance (T) de l'ayant droit ;

3° Dans le cas où le solde serait payé par une autre caisse que celle qui a payé les acomptes :

Certificat (à rattacher au dernier mandat d'acompte) indiquant le numéro et la date de l'ordonnance ou du mandat de solde auquel se trouvent jointes les pièces justificatives de la dépense, le lieu du payement et le compte à l'appui duquel ces pièces doivent être produites (Règl. art. 110) ;

4° Dans le cas où les premiers payements auraient été effectués par une autre caisse que celle chargée d'acquitter un nouvel acompte ou le solde :

Bulletin indiquant les payements antérieurs et certificat de non-opposition délivré par le comptable désigné audit bulletin.

Payement pour solde.

1° Procès-verbal d'adjudication ou marché de gré à gré (T), dûment approuvé et enregistré ;

2° Cahier des charges (T) ;

Nota. Si le cahier des charges est un document administratif d'une application générale et ne constitue pas une annexe spéciale du marché, l'original est exempté du timbre. La partie du cahier des charges renfermant des clauses spéciales du marché est soumise au timbre.

3° Tarifs et états des distances entre les différents points à desservir ;

4° Facture (T) indiquant le détail des expéditions, les bases de la liquidation et le montant total des transports effectués ;

5° Décompte de liquidation présentant, s'il y a lieu, le calcul des retenues encourues pour retard, perte ou avarie, et, en cas d'exonération ou de réduction des retenues pour retards, accordées par décision ministérielle ou administrative, mentionnant la date de cette décision ; ledit décompte relatant, en outre, les acomptes payés, les dates et numéros des ordonnances ou mandats antérieurs et la somme à payer ;

6° Pour les transports de matériel : lettres de voiture (T), acquits-à-caution ou justification analogue constatant la date du départ et celle de la réception, par le destinataire, des objets transportés, et, *en cas de perte ou d'avarie* : procès-verbal faisant connaître la nature, le nombre et la valeur des objets perdus ou avariés ;

Pour les transports de personnel : réquisition ou justification analogue, donnant les dates de départ et d'arrivée dûment certifiées ;

7° Quittance (T) de l'ayant droit.

NOTA. Lorsque l'entreprise de transport embrasse plusieurs années et que les dépenses se soldent par exercice, on produit, à l'appui du payement de solde du premier exercice, toutes les justifications indiquées ci-dessus; pour le payement de solde de chacun des exercices ultérieurs, les justifications numéros 4, 5, 6, 7 (s'il y a lieu) et 9 sont seules produites, et il suffit de rappeler le numéro de l'ordonnance ou du mandat à l'appui duquel les justifications numéros 1, 2 et 3 ont été produites, ainsi que la date et le lieu du payement.

b. — *Transports exécutés sur simple mémoire, lorsque la valeur n'excède pas 1500 francs.*

(Règl. art. 50, § 12, 2me alinéa. Décr. du 18 nov. 1882, art. 22. Circ. N 304.)

1° Mémoire (T), dûment réglé et arrêté, présentant les bases de la liquidation ;

2° Quittance (T) de l'ayant droit ;

Et, de plus, la justification n° 6 ci-dessus.

§ 3. *Frais divers.*

100. *Frais divers.* — Les fournitures nécessaires aux emballages sont faites, à titre d'avance, par l'agent expéditeur.

L'administration rembourse aux conservateurs et agents forestiers les frais extraordinaires de correspondance, dont ils ont fait l'avance dans l'intérêt du service (1).

Pièces à produire :

1° Arrêté de liquidation du conservateur ;

2° État des frais, certifié par l'inspecteur et appuyé des quittances (T) des créanciers réels ;

3° Acquit de l'agent forestier. (Circ. N 402.)

SECT. IV. — TRAVAUX.

§ 1. *Exploitation.*

101. *Frais d'abatage et de façonnage des coupes et bois exploités par économie. Frais recouvrables.* — Ces travaux doivent être autorisés par le ministre. (Circ. N 402.)

Toutefois, les conservateurs pourront autoriser, dans les forêts domaniales, l'exploitation par entreprise ou par économie des arbres mitoyens, quand les frais ne dépassent pas 200 francs, et celle des bois incendiés, quand les mêmes frais ne dépassent pas 500 francs. (Décr. 17 févr. 1888. Circ. N 395.)

Les travaux d'élagage ou de recépage n'excédant pas 200 francs sont autorisés par les conservateurs.

a. — *Travaux exécutés en vertu d'adjudications publiques ou de marchés de gré à gré.*

Payement unique ou intégral.

1° Décision approbative des travaux ;

(1) Voir Circ. N 100.

2° Procès-verbal d'adjudication (T) ou marché de gré à gré (T), dûment approuvé (Règlement, art. 50, §§ 11 et 12) et enregistré ;

3° Cahier des charges (T) ;

NOTA. Si le cahier des charges est un document administratif d'une application générale et ne constitue pas une annexe spéciale du marché, l'original est exempté du timbre. La partie du cahier des charges renfermant des clauses spéciales du marché est soumise au timbre.

4° Devis estimatif ;

5° Série des prix ;

6° Certificat constatant la réalisation du cautionnement ou la dispense qui en a été donnée ;

7° Facture (T) ou décompte administratif des travaux exécutés, dûment vérifié et arrêté, contenant le détail des travaux, l'application des prix par article, la date de l'exécution et la somme à payer ;

8° Procès-verbal de réception définitive, constatant l'exécution du service dans les délais et suivant les conditions stipulées ;

NOTA. Dans le cas où il ne serait pas dressé de procès-verbal de réception définitive, il est produit un certificat administratif contenant les mêmes énonciations.

9° En cas d'exonération ou de réduction des retenues encourues pour retard :

Décision qui a prononcé l'exonération ou la réduction ;

10° Quittance (T) de l'ayant droit ;

11° En cas de traité de gré à gré pour les travaux au-dessus de 20000 francs, ou de 5000 francs par an, s'ils embrassent plusieurs années (Décr. du 18 novembre 1882, art. 18. Circ. N 304) :

Certificat de l'ordonnateur, relatant l'une des exceptions spécifiées par le paragraphe 1er de l'article 50 du Règlement.

NOTA. 1° Lorsque les travaux résultant d'une même adjudication ou d'un même marché sont scindés et constituent plusieurs entreprises distinctes qui font l'objet, chacune, d'une liquidation spéciale dont le montant est ordonnancé intégralement, on produit, à l'appui du premier payement, toutes les justifications indiquées ci-dessus; pour les payements suivants, les justifications numéros 7, 8, 9 (s'il y a lieu) et 10 sont seules produites, et il suffit de rappeler le numéro de l'ordonnance ou du mandat à l'appui duquel les justifications numéros 1, 2, 3, 4, 5 et 6 ont été jointes antérieurement, ainsi que la date et le lieu du payement.

Chaque facture ou décompte doit rappeler la situation de l'entrepreneur, quant à l'ensemble de son marché.

2° En cas de traité à forfait, il n'est pas nécessaire que le décompte contienne le détail des travaux et des prix, qui ne serait que la reproduction textuelle du devis.

Payements fractionnés.

Premier acompte.

1° Décision approbative des travaux ;

2o Extrait certifié du procès-verbal ou du marché, mentionnant l'approbation et l'enregistrement ;

3o Extrait du cahier des charges faisant connaître le montant du cautionnement et les conditions du payement (Règl. art. 108) ;

4o Certificat constatant la réalisation du cautionnement ou la dispense qui en a été donnée ;

5o Décompte portant liquidation des travaux effectués, indiquant la somme à ordonnancer et la somme retenue (Règl. art. 109) ;

6o Quittance (T) de l'ayant droit ;

7o En cas de traité de gré à gré pour les travaux au-dessus de 20000 francs, ou de 5000 francs par an, s'ils embrassent plusieurs années (Décr. du 18 novembre 1882, art. 18. Circ. N 304) :

Certificat de l'ordonnateur, relatant l'une des exceptions spécifiées par le paragraphe 1er de l'article 50 du Règlement.

Acomptes subséquents.

1o Décompte portant liquidation des travaux effectués, indiquant la somme retenue, le détail des acomptes payés, les dates et numéros des ordonnances ou mandats en vertu desquels les payements ont été faits, le montant et le numéro d'ordre de l'acompte à ordonnancer (Règl. art. 108) ;

2o Quittance (T) de l'ayant droit ;

3o Dans le cas où le solde serait payé par une autre caisse que celle qui a payé les acomptes :

Certificat (à rattacher au dernier mandat d'acompte) indiquant le numéro et la date de l'ordonnance ou du mandat de solde auquel se trouvent jointes les pièces justificatives de la dépense, le lieu du payement et le compte à l'appui duquel ces pièces doivent être produites ;

4o Dans le cas où les premiers payements auraient été effectués par une autre caisse que celle chargée d'acquitter un nouvel acompte ou le solde :

Bulletin indiquant les payements antérieurs et certificat de non-opposition délivré par le comptable désigné audit bulletin.

Payement pour solde.

1o Procès-verbal d'adjudication (T) ou marché de gré à gré (T), dûment approuvé et enregistré ;

2o Cahier des charges (T) ;

Nota. Si le cahier des charges est un document administratif d'une application générale et ne constitue pas une annexe spéciale du marché, l'original est exempté du timbre. La partie du cahier des charges qui renferme les clauses spéciales est soumise à la formalité du timbre.

3o Devis estimatif ;

4o Série des prix ;

5o Facture (T) ou décompte administratif des travaux exécutés, dûment vérifié et arrêté, contenant l'application des prix par article, le montant total des travaux et la date de l'exécution ;

6o Décompte général de l'entreprise relatant les acomptes payés, les dates et numéros des ordonnances ou mandats antérieurs et la somme à payer ;

7o Procès-verbal de réception définitive, constatant l'exécution du service dans les délais et suivant les conditions stipulées ;

Nota. Dans le cas où il ne serait pas dressé de procès-verbal de réception définitive, il est produit un certificat administratif contenant les mêmes énonciations.

8o En cas d'exonération ou de réduction des retenues encourues pour retard :

Décision qui a prononcé l'exonération ou la réduction ;

9o Quittance (T) de l'ayant droit ;

10o En cas d'exécution de travaux durant plusieurs années, à l'appui du payement de solde de la dernière année :

Décompte général de l'entreprise, détaillé et dûment certifié. (Règl. art. 110.)

Nota. Lorsque les adjudications ou marchés sont passés pour plusieurs années et que les dépenses se soldent par exercice, on produit, à l'appui du payement de solde du premier exercice, toutes les justifications indiquées ci-dessus ; pour les payements de solde de chacun des exercices ultérieurs, les justifications numéros 5, 6, 7, 8 (s'il y a lieu) et 9 sont seules produites, et il suffit de rappeler le numéro de l'ordonnance ou du mandat à l'appui duquel les justifications numéros 1, 2, 3 et 4 ont été jointes antérieurement, ainsi que la date et le lieu du payement.

b. — *Travaux exécutés sur simple mémoire, lorsque la dépense n'excède pas 1500 francs.*
(Décr. du 18 nov. 1882, art. 22. Circ. N 304.)

1o Mémoire (T) dûment arrêté, réglé (s'il y a lieu) et contenant le détail en quantités, les prix d'unités et la somme à payer ;

2o Certificat constatant l'exécution des travaux ;

3o Quittance (T) de l'ayant droit.

Nota. Lorsqu'il est payé un ou plusieurs acomptes sur le montant d'un mémoire, les pièces doivent être fournies à l'appui du payement du premier acompte ; on s'y réfère pour les payements suivants.

c. — *Travaux en régie par économie.*

1o Décision de l'administration supérieure autorisant l'exécution des travaux et visant l'article du règlement sur lequel est motivée la mise en régie desdits travaux ;

2o Décision ou arrêté nommant le régisseur ;

3o Acquit de l'agent d'économie sur le mandat d'avance ;

4o Bordereau détaillé de l'emploi des fonds avancés, visé par l'ordonnateur et appuyé des pièces ci-après, savoir :

1. *Salaires à la journée et à la tâche.*

1° Rôles des journées d'ouvriers, états ou mémoires des tâcherons, attestés par le régisseur et indiquant le prix convenu, ainsi que le nombre des journées, ou le détail des travaux effectués à la tâche;
2° Quittances des ayants droit par émargement ou séparées.

2. *Fournitures.*

1° Mémoires (T) ou factures (T), attestés par le régisseur, contenant la date et le détail des livraisons en quantités et deniers et la somme à payer;
2° Certificat constatant la prise en charge des fournitures, ou indiquant le numéro d'inscription sur l'inventaire des objets qui en sont susceptibles;
3° Quittance (T) de l'ayant droit;
Et dans le cas où les travaux ou fournitures seraient exécutés en vertu d'adjudications ou de marchés :
Les pièces exigées par la présente nomenclature : pour les fournitures, par les justifications, numéro 98, et pour les travaux, par la présente justification, numéro 101.

Nota. Lorsqu'il est délivré successivement plusieurs mandats d'avance, on produit à l'appui de la première avance toutes les justifications indiquées ci-dessus; pour les avances suivantes, les justifications numéros 3 et 4 sont seules produites, et il suffit de rappeler le numéro et la date des ordonnances ou mandats à l'appui desquels les justifications numéros 1 et 2 ont été transmises, ainsi que la date et le lieu du payement.

Pour toutes les avances, excepté la première, le bordereau d'emploi des fonds doit relater la situation des avances antérieures.

102. *Mémoire. Fourniture. Timbre.* — Dans les travaux en régie, les mémoires doivent être sur timbre; lorsque la facture énonce les fournitures, elle équivaut à un mémoire et elle doit être revêtue du timbre de dimension, et la quittance mise au bas de la facture doit, en outre, être donnée avec un timbre de quittance. (Circ. N 161.)

§ 2. *Amélioration. Entretien.*

103. *Travaux d'entretien et d'amélioration. Nomenclature.* — Les travaux d'entretien et d'amélioration dans les forêts de l'Etat comprennent les maisons de gardes, les scieries, les sécheries de graines, les chemins et les ponts nécessaires à l'exploitation, les fossés et murs de clôture, les pépinières, les travaux d'assainissement, les cultures et préparations de terrains, les semis et plantations, etc.

La liquidation définitive des entreprises appartient au conservateur.

Mêmes justifications que pour les fournitures numéro 98 et les travaux d'abatage numéro 101. (Circ. N 402.)

104. *Délimitation. Bornage. Aménagement.* — Les délimitations, bornages et aménagements, les devis des travaux d'art sont exécutés par les agents forestiers ou par des géomètres.

Ces frais sont liquidés par le conservateur. (Circ. N 402.)

a. — *Travaux de délimitation, bornage et aménagement.*

Mêmes justifications, numéros 98 et 101, et de plus, à l'appui du solde de chaque opération :
Etat général de répartition et de bornage;

b. — *Frais d'impression.*

Mémoire (T) de l'imprimeur, réglé et arrêté par l'imprimerie nationale;
Quittance (T) de l'ayant droit.

c. — *Citations.*

Etat collectif rendu exécutoire par le conservateur (Circ. N 402);
Quittance des préposés.

d. — *Expédition des procès-verbaux, des cahiers d'aménagements et des plans.*

Soumission (T) ou mémoire (T) visé et arrêté par le conservateur;
Certificat de réception;
Quittance (T) de l'ayant droit.

e. — *Rétributions dues aux géomètres et arpenteurs.*

Extrait de la soumission (T) de l'arpenteur, visé et arrêté par le conservateur;
Mémoire (T) de l'arpenteur, visé et arrêté par le conservateur;
Certificat de l'agent chef de service, visé par le conservateur et constatant le degré d'avancement des travaux et leur bonne confection;
Quittance (T) de l'ayant droit.

105. *Etat. Riverain.* — Contribution de l'Etat dans les travaux de délimitation et de bornage des bois des communes et établissements publics, dont il se trouve riverain;
Extrait de l'état général de répartition des frais, dressé par le conservateur et rendu exécutoire par le préfet;
Quittance à souche ou récépissé à talon délivré par le comptable auquel les fonds sont versés.

106. *Chemin. Subvention.* — Subventions pour établissement de chemins publics :
Décision qui accorde la subvention;
Certificat délivré concurremment par l'agent forestier local et, *s'il s'agit d'une route départementale*, par l'ingénieur en chef des ponts et chaussées, ou, *s'il s'agit d'un chemin vicinal*, par l'agent voyer ou le préposé à la direction des travaux, constatant que l'entreprise a atteint le degré d'avancement qui permet de payer tout ou partie de la subvention; ledit certificat visé par le préfet;

Quittance à souche ou récépissé à talon, délivré par le comptable auquel les fonds sont versés.

107. *Acquisition. Echange.* — Les acquisitions et échanges d'immeubles qui doivent être autorisés par le ministre sont classés dans les travaux d'entretien et d'amélioration des forêts.

Art. 1er. — Acquisitions d'immeubles d'après les règles du droit commun.

a. — *Immeubles appartenant à des personnes capables.*

1o Loi, décret du chef de l'Etat ou décision ministérielle qui a autorisé l'acquisition ou l'échange (Règl. art. 54) ;

2o Acte de vente (T) notarié ou administratif, jugement d'adjudication (T), ou tout autre titre constatant l'acquisition et la transmission de la propriété, transcrit au bureau des hypothèques et enregistré (1-2) ;

Nota. Les copies produites doivent relater *textuellement* la transcription et la mention de l'enregistrement.

3o Les justifications constatant la purge des privilèges et hypothèques et des droits réels transcrits en vertu de la loi du 23 mars 1855, savoir :

a. — Certificat (T) négatif, délivré après transcription par le conservateur des hypothèques, relatant expressément qu'il s'applique aux mentions et transcriptions désignées par les articles 1 et 2 de ladite loi (3) ;

Ou, s'il y a lieu, état (T) des inscriptions et, en outre, desdites transcriptions et mentions (4).

Dans le cas où lesdits certificats ou états ne seraient pas délivrés quarante-cinq jours au moins après la date de l'acte de vente :

b. — Certificat (T) du conservateur, constatant qu'il n'existe pas d'inscriptions prises pour la conservation du privilège spécial mentionné par l'article 6 de ladite loi, ou état (T) des inscriptions prises pour cet objet ;

Dans le cas où il existerait des inscriptions, si le montant du prix n'est pas versé à la caisse des consignations :

c. — Certificat (T) de radiation desdites inscriptions, délivré par le conservateur des hypothèques (1) ;

4o Les justifications constatant la purge des hypothèques légales (2) (art. 2194 du code civil), savoir :

a. — Certificat (T) de dépôt du contrat au greffe, pour être affiché ;

b. — Exploit (T) de notification au ministère public et aux parties intéressées ;

c. — Certificat (T) d'affiche pendant deux mois ;

d. — Exemplaire certifié de la feuille d'annonces judiciaires du département, contenant l'insertion de l'exploit de notification ;

e. — Certificat (T) du conservateur des hypothèques, constatant qu'aucune inscription n'a été requise sur l'immeuble acquis pendant deux mois à dater de l'insertion (avis du Conseil d'Etat du 1er juin 1807), ou, s'il y a lieu, état des inscriptions ;

f. — Dans le cas où il existerait des inscriptions, si le montant du prix n'est pas versé à la caisse des consignations : certificat (T) de radiation desdites inscriptions, délivré par le conservateur des hypothèques ;

Nota. Toutes les justifications concernant la purge des hypothèques et des hypothèques légales sont produites en original.

5o Décompte de liquidation en principal et intérêts du prix d'acquisition (3) ;

6o Quittance (T) de l'ayant droit ;

Si le montant du prix de vente est versé à la caisse des dépôts et consignations par suite d'inscription :

Les justifications ci-dessus, à l'exception du certificat de radiation, 3o c et 4o f et de la quittance de l'ayant droit, 6o ;

---

(1) Les dispositions qui suivent remplacent celles des articles 12, 13 et 33 de la circulaire du 9 février 1866, no 6.

(2) Toutes les pièces concernant les acquisitions faites pour le compte de l'Etat sont timbrées et enregistrées gratis. (Art. 70 de la loi du 22 frimaire an VII et art. 58 de la loi du 3 mai 1841 sur l'expropriation pour cause d'utilité publique.)

(3) Il n'est dû aucun droit, ni aucun salaire aux conservateurs des hypothèques pour la transcription, pour la délivrance des certificats et pour tout autre renseignement dans l'intérêt de l'Etat. (Décision du ministre des finances du 24 juillet 1837 et article 58 de la loi du 3 mai 1841 sur l'expropriation pour cause d'utilité publique.)

(4) L'état des inscriptions ou le certificat négatif doit énoncer formellement qu'il n'y a pas d'inscription au profit du Crédit Foncier. (Décret-loi du 28 février 1852, art. 47.) Il doit aussi mentionner les transcriptions de saisies. (Lettres du ministre des finances du 13 janvier 1893 et de l'administration du 9 février 1893.)

(1) Le payement peut être fait sur la production d'une quittance notariée portant main-levée des inscriptions ; cette pièce est produite à défaut de certificat de radiation.

(2) Si le prix d'acquisition ne dépasse pas 500 fr., la purge des hypothèques n'est pas nécessaire.

En cas d'acquisition sur saisie immobilière, il n'y a pas lieu de procéder à la purge des hypothèques légales. (Art. 717 du Code de Proc. Civ., modifié par la loi du 21 mai 1858.)

(3) Dans le cas exceptionnel où des intérêts du prix capital de l'immeuble seraient payés avant ce capital, on ne sera tenu de produire à l'appui du premier payement pour intérêt, outre la quittance, que les justifications numéros 1, 5, et, de plus, un extrait certifié de l'acte d'acquisition, faisant connaître notamment les conditions de prix et de payement.

Les autres justifications ne seront produites qu'avec le payement du capital, ou, si ce payement est fractionné, elles seront mises à l'appui du premier acompte.

Et, de plus :

7° Décision ou arrêté motivé de l'ordonnateur, prescrivant la consignation et visant la date de la délivrance, par le conservateur, des états d'inscriptions ;

NOTA. L'état des inscriptions 3° **a** et 4° **c** est remis à la caisse des dépôts et consignations et n'est pas produit à la cour des comptes.

8° Récépissé du préposé de la caisse des dépôts et consignations.

b. — *Immeubles appartenant à des mineurs, interdits, absents ou incapables, ou faisant partie des majorats.*

Les mêmes justifications que ci-dessus **a** ;

Et de plus :

9° Jugement (T) autorisant la vente ;

10° La justification du remploi, dans le cas où cette mesure serait prescrite par le jugement et où l'acquéreur en serait responsable.

c. — *Immeubles appartenant à des femmes mariées.*

Les pièces mentionnées ci-dessus **a** sous les numéros 1, 2, 3, 4, 5, 7 et 8 ;

Et, de plus :

9° Acte de mariage ;

10° Dans le cas où le mariage est postérieur à la loi du 10 juillet 1850 et où l'acte contient déclaration de contrat : extrait du contrat de mariage, à l'effet de faire connaître le régime sous lequel les époux sont mariés et les dispositions relatives au remploi ;

Dans le cas où le mariage est antérieur à la loi précitée : extrait du contrat, aux effets ci-dessus, ou certificat du fonctionnaire qui a passé l'acte de vente, constatant que les époux ont déclaré s'être mariés sans contrat de mariage, quand l'acte de vente ne l'énonce pas ;

11° Acquits (T) de la femme et du mari, ou, à défaut de l'acquit du mari, autorisation du tribunal ;

Dans le cas où l'aliénation ne pourrait avoir lieu qu'en vertu du jugement :

12° Jugement (T) du tribunal autorisant la vente ;

Dans tous les cas où le remploi est prescrit, soit par le contrat de mariage, soit par un jugement, et où l'acquéreur en est responsable :

13° La justification du remploi.

NOTA. Pour les immeubles appartenant à des femmes mariées et dont la valeur en capital ne dépasse pas 500 francs, la production du contrat de mariage n'est pas exigée ; et, lors même que les femmes sont mariées sous le régime dotal, le payement peut être fait sans justification de remploi.

d. — *Immeubles appartenant à des départements, des communes ou des établissements publics.*

Les justifications mentionnées ci-dessus **a** sous les numéros 1, 2, 3, 5, 6, 7 et 8 ;

Et, de plus :

9° Délibération, dûment approuvée, du conseil général, du conseil municipal ou de la commission administrative qui a autorisé la vente.

(Les justifications n° 4 lettre **a** seront produites s'il pouvait exister des hypothèques légales du chef des précédents propriétaires.)

ART. 2. — Acquisitions d'immeubles par application de la loi du 3 mai 1841 sur l'expropriation pour cause d'utilité publique.

a. — *Immeubles appartenant à des personnes capables.*

Expropriations, lorsqu'il n'y a pas prise de possession pour cause d'urgence.

En cas de conventions amiables.

1° Arrêté du préfet, pris après l'accomplissement des formalités prescrites par les articles 4 à 10 de la loi du 3 mai 1841, relatant la date de la loi ou du décret (aux termes de l'article 2) qui a déclaré l'utilité publique, et déterminant les propriétés particulières auxquelles l'expropriation est applicable (art. 11 de la loi précitée) ;

2° Acte de vente (T) notarié ou administratif, dûment approuvé, transcrit au bureau des hypothèques de l'arrondissement (art. 16 et 19 de la loi du 3 mai 1841) (1) ;

3° Certificat du maire constatant que, préalablement à la transcription, l'acte de vente a été publié et affiché, conformément à l'article 15 de la loi précitée et suivant les formes de l'article 6 ;

4° Exemplaire du journal où l'insertion a été faite ;

NOTA. L'insertion doit être toujours faite antérieurement à la transcription.

---

(1) En vertu du deuxième paragraphe de l'article 19 de la loi, l'administration peut ne pas remplir les formalités de publication et de transcription pour les acquisitions dont le prix, en capital, ne dépasse pas 500 francs.

Les portions contiguës appartenant à un même propriétaire doivent faire l'objet d'un seul acte de vente.

Dans le cas où la dispense de ces formalités ne serait pas exprimée dans l'acte de vente, elle devra être l'objet d'un certificat spécial du préfet.

Si le vendeur n'est pas l'individu dénommé à la matrice des rôles, le contrat doit indiquer comment la propriété est passée du propriétaire désigné par la matrice des rôles à celui qui consent la vente.

Si la désignation portée à la matrice des rôles est inexacte ou incomplète, le vendeur doit prouver l'inexactitude ou l'erreur par la production d'un bail, d'un acte de vente, d'un partage ou d'un autre acte authentique.

A défaut d'acte authentique, l'identité sera prouvée par un certificat du maire de la commune où l'immeuble est situé, délivré sur la déclaration de deux témoins au moins.

Ces justifications seront énoncées au contrat.

5° Certificat négatif (T) ou état (T) des inscriptions, délivré par le conservateur des hypothèques quinze jours au moins après la transcription ;

Dans le cas où il existe des inscriptions, et si le montant du prix n'est pas versé à la caisse des consignations :

6° Certificat (T) de radiation, délivré par le conservateur des hypothèques;

7° Certificat du préfet, délivré huit jours au moins après les publications et affiches susmentionnées, et constatant qu'aucun tiers ne s'est fait connaître à l'administration comme intéressé au règlement de l'indemnité (art. 21, § 2 de la loi) ;

8° Décompte en principal et intérêts du prix d'acquisition ;

9° Quittance (T) de l'ayant droit (1) ;

Si le montant du prix de vente est versé à la caisse des dépôts et consignations :

Les pièces ci dessus, à l'exception de la quittance de l'ayant droit, n° 9;

Et de plus :

10° Décision ou arrêté motivé de l'ordonnateur prescrivant la consignation, ledit arrêté visant la date de la délivrance, par le conservateur, de l'état d'inscriptions ;

Nota. L'état des inscriptions n° 5 est remis à la caisse des consignations et n'est pas produit à la cour des comptes.

11° Récépissé du préposé de la caisse des dépôts et consignations.

Nota. Les justifications numéros 3, 5, 6 et 7 sont produites en original.

En cas de jugement d'expropriation.

1° *Si l'indemnité est réglée à l'amiable* :

1° Jugement d'expropriation (T), relatant textuellement la mention de la transcription et énonçant la date de la notification ;

2° Certificat du maire constatant que, préalablement à la transcription, le jugement a été publié et affiché conformément à l'article 15 de la loi précitée et suivant les formes de l'article 6 de ladite loi du 3 mai 1841 ;

3° Exemplaire du journal où l'insertion a été faite;

Nota. L'insertion doit être faite antérieurement à la transcription.

4° Convention (T), dûment approuvée, contenant règlement de l'indemnité ;

Et, de plus :

Les justifications mentionnées sous les numéros 5, 6, 7, 8, 9 et 10, comme en cas de conventions amiables.

2° *Si l'indemnité est réglée par le jury* :

Mêmes justifications qu'à l'article précédent, moins les numéros 4, 7 et 8;

(1) Les quittances peuvent être passées dans la forme des actes administratifs. (Art. 56 de la loi du 3 mai 1841.)

Et, de plus :

Décision du jury, suivie de l'ordonnance d'exécution rendue par le magistrat directeur, contenant règlement de l'indemnité et, s'il y a lieu, répartition des dépens (art. 40 et 41 de la loi du 3 mai 1841) ;

Décompte, en principal et intérêts, du prix d'acquisition, portant, s'il y a lieu, déduction de la portion des dépens mise à la charge du vendeur (1).

Prise de possession, pour cause d'urgence, de terrains non bâtis.

Consignation provisoire dans le cas de prise de possession pour cause d'urgence.

1° Jugement d'expropriation, relatant textuellement la mention de la transcription et énonçant la date de la notification ;

2° Certificat du maire constatant que, préalablement à la transcription, le jugement a été publié et affiché, conformément à l'article 15 de la loi du 3 mai 1841 et suivant les formes de l'article 6 de ladite loi;

3° Numéro du journal où l'insertion a été faite ;

Nota. L'insertion doit être faite antérieurement à la transcription.

4° Extrait ou mention du décret qui déclare l'urgence ;

5° Jugement qui fixe le montant de la somme à consigner par l'administration ;

6° Arrêté du préfet motivant et prescrivant la consignation provisoire, qui doit comprendre, indépendamment de la somme fixée par le tribunal, les deux années d'intérêts exigés par l'article 69 de la loi précitée ; (Cet arrêté doit expliquer si la consignation est faite à la charge ou non d'inscriptions hypothécaires et s'il existe ou non d'autres obstacles à la remise des fonds entre les mains du propriétaire dépossédé et doit relater, en outre, la date du certificat négatif ou de l'état des inscriptions délivré par le conservateur des hypothèques.)

7° Récépissé du préposé de la Caisse des consignations.

Payement du complément dans le cas où la consignation est inférieure au montant de l'indemnité.

1° Indication de l'ordonnance ou du mandat auquel copie ou extrait du jugement

(1) Dans le cas exceptionnel où des intérêts du prix capital de l'immeuble seraient payés avant ce capital, on ne sera tenu de produire, à l'appui du premier payement pour intérêt, que les pièces numéros 1, 8, 9 et, s'il y a lieu, 10 et 11, et, en outre, un extrait certifié de l'acte d'acquisition, faisant connaître notamment les conditions de prix et de payement.

Les autres pièces ne seront produites qu'avec le payement du capital, ou, si ce payement est fractionné, elles seront mises à l'appui du premier acompte.

d'expropriation a été joint, au moment de la consignation provisoire ;

2° Convention (T), dûment approuvée, contenant règlement de l'indemnité ;

Ou, si l'indemnité a été réglée par le jury, décision du jury, suivie de l'ordonnance d'exécution rendue par le magistrat directeur, contenant règlement de l'indemnité et, s'il y a lieu, répartition des dépens ;

3° Décompte, en principal et intérêts, du prix d'acquisition, portant, s'il y a lieu, déduction des dépens mis à la charge des vendeurs ;

4° Arrêté du préfet rappelant la somme précédemment consignée, ainsi que la date et le numéro du mandat primitif, déterminant le solde à consigner et ordonnant la consignation de ce solde et la conversion de la consignation provisoire en consignation définitive ; (Cet arrêté doit expliquer si la consignation est faite à la charge ou non d'inscriptions hypothécaires et s'il existe ou non d'autres obstacles à la remise des fonds entre les mains du propriétaire dépossédé et doit relater, en outre, la date du certificat négatif ou de l'état des inscriptions délivré par le conservateur des hypothèques.)

5° Déclaration de l'agent de la caisse des consignations, constatant la conversion de la consignation provisoire en consignation définitive ;

6° Récépissé de l'agent de la caisse des consignations pour le complément du prix.

b. — *Immeubles appartenant à des mineurs, interdits, absents ou incapables, ou faisant partie de majorats.*

Les justifications désignées ci-dessus **a** ;

Et, de plus :

1° Jugement autorisant la vente en cas de convention amiable ;

2° Justification du remploi, dans le cas où cette mesure serait prescrite, soit par le jugement qui a autorisé la cession amiable, soit par un autre jugement.

c. — *Immeubles appartenant à des femmes mariées.*

Les justifications désignées à l'article **a** ci-dessus;

Et, de plus :

1° Acte de mariage ;

2° Dans le cas où le mariage est postérieur à la loi du 10 juillet 1850 et où l'acte contient déclaration de contrat : extrait du contrat de mariage à l'effet de faire connaître les dispositions relatives au remploi :

Dans le cas où le mariage est antérieur à la loi précitée : extrait du contrat aux effets ci-dessus, ou certificat du fonctionnaire qui a passé l'acte de vente, constatant que les époux ont déclaré s'être mariés sans contrat de mariage ;

3° Acquits de la femme et du mari, ou, à défaut de l'acquit du mari, autorisation du tribunal ;

Dans le cas de convention amiable, si l'aliénation ne peut avoir lieu qu'en vertu d'un jugement :

4° Jugement autorisant la vente ;

Dans tous les cas où le remploi est prescrit, soit par le contrat de mariage, soit par un jugement et où l'acquéreur en est responsable :

5° Justification du remploi.

Nota. Pour les immeubles appartenant à des femmes mariées et dont la valeur en capital ne dépasse pas 500 francs, la production du contrat de mariage n'est pas exigée, et, lors même que les femmes sont mariées sous le régime dotal, le payement peut être fait sans justification de remploi.

d. — *Immeubles appartenant à des départements, des communes ou des établissements publics.*

Les justifications mentionnées à l'article ci-dessus **a** ;

Et, de plus :

Délibération, dûment approuvée, du conseil général, ou du conseil municipal, ou de la commission administrative qui a autorisé la vente.

e. — *Indemnités mobilières, locatives ou industrielles.*

En cas de convention amiable :

1° Convention (T) dûment approuvée ;

2° Quittance (T) de l'ayant droit.

En cas de règlement par le jury :

1° Décision du jury suivie de l'ordonnance d'exécution rendue par le magistrat directeur, contenant règlement de l'indemnité et, s'il y a lieu, répartition des dépens ;

2° Quittance (T) de l'ayant droit.

108. *Location.* — Les locations d'immeubles qui sont autorisées par le directeur sont classées dans les travaux d'entretien et d'amélioration.

Premier payement.

1° Bail (T) dûment approuvé et enregistré, et de plus transcrit lorsque sa durée est de plus de dix-huit ans ;

2° Quittance (T) du propriétaire.

Nota. Les baux passés au nom de l'administration sont susceptibles d'être enregistrés gratis. (Décis. Min. du 17 septembre 1823.)

Payements subséquents.

1° Quittance (T) du propriétaire ;

2° Indication du compte et du mandat auxquels le bail a été joint antérieurement, et dans le cas où l'immeuble aurait été vendu postérieurement au bail :

3° Extrait de l'acte de vente.

§ 3. *Repeuplement.*

109. *Travaux de repeuplement dans les forêts domaniales.* — Mêmes règles que pour les travaux d'entretien et d'amélioration.

Mêmes justifications que pour les travaux d'abatage (nº 102), d'entretien et d'amélioration (nº 103).

§ 4. *Ecole forestière.*

110. *Dépense du matériel de l'école forestière.* — Cet article comprend les dépenses qui ont principalement pour objet : le casernement des élèves, le chauffage et l'éclairage, les honoraires du médecin, l'habillement des gagistes et les dépenses d'acquisition ou d'entretien concernant la bibliothèque, le cabinet d'histoire naturelle, le laboratoire de chimie et les prix à distribuer aux élèves.

Les adjudications et marchés sont autorisés par le directeur de l'école, en vertu d'une décision du ministre, qui détermine, chaque année, l'emploi du crédit législatif.

Les objets fournis sont pris en charge par le comptable.

Mêmes justifications que pour Salaires (nº 101), Fournitures (nº 98) et Travaux (nº 101), suivant la nature de la dépense.

En cas de remboursement d'avance :

Etat de dépenses dûment certifié, appuyé des pièces justificatives, suivant la nature de la dépense ;

Quittance de l'agent qui a fait l'avance.

Pour les honoraires du médecin :

Décompte individuel ;

Quittance de l'ayant droit.

§ 5. *Dunes.*

111. *Travaux de fixation, d'entretien, de conservation et d'exploitation des dunes, sur le littoral maritime.* — Mêmes règles que pour les travaux d'entretien et d'amélioration, numéro 103.

Mêmes justifications que pour les dépenses analogues des paragraphes numéros 101, 103.

SECT. V. — DÉPENSES DIVERSES.

112. *Rachat des droits de pâturage, panage et glandée, et frais de cantonnement des usagers.* — Les indemnités pour rachat de droits d'usage, autres que ceux en bois, peuvent être réglées de gré à gré, sauf approbation par le ministre.

Cette approbation est également nécessaire pour le règlement de gré à gré des cantonnements ayant pour objet d'affranchir les forêts de tous droits d'usage en bois.

Extrait (T) du jugement, en cas de contestation, ou décision du ministre qui a réglé l'indemnité.

113. *Cantonnements.* — Les frais des opérations auxquelles donnent lieu les cantonnements sont liquidés par le conservateur. (Circ. N 402.)

Décision du ministre qui a autorisé l'opération ;

Mémoire (T) et état de frais ;

En cas de contestation : extrait (T) du jugement ;

Quittance (T) de l'ayant droit.

114. *Part contributive de l'Etat dans les réparations des chemins vicinaux.* — Les forêts de l'Etat contribuent aux dépenses des chemins vicinaux, dans les mêmes proportions que les propriétés privées, d'après un rôle spécial rendu exécutoire par le préfet, (Lois des 21 mai 1836, art. 13, 8 mai 1869. art. 7, 5 avril 1884, art. 144.)

Extrait du rôle ou avertissement délivré par le percepteur ;

Quittance détachée du livre à souche ou récépissé à talon délivré par le comptable auquel les fonds ont été versés.

115. *Subventions pour chemins vicinaux. Dégradation.* — L'Etat peut, en outre, être rendu passible de subventions spéciales pour réparation de chemins vicinaux dégradés par l'exploitation des forêts domaniales. Ces subventions sont réglées par les conseils de préfecture, après des expertises contradictoires. (Loi du 21 mai 1836, art. 14.)

Ces frais peuvent être l'objet d'abonnements réglés par le préfet, en conseil de préfecture.

Arrêté du conseil de préfecture qui a réglé la subvention ;

Quittance à souche ou récépissé à talon, délivré par le comptable auquel les fonds ont été versés.

116. *Frais de bureau des conservateurs.* — Ces frais sont réglés par abonnement.

Mêmes justifications que pour les indemnités périodiques, numéro 95.

117. *Frais de tournées et de missions.* — Les frais de tournées alloués aux conservateurs ont été fixés par une ordonnance royale.

Mêmes justifications que pour les indemnités variables, numéro 95.

118. *Frais de tournées et de missions.* — Il est alloué aux agents chefs de service d'un département entier des indemnités fixes de déplacement, dont la répartition est réglée par décision ministérielle.

Mêmes justifications que pour les indemnités périodiques, numéro 95.

119. *Secours et indemnités.* — Cet article comprend les secours aux veuves et aux orphelins d'anciens fonctionnaires, aux employés en fonctions en cas de blessures, maladies, pertes occasionnées par événements quelconques indépendants de leur volonté,

déplacements onéreux, suppression d'emplois, etc.

Ces allocations sont autorisées par décisions du ministre. (Circ. N 402.)

1° Décision qui accorde le secours :

Nota. Pour les secours périodiques, la décision est produite à l'appui du premier payement; il suffit de s'y reporter pour les payements suivants.

2° Quittance de l'ayant droit ;

3° Certificat de vie du titulaire, si le payement est fait à un fondé de pouvoirs.

120. *Indemnités de premier établissement aux sous-officiers nommés à des emplois de gardes.* — Le taux de l'indemnité est réglé par la loi de finances du 3 juillet 1846.

Mêmes justifications que pour les indemnités spéciales, numéro 95.

Avances recouvrables.

a. — *Frais d'adjudication de diverses natures.*

Ces dépenses comprennent :

121. — Les frais d'impression de formules de procès-verbaux, de cahiers des charges, etc., concernant les bois de l'État, ceux des communes et établissements publics, ainsi que la location de la chasse.

122. — Impressions fournies par l'imprimerie nationale.

Payement unique ou intégral.

1° Copie ou extrait des tarifs annuels dûment approuvés ;

2° Mémoire liquidé et arrêté, présentant le détail en quantités et les prix d'unités ;

3° Certificat de prise en charge des fournitures faites ;

4° Quittance à souche dûment contrôlée, souscrite par le caissier de l'imprimerie ;

5° Acquit pour duplicata donné par ce comptable sur l'extrait de l'ordonnance, lequel doit porter le *vu bon à payer* du chef de bureau de la comptabilité de l'imprimerie nationale et le visa du contrôleur près cet établissement.

Payements fractionnés.

Acompte.

1° Décompte du service fait, faisant ressortir la somme à payer pour le premier acompte et, pour les payements suivants, rappelant, en outre, les acomptes payés et les dates et numéros des ordonnances ou mandats antérieurs ;

2° Quittance à souche, comme ci-dessus ;

3° Acquit pour duplicata, comme ci-dessus.

Solde.

Mêmes justifications qu'au payement intégral ;

Et, de plus :

Décompte rappelant les acomptes payés, les dates et numéros des ordonnances ou mandats antérieurs.

123. — Pour les impressions exécutées dans les départements par l'industrie privée, les mémoires doivent être soumis au règlement de l'imprimerie nationale.

Mêmes justifications que pour les fournitures, numéro 98.

124. — Pour les frais de publications, bougies et criées, ceux d'expéditions, d'extraits de procès-verbaux d'adjudication de coupes de bois, de devis et plans pour les travaux des forêts :

Bordereau dressé par l'agent local, visé par le président de la vente et arrêté par le conservateur, ledit bordereau présentant le total des frais et les bases de la liquidation :

Quittance (T) de l'ayant droit.

b. — *Frais de poursuites et d'instances et condamnations en matière correctionnelle.*

Ces frais, sujets par leur nature à des justifications diverses, sont les suivants :

125. — Taxes à témoins.

Lorsque la copie de la citation n'est pas représentée, le payement peut avoir lieu sur une taxe isolée, dans laquelle le juge indique les motifs qui empêchent la production de la copie.

Citation (T) suivie de la taxe, acquittée ou mentionnant que l'ayant droit ne sait signer ;

Quittance du receveur de l'enregistrement qui a fait l'avance.

126. — Coût des actes d'huissiers.

État (T) rendu exécutoire par le président du tribunal, certifié et liquidé par le conservateur ;

Quittance (T) de l'ayant droit.

127. — Coût des expéditions des extraits de jugement.

État (T) certifié et liquidé par le conservateur ;

Quittance (T) de l'ayant droit.

128. — Honoraires des interprètes et experts.

Réquisition (T) suivie de la taxe ;

Quittance (T) de l'ayant droit.

129. — Indemnités de déplacements.

Mémoire (T) ;

Quittance (T) de l'ayant droit.

130. — Frais de fourrière et de vente des animaux saisis en délits et non réclamés.

Mémoire (T) dûment arrêté ;

Quittance (T) de l'ayant droit.

131. — Frais de transport et séquestre des bois en délit.

Mémoire (T) dûment arrêté ;

Quittance (T) de l'ayant droit.

132. — Frais de capture des condamnés.

Certificat de dépôt ou d'écrou ;

Mémoire certifié et signé par les gendarmes qui ont opéré la capture, portant autorisation du conseil d'administration de leur compagnie d'en recevoir le montant, visé par l'intendant militaire et revêtu de la quittance du conseil d'administration.

133. — Frais de nourriture et de couchage des détenus de passage.

Les états de journées, mémoires et quittances sont soumis au timbre, si l'ayant droit est un entrepreneur.

Etat de journées ou mémoires de fournitures;

Quittance de l'ayant droit.

134. — Frais de transport des condamnés au lieu fixé pour leur détention.

Réquisition remise à l'entreprise des transports, indiquant la cause de la translation et le nombre des transportés et constatant l'arrivée à destination;

Etat (T) des dépenses, dûment arrêté, rappelant les conditions faites avec l'entreprise;

Quittance (T) de l'entrepreneur.

135. — Frais de poursuites en recouvrements tombés en non-valeurs.

Etat des frais, dûment arrêté et appuyé des pièces justificatives ou portant mention spéciale de ces pièces, avec énonciation des motifs qui obligent à les retenir;

Certificat d'inscription du montant des condamnations au sommier des surséances indéfinies;

Quittance du percepteur.

136. — Dépens et dommages-intérêts auxquels l'Etat est condamné.

Expédition (T) ou extrait (T) du jugement ou acte de signification (T);

Quittance (T) de l'ayant droit.

137. — Rétribution aux préposés forestiers autorisés par les règlements à faire des actes de citation, signification et opposition.

Etat collectif rendu exécutoire par le conservateur (Circ. N 402);

Quittance des préposés.

c. — *Frais d'instance et condamnation en matière civile.*

138. — Les frais exigibles dans le cours des instances sont avancés par les receveurs de l'enregistrement et ne sont imputés sur le présent article qu'à défaut de recouvrement contre les parties.

Etat visé par le directeur des domaines, dûment taxé et appuyé des pièces justificatives de l'avance ou portant mention spéciale de ces pièces, avec énonciation des motifs qui obligent à les retenir;

Arrêté de liquidation du conservateur des forêts (Circ. N 402);

Quittance du receveur qui a fait l'avance.

139. — Les suppléments d'honoraires d'avocats et les frais d'impression de mémoires, et autres frais non susceptibles d'entrer en taxe, sont réglés par le préfet.

Lorsque la dépense est supérieure à 2000 francs, l'approbation du ministre est nécessaire.

Etat d'honoraires, ou mémoires (T) portant fixation par le préfet;

Arrêté de liquidation approuvé par le ministre, pour les dépenses au-dessus de 2000 francs;

Quittances (T) des ayants droit.

140. — Les dommages-intérêts mis à la charge de l'Etat, autres que ceux pour insuffisance ou privation de délivrance à des usagers, et les dépens restant dus lorsque les instances sont définitivement terminées ou abandonnées sont payés sur arrêtés de liquidation du conservateur. (Circ. N 402.)

Extrait (T) ou expédition (T) du jugement ou de l'arrêt ou acte (T) de signification;

Exécutoire de dépens (T) ou état de frais (T), dûment taxé;

Arrêté de liquidation du conservateur des forêts (Circ. N 402);

Quittances (T) des ayants droit.

Restauration et conservation des terrains en montagne, subventions en argent et en nature, acquisition de terrains, achat de graines et de plants.

141. — Subventions accordées aux communes et établissements publics et aux particuliers, soit pour encourager des essais ou des opérations de reboisement, soit pour aider à la création ou à l'exploitation d'industries ou d'établissements forestiers d'intérêt général, tels que sécheries de graines, pépinières, où l'Etat pourrait s'approvisionner à des prix déterminés à l'avance.

Les primes accordées à des particuliers ne peuvent être délivrées qu'après l'exécution des travaux.

Décision qui alloue la subvention;

Quittance à souche ou récépissé à talon délivré par l'agent comptable qui reçoit les fonds, ou quittance (T) de l'ayant droit;

Et, de plus, si l'exécution du travail doit précéder le payement de la subvention:

Certificat visé par le conservateur, constatant que l'objet pour lequel la subvention est accordée est exactement rempli.

Routes forestières.
Construction de routes forestières. Etudes.

142. — La dépense de construction des routes forestières s'exécute en général d'après les règles tracées ci-dessus pour le service d'entretien et d'amélioration.

Elle comprend, outre l'exécution des travaux, les études et les mesures préparatoires et peut s'accroître des subventions de l'Etat, pour la construction des routes départementales et communales.

Mêmes justifications que les numéros 103 et 105, suivant la nature de la dépense, fournitures, travaux, acquisitions d'immeubles ou subventions.

Remboursements et restitutions.

143. — Remboursements pour moins de mesure dans les coupes de bois. Ces remboursements sont faits à l'adjudicataire des coupes, en vertu d'un arrêté du préfet approuvé par le ministre. (Circ. N 402.)

Il n'y a lieu de comprendre dans ce remboursement aucune portion des droits proportionnels d'enregistrement.

Traites acquittées ;

A défaut des traites, déclaration du receveur général, légalisée par le préfet, constatant qu'elles ont été acquittées ;

Procès-verbaux d'arpentage, d'adjudication, de réarpentage et de récolement ;

Décharge d'exploitation ;

Arrêté de liquidation du préfet, approuvé par le conservateur (Circ. N 402) ;

Décision du ministre :

Quittance de l'ayant droit.

144. — Remboursements à titre de dommages-intérêts à des usagers, pour privation ou insuffisance de délivrances en bois, résultant de condamnations prononcées contre l'Etat.

Extrait (T) ou acte de signification (T) du jugement ;

Quittance (T) de l'ayant droit.

145. — Remboursement de la portion du traitement des gardes forestiers mise à la charge des copropriétaires, des usagers ou des censitaires, versée par ces divers débiteurs, en vertu d'arrêtés des préfets, dans les caisses des receveurs de l'enregistrement et des domaines, et portée en recette au budget. Le payement en est fait aux gardes forestiers par l'administration des forêts et imputé sur le fonds des restitutions, en vertu des décisions ministérielles des 24 février 1836 et 19 août 1841.

Ces portions de traitement sont passibles des retenues prescrites au profit du Trésor pour le service des pensions civiles. V. Traitements, n° 94.

146. — Remboursement d'amendes perçues en matière de délits forestiers et de chasse et dont le ministre autorise la restitution.

Quittance du receveur des finances constatant le payement de l'amende ;

Arrêté des conservateurs relatant la décision ministérielle (Circ. N 402) ;

Quittance (T) de l'ayant droit.

147. — Remboursements d'autres natures prescrits par arrêtés de l'administration pour toute somme indûment perçue, à quelque titre que ce soit, et qui sont autorisés par le ministre. (Circ. N 402.)

Récépissé, déclaration constatant l'encaissement de la somme à rembourser;

Arrêté du conservateur;

Décision ministérielle;

Quittance de l'ayant droit. (Circ. N 402.)

COMPTAGE.

1. *Coupes. Arbres.* — Le comptage des arbres à vendre se fait en les classant par essence et par circonférence à 1m,30 du sol. La différence entre chaque classe ne doit pas excéder 0m,25 sur la circonférence. (On prend les circonférences ordinairement de 0m,15 en 0m,15.) Les hauteurs sont portées d'après un examen attentif des arbres de la vente, pour la partie propre au service, en tenant compte des vices et défectuosités de l'arbre. (Circ. A 474. Tarifs de cubage.) V. Arbres. Estimation.

2. *Réserves.* — Le comptage des réserves consiste dans la vérification faite par les agents forestiers, sur la demande de l'adjudicataire et avant la délivrance du permis d'exploiter, du nombre des réserves indiquées par le procès-verbal de martelage.

3. *Indemnité. Adjudicataire. Demande. Vérification.* — L'adjudicataire qui demande, avant la délivrance du permis d'exploiter, la vérification et le comptage des arbres réservés (cahier des charges, art. 17) s'engage par le seul fait de sa demande à payer 10 fr. par jour à chaque agent et 3 fr. à chaque garde, si sa demande est mal fondée et s'il n'existe pas de déficit. (Cons. d'Etat, 14 février 1838. Circ. N 97. Circ. N 310, art. 9.) L'adjudicataire payera, en outre, les frais de timbre et d'enregistrement du procès-verbal de vérification. (Cah. des ch. art. 17. Circ. N 111. Lois des 13 brumaire an VII, 18 mai 1850, 2 juillet 1862, 23 août 1871, 28 février 1872, 30 décembre 1873.)

Les sommes ainsi dues sont payées par l'adjudicataire au receveur des domaines du canton de la situation des coupes. (Circ. N 97. Form. série 4, n° 12.)

4. *Timbre.* — Les procès-verbaux de comptage des réserves doivent être visés pour timbre à 1 fr. 80 c. et enregistrés à 3 fr. 75 c. (Décis. Min. 23 mai 1849.)

5. *Différences.* — Si le comptage des réserves faisait reconnaître des différences *en plus*, les adjudicataires devraient toujours, dans ce cas, payer l'indemnité fixée aux agents et aux gardes. (Circ. A 511.)

6. *Indemnité.* — L'indemnité due par l'adjudicataire est recouvrée au moyen des pièces établissant la demande de l'adjudicataire, l'absence de déficit et le nombre de jours employés par les agents et gardes. (Instr. des domaines.)

7. *Vérification. Différence.* — Si le recomptage des réserves faisait ressortir des différences en plus ou en moins, de nature à prouver que les opérations ont été mal exécutées, le conservateur devrait en rendre compte à l'administration. (Circ. N 97.)

COMPTES (RESTAURATION DES MONTAGNES).

1. *Compte général de régie.* — Un état général des dépenses et des travaux (Form.

série 7, nos 72 bis et 72 ter) est établi pour la consignation du détail de l'emploi de tous les crédits affectés à chaque périmètre.

Pour les travaux en régie, un compte spécial est ouvert sur cet état pour chaque série.

En outre, un compte général présente, pour la même période, la récapitulation des comptes spéciaux.

L'agent régisseur inscrit sur cet état les données qu'il recueille :

1° Chaque semaine, sur les bulletins d'emploi de journées;

2° Chaque mois, sur les extraits du carnet d'attachement.

Quand une série renferme plusieurs divisions, les bulletins d'emploi de journées sont classés de manière à former un dossier spécial par division dans les archives de l'agent régisseur, mais les comptes sur l'état général sont toujours tenus par *série*.

A la fin de chaque mois, il fait les totaux des dépenses et quantités inscrites au compte général ; au-dessous de ces totaux, il reporte ceux des mois précédents, et de nouvelles additions fournissent la situation par article du devis. Cet état est conservé dans les archives de l'agent régisseur. (Instr. Gén. 2 février 1885, art. 198, 199 et 203. Circ. N 345.)

2. *Compte rendu mensuel de l'application du devis.* — L'agent régisseur transcrit sur le compte rendu mensuel de l'application du devis *(formule série 7, n° 73)* les totaux du compte général qui sont relatifs :

Aux mois précédents ;

Au dernier mois ;

A la situation présente ;

Puis il rapproche ces derniers résultats des prévisions du devis et, à la fin de chaque mois, il transmet ce compte rendu au chef de service. (Instr. Gén. 2 février 1885, art. 200 et 203. Circ. N 345.)

3. *Compte général récapitulatif.* — A la fin de chaque année, l'agent régisseur établit les derniers totaux du compte général de la régie et les reporte sur l'état récapitulatif. (Form. série 7, n° 72.)

Dans les colonnes à ce destinées, il inscrit le détail des graines et des plants employés pendant la campagne, ainsi que les sommes représentant la valeur des fournitures qui n'ont pas été payées par ses soins, et obtient les totaux définitifs des dépenses de l'année pour les travaux en régie.

Le total général est réformé et vérifié sur la même page, au moyen de la décomposition de la dépense, opération établissant le relevé des dépenses correspondant, d'une part, aux crédits employés par l'agent régisseur, d'autre part, à la valeur des fournitures provenant d'approvisionnements généraux.

En ce qui concerne les travaux effectués à l'entreprise, l'agent directeur reporte la nomenclature des ouvrages et des dépenses de l'année sur la troisième page de l'état général. (Série 7, n° 72.)

Il résume, dans la récapitulation placée au bas de la même page, l'ensemble des dépenses effectuées, tant en régie qu'à l'entreprise, pendant le même exercice.

Cet état, revêtu du visa du chef de service et du conservateur, doit parvenir à l'administration le 10 janvier au plus tard ou le 10 février, selon que les travaux ont été terminés à la fin de l'exercice ou exceptionnellement prorogés jusqu'au 31 janvier suivant. (Instr. Gén. du 2 février 1885, art. 201, 202, 203. Circ. N 345.)

4. *Compte permanent.* — Pour le compte permanent, l'agent régisseur tient, par périmètre ou fraction de périmètre, un registre portant un titre *(formule série 7, n° 74)* affecté à l'inscription des renseignements généraux et divisé en trois parties :

La première partie *(form. série 7, n° 74 bis)* est destinée à l'historique des acquisitions des terrains compris dans le périmètre et à la constatation des dépenses qu'elles ont occasionnées.

La seconde partie *(form. série 7, n° 74 ter)* sert à enregistrer l'historique et les résultats des travaux de toute sorte : travaux forestiers, travaux de correction et auxiliaires.

Les résultats des travaux sont extraits des rapports présentés à l'appui des devis annuels.

La troisième partie, divisée en deux tableaux *(formule série 7, n° 74 quater et 74 quinquiès)*, présente le relevé des travaux effectués au compte de l'Etat et des dépenses correspondantes.

Les données relatives à l'année écoulée sont fournies par le tableau de récapitulation de l'état général des dépenses et travaux. *(Formule série 7, n° 72.)* Elles sont inscrites sous les totaux précédents et, ajoutées à ceux-ci, elles donnent de nouveaux totaux qui représentent la dernière situation. (Instr. (Gén. du 2 février 1885, art. 204. Circ. N 345.)

5. *Compte permanent. Expéditions.* — Le registre du compte permanent est établi en trois expéditions, qui sont mises au courant chaque année. L'une de ces expéditions reste entre les mains du chef de service, la seconde entre les mains du conservateur, et la troisième est transmise à l'administration avant le 1er mars de l'année suivante. (Instr. Gén. du 2 février 1885, art. 206. Circ. N 345.)

6. *Travaux par entreprise. Compte général des dépenses.* — Lorsque l'entreprise est terminée, l'agent directeur adresse au chef de service le compte général des dépenses. *(Form. série 7, n° 71.)*

Une copie de cette pièce est adressée au conservateur par le chef de service, à l'appui de la liquidation finale, pour être classée dans les archives de la conservation. (Instr. Gén. du 2 février 1885, art. 194. Circ. N 345.) V. Album. Travaux.

COMPTE DE GESTION.

1. *Epoque.* — Les inspecteurs, inspecteurs adjoints et gardes généraux, chefs de service, font parvenir un compte de gestion, avant le 1er mars de chaque année, au conservateur, qui le transmet à l'administration, après y avoir consigné ses observations personnelles. (Circ. N 380.)

2. *Cadre.* — Le compte de gestion sera établi sur un cadre différent de celui que prescrivait la circulaire N 5. En tête, seront donnés quelques renseignements statistiques sommaires destinés à mettre en relief la nature de chaque service et son degré d'importance. (Circ. N 380. Form. série 12, nº 14.)

3. *Division.* — Il comprendra deux chapitres : améliorations exécutées et considérations générales sur les améliorations désirables. (Circ. N 380.)

4. *Chapitres. Renseignements.* — Dans le premier chapitre, les agents passeront en revue les principales améliorations réalisées, au cours de l'année, dans leur circonscription. Ils feront connaître les faits saillants auxquels leur exécution a donné lieu ; ils en indiqueront l'importance exacte et les résultats.

Dans le second chapitre, les agents signaleront les améliorations nouvelles, dont ils proposent de poursuivre la réalisation; ils en exposeront les motifs et en préciseront la portée. Ils pourront y ajouter les considérations diverses que l'étude attentive de leur service leur aura suggérées et sur lesquelles il leur paraîtra bon d'appeler l'attention de l'administration. (Circ. N 380.)

5. *Observation.* — Les agents ne perdront pas de vue que, pour mettre l'administration à même de faire un examen fructueux de leur compte de gestion, ils devront s'attacher à apporter dans leur rédaction une concision qui ne saurait exclure la précision des détails. (Circ. N 380.)

6. *Conservateurs.* — Les conservateurs ne fourniront plus le compte annuel de gestion qu'ils avaient à produire, aux termes de la circulaire N 5. (Circ. N 380.)

CONCESSION (EN GÉNÉRAL).

1. *Principe.* — Toute concession, qui entraîne l'occupation du sol domanial, doit être faite par voie d'adjudication (Loi du 5 novembre 1790); mais, dans les circonstances exceptionnelles, les concessions peuvent être faites à l'amiable. (Décis. Min. 9 floréal an VI.)

2. *Produits. Principe.* — Les produits invendables seuls peuvent être concédés moyennant des journées de travail. (Note de l'administration, 12 octobre 1887.)

3. *Bois communaux. Régime forestier.* — L'administration forestière s'est réservé de faire statuer sur tous les actes, tels que concession de terrain communal, qui auraient pour effet de réduire l'étendue du sol forestier. (Décis. Min. 2 février 1856.)

CONCESSION DE FORÊT. (ALGÉRIE.)

1. *Forêts. Algérie.* — Il est statué par des ordonnances sur les concessions des forêts en Algérie. (Ord. 21 juillet 1845.)

2. *Projet. Pièces.* — Toute proposition de concession doit être accompagnée : 1º de la soumission du demandeur ; 2º du projet d'acte provisoire à délivrer au concessionnaire ; 3º du plan de l'immeuble à concéder. (Ord. 5 juin 1847, art. 4.)

3. *Chêne-liège. Algérie.* — Un décret en date du 7 août 1867 accorde, aux concessionnaires des forêts de chênes-liège en Algérie par bail de 90 ans, un délai de six mois pour en demander la cession en toute propriété. Un décret du 2 février 1870 règle la conversion en propriété définitive des concessions des forêts de chênes-liège faites en Algérie, en faveur de ceux qui en feront la demande avant le 1er juillet 1870. V. Chêne-liège.

CONCESSION DE MENUS PRODUITS.

SECT. I. — BOIS DOMANIAUX, 1 — 11.

SECT. II. — BOIS COMMUNAUX ET D'ÉTABLISSEMENTS PUBLICS, 12, — 13.

SECT. I. — BOIS DOMANIAUX.

1. *Principe.* — Les menus produits qui ne sont pas susceptibles d'être vendus à prix d'argent sont concédés à charge d'exécuter certains travaux, ou de fournir des journées de travail. (Décis. Min. 24 avril 1844. Note de l'administration, 12 octobre 1887.)

2. *Autorisation. Principe.* — L'extraction de menus produits dans les bois de l'Etat ne pourra avoir lieu qu'en vertu d'une autorisation formelle, délivrée par le conservateur. (Ord. 4 décembre 1844, art. 2.)

3. *Autorisation.* — Les conservateurs autorisent, sur les propositions des agents locaux, l'emploi de prestations et graines dues pour concession de menus produits (Circ. N 22, art. 319) et approuvent les projets de travaux de réparation et d'entretien à mettre en charge sur les concessionnaires de menus produits. (Lettre du 16 mars 1861.)

4. *Propositions. Travaux.* — Lorsqu'on fait au conservateur des demandes de con-

cession de menus produits, moyennant des fournitures de graines et de journées, il faut déclarer d'abord que ces produits ne sont pas susceptibles d'être vendus à prix d'argent ; on doit désigner ensuite les travaux à faire exécuter par les concessionnaires, en indiquant la quantité de graines et de journées que ces travaux paraîtront exiger. Les propositions devront avoir principalement pour objet les travaux de culture, tels que défoncement, labour, sarclage, binage, semis, plantation, etc.; elles pourront aussi comprendre les travaux d'ouverture ou curage des fossés, nivellement ou ragréage des routes en terre, mais pas de travaux d'art. (Circ. A 548. Circ. N 22, art. 320, 321 et 322.)

5. *Délégation.* — Les conservateurs peuvent déléguer au chef de service la faculté d'autoriser, dans les forêts domaniales, la délivrance de certaines catégories de menus produits, moyennant des prix fixés, au commencement de chaque année, par un tarif. (Circ. N 416.)

6. *Durée. Conditions.* — Les concessions de menus produits ne doivent être faites que pour une année, en évitant de les assujettir à des conditions qui leur donneraient le caractère de bail; elles ne peuvent, en aucun cas, être faites à titre gratuit. Lorsque ces productions ne seront pas susceptibles d'être vendues à prix d'argent, on doit imposer des journées de prestation. (Circ. A 568.)

7. *Redevance.* — Dans les concessions de menus produits, on doit, autant que possible, stipuler que le payement de la redevance sera fait avant tout enlèvement.

8. *Sommier.* — Le chef de cantonnement inscrit, sur un sommier de concessions de menus produits, les travaux à faire, ceux exécutés, la date de l'exécution et la valeur des ouvrages faits. (Circ. N 22, art. 324.)

9. *Vérification.* — L'inspecteur vérifiera l'emploi des prestations dues par les concessionnaires, en se faisant communiquer tous les trois mois le registre (série 5, n° 20) tenu par le chef de cantonnement. De son côté, le conservateur devra, au cours de ses tournées, s'assurer de la bonne tenue et de la vérification régulière de ce registre. (Circ. N 372.)

10. *Autorisation collective.* — Afin d'éviter des écritures, lorsque les concessions sont nombreuses, on peut provoquer une autorisation collective pour chaque produit ou pour tous les produits demandés.

11. *Permanence. Sommiers. Redevance.* — Les concessions pour plusieurs années moyennant une redevance annuelle sont reproduites chaque année sur le sommier des produits accessoires. (Arr. Min. 22 juin 1838.)

SECT. II. — BOIS COMMUNAUX ET D'ÉTABLISSEMENTS PUBLICS.

12. *Autorisation. Principe.* — L'extraction de menus produits, dans les bois communaux et d'établissements publics, n'aura lieu qu'en vertu d'une autorisation délivrée par les maires et administrateurs des communes ou établissements propriétaires, sauf l'approbation du conservateur, qui réglera les conditions et le mode d'extraction. Le prix en sera fixé par le préfet, sur les propositions des maires et administrateurs. (Ord. 4 décembre 1844, art. 2.)

Lorsque les extractions ont lieu à prix d'argent ou moyennant des journées de prestations, il est dressé un sommier qui est tenu comme celui du service domanial. V. art. 8.

13. *Autorisation.* — Les concessions de menus produits pour plusieurs années, ayant par conséquent le caractère de bail, sont autorisées par les conseils municipaux, quand la durée ne dépasse pas dix-huit ans. Le préfet statue en conseil de préfecture, lorsque la durée excède dix-huit ans. Si le préfet refuse son approbation, le conseil municipal peut se pourvoir devant le ministre de l'intérieur. (Loi du 5 avril 1884, art. 68 et 69.) V. Bail. Location.

CONCESSION DE SERVITUDE A TITRE DE TOLÉRANCE.

1. *Nomenclature.* — Les tolérances dont la concession peut être autorisée ont généralement pour objet des facultés de *passage, jouissance de sources et prises d'eau, faculté de prendre des jours ou d'établir des ouvertures* donnant accès sur le sol forestier. (Circ. A 686.)

2. *Tolérances. Servitudes. Bois domaniaux et communaux.* — Les préfets statuent en conseil de préfecture, d'après les propositions du conservateur, sur les concessions des servitudes à titre de tolérance temporaire et révocables à volonté. (Décr. du 25 mars 1852, tableau C.)

Si l'arrêté du préfet est en contradiction avec les propositions du conservateur, il en est référé à l'administration par un rapport spécial, avec pièces à l'appui. (Circ. A 686.)

3. *Conditions.* — Il importe de prendre toutes les précautions nécessaires pour laisser à la concession un caractère manifeste de précarité et pour empêcher que, par une jouissance abusive, la concession ne puisse ultérieurement dégénérer en servitude au détriment du domaine.

A cet effet, indépendamment des conditions particulières que l'instruction aurait fait juger nécessaires, celles ci-après doivent être notamment stipulées dans les décisions à intervenir :

1° Déclaration que la concession n'est

faite qu'à titre de simple tolérance toujours révocable et pour un terme qui ne peut excéder neuf années, sauf renouvellement, s'il y a lieu ;

2° Fixation de la redevance que le concessionnaire sera tenu de verser annuellement à la caisse du domaine ou municipale ;

3° Obligation pour le concessionnaire d'exécuter, à toute réquisition de l'agent forestier local, les travaux nécessaires pour réparer les dégradations provenant de l'exercice de la tolérance ;

4° Stipulation qu'en cas d'extinction de la tolérance sans renouvellement ou de révocation prononcée avant l'échéance du terme fixé, le concessionnaire sera tenu de remettre les lieux dans leur état primitif, et que, faute par lui de satisfaire à cette condition, dans le mois qui suivrait sa mise en demeure, les agents forestiers feraient exécuter les travaux par voie de régie ; enfin, que le recouvrement de la dépense serait poursuivi dans la forme déterminée par l'article 41 du code forestier ;

5° Stipulation qu'il sera passé dans la forme administrative, devant le préfet ou son délégué, un acte constatant l'acceptation par le concessionnaire des clauses et conditions imposées, et que les frais de cet acte seront à sa charge, comme aussi ceux des deux expéditions qui seront délivrées, l'une, sur papier timbré, au directeur des domaines (maire ou administrateur), l'autre, sur papier libre, à l'inspecteur des forêts.

Aucune concession ne peut être consentie à charge par le concessionnaire de fournir des matériaux ou journées de travail qui n'auraient pas uniquement pour objet la réparation du préjudice causé par l'exercice même de la tolérance. Ces derniers travaux, qui ne sauraient rester à la charge de l'administration, doivent, dans tous les cas, être imposés au concessionnaire. Le propriétaire reçoit, par le payement d'une redevance annuelle en argent, le prix de la jouissance qu'il concède. Cette redevance, quelque minime qu'elle puisse être, a pour résultat, en outre, de caractériser mieux encore la précarité de la concession. On doit apprécier quel est le quantum de la redevance à exiger et le comprendre dans les propositions au préfet. Si l'arrêté du préfet n'est pas conforme aux propositions du conservateur, celui-ci en réfère à l'administration, avec un rapport détaillé et pièces à l'appui. (Circ. A 686.)

4. *Temporaires.* — Les préfets ont le droit de modifier, sans l'intervention du ministre, les conditions des concessions de servitudes à titre de tolérance temporaire. (Décis. Min. 30 juillet 1867.)

5. *Servitudes légales.* — Les concessions de jouissance en vertu de *servitudes légales* sont accordées par le ministre pour les bois domaniaux et par les préfets pour les bois communaux. (Puton). V. Servitude.

CONCESSION DE TERRAIN AUX GARDES LOGÉS.

Préposés. Étendue. Maison. — Les gardes logés en maison forestière ont droit à la jouissance d'un hectare de terrain attenant à leur maison et propre à la culture. (Décis. Min. 21 janvier 1856. Circ. A 341.)

En attendant la construction des maisons, on peut en désigner l'emplacement, délimiter le terrain (1 hectare) à y annexer et en donner la jouissance au titulaire du poste non logé, qui en ferait la demande. (Gardes domaniaux, mixtes ou cantonniers.)

Si les gardes mixtes avaient déjà la jouissance de terrains communaux, on ne leur concéderait que le surplus, pour parfaire un hectare.

Les terrains doivent être choisis près d'une source, dans les vallées et dans les parties les plus fertiles et susceptibles d'être irriguées.

Le terrain sera mesuré et délimité au moyen de parois et de pieds corniers, et une expédition du plan sera déposée aux archives de l'inspection, après l'approbation du conservateur. Les bois existant sur cette superficie seront coupés et vendus par menus marchés, à charge par l'adjudicataire d'extraire les souches et de niveler le sol; les autres travaux de mise en état seront exécutés par les gardes, à moins qu'ils ne dépassent leurs moyens, auquel cas l'administration y pourvoirait. (Circ. N 125.)

CONCESSION DE TERRAIN USURPÉ.

1. *Attribution. Valeur.* — Les préfets statuent, en conseil de préfecture et sur la proposition du conservateur, sur les concessions autorisées par les lois des 20 mai 1836 et 10 juin 1847 des biens usurpés, lorsque le prix n'excède pas 2000 francs. (Décr. 25 mars 1852, tableau C.) En cas de désaccord avec le conservateur, il en est référé à l'administration par un rapport spécial, avec pièces à l'appui. (Circ. A 686.)

2. *Pièces. Envoi.* — La proposition de concession qui accompagnera le procès-verbal d'estimation ne sera soumise au ministre que lorsqu'il s'agira de terrains d'une valeur de plus de 2000 francs ; au-dessous, le préfet statue. (Arr. Min. 10 juin 1848, modifiant l'ordonnance du 14 décembre 1837. Décr. du 25 mars 1852.)

CONCESSION DE TERRAINS VAGUES A CHARGE DE REPEUPLEMENT.

1. *Principes. Jouissance.* — Des terrains vagues peuvent être concédés dans les forêts domaniales, avec jouissance temporaire et à charge de repeuplement.

Sont considérées comme concessions à charge de repeuplement et instruites de la même manière, les concessions de terrains vagues à charge de culture et de préparation du sol, lorsque l'administration se réserve, dans l'intérêt de la réussite de l'opération, d'effectuer elle-même les semis et plantations. (Circ. N 22, art 301.) V. Terrains vagues.

2. *Vides. Culture.* — Lorsqu'au lieu d'opérer par adjudication à prix d'argent ou par économie des semis et plantations dans les forêts, l'administration jugera convenable d'en concéder temporairement les vides et clairières à charge de repeuplement, les agents forestiers procéderont d'abord à la reconnaissance des lieux, et le procès-verbal qu'ils en dresseront constatera le nombre, l'essence et les dimensions des arbres existant sur le terrain à conceder.

Le conservateur transmettra à l'administration ce procès-verbal, avec ses observations, et un projet de cahier des charges spécial pour chaque concession, par lequel les concessionnaires devront particulièrement être assujettis aux articles 34 (amende des arbres coupés, 1/3 en sus, comme les adjudicataires), article 41 (mise en régie des travaux en cas d'inexécution), article 42 (défense d'allumer du feu sans permission), article 44 (renvoi de la constatation des delits au récolement, sans prescriptions) et article 46 du code forestier (responsabilité des concessionnaires). (Ord. 105. Circ. N 22, art. 304 et 313.)

3. *Exploitation des bois.* — Si les terrains à concéder n'étaient pas entièrement dégarnis de bois, on ferait procéder au préalable, en la forme ordinaire, à la vente et à l'extraction des bois. (Circ. A 568. Circ. N 22, art. 309.)

4. *Autorisation. Durée.* — Les conservateurs autorisent les concessions de terrains vagues à charge de repeuplement, pour quatre ans et au-dessous et lorsque la contenance des terrains à concéder n'excède pas au maximum vingt-cinq ares pour les gardes et cinq hectares pour les autres concessionnaires et pour chaque concession. (Ord. 4 décembre 1844. Circ. N 22, art. 305 et 306.) Bois domaniaux seulement. (Circ. A 568.)

5. *Autorisation. Durée.* — Le ministre autorise toutes les autres concessions, pourvu que la durée n'excède pas neuf ans. (Ord. 106. Circ. N 22, art. 303, 311 et 312. Circ. N 289.)

6. *Autorisation. Durée. Loi.* — Les concessions, dont la durée de la jouissance doit excéder neuf années, sont autorisées par une loi. (Loi du 22 novembre 1790, art. 29. Circ. N 22, art. 302.)

7. *Adjudication.* — Les concessions de terrains à charge de repeuplement, autres que celles de neuf ans et de cinq hectares autorisées par le ministre, ne peuvent être effectuées que par voie d'adjudication publique, avec les mêmes formalités que pour les adjudications des coupes de bois. (Ord. 107. Ord. 10 mars 1831 et 4 décembre 1844.) Le concours de l'adjudication porte sur la durée de la concession ou le montant de la redevance. (Circ. N 22, art. 314.)

8. *Bois communaux. Conditions.* — Les concessions à charge de repeuplement dans les bois des communes et des etablissements publics se font conformément aux conditions de l'article 136 de l'ordonnance, c'est-à-dire après avoir consulté le conseil municipal et la commission et avis du préfet, qui autorisera, sur la proposition du conservateur. (Ord. 135, 136. Circ. A 568.) En cas de désaccord, le ministre statue. (Ord. 136. Circ. A 568.)

9. *Instruction. Renseignements.* — Il ne sera accordé de concession à charge de repeuplement, qu'autant que les demandes seront appuyées de renseignements positifs sur les moyens d'exécution et sur la capacité et la solvabilité des concessionnaires. (Circ. A 139 bis.)

10. *Conditions.* — On doit dans l'acte de concession, avec le cahier des charges, désigner clairement : la durée de la concession, la contenance du terrain concédé, le mode de repeuplement (semis ou plantation), les essences à employer, la nature et la durée de la garantie et la caution, s'il y a lieu. (Circ. A 568. Circ. N 22, art. 308.)

11. *Pâturage.* — L'individu qui a obtenu une concession de terrain à charge de repeuplement ne peut y faire dépaître ses bestiaux et encore moins des moutons, sous le prétexte que la jouissance de ce terrain lui a été concédée, pour y faire telle culture qu'il jugerait convenable. (Cass. 21 septembre 1820.)

12. *Gardes cantonniers.* — Il ne peut pas être fait de concession de terrain aux gardes cantonniers. (Circ. A 568. Circ. N 22, art. 307.)

13. *Gardes à triage.* — Pour les concessions faites aux gardes à triage, on doit prendre des mesures pour assurer l'exécution des conditions, en cas de changement ou cessation de fonctions. (Circ. A 568.) Les

dispositions de l'article 107 de l'ordonnance ne sont pas applicables aux concessions faites aux préposés. (Circ. N 22, art. 315.)

14. *Préposés. Places à charbon. Bois domaniaux et communaux.* — Dans les forêts domaniales, les conservateurs autorisent les gardes à cultiver les places à charbon et les talus des fosses, à charge de repeuplement. Dans les bois communaux, les préfets autorisent ces concessions.

15. *Amiable. Bail. Prix.* — Des concessions à l'amiable peuvent être faites à des particuliers, dans des circonstances exceptionnelles, mais à la condition expresse que le prix du bail soit fixé à la suite d'une estimation rigoureuse et contradictoire. (Décis. Min. du 9 floréal an VI. Circ. N 22, art. 316.)

16. *Travaux. Réception.* — Les travaux exécutés par les concessionnaires sont reçus par les agents forestiers. (Circ. N 22, art. 317.)

17. *Travaux. Réception. Surveillance.* — La réception des travaux, la reconnaissance des lieux et le récolement seront effectués comme pour le récolement des coupes de bois (Ord. 98, 99), c'est-à-dire par deux agents et en présence du garde du triage. Le procès-verbal qui en sera dressé sera signé par les deux agents et par le concessionnaire, ou son fondé de pouvoir, et le préfet ne donnera décharge qu'après avoir pris l'avis du conservateur. (Ord. 108. Circ. N 22, art. 317.)

18. *Compétence. Bois domaniaux.* — En cas de contestation entre l'Etat et le concessionnaire, les conseils de préfecture sont incompétents pour en connaître. (Décis. Min. 17 août et 18 septembre 1829. Circ. N 22, art. 318.)

19. *Bois communaux. Compétence.* — Si les contestations avaient lieu à propos du repeuplement d'un bois communal ou d'établissement public, les tribunaux civils seraient seuls compétents pour en connaître, et les conseils municipaux doivent être consultés, pour savoir s'ils veulent poursuivre les concessionnaires. (Décis. Min. 15 décembre 1828.)

20. *Poursuites. Travaux. Exécution.* — La voie civile est la seule à suivre pour l'exécution d'un acte de concession de terrain à charge de repeuplement, attendu qu'il s'agit d'un contrat synallagmatique et que, malgré toutes stipulations contraires dans les actes, nul ne peut être distrait de ses juges naturels. (Cons. d'Etat. Décis. Min. 17 août 1829. Circ N 22, art. 318.)

21. *Etat.* — L'état des concessions de terrains vagues autorisées à charge de repeuplement est supprimé. (Circ. N 372.)

CONCESSION DE TRAVAUX A EXÉCUTER.

1. *Immeubles.* — Les scieries, sécheries de graines, ainsi que toute autre entreprise concernant le débit, l'exploitation ou le transport des produits des forêts domaniales, peuvent être l'objet de concession avec jouissance temporaire, au profit des constructeurs, avec ou sans redevance et avec ou sans subvention. (Circ. N 22, art. 297.)

2. *Travaux.* — Lorsqu'il y a lieu de faire effectuer par des concessionnaires des travaux quelconques, il est adressé à l'administration :

1° Un rapport spécial indiquant l'utilité de la concession, le montant des perceptions à imposer et le bénéfice probable du concessionnaire ;

2° Un projet détaillé des ouvrages à établir ;

3° Un cahier des charges spécifiant le délai d'exécution des travaux, la durée de la concession, la redevance à payer ou la subvention, les conditions et le mode de jouissance, le montant et le mode des perceptions et l'obligation de rendre l'établissement en bon état, à l'expiration de la jouissance. (Circ. N 22, art. 298.)

3. *Travaux. Durée.* — Les concessions de travaux divers dans les bois domaniaux sont faites soit directement, soit par adjudication ; elles sont autorisées par le ministre, lorsque leur durée n'excède pas neuf années. (Circ. N 22, art. 299.) V. Bail.

4. *Travaux. Réception. Surveillance.* — Les travaux concédés dans les bois domaniaux sont surveillés et reçus par les agents forestiers de la même manière que ceux effectués aux frais de l'administration. (Circ. N 22, art. 300.) V. Réception.

CONCESSIONNAIRE.

Travaux. Calepin. — Les travaux des concessionnaires doivent toujours être constatés au moyen des calepins d'attachement. (Circ. N 416.)

CONCILIATION.

1. *Principe.* — Aucune demande principale introductive d'instance entre parties capables de transiger et sur des objets qui peuvent être la matière d'une transaction ne sera reçue devant les tribunaux de première instance, que le défendeur n'ait été préalablement appelé en conciliation devant le juge de paix, ou que les parties n'y aient volontairement comparu. (Proc. Civ. 48.)

2. *Condition.* — En cas de conciliation, le juge de paix, sur la demande de l'une des parties, peut dresser procès-verbal des conditions de l'arrangement ; ce procès-verbal

aura force d'obligation privée. (Loi du 2 mai 1855, art. 2.)

3. *Appel en conciliation.* — Dans toutes les causes, excepté celles qui requièrent célérité et celles où le défendeur sera domicilié hors du canton, il ne pourra être donné de citation sans que le juge de paix ait appelé les parties en conciliation devant lui. (Loi du 2 mai 1855, art. 2.)

4. *Exception.* — Sont dispensées des préliminaires de conciliation les demandes qui intéressent l'Etat, le domaine, les communes et les établissements publics et sur les saisies. (Proc. Civ. 49.)

CONCLUSION.

1. *Définition.* — Exposé sommaire des prétentions des parties.

2. *Principe.* — Le ministère public qui portera la parole pourra conclure d'après son opinion personnelle. (Décr. du 6 juillet 1810, art. 49.)

3. *Agents. Audience.* — Les agents forestiers ont le droit d'exposer les affaires devant le tribunal et sont entendus à l'appui de leurs conclusions. (Cod. For. 174.)

4. *Appel.* — Les agents forestiers ont également le droit d'exposer l'affaire et d'être entendus à l'appui de leurs conclusions en appel. (Lyon, 11 août 1827.)

5. *Agents. Rédaction.* — Les agents chefs de service sont tenus exclusivement de rédiger les conclusions. (Circ. A 358.)

6. *Modération.* — Les agents, dans leurs conclusions, ne doivent pas s'écarter d'une équitable modération; ils ne doivent requérir des dommages-intérêts qu'autant qu'il y a un dommage réel et appréciable. (Circ. A 623.)

7. *Commune solidaire. Amende. Frais.* — Lorsqu'une commune est responsable des condamnations pour délit commis dans ses bois, on doit requérir des conclusions contre elle tant pour les amendes et les frais que pour les dommages-intérêts. (Circ. N 262.)

8. *Tribunal. Application. Rectification.* — Le tribunal n'est pas lié par les conclusions de l'agent forestier ; il doit les rectifier dans ce qu'elles auraient d'erroné, soit en ce qui concerne la qualification du délit, soit quant aux circonstances ou les pénalités et les mettre en harmonie avec le texte de la loi. (Cass. 19 juin 1840, 6 février 1845, 6 mai 1847.)

9. *Usagers. Mode de délivrance.* — Lorsqu'un arrêt, attaqué sur un chef ordonnant au propriétaire d'une forêt de délivrer aux usagers des bois dans des conditions autres que celles qu'il avait offertes, a été cassé sur ce chef pour défaut de motifs, le propriétaire peut, devant la cour de renvoi, comme il le pouvait antérieurement devant la cour dont l'arrêt a été cassé, prendre des conclusions subsidiaires, tendant à faire juger que la délivrance du bois s'effectuera, au cas où ses offres seraient rejetées, d'après un mode indiqué par un contrat non invoqué devant la première cour, et la cour de renvoi peut accueillir ces conclusions sans commettre d'excès de pouvoirs. (Cass. 15 mars 1887.)

10. *Subsidiaires. Additionnelles.* — Les agents poursuivants peuvent non seulement conclure *subsidiairement*, afin de suppléer à l'insuffisance ou à la nullité des procès-verbaux, dans le cas où elle serait déclarée, mais encore prendre des conclusions *additionnelles* ou *rectificatives*, pour demander à prouver par témoin une circonstance aggravante, non mentionnée au procès-verbal. (Cass. 6 février 1845.)

11. *Conclusions additionnelles. Appel.* — Les conclusions additionnelles prises pour la première fois devant la cour forment des demandes nouvelles, non recevables en appel, lorsqu'elles diffèrent, par leur cause et leur but, de la demande primitive. (Cass. 20 février 1883.)

12. *Rectification.* — On peut rectifier les conclusions (erreur du texte de la loi), en tout état de cause, même en appel, et ces conclusions modifiées ne forment pas une action nouvelle. (Cass. 5 décembre 1833.)

13. *Appel. Requête. Modification.* — L'administration n'est pas liée par les conclusions de la requête d'appel de l'agent forestier, qui l'a représentée devant le tribunal correctionnel ; les conclusions peuvent être modifiées en appel, tant qu'elles ne constituent pas une demande nouvelle et ne sont que la reproduction littérale de celles qui ont été retenues au jugement de première instance. En tous cas, pour rendre ces conclusions recevables, il suffit qu'elles soient prises devant la cour par le ministère public. (Nancy, 3 décembre 1861.)

14. *Appel.* — On ne peut prendre en appel que des conclusions présentées devant les premiers juges. (Cass. 14 et 28 avril 1848.)

15. *Appel. Rectification.* — On peut rectifier en appel les conclusions vicieuses prises en première instance. (Cass. 17 mai 1834.)

16. *Présentation. Ministère public.* — L'administration peut reprendre en appel les conclusions (exception de nullité) présentées par le ministère public, en première instance. (Aix, 24 juin 1869.)

17. *Validité.* — Les conclusions invoquées dans un acte d'appel, mais non reproduites devant la cour, sont réputées n'avoir pas été soumises aux juges, qui, dès lors, ne sont pas tenus de statuer sur ces moyens. (Cass. 8 juillet 1857.)

18. *Jugement.* — Un tribunal ne peut adjuger que ce qu'on lui demande. Tout jugement qui prononce *ultra petita* est vicieux. (Cons. d'État, 12 novembre 1806.)

19. *Citation.* — En matière forestière, la citation ne doit pas *nécessairement* contenir les conclusions de la demande et l'indication de la loi pénale invoquee. (Cass. 3 mai et 19 décembre 1834, 7 mars 1835.)

20. *Citation.* — Bien que la loi ne l'exige pas, il est toujours bon d'indiquer dans les citations les conclusions qui seront demandées contre le prévenu.

21. *Instance civile.* — Dans les instances civiles, l'exploit d'ajournement contiendra l'objet de la demande et l'exposé sommaire des moyens. (Proc. Civ. 61.)

Dans la quinzaine du jour de la constitution d'avoué, le défendeur fera signifier ses défenses signées de son avoué. (Proc. Civ. 77.)

CONCUSSION.

1. *Définition.* — Crime commis par un fonctionnaire et qui consiste à se faire payer ce qui ne lui est pas dû.

2. *Agents.* — Les agents qui touchent, pour le service des forêts, une somme qui n'a pas été ordonnancée à leur profit, s'exposent à être accusés de concussion. (Circ. A 183.)

3. *Pénalité.* — En cas de concussion commise par les fonctionnaires publics, en ordonnant de percevoir ou en exigeant ce qui n'est pas dû pour salaires et recettes, il sera appliqué les pénalités suivantes :

Si la somme excède 300 francs :

Fonctionnaire : *réclusion.* (Privation des droits civils, civiques et de famille, facultative, 5 à 10 ans.)

Commis : *prison,* 2 ans à 5 ans. (Privation des droits civils, civiques et de famille, facultative.)

Amende : maximum, le 1/4; minimum, le 1/12 des restitutions et dommages-intérêts.

Facultative, surveillance de la haute police, 5 à 10 ans.

Si la somme n'excède pas 300 francs :

Fonctionnaires : *prison,* 2 à 5 ans.
Commis : *prison,* 1 à 4 ans.

Amende : maximum, 1/4 ; minimum, 1/12 des restitutions et dommages-intérêts.

Facultative, privation des droits civils, civiques et de famille, 5 à 10 ans.

Facultative, surveillance de la haute police, 5 à 10 ans.

La tentative de concussion est punie comme le délit lui-même. (Cod. Pén. 174. Loi du 13 mai 1863.)

CONDAMNATION.

1. *Définition.* — Le mot *condamnation* comprend les réparations civiles, les frais et les amendes. (Cass. 12 juin 1840.)

2. *Agent forestier.* — Les agents forestiers ne peuvent requérir que les condamnations inscrites dans le code forestier.

3. *Fait.* — On ne peut condamner un prévenu que pour les faits pour lesquels il a été cité.

4. *Recouvrement.* — Le recouvrement des condamnations pécuniaires est effectué par les percepteurs des contributions directes, qui sont, à cet effet, substitués aux receveurs des domaines. (Loi du 29 décembre 1873, art. 25. Circ. N 149.)

5. *Attribution.* — Le produit des amendes et condamnations pécuniaires, prononcées par les tribunaux répressifs, est attribué conformément aux dispositions de l'article 11 de la loi de finances du 27 décembre 1890. (Circ. N 430.)

6. *Frais.* — Les frais de justice doivent toujours être payes.

7. *Taux. Preuve. Degré de foi.* — Le taux ou chiffre des condamnations, fixant le degré de preuve d'un procès-verbal, ne comprend que les amendes et dommages-intérêts. On calcule l'amende sur la condamnation possible, et les dommages-intérêts sur le chiffre des conclusions et leur minimum. Si le délit est susceptible de la peine d'emprisonnement, on doit calculer cette peine comme excédant 100 francs.

8. *Maximum.* — Lorsque les délits auront été commis par des fonctionnaires qui étaient chargés de les surveiller et de les réprimer, il y aura lieu d'appliquer le maximum de la peine. (Cod. Pén. 198.)

9. *Remise. Demande.* — Il n'y a plus de demande en remise de condamnation depuis qu'on peut transiger avant les poursuites,

excepté toutefois en ce qui concerne les délits de droit commun, notamment ceux qui sont prévus par les articles 22, 219 et suivants du code forestier. V. Remise de condamnations.

10. *Sursis. Annulation. Frais. Dommages.* — En cas de condamnation à l'emprisonnement ou à l'amende, si l'inculpé d'un délit forestier n'a pas subi de condamnations antérieures à la prison pour délit de droit commun, le tribunal peut ordonner qu'il sera sursis à l'exécution des condamnations. Celles-ci seront annulées, si, pendant le délai de cinq ans à dater du jugement, le condamné n'a encouru aucune poursuite suivie de condamnation à la prison pour delit de droit commun. Dans le cas contraire, la première peine serait exécutée et les peines de la récidive encourues; le sursis de condamnation ne comprend pas le payement des frais et des dommages-intérêts. (Loi du 26 mars 1891. Angers, 5 décembre 1891.)

11. *Loi Béranger. Délit forestier. Non-applicabilité.* — La disposition de la loi Béranger du 26 mars 1891, qui autorise les juges à surseoir à l'exécution de la peine, n'est pas applicable en cas de condamnation à l'amende prononcée en matière forestière. (Riom, 18 mai 1892. Cass. 22 décembre 1892.)

12. *Loi Béranger. Simple police. Non-applicabilité.* — La loi Béranger, qui permet de suspendre pendant cinq ans l'application de la peine, n'est pas applicable en matière de contravention en simple police. (Cass. 5 mars 1892.)

13. *Condamnation civile.* — Les condamnations civiles (dommages-intérêts) se prescrivent par trente ans. (Cass. 5 juin 1830.)

CONDUITE.

Information. — Les conservateurs rendent compte de la conduite des agents. (Instr. 23 mars 1821, art. 25.)

Les renseignements concernant la conduite privée et la conduite administrative des agents sont fournis sur les feuilles de notes annuelles. (Form. série 1, n° 7.)

CONFINS.

Vente. — A défaut de stipulation contraire, dans un acte de vente nationale, les confins ne sont pas compris dans les objets vendus. (Cons. d'Etat, 16 juillet 1857.)

CONFISCATION.

1. *Définition.* — La confiscation est une précaution prise par la loi, pour retirer de la circulation l'instrument d'une contravention ou d'une fraude.

La confiscation semble ne pas tomber sous l'application du droit de grâce.

2. *Attribution.* — Les confiscations appartiennent toujours à l'Etat. (Cod. For. 204.)

3. *Conclusions.* — La confiscation est une peine correctionnelle, qui ne peut être prononcée qu'au profit de l'Etat et sur les conclusions du ministère public. (Cass. 10 janvier 1811.)

4. *Juridiction.* — Lorsque la confiscation des bois ou instruments doit être appliquée, elle doit toujours être prononcée par les tribunaux correctionnels.

5. *Instruments de délit.* — Les instruments du délit, scies, haches, serpes, etc., dont les délinquants sont trouvés munis, seront confisqués. (Cod. For. 198.)

Il faut, pour cela, qu'ils aient été réellement saisis.

S'ils ont été laissés entre les mains des délinquants, le tribunal peut ne pas en ordonner la présentation, ni le paiement en argent. (Cass. 11 juin 1840.)

6. *Instruments de délit. Coupes.* — Lorsqu'il y a eu coupe de bois, la confiscation des instruments du délit doit être prononcée. (Cass. 17 février 1849.)

7. *Instruments de délit. Transport. Chevaux. Charrettes.* — La confiscation des charrettes chargées de bois doit être prononcée, en même temps que celle des chevaux et harnais. (Cass. 31 juillet 1806.)

8. *Voiture.* — La voiture ayant servi à enlever des plants arrachés en délit ne peut être confisquée. (Paris, 10 avril 1891.)

9. *Valeur en argent.* — Les tribunaux ne peuvent substituer à la confiscation des instruments du délit une peine pécuniaire, pour le cas où ils ne seraient pas représentés, mais ils doivent prononcer cette confiscation. (Cass. 13 fevrier 1847.)

10. *Chasse. Fusil.* — La chasse dans une forêt communale, sans le consentement du propriétaire et sans permis, donne lieu, outre les condamnations pour chasse sans autorisation, à la confiscation de l'arme; cette confiscation ne peut pas être refusée, sous prétexte que l'administration forestière, partie poursuivante, n'a pas qualité pour la requérir. (Cass. 28 janvier 1847.)

11. *Chasse. Indemnité. Période. Circonstance.* — La confiscation prescrite par l'article 16 de la loi du 3 mai 1844 ne peut

comprendre que les instruments de chasse proprement dits. (Cass. 7 mars 1868.) Elle doit être prononcée aussi bien pour délit commis en temps de prohibition momentanée (temps de neige), même si le délinquant était muni d'un permis de chasse. (Cass. 3 juillet 1845 et 3 janvier 1846.)

12. *Chasse. Responsabilité. Réparations civiles. Mineur.* — La confiscation des armes ou le payement de leur valeur ne fait pas partie des condamnations civiles, dont le père du prévenu mineur doit être déclaré responsable. (Cass. 6 juin 1850.)

13. *Action. Extinction. Décès.* — Les confiscations pénales sont éteintes par la mort du prévenu ; mais, si la détention des objets eux-mêmes constitue le délit, la confiscation peut être poursuivie contre les héritiers du prévenu.

14. *Revendication. Fusil volé.* — Le propriétaire d'un fusil volé, dont la confiscation a été prononcée, peut intervenir pour en obtenir la restitution. (Bourges, 8 déc. 1882.)

CONFLIT.

SECT. I. — DÉFINITION. PRINCIPES.

1. *Définition.* — Le mot *conflit* désigne la difficulté qui résulte de ce que l'autorité judiciaire et l'autorité administrative déclarent respectivement, soit leur compétence, soit leur incompétence, pour connaître d'une même affaire. Dans le premier cas, le conflit prend le titre de *conflit positif d'attributions* ; dans le second cas, celui de *conflit négatif d'attributions*. (Block.)

1 bis. *Tribunal des conflits. Composition.* — Les conflits d'attribution entre l'autorité administrative et l'autorité judiciaire seront réglés par un tribunal spécial composé : 1° du garde des sceaux, président ; 2° de trois conseillers d'État en service ordinaire, élus par les conseillers en service ordinaire ; 3° de trois conseillers à la cour de cassation nommés par leurs collègues : 4° de deux membres et de deux suppléants, qui seront élus par la majorité des juges désignés ci-dessus ; ils choisissent un vice-président au scrutin secret et à la majorité absolue des voix. (Loi du 24 mai 1872, art. 25.)

2. *Préfet. Compétence.* — Le seul préfet compétent pour élever le conflit est celui du département où est situé le tribunal saisi en première instance, lors même que la cause est en appel. (Cabantous. Cons. d'Etat, 14 avril 1839.)

3. *Sursis.* — Lorsqu'un conflit a été élevé, il doit être sursis à toute procédure judiciaire, jusqu'à ce qu'il ait été statué par le conseil d'Etat. (Cons. d'Etat, 20 avril 1822. Ord. 1er juin 1828, art. 12.)

4. *Extraction de matériaux. Entrepreneur. Devis.* — Lorsqu'un entrepreneur excipe de son droit et de son devis pour se défendre d'une poursuite, il y a là une exception préjudicielle qui est de la compétence des tribunaux administratifs (conseil de préfecture). Si le tribunal voulait se déclarer compétent, il y aurait lieu à conflit ; il ne peut donc y avoir conflit que s'il y a question préjudicielle (Conseil d'Etat, 19 décembre 1839) et si le déclinatoire présenté par le préfet, en vertu des articles 6 et suivants de l'ordonnance du 1er juin 1828, a été rejeté par le tribunal saisi. (Meaume.)

5. *Juge de paix. Simple police.* — Le conflit ne peut être élevé contre les tribunaux de simple police, ni contre les juges de paix prononçant en matière civile, par suite de l'absence du ministère public, sans l'intervention duquel le conflit ne peut pas être élevé. (Conseil d'Etat, 28 mai 1829, 12 janvier 1835.) Les conflits ne peuvent donc être élevés que contre les tribunaux d'arrondissement et les cours d'appel. (Cabantous.)

5 bis. *Référé.* — Le conflit peut être élevé en référé. (Cons. d'Etat. Comité de législation, 3 mai 1844.)

6. *Cassation.* — Le conflit ne peut pas être élevé contre la cour de cassation. (Cabantous.)

7. *Jugement définitif.* — Le conflit ne pourra pas être élevé après un jugement définitif. (Ord. 1er juin 1828, art. 4.)

8. *Jugement. Chose jugée.* — On ne peut pas élever de conflit après des jugements et arrêts passés en force de chose jugée (Décr. du 6 janvier 1814), ni après des jugements rendus en dernier ressort. (Ordon. 1er juin 1828, art. 4.)

9. *Attribution. Transaction. Exception préjudicielle.* — Il ne peut pas y avoir conflit d'attribution, ni revendication par l'autorité administrative à titre de question préjudicielle, sur la connaissance des difficultés qui s'élèvent devant le tribunal correctionnel sur les effets et la validité d'une transaction en délit forestier. (Cons. d'Etat, 7 déc. 1866.)

10. *Agent. Poursuites.* — Ne donneront pas lieu à conflit : 1o le défaut d'autorisation, soit du gouvernement lorsqu'il s'agit de poursuites dirigées contre les agents, soit du conseil de préfecture lorsqu'il s'agira de contestations judiciaires dans lesquelles les communes ou établissements publics seront parties ; 2o le défaut d'accomplissement des formalités à remplir devant l'administration préalablement aux poursuites judiciaires. (Ord. 1er juin 1828, art. 3.)

11. *Police correctionnelle. Conditions.* — Il ne pourra être élevé de conflit en matière de police correctionnelle que dans les deux cas suivants :

1o Lorsque la *répression du délit* est attribuée par une disposition législative à l'autorité administrative ;

2o Lorsque le jugement à rendre par le tribunal dépendra d'une *question préjudicielle*, dont la connaissance appartient à l'autorité administrative, en vertu d'une disposition législative.

Dans ce dernier cas, le conflit ne pourra être élevé que sur la question préjudicielle. (Ord. 1er juin 1828, art. 2.)

12. *Appel.* — Un conflit élevé en première instance et annulé comme mal fondé ne peut pas être reproduit sur les mêmes chefs devant la cour d'appel. (Cons. d'Etat, 8 avril 1852.)

SECT. II. — CONFLIT DE JURIDICTION.

13. *Juridiction.* — Les conflits de juridiction entre les cours d'appel seront jugés par la cour de cassation, et ceux survenus en matière civile ou criminelle, entre les tribunaux de première instance, seront jugés par les cours d'appel. (Ord. août 1737.)

14. *Décision.* — Le conseil d'Etat statue sur les conflits de juridiction administrative. (Décr. du 25 juillet 1822, art. 1.)

15. *Qualité. Compétence.* — Les conflits d'attribution ne peuvent être élevés que par les préfets et non par les tribunaux. (Arrêté, 13 brumaire an x. Cons. d'Etat 3 juill. 1822.)

SECT. III. — CONFLIT D'ATTRIBUTION.

§ 1. *Principes.*

16. *Décision. Qualité.* — Le chef de l'Etat, en conseil d'Etat, est le seul juge des conflits positifs ou négatifs d'attribution. (Cabantous.)

17. *Matière criminelle.* — Le conflit d'attribution entre les tribunaux et l'autorité administrative ne sera jamais élevé en matière criminelle. (Ord. 1er juin 1828, art. 1.)

18. *Conseil d'Etat.* — La section du contentieux délibère et prépare les rapports sur les conflits d'attribution. (Décr. du 25 janvier 1852.)

§ 2. *Conflit positif.*

19. *Définition.* — Le conflit positif d'attribution consiste dans la revendication que fait l'autorité administrative d'un litige porté devant la juridiction judiciaire. L'autorité judiciaire n'a pas le droit réciproque de revendiquer un litige porté devant la juridiction administrative. (Cabantous.)

20. *Condition.* — Pour qu'il y ait conflit positif, il faut qu'il ait été constaté par un arrêté du préfet. (Cons. d'Etat, 13 juill. 1825.)

21. *Décret. Recours.* — Le décret qui règle le conflit positif d'attribution n'est susceptible d'aucun recours. (Ord. 12 décembre 1821.)

§ 3. *Conflit négatif.*

22. *Définition. Règlement de juge.* — Le conflit négatif d'attribution n'est qu'un règlement de juge entre l'administration et les tribunaux judiciaires. (Cabantous.)

23. *Conditions.* — Le conflit négatif résulte du refus respectivement fait par l'autorité judiciaire et l'autorité administrative de connaître d'une contestation portée devant elles. (Cons. d'Etat, 24 mars 1824.)

24. *Conditions.* — Pour qu'il y ait conflit négatif d'attribution, il faut, qu'en outre de la triple identité de cause, de partie et d'objet, l'une des deux juridictions administrative ou judiciaire ait réellement méconnu sa compétence. (Cabantous.)

25. *Attribution. Conseil d'Etat.* — Les conflits négatifs d'attribution sont portés en conseil d'Etat, par voie de demande en règlement de juges, entre l'administration et l'autorité judiciaire. Ces demandes sont introduites et jugées comme affaires contentieuses ordinaires et, par conséquent, susceptibles des mêmes voies de recours. (Cabantous.)

26. *Règlement de juge.* — Le décret qui statue en règlement de juge entre l'autorité administrative et judiciaire, en annulant une des deux décisions, se borne à renvoyer d'une manière générale et sans désignation d'aucun juge ou tribunal particulier, soit devant l'autorité administrative, soit devant la juridiction judiciaire. (Cabantous.)

SECT. IV. — PROCÉDURE.

27. *Attribution. Présentation.* — Le conflit d'attribution ne pourra être élevé que lorsqu'un préfet estimera que la connaissance d'une question portée devant un tribunal de première instance est attribuée, par une disposition législative, à l'autorité administrative ; il pourra, alors même que l'administration ne serait pas en cause, demander le renvoi de l'affaire devant l'autorité compétente. A cet effet, le préfet adressera au ministère public un mémoire dans lequel sera rapportée la disposition législative qui attribue à l'administration la connaissance du litige. Le ministère public fera connaître au tribunal la demande formée par le préfet et demandera le renvoi, si la demande lui paraît fondée. (Ord. 1er juin 1828, art. 6.)

28. *Mémoire.* — L'envoi du mémoire déclinatoire doit toujours précéder l'arrêté de conflit. (Cabantous.)

29. *Déclinatoire. Jugement.* — Après que le tribunal aura statué sur le déclinatoire présenté par le préfet, le ministère public adressera à ce magistrat, dans les cinq jours qui suivront le jugement, copie de ses conclusions et du jugement rendu sur la compétence. (Ord. 1er juin 1828, art. 7.)

30. *Attribution.* — Les préfets ne peuvent élever le conflit d'attribution, avant que les tribunaux aient prononcé sur le déclinatoire. (Cons. d'Etat, 8 décembre 1831.)

31. *Déclinatoire. Rejet.* — Si le déclinatoire est rejeté, le préfet, dans la quinzaine de cet envoi pour tout délai, s'il estime qu'il y a lieu, pourra élever le conflit. Si le déclinatoire est admis et si la partie interjette appel, le préfet pourra élever le conflit dans la quinzaine qui suivra la signification de l'appel. (Ord. 1er juin 1828, art. 8.)

32. *Arrêté. Pièces. Greffe. Dépôt.* — Lorsque le conflit aura été élevé, le préfet sera tenu de faire déposer son arrêté et les pièces y visées au greffe du tribunal, dans le délai de quinze jours. (Ord. 1er juin 1828, art. 10 et 11.)

33. *Jugement. Pièces. Visa.* — L'arrêté de conflit dans lequel le préfet revendique la cause doit viser le jugement et l'acte d'appel, s'il y a lieu. La disposition législative ou réglementaire qui attribue à l'administration la connaissance du point litigieux y est *textuellement* insérée. (Cabantous.)

34. *Déclinatoire. Greffe. Délai. Dépôt.* — C'est au greffe de la juridiction qui a statué sur le déclinatoire, que l'arrêté de conflit doit être déposé, dans le délai de quinzaine.

Ce délai court seulement du jour où a été signifié au préfet l'arrêt par lequel il a été statué sur le déclinatoire qu'il avait proposé. (Cons. d'Etat, 5 septembre 1836.)

35. *Arrêté de conflit. Parties.* — Après la communication faite au tribunal de l'arrêté du préfet sur le conflit, le ministère public en prévient les parties ou leurs avoués, qui peuvent prendre communication de l'arrêté au greffe. (Ord. 1er juin 1828, art. 13.)

36. *Jugement. Délai.* — Il sera statué sur le conflit dans le délai de deux mois, à dater de l'envoi des pièces au ministre de la justice. S'il n'a pas été statué dans ce délai et si un mois après ce délai le tribunal n'a pas reçu l'ordonnance statuant sur le conflit, l'arrêté de conflit sera considéré comme non avenu et l'instance pourra être reprise devant les tribunaux. (Ord. 1er juin 1828, art. 16. Ord. 12 mars 1831, art. 7.)

37. *Jugement. Délai.* — Le conflit doit être jugé dans le délai de deux mois, plus un délai d'un mois pour le notifier. (Ord. 12 mars 1831.) Ces délais sont suspendus pendant les vacances du conseil d'Etat. (Cabantous.)

38. *Délai. Décision.* — S'il n'a pas été statué sur le conflit dans le délai ci-dessus, l'arrêté de conflit est considéré comme non avenu et l'instance peut être reprise devant le tribunal qui était saisi. (Ord. 1er juin 1828, 12 mars 1831. Arrêté 3 juillet 1848.)

39. *Ordonnance. Notification. Nullité. Délai.* — L'ordonnance qui confirme un conflit ne doit pas être considérée comme non avenue, quoiqu'elle n'ait pas été notifiée au tribunal saisi de l'affaire, ou si elle ne l'a été qu'après l'expiration du délai de trois mois, à partir de la réception des pièces au ministère de la justice. (Cass. 30 juin 1835.)

CONFUSION.

1. *Obligation.* — Les obligations s'éteignent par la confusion. (Cod. Civ. 1834.)

2. *Extinction.* — La confusion qui s'opère dans la personne du débiteur principal profite à sa caution ; celle qui s'opère dans la personne de la caution n'entraîne pas l'extinction de l'obligation principale. (Cod. Civ. 1301.)

3. *Qualité. Réunion. Droit.* — Lorsque les qualités de créancier et de débiteur se réunissent dans la même personne, il se fait une confusion de droit qui éteint les deux créances. (Cod. Civ. 1300.)

4. *Servitude. Réunion. Droit.* — Toute servitude est éteinte lorsque le fonds à qui elle est due et celui qui la doit sont réunis dans la même main. (Cod. Civ. 705.)

CONGÉ.

SECT. I. — ABSENCE IRRÉGULIÈRE.

1. *Absence sans autorisation.* — Aucun fonctionnaire ne peut s'absenter de sa résidence, pour une cause étrangère au service, ni interrompre son service, sans autorisation spéciale. (Arr. Min. 25 avril 1854. Circ. N 91.)

Les agents et préposés qui s'absentent de leur résidence, sans avoir reçu préalablement une autorisation spéciale, encourent les mesures disciplinaires les plus rigoureuses. (Circ. N 390.)

2. *Absence sans congé.* — L'agent ou le préposé domanial qui s'absente de son poste sans congé, ou qui ne rentre pas à l'expiration de son congé, peut être privé de traitement pour un temps double de celui de son absence irrégulière. (Décr. du 9 juin 1853, art. 17. Circ. N 91, art. 2.) Cette retenue est prononcée par l'autorité qui a le droit d'accorder le congé. (Circ. A 731.)

SECT. II. — DEMANDES. FORMALITÉS.

3. *Principe.* — Le congé est à la fois un moyen d'émulation et de discipline; sa concession est toujours facultative. Le congé gratuit doit être considéré comme une récompense et doit être refusé à tout agent qui a mérité un blâme, sans se racheter par un service irréprochable. (Circ. A 731.)

4. *Demande. Renseignement. Avis.* — Toute demande de congé doit énoncer : 1° le motif de la demande; 2° le lieu où le postulant a l'intention de se rendre et l'adresse à laquelle l'administration pourrait, s'il y avait lieu, lui faire parvenir ses ordres de service. Elle doit parvenir par la voie hiérarchique. (Arr. Min. 15 avril 1854.)

Le chef de service doit joindre son avis et s'expliquer non seulement sur l'opportunité du congé, mais encore sur le taux de la retenue, ainsi que sur les mesures à adopter pour assurer le service, pendant la durée du congé. (Circ. N 91, art. 16.)

5. *Timbre.* — Les demandes de congé sont exemptes de timbre. (Loi du 13 brumaire an VII. Circ. A 657.)

6. *Congé. Service. Intérim.* — Lors des demandes de congé, on doit toujours faire connaître si le service sera assuré pendant l'absence du titulaire et s'il y a lieu d'y pourvoir par un intérimaire. (Lettre de l'administration, 25 novembre 1868.) Dans ce cas, on doit désigner l'intérimaire et, s'il y a lieu à indemnité, en déterminer le montant. (Circ A 731.)

SECT. III. — CONCESSION. DÉCISION.

§ 1. *Agents et Préposés.*

7. *Décision.* — Le ministre (ou son délégué) statue sur les demandes de congé *gratuit* ou avec retenue, formées par les agents à sa nomination ou à la nomination du chef de l'Etat. (Arr. Min. 25 avril 1854, art. 4. Circ. N 91, art. 10.)

8. *Concession.* — La concession de congé avec ou sans retenue est facultative; elle est accordée ou refusée d'après l'appréciation des titres et de la position des postulants. (Circ. N 91, art. 13.)

9. *Prolongation. Demande.* — Les demandes de prolongation doivent être produites assez tôt pour qu'une décision intervienne en temps utile; elles sont transmises par la voie hiérarchique. En cas d'urgence, les postulants peuvent adresser directement un duplicata à l'administration. (Circ. N 91, art. 22.)

10. *Prolongation.* — Les congés ne sont prolongés qu'en raison de circonstances graves qu'il était impossible de prévoir, au moment où ils ont été réclamés. (Circ. N 91, art. 21.)

11. *Cas grave.* — Dans des circonstances graves nécessitant un déplacement immédiat, les agents et préposés domaniaux peuvent quitter leur poste sans autorisation, mais après avoir fait connaître à leur chef les motifs de leur départ, afin que leur position soit régularisée. (Circ. A 733. Circ. N 91, art 12.)

12. *Conservateur. Accréditation.* — Les conservateurs ne peuvent s'absenter, en vertu d'un congé, qu'après avoir donné avis de leur départ au préfet du département de leur circonscription. Ils doivent accréditer auprès des préfets et des trésoriers généraux les agents chargés de remplir leur intérim. (Circ. N 91, art. 4.) La signature de l'agent intérimaire est désormais accréditée auprès des trésoriers généraux une fois pour toutes et par les soins du ministre. (Circ. Min. nº 12, 25 février 1890.)

13. *Agents forestiers. Etranger.* — Les préfets sont avisés des congés accordés aux fonctionnaires qui doivent se rendre à l'étranger. (Décis. Min. 20 août 1860. Circ. N 91, art. 3.)

14. *Changement.* — En cas de changement de résidence, les agent ou préposés domaniaux ne peuvent obtenir aucun congé avant d'être installés à leur nouveau poste. (Circ. N 91, art. 14.)

15. *Installation. Changement. Nomination.* — A moins de maladie régulièrement constatée ou de motifs graves, les agents ou préposés nouvellement changés de résidence ne peuvent obtenir de congé avant leur installation. (Circ. N 51, art. 26. Circ. N 91, art. 14.)

16. *Epoque. Délai.* — Les congés cessent d'être valables, s'il n'en a pas été fait usage dans les quinze jours de leur notification. (Arr. Min. 26 avril 1854, art. 2. Circ. N 91, art. 18.)

§ 2. *Préposés domaniaux et communaux.*

17. *Préposés. Décision.* — L'administration ne décide rien pour les congés des préposés ; ce sont les conservateurs ou les préfets qui statuent.

18. *Préposés domaniaux ou mixtes.* — Les conservateurs statuent sur les demandes de congé, avec ou sans retenue, formées par les préposés domaniaux ou mixtes. (Circ. N 90. Circ. N 91, art. 10.)

19. *Feuilles de congé.* — Il est délivré pour les préposés des feuilles de congé mentionnant, avec la durée de l'absence, l'époque du départ et celle du retour. (Circ. N 91. Form. série 1, nº 10.)

20 *Préposés communaux.* — La circulaire N 91 n'est pas applicable aux préposés (gardes et brigadiers) communaux. (Circ. N 91, art. 27.)

21. *Préposés communaux.* — En ce qui concerne les gardes communaux, les préfets statuent dans les cas réservés à la décision de l'administration pour les gardes domaniaux. (Circ. N 21, art. 17.)

SECT. IV. — JOUISSANCE.

§ 1. *Durée. Départ. Rentrée.*

22. *Agents. Urgence. Délai.* — Les conservateurs sont, par exception, autorisés à accorder des congés de courte durée aux agents et pour les cas d'urgence. (Circ. N 90. La circulaire A 685 est rapportée.) Dix jours avec retenue, sauf à en aviser l'administration sans délai. (Circ. N 91, art. 11.)

Dans les cas d'urgence, aucun agent, pour quelque motif que ce soit, ne peut se présenter au ministère de l'agriculture. (Circ. N 390.)

23. *Durée. Mois.* — Les congés d'une durée supérieure à un mois ne peuvent être accordés qu'en cas d'une nécessité absolue. (Circ. A 828.)

24. *Durée. Mois. Calcul des retenues.* — Lorsque les congés sont accordés par mois, chaque mois compte pour trente jours ; s'ils sont accordés par jours, on compte tous les jours du mois.

Pour le calcul des retenues concernant les congés non gratuits, tous les mois sont considérés comme ayant une durée de trente jours. (Circ. N 268.)

25. *Durée.* — La durée du congé, avec retenue de la moitié au moins et des deux tiers au plus du traitement, peut être portée à quatre mois pour les fonctionnaires employés hors France, mais en Europe ou en Algérie, et à six mois pour ceux qui sont attachés au service colonial. (Décr. 9 novembre 1853, art. 16.)

26. *Départ et retour.* — Lorsqu'un agent quitte sa résidence pour jouir d'un congé, le conservateur doit en informer l'administration et il fait également connaître l'époque de la reprise de service. (Circ. N 91, art. 25. Form. série 1, nºs 10, 14, 15.)

27. *Jouissance.* — Si le bien du service l'exige, le conservateur peut fixer ou retarder l'époque à partir de laquelle les impétrants doivent faire usage de leurs congés. (Circ. N 91, art. 19.)

28. *Rentrée. Avis. Reprise du service.* — Les agents qui ne donnent pas avis immédiat de leur reprise de service sont considérés comme absents sans autorisation ou comme ayant outrepassé leur congé. (Circ. N 91, art. 26.)

§ 2. *Retenue.*

29. *Retenue. Agents et préposés domaniaux.* — Les congés sont accordés gratuitement ou avec retenue de la moitié au moins et des deux tiers au plus du traitement. (Décr. 9 novembre 1853, art. 16. Circ. N 91, art. 5.)

30. *Gratuité. Durée.* — Les agents ou préposés domaniaux ne peuvent obtenir, dans le cours de chaque année, un congé gratuit de plus de quinze jours. Toutefois, un congé d'un mois, sans retenue, peut être accordé à ceux qui n'ont joui d'aucun congé pendant trois années consécutives. (Décr. 9 novembre 1853, art. 16. Circ. N 91, art. 6.)

31. *Gratuité. Retenue.* — Les congés d'un mois sans retenue, comme ceux de quinze jours sans retenue, peuvent être précédés ou suivis immédiatement de congés avec retenue. (Décis. Min. 28 septembre et 16 décembre 1858.)

32. *Gratuité et retenue.* — Il peut être accordé des congés de trente jours, dont quinze jours sans retenue et quinze jours avec retenue de moitié de traitement. (Décr. 9 novembre 1853, art. 16. Arr. Min. 25 avril 1854. Décis. du directeur général, 9 novembre 1861.)

33. *Service légal.* — Les congés accordés pour l'accomplissement d'un des devoirs imposés par la loi sont exempts de toute retenue (Décr. 9 novembre 1853, art. 16. Circ. N 91, art. 8) ; mais on doit justifier de la réquisition et de la durée de son absence, par des certificats de l'autorité compétente.

34. *Retenue. Taux.* — Le taux de la retenue, qui peut varier entre la moitié et les deux tiers du traitement, doit être, pour chaque congé, déterminé suivant le motif de la demande, et après examen du mérite et de la position de l'agent. (Circ. A 733.)

35. *Décision. Taux.* — Le taux de la retenue est désigné dans les actes de concession de congé. (Arr. Min. 25 avril 1854.) La concession des congés doit assurer des produits fructueux au Trésor, afin d'alléger les charges du service des pensions. (Circ. A 731.)

§ 3. *Maladie.*

36. *Maladie. Traitement.* — En cas de maladie dûment constatée, les agents ou préposés domaniaux peuvent conserver l'intégralité de leur traitement pendant trois mois au maximum. Pendant les trois mois suivants, ils peuvent obtenir un congé avec retenue de la moitié au moins et des deux tiers au plus de leur traitement.

Si la maladie est déterminée par suite d'un acte de dévouement dans un intérêt public, ou en exposant leurs jours pour sauver la vie de leurs concitoyens, ou par suite de lutte ou combat dans l'exercice de leurs fonctions, ou par suite d'un accident grave résultant de l'exercice de leurs fonctions, les agents ou préposes domaniaux peuvent conserver l'intégralité de leur traitement jusqu'à leur rétablissement ou jusqu'à leur mise à la retraite. (Décr. du 9 novembre 1853. Loi du 9 juin 1853, art. 1 et 2. Circ. N 81, art. 27. Circ. N 91, art. 9.)

37. *Demande. Maladie.* — Toute demande de congé sans retenue, pour cause de maladie, doit être appuyée d'un certificat de médecin et accompagnée de l'avis motivé du chef immédiat de l'agent ou préposé qui a produit la demande.

Si la maladie est de nature à entraîner un déplacement, cette nécessité doit être constatée par un certificat du médecin désigné par le préfet et assermenté. (Arr. Min. 25 avril 1854.) Dans tous les cas, le conservateur est tenu de faire connaître son avis personnel. (Circ. A 731. Circ. N 91, art. 15.)

38. *Certificat. Médecin.* — Les certificats des médecins assermentés sont exempts de timbre ; mais ceux du médecin particulier du fonctionnaire doivent être rédigés sur papier timbré.

39. *Hôpital. Retenue.* — Les préposés du service actif qui se font transporter dans un hôpital ou qui se rendent aux eaux, par suite de maladie ou de blessure résultant de leurs fonctions, ne subissent point de retenue de congé, pendant leur séjour à l'hôpital ou aux établissements thermaux et pendant le temps pour aller et revenir. (Circ. A 525.)

40. *Maladie. Avis. Délai.* — Les fonctionnaires qui ne peuvent pas rentrer de congé, pour cause de maladie, doivent en donner avis au plus tard dans le délai de trois jours, afin qu'il soit suppléé à leur service, s'il y a lieu.

§ 4. *Retraite.*

41. *Délai. Traitement. Retraite.* — Après trois mois de congé consécutifs ou non, dans la même année, l'intégralité du traitement est retenue et le temps excédant les trois mois n'est pas compté comme service effectif pour la retraite. (Décr. du 9 novembre 1853. Circ. N 91, art. 7.)

42. *Service. Retraite.* — Dans la durée du service effectif pour la retraite, on doit comprendre le temps des congés avec appointements. (Cons. d'Etat, 30 juill. 1863.)

SECT. V. — PARIS, BUREAUX DE L'ADMINISTRATION.

43. *Paris. Administration.* — Les agents en congé ne doivent se présenter dans les bureaux de l'administration, que s'ils sont en résidence ou en congé à Paris. (Circ. N 90. Circ. N 390.)

44. *Paris.* — Il est interdit, de la manière la plus formelle, aux agents en congé dans les départements de se rendre à Paris, sans en avoir obtenu l'autorisation. (Circ. N 91, art. 24.)

45. *Agents et gardes domaniaux. Paris. Adresses.* — Les fonctionnaires en congé qui se rendent à Paris doivent, en arrivant, donner leur adresse au bureau du personnel. (Circ. A 733. Arrêté Min. 25 avril 1854. Circ. N 91, art. 23.)

CONGÉ DE COUR. V. Décharge d'exploitation.

CONGÉ DÉFAUT.

Définition. — Jugement par défaut intervenu contre la partie civile qui ne s'est pas présentée à l'audience, pour soutenir son action et sur laquelle le tribunal n'a pas pu statuer.

CONGÉ DE RÉFORME.

Service militaire. — Les congés de réforme ou de licenciement ne sont pas admis pour la justification des services militaires pour la retraite. (Décr. du 9 novembre 1853. Circ. N 81, art. 102.)

CONGÉLATION. V. Bois façonnés.

CONIFÈRES. V. Résineux.

CONNEXE. CONNEXITÉ.

Qualités. Conditions. — Les délits sont connexes, soit lorsqu'ils ont été commis en même temps par plusieurs personnes réunies, soit lorsqu'ils ont été commis par diverses personnes, même en temps différents et en divers lieux, mais par suite d'un accord formé à l'avance entre elles, soit lorsque les coupables ont commis les uns pour se procurer les moyens de commettre les autres, pour en faciliter, pour en consommer l'exécution ou pour en assurer l'impunité. (Instr. Crim. 227.)

CONSEIL D'ADMINISTRATION DES FORÊTS. V. Conseil des forêts.

CONSEIL D'ARRONDISSEMENT.

1. *Définition.* — Le conseil d'arrondissement est un conseil électif placé près du sous-préfet pour aider, éclairer et contrôler son administration, en ce qui concerne les intérêts de l'arrondissement. (Cabantous.)

2. *Réunion.* — Le conseil d'arrondissement s'assemblera chaque année ; l'époque de sa réunion sera fixée par le gouvernement, et la durée de la session ne pourra excéder quinze jours ; il exprimera son opinion sur l'état et les besoins de l'arrondissement et l'adressera au préfet. (Loi du 28 pluviôse an VIII, art. 10.)

3. *Attributions.* — Les attributions des conseils d'arrondissement sont réglées par la loi du 10 mai 1838.

4. *Rapports.* — Les chefs de service doivent s'abstenir de fournir aux sous-préfets des rapports d'ensemble sur la situation du service forestier dans les arrondissements, par ce motif que les renseignements qui intéressent les conseils d'arrondissement se trouvent dans les rapports qui sont adressés aux préfets pour les conseils généraux. (Direction générale des forêts, 30 juin 1874.)

CONSEIL DES DIRECTEURS AU MINISTÈRE DE L'AGRICULTURE.

Institution. Composition. — Il est institué, sous la présidence du ministre ou de son délégué, un conseil de directeurs composé des directeurs et du chef de cabinet. Le chef du secrétariat et de la comptabilité pourra y être appelé et remplir les fonctions de secrétaire. (Décr. du 12 oct. 1890, art. 7. Circ. N 433.)

CONSEIL D'ÉTAT.

V. Pourvoi. Recours. Requête. Excès de pouvoir. Procédure.

1. *Origine.* — Le conseil d'Etat a remplacé l'ancien conseil du roi. (Cabantous.)

2. *Fonctions.* — Le conseil d'Etat est le principal conseil du chef de l'Etat et des ministres. Il est institué pour les assister dans la préparation des lois, des règlements d'administration publique et des décrets qui statuent sur un grand nombre d'affaires touchant à tous les services publics, et pour donner son avis sur les questions qui lui sont soumises. Il est chargé, en outre, de statuer, comme juridiction suprême, sur les litiges qui rentrent dans le contentieux administratif. (Block.)

3. *Organisation.* — Le Conseil d'Etat se compose :

1° De trente-deux conseillers d'Etat en service ordinaire, y compris le vice-president et le président de section ;

2° De dix-huit conseillers d'Etat en service extraordinaire :

3° De trente maîtres des requêtes ;

4° De trente-six auditeurs. (Loi du 13 juillet 1879, art. 1er.)

4. *Attributions.* — Le conseil d'Etat donne son avis :

1° Sur les projets d'initiative parlementaire que l'assemblée nationale juge à propos de lui renvoyer (cette intervention n'est plus que facultative) ;

2° Sur les projets de loi proposés par le Gouvernement et qu'un décret spécial ordonne de lui soumettre ;

3° Sur les projets de décret qui lui sont soumis par le Président de la République et par le ministre ;

4° Sur les règlements d'administration publique et sur les décrets en forme de règlements d'administration publique. (Loi du 24 mai 1872, art. 8.)

5. *Validité.* — Les avis du conseil d'Etat n'ont aucune autorité officielle jusqu'à ce que le ministre les adopte et les convertisse en décision ministérielle, ou qu'ils soient revêtus de la sanction souveraine.

6. *Attributions. Prérogatives.* — Sont portés à l'assemblée générale du conseil d'Etat, les pr jets de loi, règlements et décrets concernant, savoir :

....

12° Les changements dans la circonscription territoriale des communes;

20° Les concessions de partie du domaine de l'Etat et la concession des mines;

21° Les travaux publics à la charge de l'Etat et qui peuvent être autorisés par décret ;

22° L'exécution des chemins de fer d'intérêt local ;

23° La concession du dessèchement des marais, les travaux d'endiguement des cours d'eau non navigables ;

27° Toutes les affaires autres sur lesquelles il doit être statué, en vertu d'un texte de loi ou de règlement, par décret rendu dans la forme des règlements d'administration publique.

7. *Contentieux.* — Il statue souverainement sur les recours en matière contentieuse administrative, et sur les demandes d'annulation pour excès de pouvoir formées contre les actes des diverses autorités administratives. (Loi du 24 mai 1872, art. 9.)

8. *Pourvois. Décision.* — Les pourvois de l'administration forestière au conseil d'Etat sont décidés par le ministre. (Ord. 7.)

9. *Organisation. Fonctions.* — Le conseil d'Etat prononce, comme cour de cassation, lorsqu'il règle la compétence et lorsqu'il examine les décisions, au point de vue du droit et des formes. Sont dans ce cas :

1° Les recours dirigés pour incompétence ou excès de pouvoir, contre toute décision administrative rendue en matière contentieuse ; en cas d'incompétence, le conseil d'Etat renvoie devant le tribunal compétent; en cas d'excès de pouvoir, il casse et annule la décision ;

2° Les questions de compétence qui s'élèvent entre les autorités administratives en matière contentieuse; dans ce cas, il prononce en règlement de juges;

3° Les recours en cassation au conseil d'Etat, pour violation des formes ou de la loi, contre une décision administrative rendue en dernier ressort, en matière contentieuse, lorsque ce recours est autorisé par la loi.

Le conseil d'Etat prononce comme cour d'appel sur les recours formés en *matière contentieuse*, pour toute autre cause que l'incompétence ou l'excès de pouvoir :

1° Contre les arrêts de conseils de préfecture ;

2° Contre les arrêtés des ministres ;

3° Contre les arrêtés des commissions de travaux publics ;

4° Contre les arrêtés des préfets, dans le cas où ils seront déférés directement au conseil d'Etat;

5° Contre tous les arrêtés non rendus en dernier ressort et pour lesquels la loi affranchit du recours au supérieur immédiat.

Le conseil d'Etat prononce en premier et dernier ressort :

1° Sur les demandes d'interprétation des actes du gouvernement, lorsque la demande est fondée sur un droit privé ;

2° Sur les oppositions aux actes du gouvernement, lorsque l'opposition est fondée sur un droit privé ;

3° Sur les réclamations contre les actes de pure administration, lorsque ces actes n'ont pas été précédés, accompagnés ou suivis des formalités prescrites par les lois pour la protection des intérêts privés;

4° Sur les recours dirigés pour incompétence ou excès de pouvoir contre les décisions administratives non contentieuses. (Cabantous.)

10. *Compétence. Sursis. Incident.* — Le conseil d'Etat est incompétent pour connaître des questions d'état et de celles de faux ; dans le cas où il doit renvoyer le jugement d'un incident à une autre juridiction, il a la faculté de surseoir jusqu'après le jugement de l'incident. (Cabantous.)

11. *Décision. Indication.* — Les décisions du conseil d'Etat contiendront les noms et qualités des parties, leurs conclusions et le vu des pièces principales. (Décr. 22 juillet 1806, art. 27. Loi du 24 mai 1872, art. 24.)

12. *Procédure. Formalités.* — Art. 1. Seront jugés sans frais autres que ceux de timbre et d'enregistrement : 1° les recours por-

tés devant le conseil d'Etat en vertu de la loi du 14 octobre 1790, contre les actes des autorités administratives, pour incompétence ou excès de pouvoir; 2° les recours contre les décisions portant refus de liquidation ou contre les liquidations de pensions. Les pourvois peuvent être formés sans l'intervention d'un avocat au conseil d'Etat. V. Pourvois. — Art. 2. Les articles 130 et 131 du code de procédure civile sont applicables dans les contestations où l'administration agit comme représentant le domaine de l'Etat et dans celles qui sont relatives soit aux marchés de fournitures, soit à l'exécution des travaux publics, aux cas prévus par l'article 4 de la loi du 28 pluviôse an VIII. V. Dépens. Conseil de préfecture. — Art. 3. Les ordonnances de *soit communiqué*, rendues sur des pourvois au conseil d'Etat, doivent être notifiées dans le délai de deux mois, sous peine de déchéance. — Art. 4. Doivent être formés dans le délai de deux mois : 1° l'opposition aux décisions rendues par défaut, autorisée par l'article 29 du décret du 22 juillet 1806; 2° les recours autorisés par l'article 32 du décret du 22 juillet 1806 et par l'article 20 du décret du 30 janvier 1852. V. Recours. — Art. 5. Les ministres font délivrer aux parties intéressées qui le demandent, un récépissé constatant la date de la réception et l'enregistrement au ministère de leur réclamation. — Art. 6. Les ministres statuent par des décisions spéciales sur les affaires qui peuvent être l'objet d'un recours par la voie contentieuse ; ces décisions sont notifiées administrativement aux parties intéressées. — Art. 7. Lorsque les ministres statuent sur des recours contre des décisions d'autorités qui leur sont subordonnées, leur décision doit intervenir dans le délai de quatre mois, à dater de la réception des réclamations au ministère. Si des pièces sont produites ultérieurement par le réclamant, le délai ne court que de la réception de ces pièces. Après l'expiration de ce délai, s'il n'est intervenu aucune décision, les parties peuvent considérer leur réclamation comme rejetée et se pourvoir devant le conseil d'Etat. — Art. 8. Lorsque les ministres sont appelés à produire des défenses ou à présenter des observations sur les pourvois introduits devant le conseil d'Etat, la section du contentieux fixe, eu égard aux circonstances de l'affaire, le délai dans lequel ces réponses et ces observations devront se produire. (Décr. du 2 novembre 1864.)

13. *Rôle.* — Il est tenu dans chaque section un rôle sur lequel toutes les affaires sont inscrites par ordre de date. Le rôle des affaires de chaque séance est remis aux avocats dont les affaires doivent être appelées, quatre jours au moins avant la séance.

14. *Défaut.* — Les décisions du conseil d'Etat rendues sur défaut sont susceptibles d'opposition. (Décr. 22 juillet 1806, art 29.)

15. *Opposition. Revision. Tierce opposition.* — Les décisions du conseil d'Etat peuvent être attaquées par voie d'opposition, de revision ou de tierce opposition. (Cabantous.)

16. *Instance.* — Une administration publique, qui n'est pas partie dans une instance, n'est pas recevable à fournir des observations devant le conseil d'Etat. (Cons. d'Etat, 7 décembre 1866.)

17. *Sursis. Pâturage.* — Les pourvois devant le conseil d'Etat contre les décisions rendues par les conseils de préfecture, en cas de discussion sur la possibilité des forêts et les cantons défensables (Cod. For. 65 et 67), sont suspensifs jusqu'à la décision du conseil d'Etat. (Ord. 117.)

18. *Exécution.* — Les décisions ne seront mises à exécution contre les parties qu'après avoir été signifiées à l'avocat au conseil qui aura occupé pour elles. (Décr. du 22 juillet 1806, art. 28.)

CONSEIL DES FORÊTS.

1. *Composition.* — Le conseil des forêts se compose du directeur et des trois administrateurs. (Décr. du 14 janvier 1888. Circ. N 394.)

2. *Présidence.* — Le conseil des forêts est présidé par le ministre de l'agriculture et, en son absence, par le directeur des forêts. (Décr. 14 janvier 1888. Circ. N 394.)

3. *Attributions.* — Les attributions du conseil des forêts sont réglées par l'ordonnance réglementaire, sauf en ce qui concerne le personnel. (Décr. 14 janvier 1888. Circ. N 394.)

4. *Délibérations.* — Les délibérations du conseil d'administration ne sont valables qu'autant que trois de ses membres au moins, y compris le président, assistent à la séance. En cas de partage, la voix du président est prépondérante. (Arr. Min. 13 mai 1878. Circ. N 226.)

CONSEIL GÉNÉRAL.

1. *Définition.* — Le conseil général est une assemblée élective chargée, dans chaque département, de veiller aux intérêts spéciaux de cette circonscription administrative et qui exerce, au point de vue des intérêts généraux, certaines fonctions qui lui sont déléguées par l'Etat. (Block.)

Le conseil général de chaque département est un conseil électif placé près du préfet pour aider, éclairer et contrôler son administration, en ce qui touche l'intérêt du département. (Cabantous.)

2. *Commission.* — Le conseil général élit dans son sein une commission départementale. (Loi du 10 août 1871, art. 2.)

3. *Sessions ordinaires. Durée.* — Les conseils généraux ont, chaque année, deux sessions ordinaires : l'une, le second lundi qui suit le jour de Pâques, et l'autre, le lundi qui suit le 15 août. La durée de la première session ne pourra excéder quinze jours, et la deuxième un mois. (Loi du 10 août 1871, art. 23. Loi du 12 août 1876.)

4. *Sessions extraordinaires. Durée.* — Les conseils généraux peuvent être réunis extraordinairement, pour des sessions qui ne pourront excéder huit jours. (Loi du 10 août 1871, art. 24.)

5. *Séances.* — Les séances du conseil général sont publiques. (Loi du 10 août 1871, art. 28.)

6. *Attributions.* — Le conseil général fait, à sa session d'août, la répartition des contributions directes ; il vote les centimes additionnels dont la perception est autorisée par les lois ; il peut voter des centimes extraordinaires, dans la limite du maximum fixé annuellement par la loi de finances ; il entend et débat les comptes d'administration qui lui sont présentés par le préfet, concernant les recettes et les dépenses du budget départemental ; les observations sur les comptes sont adressées directement par son président au ministre de l'intérieur. (Loi du 10 août 1871, art. 37, 40 et 66.)

7. *Chefs de service. Renseignements.* — Les chefs de service des administrations publiques, dans le département, sont tenus de fournir, verbalement ou par écrit, tous les renseignements qui leur seraient réclamés par le conseil général, sur les questions qui intéressent le département. (Loi du 10 août 1871, art. 52.)

8. *Publication. Documents.* — Les préfets doivent adresser à l'administration les documents relatifs aux intérêts forestiers, qui sont publiés à l'occasion des conseils généraux. (Lettre de l'administration, du 16 août 1862, note, 23 août 1862.)

9. *Rapports.* — Les rapports qui sont adressés aux préfets, sur leur demande, à l'occasion des sessions d'été des conseils généraux, sont communiqués à l'administration le 25 mai au plus tard.

Ces rapports sont redigés sous forme laconique, notamment en ce qui concerne les forêts domaniales. On doit s'abstenir de toute comparaison, pour les forêts de toute catégorie, entre la gestion de deux années consécutives, et éviter les discussions sur les questions litigieuses, pour ne laisser place qu'à un bref exposé documentaire des faits principaux de la gestion, très sobre de considérants et de conclusions.

Dans le cas où il y aurait utilité à déroger à cette règle de conduite, les raisons à l'appui seraient données dans les lettres communiquant les rapports. (Lettre de la direction du 22 avril 1892.)

10. *Réclamations. Avis.* — Le conseil général peut adresser directement au ministre chargé de l'administration départementale, par l'intermédiaire de son président, les réclamations qu'il aurait à présenter dans l'intérêt spécial du département, ainsi que son opinion sur l'état et les besoins des différents services publics, en ce qui touche le département. (Loi du 10 août 1871, art. 51.)

11. *Bois communaux. Régime forestier. Aménagement. Exploitation.* — Le conseil général donne son avis sur les questions relatives au régime forestier des bois taillis ou futaie appartenant aux communes et à la conversion en bois des terrains en pâturage; sur les délibérations des conseils municipaux relatives à l'aménagement, au mode d'exploitation, à l'aliénation et au défrichement des bois communaux. (Loi du 10 août 1871, art. 50.)

12. *Avis. Bois communaux et d'établissements publics.* — L'avis du conseil général est obligatoire, dans tous les cas, pour les questions du régime forestier, aménagement, exploitation, aliénation et défrichement de bois communaux, même lorsqu'il y a accord entre les agents forestiers et l'autorité municipale.

Les conseils généraux doivent être consultés pour les affaires intéressant les établissements publics. (Circ. N 154.)

13. *Chemins vicinaux de grande communication et d'intérêt commun et routes départementales.* — Le conseil général opère la reconnaissance, détermine la largeur et prescrit l'ouverture et le redressement des chemins vicinaux de grande communication et d'intérêt commun ; il statue sur le classement et la direction des routes départementales. (Loi du 10 août 1871, art. 44, 46.)

14. *Chemins vicinaux ordinaires.* — La commission départementale prononce, sur l'avis des conseils municipaux, la déclaration de vicinalité, le classement, l'ouverture et le redressement des chemins vicinaux ordinaires, la fixation de la largeur et de la limite desdits chemins. (Loi du 10 août 1871, art. 86.)

CONSEIL D'INSTRUCTION.

1. *Ecole forestière.* — Le conseil d'instruction de l'école forestière est composé, sous la présidence du directeur de l'école et, en son absence, sous celle du sous-directeur, de tous

les professeurs et chargés de cours. Il délibère sur toutes les questions relatives au règlement intérieur et aux programmes d'enseignement et d'admission. Il se réunit sur la convocation du président. Les délibérations sont soumises au directeur de l'administration des forêts. (Arr. Min. du 12 octobre 1889.)

2. *Ecole secondaire des Barres.* — Le directeur de l'école et les agents professeurs composent un conseil d'instruction, appelé à émettre des avis sur tout ce qui concerne les méthodes d'instruction et le service intérieur de l'école. Le conseil provoque les améliorations qui lui paraissent utiles. (Arr. Min. 5 juin 1884. Circ. N 336.)

CONSEIL MUNICIPAL.

1. *Définition.* — Le conseil municipal est un corps établi dans chaque commune et dont les attributions consistent principalement à délibérer sur tout ce qui intéresse la conservation et la jouissance des propriétés et des revenus de la commune.

2. *Attributions.* — Les conseils municipaux *règlent*, par leurs délibérations, les affaires de la commune.

Une expédition de toute délibération est adressée, dans la huitaine, par le maire au sous-préfet, qui en constate la réception sur un registre et en délivre immédiatement récépissé. (Loi du 5 avril 1884, art. 61 et 62.)

3. *Délibération.* — Le conseil municipal *délibère* sur : 1° les conditions des baux dont la durée dépasse dix-huit ans ; 2° les aliénations et échanges de propriétés communales ; 3° les acquisitions d'immeubles ; 4° les transactions ; .... 6° la vaine pâture. Les délibérations prises ne sont exécutoires qu'après l'approbation du préfet, qui statue en conseil de préfecture. (Loi du 5 avril 1884, art. 68 et 69.) V. Instance. Action.

4. *Avis.* — Le conseil municipal *donne son avis* sur tous les objets sur lesquels il est consulté par le préfet. (Loi du 5 avril 1884, art. 61.)

5. *Vœux.* — Le conseil municipal peut exprimer son *vœu* sur tous les objets d'intérêt local. (Loi du 5 avril 1884, art. 61.)

6. *Règlement. Infraction. Pénalité.* — Les conseils municipaux ne peuvent faire des règlements ; ils ne peuvent que prendre des délibérations, sauf approbation ou réformation, sur les objets confiés à la vigilance des autorités municipales. (Loi, 19 et 22 juil. 1791.) Pour infraction aux règlements municipaux, *amende* : 1 à 5 francs. (Cod. Pén. 471.)

7. *Délibération. Annulation.* — Le préfet a le droit d'annuler les délibérations du conseil municipal, soit d'office, soit sur la réclamation des parties intéressées.

8. *Annulation de délibération. Pourvoi. Conseil d'Etat.* — L'annulation d'une délibération du conseil municipal est prononcée par le préfet, en conseil de préfecture.

Le conseil municipal peut se pourvoir contre l'arrêté du préfet devant le conseil d'Etat. Le pourvoi est introduit et jugé dans les formes du recours pour excès de pouvoir. (Loi du 5 avril 1884, art. 66 et 67.)

9. *Produits des bois. Emploi.* — Les conseils municipaux décident si les produits des bois communaux seront vendus ou délivrés aux habitants. (Meaume.)

10. *Remplacement.* — En cas de dissolution d'un conseil municipal ou de démission de tous ses membres en exercice et lorsqu'un conseil municipal ne peut être constitué, une délégation spéciale, nommée par décret du président de la République, en remplit les fonctions. (Loi du 5 avril 1884, art. 44.)

CONSEIL DE PRÉFECTURE.

SECT. I. — FORMALITÉS. PROCÉDURE.

1. *Définition.* — Le conseil de préfecture de chaque département est un conseil permanent, placé près du préfet, pour donner des avis, faire certains actes de tutelle administrative et juger les matières contentieuses, qui lui ont été expressément attribuées. C'est un tribunal exceptionnel d'attribution et d'un ordre inférieur, qui ne statue qu'à charge d'appel. Son ressort s'étend à tout le département, et sa compétence est déterminée par la situation du litige. (Cabantous.)

2-3. *Fonctions. Attributions. Procédure.* — .... Art. 4. En cas d'absence du préfet, le conseil de préfecture est présidé par un conseiller délégué. — Art. 5. Le secrétaire général remplit les fonctions de commissaire du gouvernement et donne ses conclusions dans les affaires contentieuses. Les auditeurs au conseil d'Etat attachés à une préfecture peuvent y être chargés des fonctions du ministère public. — Art. 6. En cas d'insuffisance du nombre des membres pour délibérer (trois y compris le préfet, Arr. 19 fructidor an IX), les conseillers manquants sont remplacés par des membres du conseil général n'appartenant pas à l'ordre judiciaire. (Décr. 16 juin 1808.) — Art. 7. Il y a auprès du conseil de préfecture un secrétaire greffier nommé par le préfet, et choisi parmi les employés de préfecture. — Art. 8. Les séances du conseil de préfecture statuant sur les affaires contentieuses sont publiques. — Art. 9. Après le rapport qui est fait sur chaque affaire par un des conseillers, les parties peuvent présenter leurs observations, soit en personne, soit par mandataire. La décision motivée est prononcée en audience, après délibération, en dehors de la présence des parties. — Art. 10. Les comptes des receveurs de communes ou établissements publics ne sont pas jugés en séance publique. — Art. 11. A l'avenir, seront portées devant le conseil de préfecture toutes les affaires contentieuses dont le jugement est attribué au préfet, en conseil de préfecture, sauf recours au conseil d'Etat. — Art. 12. Le recours au conseil d'Etat contre les arrêts des conseils de préfecture, relatifs aux contraventions dont la répression leur est confiée par la loi, peut avoir lieu par simple mémoire déposé au secrétariat général de la préfecture ou à la sous-préfecture et sans l'intervention d'un avocat au conseil d'Etat. Il est délivré récépissé du mémoire, qui doit être transmis par le préfet au secrétariat général du conseil d'Etat. — Art. 13. Sont applicables aux conseils de préfecture les articles 85 (défense, plaidoirie), 88 et suivants (audience) et 1036 (condamnations, injonctions, calomnie, publicité) du code de procédure civile. (Loi du 21 juin 1865.)

4. *Procédure. Instruction. Contentieux.* — Les requêtes et mémoires introductifs d'instance, concernant les affaires sur lesquelles le conseil de préfecture est appelé à statuer par la voie contentieuse, doivent être déposés au greffe du conseil ; ces requêtes sont inscrites, à leur arrivée, sur le registre d'ordre et, en outre, marquées d'un timbre, qui indique la date de l'arrivée. Le dossier est transmis dans les vingt-quatre heures, au rapporteur désigné par le président. Dans les huit jours qui suivent, le conseil règle la notification aux parties défenderesses des requêtes introductives d'instance ; il fixe aux parties le délai pour fournir leur défense et désigne l'agent qui sera chargé de cette notification.

Les parties peuvent prendre connaissance des pièces au greffe, mais sans déplacement. (Loi du 22 juillet 1889, art. 1, 5, 6, 8.)

5. *Contravention. Citation.* — Dans les dix jours qui suivent la rédaction d'un procès-verbal de contravention et son affirmation, quand elle est exigée, le préfet fait notifier le procès-verbal au contrevenant, avec citation à comparaître dans le délai d'un mois devant le conseil de préfecture. La notification et la citation sont faites dans la forme administrative ; la citation doit indiquer au contrevenant qu'il est tenu de fournir ses défenses écrites, dans le délai de quinzaine, à partir de la notification, et l'invite à faire connaître s'il entend user du droit de fournir des observations orales à l'audience. Il est dressé acte de la notification et de la citation, lequel est envoyé au conseil de préfecture pour y être enregistré. (Loi du 22 juillet 1889, art. 10.)

6. *Avertissement.* — Toute partie doit être avertie, par une notification, du jour où l'affaire sera portée en séance publique. Lorsqu'elle est représentée devant le conseil, la notification est faite à son mandataire ou défenseur domicilié dans le département. Dans les deux cas, l'avertissement est donné quatre jours au moins avant la séance. (Loi du 22 juillet 1889, art. 44.)

7. *Arrêtés. Formalités.* — Les arrêtés pris par le conseil doivent mentionner qu'il a été statué en séance publique. Ils contiennent les noms et conclusions des parties, le vu des pièces et des dispositions législatives dont il fait application. En matière répressive, mention y est faite que les parties ou leurs mandataires ou défenseurs et le commissaire du gouvernement ont été entendus. Les arrêts sont motivés. Les noms des membres y sont mentionnés. La minute est signée, dans les vingt-quatre heures, par le président, le rapporteur et le secrétaire-greffier. (Loi, 22 juillet 1889, art. 48.)

8. *Expédition. Notification.* — L'expédition des décisions est délivrée par le secrétaire greffier, dès qu'il en est requis. Toute décision est notifiée aux parties, à leur domicile réel, dans la forme administrative, par les soins du préfet, lorsque l'instance a été engagée par l'Etat ou contre lui. (Loi, 22 juillet 1889, art. 51.)

9. *Arrêtés contradictoires et par défaut.* — Sont considérés comme contradictoires les arrêts rendus sur les requêtes ou mémoires en défense des parties, alors même que les parties n'auraient pas présenté d'observations orales à la séance publique. (Loi du 22 juillet 1889, art. 53.) C'est donc de la présence ou de l'absence du mémoire que dépend la qualification contradictoire ou par défaut d'une décision, sans que le débat oral ou non soit pris en considération. (Cabantous.)

10. *Sursis.* — Lorsque la demande est formée contre deux ou plusieurs parties qui n'ont pas présenté de défense, le conseil surseoit à statuer sur le fond et ordonne que les parties défaillantes seront averties de ce sursis par une notification. A l'expiration du délai, il est statué par une seule décision. (Loi du 22 juillet 1889, art. 54.)

11. *Expertise.* — Le conseil de préfecture peut, soit d'office, soit sur la demande des parties, ordonner qu'il sera procédé à une expertise. (Loi du 22 juillet 1889, art. 13.)

12. *Administration forestière. Représentant.* — L'administration forestière ne plaide pas devant le conseil de préfecture. C'est le préfet qui, seul, a qualité pour représenter l'Etat et pour soutenir les actions civiles qui l'intéressent.

13. *Exécution. Arrêtés.* — Les arrêtés contentieux du conseil de préfecture sont exécutoires par eux-mêmes, sans visa, ni mandement des tribunaux judiciaires. (Cabantous.)

L'arrêté par lequel le conseil de préfecture statue sur les dépens sert d'exécutoire. (Block.)

14. *Pourvois. Délai.* — Les arrêtés des conseils de préfecture peuvent être attaqués devant le conseil d'Etat, dans le délai de deux mois à dater de la notification, lorsqu'ils sont contradictoires, et à dater du délai d'opposition, lorsqu'ils ont été rendus par défaut. (Loi du 22 juillet 1889, art. 57.)

15. *Juridiction. Pourvois. Recours.* — Les conseils de préfecture ne jugeant jamais qu'en premier ressort, le pourvoi en cassation devant le conseil d'Etat se confond avec le recours en appel. (Cabantous.)

16. *Juridiction. Attributions. Algérie.* — La juridiction du conseil de préfecture, en Algérie, s'étend au territoire civil et au territoire militaire. (Cons. d'Etat, 26 mai 1866.)

Les attributions sont, en principe, celles des conseils de préfecture de la métropole. (Block.)

17. *Arrêtés. Validité. Membres.* — Un arrêté signé seulement par deux membres du conseil de préfecture n'est pas valable, attendu que trois membres au moins doivent prendre part à la délibération. (Cons. d'Etat, 16 janvier 1822. Loi du 22 juillet 1889, art. 47.)

18. *Droit d'usage. Acte du gouvernement.* — Les arrêtés du conseil de préfecture ne sont, en matière d'usage, considérés comme actes du gouvernement que lorsqu'ils ont été homologués par le gouvernement. (Circ. A 205.)

19. *Avis. Validité.* — Les *avis* des conseils de préfecture ne peuvent pas être attaqués par voie contentieuse. (Cons. d'Etat, 26 mai 1824.)

SECT. II. — COMPÉTENCE.

20. *Juridiction.* — Les conseils de préfecture ne peuvent connaître du contentieux administratif que dans le cas où leur compétence, à cet égard, a été formellement établie par les lois et règlements. (Cons. d'Etat, 16 février 1854.)

21. *Principe.* — En droit commun et hors le cas où une loi exceptionnelle en a disposé autrement, les questions de *propriété* et de *capacité* ne sont pas du ressort des tribunaux administratifs. (Cass. 13 févr. 1844.)

22. *Aménagement.* — Le conseil de préfecture ne peut prescrire aucun aménagement. (Cons. d'Etat, 13 août 1840.)

23. *Instance. Contentieux.* — Le conseil de préfecture prononce :

1° Sur les demandes qui seront présentées par les communautés des villes, bourgs ou villages, pour être autorisés à plaider ;

2° Sur le contentieux des domaines nationaux. (Loi du 28 pluviôse an VIII, art. 4 et 8.)

24. *Communes. Instance.* — Les conseils de préfecture autorisent les communes à introduire une action en justice. (Loi du 5 avril 1884, art. 121.)

25. *Pâturage. Possibilité. Pourvois. Sursis.* — En cas de contestation sur l'état ou la possibilité des forêts, ou la désignation des cantons défensables, il y a lieu à recours devant le conseil de préfecture. (Cod. For. 65 et 67.)

Le pourvoi contre les décisions du conseil de préfecture est suspensif jusqu'à la décision du conseil d'Etat. (Ord. 117.)

26. *Défensabilité.* — En cas de contestation sur la déclaration des cantons défensables, le conseil de préfecture ne doit s'occuper que de la question de défensabilité des bois et non pas des besoins des habitants. (Cons. d'Etat, 10 octobre 1834.)

27. *Pâturages. Nécessité. Rachat.* — Le conseil de préfecture prononce sur l'absolue nécessité des pâturages, en cas de rachat. (Cod. For. 64.)

28. *Conversion de pâturages en bois.* — Le conseil de préfecture est compétent, dans tous les cas, aux termes de l'article 90 du code forestier, paragraphe 4, pour statuer sur la question de savoir s'il y a lieu, oui ou non, de convertir en bois des terrains en

nature de pâturage, soit que la question s'agite entre l'administration et une commune, soit entre deux communes copropriétaires. (Cons. d'Etat, 12 février 1849.)

29. *Bois. Pâturage.* — Le conseil de préfecture est compétent pour décider si un terrain est en nature de bois ou en nature de pâturage. (Cons. d'Etat, 7 juin 1851 et 28 juillet 1852.)

30. *Travaux publics.* — Le conseil de préfecture prononcera : sur les difficultés qui pourraient s'élever entre les entrepreneurs des travaux publics et l'administration, concernant le sens et l'exécution des clauses de leur marché; sur les réclamations des particuliers qui se plaindront de torts et dommages, procédant du fait personnel des entrepreneurs et non du fait de l'administration; sur les demandes et contestations concernant les indemnités dues aux particuliers, à raison des terrains pris ou fouillés pour la confection des chemins, canaux et autres ouvrages publics. (Loi du 28 pluviôse an VIII, titre II, sect. I, art. 4.) V. Entrepreneur.

31. *Travaux forestiers. Incompétence.* — La question de savoir si les travaux d'améliorations exécutés dans les forêts domaniales constituent réellement des travaux publics, tombant sous l'application de l'article 4 de la loi du 28 pluviôse an VIII (compétence des conseils de préfecture), a été soulevée à propos d'une contestation survenue entre l'administration et un entrepreneur de route. Le Conseil d'Etat a rejeté, le 2 mai 1873, les conclusions de l'Etat et statué que le conseil de préfecture était incompétent pour juger sur des litiges de l'espèce. (Circ. N 319.)

32. *Entrepreneur. Marché. Actes administratifs. Interprétation.* — Si un entrepreneur poursuivi excipe de son marché, il élève une question préjudicielle d'interprétation d'un acte administratif, pour laquelle le conseil de préfecture est seul compétent. (Nancy, 21 février 1844.)

33. *Entrepreneur. Torts. Travaux publics.* — Le conseil de préfecture prononce sur les réclamations des particuliers, qui se plaindront des torts et dommages procédant du fait personnel des entrepreneurs et non du fait de l'administration. (Cabantous. Loi du 28 pluviôse an VIII, art. 4.) V. Ouvriers.

34. *Travaux publics.* — Quoique la loi ne défère expressément aux conseils de préfecture que les contestations concernant le sens ou l'exécution des clauses des marchés, la jurisprudence en a étendu l'application à toutes les contestations qui peuvent naître du contrat intervenu entre l'administration et les entrepreneurs, ayant pour objet la mise en régie, la résiliation et le règlement du prix des ouvrages effectués en dehors des prévisions du devis. (Cabantous.)

35. *Dommages. Travaux publics. Compétence.* — Malgré les termes de l'article 4 de la loi du 28 pluviôse an VIII, les conseils de préfecture sont compétents, soit que le dommage causé provienne du fait des entrepreneurs, ou de celui de l'administration elle-même, dans le cas où elle fait exécuter directement les travaux. (Cabantous.)

36. *Conseil de préfecture.* — Le conseil de préfecture est compétent pour prononcer sur le contentieux des domaines nationaux. (Loi du 28 pluviôse an VIII, art. 4.) Par suite, le conseil d'Etat décide que le conseil de préfecture est compétent pour statuer sur les difficultés qui peuvent naître de l'acte de vente entre l'Etat et l'adjudicataire ou le cessionnaire d'un bois domanial. (Cabantous.)

37. *Aliénation. Indemnité.* — Le conseil de préfecture est compétent pour les réclamations d'indemnité ou les réductions de prix des bois aliénés, fondées sur ce que les bois acquis ne contiennent pas le nombre d'arbres indiqués sur l'affiche annonçant l'adjudication. (Cons. d'Etat, 1er août 1867.)

38. *Incompétence. Aménagement. Délimitation. Honoraires. Responsabilité.* — Le conseil de préfecture est incompétent pour statuer sur une demande formée par un géomètre contre une commune, en payement d'honoraires à raison de travaux exécutés pour la délimitation et l'aménagement des bois de la commune, sous la surveillance des agents forestiers de l'Etat, les travaux dont il s'agit n'ayant pas le caractère de travaux publics.

Il n'appartient pas au conseil de préfecture de connaître de la demande en responsabilité formée dans le même cas par la commune contre l'Etat, à raison des fautes qui auraient été commises par l'agent forestier chargé de surveiller les travaux. (Cons. d'Etat, 15 janvier 1887.)

CONSEIL DU ROI.

Actes. — Il appartient exclusivement à l'autorité administrative (conseil d'Etat) de déterminer le caractère des actes émanés autrefois de la puissance souveraine, par exemple des anciens arrêts du conseil du roi ; s'il leur reconnaît le caractère administratif, il appartient au conseil d'Etat de donner l'interprétation de ces actes. (Cons. d'Etat, 8 avril 1852.)

CONSEILLER D'ARRONDISSEMENT.

1. *Election.* — Les conseillers d'arrondissement sont élus par canton.

2. *Incompatibilité.* — Les agents forestiers en fonction dans le département ne peuvent être élus conseillers d'arrondissement. (Loi du 22 juin 1833, art. 5. Décr. 3 juillet 1848, art. 14.)

CONSEILLER GÉNÉRAL.

1. *Election.* — Les conseillers généraux sont élus par canton.

2. *Incompatibilité.* — Les agents forestiers ne peuvent être élus membres du conseil général dans les cantons de leur ressort. (Loi du 10 août 1871, art. 8, § 15.)

CONSEILLER MUNICIPAL.

1. *Maire. Fonction.* — En cas d'absence, de suspension, de révocation ou de tout autre empêchement, le maire est provisoirement remplacé par un adjoint, dans l'ordre de nomination, et, à défaut d'adjoints, par un conseiller municipal désigné par le conseil, sinon pris dans l'ordre du tableau. (Loi du 5 avril 1884, art. 84.)

2. *Visite domiciliaire. Réquisition.* — Si un conseiller municipal est requis pour assister à une visite domiciliaire, le procès-verbal doit constater l'empêchement des maire, adjoints et conseillers municipaux précédant sur le tableau celui qui est requis. (Grenoble, inédit, 14 août 1854. Cass. 8 novembre 1845.)

CONSEILLER DE PRÉFECTURE.

1. *Incompatibilité.* — Les fonctions de conseiller de préfecture sont incompatibles avec un autre emploi public et avec l'exercice d'une profession. (Loi du 21 juin 1865, art. 3.)

2. *Condition.* — Nul ne peut être nommé conseiller de préfecture s'il n'est âgé de vingt-cinq ans accomplis, s'il n'est, en outre, licencié en droit, ou s'il n'a rempli, pendant dix ans au moins, des fonctions rétribuées dans l'ordre administratif ou judiciaire, ou bien s'il n'a été, pendant le même temps, membre du conseil général ou maire. (Loi du 21 juin 1865, art. 2.)

3. *Remplacement.* — Les conseillers de préfecture empêchés seront remplacés par un nombre égal de conseillers généraux, autres que ceux qui seraient en même temps juges dans les tribunaux. (Décr. du 16 juin 1808, art. 1er.)

4. *Ventes.* — Les conseillers de préfecture ne peuvent pas prendre part aux ventes, ni par eux-mêmes, ni par personnes interposées, ni directement, ni indirectement, soit comme partie principale, associé ou caution, dans l'arrondissement de leur ressort. (Cod. For. 21.)

En cas d'infraction, pour les pénalités, voir Vente.

CONSENTEMENT.

Validité. Condition. — Il n'y a point de consentement valable, s'il n'a été donné que par erreur, ou s'il a été extorqué par violence ou surpris par dol. (Cod. Civ. 1109.)

CONSERVATEUR.

1. *Origine.* — Les conservateurs ont remplacé les grands maîtres des eaux et forêts. (Circ. du 1er jour complémentaire an IX : 18 septembre 1801.)

2. *Avancement.* — Ne peuvent être portés au tableau d'avancement, pour le grade de conservateur, que les inspecteurs ayant au moins cinq ans de grade, dont deux au moins dans le service actif. (Arr. Min. du 15 juin 1891. Circ. N 435.)

3. *Nomination.* — Les conservateurs sont nommés par le chef de l'Etat, sur la proposition du ministre. (Ord. 12. Ord. 17 sept. 1844. Décr. du 14 janvier 1888, art. 7. Circ. N 394.)

4. *Nombre. Classes.* — Les conservateurs sont au nombre de trente-deux en France et de trois en Algérie. (Décr. du 29 oct. 1887.)

Ils sont divisés en quatre classes. V. Traitement.

5. *Installation. Accréditation.* — Dès qu'il arrive à son poste, le conservateur se présente devant le préfet et devant les autorités administratives et judiciaires du département où il réside. Il s'accrédite par correspondance auprès des préfets des autres départements de sa circonscription. (Circ. N 51, art. 8.) V. Accréditation.

6. *Bureau.* — Le conservateur tient un livre d'ordre, un registre des décrets d'aménagement, un registre des déclarations de défrichement, un sommier des droits d'usage, les livres de comptabilité (livre-journal des crédits délégués, livre d'enregistrement des droits des créanciers, livre-journal des mandats délivrés, livre des comptes par nature de dépenses) (Instr. 23 mars 1821, art. 31 et 32. Circ. A 584, art. 69. Comptabilité. Règl. 26 janvier 1846. Règl. 26 décembre 1866, art. 171), un registre relatif aux exploitations autorisées en vertu du décret du 17 février 1888 (Circ. N 395) et un registre spécial pour les ordres de service et les circulaires. (Circ. N 416.)

7. *Correspondance.* — Les conservateurs correspondront directement avec la direction et avec les autorités supérieures des départements. (Ord. 15.)

8. *Responsabilité.* — Les conservateurs sont responsables des abus et des irrégularités de service commis par les agents sous leurs ordres, qu'ils doivent rappeler à leur devoir ou signaler à l'administration. (Circ. A 339. Circ. A 341 bis.)

9. *Travaux de restauration. Rôle.* — Dans les travaux de restauration des montagnes, le rôle du conservateur est déterminé dans les

articles 184 à 189 de l'instruction générale du 2 février 1885. (Circ. N 345.)

10. *Attributions.* — Résumé des principales attributions *spéciales* des conservateurs :

A. — *Aménagement.*

Etablissement des états de frais spéciaux dus aux agents du service ordinaire. (Décr. du 25 août 1861.)

B. — *Chasse.*

Décision sur les transactions pour délit de chasse. (Circ. A 801.)

C. — *Comptabilité.*

Arrêtés de liquidation des dépenses. (Circ. N 402.)

Arrêtés de liquidation du prix des acquisitions de terrains. (Circ. N 404.)

D. — *Concessions.*

1o Concessions des terrains vagues à charge de repeuplement, pour un délai inférieur à quatre ans, avec la contenance de vingt-cinq ares pour les gardes et cinq hectares pour les autres concessionnaires. (Ord. 4 décembre 1844.)

2o Approbation des projets de réparation et d'entretien des travaux mis en charge aux concessionnaires. (Lettre du 16 mars 1861.)

E. — *Défrichement.*

Formation des oppositions provisoires aux défrichements. (Cod. For. 219. Décr. du 22 novembre 1859.)

F. — *Délimitation et bornage.*

1o Etablissement des états de frais spéciaux dus aux agents du service ordinaire pour les délimitations et bornages généraux. (Décr. du 25 août 1861.)

2o Etablissement des états de frais spéciaux des délimitations et bornages généraux. (Décis. Min. du 7 janvier 1863.)

3o Etablissement des états généraux et de répartition des frais de délimitation et de bornage. (Ord. 66, 133.)

G. — *Droit d'usage.*

1o Fixation de l'ouverture de la glandée et du panage. (Cod. For. 66.)

2o Détermination du nombre des bestiaux des usagers. (Cod. For. 68.)

3o Autorisation de la mise en adjudication du panage et de la glandée. (Ord. 100, 119.)

4o Autorisation des délivrances de bois aux usagers. (Cod. For. 79.)

5o Autorisation des délivrances d'urgence et leur soumission au préfet, pour qu'il soit pris un arrêté. (Décis. Min. du 15 mai 1862.)

H. — *Louveterie.*

Décision sur les réclamations des lieutenants de louveterie, à l'occasion des chasses que ne tolèrent pas les agents locaux. (Circ. A 809.)

I. — *Personnel.*

1o Concession des congés de courte durée (dix jours, avec retenue) aux agents. (Circ. N 90. Circ. N 91.)

2o Concession des congés, avec ou sans retenue, aux préposés domaniaux ou mixtes. (Circ. N 91, art. 10.)

3o Suspension des gardes généraux et des préposés, à charge d'en référer à l'administration. (Ord. du 17 décembre 1844.)

4o Présentation au préfet des candidats aux places de gardes communaux. (Arr. Min. 3 mai 1852.)

5o Délivrance des commissions des gardes communaux. (Arr. Min. 3 mai 1852.)

6o Autorisation des mariages des préposés domaniaux. (Décis. Min. 27 janvier 1861. Circ. A 800.)

7o Décision à l'occasion des obligations des gardes logés en maison forestière. (Arr. Min. du 16 avril 1846.)

8o Application des peines disciplinaires : réprimande verbale ou écrite avec publicité ; retenue de quinze jours ; suspension. (Cod. For. 98. Circ. A 655.)

J. — *Produits accidentels.*

1o Autorisation d'extraction des matériaux pour cause d'utilité publique et de vente des arbres abattus. (Ord. du 8 août 1845, art. 6.)

2o Autorisation des ventes et exploitation des chablis et chandeliers. (Ord. 102. Circ. A 770.)

3o Autorisation, dans les forêts domaniales, communales et d'établissements publics : *a.* des coupes d'amélioration (nettoiements et éclaircies), des exploitations de morts bois, des recepages ; *b.* des coupes de bois morts, de bois dépérissants et d'arbres mitoyens ; *c.* des coupes de bois incendiés. (Décr. du 17 février 1888. Circ. N 395.)

4o Autorisation de l'exploitation par entreprise ou par économie dans les forêts domaniales : *a.* des arbres mitoyens, quand les frais à la charge de l'Etat ne dépassent pas 200 francs ; *b.* des bois incendiés, quand les mêmes frais ne dépassent pas 500 francs. (Décr. du 17 février 1888. Circ. N 395.)

5o Autorisation des élagages sur les chemins et lisières, quelle que soit la dépense, après avoir pris l'avis des communes. (Ord. 102. Ord. 4 décembre 1844.)

6o Autorisation des essartements, quelle que soit leur valeur. (Ord. 4 décembre 1844.)

7o Autorisation des abatages pour étude de routes, chemins et travaux publics. (Circ. A 540.)

8° Autorisation des exploitations pour extraction de matériaux. (Circ. A 544.)

9° Autorisation des extractions de menus produits domaniaux quelconques et fixation des prix. (Ord. du 4 décembre 1844.)

10° Réglementation du mode d'extraction et fixation des conditions pour les délivrances de menus produits autorisées par les maires ou administrateurs dans les bois communaux et d'établissements publics. (Ord. du 4 décembre 1844.)

11° Délégation des brigadiers pour suppléer les agents dans les ventes des menus produits (Ord. du 13 janvier 1847), quand l'estimation dépasse 500 francs. (Décr. 25 février 1888. Circ. N 396.)

12° Autorisation des adjudications de glandée, panage et paisson. (Ord. 100, 119.)

K. — *Produits principaux.*

1° Rédaction des clauses spéciales. (Ord. 82. Circ. N 80, art. 19.)

2° Approbation de la rédaction des affiches. (Ord. 84. Décr. du 29 juillet 1884. Circ. N 337.)

3° Fixation des jours de vente, de concert avec le trésorier-payeur général et le préfet. (Circ. A 103. Circ. A 805.)

4° Délivrance des chemins de vidange non désignés. (Ord. du 4 décembre 1844.)

5° Prorogations des délais de coupe et de vidange. (Ord. du 4 décembre 1844. Décr. du 31 mai 1850.)

6° Délégation des chefs de cantonnement pour remplacer les chefs de service aux ventes par unités de produits. (Circ. A 804.)

L. — *Poursuite des délits.*

1° Décisions sur les transactions inférieures à 1000 francs. (Décr. du 21 décembre 1859. Décr. du 22 déc. 1879. Circ. N 262.)

2° Admission des délinquants insolvables à se libérer au moyen des prestations. (Décr. du 21 décembre 1859.)

3° Rédaction des mandats de frais de poursuite et d'instance. (Instr. 4 déc. 1826.)

M. — *Affaires diverses.*

1° Approbation de tous les marchés. (Circ. N 416.)

2° Instruction au deuxième degré des affaires mixtes. (Décr. du 12 décembre 1884. Circ. N 348.)

CONSERVATION.

1. *Définition.* — Circonscription territoriale dont le chef se nomme conservateur des forêts.

2. *Division. Subdivision.* — La division territoriale de la France en conservations forestières est arrêtée conformément au tableau annexé à la présente ordonnance.

Les conservations seront subdivisées en inspections et sous-inspections, dont le nombre et les circonscriptions seront fixés par le ministre des finances. (Ord. 10.)

3. *Division.* — La France est divisée en trente-deux conservations forestières. (Décr. du 9 avril 1889. Circ. N 407.)

TABLEAU de la division de la France en 32 conservations forestières.

NUMÉROS ET CHEFS-LIEUX DES CONSERVATIONS.	DÉPARTEMENTS.	CHEFS-LIEUX.
1 Paris	Oise	Beauvais.
	Seine	Paris.
	Seine-et-Oise	Versailles.
	Seine-et-Marne	Melun.
2 Rouen	Calvados	Caen.
	Eure	Evreux.
	Eure-et-Loir	Chartres.
	Manche	Saint-Lô.
	Seine-Inférieure	Rouen.
3 Dijon	Côte-d'Or	Dijon.
4 Nancy	Meurthe-et-Mlle, p.	Nancy.
	Meuse, p.	Bar-le-Duc.
	Vosges	Epinal.
5 Chambéry	Savoie	Chambéry.
	Haute-Savoie	Annecy.
6. Charleville	Ardennes	Mézières.
	Aube, p.	Troyes.
	Marne	Châlons.
7 Amiens	Aisne	Laon.
	Nord	Lille.
	Oise	Beauvais.
	Pas-de-Calais	Arras.
	Somme	Amiens.
8 Troyes	Aube, p.	Troyes.
	Côte-d'Or	Dijon.
	Haute-Marne	Chaumont.
	Yonne	Auxerre.
9 Epinal	Meurthe-et-Mlle, p.	Nancy.
	Vosges	Epinal.
10 Gap	Hautes-Alpes	Gap.
11 Valence	Ardèche	Privas.
	Drôme	Valence.
	Vaucluse	Avignon.
12 Besançon	Doubs	Besançon.
	Territ^re de Belfort	Belfort.
13 Lons-le-Saunier	Jura	Lons-le-Saunier
14 Grenoble	Isère	Grenoble.
	Loire	Saint-Etienne.
	Rhône	Lyon.
15 Alençon	Côtes-du-Nord	Saint-Brieuc.
	Finistère	Quimper.
	Ille-et-Vilaine	Rennes.
	Mayenne	Laval.
	Morbihan	Vannes.
	Orne	Alençon.
	Sarthe	Le Mans.
16 Bar-le-Duc	Ardennes	Mézières.
	Meuse, p.	Bar-le-Duc.
17 Mâcon	Ain	Bourg.
	Saône-et-Loire	Mâcon.
18 Toulouse	Ariège	Foix.
	Haute-Garonne	Toulouse.
	Gers	Auch.
	Tarn-et-Garonne	Montauban.
19 Tours	Indre-et-Loire	Tours.
	Loir-et-Cher	Blois.
	Loire-Inférieure	Nantes.
	Loiret	Orléans.
	Maine-et-Loire	Angers.

NUMÉROS ET CHEFS-LIEUX DES CONSERVATIONS.	DÉPARTEMENTS.	CHEFS-LIEUX.
20 Bourges. . .	Cher.	Bourges.
	Indre.	Châteauroux.
	Nièvre.	Nevers.
21 Moulins. . .	Allier.	Moulins.
	Creuse.	Guéret.
	Haute-Vienne. . .	Limoges.
	Puy-de-Dôme . . .	Clerm.-Ferrand
22 Pau	Gers	Auch.
	Basses-Pyrénées .	Pau.
	Hautes-Pyrénées .	Tarbes.
23 Nice.	Alpes-Maritimes .	Nice.
	Var.	Draguignan.
24 Niort	Charente.	Angoulême.
	Charente-Inférre .	La Rochelle.
	Deux-Sèvres. . . .	Niort.
	Vendée	Roche-sur-Yon.
	Vienne.	Poitiers.
25 Carcassonne	Aude.	Carcassonne.
	Pyrénées-Orientles	Perpignan.
	Tarn	Albi.
26 Aix	Basses-Alpes . . .	Digne.
	Bouches-du-Rhône	Marseille.
27 Nîmes. . . .	Gard.	Nîmes.
	Hérault	Montpellier.
	Lozère.	Mende.
28 Aurillac. . .	Aveyron.	Rodez.
	Cantal.	Aurillac.
	Corrèze	Tulle.
	Haute-Loire. . . .	Le Puy.
	Lot.	Cahors.
29 Bordeaux . .	Dordogne	Périgueux.
	Gironde	Bordeaux.
	Landes.	Mt-de-Marsan.
	Lot-et-Garonne . .	Agen.
30 Ajaccio . . .	Corse.	Ajaccio.
31 Chaumont. .	Haute-Marne . . .	Chaumont.
32 Vesoul. . . .	Haute-Saône . . .	Vesoul.

CONSERVATION DES TERRAINS EN MONTAGNE.

1. *Principe.* — Il est pourvu à la conservation des terrains en montagne au moyen de mesures de protection, qui sont la mise en défens des terrains et la réglementation des pâturages dans des périmètres déterminés. (Loi du 4 avril 1882.) V. Reboisement. Gazonnement. Mise en défens. Réglementation de pâturage. Indemnité. Périmètres. Subvention.

2. *Mise en défens. Réglementation des pâturages.* — La mise en défens des terrains en montagnes, dont la dégradation ne paraîtra pas encore assez avancée pour nécessiter des travaux de restauration, pourra être requise par l'administration des forêts; elle est prononcée par un décret en conseil d'Etat, précédé des mêmes enquêtes, délibérations et avis que pour la loi prononçant l'utilité des travaux.

Ce décret détermine la nature, la situation et la limite du terrain mis en défens ; il fixe la durée de cette mesure, sans qu'elle puisse excéder le délai de dix ans, pendant lequel les propriétaires auront droit à une indemnité pour privation de jouissance.

La réglementation des pâturages est fixée par le préfet, après avis d'une commission spéciale. (Loi du 4 avril 1882, art. 7, 8 et 13.)

3. *Périmètre. Fixation.* — L'administration des forêts procède à la désignation des terrains dont elle estime que la conservation du terrain (mise en défens) est nécessaire dans l'intérêt public. (Décr. du 11 juillet 1882, art. 17.)

4. *Reconnaissance. Travaux. Proposition.* — L'administration dresse un procès-verbal de reconnaissance des terrains et un plan des lieux. (Décr. du 11 juillet 1882, art. 17.)

5. *Anciens périmètres.* — Les périmètres décrétés jusqu'à ce jour sont provisoirement maintenus. (Loi du 4 avril 1882.)

6. *Surveillance. Service.* — Dans les communes assujetties à l'application de la loi sur la restauration et la conservation des terrains en montagne, les gardes domaniaux, appelés à veiller à l'exécution et à la conservation des travaux dans les périmètres de reboisement et de gazonnement, seront chargés, en même temps, de la constatation des infractions aux mises en défens, aux règlements sur les pâturages, et de la surveillance des bois communaux, de manière que, pour le tout, il n'y ait désormais qu'un seul service commandé et soldé par l'Etat. (Loi du 4 avril 1882, art. 22.)

7. *Abrogation.* — Les lois des 28 juillet 1860 et 8 juin 1864, ainsi que le décret du 10 novembre 1864, sur le reboisement et le gazonnement, sont abrogés. (Loi du 4 avril 1882, art. 16. Décr. du 11 juillet 1882, art. 32.)

CONSISTANCE.

Sommier. — En tête de chaque registre des états signalétiques des forêts domaniales, est placé un état récapitulatif formant sommier général de consistance. (Circ. N 360.)

CONSTATATION.

1. *Circonscription.* — Les gardes peuvent constater les délits dans l'arrondissement d'un tribunal autre que celui devant lequel ils ont prêté serment, pourvu qu'ils aient fait enregistrer au greffe de ce tribunal leur commission et leur prestation de serment. (Cass. 10 septembre 1847.)

2. *Préposés.* — Les délits commis dans les bois non soumis au régime forestier seront recherchés et constatés tant par les gardes forestiers des particuliers que par les gardes champêtres des communes, les gendarmes et, en général, tous les officiers de police judiciaire chargés de rechercher et constater les délits ruraux. (Cod. For. 188.)

3. *Délit. Existence.* — Il n'est pas nécessaire, pour la constatation d'un délit, que le

préposé l'ait vu commettre : il suffit qu'il en ait suivi les traces et qu'il en ait constaté l'existence par un procès-verbal régulier, dans les lieux où il l'a reconnu. (Cass. 28 mai 1829.)

4. *Restauration des montagnes. Réglementation des pâturages. Poursuites.* — Les contraventions aux règlements des pâturages seront constatées et poursuivies dans les formes prescrites par les articles 137 et suivants du code d'instruction criminelle et, au besoin, par tous les officiers de police judiciaire. Les contrevenants seront passibles des peines portées par les articles 471 du code pénal et 474 en cas de récidive, modifiées s'il y a lieu, par l'application de l'article 463. Les gardes domaniaux sont chargés de la constatation des infractions aux mises en défens, aux règlements sur les pâturages, et de la surveillance des bois des communes assujetties à l'application de la loi sur la restauration et la conservation des terrains en montagne. (Loi du 4 avril 1882, art. 15 et 22.)

5. *Délit. Condamnation excédant 100 francs. Assistance.* — La constatation de tout délit emportant une condamnation de plus de 100 francs, tant pour l'amende que pour les dommages-intérêts, doit être faite par deux gardes au moins.

En conséquence, le garde qui aura reconnu un délit de quelque importance devra se faire assister d'un de ses collègues pour le constater.

Dans le cas où cette assistance serait impossible, il requerra celle du maire ou de l'adjoint, ou se fera accompagner par deux témoins domiciliés dans la commune.

Le procès-verbal sera signé du maire, de l'adjoint, ou des deux témoins.

Dans le cas où les témoins ne sauraient pas signer, il en sera fait mention au procès-verbal. (Circ. A 454. Livret des préposés, art. 30.)

6. *Procès-verbaux. Foi. Preuve.* — Les procès-verbaux des fonctionnaires de l'administration forestière font foi jusqu'à inscription de faux du délit et des constatations opérées pour le prévenir ; ainsi, lorsqu'un procès-verbal constate que les délivrances faites aux usagers l'ont été en bois disposé pour la construction, le tribunal ne peut pas ordonner une enquête pour vérifier si le bois a été délivré en grume. (Cass. 26 avril 1845.)

7. *Délits. Algérie. Constatations.* — Les agents et préposés forestiers, ainsi que tous les autres officiers de police judiciaire, pourront rechercher et constater les délits et contraventions prévus par la présente loi, relative aux exploitations et aux abus de jouissance dans les bois des particuliers. (Loi du 9 décembre 1885.) V. Exploitation.

CONSTRUCTION (EN GÉNÉRAL).

Droit. — Toutes constructions et ouvrages sur un terrain ou dans l'intérieur sont présumés faits par le propriétaire, à ses frais, et lui appartenir, si le contraire n'est prouvé. (Cod. Civ. 553.)

CONSTRUCTION A DISTANCE PROHIBÉE.

V. Ferme. Maison. Hangar. Baraque. Loge. Atelier. Scierie. Tuilerie. Briqueterie. Four à chaux et à plâtre. Démolition.

SECT. I. — LÉGISLATION. PÉNALITÉS.

1. *Four à chaux et à plâtre. Briqueterie et tuilerie. Distance. Pénalités.* — Aucun four à chaux ou à plâtre, soit temporaire, soit permanent, aucune briqueterie et tuilerie ne pourront être établis dans l'intérieur et à moins d'un kilomètre des forêts soumises au régime forestier, sans l'autorisation du préfet, à peine de :

Amende : 100 à 500 francs.
Démolition des établissements construits. (Cod. For. 151. Décr. du 25 mars 1852.)

2. *Loge. Baraque. Hangar. Maison sur perches. Distance. Pénalités.* — Il ne pourra être établi, sans l'autorisation du préfet, sous quelque prétexte que ce soit, aucune maison sur perches, loge, baraque ou hangar, dans l'enceinte et à moins d'un kilomètre des bois et forêts soumis au régime forestier, sous peine de :

Amende : 50 francs.

Démolition, dans le mois, à dater du jour du jugement qui l'aura ordonnée. (Cod. For. 153. Décr. du 25 mars 1852.)

3. *Maison. Ferme. Distance. Décision. Délai.* — Aucune construction de maisons ou fermes ne pourra être effectuée, sans l'autorisation du préfet, à la distance de 500 mètres des bois et forêts soumis au régime forestier, sous peine de démolition.

Il sera statué dans le délai de six mois sur les demandes en autorisation ; passé ce délai, la construction pourra être effectuée.

Il n'y aura point lieu à ordonner la démolition des maisons ou fermes actuellement existantes. Ces maisons ou fermes pourront être réparées, reconstruites et augmentées sans autorisation. (Cod. For. 153. Décr. du 25 mars 1852.)

4. *Demandes. Maison. Remises. Visa.* — Les demandes à fin d'autorisation pour construction de maisons ou fermes, en exécution des paragraphes 1 et 2 de l'article 153 du code forestier, seront remises à l'agent forestier supérieur de l'arrondissement, en double minute, dont l'une, revêtue du visa de cet agent, sera rendue au déclarant. (Ord. 178.)

5. *Bois communaux. Contenance.* — Sont exceptés des dispositions du paragraphe 1er de l'article 153 du code forestier (maison ou ferme à 500 mètres), les bois et forêts appartenant aux communes et qui sont d'une contenance au-dessous de 250 hectares. (Cod. For. 153.)

6. *Atelier. Chantier. Magasin. Maison ou ferme. Distance. Pénalités.* — Nul individu habitant les maisons ou fermes actuellement existantes dans le rayon de 500 mètres, ou dont la construction aura été autorisée, ne pourra établir dans lesdites maisons ou fermes aucun atelier à façonner le bois, aucun chantier ou magasin pour faire le commerce du bois, sans la permission spéciale du préfet, à peine de :

Amende : 50 francs.

Confiscation des bois. (Cod. For. 154. Décr. du 25 mars 1852.)

7. *Scierie. Distance. Pénalités.* — Aucune usine à scier le bois ne pourra être établie dans l'enceinte et à moins de 2 kilomètres de distance des bois et forêts soumis au régime forestier qu'avec l'autorisation du préfet, sous peine de :

Amende : 100 à 500 francs.

Démolition, dans le mois, à dater du jugement qui l'aura ordonnée. (Cod. For. 155. Décr. du 25 mars 1852.)

8. *Exception légale. Population agglomérée.* — Sont exceptées des dispositions des articles 153, 154 et 155 du code forestier, les maisons et usines qui font partie de villes, villages ou hameaux formant une population agglomérée, bien qu'elles se trouvent dans la distance ci-dessus fixée des bois et forêts soumis au régime forestier. (Cod. For. 156.)

9. *Décision. Autorisation.* — Les préfets statueront en conseil de préfecture, sans l'autorisation du ministre, mais sur l'*avis ou la proposition des chefs de service*, en matières domaniales et forestières, sur les objets déterminés par le tableau C ci annexé. — *Tableau C*..... 8° Demandes en autorisation concernant les établissements et constructions mentionnés dans les articles 151, 152, 153, 154 et 155 du code forestier. (Décr. du 25 mars 1852, art. 3.) En cas de désaccord, il en est référé à l'administration par un rapport spécial, avec pièces à l'appui. (Circ. A 686.)

10. *Autorisation.* — Lorsqu'il s'agira des fours à chaux ou à plâtre, des briqueteries et des tuileries, dont il est fait mention en l'article 151 du code forestier, il sera d'abord statué par le préfet sur la demande d'autorisation, sans préjudice des droits des tiers et des oppositions qui pourraient s'élever. Il sera ensuite procédé suivant les formes prescrites par le décret du 15 octobre 1810 et par les ordonnances des 14 janvier 1815 et 29 juillet 1818. (Ord. 177.)

SECT. II. — PRINCIPES. GÉNÉRALITÉS.

§ 1. *Formalités en général.*

11. *Bois soumis au régime forestier.* — Les dispositions prohibitives (de la section II, titre X, art. 151, 152, 153, 154, 155, 156, 157, 158) de construire ne s'appliquent qu'aux bois soumis au régime forestier et ne peuvent pas être étendues aux bois particuliers. (Cons. d'Etat, 22 février 1838.)

12. *Forêts.* — La prohibition de construire s'applique aux forêts en général, sans distinguer les taillis ou les futaies. (Cass. 1er mai 1830.)

13. *Terrains boisés.* — La prohibition de construire ne s'applique qu'aux terrains boisés soumis au régime forestier et aux terrains non boisés, mais *attenant* et *compris dans le périmètre* des forêts soumises au régime forestier. (Cass. 21 février 1852.)

14. *Liste civile.* — Pour les forêts de la couronne, l'administration de la liste civile, comme usufruitière, a les mêmes droits que l'Etat, comme propriétaire. (Orléans, 13 décembre 1847.) L'Etat est aujourd'hui substitué à l'administration de la liste civile.

15. *Rayon prohibé. Bois communaux. Massif. Contenance. Exception.* — Les bois communaux par bouquets isolés, quoique rapprochés et appartenant à une ou plusieurs communes, mais dont la contenance est inférieure à 250 hectares, ne jouissent pas de la servitude légale de l'article 153 ; mais si plusieurs communes possèdent plusieurs portions de bois contigus et d'un seul tenant, dont la contenance totale est supérieure à 250 hectares, ce massif de bois grève de la servitude légale les terrains situés dans le rayon de 500 mètres, quand bien même la portion de bois afférente à chaque commune serait inférieure à 250 hectares. (Curasson. Meaume.) V. Massif.

16. *Demande.* — Les demandes en construction à distance prohibée doivent être rédigées sur papier timbré, comme pétition.

17. *Autorisation.* — Les constructions à distance prohibée sont autorisées par les préfets. (Décr. 25 mars 1852.)

18. *Autorisation.* — L'autorisation, pour une construction à distance prohibée, ne peut résulter que d'un arrêté préfectoral régulier ; elle ne saurait s'induire d'autres faits administratifs. (Cass. 26 août 1853.)

19. *Autorisation.* — L'autorisation de construire doit précéder la construction des maisons, fours, briqueteries et tuileries. (Cass. 19 novembre 1829. Nancy, 29 décembre 1829, 30 décembre 1836.)

20. *Usagers. Construction.* — Des usagers ne peuvent, en se basant sur une possession plus ou moins longue ou sur la nécessité, acquérir le droit d'élever des constructions, sans autorisation, dans l'intérieur de la forêt grevée d'usage. (Cass. 9 septembre 1847.)

21. *Effet rétroactif. Délit.* — L'autorisation d'une construction à distance prohibée n'a pas d'effet rétroactif et ne fait pas disparaître le délit résultant de la construction effectuée avant l'autorisation ultérieurement obtenue. (Cass. 4 mars 1848.)

22. *Conditions.* — Celui qui a été autorisé à bâtir dans le rayon prohibé, sous l'exécution de certaines conditions, est passible de poursuites et condamnations pénales s'il effectue sa construction sans remplir les conditions sous lesquelles l'autorisation a été accordée, et la démolition doit en être ordonnée. (Colmar, 22 novembre 1859.)

23. *Engagement à démolir. Acte. Formule.* — Les autorisations de construire étant toujours accordées sous condition de démolition, dans les conditions de l'autorisation de construction on doit mettre textuellement la formule suivante : « *Sauf à l'impétrant à s'engager préalablement, par acte sur timbre et enregistré, qui devra être remis aux archives de l'inspection, pour lui, ses héritiers ou ayants droit, à démolir lesdites constructions sur une sommation extrajudiciaire qui lui serait faite en vertu d'un arrêté préfectoral, pris en conseil de préfecture, sur l'avis ou la proposition du chef du service des forêts, et statuant que la construction est devenue préjudiciable au sol forestier.* (Décis. Min. 28 juin 1871. Circ. N 155.)

24. *Engagement. Timbre. Enregistrement.* — L'engagement souscrit par suite d'autorisation d'établir des constructions à distance prohibée doit être timbré et enregistré, au droit fixe de 3 francs, en principal.

25. *Distance. Mesure.* — La distance des constructions prohibées aux forêts se mesure en ligne droite, à vol d'oiseau, et non pas en suivant les sinuosités des chemins qui y conduisent, attendu qu'un changement dans ces chemins ou l'ouverture d'une nouvelle voie de communication changerait les conditions d'existence de ces constructions. (Besançon, inédit, 18 juin 1838. Cass. 23 juin 1848.)

26. *Evaluation. Distance. Contenance.* — Les énonciations matérielles contenues dans les procès-verbaux, pour construction à distances prohibées et relatives soit à la distance des bois, soit à leur contenance, ne font foi jusqu'à inscription de faux, qu'autant que ces évaluations ne peuvent pas être entachées d'erreurs. Mais, si la construction se trouvait voisine de l'extrémité du rayon prohibitif, ou que la contenance des bois fût très voisine de celle fixée par la loi, le tribunal peut alors faire vérifier ces faits par voie d'expert, parce que leur énonciation n'a pu se faire qu'après une évaluation (mesurage) susceptible d'erreur et que ces faits ne rentrent pas dans la catégorie de ceux que tout le monde peut évaluer d'une manière irréfutable et certaine. (Cass. 2 juin 1809. Montpellier, 15 novembre 1830.)

27. *Délit. Procès-verbal.* — Dans le cas de délit pour construction à distance prohibée, l'administration a recommandé que les procès-verbaux de l'espèce fussent dressés et signés par deux gardes au moins. (Circ. A 454.)

28. *Commencement. Constatation.* — Lorsqu'un propriétaire commence à élever une construction dans le rayon prohibé, l'agent local doit, sans attendre l'achèvement des travaux, prévenir le propriétaire et dresser immédiatement procès-verbal, qui doit être signifié sans délai, avec sommation de discontinuer les travaux. (Circ. A 51. Circ. A 110.)

29. *Prescription.* — La prescription de trois mois (Cod. For. 185) est applicable aux procès-verbaux constatant la construction d'une baraque à distance prohibée. Dès lors, la répression d'une contravention de cette nature, nonobstant sa permanence, ne peut devenir l'objet d'une action nouvelle si les délais d'une première action ont laissé acquérir la prescription. Dans ce cas, l'action

en réparation de délit est prescrite. (Cass. 24 avril 1841.)

30. *Autorisation. Distances.* — Sont dispensées de l'autorisation préfectorale, les maisons et usines (maison ou ferme à 500 mètres, établissement de chantier ou atelier à 500 mètres et dans les maisons, scierie à 2 kilomètres) qui font partie de villes, villages ou hameaux formant une population agglomérée, bien qu'elles se trouvent à distance prohibée des bois soumis au régime forestier. (Cod. For. 156. Ord. 179.)

31. *Exception légale.* — Lorsqu'une construction à distance prohibée peut être édifiée en vertu d'une exception légale (population agglomérée, contenance des bois communaux), l'exception légale doit, pour sa validité, être revêtue des formes régulières de l'autorisation. Dans ce cas, il faut que, par un arrêté, le préfet décide qu'il y a agglomération légale ou contenance moindre ; un avis d'un agent incompétent pour autoriser la construction ne pourrait garantir des poursuites. (Nancy, 3 décembre 1861.) V. Population agglomérée.

32. *Vente. Conditions.* — Lorsqu'une construction, élevée à distance prohibée par l'article 153 du code forestier d'une forêt domaniale, a été vendue avec indication que cette construction a été autorisée par un arrêté préfectoral, dont la date est indiquée et que le vendeur s'est obligé à rapporter ultérieurement, l'acquéreur ne peut se prévaloir des conditions plus ou moins rigoureuses sous lesquelles l'autorisation a été accordée. (Trib. de Gannat, 31 août 1882.)

§ 2. *Maison ou ferme.*

33. *Demandes.* — Les demandes en construction de maison ou ferme doivent être faites en double, dont l'une, à conserver par l'agent forestier, doit être sur timbre, comme pétition ; l'autre, revêtue du visa de l'agent forestier est rendue au pétitionnaire. (Ord. 178.)

34. *Autorisation. Délai.* — Les demandes en construction de maison ou ferme doivent recevoir leur solution dans le délai de six mois ; passé ce délai, la construction peut être effectuée. (Cod. For. 153.)

35. *Rapport. Visite. Délai.* — La visite des lieux et le rapport pour les constructions de maison ou ferme, au sujet desquelles la décision doit intervenir dans les six mois de la demande, doivent être effectués dans le délai de quinze jours, après le dépôt de la demande. (Circ. A 437.)

36. *Instruction des demandes. Rapport.* — On doit apporter la plus grande célérité dans l'instruction des demandes en construction de maison ou ferme à distance prohibée, sur lesquelles on doit statuer dans le délai de six mois à partir de la remise de la demande. On doit, quinze jours après cette remise, procéder à la reconnaissance des lieux, indiquer avec soin l'emplacement des constructions projetées par rapport aux forêts voisines et aux habitations qui en sont les plus rapprochées et faire ressortir les inconvénients de ces constructions par rapport à la surveillance, à la moralité et à l'aisance des pétitionnaires. (Circ. A 437.)

On doit indiquer la distance exacte de la construction à la forêt, dire si dans le rayon de 500 mètres il y a moins de 250 hectares de forêts communales et indiquer le genre de construction, son emploi et son utilité.

37. *Construction. Maison. Autorisation.* — L'autorisation en construction de maison ou ferme à moins de 500 mètres des forêts soumises au régime forestier est tacite, si, dans les six mois de la demande, il n'a pas été statué. (Cod. For. 153. Nancy, inédit, 29 décembre 1829.) Elle est expresse, si elle résulte d'un arrêté du préfet ; dans ce cas, elle doit être antérieure à la construction.

38. *Refus.* — En cas de rejet de la demande, il serait bon de notifier le refus au pétitionnaire avant l'expiration des six mois ; sans quoi, il pourrait y avoir lieu à réclamation pour préjudice causé.

39. *Exception. Maison ou ferme.* — L'exception du paragraphe 3 de l'article 153, portant que les maisons ou fermes existantes à l'époque de la promulgation du code forestier peuvent être réparées, reconstruites et augmentées sans autorisation, ne s'applique : 1° qu'aux maisons ou fermes et nullement aux loges, baraques et hangars ; 2° qu'aux maisons situées dans le rayon prohibé et nullement à celles qui sont situées dans l'enceinte des forêts. (Cass. 13 décembre 1834 et 21 septembre 1850.)

40. *Constructions anciennes. Augmentation. Réparation. Reconstruction.* — Un propriétaire peut faire aux constructions existantes toutes les augmentations qui auront pour objet de les rendre plus spacieuses, plus commodes, mieux appropriées aux besoins domestiques et aux nécessités de l'exploitation rurale. Toutefois, ces constructions nouvelles ne devront être que les accessoires des anciennes maisons ou fermes, et une maison ou ferme absolument indépendante de l'ancienne devrait être prohibée.

De même, les reconstructions doivent avoir lieu sur l'emplacement des anciennes constructions. (Cass. 1er mars 1839 et 19 septembre 1840.)

41. *Reconstruction. Réparation.* — La question de savoir si un immeuble a été reconstruit ou seulement réparé rentre dans les appréciations souveraines des juges du fait et ne donne pas lieu à l'admission de l'exception préjudicielle autorisée par l'article 182 du code forestier. (Chambéry, 16 mai 1874.)

§ 3. *Loges. Baraques. Hangars. Maisons sur perches.*

42. *Baraques. Populations agglomérées.* — La prohibition de l'article 152 du code forestier s'applique même aux baraques, loges, hangars ou maisons sur perches, faisant partie d'une population agglomérée, si ces constructions sont situées à moins d'un kilomètre des forêts soumises au régime forestier. (Cass. 13 décembre 1834.)

43. *Reconstruction.* — Les reconstructions des maisons sur perches, loges, baraques et hangars doivent être autorisées comme la première édification. (Cass. 26 août 1853.)

44. *Baraques. Habitation.* — Les maisons sur perches, loges, baraques ou hangars ne reçoivent, au point de vue administratif, aucune modification de ce que ces constructions seraient destinées à l'habitation pendant une partie de l'année. (Cass. 26 août 1853.)

45. *Ponts et chaussées.* — La construction des baraques, hangars et autres bâtiments temporaires servant d'abri, de lieu de dépôt ou de demeure aux employés des ponts et chaussées, effectuée par l'ordre de l'administration des ponts et chaussées, dans l'intérêt de son service et de l'exécution des chemins de fer, pourra avoir lieu désormais à distance prohibée des forêts, après qu'il aura été donné avis au conservateur des forêts, par l'ingénieur en chef, de la nécessité de leur exécution, de leur emplacement et de leur durée présumée.

Les hangars et autres constructions servant seulement d'abri aux ouvriers, matériaux, etc., pourront être visités par les agents et les gardes forestiers, sans l'assistance d'officiers publics, et la démolition de tous ces bâtiments pourra être poursuivie par l'administration forestière, dès qu'ils auront cessé d'être utiles au service des ponts et chaussées. (Décis. Min. 24 juin 1851. Circ. A 668.) Cette décision est applicable à tous les travaux exécutés par les ponts et chaussées. (Circ. A 669 ter.)

46. *Baraque.* — Une baraque pour loger les ouvriers ne peut être assimilée à une maison ou ferme, quand bien même elle ferait partie d'une population agglomérée. (Epinal, 20 juillet 1878.)

§ 4. *Atelier. Magasin. Chantier.*

47. *Atelier. Autorisation.* — Les autorisations pour ateliers sont *personnelles*; celles des maisons et constructions sont *réelles* et s'appliquent aux immeubles.

48. *Prescription.* — Le code forestier n'établit aucune prescription applicable aux contraventions de l'article 154 (atelier, magasin, chantier); ces contraventions peuvent être utilement poursuivies tant qu'elles subsistent et se perpétuent, quelle que soit l'époque à laquelle elles remontent. (Cass. 22 mai 1840.)

CONTENANCE.

SECT. I. — ADMINISTRATION, 1 — 8.

§ 1. *Statistique,* 1 — 2.

§ 2. *Frais de régie,* 3 — 5.

§ 3. *Coupes,* 6 — 8.

SECT. II. — VENTE, 9 — 10.

SECT. I. — ADMINISTRATION.

§ 1. *Statistique.*

1 *Forêts domaniales. Sommier. Conservation. Inspection.* — En tête de chaque registre des états signalétiques des forêts domaniales est placé un état récapitulatif, formant sommier général de consistance et donnant la contenance totale de chaque forêt. Ce registre est tenu par département pour la conservation et par arrondissement pour l'inspection. (Circ. N 360.)

2. *Forêts communales. Etats signalétiques.* — Tous les renseignements sur la gestion des forêts communales et des établissements publics, portant notamment mention de la contenance, sont groupés par forêt, au moyen d'états signalétiques tenus chaque année au courant. Ces états, qui sont classés par département, dans l'ordre alphabétique des noms des communes, doivent se trouver à la fois dans les archives du chef de cantonnement, dans celles du chef de service et du conservateur. (Circ. N 428.) V. Etats signalétiques.

§ 2. *Frais de régie.*

3. *Bois communal. Cadastre.* — Les contenances cadastrales sont prises pour bases du maximum (1 fr. par hectare) à payer par les communes et les établissements publics pour frais d'administration. On doit dresser un état indiquant, par commune, les propriétés territoriales des communes et établissements publics; cet état doit indiquer la *totalité* des bois communaux et d'établissements publics, qu'ils soient ou non soumis actuellement au régime forestier. Cet état sera dressé en double, l'un pour l'administration et l'autre pour les bureaux des conservations. (Circ. autogr. n° 61, 30 octobre 1856.)

4. *Contenance. Fraction.* — Il ne sera pas tenu compte des fractions d'hectare dans le

calcul des contenances pour les frais de régie. (Décis. Min. 13 novembre 1874. Circ. N 162.)

5. *Reboisement. Terrains non boisés.* — On doit comprendre dans la contenance des bois appartenant à une commune tous les terrains soumis au régime forestier ; mais, lorsque des terrains non boisés ont été réunis à la forêt et sont reboisés par la commune, on ne les fait entrer dans la contenance soumise à la taxe que pour la portion reboisée, quoique la totalité des terrains soit, en réalité, soumise au régime forestier. (Décis. Min. 9 septembre 1861.)

§ 3. *Coupes.*

6. *Calcul.* — La contenance en sera calculée graphiquement ou directement d'après les éléments du levé ; elle sera vérifiée en la réduisant à un triangle équivalent. (Cette méthode ne pourra être employée que comme moyen de vérification.) (Instr. 15 octobre 1860, art. 46. Circ. N 120.) V. Arpentage. Assiette des coupes.

7. *Distraction.* — Les tranchées et laies séparatives seront comprises pour moitié dans la contenance des coupes ; les fossés de périmètre seront également compris jusqu'à la ligne séparative de la forêt avec les fonds riverains. Il en sera de même des chemins et ruisseaux qui ne font pas partie du domaine public. Les habitations et terrains des gardes, les terrains affermés, les enclaves, les routes, chemins et cours d'eau dépendant du domaine public ne sont pas compris dans la surface des coupes. (Instr. 15 octobre 1860, art. 155.)

8. *Tolérance.* — Pour le calcul de la surface des coupes, la contenance résultant de l'arpentage ne doit pas différer de plus de 1/30 de celle portée sur l'état d'assiette pour les coupes de 5 hectares et au-dessous, et de 1/50 pour celles au-dessus. Ces tolérances ne sont pas de rigueur pour les coupes d'amélioration, telles que les nettoiements et les éclaircies. Néanmoins, on doit se rapprocher le plus possible de la contenance portée sur l'état d'assiette. (Instr. 15 octobre 1860, art. 45.)

SECT. II. — VENTE.

9. *Vente. Principe.* — Si la vente d'un immeuble a été faite avec l'indication de la contenance, à raison de tant la mesure, le vendeur est obligé de délivrer à l'acquéreur, s'il l'exige, la quantité indiquée au contrat; et, si la chose ne lui est pas possible ou si l'acquéreur ne l'exige pas, le vendeur est obligé de souffrir une diminution proportionnelle des prix. (Cod. Civ. 1617.)

10. *Excédant.* — Si la chose vendue a une contenance plus forte que celle portée au contrat, l'acquéreur a le choix de fournir un supplément de prix ou de se désister du contrat, si l'excédant est d'un vingtième au-dessus de la contenance déclarée. (Cod. Civ. 1618.)

CONTENTIEUX.

1. *Définition.* — Le contentieux administratif se compose de toutes les réclamations fondées sur la violation des obligations imposées à l'administration par les lois et règlements qui la régissent, ou par les contrats qu'elle souscrit. (Vivien.)

Il comprend les luttes où l'intérêt général est en présence d'un droit privé et lorsque le litige est suscité par un acte administratif. (Cabantous.)

En un mot, c'est l'ensemble des affaires contentieuses, ou des réclamations fondées sur un droit, lorsque, soit par leur nature, soit par une disposition formelle de la loi, elles doivent être jugées par les tribunaux administratifs. V. Transaction.

2. *Procédure.* — Dans le contentieux administratif, la juridiction *gracieuse* (préfet, ministre) doit être saisie lorsque la réclamation est fondée sur un *simple intérêt* ; mais il faut s'adresser à la juridiction *contentieuse* (conseil de préfecture, conseil d'Etat, préfet, ministre) lorsqu'on invoque un *droit acquis*. (Cabantous.) V. Juridiction. Compétence.

3. *Premier degré de juridiction.* — D'après la loi des 27 avril-25 mai 1791, les ministres constituent le premier tribunal ordinaire et de droit commun (première instance) du contentieux administratif, chacun en ce qui concerne son ministère. (Cabantous).

4. *Condition.* — Il n'y a pas de contentieux dans le refus du ministre à accorder à un adjudicataire une réduction sur le prix de son adjudication. (Cons. d'Etat, 2 février 1844.)

5. *Décision ministérielle. Appel. Conseil d'Etat.* — L'appel contre les arrêtés contentieux des ministres est directement porté au conseil d'Etat, sans aucune distinction, ni exception. (Cabantous.)

6. *Décision ministérielle. Recours.* — Les ministres statuent par des décisions spéciales sur les affaires qui peuvent être l'objet d'un recours par voie contentieuse. Ces décisions sont notifiées administrativement aux parties intéressées. (Décr. du 9 novembre 1864. Cabantous.)

7. *Principe. Acte administratif. Interprétation.* — S'il est vrai, en règle générale, que, quand les parties ne sont pas d'accord sur

la régularité, le sens et la portée d'un acte administratif, les tribunaux doivent surseoir jusqu'à ce que l'autorité administrative ait expliqué ou réformé cet acte, cette règle doit souffrir et souffre exception, lorsque la régularité, le sens et la portée de l'acte administratif sont manifestes. (Cass. 26 février 1834.) V. Compétence.

8. *Instance domaniale. Instruction.* — Les instructions des affaires contentieuses domaniales s'établissent devant les tribunaux administratifs, comme s'il s'agissait de porter l'affaire devant les voies judiciaires. (Circ. N 12.) V. Instance domaniale. Ministre. Juridiction.

9. *Avis.* — Dans les questions contentieuses, le directeur doit prendre l'avis du conseil d'administration. (Ord. 8.)

10. *Conseil d'Etat. Décret.* — Le conseil d'Etat propose les décrets qui statuent sur le contentieux administratif. (Décr. 25 janvier 1852.)

11. *Rôle d'affouage.* — Lorsqu'une délibération a exclu un habitant du rôle d'affouage, il n'y a pas lieu à saisir la juridiction administrative, par voie contentieuse, parce qu'il y a ici un intérêt privé en opposition avec un intérêt communal. (Meaume.)

CONTIGUÏTÉ.

1. *Chemin.* — Un chemin qui sépare plusieurs parties d'un seul domaine n'en interrompt pas la contiguïté. (Cons. d'administration des domaines, 7 août 1829. Cass. 28 août 1847.)

2. *Ruisseau.* — On considère comme contiguës les portions de bois séparées seulement par un ruisseau, qui n'est en réalité qu'un accessoire ou une dépendance. (Cass. 6 août 1846.) V. Massif.

CONTINUATION DE DÉLIT.

Récidive. — Les délits continus, résultant, par exemple, de l'existence d'une construction non autorisée ou d'un défrichement, ne produisent aucun effet, par rapport à la récidive.

CONTRAINTE.

Force majeure. Excuse. — Il n'y a ni crime, ni délit, lorsque le prévenu, au temps de l'action, a été contraint par une force à laquelle il n'a pas pu résister. (Cod. Pén. 64.)

CONTRAINTE PAR CORPS.

SECT. — I. — EXERCICE.

1. *Matière civile.* — La contrainte par corps est supprimée en matière civile et contre les étrangers; elle est maintenue en matière criminelle, correctionnelle et de simple police. (Loi du 22 juillet 1867, art. 1 et 2.)

2. *Exercice.* — La contrainte par corps, dans le cas où elle peut être autorisée par la loi, ne peut être exercée qu'en vertu d'un jugement. (Cod. Civ. 2067.)

3. *Objet.* — La contrainte par corps ne doit être exercée qu'autant qu'elle peut être utile pour le recouvrement des condamnations, ou qu'elle a pour objet de ne pas laisser les délinquants d'habitude impunis. (Circ. A 233.)

4. *Objet. Exercice.* — La contrainte par corps a pour objet, soit de forcer un condamné solvable à payer le montant des condamnations prononcées contre lui, soit d'exercer, dans l'intérêt de la vindicte publique, une sorte de répression contre le condamné que son insolvabilité met hors d'état de payer la condamnation. Une distinction essentielle doit être faite, pour l'exercice de la contrainte par corps, entre les condamnés solvables et les condamnés insolvables. (Instr. Min. 20 septembre 1875, art. 199.)

5. *Solvables.* — En ce qui concerne les condamnés solvables, l'initiative de la contrainte par corps appartient aux comptables du Trésor, attendu que l'emprisonnement a pour objet le recouvrement d'amendes. (Instr. Min. 20 septembre 1875, art. 200.)

6. *Insolvables.* — Quant aux délinquants dont l'insolvabilité est établie, la contrainte par corps est une sorte de répression plutôt qu'un moyen de recouvrement. Par suite, il appartient au ministère public de désigner ceux des condamnés insolvables contre lesquels elle doit être employée. (Instr. Min. 20 septembre 1875, art. 201.)

7. *Procès-verbal d'adjudication.* — Tout procès-verbal d'adjudication emporte exécution parée et contrainte par corps contre les adjudicataires, leurs associés ou cautions, tant pour le payement du prix principal d'adjudication que pour les charges accessoires et les frais. (Cod. For. 28. Cod. Civ. 2060.)

8. *Procès-verbal d'adjudication.* — En cas de poursuite en vertu du procès-verbal d'adjudication, la contrainte par corps peut être exécutée sans jugement. (Cod. For. 28. Décis. Min. 28 juin 1828 et 30 novembre 1833.)

9. *Matière forestière.* — La contrainte par corps, en matière forestière, peut être exercée contre tout condamné de tout âge et de tout sexe, attendu que le code forestier est une loi spéciale qui n'a pas établi d'exception. V. Mineur.

10. *Transactions forestières.* — Le recouvrement des sommes dues en vertu de transactions forestières ne peut être poursuivi par la voie de contrainte par corps que si la transaction est intervenue après un jugement, attendu que la décision judiciaire emporte seule le droit d'exercer la coercition personnelle, dans les cas prévus par la loi. (Instr. Min. 20 septembre 1875, art. 194.)

11. *Condition. Caution.* — Les individus contre lesquels la contrainte par corps aura été prononcée, à raison des amendes et autres condamnations et réparations pécuniaires, subiront l'effet de cette contrainte dans les limites de huit jours à six mois, jusqu'à ce qu'ils aient payé le montant desdites condamnations, ou fourni une caution admise par le receveur des finances ou, en cas de contestation de sa part, déclarée bonne et valable par le tribunal de l'arrondissement. (Cod. For. 212. Loi du 22 juillet 1867, art. 11 et 18.)

12. *Insolvables. Condition. Condamnation. Récidive.* — Les condamnés qui justifieront de leur insolvabilité seront mis en liberté après avoir subi de un à dix jours de détention, lorsque l'amende et les autres condamnations pécuniaires n'excéderont pas 50 francs ; elle ne durera que de quatre jours à trois mois, quel que soit le chiffre ou la quotité des condamnations. En cas de récidive, la durée de la détention sera le double de ce qu'elle aurait été sans cette circonstance. (Maximum : trois mois pour les insolvables.) (Cod. For. 213. Loi du 22 juillet 1867, art. 9, 10 et 18.)

13. *Jugement. Insolvable. Conditions.* — Lorsque la contrainte par corps sera employée contre un délinquant insolvable condamné par plusieurs jugements, l'administration ne doit poursuivre que l'exécution du dernier jugement ; il n'y a pas lieu d'additionner toutes les sommes dont ce délinquant se trouve débiteur, suivant les divers jugements prononcés contre lui, pour déterminer la durée de la détention qu'il doit subir. (Circ. A 233.)

14. *Insolvables. Libération.* — Les délinquants insolvables mis en liberté, après avoir subi le temps de la détention voulu par l'article 213 du code forestier, sont quittes et libérés et ne peuvent plus être emprisonnés pour la même dette, lors même qu'il leur surviendrait des moyens de libération. (Circ. A 233.)

15. *Condamnation.* — La contrainte par corps est applicable aux condamnations prononcées par les tribunaux civils au profit d'une partie lésée, pour réparation d'un crime, d'un délit ou d'une contravention reconnus par la juridiction criminelle. (Loi du 22 juillet 1867, art. 5.)

16. *Aliments.* — Si les délinquants sont détenus à la requête des particuliers et dans leur intérêt, pour délits commis dans les bois particuliers, les propriétaires doivent pourvoir à la consignation des aliments prescrite par la loi. (Cod. For. 216. Loi du 22 juillet 1867, art. 6.) V. Aliment.

17. *Aliments.* — Faute de consignation des aliments, le détenu est mis en liberté et ne peut plus être incarcéré pour la même dette. (Loi du 22 juillet 1867, art. 8.)

18. *Insolvables. Caution. Mise en liberté.* — La mise en liberté des condamnés détenus à la requête des particuliers ne pourra être accordée, en vertu des articles 212 et 213 du code forestier, que lorsque la validité des cautions ou l'insolvabilité des détenus aura été, en cas de contestation de la part des propriétaires, jugée contradictoirement entre eux. (Cod. For. 217.)

19. *Partie civile.* — Les délinquants incarcérés à la requête de la partie civile, pour le payement des condamnations prononcées à son profit, peuvent être détenus de nouveau, à la requête de l'administration, pour le recouvrement des amendes dues à l'Etat, excepté, toutefois, si, après avoir justifié de son indigence, le condamné a subi le temps de la détention fixé par l'article 213 du code forestier. (Instr. de l'administration des domaines, 8 décembre 1829. Décis. Min. 2 novembre 1829. Circ. A 233.)

20. *Epoux. Suspension.* — La contrainte par corps ne peut être exercée simultanément contre le mari et la femme. Dans l'intérêt des enfants mineurs, elle peut être suspendue pendant un an par le jugement. (Loi du 22 juillet 1867, art. 16 et 17.)

21. *Mineurs.* — Les tribunaux ne peuvent prononcer la contrainte par corps contre les individus âgés de moins de seize ans accomplis, à l'époque des faits qui ont motivé les poursuites. (Loi du 22 juillet 1867, art. 13.)

22. *Héritiers.* — La contrainte par corps n'est autorisée que contre les condamnés personnellement ; elle ne peut être employée contre les héritiers. (Instr. Min. 20 septembre 1875, art. 193.)

23. *Responsabilité. Caution.* — La responsabilité civile ne peut pas donner lieu à la contrainte par corps, si ce n'est dans le cas de l'article 46 du code forestier. (Adjudicataire et caution.) (Cod. For. 206.)

24. *Responsabilité civile.* — La contrainte par corps ne peut être prononcée contre les personnes civilement responsables d'un délit ou d'une contravention, à raison des condamnations pécuniaires mises à leur charge en cette qualité (Cass. 25 mars 1881), ni pour assurer le recouvrement des frais de justice. (Cass. 25 avril 1884.)

25. *Adjudicataire. Folle enchère. Déchéance.* — La contrainte par corps peut être exercée contre un adjudicataire déchu pour le paiement de sa folle enchère, et elle peut l'être en vertu même de l'acte qui prononce la déchéance, sans qu'il soit besoin d'un jugement. (Décis. Min. 28 juin 1828.)

26. *Frais.* — La contrainte par corps n'aura jamais lieu pour le payement des frais au profit de l'Etat. (Loi du 22 juillet 1867, art. 3, abrogé par l'article 1er de la loi du 19 décembre 1871.)

27. *Frais. Restitution.* — Le recouvrement des frais de justice avancés par l'Etat et qui ne sont point à sa charge, ainsi que celui des restitutions ordonnées, seront poursuivis par toutes les voies de droit, même celle de la contrainte par corps. (Décr. 18 juin 1811, art. 174. Loi du 19 décembre 1871.)

SECT. II. — EXÉCUTION.

28. *Jugement. Exécution. Délai.* — Les arrêts et jugements exécutoires portant condamnation au profit de l'Etat des amendes, restitutions et dommages-intérêts en matière criminelle, correctionnelle et de police, ne peuvent être exécutés, par la voie de la contrainte par corps, que cinq jours après le commandement qui est fait aux condamnés, à la requête du percepteur. (Loi du 22 juillet 1867, art. 3. Instr. Min. 20 septembre 1875, art. 181.)

29. *Détention.* — La détention, employée comme moyen de contrainte, pour le recouvrement des sommes dues à l'Etat, est indépendante de la peine d'emprisonnement contre les condamnés, pour tous les cas où la loi l'inflige. (Instr. Min. 20 septembre 1875, art. 180. Circ. N 149.)

30. *Jugement. Particuliers.* — Les arrêts et jugements contenant des condamnations en faveur des particuliers, pour réparations de crimes, délits ou contraventions commis à leur préjudice, sont, à leur diligence, signifiés et exécutés, suivant les mêmes formes et voies de contrainte que les jugements portant des condamnations au profit de l'Etat. (Loi du 22 juillet 1867, art. 4.)

31. *Condamnation.* — Dans le cas de l'article 211 du code forestier, comme la loi est impérative, la contrainte par corps peut être exécutée, quand bien même elle n'ait pas été formellement prononcée par le jugement. (Cass. 14 juillet 1827.)

32. *Frais. Formalités.* — Pour l'exécution de la contrainte par corps, en ce qui concerne les frais et les restitutions, il suffira de donner copie, en tête du commandement : 1° du rôle ou des articles du rôle sur lequel sera intervenue l'ordonnance de recouvrement ; 2° de l'ordonnance portant restitution des sommes à recouvrer. (Décr. 18 juin 1811, art. 175.)

SECT. III. — DURÉE.

33. *Jugement. Durée.* — Le jugement correctionnel qui condamne le prévenu à une amende doit, à peine de nullité, fixer la durée de la contrainte par corps. (Loi du 22 juill. 1867, art. 9 et 10. Cass. 23 mai 1868.)

34. *Durée.* — En ce qui concerne les délits forestiers, la durée de la contrainte par corps étant fixée par l'article 213 du code forestier, il n'est pas nécessaire qu'elle soit fixée par le jugement. (Metz, 20 janvier 1836.)

35. *Durée. Simple police. Matières forestières. Insolvables.* — La durée de la contrainte par corps est réglée ainsi qu'il suit :

De deux à vingt jours, lorsque les amendes et autres condamnations n'excèdent pas 50 francs ;

De vingt à quarante jours, lorsqu'elles excèdent 50 francs sans dépasser 100 francs ;

De quarante à soixante jours, lorsqu'elles sont supérieures à 100 francs, sans excéder 200 francs ;

De soixante jours à quatre mois, lorsqu'elles sont supérieures à 200 francs, sans excéder 500 francs ;

De quatre à huit mois, lorsqu'elles sont supérieures à 500 francs, sans excéder 2000 francs ;

D'un à deux ans, lorsqu'elles excèdent 2000 francs.

En matière forestière, pour les solvables, elle est fixée dans la limite de huit jours à six mois.

En matière de simple police, elle ne pourra excéder cinq jours.

Pour les insolvables (Instr. Crim. 420), la durée de la contrainte par corps sera la moitié de celle fixée par le jugement. (Loi du 22 juillet 1867, art. 9, 10 et 18.)

36. *Age. Insolvables.* — Si le condamné a commencé sa soixantième année, la contrainte par corps est réduite de moitié à celle fixée par le jugement ; s'il était insolvable en même temps, elle pourrait être réduite au quart. (Loi du 22 juillet 1867, art. 10 et 14.)

37. *Condamnation. Décimes.* — Les décimes doivent être ajoutés à l'amende et aux autres condamnations, pour déterminer la durée de la contrainte par corps en matière correctionnelle. (Cass. 27 août 1868.)

38. *Frais.* — Les frais de signification, de commandement et de capture doivent être réunis aux autres frais, pour déterminer le temps de la détention. (Circ. A 233.)

39. *Emprisonnement.* — La détention, comme moyen de contrainte, est indépendante de la peine d'emprisonnement, dans les cas où la loi l'inflige. (Cod. For. 214.) V. Emprisonnement.

CONTRAT.

1. *Définition.* — Convention par laquelle une ou plusieurs personnes s'obligent, envers une ou plusieurs autres, à donner, à faire ou à ne pas faire quelque chose. (Cod. Civ. 1101.) V. Convention.

Le contrat est *synallagmatique* ou *bilatéral*, lorsque les contractants s'obligent respectivement les uns envers les autres. (Cod. Civ. 1102.)

Il est *unilatéral*, lorsqu'une ou plusieurs personnes sont obligées envers une ou plusieurs autres, sans que, de la part de ces dernières, il y ait d'engagement. (Cod. Civ. 1103.)

Il est *commutatif*, lorsque chacune des parties s'engage à donner ou à faire une chose qui est regardée comme l'équivalent de ce qu'on lui donne, ou de ce qu'on fait pour elle. Lorsque l'équivalent consiste dans une chance de gain ou de perte pour chacune des parties, d'après un événement incertain, le contrat est *aléatoire*. (Cod. Civ. 1104.)

Le contrat de bienfaisance est celui dans lequel une des parties procure à l'autre un avantage purement gratuit. (Cod. Civ. 1105.)

Le contrat à titre onéreux est celui qui assujettit chacune des parties à donner ou à faire quelque chose. (Cod. Civ. 1106.) V. Compétence.

2. *Restauration des montagnes. Cessions amiables.* — Les contrats définitifs concernant les cessions amiables ne sont réalisés, *autant que possible*, qu'après l'intervention du jugement d'expropriation, de manière qu'ils contiennent adhésion à ce dernier et qu'ils puissent *être publiés et affichés en même temps que lui.* (Instr. Gén. 2 février 1885, art. 35. Circ. N 345.)

3. *Restauration des montagnes. Arrêté de cessibilité. Autorisation.* — Toutefois, si, dans l'intérêt des travaux ou pour tout autre motif, il est reconnu nécessaire d'entrer à bref délai en possession des immeubles et si, d'autre part, un temps assez long doit s'écouler avant le jugement d'expropriation, il peut être *dérogé* à la règle précédente. Dans ce cas, afin de profiter, pour la réalisation des cessions consenties, des facilités et des garanties données par la loi du 3 mai 1841, sans pour cela imposer à l'administration l'obligation d'exproprier à bref délai les autres parcelles comprises dans le périmètre, le conservateur provoque, en ce qui concerne seulement les propriétés pour lesquelles des promesses de cession amiable ont été consenties, l'arrêté préfectoral prescrit par l'article 11 de la loi du 3 mai 1841. A cet effet, le projet d'arrêté est préparé sur la *formule série 7, n° 11*, et adressé au préfet, accompagné d'un état parcellaire des propriétés désignées.

Après que l'arrêté de cessiblité a été pris, les contrats sont alors réalisés, après autorisation de l'administration, sans attendre le jugement du tribunal. (Instr. Gén. 2 février 1885, art. 35 et 39. Circ. N 345.)

4. *Restauration des montagnes. Mutation. Identité. Certificat.* — Si le vendeur n'est pas le propriétaire désigné à la matrice cadastrale, il est fait au contrat mention de la mutation.

Il incombe au vendeur de prouver l'inexactitude ou l'erreur des indications de la matrice cadastrale, en produisant un acte de vente, de partage, ou tout autre acte authentique. A défaut d'acte authentique, l'identité est prouvée par un certificat du maire de la commune où l'immeuble est situé. Ce certificat est délivré sur la déclaration de deux témoins au moins.

Les justifications produites sont relatées au contrat. (Instr. Gén. 2 février 1885, art. 40. Circ. N 345.)

CONTRAT JUDICIAIRE.

Conditions. — Pour que le contrat judiciaire soit parfait et produise des effets légaux, il faut que l'une des parties s'oblige, que l'autre accepte l'obligation et que cet arrangement réciproque soit constaté par le juge. (Cod. Civ. 1109. Cass. 7 février 1882.)

CONTRAVENTION.

1. *Définition.* — Les contraventions sont les infractions que les lois punissent des peines de police (amende : 15 francs et au-dessous; emprisonnement : cinq jours et au-dessous), qu'il y ait ou non confiscation des choses saisies et quelle qu'en soit la valeur. (Instr. Crim. 137. Cod. Pén. 464-482.) V. Délit.

2. *Compétence.* — La connaissance des contraventions de police est attribuée exclusivement aux juges de paix du canton dans l'étendue duquel elles ont été commises. (Loi du 27 janvier 1873.)

3. *Jugement. Délai.* — Le jugement des contraventions doit intervenir dans l'année qui suivra le délit, sous peine de prescription.

(Instr. Crim. 640. Cass. 14 décembre 1844.) La poursuite n'interrompt pas la prescription.

4. *Peines.* — Les peines en contravention de police sont prononcées par le juge de paix, ou par les tribunaux correctionnels, s'il s'agit de délits forestiers commis dans des bois soumis au régime forestier.

5. *Bois particuliers. Constatation.* — Les contraventions dans les propriétés rurales et forestières peuvent être constatées par les commissaires de police, maires et adjoints. (Instr. Crim. 11.)

6. *Bois particuliers. Constatation.* — Les contraventions commises dans les bois non soumis au régime forestier sont recherchées et constatées, tant par les gardes des bois et forêts des particuliers, que par les gardes champêtres des communes, les gendarmes et, en général, par tous les officiers de police judiciaire chargés de la recherche et de la constatation des délits ruraux. (Cod. For. 188. Instr. Crim. 16.)

7. *Poursuites. Bois soumis au régime forestier.* — L'administration des forêts est chargée de la poursuite des contraventions commises dans les bois soumis au régime forestier et de celles commises contre la prohibition de défrichement. (Cod. For. 159 et 219.)

8. *Poursuites. Réglementation des pâturages. Constatation.* — Les contraventions aux règlements de pâturage seront constatées par les gardes domaniaux et poursuivies dans les formes prescrites par les articles 137 et suivants du code d'instruction criminelle et, au besoin, par tous les officiers de police judiciaire. Les contrevenants seront passibles des peines portées par les articles 471 du code pénal et 474 en cas de récidive, modifiées, s'il y a lieu, par l'application de l'article 463. (Loi du 4 avril 1882, art. 15 et 22.)

9. *Bois particuliers. Délit. Juridiction.* — Les contraventions forestières commises dans les bois particuliers et dont la peine n'excède pas cinq jours de prison ou 15 fr. d'amende appartiennent à la juridiction des tribunaux de simple police, quoique poursuivies à la requête du ministère public. (Cass. 25 janvier 1838.)

10. *Chasse.* — Les infractions à la loi sur la police de la chasse sont des contraventions, quoique jugées par les tribunaux correctionnels. (Cass. 15 décembre 1870.)

11. *Loi Béranger. Application.*— La loi Béranger (26 mars 1891), qui permet de suspendre pendant cinq ans l'application de la peine, n'est pas applicable en matière de contravention de simple police. (Cass. 5 mars 1892).

12. *Prescription.* — Les infractions au code forestier donnant lieu à des amendes de 15 fr. et au-dessous ont le caractère de contravention et se prescrivent dans le délai d'un an, suivant l'article 640 du code d'instruction criminelle (Cass. 24 mai 1850.)

CONTREBANDE.

1. *Concours. Douane.* — Les gardes doivent leur concours aux préposés des douanes pour la saisie des objets dont l'importation est défendue par les lois et pour l'arrestation des contrebandiers ; ils sont admis, dans ce cas, à la répartition du produit des amendes et confiscations.

2. *Concours. Saisie. Fraude.* — Les gardes doivent prêter leur concours à la saisie, à l'entrée de l'Etat, de tous les tissus de fabrique étrangère prohibés. (Lettre Min. 4 décembre 1818.)

3. *Saisie. Gratification.*— Les gardes, pour saisie de marchandises (tabac, cartes), ont droit à une gratification de la moitié du produit net des amendes et confiscations. (Loi du 4 germinal an II, titre 6, art. 6.) V. Tabac. Cartes à jouer.

4. *Préposé. Agent. Délit.* — Les délits de contrebande commis par des agents ou préposés ne sont poursuivis qu'après avis de l'administration. Les conservateurs doivent donner avis à l'administration de tous les délits de cette nature constatés contre un agent ou un préposé ; il est suivi, dans ce cas, pour les employés forestiers, les formalités appliquées aux douaniers inculpés d'un délit forestier. (Circ. du 10 octobre 1853.)

CONTREFAÇON. V. Marteau. Empreinte. Griffe.

CONTRE-FEU. V. Incendie.

CONTRE-SEING.

1. *Définition.* — Le contre-seing est la désignation des fonctions de l'expéditeur, suivie de sa *signature*. La désignation des fonctions peut être imprimée. (Loi du 17 novembre 1844, art. 13. Circ. N 46, art. 5.)

2. *Intérim.* — En cas d'intérim, celui qui remplit les fonctions doit, en contresignant les dépêches, énoncer qu'il remplit par intérim les fonctions auxquelles le contre-seing est attribué. (Loi du 17 novembre 1844, art. 16. Circ. N 46, art. 6.)

3. *Tournées.* — Les conservateurs et inspecteurs en tournée sont autorisés à déléguer, pendant leur tournée, le droit de contre-seing à l'agent ou préposé de leur bureau le plus élevé en grade et à continuer eux-mêmes à exercer le droit de franchise et contre-seing, sur tous les points de leur circonscription. (Décis. Min. 24 juillet 1862. Circ. N 46, art. 7.)

Les inspecteurs ou conservateurs en cours de tournée doivent, à la suite de la désignation des fonctions, faire mention des mots *en tournée.* (Décis. Min. 24 juillet 1862. Circ. N 46, art. 11.)

4. *Délégation.* — Les conservateurs et inspecteurs font connaître au receveur des postes et des télégraphes du bureau de leur résidence le nom de l'agent ou du préposé auquel leur contre-seing sera délégué pendant leurs tournées, et lui transmettent un spécimen autographe de la signature de cet agent ou de ce préposé.

Les agents des forêts autorisés à exercer le contre-seing des conservateurs ou des inspecteurs, pendant leurs tournées et au siège de la résidence légale de ces fonctionnaires, contresignent de la sorte :

Pour le conservateur des forêts en tournée,	*L'agent du service des forêts délégué.*
Pour l'inspecteur des forêts en tournée,	*Le préposé du service des forêts délégué.*

Si la dépêche est adressée au conservateur ou à l'inspecteur lui-même, on met seulement :

L'agent ou le préposé du service des forêts délégué.

(Décis. Min. du 6 août 1885. Circ. N 353.)

CONTRIBUTION FONCIÈRE.

SECT. I. — BASE.

1. *Bois. Evaluation.* — Les bois en coupes réglées sont évalués d'après le prix moyen de leurs coupes annuelles, déduction faite des frais d'entretien, de garde et de repeuplement (Loi du 3 frimaire an VII) ; il n'est pas nécessaire de faire une évaluation spéciale et distincte des baliveaux et des vieilles écorces, mais on doit en tenir compte. (Cons. d'Etat, 27 février 1835, 4 juillet 1837.)

Les bois taillis (au-dessous de trente ans), qui ne sont pas en coupes réglées, doivent être estimés, d'après leur comparaison avec les autres bois de la commune. Les bois au-dessus de trente ans, non aménagés, doivent être estimés à leur valeur, au temps de leur estimation, et cotisés, jusqu'à leur exploitation, comme s'ils produisaient un revenu de 2.50 pour cent de cette valeur. (Loi du 3 frimaire an VII. Recueil du cadastre.) V. Cadastre.

SECT. II. — VÉRIFICATION.

2. *Accréditation.* — Chaque année, les conservateurs doivent accréditer, près de chaque directeur des contributions directes, un agent forestier, qui s'assure de la régularité des cotisations mises à la charge de l'Etat, à raison des forêts domaniales, pour les dépenses départementales et communales. (Lettre de la Direction, 22 mai 1883.)

3. *Cotisations.* — L'agent, dans la circonscription duquel se trouvera le chef-lieu d'un département, vérifiera la régularité des cotisations pour toutes les forêts domaniales de ce département, au moyen des états et renseignements qui lui seront communiqués par les conservateurs, dont la circonscription embrasserait une partie du même département.

L'envoi et le renvoi des états et pièces à l'appui se feront par l'intermédiaire du conservateur dont relèvera l'agent chargé des vérifications. (Lettre de la Dir. 22 mai 1883.)

SECT. III. — RÉPARTITION. PAIEMENT. EXEMPTION.

4. *Bois domaniaux.* — Les forêts domaniales sont affranchies de l'impôt foncier. (Loi du 19 ventôse an IX, art. 1.) V. Centimes additionnels.

5. *Chemins vicinaux.* — Les forêts de l'Etat contribuent aux dépenses des chemins vicinaux comme les autres propriétés privées. (Loi du 21 mai 1836, art. 13.) V. Centimes additionnels. Chemins vicinaux.

6. *Cotisation. Etablissement. Paiement.* — Les propriétés domaniales acquittent, dans la même proportion que les propriétés particulières, les centimes additionnels ordinaires et extraordinaires affectés aux dépenses départementales et communales. (Loi du 8 mai 1869, art. 7. Loi du 5 avril 1884, art. 144.)

Pour avoir le montant de la contribution ou la cotisation, on prend le revenu cadastral des propriétés de l'Etat qui figure sur la matrice à un folio spécial, on le multiplie par le centime le franc en principal de la commune, ce qui donne le principal fictif (ainsi nommé, parce qu'il ne figure pas au rôle). Si on multiplie ensuite ce principal : 1° par le nombre de centimes départementaux augmenté de celui du fonds de non-valeurs (actuellement 0.025 du produit des centimes départementaux) ; 2° par le nombre des centimes communaux, augmenté de celui du fonds de non-valeurs (0.025 du produit des centimes communaux) et des frais de perception (0.03 du produit des centimes communaux augmenté de celui du fonds de non-valeurs), on obtient, par l'addition de ces produits, la cotisation des propriétés de l'Etat.

Ces calculs sont établis par le directeur des contributions directes, et le montant des contributions est payé sur mandats délivrés aux percepteurs par l'administration forestière.

7. *Avertissement.* — Les avertissements des contributions sont transmis par les agents locaux aux inspecteurs et ensuite au conservateur, chargé de liquider cette dépense, qui est payée, soit au 1er trimestre, soit par moitié, aux 1er et 3e trimestres. (Circ. N 68, art. 6. Circ N 402.)

8. *Acquisition.* — Les contributions de toute nature des immeubles acquis sont à la charge de l'administration forestière, à partir de la prise de possession, à moins de stipulations contraires. (Circ. N 6, art. 35.)

9. *Acquisition.* — L'administration forestière peut, pour les propriétés acquises par l'Etat, présenter, dans les formes et les délais réglementaires, après la publication des rôles, des demandes pour obtenir la décharge de la portion d'impôt dont les bois domaniaux doivent être affranchis. (Lettre Min. du 30 janvier 1879. Circ. N 243.)

10. *Aliénation.* — La contribution des forêts vendues doit être payée par l'acquéreur, à partir du jour de l'adjudication. (Anc. Cah. des ch. 21.)

11. *Bois indivis. Usagers.* — Lorsqu'une propriété indivise entre l'Etat et un particulier est grevée d'un droit d'usage, le particulier copropriétaire doit la totalité de l'impôt foncier pour sa quote-quart, sauf à s'indemniser par des retenues sur les usagers, conformément à l'article 97 de la loi du 3 frimaire an VII. (Conseil d'Etat, 27 juillet 1853.)

12. *Droit d'usage.* — L'usage, étant une servitude discontinue, ne peut être atteint par aucune espèce de contribution (impôt). (Cass. 13 août 1839.)

13. *Bois domaniaux. Usagers.* — Les usagers dans les bois de l'Etat ne sont pas assujettis au payement de la contribution foncière. (Conseil d'Etat, 23 juillet 1848.)

14. *Usagers.* — Les usagers ne doivent supporter aucune charge de la propriété (contributions). (Décis. Min. 4 septembre 1827.)

15. *Usagers. Jouissance.* — Les contributions sont une charge des fruits et doivent être partagées entre l'usager et le propriétaire, au prorata de leur jouissance. (Cass. 25 février 1845.)

16. *Usagers. Impôt. Fruit.* — L'usager, lorsqu'il recueille la majeure partie ou une partie très considérable des fruits d'une forêt, est tenu de contribuer, proportionnellement à sa jouissance, au paiement des contributions, qui sont une charge des fruits. (Cass. 19 janvier 1847.)

17. *Coupe. Paiement.* — Les coupes ordinaires et extraordinaires sont principalement affectées au paiement de la contribution foncière.

Si les coupes sont délivrées en nature pour l'affouage et que les communes n'aient pas d'autres ressources, il sera distrait une portion suffisante des coupes pour être vendue aux enchères et le prix sera employé au paiement de la contribution. (Cod. For. 109.)

Cette réserve n'a pas lieu si le paiement est garanti par la taxe d'affouage. (Loi du 17 août 1828. Circ. A 185.)

18. *Exception. Bureau. Pépinière.* — Sont exempts de contributions, les bureaux des administrations et les pépinières faites au compte du gouvernement par l'administration des forêts. (Décr. du 11 août 1828.)

19. *Preuve de propriété.* — En l'absence de possession utile et de tout titre, on peut considérer le paiement des contributions comme une preuve suffisante de propriété. (Cass. 13 juin 1838 et 27 novembre 1861.)

SECT. IV. — RÉCLAMATION.

20. *Remise. Modération.* — Les demandes en remise ou modération de contributions ne sont fondées que sur un *simple intérêt*; elles rentrent dans la compétence de la juridiction administrative *gracieuse* et doivent être adressées au préfet. (Cabantous.)

21. *Décharge. Réduction. Conseil de préfecture.* — Les demandes en décharge ou réduction de contributions, étant fondées sur *un droit*, doivent être adressées au conseil de préfecture, qui est compétent pour statuer. (Cabantous.)

22. *Réclamation. Cote. Délai. Formalités.* — Les réclamations pour cotes inférieures à 30 francs ne sont pas assujetties au timbre (Lois des 21 avril 1832, art. 28, et 4 août 1844); elles doivent être accompagnées de la quittance des termes échus (Loi du 21 avril 1832), ainsi que d'un extrait de rôle certifié par le percepteur (Loi du 2 juillet 1828), et parvenir au préfet dans un délai de trois mois après la publication des rôles. (Loi du 21 avril 1832. Circ. N 68.)

Dans les communes nouvellement cadastrées, le délai de réclamation est de six mois, après la mise en recouvrement du premier rôle cadastral. (Loi du 15 septembre 1807. Ord. 3 octobre 1821. Circ. N 68, art. 16.) Il en est de même du rôle supplémentaire, après aliénation des bois domaniaux. (Cons. d'Etat, 10 mars 1862.)

22 bis. *Réclamation. Paiement. Sursis.* — Lorsque les réclamations sur les contributions

ne sont pas jugées dans les trois mois de leur présentation, le réclamant peut surseoir à tout nouveau paiement ultérieur. (Loi du 21 avril 1832, art. 28. Instr. 30 janvier 1892, art. 153.)

23. *Réintégration. Impôt arriéré.* — Lorsqu'à la suite d'une instance, l'Etat vient à être déclaré propriétaire d'une forêt, le propriétaire évincé n'est pas fondé à réclamer les contributions qu'il a payées pendant son indue possession, comme formant une dette de l'Etat. (Cons. d'Etat, 1er décembre 1853.)

24. *Commune usagère. Contributions payées. Prescription.* — Une commune, qui avait été considérée comme propriétaire d'un terrain et qui plus tard est reconnue usagère, peut réclamer au propriétaire les trente dernières années de contributions qu'elle a payées pour lui ; la prescription quinquennale ne s'applique pas à ce cas. (Nancy, inédit, 9 février 1838.)

CONTROLE FORESTIER. V. Etat de gestion.

CONTROLES MILITAIRES.

SECT. I. — CONTRÔLE NOMINATIF DES NON-DISPONIBLES, 1 — 7.

SECT. II. — CONTRÔLE NOMINATIF DES ASSIMILÉS, 8 — 10.

V. Registre matricule.

SECT. I. — CONTRÔLE NOMINATIF DES NON-DISPONIBLES.

1. *Etablissement.* — Dès que les contrôles de guerre des unités forestières seront arrêtés, le conservateur des forêts adressera aux commandants des bureaux de recrutement les noms des hommes faisant partie du personnel placé sous ses ordres et astreints au service dans l'armée active ou dans l'armée territoriale, en indiquant la date de leur entrée au service dans l'administration.

Il tiendra ensuite ces officiers au courant de toutes les mutations concernant ces hommes et ceux de la même catégorie, qui seraient admis ultérieurement dans les compagnies, sections ou détachements de sa conservation. (Décr. du 18 nov. 1890, art. 16. Circ. N 424.)

Il doit y avoir autant de contrôles distincts que de classes de contingent auxquelles appartiennent les préposés de la conservation. (Circ. N 183.)

2. *Conditions.* — Les commandants des bureaux de recrutement n'affectent à aucun corps de l'armée active ou territoriale les préposés comptant six mois au moins de fonctions dans l'administration et ceux qui, n'ayant pas six mois de fonctions, appartiennent aux unités devant être mises à la disposition de l'autorité militaire, dès la publication de l'ordre de mobilisation. (Décr. du 18 novembre 1890, art. 16. Circ. N 424.)

3. *Série de numéros.* — Il sera établi une série distincte de numéros d'ordre (col. 1) par contrôle. Tout homme entrant dans la conservation prendra, sur le contrôle de la classe à laquelle il appartient, un numéro à la suite, sans que le numéro d'un homme rayé puisse être remployé. (Circ. N 183.)

4. *Expédition.* — Une expédition de chacun de ces contrôles nominatifs et par classe, qui seront toujours tenus au courant, sera adressée par le conservateur au commandant du bureau de recrutement du chef-lieu régional où se trouve le chef-lieu de la conservation, cet officier étant chargé de transmettre, à ceux de ses collègues qu'elles pourront concerner, toutes les communications relatives au personnel forestier.

La colonne 4 (numéro du registre matricule) sera remplie par l'officier du recrutement ; les autres colonnes seront remplies par le conservateur. (Circ. N 183. Circ. N 219.)

5. *Mutation. Notification.* — Le conservateur tiendra le commandant du recrutement au courant des mutations qui se produisent dans la portion du personnel qui comprend les hommes astreints au service militaire et, à cet effet, il lui adressera un bulletin mensuel, après avoir reçu avis de l'entrée en fonction ou de la cessation de service de l'employé. (Circ. N 183.)

6. *Bulletin de mutation.* — Le bulletin de mutation s'applique à tout homme sortant de la conservation ou de la carrière, à titre définitif ou temporaire, ou arrivant dans la conservation par première nomination ou mutation. Dans le cas où l'homme entrant appartiendrait à une classe de recrutement n'ayant pas encore donné lieu à la production d'un contrôle, le conservateur adresserait au commandant du bureau du recrutement un contrôle dans la forme ordinaire. (Circ. N 183.)

7. *Changement de domicile. Déclaration.* — Les employés forestiers *en fonctions* ne sont pas tenus de produire les déclarations relatives au changement de domicile ; ces formalités sont remplies par les soins de l'administration à laquelle ils appartiennent. (Lettre du ministre de la guerre du 10 juillet 1875. Circ. N 187.)

SECT. II. — CONTRÔLE NOMINATIF DES ASSIMILÉS.

8. *Principe.* — Tous les agents forestiers doivent figurer sur le contrôle des *assimilés*, qui peuvent être pourvus de grades dans

l'armée de réserve ou territoriale. (Circ. N 231.)

9. *Etablissement.* — Le contrôle et les bulletins de mutation qui en sont le corollaire seront dressés et produits, sous les conditions d'ordre actuellement en vigueur pour la préparation des états de même nature, concernant les préposés non disponibles. (Circ. N 231. Form. série 1, nos 38 et 39.)

10. *Bulletins de mutation.* — Les bulletins de mutation des agents assimilés sont adressés aux commandants du recrutement de la subdivision du tirage au sort, lors du changement de situation des agents, et non pas mensuellement. (Circ. N 277.)

CONTUMACE.

Définition. — Celui qui, après un arrêt de mise en accusation, ne se présente pas pour être jugé, ou qui, après s'être présenté et avoir été saisi, s'est évadé, est déclaré rebelle à la loi; ses biens sont séquestrés, et toute personne est tenue d'indiquer le lieu où il se trouve. (Instr. Crim. 465.)

CONVENANCE. V. Subordination. Hiérarchie.

CONVENTION.

1. *Principes.* — On ne peut déroger par des conventions particulières aux lois qui intéressent l'ordre public et les bonnes mœurs. (Cod. Civ. 6.)

2. *Objet.* — Il n'y a que les choses qui sont dans le commerce qui puissent être l'objet des conventions. (Cod. Civ. 1128.)

3. *Intention.* — On doit, dans les conventions, rechercher quelle a été la commune intention des parties contractantes, plutôt que de s'arrêter au sens littéral des termes. (Cod. Civ. 1156.) V. Clauses.

4. *Incapacités.* — Sont incapables de contracter : les mineurs, les interdits et les femmes mariées. (Cod. Civ. 1124.)

5. *Validité.* — Les conventions légalement formées tiennent lieu de loi à ceux qui les ont faites ; elles doivent être exécutées de bonne foi. (Cod. Civ. 1134.)

6. *Validité. Conditions.* — Pour la validité d'une convention, il faut : 1o le consentement de la partie qui s'oblige ; 2o sa capacité de contracter; 3o un objet certain qui forme la matière de l'engagement; 4o une cause licite dans l'obligation. (Cod. Civ. 1108.)

7. *Parties. Tiers.* — Les conventions n'ont d'effet qu'entre les parties contractantes ; elles ne nuisent pas au tiers. (Cod. Civ. 1165.)

8 *Erreur. Violence. Dol. Rescision.* — La convention contractée par erreur, violence ou dol n'est point nulle de plein droit ; elle donne seulement lieu à une action en nullité ou en rescision, qui doit être intentée dans le délai de dix ans. (Cod. Civ. 1117, 1304.)

CONVERSION.

1. *Renseignements.* — Les conservateurs doivent éclairer l'administration sur les avantages ou les inconvénients de la conversion des taillis en futaie. (Circ. A 340.)

2. *Avis.* — Le conseil général donne son avis sur la conversion en bois des terrains en pâturage appartenant aux communes. (Loi du 10 août 1871, art. 50.)

3. *Taillis. Futaie.* — Les conservateurs examinent, dans leurs tournées, les résultats obtenus par suite des opérations destinées à transformer les taillis en futaie. (Circ. N 18.)

COPARTAGEANT.

1. *Garantie.* — Les copartageants restent respectivement garantis, les uns envers les autres, des troubles et évictions qui procèdent d'une cause antérieure au partage. (Cod. Civ. 884.)

2. *Indemnité.* — Chacun des copartageants est personnellement obligé, en proportion de sa part, d'indemniser son copartageant de la perte que lui a causée l'éviction. (Cod. Civ. 885.)

3. *Lot. Propriété.* — Chaque copartageant est censé avoir été en possession seul et immédiatement de tous les objets compris dans son lot et n'avoir jamais eu la propriété des autres objets de la masse. (Cod. Civ. 883.)

4. *Créanciers.* — Les créanciers d'un copartageant, pour éviter que le partage ne soit fait en fraude de leurs droits, peuvent s'opposer à ce qu'il y soit procédé hors de leur présence ; ils ont le droit d'y intervenir à leurs frais; mais ils ne peuvent attaquer un partage consommé, à moins toutefois qu'il n'y ait été procédé sans eux et au préjudice d'une opposition qu'ils auraient formée. (Cod. Civ. 882.)

5, *Insolvable.* — Si l'un des copartageants se trouve insolvable, la portion dont il est tenu doit être également répartie entre le garanti et les copartageants solvables. (Cod. Civ. 885.)

COPEAUX.

1. *Adjudication. Formalité.* — Les formalités de l'article 100 du code forestier ne s'appliquent pas aux ventes de copeaux, écorces et autres rémanents des coupes affouagères, dont le produit principal est distribué en nature aux habitants. Ces sortes de vente peuvent être effectuées par les maires ou administrateurs, sans le concours des agents

forestiers. (Décis. Min. 28 août 1829. Décis. Min. 14 juillet 1848. Circ. N 80, art. 77.)

2. *Coupes. Dissémination. Exécution.* — L'adjudicataire doit répandre et disséminer les copeaux provenant de ses ateliers (nettoiement), ou les enlever comme produit de sa coupe (vidange).

En cas de contravention :

Amende : 50 à 500 fr. (Cod. For. 37 ou 40.)
Dommages-intérêts facultatifs ; minimum : amende simple. (Cod. For. 37, 202.) Ou égaux à la valeur des bois restés dans la coupe. (Cod. For. 40.)
Saisie, s'il y a lieu. (Cod. For. 40.)

En cas d'inexécution, ces travaux seront exécutés par voie de régie, aux frais de l'adjudicataire. (Cod. For. 41.)

3. *Adjudicataire. Enlèvement. Frais.* — L'article 36 du cahier des charges prescrivant de faire niveler et planter les places d'ateliers, il s'ensuit que, si l'adjudicataire n'enlevait pas les copeaux pour faire effectuer ces travaux, l'administration pourrait les faire enlever aux frais de l'adjudicataire, en vertu de l'article 41 du code forestier.

4. *Enlèvement. Pénalité.* — L'enlèvement des copeaux (en dehors des ventes), chablis et bois de délit semble n'être passible que des dommages-intérêts ; on considère ces produits comme bois morts, secs et gisants. Si l'enlèvement avait eu lieu dans une coupe, ce fait constituerait un vol de bois. V. Vol de bois.

COPIE.

SECT. I. — GÉNÉRALITÉS.

§ 1. *Principe.*

1. *Rapport.* — Il est expressément défendu d'exiger plus d'une copie des procès-verbaux de reconnaissance et de réception des travaux, rapports, avis, états et tous autres actes, sauf les cas de perte ou de lacération. (Circ. A 387. Circ. A 391. Circ. A 584.)

2. *Prohibition.* — Les agents ne doivent pas, sans autorisation, donner des copies de pièces (rapport, plan, etc.) qui appartiennent à l'administration et qui leur sont confiées.

3. *Ecriture.* — Les copies des actes signifiés doivent être correctes, lisibles et sans abréviations, sous peine de 25 francs d'amende. (Décr. du 29 août 1813, art. 1 et 2. Cass. 3 mai 1837. Loi du 2 juillet 1862, art. 20.) V. Expédition.

4. *Validité.* — Dans les actes de poursuite, les copies ne forment pas des actes authentiques ; ce caractère n'appartient qu'aux originaux. (Nîmes, inédit, 25 juin 1835.)

5. *Foi.* — Les copies, lorsque le titre original subsiste, ne font foi que de ce qui est contenu au titre. (Cod. Civ. 1334.)

6. *Foi. Validité.* — Lorsque le titre original a été perdu, les copies font foi d'après les distinctions suivantes :

1° Les grosses ou premières expéditions font la même foi que l'original ; il en est de même des copies tirées par autorité des magistrats, parties présentes ou dûment appelées, ou de celles qui ont été tirées en présence des parties et de leur consentement.

2° Les copies qui ont été tirées sur la minute de l'acte par le notaire qui l'a reçu, ou par un de ses successeurs ou officiers publics dépositaires des minutes, peuvent faire foi lorsqu'elles sont anciennes (trente ans).

3° Lorsque les copies, tirées sur la minute d'un acte, ne l'auront pas été par un notaire ou un officier public, elles ne pourront servir, quelle que soit leur ancienneté, que de commencement de preuve par écrit.

4° Les copies de copies ne pourront être considérées, suivant les circonstances, que comme de simples renseignements. (Cod. Civ. 1335.)

§ 2. *Timbre.*

7. *Actes administratifs.* — Aucune copie des actes exempts de timbre ne pourra être délivrée aux parties que sur papier timbré, si ce n'est à des individus indigents, à la charge d'en faire mention dans la copie. (Loi du 15 mai 1818, art. 80.)

8. *Actes divers.* — Les copies des actes assujettis à l'enregistrement sont toutes assujetties au droit de timbre. (Loi du 13 brumaire an VII, art. 12.)

SECT. II. — ACTES DIVERS.

§ 1. *Procès-verbal de délit. Citation.*

9. *Citation.* — Les gardes peuvent écrire leurs actes à la suite des procès-verbaux et

autres pièces dont ils délivrent copie. (Décis. Min. du 25 novembre 1835.)

10. *Timbre. Pénalité.* — Les copies des procès-verbaux doivent être sur papier timbré, ou visé sur timbre. En cas d'omission, *amende :* 5 fr. (Décis. Min. du 18 thermidor an IX. Loi du 13 brumaire an VIII.) V. Citation.

11. *Feuilles séparées.* — Dans une citation, la copie du procès-verbal et celle de l'affirmation ne peuvent être délivrées sur des feuilles séparées. (Cass. 30 août 1844.)

12. *Citation. Omission.* — Si, dans une copie incomplète du procès-verbal, les parties omises sont sans intérêt pour la défense et n'altèrent en rien le sens du procès-verbal, telles que l'indication de l'heure du délit postérieure à celle du procès-verbal, ou l'indication de l'affirmation par un seul garde, bien qu'il y en ait deux, ces omissions n'influent pas sur la validité de la citation. (Nancy, 31 décembre 1823. Metz, 20 janvier 1836.)

13. *Rature. Surcharge.* — Les ratures et surcharges non approuvées sur la copie du procès-verbal remise au prévenu ne peuvent influer en rien sur la validité de l'original. (Nancy, inédit, 24 avril 1824.)

14. *Date.* — La copie doit donner pour le délit la même date que celle du procès-verbal. (Cass. 17 février 1844.)

15. *Clôture.* — La copie d'un procès-verbal doit relater la clôture de cet acte. (Grenoble, 14 juin 1838.)

16. *Citation. Affirmation.* — La copie d'un procès-verbal jointe à une citation doit, sous peine de nullité, relater l'affirmation du procès-verbal. (Colmar, 10 février 1842.)

17. *Affirmation.* — La copie de l'affirmation doit relater le nom de l'officier public qui l'a reçue. (Grenoble, 26 août 1830.)

18. *Signature.* — La copie d'un procès-verbal doit mentionner la signature des gardes rédacteurs. (Cass. 6 mai 1830.)

19. *Citation. Exactitude.* — Dans une citation, la copie du procès-verbal n'a pas besoin d'être signée, ni d'être exacte. (Cass. 6 mars et 12 juin 1834.)

20. *Signature.* — Si la copie du procès-verbal n'est pas signée par le garde qui la remet, la citation est nulle. (Décis. Min. du 13 août 1818.)

§ 2. *Procès-verbal de délimitation.*

21. *Délimitation.* — Lorsque les procès-verbaux de délimitation partielle ne renferment que deux ou trois rôles, les copies peuvent être confiées aux agents qui auront procédé eux-mêmes à ces opérations, attendu que ce travail ne peut nuire en rien à leur service. (Lettre de l'administration du 28 juillet 1848, n° 3816.)

22. *Agent. Expédition.* — Quoique les agents doivent tout leur temps à l'administration, elle n'admet pas qu'ils ne puissent l'employer plus utilement qu'à faire des expéditions. (Copies de délimitations partielles imposées. Lettre de l'administration du 30 juin 1862, n° 4986.)

23. *Exactitude.* — Les copies des procès-verbaux de délimitation et de bornage doivent être certifiées conformes par le secrétaire général de la préfecture. (Circ. N 64. art. 81, 156.)

24. *Frais.* — Les frais de copie des extraits des procès-verbaux de délimitation seront payés 75 centimes par rôle d'écriture. (Loi du 25 juin 1794, art. 37. Ord. 63.)

§ 3. *Projet de travaux.*

25. *Rédaction. Bureau. Copistes. Plans.* — Les copies des projets seront faites soit dans les bureaux des conservateurs, soit dans ceux des chefs de service. On n'autorisera l'emploi de copistes que dans les cas d'absolue nécessité ; les expéditions des plans seront faites, autant que possible, par les auteurs des projets. (Circ. A 604. Circ. A 712.)

26. *Plans. Frais.* — Les frais de copie des plans, pour adjudications de travaux, sont réglés par le conservateur (d'après un prix convenu d'avance). (Arr. Min. 29 février 1864. Circ. N 22, art. 216.) V. Plan.

27. *Frais. Prix.* — Les frais de copie des pièces, pour les adjudications de travaux, sont à la charge de l'administration ; ils sont réglés et liquidés par le conservateur, savoir :

Copies de procès-verbaux d'adjudication, à 50 centimes par article ;

Copies de devis, analyse des prix et détail estimatif, à 50 centimes par rôle de 25 lignes à la page et de 16 syllabes à la ligne. (Circ. N 22, art. 216.)

COPROPRIÉTAIRE.

1. *Bois indivis.* — Les copropriétaires de bois indivis avec l'Etat, les communes ou établissements publics et soumis au régime forestier ne peuvent exercer aucun droit de propriétaire, puisque l'administration régit les bois.

2. *Coupe. Vente. Pénalités.* — Pour coupe ordinaire ou extraordinaire, exploitation ou vente faite par un copropriétaire dans un bois indivis, soumis au régime forestier :

Amende : Egale à la valeur de la totalité des bois vendus ou abattus. (Cod. For. 114.)

Vente nulle. (Cod. For. 114, 205.)

En cas de fraude ou de collusion, l'adjudicataire, outre les dommages-intérêts et amendes, restituera les bois exploités ou en paiera la valeur sur le pied du prix d'adjudication. (Cod. For. 205.)

3. *Restitution. Partage.* — Les copropriétaires des bois indivis soumis au régime

forestier auront, dans les restitutions et dommages-intérêts, la même part que dans le produit des ventes, chacun dans la proportion de ses droits. (Cod. For. 116. Cod. Civ. 815.)

4. *Produits. Partage.* — Quand, par une transaction entre une commune et son seigneur, sans expliquer la nature et l'origine des droits, il est convenu que le seigneur aura le tiers de la futaie et la commune les deux tiers et tout le taillis, on doit supposer que la commune et le seigneur étaient copropriétaires dans cette proportion. (Nancy, 3 juillet 1841.)

COQ DES BOIS.

Vente. Colportage. — Le coq des bois, le grand coq des bruyères, le coq des bruyères à queue fourchue ou gelinotte noire peuvent se transporter et se vendre en tout temps. (Circ. Min. 28 février 1868.)

CORBEAU.

1. *Destruction.* — Les arrêtés préfectoraux s'accordent pour ranger les corbeaux parmi les bêtes malfaisantes et pour en autoriser, en toutes saisons, la destruction à l'aide du fusil, ce qui emporte nécessairement la permission de les chasser et de les poursuivre en attitude de chasse. (*Revue*, 1892, p. 91.)

2. *Délégation.* — Suivant les prescriptions spéciales de chaque arrêté, les propriétaires jouissent ou non du droit de se faire remplacer par leurs gardes ou par un tiers quelconque et seront ou non tenus d'avertir à l'avance le garde champêtre ou telle autre personne qu'aura désignée le préfet.

3. *Autorisation spéciale.* — Le préfet ne saurait, après avoir classé les corbeaux parmi les animaux malfaisants, astreindre les propriétaires, possesseurs ou fermiers, à l'obligation d'obtenir, avant de les détruire, une autorisation spéciale. (Amiens, 6 août 1891.)

CORMIER.

Catégorie. — Arbre de 1re classe. (Cod. For. 192.)

CORNEILLE.

Chasse. — Celui qui tire des corneilles sur le terrain d'autrui, sans le consentement du propriétaire et malgré sa défense, fait un acte de chasse et non de simple destruction d'animal nuisible. (Rouen, 1er juillet 1875.)

CORNOUILLER.

Classification. — Arbre fruitier de 1re classe. (Cod. For. 192.)

CORRECTION. V. Rectification.

CORRECTION DES TORRENTS.

Travaux. — Les travaux de correction des torrents rentrent dans la classification générale des travaux de restauration des terrains en montagne. (Rapport à la Chambre des députés.)

CORRESPONDANCE.

SECT. I. — BUREAUX. LETTRES.

1. *Célérité.* — Les affaires doivent être traitées avec célérité, dans les délais fixés, et, si on ne peut pas fournir les renseignements demandés pour l'époque désignée, on doit en faire connaître les motifs. (Circ. A 571.) V. Rapport. Instruction des affaires.

2. *Qualifications.* — Dans les lettres ou actes, on doit cesser d'employer les mots *le sieur, la dame, le nommé*, et faire précéder les noms de l'abréviation M. ou Mme ; suivant les cas, on pourra supprimer l'abréviation. (Circ. N 294.) V. Lettres. Rapport. Salutations.

3. *Réponse. Numéro. Date.* — On doit, dans les lettres, rapports et procès-verbaux, rappeler la date des demandes faites et de leur réception, pour savoir si les affaires sont expédiées rapidement et le temps de leur séjour dans chaque bureau. (Circ. A 266.)

4. *Annotations marginales.* — On doit rappeler, en marge, le numéro des lettres auxquelles on répond (case, série, division, bureau, etc.) et y mettre le résumé ou l'indication exacte de l'affaire traitée. (Circ. A 633.)

5. *Annotations. Défense.* — Les agents doivent s'abstenir d'annoter les pièces communiquées et d'y rien écrire.

6. *Classement. Numéro.* — Chaque affaire doit être enregistrée sous un seul et même numéro. (Circ. A 114.)

7. *Lettres. Affaires.* — On ne doit traiter qu'une seule et même affaire dans chaque lettre. (Circ. A 114.) V. Lettre.

8. *Classement.* — La correspondance doit être classée par ordre de dates, dans le dossier spécial pour chaque affaire. (Circ. A 584.) V. Dossier. Classement. Affaires.

9. *Voie hiérarchique.* — Toute la correspondance et surtout les demandes de changement de résidence, congé, avancement, doivent parvenir par la voie hiérarchique, à peine de nullité. (Circ. A 682. Circ. N 324.)

Toute demande ou réclamation, qui parviendrait à l'administration autrement que par la voie hiérarchique, sera considérée comme non avenue et donnera lieu à l'application d'une peine disciplinaire. (Lettre de l'administration du 18 octobre 1880.)

10. *Etat. Bordereau.* — L'envoi des états de frais, bordereaux de dépense, etc., s'effectue sans lettre d'envoi. (Circ. A 444.)

11. *Etat.* — Lorsque les états ou rapports s'expliquent d'eux-mêmes, il n'est pas nécessaire de les accompagner d'une lettre d'envoi. (Note de l'administration.)

SECT. II. — AGENTS.

12. *Hiérarchie.* — Il est de principe général que toute autorité constituée ne peut et ne doit régulièrement correspondre qu'avec l'autorité qui lui est immédiatement supérieure. (Dupont.)

13. *Directeur.* — Le directeur correspond directement avec les préfets. (Décr. du 31 juillet 1890. Circ. N 434.)

14. *Conservateur. Agents. Autorités.* — Les conservateurs correspondent directement avec le directeur et avec les autorités supérieures des départements. Les autres agents correspondent directement avec le chef de service sous les ordres duquel ils sont placés immédiatement. (Ord. 15.)

15. *Préfet. Affaires communales.* — Les conservateurs fournissent aux préfets tous les renseignements qu'ils demandent, et spécialement en ce qui concerne les bois communaux, et donnent leurs avis sur les pétitions concernant les forêts. (Circ. 8 août 1806. Instr. 23 mars 1821, art. 77.)

16. *Conseil général.* — Les chefs de service des administrations publiques dans le département sont tenus de fournir, verbalement ou par écrit, tous les renseignements qui leur seraient réclamés par le conseil général, sur les questions qui intéressent le département. (Loi du 10 août 1871, art. 52.)

17. *Gardes.* — Les gardes correspondent sous bande et en franchise avec leurs chefs. (Circ. N 46.)

18. *Préfet. Renseignements.* — Les préfets pourront, en ce qui concerne les bois communaux et des établissements publics et pour tous les objets urgents, s'adresser directement à l'agent local chef du service, pour les renseignements dont ils ont besoin; mais ces renseignements leur seront transmis par l'intermédiaire du conservateur. Cette marche s'applique surtout aux demandes de coupes extraordinaires. (Ord. du 10 mai 1831. Circ. A 266.)

19. *Préfet. Affaires. Instruction.* — Les préfets et sous-préfets peuvent faire directement aux agents chefs de service forestier dans leurs départements et arrondissements les communications et demandes de renseignements qu'ils jugent nécessaires. Les affaires qui exigent l'avis du conservateur doivent, après l'instruction faite sur les lieux, être renvoyées par les agents et suivant l'ordre hiérarchique au conservateur, qui en transmettra toutes les pièces, avec son avis, au préfet du département. Les agents locaux n'ont d'avis direct à donner à l'autorité administrative que dans les affaires ou renseignements qui n'exigent pas le concours du conservateur. (Conseil d'administration, avis, 16 janvier 1829.)

20. *Préfet. Affaires communales.* — Les affaires de toute nature intéressant les communes doivent généralement être adressées à l'administration, par l'intermédiaire des préfets, qui, dans tous les cas, doivent être consultés. (Lettre de l'administration, 21 juillet 1871.)

SECT. III. — TRANSPORT.

21. *Service. Poste.* — La correspondance des fonctionnaires, exclusivement relative au service de l'Etat, est admise à circuler en franchise par la poste. (Ord. du 17 novembre 1844. Circ. N 46.)

22. *Transport. Franchise.* — Le transport en franchise s'effectue sous bandes contresignées ou par lettres fermées. (Ord. du 17 novembre 1844, art. 1, 3, 4, 5.) V. Bande. Paquet. Franchise. Contre-seing.

23. *Franchise. Chargement. Mode.* — Les lettres et paquets contresignés, qui sont dans le cas d'être chargés, ne peuvent être reçus, ni expédiés en franchise, que lorsqu'ils sont accompagnés d'une réquisition signée de l'expéditeur. Cette réquisition est annexée au registre des dépôts des lettres chargées. Ces lettres et paquets sont présentés sous bandes, lorsque le fonctionnaire ne jouit que de la franchise sous bandes; ces bandes sont scellées de deux cachets en cire, avec empreinte, de même que les chargements expédiés sous enveloppe. Ces cachets ne doivent porter que sur les bandes.

La perte d'une lettre ou d'un paquet expédié en franchise ne donne droit à aucune indemnité. (Ord. du 17 novembre 1844, art. 47 et 48. Circ. N 46, art. 17.)

24. *Même ville. Paquets. Franchise.* — Les agents ayant leur résidence dans la même ville (Paris excepté) ne sont pas admis à correspondre en franchise. (Décis. Min. du 13 juin 1851.) Les dépêches de la ville pour la ville *peuvent* être distribuées par les facteurs, lorsque leur poids ne dépasse pas 100 grammes, si elles peuvent trouver place dans la boîte des facteurs ; autrement, elles sont conservées au bureau, et il en est donné avis aux destinataires. (Décis. Min. 9 mai 1856.)

25. *Maison forestière. Lettres. Plis.* — Les gardes logés en maison forestière doivent recevoir leur correspondance particulière par le service de la poste ; quant à la correspondance administrative, elle peut être transmise au moyen des préposés, lorsque cela est possible. (Lettre du ministre des finances du 21 octobre 1876. Lettre de l'administration du 10 novembre 1876, n° 23.)

26. *Vérification.* — Les employés des postes peuvent exiger que le contenu des paquets soit vérifié en leur présence, par le fonctionnaire auquel il est adressé, ou son fondé de pouvoir. En cas de fraude, il est dressé procès verbal. (Ord. du 17 nov. 1844.)

27. *Dépêches. Taxe. Ouverture.* — Les dépêches irrégulières ou taxées sont vérifiées au bureau de poste, soit sur la demande des receveurs ou des destinataires. Si la dépêche ne contient que des papiers relatifs au service, ils sont remis au destinataire et le receveur conserve la bande pour faire détaxer le paquet. Si la dépêche contient des papiers étrangers au service, ils sont frappés de la double taxe et, en cas de refus de payement, ils sont transmis au directeur général des postes, avec le double du procès-verbal dressé. (Ord. du 17 novembre 1844. Circ. N 46, art. 35 et 41.)

28. *Dépêche étrangère au service.* — La correspondance irrégulière ou étrangère au service, adressée en franchise, est frappée d'une double taxe au destinataire ; en cas de refus de celui-ci, l'expéditeur est tenu de la payer. (Ord. du 17 novembre 1844. Arr. Min. du 13 décembre 1848.)

29. *Papier étranger au service. Pénalité.* — Pour adjonction, dans les dépêches expédiées en franchise, de lettres ou papiers étrangers au service de l'Etat ;

Amende : 16 à 300 francs. (Loi du 27 prairial an IX. Décr. du 24 août 1848.)

SECT. IV. — FRAIS.

30. *Frais. Port de lettres.* — Les frais de port de lettres, pour la correspondance des affaires correctionnelles forestières, ne sont pas susceptibles d'être recouvrés pour le compte de l'administration des postes. (Circ. A 748.)

31. *Frais extraordinaires. Paiement. Avances.* — Les frais extraordinaires de correspondance sont payés à titre d'avances par les agents expéditeurs.

Ces avances sont remboursées au vu des pièces justificatives ; elles font l'objet d'états collectifs, produits en simple expédition, par semestre et par département. (Série 11, n° 24.) Ces pièces sont transmises par voie hiérarchique au conservateur.

Tout en évitant les envois trop multipliés, les conservateurs peuvent adresser à l'administration, pendant le cours de chaque semestre, des états collectifs de ces frais, lorsque les sommes à rembourser ont une certaine importance, ou bien en cas de déplacement ou d'admission à la retraite des ayants droit. Il n'est pas tenu compte des pourboires. (Circ. N 100. Circ. N 372.)

32. *Récépissé. Frais de timbre. Remboursement.* — Les frais de timbre du récépissé délivré par les chemins de fer et que les agents produisent comme pièce justificative, en remboursement des frais extraordinaires de correspondance, sont à la charge de la compagnie, comme créancière de l'Etat.

Ces frais, compris dans ceux de transport, ne peuvent pas être remboursés aux agents, et ceux qui en auraient indûment fait l'avance doivent se les faire rembourser par les compagnies. (Loi du 13 brumaire an VII, art. 29. Lettre du 12 février 1864, n° 1660.)

CORRUPTION.

1. *Fonctionnaire. Expert.* — Tout fonctionnaire public de l'ordre administratif ou judiciaire, tout agent ou préposé d'une administration publique, tout expert qui aura agréé des offres, promesses, ou reçu des dons ou présents, pour faire ou ne pas faire un acte de sa fonction ou de son emploi, même juste, mais non sujet à salaire, sera puni :

Dégradation civique. (Cod. Pén. 177.)
Amende : double des promesses agréées ou des choses reçues ; minimum : 200 fr. (Cod. Pén. 177.)

2. *Offre. Tentative.* — Quiconque aura contraint ou tenté de contraindre par voie de fait ou menaces, corrompu ou tenté de corrompre par promesses, offres, dons ou présents, un fonctionnaire de l'ordre administratif ou judiciaire, un employé d'une administration publique, ou un expert, pour obtenir, soit une opinion favorable, soit des procès-verbaux, états, certificats, estimations contraires à la vérité, soit des places, emplois, adjudications, entreprises ou autres bénéfices quelconques, soit enfin tout autre acte du ministère du fonctionnaire, agent ou préposé, sera puni des mêmes peines que l'agent corrompu, savoir :

Dégradation civique ;
Amende : double des promesses agréées ou des choses reçues ; minimum : 200 francs (Cod. Pén. 119, 177.)

Toutefois, si les tentatives de contrainte ou de corruption n'ont eu aucun effet, les auteurs de ces tentatives seront simplement punis, savoir :

Prison : 3 mois à 6 mois. (Cod. Pén. 179.)
Amende : 100 à 300 francs. (Cod. Pén. 179.)

3. *Cadeaux.* — Le fait de recevoir des cadeaux, pour permettre un délit, constitue le crime de corruption. (Cass. 16 janvier 1812.)

4. *Dons. Confiscation.* — Il ne sera jamais fait au corrupteur restitution des choses par lui livrées ou de leur valeur ; elles seront confisquées au profit des hospices du lieu où la corruption aura été commise. (Cod. Pén. 180.)

5. *Préposé. Argent.* — Le garde qui reçoit de l'argent, pour s'abstenir de rédiger un procès-verbal qu'il n'a pas le droit de dresser, ne commet pas le crime de corruption, mais le délit d'escroquerie. (Cass. 31 mars 1827.)

CORSE.

1. *Adjudication.* — On peut faire, dans les forêts domaniales de la Corse, des adjudications à long terme (vingt ans).

Ces adjudications auront lieu dans la forme ordinaire ; à l'expiration du délai, tous les travaux faits pour le transport des bois appartiendront à l'Etat ; les dispositions de la loi d'expropriation publique sont applicables à ces travaux. (Loi du 16 juillet 1840.) V. Adjudication. Coupes.

2. *Routes.* — Un réseau de routes sera exécuté suivant la loi du 25 mai 1836, et les crédits seront fournis par les exploitations des forêts. (Décr. du 28 mars 1852.)

3. *Tolérance. Pâturage.* — Sont maintenus, à titre de tolérance révocable à volonté, dans les forêts domaniales de la Corse, l'exercice du pâturage et autres concessions accordées en 1850 et 1851.

COTES. V. Plan. Chaînage. Angle.

COUDRIER.

Classification. — Arbrisseau ou arbre fruitier. En cette qualité, il pourrait être considéré comme arbre de 1re classe, dans le sens de l'article 192 du code forestier, s'il avait deux décimètres de tour. V. Fagot.

COUCHER DU SOLEIL.

1. *Coupe ou enlèvement de bois.* — Pour coupe ou enlèvement de bois, par les adjudicataires, avant le lever ou après le coucher du soleil :

Amende : 100 francs. (Cod. For. 35.)
Récidive, *amende* : 200 francs. (Cod. For. 35, 201.)

2. *Responsabilité.* — Les entrepreneurs de coupes usagères sont responsables des enlèvements de l'espèce commis par les usagers ou les ouvriers. (Besançon, 14 décembre 1831.) V. Nuit.

COUPS. V. Blessure. Voie de fait.

COUPE. V. Exploitation. Abatage.

COUPES (EN GÉNÉRAL).

1. *Définition.* — Toute l'étendue déterminée dans une forêt, pour y abattre le bois, en totalité ou avec réserve d'un certain nombre d'arbres, se nomme *coupe*. (Parade.)

2. *Qualités.* — Les coupes ordinaires de bois taillis ou de futaie mise en coupes réglées ne deviennent meubles qu'au fur et à mesure que les arbres sont abattus. (Cod. Civ. 531.)

3. *Communauté. Usufruit.* — Les coupes de bois tombent dans la communauté pour tout ce qui est considéré comme usufruit. (Cod. Civ. 1409.) V. Usufruit.

4. *Proposition. Exploitation. Aménagement.* — Les conservateurs doivent veiller à ce que les propositions et les exploitations des coupes soient faites conformément aux aménagements en vigueur. (Circ. A 340.) On doit éviter d'y comprendre des propositions qui, à titre de coupes ordinaires ou extraordinaires, tendent à déroger aux aménagements en vigueur. (Circ. A 551.)

5. *Coupes communales.* — Les propositions de ces coupes doivent être faites d'office.

Les maires et administrateurs n'ont pas besoin d'être entendus préalablement aux propositions des coupes à asseoir; ils doivent se borner à désigner les coupes ou portions de coupes à vendre ou à délivrer. (Circ. A 170. Circ. A 292. Circ. A 405 ter.)

6. *Propositions.* — Les conservateurs adresseront au directeur des forêts des propositions

pour toutes les coupes non réglées par des aménagements ou par l'usage. (Décr. du 25 février 1886. Circ. N 360.)

7. *Etat d'assiette.* — Les coupes autorisées et de toute nature doivent être inscrites sur les états d'assiette. (Circ. A 164. Circ. A 292.)

8. *Autorisation. Etat d'assiette.* — Les conservateurs approuvent les états des coupes ordinaires à asseoir, conformément aux aménagements ou selon les usages actuellement observés, dans les forêts qui ne sont pas encore aménagées. (Décr. du 25 février 1886. Circ. N 360.)

9. *Assiette. Arpentage.* — Lorsque les coupes ordinaires auront été autorisées, les conservateurs désigneront ou feront désigner par les agents forestiers les arbres d'assiette et feront procéder aux arpentages. (Ord. 74, 134.)

9 bis. *Arpentage. Procès-verbal. Bois communaux.* — A l'avenir, il ne sera plus annexé de procès-verbal d'arpentage avec plan aux procès-verbaux d'adjudication des coupes dans les forêts communales et d'établissements publics, formalité qui n'est déjà plus remplie, lorsqu'il s'agit de forêts aménagées sur le terrain.

On délivrera néanmoins, à tout adjudicataire qui en fera la demande, une copie de la minute du procès-verbal d'arpentage, avec plan ou extrait du plan d'aménagement. Ces pièces ne seront établies qu'au vu de cette demande ; elles seront timbrées aux frais de l'impétrant, et il y sera mentionné qu'elles ne sont délivrées qu'à titre de simple renseignement, sans garantie d'aucune des indications qu'elles renferment, et notamment sans garantie de la contenance. (Circ. N 452.)

10. *Exercice.* — Postérieurement à l'envoi de l'état d'assiette, aucune coupe ordinaire ou extraordinaire, dans les bois soumis au régime forestier, ne pourra avoir lieu que pour l'ordinaire suivant, si ce n'est pour cause d'urgence. (Circ. A 164.)

11. *Ordre.* — Il est interdit aux agents d'intervertir l'ordre des coupes. (Circ. A 292.)

12. *Numéros.* — Le numéro de chaque coupe, d'après l'état d'assiette, sera rappelé dans tous les actes et procès-verbaux relatifs à la vente. (Circ. A 9. Circ. A 164.)

13. *Vente.* — Toutes les coupes sont adjugées en bloc, sans garantie de nombre d'arbres, de cubage, de contenance, d'essence, d'âge et de qualité. (Cah. des ch. 1.)

14. *Garanties. Conditions.* — Les coupes étant adjugées en bloc et sans garantie, l'administration doit, à moins de circonstances exceptionnelles, opposer, en cas d'erreur, une fin de non-recevoir pure et simple, tirée de l'article du cahier des charges, à toutes les réclamations des adjudicataires. (Décis. Min. 4 avril 1873.)

15. *Erreur. Responsabilité.* — Les erreurs commises par les agents, dans les opérations préalables aux ventes, peuvent engager leur responsabilité. (Lettre de l'administration du 13 mars 1875.)

16. *Valeur.* — La valeur d'une coupe ou d'un lot ne doit jamais dépasser 10000 francs.

On doit, en outre, faire en sorte d'avoir un certain nombre de lots de 2 à 3000 francs, pour les petits marchands de bois. (Circ. A 463 bis. Circ. N 431.)

17. *Lots.* — Il faut diviser en deux ou plusieurs lots, lors de l'assiette des coupes, toutes celles d'une trop haute valeur pour attirer la concurrence. (Circ. A 301.)

18. *Valeur.* — Le conservateur est autorisé à mettre en vente des lots d'une valeur supérieure à 10000 francs, sauf à faire connaître les motifs de sa détermination, dans son rapport général des ventes. (Circ. manuscr. n° 11, 28 juillet 1852. Circ. N 431.)

19. *Réunion de coupes.* — Le cumul des coupes non vendues des exercices précédents, avec celles qui arrivent en tour d'exploitation, doit être autorisé par l'administration. (Circ. A 551.)

20. *Changement. Assiette. Pénalités.* — Après l'adjudication, il ne pourra être fait aucun changement à l'assiette des coupes, et il n'y sera ajouté aucun arbre ou portion de bois, sous quelque prétexte que ce soit, à peine, contre l'adjudicataire, de :

Amende égale au triple de la valeur des bois non compris dans l'adjudication et sans préjudice de la restitution de ces mêmes bois ou de leur valeur. (Cod. For. 29.)

Si les bois sont de meilleure nature ou qualité, ou plus âgés que ceux de la vente :

Amende comme pour bois coupé en délit, et une somme double à titre de dommages-intérêts. (Cod. For. 29, 192.)

Les agents forestiers, qui auraient permis ou toléré ces additions ou changements, seront punis de pareille amende, sauf l'application, s'il y a lieu, de l'article 207 du code forestier. (Cod. For. 29.)

21. *Bois communaux. Vente. Délivrance.* — Les coupes communales peuvent être vendues en totalité, et le prix est versé à la caisse communale ; elles peuvent être délivrées, en totalité et en nature, aux habitants, ou bien elles peuvent être vendues en partie et délivrées en partie.

22. *Bois communaux et d'établissements publics. Vente ou partage.* — Les agents

se feront remettre, le 1er février, par les maires et administrateurs, les déclarations de l'intention où ceux-ci seront de vendre ou de partager en nature tout ou partie de leurs coupes en tour d'exploitation et de celles non vendues ou non exploitées des exercices précédents. (Circ. A 164.)

23. *Bois communaux. Opérations. Assistance des maires.* — Les maires des communes propriétaires de bois soumis au régime forestier doivent être prévenus, au moins vingt-quatre heures d'avance et par écrit, du jour auquel doivent avoir lieu les opérations de balivage, martelage et récolement des coupes communales. (Décis. Min. 25 juillet 1872.) Les maires n'ont que le droit d'assister, sans y participer, aux opérations dont les agents forestiers ont toute la responsabilité. (Lettre de l'Admin. 31 octobre 1872.)

24. *Exploitation. Permis.* — Les adjudicataires ne pourront commencer l'exploitation de leurs coupes avant d'avoir obtenu par écrit, de l'agent forestier local, le permis d'exploiter, à peine d'être poursuivis comme délinquants pour les bois qu'ils auraient coupés. (Cod. For. 30.)

25. *Produits. Marchandises.* — Les gardes doivent, autant que possible, tenir note de toutes les marchandises façonnées dans les coupes en exploitation, pour s'assurer du degré d'exactitude des évaluations des produits sur pied. (Circ. A 743.)

26. *Charges. Chauffage.* — Pour imposer des fournitures de chauffage sur les coupes communales, il faut le consentement du maire et du conseil municipal.

27. *Coupes invendues. Cahier des charges.* — Lorsque les coupes communales, invendues et remises en vente, peuvent être exploitées pour le 15 avril suivant, l'adjudication est faite aux clauses et conditions du cahier des charges de l'exercice précédent. (Décis. Min. 5 mars 1844. Lettre Circ. du 14 mars 1844.)

28. *Produits. Bois communaux.* — Les coupes ordinaires et extraordinaires exploitées par économie, ou par entreprise au rabais, et vendues en détail, à termes ou au comptant, quel que soit le montant de l'adjudication, ne sont pas considérées comme produits accessoires. (Décis. Min. 22 juin 1838 et 17 janvier 1840.)

29. *Privilège du vendeur.* — En cas de non-paiement, l'Etat, les communes et les établissements publics exercent le privilège de vendeurs sur le bois des coupes. (Cass. 27 juin 1836.)

30. *Droit mobilier.* — Les coupes ou le bail consenti pour l'exploitation d'une forêt constituent un droit mobilier, dont la valeur peut être réalisée dans les formes indiquées par la loi, pour la saisie des rentes constituées. (Alger, 11 juin 1866.)

31. *Bois aliénés.* — Les acquéreurs n'auront aucun droit au prix des coupes adjugées avant l'aliénation ; ils n'auront aucune indemnité à réclamer à ce sujet ; ils ne pourront troubler les adjudicataires qui se conforment à leurs obligations, et ils les laisseront jouir de toutes les facultés accordées pour l'exploitation et la vidange. (Anc. Cah. des ch. 21.)

32. *Bois indivis.* — Aucune coupe ordinaire ou extraordinaire ne pourra être faite dans les bois indivis, soumis au régime forestier, par les possesseurs copropriétaires, sous peine de :

Amende égale à la totalité des bois exploités ou vendus. (Cod. For. 114.) Vente nulle (Cod. For. 114.) Restitution des bois ou de leur valeur. (Cod. For. 205.)

33. *Arbre de marine.* — Les houppiers et, en général, toutes les parties non réservées des arbres de marine, d'après le détail donné dans les affiches, font seuls partie de la vente. (Décr. du 16 octobre 1858, art. 4.)

34. *Dunes.* — A l'avenir, aucune coupe de plants d'oyats, roseaux de sable, épines maritimes, pins, sapins, mélèzes et autres plantes aréneuses, conservatrices des dunes, ne pourra être faite que d'après une autorisation spéciale de l'administration des forêts et sur l'avis du préfet. (Décr. du 14 décembre 1810, art. 6.)

35. *Corse. Exploitation.* — Lorsque les coupes de plusieurs exercices différents ont été vendues à la même adjudication, ces coupes sont exploitées l'une après l'autre, dans l'ordre fixé par les aménagements existants d'année en année, à moins d'une autorisation spéciale, ordonnance du chef de l'Etat, et donnée conformément à l'article 71 de l'ordonnance réglementaire. (Décis. Min. 26 avril 1859. Circ. N 80, art. 67.)

COUPE A BLANC ÉTOC.

1. *Définition.* — Exploitation d'un bois sans laisser aucun arbre sur pied. Coupe complète.

2. *Droit d'usage.* — Le propriétaire d'une forêt grevée d'usage ne peut pas la couper à blanc étoc, s'il doit en résulter un préjudice pour les usagers. (Nancy, 20 juillet 1844.) V. Usage.

3. *Pâturage. Défrichement.* — Le propriétaire d'un bois coupé à blanc étoc commet le délit de défrichement, lorsqu'il empêche la reproduction, en y menant paître des brebis et des chèvres, alors même que la coupe à blanc étoc serait le fait d'un tiers. (Riom, 8 mai 1850. Grenoble 14 décembre 1865.)

4. *Défrichement.* — La simple coupe à blanc étoc n'est pas un défrichement. (Cass. 6 décembre 1810.) V. Défrichement.

COUPE D'AMÉLIORATION.

1. *Autorisation.* — Les coupes d'amélioration (nettoiements et éclaircies) sont autorisées par les conservateurs. (Décr. du 17 février 1888. Circ. N 395.)

2. *Vente. Bois domaniaux.* — Les conservateurs décident si les coupes d'amélioration seront vendues en bloc sur pied ou par unités de marchandises. (Décr. du 17 février 1888. Circ. N 395.)

3. *Vente. Bois communaux.* — La vente sur pied des coupes d'amélioration sera autorisée par les conservateurs ; quand il y aura un autre mode de réalisation, l'autorisation en sera donnée par le préfet, sur la proposition des communes ou établissements publics et après avis du conservateur. (Décr. du 17 février 1888. Circ. N 395.)

4. *Exploitation. Bois domaniaux.* — Les conservateurs pourront autoriser l'exploitation des coupes d'amélioration par les préposés ou par les concessionnaires. Mais, si l'exploitation doit avoir lieu par économie ou par entreprise au compte de l'État, l'autorisation et les crédits nécessaires devront être demandés à la direction des forêts. (Décr. du 17 février 1888. Circ. N 395.)

5. *Non-exécution.* — Les conservateurs pourront autoriser la non-exécution des coupes d'amélioration prévues par les aménagements, dont l'inopportunité au point de vue cultural serait constatée. (Décr. du 17 février 1888. Circ. N 395.)

COUPES D'ARBRES.

1. *Travaux.* — Les coupes d'arbres pour route, aménagement, délimitation et autres travaux d'amélioration, sont autorisées implicitement par les décisions qui autorisent ces travaux. (Décis. Min. 15 mai 1862. Circ. A 819.) V. Abatage. Arbre. Exploitation.

2. *Urgence. Force majeure.* — Les coupes d'arbres nécessitées par un cas de force majeure (inondations, éboulements, etc.) peuvent être faites par les agents locaux ; elles sont ensuite approuvées, pour régularisation, par l'autorité compétente. (Lettre de l'Admin. 9 juin 1856.) V. Inondation.

3. *Adjudicataire. Nuit.* — Pour coupe ou enlèvement de bois, par un adjudicataire, après le coucher ou avant le lever du soleil :

Amende : 100 francs. (C. F. 35.)
En récidive : 200 francs. (C. F. 35, 201.)

COUPE DÉLIVRÉE EN NATURE (USAGE, AFFOUAGE, AFFECTATION).

1. *Quotité.* — L'aménagement fixé suivant l'article 90 du code forestier détermine, pour les taillis, la contenance de la coupe et, pour la futaie, soit le volume, soit le nombre d'arbres à délivrer. Si les agents ne se conforment pas à ces indications, la commune peut réclamer auprès du conseil de préfecture. (Cod. For. 65, 90, 112.)

2. *Emploi. Répartition.* — C'est le préfet qui statue sur les demandes des conseils municipaux, relativement à l'usage ou l'emploi (vente ou délivrance) des produits d'une coupe communale délivrée à une commune. (Communiqué de l'administration du 11 décembre 1867, nº 4965.)

3. *Exploitation. Délivrance.* — Les coupes des bois communaux, destinées à être partagées en nature pour l'affouage des habitants, ne pourront avoir lieu qu'après que la délivrance en aura été préalablement faite par les agents forestiers et en suivant les formes prescrites par l'article 81 du code forestier, pour l'exploitation des coupes affouagères délivrées aux communes dans les bois de l'État ; le tout, sous les peines portées par ledit article. (Cod. For. 103.)

4. *Délivrance.* — Les coupes affouagères doivent être délivrées du 15 septembre au 15 octobre. (Circ. A 517.)

5. *Délivrance.* — Les maires des communes propriétaires de bois ne peuvent se refuser de recevoir des agents forestiers les coupes affouagères. (Décis. Min. du 23 février 1829.)

6. *Agents. Rétribution.* — Il n'est dû aucune rétribution aux agents forestiers, pour la délivrance des coupes affouagères. (Décis. Min. du 30 juin 1829.)

7. *Délivrance.* — Les agents ne doivent recevoir aucune indemnité pour la délivrance des coupes affouagères. (Circ. A 185 bis.)

8. *Usage. Affouage. Chauffage. Délivrance.* — Si les bois de chauffage se délivrent par coupes aux usagers et sont destinés à être partagés en nature entre les habitants, l'exploitation en sera faite, aux frais des usagers ou des habitants, par un entrepreneur spécial,

nommé par la commune ou par les usagers et agréé par l'administration, et sous les mêmes conditions que pour les coupes vendues. (Cod. For. 81, 82, 103.)

9. *Entrepreneur.* — La nomination de l'entrepreneur d'une coupe affouagère doit être sur papier timbré, cet acte ne rentrant pas dans l'exception de l'article 104 du code forestier, qui ne concerne que le service forestier. V. Entrepreneur. Exploitation.

10. *Entrepreneur. Timbre.* — Les délibérations des conseils municipaux portant nomination d'entrepreneur, pour l'exploitation des coupes affouagères, ne jouissent du visa pour timbre en débet qu'autant qu'elles ne contiennent aucune convention entre la commune et l'entrepreneur. (Instr. de l'enregistrement du 4 novembre 1843.)

11. *Carbonisation.* — Rien ne s'oppose à ce que les produits des coupes affouagères soient convertis en charbon, en faisant désigner des places à charbon par les agents forestiers. (Décis. Min. du 4 juin 1841.)

12. *Exploitation individuelle.* — Aucun bois ne sera abattu par les usagers ou les habitants individuellement, et les lots ne pourront être faits qu'après l'entière exploitation de la coupe. En cas de contravention :

Confiscation de la portion de bois afférente à chaque contrevenant. (Cod. For. 81, 103.)

Les agents qui ont permis ou toléré cette contravention encourront :

Amende : 50 francs. (Cod. For. 81.)
Responsabilité personnelle et sans aucun recours de la mauvaise exploitation et de tous les délits commis. (Cod. For. 81.)

13. *Bois de feu. Façonnage.* — Les habitants et usagers peuvent, dans les coupes usagères ou affouagères, enlever les bois de feu, sans les faire façonner en stères ou en fagots, sauf aux agents forestiers à veiller à ce que ces bois reçoivent la destination voulue. (Décis. Min. du 2 octobre 1829.)

14. *Arbres sur pied. Partage. Lot. Enlèvement. Vol.* — Celui qui, dans une coupe affouagère, lorsque les lots sont partagés et quoique les arbres soient encore sur pied, enlève ou écorce des arbres qui ne sont pas de son lot, commet le délit de vol de bois dans une vente, ou tentative de vol, s'il a seulement marqué les arbres de son marteau, sans avoir eu le temps de les enlever. (Dijon, 2 mars 1881.)

15. *Partage.* — Dans les coupes de taillis sous futaie, où celle-ci est destinée à être vendue ou délivrée pour bois de construction, le partage de l'affouage peut être fait immédiatement après l'exploitation du taillis et avant celle de la futaie. (Décis. Min. du 22 février 1829. Circ. A 211.)

16. *Coupes communales. Besoins. Délivrance.* — Les communes qui ne sont pas dans l'usage d'employer la totalité des bois de leurs coupes à leur propre consommation feront connaître, le 1er février (Circ. A 164), à l'agent forestier local, la quantité de bois qui leur sera nécessaire, tant pour le chauffage que pour construction et réparation, et il en sera fait délivrance, soit par l'adjudicataire de la coupe, soit au moyen d'une réserve sur cette coupe ; le tout, conformément à leur demande et aux clauses et conditions du cahier des charges de l'adjudication. (Ord. 141.)

17. *Commune. Délibération. Habitants.* — Les habitants, légalement représentés par le conseil municipal, ne peuvent attaquer par voie contentieuse les délibérations de ce conseil relatives à la vente sur pied d'une partie de la coupe affouagère. (Conseil d'Etat, 10 août 1828.)

18. *Coupes délivrées. Revenu.* — Les coupes affouagères, lorsqu'elles sont délivrées *gratuitement* aux habitants, ne constituent pas un revenu communal proprement dit. (Circ. de la comptabilité, 29 juin 1856.)

19. *Affectataires.* — Les coupes ou délivrances pour les affectataires sont soumises aux mêmes formalités que les coupes usagères ou affouagères et délivrances régulières.

20. *Frais d'administration.* — Lorsqu'une coupe est délivrée à la commune, celle-ci devient seule responsable du vingtième de l'estimation. Cependant, si une partie du bois sur pied était vendue, elle peut laisser à la charge de l'adjudicataire le paiement du vingtième de cette vente ; ce mode est facultatif pour les bois sur pied. Si les bois sont façonnés, la commune paye seule le vingtième et les adjudicataires ne doivent supporter aucune charge au profit du Trésor. (Lettre de l'Admin. du 14 février 1842, n° 6905.)

21. *Droits. Frais.* — Les actes relatifs aux coupes et arbres délivrés en nature, en exécution des articles 102 et 103 du code forestier, sont visés pour timbre et enregistrés en débet, et il n'y aura lieu à la perception des droits que dans le cas de poursuite devant les tribunaux. (Cod. For. 104.) V. Frais.

22. *Enregistrement. Délai.* — Les actes dressés avant la délivrance des coupes doivent être enregistrés dans les vingt jours de la date de la délivrance desdites coupes. Les actes, faits après la délivrance (procès-verbaux de récolement et autres), sont enregistrés dans le délai de deux mois de leur date et au bureau de la résidence de l'agent qui les aura rédigés. (Décis. Min. du 19 germinal an XIII. Circ. A 65. Délibér. de l'enregistrement du 3 mars 1829.) V. Enregistrement.

23. *Droit de timbre et d'enregistrement.*

NATURE DES ACTES.	BOIS DOMANIAUX.			BOIS COMMUNAUX.		
	Timbre.	Enregistr.	Observations.	Timbre.	Enregistr.	Observations.
Procès-verbal d'arpentage......	Timbré.	3 fr. 75 fixe	Ces pièces sont visées pour timbre en débet, sauf recouvrement sur les usagers, et enregistrés en débet ou gratis, selon que les usagers sont tenus d'acquitter les vacations forestières.	Timbré	3 fr. 75 fixe	Les formalités sont données en débet, et les droits ne sont recouvrés qu'en cas de poursuite devant les tribunaux. (Cod. For. 104.)
— de balivage........	Id.	Id.	Id.	Id.	Id.	Id.
— d'estimation........	Exempt.	Exempt.		Exempt.	Exempt.	
— de délivrance et permis d'exploiter...	Timbré.	Gratis.	Id.	Timbré.	Gratis.	Id.
Citation à récolement { original.	Id.	3 fr. 75 fixe	Id.	Id.	3 fr. 75 fixe	Id.
Citation à récolement { copie.	Id.	Exempt.	Id.	Id.	Exempt.	Id.
Procès-verbal de récolement....	Id.	3 fr. 75 fixe	Id.	Id.	3 fr. 75 fixe	Id.
— de vérification de réserves......	Id.	Id.	Les droits ne sont recouvrés que si l'erreur signalée n'existe pas.	Id.	Id.	Comme pour les bois domaniaux.
— de souchetage....	Gratis.	Gratis.	Opération sans frais. (Ord. 93.)	Gratis.	Gratis.	Id.

COUPE D'ÉCLAIRCIE.

1. *Autorisation.* — Les coupes d'éclaircies, dans les forêts domaniales, communales et d'établissements publics, sont autorisées par les conservateurs. (Décr. du 17 février 1888. Circ. N 395.) V. Coupes d'amélioration.

2. *Exploitation.* — Si l'exploitation doit avoir lieu par économie ou par entreprise au compte de l'Etat, l'autorisation et les crédits nécessaires doivent être demandés à la direction des forêts. (Décr. du 17 février 1888. Circ. N 395.)

COUPE EXPLOITÉE PAR ÉCONOMIE.

V. Exploitation. Entrepreneur.

COUPE EXTRAORDINAIRE.

SECT. I. — GÉNÉRALITÉS, DÉFINITION, 1 — 6.

SECT. II. — INSTRUCTION, PROPOSITIONS, 7 — 24.

SECT. III. — AUTORISATION, VENTE, EXPLOITATION, 25 — 42.

SECT. I. — GÉNÉRALITÉS. DÉFINITION.

1. *Définition.* — Seront considérées comme coupes extraordinaires et ne pourront, en conséquence, être effectuées qu'en vertu d'ordonnances souveraines spéciales, celles qui intervertiraient l'ordre établi par l'aménagement ou par l'usage observé dans les forêts dont l'aménagement n'aurait pu encore être réglé, toutes les coupes par anticipation et celles des bois ou portions de bois mis en réserve pour croître en futaie et dont le terme d'exploitation n'aurait pas été fixé par l'ordonnance d'aménagement. (Ord. 71, 134.) V. Réserve. Arbre dépérissant.

2. *Coupes préparatoires. Nettoiement.* — Les coupes préparatoires, nettoiement de bois tendres, éclaircies de bois durs, etc., lorsqu'elles ne sont pas arrivées à leur tour d'exploitation, rentrent dans la catégorie des coupes extraordinaires. (Circ. A 292.)

3. *Arbres de réserve.* — Les coupes d'arbres de réserve existant sur des coupes non arrivées en tour d'exploitation sont considérées comme coupes extraordinaires et ne peuvent avoir lieu sans ordonnance. (Décis. Min. 6 févr. 1828. Circ. A 170.)

4. *Arbres morts ou dépérissants.* — Les coupes des arbres morts ou dépérissants doivent être considérées comme coupes extraordinaires, et les prix de vente doivent être versés à la caisse du trésorier général,

lorsqu'elles sont vendues sur pied, en même temps que les autres coupes de l'exercice et avec précomptage sur la possibilité. Toutefois, quand elles ont peu de valeur ou si l'exploitation est urgente, la vente peut avoir lieu sous forme de menu marché, dans les chefs-lieux de canton et dans les communes voisines des forêts. (Circ. N 80 art. 65. Décis. Min. 25 juillet 1872. Lettre de l'administration du 31 octobre 1872. Décr. 25 février 1888. Circ. N 396.)

5. *Demandes. Epoque.* — Les maires et administrateurs des établissements publics propriétaires de bois doivent, avant le 15 juin de chaque année, adresser au préfet la demande des coupes extraordinaires à exploiter pour l'année suivante. Ces propositions sont transmises par le préfet au conservateur, avant le 30 juin ; en cas de retard, les demandes sont renvoyées au travail de l'année suivante. (Arr. Min. 4 févr. 1837. Circ. A 387.)

6. *Correspondance.* — Les préfets pourront, en ce qui concerne l'administration des bois des communes et établissements publics et pour tous les objets urgents, s'adresser directement à l'agent local chef de service, pour les renseignements dont ils auront besoin. Ces renseignements leur seront transmis par l'intermédiaire du conservateur.

Cette marche sera observée principalement à l'égard des demandes en autorisation des coupes extraordinaires.

Lorsque ces demandes seront instruites, les préfets les adresseront, avec toutes les pièces, à l'administration des forêts, qui en rendra compte au ministre. (Ord. 10 mars 1831. Circ. A 266.)

SECT. II. — INSTRUCTION. PROPOSITIONS.

7. *Instruction.* — Les agents doivent instruire les demandes des coupes extraordinaires dans le plus bref délai possible ; lorsque des coupes sont autorisées, surtout pour des cas d'urgence, on doit en faire le balivage et le martelage aussitôt après l'arrivée des ordonnances, quand la saison ou l'époque trop rapprochée des ventes ne s'y opposera pas. (Circ. A 232 bis.)

8. *Rapport. Formules.* — Les demandes de coupes extraordinaires s'instruisent sur les formules série 4, n° 2 bis, pour les taillis, et série 4, n° 2 ter, pour les futaies.

9. *Possibilité.* — Les propositions des coupes extraordinaires doivent exprimer, en mètres cubes, le produit de la coupe, en même temps que le nombre d'arbres, si ce dernier chiffre est nécessaire. (Lettre de l'administration du 8 mars 1864.)

10. *Rapport.* — Les rapports sur les coupes extraordinaires ne doivent être fournis qu'en simple expédition, dont il est conservé minute. (Circ. A 387.)

11. *Instructions. Motifs.* — Dans les demandes de coupes extraordinaires, la question de nécessité et celle de l'existence des ressources pour y subvenir ne sont pas du ressort des agents de l'administration financière ; l'intervention des agents forestiers, en cette matière, est toute dans l'intérêt forestier. (Insp. des finances.)

12. *Rapport. Envoi. Epoque.* — Les chefs de service doivent adresser au conservateur les rapports dressés par les agents sur les demandes de coupes extraordinaires, pour le 15 septembre au plus tard, en y inscrivant à la suite leur avis sommaire, dont ils garderont copie. (Circ. A 387.)

13. *Urgence.* — Les coupes extraordinaires que le préfet déclare nécessaires pour des besoins d'*urgence* doivent être instruites séparément. (Arr. Min. du 4 février 1837, art. 4, § 2. Lettre de l'administration du 26 mai 1852, n° 15061.) V. Délivrance d'urgence.

14. *Urgence.* — Les demandes de coupes extraordinaires destinées à satisfaire des besoins urgents, tels qu'incendie, inondation, réparation de digue, chemin, etc., ou autres cas de force majeure, seront traitées au fur et à mesure de leur présentation, pour être l'objet d'ordonnances spéciales. (Arr. Min. du 4 février 1837. Circ. A 387. Décis. Min. du 15 juillet 1845. Circ. A 576 ter.)

15. *Propositions. Principe.* — Les coupes extraordinaires à autoriser seront proposées par des rapports spéciaux. (Circ. A 9. Circ. A 385.)

16. *Propositions. Renseignements.* — Les conservateurs fourniront, pour chaque coupe extraordinaire à autoriser par décret, un procès-verbal qui énoncera les motifs de la coupe proposée, l'état, l'âge, la consistance et la nature des bois qui la composeront, le nombre d'arbres de réserve qu'elle comportera et les travaux à exécuter dans l'intérêt du sol forestier. (Ord. 73, 134. Décr. du 25 février 1886. Circ. N 360.)

17. *Avis. Chef de service. Chef de cantonnement.* — L'avis spécial et motivé du conservateur doit être formulé sur le rapport relatif à chaque affaire. S'il y a divergence d'avis entre le chef de cantonnement et l'inspecteur, il y a lieu de faire rédiger par le chef de service seul le rapport destiné à être transmis au préfet ; ce rapport ne doit être produit qu'après une reconnaissance personnelle du terrain par l'inspecteur. (Note de la direction, 11 janvier 1886.)

18. *Avis défavorable. Combinaison.* — Dans le cas où le service forestier est conduit à donner un avis défavorable, il doit rechercher d'office si, par quelque combinaison basée sur les ressources de la forêt, il n'est pas possible de satisfaire à tout ou partie des besoins, ou de gager un emprunt dont le remboursement serait ultérieurement assuré. (Note de la direction, 11 janvier 1886.)

19. *Avis du conservateur.* — L'avis du conservateur doit être reproduit très succinc-

tement sur l'état série 4, n° 3, et d'autant plus sommairement qu'il sera favorable. (Note de la direction, 11 janvier 1886.)

20. *État. Établissement.* — Chaque page de l'état série 4, n° 3, ne devra pas contenir plus de huit affaires. Les renseignements à fournir dans les colonnes 7 à 10 devront toujours être inscrits à l'encre rouge, quand il y aura avis défavorable. Chaque avis devra être précédé des mots : *avis favorable* ou *avis défavorable* en plus gros caractères ; dans ce dernier cas, ces deux mots seront soulignés par un trait rouge. (Note de la direction, 11 janvier 1886.)

21. *Avis du préfet.* — Les préfets, après avoir consigné leur avis sur ce même tableau (série 4, n° 3), le transmettront à l'administration des forêts, avec toutes les pièces, avant le 15 novembre, pour y être statué par ordonnance collective. (Arr. Min. du 4 février 1837.)

22. *Propositions. Envoi.* — Les propositions de coupes extraordinaires, dans les forêts domaniales, doivent être adressées à l'administration avant le 1er novembre. (Lettre de l'Adm. 22 janvier 1864.)

23. *Propositions.* — Les propositions de coupes extraordinaires sont soumises au ministre, par le directeur, après avis du conseil d'administration. (Ord. 7.)

24. *Communication.* — Les demandes de coupe des quarts de réserve, dans les bois des communes et des établissements publics, appuyées de l'avis des préfets, ne seront soumises au chef de l'Etat, par le ministre de l'agriculture, qu'après avoir été par lui communiquées au ministre de l'intérieur. (Ord. 140.)

Les demandes de coupes extraordinaires ne sont communiquées au ministre de l'intérieur que si l'administration donne un avis contraire à celui du préfet. (Ord. 10 mars 1831.)

SECT. III. — AUTORISATION. VENTE. EXPLOITATION.

25. *Bois domaniaux et communaux. Futaie. Autorisation.* — Les coupes extraordinaires, de quarts de réserve ou de massifs réservés par l'aménagement pour croître en futaie ne pourront être faites qu'en vertu d'une ordonnance spéciale, à peine de nullité des ventes, prononcée par le préfet (Circ. N 87), sauf recours des adjudicataires contre les agents qui auraient ordonné ou autorisé ces coupes. (Cod. For. 16.)

Les agents qui ordonnent ou autorisent ces coupes sont passibles de dommages-intérêts envers les acquéreurs, qui ne peuvent pas les exploiter ou qui encourent des poursuites.

26. *Bois communaux. Quart en réserve. Autorisation.* — Hors le cas de dépérissement des quarts en réserve, l'autorisation de les couper ne sera accordée que pour cause de nécessité bien constatée et à défaut d'autre moyen d'y pourvoir. (Ord. 140.)

27. *Bois domaniaux. Autorisation. Loi.* — Si on était obligé de s'écarter, pour la vente et l'exploitation des coupes extraordinaires dans les bois domaniaux, des règles tracées, par le code forestier, l'autorisation de ces coupes devrait résulter d'une loi spéciale et non plus d'une simple ordonnance. (Cod. For. 16. Avis du conseil d'Etat, 5 janv. 1837.)

28. *Autorisation.* — Les coupes extraordinaires sont autorisées par ordonnances souveraines, sur la proposition du ministre de l'agriculture et après avis du préfet et celui du ministre de l'intérieur, dans le cas où l'administration forestière aurait donné un avis contraire à celui du préfet.

29. *Ordonnances.* — Les ordonnances des coupes extraordinaires doivent être insérées au Bulletin des lois. (Cod. For. 16.)

30. *Décrets.* — Les conservateurs adressent aux chefs de service une expédition des décrets qui autorisent les coupes extraordinaires. (Circ. A 292.)

31. *Etat signalétique.* — Les décisions autorisant des coupes extraordinaires doivent être inscrites à la troisième page de l'état signalétique des forêts communales et d'établissements publics. (Circ. N 428.)

32. *Affiches. Vente.* — Il sera fait mention, dans les affiches (en cahier) et les actes de vente, des ordonnances spéciales qui autorisent les coupes extraordinaires. (Ord. 84, 134.)

33. *Arbre d'assiette. Arpentage.* — Lorsque les coupes extraordinaires auront été autorisées, les conservateurs désigneront ou feront désigner par les agents forestiers les arbres d'assiette et feront procéder aux arpentages. (Ord. 74, 134.)

34. *Exécution.* — Tout commencement d'exécution est interdit avant la réception, par le conservateur, de l'expédition de l'ordonnance spéciale portant autorisation de faire une coupe extraordinaire. (Circ. A 292.)

35. *Vente.* — Lorsqu'à la fin ou après la clôture d'un exercice les communes obtiennent l'autorisation de vendre une coupe extraordinaire, si l'exploitation peut être terminée pour le 15 avril suivant, l'adjudication en sera faite aux clauses et conditions du cahier des charges de l'exercice précédent. (Décis. Min. 9 février 1843.)

36. *Travaux. Charges.* — Lorsque les charges que l'on se propose d'imposer sur les coupes extraordinaires consistent, soit dans la suspension des délivrances ordinaires, soit dans le prélèvement sur le prix de vente de sommes importantes destinées à des travaux d'amélioration, il est indispensable que les conseils municipaux et le préfet soient consultés ; les délibérations des

conseils municipaux doivent être jointes au dossier. (Circ. A 830.)

37. *Aménagement.* — Les agents doivent profiter des coupes extraordinaires pour proposer les aménagements reconnus nécessaires dans les bois communaux. (Circ. A 254.)

38. *Quart en réserve. Route.* — Lorsque des coupes de quarts en réserve sont accordées, pour la confection des routes forestières, dans les bois des communes et établissements publics, on doit stipuler toutes les garanties nécessaires pour qu'aucune partie de cette recette ne puisse être détournée de sa destination spéciale. (Circ. N 2.)

39. *Exploitation par économie.* — Les coupes extraordinaires invendues peuvent être exploitées par économie, d'après l'autorisation du préfet, et les produits être vendus, en bloc ou par lots, au chef-lieu des communes voisines de la situation des bois. (Ord. 24 août 1840. Cah. des ch. 2.) V. Exploitation par économie.

40. *Bois communaux. Produits façonnés. Vente.* — Le préfet pourra, sur la proposition de l'administration des forêts, permettre que des coupes ou portions de coupes extraordinaires communales, dont les produits auront été préalablement exploités et façonnés par un entrepreneur responsable et de la valeur de 500 francs et au-dessus, soient mises en adjudication dans les communes propriétaires, sous la présidence du maire, toujours avec l'intervention des agents forestiers et aux clauses et conditions qui seront indiquées. (Ord. 15 octobre 1834, 10 juin 1840. Décr. du 25 mars 1852.)

41. *Invendue. Taxe. Délivrance.* — Lorsqu'une coupe est invendue et que la commune en demande la délivrance, comme affouage, aux habitants, le préfet statue et autorise, sauf à imposer aux habitants une taxe égale au chiffre d'estimation ou au dernier rabais. (Communiqué de l'Admin. du 11 décembre 1867, nº 4965.)

42. *Bois indivis.* — Pour coupes extraordinaires faites par les possesseurs copropriétaires de bois indivis, sans autorisation :

Amende: Valeur des bois abattus ou vendus. (Cod. For. 114.)

Vente déclarée nulle. (Cod. For. 114.)

Restitution des bois ou de leur valeur. (Cod. For. 205.)

COUPE INVENDUE.

1. *Renvoi.* — Lorsque, faute d'offres suffisantes, des coupes ou des lots de coupes n'auront pas été vendus à la première lecture de l'affiche, l'adjudication en sera renvoyée à l'époque de la mise en vente des coupes de l'exercice suivant. (Cah. des ch. 2. Circ. N 80, art. 56.)

2. *Bois communaux. Remise en vente.* — Toutefois, dans des circonstances exceptionnelles et en cas d'urgence bien constatée, le directeur des forêts pourra, sur la proposition du préfet, autoriser la remise en vente des coupes des bois des communes et des établissements publics. (Décis. Min. du 17 avril 1861. Cah. des ch. 2.)

3. *Vente par unités de produits.* — Les coupes domaniales ou communales invendues pourront être remises en vente par unités de produits, en cas de nécessité dûment justifiée. Les rapports doivent établir que le mode de vente par unités de produits est compatible avec l'état du peuplement et la nature des marchandises. (Circ. N 156.)

Le ministre de l'agriculture autorise, pour les bois domaniaux, la vente sur pied par unités de produits. Dans les bois des communes et des établissements publics, le préfet, sur la proposition du conservateur, autorise la vente sur pied par unités de produits. (Cah. des ch. 2.)

4. *Exploitation. Autorisation.* — En cas d'insuccès des ventes, le ministre de l'agriculture peut, pour les bois domaniaux, autoriser l'exploitation au compte de l'Etat des articles restés invendus. A l'égard des coupes communales et d'établissements publics, le préfet pourra, sur la proposition du conservateur, autoriser l'exploitation des coupes invendues des communes et des établissements publics sous la direction d'un entrepreneur responsable, et la vente en bloc ou par lots des produits façonnés de ces coupes, dans une des communes voisines de la situation des bois. En cas de dissentiment entre le préfet et le conservateur, il en sera référé au ministre, qui statuera, après avoir pris l'avis de l'administration des forêts. (Ord. du 24 août 1840 et 14 juillet 1844. Circ. N. 80, art. 57. Cah. des ch. 2.)

5. *Remise en vente. Cahier des charges.* — Lorsque les coupes communales invendues et remises en vente peuvent être exploitées pour le 15 avril suivant, l'adjudication est faite aux clauses et conditions du cahier des charges de l'exercice précédent. (Décis. Min. du 5 mars 1844. Circ. 14 mars 1844.)

6. *Renseignement.* — Les conservateurs fournissent un rapport général dans lequel ils exposent, notamment, les considérations propres à éclairer l'administration sur les causes d'insuccès des ventes. (Circ. N 80, art. 62.)

7. *Délivrance. Affouage.* — Lorsqu'une coupe est restée invendue et que la commune en demande la délivrance comme affouage, le préfet statue et autorise, sauf à imposer aux habitants une taxe égale au chiffre d'estimation ou au dernier rabais. (Communiqué de l'Admin. 11 décembre 1867, nº 4965.)

COUPE JARDINATOIRE. V. Jardinage.

COUPE DE NETTOIEMENT. V. Coupe d'amélioration.

COUPE PAR PIEDS D'ARBRES.

1. *Marque.* Dans les coupes qui s'exploitent par pieds d'arbres, le marteau de l'État sera appliqué aux arbres à abattre, et la marque sera faite au corps et à la racine. (*Ord.* 84, 134.)

2. *Arbres abandonnés. Preuve.* — Dans les coupes par pieds d'arbres et marquées en délivrance, la représentation de l'empreinte du marteau est la seule preuve légale que l'arbre était abandonné à l'adjudicataire. (Cass. 12 novembre 1841.)

3. *Arpentage.* — Les coupes par pieds d'arbres ou par stère ne seront pas arpentées ; elles seront délimitées par des pieds corniers ou parois et limites naturelles, qui seront consignés sur les procès-verbaux de martelage et d'adjudication. Circ. A 475.)

COUPE VENDUE EN BLOC ET SUR PIED.

1. *Principe.* — La vente des coupes ordinaires ou extraordinaires des bois de l'État, des communes et des établissements publics ne peut avoir lieu que par adjudication publique. (Cod. For. 17, 100.) V. Adjudication.

2. *Frais. Paiement.* — Les frais de la vente des coupes sont payés par les adjudicataires. (Cod. Civ. 1593. Cah. des ch. 10.) V. Frais.

3. *Frais.* — État des frais d'une coupe vendue. (Timbre et enregistrement.)

§ 1er. — *Sous-détail des frais de timbre et d'enregistrement des actes à payer par les adjudicataires des coupes communales et d'établissements publics.*

NATURE des FORMALITÉS.	INDICATION DES ACTES.	MONTANT DES DROITS pour UNE SEULE COUPE et pour UN SEUL ADJUDICATAIRE. Coupe ordinaire.	Coupe extraordinaire.	OBSERVATIONS.
		fr. c.	fr. c.	
Timbre..	Procès-verbal de balivage	1 20	1 20	
	Procès-verbal d'adjudication (minute)	1 80	1 80	
	Procès-verbal d'adjudication (expédition pour l'adjudicataire) (1)	1 80	1 80	
	Procès-verbal d'adjudication (expédition pour le receveur)	1 80	1 80	
	Procès-verbal d'adjudication (expédition pour le trésorier-payeur général)	»	1 80	
	Cahier des charges (minute)	3 60	3 60	(a)
	Cahier des charges (expédition pr l'adjudicataire) (2)	3 60	3 60	
	Cahier des charges (expédition pour le receveur)	3 60	3 60	
	Cahier des charges (expédition pour le trésorier-payeur général)	»	1 80	(b)
	Clauses spéciales (minute)	1 80	1 80	(c)
	Clauses spéciales (expédition pr l'adjudicataire) (3)	1 80	1 80	
	Clauses spéciales (expédition pour le receveur)	1 80	1 80	
	Clauses spéciales (expédition pour le trésorier-payeur général)	»	1 80	
	Citation à récolement	0 60	0 60	
	Citation à récolement (copie pour l'adjudicataire)	0 60	0 60	
Enregistrement.	Procès-verbal de balivage	3 75	3 75	
	Citation à récolement	3 75	3 75	
	Totaux	31 50(4)	38 70(5)	

NOTA. — Les procès-verbaux d'arpentage ne sont plus soumis à la formalité du timbre et de l'enregistrement. (Circ. N 452.)

(a) A régler après la vente et à partager entre tous les adjudicataires.

(b) A partager entre les adjudicataires des coupes extraordinaires.

(c) A régler d'après le nombre de feuilles et à partager de la même manière que pour le cahier des charges minute.

(1) (2) (3) A délivrer seulement sur la demande de l'adjudicataire. (Cah. des Ch. 18.)

(4) (5) Ces totaux représentent, par suite, le chiffre maximum des frais de timbre et d'enregistrement.

§ 2. — *Frais de Timbre et d'Enregistrement. — Actes concernant l'adjudication et l'exploitation d'une coupe.*

NATURE DES ACTES.	BOIS DOMANIAUX.			BOIS COMMUNAUX.		
	Timbre.	Enregistr.	Observations.	Timbre.	Enregistr.	Observations.
Procès-verbal d'arpentage	Timbré.	3 fr. fixe	Débet, droits compris dans la taxe de 1.60 p. 0/0	»	»	N'est fourni que sur la demande de l'adjudicataire. (Circ. N 452.)
— de balivage	Id.	Id.	Id.	Timbré.	3 fr. fixe	Débet — Droits recouvrés sur les adjres.
— d'estimation	Exempt.	Exempt.	»	Exempt.	Exempt.	»
Affiches	Id.	Id.	»	Id.	Id.	»
Procès-verbal d'adjudication, minute.	Timbré.	2 p. 0/0	Le droit de timbre est compris dans la taxe de 1.60 p. 0/0. L'enregistrement est payé comptant.	Timbré.	2 p. 0/0	Le timbre est recouvré sur les adjudicataires. L'enregistrement est payé comptant.
Cahier des charges (Circ. A 365 bis).	Exempt.	Exempt.	La copie jointe à la minute du procès-verbal d'adjudication est timbrée. Ce droit est compris dans la taxe de 1.60 p. 0/0.	Exempt.	Exempt.	La copie annexée à la minute du procès-verbal est sujette au timbre.
Acte de cautionnement	Timbré.	0.50 0/0	Le timbre est compris dans la taxe de 1.60. L'enregistrement est payé comptant.	Timbré.	0.50 0/0	Le timbre est recouvré sur les adjudicataires. L'enregistrement est payé comptant.
Certificat de caution	Id.	3 fr. fixe	Id.	Id.	3 fr. fixe	Id.
Permis d'exploiter	Gratis.	Gratis.	On l'enregistre pour la date gratis.	Gratis.	Gratis.	On l'enregistre pour la date gratis.
Registre du garde-vente	Timbré.	Exempt.	Ordonnance, art. 94.	Timbré.	Exempt.	Ordonnance, art. 94.
Prestation du serment du garde-vente.	Id.	4f50 fixe	Le serment est prêté devant le juge de paix.	Id.	4f30 fixe	Serment devant le juge de paix.
Dépôt de l'empreinte du marteau	Id.	4f50 fixe	»	Id.	4f50 fixe	»
Citation à récolement	Id.	3 fr. fixe	»	Id.	3 fr. fixe	Débet recouvré sur les adjudicatres.
Procès-verbal de récolement	Id.	Id.	N'est fourni qu'en cas de délits.	Id.	Id.	Id.
— pour décharge d'exploitation	Exempt.	Exempt.	»	Exempt.	Exempt.	Loi du 15 mai 1818, art. 80.
— de vérification de réserves	Timbré.	3 fr. fixe	Les droits ne sont recouvrés que si l'erreur signalée n'existe pas.	Timbré.	3 fr. fixe	Les droits ne sont recouvrés que si l'erreur n'existe pas.
— de souchetage	Gratis.	Gratis.	»	Gratis.	Gratis.	»
— de désignation de faute, etc	Exempt.	Exempt.	»	Exempt.	Exempt.	»
— d'indemnités pour bris de réserves	Timbré.	3 fr. fixe	»	Timbré.	3 fr. fixe	»
— de reconnaissance et d'estimation des produits d'élagage de réserves à délivrer à l'adjudicataire	Id.	2 p. 0/0.	»	Id.	2 p. 0/0.	»
— de délivrance de harts.	Id.	3 fr. fixe	»	Id.	3 fr. fixe	»
Extrait de décision autorisant un chemin de vidange	Exempt.	Exempt.	»	Exempt.	Exempt.	»
Extrait d'autorisation accordant un délai d'exploitation ou de vidange.	Id.	Id.	»	Id.	Id.	»
Procès-verbal de reconnaissance des arbres de marine, après abatage	Timbré.	3 fr. fixe	Débet.	»	»	»
Pièces à délivrer après l'adjudication. *A l'adjudicataire, s'il le demande, et au comptable chargé du recouvrement :*						
Expédition du procès-verbal d'adjudication	Id.	Exempt.	Droit de timbre compris dans la taxe de 1.60 p. 0/0.	Timbré.	Exempt.	Timbre payé par l'adjudicataire.
Exemplaire du cahier des charges	Id.	Id.	Id.	Id.	Id.	Id.
A l'agent forestier chef de service :						
Extrait du procès-verbal d'adjudication	Exempt.	Id.	Loi du 13 brumaire an VII, art. 16, n° 1.	Exempt.	Id.	»
Exemplaire du cahier des charges	Id.	Id.	Id.	Id.	Id.	»
Au préfet, quand la vente n'a pas eu lieu au chef-lieu de la préfecture, au conservateur, au directeur des domaines :						
Extrait du procès-verbal d'adjudication	Id.	Id.	»	Id.	Id.	»
Exemplaire du cahier des charges	Id.	Id.	»	Id.	Id.	»

NOTA. — Les droits d'enregistrement indiqués ci-dessus ne comprennent pas les décimes ; ces droits doivent donc être augmentés d'un quart. (Lois des 6 prairial an VII, 23 août 1871 et 30 décembre 1873.)

4. *Facteur. Marteau.*

Facteur ou garde-vente.	Surveillance : 25 fr. par hectare. Serment : 10 fr. 83.
Dépôt d'empreinte du marteau.	8 fr. 31.

5. *Exemple du décompte d'une coupe communale extraordinaire vendue.*

1° Prix principal.............	1300	»
2° Charges....................	100	»
3° Frais de timbre et d'enregistrement (calculés après la vente)..	30	»
Total...	1430	»

Droit, enregistrement, 2 p. 0/0..................	28	60
Acte de caution, 0.50 p. 0/0..................	7	15
Certification de caution.	3	»
	38	75
Décimes.............	9	69
Timbre de la quittance.	0	25
	48	69
Frais de l'article 3....	30	»
Total...	78	69

RÉCAPITULATION.

1° Prix réel de la coupe.......	1300	»
2° Charges....................	100	»
3° Frais......................	78	69
Total...	1478	69

COUPE VENDUE PAR UNITÉS DE PRODUITS.

1. *Mode.* — On ne doit employer le mode de vente par unités de marchandises que dans les circonstances où l'adjudication en bloc et sur pied aura été reconnue impraticable. (Circ. N 395.) V. Unités de produits.

2. *Bois domaniaux. Vente.* — Lorsque les coupes domaniales restent invendues, le ministre de l'agriculture peut autoriser leur vente par unités de produits. (Cah. des ch. 2.)

3. *Coupes invendues. Bois domaniaux et communaux.* — Les coupes domaniales ou communales invendues peuvent être remises en vente par unités de produits, en cas de nécessité dûment justifiée, et si ce mode de vente est compatible avec l'état de peuplement et la nature des marchandises. (Circ. N 156.)

4. *Propositions.* — Les coupes par unités de produits ne doivent être proposées que si elles sont bien justifiées. (Circ. N 360.)

5. *Etats.* — Les propositions de vente par unités de produits sont présentées sous forme d'états sommaires, qui doivent être dressés par inspection et parvenir à l'administration avant le 1er juin de l'année qui précède l'exercice. (Circ. N 360. Formule série 4, n° 4 ter.)

6. *Inscriptions. Etat d'assiette.* — Après autorisation, on soulignera à l'état d'assiette les coupes soumises à ce mode d'exploitation, en inscrivant à la suite la lettre V (vente à l'unité). (Circ. N 360.) V. Etat d'assiette.

7. *Adjudication. Lieu de vente.* — Les adjudications des coupes vendues par unités de marchandises, dans les forêts domaniales, communales ou d'établissements publics, pourront être faites dans le chefs-lieux de canton ou dans les communes riveraines des forêts. (Décr. du 25 février 1888. Circ. N 396.)

8. *Adjudication. Epoque.* — On doit mettre les coupes à vendre par unités de produits en adjudication, de manière à pouvoir faire les procès-verbaux de dénombrement avant le 31 décembre de l'année de l'exercice à laquelle elles appartiennent, afin de prévenir tout déplacement de recettes d'un exercice sur un autre. (Circ. N 69.)

9. *Adjudication. Modes.* — L'adjudication aura lieu soit au rabais, soit aux enchères. Elle portera sur l'ensemble des diverses unités de marchandises dont le prix de base ou la mise à prix sera indiqué aux affiches.

Les rabais et enchères seront réglés à tant pour cent des prix de base ou de la mise à prix. Les fractions de centièmes ne sont pas admises. (Cah. des ch. 3.)

10. *Travaux en charge. Evaluation. Dénombrement. Estimation des unités.* — Les dépenses incombant aux adjudicataires pour réparations de chemin, opérations de culture et, en général, pour tous les travaux mis en charge devront être évaluées en bloc. Cette évaluation, indiquée sur l'affiche, sera déduite du montant des produits constatés sur les

procès-verbaux de dénombrement (formule série 4, n° 32 quater), et, par conséquent, les chiffres d'estimation des diverses unités de marchandises ou de produits seront établis, en défalquant seulement les frais d'abatage et de façonnage qui s'y rapportent. (Note de l'Admin. 28 juillet 1873.) V. Unités de marchandises.

11. *Adjudication. Rabais.* — L'adjudication au rabais aura lieu de la manière suivante : le chiffre annoncé par le crieur sera diminué successivement, d'après un tarif réglé à l'avance et affiché dans la salle d'adjudication, jusqu'à ce qu'une personne prononce les mots : *Je prends.*

Si plusieurs personnes se portent simultanément adjudicataires, la coupe est tirée au sort, à moins que l'un des preneurs ne réclame les enchères ; le concours est alors ouvert entre les preneurs, d'après le mode indiqué à l'article suivant. (Cah. des ch. 4.)

12. *Adjudication. Enchères.* — L'adjudication aux enchères sera tranchée après l'extinction de trois bougies allumées successivement. Si, pendant la durée de la dernière des trois bougies, il survient des enchères, l'adjudication ne sera prononcée qu'après l'extinction d'un dernier feu sans enchères. (Cah. des ch. 5.)

13. *Procès-verbaux d'adjudication.* — Les procès-verbaux d'adjudication des coupes vendues par unités de produits ne doivent contenir que le résultat de l'adjudication ; les clauses spéciales doivent être imprimées à part, s'il y a lieu. (Circ. N 181.)

14. *Clauses spéciales.* — Il peut être établi un cahier des clauses spéciales dans chaque conservation, pour les ventes par exploitation à l'unité de marchandises. (Circ. N 142.)

15. *Procès-verbal d'adjudication. Enregistrement.* — Le procès-verbal d'adjudication des ventes par unités de produits est enregistré en débet, attendu qu'on ne peut en connaître le montant qu'après le procès-verbal de dénombrement. On doit donc inscrire au cahier des charges une clause qui interdit à l'adjudicataire l'enlèvement des bois, avant d'avoir justifié du paiement des frais d'enregistrement. (Décis. Min. 30 janvier 1860.)

16. *Vente. Condition.* — La vente comprend, sans garantie de contenance, de nombre d'arbres ou de quantité : 1° tous les bois désignés dans la coupe, à un moment quelconque de l'exploitation, par les agents et préposés forestiers, à charge par l'adjudicataire de les faire abattre et façonner et d'en payer la valeur, sur procès-verbal de dénombrement, d'après les prix fixés par le procès-verbal d'adjudication ; 2° les produits de l'élagage des arbres réservés, lorsque cette opération sera jugée utile. (Cah. des ch. 2.)

17. *Délai. Abatage.* — Les délais d'abatage seront déterminés par les clauses spéciales. (Cah. des ch. 21.)

18. *Exploitation. Epoque. Ouvriers.* — L'adjudicataire commencera l'exploitation à l'époque fixée par les clauses spéciales ou qui lui sera indiquée par le chef de cantonnement. Le chef de cantonnement pourra exiger le renvoi de tout individu incapable d'exploiter les bois ou qui refuserait de se conformer aux prescriptions des agents et préposés. (Cah. des ch. 10.) La clause obligeant l'adjudicataire à remettre préalablement à l'agent forestier la liste des ouvriers employés a été supprimée. (Circ. N 398.)

19. *Nettoiement.* — Le nettoiement préalable de la coupe, c'est-à-dire l'enlèvement des houx, épines, bruyères et autres arbustes nuisibles, pourra être prescrit par le procès-verbal d'adjudication, qui fera connaître, s'il y a lieu, le prix auquel seront payés les produits de l'opération. Dans le cas où ils seraient délivrés gratuitement, l'adjudicataire qui voudra les abandonner sera tenu de se conformer aux instructions de l'agent local, relativement à leur réunion en tas ou à leur incinération. (Cah. des ch. 12.)

20. *Coupe d'éclaircie. Assiette. Changement. Griffage.* — L'adjudicataire d'une coupe d'éclaircie vendue par unités de produits qui, pour augmenter le nombre des arbres délivrés au moyen d'un griffage, emploie une fausse griffe pour en marquer les arbres non délivrés, et y ajouter ainsi des arbres, encourt les pénalités, savoir :

Amende égale au triple de la valeur des bois non compris dans l'adjudication et restitution de leur valeur.

Si les bois sont de meilleure qualité ou plus âgés que ceux de la vente :

Amende comme pour les bois coupés en délit.
Dommages-intérêts : Somme double de l'amende.

(Cod. For. 29, 192. Tribunal de Compiègne, 16 mars 1874.)

21. *Nouvelles unités. Prix.* — Si, dans le cours de l'exploitation, l'adjudicataire désire fabriquer une catégorie de marchandises autre que celles prévues au procès-verbal d'adjudication, il en fera la demande par écrit au conservateur, qui fixera les prix de base des nouvelles unités de produits et les fera notifier administrativement audit adjudicataire.

En cas d'infraction à cette règle, le prix des nouvelles catégories de marchandises sera fixé d'office par le conservateur, sans préjudice de l'application de l'article 24 du cahier des charges. (Cah. des ch. 15.) V. Cahier des charges.

22. *Bois pour les ouvriers.* — Avant que le dénombrement soit effectué, les ouvriers ne pourront se servir, pour leur usage particulier, que d'épines, plantes parasites ou remanants désignés par le garde du triage.

L'enlèvement de ces bois et l'emploi de toute autre nature de produits seront considérés comme délits et poursuivis conformément aux dispositions du code forestier. (Cah. des ch. 20.)

23. *Réserve. Coupe. Déficit. Condamnation.* — L'adjudicataire d'une coupe vendue par unités de produits et marquée en délivrance doit être condamné aux peines portées par les articles 33, 34 et 192 du code forestier, en cas de coupe ou déficit de réserves. (Rennes, 30 avril 1874.)

COUR D'APPEL.

1. *Définition.* — Juridiction supérieure qui connaît, en second ressort, de toutes les affaires civiles et criminelles susceptibles d'appel.

2. *Attribution.* — Les cours apprécient souverainement et fixent l'interprétation des actes, des titres et des conventions de droit privé. (Cass. 11 juillet 1839.)

COUR D'ASSISES.

Définition. — Juridiction instituée pour juger les crimes et qui se compose de magistrats et de citoyens désignés par le sort (jurés), mais pris dans certaines catégories.

COUR DE CASSATION.

1. *Définition.* — Tribunal unique et supérieur, devant lequel sont portés les pourvois contre les jugements et arrêts rendus en dernier ressort, qui sont attaqués pour violation ou fausse application de la loi.

2. *Fait. Appréciation.* — La cour de cassation peut, aussi bien que les juges du fait, examiner si on a bien apprécié un fait reconnu constant. (Cass. 15 novembre 1873.)

COURLIS.

Prohibition. — La prohibition de l'article 4 de la loi du 3 mai 1844 de prendre ou de détruire, sur le terrain d'autrui, des œufs et des couvées de faisans, de perdrix et de cailles est limitative; en conséquence, elle ne s'applique pas au fait de jeunes enfants qui ont pris à la main des jeunes courlis âgés de quelques semaines.

Les courlis capturés dans ces circonstances ne sont pas un gibier; en conséquence, leur transport en temps prohibé est licite, alors surtout que l'expédition a eu lieu dans un intérêt scientifique. (Trib. de Chartres, 31 août 1881.)

COURRE. V. Chasse à courre.

COURS D'EAU.

1. *Propriété.* — Les cours d'eau navigables et flottables appartiennent à l'Etat. (Edit, août 1669.)

2. *Navigabilité. Décision.* — Une rivière n'a le caractère de rivière navigable qu'autant que la navigabilité a été déclarée expressément par un décret, rendu conformément aux dispositions de l'article 3 de la loi du 15 avril 1829. (Cass. 28 juin 1891.)

3. *Propriété. Riverains.* — Les cours d'eau ni navigables, ni flottables (ravins et torrents), sont, à moins de preuves contraires, considérés comme appartenant par moitié aux riverains. (Circ. N 64, art. 33.)

4. *Propriété. Jouissance.* — Les cours d'eau ni navigables, ni flottables, n'appartiennent point aux riverains; ils rentrent dans la classe des choses qui, aux termes de l'article 714 du code civil, n'appartiennent à personne, dont l'usage est commun à tous et dont la jouissance est réglée par les lois de police. (Cass. 10 juin 1846.)

5. *Nature de la propriété. Principe.* — Les cours d'eau et rivières ni navigables, ni flottables, leurs eaux courantes et leur lit, pris dans leur ensemble et comme formant un seul tout, rentrent dans la classe des biens qui, n'appartenant à personne, sont hors du commerce et dont la possession ne peut ni conduire à la prescription, ni donner ouverture à l'action possessoire. (Cass. 1er avril 1890.)

6. *Propriété. Riverains.* — Ni les eaux, ni le lit des rivières, même non navigables, ni flottables, ne sont la propriété des riverains qui y ont seulement des droits d'usage. (Nîmes, 16 mai 1870. Cass. 19 février 1872.)

7. *Lit. Riverains. Droits.* — Les riverains d'un cours d'eau non navigable, ni flottable, n'ont, sur ce cours d'eau, qu'un droit d'usage exclusif de tout droit de propriété du lit. (Cass. 17 juin 1850.)

8. *Flottage.* — Les cours d'eau flottables à bûches perdues seulement ne sont pas considérés comme flottables. (Cons. d'Etat, 8 mai 1822.) V. Flottage.

9. *Lit.* — L'autorité administrative est seule compétente pour fixer la limite du lit des fleuves et veiller à la conservation des

rivières navigables et flottables. (Cons. d'Etat, 31 mars 1847.)

10. *Cours d'eau flottable. Domaine public. Délimitation.* — La délimitation des cours d'eau navigables et flottables, en ce qui concerne le domaine public, est dans les attributions exclusives de l'autorité administrative; mais l'autorité judiciaire est compétente pour reconnaître un droit de propriété qui aurait été englobée dans une délimitation inexacte. (Cons. d'Etat. Trib. des Conflits, 11 janvier et 1er mars 1873. Cass. 6 novembre 1873.)

11. *Limite.* — Lorsqu'un cours d'eau navigable ou flottable est limitrophe d'une forêt, le bord contigu à la forêt est pris pour limite, sans autre formalité, et indiqué sur le tracé géométrique. (Circ. N 64, art 31.)

12. *Ligne de partage.* — Quand des rivières ou ruisseaux ne dépendent pas du domaine public, la ligne de partage est généralement située au milieu du cours d'eau. (Circ. N 64, art. 32.)

13. *Délimitation.* — Il est nécessaire de lever exactement et de faire connaître la position du milieu du cours d'eau, afin qu'en cas de contestation on puisse, en tout temps, reconnaître ce milieu. (Circ. N 64, art. 32.)

14. *Nouveau lit.* — Si un cours d'eau se forme un lit nouveau, en abandonnant son ancien lit, les propriétaires des fonds nouvellement occupés prennent, à titre d'indemnité, l'ancien lit, chacun dans la proportion du terrain qui lui a été enlevé. (Cod. Civ. 563.) V. Atterrissement. Ile.

15. *Riverains. Parcelles. Acquisitions.* — Les propriétaires riverains des rivières navigables ou flottables supprimées seront mis en demeure d'acquérir, chacun en droit soi, dans la forme prescrite par l'article 61 de la loi du 3 mai 1841, les parcelles ou parties attenantes à leur propriété. (Décis. Min. 20 octobre 1844. Loi du 24 mai 1842, art. 3.) V. Alluvion.

16. *Action. Juridiction.* — Les actions pour entreprises sur les cours d'eau, commises dans l'année, doivent être portées devant le juge de paix de la situation du litige. (Proc. Civ. 3.)

17. *Contravention.* — Les contraventions commises sur une rivière ni navigable, ni flottable, doivent être déférées aux tribunaux ordinaires. (Cons. d'Etat, 7 avril 1824.)

18. *Police. Délégation.* — La police des cours d'eau, même non navigables, appartient exclusivement à l'autorité préfectorale, et ce principe ne peut recevoir d'exception qu'au cas de délégation de ce droit aux maires par les préfets, ou lorsque les circonstances urgentes exigent des mesures de police immédiates. (Cass. 2 août 1889.)

19. *Réglementation. Police.* — C'est au préfet et non au maire qu'il appartient de prendre les mesures de police applicables aux cours d'eau non navigables. (Cons. d'Etat, 7 décembre 1877.) V. Curage.

20. *Barrage. Prise d'eau.* — En ce qui concerne les barrages ou prises d'eau, il n'y a plus de distinction à faire entre les rivières navigables, flottables ou celles qui ne le sont pas. V. Barrage. Déversoir.

21. *Prise d'eau. Prescription. Extinction.* — Une servitude de prise d'eau établie par titre et s'exerçant au moyen d'un barrage est éteinte lorsque, depuis plus de trente ans, le barrage a été détruit, ne fût-ce que par un événement de force majeure, comme une crue exceptionnelle. (Cass. 3 mars 1890.)

22. *Elargissement. Curage.* — Les préfets statuent en ce qui concerne l'élargissement et le curage des cours d'eau ni navigables, ni flottables. (Décr. du 25 mars 1852. Tableau A.)

23. *Prise d'eau. Barrage. Constructions. Règlement.* — Les préfets, statuent après avis des chefs de service : 1° sur les autorisations, pour les cours d'eau navigables ou flottables, de prises d'eau faites au moyen de machines et qui, eu égard au volume des eaux, n'en changent pas sensiblement le régime ; 2° sur les autorisations d'établissements temporaires sur lesdits cours d'eau, alors même qu'ils modifieraient le régime ou le niveau des eaux et fixeraient la durée de la concession ; 3° sur les autorisations, pour les cours d'eau ni navigables, ni flottables, de moulin, usine, barrage, etc. ; 4° sur les régularisations et modifications de règlements, concernant les établissements existant sur les cours d'eau ni navigables, ni flottables, lorsqu'ils ne sont pas pourvus d'autorisation régulière ; 5° sur les dispositions pour assurer le curage et le bon entretien des cours d'eau ni navigables, ni flottables, suivant les anciens règlements ou les usages locaux. (Décr. du 25 mars 1852. Tableau D.) V. Irrigation.

24. *Règlement d'eau. Titres anciens.* — Les arrêtés préfectoraux réglementant l'usage et l'emploi des eaux d'un cours d'eau ni navigable, ni flottable, ont pour effet de mettre un terme à tout droit antérieur de propriété ou d'usage qui aurait pu être réclamé par les riverains. Les prescriptions administratives, dans ce cas, se substituent de plein droit à tous les modes antérieurs de jouissance des eaux, qu'ils résultent de titre ou de possession. (Cass. 21 février 1876.)

25. *Lit. Construction.* — Nul ne peut acquérir par prescription le droit de conserver les constructions faites, dans le lit d'une rivière, sans l'autorisation administrative. (Cass. 19 février 1872.)

26. *Bords. Plantation. Excès de pouvoirs.* — Le préfet ne peut, sans excès de pouvoirs, interdire aux riverains d'un cours d'eau non navigable, ni flottable, de planter des arbres

sur leur propre terrain, à moins d'une distance déterminée des bords de ce cours d'eau. (Cons. d'Etat, 27 mars 1885.)

27. *Réglementation.* — L'administration a le droit de régler la direction des rivières ni navigables, ni flottables, et la hauteur des eaux dans les divers bassins ; les conditions de l'irrigation, de la construction des usines, des barrages pour pêche, des digues, des plantations sur les berges et du curage ; la prohibition des usages industriels qui corrompent les eaux et nuisent à la salubrité publique ; la police des bains, lavoirs et abreuvoirs publics. (Loi des 22 décembre 1789-8 janvier 1790. Loi des 28 septembre-6 octobre 1791. Arrêté du 19 ventôse an VI. Loi 14 floréal an XI. Cabantous.)

28. *Endiguement.* — Les ouvrages autorisés par l'administration sur des cours d'eau ni navigables, ni flottables, dans l'intérêt privé de certains riverains, ne peuvent être exécutés ou maintenus, qu'autant que les droits des tiers n'en sont point préjudiciés. (Aix, 18 avril 1864.)

29. *Travaux. Suppression. Droit des tiers.* — L'autorité judiciaire est compétente pour ordonner la suppression des travaux autorisés par l'administration sur un cours d'eau non navigable, alors que l'arrêté d'autorisation a été pris sur la demande et dans l'intérêt privé d'un riverain et sous la réserve des droits du tiers. (Cass. 16 avril 1873.) V. Eaux.

30. *Travaux. Droits des riverains.* — L'autorité judiciaire est compétente pour faire exécuter, dans la limite de son droit et uniquement en vue d'un intérêt privé, une décision administrative, alors que ces mesures ne portent pas atteinte à des dispositions réglementaires touchant la police des eaux et qu'elles ont pour objet unique de garantir les droits d'un riverain. (Cass. 19 janvier 1875.)

31. *Dommage. Prescription. Travaux.* — La prescription de l'action en réparation du dommage causé à un riverain par des ouvrages indûment construits dans le lit d'une rivière ne court que du jour où le préjudice a été causé. (Cass. 19 février 1872.)

32. *Direction des eaux. Limites.* — Les riverains d'un cours d'eau ni navigable, ni flottable, ne peuvent faire aucun acte de nature à changer la direction des eaux et à nuire aux propriétés riveraines. L'autorité administrative n'a qualité pour déterminer la largeur d'un cours d'eau ni navigable, ni flottable, que lorsqu'il s'agit d'assurer, dans l'intérêt général, le libre écoulement des eaux. Il n'appartient qu'aux tribunaux civils de régler les limites des cours d'eau en vue de terminer une contestation privée. (Aix, 12 août 1876.)

33. *Riverain. Sable.* — Les riverains d'un cours d'eau, bien que n'étant pas propriétaires du lit de ce cours d'eau, ont le droit d'en enlever le sable, à la condition de ne pas nuire à leurs voisins. Ils peuvent s'opposer à ce que cet enlèvement soit fait par un tiers. (Bordeaux, 15 avril 1886.)

34. *Travaux. Régime des eaux.* — Les cours d'eau exonérés de la surveillance de l'autorité militaire peuvent recevoir les modifications ou les améliorations dont ils sont susceptibles, mais seulement pour les travaux qui peuvent être faits tant au lit des cours d'eau, à leurs digues, francs-bords, fossés, écluses et autres ouvrages d'art, pourvu qu'il ne soit rien changé à leur direction, ni au régime des eaux. (Décr. du 16 août 1853, art. 41. Circ. N 22, art. 137.)

COUVÉE. V. Nid. Chasse.

CRÉANCE.

1. *Privilège.* — Sont des créances privilégiées les créances pour abus et prévarications commis par les fonctionnaires publics, dans l'exercice de leurs fonctions, sur les fonds de leur cautionnement et sur les intérêts qui en peuvent être dus. (Cod. Civ. 2102.)

2. *Enregistrement. Comptabilité.* — Toutes les créances, dont le montant est fixé par la liquidation, sont enregistrées sur le livre des droits constatés. (Règl. Min. 26 déc. 1866.)

3. *Titres. Délai.* — Les titres des créances dues aux entrepreneurs et fournisseurs doivent être présentés dans les trois mois qui suivent le trimestre pendant lequel les travaux ont été effectués ou terminés, et même plus tôt si c'est possible. (Règl. Min. 26 décembre 1866, art. 51. Circ. N 104.)

4. *Liquidation.* — Aucune créance ne peut être liquidée à la charge du Trésor, que par le ministre ou ses délégués. (Décr. du 31 mai 1862, art. 62.)

5. *Rappel. Exercice clos.* — Toute créance qui n'a pas été acquittée sur les crédits de l'exercice auquel elle se rapporte ne peut plus être payée qu'à titre de rappel sur exercice clos. (Décr. du 31 mai 1862, art. 123. Règl. Min. 26 décembre 1866, art. 152. Circ. N 104.)

6. *Prescription. Déchéance.* — Les créances envers l'Etat se prescrivent par cinq ans. (Loi du 29 janvier 1831, art. 9.) Lorsqu'un créancier réclame après cinq ans une créance, le préfet doit se laisser condamner par défaut, attendu que ce jugement ne sera que déclaratif et non attributif et que ce n'est qu'à une créance reconnue que la déchéance peut être opposée. D'ailleurs, la déchéance quinquennale, établie par la loi de 1831, ne s'appliquant qu'aux créanciers de l'Etat, il n'y a pas lieu de l'invoquer devant un tribunal ; il appartient à l'autorité adminis-

trative de la prononcer, sauf recours au conseil d'Etat. (Lettre de l'Administration, 2 juin 1855, n° 775.)

7. *Déchéance. Commune.* — Sont à l'abri de la déchéance édictée par l'article 9 de la loi du 29 janvier 1831, les créances appartenant aux communes contre l'Etat, en raison des restrictions de leurs droits d'usage dans une forêt domaniale, alors même que ces créances résulteraient de décisions judiciaires remontant à plus de cinq ans, si l'instance dans laquelle ces décisions sont intervenues est encore pendante. (Cons. d'Etat, 4 juillet 1862.)

8. *Abandon. Etat.* — L'Etat fait abandon des créances qu'il aurait à faire valoir contre les communes et les établissements publics pour les travaux de reboisement effectués sur les terrains communaux et d'établissements publics, en vertu des lois des 28 juillet 1860 et 8 juin 1864. (Loi du 4 avril 1882, art. 20.)

9. *Réclamation. Juridiction. Compétence.* — L'autorité administrative est seule compétente, à moins qu'il n'en ait été ordonné autrement par des lois spéciales, pour statuer sur les créances réclamées à l'Etat. (Décr. du 26 septembre 1793. Cass. 6 décembre 1855.)

CRÉANCIER.

1. *Travaux.* — En cas de décès de l'entrepreneur, les créanciers peuvent être autorisés à continuer les travaux entrepris. (Cah. des ch. 42.)

2. *Créanciers chirographaires.* — Les créanciers chirographaires ne peuvent saisir-arrêter le prix de vente d'une coupe d'arbres qui, étant encore debout, se trouvaient soumis à l'action hypothécaire des créanciers inscrits, alors surtout que le prix leur en avait été délégué. (Lyon, 27 décembre 1891.)

CRÉDIT.

1. *Répartition.* — Avant de faire aucune disposition sur les crédits de chaque exercice, le ministre répartit, par un arrêté spécial, entre les articles, les crédits ouverts aux différents chapitres du budget.

2. *Demande. Epoque.* — Toutes les demandes de crédits nécessaires pour les besoins présumés du mois sont faites (en chiffres ronds) sur la formule série 11, n° 18, intitulée *Crédits d'office*. Elles doivent être transmises le 1er de chaque mois, au plus tard. (Note de la direction, 18 janv. 1884.)

3. *Ouverture.* — Les crédits sont ordinairement délégués vers le 14 ou le 15, et les conservateurs reçoivent le 17 ou le 18 les ordonnances ministérielles, qui doivent être enregistrées dès leur réception.

4. *Augmentation.* — Le ministre ne peut accroître, par aucune ressource particulière, le montant des crédits qui lui sont affectés. (Décis. Min. 24 décembre 1822.)

5. *Crédits limités.* — Les crédits limités sont demandés par le conservateur, d'après des propositions approuvées et dont la dépense a été fixée ; les conservateurs ne peuvent pas dépasser ce chiffre.

6. *Crédits de prévision.* — Les crédits de prévision sont demandés par les conservateurs, pour faire face aux dépenses courantes, dont on ne peut pas connaître le montant au commencement du mois ; on ne doit les demander que pour les besoins prévus et sans exagération, afin de ne pas avoir des excédants de crédit trop considérables.

7. *Travaux de délimitation.* — Les salaires des bûcherons, porte-chaînes, etc., employés aux travaux de délimitation et de bornage, doivent être compris dans les états mensuels de crédit de prévision. (Circ. A 768.)

8. *Travaux urgents.* — Les crédits de prévision pour travaux urgents peuvent être demandés par les conservateurs, avant l'autorisation régulière des travaux ; mais, dans ce cas, ces crédits ne peuvent être employés qu'après que l'objet de la dépense a été approuvé. (Circ. N 22, art. 34.) On ne doit pas dépasser le montant des sommes inscrites pour chaque article du budget. (Circ. A 822.) V. Exercice.

9. *Liquidations.* — Les conservateurs doivent porter sur les états de crédits présumés nécessaires, pour les besoins de leur service, toutes les sommes destinées à acquitter les dépenses liquidées ou à liquider dans le mois. (Circ. N 402.)

10. *Emploi.* — Les crédits ouverts pour les dépenses de chaque exercice ne peuvent être employés à l'acquittement des dépenses d'un autre exercice. (Décr. du 31 mai 1862, art. 8. Règl. Min. 26 décembre 1866, art. 12. Circ. N 104.)

Les crédits affectés à un chapitre du budget ne peuvent être appliqués à un chapitre différent qu'en vertu d'un décret de virement.

11. *Période.* — Les crédits de délégation, non consommés au 31 décembre de chaque année sont annulés dans la comptabilité des ordonnateurs secondaires. (Règl. Min. 26 décembre 1866, art. 161. Circ. N 104.)

12. *Dépense. Délai.* — Les crédits doivent être dépensés au 31 décembre de l'année de l'exercice, ou au 31 janvier de l'année suivante, en cas de retards provenant de force majeure, qui doivent être énoncés dans une déclaration de l'ordonnateur jointe au mandat. (Décr. du 31 mai 1862, art. 33. Règl. Min. 26 décembre 1866, art. 11. Loi du 25 janvier 1889. Circ. N 406.)

13. *Annulation.* — Les conservateurs doivent faire annuler, sans retard, toutes les portions de crédit délégué, qui, par suite de retrait de travaux, ou de diminution de dépense, excéderaient les sommes devant rester à leur disposition. (Circ. A 822.)

14. *Crédit sans emploi.* — Les déclarations de crédits sans emploi doivent être visées par les trésoriers-payeurs, et il ne pourra plus être délivré de mandats imputables sur ces crédits. (Circ. N 88.)

15. *Reliquat.* — Le conservateur, immédiatement après l'exécution d'un travail en régie qui n'aura pas absorbé l'intégralité des crédits alloués, informera l'administration du montant des fonds restés sans emploi, par l'envoi de la nouvelle formule série 3, nº 16, appropriée à tous les cas. (Circ. N 372.)

16. *Etat des crédits.* — Le 5 de chaque mois, le conservateur adresse au ministre la situation, au premier du mois, des dépenses autorisées, des dépenses liquidées, des sommes restant sans emploi depuis le commencement de l'exercice. (Circ. Min. 14 août 1882. Circ. N 402. Form. série 11, nº 22.)

17. *Fonds centralisés. Travaux d'intérêt local.* — Les fonds versés par les départements, les communes ou les particuliers, pour concourir, avec ceux de l'Etat, à des dépenses d'intérêt public, donnent lieu à l'ouverture d'un crédit d'égale somme, par décret du chef de l'Etat, additionnellement à celle qui a été accordée au ministre pour le même objet.

18. *Budget communal.* — Le budget communal comprend toutes les ressources évaluées, pour une année, d'après les droits constatés de la commune et, sous le nom de crédits, toutes les sommes affectées à l'acquittement des dépenses. Toutes les dépenses faites peuvent être acquittées jusqu'au 15 mars et payées jusqu'au 31 mars de la seconde année ; mais on ne peut en faire de nouvelles après le 31 décembre de l'année qui donne son nom à l'exercice. (Block.)

CRÉPUSCULE.

Constatation des délits. — Le crépuscule est sans importance pour évaluer si les délits ont été commis de jour ou de nuit. On ne doit tenir compte que de la circonstance du lever ou du coucher du soleil, par rapport à l'horizon réel, et, en cas de doute, consulter l'heure astronomique du lever ou du coucher du soleil. Les heures crépusculaires sont comprises dans la nuit.

CRIÉE.

Principe. — Le conservateur ou son représentant a seul la direction des criées. (Circ. N 140.) V. Frais. Publication.

CRIME.

1 *Procès-verbaux.* — Les procès-verbaux constatant des crimes commis dans les forêts doivent être remis directement, sans délai, au ministère public, avec tous les renseignements y relatifs. (Circ. A 146.)

2. *Pénalité.* — Les crimes sont punis par les peines afflictives ou infamantes prononcées par les cours d'assises. (Cod. Pén. 1.)

CROCHET.

1. *Usager. Pénalités.* — Les usagers et les habitants des communes qui, n'ayant droit que de ramasser le bois mort, sec et gisant, se servent de crochets ou ferrements pour casser ou couper les branches sèches des arbres, dans les bois soumis au régime forestier, comme dans les bois particuliers, encourent :

Amende : 3 francs. (Cod. For. 80, 112, 120.)

S'il y a des circonstances aggravantes, nuit, récidive :

Amende : 6 francs. (Cod. For. 80, 112, 120, 201.)

2. *Prohibition.* — Les crochets en bois sont aussi bien prohibés que ceux en fer. (Cass. 9 janvier 1843.) L'article 80 du code forestier prohibe tout ce qui est *crochet.*

3. *Prohibition. Exception.* — La prohibition de l'article 80 du code forestier n'est pas applicable à l'exercice du droit au bois *sec en estant.* (Cass. 4 août 1858.)

CROISSANCE.

1. *Arbres de futaie non aménagés. Qualité.* — La croissance annuelle des arbres de haute futaie non aménagés n'est point un fruit du fonds; elle constitue un accessoire immobilier, qui s'incorpore au fonds et qui ne profite point à ceux qui, comme le mari ou l'usufruitier, n'ont droit qu'à la perception des fruits. (Lyon, 3 mars 1845.)

2. *Produit ligneux. Formation. Accroissement. Fruit du fonds.* — La production ligneuse annuelle d'un arbre est toujours intimement liée et subordonnée aux couches ligneuses préexistantes conservées ; or, comme les productions annuelles non consommées et conservées se convertissent naturellement en capital et que le seul fait de la capitalisation entraîne la disparition de la qualité de fruit, il s'ensuit que, pour les arbres, le caractère de fruit du fonds revenant à l'usufruitier ne peut jamais appar-

tenir qu'à leur dernière couche ligneuse, quoique la récolte isolée de cette production et sans préjudicier au fonds en soit impossible, par suite de la constitution naturelle des végétaux ligneux.

On voit donc que chaque formation ligneuse est un accroissement végétal d'une nature toute particulière, se rattachant bien au sol par la racine de l'arbre qui le produit, mais différant essentiellement, par son caractère et son origine, des autres fruits du fonds. (R.)

CROIX.

Signes de limites. — Lorsque, dans une délimitation, on ne peut planter des piquets, on fixe provisoirement le sommet des angles par une croix sur le rocher.

Lors du bornage, les croix sont remplacées par un carré de 0m,20 gravé dans le rocher, avec le numéro assigné au point par la délimitation. (Circ. N 64, art. 26 et 148.)

CRYPTOGAMES. V. Végétaux nuisibles.

CUBAGE.

1. *Mode. Estimation.* — Dans un intérêt d'unité et pour éviter toute confusion, les agents doivent toujours exprimer leurs estimations en mètre cube grume ou volume du cylindre de même longueur que la tige et dont la base est égale à la section supposée faite au milieu de cette longueur. Mais, suivant la destination à donner aux pièces d'industrie, on peut transformer les volumes en grume en volumes au quart, au cinquième ou au sixième. (Tarif de cubage, dernière page.)

2. *Tarif.* — L'administration a fait imprimer des tarifs de cubage, qui figurent sur le catalogue des imprimés. (Form. série 4, no 12 bis.)

3. *Estimation.* — On doit, pour les estimations, se servir du tarif de cubage approuvé par le conservateur. (Circ. N 743.)

4. *Aliénation.* — Le cubage des bois sera toujours établi en grume; si on transforme les volumes, on fera toujours connaître les facteurs de conversion dont on se sera servi. (Circ. A 721.)

5. *Modes. Volumes.* — Il y a quatre modes de cubage usités, savoir :

1o Cubage en grume, donnant le volume plein de l'arbre.

2o Cubage au quart sans déduction, ne donnant que 0.785 pour cent du volume plein, soit une perte de 0.215 pour cent pour l'écorce et un léger équarrissage.

3o Cubage au sixième déduit, donnant 0.545 pour cent du volume plein, soit une perte de 0.455 pour un équarrissage laissant des flaches sur une portion de la circonférence.

4o Cubage au cinquième déduit, donnant 0.502 pour cent du volume plein, soit une perte de 0.498 pour un équarrissage à vives arêtes et sans flaches.

CUEILLETTE. V. Enlèvement.

CULTE.

Autorité civile. — Il y aura, dans les cathédrales et paroisses, une place distinguée pour les individus catholiques qui remplissent les autorités civiles. (Loi du 18 germinal an x, art. 47.) V. Cérémonie publique. Préséance.

CULTURE EN FORÊT. CULTURE TEMPORAIRE.

1. *Principe.* — Les travaux de culture, dans une forêt, ne peuvent donner lieu à des poursuites correctionnelles que si ces travaux ont occasionné la destruction de plants ou de semences et ont eu pour résultat un véritable défrichement du sol.

En cas de dommages, ils ne peuvent donner ouverture qu'à une action civile, si les faits n'ont pas été prévus par le code forestier. Toutefois, on pourrait réprimer ces abus en dressant des procès-verbaux pour *introduction de voitures* ou *animaux*, ou *enlèvement de produits* lors de la récolte, ou *port d'instruments* hors chemins. V. Sartage. Défrichement. Anticipation. Usurpation. Extraction.

2. *Culture temporaire. Semis.* — La culture qui n'a pour objet que de remuer ou d'ameublir le sol ne peut donner lieu à des poursuites; mais, si cette action mécanique est suivie d'un semis de plantes étrangères aux végétaux composant la forêt, elle a alors pour effet l'épuisement du sol et le changement de son état superficiel et peut être considérée comme défrichement. Aussi, le tribunal de Brignoles a-t-il décidé, le 11 juin 1878, que la culture temporaire d'un terrain boisé constituait le délit de défrichement.

3. *Labour.* — L'article 144 du code forestier, réalisant la pensée d'assurer une protection efficace du sol forestier, doit être interprété en ce sens qu'il prohibe tous les faits d'extraction, même ceux qui sont exclusifs de toute pensée d'enlèvement. En conséquence, cet article est applicable à celui qui a labouré sans autorisation une partie du sol soumis au régime forestier. (Cass. 29 avril 1882.)

4. *Faulde. Fossé.* — Dans les forêts domaniales, les conservateurs autorisent les gardes à cultiver les places à charbons et les talus des fossés, à charge de repeuplement ; dans les forêts communales, ces autorisations sont données par le préfet. V. Concession.

CUMUL D'EMPLOIS. V. Emploi.

CUMUL DE PEINES.

1. *Non-cumul. Principe.* — Le principe du non-cumul des peines est général et applicable à toutes les infractions atteintes de peines criminelles ou correctionnelles, qui n'ont pas été explicitement ou implicitement exceptées par la loi. (Cass. 13 juin 1884 et 24 avril 1885.)

2. *Principe.* — Le cumul de peines est admis en matière forestière. (Cass. 6 mai 1847, 6 décembre 1845.)

3. *Agents et préposés.* — Les peines que le code forestier prononce, dans certains cas spéciaux, contre des fonctionnaires ou contre des agents ou préposés de l'administration forestière sont indépendantes des poursuites et peines dont ces fonctionnaires, agents ou préposés seraient passibles d'ailleurs pour malversation, concussion ou abus de pouvoir.

Il en est de même quant aux poursuites qui pourraient être dirigées, aux termes des articles 179 et 180 du code pénal, contre tous délinquants ou contrevenants, pour fait de tentative de corruption envers des fonctionnaires publics et des agents et préposés de l'administration forestière. (Cod. For. 207.)

4. *Délit forestier. Chasse.* — Le cumul des peines est applicable aux articles du code forestier, en ce sens qu'on peut cumuler les peines de deux délits distincts et non pas les diverses peines dont sont passibles les différents moyens de perpétration d'un seul délit reconnu par le code. (Cass. 25 mars 1830.) Le cumul des peines peut également avoir lieu en matière de chasse, pour deux délits.

5. *Délits connexes.* — Il ne doit pas y avoir cumul de peines, lorsqu'il s'agit de deux délits dont l'un conduit nécessairement à l'autre. (Cass. 22 décembre 1837.)

6. *Délits successifs.* — La constatation de deux délits successifs, en ce sens que l'on en commet un pour éviter la constatation de l'autre, ne constitue pas ensuite le cumul des peines. Il y a eu deux délits ; il doit y avoir deux peines.

Si, pour éviter l'amende de 10 francs, un délinquant, surpris par un garde, se mettait à couper un fagot, il y aurait alors deux délits *successifs* commis, dont l'un ne pourrait servir d'excuse à l'autre, et ce serait le cas de requérir les deux amendes des délits commis : 1° pour coupe ; 2° pour port d'instrument tranchant. La jonction des deux peines serait logique et légale. (Cass. 7 mars 1835.) V. Instrument.

7. *Délits distincts* — Lorsque deux délits distincts sont constatés par un seul procès-verbal, le tribunal doit faire, pour chaque délit, l'application de la peine. (Cass. 7 mars 1835, 21 juin 1845.)

8. *Peines.* — Lorsqu'un adjudicataire reconnu coupable de fausses marques a été condamné à la réclusion, il doit être aussi condamné à l'amende pour déficit de réserves. (Cass. 20 mars 1862.)

9. *Atténuation.* — L'article 365 du code d'instruction criminelle, dont la jurisprudence a étendu l'application aux matières correctionnelles, n'est pas applicable aux délits forestiers. (Cass. 21 juin 1845. Cass. 20 mars 1862.)

10. *Emprisonnement.* — La peine d'emprisonnement peut être cumulée à raison de trois délits commis à trois dates différentes. (Nancy, 26 août 1862 et 27 août 1872) ; mais le cumul des peines ne doit pas avoir lieu, s'il s'agit d'un seul délit commis le même jour, quoique constaté par deux procès-verbaux. (Cass. 21 novembre 1878.)

CUMUL DE PENSIONS.

1. *Pension. Traitement. Taux.*— Lorsqu'un fonctionnaire retraité est mis en activité dans un service différent, il ne peut cumuler sa pension et son traitement que jusqu'à concurrence de 1,500 francs. (Loi du 9 juin 1853, art. 28. Circ. N 81, art. 122.)

2. *Veuve.* — La veuve qui, étant pensionnée du chef de son mari, reçoit un traitement d'activité payé sur les fonds de l'Etat, pour l'emploi qu'elle exerce personnellement, peut cumuler sa pension et son traitement jusqu'à concurrence de 1,500 francs. (Cons. d'Etat, 30 octobre 1855, approuvé le 7 novembre 1855. Circ. N 81, art. 126.)

3. *Double pension.* — Le cumul de deux pensions est autorisé dans la limite de 6,000 francs, pourvu qu'il n'y ait pas double emploi dans les années de service présentées pour la liquidation. Cette disposition n'est pas applicable aux pensions qu'une loi spéciale a affranchies des prohibitions du cumul. (Loi du 9 juin 1853, art. 31. Circ. N 81, art. 133.)

CUMUL DE TRAITEMENTS.

Distinction. — Les prohibitions de cumul ne s'appliquent pas aux traitements payés sur les fonds des départements ou des communes ; elles s'appliquent à tous les traitements payés sur les fonds de l'Etat, sans faire aucune distinction entre les traitements qui donnent droit à pension et ceux qui n'offrent pas cette expectative. (Cons. d'Etat, 27 mai 1826 et 17 avril 1831. Circ. N 81, art. 127.) V. Traitement. Secours.

CURAGE.

1. *Fossés. Routes.* — Les propriétaires riverains sont tenus de recevoir, sur leurs héritages, les terres et sables provenant du curage des fossés des routes qui les bordent. (Arr. du Conseil, 3 mai 1720.) V. Fossé.

2. *Cours d'eau.*— Le curage des cours d'eau qui ne sont ni navigables, ni flottables, doit être effectué de la manière prescrite par les anciens règlements ou d'après les usages locaux. Lorsque l'application des règlements ou l'exécution du mode consacré par l'usage éprouvera des difficultés, ou lorsque des changements survenus exigeront des dispositions nouvelles, il y sera pourvu par le gouvernement dans un règlement d'administration publique, de manière que la quotité de la contribution de chaque imposé soit relative au degré d'intérêt qu'il aura aux travaux à effectuer. (Loi du 14 floréal an XI.)

En réalité, le curage des cours d'eau ni navigables, ni flottables, est à la charge des riverains, qui peuvent, à cet effet, se constituer en association syndicale ; si ce travail n'était pas effectué, le préfet pourrait établir un syndicat forcé qui en serait chargé. (Cabantous.)

Dans ce cas, comme les curages peuvent avoir pour conséquence l'élargissement ou le redressement des cours d'eau, on pourrait, en vue d'éviter toute difficulté, demander au préalable le bornage entre le lit du cours d'eau et les berges appartenant aux riverains. V. Ruisseau. Cours d'eau.

3. *Décision.* — Les préfets statuent après avis des chefs de service... 5° sur les dispositions pour assurer le bon entretien des cours d'eau ni navigables ni flottables, suivant les anciens règlements ou les usages locaux. (Décr. 25 mars 1852. Tableau D.)

CURÉ.

1. *Futaie.* — Les curés et desservants, n'étant tenus qu'aux réparations locatives des presbytères (Décr. du 6 décembre 1813, art. 21), n'ont pas droit au partage de la futaie, lorsqu'elle s'effectue suivant le toisé des bâtiments. Dans ce cas, la délivrance revient à la commune, qui est chargée des grosses réparations.

2. *Affouage.* — Les curés et desservants ont droit à l'affouage, comme chefs de maison, s'ils réunissent les conditions de domicile.

3. *Affouage. Délivrance.* — Lorsque le presbytère est une maison usagère, on ne peut se dispenser de faire au curé la délivrance des bois affectés à l'usage du presbytère. (Trib. de Neufchâtel, 31 août 1882.) V. Presbytère.

D

DALOT.

1. *Travaux.* — La construction et la réparation des dalots sont classées comme travaux d'entretien. (Circ. N 22, art. 25.)

2. *Mode. Substitution.* — On peut substituer aux dalots des tuyaux en terre cuite, des cassis pavés ou des drainages formés de grosses pierres. (Circ. N 22, art. 79.)

3. *Dimension.* — On ne doit donner aux dalots que les dimensions nécessaires au débit des eaux. (Circ. A 845.)

DATE.

1. *Définition.* — Indication du jour, du mois et de l'année où un acte a été fait.

2. *Fait.* — La date d'un procès-verbal est un fait matériel, faisant foi, comme l'acte lui-même, jusqu'à inscription de faux ou preuve contraire ; elle est contrôlée par l'enregistrement. V. Enregistrement.

3. *Preuve.* — Les dates qui ne sont que conjecturales peuvent être combattues par la preuve testimoniale. (Nancy, 5 déc. 1834.)

4. *Erreur.* — Les erreurs commises sur la date d'un acte d'affirmation d'un procès-verbal sont sans influence sur la validité de l'acte, si ces erreurs se trouvent rectifiées par des énonciations authentiques consignées sur le procès-verbal lui-même. (Cass. 28 août 1812.)

5. *Rature. Interligne.* — Les ratures ou interlignes non approuvés de la date de la clôture d'un procès-verbal, ayant pour effet de faire considérer comme non existant les mots raturés, entraînent la nullité du procès-verbal, si la date ne peut pas être rétablie par d'autres énonciations de l'acte.

DAYA.

1. *Définition.* — En Algérie, on désigne sous le nom de dayas des dépressions du plateau saharien en forme de cuvettes, qui renferment un assez grand nombre de beaux arbres de l'espèce des pistachiers. (Loi du 9 décembre 1885, exposé des motifs.)

2. *Algérie. Exploitation.* — En Algérie, aucune exploitation ou aucun abatage d'arbres ne pourra avoir lieu dans les dayas sans autorisation, sous peine de :

Amende : 20 à 500 francs.
Prison facultative : 6 jours à 6 mois.
L'article 463 du code pénal sera applicable. (Loi du 9 décembre 1885, art. 7 et 8. Circ. N 357.)

V. Algérie. Bois particulier.

DÉBET. V. Timbre. Enregistrement.

DÉBOISEMENT. V. Défrichement.

DÉBOUTER.

Définition. — Déclarer par jugement ou par arrêt quelqu'un déchu d'une demande formée en justice.

DÉBRIS.

1. *Enlèvement. Pénalités.* — L'enlèvement des débris de bois peut être puni comme enlèvement de produits quelconques du sol forestier, en vertu de l'article 144 ; si cet enlèvement a eu lieu dans une coupe, il constitue un vol de bois, au préjudice de l'adjudicataire.

2. *Vente.* — Les débris non distribués des coupes affouagères peuvent être vendus par les maires, sans le concours des agents forestiers. (Décis. Min. 14 juillet 1848. Circ. N 80, art. 77.)

DÉBROUSSAILLEMENT. V. Chêne-liège. Tranchées.

DÉCÈS.

1. *Action. Complices.* — Le décès du prévenu laisse subsister l'action publique contre les complices.

2. *Construction à distance prohibée. Bois d'usage.* — Les actions en démolition de maisons ou usines construites à distance prohibée et celles en reprise de bois d'usage non employés peuvent être exercées contre les héritiers du prévenu.

3. *Confiscation.* — Les confiscations pénales sont éteintes par le décès du prévenu ; mais, si la détention des objets constitue un délit, la confiscation peut être poursuivie contre les héritiers.

4. *Action pénale et civile.* — Le décès du prévenu éteint l'action publique et pénale ; mais l'action civile peut être exercée contre ses héritiers. (Instr. Crim. 2.)

5. *Caution.* — Le décès de l'adjudicataire n'éteint pas l'action publique contre la caution. (Cass. 5 avril 1811.)

6. *Amende. Restitution.* — Le décès du prévenu ne libère pas les héritiers des amendes *prononcées* contre lui, non plus que des restitutions et dommages-intérêts dus, ainsi que des frais.

7. *Marchés. Entrepreneurs.* — Le décès des entrepreneurs dissout les marchés passés pour l'exécution des travaux ; les créanciers, héritiers ou cautions peuvent être admis à continuer les travaux. (Circ. N 22, art. 264 et 267. Cah. des ch. 42.) V. Travaux. Soumissionnaire.

8. *Etats.* — Les conservateurs fournissent, en janvier et juillet, l'état des légionnaires décédés pendant le semestre précédent (Note du 13 août 1879) et, en juin, celui des titulaires de médailles forestières décédés. (Circ. N 334.) V. Légionnaire. Médaille forestière.

DÉCHARGE D'EXPLOITATION.

1. *Délivrance. Délai.* — Un mois après le récolement, si l'administration n'élève aucune contestation, le préfet délivrera à l'adjudicataire la décharge de son exploitation. (Cod. For. 51.)

2. *Formalités. Avis.* — Les préfets ne délivreront aux adjudicataires les décharges d'exploitation qu'après avoir pris l'avis des conservateurs. (Ord. 99 et 134.)

3. *Récolement. Conditions.* — Le conservateur ne doit donner son consentement pour les décharges d'exploitation que sur le vu du procès-verbal de récolement, constatant que l'adjudicataire a rempli ses engagements. Si les conditions n'ont pas été exécutées, ou s'il y a eu délit, il attend que l'exécution soit terminée ou qu'il soit statué sur les délits. Le consentement est délivré à la suite du procès-verbal de récolement. (Instr. 23 mars 1821, art. 54.)

4. *Procès-verbal. Réduction.* — Le procès-verbal à l'effet de provoquer la décharge d'exploitation est rédigé dans les bureaux du conservateur, en minute, avec une expédition pour les adjudicataires ou cautions, mais seulement lorsque cet acte est réclamé par les ayants droit. (Circ. A 417.)

5. *Refus. Usage.* — En cas de refus, les adjudicataires ont le droit d'actionner le préfet devant les tribunaux, pour obtenir leur décharge ; mais, quoiqu'ils soient responsables pendant trente ans de tous les délits antérieurs au récolement et de tous ceux qui pourraient être commis tant dans l'intérieur de la coupe que dans ses réponses, ils demandent rarement cette décharge, qui opère seule leur libération et qui, malgré les termes impératifs de l'article 51 du code forestier, n'est pas délivrée d'office. Il n'est même plus établi de procès-verbaux de récolement lorsque des délits ou contraventions n'ont pas été reconnus. (Circ. N 366.)

DÉCHÉANCE.

1. *Définition.* — On appelle déchéance la perte d'un droit par le défaut d'exercice dans un temps donné, ou parce qu'on a

négligé de remplir les conditions ou formalités prescrites ou convenues.

2. *Adjudicataire.* — Faute par l'adjudicataire de fournir les cautions exigées dans le délai prescrit, il est déclaré déchu de son adjudication par arrêté du préfet, et il est procédé, dans les formes ordinaires, à une nouvelle adjudication à sa folle enchère. (Cod. For. 24.)

3. *Adjudicataire. Coupe. Frais.* — En cas de déchéance, l'adjudicataire paiera les frais de la première adjudication, savoir : pour les bois de l'Etat, à raison de 1.60 pour cent du prix principal ; pour les bois des communes et établissements publics, les frais seront payés d'après le chiffre arrêté par le président de la vente. (Instr. des Dom. nº 1522. Circ. N 80, art. 101. Cah. des ch. 8.)

4. *Adjudicataire. Coupe. Prix.* — En cas de déchéance, l'adjudicataire est tenu de la différence entre son prix et celui de la nouvelle adjudication, sans pouvoir réclamer l'excédant, s'il y en a. (Cod. For. 24.)

5. *Contrainte par corps. Adjudicataire. Coupe.* — La contrainte par corps peut être exercée contre un adjudicataire déchu en vertu de l'acte qui prononce sa déchéance, sans qu'il soit besoin de jugement. (Décis. Min. 28 juin 1828.) V. Contrainte par corps.

6. *Aliénation. Dommages-intérêts.* — En cas de retard de paiement, la déchéance des acquéreurs de bois aliénés peut être prononcée par le préfet, sur la demande du directeur des domaines. Cet arrêté ne peut être mis à exécution qu'après l'approbation du ministre. L'arrêté fixera, en même temps, les dommages-intérêts dus par l'acquéreur, égaux au dixième du prix s'il n'a rien été versé et au vingtième s'il a été payé quelque chose. (Loi du 15 floréal an X. Ord. 11 juin 1817. Anc. Cah. des ch.)

7. *Réclamation.* — L'arrêté de déchéance du préfet peut être déféré à l'autorité supérieure. (Meaume.)

8. *Délimitation. Géomètre.* — Lorsqu'il y a lieu, dans les cas prévus par la soumission, de déclarer un géomètre déchu de son entreprise, le conservateur l'en prévient, en le mettant en demeure de faire remise de toutes les pièces relatives à l'affaire. (Circ. N 64, art. 181.)

9. *Usagers. Titres. Délai.* — La renonciation de l'Etat et de ses ayants cause au bénéfice de la déchéance édictée par les lois du 28 ventôse an XI et 14 ventôse an XII, contre les usagers qui n'ont pas produit leurs titres dans les délais fixés par ces lois, peut s'induire de ce fait, que les usagers ont continué à jouir de leurs droits au vu et au su et sans opposition de la part de l'Etat ou de ses ayants droit. (Cass. 11 juillet 1854.)

10. *Créance. Réclamations.* — Est à l'abri de la déchéance résultant de l'article 9 de la loi du 29 janvier 1831, la créance sur l'Etat dont le paiement a été réclamé dans les cinq ans à partir de l'ouverture de la créance. (Cons. d'Etat, 12 janvier 1854.)

11. *Créanciers. Droits.* — Ne sont pas déchus de leur droit, les créanciers de l'Etat qui n'ont pas été payés dans les délais fixés par le fait de l'administration ou par suite de pourvois formés devant le Conseil d'Etat. (Loi du 29 janvier 1831, art. 10.)

DÉCIME.

1. *Définition.* — Impôt établi par la loi du 6 prairial an VII et maintenu, chaque année, par la loi de finances.

2. *Paiement.* — Le décime de guerre se paye en sus des droits d'enregistrement, timbre, hypothèques, droit de greffe, amende et condamnations. Il est perçu en même temps que le principal et par les mêmes préposés. (Loi du 6 prairial an VII.)

3. *Double décime. Enregistrement.* — Le principal des droits et produits soumis au décime, et dont la perception est confiée à l'administration de l'enregistrement, sera augmenté de deux décimes. (Loi du 2 juillet 1862, art. 14. Loi du 23 août 1871, art. 1.)

4. *Demi-décime. Enregistrement.* — Les produits de toute nature, dont le principal est seul déterminé par les lois, sont soumis à un droit de 5 pour cent du principal. (Loi du 30 décembre 1873.)

L'impôt est augmenté d'un demi-décime, ce qui fait 2 décimes et demi ou 0.25 en plus du principal ou 25 pour cent, soit le quart en plus. Cet impôt ne s'applique pas au timbre.

5. *Adjudicataires.* — Les adjudicataires des coupes de bois ne payent plus le décime (10me). (Décis. Min. 5 juillet 1859. Circ. A 790.)

6. *Produits accessoires.* — Les produits accessoires délivrés ne sont pas passibles du décime. (Domaines, Instr. 1566. Arg. de l'Instr. 2180. Arr. Min. 22 juin et 1er septembre 1838.)

7. *Contrainte par corps.* — Les décimes de guerre doivent être ajoutés à l'amende pour déterminer la durée de la contrainte par corps. (Cass. 27 août 1868.)

8. *Transaction.* — Dans les transactions, dès qu'une somme reste à payer avec le caractère d'*amende*, les décimes doivent être perçus sur cette somme et compris, dès lors, dans les propositions de transactions. (Circ. A 801.)

9. *Remise gracieuse. Portion d'amende.* — Lorsqu'il est fait remise gracieuse d'une portion d'amende, la grâce ne s'étend qu'aux décimes correspondants, et, par suite, le

condamné doit toujours verser au profit du Trésor 25 pour cent du chiffre auquel son amende a été réduite. (Circ. de la direction générale de la comptabilité publique du 30 décembre 1890. Circ. N 430.)

10. *Grâce. Amnistie. Part des agents.* — Lorsque les décrets de grâce ou certaines lois d'amnistie réduisent l'amende à la part des agents verbalisateurs, cette part est seule mise en recouvrement, sans addition de décimes. (Circ. de la direction générale de la comptabilité publique du 30 décembre 1890. Circ. N 430.)

DÉCISION.

1. *Définition. Administration.* — On entend par décisions de l'administration les décisions prises par le conseil d'administration, composé du président et des administrateurs. (Circ. N 104, § 287.)

2. *Qualité. Recours. Juridiction.* — Les décisions ministérielles, qui ne constituent qu'un simple acte d'administration et non pas un acte de juridiction et qui ne font pas obstacle à ce que les intéressés fassent valoir leurs droits devant l'autorité compétente, ne sont pas susceptibles d'être déférées au conseil d'Etat, par voie contentieuse. (Cons. d'Etat, 10 janvier 1856.)

3. *Contentieux.* — Les ministres statuent par des décisions spéciales sur les affaires qui peuvent être l'objet d'un recours par voie contentieuse ; ces décisions sont notifiées administrativement aux parties intéressées. (Décr. du 2 novembre 1864, art. 6.)

4. *Délai. Recours.* — Lorsque des ministres statuent sur des recours contre des décisions d'autorités qui leur sont subordonnées, leur décision doit intervenir dans le délai de quatre mois, à dater de la réception de la réclamation au ministère ou des pièces produites ultérieurement, dont le ministre donne reçu, si on le demande. Après l'expiration de ce délai, s'il n'est intervenu aucune décision, les parties peuvent considérer leur réclamation comme rejetée et se pourvoir devant le conseil d'Etat. (Décr. 2 novembre 1864, art. 7.)

5. *Usagers. Juridiction.* — En fait de droit d'usage, les décisions ministérielles ne font pas obstacle à ce que les usagers portent leurs prétentions devant les tribunaux. (Ord. du 11 février 1827.)

6. *Fonctionnaire. Pénalité.* — Tout fonctionnaire qui se sera décidé par faveur pour une partie ou par inimitié contre elle sera coupable de forfaiture et puni de *dégradation civique*. (Cod. Pén. 183.)

DÉCLARATION.

1. *Scierie. Bille.* — La déclaration des arbres, billes ou tronces, à introduire dans une scierie autorisée, doit se faire cinq jours avant leur introduction. (Cod. For. 158.)

2. *Défrichement. Formalités.* — La déclaration de défrichement doit se faire sur papier timbré (Décis. Min. 19 novembre 1866), en double expédition, à la sous-préfecture, quatre mois à l'avance, en faisant élection de domicile dans le canton où est situé le bois à défricher. (Cod. For. 219.)

3. *Défrichement. Indications.* — Les déclarations prescrites par l'article 219 du code forestier indiqueront la dénomination, la situation et l'étendue des bois que les particuliers se proposent de défricher ; elles contiendront, en outre, élection de domicile dans le canton de la situation de ces bois ; elles seront faites en double minute et remises à la sous-préfecture, où il en sera tenu un registre.

Elles seront visées par le sous-préfet, qui rendra l'une des minutes au déclarant et transmettra l'autre immédiatement à l'agent forestier supérieur. (Ord. 192. Décr. du 22 novembre 1859.)

4. *Droits d'usage.* — Les déclarations des habitants, sur leurs biens et droits, inscrites dans le terrier du domaine du roi, lorsqu'elles sont accompagnées d'une jouissance immémoriale et conforme, peuvent être considérées comme constituant un titre des droits d'usage y énumérés au profit des habitants. (Cass. 28 novembre 1869.)

DÉCLINATOIRE.

1. *Définition.* — Moyen de défense pour faire renvoyer une demande devant un autre tribunal. V. Conflit. Exception.

2. *Incompétence. Procédure.* — Les déclinatoires sur incompétence sont communiqués au ministère public. (Proc. Civ. 83.)

DÉCORATION.

1. *Port.* — Les décorations et médailles, françaises et étrangères, se portent sur le côté gauche de la poitrine, le ruban ou la rosette posés :

1° Sur l'uniforme militaire, à la hauteur de la deuxième rangée de boutons ;

2° Sur le costume officiel civil, à la hauteur du sein gauche ;

3° Sur l'habit ou la redingote de ville, à la première boutonnière. (Décr. du 10 mars 1891, art. 1. Circ. N 429.)

2. *Effigie. Insignes.* — La croix de la Légion d'honneur, la médaille militaire et tous les insignes à l'effigie de la République doivent présenter la face sur laquelle se trouve l'effigie. (Décr. du 10 mars 1891, art. 2. Circ. N 429.)

3. *Ordre. Décorations françaises et étrangères.* — Les décorations françaises sont placées les premières et dans l'ordre suivant,

de droite à gauche, sur le côté gauche de la poitrine : Légion d'honneur, médaille militaire, médailles commémoratives, décorations universitaires, décorations du mérite agricole, médaille d'honneur.

Les décorations étrangères viennent à la suite et à la gauche des décorations et médailles françaises. (Décr. du 10 mars 1891, art. 3 et 4. Circ. N 429.)

4. *Uniforme. Costume officiel. Port avec insignes.* — Sur l'uniforme, en costume officiel, militaire ou civil, dans la petite tenue en armes, toutes les décorations et médailles, françaises et étrangères, doivent être portées avec leurs insignes réglementaires : le port des rubans ou rosettes seuls à la boutonnière est formellement interdit. (Décr. du 10 mars 1891, art. 5. Circ. N 429.)

5. *Tenue de ville. Port sans insignes.* — Les personnes en tenue de ville sont seules autorisées à porter à la boutonnière des rubans ou des rosettes sans insignes, excepté s'il s'agit de décorations étrangères qui contiennent du rouge en quantité plus ou moins notable et dont le port a été réglementé par les décisions présidentielles des 11 avril 1882, 8 juin 1885 et 10 juin 1887. (Décr. du 10 mars 1891, art. 6. Circ. N 429.)

6. *Décorations étrangères.* — Il est défendu :

1° De porter des décorations qui n'auraient pas été conférées par une puissance souveraine ;

2° De porter des décorations étrangères sans en avoir obtenu l'autorisation du chef de l'Etat. (Décr. du 13 juin 1853.)

7. *Port illégal. Pénalités.* — Toute personne qui aura publiquement porté des décorations (insignes) d'un ordre et d'un grade ne lui appartenant pas, ou autres que celles pour lesquelles l'autorisation a été accordée, encourra :

Prison : 6 mois à 2 ans. (Cod. Pén. 259. Décr. du 13 juin 1853.)

8. *Propositions. Epoques.* — Les conservateurs doivent faire parvenir chaque année, pour le 15 octobre, des propositions pour :

La décoration de la Légion d'honneur (services civils et services militaires) ;

La médaille militaire (services militaires) ;

Les distinctions académiques (palmes d'officier d'académie et de l'instruction publique) ;

En outre, en juin et décembre, des propositions pour la décoration du mérite agricole (agents et préposés).

Chaque proposition doit être appuyé d'un rapport motivé. (Notes de l'Admin. 27 juillet 1887 et 14 avril 1888.)

V. Légion d'honneur. Mérite agricole. Médaille.

DÉCORTICATION. V. Ecorcement.

DÉCRET.

1. *Définition.* — Dénomination des actes du gouvernement. (Sénatus-consulte, 28 floréal an XII.)

2. *Interprétation.* — Les ministres n'ont pas qualité pour interpréter les décrets rendus au contentieux ; ils doivent se borner à les exécuter. (Cons. d'Etat, 27 mai 1863.)

3. *Autorité.* — Un décret ne peut déroger à une loi. (Cons. d'Etat, 28 février 1866.)

4. *Puissance.* — Les décrets promulgués et exécutés comme lois, sans opposition de la puissance législative et dont les dispositions ne sont point contraires au texte de la charte constitutionnelle, doivent conserver, jusqu'à ce qu'ils aient été révoqués, la plénitude de leur exécution. (Cass. 3 février 1820.)

5. *Promulgation. Exécution.* — Un décret non promulgué n'est pas exécutoire. (Aix, 2 janvier 1874.) V. Promulgation.

6. *Défense nationale. Pouvoir.* — Le gouvernement de la Défense nationale, en l'absence de tout pouvoir régulièrement élu et constitué, ayant assumé, sans opposition de la nation, la responsabilité de la défense du pays a, par là même, résumé entre ses mains l'exercice de la puissance publique et du pouvoir législatif ; il a donc pu, dans de telles circonstances, rendre des décrets ayant force de loi, tant qu'ils ne seront pas rapportés, alors surtout que ces décrets se rattachent au système de la défense du territoire. (Cass. 2 mars et 8 juin 1871.)

DÉFAUT.

1. *Définition.* — Celui qui fait défaut s'appelle *défaillant.*

2. *Jugement.* — Si le prévenu cité ne comparaît pas à l'audience, il sera jugé par défaut. (Instr. Crim. 186.) V. Jugement par défaut.

3. *Opposition.* — La condamnation sera comme non avenue si, dans les cinq jours de la signification qui en aura été faite au prévenu, ou à son domicile, outre un jour par cinq myriamètres, celui-ci forme opposition à l'exécution du jugement et notifie son opposition tant au ministère public qu'à la partie civile ; néanmoins, les frais de l'expédition de la signification du jugement par défaut et de l'opposition pourront demeurer à la charge du prévenu. (Instr. Crim. 187, 208.)

4. *Opposition. Citation.* — L'opposition emporte de droit citation à la première audience ; elle sera non avenue si l'opposant ne comparaît pas et le jugement rendu ne pourra plus être attaqué, si ce n'est en appel ou en cassation. (Instr. Crim. 188. 208.)

5. *Appel.* — Les règles pour les jugements en première instance sont applicables aux jugements par défaut en appel. (Instr. Crim. 208.)

6. *Frais.* — Le défaillant doit être condamné aux frais, excepté si la citation ne lui a pas été remise, ou si elle est nulle ou remise à trop bref délai. (Cass. 15 octobre 1834.)

7. *Défaut. Prescription.* — En aucun cas, le condamné par défaut, dont la peine est prescrite, ne pourra être admis à purger le défaut. (Instr. Crim. 641.)

8. *Administration forestière.* — Les jugements par défaut ne peuvent jamais être rendus contre l'administration forestière, parce que le ministère public la remplace de droit, pour l'action publique.

DÉFENSABILITÉ. (DÉFENS. DÉFENSABLES.)

SECT. I. — BOIS SOUMIS AU RÉGIME FORESTIER.

§ 1. *Reconnaissance. Désignation.*

1. *Défens. Définition.* — Les bois en *défens* sont ceux où les troupeaux ne peuvent pas aller au pâturage ou au panage.

2. *Défensable. Définition. Age.* — Les bois *défensables* sont ceux dans lesquels les troupeaux peuvent aller au pacage, parcours, panage et glandée, parce que les arbres sont à l'abri, par leurs dimensions, leur âge et leur élévation, de la dent du bétail.

D'après l'article 199 du code forestier, les bois semblent devoir être considérés comme défensables à l'âge de dix ans.

3. *Forêts jardinées.* — Les futaies résineuses exploitées en jardinant (furetage) ne sont jamais défensables. (Chambre des députés, séance du 18 mai 1827. Opinion du directeur général. Conseil d'Etat, 13 août 1840.) (Cela peut varier selon les circonstances.)

4. *Déclaration. Droits d'usage. Principe.* — La déclaration de défensabilité est une disposition de police qui réglemente seulement l'exercice de l'usage, sans affecter le fond du droit, et contre laquelle on ne peut invoquer les titres ou les droits acquis.

Le propriétaire peut toujours y avoir recours, quelles que soient les époques déterminées par les titres constitutifs de l'usage. (Cass. 19 novembre 1836. Cons. d'Etat, 28 octobre 1829.)

Cependant, il n'en serait pas de même pour les bois particuliers, si les titres étaient postérieurs au décret du 18 brumaire an XIV (7 décembre 1805) et s'ils portaient dérogation formelle aux lois forestières. (Cass. 8 avril 1857.) V. Pâturage. Usager.

5. *Prescription.* — L'usager ne peut jamais prescrire contre la déclaration de défensabilité, qui doit émaner de l'administration forestière. (Cass. 5 septembre 1835.)

6. *Absence de désignation.* — Faute de déclaration des cantons défensables, tout le bois est supposé en défends. (Cass. 6 août 1829, 8 mai 1830 et 17 avril 1841.)

7. *Déclaration annuelle.* — La déclaration des cantons défensables doit être faite chaque année. Les déclarations des années précédentes ne sont pas valables pour les suivantes (Cass. 23 juillet 1842. Cass. 17 avril 1841. Cass. 18 mai 1848), excepté pour les bois particuliers.

8. *Autorisation verbale. Excuse.* — Une autorisation verbale ne pourrait pas excuser un délit; il faut que l'usager ou l'habitant prouve, par la déclaration de défensabilité, que le pâturage est autorisé. (Cass. 3 avril 1830.)

9. *Défensabilité. Conseil municipal.* — L'administration forestière n'est pas tenue de consulter le conseil municipal d'une commune, pour décider si un bois soumis au régime forestier doit ou non être déclaré défensable. (Cons. d'Etat, 13 décembre 1845.)

10. *Désignation.* — Les agents forestiers désignent les cantons défensables dans les bois soumis au régime forestier et dans les bois des particuliers. (Cod. For. 69, 112, 119.)

11. *Epoque.* — Chaque année, avant le 1er mars pour le pâturage, et un mois avant l'époque fixée par l'administration forestière pour l'ouverture de la glandée et du panage, les agents forestiers feront connaître aux communes et aux particuliers jouissant des droits d'usage les cantons déclarés défensables et le nombre des bestiaux qui seront admis au pâturage et au panage.

Les maires seront tenus d'en faire la publication dans les communes usagères. (Cod. For. 69.)

Cet article est applicable à la jouissance des communes et des établissements publics dans leurs bois. (Cod. For. 112.)

12. *Publication. Principe.* — La publication par le maire des cantons livrés au parcours et du nombre d'animaux à admettre au pâturage, prescrite par l'article 69 du code forestier, est d'ordre public; mais elle n'a pas d'importance, ni d'influence pour l'administration. Son défaut n'excuse pas le délit et n'en constitue pas. (Cass. 29 août 1839.)

13. *Publication. Délit. Excuses.* — Les maires doivent publier les cantons défensables, mais l'administration forestière ne peut pas les forcer à remplir cette obligation. Dès lors, l'exécution ou l'oubli de cette formalité n'influe en rien sur les procès-verbaux dressés pour violation des conditions insérées dans les procès-verbaux de délivrance des cantons défensables. (Nîmes, inédit, 25 août 1836.)

14. *Procès-verbaux des cantons défensables. Epoque.* — Chaque année, les agents forestiers locaux constateront par des procès-verbaux, d'après la nature, l'âge et la situation des bois, l'état des cantons qui pourront être délivrés pour le pâturage, la glandée et le panage, dans les forêts soumises à ces droits; ils indiqueront le nombre des animaux qui pourront y être admis et les époques où l'exercice de ces droits d'usage pourra commencer et devra finir. (Ord. 119.)

15. *Proposition. Approbation. Epoque.* — Les propositions des agents forestiers seront soumises à l'approbation du conservateur, avant le 1er février pour le pâturage, et avant le 1er août pour le panage et la glandée. (Ord. 119.)

16. *Procès-verbal. Copie.* — Sous aucun prétexte, il ne peut être exigé de l'agent qui aura procédé à la reconnaissance des cantons défensables plus d'une expédition des procès-verbaux qu'il aura rédigés; il en conservera minute, pour en délivrer une nouvelle expédition, si la première venait à s'égarer. (Circ. A 389.)

17. *Avis. Envoi. Etat général.* — Chaque agent, par l'intermédiaire duquel le procès-verbal des cantons défensables devra passer, inscrira son avis sommaire, dans l'espace réservé à cet effet.

Les procès-verbaux seront transmis par les chefs de service au conservateur, avec les états de bestiaux fournis par les usagers.

Le conservateur formera, au moyen de ces actes, l'état général des cantons défensables, qu'il gardera dans ses archives, avec l'état des bestiaux, et il renverra seulement les procès-verbaux, avec son arrêté. L'état général des cantons défensables n'est plus soumis à l'administration. (Circ. A 389. Circ. A 584.)

18. *Copie. Notification.* — Les chefs de service prépareront, *sans rétribution*, les originaux et les copies des actes de notification des procès-verbaux des cantons défensables. (Circ. A 389.)

19. *Indication. Nuit. Cantons.* — Comme le pâturage de nuit dans les cantons défensables n'est pas défendu par la loi (Cass. 6 juin 1855), il est bon de faire connaître, sur les procès-verbaux des cantons défensables, s'il est permis ou défendu d'aller au pâturage pendant la nuit et, au besoin, y faire mention des coupes en exploitation ou à exploiter et des cantons à reboiser mis en défens.

20. *Procès-verbal des cantons défensables. Timbre. Enregistrement.* — Les procès-verbaux de reconnaissance des cantons défensables sont des actes administratifs et, comme tels, exempts de timbre et d'enregistrement. (Loi du 15 mai 1818, art. 80.) La notification du procès-verbal (acte extra-judiciaire) doit être timbrée et enregistrée, au droit fixe de 3 francs en principal.

Le droit de timbre est recouvré sur les usagers. (Loi du 13 brumaire an VII.) L'enregistrement a lieu gratis, moyennant 3 francs en principal en débet; il est recouvré ou non sur les usagers, selon que ceux-ci sont dispensés ou tenus de payer les vacations forestières. (Décis. Min. 4 juin 1838. Circ. A 422.)

Pour la jouissance des communes dans leur bois, l'enregistrement de la notification doit avoir lieu en débet, et il n'y aurait lieu à la perception du droit qu'en cas de poursuite, parce que cet acte devrait alors être produit devant les tribunaux. (Cod. For. 104. Lettre de la direction générale de l'enregistrement des domaines et du timbre du 28 février 1873. Loi du 22 frimaire an VII. Loi du 23 août 1871.) (L'enregistrement pourrait être gratis, comme pour la notification du rapport de défrichement au propriétaire des bois.)

21. *Droits particuliers. Cantons.* — Lorsque des communes ou sections de communes ont des droits particuliers, la désignation de leurs cantons défensables doit être distincte, afin que les troupeaux ne se mélangent pas.

22. *Déclarations. Divers usagers.* — Si le droit de pâturage est exercé par plusieurs particuliers, en vertu de titres spéciaux, chacun d'eux doit être pourvu d'une décla-

ration de défensabilité spéciale. (Dijon, 30 janvier 1833.)

23. *Cantons. Totalité. Surface.* — Le propriétaire d'une forêt grevée de droits de pâturage n'est pas tenu de délivrer à l'usager la totalité des cantons défensables, lorsque la satisfaction de ces derniers ne l'exige pas; on peut accorder une surface convenue par tête de bétail, ou une quotité déterminée de la forêt tout entière. (Cass. 26 janvier 1864.)

24. *Mise en défens. Durée.* — La durée de la mise en défens des terrains et pâturages en montagne, appartenant aux communes et établissements publics, lorsque l'état de dégradation ne paraîtra pas assez avancé pour nécessiter des travaux de restauration, ne peut pas excéder dix ans. Cette mise en défens est prononcée par un décret rendu en conseil d'Etat. (Loi du 4 avril 1882, art. 7 et 8.)

§ 2. *Pourvoi. Appel.*

25. *Appel. Désignation.* — Les usagers, dans les bois soumis au régime forestier, peuvent, après la notification des cantons défensables, appeler de la décision des agents forestiers devant le conseil de préfecture, et sauf recours au conseil d'Etat. (Cod. For. 67, 112.)

26. *Réclamation.* — En cas de réclamation sur les cantons défensables, le conseil de préfecture doit se borner à examiner la question de fait, savoir : si la forêt peut supporter, sans un dommage trop considérable, l'introduction des bestiaux. (Cons. d'Etat, 10 octobre 1834.)

27. *Conseil de préfecture. Défensabilité.* — Le conseil de préfecture, en cas d'appel, ne doit s'occuper que de la défensabilité de la forêt et non pas du besoin des habitants ou des anciens usages. (Cons. d'Etat, 10 octobre 1834, 15 juillet 1835.)

28. *Compétence. Réclamations. Objet.* — Les conseils de préfecture sont compétents pour apprécier, sur la réclamation des usagers, la possibilité des forêts, non seulement en ce qui concerne leur état et le nombre des bestiaux que l'on y peut admettre au pâturage, mais encore en ce qui se rapporte à l'époque et à la durée de l'exercice du pâturage. (Cons. d'Etat, 21 juillet 1849.)

29. *Appréciation. Etat. Possibilité.* — Lorsqu'il s'agit d'apprécier la défensabilité d'une forêt domaniale, le conseil de préfecture doit faire cette appréciation d'après l'état réel et actuel de la forêt. (Cons. d'Etat, 23 juin 1849.)

30. *Conflit.* — En cas d'appel au conseil de préfecture contre la désignation des cantons défensables, la décision de l'administration forestière doit néanmoins être exécutée, jusqu'à la décision du conseil d'Etat. (Chambre des députés, 24 mars 1867. Cass. 17 avril 1841.)

31. *Pourvoi. Sursis.* — En cas de contestation sur les cantons déclarés non défensables, les pourvois contre les décisions rendues par les conseils de préfecture, en exécution de l'article 67 du code forestier, auront effet *suspensif*, jusqu'à la décision du conseil d'Etat. (Ord. 117.)

SECT. II. — BOIS PARTICULIERS.

32. *Désignation.* — Les agents forestiers désignent les cantons défensables dans les bois particuliers. (Cod. For. 119.)

33. *Déclaration. Principe.* — La déclaration de défensabilité est une mesure de police et d'ordre public, qui n'affecte pas le fond du droit et contre laquelle on ne peut pas invoquer les titres ou les droits acquis, excepté dans les bois particuliers. (Cons. d'Etat, 28 octobre 1829. Cass. 19 novembre 1836. Cass. 8 avril 1857.)

34. *Titre ancien. Age. Déclaration.* — Le titre ancien qui autorise le pâturage dans un bois, après la troisième feuille, est sans valeur sous le code forestier ; l'usager ne peut se prévaloir de ce titre, pour se dispenser de la déclaration de défensabilité, prescrite par l'article 119 du code forestier. (Paris, 2 décembre 1875.)

35. *Fixation. Règlement. Déclaration.* — La défensabilité des bois particuliers ne peut être reconnue que par deux moyens légaux : une convention entre le propriétaire et les intéressés ou usagers ou une déclaration de l'administration forestière, conformément à l'article 119 du code forestier. (Cass. 16 juin 1876.)

Le règlement de la défensabilité étant dans l'intérêt du propriétaire, celui-ci peut fixer un âge inférieur à celui déterminé par l'agent forestier dans sa déclaration ; sinon, l'usager est obligé de se conformer à cette déclaration. (Cass. 28 août 1850. Meaume. *Revue*, 1877.)

36. *Déclaration. Exception.* — La déclaration préalable de défensabilité, *nonobstant toute possession contraire*, n'est pas applicable aux bois particuliers ; la convention portant dispense de toute déclaration de défensabilité, préalablement à l'exercice d'un droit de pâturage, dans le bois d'un particulier, est légale et obligatoire. (Cass. 8 avril 1857 et 16 juin 1876.)

37. *Durée.* — L'article 120 du code forestier, n'ayant pas mentionné l'article 69, il s'ensuit que la déclaration de défensabilité, en ce qui concerne les bois particuliers, est valable pour plusieurs années et jusqu'à une nouvelle déclaration à ce sujet. (Cass. 16 juin 1876.)

38. *Agent forestier. Demande. Vérification.* — Lorsque les propriétaires ou les usagers seront dans le cas de requérir l'intervention

d'un agent forestier, pour visiter les bois particuliers à l'effet d'en constater l'état et la possibilité, ou de déclarer s'ils sont défensables, ils en adresseront la demande au conservateur, qui désignera un agent forestier pour procéder à cette visite.

L'agent forestier désigné dressera procès-verbal de ses opérations, en énonçant toutes les circonstances sur lesquelles sa déclaration sera fondée.

Il déposera ce procès-verbal à la sous-préfecture, où les parties pourront en réclamer des expéditions. (Ord. 151.)

39. *Demande. Timbre.* — Les demandes de reconnaissance de cantons défensables dans les bois particuliers doivent être timbrées, comme pétition.

40. *Demande. Intéressé.* — C'est à la partie intéressée à la fixation de la défensabilité à la provoquer, en se pourvoyant devant l'administration forestière. (Cass. 16 juin 1876.)

41. *Rapport. Expertise. Possibilité.* — Les agents forestiers, pour la reconnaissance des cantons défensables dans les bois particuliers, doivent se borner à constater l'état matériel de la forêt et à exprimer, d'après cet état, quelle est sa possibilité relativement au pâturage ; ils doivent s'abstenir d'exprimer d'office leur opinion sur l'état et la possibilité des bois particuliers grevés d'usage. Les agents forestiers doivent déférer aux invitations qui leur sont faites, sans les provoquer. (Meaume.)

42. *Possibilité. Fixation. Changement.* — Il ne saurait appartenir ni au propriétaire, ni aux usagers, de changer, de leur autorité privée, les conditions de défensabilité fixées pour l'exercice de leurs droits réciproques. Ils ne peuvent le faire que par une convention régulièrement intervenue. (Cass. 16 juin 1876.)

43. *Rapport. Indication.* — Les agents forestiers doivent se borner à constater *l'état matériel* de la forêt et sa *possibilité*, relativement à l'exercice du pâturage, en indiquant, suivant l'état de la forêt, le nombre de bestiaux que l'on y peut introduire au parcours ; ils doivent s'abstenir de fixer aucune durée ou aucune époque pour l'exercice du pâturage. Ce sont les tribunaux qui décident ces questions, comme celles de fixer le nombre d'animaux à admettre au parcours d'après les titres. (Cass. 20 mai 1835.)

44. *Rapport. Indication. Durée. Possibilité.* — L'article 119 du code forestier donne aux agents de l'administration forestière, dans les bois particuliers, une mission plus étendue que celle qui résultait, pour les officiers des maîtrises, dans les bois du domaine, des articles 2 et 3, titre XIX, de l'ordonnance de 1669 ; ils doivent notamment déterminer la durée du pâturage, comme conséquence du droit dont ils sont investis de déclarer la défensabilité, l'état et la possibilité de la forêt grevée d'usage. (Décr. du 17 nivôse an XII. Cod. For. 119. Rennes, 20 févr. 1883.)

45. *Moutons.* — Les agents forestiers ne doivent pas intervenir pour constater l'état de défensabilité des bois particuliers, quand il s'agit d'y introduire des moutons. (Décis. Min. 5 février 1868. Circ. N 82.)

46. *Indication. Reconnaissance.* — Dans le cas où le propriétaire d'un bois grevé d'un droit de pâturage refuse de fournir à l'agent forestier, commis à cet effet, les indications propres à la reconnaissance de la défensabilité de ce bois, les tribunaux peuvent, sur la demande des usagers, le condamner à fournir ces indications dans un délai déterminé, à peine de dommages-intérêts pour chaque jour de retard. (Cass. 12 février 1868.)

47. *Compétence. Nullité.* — Les tribunaux ordinaires sont seuls compétents pour statuer sur la demande en nullité d'un procès-verbal de défensabilité, que le propriétaire d'une forêt grevée de droit d'usage a fait dresser par des agents forestiers, sans le concours des usagers, alors surtout que cet acte n'a été approuvé par aucune autorité administrative. (Nancy, 15 janvier 1842.)

48. *Déclaration des agents. Interprétation.* — La juridiction correctionnelle n'est pas compétente pour ordonner la visite d'un canton déclaré non défensable et statuer si c'est à tort ou à raison qu'il a été mis en défends par les agents forestiers ; une telle recherche constituerait un empiètement sur les attributions de la justice administrative. (Toulouse, 8 février 1862.)

49. *Procès-verbal des cantons défensables. Timbre. Enregistrement.* — Le procès-verbal de reconnaissance des cantons défensables, dans les bois particuliers, doit être visé pour timbre et enregistré au droit fixe de 3 francs en principal. (Loi du 22 frimaire an VII, art. 68, § 1, n° 35. Loi du 28 avril 1816, art. 43, n° 16. Loi du 28 février 1872.)

50. *Agents forestiers. Indemnités.* — La commission de la revision du projet de l'ordonnance réglementaire n'ayant pas admis la proposition de l'administration forestière de fixer les rétributions des agents, chargés de déterminer la défensabilité des bois des particuliers, à la moitié de l'indemnité accordée par les articles 162 à 169 du décret du 16 février 1807, pour les vacations des arpenteurs, et le directeur général (lettre du 18 mai 1828) s'étant récusé pour interpréter le silence de la loi, la question de savoir si l'intervention des agents, en cette matière, crée à leur profit un droit à indemnité, a donné lieu à trois systèmes :

Premier système. — Il n'est dû aucune indemnité aux agents forestiers pour leurs opérations dans les forêts particulières, lorsqu'ils sont requis, par les usagers ou par le propriétaire, de reconnaître l'état, la possibilité ou la défensabilité, à moins qu'il ne s'agisse d'opérations importantes et dispendieuses. (Jurisprudence Génér. Forêts, 1448.)

Deuxième système. — Les agents ont la faculté de faire eux-mêmes des stipulations, relativement à la rémunération de leurs opérations comme experts. (Jurisprudence Génér. Forêts, 1448.)

Troisième système. — Ils sont autorisés à réclamer le taux des vacations accordé aux experts, par le décret de 1807. (Jurisprudence Génér. Forêts, 1448.)

51. *Tréfoncier. Surperficiaire.* — Lorsqu'un terrain boisé appartient à un tréfoncier et à un superficiaire, les deux propriétaires ne peuvent en rien se porter un préjudice réciproque, et le superficiaire peut réclamer, contre le droit de pâturage du tréfoncier, une déclaration de défensabilité, en exécution de l'article 119 du code forestier. En cas de non-exécution, le superficiaire peut intenter une action, mais seulement en dommages-intérêts devant les tribunaux civils, attendu que le tréfoncier ne commet aucun délit en introduisant des bestiaux sur *son terrain.*

52. *Dissentiment. Juridiction.* — Les particuliers ou les usagers, dans les bois non soumis au régime forestier, en cas de dissentiments sur les cantons défensables, doivent en saisir les tribunaux ordinaires. (Cod. For. 121.)

DÉFENSE.

1. *Plaidoirie.* — Pourront, les parties assistées de leurs avoués, se défendre elles-mêmes ; le tribunal aura cependant la faculté de leur interdire ce droit, s'il reconnaît que la passion ou l'inexpérience les empêche de discuter leur cause avec la décence convenable ou la clarté nécessaire pour l'instruction des juges. (Proc. Civ. art. 85, applicable aux conseils de préfecture. Loi du 21 juin 1865, art. 13.) V. Avocat.

2. *Causes.* — Les juges et membres du ministère public pourront défendre leurs causes personnelles, celles de leurs femmes, parents ou alliés en ligne directe, et de leurs pupilles. (Proc. Civ. 86.) V. Légitime défense.

DÉFENDEUR.

1. *Principe.* — En principe, le défendeur dans une instance n'a rien à prouver; mais il doit détruire les faits allégués contre lui.

2. *Preuve.* — Celui qui se prétend libéré doit fournir la preuve de l'extinction de son obligation. (Cod. Civ. 1315.)

DÉFICIT DE RÉSERVE.

1. *Coupes jardinatoires. Réserves.* — Dans les coupes jardinatoires marquées en délivrance, les arbres non marqués sont considérés comme réserves, et leur coupe, non constatée par le garde-vente, rend l'adjudicataire passible des peines édictées par l'article 34 du code forestier, quoiqu'il ne soit pas l'auteur du délit. (Cass. 15 mars 1850.)

2. *Constatation. Epoque.* — Le déficit de réserves peut être constaté avant le récolement. (Cass. 18 juin 1842.)

3. *Poursuite.* — En cas de déficit de réserves et si une poursuite pour faux martelage est dirigée contre un adjudicataire, on doit surseoir à la poursuite correctionnelle et attendre qu'il soit statué sur le faux. (Cass. 13 décembre 1842.)

4. *Pénalités.* — Les *amendes* encourues par les adjudicataires, pour abatage ou déficit d'arbres réservés, seront du *tiers en sus* de celles qui sont déterminées par l'article 192 du code forestier, pour coupe d'arbre, toutes les fois que l'essence et la circonférence des arbres réservés pourront être constatées.

Si, à raison de l'enlèvement des arbres et de leurs souches ou de toute autre circonstance, il y a impossibilité de constater l'essence et la dimension des arbres :

Amende par arbre : 50 à 200 francs. (C. F. 34.)
Restitution des arbres ou, s'ils ne peuvent être représentés, de leur valeur, qui sera estimée à une somme égale à l'amende encourue, sans préjudice des dommages-intérêts obligatoires. (Cass. 23 août 1845. Cod. For. 34.)

5. *Coupe par unités de produits. Déficit.* — L'adjudicataire d'une coupe vendue par unités de produits et marquée en délivrance doit être condamné aux peines prévues par les articles 33, 34 et 192 du code forestier, en cas de délit de coupe ou déficit de réserves. (Rennes, 30 avril 1874.)

6. *Arbres de marine.* — En cas de déficit d'arbres de marine, l'adjudicataire paiera la valeur des arbres manquants, suivant l'estimation des agents forestiers, sans préjudice des peines encourues en cas de soustraction frauduleuse. (Anc. cah. des ch.) V. Vol de bois.

DÉFONCEMENT.

1. *Travaux.* — Les défoncements dans les coupes de régénération sont considérés comme travaux d'entretien. (Circ. N 22, art. 25.)

2. *Exécution.* — Les défoncements peuvent se faire avec les journées de prestation, après autorisation du conservateur. (Circ. N 22, art. 319, 320.)

DÉFRICHEMENT.

SECT. I. — DÉFINITION, GÉNÉRALITÉS, PRINCIPES, 1 — 11.

SECT. II. — BOIS A DÉFRICHER SANS AUTORISATION, 12 — 24.

SECT. I. — DÉFINITION. GÉNÉRALITÉS. PRINCIPES.

1. *Définition.* — On appelle *défrichement* l'action d'arracher les souches et les racines des arbres existant sur un terrain, afin de le convertir en terre arable.

2. *Définition.* — Défricher un bois, c'est extirper les souches, arracher tous les plants et totalement dénaturer le produit du terrain. (Cass. 6 décembre 1810.)

3. *Définition. Modes divers.* — L'article 219 du code forestier, en prohibant le défrichement des forêts, n'a pas défini ce qu'il entendait par cette expression, et on doit y comprendre tout ce qui a pour résultat de convertir la forêt en un autre genre de culture, en en empêchant le repeuplement, soit par l'arrachement des souches, soit par la destruction des jeunes pousses. (Chambéry, 18 janvier 1877.)

Il y avait un pourvoi contre cet arrêt; mais on s'est désisté, et la cour de cassation a donné acte de ce désistement par arrêt du 10 août 1877.

4. *Terrain communal. Culture.* — Est considérée comme défrichement (art. 91, 219, 221 du code forestier) la mise en culture, par les habitants d'une commune, des terrains communaux soumis régulièrement à un reboisement obligatoire, quand bien même ces terrains auraient été en friche. (Nîmes, 16 août 1867.)

5. *Culture temporaire.* — La culture temporaire du terrain, entre les arbres qui sont laissés sur pied dans la partie cultivée, constitue le délit de défrichement. (Cass. 15 mars 1839.)

6. *Culture temporaire.* — La culture temporaire d'un terrain boisé constitue le délit de défrichement. (Trib. de Brignoles, 11 juin 1878.)

7. *Abatage d'arbres. Culture.* — Dans un bail à ferme ne contenant pas la prohibition de défricher, la défense d'*enlever* n'implique pas l'interdiction d'abattre des bois debout pour le soin de la culture. (Cass. 27 mai 1872. Solution spéciale.)

8. *Extraction de morts-bois.* — Les extractions de morts-bois ne doivent être poursuivies comme défrichement que lorsque ces travaux sont effectués dans le but d'opérer le dépeuplement de la forêt. (Lettre du ministre des finances du 8 mai 1840 au préfet du Var.)

9. *Broussailles. Culture temporaire.* — L'arrachis des broussailles, avec culture temporaire du sol, n'est pas un défrichement, dans le sens absolu. (Lettre du directeur général du 13 mars 1841, n° 9814.)

10. *Coupe à blanc étoc. Pâturage.* — Une coupe à blanc étoc, suivie de pacage par les bestiaux qui détruisent les nouvelles pousses d'un bois, constitue le délit de défrichement. (Riom, 11 février 1846. Chambéry, 18 janvier 1877. Alger, 3 septembre 1877.)

11. *Prohibition. Servitude légale.* — L'interdiction de défricher, sans autorisation, constitue une servitude légale. En conséquence, lorsqu'une première déclaration a été suivie d'opposition et de l'interdiction de défricher, toute déclaration nouvelle est sans effet; elle ne doit pas être instruite comme la première, alors même qu'elle émanerait d'un acquéreur de la forêt, auquel son vendeur aurait dissimulé l'interdiction antérieure.

Dans ce cas, le propriétaire qui veut défricher doit s'adresser directement au ministre qui a déjà statué, pour obtenir de lui la modification ou le rapport de sa décision. (Cass. 15 mars 1884.)

SECT. II. — BOIS A DÉFRICHER SANS AUTORISATION.

12. *Indications. Conditions.* — Les particuliers peuvent défricher, sans autorisation, dans leurs propriétés: 1° les jeunes bois pendant les vingt premières années après leurs semis ou plantations, excepté s'ils remplacent un bois défriché et replanté par suite de décision ministérielle ou jugement (Cod. For. 220, 223), ou s'ils ont été plantés au moyen de subventions ou primes accordées par l'Etat, comme reboisement ou travaux de restauration de terrains en montagne. (Loi du 4 avril 1882, art. 6.)

2° Les parcs ou jardins clos ou attenants aux habitations. (Cod. For. 224.)

3° Les bois non clos, d'une étendue au-dessous de dix hectares, lorqu'ils ne font pas partie d'un autre bois qui compléterait une contenance de dix hectares, ou qu'ils ne sont pas situés sur le sommet ou la pente d'une montagne. (Cod. For. 224.)

13. *Exception. Clôture et attenance. Condition.* — L'exception de l'article 224 du code forestier n'existe qu'autant que les terrains boisés qui ont été défrichés sont *clos et attenants* à une habitation. On prétendrait vainement que, d'après la rédaction nouvelle de l'article 224, la réunion des deux conditions n'est pas indispensable. (Riom, 11 juin 1883.)

14. *Discontinuité.* — Il y a solution de continuité entre deux bois séparés par des terres labourées, sur une distance de 30 mètres. (Décis. Min. 14 août 1865. Circ. N 43, art. 4.)

15. *Propriétaire. Continuité.* — Il n'y a aucune distinction à faire entre les bois appartenant au même propriétaire et ceux qui appartiennent à des propriétaires différents.

La loi atteint chacune des parcelles qui, par leur réunion, forment un ensemble de dix hectares au moins. (Cass. 8 janvier 1836.) V. Parc. Massif. Contiguïté.

16. *Prés-bois.* — Les prés-bois appartenant aux communes peuvent être défrichés, sans que l'administration ait à intervenir. (Nîmes, 20 juin 1833.)

17. *Embellissement.* — Les travaux faits pour l'amélioration et l'embellissement d'une forêt ne tombent pas sous le coup des prohibitions de défrichement.

L'élargissement des chemins de vidange d'une forêt, l'ouverture de nouvelles et larges avenues et l'établissement d'une pièce d'eau peuvent être considérés comme des travaux d'amélioration et d'embellissement, du moment qu'il n'en résulte pas une diminution réelle du sol forestier. (Paris, 16 juin 1860.)

18. *Embellissement. Amélioration. Principes.* — On ne doit pas considérer comme défrichement les portions de bois essartées pour tracés de routes, chemins, allées, avenues, fossés, etc.

La loi n'a voulu atteindre que la transformation d'un bois en un autre mode de culture, et non les opérations de sylviculture et d'amélioration ou même de simple embellissement qui exigeraient l'arrachement de quelques arbres ou cépées (Circ. N 43, art. 7.)

19. *Extraction de matériaux.* — Il n'y a pas lieu d'exiger de demande en défrichement d'un propriétaire dont le bois est défriché, par suite du droit qui appartient à l'autorité aministrative de désigner les terrains dans lesquels des matériaux peuvent être extraits pour le service des travaux publics; c'est à l'administration des forêts à surveiller ces travaux, et le repeuplement des terrains déboisés. (Paris, 16 juin 1860.)

20. *Clôture. Fossés.* — Un parc anciennement clos de murs et de palis peut être défriché sans déclaration préalable, malgré l'enlèvement des palis, s'il reste clos par un fossé en bon état de conservation. (Paris, 16 juin 1860.)

21. *Tranchée. Chemin.* — L'ouverture d'un chemin ou d'une tranchée ne constitue pas un délit de défrichement. (Nancy, 21 novembre 1849.)

22. *Bruyères. Plantes parasites.* — Aucune autorisation n'est nécessaire pour arracher dans un bois les bruyères et autres plantes parasites. (Lettre de l'administration, 24 mai 1849.)

23. *Aliénation. Condition.* — Lorsque des bois sont vendus avec faculté de défricher, il en sera fait mention sur les affiches et les procès-verbaux d'adjudication. (Anc. Cah. des ch. 5.)

L'acquéreur ne pourra exploiter la superficie des bois aliénés que s'il a payé les 3/5 au moins du prix principal et fourni des obligations pour le surplus. (Anc. Cah. des ch. 24.)

24. *Substitution d'essence. Culture.* — Ne doit pas être considérée comme un défrichement, l'opération qui consiste, soit à substituer une essence à une autre, soit à cultiver le sol pour le préparer à un nouvel ensemencement. (Cons. d'État, 30 novembre 1860.)

Lorsqu'il s'agit de substitutions d'essences, les agents forestiers surveillent l'opération et verbalisent, dans le cas où elle leur paraît prendre le caractère d'un défrichement.

Si cette opération doit donner lieu à une culture préalable du sol, en vue de son réensemencement, les agents exigent du propriétaire un engagement régulier de reboiser, avant l'expiration du délai de deux ans fixé par l'article 225 du code forestier pour la prescription de l'action en matière de défrichement, et en surveillent l'exécution, sauf à verbaliser, avant l'expiration du délai, si l'engagement n'était pas tenu. (Circ. N 43, art. 8.)

SECT. III. — DÉFRICHEMENTS ASSUJETTIS A DÉCLARATION.

25. *Déclaration. Règlement.* — Aucun particulier ne peut user du droit d'arracher ou défricher ses bois qu'après en avoir fait la déclaration à la sous-préfecture, au moins quatre mois à l'avance, durant lesquels l'administration peut faire signifier au propriétaire son opposition au défrichement, excepté pour les bois situés dans les cas d'exception prévus par l'article 224 du code forestier. (Cod. For. 219.)

26. *Contenance. Pente. Défaut d'exception. Déclaration.* — Les bois isolés, de moins de 10 hectares, situés sur des terrains dont la pente moyenne est de 45 pour cent, sont soumis à la déclaration préalable; faute de quoi, leur propriétaire peut être poursuivi comme auteur d'un défrichement illicite. (Cass. 13 décembre 1884.)

27. *Reboisement. Jeune bois. Restauration des montagnes.* — Les terrains reboisés avec primes ou subventions accordées par l'État ne peuvent, dans aucun cas, être défrichés sans autorisation, dans les vingt premières années de leur plantation. (Loi du 4 avril 1882, art. 6.)

28. *Semis artificiel.* — L'exception de la défense de défricher de l'article 223 du code forestier pour les jeunes bois, pendant les vingt premières années de leur *semis* et plantation, s'applique seulement aux bois semés de main d'hommes et non à ceux provenant de semis naturels. (Cass. 14 mai 1859.)

29. *Reboisement ordonné.* — L'exception de la prohibition au défrichement pour les jeunes bois, pendant les vingt premières

années de leur semis et plantation, ne s'applique pas aux semis et plantations exécutés par suite de décision ou jugement, en remplacement des bois défrichés. (Cod. For. 223.)

30. *Défrichement temporaire.* — Les dispositions de l'article 224 du code forestier, qui affranchit les jeunes bois de la prohibition contenue dans l'article 219, pendant les vingt premières années après leur semis ou plantations, ne sont pas applicables à un sol momentanément défriché, repeuplé plus tard, mais dont la destination n'a pas été changée, dans l'intervalle qui s'est écoulé entre son dépeuplement et sa replantation. (Cass. 18 mai 1848. Circ. N 43, art. 102.)

31. *Arbres à fruits.* — La prohibition de défrichement, sans autorisation, s'applique à toutes espèces d'arbres, sans distinction d'essence, ni de qualité d'arbres à fruits. (Cass. 4 février 1847.)

32. *Bois communaux et d'établissements publics non soumis. Poursuites.* — L'article 91 du code forestier, qui interdit de défricher les bois communaux et d'établissements publics, sans autorisation, est applicable à ceux de ces bois qui ne sont pas soumis au régime forestier. Les agents forestiers ont qualité pour constater ces infractions et en poursuivre la répression. (Cass. 28 mai 1851.)

33. *Bois communal. Terrain boisé. Prés-bois.* — La prohibition de défrichement des bois communaux, édictée par l'article 91 du code forestier, s'applique à tous les bois communaux, soumis ou non soumis au régime forestier ; cette prohibition, générale pour tous les terrains réellement boisés, est inapplicable aux prés-bois. (Nîmes, arrêt inédit, 20 juin 1833. Cass. 28 mai 1851.)

34. *Bois communaux. Conseil général. Avis.* — Le conseil général donne son avis sur les délibérations des conseils municipaux relatives aux défrichements des bois communaux. (Loi du 10 août 1871, art. 50.)

35. *Clôture. Contenance.* — Une clôture en haie sèche ne peut autoriser le défrichement d'une parcelle de bois attenant à un autre bois, qui compléterait la contenance de dix hectares. (Riom, 24 décembre 1845.)

36. *Bois grevé d'usage.* — Un propriétaire ne peut pas défricher son bois grevé d'un droit d'usage, s'il doit en résulter une privation pour l'usager, ou bien le propriétaire doit indemniser l'usager. (Cass. 25 juillet 1831.)

SECT. IV. — DÉFRICHEMENT EN ALGÉRIE.

37. *Broussailles.* — Les dispositions du titre XV du code forestier, relatives au défrichement des bois des particuliers, sont applicables aux broussailles : 1° se trouvant sur le sommet ou sur la pente des montagnes ou coteaux ; 2° servant à la protection des sources et cours d'eau ; 3° servant à la protection des dunes et des côtes contre les érosions de la mer et l'envahissement des sables ; 4° nécessaires à la salubrité publique. (Loi du 9 décembre 1885, art. 12.)

38. *Exploitation abusive. Pâturage.* — Les exploitations abusives ou l'exercice du pâturage devant avoir pour conséquence d'entraîner la destruction de tout ou partie de la forêt dans laquelle ils sont pratiqués, ainsi que les exploitations de broussailles dans les conditions indiquées au paragraphe précédent, c'est-à-dire : 1° se trouvant sur le sommet ou sur la pente des montagnes ou coteaux ; 2° servant à la protection des sources et des cours d'eau ; 3° servant à la protection des dunes et des côtes contre les érosions de la mer et l'envahissement des sables ; 4° nécessaires à la salubrité publique, seront, en Algérie, assimilés à des défrichements, excepté s'il s'agit de parcs et jardins clos et attenant à une habitation ou des bois non clos, au-dessous de dix hectares, lorsqu'ils ne font pas partie d'un autre bois qui compléterait la contenance de dix hectares et qu'ils ne sont pas situés sur le sommet ou sur la pente d'une montagne ou d'un coteau ; ils donneront lieu, par conséquent, contre le particulier qui les aura faits, à l'application des articles 221 et 222 du code forestier :

Amende : 500 à 1500 francs par hectare.
Rétablissement des lieux en nature de bois.
(Loi du 9 décembre 1885, art. 6, 11 et 12.)

39. *Déclaration.* — Aucune déclaration de défrichement en Algérie ne doit être enregistrée, avant que le déclarant ait justifié de son droit de propriété sur les terrains boisés qu'il demande à mettre en culture. (Lettre de la direction du 25 août 1882.)

40. *Agents forestiers. Contrôle.* — Les agents forestiers doivent aider les préfets et sous-préfets dans le contrôle des titres allégués ou produits par les déclarants. (Lettre de la direction du 25 août 1882.)

41. *Oppositions. Notification.* — Si le préfet éprouve quelque difficulté à faire notifier en temps utile, sur quelques points de son département, les avis qu'il émet sur les oppositions, les conservateurs s'entendent avec lui pour en charger, lorsque cela est possible, les préposés du service forestier. (Lettre de la direction du 25 août 1882.)

SECT. V. — DÉCLARATION. DEMANDE DE DÉFRICHEMENT.

42. *Enonciation. Dépôt.* — La déclaration de défrichement doit être faite à la sous-préfecture, quatre mois à l'avance, et contenir élection de domicile dans le canton de la situation des bois. (Cod. For. 219.)

43. *Dépôt. Sous-préfecture.* — La déclaration de défrichement doit être faite à la sous-préfecture de l'arrondissement où sont

situés les bois. (Exposé des motifs du projet de loi, § 6.)

44. *Indications. Formalités.* — Les déclarations prescrites par l'article 219 du code forestier indiqueront la dénomination, la situation et l'étendue des bois que les particuliers se proposeront de défricher ; elles contiendront, en outre, élection de domicile dans le canton de la situation de ces bois ; elles seront faites sur papier timbré, en double minute, et remises à la sous-préfecture, où il en sera tenu registre.

Elles seront visées par le sous-préfet, qui rendra l'une des minutes au déclarant et transmettra l'autre immédiatement à l'agent forestier supérieur de l'arrondissement. (Ord. 192.)

45. *Envoi.* — Les déclarations peuvent être *envoyées* à la sous-préfecture. (Circ. N 43, art. 15.)

46. *Déclaration. Timbre.* — Les déclarations de défrichement doivent être rédigées sur papier timbré. (Décis. Min. 19 novembre 1866. Circ. N 42. Circ. N 43, art. 18.)

47. *Formalités. Conditions.* — Aucune déclaration ne doit être admise, si elle n'est pas régulière et conforme aux prescriptions du code forestier. (Circ. Min. 24 juillet 1863. Circ. N 43, art. 16.)

48. *Visa. Condition.* — Le visa du sous-préfet consiste dans une mention manuscrite, signée de ce fonctionnaire et indiquant, d'une manière expresse et spéciale, la date de l'enregistrement; il ne peut être remplacé, soit par l'apposition d'un timbre ou d'un sceau quelconque, soit par une note de transmission à l'agent forestier. (Circ. Min. 24 juillet 1863. Circ. N 43, art. 18.)

49. *Visa. Délai.* — Une déclaration qui n'est pas visée à la sous-préfecture ne fait pas courir le délai. (Cass. 15 février 1828.)

50. *Déclaration. Registre. Inspecteur.* — Au reçu d'une déclaration, l'inspecteur en informe immédiatement le conservateur par l'envoi d'un bulletin (form. série 10, n° 5), sur lequel il indique spécialement la date de l'enregistrement ou du visa, et il inscrit cette déclaration sur un registre spécial. (Form. série 10, n° 7. Circ. N 43, art. 20.)

51. *Conservateur. Registre.* — Le conservateur tient un registre (form. série 10, n° 7), sur lequel sont inscrites toutes les déclarations de défrichement, concernant son arrondissement forestier. (Instr. du 23 mars 1821. Circ. N 43, art. 20.)

52. *Seconde demande. Instruction.* — Lorsqu'une demande en défrichement n'est que la reproduction, sans notable changement, d'une première demande déjà rejetée, et alors même qu'elle émanerait d'un nouvel acquéreur des bois, il ne devra pas être procédé à une nouvelle instruction de l'affaire. (Décis. Min. 9 novembre 1829, 6 décembre 1843. Cass. 30 août 1834. Circ. N 43, art. 21. Cass. 15 mars 1884.)

53. *Refus. Réclamation. Ministre.* — En cas de refus d'autorisation ou d'instruction, le propriétaire doit être prévenu qu'il peut réclamer directement auprès du ministre, pour obtenir la modification de cette décision. (Circ. N 43, art. 22.)

54. *Opposition. Nouveaux motifs.* — Il y a lieu à une instruction nouvelle, si l'interdiction de défricher est antérieure à la loi du 18 juin 1859, actuellement en vigueur; la législation précédente contenant des motifs d'opposition que cette loi n'a pas maintenus. (Circ. N 43, art. 23.)

55. *Demande. Instruction. Principe.* — Toute demande ou déclaration produite par un propriétaire et revêtue des formalités prescrites par l'article 219 du code forestier (déclaration à la sous-préfecture et visa du sous-préfet) doit être instruite dans la forme ordinaire de défrichement, sans avoir égard à l'intention manifestée par le propriétaire (écobuage), parce qu'elle crée un droit absolu au profit de son auteur. (Lettr. de l'Admin. 7 septembre 1866, n° 3602. Circ. N 43, art. 9.) V. Ecobuage.

56. *Demande. Envoi.* — Quand une déclaration est revêtue de toutes les formalités prescrites et qu'elle ne concerne pas un bois déjà frappé d'opposition, l'inspecteur la transmet sans retard à l'agent chargé de procéder à la reconnaissance de l'état et de la situation des bois. (Circ. N 43, art. 24.)

57. *Déclaration. Modification.* — La déclaration visée à la sous-préfecture étant la seule base officielle du rapport, les agents forestiers ne doivent accueillir aucune modification verbale ou écrite de son contenu. (Circ. N 43, art. 40.)

58. *Etablissement public.* — Lorsqu'un défrichement est demandé par un établissement public (séminaire), les pièces doivent être approuvées par l'autorité supérieure et revêtues de l'avis du préfet. (Lettre de l'Adm. 3 juillet 1851, n° 14829.)

59. *Zone frontière. Copie. Autorité militaire.* — Les agents forestiers adressent à l'autorité militaire une copie des déclarations de défricher, toutes les fois que les bois qui en font l'objet sont situés dans les territoires réservés. (Circ. N 43, art. 71.)

SECT. VI. — INSTRUCTION.

§ 1. *Avertissement. Visite des lieux.*

60. *Visite. Reconnaissance. Epoque.* — Avant la signification de l'opposition et huit jours au moins après avertissement donné au propriétaire, un agent forestier de la circonscription procède à la reconnaissance des lieux et en dresse un procès-verbal détaillé,

qui est notifié au propriétaire, avec invitation de présenter ses observations. (Cod. For. 219.)

61. *Notification. Préposé.* — L'avertissement est notifié par un garde ou brigadier forestier, toutes les fois que les préposés ne sont pas trop éloignés du domicile élu par le déclarant. Le préposé remet une copie de l'avertissement à ce domicile et renvoie l'original à l'agent forestier. (Circ. N 43, art. 30.)

62. *Huissier.* — Si l'avertissement ne peut être notifié par un préposé forestier, à raison de l'éloignement du domicile élu par le propriétaire, on procède à cette notification par le ministère d'un huissier. (Circ. A 782. Circ. N 43, art. 31.)

63. *Indemnité. Notification. Paiement.* — Les préposés reçoivent 0 fr. 30 pour chaque notification des avertissements; les rétributions dues aux huissiers pour notification en matière de défrichement sont réglées par l'article 29 du tarif du décret du 26 février 1807. (A Paris, 2 fr.; ailleurs, 1 fr. 50 ; pour chaque copie, le quart de l'original.) La dépense est imputée sur les frais de justice en matière criminelle. (Décis. Min. 15 septembre 1832. Instr. Min. 7 mars 1834. Circ. N 43, art. 30.)

64. *Timbre. Enregistrement.* — L'avertissement est exempt de timbre et d'enregistrement. (Décis. Min. du 28 décembre 1859. Loi du 15 mai 1818, art. 80. Circ. N 43, art. 32.)

65. *Avertissement. Original.* — Avant de procéder à la reconnaissance de l'état et de la situation des bois et huit jours au moins à l'avance, l'un des agents désignés en l'article 219 du code forestier adressera à la partie intéressée, au domicile élu par elle, un avertissement (formule série 10, nº 4), indiquant le jour où il sera procédé à ladite reconnaissance et contenant invitation d'assister à l'opération ou de s'y faire représenter. (Ord. 193.)

Cette formalité obligatoire doit être rigoureusement observée, et l'original de l'avertissement doit toujours être joint au dossier de l'affaire. (Circ. N 43, art. 29 et 41.)

66. *Reconnaissance. Fixation. Jour.* — Il convient de laisser écouler, entre la date de l'avertissement et la date fixée pour la reconnaissance, un délai de huit jours pleins, c'est-à-dire le jour où l'avertissement est donné et celui où la reconnaissance a lieu non compris. (Circ. N 352.)

67. *Reconnaissance. Agent. Préposé.* — Les reconnaissances ne doivent être faites que par un agent forestier.

Un brigadier chargé de l'intérim d'un cantonnement n'a pas qualité pour procéder à ces opérations. (Cod. For. 219. Ord. 193. Circ. N 43, art 25.)

68. *Reconnaissance. Inspecteur.* — Lorsque le bois à défricher a une importance exceptionnelle, l'inspecteur doit faire lui-même la reconnaissance; il y procède aussi quand il y a empêchement de la part de l'agent local, ou quand il n'y a pas lieu de déléguer l'un des chefs de cantonnement le plus rapproché de la situation du bois. (Circ. N 43, art. 26.)

69. *Reconnaissance. Service spécial.* — Si les reconnaissances sont de nature à occasionner à certains chefs de cantonnement un surcroît de travail et des déplacements préjudiciables au service ordinaire, le conservateur peut les faire effectuer par les agents du service spécial, qui recevront, pour ces tournées, les indemnités de leur service. (Circ. A 782. Circ. N 43, art. 27.)

70. *Reconnaissance. Délai.* — L'agent chargé de la reconnaissance se transporte sur les lieux, dans un très court délai et, au plus tard, dans les six semaines de la date du visa de la déclaration à la sous-préfecture, à moins de circonstances exceptionnelles, dont il doit justifier. (Circ. N 43, art. 28.)

§ 2. *Rapport. Plan.*

71. *Rapport. Renseignements.* — Le procès-verbal dressé par l'agent forestier contiendra toutes les constatations et renseignements de nature à faire apprécier s'il y a lieu de s'opposer au défrichement, par l'un des motifs énumérés dans l'article 220 du code forestier; en outre, s'il s'agit d'un bois compris dans la partie de la zone frontière où le défrichement ne peut avoir lieu sans autorisation, ce fait sera simplement énoncé au procès-verbal. (Ord. 194.)

72. *Propriétaire. Présence.* — Dans son procès-verbal, l'agent forestier fait connaître la présence ou l'absence du propriétaire ou de son délégué. (Circ. N 43, art. 33.)

73. *Eboulement.* — Dans le rapport, on doit faire connaître si, à raison de la nature du sol et de sa déclivité, l'opération du défrichement peut donner lieu à des éboulements. (Circ. A 566 bis.)

74. *Pente.* — L'inclinaison des terrains dont le défrichement sera demandé devra être évaluée en centimètres par mètres. (Circ. A 566 bis, Circ. A 579. Circ. N 256.)

75. *Configuration. Altitude.* — On doit faire connaître dans le rapport la situation et l'exposition des bois à défricher, la configuration et la nature générale du terrain et, autant que possible, son altitude ou sa hauteur au-dessus du niveau de la mer. (Circ. N 43, art. 33.)

76. *Déclivité. Nature du sol. Renseignements. Prix des bois.* — On doit indiquer dans le rapport les augmentations successives du prix des bois, depuis un temps déterminé, et, pour les terrains en pente, le degré

de la déclivité, la longueur des pentes et la nature du sol, plus ou moins sujette aux éboulements. (Circ. A 600.)

77. *Rédaction. Indication. Contenance.* — Dans la rédaction du rapport, sous la rubrique : *Nom du bois et sa contenance totale*, on ne doit inscrire que la propriété seule, dont le défrichement est projeté en partie ou en totalité, sans confondre cette contenance avec celle des bois attenants du même nom, mais n'appartenant pas au déclarant. Le titre : *Etendue des bois contigus à la partie à défricher*, s'entend non seulement des autres bois de particuliers, mais aussi du surplus du bois à défricher. (Circ. A 402. Circ. N 43, art. 33.)

78. *Rapport.* — Le rapport ou procès-verbal de reconnaissance destiné à être notifié au déclarant, en cas d'opposition, ne doit contenir que la constatation détaillée des faits. (Circ. N 270.)

79. *Contenance. Différence.* — Lorsqu'il y a des différences entre la contenance indiquée par le pétitionnaire et celle indiquée par les agents, on doit les expliquer et désigner nettement le chiffre de la contenance à adopter. (Lettre Circ. de l'administration, 26 mars 1860. Circ. N 43, art. 33.)

80. *Rapport. Motifs d'opposition. Renseignements. Culture.* — L'agent forestier chargé de la reconnaissance constate et précise les faits qui permettent d'apprécier s'il y a lieu ou non à opposition, savoir :

1° S'il s'agit du maintien des terres sur les montagnes ou sur les pentes, cet agent indique l'état et la nature du sol et du sous-sol ; la pente du terrain en centimètres par mètres ; son degré de consistance ou de résistance sous l'action des influences atmosphériques, notamment des eaux pluviales ; l'action de ces influences sur les terres voisines déboisées ou défrichées. — Quand le déclarant exprime l'intention formelle de défricher des terrains boisés, en pente, pour les planter en vignes afin de les consolider, l'agent forestier fournit, outre les indications déjà prescrites, les renseignements les plus circonstanciés sur le point de savoir si les terrains sont réellement destinés à la culture de la vigne et s'il existe des raisons particulières de croire que cette destination leur sera donnée, immédiatement après le défrichement.

2° S'il s'agit de la défense du sol contre les érosions et les envahissements des cours d'eau ou des torrents, l'agent indique la situation, l'état et la nature de ces cours d'eau ou torrents et leur action sur les terrains qu'ils parcourent.

3° S'il s'agit de l'existence des sources et cours d'eau, le rédacteur du procès-verbal fait connaître la situation, l'importance et l'utilité des sources et des cours d'eau de la contrée, ainsi que l'influence que le défrichement projeté pourrait exercer sur leur régime.

4° S'il s'agit de la protection des dunes et des côtes contre les érosions de la mer et les envahissements des sables, le rédacteur indique l'état et la nature des dunes et des côtes, leur degré de résistance à l'action des eaux de la mer ; la direction et la force des vents qui transportent les sables.

5° S'il s'agit de la salubrité publique, cet agent fait connaître les conditions de salubrité ou d'insalubrité du pays.

6° S'il s'agit de la défense du territoire, il indique la situation du bois dans les territoires réservés de la zone frontière. (Cod. For. 220. Ord. 194. Circ. N 43, art. 35.)

81. *Rapport. Conclusion.* — Dans un avis placé à la suite de son procès-verbal de reconnaissance, l'agent forestier fait connaître :

1° Les circonstances de nature à motiver une opposition ;

2° Celles qui ne sont pas de nature à motiver une opposition ;

3° Les terrains boisés compris dans les territoires réservés de la zone frontière. (Circ. N 43, art. 36. Circ. N 253. Circ. N 270.)

82. *Opposition. Plan.* — Lorsque la déclaration est susceptible d'être frappée d'opposition, l'agent forestier devra joindre au procès-verbal de reconnaissance un plan ou croquis visuel, sur lequel il indiquera, suivant les circonstances pouvant motiver une opposition, l'altitude, les cotes de niveau, les pentes du terrain en centimètres par mètres et leur direction, la distance et la position des sources, cours d'eau, torrents et ravins. Si le déclarant produit un plan, ces renseignements y seront indiqués. (Circ. N 115.)

83. *Plan.* — Il devra être joint un plan à toutes les demandes des défrichements. Ce plan, ou croquis visuel, doit porter l'indication des cotes de niveau et des diverses pentes du terrain en centimètres par mètres, la direction de ces pentes, la distance et les positions des sources, cours d'eau, torrents et ravins. (Circ. N 115. Circ. N 256.)

84. *Mesurage. Délimitation.* — Quand il n'y a pas lieu de former opposition et lorsqu'il s'agit de bois dépendant d'un massif plus étendu appartenant au déclarant, l'agent forestier propose de soumettre ce propriétaire à la condition de mesurage et limitation préalables, toutes les fois que la partie restante, après le défrichement projeté, est supérieure à 10 hectares ou qu'elle concourt, avec d'autres bois contigus, à former cette contenance. (Circ. N 43, art. 37.)

85. *Mesurage. Contenance. Conditions.* — Quand il y a lieu de former opposition et que, dans l'opinion de l'agent rapporteur, l'interdiction ne doit pas s'étendre à l'intégralité de la contenance déclarée, cet agent fait connaître s'il convient d'imposer au propriétaire la condition de mesurage et

limitation préalables, afin de bien préciser les portions à défricher. Quant à la partie qu'il propose de frapper d'opposition, il indique, avec précision et clarté, celui ou ceux des motifs d'opposition qui lui paraissent devoir être invoqués. (Circ. N 43, art. 38.)

86. *Rapport. Résultat. Intérêt public.* — Les agents forestiers n'ont pas à s'enquérir des résultats plus ou moins avantageux qu'un propriétaire de bois peut obtenir des opérations qu'il projette ; en matière de défrichement, ils doivent se préoccuper uniquement des conditions d'intérêt public spécifiées à l'article 220 du code forestier. (Circ. N 43, art. 39.)

87. *Défrichement temporaire.* — En statuant sur les déclarations à défrichement, il n'y a pas lieu de tenir compte de l'intention manifestée par le propriétaire de rendre le défrichement temporaire. Si le bois à défricher ne se trouve pas dans l'un des cas de prohibition, l'opposition ne doit pas être maintenue. Dans le cas contraire, on doit s'opposer purement et simplement au défrichement, sauf à l'administration à se concerter avec le propriétaire pour qu'il puisse entreprendre les opérations d'arrachage d'arbres ou de culture momentanée du sol, qui auraient en vue sa conservation à l'état boisé. (Cons. d'Etat, 13 novembre 1860.)

88. *Bois communaux. Renseignements.* — En cas de défrichement de bois communaux, indépendamment des renseignements exigés lorsqu'il s'agit de bois particuliers, on doit faire connaître :

1° Si les coupes ordinaires sont vendues ou délivrées en nature aux habitants ;

2° Dans le cas de délivrance, indiquer le nombre des affouagistes, la quantité de bois délivrée annuellement à chacun d'eux et la réduction que cette part subira par suite du défrichement ;

3° Quel est le genre de culture auquel la commune destine le terrain à défricher et l'avantage qu'en retireront les habitants ;

4° Quel est le revenu net de ce terrain dans son état actuel et quel en sera le revenu après le défrichement.

Indiquer, en outre, tous les motifs particuliers pour ou contre le défrichement. (Circ. A 641.)

§ 3. *Zone frontière.*

89. *Défense du territoire.* — Les parties de la zone frontière, dans lesquelles il peut être formé opposition au défrichement des bois de particuliers dont la conservation est reconnue nécessaire à la défense du territoire, se composent de polygones réservés, dont les limites sont fixées par les états descriptifs joints aux décrets des 31 juillet 1861 et 3 mars 1874. (Décr. du 8 septembre 1878. Circ. N 253.) V. Zone frontière.

Dans tous les cas, les terrains compris dans les zones de servitude des places de guerre et des postes militaires situés dans la zone frontière font partie des polygones réservés. (Décr. du 31 juillet 1861, art. 2.)

Sur les cartes de délimitation fournies aux agents forestiers par le service militaire, ces polygones sont indiqués par une teinte plate verte. (Circ. N 43, art. 68. Circ. N 253.)

90. *Commission mixte. Instruction.* — Les défrichements des bois des particuliers situés dans les territoires réservés continuent à être de la compétence de la commission mixte des travaux publics. (Décr. du 16 août 1853, art. 3. Circ. N 43, art. 70. Décr. du 8 septembre 1878. Circ. N 253.)

91. *Bois domaniaux, communaux et d'établissements publics.* — Les défrichements des bois de l'Etat, des communes et des établissements publics, soumis ou non soumis au régime forestier, dans toute l'étendue de la zone frontière, sont considérés comme affaires mixtes et soumis à cette réglementation. (Décr. du 16 août 1853, art. 7. Décr. du 8 septembre 1878, art. 3. Circ. N 253.)

92. *Copie. Plan.* — Aussitôt qu'une déclaration à défricher des bois en territoire réservé ou zone frontière est produite régulièrement, l'inspecteur des forêts en adresse, au directeur du génie, une copie, avec plan ou croquis visuel indiquant la situation du bois, son étendue et sa configuration. (Circ. N 43, art. 71, 72.)

On doit y mentionner les cotes de niveau, les pentes du terrain, leur direction, la distance et la position des sources, cours d'eau et torrents. (Circ. N 115. Circ. N 256.)

93. *Plan.* — Si le déclarant n'a pas produit de plan, l'inspecteur en dresse un au moyen d'un calque de la carte de l'état-major, mise à cet effet à sa disposition par le service de la guerre. (Circ. N 43, art. 73.)

94. *Instruction nouvelle.* — Quand une déclaration, qui a été, sous l'empire des anciens règlements, frappée d'opposition par des considérations tirées seulement des nécessités de la défense du territoire, est reproduite par le propriétaire, il n'y a lieu de la soumettre à une instruction nouvelle que dans le cas où le bois qui en est l'objet n'est plus compris dans les limites des territoires réservés. (Circ. N 43, art. 74.)

95. *Instruction. Mode.* — L'agent forestier qui procède à la reconnaissance des lieux suit, à cet égard, les règles ordinaires; il n'instruit l'affaire qu'au point de vue des considérations indiquées aux paragraphes 1, 2, 3, 4 et 6 de l'article 220 du code forestier, sans se préoccuper de la défense du territoire. (Circ. N 43, art. 75.)

96. *Autorité militaire. Avis. Adhésion.* — Si le directeur du génie adhère, au nom du département de la guerre, au défrichement

projeté, il notifie son adhésion à l'agent forestier chef de service. Cette adhésion est jointe au dossier, qui est transmis au conservateur. L'instruction se trouve dès lors terminée en ce qui concerne le service militaire, et l'affaire reçoit la suite ordinaire, lorsque le conservateur estime que le bois peut être défriché sans inconvénient. (Circ. N 43, art. 76.)

97. *Rapport. Notification. Opposition.* — Si le directeur du génie refuse son adhésion, il en informe immédiatement le chef du génie et le conservateur des forêts; ce dernier fait notifier, sous très bref délai, copie du procès-verbal de reconnaissance et du refus d'adhésion du génie militaire à la partie intéressée, avec invitation de présenter ses observations; il lui fait ensuite signifier, dans un délai de huit jours au moins, une opposition au défrichement, quel que soit, d'ailleurs, son avis sur la question. (Circ. N 43, art. 77.)

98. *Exception.* — Le bénéfice des exceptions prévues par l'article 224 du code forestier (âge, clôture et contenance) est applicable même aux bois compris dans les territoires réservés de la zone frontière. (Avis du ministre de la guerre du 1er mai 1859. Circ. N 43, art. 78.)

99. *Conférence.* — En adressant à l'inspecteur l'original de la signification de l'opposition, le conservateur invite cet agent à ouvrir des conférences entre le service forestier et le génie militaire. (Circ. N 43, art. 79.)

100. *Conférence du premier degré.* — L'agent forestier (inspecteur, inspecteur adjoint ou garde général des forêts) (Circ. N 348) qui a fait la reconnaissance du bois expose l'affaire dans un procès-verbal spécial, qu'il transmet au chef du génie. La conférence du premier degré se trouve ainsi ouverte. Les observations et l'avis de l'agent forestier et du chef du génie sont consignés dans le procès-verbal, qui est dressé en double minute, sur papier libre. (Circ. N 43, art. 80.)

101. *Pièces. Envoi.* — Le procès-verbal est envoyé au directeur du génie par le chef du génie, et au conservateur par l'inspecteur. (Circ. N 43, art. 81. Circ. N 348.)

102. *Conférence du deuxième degré.* — Quand le conservateur a reçu le procès-verbal, il se met immédiatement en rapport avec le directeur du génie pour consigner, sur les deux minutes, les observations et avis que comporte l'affaire. Cet examen constitue la conférence du deuxième degré. (Circ. N 43, art. 82. Circ. N 348.)

103. *Instruction.* — Les agents forestiers doivent toujours se borner à examiner l'opportunité du défrichement aux divers points de vue de leur service; ils n'ont aucune qualité pour discuter l'opinion du génie militaire. (Circ. N 43, art. 83.)

104. *Conférences. Correspondance.* — Dans l'instruction de ces affaires aux premier et deuxième degrés, on procède généralement par voie de correspondance, au moyen de procès-verbaux de conférences, auxquels il ne peut être suppléé par de simples lettres. (Circ. N 43, art. 84.)

105. *Conférence. Procès-verbal. Date.* — Le procès-verbal de la conférence est daté du jour de sa clôture et soumis à la signature de tous ceux qui ont concouru à cette conférence. (Circ. N 43, art. 85.)

106. *Conférence, Pièces. Envoi.* — Une des minutes du procès-verbal de conférence est adressée par le directeur du génie au ministre de la guerre; l'autre est jointe aux pièces de l'instruction par le conservateur. (Circ. N 43, art. 86. Circ. N 348.)

107. *Instruction.* — L'instruction est complétée par le conservateur et par le préfet, d'après les règles tracées pour les déclarations qui ont donné lieu à une opposition. (Circ. N 43, art. 87.)

§ 4. *Opposition provisoire.*

A. *Avis favorable.*

108. *Rapport. Pièces. Envoi.* — Le procès-verbal de reconnaissance est transmis à l'inspecteur, avec toutes les pièces à l'appui, telles que la déclaration du propriétaire, le plan ou croquis annexé et l'original de l'avertissement. (Circ. N 43, art. 41.)

109. *Inspecteur. Conservateur. Avis. Registre.* — L'inspecteur formule son avis à la suite de celui de l'agent rédacteur du procès-verbal et en inscrit le résumé, ainsi que la date de la reconnaissance, sur le registre des déclarations. Il transmet ensuite le dossier au conservateur, qui en inscrit également le résumé sur son registre des déclarations. (Circ. N 43, art. 42.)

110. *Pièces. Envoi. Notification.* — Le procès-verbal de reconnaissance sera transmis, avec les pièces, au conservateur, qui, avant de former opposition, en fera notifier copie à la partie intéressée, avec invitation de présenter des observations. (Ord. 195.)

111. *Autorisation. Avis.* — Si le bois se trouve dans un des cas prévus par l'article 224 du code forestier, le conservateur informe le déclarant qu'il est libre de procéder au défrichement. (Circ. N 43, art. 43.)

112. *Adhésion. Avis.* — Si le conservateur estime que le bois peut être défriché, il en référera sans délai au directeur des forêts, qui en rendra compte au ministre de l'agriculture. (Ord. 196.)

113. *Conservateur. Avis. Registre. Envoi.* — Si le défrichement, quoique assujetti à

déclaration, ne paraît présenter aucun inconvénient, le conservateur formule son avis à la suite de celui de l'inspecteur et en inscrit le résumé sur le registre des déclarations. Il transmet ensuite le dossier au directeur des forêts, qui, après avoir pris l'avis du conseil d'administration, provoque une décision du ministre. (Ord. 196. Circ. N 43, art. 44.)

114. *Dossier. Envoi.* — Les dossiers relatifs aux déclarations qui n'ont pas donné lieu à opposition sont transmis à l'administration sans lettre d'envoi, à moins que le conservateur n'ait à y joindre des observation spéciales. (Circ. N 43, art. 45.)

B. *Avis contraire.*

115. *Décision. Opposition.* — Dans le cas où l'avis favorable du conservateur n'est pas adopté, l'administration donne immédiatement à cet agent les instructions nécessaires pour faire signifier une opposition au défrichement. (Circ. N 43, art. 48.)

116. *Rapport. Propriétaire. Notification.* — Si le conservateur estime que le bois se trouve dans l'un des cas de prohibition prévus par l'article 220 du code forestier, il fait immédiatement notifier copie du procès-verbal de reconnaissance au propriétaire, avec invitation de présenter ses observations. (Formule série 10, n° 1 bis.)

Cette copie ne doit pas contenir les avis des agents, placés à la suite du procès-verbal. (Cod. For. 219. Ord. 195. Circ. N 43, art. 49.)

117. *Motif. Principes.* — L'opposition au défrichement ne peut être formée que pour les bois dont la conservation est reconnue nécessaire :

1° Au maintien des terres sur les montagnes et sur les pentes ;

2° A la défense du sol contre les érosions et les envahissements des fleuves, rivières ou torrents ;

3° A l'existence des sources et cours d'eau ;

4° A la protection des dunes et des côtes contre les érosions de la mer et l'envahissement des sables ;

5° A la défense du territoire, dans les territoires réservés de la zone frontière ;

6° A la salubrité publique. (Cod. For. 220.)

118. *Notification. Formalités.* — La notification de la copie du procès-verbal est faite par le ministère d'un huissier, à défaut d'un préposé forestier ; elle est visée pour timbre et enregistrée gratis. (Décis. Min. du 28 décembre 1859. Circ. N 43, art. 49.)

119. *Opposition. Signification.* — Si le conservateur estime que le bois ne doit pas être défriché, il fait signifier au propriétaire une opposition au défrichement. (Formule série 10, n° 2. Cod. For. 219. Ord. 196. Circ. N 43, art. 50.)

120. *Notification. Opposition. Délai.* — Aucune disposition réglementaire n'a fixé le délai qui doit s'écouler entre la notification du procès-verbal de reconnaissance et la formation de l'opposition ; il convient, toutefois, de notifier ce procès-verbal huit jours au moins avant la formation de l'opposition. (Circ. A 781. Circ. N 43, art. 51. Circ. N 270.)

121. *Opposition. Signification. Date.* — La signification de l'opposition formée par le conservateur des forêts au défrichement du bois d'un particulier est valable, pourvu qu'elle ait été précédée de la notification du procès-verbal de reconnaissance de l'état du bois. Il n'importe que la date de l'opposition elle-même soit anterieure à celle de la notification du procès-verbal. (Cons. d'Etat, 17 mai 1878.)

122. *Opposition. Signature. Date.* — Les conservateurs ne doivent signer les requêtes d'opposition au défrichement que *huit* jours au moins après la notification du procès-verbal de reconnaissance. (Circ. N 270.)

123. *Opposition. Motif.* — Dans le libellé de son opposition, le conservateur indique celui ou ceux des motifs énoncés dans l'article 220 du code forestier, sur lesquels celle-ci est fondée. (Circ. N 43, art. 53. Circ. N 270.)

124. *Opposition. Formation.* — L'opposition peut toujours être formée sans attendre la réponse ou les observations de la partie intéressée. (Circ. N 43, art. 54.)

125. *Opposition. Partie. Totalité.* — Lorsque la prohibition de défricher ne doit frapper qu'une partie de la contenance déclarée, l'opposition est néanmoins faite pour la totalité de cette contenance ; l'affaire ne peut être scindée, car, en raison de l'opposition et des délais qu'elle comporte, la décision ne pourrait être rendue dans le délai de quatre mois, après lequel le propriétaire serait libre de défricher la partie non comprise dans l'opposition. (Circ. N 43, art. 45.)

126. *Péremption. Délai. Opposition.* — Lorsqu'il y a lieu de craindre la péremption du délai, le conservateur, lors même que son avis serait favorable au défrichement, doit faire signifier au propriétaire son opposition, qui, en ce cas, n'a d'autre objet que de sauvegarder les droits du ministre. (Circ. N 43, art. 56. Circ. N 270.)

127. *Décision.* — Les conservateurs arrêtent seuls les oppositions provisoires aux défrichements. (Cod. For. 219. Circ. N 43, art. 50.) V. Opposition.

128. *Notification.* — L'opposition provisoire doit être notifiée dans le délai de quatre mois après la déclaration. (Cod. For. 219.)

129. *Pièces. Envoi. Avis.* — Dès que l'original de la signification de l'opposition est rentré dans ses bureaux, le conservateur joint cet acte aux autres pièces du dossier, qu'il transmet immédiatement au préfet, avec son avis sur les observations présentées par le propriétaire. (Ord. 196. Circ. N 43, art. 57.)

130. *Pièces. Opposition. Envoi.* — Le conservateur ne doit adresser au préfet que les pièces concernant les déclarations frappées d'opposition provisoire. (Ord. 196. Circ. A 787. Décis. Min. du 16 janvier 1860.)

131. *Pièces. Envoi. Date.* — Après l'envoi des pièces au préfet, le conservateur doit faire connaître à l'administration : 1° la date de la signification de l'opposition; 2° celle de la transmission des pièces au préfet. (Circ. A 590 quater. Circ. N 43, art. 58.)

132. *Préfet. Avis.* — Le préfet, en conseil de préfecture, donne son avis motivé sur l'opposition provisoire, dans le délai d'un mois. (Cod. For. 219. Ord. 197.)

133. *Avis. Notification. Obligation.* — L'avis du préfet doit être notifié à l'agent forestier du département, ainsi qu'au propriétaire, et il est transmis au ministre, qui prononce administrativement, la section compétente du conseil d'Etat préalablement entendue. (Cod. For. 219.)

134. *Notification. Délai. Formalités.* — Dans les huit jours qui suivront l'avis donné en conseil de préfecture, le préfet le fera notifier au propriétaire des bois, ainsi qu'au conservateur et, à défaut de conservateur dans le département, à l'agent forestier supérieur dans la circonscription duquel les bois se trouvent situés. (Ord. 197.)

135. *Avis. Opposition.* — Pour les défrichements, le préfet notifie son avis sur l'opposition à l'agent forestier du département, qui est quelquefois un inspecteur. (Cod. For. 219.)

136. *Délai. Envoi. Décision.* — Dans le délai de huit jours, le préfet transmettra son avis, avec les pièces à l'appui, au ministre de l'agriculture, qui prononcera, la section compétente du conseil d'Etat préalablement entendue et sur l'avis pris par le directeur, après délibération du conseil d'administration. (Ord. 197. Circ. N 43, art. 61.)

137. *Opposition. Préfet.* — Les préfets doivent joindre au dossier une pièce établissant que leur avis a été porté, dans le délai fixé (huit jours), à la connaissance du propriétaire. (Circ. N 280.)

§ 5. *Décision.*

138. *Décision favorable.* — Les décisions favorables, rendues sous le régime de la loi du 9 floréal an XI, conservent leur effet sous l'empire du code forestier. (Cass. 28 novembre 1842. Circ. N 43, art 104.)

139. *Décision favorable. Suite. Effet.* — Le propriétaire d'un bois qui a été l'objet d'une décision favorable, en matière de défrichement, transmet à son acquéreur le bénéfice de cette décision. (Nancy, 9 janvier 1845. Circ. N 43, art. 105.)

140. *Décision favorable. Validité.* — Une décision favorable prise par le ministre, en matière de défrichement, ne peut être ni modifiée, ni rapportée, sous quelque prétexte que ce soit, et le propriétaire est entièrement libre de la mettre à exécution, quand bon lui semble. (Circ. N 43, art. 106.)

141. *Décision. Refus. Effet.* — Les décisions ministérielles, qui refusent un défrichement, conservent leur effet tant qu'elles n'ont pas été rapportées ou modifiées, nonobstant toute nouvelle demande présentée par le propriétaire. (Cass. 30 août 1834, 7 avril 1848. Cons. d'Etat, 28 octobre 1829. Décis. Min. 8 décembre 1843. Circ. N 43, art. 21.)

142. *Appel. Contentieux.* — Les actes par lesquels le gouvernement use du droit de s'opposer au défrichement sont des mesures d'ordre public, non attaquables par la voie contentieuse. (Cons. d'Etat, 30 mai 1831.)

143. *Opposition. Motif. Recours.* — Le propriétaire du bois n'est pas recevable à se pourvoir au contentieux contre une décision du ministre, qui, pour confirmer une opposition au défrichement, s'est fondé sur des motifs tirés de la nécessité de conserver l'existence ou le régime des cours d'eau. (Cons. d'Etat, 17 mai 1878.)

144. *Défrichement temporaire. Reboisement. Autorisation.* — L'administration ne peut pas autoriser un défrichement, à la condition d'en reboiser une partie.

Un défrichement temporaire, qui doit être suivi d'un reboisement, n'est pas un défrichement proprement dit, et les agents locaux peuvent, sous leur responsabilité, laisser effectuer les opérations de l'espèce, pourvu que le reboisement soit effectué dans le délai de deux années. (Lettre de l'administration, 24 novembre 1862, n° 7363.)

145. *Décision. Autorisation. Conditions.* — Lorsque, pour une déclaration sans opposition, la décision est favorable, l'administration la notifie au préfet et au conservateur ; ce dernier en informe l'inspecteur et le déclarant ; si la décision impose au propriétaire l'obligation de mesurage et limitation préalables, le conservateur la fait signifier textuellement. Dans ce cas, le défrichement ne peut être entrepris, avant que les bois n'aient été mesurés et limités par les soins du déclarant, et que le plan de mesurage et de limitation n'ait été déposé au bureau de l'agent forestier local. (Décis. Min. 16 oct. 1867. Circ. N 71.)

146. *Décision. Registre.* — Le résumé et la date de la décision, ainsi que la date de la notification ou de la signification, sont inscrits sur le registre des déclarations, dans les bureaux du conservateur et dans ceux de l'inspecteur. (Circ. N 43, art. 47.)

147. *Décision. Notification. Original. Registre.* — Pour les déclarations suivies d'opposition, le directeur notifie la décision du

ministre au préfet et au conservateur ; ce dernier la fait signifier textuellement au déclarant (formule série 10, n° 3), par l'intermédiaire de l'inspecteur.

L'original de la signification est renvoyé au conservateur, qui le conserve dans ses archives.

Le résumé et la date de la décision, ainsi que la date de la signification, sont inscrits sur le registre des déclarations, dans les bureaux du conservateur et dans ceux de l'inspecteur. (Circ. N 43, art. 62.)

148. *Opposition. Mesurage. Délimitation.* — Quand l'opposition ne frappe qu'une partie de la contenance déclarée, la décision impose au propriétaire l'obligation de fournir un procès-verbal de mesurage déterminant exactement les limites des parcelles. (Circ. N 43, art. 63.)

149. *Signification. Délai.* — La décision ministérielle doit être signifiée au propriétaire dans les six mois, à dater du jour de la signification de l'opposition. (Ord. 197.)

150. *Signification. Mode.* — La signification de la décision du ministre doit être faite *in extenso*, et non par simple extrait. (Cass. 3 août 1833. Circ. N 43, art. 64.)

151. *Défaut de signification. Délai.* — A défaut de signification de la décision du ministre, dans le délai indiqué, le défrichement peut être effectué. (Cod. For. 219.)

152. *Opposition. Signification. Formalités.* — Une simple signification administrative ne suffit pas pour valider l'opposition ; une signification doit être faite par un préposé forestier ou, à défaut, par un huissier. (Décis. Min. 20 juin 1832. Circ. A 302. Circ. N 43, art. 66.)

153. *Décision. Signification. Formalités.* — La décision ministérielle qui prohibe un défrichement peut être notifiée par un préposé forestier ; mais cette signification doit, à peine de nullité, constater la qualité de celui qui l'a faite et contenir la copie certifiée de la décision ministérielle ; l'indication de la date ne suffit pas. (Cass. 2 mars 1832.)

154. *Décision. Signification. Agent.* — La signification de la décision du ministre ne peut être faite par un agent forestier. (Cass. 2 mars 1832 et 3 août 1833.)

155. *Autorisation tacite.* — Le silence de l'administration, pendant les six mois qui suivent la signification de l'opposition, ne donne le droit de défricher que les bois au sujet desquels il a été fait une déclaration régulière et dans la forme prescrite. (Cass. 23 février 1838.)

156. *Condition. Mesurage. Permis.* — Le propriétaire qui a obtenu l'autorisation de défricher et qui a satisfait aux conditions de mesurage n'a pas besoin de permis des agents forestiers, pour effectuer son défrichement. (Dijon, 24 août 1859.)

157. *Autorisation conditionnelle.* — Le propriétaire qui a été autorisé à défricher ses bois et à les mettre en culture, sous la condition d'en opérer le reboisement dans un délai de deux années, est passible des peines portées par l'article 221 du code forestier, si les travaux ne sont pas effectués à l'expiration de ce délai. (Lyon, 4 avril 1864.)

158. *Autorisation conditionnelle, facultative.* — Après avoir formé opposition au défrichement des bois qui se trouvent dans un des cas de prohibition prévus par la loi, l'administration peut admettre le propriétaire à entreprendre les opérations d'arrachage des arbres et de culture momentanée du terrain, qui auraient en vue la conservation du sol boisé, en prenant les précautions nécessaires pour que l'opération ne dégénère pas en un véritable défrichement et que le reboisement ait lieu avant l'expiration du délai de deux années, après le défrichement. (Conseil d'Etat, 13 novembre 1860. Circ. N 43, art. 10.)

159. *Zone frontière. Ministre de la guerre. Adhésion.* — Le ministre de la guerre, après avoir pris l'avis du comité des fortifications, fait connaître, tant au directeur des fortifications qu'au ministre de l'agriculture, s'il donne ou non son adhésion au défrichement. (Circ. N 43, art. 88.)

160. *Zone frontière. Décision. Commission mixte.* — En cas d'adhésion du ministre de la guerre, le ministre de l'agriculture statue, après avoir pris l'avis du conseil d'Etat.

En cas de non-adhésion, le ministre de l'agriculture statue de même sur l'affaire, mais seulement lorsqu'il croit devoir adopter l'avis du département de la guerre et, par conséquent, former opposition ; sinon, l'affaire est portée devant la commission mixte des travaux publics. (Circ. N 43, art. 89.)

SECT. VII. — POURSUITES.

§ 1. *Surveillance. Constatation des délits.*

161. *Procès-verbal. Renseignements.* — Le rédacteur d'un procès-verbal de délit de défrichement doit indiquer notamment : 1° si le défrichement est en voie d'exécution ; 2° s'il est consommé, et depuis quelle époque ; 3° l'étendue défrichée en hectares, ares et centiares ; 4° l'état et la nature du bois défriché ; 5° l'état et la nature du sol ; 6° sa situation en plaine ou en montagne ; 7° si le bois défriché se trouve dans l'un des cas de prohibition prévus par l'article 220 du code forestier ; 8° les conséquences actuelles ou présumées du défrichement, au point de vue de l'intérêt général. (Circ. N 43, art. 92.)

162. *Gardes champêtres. Surveillance.* — Les gardes champêtres doivent, sous les ordres du maire, surveiller le défrichement des bois particuliers, surtout dans les loca-

lités où il n'y a pas d'agent et de garde forestiers. (Décis. Min. 7 mai 1823.)

163. *Maire et adjoint. Procès-verbaux.* — Lorsque des maires et adjoints auront dressé des procès-verbaux, pour constater des défrichements effectués en contravention au titre XV du code forestier, ils seront tenus, indépendamment de la remise qu'ils en doivent faire au ministère public, d'en adresser une copie certifiée à l'agent forestier local. (Ord. 198.)

164. *Reboisement.* — En transmettant le dossier de l'affaire, les agents forestiers font connaître s'il y a lieu d'exiger le reboisement du terrain défriché. (Circ. N 43, art. 94.)

165. *Fait matériel. Procès-verbal.* — Lorsqu'un procès-verbal dressé par deux gardes constate un délit de défrichement de terrain en nature de bois, les juges ne peuvent, sans excès de pouvoir, déclarer qu'il ne suffit pas pour déclarer que le terrain défriché fût réellement en nature de bois. (Cass. 14 janvier 1830.)

166. *Fait matériel* — La constatation de l'état de défrichement d'un terrain, qui était précédemment en nature de bois, constitue un fait matériel. (Cass. 29 mars 1811, 14 janvier 1830, 26 septembre 1833.)

167. *Age des bois.* — La déclaration laissant dans le doute si un bois défriché avait plus de vingt ans peut être attaquée par la preuve testimoniale. (Cass. 18 déc. 1829.)

Les tribunaux peuvent, même contrairement aux indications d'un procès-verbal, autoriser la preuve qu'un bois défriché a été planté depuis moins de vingt ans. (Cass. 20 juin 1806.)

168. *Epoque. Preuve.* — L'époque précise d'un défrichement peut être attaquée par la preuve testimoniale. (Colmar, 11 août 1836.)

§ 2. *Poursuites.*

169. *Citation. Délai. Prescription.*—L'agent forestier chargé des poursuites doit faire les diligences nécessaires pour que la citation, sur des délits de défrichement constatés, soit donnée avant l'expiration du délai de deux années, fixé par l'article 225 du code forestier pour la prescription des délits, et dans les trois mois de la rédaction du procès-verbal. (Circ. N 43, art. 98.)

170. *Délit. Poursuites. Propriétaire.* — La contravention résultant d'un défrichement illégal ne peut être poursuivie que directement contre le propriétaire. (Cass. 14 mars 1835.)

171. *Présomption. Preuve. Propriétaire.* — Le propriétaire est présumé auteur du défrichement opéré sur son bois, dès qu'il n'établit pas que ce fait est le résultat d'une force majeure, ou d'un délit auquel il est étranger et qu'il n'a pu ni empêcher, ni réprimer. (Cass. 11 avril 1846.)

Lorsque les auteurs du défrichement sont connus, la présomption de culpabilité qui pèse sur le propriétaire ne peut être détruite qu'autant que ce propriétaire exerce des poursuites correctionnelles contre ceux qui ont attenté à sa propriété. (Cass. 11 mai 1849.)

172. *Propriétaire. Responsabilité.* — Le propriétaire est responsable du défrichement opéré sur son bois, dès qu'il n'établit pas que ce fait est le résultat d'un cas fortuit ou d'un délit commis par un tiers, à son insu, contre son gré et à son préjudice. (Cass. 6 août 1846.)

173. *Locataires. Complicité.* — Les locataires d'un terrain boisé qu'ils ont défriché en tout ou en partie peuvent être considérés, de même que le propriétaire de ce terrain, comme coupables du délit de défrichement. (Cass. 6 novembre 1885.)

174. *Bail emphytéotique.* — En cas de défrichement illicite d'un bois affermé par bail emphytéotique, la responsabilité du délit n'incombe pas au propriétaire, mais bien à l'emphytéote. (Trib. de Sartène, 7 mai 1859.)

175. *Ouvriers.* — Les ouvriers employés à un défrichement ne sont pas complices du propriétaire. (Riom, 11 juin 1883.)

176. *Bois communal. Ouvriers.* — Les ouvriers qui effectuent un défrichement de bois communal, ordonné ou non par le maire ou autres, sont passibles de l'amende prescrite par les articles 91 et 221 du code forestier, sauf recours de leur part contre ceux qui les ont employés.

177. *Bois communal. Riverain.* — Si le défrichement d'un bois communal soumis au régime forestier a été effectué par un riverain, dans un intérêt *personnel*, on ne doit pas appliquer la peine pour délit de défrichement, mais celle pour coupe d'arbre, arrachis de plants, etc., suivant les énonciations des faits relatés dans le procès-verbal. (Cass. 15 septembre 1837.)

178. *Bois communal non soumis.* — Si un défrichement était commis par un individu *dans son intérêt particulier*, dans un bois communal *non soumis* au régime forestier, l'administration, dans ce cas, ne peut poursuivre que pour délit de défrichement, et l'article 91 est applicable à l'habitant qui a effectué ce défrichement. (Nîmes, inédit, 20 juin 1833.)

179. *Amnistie.* — Les délits permanents, tels que défrichements, quoique antérieurs à une amnistie, ne sont pas annulés par l'amnistie. (Cass. 20 octobre 1832.)

180. *Transaction.* — Le droit de transaction, attribué à l'administration forestière par la loi du 18 juin 1859, ne s'étend pas aux

délits de défrichement prévus par les articles 219 et suivants du code forestier. (Cons. d'Etat, 26 novembre 1860.) V. Transaction.

181. *Cessation de poursuites. Remise d'amende.* — Les délits de défrichement peuvent faire l'objet de demande, soit en cessation de poursuites, soit en remise de condamnations. (Circ. N 43, art. 213.)

182. *Cessation de poursuites. Dossier.* — — Les dossiers relatifs à l'instruction des demandes en cessation de poursuites sur délits de défrichements illicites doivent contenir un croquis des lieux et un rapport rédigé sur la formule série 10, n° 1. (Circ. N 427.)

§ 3. *Pénalités.*

183. *Pénalités.* — Le défrichement sans autorisation d'un bois, excepté :

1° Ceux qui sont dans les vingt premières années de leur plantation, s'ils ne remplacent, par suite de décision ministérielle, un bois défriché (Cod. For. 223) et s'ils n'ont pas été plantés au moyen de subvention ou prime en vertu de la loi sur la restauration des terrains en montagne (Loi du 4 avril 1882, art 6);

2° Les parcs ou jardins clos ou attenants aux habitations;

3° Les bois non clos, d'une étendue au-dessous de 10 hectares, lorsqu'ils ne font pas partie d'un autre bois qui compléterait cette contenance, ou qu'ils ne sont pas situés sur le sommet ou la pente d'une montagne (Cod. For. 224);

Est puni, savoir :

Amende, par hectare de bois défrichés : 500 à 1500 francs. (Cod. For. 219, 221.)

S'il est ordonné par le ministre : rétablir les lieux en nature de bois dans le délai fixé par le jugement et qui ne peut excéder trois ans.

Faute par le propriétaire d'effectuer les travaux dans le délai prescrit, il y est pourvu à ses frais par l'administration, sur l'autorisation préalable du préfet, qui arrête le mémoire des travaux faits et le rend exécutoire contre le propriétaire. (C. F. 222.)

184. *Pente. Condamnation.* — Lorsqu'un arrêt constate, en fait, que le bois défriché était situé sur une élévation en forme d'éperon, dont le point culminant est de 510 mètres au-dessus de la vallée et dont la pente moyenne est de 45 pour cent, cet arrêt viole les articles 219, 220, § 1er, 221 et 224, § 3, du code forestier, en prononçant le relaxe de l'auteur du défrichement. (Cass. 13 décembre 1884.)

185. *Reboisement. Notification. Mode.* — La décision ministérielle qui ordonnera le reboisement sera signifiée à la partie intéressée par la voie administrative. (Ord. 199. Circ. A 781.)

186. *Bois communal. Pénalités.* — Les communes et établissements publics ne peuvent faire aucun défrichement sans l'autorisation expresse et spéciale du gouvernement, c'est-à-dire sans une décision ministérielle.

Ceux qui les auraient ordonnés ou effectués seraient punis, savoir :

Amende, par hectare de bois défrichés : 500 à 1500 francs. (Cod. For. 221.)

Remettre les lieux en nature de bois dans un délai qui n'excède pas trois ans, si le ministre l'ordonne (Cod. For. 91); faute de quoi, il y est pourvu à leurs frais. (Cod. For. 222.)

Cet article n'est applicable que dans le cas où le défrichement a été commis dans un intérêt communal. (Cass. 15 septembre 1837.)

SECT. VIII. — PRESCRIPTION.

187. *Durée. Délai.* — Les actions ayant pour objet les défrichements illicites se prescrivent par deux ans, à dater de l'époque où le défrichement a été consommé. Il importe, en conséquence, de constater les contraventions assez à temps pour qu'il soit possible de prévenir la prescription. (Cod. For. 225. Circ. N 43, art. 95.)

188. *Durée. Délit constaté.* — Le délit une fois constaté, le délai de prescription est déterminé par l'article 185 du code forestier, aux termes duquel l'action doit être intentée dans les trois mois du procès-verbal. (Circ. N 43, art. 96.)

189. *Interruption. Acte de poursuite.* — La constatation du défrichement par un procès-verbal et la notification de ce procès-verbal au prévenu ne constituent pas les actes d'instruction ou de poursuite prévus par l'article 638 du code d'instruction criminelle: pour interrompre la prescription, il faut que le prévenu soit cité à comparaître devant le tribunal correctionnel. (Circ. N 43, art. 97.)

190. *Commencement.* — La prescription, pour les délits de défrichement, ne court que du jour où le défrichement est consommé, quelque longue que soit la période pendant laquelle, au moyen d'arrachis de souches, de pâturage, de coupes de souches entre deux terres, etc., on soit parvenu à dénaturer le sol forestier. (Cass. 19 mars 1836.)

191. *Point de départ.* — En cas d'inexécution des conditions sous lesquelles le défrichement a été autorisé, la prescription du délit court, non de la date de l'autorisation, mais de l'époque où le défrichement a été consommé. (Lyon, 4 avril 1864.)

192. *Délai. Opposition.* — Lorsque, par une cause quelconque, les délais de prescription pour une demande en défrichement sont près d'expirer, le conservateur doit, en tout état de cause, former opposition provisoire, afin que l'administration ait le temps de provoquer la décision ministérielle. (Lettre de l'administration du 26 avril 1854, numéros 21133 et 21134.)

193. *Nouvelle demande.* — Le délai de prescription de six mois, fixé par l'article

219, n'est pas applicable à une demande en défrichement qui n'est que le renouvellement d'une demande déjà rejetée par une décision ministérielle. (Cass. 7 avril 1848.)

SECT. IX. — RENSEIGNEMENTS. COMPTE RENDU.

194. *Condamnation. Reboisement.* — Le conservateur rendra compte à l'administration des condamnations prononcées, dans le cas prévu par le paragraphe 1er de l'article 221 du code forestier, et donnera son avis sur la nécessité de rétablir les lieux en nature de bois. (Ord. 199.)

195. *Défrichements illicites. Registre. Condamnation.* — Les conservateurs doivent tenir un registre des décisions ministérielles ordonnant le rétablissement en nature de bois, dans un délai déterminé, des terrains défrichés illicitement, soit après condamnations, en vertu des dispositions de l'article 221 du code forestier, soit comme une condition de l'abandon des poursuites demandé par les prévenus. (Lettre-circulaire de l'administration no 53, 28 février 1882.)

196. *Défrichements illicites. Reboisement. Annotations. Registre.* — Les registres des décisions ministérielles prescrivant le reboisement des bois des particuliers sont annotés, au fur et à mesure de l'exécution des travaux. Ils font connaître les reboisements effectués et ceux qui restent en souffrance, après expiration des délais fixés. Dans ce dernier cas, ils indiquent les mesures prises pour assurer l'exécution des reboisements ordonnés par le ministre. (Lettre-circulaire de l'administration no 53, 28 février 1882.)

197. *Etat. Compte rendu.* — Les inspecteurs et les conservateurs rendent compte, chaque année, des défrichements effectués. Ils se conforment, à cet égard, aux instructions contenues dans la circulaire du 10 mars 1866, no 8. (Circ. N 43, art. 114.)

198. *Etat de situation des défrichements effectués.* — Les inspecteurs des forêts dresseront, chacun pour leur circonscription, un état des décisions favorables intervenues du 1er janvier au 31 décembre, tant sur les demandes que sur les déclarations de défrichement présentées, d'un côté, par les communes et établissements publics et, de l'autre, par les particuliers.

Ils y comprendront les bois domaniaux aliénés pendant le cours de la même année, avec faculté de défrichement.

Cet état sera dressé à l'expiration du premier semestre, et transmis aux conservateurs le 1er juillet au plus tard. (Formule série 10, no 8.)

Il sera divisé en trois parties, comprenant :

1o Les aliénations de bois domaniaux;

2o Les décrets relatifs aux bois des communes ou des établissements publics;

3o Les décisions relatives aux bois des particuliers.

Il sera suivi d'une récapitulation.

Il fera connaître, pour chaque catégorie, les propriétaires, la dénomination et la situation des bois, la date à partir de laquelle le défrichement a pu être également opéré, les contenances à défricher, les contenances défrichées, enfin les contenances restant à défricher.

Les contenances défrichées seront indiquées d'une manière aussi approximative que possible, d'après les renseignements recueillis par l'intermédiaire des chefs de cantonnement et, au besoin, des autorités municipales.

Des bulletins de renseignements seront mis, à cet effet, à la disposition des agents. (Formule série 10, no 10.)

Les inspecteurs produiront, le 1er juillet, un semblable état pour les aliénations ou décisions intervenues durant l'année précédente.

Ils y feront figurer, de plus, les contenances restant à défricher, d'après l'état qui aura été fourni en dernier lieu, ainsi que les défrichements effectués sur ces contenances.

Les conservateurs resteront détenteurs des états dont les inspecteurs auront à leur faire l'envoi, en exécution de la circulaire 8 ; mais ils en feront, par département, une récapitulation qu'ils adresseront à l'administration, dans la première quinzaine du mois de juillet.

Ils emploieront, pour cette récapitulation, la formule série 10, no 9. (Circ. N 8.)

SECT. X. — FRAIS.

199. *Rapport. Timbre. Enregistrement.* — Le procès-verbal de reconnaissance du bois dont le défrichement est demandé est exempt de timbre et d'enregistrement. (Décis. Min. 28 décembre 1859.)

200. *Déclaration. Timbre.* — La déclaration de défrichement doit être faite sur papier timbré. (Décis. Min. 10 novembre 1862. Circ. N 42. Circ. N 43, art. 13.)

201. *Avertissement. Timbre. Enregistrement.* — L'avertissement de la reconnaissance du bois dont le défrichement est demandé est exempt du timbre et de l'enregistrement. (Loi du 15 mai 1818, art. 80. Décis. Min. 28 décembre 1859. Circ. N 43, art. 32.)

202. *Notification. Timbre. Enregistrement.* — Les actes de notification de copie du procès-verbal d'opposition provisoire au défrichement et de décision ministérielle sont visés pour timbre et enregistrés gratis. (Décis. Min. 28 décembre 1859. Circ. N 43, art. 52.)

DÉGAZONNEMENT.

Travaux. — Les dégazonnements dans les coupes de régénération sont considérés comme travaux d'entretien. (Circ. N 22, art. 25.)

DÉGRADATION EN GÉNÉRAL.

1. *Principe.* — Tout fait quelconque de l'homme qui cause à autrui un dommage oblige celui par la faute duquel il est arrivé à le réparer. (Cod. Civ. 1382.)

2. *Pénalités.* — Quiconque aura détruit, abattu ou dégradé des objets élevés par l'autorité publique ou avec son autorisation, sera puni :

Prison : 1 mois à 2 ans.
Amende : 100 à 500 francs. (Cod. Pén. 257.)

3. *Mise en défens.* — L'administration des forêts peut requérir la mise en défens des terrains et pâturages en montagne, lorsque l'état de dégradation du sol ne paraîtra pas encore assez avancé pour nécessiter des travaux de restauration. (Loi du 4 avril 1882, art. 7.)

DÉGRADATION CIVIQUE.

1. *Condamnation.* — La condamnation aux travaux forcés, à la détention, à la réclusion ou au bannissement emportera la dégradation civique ; elle sera encourue du jour où la condamnation sera devenue irrévocable. (Cod. Pén. 28.)

2. *Conséquences.* — La dégradation civique consiste : 1° dans la destitution et l'exclusion du condamné de toutes fonctions, emplois ou offices publics ; 2° dans la privation des droits civiques et politiques et du droit de porter aucune décoration ; 3° dans l'incapacité d'être juré, expert et témoin ; 4° dans l'incapacité d'être tuteur ; 5° dans la privation du droit de port d'armes. (Cod. Pén. 34.)

DÉGRÈVEMENT. V. Contribution. Remise. Décharge.

DÉLAI.

1. *Délai franc. Définition.* — Le délai franc est celui dans lequel n'est compris ni le jour de la signification d'un acte ou de la citation pour une opération, non plus que le jour où commence et où se termine cette opération, ni le jour de l'échéance d'une date ou d'un délai fixé.

2. *Compte. Jours. Exploit. Distance.* — Le jour de la citation et le jour de l'échéance ne sont jamais comptés pour le délai général fixé pour les ajournements, les citations, sommations et autres actes faits à personne ou à domicile.

Ce délai sera augmenté d'un jour par cinq myriamètres de distance. (Proc. Civ. 1033. Loi du 3 mai 1862.) V. Citation.

3. *Action. Prescription.* — Le jour à partir duquel une action ou une prescription commence ne doit pas compter dans le délai de l'action ou de la prescription. (Cass. 10 janvier 1845.)

Cette question est très controversée ; le contraire a été souvent décidé par le principe que le doute doit toujours s'interpréter en faveur du prévenu.

4. *Prescription. Guerre.* — Toutes les prescriptions et les péremptions en matière civile ayant été suspendues en France, pendant la durée de la guerre, elles ont recommencé à courir à partir du 11 juin 1871, avec : 1° un délai égal au délai ordinaire pour les actes de recours ; 2° un délai égal au délai qui restait à courir au jour de la suspension, pour les autres actes. (Loi du 26 mai 1871.)

5. *Jour férié.* — Si le dernier jour du délai est un jour férié, le délai sera prorogé au lendemain. (Proc. Civ. 1033. Loi du 3 mai 1862.)

6. *Pourvoi en cassation.* — Le délai de trois jours pour le pourvoi en cassation est un délai franc : ainsi, on peut se pourvoir le 19 contre un arrêt rendu le 15. (Cass. 7 décembre 1832.)

7. *Enregistrement.* — Le délai de quatre jours pour l'enregistrement d'un procès-verbal n'est pas un délai franc. V. Enregistrement.

8. *Garde-vente. Remise des procès-verbaux.* — Le délai de cinq jours, déterminé par l'article 45 du code forestier, pour la remise aux agents forestiers des procès-verbaux dressés par le garde-vente, court, non point de la date des procès-verbaux, mais à compter du jour où le délit a été commis. (Cass. 14 août 1840.)

9. *Délimitation. Bornage. Travaux.* — Le temps employé par les agents et l'autorité supérieure à l'examen des pièces produites par le géomètre soumissionnaire n'est pas compris dans les délais accordés pour l'exécution des travaux. (Circ. N 64, art. 179.)

10. *Délimitation. Citation.* — Pour une délimitation fixée au 20 mars, les citations faites le 19 janvier sont valables. (Circ. N 64, art. 104.)

11. *Mois.* — Lorsque les délais sont indiqués par *mois*, ils doivent se compter de quantième à quantième, c'est-à-dire date par date et non pas par le nombre de jours écoulés ou compris dans chaque mois. (Cass. 27 décembre 1811. Circ. N 64, art. 104.)

DÉLÉGATION.

1. *Définition.* — Substitution des pouvoirs d'un fonctionnaire à un autre. La délégation, étant une chose personnelle, ne peut pas se déléguer. On ne peut déléguer qu'une partie des pouvoirs dont on est investi ; la délégation générale constitue le remplacement ou la suppléance. (Dupont.)

2. *Principe.* — On ne peut déléguer un droit que la loi attribue, que lorsque cette loi ou la législation générale le permet. (Circ. du Min. de l'Int. 22 juillet 1851.)

3. *Honneurs.* — En cas d'intérim, les honneurs ne se délèguent pas. (Décr. du 24 messidor an XII.)

4. *Agents. Vente.* — Les inspecteurs des forêts peuvent se faire remplacer, ou autoriser les agents sous leurs ordres à se faire remplacer par un chef de brigade, dans les adjudications sur les lieux de produits forestiers dont l'évaluation ne dépasse pas 500 francs. (Décr. du 25 février 1888. Circ. N 396.)

Lorsque l'estimation des produits accessoires (bois communaux ou d'établissements publics) n'excède pas 100 francs, les agents peuvent se faire remplacer, à la séance d'adjudication, par un des préposés sous leurs ordres. (Ord. du 3 octobre 1842. Circ. A 519.)

5. *Préposés. Vente.* — Les conservateurs délèguent les brigadiers pour suppléer les agents aux ventes des produits principaux et accessoires des bois appartenant aux communes et aux établissements publics, quel que soit le montant de l'estimation des produits. (Ord. 13 janvier 1847, art. 1er.)

6. *Mobilisation. Traitement.* — En cas de mobilisation, les préposés doivent adresser un pouvoir au conservateur, pour indiquer qu'ils délèguent leur traitement civil. Ce pouvoir, exempt de timbre, est joint au premier mandat. (Circ. N 204.)

DÉLIMITATION.

SECT. I. — GÉNÉRALITÉS.

1. *Définition.* — La délimitation est la reconnaissance de la ligne de démarcation entre deux ou plusieurs immeubles. Elle est administrative ou amiable, lorsqu'elle s'effectue sans l'intervention de la justice ; elle est judiciaire, lorsqu'elle est requise devant les tribunaux.

2. *Validité.* — Le procès-verbal de délimitation, étant un acte authentique, fait foi pleine et entière de sa date, des faits matériels qu'il constate et des conventions qu'il renferme. (Cod. Civ. 1319. Meaume.)

3. *Délimitation générale. Délimitation partielle. Définitions.* — En appliquant les dispositions exceptionnelles du code forestier (art. 10, 11 et 12), l'opération prend le nom de délimitation générale ou spéciale. En traitant partiellement, suivant le droit commun, avec chacun des riverains, l'opération est qualifiée de délimitation partielle ou ordinaire. (Circ. N 64, art. 5.) L'administration opte, suivant le cas, entre la délimitation spéciale et la délimitation ordinaire.

4. *Règles. Principes.* — Les délimitations partielles sont soumises à toutes les règles de droit commun. Les délimitations générales sont seules soumises aux règles spéciales des articles 9 et suivants du code forestier. (Décis. Min. 14 octobre 1840.)

5. *Délimitation partielle. Bois communal. Exécution.* — Dans une délimitation partielle de bois communaux et d'établissements publics, on suit la marche suivante : 1° le préfet doit, sur la proposition du conservateur et du maire ou de la commission administrative de l'établissement public, nommer l'agent ou l'arpenteur chargé d'opérer dans l'intérêt du propriétaire et prendre un arrêté qui fixe le jour de l'opération ; cet arrêté doit être communiqué au conservateur, au propriétaire de la forêt et au riverain ; 2° le riverain doit nommer son expert, à moins qu'il ne veuille se présenter lui-même ; 3° si le riverain, pour économiser les frais, ne désigne pas de géomètre, celui nommé par le préfet pourra opérer dans l'intérêt commun ; 4° il ne peut être question d'appeler le juge de paix dans ces opérations, lorsque les parties sont d'accord pour y procéder. (Circ. A 180. Lettre du ministre des finances, 26 mai 1828.)

6. *Délimitation amiable. Riverain. Absence.* — Les opérations de délimitations partielles amiables faites en l'absence du riverain sont sans valeur.

7. *Délimitation partielle. Bornage.* — Dans les délimitations partielles, on doit, autant que possible, procéder en même temps au bornage et, lorsqu'il n'y a pas d'inconvénient, proposer au préfet de prescrire, par le même arrêté, les deux opérations. (Circ. A 698.)

8. *Rectification.* — Si, par suite de résultats non prévus, il y a lieu d'apporter des changements à une délimitation, le conservateur provoque un arrêté du préfet pour désigner l'expert et le géomètre, afin de procéder aux rectifications nécessaires. Le procès-verbal rectificatif est soumis à l'homologation ; la minute est annexée à la

minute du procès-verbal de délimitation, et les copies sont jointes aux copies de ce procès-verbal. (Circ. N 64, art. 87 et 88.)

9. *Périmètres de restauration des montagnes. Mise en défens.* — Avant le commencement des travaux, il est procédé à la reconnaissance et à la fixation provisoire ou définitive des limites du périmètre, dans chacune des séries du périmètre. Cette reconnaissance est effectuée aux frais de l'Etat par les agents forestiers, avec le concours, s'il est possible, des anciens propriétaires des terrains et d'indicateurs fournis par les communes, ainsi que des riverains convoqués à cet effet.

Les limites sont fixées immédiatement par des signes de bornage apparents et durables, tels que bornes brutes, bouts de fossés, rigoles, croix gravées sur les rochers, etc.

Un procès-verbal sommaire de l'opération, accompagné d'un levé géométrique de la ligne périmétrale, est dressé en double expédition, dont une est adressée au conservateur, et l'autre déposée dans les archives du chef de service.

Les riverains sont invités à signer ce procès-verbal.

S'il y a des difficultés soulevées par les riverains, et dans ce cas seulement, les agents forestiers proposent à l'administration l'exécution des délimitations partielles nécessaires pour faire trancher le litige. L'opération est alors exécutée conformément aux règles tracées par la circulaire N 64. (Instr. Gén. du 2 février 1885, art. 105, 106 et 233. Circ. N 345.)

SECT. II. — DEMANDES.

10. *Condition.* — Une délimitation peut être requise tant que la ligne séparative des deux propriétés n'a pas été reconnue contradictoirement, quelque fixe et apparente qu'elle soit. (Cass. 30 novembre 1818.)

11. *Faculté. Qualité.* — La séparation entre les bois et forêts de l'Etat et les propriétés riveraines pourra être requise, soit par l'administration forestière, soit par les propriétaires riverains. (Cod. For. 8.)

12. *Formes. Sursis. Délimitation générale.* — L'action en séparation sera intentée, soit par l'Etat, soit par les propriétaires riverains, dans les formes ordinaires.

Toutefois, il sera sursis à statuer sur les actions partielles, si l'administration forestière offre d'y faire droit dans le délai de six mois, en procédant à la délimitation générale de la forêt. Cette offre ne doit être faite que du consentement de l'administration, qui est consultée par le conservateur. (Cod. For. 9. Circ. N 64, art. 97.)

13. *Demandes. Envoi.* — Toute demande en délimitation et bornage entre les forêts de l'Etat et les propriétaires riverains sera adressée au préfet du département. (Ord. 57.)

14. *Agent. Proposition.* — La faculté de requérir une délimitation d'un bois domanial peut être exercée par les agents forestiers supérieurs, mais après avoir fait connaître la dépense à l'administration et reçu son autorisation.

Le concours de deux experts ou de deux arpenteurs n'est pas nécessaire.

Le directeur des domaines n'a pas à s'expliquer sur la nécessité d'une délimitation. (Décis. Min. 14 août 1828. Circ. A 184.)

15. *Initiative.* — Les agents forestiers peuvent prendre l'initiative des propositions de travaux de délimitation.

16. *Action. Fermier. Usufruitier. Usager.* — L'action en délimitation ne peut être exercée que par le propriétaire du sol riverain contigu à la forêt. La demande d'un fermier n'est pas recevable (Cass. 8 juillet 1819) ; il en est de même de l'usager. Quant à l'usufruitier, la question est contestée, et, dans le cas de demande de sa part, il faut mettre en cause le nu-propriétaire, pour rendre l'opération définitive avec tous les ayants droit. (Meaume.)

SECT. III. — PROPOSITIONS. RENSEIGNEMENTS.

17. *Propositions. Renseignements.* — Les agents forestiers doivent, dans leur rapport, s'expliquer sur l'opportunité de l'opération, la nature des limites, l'étendue et la nature des terrains usurpés, en faisant connaître le montant de la dépense. Pour les forêts domaniales, le conservateur joint la soumission du géomètre, s'il y a lieu, ou désigne les agents auxquels l'opération sera confiée, s'explique sur leur aptitude et provoque les crédits nécessaires. (Circ. N 64, art. 18, 19, 98 et 99.)

18. *Opportunité. Conflit.* — En cas de dissentiment entre une commune et les agents forestiers sur l'opportunité d'une délimitation, le préfet statue, sauf tout recours que de droit.

19. *Dépense. Crédit. Exécution.* — Lorsque les délimitations sont susceptibles d'occasionner une dépense, on ne doit commencer les opérations qu'après l'allocation des crédits nécessaires, que l'on doit faire connaître dans les propositions relatives à ces travaux. (Circ. N 64, art. 17.)

20. *Bois communaux et d'établissements publics. Avis.* — Les projets de dépense et les propositions concernant les délimitations des bois communaux et d'établissements publics sont communiqués au conseil municipal ou à la commission administrative, qui donne son avis par l'intermédiaire du préfet. (Ord. 136.)

21. *Bois indivis.* — Si la délimitation concerne des bois indivis, le projet de dépense est communiqué aux propriétaires. (Ord. 148.)

SECT. IV. — ARRÊTÉ PRÉFECTORAL.

22. *Arrêté.* — Les délimitations sont prescrites par des arrêtés du préfet du département de la situation des bois. (Cod. For. 10. Ord. 58.)

23. *Forêt. Plusieurs départements.* — Si la forêt est située sur deux ou plusieurs départements, chaque préfet doit prendre un arrêté, qui nécessite les mêmes formalités, et le point de départ est fixé de manière à ce que la marche des experts ne soit pas interrompue. (Circ. N 64, art. 105.)

24. *Forêt communale et d'établissement public hors du département. Autorisation. Arrêté.* — Lorsqu'une commune ou un établissement public est propriétaire d'un bois dans un autre département, la délimitation est autorisée par le préfet de la situation de la commune et de l'établissement, mais l'arrêté est rendu exécutoire par le préfet de la situation des bois, qui nomme les experts et fixe l'ordre et le jour des opérations. (Circ. N 64, art. 106.)

25. *Opération. Jour. Fixation.* — Les préfets peuvent, après avoir entendu les observations des agents locaux sur le temps qu'exigent les significations à faire, fixer le jour où doit commencer l'opération, de manière qu'il se trouve un intervalle de deux mois entre ce jour et la date de la signification de l'arrêté. (Circ. Min. 30 octobre 1834. Circ. A 356.) Le conservateur doit joindre à ses propositions un projet d'arrêté. (Circ. N 64, art. 103.)

26. *Riverains. Formalités.* — Il n'est pas nécessaire que les arrêtés préfectoraux contiennent les noms et prénoms des riverains ; mais ils doivent indiquer que, faute par les riverains de se trouver aux jour et lieu fixés, il sera procédé à la délimitation, tant en leur présence qu'en leur absence. (Décis. Min. 23 septembre 1830. Circ. A 253. Modèle C annexé à la circulaire N 64.)

27. *Formalités. Délais. Signification.* — La délimitation générale et le bornage doivent être annoncés par arrêté préfectoral, publié deux mois à l'avance (délai franc), dans les communes limitrophes, et signifié au domicile des riverains ou à ceux de leurs agents, gardes ou fermiers ; après quoi, il est procédé à l'opération en l'absence comme en présence des riverains. (Cod. For. 10.) V. Signification.

28. *Publication. Certificats. Formalités.* — Les maires des communes où devra être affiché l'arrêté destiné à annoncer les opérations relatives à la délimitation générale seront tenus d'adresser au préfet des certificats constatant que cet arrêté a été publié et affiché dans ces communes. (Ord. 60.) Ces certificats sont réunis à la minute du procès-verbal ; ils doivent porter le timbre de la mairie. (Circ. N 64, art. 108.)

29. *Envoi.* — Le conservateur adresse des copies certifiées de l'arrêté du préfet à l'administration et au chef de service chargé de le notifier à l'expert et au géomètre et de dresser les significations à donner aux riverains. (Circ. N 64, art. 109.)

30. *Originaux de signification. Certificats de publication. Papier.* — Les originaux de signification et les certificats de publication doivent être libellés sur des feuilles ayant le même format que les procès-verbaux de délimitation (0m,420 sur 0m,594). (Lettre de l'administration du 29 février 1866. Circ. N 64, art. 108.)

31. *Originaux. Citation. Publication. Reliure.* — Les originaux de signification et les certificats de publication des arrêtés préfectoraux doivent être reliés, en tête de la minute du procès-verbal de délimitation. (Circ. autogr. nº 25, 21 novembre 1852.)

SECT. V. — EXPERT. DÉSIGNATION.

32. *Délimitation générale. Agent. Arpenteur. Désignation.* — Lorsqu'il s'agira d'effectuer la délimitation générale d'une forêt, le préfet nommera l'agent forestier et l'arpenteur qui devront y procéder, dans l'intérêt de l'Etat, et il indiquera le jour fixé pour le commencement des opérations et le point de départ. Pour les bois domaniaux, le préfet prendra l'avis du conservateur et du directeur des domaines. (Ord. 58 et 59.)

33. *Expert. Bois communaux.* — Pour les délimitations, soit générales, soit partielles, des bois communaux, le préfet, sur la proposition du conservateur et du maire, doit nommer l'agent forestier expert et le géomètre, par son arrêté fixant le jour de l'opération. (Décis. Min. 26 mai 1828. Circ. A 180.)

34. *Expert. Réclamations.* — Le directeur des domaines n'a pas à s'expliquer sur la nécessité d'une délimitation ; il ne fait que donner son avis sur la personne proposée comme expert et sur les réclamations des riverains. (Circ. A 184.)

35. *Forêts domaniale et communale contiguës. Expert.* — S'il s'agit de délimiter une forêt domaniale contiguë à une forêt communale ou d'établissement public, le préfet nomme deux experts, un pour chaque forêt, dans l'intérêt des propriétaires.

36. *Bois communaux. Expert.* — Dans les cas prévus par les articles 58 et 59 de l'ordonnance, c'est-à-dire avant de nommer l'agent forestier chargé d'opérer comme expert, dans l'intérêt des communes et des établissements publics, le préfet prendra l'avis du conservateur des forêts et celui des maires et administrateurs. (Ord. 130.)

37. *Délimitation partielle. Expert. Agent.* — Si les demandes ont pour objet des délimitations partielles, il sera procédé dans les formes ordinaires.

Dans le cas où les parties étant d'accord pour opérer la délimitation et le bornage, il y aurait lieu à nommer des experts, le préfet, après avoir pris l'avis du conservateur et du directeur des domaines, nommera un agent forestier pour opérer comme expert, dans l'intérêt de l'Etat.

Pour les bois communaux et d'établissements publics, le préfet prendra, en outre, l'avis des maires et administrateurs. (Ord. 58, 130.)

38. *Expert. Riverains.* — Dans les délimitations partielles des bois domaniaux, les riverains désignent leurs experts. (Lettre de l'administration, 23 janvier 1828.)

39. *Agent. Géomètre. Arrêté.* — Dans les arrêtés, l'agent forestier est désigné par son grade et sa résidence, et le géomètre par ses nom, prénoms et demeure. (Circ. N 64, art. 15.)

SECT. VI. — SIGNIFICATION. NOTIFICATION AUX RIVERAINS.

40. *Délai. Calcul.* — Le délai de deux mois, pour la signification de l'arrêté prescrivant la délimitation, est un délai *franc*, de quantième à quantième, et ne comprenant ni le jour de la citation, ni celui de l'opération.

Si une opération est annoncée pour le 10 mars, le dernier jour, pour les citations, est le 8 janvier; le délai de deux mois est du 9 janvier au 9 mars. (Proc. Civ. 1033. Circ. N 64, art. 104.)

41. *Formalités.* — Les formalités de l'article 68 du code de procédure civile sont applicables aux citations en délimitation faites par les gardes, en vertu de l'article 173 du code forestier. V. Citation.

42. *Nullité. Enregistrement.* — La signification, quoique non enregistrée dans le délai légal, n'est pas nulle, alors que cet acte constate que la copie a été remise au riverain en parlant à sa personne. (Tribunal d'Annecy, 17 décembre 1880.)

43. *Qualité. Requête.* — La signification de l'arrêté préfectoral doit être faite au nom et à la diligence de l'administration des forêts. (Décis. Min. du 23 nov. 1830. Circ. A 253.)

44. *Original.* — On doit, autant que possible, comprendre dans un même original de signification tous les riverains d'une même commune, à citer le même jour. (Circ. A 500.)

45. *Propriétaire. Riverain.* — On ne doit jamais citer que le propriétaire du fonds (le préfet et l'administration pour l'Etat, le maire pour la commune et les administrateurs pour les établissements publics), attendu que seul il donne force à l'opération. (Cod. For. 9.)

46. *Riverain. Fermier.* — Les significations peuvent être remises au fermier du propriétaire et, autant que possible, au fermier qui cultive un terrain riverain de la forêt.

47. *Riverain. Nom.* — L'arrêté prescrivant une délimitation partielle fait connaître les noms, prénoms et demeures des parties intéressées, désigne l'expert et le géomètre et indique si le bornage sera fait en même temps que la délimitation. (Circ. N 64, art. 90.)

48. *Arrêté. Signification. Copie. Frais.* — L'arrêté prescrivant une délimitation partielle est porté, sans frais, à la connaissance des intéressés, par les soins de l'agent forestier expert; il doit toujours être transcrit en tête du procès-verbal et certifié conforme par l'expert. (Circ. N 64, art. 91 et 92.)

49. *Délimitation partielle. Arrêté. Notification.* — La notification de l'arrêté prescrivant une délimitation partielle, dans les bois domaniaux, doit être faite aux intéressés par des avis individuels, sans frais. (Meaume.)

SECT. VII. — EXÉCUTION.

§ 1. *Agent. Géomètre.*

50. *Agent.* — Les agents forestiers sont chargés des travaux de délimitation dans les bois domaniaux et communaux.

51. *Agent. Travaux.* — Les agents forestiers du service ordinaire pourront être chargés des délimitations générales, bornages et expertises nécessités par ces opérations, dans les bois appartenant à des communes ou établissements publics. (Décr. du 25 août 1861. Arrêté du ministre des finances du 7 janvier 1863, art. 1.)

52. *Agent. Service d'art.* — Les délimitations sont confiées aux agents du service d'art; mais on peut cependant confier ces travaux aux chefs de cantonnement. (Instr. 15 mars 1845. Circ. A 575 ter. Circ. A 604.)

53. *Agent. Expert et géomètre.* — Lorsqu'un agent forestier expert peut exécuter les travaux qu'exige la délimitation, il ne lui est pas adjoint de géomètre. Dans ce cas, l'agent expert et géomètre ne peut se faire remplacer. (Circ. A 184. Lettre de l'Admin. du 28 janvier 1848.)

54. *Agent. Géomètre. Principes.* — L'ordonnance du 2 décembre 1845 a établi que les agents forestiers seraient seuls chargés des opérations de géométrie relatives aux délimitations et aux aménagements. Aucun géomètre étranger ne peut être appelé à opérer dans les forêts soumises au régime forestier. Si un arpenteur non assermenté a fait une délimitation générale, cette opération ne peut être considerée que comme amiable, et le procès-verbal doit être approuvé par tous les intéressés. (Lettre de l'Admin. 6 avril 1853, n° 1755.)

55. *Géomètre. Commission. Serment.* — Si les travaux géodésiques sont importants, il peut être adjoint un géomètre à l'agent forestier. Si le géomètre n'est pas assermenté, il prête serment devant le tribunal de première instance ; une commission lui est préalablement délivrée par l'administration. (Circ. N 64, art. 14.)

56. *Agent. Géomètre. Remplacement.* — L'agent ou le géomètre désigné pour effectuer une délimitation ne peut se faire remplacer, ni suppléer. S'il y a lieu de remplacer le géomètre, le préfet prend un arrêté spécial ; quant à l'agent désigné par son grade et sa résidence, en cas de changement, il est remplacé de droit par son successeur. (Circ. N 64, art. 22 et 23.)

57. *Travaux. Décès. Résiliation.* — Lorsqu'un géomètre soumissionnaire des travaux de délimitation est décédé ou déchu de son entreprise, l'estimation des travaux effectués que l'on peut utiliser est faite en centièmes du prix de l'hectare fixé par la soumission et d'après les bases suivantes :

1o Reconnaissance et fixation des limites	8/100
2o Arpentage (y compris la triangulation, s'il y a lieu)	40/100
3o Construction du canevas général et des tracés géométriques	30/100
4o Rédaction de la minute du procès-verbal	8/100
5o Signature des riverains	4/100
6o Expédition du procès-verbal.	10/100

(Circ. N 64, art. 184.)

58. *Règlement de compte.* — Les travaux de chaque catégorie inachevés sont évalués par dixième, suivant leur degré d'avancement. Les décomptes sont communiqués au soumissionnaire ou à ses représentants, pour recevoir leurs observations, sur lesquelles les agents émettent leur avis. (Circ. N 64, art. 185.)

§ 2. *Travaux.*

59. *Autorisation. Commencement.* — Les délimitations ne doivent jamais être entreprises sans l'assentiment de l'administration pour les bois domaniaux, et des maires et administrateurs pour les bois communaux et d'établissements publics. (Circ. N 64, art. 16.)

60. *Département. Circonscription. Commission.* — Si la forêt à délimiter est située sur plusieurs départements, l'agent forestier doit faire viser sa commission aux greffes de tous les tribunaux d'où la forêt dépend.

61. *Etat des riverains.* — Lorsque la délimitation générale est autorisée, l'agent forestier ou le géomètre qui doit y procéder dresse un état aussi complet et aussi exact que possible des riverains de la forêt, avec un croquis ou plan indiquant les propriétés et demeures des riverains et les personnes aptes à les remplacer, en cas d'absence ou d'empêchement. (Circ. N 64, art. 100.)

62. *Riverains. Opérations.* — Les riverains assistent eux-mêmes aux opérations, ou s'y font représenter par un fondé de pouvoir muni d'une procuration authentique ou sous seing privé, légalisée et enregistrée. Ces actes sont alors relatés et annexés au procès-verbal. (Circ. N 64, art. 25.)

63. *Ouverture. Commencement.* — La délimitation générale doit être commencée, et le procès-verbal être ouvert au jour fixé par le préfet ; toutefois, l'opération peut être remise ou renvoyée à un autre jour par les experts, qui dressent acte de cette remise. Au jour indiqué pour la reprise, il est procédé comme pour la première remise. (Circ. N 64, art. 118, 120 et 121.)

64. *Remise. Formalités.* — L'acte de remise d'une délimitation générale doit recevoir toute la publicité possible ; il est fait mention au procès-verbal de tous les renvois successifs, et cet acte doit être signé par les experts et les riverains présents. (Circ. N 64, art. 122.)

65. *Exécution. Riverain. Présence. Convocation.* — Pour les délimitations partielles, l'agent forestier désigné ne peut procéder qu'en présence du riverain, avec lequel il doit s'entendre directement et sans signification préalable. La délimitation et le bornage peuvent avoir lieu simultanément. (Circ. N 64, art. 6.)

66. *Marche de l'opération.* — Au jour indiqué, il est procédé à la délimitation générale, en l'absence comme en présence des riverains.

La marche des travaux va du nord à l'est, ensuite au sud et à l'ouest, de manière à avoir toujours à droite la forêt à délimiter. (Circ. N 64, art. 118.)

67. *Point de départ.* — Le point de départ est, autant que possible, celui du périmètre qui se trouve le plus au nord et fixe l'extrémité de la ligne séparative de deux communes ; il est proposé au préfet par le conservateur. (Décis. Min. 23 septembre 1830. Circ. N 64, art. 101.)

68. *Reconnaissance des limites.* — La reconnaissance des limites se fait sans interruption, afin que les riverains puissent se trouver sur les points du périmètre qui les concernent. Lorsque le riverain, n'ayant pas pu s'y trouver lors du passage de l'expert, demande qu'il lui soit rendu compte de l'opération, l'expert ne peut se refuser à satisfaire cette demande. L'expert se munit de tous les actes, plans et titres pouvant l'éclairer et le guider. (Circ. N 64, art. 119.)

69. *Ligne délimitative. Piquet. Croix. Numéros.* — L'agent de l'administration trace

la ligne périmétrale et décide provisoirement les contestations; les lignes sont fixées par des piquets que le géomètre fait planter à tous les angles. Les piquets doivent avoir en général 6 à 8 centimètres de diamètre et de 50 à 60 centimètres de hauteur. S'il y a des rochers, le sommet des angles est fixé provisoirement par une croix ou par tout autre signe. Les piquets sont rattachés à des points fixes et reçoivent un ordre de numéros, pour chaque massif et pour chaque enclave. (Circ. N 64, art. 26, 27.)

70. *Abatage d'arbres.* — Les décisions régulières qui autorisent des travaux d'amélioration (délimitation), dans les bois soumis au régime forestier, autorisent implicitement les abatages d'arbres que ces travaux occasionnent. (Décis. Min. 15 mai 1862. Circ. A 819.)

71. *Reconnaissance. Bornes.* — On peut, en faisant la reconnaissance des limites d'une forêt communale, planter des bornes provisoires, et, s'il n'y a pas de difficultés, il est ensuite procédé au bornage definitif. Cette reconnaissance doit se faire contradictoirement avec le maire et les riverains.

72. *Géomètre. Travaux. Frais.* — Moyennant les prix ou honoraires alloués aux géomètres soumissionnaires, ceux-ci sont chargés des frais de voyage, d'ouvriers, de fourniture de papiers (pour la minute seulement) et de travaux divers. (Circ. N 64, art. 176.)

73. *Calepin.* — Un calepin spécial sera tenu pour les délimitations partielles. Le croquis visuel y sera tracé avec les cotes inscrites à l'encre; ce calepin devra rester dans les archives du chef de cantonnement. Un tableau indicatif sera établi en tête et fera connaître le nom de la forêt, la date de l'arrêté du préfet, la date de l'opération, le nom des riverains et celui de l'agent expert. (Instr. du 15 octobre 1860, art. 114.)

74. *Croquis.* — Les croquis des levés relatifs à des délimitations partielles font partie des archives du chef de cantonnement. Les croquis des levés concernant les délimitations générales seront reunis et placés, suivant l'ordre des opérations, dans une couverture spéciale; ils sont remis au chef de service. (Instr. du 15 octobre 1860, art. 312, 313.)

75. *Bois communaux et d'établissements publics. Formalités.* — Lorsqu'il y aura lieu d'opérer la délimitation des bois des communes et des établissements publics, il sera procédé de la manière prescrite pour les bois de l'Etat, sauf les modifications des articles 130, 131, 132, 133 de l'ordonnance. (Ord. 129.)

76. *Assistance. Propriétaire. Avis.* — Le maire de la commune ou l'un des administrateurs de l'etablissement propriétaire aura droit d'assister à toutes les opérations, conjointement avec l'agent forestier nommé par le préfet. Ses dires, observations et oppositions seront exactement consignés au procès-verbal (avant la clôture).

Le conseil municipal ou les administrateurs seront appelés à délibérer sur les résultats du procès-verbal, avant qu'il soit soumis à l'homologation. (Ord. 131. Circ. N 64, art. 24.)

77. *Apanage. Majorat.* — Toutes les dispositions de l'ordonnance relatives à la délimitation des bois de l'Etat sont applicables aux bois possédés à titre d'apanage ou de majorat. (Ord. 125.)

78. *Travaux. Etat de situation.* — Les conservateurs sont tenus au courant de l'execution des travaux d'art, concernant les délimitations, par l'etat série 2, n° 7. (Circ. N 359), et il leur appartient d'imprimer aux opérations des arpenteurs, par l'intermédiaire et sous le contrôle des chefs de service, l'activité et l'exactitude désirables. (Circ. N 372.)

79. *Dépenses. Etat de situation.* — Les agents doivent fournir, pour le 15 octobre, un état des dépenses concernant les délimitations generales des bois domaniaux. (Circ. N 64, art. 219.)

80. *Pièces. Agent. Changement.* — Lorsqu'une opération de délimitation aura été commencée par un agent et devra être continuée par un autre, il lui sera fait remise de toutes les pièces, d'après un inventaire; il en sera de même lorsqu'un agent, ayant commencé un travail, sera changé de résidence et devra achever ce travail à son nouveau poste; dans ce cas, l'inventaire sera fait avec le chef de service, qui, en recevant ensuite toutes les pièces, devra en donner récépissé. (Instr. 15 octobre 1860, art. 315.)

§ 3. *Rédaction des procès-verbaux.*

81. *Minute. Rédaction.* — Le géomètre rédige le procès-verbal de délimitation sous la direction et la responsabilité de l'expert. (Circ. N 64, art. 45.) Voir modèle A, annexé à la circulaire N 64.

82. *Modèle.* — Le modèle ou spécimen d'un procès-verbal de délimitation générale et de tracé géométrique à y annexer a été approuvé par décision ministérielle du 26 janvier 1867. Il porte pour titre : *Procès-verbal de délimitation générale de la forêt domaniale de la Joux.* (Circ. N 57.)

83. *Erreur. Responsabilité.* — Les agents demeurent responsables de toutes les irrégularités commises dans la rédaction des procès-verbaux de délimitation. (Circ. A 629.)

84. *Minute. Papier.* — Le procès-verbal doit être écrit sur du papier de bonne qualité, fort, résistant, fabriqué à la main et ayant 0m,420 de hauteur et 0m,594 de largeur, la feuille ouverte. Les feuilles doivent être entières; les demi-feuilles sont interdites. (Circ. N 64, art. 46.)

85. *Rectifications. Ratures. Grattages.* — Les ratures, additions, rectifications, interlignes, renvois, etc., doivent être approuvés avec soin. Les grattages sont interdits. (Loi du 25 ventôse an XI. Circ. N 64, art. 68.)

86. *Plusieurs départements. Minute.* — Lorsque le sol de la forêt est situé sur plusieurs départements, le procès-verbal de délimitation est rédigé en autant de minutes qu'il y a de départements, et ces minutes sont déposées aux archives de chaque préfecture. (Circ. N 64, art. 44.)

87. *Titre. Section.* — L'acte peut être divisé en autant de titres qu'il y a de massifs ou d'enclaves, et en sections, si les limites sont contiguës à plusieurs territoires. (Circ. N 64, art. 47.)

88. *Ordre. Articles. Clôture. Signature.* — Le procès-verbal de délimitation sera rédigé par les experts, suivant l'ordre dans lequel l'opération a été faite. Il sera divisé en autant d'articles qu'il y aura de propriétaires riverains, et chacun de ces articles sera clos séparément et signé par les parties intéressées. (Ord. 61. Circ. N 64, art. 61.)

89. *Riverains. Refus. Absence. Réclamation.* — Si les propriétaires riverains ne peuvent pas signer ou refusent de le faire, si même ils ne se présentent, ni en personne, ni par un fondé de pouvoir, il en sera fait mention au procès-verbal.

En cas de difficulté sur la fixation des limites, les réquisitions, dires et observations contradictoires seront consignés au procès-verbal. (Ord. 61.)

90. *Limites. Rectifications.* — Toutes les fois que, par un motif quelconque, les lignes de pourtour d'une forêt, telles qu'elles existent actuellement, devront être rectifiées de manière à déterminer l'abandon d'une portion du sol forestier, le procès-verbal devra énoncer les motifs de cette rectification, quand même il n'y aurait à ce sujet aucune contestation entre les experts. (Ord. 61.)

91. *Articles. Numéros. Parcelles. Propriétaires. Routes.* — Les articles reçoivent une seule série de numéros, quelle que soit l'étendue du procès-verbal. Lorsqu'un propriétaire possède plusieurs parcelles non contiguës, il est fait un article distinct pour chacune d'elles ; il n'est pas fait d'article pour les routes, chemins et cours d'eau dépendant du domaine public, qui coupent le périmètre. Dans une gorge resserrée et dans les enclaves étroites, il n'est fait qu'un seul article pour les parcelles appartenant au même propriétaire et qui touchent la forêt sur deux points opposés. (Circ. N 64, art. 61, 62, 63.)

92. *Articles. Indications. Noms.* — Chaque article fait connaître : 1° les noms, prénoms, et demeures des propriétaires riverains ; 2° le nom du mari ou du tuteur, lorsque l'immeuble appartient à la femme, aux enfants ou à une personne interdite ; 3° s'il s'agit d'une veuve, son nom personnel et celui de son mari décédé ; 4° l'indication des chemins et cours d'eau autres que ceux dépendant du domaine public ; 5° les servitudes ou les tolérances auxquelles prétendent les riverains ; 6° les actes de reconnaissance qui s'y rattachent. Les articles doivent être rédigés de manière à ce que les parties saisissent facilement la portée des engagements qu'elles contractent. (Circ. N 64, art. 64.)

93. *Mutation.* — En cas de mutations survenues depuis la reconnaissance des limites, il doit en être fait mention à chaque article concernant les nouveaux propriétaires, qui sont invités à signer. En cas de refus, leurs dires sont consignés au procès-verbal. (Circ. N 64, art. 72.)

94. *Noms des riverains. Erreur.* — L'expert s'assure, au fur et à mesure de l'opération, que les noms des propriétaires riverains ont été régulièrement et exactement recueillis ; en cas d'erreur, il les répare en faisant les démarches pour obtenir l'adhésion des intéressés aux résultats de l'opération. (Circ. N 64, art. 123.)

95. *Délimitation antérieure.* — En cas de délimitation partielle antérieure, il est fait mention au procès-verbal des dates des actes constatant ces opérations et celles de leur homologation, et on indique, sur les traces, le rattachement des anciennes opérations aux nouvelles. (Circ. N 64, art. 124.)

96. *Clôture. Date.* — La date de la clôture des articles est celle du jour où le procès-verbal a été présenté à la signature du riverain.

Une clôture générale du procès-verbal est faite, après la clôture de tous les articles, lorsque la mission des experts est terminée. (Circ. N 64, art. 73.)

97. *Récapitulation. Articles contestés.* — On ne doit pas omettre, à la fin des procès-verbaux de délimitation générale, de faire la récapitulation des articles contestés, sauf à mettre *néant*, s'il n'y a pas eu de difficulté. (Circ. A 539. Modèle A et note 10 de la circulaire N 64.)

98. *Bornage.* — Si le bornage se fait simultanément avec la délimitation, un seul procès-verbal suffit pour les deux opérations. (Circ. N 64, art. 164.)

§ 4. *Arpentage. Plan. Tracé géométrique.*

99. *Levé. Périmètre.* — Après la fixation des limites, le géomètre procède sans désemparer au levé du périmètre. Les opérations géométriques sont consignées sur un calepin ; les détails du levé inscrits à *l'encre* indiquent les piquets et leurs numéros, tous les objets formant limite, la nature des

fonds riverains, ainsi que les noms, prénoms et demeures des propriétaires. (Circ. N 64, art. 38 et 39.)

100. *Triangulation.* — Pour assurer l'exactitude des délimitations, il est formé un canevas fondamental, soit à l'aide d'une triangulation, soit au moyen d'un polygone enveloppant. (Circ. N 64, art. 40.)

101. *Levé. Cheminements. Directrices.* — On effectue le levé, soit en cheminant sur le périmètre, soit au moyen de directrices, en déterminant les routes, ravins, chemins, maisons, etangs, mares, etc., et en y rattachant les points fixes situés dans un rayon de 50 à 100 mètres. On doit toujours avoir à droite la forêt à délimiter. (Instr. du 15 octobre 1860, art. 109. Circ. N 64, art. 41 et 118.)

102. *Propriétés riveraines.* — En chaînant les lignes d'opération, on se rend compte de la position et des limites des fonds riverains; on cote ces limites au passage, en prenant les angles, pour en assurer la direction sur les plans. (Circ. N 64, art. 43.)

103. *Chemins. Canal. Rivière.* — Lorsque la limite est formée par un chemin particulier, ou communal non classé, on opère la délimitation comme avec une propriété particulière. Pour les chemins classés, routes, chemins de fer, canaux, rivières, fleuves, etc., le bord limitrophe à la forêt est pris pour limite, sans autre formalité. (Circ. N 64, art. 31.)

104. *Cours d'eau. Domaine public.* — La délimitation du domaine public et spécialement des cours d'eau navigables est dans les attributions exclusives de l'autorité administrative; toutefois, l'autorité judiciaire est compétente pour reconnaître un droit de propriété englobée dans la délimitation, lorsqu'elle est saisie d'une demande en indemnité. (Cons. d'État. Trib. des conflits, 11 janvier 1873.)

Le droit qui appartient à l'administration, en vertu des lois des 22 décembre 1789 et 10 janvier 1790, de délimiter les cours d'eau navigables et flottables, ne donne aux préfets d'autres pouvoirs que celui de reconnaître et de declarer la ligne séparatrice du domaine public et de la propriété privée. (Cons. d'État, 12 mars 1872.)

105. *Ruisseaux. Iles.* — Pour les ruisseaux, ravins ou torrents, on les considère comme appartenant par moitié aux deux riverains. Les îles appartiennent au riverain du côté où l'île s'est formée. (Cod. Civ. 561. Circ. N 64, art. 32, 33.)

106. *Rattachement.* — Lorsqu'un levé est adjacent, soit au point de depart, soit au dernier point, à un périmètre fixé par des bornes, murs ou fossés, il est levé de 50 à 100 mètres de ce périmètre, à titre de rattachement. (Circ. N 64, art. 42.)

107. *Tracés géométriques.* — Les tracés géométriques font partie intégrante du procès-verbal de délimitation. Ils seront établis au verso ou au recto des feuilles écrites, et on doit éviter tous les grattages, quelque légers qu'ils soient. (Décis. Min. 26 janvier 1867. Circ. N 57.) V. Tracé géométrique.

108. *Echelle.* — Les plans ou tracés géométriques sont construits aux échelles de 1 à 500, de 1 à 1250 et de 1 à 2500, selon le développement de la ligne délimitée. (Circ. N 64, art. 50.)

109. *Canevas général.* — Pour les délimitations générales, il sera dressé un canevas général, pour s'assurer de la régularité du levé et pour que ce travail puisse être utilisé, dans le cas où l'administration prescrirait l'aménagement de la forêt Ce plan doit contenir toutes les routes, chemins, ruisseaux, maisons de gardes, etc. Il sera établi sur une seule feuille grand aigle. (Instr. du 15 octobre 1860, art. 124, 126.)

110. *Plan d'ensemble.* — Lorsque, pour une délimitation, il y a lieu de faire un plan d'ensemble, une rétribution spéciale *par hectare* doit être portée sur les soumissions des géomètres. (Circ. A 798.)

§ 5. *Contestation. Opposition. Litige. Compétence.*

111. *Délai.* — Les oppositions doivent être formées dans le délai d'un an, à partir du jour où le dépôt du procès-verbal a été publié. Le jour de la publication du délai n'est pas compris; mais celui de l'opposition doit y être compris, à peine de déchéance absolue. (Meaume.) V. Opposition.

112. *Qualité.* — Le droit de former opposition n'appartient qu'aux riverains absents lors de l'opération; l'adhésion du riverain librement donnée ne peut pas être retirée, et, si une délimitation'était acceptée par tous les riverains, le dépôt d'un an ne serait plus nécessaire, parce qu'on ne pourrait pas y former opposition. (Meaume.)

113. *Réclamations.* — Les réclamations que les propriétaires pourront former, soit pendant les opérations, soit dans le délai d'un an (pendant le dépôt à la préfecture), devront être adressées au préfet du département, qui les communiquera au conservateur des forêts et au directeur des domaines, pour avoir leurs observations. (Ord. 64.)

114. *Opposition. Consignation au procès-verbal. Action. Déchéance.* — Le propriétaire qui a fait consigner son opposition sur le procès-verbal de délimitation n'a pas à saisir les tribunaux de cette contestation; c'est à l'administration à intenter le procès et il n'y a pas de decheance à prononcer contre le propriétaire qui, après cette formalité, n'a plus élevé de réclamations, suivant l'article 12 du code forestier. (Pau, 11 juillet 1870.)

115. *Contestation. Observations écrites.* — En cas de contestation, les parties doivent toujours être invitées à remettre par écrit et à signer leurs observations, qui doivent être transcrites, autant que possible, textuellement dans le procès-verbal. (Circ. N 64, art. 66.)

116. *Contestation. Article.* — L'expert doit rappeler, dans un article spécial, le nombre des contestations et les numéros des articles contestés ; les noms, prénoms et demeures des détenteurs ; la contenance, la nature et la valeur approximative, en argent, des parcelles contestées. Ces renseignements peuvent être résumés dans un tableau. (Circ. N 64, art. 126.)

117. *Contestation. Levé.* — En cas de contestation de limites, les deux portions de périmètre seront levées et la surface des terrains revendiqués sera calculée et figurée sur le plan. (Instr. 15 octobre 1860, art. 113.)

118. *Oppositions. Action.* — Lorsqu'il s'élèvera des contestations ou des oppositions, les communes ou établissements propriétaires, après que le préfet aura consulté le conservateur (Circ. N 64, art. 136), seront autorisés à intenter action ou à défendre, s'il y a lieu, et les actions seront suivies par le maire et les administrateurs dans les formes ordinaires. (Ord. 132.) V. Instance.

119. *Procédure.* — La forme ordinaire, suivant laquelle les actions en délimitation doivent être intentées, est celle déterminée pour le jugement des affaires domaniales. (Loi du 5 novembre 1790. Règlement du 3 juillet 1834.)

120. *Contestation. Juridiction.* — Les contestations élevées, soit pendant les opérations, soit par suite d'oppositions formées par les riverains, seront portées par les parties intéressées devant les tribunaux compétents (tribunal civil), et il sera sursis à l'abornement jusqu'après leur décision. (Cod. For. 13. Lyon, 10 mai 1878.)

121. *Opposition. Rectification.* — En cas d'opposition à une délimitation générale, si les parties se mettent ensuite d'accord, il est procédé, au moyen d'une délimitation partielle, faite dans la forme ordinaire, à la fixation des limites. Cet acte, qui doit constater la limite proposée par la délimitation générale et la rectification effectuée, est joint au procès-verbal de la délimitation générale. (Note de l'administration, 19 août 1857, n° 1513.)

122. *Compétence. Juridiction.* — En cas de litige, l'action est portée devant le tribunal du domicile du demandeur, même lorsque la forêt est située sur plusieurs arrondissements.

123. *Juridiction.* — Les juges de paix connaissent à charge d'appel des actions en bornage (délimitation). (Loi du 25 mai 1838, art. 6.)

124. *Contestation. Compétence.* — Le jugement sur les contestations relatives aux délimitations générales est exclusivement réservé aux tribunaux civils. En aucun cas, le jugement de ces affaires ne peut être déféré aux juges de paix. (Meaume.)

125. *Contestation. Délai.* — Lorsque la délimitation générale d'un bois de l'État a été effectuée, conformément aux conditions du code forestier, le propriétaire riverain, qui n'a pas élevé de contestation contre le procès-verbal de l'opération, dans le délai d'un an fixé par le code forestier, n'est plus recevable à prouver, tant par titres que par témoins, qu'une portion de son héritage a été indûment rattachée au sol de la forêt. (Besançon, 20 mars 1851.)

126. *Erreur.* — Le tribunal qui constate en fait, d'après une expertise administrative, que le procès-verbal et le plan de délimitation générale d'un bois communal renferment des erreurs matérielles, en rendant l'application impossible sur le terrain, peut, sans méconnaître l'autorité attachée à ces actes et sans commettre un excès de pouvoir, délaisser les parties à se pourvoir devant qui de droit, pour qu'il soit procédé à une nouvelle délimitation générale. (Cass. 28 juillet 1862.)

§ 6. *Adhésion. Signatures.*

127. *Articles. Signature.* — Le procès-verbal est présenté par l'expert ou par le géomètre à la signature des riverains qui ont assisté à l'opération ; s'ils ne peuvent signer ou s'ils refusent de le faire, même après avoir acquiescé, leurs dires et observations sont consignés au procès-verbal.

Les propriétaires des immeubles ou leurs fondés de pouvoirs sont seuls admis à signer.

Les articles possédés par la femme sont signés par la femme et le mari ; ceux relatifs à des mineurs ou à des interdits sont signés par les tuteurs, avec autorisation du conseil de famille. (Cod. Civ. 457, 467, 1124. Ord. 61. Circ. N 64, art. 70, 71.)

128. *Signature.* — La signature d'un procès-verbal par les riverains couvre toutes les irrégularités antérieures et valide l'opération. (Lettre de l'administration, 14 décembre 1867, n° 5120.)

129. *Délimitation partielle. Délai. Signature.* — Les procès-verbaux des délimitations partielles doivent être soumis à la signature des parties, dans les trois mois qui suivent l'ouverture des opérations. (Circ. A 698.)

130. *Délimitation partielle. Refus.* — Si le riverain n'accepte pas la limite proposée par l'expert ou s'il refuse de signer, l'opération cesse d'être administrative et l'affaire est portée, s'il y a lieu, devant les tribunaux ; il en est référé à l'administration qui apprécie si l'affaire comporte une suite judiciaire. (Circ. N 64, art. 94.)

131. *Délimitation partielle. Signature.* — Si le riverain ne sait pas signer, il doit constituer un fondé de pouvoirs et la procuration est annexée au procès-verbal. (Circ. N 64, art. 93.)

132. *Signature. Maire. Approbation.* — La signature du maire ou de son délégué n'est pas obligatoire pour le procès-verbal de délimitation des bois communaux. La seule approbation indispensable est celle du conseil municipal. (Lettre de l'administration, 3 septembre 1849, nº 532.)

133. *Adhésion tacite.* — Le silence de la commune ou de l'établissement public est considéré comme une adhésion. (Circ. N 64, art. 85.)

134. *Clôture. Signature.* — Les maires et administrateurs sont appelés à signer la clôture du procès-verbal, avec l'expert et le géomètre. (Circ. N 64, art. 74.)

135. *Article. Signature.* — Chaque article est signé par l'expert et le géomètre. (Circ. N 64, art. 73.)

§ 7. *Minute. Vérification. Dépôt.*

136. *Dépôt. Délai.* — La minute du procès-verbal de délimitation ou de bornage général doit être déposée, pendant un an, à la préfecture ou à la sous-préfecture, pour que les intéressés puissent en prendre connaissance et faire opposition. Ce dépôt est annoncé par un arrêté préfectoral. Les maires doivent justifier par des certificats, comme pour la publication de la délimitation, de la publication de cet arrêté. (Cod. For. 11. Circ. N 64, art. 129.)

137. *Dépôt. Preuve.* — La preuve de l'arrêté préfectoral prescrivant le dépôt et qui sert de point de départ au délai d'un an, pendant lequel on peut faire opposition, ne peut être faite que par pièces officielles et non par des présomptions ou des documents sans caractère officiel. (Grenoble, 28 juillet 1873.)

138. *Minute. Pièces.* — L'arrêté préfectoral annonçant le dépôt de la minute du procès-verbal de la délimitation et les originaux de citation sont reliés avec la minute du procès-verbal ; les préfets remettront, à cet effet, ces pièces au conservateur. (Circ. autogr. nº 24 du 20 novembre 1852. Circ. autogr. nº 25 du 21 novembre 1852.)

139. *Dépôt. Certificat.* — Les maires doivent justifier, par des certificats, de la publication des arrêtés préfectoraux prescrivant le dépôt du procès-verbal au secrétariat de la préfecture. Ces certificats sont fournis par le préfet, lors de la proposition pour l'homologation. (Circ. N 54.)

140. *Minute. Dépôt. Expert.* — Le dépôt de la minute du procès-verbal à la préfecture est fait par l'expert directement et non pas par l'intermédiaire du conservateur. (Décis. Min. 22 mai 1832. Circ. A 299. Circ. N 64, art. 79.)

141. *Minute. Signature.* — Les minutes des plans et procès-verbaux doivent être adressées au conservateur, sans être revêtues d'aucune signature. (Circ. A 629.)

142. *Vérification. Modification.* — Avant toute signature, le chef de service et le conservateur procèdent successivement à la vérification de toutes les parties du procès-verbal et indiquent les modifications et vérifications à faire. Cet acte est soumis ensuite à l'administration, avec les pièces justificatives, et l'administration statue sur sa régularité. Les changements prescrits sont effectués par les expert et géomètre. (Circ. A 629. Circ. A 698. Circ. N 64, art. 69.)

143. *Vérification. Pièces.* — Les minutes des plans de délimitation seront soumises à l'examen de l'administration, à qui on enverra, en même temps que les actes définitifs, les croquis relatifs à l'arpentage, les cahiers de calculs et les observations des chefs de service. (Instr. 15 octobre 1860, art. 319.)

144. *Minute. Déplacement.* — Dès que la minute du procès-verbal est déposée à la préfecture, elle ne peut être déplacée sous aucun prétexte. (Loi du 25 ventôse an XI, art. 22. Circ. N 64, art. 80.)

145. *Délimitation partielle. Dépôt.* — Les procès-verbaux des délimitations partielles ne sont pas assujettis au dépôt à la préfecture pendant un an.

146. *Adhésion. Délimitation partielle. Dépôt.* — En cas d'accord, la minute du procès-verbal est déposée au secrétariat de la préfecture, sans publication de dépôt. (Circ. N 64, art. 95.)

§ 8. *Expédition. Extraits.*

147. *Dépôt.* — Le procès-verbal de délimitation générale sera déposé (la minute, à la préfecture) par extrait, au secrétariat de la sous-préfecture, en ce qui concerne chaque arrondissement. (Cod. For. 11.) V. Extrait.

148. *Extrait.* — Les intéressés pourront requérir des extraits dûment certifiés du procès-verbal de délimitation, en ce qui concerne leurs propriétés. (Ord. 63.)

149. *Frais. Ecriture.* — Les frais d'expédition de ces extraits seront à la charge des requérants et réglés à raison de 0 fr. 75 par rôle d'écriture, conformément à la loi du 25 juin 1794, article 37. (Ord. 63.) V. Expédition.

150. *Surcharges. Abréviations. Grattage. Format.* — Les expéditions sont faites sans surcharge, abréviation ou grattage, sur du papier de bonne qualité et de même format que celui de la minute. (Circ. N 64, art. 75.)

151. *Transcription.* — L'arrêté préfectoral doit toujours être transcrit en tête des expéditions. (Circ. N 64, art. 76.)

152. *Nombre.* — Il est fait trois expéditions du procès-verbal de délimitation, lorsqu'il s'agit de forêts domaniales, et quatre pour les bois des communes et d'établissements publics. Elles sont destinées, savoir : la première, à l'administration ; la seconde, au conservateur ; la troisième, au chef de service ; et la quatrième, s'il y a lieu, à la commune ou à l'établissement propriétaire. Elles sont faites par les soins du conservateur. (Circ. N 64, art. 77 et 78.)

153. *Nombre.* — Si la forêt est située sur un arrondissement autre que celui de la préfecture, il est fait une cinquième expédition, pour être déposée au secrétariat de la sous-préfecture. Si elle est située dans plusieurs arrondissements, il est fait seulement un extrait du même acte, en ce qui concerne chacun desdits arrondissements. Il est procédé de même pour les arrondissements qui sont limitrophes de la forêt. (Cod. For. 11. Circ. N 64, art. 127.)

154. *Envoi des pièces.* — En même temps que se fait le dépôt de la minute du procès-verbal, le conservateur adresse au préfet : 1° l'expédition destinée à provoquer l'homologation (Ord. 62); 2° l'expédition qui doit être soumise au conseil municipal ou aux administrateurs (Ord 131); 3° son avis sur le résultat de l'opération; 4° les expéditions ou extraits pour les sous-préfectures. Le conservateur réclame un récépissé de ces actes. (Circ. N 64, art. 79 et 128.)

155. *Certification.* — Les expéditions sont certifiées conformes à la minute par le secrétaire général de la préfecture; les chefs de service veillent à ce que cette formalité soit toujours remplie. (Circ. A 576 sexies. Circ. N 64, art. 81.)

156. *Bois domaniaux.* — S'il s'agit d'une forêt de l'Etat, le préfet adresse immédiatement au ministre de l'agriculture l'expédition sur laquelle doit être prononcée l'homologation et qui est destinée aux archives de l'administration. Il y joint l'avis du conservateur et le sien, en forme d'arrêté. (Circ. A 576 sexies. Circ. N 64, art. 82.)

157. *Bois communaux ou d'établissements publics.* — S'il s'agit des bois d'une commune ou d'un établissement public, le conseil municipal ou les administrateurs sont appelés à délibérer sur les résultats du procès-verbal, avant qu'il soit soumis à l'homologation. (Ord. 131.) L'expédition destinée aux archives de la commune ou de l'établissement public est transmise, dans ce but, par le préfet. (Circ. N 64, art. 83.)

158. *Communes riveraines. Bois domaniaux. Extrait.* — Les préfets sont autorisés à communiquer, par *extraits*, aux conseils municipaux des communes qui possèdent des forêts riveraines de celles de l'Etat, les procès-verbaux de délimitation concernant ces forêts ; ces extraits sont délivrés sur la demande et aux frais exclusifs de ces communes. (Décis. Min. des 24 mai et 8 juillet 1852. Circ. A 697.)

159. *Expéditions. Autographie.* — Les expéditions ne doivent être faites qu'après l'autorisation de l'administration, qui se réserve de les faire autographier, lorsqu'elle le jugera convenable. (Circ. A 629.)

160. *Expéditions.* — Les expéditions des procès-verbaux de délimitation ne seront entreprises que sur l'autorisation de l'administration. (Instr. du 15 octobre 1860, art. 320.)

SECT. VIII. — HOMOLOGATION.

161. *Copie.* — Aussitôt que le procès-verbal aura été déposé au secrétariat de la préfecture, le préfet en fera faire une copie entière qu'il adressera, sans délai, au ministre de l'agriculture, pour le faire homologuer. (Ord. 62. Circ. A 576 sexies. Circ. A 577 bis.)

La copie exigée par l'article 62 de l'ordonnance n'est plus faite par la préfecture. (Décis. Min. 22 novembre 1828. Circ. A 203.) Elle est faite par les soins du conservateur. (Circ. N 64, art. 78.)

162. *Dépôt. Avis.* — L'avis de dépôt du procès-verbal de délimitation au secrétariat de la préfecture est donné par un arrêté préfectoral publié et affiché dans les communes limitrophes. (Cod. For. 11. Circ. N 64, art. 129.)

163. *Publication. Certificat.* — Les maires seront tenus d'adresser au préfet des certificats constatant qu'ils ont fait publier et afficher, dans leur commune, l'arrêté pris par le préfet pour faire connaître la résolution du chef de l'Etat relativement au procès-verbal de délimitation. (Ord. 65.)

164. *Certificat. Formalités.* — Les certificats des maires, constatant la publication et l'affichage de l'arrêté concernant l'homologation, porteront le timbre de la mairie ; ils seront reunis au procès-verbal de délimitation et rédigés sur du papier de même dimension ($0^m,420$ sur $0^m,594$). (Circ. N 64, art. 108, 129.)

165. *Pièces. Envoi.* — En adressant au ministre de l'agriculture l'expédition sur laquelle doit être prononcée l'homologation, le préfet y joint une copie de son arrêté annonçant le dépôt du procès-verbal et l'indication de la date de publication de cet arrêté. (Circ. N 64, art. 130.)

166. *Délai.* — Dans le délai d'un an, le gouvernement déclarera s'il approuve ou s'il refuse d'homologuer le procès-verbal de délimitation, en tout ou en partie. La déclaration sera rendue publique, comme les procès-ver-

baux de délimitation. (Cod. For. 11.) V. Homologation.

167. *Rapport. Décision.* — Dans le délai d'un an, fixe par l'article 11 du code forestier, à dater de la publication de l'arrêté de dépôt, le ministre rendra compte au chef de l'Etat des motifs qui pourront déterminer l'approbation ou le refus d'homologation du procès-verbal de délimitation et il sera statué par le chef de l'Etat sur ce rapport. (Ord. 62. Circ. A 576 sexies. Circ. N 64, art. 131.)

168. *Signification.* — La déclaration du gouvernement est portée à la connaissance des riverains par un arrêté préfectoral, qui contient le texte de cette déclaration et qui est publié et affiché dans les communes limitrophes. (Cod. For. 11. Ord. 65. Circ. N 64, art. 132.)

169. *Décision.* — Passé le délai d'un an, si les riverains n'ont pas élevé de réclamations et si le gouvernement n'a pas notifié son refus d'homologation, l'opération devient définitive. (Cod. For. 12. Circ. N 64, art. 133.)

170. *Réclamations. Opposition.* — S'il y a eu des réclamations ou des oppositions, l'opération n'en est pas moins définitive pour tous les riverains qui n'ont pas fait opposition sans avoir signé et, à plus forte raison, pour les riverains qui, n'ayant pas fait opposition, ont signé. (Conteste.)

171. *Refus.* — Si les agents jugent qu'il y a lieu de refuser l'homologation, ils doivent veiller à ce que les pièces soient transmises en temps utile, pour que la déclaration du gouvernement soit faite dans le délai fixé par la loi. (Circ. N 64, art. 131.)

172. *Réclamations. Envoi.* — Les réclamations que les propriétaires peuvent former soit durant les opérations, soit dans le délai d'un an, à dater du jour où l'arrêté de dépôt a été publié, doivent être adressées au préfet. (Ord. 64. Circ. N 64, art. 134.)

173. *Réclamations. Bois domaniaux.* — S'il s'agit de bois domaniaux, le préfet communique les réclamations au conservateur et au directeur des domaines, pour avoir leurs observations. (Ord. 64. Circ. N 64, art. 135.)

174. *Réclamations. Bois communaux et d'établissements publics.* — En cas de réclamations, le conservateur est préalablement consulte par le préfet, puis les communes ou les établissements publics sont autorisés à intenter action ou à défendre, s'il y a lieu, et les actions sont suivies par les maires ou administrateurs, dans les formes ordinaires. (Ord. 132. Circ. N 64, art. 136.)

175. *Annulation. Signification. Enregistrement.* — Une délimitation générale ne peut être annulée par le motif que l'acte de signification de l'arrêté de convocation n'aurait pas été enregistré. La formalité de l'enregistrement n'est pas essentielle et constitutive de l'acte. (Trib. d'Annecy, 17 décembre 1880.)

175 bis. — *Délimitations partielles. Approbation.* — En ce qui concerne les délimitations partielles faites suivant le droit commun, l'opération ne devient définitive que par l'approbation du ministre de l'agriculture pour les bois domaniaux, et par l'approbation du chef de l'Etat pour les bois des communes et des établissements publics. (Décis. Min. du 14 octobre 1840. Circ. N 64. art. 96.)

176. *Délimitation amiable. Homologation.* — Les délimitations amiables ne sont également définitives qu'après l'homologation du gouvernement (décision du ministre pour les bois domaniaux et décret pour les bois communaux) et seulement pour les riverains qui ont signé. (Circ. N 64, art. 6.)

177. *Annulation. Délai. Frais.* — Si, pour une délimitation générale, il n'a pas été statué dans le délai d'un an, le procès-verbal de délimitation devient nul et les frais restent à la charge de l'Etat.

178. *Gouvernement étranger.* — Lorsqu'une délimitation a été entreprise en vertu d'un arrêté d'un gouvernement étranger, entre une forêt appartenant à une commune française et une forêt située sur le pays limitrophe, il n'y a pas lieu de provoquer l'homologation du gouvernement français; il suffit de soumettre le procès-verbal à l'acceptation du conseil municipal et de faire approuver la délibération par le préfet. Un extrait de la délibération est adressé par le préfet au gouvernement étranger. (Affaire du Mesnil et Fipin, France et Belgique.)

SECT. IX. — FRAIS.

§ 1. *Timbre. Enregistrement.*

179. *Timbre.* — Les procès-verbaux de délimitation seront visés pour timbre, au moment où ils sont soumis à l'enregistrement. (Décis. Min. 7 janvier 1853. Circ. A 709.)

180. *Etat de répartition. Timbre. Frais.* — L'état de répartition des frais de délimitation, à remettre au receveur des domaines, doit être sur timbre. Les frais de timbre sont supportés, pour les forêts domaniales, par les riverains seuls et, pour les forêts communales, par les riverains et la commune. (Loi du 13 brumaire an VII, art. 29. Décis. Min. 26 octobre 1841. Circ. N 64, art. 198.)

181. *Actes. Etats.* — Les actes constatant les délimitations, ainsi que les états de répartition des frais, sont visés pour timbre et enregistrés en débet, à la diligence de l'agent forestier ou du géomètre, sauf recouvrement ultérieur.

Ces formalités sont remplies dans le délai de vingt jours, à dater de la clôture des actes. (Loi du 22 frimaire an VII, art. 20. Ord. 66, 133. Arr. Min. 12 août 1836. Circ. A 378. Circ. N 64, art. 186.)

182. — *Frais. Droits de timbre et d'enregistrement.*

DÉSIGNATION DES PIÈCES ET ACTES.		TIMBRE.	ENREGISTR.	OBSERVATIONS.
Signification de l'arrêté de convocation des riverains......	minute.	Timbré.	3 fr. fixe.	En débet. — Autant de droits réels que de riverains cités.
	copie ..	Id.	Exempt.	»
Minute du procès-verbal	de délimitation générale.	Id.	3 fr. fixe.	A la requête de l'administration, un seul droit.
	de bornage général	Id.	Id.	Id.
	de délimitation partielle.	Id.	Id.	Un seul droit, si l'acte est fait à la requête de l'administration; dans le cas contraire, autant de droits qu'il y a de requérants ayant un intérêt distinct.
	de bornage partiel......	Id.	Id.	
Plans annexés aux procès-verbaux (minutes	dressés par un agent forestier	Exempt.	Exempt.	Loi du 15 mai 1818, art. 80.
	dressés par un expert étranger	Timbré.	3 fr. fixe.	»
Extrait du procès-verbal de délimitation à déposer aux sous-préfectures.........		Exempt.	Exempt.	Lois des 13 brumaire an VII, art. 16, et 22 frimaire an VII, art. 8.
Expédition du procès-verbal........	pour les agents forestiers.	Id.	Id.	Id.
	pour les communes.....	Timbré.	Id.	Loi du 15 mai 1818, art. 80.
	pour les particuliers	Id.	Id.	Id.
Etat de répartition des frais...........		Exempt.	Id.	»
Expédition de l'état des frais à remettre au comptable pour le recouvrement...		Timbré.	Id.	Décision du 26 octobre 1841.

NOTA. — Les droits d'enregistrement indiqués ci-dessus ne comprennent pas les décimes. Ces droits doivent donc être augmentés d'un quart.

§ 2. *Indemnité aux agents.*

183. *Rémunération. Agent.* — Il est défendu aux agents forestiers de rien exiger ni recevoir des communes, pour leur coopération à la délimitation des bois communaux. (Décis. Min. 10 novembre 1821. Circ. A 197.)

184. *Bois communaux et d'établissements publics. Frais de coopération.* — Les frais de coopération des agents de tout grade et de toute catégorie aux délimitations et bornages de bois communaux et d'établissements publics sont fixés à 11 francs par jour employé sur le terrain à la reconnaissance des limites et aux travaux d'arpentage, et à 6 francs au cabinet pour rédaction des actes, rapports des plans, etc.

Les journées de voyage sont comptées comme ayant été employées sur le terrain. (Décis. Min. 28 août 1861 et 7 janvier 1863. Circ. N 64, art. 205.)

185. *Trésor. Attribution.* — La portion attribuée au Trésor, dans les sommes fixées par l'article précédent, est de 2 francs par journée de travail au cabinet, et de 4 francs par journée de travail sur le terrain ; l'autre portion (4 francs pour la journée de cabinet, et 7 francs pour la journée sur le terrain) est attribuée aux agents (service ordinaire) chargés de l'opération. (Arr. du ministre des finances des 28 août 1861, art. 1, et 7 janvier 1863. Circ. N 64, art. 206.)

186. *Frais. Recouvrement.* — Les frais des délimitations seront à la charge des communes et établissements publics; ils seront réglés suivant le tarif et dans les proportions arrêtées par le ministre, qui déterminera la part à attribuer à l'Etat, en remboursement de la portion de traitement affecté au temps employé par les agents au service dont il s'agit, et celle qui leur sera due à titre d'indemnité de déplac ment. (Décr. du 25 août 1861. Arr. Min. 7 janvier 1863.)

Il sera fourni, pour la part revenant à l'Etat et pour celle qui devra être comptée aux agents, deux décomptes distincts, indiquant la somme à payer par chaque commune, section de commune ou établissement public.

Ces états, dressés par les conservateurs, seront rendus exécutoires par le préfet, pour être recouvrés, savoir : en ce qui concerne les restitutions à l'Etat, par les receveurs des domaines à titre de remboursement d'avances et comme produits accessoires des forêts; en ce qui concerne les frais dus aux agents, par les receveurs des finances à titre de cotisations municipales, pour être ensuite mandatés par les préfets au profit des agents créanciers. (Décr. du 25 août 1861, art. 2. Circ. N 64, art. 206.)

187. *Frais.* — Les dispositions des décret et arrêté des 25 et 28 août 1861 sont applicables aux delimitations générales exécutées par les agents du service ordinaire, dans les bois des communes et des établissements publics, ainsi qu'aux bornages et expertises nécessités par ces delimitations. (Arr. Min. 7 janvier 1863, art. 1.)

188. *Agent. Bois domaniaux. Coopération. Frais.* — Le tarif pour la coopération des agents forestiers est applicable aux bois domaniaux (11 francs par jour sur le terrain et 6 francs au cabinet); mais ces sommes sont encaissées par le domaine, l'administration se réservant de régler, sur la proposition du conservateur, la somme à allouer aux agents à titre d'indemnité. (Circ. N 64, art. 208.)

189. *Service d'art. Agents.* — Les agents des commissions spécialement rétribués n'ont pas droit à une partie de ces indemnités, qui revient alors entièrement au Trésor. (Circ. N 64, art. 207.)

189 bis. *Algérie. Agents.* — Les agents du service ordinaire, chargés de procéder aux opérations de reconnaissance et de délimitation du sol forestier, ont droit à une indemnité de 7 francs par journée de présence sur le terrain. (Arr. Min. 30 décembre 1885. Circ. N 358.)

190. *Délimitation partielle. Bois communaux.* — Les agents ont droit à indemnité pour les délimitations partielles, comme pour les délimitations générales. (Circ. N 113.)

§ 3. *Répartition.*

191. *Simple bornage.* — La délimitation par simple bornage s'effectue à frais communs. (Cod. For. 14.)

192. *Partage.* — Les frais se partagent par moitié entre le propriétaire, d'une part, et les riverains, d'autre part, et pour ces derniers en proportion du développement de la ligne séparative. (Ord. 66. Circ. A 481. Circ. N 64, art. 189.) V. Modèle de l'Etat.

193. *Répartition.* — Les frais de délimitation des bois indivis sont supportés par les copropriétaires, suivant leurs droits. (Cod. For. 115.)

194. *Impression. Signification.* — Les frais d'impression, de timbre, d'enregistrement et de signification sont payés par moitié et par fractions égales par tous les riverains, quelle que soit l'étendue de la ligne delimitative qui les concerne. (Lettre de l'Admin. 23 janvier 1828.)

Les frais généraux de délimitation (voyage, reconnaissance de limite, arpentage, ouvriers, rédaction de la minute, des plans, copie pour le ministre de l'agriculture, expédition pour la sous-préfecture (Lettre de l'administration, 20 mai 1845), papier et reliure) se payent par moitié par les riverains, en proportion de la ligne délimitative qui les concerne ; les frais d'expert, de copie pour les agents forestiers et pour le propriétaire de la forêt et de papier pour la copie sont payés par le propriétaire de la forêt. (Formule série 2, n° 4. Nota en marge.)

195. *Expert.* — Les communes et les établissements publics propriétaires supportent la totalité des frais de coopération de l'agent forestier *expert*, ainsi que les frais d'expédition des procès-verbaux à déposer à la conservation et à l'inspection et pour leurs archives. (Ordonnance du 23 juillet 1841.) V. Honoraires.

196. *Délimitation judiciaire. Dépens.* — Si une délimitation a été ordonnée par suite d'une action judiciaire, tendant à la revendication de terrains usurpés, la totalité des droits et frais de cette opération est à la charge de la partie qui succombe. (Circ. A 220.)

197. *Expert.* — Dans une délimitation partielle, soit que les riverains acceptent l'expert de l'Etat, soit qu'ils en désignent un, les frais de vacation et d'écriture sont supportés par les deux parties en commun. (Lettre de l'administration, 12 février 1828.)

198. *Acte. Rédaction.* — Les riverains ne doivent pas contribuer aux frais de rédaction du procès-verbal de délimitation partielle d'un bois domanial. Ces frais sont à la charge de l'Etat. (Lettre de l'administration, 11 avril 1845.)

§ 4. *Etat de frais. Recouvrement. Paiement.*

199. *Frais. Bois communaux. Paiement.* — Les opérations de délimitation des bois communaux et d'établissements publics ne rentrent pas dans les frais d'administration dont parle l'article 107 du code forestier : les communes et les établissements publics doivent payer les frais de ces opérations. (Cons. d'Etat, 21 août 1839, 23 juillet 1841. Circ. N 64, art. 188.)

200. *Etat des riverains. Sommes dues.* — Aussitôt que les opérations sont terminées, le chef de service adresse au conservateur : 1° l'état des riverains ; 2° les memoires des sommes dues aux agents, aux géomètres et à tous autres. (Circ. N 64, art. 194.)

201. *Pièces justificatives. Envoi.* — Les chefs de service transmettent au conservateur les pièces justificatives des dépenses, au fur et à mesure de leur constatation, après les avoir vérifiées et certifiées. (Circ. N 64, art. 192.)

202. *Calcul. Articles.* — Les frais de délimitation et de bornage seront établis par articles séparés, pour chaque propriétaire riverain, et supportés en commun entre

l'administration et lui. (Ord. 66, Modèle. Circ. A 481.)

203. *Bois domanial. Recouvrement. Etat des frais.* — L'etat des frais (série 2, nº 4) sera dressé par le conservateur des forêts et visé par le préfet ; il sera remis au directeur des domaines, qui poursuivra, par voie de contrainte, le paiement des sommes à la charge des riverains, sauf l'opposition, sur laquelle il sera statué par les tribunaux conformément aux lois. (Ord. 66. Cod. Civ. 646. Circ. N 210.)

204. *Etat des frais. Recouvrement. Bois communaux.* — L'état des frais de délimitation et de bornage (série 2, nº 4), dressé par le conservateur et visé par le préfet, sera remis au receveur de la commune ou de l'établissement propriétaire, qui percevra le montant des sommes mises à la charge des riverains et, en cas de refus, en poursuivra le paiement par toutes les voies de droit, au profit et pour le compte de ceux à qui les frais sont dus. (Ord. 133.)

205. *Paiement. Recouvrement.* — Les communes et établissements publics qui auront requis des délimitations ou bornages partiels ou généraux payeront directement et intégralement aux ayants droit, *autres que les agents forestiers,* les frais de ces opérations, et recouvreront ensuite sur les propriétaires riverains le montant des frais tombant à la charge de chacun d'eux.

Lorsque les délimitations ou les bornages des bois communaux ou d'établissements publics auront été requis par les riverains, il sera procédé conformément aux dispositions de l'article 133 de l'ordonnance réglementaire du 1er août 1827.

Dans l'un et l'autre cas, les frais de coopération des agents du service spécial, réglés d'après un tarif arrêté par le ministre, seront versés, par les receveurs des communes ou des établissements publics, dans les caisses du domaine, à titre de remboursement d'avance et comme menus produits des forêts.

Les frais alloués pour le concours des agents chargés d'opérer comme experts, dans l'intérêt des communes ou des établissements publics, ainsi que les frais du recouvrement des sommes mises à la charge des riverains, seront supportés en entier par lesdits établissements et communes. (Ord. 23 mars 1845, art. 1, 2, 3. Circ. A 570.)

206. *Etat des frais. Agents. Rédaction.* — Les conservateurs dressent les états des frais spéciaux dus aux agents du service ordinaire, pour les délimitations générales. (Décis. Min. 7 janvier 1863. Formule série 2, nos 8 et 9.)

207. *Bois communaux. Frais. Versement.* — Les frais revenant au Trésor, pour le concours des agents aux délimitations, sont versés aux receveurs des domaines, comme menus produits, par les receveurs municipaux, lorsque ceux-ci ont recouvré les frais dus par les riverains. (Decis. Min. 24 mars 1845.)

208. *Frais. Payement.* — Il n'est pas nécessaire d'attendre que le bornage soit fait pour réclamer les frais dus pour la délimitation. (Circ. A 502.)

209. *Extrait. Timbre. Bois communaux et d'établissements publics.* — Les conservateurs adresseront aux directeurs des domaines un extrait certifié de l'état général et de répartition des frais de délimitation, en ce qui concerne les droits de timbre et d'enregistrement et les frais de coopération des agents chargés d'opérer comme experts dans l'intérêt des communes. (Circ. A 637. Formule série 2, nos 8 et 9.)

210. *Etat de frais. Timbre.* — L'état général et de répartition des frais est exempt de timbre ; mais l'extrait à remettre au comptable pour le recouvrement des frais doit être timbré. (Décis. Min. 26 octobre 1841. Circ. A 651.)

211. *Bois communaux. Frais. Poursuites.* — En cas de refus de la part des riverains de payer les frais, le maire de la commune devra se faire autoriser pour poursuivre ces riverains en justice; la commune fait l'avance des frais. Quant aux frais de commandement préalable à l'action judiciaire, l'avance en est faite par le receveur municipal de la commune intéressée. (Décis. Min. 23 mars 1836.)

212. *Frais. Recouvrement. Opposition.* — Comme la contrainte ne peut être exécutée qu'en vertu d'une loi et par les agents qu'elle désigne, le paragraphe 2 de l'article 66 de l'ordonnance n'a aucune valeur. En cas d'opposition de la part des riverains, il faut que l'autorité judiciaire intervienne pour constater et ordonner le recouvrement de la créance. (Lettre ministérielle, 30 août 1834.) Le recouvrement des frais ne doit être fait que suivant le droit commun, attendu que l'état des frais arrêté par le préfet n'est pas un titre exécutoire. Les poursuites sont donc celles que tout créancier peut exercer à l'égard de son débiteur, quand il ne peut pas agir en vertu d'un titre exécutoire, ou qu'il n'a pas fait reconnaître sa créance par un jugement. (Décis. Min. 23 mars 1836. Cons. de préfecture, Grenoble, 1er février 1868.)

DÉLINQUANT D'HABITUDE.

Qualité. — Sont considérés comme délinquants d'habitude ceux qui, antérieurement à leur dernier jugement, ont subi, dans la même année, d'autres condamnations. (Circ. 24 août 1814.)

DÉLINQUANT INSOLVABLE.

Incarcération. Age. — On ne doit proposer pour l'incarcération que les délinquants insolvables âgés de 18 à 60 ans. V. Insolvable.

DÉLIT.

1. *Définition.* — On appelle délit *commun* une infraction prévue et punie par une loi générale, et délit *spécial* l'infraction prévue et punie par une loi spéciale. Les délits *permanents* sont ceux qui continuent malgré leur constatation, tels que défrichement ou construction à distance prohibée. V. Prescription.

2. *Définition. Peines.* — Les délits sont les infractions que les lois punissent des peines correctionnelles.

Ces peines sont :

1o L'emprisonnement à temps (6 jours à 5 ans).

2o L'interdiction à temps de certains droits civiques, civils ou de famille.

3o L'amende (16 francs et au-dessus).

Ces peines sont prononcées par le tribunal correctionnel. (Cod. Pén. 1, 9.)

3. *Délits forestiers.* — Ne sont considérés comme délits forestiers, suivant la loi, que ceux commis dans les bois régulièrement soumis au régime forestier.

4. *Fait délictueux. Bois domaniaux et communaux.* — Tout fait réputé délit dans une forêt domaniale l'est également dans une forêt communale. (Cass. 21 prairial an XI.)

5. *Poursuites.* — L'administration forestière est chargée de la poursuite des délits commis dans des bois soumis au régime forestier et des délits de défrichements dans tous les bois. (Cod. For. 159, 219.)

6. *Restauration des montagnes. Mise en défens.* — Les délits commis sur le terrain mis en défens seront constatés et poursuivis, comme ceux commis dans les bois soumis au régime forestier. Il sera procédé à l'exécution du jugement conformément aux articles 209, 211, 212 et aux paragraphes 1 et 2 de l'article 210 du code forestier. (Loi du 4 avril 1882, art. 11.)

7. *Restauration des montagnes. Surveillance.* — Dans les communes assujetties à l'application de la loi sur la restauration et la conservation des terrains en montagne, les gardes domaniaux appelés à veiller à l'exécution et à la conservation des travaux, dans les périmètres de reboisement et de gazonnement, seront chargés en même temps de la constatation des infractions aux mises en défens, aux règlements sur les pâturages et de la surveillance des bois communaux, de manière que, pour le tout, il n'y ait désormais qu'un seul service commandé et soldé par l'État. (Loi du 4 avril 1882, art. 22.)

8. *Bois particulier. Région des Maures.* — Dans la région des Maures et de l'Estérel, les gardes forestiers domaniaux et communaux peuvent rechercher et constater, dans tous les bois et forêts des particuliers, les délits commis pour l'emploi du feu dans l'intérieur et à moins de 200 mètres de tous les bois, pendant la période d'interdiction. (Lois des 6 juillet 1870, 8 août 1890 et 3 août 1892.) V. Maures.

9. *Auteur inconnu.* — Tout délit dont l'auteur est inconnu sera constaté par un procès-verbal, qui sera revêtu de toutes les formalités requises par la loi. (Circ. A 454.) V. Bois de délit.

10. *Délit non constaté.* — Si les chefs de cantonnement reconnaissent qu'il existe, dans le triage des gardes sous leurs ordres, des délits non constatés, ils en dressent procès-verbal, qu'ils transmettent à l'agent chargé des poursuites. (Instr. 23 mars 1821.) V. Garde.

11. *Délit en dehors du code forestier. Poursuite.* — Lorsque le code forestier rappelle un délit puni par le code pénal ou autre, les agents forestiers sont incompétents pour en poursuivre la répression, qui, dans ce cas, appartient au ministère public seul. (Cass. 16 août 1838.)

12. *Transaction.* — L'administration forestière transige sur tous les délits forestiers, même ceux de chasse sans permis et excepté ceux de défrichement.

13. *Bois particuliers. Constatation.* — Les délits commis dans les bois non soumis au régime forestier sont recherchés et constatés, tant par les gardes des bois et forêts que par les gardes champêtres des communes, les gendarmes et, en général, par tous officiers de police judiciaire chargés de constater et de rechercher les délits ruraux. (Cod. For. 188. Loi du 19 juin 1859.)

14. *Gardes. Surveillance.* — Les gardes champêtres et les gardes forestiers, considérés comme officiers de police judiciaire, sont chargés de rechercher, chacun dans le territoire pour lequel ils sont assermentés, les délits et contraventions de police qui auraient porté atteinte aux propriétés rurales et forestières. (Instr. Crim. 16.)

15. *Savoie. Nice. Constatation.* — Les délits et contraventions qui pourraient avoir lieu sur le Mont-Cenis et sur les territoires compris entre la ligne-frontière et la crête des Alpes, depuis Colla-Lunga jusqu'au Mont-Clapier, seront constatés par les gardes champêtres des communes françaises auxquelles ces territoires appartiennent.

Ces gardes champêtres devront être assermentés devant un tribunal sarde, et leurs procès-verbaux seront mis en poursuite devant ce même tribunal. (Convention, 7 mars 1861, art. 7. Circ. N 29.)

16. *Chasse. Infraction.* — Les infractions à la loi sur la police de la chasse ne sont que des contraventions, quoiqu'elles soient qualifiées de delit. (Cass. 15 décembre 1870.)

17. *Chasse.* — Les préposés forestiers constatent les délits de chasse dans les bois soumis au régime forestier et dans l'arrondissement pour lequel ils sont assermentés. Partout ailleurs, ils sont incompétents. Les procès-verbaux sont dressés dans la forme ordinaire. (Livret des gardes, art. 25. Circ. A 454.)

18. *Chasse. Conditions.* — Si le délit de chasse ne peut être excusé par l'intention, il ne constitue un délit punissable qu'autant qu'il a été librement consenti et volontairement exécuté. (Cass. 23 janvier 1873.)

19. *Gardes.* — Les délits commis par un garde, dans les bois confiés à sa surveillance, sont toujours considérés comme commis dans l'exercice de ses fonctions. (Cass. 19 juillet 1822.)

20. *Agents et Préposés. Pénalités.* — Lorsque les délits forestiers sont commis par les agents et préposés chargés de les réprimer ou de les surveiller, ils sont passibles du maximum des peines applicables à ces délits. (Cod. Pén. 198. Cass. 24 juin 1813 et 22 février 1840.)

21. *Preuve.* — Les délits en matière forestière sont prouvés, soit par procès-verbaux, soit par témoins, à défaut ou en cas d'insuffisance de procès-verbaux. (Cod. For. 175.)

22. *Deux délits.* — Si deux délits distincts sont constatés sur un seul procès-verbal, le tribunal doit prononcer les deux peines relatives à chaque délit. (Cass. 7 mars 1835.)

23. *Circonstances. Délits multiples.* — Si on trouve un véhicule dételé, avec les animaux broutant, et des individus préparant la coupe ou l'enlèvement d'un produit quelconque, il y a trois délits distincts et successifs, qui, suivant les circonstances, peuvent donner lieu à trois condamnations différentes.

Il n'y aurait qu'un seul délit, si le tout s'était fait en même temps et dans le même but. V. Cumul de peines. Enlèvement.

24. *Adjudicataire.* — Si, pendant l'exploitation d'une coupe, il est dressé des procès-verbaux de délit contre un adjudicataire, il peut y être donné suite, sans attendre le récolement.

25. *Instance civile. Continuation.* — Si, en attendant la solution d'une action civile, le prévenu a continué ou renouvelé les faits incriminés, le tribunal ne doit pas être saisi de ces nouveaux faits, auxquels s'applique le sursis des faits antérieurs.

DÉLIVRANCE.

SECT. I. — DÉLIVRANCE EN GÉNÉRAL.

1. *Définition.* — La délivrance est le transport de la chose vendue en la puissance et possession de l'acheteur. (Cod. Civ. 1604.)

2. *Retard. Préjudice.* — Le vendeur doit être condamné à des dommages-intérêts, s'il résulte un préjudice pour l'acquereur du défaut de délivrance au terme convenu. (Cod. Civ. 1611.)

3. *Réduction.* — Les délivrances usagères, affouagères, communales, de pâturage, etc., seront réduites suivant l'état et la possibilité des forêts. (Cod. For. 65, 102, 103.)

La loi n'a imposé ce principe que dans les bois de l'Etat et des communes et non pas dans les bois *particuliers* ; mais cette obligation est de principe et indispensable à la conservation de l'usage lui-même ; elle doit être imposée, en ce qui concerne la délivrance dans les bois des particuliers, pour l'exercice des droits d'usage *en bois.*

4. *Mode.* — Le ministre peut prescrire des modes particuliers de délivrance. (Cons. d'Etat, 6 mai 1836.)

5. *Droit d'usage.* — Tout usage qui n'est pas susceptible de délivrance ne peut être exercé. (Colmar, 11 juillet 1833.)

6. *Autorisation. Bois domaniaux.* — Les simples délivrances d'arbres, dans les forêts domaniales, sont autorisées par le ministre. (Ord. 103. Lettre de l'administration du 26 mai 1852, n° 15061.)

7. *Autorisation. Menus produits.* — Le conservateur autorise les délivrances de menus produits specifiés à l'article 144 du code forestier, dans les bois domaniaux. (Ord. 4 decembre 1844. Circ. A 568.) V. Extraction. Enlèvement.

8. *Autorisation. Bois communal. Condition.* — Aucune delivrance de menus produits ne peut avoir lieu, dans les bois communaux, sans l'autorisation du maire ou du conseil municipal. (Ord. 4 décembre 1844.)

9. *Approbation. Avis. Bois communal.* — Les délibérations du conseil municipal relatives au mode de jouissance, vente ou délivrance des produits communaux, sont soumises à l'approbation du préfet, qui doit, par conséquent, être consulté et qui, en réalité, statue sur toutes les questions intéressant les produits communaux. (Lettre de l'administration, 21 juillet 1871.)

10. *Surveillance.* — Les gardes inscriront sur leur livret les délivrances de toute nature dûment autorisées. (Circ. A 454.)

SECT. II. — COUPE AFFOUAGÈRE.

11. *Arbre sur pied.* — La délivrance d'arbres vifs sur pied, destinés à être employés en nature à divers travaux de réparation, ou dont l'abatage est necessité par quelque circonstance imprévue. est autorisée, dans les bois des communes et des etablissements publics, par le directeur. (Decis. Min. 15 mai 1862. Circ. A 819. Circ. N 360.)

12. *Epoques. Coupes.* — Les coupes affouagères doivent, autant que possible, être délivrées aux communes du 15 septembre au 15 octobre de chaque année. (Circ. A 517.)

13. *Coupe affouagère.* — La délivrance des coupes affouagères destinées aux usagers se fait à l'entrepreneur, au moyen du permis d'exploiter. (Cod. For. 30 et 82.)

14. *Etablissements publics. Affouage.* — Les quantites de bois reconnues nécessaires pour le chauffage ou la construction et l'entretien des établissements publics seront mises en charge sur les coupes vendues, dans les bois de ces etablissements, et délivrées à l'etablissement par l'adjudicataire, aux époques qui seront fixées par le cahier des charges. L'état des delivrances demandees sera visé par le sous-préfet et transmis par lui à l'agent forestier local. Ces bois ne peuvent être vendus, ni échangés. (Cod. For. 102. Ord. 142.) V. Vente. Echange.

15. *Bois communaux. Affouage. Besoins.* — Les communes, qui ne sont pas dans l'usage d'employer la totalité des bois de leurs coupes à leur propre consommation, feront connaître, à l'agent forestier local, la quantite de bois qui leur sera nécessaire, tant pour le chauffage que pour construction et réparation, et il en sera fait delivrance, soit par l'adjudicataire de la coupe, soit au moyen d'une réserve sur cette coupe, le tout conformément à leur demande et aux clauses du cahier des charges de l'adjudication. (Ord. 141.)

16. *Délivrance affouagère. Timbre. Enregistrement.* — Les actes relatifs aux délivrances de bois faites en nature aux communes (coupes, arbres) seront visés pour timbre et enregistrés en débet, dans le délai

de *vingt jours*, à dater du procès-verbal de délivrance, s'ils sont antérieurs à la délivrance, et dans le délai de *deux mois*, s'ils sont postérieurs à cette délivrance, à peine, en cas de retard, du paiement de double droit. Cette décision comprend tous les actes et procès-verbaux d'estimation, récolement et autres. (Cod. For. 104. Décis. Min. 12 juillet 1822. Cons. d'Admin. des domaines, 3 mars 1829.) V. Enregistrement.

SECT. III. — MENUS PRODUITS. PRODUITS ACCESSOIRES.

17. *Autorisation.* — Dans les bois et forêts régis par l'administration des forêts, l'extraction de production quelconque du sol forestier ne pourra avoir lieu qu'en vertu d'une autorisation formelle, délivrée par le conservateur, s'il s'agit de bois de l'État, et, s'il s'agit de ceux des communes et des établissements publics, par les maires ou administrateurs, sauf l'approbation du conservateur des forêts, qui, dans tous les cas, réglera les conditions et le mode d'extraction. (Ord. du 4 décembre 1844.) V. Redevance.

18. *Délégation.* — Les conservateurs peuvent déléguer au chef de service la faculté d'autoriser, dans les forêts domaniales, la délivrance de certaines catégories de menus produits, moyennant des prix fixés au commencement de chaque année par un tarif. (Circ. N 416.)

19. *Menus produits.* — Les conservateurs autorisent les délivrances de harts, rouettes, souches, plans et épines. (Ord. du 4 décembre 1844, art. 1, § 6.)

20. *Menus produits non vendus.* — Le conservateur peut autoriser la délivrance des souches, bruyères, morelles et autres menus produits, lorsqu'ils ne sont pas susceptibles d'être vendus à prix d'argent, en imposant aux concessionnaires l'obligation de fournir des graines ou des journées de travail. Dans les bois communaux, ces délivrances ne peuvent avoir lieu qu'avec l'assentiment des maires. (Décis. Min du 24 avril 1844. Ord. du 4 décembre 1844. Circ. A 548. Circ. N 22, art. 319, 320.)

21. *Soumissions. Journées de travail. Permis.* — Les soumissions pour extraction de menus produits, à charge de prestation, sont agréées par l'inspecteur ; elles reçoivent un numéro d'ordre par année et par forêt et sont conservées par cet agent, qui délivre le permis d'extraction, en lui donnant le numéro inscrit sur la soumission. Ce permis est transmis au chef de cantonnement, qui l'annote, en indiquant les travaux à faire, et l'adresse ensuite au brigadier. (Notes de l'état série 5, n° 20.)

22. *Durée. Conditions.* — Les délivrances de menus produits ne doivent être faites que pour une année, en évitant de les assujettir à des conditions qui leur donneraient le caractère de baux ; elles ne peuvent, en aucun cas, être faites à titre gratuit. Lorsque ces productions ne seront pas susceptibles d'être vendues à prix d'argent, on doit imposer des journées de prestation pour les bois domaniaux, et suivant l'avis des maires pour les bois communaux. (Circ. A 568.)

23. *Livraison.* — Les brigadiers sont chargés d'opérer, dans tous les cantons désignés, la délivrance des plants, des harts et de tous les menus produits, autres que ceux dont l'enlèvement, s'opérant sur plusieurs points à la fois, ne peut avoir lieu que sous la surveillance du garde local. (Circ. A 585. Circ. N 416.)

24. *Actes. Procès-verbaux de délivrance.* — Les procès-verbaux de délivrance des objets vendus sur estimation ou expertise, et servant de titre de recouvrement, seront signés par l'agent forestier qui opère la délivrance, par le garde du triage et la partie prenante ou son délégué. Ces actes seront visés pour timbre et enregistrés en debet, et ces droits sont à la charge de la partie prenante. (Arr. Min. 22 juin et 1er septembre 1838. Circ. N 80, art. 107.)

25. *Acte. Permis. Bois domaniaux.* — Les procès-verbaux de délivrance des menus produits (bois domaniaux), dont le montant aura été fixé et payé d'avance, ne seront plus qu'un simple permis exempt de timbre et d'enregistrement. (Décis. Min. 25 septembre 1857. Circ. A 763.)

26. *Permis. Timbre et enregistrement.* — Le permis étant seul exempt de timbre et d'enregistrement, comme acte d'administration, on doit se servir des formules imprimées pour la délivrance des produits accessoires dans les bois domaniaux. (Circ. N 271.)

27. *Bois domaniaux. Permis. Timbre. Enregistrement.* — Les procès-verbaux de délivrance des menus produits (bois domaniaux), dont le montant n'aura pas été fixé et recouvré d'avance, seront visés pour timbre et enregistrés en debet. Ces frais seront payés par le concessionnaire, en même temps que le prix principal. (Décis. Min. 25 septembre 1857. Circ. A 763.)

28. *Demande. Timbre.* — Il ne peut pas être fait de procès-verbal de délivrance sur la feuille de papier timbré qui a servi à la demande, parce qu'il y aurait deux actes faits sur la même feuille de timbre. (Loi du 13 brumaire an VII, art. 23.)

29. *Procès-verbal de délivrance. Timbre. Enregistrement.* — Les concessionnaires payent les frais de timbre et d'enregistrement des procès-verbaux de délivrance. Ces actes sont enregistrés en debet ou au comptant, mais les agents ne doivent pas se charger d'accepter ces frais pour faire effectuer ces formalités. (Circ. A 130. Circ. N 80, art. 107.)

30. *Produits accessoires. Décime.* — A l'avenir, il ne sera plus perçu de décime sur les produits accessoires délivrés. (Arr. Min. 22 juin et 1er septembre 1838. Circ. A 429.)

31. *Permis. Quittance.* — Il n'est procédé à la délivrance ou à l'enlèvement des produits délivrés au comptant que sur la production, à l'agent forestier local, de la quittance du receveur des domaines ou municipal, chargé d'en percevoir le prix. (Arr. Min. 22 juin et 1er septembre 1838. Circ. A 429.)

SECT. IV. — BOIS POUR PLACE FORTE.

32. *Bois pour les places fortes. Bois domaniaux.* — Les arbres à abattre seront pris de préférence dans les coupes usées des trois derniers exercices et dans celles des trois exercices suivants. Les délivrances se feront, autant que possible, en bois qui auront seulement les dimensions reconnues suffisantes pour les travaux auxquels ils seront destinés. Les bois seront délivrés sur pied ; l'abatage, le façonnage et le transport seront à la charge du département de la guerre ou de son fournisseur ; les délivrances de ces bois seront faites dans les forêts de l'Etat les plus rapprochées des places fortes et dans les cantons désignés. (Ord. 24 décembre 1830.) V. Place forte.

33. *Bois pour l'artillerie.* — Chaque délivrance sera constatée par un procès-verbal établi en double minute et signé par un agent forestier et par l'officier chargé de la réception. Cet acte donnera le détail des produits délivrés, leur estimation en argent, ainsi que les frais de coupe, exploitation et transport, lorsque ces frais devront être prelevés sur les crédits alloués par le conservateur ou l'administration. Une des minutes restera entre les mains de l'officier, et l'autre, remise à l'agent forestier, devra être envoyée sans retard à l'administration. (Circ. N 167.) V. Artillerie.

34. *Bois de bourdaine.* — Les procès-verbaux de délivrance de bois de bourdaine seront établis sur les imprimés, série 5, no 23, autant pour les bois domaniaux, que pour les bois communaux. (Circ. N 192.)

SECT V. — PRODUITS POUR DROIT D'USAGE.

§ 1. *Généralités. Principes.*

35. *Principe. Définition.* — Les délivrances usagères ne constituent que des mesures de police et des formalités administratives, dont l'accomplissement n'implique pas nécessairement l'aveu ou la reconnaissance du droit. (Poitiers, 20 mars 1872.)

36. *Etat d'assiette.* — L'importance présumée des délivrances usagères doit être annotée sur l'état d'assiette de chaque exercice. (Circ. A 292.)

37. *Usage. Autorisation.* — Les conservateurs autorisent les délivrances des bois aux usagers. (Cod. For. 79.)

Dans les bois particuliers, le propriétaire fait les actes de délivrance aux usagers.

38. *Etats des délivrances usagères.* — Les conservateurs adresseront, pour le 1er juin, les etats généraux nos 1 et 2, en double expédition (form. série 9, nos 6 et 9), indiquant sur une seule ligne, pour chaque commune du domicile des usagers, le résumé des devis et des procès-verbaux de vérification, avec quelques renseignements sur la possibilité des forêts grevées d'usage. (Circ. A 292. Circ. A 530.)

39. *Jouissance. Acte administratif.* — Les arrêtés administratifs qui ont, depuis moins de trente ans, reconnu la légitimité des titres ou la légalité de la possession des usagers, dans les bois de l'Etat, sont l'équivalent d'actes de délivrance. (Cass. 13 mai 1834.)

40. *Titre. Mode.* — Lorsqu'un titre règle le mode d'enlèvement des produits et que ce titre est compatible avec la délivrance, il doit être exécuté.

41. *Mode.* — A moins de titre contraire, les délivrances aux usagers doivent se faire d'après les modes indiqués par les articles 122 et 123 de l'ordonnance réglementaire. (Bois mis en charge sur les coupes vendues ou délivrées; coupes délivrées au maire ou aux habitants; bois de charpente ; présentation de devis avant le 1er février.)

42. *Quittance.* — Le propriétaire peut, en délivrant à l'usager l'émolument de son droit, exiger de ce dernier une quittance, en vertu de l'article 1315 du code civil. (Cass. 18 février 1845.)

43. *Arrérагement.* — A moins de contestations sur les délivrances demandées, les delivrances non demandées ne s'arreragent pas. (Cass. 29 avril 1839. Lyon, 18 juin 1879.)

44. *Arrérages. Départ. Délai.* — La règle que les droits d'usage n'arréragent pas et que la demande en délivrance doit être renouvelée par l'usager, à chaque besoin, ne s'applique pas au cas où le fond du droit est contesté, l'exploit introductif d'instance restant alors comme une mise en demeure permanente jusqu'à la fin du procès.

Les arrerages de droits d'usage dus par une commune courent du jour du dépôt à la prefecture du mémoire prescrit par la loi et non pas seulement du jour de la citation en justice. (Lyon, 5 décembre 1884. Cass. 11 janvier 1886.)

45. *Refus. Arrérage.* — En cas de refus de délivrance d'un droit d'usage, l'usager doit, à peine de déchéance de la délivrance de l'année, porter sa reclamation devant les tribunaux, avant l'expiration de l'année dans

laquelle la délivrance aurait dû être faite. (Colmar, 6 avril 1854.)

46. *Refus.* — L'usager auquel la délivrance aurait été refusée ne peut pas se servir par ses mains. (Cass. 6 mai 1830.)

47. *Refus. Dommages.* — Les tribunaux sont incompétents pour ordonner des délivrances; ils ne peuvent que condamner à des dommages-intérêts le propriétaire qui refuse la délivrance, ou qui ne la délivre pas conformément aux droits d'usage. Ils peuvent, pour arriver à la fixation des dommages-intérêts, ordonner des expertises ayant pour objet de contrôler les délivrances faites. (Nancy, 23 mars 1838.)

48. *Instance. Exercice.* — Pendant une instance relative a la qualité ou quotité des délivrances, les usagers ne peuvent pas exercer leurs droits en dehors de la délivrance faite, sauf tous dommages-intérêts ultérieurs en leur faveur. (Cass. 29 mai 1830.)

49. *Délivrances usagères. Réduction.* — Le propriétaire, après avoir cantonné une partie des usagers, peut déduire de l'ensemble des délivrances usagères la portion des produits forestiers qui était due aux usagers cantonnés et la garder comme étant substituée aux droits des usagers cantonnés. (Cass. 22 mars 1876.)

50. *Bois. Essences.* — Si l'usager a droit aux morts-bois et aux bois blancs et que le propriétaire veuille aménager sa forêt en vue de la production de bois dur, l'usager aura droit à une délivrance en bois dur, proportionnelle à la puissance calorifique de ces bois comparée aux bois blancs, de manière à ce que l'émolument de son droit ou de son besoin soit satisfait.

§ 2. *Demande.*

51. *Demande.* — L'usager doit demander la délivrance.

52. *Demande. Obligation.* — L'obligation de demander la délivrance est imprescriptible et s'applique à toute espèce d'usage en bois. (Cass. 11 juin 1841.)

53. *Demande. Principe.* — La formalité de la demande et de la délivrance, dans les bois soumis au régime forestier et dans les bois particuliers, pour les produits que leur droit d'usage concède aux usagers et aux habitants, est d'ordre public; les usagers ou habitants qui usent de leurs droits, sans délivrance préalable de la part de l'administration, sont passibles de poursuites et condamnations pour les produits enlevés, comme si ces produits étaient enlevés en délit. (Cod. For. 79, 112, 120.)

54. *Dispense. Usage. Titre. Bois particuliers.* — Les usagers, qui en sont dispensés par une clause formelle de leur titre, ne sont pas obligés de demander la délivrance des bois auxquels ils ont droit, dans les forêts particulières. (Cass. 4 août 1858.)

55. *Usagers. Bois particuliers. Droit. Concession.* — Bien que la délivrance de l'usage soit un principe formel et découlant de l'essence même du droit, comme, dans leurs bois, les particuliers sont tout puissants quant à leurs droits et qu'ils peuvent en concéder tout ou partie, il en résulte que, pouvant accorder à un usager le droit de se servir sans délivrance, cette formalité ne peut être considérée comme d'ordre public; mais cependant, pour en être dispensé, l'usager doit présenter un titre formel, ou une reconnaissance de son droit, qui déroge aux dispositions de l'article 79 du code forestier.

56. *Bois mort. Usage.* — L'usage au bois mort est soumis à la délivrance. (Cass. 17 avril 1846.)

57. *Actes.* — Des actes de sommation à fin de délivrance ne peuvent tenir lieu de cette délivrance. (Cass. 6 mai 1830.)

58. *Devis. Demande. Remise.* — La demande de l'usager doit être remise, avant le 1er février de chaque année, à l'agent forestier local, en double expédition, à la suite de laquelle sera le devis des bois qu'il réclame. L'une des expéditions sera sur timbre, et l'autre sur papier libre et libellée suivant le modèle no 5 de l'administration. (Décis. Min. 7 novembre 1834. Circ. A 330.)

§ 3. *Livraison. Formalités.*

59. *Délivrances usagères. Bois de construction. Devis. Formalités.* — Aucune délivrance de bois pour construction ou réparation ne sera faite aux usagers, que sur la présentation du devis dressé par des gens de l'art et constatant les besoins. Ces devis seront remis, avant le 1er février de chaque année, à l'agent forestier local, qui en donnera reçu, et le conservateur, après avoir fait effectuer les vérifications qu'il jugera nécessaires, adressera l'état de toutes les demandes de cette nature à l'administration, en même temps que l'état général des coupes ordinaires, pour être revêtu de son approbation.

La délivrance de ces bois sera mise en charge sur les coupes en adjudication et sera faite à l'usager par l'adjudicataire, à l'époque fixée par le cahier des charges. (Ord. 123.)

60. *Bois de service. Usager. Livraison. Reçu.* — Le chef de cantonnement adressera à l'adjudicataire ou à l'entrepreneur chargé d'effectuer la livraison des bois le devis, sur papier libre, avec une expédition du procès-verbal de vérification, énonçant seulement les changements ordonnés par l'administration; s'il n'y a pas de changement, cette pièce n'est pas adressée.

Au moment de la livraison des bois, l'adjudicataire ou l'entrepreneur remettra à l'usager le devis et, s'il y a lieu, le procès-verbal de vérification, en présence du chef de cantonnement ou de son délégué, qui fera signer par l'usager le reçu placé au verso de la minute du procès-verbal de vérification.

Les chefs de cantonnement devront, autant que possible, assister à cette opération, et, en cas d'empêchement, ils délégueront le brigadier ou le garde le plus intelligent. (Circ. A 530.)

61. *Refus d'acceptation. Devis.* — Si l'usager refusait d'accepter la délivrance des bois demandés dans son devis, il devrait être mis en demeure, par acte extra-judiciaire, d'accepter les bois demandés et qui lui sont délivrés, sous peine de perdre tous droits à une nouvelle délivrance pour le même objet.

62. *Bois de feu. Usager. Etats.* — Le conservateur renvoie les états partiels (Affouage, n° 9. Form. série 9, n° 5) dressés par les maires, au chef de service, qui en fait la répartition entre les chefs de cantonnement, chargés de surveiller la délivrance des bois. (Circ. A 530.)

63. *Affectation. Mise en charge. Délivrance.* — Lorsque les délivrances devront être faites par stères, elles seront imposées comme charge aux adjudicataires des coupes, et les possesseurs d'affectation ne pourront enlever les bois auxquels ils auront droit qu'après que le comptage en aura été fait contradictoirement entre eux et l'adjudicataire, en présence de l'agent forestier local. (Ord. 110.) V. Affectation.

64. *Bois de feu. Usagers. Délivrances. Modes.* — Les bois de chauffage qui se délivrent par stères seront mis en charge sur les coupes adjugées et fournis aux usagers par les adjudicataires, aux époques fixées par le cahier des charges.

Pour les communes usagères, la délivrance des bois de chauffage sera faite au maire, qui en fera effectuer le partage entre les habitants.

Lorsque les bois de chauffage se délivreront par coupe, l'entrepreneur de l'exploitation sera agréé par l'agent forestier local. (Ord. 122 et 146. Cod. For. 81.)

65. *Maire. Acceptation.* — Les maires ne peuvent se refuser à recevoir la délivrance et à effectuer, entre les habitants des communes usagères, le partage des bois de chauffage délivrés à ces communes. (Ord. 122. Décis. Min. 23 février 1829.)

66. *Affectation. Mode.* — Les délivrances pour les affectataires se font dans la même forme et avec les mêmes formalités que pour les coupes usagères ou affouagères, et ne pourront s'effectuer qu'après délivrance régulière et par écrit de l'agent chef de service. (Ord. 109.)

67. *Qualité des bois.* — Lorsqu'un procès-verbal constate que les délivrances, faites aux usagers, l'ont été en bois disposé pour la construction, ce fait matériel fait foi jusqu'à inscription de faux, et le tribunal ne peut ordonner une enquête pour vérifier si le bois a été délivré en grume. (Cass. 26 avril 1845.)

68. *Enlèvement sans délivrance.* — Les usagers ou habitants des communes qui prennent les bois auxquels ils ont droit, avant que la délivrance leur en soit faite par les agents forestiers, encourent les condamnations édictées par les articles 192, 193, 194, 195, 197 et 198 du code forestier, pour bois coupé en délit. (Cod. For. 79 et 112.)

69. *Preuve testimoniale.* — L'usager, poursuivi pour enlèvement sans délivrance, peut invoquer la preuve testimoniale pour prouver que la délivrance a été faite par un agent forestier ou par le propriétaire ; la preuve par écrit n'est pas imposée par le code. (Cod. For. 79. Cass. 16 juin 1842.)

70. *Poursuite. Consentement. Preuve.* — L'usager poursuivi pour s'être servi de ses propres mains, sans délivrance, peut demander à prouver par témoins que le propriétaire a consenti à la délivrance. (Cass. 16 juin 1842.)

71. *Estimation.* — Lorsqu'il y aura lieu d'estimer la valeur des bois à délivrer aux affouagistes, dans les forêts domaniales, il sera procédé à l'estimation par un agent forestier nommé par le préfet et par un expert nommé par l'affouagiste ; en cas de partage, un troisième expert sera nommé par le président du tribunal. (Ord. 111.)

72. *Usager. Prix. Bois de service. Réduction.* — Lorsque les usagers ont le droit d'obtenir du bois de service à un prix très inférieur, sans que rien ne fixe ce prix, ce taux inférieur peut être fixé par une réduction d'un tiers sur les prix courants. (Colmar, 14 juin 1806.)

73. *Redevance.* — Lorsque les délivrances usagères se font à la charge de redevances, le non-paiement des redevances dues suffit pour faire suspendre les délivrances, attendu que, les usagers ne remplissant pas leurs obligations, l'administration ou le propriétaire est, par cela même, dispensé de satisfaire aux siennes. (Lettre de l'administration, 12 juillet 1832, n° 10554.)

74. *Actes. Timbre. Enregistrement. Bois domaniaux.* — Les usagers et affectataires dans les forêts domaniales, qui, d'après leurs titres, ne sont pas tenus d'acquitter les vacations forestières pour les délivrances qui leur sont faites, ne payeront que les droits de timbre des actes et procès-verbaux rela-

tifs à ces délivrances; ces actes et procès-verbaux seront visés pour timbre en débet et enregistrés gratis. (Décis. Min. 4 juin 1838. Circ. A 422.)

75. *Actes. Timbre et enregistrement. Bois communaux.* — Les actes pour la délivrance des coupes ou arbres délivrés en nature aux usagers ou habitants seront visés pour timbre et enregistrés en débet, et il n'y aura lieu à la perception des droits qu'en cas de poursuites devant les tribunaux. (Cod. For. 104.)

SECT. VI. — DÉLIVRANCE D'URGENCE.

76. *Cas d'urgence.* — Dans les cas d'urgence (incendie, inondation ou ruine imminente) (Décis. Min. 11 décembre 1819), constatés par le maire de la commune, la délivrance pourra être faite en vertu d'un arrêté du préfet, rendu sur l'avis du conservateur. L'abatage et le façonnage des arbres auront lieu aux frais de l'usager et les branchages et remanents seront vendus comme menus marchés. (Ord. 123.) V. Urgence.

77. *Bois de service. Formalités. Usagers.* — Dans les cas d'urgence prévus par l'article 123 de l'ordonnance, la délivrance des bois de service peut être faite en vertu d'un arrêté du préfet, rendu sur l'avis du conservateur, mais à charge d'en rendre compte à l'administration. Dans ces affaires, le maire de la commune du domicile de l'usager et l'agent forestier vérificateur exposeront, en termes clairs et précis, sur les formules nos 5 et 7, les causes qui motivent une délivrance d'urgence.

Après la vérification, ces pièces sont adressées en double expédition, dont une sur timbre, au chef de service, qui les transmettra au conservateur.

Le conservateur les adressera au préfet, avec son avis motivé et développant, s'il y a lieu, les conditions imposées à la délivrance.

Après avoir pris son arrêté, le préfet en adressera ampliation : 1o au conservateur, en renvoyant le devis sur papier libre et la minute du procès-verbal de vérification ; 2o à l'administration, avec l'avis du conservateur, le devis sur papier timbré et l'expédition du procès-verbal de vérification.

L'administration, après avoir vérifié ces pièces, les renvoie au conservateur, sauf l'arrêté du préfet et l'avis du conservateur.

Après la livraison des bois, le conservateur en rend compte à l'administration par lettre spéciale.

Les délivrances d'urgence effectuées du 1er janvier au 1er juin devront figurer sur l'état général des délivrances no 1, avec une note spéciale, à la colonne des observations, rappelant la date de l'arrêté du préfet. (Circ. A 530.)

78. *Cas d'urgence. Préfet. Décision.* — Les préfets peuvent prendre exceptionnellement des arrêtés de délivrance de bois dans les cas véritablement urgents, tels que ceux d'incendie, inondation, réparation de digues ou de chemins, sauf à faire régulariser ces arrêtés par l'autorité compétente. (Décis. Min. 15 juillet 1845. Circ. A 576 ter.)

79. *Avis. Autorisation.* — Les conservateurs proposent et donnent leur avis sur les délivrances d'urgence et provoquent les arrêtés du préfet. Les arrêtés du préfet sont définitifs, lorsqu'ils sont conformes à l'avis du conservateur; en cas de désaccord, l'arrêté n'est exécutoire qu'après l'approbation du ministre. (Décis. Min. 15 mai 1862. Circ. A 819.)

80. *Coupe. Exploitation. Agent.* — En cas d'urgence ou de force majeure (inondation, éboulement, etc.), exigeant des mesures de défense *instantanées*, les agents locaux doivent faire les délivrances d'arbres nécessaires, tout en veillant à ce que l'exploitation soit conduite avec ordre et économie ; ils feront ensuite régulariser ces exploitations. Il en serait de même si le maire, vu l'urgence et l'éloignement du chef de cantonnement, avait cru devoir ordonner et diriger l'abatage du bois. On doit, toutefois, éviter que ces délivrances deviennent abusives ou que les bois soient détournés de leur destination. (Lettre de l'Admin. 9 juin 1856.) V. Force majeure.

80 bis. *Autorisation. Marque.* — Les préfets ne peuvent appliquer aux bois communaux les dispositions du dernier paragraphe de l'article 123 de l'ordonnance (délivrance d'urgence) sauf toutefois les cas d'urgence absolue bien constatés, tels qu'incendie, inondation et autres événements de force majeure, qui excuseraient l'inexécution momentanée des règlements. (Ord. 146.)

On ne doit marquer en délivrance les coupes d'arbres autorisées d'urgence par le préfet, qu'autant qu'elles seront motivées par les circonstances exceptionnelles ci-dessus indiquées. (Décis. Min. 28 novembre 1836. Circ. A 384.)

81. *Coupe extraordinaire. Instruction.* — Les termes de la décision ministérielle du 15 juillet 1845 (Circ. A 576 ter), non plus que ceux de l'arrêté du 4 février 1837 (Circ. A 387), ne limitent pas le cas d'urgence (incendie, inondation, ruine imminente). Le préfet reste juge de l'urgence, puisque la connaissance des besoins des communes rentre dans ses attributions. Lors donc que le conservateur a exprimé son avis sur la question d'urgence, il n'a plus, sous ce rapport, qu'à se conformer à la décision du préfet.

Quand il s'agit d'une simple délivrance d'arbres qui n'exige pas un décret du gouvernement, il n'y a pas lieu de renvoyer l'instruction au travail collectif des coupes extraordinaires.

Il est, d'ailleurs, d'usage que les conservateurs se conforment au désir du préfet pour l'instruction séparée, même des demandes de coupes extraordinaires, et il doit en être ainsi d'après le paragraphe 2 de l'article 4 de l'arrêté ministériel du 4 février 1837. (Lettre de l'Admin. du 26 mai 1852, nº 15061.)

82. *Incendie. Assurance.* — En cas d'incendie, si une compagnie d'assurance a payé une indemnité, il n'y a plus lieu d'accorder une délivrance d'urgence pour la reconstruction des maisons incendiées. V. Bois de construction, art. 12.

83. *Vente des bois délivrés.* — En cas de délivrance d'urgence dans les bois communaux, si les bois ainsi délivrés sont vendus ou détournés de leur destination, l'administration n'a pas à intervenir; il ne peut y avoir lieu qu'à une action civile, entre la commune et celui qui a reçu la délivrance, pour violation du contrat consenti, attendu que l'article 83 du code forestier est inapplicable et que les arbres n'ont pas été coupés en délit. (Metz, 14 mars 1838.)

84. *Coupes extraordinaires. Quart en réserve.* — Les délivrances d'urgence ne peuvent jamais avoir lieu dans le quart en réserve, ni sur les arbres dont l'exploitation ne peut se faire que par ordonnance spéciale. (Décis. Min. du 30 juin 1828.)

85. *Arbre mort.* — Le préfet ne peut pas autoriser la coupe d'arbres morts ou dépérissants, sous le prétexte de délivrance d'urgence ou de coupes à faire d'urgence. (Décis. Min. 28 novembre 1836. Circ. A 384.)

Le conservateur a qualité pour autoriser les coupes de bois morts. (Circ. N 395.)

86. *Réduction. Possibilité.* — En cas de délivrance d'urgence, on doit faire connaître s'il y a lieu de faire subir une réduction à la possibilité. (Circ. A 819.)

87. *Compte rendu. Mode.* — Il doit être rendu compte à l'administration des délivrances et exploitations accidentelles, par un bulletin spécial indiquant la date de l'arrêté du préfet, l'importance et l'assiette des exploitations, les travaux qui les occasionnent, la destination des produits et les cas d'urgence; les produits de ces exploitations doivent figurer sur les états récapitulatifs des produits des ventes, ou sur les états estimatifs des frais de régie, suivant qu'ils ont été mis en adjudication ou délivrés en nature. (Circ. A 819.)

SECT. VII. — PRODUITS POUR FÊTES ET CÉRÉMONIES PUBLIQUES.

88. *Fêtes et cérémonies.* — Des délivrances de bois et branchages de peu de valeur peuvent être effectuées, dans les forêts domaniales et communales, pour la célébration des fêtes publiques. (Décis. Min. 5 juin 1857.)

Les conservateurs semblent avoir, en vertu des dispositions de la circulaire N 395, qualité pour les autoriser.

SECT. VIII. — BOIS POUR RÉPARATION DE RUINE DE GUERRE.

89. *Guerre. Reconstruction.* — La délivrance des bois attribués aux propriétaires des maisons et bâtiments incendiés ou détruits par l'effet de la guerre sera faite à chacun d'eux, après la marque des agents forestiers et dans les proportions suivantes :

1º Un tiers sur la soumission de commencer la réédification ou sur la preuve qu'elle est commencée ;

2º Un tiers sur la justification que la réédification est parvenue à moitié, et le dernier tiers lorsque la réédification est parvenue aux deux tiers. Si la réédification est faite, la totalité du bois sera délivrée sur le champ ; il ne pourra être détourné aucune partie des bois propres aux réédifications, dont la délivrance aura été faite par tiers, et il ne pourra en être vendu, à peine d'être poursuivi en restitution du prix et des dommages-intérêts, s'il y a lieu.

Les propriétaires auront seulement la libre disposition des branchages et déchets non propres aux constructions.

Les propriétaires dont les constructions seront finies pourront disposer de ce qui leur sera délivré. (Décr. du 29 mai 1815.) V. Bois de construction.

DEMANDE.

1. *Définition.* — Acte par lequel on demande ou on réclame quelque chose et qui sert de commencement à une instance. La demande principale est formée la première ; puis vient la demande incidente, formée après la demande principale.

2. *Reconventionnelle.* — La demande reconventionnelle est formée, contre le demandeur originaire, par celui qui défend à une action. V. Juge de paix. Tribunal civil.

3. *Compétence. Justice de paix.* — Lorsque chacune des demandes reconventionnelles principales sera dans les limites de la compétence du juge de paix, en dernier ressort, il prononcera sans qu'il y ait lieu à appel. (Loi du 25 mai 1838, art. 8.)

4. *Voie hiérarchique.* — Toutes les demandes, et surtout celles d'avancement, de changement de résidence, de congé, etc., doivent parvenir par la voie hiérarchique, sous peine d'être considérées comme non avenues. (Circ. A 687. Circ. N 324.)

5. *Punition.* — Les demandes faites en dehors des voies hiérarchiques donneront lieu à une peine disciplinaire. (Circ. Autogr. nº 35, 7 avril 1853.)

6. *Fonctionnaire. Demande. Timbre.* — Les fonctionnaires, hors les exceptions pré-

vues, doivent se refuser de donner suite aux demandes sur papier non timbré et les renvoyer à leurs auteurs, en les invitant à les reproduire, dans un délai déterminé, sur une feuille de papier timbré. (Circ. A 657. Circ. N 32. Circ. N 124. Circ. N 361.) V. Pétition. Mémoire.

DEMANDEUR.

Obligation. — Celui qui réclame l'exécution d'une obligation doit la prouver. (Cod. Civ. 1315.)

DÉMENCE.

1. *Excuse. Culpabilité.* — Il n'y a ni crime, ni délit, lorsque le prévenu était en état de démence, au temps de l'action. (Cod. Pén. 64.) V. Excuse.

2. *Excuse. Peines.* — L'état de démence du prévenu fait disparaître toute peine ; mais il n'empêche pas la condamnation à des réparations civiles. (Riom, 21 juin 1854.)

3. *Condamnation. Frais.* — L'état de démence empêche la condamnation aux frais. (Cass. 10 mai 1843.)

DEMEURE. V. Domicile.

DÉMISSION.

1. *Cessation de fonctions.* — Nul préposé démissionnaire ne pourra quitter ses fonctions avant l'installation de son successeur, à peine de répondre de tous dommages-intérêts auxquels la vacance momentanée du bureau pourrait donner lieu. (Loi du 21 ventôse an VII, art. 14, sur les bureaux des hypothèques.) (Ce principe peut être généralisé, en vertu de l'article 1383 du code civil.)

2. *Autorité.* — On ne peut donner de démission qu'à l'autorité qui nomme et qui peut seule, par ce motif, accepter ou refuser la démission donnée.

3. *Condition. Acceptation.* — La démission n'est définitive que lorsqu'elle a été acceptée par l'autorité compétente ; jusqu'à cette acceptation, le démissionnaire n'est pas dégagé de ses fonctions et peut, en conséquence, retirer sa démission. (Cons. d'Etat.)

4. *Fonctions. Maintien.* — L'agent démissionnaire peut être maintenu momentanément en activité, lorsque l'intérêt du service l'exige. (Régl. 26 décembre 1866, art. 45. Circ. N 104.)

5. *Retraite.* — Un fonctionnaire qui a donné sa démission pure et simple de ses fonctions perd ses droits à une pension de retraite. (Cons. d'Etat, 2 septembre 1862.)

6. *Préposés.* — Les dispositions relatives à l'acceptation des démissions pour les gardes domaniaux sont applicables aux gardes communaux, sauf que le préfet statue dans les cas réservés à l'administration. (Circ. N 21, art. 17.)

7. *Service militaire. Mobilisation.* — A dater de l'ordre de mobilisation, aucune démission donnée par un agent ou préposé forestier n'est valable qu'après avoir été acceptée par le ministre de la guerre. (Décr. du 18 novembre 1890. Circ. N 424.) V. Chasseur forestier.

8. *Démission générale. Pénalité.* — Seront coupables de forfaiture et punis de la dégradation civique, les fonctionnaires publics qui auront, par délibération, arrêté de donner des démissions, dont l'objet ou le fait serait d'empêcher ou de suspendre l'accomplissement d'un service quelconque. (Cod. Pén. 126.)

DÉMOLITION.

1. *Conditions. Etablissement.* — La démolition ne peut être prononcée que pour les établissements qui n'ont pas d'autorisations régulières et dans certaines conditions, car ceux qui sont autorisés, ne l'étant qu'à condition de démolition, les tribunaux n'ont pas besoin de statuer sur cette question ; il suffit d'exciper du droit de l'autorisation elle-même. V. Construction.

2. *Condition. Condamnation.* — Pour exiger la démolition d'une maison ou ferme dont la construction a été autorisée, il faut ordinairement que l'habitant de la maison ait été condamné, au moins deux fois, comme délinquant forestier. (*Revue,* 1882, page 36.)

3. *Scierie.* — La démolition des scieries et usines ne pourrait pas être prononcée, si les propriétaires avaient acquis, par la prescription trentenaire, le droit de les conserver.

4. *Décision. Jugement.* — La démolition des constructions autorisées à distance prohibée ne peut être ordonnée que par une décision spéciale du ministre, prise sur les observations et les avis motivés des agents. (Décis. Min. 23 décembre 1834. Circ. A 359. Circ. N 155.) A défaut d'autorisation, il faudrait un jugement intervenu sur une poursuite correctionnelle et décidant que les constructions n'ont pas été autorisées.

5. *Obligation.* — L'obligation de démolition résulte virtuellemement d'un jugement, par lequel le tribunal correctionnel a reconnu l'irrégularité d'une construction non autorisée et a adjugé les conclusions de l'administration. (Grenoble, 25 juin 1868.)

6. *Héritiers.* — La démolition des maisons ou usines construites à distance prohibée peut être exercée contre les héritiers du prévenu, après son décès.

7. *Prescription.* — Lorsqu'un jugement a ordonné la démolition d'une construction non autorisée, à distance prohibée, cette mesure, n'étant pas une peine dans le sens

légal du mot, ne peut se prescrire que par trente ans. (Montpellier, 4 juillet 1836.)

8. *Exécution des jugements.* — C'est à l'administration des forêts à faire exécuter les jugements qui ordonnent la démolition des constructions à distance prohibée. (Avis du Cons. d'Etat, 7 novembre 1834. Décis. Min. 21 décembre 1834.)

9. *Exécution. Moyen.* — L'administration doit assurer l'exécution des jugements portant démolition, sans être obligée d'exécuter elle-même; les gardes n'ont pas qualité pour exécuter. (Cons. d'Etat, 16 mai 1807. Cod. For. 173.)

Si le condamné ne démolit pas, l'agent forestier requerra un huissier de mettre le jugement à exécution. Toutefois, la démolition forcée sera précédée d'un commandement et d'une réquisition de l'assistance du ministère public. Les frais de démolition sont compris dans les frais de poursuite; si l'huissier refusait de faire l'avance des journées d'ouvriers, l'agent forestier demanderait d'urgence un crédit. (Circ. A 360.)

10. *Frais.* — Le condamné doit payer les frais de démolition; en cas de refus, on doit le poursuivre devant les tribunaux.

DÉNÉGATION.

1. *Preuve.* — La simple dénégation du prévenu ne suffit pas pour détruire un procès-verbal faisant foi jusqu'à preuve contraire. (Cass. 16 janvier 1841.)

2. *Moyen de faux.* — La simple dénégation ne peut pas servir de moyen de faux. (Cass. 23 novembre 1810.)

DÉNI DE JUSTICE.

Pénalités. — Toute autorité administrative qui aura, sous quelque prétexte que ce soit, dénié de rendre la justice qu'elle doit aux parties, après en avoir été requise, et qui aura persévéré dans son déni, après avertissement ou injonction de ses supérieurs, pourra être poursuivie et sera punie de :

Amende : 200 à 500 francs. (Cod. Pén. 185.)
Interdiction des fonctions publiques, de 5 à 20 ans. (Cod. Pén. 185.)

DENIERS PUBLICS.

Prohibition. — Toute perception et tout maniement quelconque de deniers publics est interdit aux agents forestiers et aux gardes. V. Malversation.

DÉNOMBREMENT.

1. *Bois exploités par entreprise.* — A l'expiration du délai d'exploitation ou aussitôt que les travaux seront terminés, il sera procédé, contradictoirement avec l'entrepreneur dûment appelé, au dénombrement des produits façonnés, de manière à régler le salaire auquel il aura droit. Les procès-verbaux seront signés par les agents forestiers présents et par l'entrepreneur; s'il ne veut ou ne peut signer ou s'il est absent, il en est fait mention. (Anc. cah. des ch. 32.)

2. *Coupe par unités de produits. Réception. Dénombrements partiels.* — Aussitôt que la coupe aura été mise en état de réception dans les conditions déterminées par les clauses spéciales, il sera dressé, contradictoirement avec l'adjudicataire dûment appelé, un procès-verbal de dénombrement qui réglera les sommes par lui dues.

Le procès-verbal sera signé par les agents et préposés forestiers présents et par l'adjudicataire ou son représentant; s'il ne peut ou ne veut signer, ou s'il est absent, il en sera fait mention.

Des dénombrements partiels pourront être autorisés par le conservateur, dans des cas exceptionnels dont il sera seul juge et sous les conditions d'ordre et de police qu'il déterminera. (Cah. des ch. 22.)

3. *Coupes par unités de produits. Chablis. Volis. Bois de lignes.* — L'adjudicataire fera façonner et empiler, pour être compris dans le dénombrement, les bois provenant de chablis, volis et de lignes d'arpentage, situés dans l'intérieur de la coupe. Toutefois, il ne sera pas astreint à cette obligation, si la valeur desdits bois dépasse le 1/10e du produit total de la coupe. (Cah. des ch. 16.)

4. *Coupes par unités de produits. Charges. Défalcation.* — Le montant des charges de toute nature, pour travaux ou fournitures incombant à l'adjudicataire et dont l'évaluation en argent est indiquée aux affiches, sera défalqué en bloc du montant de l'adjudication, sur le procès-verbal de dénombrement. (Cah. des ch. 9.)

5. *Copie. Extrait. Bulletin. Recouvrement.* — Dans les dix jours du dénombrement des coupes vendues dans les bois domaniaux, par unités de marchandises, le conservateur adresse à l'administration un extrait des procès-verbaux de cette opération. Form. série 4, n° 65. (Circ. A 842. Circ. N 66. Circ. N 142. Circ. N 283.)

Les titres de recouvrement sont remis à l'agent chef de service, qui les adresse au directeur des domaines au moyen d'un bulletin double, form. série 5, n° 8. (Circ. N 210.)

6. *Epoque. Délai.* — Le dénombrement des coupes vendues par unités de produits doit être fait avant le 31 décembre. (Circ. N 69.)

7. *Formule.* — Les dénombrements des coupes par unités de produits se font sur les imprimés série 4, n° 32 quater.

8. *Coupes par unités de produits. Valeur. Agent.* — Lorsque la valeur estimative des produits façonnés dépassera 1000 francs, le

dénombrement sera fait par le chef de cantonnement et le chef de service ou son délégué désigné par le conservateur. Dans le cas contraire, le dénombrement est fait par le chef de cantonnement et un brigadier. (Circ. A 804.) V. Unités de marchandises ou de produits.

9. *Enregistrement. Délai.* — Les procès-verbaux de dénombrement, étant des actes administratifs, doivent être enregistrés dans le délai de vingt jours de leur clôture.

DÉNONCIATION.

1. *Pénalités.* — Quiconque aura fait, par écrit, une dénonciation calomnieuse contre un ou plusieurs individus, aux officiers de justice ou de police administrative ou judiciaire, sera puni de :

Prison : 1 mois à 1 an.
Amende : 100 à 3000 francs. (Cod. Pén. 373.)

2. *Autorité. Avis.* — Les membres des autorités constituées ne peuvent pas être poursuivis en calomnie ou dommages-intérêts, à raison des avis qu'ils sont tenus de donner concernant les délits dont ils ont cru acquérir la connaissance dans l'exercice de leurs fonctions, sauf contre eux la demande de prise à partie, s'il y a lieu. (Instr. Crim. 358.)

3. *Poursuites.* — Il y a lieu de poursuivre en dénonciation calomnieuse celui qui a dénoncé un fonctionnaire, alors même que le conseil d'Etat a refusé d'autoriser la poursuite. Il n'est pas nécessaire que les faits dénoncés soient vérifiés préalablement à la poursuite en dénonciation calomnieuse. (Cass. 10 mars 1842.)

4. *Crimes ou délits. Envoi de pièces.* — Dans le cas de dénonciation de crimes ou délits, autres que ceux qu'ils sont directement chargés de constater, les officiers de police judiciaire (gardes) transmettront sans délai au ministère public les dénonciations qui leur auront été faites. (Instr. Crim. 54.)

5. *Acquittement.* — L'accusé acquitté pourra, sur sa réquisition, obtenir de connaître du ministère public ses dénonciateurs. (Instr. Crim. 358.)

6. *Inscription de faux.* — Si l'inscription de faux présentée par un délinquant n'est pas justifiée, le garde a le droit de le poursuivre en dénonciation calomnieuse.

DÉPART.

Jour. — Le jour du départ d'un agent ou préposé ne compte pas comme service. V. Changement.

DÉPARTEMENT.

Qualité. — Le département n'est pas seulement une circonscription administrative, il est aussi un être moral, personnifiant les intérêts collectifs des habitants, pouvant contracter, acquérir, posséder, aliéner et comparaître en justice, et ayant ses recettes et ses dépenses. (Cabantous.)

DÉPENS.

1. *Définition.* — Les dépens sont les frais nécessaires pour obtenir une décision de justice. On appelle dépens compensés ceux laissés à la charge de chaque partie. V. Frais.

2. *Responsabilité.* — Les condamnations aux dépens ne peuvent être prononcées que contre le prévenu, la partie civile et les personnes civilement responsables. (Instr. Crim. 162, 194 et 368.)

3. *Condamnation.* — Toute partie qui succombera sera condamnée aux dépens. (Proc. Civ. 130.)

Pourront néanmoins les dépens être compensés, en tout ou en partie, entre conjoints, ascendants, descendants, frères, sœurs et alliés au même degré. Les juges pourront aussi compenser les dépens, en tout ou en partie, si les parties succombent respectivement sur quelques chefs. (Proc. Civ. 131.)

4. *Partie civile.* — La partie civile ne peut être passible que des mêmes frais et dépens qui auraient été à la charge de l'Etat, si la poursuite avait été faite au nom de celui-ci et s'il avait succombé. Les honoraires des conseils ou défenseurs ne doivent pas être compris dans les frais. (Cass. 29 oct. 1824.)

5. *Ministère public.* — Le ministère public ne peut jamais être condamné aux dépens. (Cass. 16 décembre 1826.)

6. *Préfets. Conflits.* — Les tribunaux de première instance, ni les cours d'appel ne peuvent, en aucun cas et sous aucun prétexte, condamner les préfets aux dépens, à raison de l'exercice plus ou moins légitime des pouvoirs qui leur sont confiés par la loi, pour la revendication, devant l'autorité judiciaire, des diverses attributions des autorités administratives. (Tribunal des conflits.)

7. *Action civile. Administration.* — Les administrations publiques, parties civiles, doivent être condamnées aux indemnités et

dépens, lorsque la poursuite dans laquelle elles ont succombé est la réparation d'un préjudice matériel et pécuniaire. (Instr. Crim. 436.)

8. *Action publique. Administration.* — Les administrations publiques ne doivent pas être condamnées, lorsqu'elles poursuivent un délit ou une contravention qui intéresse exclusivement l'ordre public. (Cass. 4 juillet 1861.) (Ce dernier cas est applicable, toutes les fois que la loi ne prescrit qu'une amende sans dommages-intérêts.)

9. *Administration. Avocat.* — On ne peut conclure aux dépens contre une administration publique, qui procède sans ministère d'avocat. (Cons. d'Etat, 11 octobre 1833.)

10. *Droit d'usage. Instance.* — L'administration forestière, lorsqu'elle procède contre les communes, à l'effet de faire réduire leurs prétendus droits d'usage dans les bois de l'Etat, doit être considérée comme défendant les intérêts généraux de la nation et ne peut être condamnée aux dépens faits, soit devant le conseil de préfecture, soit devant le conseil d'Etat. (Cons. d'Etat, 19 déc. 1848.)

11. *Cantonnement.* — Une demande en cantonnement est une action en partage, qui doit faire supporter aux parties les dépens, dans la proportion de leurs droits. (Dijon, 3 janvier 1857.)

12. *Préposés. Délinquant.* — Les gardes ne peuvent être condamnés aux dépens, parce qu'ils ont désigné à tort un individu comme auteur d'une contravention. (Cass. 17 septembre 1819.)

13. *Subventions. Chemins vicinaux.* — En matière de subvention spéciale pour dégradation de chemins vicinaux, il ne peut être prononcé de condamnations pour les dépens faits devant le conseil d'Etat. (Cons. d'Etat, 15 avril 1857.)

14. *Appel.* — En cas d'appel, les dépens doivent être répartis suivant que les prétentions des parties sont accueillies ou rejetées. (Dijon, 3 janvier 1857.)

15. *Appel. Ministère public.* — L'individu condamné en première instance et qui n'a pas fait appel ne doit pas supporter les frais d'appel *a minima* interjeté par le ministère public, lorsque la première condamnation a été confirmée. (Cass. 22 novembre 1822.)

16. *Contestation. Conversion en bois de terrains communaux en pâturages.* — Les contestations relatives à des projets de conversion en bois de terrains communaux en pâturages ne sont pas de celles dans lesquelles des dépens peuvent être mis à la charge de l'Etat. (Cons. d'Etat, 3 février 1887.)

17. *Conseil de préfecture.* — Aucune disposition de loi ou de règlement n'autorise à prononcer des dépens à la charge ou au profit de l'administration, lorsqu'elle procède devant le conseil de préfecture. (Cons. d'Etat, 8 janvier 1836.)

18. *Conseil d'Etat.* — Les articles 130 et 131 du code de procédure civile sont applicables dans les contestations (devant le conseil d'Etat) où l'administration agit comme représentant le domaine de l'Etat, et dans celles qui sont relatives soit aux marchés de fournitures, soit à l'exécution des travaux publics, prévues par l'article 4 de la loi du 28 pluviôse an VIII. (Décret du 2 novembre 1864, art. 2.)

19. *Conseil d'Etat. Administration.* — Aucune disposition de loi n'autorise le conseil d'Etat à prononcer des condamnations aux dépens à la charge ou au profit des administrations publiques qui procèdent devant lui. (Cons. d'Etat 19 mai 1853.)

20. *Liquidation.* — Les dépens seront liquidés par le jugement. (Instr. Crim. 162.)

21. *Appréciation.* — Les juges du fait ont un droit d'appréciation souverain en matière de dépens. (Cass. 22 novembre 1875.)

22. *Dépenses. Frais.* — Les frais mis à la charge de l'administration des forêts ne peuvent comprendre les honoraires des avoués et les autres dépenses n'ayant pas pour objet la recherche, la poursuite et la punition des délits. (Cass. 7 avril 1837.)

23. *Frais d'avoué. Appel de cause.* — On ne doit comprendre, dans les dépens payés par l'administration forestière dans une cause où elle succombe, ni les honoraires des avoués employés par les parties, ni le droit d'appel de cause accordé aux huissiers audienciers. (Décis. Min. des 11 novembre et 31 décembre 1823.) V. Avoué.

24. *Instances. Liquidation.* — Les dépens restant dus pour instances terminées ou abandonnées sont payés sur liquidation du conservateur. (Règl. Min. du 26 décembre 1866. Circ. N 184. Circ. N 402.)

25. *Copie. Frais.* — Les agents forestiers n'ont pas le droit de prendre gratuitement aux greffes copies des dépens liquidés dans les affaires jugées contradictoirement.

Les greffiers ont droit pour ces copies à 0 fr. 05 par article. (Décr. du 18 juin 1811. Circ. A 675.)

DÉPENSES ADMINISTRATIVES.

1. *Principe.* — Toute dépense faite irrégulièrement et non autorisée sera laissée à la

charge de l'agent qui l'aura faite ou provoquée. Circ. A 126. Circ. A 527 ter. Circ. A 820.)

2. *Autorisation.* — Aucune dépense relative au service forestier ne doit être faite sans autorisation. (Circ. A 126. Circ. A 820.)

3. *Atténuation de recettes.* — Les dépenses par atténuation de recettes sont interdites. (Ord. du 31 mai 1838. Circ. A 606 quinquiès.)

4. *Autorisations.* — Toutes les dépenses ressortissant au ministre de l'agriculture sont autorisées par le ministre lui-même. (Arr. Min. 18 juillet 1888. Circ. N 402.)

5. *Travaux. Devis.* — Les conservateurs peuvent autoriser définitivement, sauf à en rendre compte immédiatement à l'administration, les augmentations de dépense qui n'excèdent pas 500 francs, lorsque certains ouvrages indispensables ont été omis dans les devis de travaux. (Circ. N 22, art. 219.)

6. *Imprévues.* — Lorsque des circonstances imprévues obligent les conservateurs à prendre d'urgence une mesure de nature à donner lieu à une dépense, ils doivent en référer immédiatement à l'administration, afin de la mettre à même de ratifier la mesure et de régulariser la dépense. (Circ. A 820.)

7. *Responsabilité. Certificat.* — Les administrateurs et ordonnateurs chargés de la liquidation et de l'ordonnancement des dépenses sont responsables de l'exactitude des certifications qu'ils délivrent. (Décr. du 31 mai 1862, art. 14 et 15. Règl. Min. 26 décembre 1866, art. 57. Circ. N 104.)

8. *Autorisation. Acquittement.* — Aucune dépense faite ne peut être acquittée, si elle n'a été préalablement ordonnancée directement par le ministre, ou mandatée par un ordonnateur secondaire en vertu de sa délégation, sauf les exceptions consacrées par le mode d'administration et de comptabilité des divers services. (Décr. du 31 mai 1862, art. 82. Régl. Min. 26 décembre 1866, art. 75. Circ. N 104.) V. Comptabilité.

9. *Exercice clos.* — Les dépenses que le compte définitif d'un exercice présente comme restant à payer à l'époque de sa clôture, et qui ont été autorisées par des crédits réguliers, peuvent être ordonnancées sur les fonds du budget courant, avant qu'il ait été voté. (Décr. 31 mai 1862, art. 125. Règl. Min. 26 décembre 1866, art. 153. Circ. N 104.)

10. *Exercice clos. Crédits supplémentaires.* — Si les dépenses dûment constatées sur un exercice clos ne font pas partie des restes à payer sur cet exercice et qu'elles se rattachent à des chapitres dont les crédits sont annulés pour une somme égale ou supérieure à leur montant, ces dépenses peuvent être payées sur des crédits supplémentaires ouverts par des décrets.

S'il s'agit de dépenses excédant les crédits affectés à chaque chapitre, le ministre attend, pour les ordonnancer, que les suppléments de crédits aient été accordés par une loi. (Règl. Min. 26 décembre 1866, art. 154. Circ. N 104.) V. Exercice.

11. *Exercices périmés.* — Les dépenses d'exercice périmé, non frappées de déchéance, ne sont ordonnancées que sur des crédits extraordinaires spéciaux par articles, ouverts à cet effet par la loi. (Règl. Min. 26 décembre 1866, art. 166. Circ. N 104.)

12. *Etat. Travaux divers.* — L'état trimestriel de la situation des dépenses faites ou à faire pour travaux est supprimé. Le conservateur, après l'exécution d'un travail quelconque en régie, qui n'aura pas absorbé tout le crédit, informera l'administration du montant des fonds sans emploi, par l'envoi de la nouvelle formule série 3, nº 16, appropriée à tous les cas. (Circ. N 372.)

DÉPENSES COMMUNALES.

1. *Enonciation.* — Les dépenses communales suivantes, savoir : 1º frais d'administration ; 2º contributions foncières ; 3º salaires des gardes, sont obligatoires en vertu de l'article 136 de la loi du 5 avril 1884, et l'affectation spéciale de l'article 109 du code forestier constitue, au profit du Trésor, un privilège, dans le sens de l'article 2095 du code civil.

2. *Traitement. Inscription d'office.* — Si un conseil municipal n'alloue pas les fonds exigés pour le traitement des gardes forestiers, l'allocation nécessaire est inscrite au budget, par arrêté du préfet pris en conseil de préfecture, pour les communes dont le revenu est inférieur à 3 millions. (Loi du 5 avril 1884, art. 149.) V. Traitement.

DÉPOT.

1. *Armes. Outils.* — Les armes et outils saisis sur les délinquants doivent être déposés aux greffes des tribunaux. (Circ. 8 mars 1809.)

2. *Engins prohibés.* — Le dépôt au greffe des engins prohibés saisis n'est prescrit ni comme condition, ni comme moyen de poursuites, mais seulement pour mettre sous les yeux de la justice l'objet du délit, qui doit être détruit. (Cass. 18 avril 1822.) V. Séquestre.

DÉPOT DE BOIS.

1. *Autorisation. Adjudicataires.* — Les conservateurs autorisent et accordent aux adjudicataires, en dehors des coupes, des lieux de dépôt pour les bois qui en proviennent. Ils fixent la redevance pour les bois domaniaux, et les préfets la fixent pour les bois communaux. (Ord. 4 décembre 1844.)

Pour les forêts communales et d'établissements publics, les maires et administrateurs doivent être consultés.

2. *Hors coupe.* — Le dépôt des bois hors coupe n'est pas un délit pour les adjudicataires ; mais l'introduction des animaux et voitures servant à leur transport est un délit susceptible de poursuite correctionnelle.

3. *Lieux. Destination.* — Le chef de cantonnement désigne les lieux de dépôt pour les bois exploités par entreprise. (Anc. cah. des ch. 24.)

4. *Canal de flottage.* — Les dépôts de bois effectués par les adjudicataires des coupes, d'après les indications d'un garde-port, sur une portion du sol forestier contiguë à un canal de flottage et comprise au nombre des terrains que l'ordonnance de 1672 a affectés, moyennant indemnité, à servir d'entrepôt aux marchands de bois, n'expose ces adjudicataires à aucune poursuite. (Cass. 27 mai 1854.) V. Flottage.

5. *Hart. Coupe. Bois étranger.* — Le dépôt des harts peut être considéré comme dépôt de bois étrangers. (Nancy, 19 novembre 1851.)

6. *Dépôt de bois étrangers à la coupe. Pénalité.* — Les adjudicataires qui déposent dans leur coupe des bois autres que ceux qui en proviennent encourent, savoir :

Amende : 100 à 1000 francs. (Cod. For. 43.)

DÉPRÉDATION. V. Dévastation.

DÉPUTÉ.

1. *Chambre.* — La Chambre des députés est nommée par le suffrage universel. (Constitution, 25 février 1875, art. 1er.)

2. *Incompatibilité.* — L'exercice des fonctions publiques rétribuées sur les fonds de l'Etat est incompatible avec le mandat de député. (Loi du 30 novembre 1875, art. 8.)

3. *Fonctionnaire. Remplacement. Délai.* — Tout fonctionnaire élu député sera remplacé dans ses fonctions, si, dans les huit jours qui suivront la vérification des pouvoirs, il n'a pas fait connaître qu'il n'accepte pas le mandat de député. (Loi du 30 nov. 1875, art. 8.)

DÉRIVATION.

Eaux. — La dérivation d'une source ou d'un cours d'eau ne peut donner lieu qu'à une action civile, à moins qu'il n'y ait eu des arbres coupés ou arrachés ou des pierres et de la terre extraites et enlevées.

DERNIER RESSORT.

Définition. — Dernière juridiction, après laquelle il ne reste plus que le pourvoi en cassation.

DÉROGATION.

Définition. — Modification ou retranchement partiel d'un titre, d'une loi ou d'une convention.

DÉSARMEMENT.

1. *Chasseurs.* — Les délinquants ne peuvent être désarmés. (Loi Chasse, 25.)

2. *Circonstances. Arme à terre. Sommeil.* — Les gardes forestiers qui constatent un délit de chasse ne peuvent jamais désarmer le chasseur, alors même que l'arme aurait été enlevée, reposant sur le sol, près du chasseur et pendant son sommeil. (Grenoble, 11 mars 1879.)

DESCENTE DE CLASSE, DE GRADE.

Personnel. — Le ministre peut descendre de classe et de grade les employés à sa nomination. (Circ. A 665.) V. Peine disciplinaire.

DÉSERTEUR.

1. *Définition.* — Est déserteur celui qui quitte les drapeaux sans ordre, permission ou congé, quand il n'a pas encore accompli le service militaire déterminé par la loi ou qu'il n'a pas achevé la durée du temps pour lequel il a contracté un engagement.

2. *Arrestation.* — Les préposés forestiers ont droit à une indemnité de 25 francs, payable sur les fonds de la guerre ou de la marine, pour chaque arrestation de déserteur ou insoumis. (Décr. du 18 février 1863, art. 277. Règl. 12 avril 1893, art. 182.)

DÉSIGNATION.

1. *Prévenu. Fait matériel.* — La désignation d'un prévenu, pour un délit commis, est un fait matériel. (Cass. 20 février et 17 avril 1812.)

2. *Délinquant. Filiation.* — La désignation d'un délinquant sous le nom de fils d'un tel ou d'une telle suffit pour lui faire appliquer la peine encourue. (Cass. 26 janvier 1816.)

3. *Délinquant. Nom. Surnom.* — La désignation du prévenu dans un procès-verbal n'est suffisante que lorsqu'elle peut appeler une condamnation sur le délinquant. Un surnom ou un nom unique n'est pas une désignation suffisante. V. Qualification.

DÉSISTEMENT.

1. *Définition.* — On appelle désistement la renonciation à une instance, à une action intentée ou à un acte de procédure judiciaire ou extra-judiciaire.

2. *Conséquences.* — Le désistement, lorsqu'il aura été accepté, emportera de plein droit consentement que les choses soient remises, de part et d'autre, au même état qu'elles étaient avant la demande ; il emportera également soumission de payer les frais, au paiement desquels la partie qui se sera désistée sera contrainte par simple ordonnance du président, au bas de la taxe. (Proc. Civ. 403.)

3. *Abandon.* — L'abandon d'instance ne constitue pas un désistement, dans le sens de l'article 2247 du code civil. (Cass. 27 février 1865.)

4. *Appel.* — Les agents forestiers ne peuvent se désister de leur appel ou pourvoi interjeté au nom de l'administration forestière, sans une autorisation spéciale. (Cod. For. 183.)

5. *Appel. Décision.* — Le droit de désistement, dont jouit l'administration forestière, ne peut être exercé que par une décision du directeur. Dès que ce fonctionnaire a fait connaître sa décision spéciale à ce sujet, la cour doit à l'instant se dessaisir de l'affaire, à moins que le ministère public n'ait de son côté interjeté appel. Le désistement est ordinairement notifié au prévenu, et la cour en donne acte.

6. *Directeur.* — Le directeur a seul le droit de se désister de l'appel porté par les agents et diffère ainsi du ministère public, qui ne peut jamais, par son désistement, arrêter l'action publique.

7. *Ministère public.* — Le ministère public ne peut pas se désister des poursuites qu'il a intentées ; l'action pénale, mise en jeu, ne peut être arrêtée que par un jugement.

8. *Tribunal correctionnel. Première instance.* — Par assimilation à l'article 183 du code forestier, les agents forestiers ont le droit de se désister des poursuites devant les tribunaux correctionnels.

9. *Envoi de pièces. Proposition.* — Lorsqu'un appel a été interjeté et que le conservateur juge qu'il y a lieu de se désister, il envoie les pièces à l'administration, pour provoquer l'autorisation nécessaire à cet effet. (Circ. A 577.)

10. *Acte. Retrait.* — Tant que le juge n'a pas donné acte du désistement déclaré sur un appel interjeté, le prévenu peut rétracter son désistement et demander qu'il soit statué sur son appel. (Cass. 28 février 1849. Nancy, 23 juin 1852.)

11. *Notification.* — La notification d'un jugement frappé d'appel n'emporte pas le désistement de l'appel de l'administration, quand bien même la notification contiendrait sommation d'exécuter le jugement. (Montpellier, 1er décembre 1845.)

12. *Signification. Dépens.* — La partie civile qui n'a pas signifié son désistement au ministère public, dans les vingt-quatre heures fixées par l'article 66 du code d'instruction criminelle, doit être condamnée aux dépens envers l'État. (Dijon, 15 janvier 1873.)

13. *Exécution. Acquiescement.* — La réception par le percepteur de l'amende et autres condamnations pécuniaires, prononcées par un jugement frappé d'appel par l'administration, ne peut pas être considérée comme un acquiescement de l'administration à ce jugement et, par conséquent, comme un désistement de l'appel. (Cass. 1er mars 1839.)

14. *Frais.* — Lorsqu'une partie se désiste en appel d'une demande qu'elle avait formée, les frais relatifs à cette demande sont à sa charge. (Cass. 6 février 1828.)

15. *Cassation. Frais.* — La partie civile (administration) qui se désiste d'un pourvoi en cassation par elle formé ne doit pas être condamnée à l'indemnité de 150 francs envers la partie intervenante ; elle ne peut être réputée avoir succombé, mais elle doit être condamnée aux frais faits par l'intervenant jusqu'au désistement. (Instr. Crim. 346. Cass. 13 avril 1854.) V. Partie civile.

16. *Communes.* — Le désistement ayant le caractère d'une transaction ou d'un acquiescement ne peut être donné par une commune, sans les formalités exigées pour une transaction. (Cass. 11 mars 1873.)

DESSÉCHEMENT DE MARAIS.

Loi. — On peut consulter sur cette question la loi du 16 septembre 1807, qui renferme toutes les dispositions en vigueur. V. Marais.

DESSIN.

Restauration des montagnes. Travaux à l'entreprise. — Lorsque l'entreprise est terminée, l'agent directeur adresse au chef de service les dessins d'exécution qui sont réunis dans des albums. (Instr. gén. du 2 février 1885, art. 194. Circ. N 345.) V. Album. Plan.

DESTINATION.

1. *Bois délivrés. Changement. Pénalités.* — Les bois réservés et délivrés aux établissements publics ne pourront être employés qu'à la destination pour laquelle ils ont été

réservés. En cas d'infraction, sans autorisation du préfet, les administrateurs sont passibles de :

Amende égale à la valeur des bois. (Cod. For. 102.)
Restitution, au profit des établissements publics, de ces bois ou de leur valeur. (Cod. For. 102.)

2. *Bois d'usage.* — L'usager qui a obtenu des bois d'usage pour la reconstruction de sa maison ne peut, sans autorisation et sous les peines portées à l'article 83 du code forestier, modifier le devis et changer la destination pour laquelle la délivrance a été faite. (Besançon, 27 août 1859.) V. Bois d'usage.

3. *Changement. Conditions.* — Il y a changement de destination des bois délivrés à un usager, lorsque ce dernier emploie, pour faire une chambre d'habitation dont le besoin n'avait été ni annoncé par lui, ni reconnu par l'administration, une partie des bois délivrés pour la construction d'une écurie, dont une portion est ainsi convertie en chambre. (Cass. 28 août 1851.)

4. *Enlèvement. Façonnage. Surveillance.* — Les habitants et usagers peuvent enlever les bois de feu sans les faire façonner en stères ou en fagots, sauf aux agents forestiers à veiller à ce que ces bois reçoivent la destination voulue. (Décis. Min. des 22 février et 2 octobre 1829.)

5. *Procès-verbal. Fait matériel.* — Lorsqu'un procès-verbal constate que des bois délivrés à un usager n'ont pas été employés conformément à leur destination, le tribunal ne peut ordonner une expertise pour vérifier le fait. (Cass. 26 avril 1845.)

DESTITUTION.

1. *Principe.* — Tout arrêté de destitution ou de révocation est motivé. (Constitution, 5 fructidor an III, art. 197.)

2. *Pouvoir. Attribution.* — Les agents et préposés ne pourront être destitués que par l'autorité même à qui appartient le droit de les nommer. (Ord. 38.) V. Peine disciplinaire.

3. *Ministre.* — Le ministre destitue les agents du grade d'inspecteur et au-dessous. (Ord. 7. Décr. du 12 octobre 1890. Circ. N 433.)

4. *Administration.* — L'administration destitue les gardes des bois indivis. (Cod. For. 115.)

5. *Préfet.* — Le préfet prononce la destitution des gardes forestiers communaux et d'établissements publics, après avoir pris l'avis des conseils municipaux ou des administrateurs, ainsi que de l'administration forestière. (Cod. For. 98.)

6. *Préposés. Réponses.* — On doit joindre aux propositions de destitution les réponses et défenses que les préposés peuvent alléguer, pour leurs justifications. (Circ. A 154. Circ. A 620.)

7. *Préposés. Défense.* — Lorsque les préposés ont encouru la révocation, elle n'est prononcée contre eux qu'après qu'ils ont été admis à présenter leurs moyens de justification, et après une délibération du conseil d'administration, approuvée par le directeur. (Circ. A 154.)

8. *Décision.* — Les décisions, par lesquelles les ministres révoquent et destituent les fonctionnaires dépendant de leurs ministères et de leurs départements respectifs, sont des actes d'administration inattaquables par la voie contentieuse. (Cons. d'Etat, 30 décembre 1858.)

9. *Effets.* — La destitution et la révocation ont les mêmes effets et conséquences. (Loi du 9 juin 1853, art. 27.)

10. *Retraite.* — Un employé admis à faire valoir ses droits à la retraite, mais dont la pension n'a point encore été liquidée, peut encore être révoqué et, par suite, déchu de ses droits à la retraite. (Cons. d'Etat, 9 février 1850.)

DESTRUCTION.

1. *Edifices. Construction. Pénalités.* — La destruction volontaire, en tout ou en partie, des édifices, ponts, digues, chemins ou autres constructions à autrui, est punie, savoir :

Peine : réclusion.
Amende : minimum, 100 francs; maximum, un quart des restitutions ou indemnités. (Cod. Pén. 437.)
S'il y a eu homicide, *peine :* la mort. (Cod. Pén. 437.)
S'il y a eu blessure, *peine :* travaux forcés à temps. (Cod. Pén. 437.)

2. *Registres. Papiers. Pénalités.* — La destruction volontaire des registres, minutes ou actes originaux de l'autorité publique est punie, savoir :

Peine : réclusion. (Cod. Pén. 439.)

DESTRUCTION DES ANIMAUX NUISIBLES. V. Animal nuisible.

DÉTENTION.

1. *Condamnation.* — La détention ne peut être prononcée pour moins de cinq ans, ni plus de vingt ans. (Cod. Pén. 20.) V. Emprisonnement.

2. *Détention arbitraire. Fonctionnaire. Pénalités.* — Lorsqu'un fonctionnaire public aura ordonné ou fait quelque acte arbitraire

ou attentatoire à la liberté individuelle d'un citoyen, il sera puni, savoir :

Peine : dégradation civique. (Cod. Pén. 114.)
Dommages-intérêts, minimum, 25 francs par chaque jour de détention arbitraire, à la partie civile. (Cod. Pén. 117.)

Si l'acte a été commis par l'ordre des supérieurs, pour des objets du ressort de ceux-ci et sur lesquels il était dû obéissance hiérarchique, la peine sera seulement appliquée aux supérieurs qui ont donné l'ordre. (Cod. Pén. 114.)

DÉTÉRIORATION.

Effets. — Le remplacement ou les réparations de vêtements détériorés, par suite d'un service commandé, sont à la charge de l'Etat. (Arr. Min. 28 octobre 1875, art. 5. Circ. N 189.)

DÉTOURNEMENT. V. Malversation. Pièce.

DETTE COMMUNALE.

Paiement. — Les dettes contractées par les communes, antérieurement à la loi du 25 août 1793, sont devenues dettes de l'Etat, et le payement ne peut être poursuivi que contre le Trésor public, par voie de liquidation administrative. (Cons. d'Etat, 22 février 1821.)

DÉVASTATION.

1. *Pénalités.* — Quiconque aura dévasté des récoltes sur pied, ou des plants venus naturellement ou faits de main d'homme, sera puni, savoir :

Prison : 2 ans au moins, 5 ans au plus. (C. P. 444.)
Amende : minimum, 16 francs; maximum, un quart des restitutions et dommages-intérêts. (Cod. Pén. 445.)
Facultatif : surveillance de la haute police de 5 à 10 ans. (Cod. Pén. 444.)
Si l'auteur du délit est un garde ou un officier de police, le maximum de la prison est augmenté du tiers en sus. (Cod. Pén. 462.)

2. *Commune. Responsabilité.* — Les dévastations commises dans les bois sont constatées par procès-verbaux contre leurs auteurs, qui sont passibles des peines correctionnelles. Cependant, si les auteurs sont inconnus et si les autorités municipales n'ont pas pris les mesures nécessaires pour s'y opposer, les habitants des communes et les communes elles-mêmes sont responsables des délits commis. (Loi du 10 vendémiaire an IV, 2 octobre 1795.)

3. *Guerre.* — Si la dévastation provient d'un fait de guerre, elle ne peut donner lieu à réclamation d'indemnité. (Cons. d'Etat, 11 février 1824.)

4. *Force armée. Réquisition.* — En cas de dévastations dans les forêts, on doit requérir la force armée pour les faire cesser. (Circ. A 613.) V. Secours. Rassemblement.

5. *Procès-verbal. Envoi.* — Les procès-verbaux constatant des dévastations commises dans les forêts doivent être adressés directement et sans délai au ministère public, ainsi que tous les renseignements relatifs. (Circ. A 146.) Une copie de ces procès-verbaux et renseignements doit être adressée à l'administration. (Ancien calendrier forestier.)

6. *Qualification. Faits.* — Les tribunaux ont le droit d'apprécier si, dans certaines circonstances, les délits forestiers sont des faits de dévastation, tombant sous l'application de l'article 444 du code pénal, ou s'ils doivent être réprimés suivant les pénalités édictées par le code forestier. (Montpellier, 6 juin 1842.)

7. *Préfet. Mesures.* — Un préfet qui, sous prétexte de dévastations commises par le propriétaire dans un bois dont plusieurs communes se prétendent usagères, prend des mesures pour restreindre à ce propriétaire la jouissance de sa forêt commet un excès de pouvoir. Cette contestation est de la compétence des tribunaux ordinaires. (Cons. d'Etat, 1er mai 1822.)

DÉVERSOIR.

1. *Scierie. Règlement.* — Lorsqu'il y a lieu de modifier le déversoir d'une scierie existante, le conservateur s'adresse au préfet, pour le règlement du cours d'eau. (Décr. 25 mars 1852. Circ. N 22, art. 150.)

2. *Eaux. Usines.* — Les propriétaires ou fermiers des moulins et usines sont garants de tous dommages que les eaux peuvent causer aux chemins et aux propriétés voisines, par la trop grande élévation du déversoir ou autrement. Ils sont forcés de tenir les eaux à une hauteur qui ne nuise à personne et qui est fixée par le préfet. (Loi du 6 octobre 1791, titre II, art. 16.)

DEVIS.

SECT. I. — GÉNÉRALITÉS.

1. *Définition.* — Un devis est la description détaillée et circonstanciée de toutes les parties d'un travail projeté.

2. *Principe. Avant-métré. Enonciation.* — Dans un marché de travaux publics, les énonciations de l'avant-métré, quant à la quantité des travaux à exécuter, ne peuvent prévaloir sur des mentions contraires insérées dans le devis. (Cons. d'Etat, 21 mars 1884.)

SECT. II. — TRAVAUX DANS LES FORÊTS DOMANIALES.

3. *Enonciation.* — Un devis descriptif des travaux renferme la description détaillée et complète des travaux projetés et indique les dimensions, la qualité et les lieux d'extraction des matériaux à employer, l'époque à laquelle doit remonter l'exploitation des bois à mettre en œuvre, les conditions d'exécution de chaque nature d'ouvrage, enfin les délais ou les époques d'achèvement des différentes parties du travail. Les devis sont, autant que possible, établis par série de prix ; ils sont fournis en simple expédition. (Circ. N 22, art. 15, 16 et 21.)

4. *Repeuplement. Formule.* — Les devis pour les travaux de repeuplement doivent être dressés sur les formules série 3, n° 29, à l'exception des travaux de création et d'entretien de pépinière, de binage, sarclage, recepage et nettoiement dans les repeuplements artificiels. (Circ. N 168.)

5. *Puits.* — Les devis de puits sont établis sur série de prix croissants en raison de la profondeur. Il y est stipulé que l'entrepreneur doit poursuivre les fouilles jusqu'à ce que le puits soit en état de fournir une hauteur d'eau, dont le minimum est déterminé pour les temps de plus grande sécheresse. (Circ. N 22, art. 141.)

6. *Route. Remblai.* — Lorsque les terrassements ne sont pas considérables, il peut être établi un prix unique pour le déblai, en spécifiant le prix à forfait. Si les déblais et remblais se compensent, on peut se dispenser de produire le tableau du mouvement des terres. (Circ. N 22, art. 71 et 72.)

7. *Routes forestières. Entretien. Entreprise. Régie.* — Les devis à l'appui des demandes de crédits pour travaux d'entretien de routes forestières sont dressés : 1° sur la formule série 7, n° 34 bis, lorsqu'ils ont pour objet la fourniture de matériaux à effectuer par voie d'adjudication publique ou de soumission directe sur le réseau empierré ; 2° sur la formule série 3, n° 34, lorsqu'il s'agit de frais de main d'œuvre à dépenser par voie de régie, soit sur le réseau empierré, soit sur le réseau en terrain naturel. (Circ. N 333.)

8. *Maisons forestières. Objets mobiliers. Acquisition.* — Les devis concernant l'acquisition d'objets destinés à meubler les chambres d'agents, dans les maisons forestières, doivent être réduits au strict nécessaire et basés sur la série de prix qui figure à l'annexe 1. (Circ. N 335.)

9. *Travaux neufs. Augmentation.* — Les conservateurs peuvent, sauf à en rendre compte immédiatement, augmenter le prix des devis dans une proportion qui, tout à la fois, n'excédera pas 10 pour cent et la somme de 500 francs pour chaque entreprise à exécuter, soit par adjudication publique, soit par marché de gré à gré, après ou même avant une première tentative d'adjudication infructueuse. (Circ. A 822. Circ. N 22, art. 173 et 174.)

10. *Envoi.* — Les devis des travaux sont adressés au conservateur, qui les transmet à l'administration, avec son avis et, s'il y a lieu, un projet de clauses spéciales. (Instr. 9 juillet 1841. Circ. A 509.)

11. *Entrepreneur. Copie.* — Il est délivré à l'entrepreneur copie du devis et du détail estimatif des travaux ; le prix du timbre des copies est à la charge de l'entrepreneur. (Cah. des ch. 19 et 20.)

12. *Exécution.* — L'entrepreneur doit exécuter les travaux en se conformant strictement au devis. (Cah. des ch. 23 et 27.)

13. *Changements.* — L'entrepreneur doit se conformer aux changements du devis ordonnés *par écrit.* (Cah. des ch. 26.)

14. *Expédition.* — A moins de circonstances exceptionnelles, il n'est pas fourni d'expédition du devis à l'agent chargé de la surveillance des travaux. Les minutes conservées dans les archives du cantonnement et rectifiées doivent suffire à tous les besoins. (Circ. N 22, art. 204.)

15. *Enregistrement.* — Les devis qui ne contiennent ni obligation, ni décharge de valeurs, sont enregistrés au droit fixe de 3 francs, en principal. (Loi du 15 mai 1850, art. 8. Loi du 28 février 1872.)

SECT. III. — TRAVAUX DANS LES PÉRIMÈTRES DE RESTAURATION DES MONTAGNES.

16. *Principe.* — Pour les travaux, soit en régie, soit par entreprise, les devis sont toujours accompagnés de tous les plans nécessaires pour permettre de contrôler, au

cabinet, les propositions, avec la plus complète précision. (Instr. Gén. 2 février 1885, art. 111. Circ. N 345.)

17. *Travaux en régie. Propositions annuelles.* — Les devis de travaux en régie sont établis *par série*; ils sont groupés et récapitulés, par périmètre ou fraction de périmètre, dans chaque section d'agent régisseur, et adressés dans un bulletin d'envoi spécial.

Le devis d'une série est divisé en quatre chapitres, savoir :

1° *Travaux forestiers :* semis, pépinières, enherbement, plantations, sylviculture ;

2° *Travaux de correction :* fascinages, clayonnages, barrages, opérations réunies sous la dénomination collective d'hydraulique ;

3° *Travaux auxiliaires :* chemins, transports, clôtures ;

4° *Frais généraux :* campement, surveillance extraordinaire, divers.

Les trois premiers chapitres sont détaillés par division, si la série en comporte ; le quatrième s'applique à l'ensemble de la série. (Instr. Gén. du 2 février 1885, art. 116. Circ. N 345.)

18. *Modifications.* — Toute modification ou observation quelconque inscrite au devis des travaux en régie, en bleu ou en rouge, par l'administration centrale, doit être reportée sur les devis de la circonscription et de la section intéressée, avec des encres de couleur identique. (Instr. n° 5 de l'inspection générale du reboisement, 29 février 1884.)

19. *Levés. Projets. Matériel.* — Les dépenses relatives aux levés et confections de projets de travaux dans les périmètres sont prévues par chaque agent régisseur pour la section tout entière et font l'objet d'un devis spécial, avec rapport à l'appui.

Il en est de même en ce qui concerne les dépenses du matériel. (Instr. Gén. du 2 février 1885, art. 117. Circ. N 345.)

20. *Économie. Emploi.* — Lorsque, dans le cours de l'exécution d'un devis de travaux en régie, des économies ont pu être réalisées par les agents, ceux-ci doivent les faire connaître immédiatement et proposer, s'il y a lieu, leur emploi au conservateur, qui peut autoriser les travaux proposés à cet effet.

Toute autre modification aux devis approuvés ne peut être autorisée que par l'administration, sur la proposition du conservateur. (Instr. Gén. du 2 février 1885, art. 188. Circ. N 345.)

SECT. IV. — DÉLIVRANCE DE BOIS D'USAGE.

21. *Délivrance. Bois de construction.* — Les délivrances de bois de construction pour les usagers ne peuvent avoir lieu que sur la présentation d'un devis dressé par un homme de l'art et constatant les besoins. Ces devis doivent être remis, avant le 1er février de chaque année, à l'agent local, qui en donne reçu. Ils doivent être dressés sur papier timbré. (Ord. 123. Circ. A 530.)

22. *Demande. Emploi. Besoin.* — Les devis pour demande de bois de construction ou d'usage, doivent exprimer très clairement l'emploi de ces bois, attendu que la vérification d'emploi ne peut se faire que d'après le devis, et qu'en cas de contestation sur le sens du devis, il y aurait là une difficulté du fond du droit, dont la solution appartiendrait aux tribunaux civils. (Nancy, 5 décembre 1835.)

23. *Envoi.* — Les devis sont envoyés à l'administration, le 1er juin, à l'appui des états généraux des délivrances à faire aux usagers. (Circ. A 292. Circ. A 530.)

24. *Bois d'usage. Délivrance.* — L'usager doit remettre à l'agent forestier local, en double expédition, sa demande, à la suite de laquelle sera le devis des bois qu'il réclame : l'une de ces expéditions sera sur papier libre, et l'autre sur papier *timbré* (non pas visé pour timbre) et suivant le modèle de l'administration n° 5. (Circ. A 530.)

La demande de l'usager sera immédiatement adressée à l'agent forestier chargé de la vérification des devis ; le résultat de la vérification, inscrit sur l'imprimé n° 7 (form. série 9, n° 8), sera annexé au devis ; il n'y aura à donner le détail de la vérification qu'en cas de changements faits sur la demande de l'usager ; sans quoi, on doit se borner à inscrire le volume total des bois demandés par l'usager. Les vérifications des devis doivent être terminées au mois d'avril. (Circ. A 530.)

25. *Frais.* — Les frais des devis pour les bois délivrés aux usagers sont à la charge de ces derniers. (Décis. Min. du 3 octobre 1821.)

26. *Contestation. Compétence.* — En cas de contestation sur le nombre d'arbres nécessaires à la réparation ou à la reconstruction d'une maison usagère et portée au devis, les tribunaux civils sont seuls compétents. (Lyon, 13 avril 1832.)

DIFFAMATION.

1. *Définition.* — Toute allégation ou imputation d'un fait qui porte atteinte à l'honneur ou à la considération de la personne ou du corps auquel le fait est imputé est une diffamation. (Loi du 29 juillet 1881, art. 29.)

La diffamation s'appelle outrage, lorsqu'elle s'adresse à un fonctionnaire public. (Loi du 25 mars 1822, art. 6.) V. Injure.

2. *Intention.* — L'intention de nuire est un des éléments nécessaires de délit de diffamation. (Dijon, 1874.)

3. *Pénalités. Prescription.* — La diffamation commise soit par discours, cris ou menaces proférés dans des lieux ou réunions publics, soit par des écrits imprimés, vendus

ou distribués, mis en vente ou exposés dans des lieux ou réunions publics, soit par des placards ou affiches, exposés aux regards du public, envers tout dépositaire ou agent de l'autorité publique, pour des faits relatifs à ses fonctions, sera punie :

Prison : 8 jours à 1 an.
Amende : 100 francs à 3000 francs.
Les deux peines ensemble ou séparément. (Loi du 29 juillet 1881, art. 23, 30 et 31.)

La poursuite aura lieu soit sur la plainte de la partie qui se prétendra lésée, soit d'office, sur la plainte du ministre dont elle relève. (Loi du 29 juillet 1881, art. 47.)

L'action publique et l'action civile se prescrivent après trois mois révolus, à compter du jour où les faits auront été commis, ou du jour du dernier acte de poursuite, s'il en a été fait. (Loi du 29 juillet 1881, art. 65.)

4. *Réunion d'individus. Supérieur hiérarchique.* — Lorsque la diffamation s'adresse à un ensemble d'individus qui ne sont pas nommément désignés, il appartient au supérieur hiérarchique, sous l'autorité duquel ils sont réunis, de porter plainte au nom du corps entier. (Cass. 3 janvier 1861.)

5. *Principe.* — Les outrages adressés à un agent dépositaire de la force publique, à raison de sa fonction ou de sa qualité, relèvent de la loi du 29 juillet 1881, *s'ils ont été rendus publics par la voie de la presse ou au moyen de discours prononcés dans des lieux ou réunions publics.* Dans les autres cas, ils tombent sous l'application des articles 222 et 224 du code pénal. (Cass. 25 novembre 1882, 15 mars 1883, 16 novembre 1883, 12 mai 1888, 5 juillet 1888, 15 juillet 1889.)

6. *Vie privée. Vie publique.* — Tout fonctionnaire atteint par une diffamation à la fois dans sa vie privée et dans sa vie publique peut distraire les injures qui ont trait à sa vie privée, pour les déférer seules à la juridiction correctionnelle. (Cass. 28 février, 17 mai et 22 novembre 1889.) La coexistence d'un délit de diffamation, commis par la publication dans la presse d'un écrit injurieux, ne saurait faire disparaître un délit d'outrage non public. (Cass. 20 février 1890.)

7. *Preuve.* — La vérité du fait diffamatoire, mais seulement quand il est relatif aux fonctions, pourra être établie par les voies ordinaires, dans le cas d'imputations contre les administrations publiques et contre les agents de l'autorité publique. (Loi du 29 juillet 1881, art. 35.)

8. *Fonctionnaire. Preuve.* — Le prévenu de diffamation purement verbale à l'égard d'un fonctionnaire public, dans l'exercice de ses fonctions, n'est pas admis à faire la preuve des faits diffamatoires, même au moyen de documents écrits. (Cass. 28 décembre 1868.)

DIGUE.

1. *Construction. Nécessité.* — Lorsqu'il s'agira de construire des digues à la mer, ou contre les fleuves, rivières et torrents navigables ou non navigables, la nécessité en sera constatée par le gouvernement, et la dépense sera supportée par les propriétés protégées, dans la proportion de leurs intérêts. (Loi du 16 septembre 1807.)

2. *Syndicat.* — Lorsque la construction des digues est faite par les intéressés, ces derniers peuvent se constituer en syndicat libre ; mais si les travaux sont reconnus d'utilité publique, le préfet peut établir un *syndicat forcé* pour l'exécution de ces travaux. (Cabantous. Loi du 14 floréal an XI. Loi du 21 juin 1865, art. 26.)

DILIGENCE.

Définition. — Terme de pratique, signifiant *par les soins, par l'intermédiaire.*

DIMANCHE. V. Jours fériés.

DIMES. V. Redevance.

DIMENSION. V. Circonférence.

DINDON. V. Volaille

DIRECTEUR DE L'ADMINISTRATION FORESTIÈRE.

1. *Nomination.* — Le directeur des forêts est nommé par décret du président de la République. (Décr. du 12 octobre 1890, art. 6. Circ. N 433.)

2. *Fonctions.* — Le directeur des forêts dirige, sous l'autorité du ministre et dans les limites de délégation qu'il lui donne, l'administration forestière.

Il a sous ses ordres trois administrateurs et tout le personnel extérieur. (Décr. du 14 janvier 1888, art, 2. Circ. N 394. Arr. Min. du 16 avril 1891. Circ. N 433.)

3. *Conseil des forêts. Attributions.* — Le conseil des forêts est présidé par le ministre de l'agriculture ou, en son absence, par le directeur des forêts. Il se compose du directeur et des trois administrateurs. Ses attributions sont réglées par l'ordonnance réglementaire, sauf en ce qui concerne le personnel. (Décr. du 14 janv. 1888, art. 3. Circ. N 394.)

4. *Comité des subsistances.* — Le directeur des forêts fait partie, à titre de membre, du comité permanent des subsistances chargé, tant pour les places que pour les armées, de donner son avis sur toutes les mesures ayant pour but d'en préparer et d'en assurer le ravitaillement en temps de guerre. (Décr. du 1er mars 1892.)

DIRECTEUR DE L'ÉCOLE FORESTIÈRE.

1. *Nomination*.. — Le directeur de l'école forestière est nommé par le chef de l'Etat, sur la proposition du ministre. (Ord. 17 décembre 1844, art. 83. Décr. du 12 octobre 1889, art. 1.)

2. *Choix*. — Il est choisi exclusivement parmi les conservateurs des forêts, les inspecteurs portés au tableau d'avancement et les professeurs ayant exercé des fonctions actives d'agent forestier, pendant quatre ans au moins. (Décr. du 12 octobre 1889, art. 1.)

3. *Attributions*. — Les attributions du directeur de l'école forestière sont fixées par le ministre. (Ord. 53.)

L'autorité du directeur s'étend sur toutes les parties du service et sur tout le personnel administratif et enseignant de l'école. (Décr. des 3 novembre 1880 et 12 octobre 1889, art. 1.)

4. *Traitement. Frais de représentation*. — Le directeur de l'école forestière jouit du traitement de conservateur, dans les conditions de classe déterminées par le ministre, et reçoit, en outre, à titre de frais de représentation, une indemnité annuelle de 2000 fr. (Décr. du 12 octobre 1889.)

DIRECTEUR GÉNÉRAL.

Suppression. — La direction générale des forêts a été supprimée par décret du 28 décembre 1877 (Circ. N 220), et les attributions conférées au directeur général par les ordonnances et décrets antérieurs ont été réunies aux attributions spéciales que le ministre exerçait lui-même déjà par décret du 10 janvier 1882. (Circ. N 289.)

DIRECTION DES FORÊTS.

1. *Organisation*. — La direction des forêts se compose d'un directeur, de trois administrateurs, de six chefs de section, de onze rédacteurs et de quinze commis. (Décr. du 12 octobre 1890, art. 1. Circ. N 433.)

2. *Administration centrale. Personnel*. — Les agents de tout grade qui font partie de l'administration centrale, dans la direction des forêts, sont recrutés dans le personnel du service extérieur.

A la tête de chaque bureau est placé un administrateur, ayant sous ses ordres un ou deux inspecteurs, chefs de section.

Les emplois de rédacteurs sont confiés: 1° à des inspecteurs adjoints ou à des inspecteurs de quatrième classe, sans que le nombre de ces derniers puisse devenir supérieur à trois ; 2° aux commis de la direction des forêts; mais ces derniers n'auront aucune assimilation avec les agents du service extérieur des forêts ; leur nombre ne devra pas excéder trois, et ils ne pourront, en aucun cas, demander à rentrer dans le service extérieur. Les commis d'ordre ou expéditionnaires sont recrutés exclusivement parmi les brigadiers sédentaires du service extérieur. (Décr. du 12 octobre 1890, art. 12. Circ. N 433.)

DIRECTION GÉNÉRALE.

Suppression. — La direction générale des forêts a été supprimée par décret du 28 décembre 1877. Un décret du 18 février 1882 a transformé l'administration des forêts en direction.

DISCERNEMENT.

1. *Age*. — Lorsque l'accusé a moins de seize ans, il doit être acquitté s'il est décidé qu'il a agi sans discernement. (Cod. Pén. 66.) V. Mineur.

2. *Frais*. — L'accusé acquitté pour avoir agi sans discernement doit être condamné aux frais. (Cass. 25 mars 1843.)

DISPENSE.

Elèves de l'école forestière. — Des dispenses d'âge sont accordées par le chef de l'Etat aux élèves sortant de l'école forestière et qui n'ont pas encore atteint l'âge de vingt-cinq ans. (Cod. For. 3. Ord. 50 et 51.)

DISPONIBILITÉ.

1. *Renseignements*. — Les agents en disponibilité seront tenus de se mettre en relation avec le conservateur dans la circonscription duquel ils résident et de lui fournir tous les éclaircissements qu'il jugera à propos de leur réclamer, sur les motifs qui s'opposent à ce qu'ils rentrent dans les cadres. (Circ. N 40, art. 1.)

2. *Rapport*. — Dans le courant du mois de janvier de chaque année, le conservateur adressera, sur chaque agent en disponibilité, un rapport à l'administration, où il s'expliquera sur leur situation, sur les occupations auxquelles ils se livrent, ainsi que sur les mesures à prendre à leur égard. (Circ. N 40, art. 2.)

3. *Décision*. — Au vu de ce rapport, le conseil d'administration sera appelé à émettre son avis sur la question de savoir s'il convient de maintenir les agents en disponibilité, de les réintégrer en fonctions, ou bien de les rayer définitivement des cadres. Des décisions seront prises ou provoquées en conséquence. (Circ. N 40, art. 3.)

4. *Avancement*. — Le temps passé en disponibilité ne compte pas pour l'avancement. (Circ. N 40, art. 4.)

5. *Retraite*. — Le temps passé en disponibilité, sans traitement, ne doit pas être

compté dans la durée des services effectifs pour la retraite. (Cons. d'Etat, 30 juillet 1863. Circ. N 40, art. 4.)

DISPOSITIF.

1. *Définition.* — Le dispositif est la partie du jugement qui comprend les motifs et ce que le tribunal a statué ou ordonné. V. Jugement.

2. *Énonciation.* — Le dispositif du jugement doit contenir l'énoncé des faits dont les personnes citées auront été jugées coupables ou responsables. Cette énonciation peut être très brève ; le rappel de la date du délit n'est même pas indispensable. (Meaume.)

DISTANCE LÉGALE.

Tableau. — Les préfets doivent faire dresser un tableau des distances de chaque commune au chef-lieu de canton, au chef-lieu d'arrondissement et au chef-lieu du département. (Décr. 18 juin 1811, art. 93.)

DISTANCE PROHIBÉE.

1. *Mesurage. Fait.* — Le mesurage de la distance prohibée n'est pas un fait matériel, faisant foi jusqu'à inscription de faux; le tribunal peut faire vérifier cette distance par des experts. (Montpellier, 15 novembre 1860.)

2. *Mesurage. Mode.* — Les distances doivent se mesurer en ligne droite, c'est-à-dire à vol d'oiseau et non en suivant les voies ordinaires de circulation. (Besançon, inédit, 18 juin 1838. Cass. 23 juin 1848.) V. Construction.

DOL.

Principe. — Le dol est une cause de nullité des conventions, lorsque les manœuvres pratiquées par l'une des parties sont telles, qu'il est évident que, sans ces manœuvres, l'autre partie n'aurait pas contracté. Le dol ne se présume pas; il doit être prouvé. (Cod. Civ. 1116.)

DOMAINE ENGAGÉ.

1. *Définition.* — Les bois des domaines engagés sont des propriétés particulières grevées, par les lois des 14 ventôse an VII, 28 avril 1816, 15 mai 1818 et 12 mars 1820, d'une créance au profit de l'Etat évaluée au quart de leur valeur, et, à l'égard de la futaie, de la valeur entière des futaies.(Cons. d'Etat, 3 floréal an XIII.)

2. *Régime forestier.* — Les bois des domaines engagés ne sont pas soumis au régime forestier. (Meaume.)

3. *Domaine. Futaie. Propriété.* — La loi du 14 ventôse an VII, qui accordait aux engagistes la faculté de se rendre propriétaires incommutables des biens à eux engagés, en payant le quart de la valeur desdits biens, n'est pas applicable aux futaies, qui doivent être comprises dans le prix de consolidation pour la totalité de leur valeur.

L'Etat reste copropriétaire des forêts engagées, nonobstant soumission au payement du quart, tant qu'il n'y a pas eu règlement particulier qui attribue à l'engagiste la propriété de la futaie.

Dès lors, l'Etat, pour empêcher la coupe des futaies, peut soumettre cette forêt au régime forestier; il peut prendre les mêmes mesures, tant qu'il n'a pas été payé entièrement de ce que doit l'engagiste. (Cass. Chambres réunies, 20 février 1851.)

4. *Compétence.* — Les préfets doivent examiner les réclamations relatives aux domaines engagés et prendre des arrêtés motivés, dans le mois de la remise des mémoires des détenteurs de ces domaines. (Circ. Min. 14 mai 1829.)

5. *Juridiction.* — Les questions de propriété relatives aux domaines engagés sont du ressort des tribunaux. (Cons. d'Etat, 25 novembre 1831.)

DOMAINE NATIONAL.

SECT. I. — DÉFINITION, DIVISION, 1.

SECT. II. — DOMAINE DE L'ÉTAT, 2 — 7.

SECT. III. — DOMAINE PUBLIC, 8 — 10.

SECT. I. — DÉFINITION. DIVISION.

1. *Définition. Division.* — Le domaine national embrasse tous les biens appartenant à l'Etat et se divise en domaine de l'Etat et en domaine public.

SECT. II. — DOMAINE DE L'ÉTAT.

2. *Définition.* — Le domaine de l'Etat comprend l'ensemble des biens possédés par l'Etat, au même titre que les particuliers, et dont les revenus sont perçus au profit du Trésor. Les forêts domaniales en composent la plus forte part. (Meaume.)

3. *Principe.* — Le domaine de l'Etat est aliénable et prescriptible, excepté pour les grandes masses des forêts domaniales. V. Aliénation.

4. *Relevé. Sommiers de consistance.* — Il sera fourni un relevé des domaines de l'Etat, et ce relevé sera dressé conformément aux

prescriptions de l'ordonnance du 6 octobre 1833, annexes A et B. Dans des tableaux supplémentaires annuels, il sera indiqué les changements qui surviendraient dans la consistance des propriétés domaniales. (Loi du 29 décembre 1873. Circ. N. 157.)

5. *Lorraine. Aliénation.* — Le domaine de l'Etat était inaliénable en Lorraine, avant comme depuis la réunion de cette province à la France. (Cass. 31 mai 1837.)

6. *Domanialité. Preuve.* — La preuve de la domanialité d'une forêt résulte suffisamment, à l'encontre d'une commune, d'une déclaration consignée aux papiers terriers du roi, par laquelle le fondé de pouvoir des habitants reconnaît que ces derniers sont simplement usagers. Cette déclaration dispense l'Etat de la représentation du titre primitif. (Nancy, 3 juillet 1858.)

7. *Etats annuels. Changements.* — Chaque année, avant le 1er février, on doit fournir quatre états faisant connaître les changements survenus, pendant l'année, dans la consistance, dans la valeur et dans l'affectation des immeubles domaniaux. Les états 1 et 2 se rapportent aux propriétés diverses affectées au service forestier, et les états 3 et 4 ne concernent que les forêts. Ces états porteront les modifications de toute nature survenues aux propriétés, et les évaluations devront être limitées aux modifications survenues en plus ou en moins. (Circ. N 157, form. série 12, nos 22 à 25.)

SECT. III. — DOMAINE PUBLIC.

8. *Définition. Division.* — Le domaine public embrasse tous les fonds qui, sans appartenir à personne, ont été civilement consacrés au service public de la société, tels que : 1o les chemins, routes, rues à la charge de l'Etat, les fleuves et rivières navigables et flottables, les rivages de la mer, les ports, havres et rades et toutes les portions du territoire qui ne sont pas susceptibles d'une propriété privée ; 2o les portes, murs, fossés et remparts des places de guerre et forteresses. (Cod. Civ. 538, 540 et 541.) V. Cours d'eau. Délimitation.

9. *Aliénabilité. Principe.* — Le domaine public est, en cette qualité, essentiellement inaliénable et imprescriptible.

10. *Biens vacants. Successions abandonnées.* — Les biens vacants, sans maîtres, ceux des personnes décédées sans héritiers et les successions abandonnées appartiennent au domaine public. (Cod. Civ. 539.)

DOMESTICITÉ.

Prohibition. — Il est interdit aux agents d'exiger des préposés forestiers des actes de domesticité. (Circ. A 562.)

DOMESTIQUE.

1. *Définition.* — On appelle domestiques tous ceux qui font partie d'une maison et y ont des fonctions subordonnées à la volonté du maître, qui leur paye des gages. (Nouveau Dénisart.)

2. *Affouage.* — Les domestiques n'ont pas droit à l'affouage.

DOMICILE.

SECT. I. — GÉNÉRALITÉ. DÉFINITION.

1. *Définition.* — Le domicile de tout Français, quant à l'exercice de ses droits civils, est au lieu où il a son principal établissement. (Cod. Civ. 102.)

2. *Fonction publique.* — Le citoyen appelé à une fonction publique temporaire ou révocable conservera le domicile qu'il avait auparavant, s'il n'a manifesté d'intention contraire. (Cod. Civ. 106.)

3. *Alsace-Lorraine. Option.* — La présomption que le citoyen, appelé à une fonction publique révocable, a entendu conserver le domicile qu'il avait auparavant cesse d'être applicable au Français originaire de l'Alsace-Lorraine, à partir du jour où il a déclaré opter pour la nationalité française. (Dijon, 19 février 1873.)

4. *Inviolabilité.* — La demeure de toute personne habitant le territoire français est inviolable ; il n'est permis d'y pénétrer que selon les formes et dans les cas prévus par la loi. (Constitution, 4 novembre 1848.)

5. *Condition.* — On s'accorde à reconnaître que le paiement de la contribution mobilière ou de la patente dans une commune et l'exercice des droits politiques peuvent être considérés comme caractères de

l'établissement principal et, par suite, du domicile. (Toullier. Duranton.) Toutefois, les solutions à cet égard varient suivant les circonstances.

6. *Domicile réel et fixe.* — Le domicile réel et fixe est celui formant le *principal établissement*, dans le sens de l'article 106 du code civil.

7. *Principal établissement.* — On entend par principal établissement le lieu où une personne, jouissant de ses droits, a établi sa demeure, le centre de ses affaires, le siège de sa fortune, le lieu d'où cette personne ne s'éloigne qu'avec le désir et l'espoir d'y revenir, dès que la cause de son absence aura cessé. (Emmery. Cons. d'Etat, rapport sur le code civil.)

8. *Fonctions à vie.*— L'acceptation de fonctions à vie emporte translation immédiate du domicile du fonctionnaire dans le lieu où il doit exercer ces fonctions. (Cod. Civ. 107.)

9. *Fonctionnaire.* — La preuve qu'un fonctionnaire révocable ou amovible n'a pas entendu changer de domicile, en se rendant au lieu où il exerce ses fonctions, résulte de circonstances dont l'appréciation appartient souverainement aux juges du fait. (Cass. 14 février 1855.)

10. *Préfet.* — Le domicile d'un préfet est un fait de notoriété publique, qui est suffisamment spécifié par l'indication de la qualité de ce fonctionnaire dans l'exploit signifié à sa requête. (Paris, 7 avril 1868.)

11. *Ouvriers.* — Les ouvriers des forges et usines ne remplissent pas les conditions du domicile réel et fixe, lorsqu'ils n'ont établi dans une commune qu'une résidence précaire et limitée au temps pendant lequel ils seront employés dans les usines. (Trib. d'Arbois, 1er février 1856.)

12. *Ouvrier. Domestique.* — Les majeurs qui servent ou travaillent habituellement chez autrui auront le même domicile que la personne qu'ils servent ou chez laquelle ils travaillent, lorsqu'ils demeureront avec elle, dans la même maison. (Cod. Civ. 109.)

13. *Femme mariée. Mineur. Majeur.* — La femme mariée n'a point d'autre domicile que celui de son mari ; le mineur non émancipé aura son domicile chez ses père et mère ou tuteur.

Le majeur interdit aura son domicile chez son tuteur. (Cod. Civ. 108.)

14. *Veuve.* — Le domicile légal d'une veuve est le lieu où, après la mort de son mari, elle s'est transportée avec ses enfants et s'est établie. (Grenoble, 14 juin 1892.)

15. *Étranger.* — Doit être considéré comme ayant un domicile réel et fixe dans la commune, l'étranger qui y habite depuis plusieurs années, qui s'y est marié avec une Française, y exerce sa profession, y élève sa famille, y cultive une propriété, y paye ses contributions et y est soumis au rôle des chemins vicinaux. (Cass. 22 février 1869.)

SECT. II. — DOMICILE D'AFFOUAGE.

16. *Distinction. Décision.* — Le domicile d'affouage est distinct du domicile civil ; la décision sur ce domicile appartient à l'autorité administrative. (Cons. d'État, 23 juillet 1844.)

17. *Domicile. Affouage.* — Le domicile pour l'affouage est le domicile réel pendant un an. (Ord. Cons. d'Etat du 20 juillet 1844, sur arrêté de conflit du Préfet du Jura.) Cette décision distingue le domicile communal du domicile civil, en vertu des lois des 10 juin 1793, section II, art. 3, 24 vendémiaire an II, art. 3, 24 vendémiaire an II, art. 4, et Constitution, 22 frimaire an VIII, art. 6.

18. *Affouage. Domicile réel.* — Le domicile réel et fixe, dont parle l'article 105 du code forestier, n'est autre que le domicile réel déterminé au titre III, livre 1er du code civil ; il s'acquiert indépendamment de toute autorisation, par la volonté de l'individu, et se révèle dans son établissement, par la double circonstance du fait et de l'intention ; il est soumis à toutes les charges publiques et communales. (Metz, 23 novembre 1865. Cass. 1er juillet 1867.) Le nouvel article 105 du code forestier, qui a fait l'objet de la loi du 23 novembre 1883, ne paraît pas avoir modifié ces dispositions.

19. *Etranger. Condition. Autorisation.* — Pour avoir droit à l'affouage, l'étranger doit avoir été autorisé à établir son domicile en France, par décret, conformément à l'article 13 du code civil. (Loi du 23 novembre 1883. Loi du 26 juin 1889.)

SECT. III. — ÉLECTION DE DOMICILE.

20. *Election. Définition.* — C'est l'indication d'un domicile dans un lieu où une personne ne demeure pas, mais qu'elle désigne pour y recevoir tous les actes judiciaires ou extra-judiciaires qui pourraient lui être signifiés.

21. *Adjudicataire. Obligation.* — Les adjudicataires sont tenus, au moment de l'adjudication, d'élire domicile dans le lieu où l'adjudication a été faite ; à défaut de quoi, tous les actes postérieurs leur seront valablement signifiés au secrétariat de la sous-préfecture. (Cod. For. 27.)

22. *Adjudicataire. Signification. Actes.* — Toutes les assignations qui peuvent être données à la requête de l'administration forestière, sans distinction entre celles qui sont relatives à des délits ou à des intérêts purement civils résultant de l'adjudication, peuvent être signifiées au secrétariat de la sous-préfecture, si l'adjudicataire n'a pas fait l'élection

de domicile dans le lieu de l'adjudication, conformément aux prescriptions de l'article 27 du code forestier. (Cass. 26 et 28 septembre 1833, 5 avril 1834 et 29 juin 1844. Circ. N 80, art. 49.)

23. *Adjudicataire. Election. Signification.* — Le domicile élu n'est relatif qu'à l'exécution des clauses civiles du procès-verbal d'adjudication; il est préférable de signifier les actes de procédure correctionnelle au domicile réel, lorsque cela est possible. Toutefois, les significations faites au secrétariat de la sous-préfecture, pour tous les actes de poursuite, sont valables. (Cass. 22 juillet 1837, 5 avril 1834, 29 juin 1844. Circ. N 80, art. 49.)

24. *Adjudicataire. Election. Durée.* — L'élection de domicile faite par un adjudicataire dure autant que son obligation; elle conserve son effet même après décès.

25. *Pourvoi. Signature.* — La signature d'un avocat au conseil d'Etat dans une requête, soit en demande, soit en défense, vaut constitution et élection de domicile chez lui. (Cabantous.)

26. *Poursuites. Agents.* — Les agents forestiers, pour les actes de poursuite, peuvent élire domicile chez leurs collègues ou au parquet du ministère public.

27. *Election. Exploit.* — Lorsqu'un acte contiendra, de la part des parties ou de l'une d'elles, élection de domicile pour l'exécution de ce même acte dans un autre lieu que celui du domicile réel, les significations, demandes et poursuites relatives à cet acte pourront être faites au domicile convenu et devant le juge de ce domicile. (Cod. Civ. 111.)

28. *Acte d'appel. Signification.* — Un acte d'appel ne peut être valablement signifié au domicile élu. (Paris, 7 avril 1868.) V. Citation.

SECT. IV. — CHANGEMENT DE DOMICILE.

29. *Agents et préposés en fonctions. Service militaire.* — Les agents et préposés de l'administration forestière en fonctions ne sont pas tenus de produire les déclarations exigées par l'article 34 de la loi du 27 juillet 1872 (article abrogé et remplacé par l'article 55 de la loi du 15 juillet 1889), relatif au changement de domicile, et de faire viser leurs pièces par la gendarmerie, quand ils recevront un ordre de départ. Ces formalités seront remplies par le soin de l'administration.

Les dispositions relatives au changement de domicile, pour les départements de la Seine et de Seine-et-Oise, ne sont pas applicables aux employés forestiers appelés dans ces départements. (Décis. Min. du 10 juillet 1875. Circ. N 187.)

30. *Agents et préposés forestiers. Changement.* — Les agents et préposés forestiers qui seraient sortis de la carrière, soit à titre définitif (démission, révocation), soit à titre temporaire (disponibilité, suspension), doivent se conformer aux dispositions de l'article 34 de la loi du 27 juillet 1872, en ce qui concerne la déclaration de changement de domicile et le visa de cette pièce à la gendarmerie. (Circ. N 187.) L'article 55 de la loi du 15 juillet 1889 a remplacé l'article 34 de la loi du 27 juillet 1872, qui a été abrogée.

DOMMAGE.

1. *Définition.* — On désigne sous le nom de dommage le préjudice causé aux propriétés. (Cabantous.)

2. *Procès-verbaux. Evaluation.* — Lorsqu'il y a eu un dommage réellement causé, on doit l'indiquer dans les procès-verbaux de délit et, en même temps, évaluer ce dommage, autant qu'il sera possible de le faire. (Circ. A 229 ter.)

3. *Action. Intention.* — Lorsqu'il y a un dommage causé sans intention de nuire, il ne doit y avoir lieu qu'à une action civile en dommages et intérêts. V. Destruction. Juge de paix.

4. *Adjudicataire. Responsabilité.* — Les adjudicataires doivent réparer tous les dommages causés dans la forêt, par le fait de l'exploitation ou de la vidange des coupes. En cas d'inexécution, l'administration fait effectuer les travaux aux frais des adjudicataires. (Cah. des ch. 33. Cod. For. 41.)

5. *Exploitation d'arbres. Propriété voisine.* — Lorsque l'exploitation des arbres cause du dommage aux arbres des propriétés voisines, il n'y a lieu qu'à une action civile en dommages et intérêts. (Cass. 12 avril 1822.)

6. *Bois de marine.* — En cas de détérioration aux pièces réservées pour la marine, soit par le fait de l'abatage, soit sur le parterre de la coupe, le dommage sera constaté par un procès-verbal distinct, portant évaluation de l'indemnité à payer par l'adjudicataire. Ce procès-verbal sera signé par l'adjudicataire ou son représentant et adressé au conservateur, qui, après l'avoir vérifié et arrêté, le transmettra au directeur des domaines, pour opérer le recouvrement de l'indemnité ainsi réglée. (Ancien cah. des ch.)

7. *Ouvrier. Propriétaire. Responsabilité.* — En cas de dommages causés à des voisins par le fait d'ouvriers travaillant chez un propriétaire, il ne suffit pas que les travaux, durant le cours desquels est survenu l'accident cause du dommage, aient été entrepris dans l'intérêt du propriétaire et en vertu d'un traité passé avec lui, pour que celui-ci soit réputé en faute et que sa responsabilité soit engagée ; il faut encore que les auteurs de l'acte dommageable aient agi sous son autorité et qu'il ait eu le droit de leur donner des ordres sur le mode d'exécution des travaux. (Cass. 10 novembre 1859.)

8. *Chasse. Gibier. Bois domaniaux.* — Les adjudicataires des chasses, dans les bois domaniaux, sont responsables, vis-à-vis des propriétaires des héritages riverains, des dommages causés à ces héritages, par les lapins et autres animaux nuisibles et toute espèce de gibier. (Chasse, cah. des ch. 22.)

9. *Réparation. Demande. Preuve.* — C'est à celui qui demande la réparation du dommage causé par le gibier à prouver, en admettant l'existence du dommage, qu'il y a eu faute de la part du propriétaire ou locataire de la chasse. (Amiens, 10 juillet 1874.)

10. *Lapins. Destruction. Responsabilité.* — Le propriétaire ou locataire d'un bois n'est pas responsable, de plein droit, des dégâts causés aux propriétés riveraines par les lapins se trouvant dans ce bois. Il n'est pas obligé de les détruire lui-même ; il est seulement obligé, s'il ne procède pas à cette destruction, d'accorder aux voisins toute permission nécessaire pour qu'ils puissent le faire.

Ainsi, le propriétaire et le locataire ne sauraient être déclarés responsables, quand ils n'ont commis aucune faute et quand, au contraire, il est établi que le locataire, tenu seul, aux termes du bail, de la responsabilité des dégâts, a donné au voisin, avant tout dommage constaté, l'autorisation, sans restriction, ni réserve, de pénétrer dans les bois, pour y poursuivre et détruire les lapins par tous moyens utiles, pendant toute la durée du bail, et que le voisin n'a pas usé de cette autorisation.

A supposer que l'autorisation donnée par le locataire ne comportât pas le droit de défoncer les terriers, le voisin qui n'a employé aucun des moyens mis à sa disposition pour détruire le gibier ne peut être fondé à soutenir que cette autorisation était insuffisante. (Cass. 19 mars 1883.)

11. *Lapins. Destruction. Autorisation. Responsabilité.* — Le propriétaire d'un bois ne peut encourir aucune responsabilité, à raison du dommage causé aux propriétés voisines par les lapins séjournant dans ce bois, lorsqu'il est constant qu'il n'a commis aucune négligence et a fait tout ce qui dépendait de lui pour détruire ces animaux.

Il en est ainsi, notamment, lorsqu'il est constant qu'indépendamment des chasses et battues répétées, il a fait défoncer les terriers dans les limites du possible et autorisé les propriétaires riverains à se livrer à la destruction des lapins, par tous les moyens permis par la loi, sans autre condition que de prévenir le garde de la propriété. (Cass. 16 janvier 1885.)

12. *Responsabilité. Lapins. Faute.* — Le propriétaire d'un bois ne peut être déclaré responsable des dommages causés, par les lapins séjournant dans ce bois, aux récoltes des propriétés voisines, lorsqu'il n'est relevé à sa charge aucun fait précis, constatant une faute qui lui soit imputable. (Cass. 23 juin 1890.)

13. *Conditions. Compétence.* — Si, par un *contrat*, le propriétaire d'une chasse a consenti au payement du dommage causé par le gibier, à dire d'expert, le juge de paix n'est pas compétent de l'action en payement du dommage, qui doit être portée devant le tribunal civil. (Cass. 13 février 1865 et 11 mars 1868.)

14. *Compétence. Produit.* — L'article 5 de la loi du 25 mai 1838, qui attribue compétence aux juges de paix pour connaître en premier ressort, à quelque somme que la demande puisse s'élever, des dommages faits aux champs, fruits et récoltes, comprend ceux causés à tous les produits du sol, quelles qu'en soient l'espèce et la culture, et ceux causés aux pépinières. (Cass. 22 avril 1873.)

15. *Evaluation. Circonstances.* — Lorsque le produit du sol endommagé est permanent, d'une nature délicate, que les lapins en sont très avides et qu'il est planté sans clôture suffisante, à proximité d'un bois où existent des lapins, dont la destruction complète ne saurait être exigée, il y a lieu, pour la fixation de la réparation du dommage, de tenir compte des éventualités auxquelles le maître de ce produit endommagé s'est volontairement exposé. (Cass. 22 avril 1873.)

DOMMAGES-INTÉRÊTS.

SECT. I. — GÉNÉRALITÉS. PRINCIPE.

1. *Définition.* — On entend par dommages-intérêts l'indemnité ou le dédommagement dû pour un préjudice causé. (Cod. Civ. 1382.) V. Indemnité.

2. *Qualité.* — Les dommages-intérêts dus au créancier sont, en général, de la perte qu'il a faite et du gain dont il a été privé, sauf exception. (Cod. Civ. 1149.)

3. *Droit.* — Un fait, même nuisible à autrui, ne peut donner lieu à dommages-intérêts qu'autant qu'il n'est pas l'exercice légitime d'un droit. (Cass. 28 juillet 1861.)

4. *Obligation.* — Toute obligation de faire ou de ne pas faire se résout en dommages-intérêts, en cas d'inexécution de la part du débiteur. (Cod. Civ. 1142.)

5. *Principe.* — Les dommages-intérêts ne sont dus que lorsque le débiteur est mis en demeure de remplir ses obligations, excepté lorsqu'il y a eu empêchement par suite d'une force majeure ou d'un cas fortuit. (Cod. Civ. 1146 et 1148.)

6. *Usager. Condition.* — L'usager n'a droit à des dommages-intérêts, pour privation totale ou partielle de sa jouissance, qu'à partir du jour où il l'a demandée judiciairement. (Dijon, 9 février 1881.)

7. *Ministère public.* — L'exercice de l'action publique ne peut donner aucun recours à dommages-intérêts, contre l'autorité dépositaire de cette action.

8. *Administration.* — Bien que le ministère public ne puisse jamais être condamné à des dommages-intérêts, il n'en est pas de même de l'administration, qui est responsable du fait de ses agents et peut être condamnée à des réparations civiles et aux frais. (Cass. 7 janvier 1832.)

9. *Administration. Poursuite.* — L'administration doit être assimilée au ministère public et profiter de ses immunités, lorsqu'elle exerce des poursuites dans un intérêt public; mais, lorsqu'elle agit comme partie civile, dans le but d'obtenir la réparation du dommage causé à une forêt confiée à sa surveillance, elle peut être condamnée à des dommages-intérêts au profit des prévenus indûment poursuivis. (Montpellier, 18 août 1868.)

10. *Administration. Vexation.* — L'administration ne peut être condamnée à des dommages-intérêts envers le prévenu qu'autant qu'elle aurait agi évidemment par esprit de vexation. (Caen, 20 juin 1866.)

11. *Dommage causé.* — Lorsqu'il résulte clairement du délit commis et du procès-verbal qu'il y a eu un dommage causé, les tribunaux, en refusant d'allouer les dommages-intérêts, peuvent encourir la cassation de leur jugement.

12. *Dénonciation. Acquittement.* — L'accusé acquitté pourra obtenir des dommages-intérêts contre ses dénonciateurs pour fait de calomnie, sans néanmoins que les membres des autorités constituées puissent être ainsi poursuivis à raison des avis qu'ils sont tenus de donner, concernant les délits dont ils ont cru acquérir la connaissance dans l'exercice de leurs fonctions, sauf contre eux la demande de prise à partie, s'il y a lieu. (Instr. Crim. 358.)

13. *Constatation.* — Dans tous les cas où le code forestier prononce des dommages-intérêts, on doit, dans les procès-verbaux, constater la valeur du dommage causé. (Circ. A 229 ter.)

14. *Fait matériel.* — L'indication du dommage *évalué* par le garde, dans un procès-verbal de délit, n'est pas un fait matériel, et le tribunal peut décider, malgré l'opinion du garde, que le délit n'a occasionné aucun dommage, si ce fait ne ressort pas, d'ailleurs, des indications du délit. (Nancy, 14 juillet 1829.)

15. *Sursis. Exécution des condamnations.* — Le sursis à l'exécution de la peine, que peut obtenir l'inculpé condamné pour la première fois, ne comprend pas le payement des dommages-intérêts. (Loi du 26 mars 1891, art. 2.)

SECT. II. — POURSUITES.

§ 1. *Action. Condamnation encourue.*

16. *Aliénation. Déchéance.* — En cas de déchéance, l'adjudicataire d'un bois aliéné est condamné, à titre de dommages-intérêts, à une amende égale au dixième du prix principal d'adjudication, s'il n'a rien été

versé, ou au vingtième de ce prix, s'il a été payé un ou plusieurs termes. (Loi du 15 floréal an x, art. 8.)

17. *Adjudication. Annulation.* — Pour les adjudications annulées, les personnes incapables de prendre part aux ventes peuvent être condamnées à des dommages-intérêts résultant de l'annulation de la vente, par application de l'article 1382 du code civil. (Circ. N 80, art. 96.)

18. *Déficit de réserve.* — En cas de déficit de réserve, les adjudicataires ou entrepreneurs doivent être condamnés à des dommages-intérêts égaux à l'amende encourue, outre l'amende et la restitution, sans qu'il soit permis aux juges d'arbitrer l'importance du préjudice causé. (Cass. 23 août 1845, 30 juin 1853.)

19. *Adjudicataires. Dommages.* — Les adjudicataires doivent réparer tous les dommages provenant de l'exploitation des coupes. (Cah. des ch. 33.)

20. *Entrepreneur.* — Un entrepreneur de coupe affouagère est passible de dommages-intérêts envers la commune propriétaire, en cas de contravention commise dans la coupe. (Cass. 5 février 1848.)

21. *Condamnation obligatoire.* — Dans le cas des articles 29, 34, 36, 37, 39 et 40 du code forestier, les dommages-intérêts doivent toujours être prononcés. (Cass. 23 juillet 1842.)

22. *Enlèvement. Bois particuliers.* — En cas d'enlèvement de bois, dans une forêt de particulier, il n'y a pas lieu de prononcer des dommages-intérêts, si le propriétaire ne s'est pas constitué partie civile. (Chambéry, 22 août 1861.)

23. *Introduction de voiture.* — L'introduction d'une voiture hors des chemins ordinaires, c'est-à-dire, soit dans les bois, soit sur un chemin entretenu par l'administration, ne peut s'effectuer sans un dommage quelconque. Dès lors, le dommage existant nécessairement, la loi n'a pas voulu en laisser l'appréciation au tribunal. Si un délit constatait la présence d'animaux dételés et d'une voiture hors des chemins, la question des dommages-intérêts pourrait se discuter pour le délit de pâturage, mais non pas pour le délit d'introduction de voiture hors chemins.

24. *Refus. Pourvoi.* — Lorsque l'allocation des dommages-intérêts est facultative, leur refus ne peut jamais donner lieu à pourvoi en cassation. (Cass. 16 avril 1836.)

25. *Prescription. Délai.* — Lorsqu'un dommage provient de l'inexécution d'un contrat, on a trente ans pour intenter une action en dommages-intérêts. (Cass. 5 juin 1830.)

26. *Usager.* — En cas de suspension de délivrance par suite de cantonnement (expertise), l'habitant privé momentanément de délivrance en bois de construction a exclusivement le droit de se plaindre et de demander des dommages-intérêts. La commune est non recevable à demander des dommages-intérêts pour ce fait, attendu qu'elle n'est pas apte à recevoir des bois. (Nancy, 5 juin 1841.)

27. *Usager. Cantons défensables.* — En cas de réformation par le conseil de préfecture d'une déclaration de cantons défensables, les usagers, quoique lésés par la privation d'un droit légitime, n'ont pas droit à des dommages-intérêts. (Cons. d'Etat, 25 mai 1835.)

§ 2. *Juridiction. Compétence.*

28. *Conseil d'Etat.* — Le conseil d'Etat est compétent pour accorder des dommages-intérêts dus par l'Etat. (Cons. d'Etat, 27 août 1833.)

29. *Tribunaux civils. Usagers.* — Les tribunaux civils sont compétents pour statuer sur les dommages-intérêts réclamés par des usagers, à raison des modifications apportées à l'aménagement des forêts grevées d'usage. (Besançon, 15 juillet 1853.)

30. *Accident de chasse. Dommage. Condamnation solidaire.* — Malgré l'acquittement prononcé par le tribunal correctionnel à raison de l'incertitude existant sur le véritable auteur d'un coup de feu, ayant occasionné un accident de chasse, le juge civil peut rechercher si les faits de la cause établissent, à l'encontre des chasseurs, une faute dommageable aux termes de l'article 1382 du code civil.

Et notamment si, dans une chasse aux macreuses, un coup de feu parti certainement d'une barque où se trouvaient deux tireurs, a causé un accident, sans qu'il puisse être établi lequel des deux a tiré, une condamnation solidaire en dommages-intérêts peut être prononcée contre les deux chasseurs, si les précautions commandées par la prudence n'ont pas été observées. (Montpellier, 4 décembre 1890.)

31. *Expertise.* — L'autorité judiciaire, compétente pour statuer sur l'action en réparation de dommages-intérêts, peut ordonner une expertise pour rechercher l'importance du préjudice causé. Ne rentre pas dans ce cas la déclaration de défensabilité, dont la fixation appartient exclusivement aux agents forestiers. (Cass. 8 juillet 1868.)

32. *Etat. Adjudicataire. Incendie.* — C'est à l'autorité judiciaire qu'il appartient de connaître de l'action en dommages-intérêts formée, contre l'Etat propriétaire, par un adjudicataire de coupe dans une forêt domaniale, à raison du prétendu préjudice éprouvé par suite d'un incendie qu'il impute à la négligence et au défaut de surveillance des agents forestiers. (Cons. d'Etat, 25 février 1864.) V. Réparations civiles.

33. *Tribunaux correctionnels. Vente. Annulation.* — Les tribunaux correctionnels ne sont pas compétents pour statuer sur les dommages-intérêts à allouer seulement par suite de l'annulation d'une adjudication ; dans ce cas, les tribunaux civils sont seuls compétents. (Cod. For. 21, § 3.)

§ 3. *Conclusions. Demandes.*

34. *Condamnations.* — La condamnation aux dommages-intérêts ne peut intervenir que sur la demande du propriétaire.

35. *Conclusions.* — Les agents chargés des poursuites ne doivent, sauf le cas où la loi est impérative, requérir des dommages-intérêts qu'autant qu'il y a un dommage réellement appréciable. (Circ. A 623.)

36. *Condamnations.* — Lorsque l'administration ne conclut pas à des dommages-intérêts, les tribunaux ne sont pas tenus d'en prononcer. (Montpellier, inédit, 14 décembre 1835.)

37. *Taux. Conclusion.* — Lorsqu'on calcule le degré de croyance d'un procès-verbal, on doit prendre, pour le montant des dommages-intérêts, le chiffre demandé aux conclusions, dont le minimum est égal à l'amende simple. V. Amende.

38. *Facultatif.* — En cas d'enlèvement frauduleux de bois et d'autres produits des forêts, il est alloué des dommages-intérêts facultatifs, suivant les circonstances. (Cod. For. 198.)

39. *Commune.* — Quoique les dommages-intérêts et les restitutions, en ce qui concerne les délits commis dans les bois communaux, entrent dans la caisse communale, il n'est pas inutile, pour les délits dont la commune est responsable, de requérir sa condamnation comme solidaire, en ce qui touche les dommages-intérêts et les restitutions dus par l'entrepreneur. (Circ. N 262.)

40. *Fermier. Garde.* — Un fermier commissionné garde particulier ne peut pas réclamer des indemnités ou dommages-intérêts, pour les délits qu'il aurait constatés.

§ 4. *Liquidation.*

41. *Liquidation.* — Tout jugement qui condamnera à des dommages-intérêts en contiendra la liquidation ou ordonnera qu'ils soient donnés par état. (Proc. Civ. 128.)

42. *Quotité.* — Lorsque l'arrêt ou le jugement n'aura pas fixé les dommages-intérêts, la déclaration en sera signifiée à l'avoué du défendeur. Le défendeur devra faire ses offres de la somme qu'il avisera ; sinon, la cause sera portée à l'audience et sera jugée sur simple acte. (Proc. Civ. 523 et 524.)

43. *Minimum.* — Les dommages-intérêts alloués par le code forestier sont toujours, au minimum, égaux à l'*amende simple* prononcée par le jugement. (Cod. For. 202.)

44. *Chiffre. Amende.* — Si le prévenu, reconnu coupable d'un délit forestier, doit être condamné à des dommages-intérêts, on ne peut en abaisser le chiffre au-dessous de l'amende encourue, quand bien même cette amende ne serait pas prononcée. (Bourges, 24 février 1853.)

44 bis. *Taxe.* — Les dommages-intérêts prononcés, en matière correctionnelle, à la requête des agents forestiers, sont assujettis à la taxe de 3 pour cent. (Loi du 22 frimaire an VII. Loi du 26 janvier 1892, art. 16, § 7.)

45. *Fixation. Maximum.* — Le chiffre des dommages-intérêts, limités quant au minimum par l'article 202, peut être fixé par le tribunal à un chiffre plus élevé et suivant le dommage réellement causé.

46. *Limites. Amendes.* — Lorsque les amendes sont limitées par un maximum et un minimum, les dommages-intérêts ne peuvent descendre au-dessous du minimum.

47. *Déficit de réserve.* — En cas d'abatage ou déficit de réserve, l'amende édictée, avec l'augmentation du tiers en sus, étant une amende simple, les dommages-intérêts ne peuvent être inférieurs à cette amende. (Cass. 17 mars 1834.)

48. *Allocation par jour. Réduction.* — La fixation des dommages-intérêts à tant par jour de retard est une voie de contrainte ; lorsque la résistance a cessé, les tribunaux, pouvant apprécier réellement le dommage causé, ont la faculté de réduire et de fixer définitivement le montant de la condamnation. (Cass. 22 novembre 1841. Montpellier, 1er avril 1862.)

49. *Liquidation.* — Les dommages-intérêts mis à la charge de l'Etat, autres que ceux pour insuffisance ou privation de délivrance à des usagers, sont liquidés par le conservateur. (Règl. Min. du 26 décembre 1866. Circ. N 104, § 309. Circ. N 402.)

SECT. III. — PAIEMENT. RECOUVREMENT.

50. *Propriétaire.* — Les dommages-intérêts appartiennent au propriétaire de la forêt où a été commis le délit. (Cod. For. 204.)

51. *Copropriétaire. Bois indivis.* — Les copropriétaires auront, dans les dommages-intérêts, une part proportionnelle à leurs droits. (Cod. For. 116.)

52. *Libération. Transaction.* — L'administration forestière pourra admettre les délinquants insolvables à se libérer des dommages-intérêts, pour délit commis dans les bois soumis au régime forestier, au moyen de prestations en nature. (Cod. For. 210. Loi du 18 juin 1859.) V. Prestation.

53. *Transaction.* — Dans les transactions avant jugement, l'administration transige sur les réparations civiles pécuniaires (dommages-intérêts), comme sur les peines. (Circ. N 262.)

54. *Réparation civile. Paiement.* — Le caractère général et exclusif du droit de transaction s'oppose à ce que les conseils municipaux et les commissions administratives puissent renoncer, en tout ou en partie, aux réparations civiles stipulées en faveur des communes ou des établissements publics. Le paiement de ces réparations doit toujours être exigé, quand bien même les représentants des corps intéressés auraient émis des délibérations tendant à en faire l'abandon. (Circ. N 149.)

55. *Remise.* — Les préfets peuvent, sur la proposition des conseils municipaux, autoriser la remise des dommages-intérêts prononcés au profit des communes, pour délits commis dans leurs bois (non soumis). (Décis. Min. 2 février 1830.)

56. *Recouvrement. Répartition.* — Le recouvrement des dommages-intérêts est confié aux percepteurs des contributions directes. (Loi des finances, 29 déc. 1873. Circ. N 149.)

Les dommages-intérêts attribués jadis aux communes sont aujourd'hui versés au fonds commun. (Loi du 27 décembre 1890, art. 11. Circ. N 430.)

57. *Caisse des dépôts et consignations.* — Lorsqu'une exception préjudicielle a été régulièrement admise, le jugement qui intervient peut ordonner le versement des dommages-intérêts à la caisse des dépôts et consignations. (Cod. For. 182. Cass. 19 août 1864.)

DONATION.

1. *Etablissements publics.* — Les donations au profit des hospices et établissements publics n'auront d'effet qu'autant qu'elles seront autorisées par un décret et qu'elles seront acceptées par les administrateurs dûment autorisés. S'il y a donation de biens susceptibles d'hypothèques, la transcription des actes sera faite au bureau des hypothèques, à la diligence des administrateurs. (Cod. Civ. 910, 937 et 939.)

2. *Révocation.* — La donation pourra être révoquée pour cause d'inexécution des conditions sous lesquelles elle a été faite; la révocation n'aura pas lieu de plein droit. (Cod. Civ. 953 et 956.)

DOSSIER.

1. *Affaire.* — Dans les bureaux des agents, il doit être ouvert, pour chaque *affaire*, un dossier ayant un numéro spécial et contenant la correspondance par ordre de dates. (Circ. A 584.)

2. *Numéro.* — Chaque dossier, portant un numéro du livre d'ordre, sera déposé dans un carton ou casier portant une indication générale. (Circ. A 584.)

3. *Répertoire.* — Les chefs de cantonnement tiennent un répertoire alphabétique des dossiers, avec les numéros d'ordre. (Circ. A 584.)

4. *Mutation. Personnel.* — En cas de mutation, si le service est remis à un intérimaire, les dossiers relatifs au personnel des agents sont placés sous pli cacheté par l'agent supérieur assistant à l'inventaire et à la remise du service et remis, en cet état, au titulaire par l'intérimaire qui a reçu le dépôt. (Circ. N 51, § 14.)

DOT. V. Bien dotal. Futaie. Mari. Usufruit.

DOUANE. V. Contrebande.

DOUANIER.

1. *Contrebande. Saisie.* — Les gardes peuvent saisir, à l'entrée, les objets dont l'importation est défendue et ils ont droit à une indemnité à raison de la saisie. (Décis. Min. 4 décembre 1818.)

2. *Contrebande. Concours.* — Les gardes doivent leurs concours aux douaniers pour la répression de la contrebande et l'arrestation des contrebandiers. (Livret des préposés, art. 35.)

3. *Délit. Poursuite.* — Quand un procès-verbal sera dressé contre un agent ou un préposé des douanes, comme, avant toute poursuite, il faut que l'administration des douanes puisse donner ses observations sur le délit reproché à ses agents ou préposés, on doit en adresser une copie au conservateur, qui l'enverra à l'administration, avec observations et avis. Les poursuites ne devront être commencées que lorsque le procès-verbal sera près de périmer, en ayant soin de fixer une audience assez éloignée pour donner le temps à l'administration de transmettre ses instructions. (Circ. A 638.) V. Poursuites.

DOUTE. V. Incertitude.

DRAINAGE.

Principe. — Tout propriétaire qui veut assainir son fonds par le drainage peut, moyennant une juste et préalable indemnité, en conduire les eaux souterrainement ou à ciel ouvert à travers les propriétés qui séparent ce fonds d'un cours d'eau ou de toute autre voie d'écoulement.

Les travaux de l'espèce que voudraient exécuter les associations syndicales, les communes, etc., peuvent être déclarés d'utilité publique.

La destruction totale ou partielle des conduits d'eau ou fossés évacuateurs est punie, savoir :

Prison : 1 mois à 1 an.
Amende égale au quart des dommages-intérêts et restitution ; minimum : 50 francs. (Cod. Pén. 456. Loi du 10 juin 1854.)

DRAGEON. V. Brin.

DROGUE EMPOISONNÉE. V. Poison.

DROIT ACQUIS.

Règlement. — Les droits acquis antérieurement au code forestier (31 juillet 1827) seront jugés, en cas de contestation, d'après les lois, ordonnances, édits, déclarations et arrêts du conseil, décrets et règlements antérieurs. (Cod. For. 218.)

DROITS CIVILS OU CIVIQUES.

Définition. — Les droits civils ou civiques sont ceux qui, définis par les lois, sont exclusivement attachés à la qualité de sujet de la nation et de citoyen français. (Election, témoins, etc.)

DROIT COMMUNAL.

1. *Définition.* — On appelle droit communal tout droit qui s'acquiert par l'habitation. (Nancy, 11 juin 1844.) V. Bien communal.

2. *Réclamation.* — Les habitants d'une commune ne peuvent, en leur nom privé et sans le concours des administrateurs, réclamer en justice des droits communaux. (Cons. d'Etat, 27 novembre 1814.)

3. *Action.* — Lorsqu'il s'agit d'un droit communal, on ne peut pas exercer l'action individuelle; il faut, dans ce cas, actionner la commune. (Nancy, 11 juin 1844.)

4. *Jouissance.* — Les habitants ont le droit de participer à la jouissance d'un droit communal (droit d'usage); mais, si de nouveaux habitants diminuent la portion des anciens usagers, ceux-ci ne sont pas fondés à demander une délivrance plus considérable.

5. *Communauté. Maire. Action communale.* — Lorsque des droits ont été concédés à une communauté d'habitants sur une ancienne forêt seigneuriale et que ces droits, non susceptibles d'accroissement, ne profitent qu'aux habitants des maisons antérieures à 1789, il n'en est pas moins vrai que, dans cette limite, ces droits n'appartiennent pas *distinctement* et *sans communauté entre eux* aux habitants qui en profitent; ils ont un caractère communal et, à ce titre, le maire a qualité pour les défendre en justice, au nom de la commune, contre les usurpations du propriétaire de la forêt assujettie. (Cass. 18 février 1891.)

DROIT FÉODAL.

Abolition. — Tous les droits féodaux ont été abolis et supprimés par la loi du 4 ou 11 août 1789.

DROIT PERSONNEL.

Définition. — Un droit personnel est un droit à une chose et qui naît d'une obligation personnelle.

DROIT DE PROPRIÉTÉ. V. Exception préjudicielle.

DROIT RÉEL.

Définition. — On entend par droit réel un droit dans la chose ou sur la chose, qui suppose que le lien de la propriété existe entre le propriétaire du droit et la chose, indépendamment de toute autre personne ; dès lors, le possesseur d'un droit réel peut suivre sa chose en quelques mains qu'il la trouve, quoique le possesseur soit de bonne foi et n'ait contracté envers le maître de la chose aucune obligation personnelle.

DROIT D'USAGE.

SECT. I. — PRÉAMBULE.

§ 1. *Définition. Division.*

1. *Définition. Droit.* — L'usage est une servitude discontinue et non apparente qui donne à celui qui l'exerce le droit d'exiger, pour ses besoins et à raison de son domicile, certains produits de la forêt d'autrui. (Meaume.) V. Servitude.

L'usage est un démembrement de la propriété, qui n'engendre, au profit de l'usager, aucun droit de copropriété; c'est, en réalité, une division de la jouissance de la propriété. L'usager ne fait jamais acte de propriétaire ou d'usufruitier : il ne peut qu'exiger la délivrance de son droit.

L'usage appartenant à des communes est un bien communal, qui ne peut être exercé que dans l'habitation à laquelle ce droit est attaché.

L'usage des bois et forêts est réglé par des lois particulières (Cod. Civ. 636); mais, lorsque les lois spéciales sont muettes, les principes généraux de la loi civile lui sont applicables. L'article 618 du code civil, aux termes duquel l'usufruit peut cesser par l'abus de l'usufruitier, est inapplicable aux droits d'usage dans les bois et forêts.

2. *Division.* — Il y a les droits d'usage en bois et les droits d'usage de pâturage. Les droits d'usage en bois se divisent en droit au bois de chauffage ou d'affouage et en droit au bois d'œuvre ou de construction et d'industrie.

Les droits pour la nourriture des bestiaux comprennent le pacage et le pâturage.

On divise également les droits d'usage en grand et petit usage.

Le grand usage comprend l'affouage, le maronage, le pâturage de toute nature et la glandée.

Le petit usage comprend seulement le droit d'enlever le bois mort gisant, estant et les morts-bois.

L'usage concédé sans autre désignation spéciale ne s'entend que de l'usage au bois de chauffage.

3. *Limite du droit.* — Les besoins de l'usager sont la limite naturelle du droit d'usage.

Les droits d'usage incompatibles avec la bonne exploitation des forêts peuvent être supprimés, purement et simplement. (Colmar, 16 janvier 1839.)

4. *Faculté.* — L'usager n'a pas la faculté de céder, vendre ou louer son droit, pas plus qu'il n'a le droit d'en aliéner les produits; cependant la cour de cassation a décidé (10 février 1835) que les prohibitions de l'article 631 du code civil s'appliquent à l'usage *personnel* et non à l'usage *réel*, et, dès lors, rien n'empêche que ce dernier ne puisse être détaché du fonds et transporté sur un autre immeuble.

§ 2. *Principes. Généralités.*

5. *Servitude.* — Un droit d'usage constitue une servitude discontinue, qui ne peut être établie que par titre. (Cod. Civ. 691, 706.)

6. *Indivisibilité.* — L'usage est une servitude indivisible, qui affecte indivisiblement tout le fonds, pourvu qu'il appartienne au même propriétaire. (Cass. 22 juillet 1835.)

7. *Partage. Jouissance.* — Le partage d'une forêt grevée de droits d'usage ne porte aucune atteinte à l'indivisilité de ces droits ; chacun des propriétaires reste, après comme avant le partage, codébiteur solidaire de la servitude, autant que sa portion peut y suffire. Le propriétaire de l'un des lots est fondé à s'opposer aux coupes abusives auxquelles pourrait procéder le propriétaire d'un autre lot. (Pau, 19 août 1847.)

8. *Lois.* — L'usage des bois et forêts est réglé par des lois particulières. (Cod. Civ. 636.)

Cet article ne s'applique qu'à l'exercice, au mode de rachat et à la constitution des droits d'usage. (Meaume.)

9. *Algérie.* — Les dispositions de police édictées par le code forestier sont applicables aux droits d'usage existant en Algérie, antérieurement à la conquête, au profit d'une tribu, sur une forêt domaniale. (Cass. 25 janvier 1883.)

10. *Imprescriptibilité.* — L'article 62 du code forestier, qui interdit, pour l'avenir, toute concession de droits d'usage dans les bois de l'Etat, place par cela même ces droits hors du commerce et les rend imprescriptibles. (Cass. 25 janvier 1858.)

11. *Pâturage.* — La loi des 28 septembre-6 octobre 1791 n'a aboli que les droits de pâture ou de dépaissance établis par les lois et les coutumes et a maintenu, au contraire, les droits de cette nature fondés en titre. (Cass. 28 juillet 1875.)

12. *Droit communal. Habitants.* — Lorsqu'un droit d'usage concédé à une commune *ut universi* a été, par application des lois abolitives de la féodalité, limité aux habitants des maisons construites antérieurement à la mise à exécution desdites lois, ce droit d'usage n'en conserve pas moins son caractère originaire, c'est-à-dire qu'il reste communal. (Trib. de Saint-Dié, 20 avril 1866.)

13. *Droit communal. Charges.* — Tout droit utile (droit d'usage), dont la participation s'acquiert par le seul fait de l'habitation dans une commune, est un bien communal et les charges ou redevances auxquelles ce droit est subordonné constituent une charge communale. (Nancy, 11 juin 1844.) V. Redevance.

14. *Droit communal. Jouissance.* — Un droit d'usage étant un droit communal, les nouveaux habitants d'une commune ont le droit d'y participer, comme à la délivrance et partage des produits communaux, c'est-à-dire que la survenance des nouveaux habitants diminuera la portion des anciens habitants usagers, sans que la commune puisse demander des délivrances plus considérables, motivées sur l'accroissement de la population.

15. *Bien seigneurial. Produit. Partage.* — Pour le propriétaire, le droit d'usage constitué sur un bois d'origine seigneuriale a cessé de s'accroître avec les habitants, depuis le 4 août 1789 ; mais l'émolument usager délivré à la commune, *ut universitas*, doit être partagé entre toutes les maisons, tant anciennes que nouvelles, parce que le droit d'usage est un bien communal, au produit duquel chaque habitant de la commune a un droit acquis, aux termes de l'article 542 du code civil.

16. *Emphytéose.* — Un droit d'usage concédé dans une forêt accessoirement à une emphytéose et pour les besoins de l'exploitation du fonds faisant l'objet de l'emphytéose constitue une servitude réelle et non un droit personnel. (Colmar, 27 juin 1855.)

17. *Propriétaire. Troupeaux. Usage.* — Le propriétaire d'une forêt grevée d'un droit de pâturage n'a le droit, pour lui, ses fermiers ou ayants droit, de faire pâturer du bétail dans la forêt grevée, qu'autant qu'il ne nuira pas aux usagers et qu'il restera pour ces derniers des produits suffisants. (Nancy, 20 juillet 1843.)

SECT. II. — PROPRIÉTÉ.

§ 1. *Concession.*

18. *Origine.* — Les droits d'usage ne peuvent jamais s'établir sans titres, dans les forêts domaniales.

19. *Concession. Bois domaniaux.* — Il ne sera plus fait, à l'avenir, dans les forêts de l'Etat, aucune concession de droits d'usage, de quelque nature et sous quelque prétexte que ce puisse être. (Cod. For. 62.)

20. *Concession.* — L'article 62 s'applique aux bois de la liste civile (Cod. For. 88), aux bois de majorat et d'apanage (art. 89), aux bois des communes (art. 112) et aux bois indivis (art. 113). Les bois particuliers sont les seuls où une servitude d'usage puisse être établie.

21. *Usage à feu croissant.* — Un droit d'usage à feux croissants ne peut s'établir que par titre. (Cass. 28 juillet 1852.)

22. *Nouveaux droits. Insuffisance.* — Un particulier ne pourrait concéder de nouveaux droits d'usage dans ses bois, que s'ils ne préjudiciaient en rien à ceux déjà concédés ; en cas d'insuffisance du fonds servant, la réduction de l'usage devrait porter sur les

droits concédés les derniers. (Nancy, 20 juillet 1843.)

23. *Droit de chauffage. Abbaye.* — Un droit de chauffage accordé aux religieux d'une abbaye ne constitue pas nécessairement une servitude foncière ; il peut avoir le caractère d'une concession faite à la personne morale de la communauté religieuse et disparaître avec elle. (Poitiers, 20 mars 1872.)

§ 2. *Acquisition.*

24. *Origine. Possession.* — Dans les bois particuliers et même dans les bois de l'Etat, la possession antérieure au code civil a pu valablement fonder des droits d'usage, dans les pays où les servitudes discontinues pouvaient s'acquérir par prescription. (Cass. 24 juin 1835.)

25. *Imprescriptibilité. Régime forestier.* — Les bois soumis au régime forestier, étant en dehors du commerce quant à la possibilité de l'établissement des droits d'usage, sont en quelque sorte inaliénables, et, par conséquent, aucun droit d'usage ne peut maintenant y être acquis par prescription.

26. *Abus. Jouissance.* — L'abus, en ce qui concerne les droits d'usage, ne peut pas créer des droits au profit des usagers, dans les forêts domaniales.

27. *Prescription. Acquisition.* — Les droits d'usage dans les bois (communaux, domaniaux ou particuliers) sont susceptibles d'être acquis par la prescription et peuvent, dès lors, donner lieu à une action possessoire. (Cass. 8 novembre 1848.)

28. *Acquisition. Prescription. Action.* — Les droits d'usage dans les forêts constituent des servitudes discontinues qui, par conséquent, ne sauraient s'acquérir par prescription ; ils ne peuvent, dès lors, faire l'objet d'une action en complainte possessoire. (Cass. 14 juin 1869.)

29. *Pâturage. Acquisition. Prescription. Complainte.* — Les droits d'usage dans une forêt, et notamment des droits de pâturage et de pacage, ne constituent pas une simple servitude, mais sont susceptibles d'être acquis par la prescription et peuvent, dès lors, donner lieu à l'action en complainte. (Cod. Civ. 691, 2229. Proc. Civ. 23. Cass. 1er décembre 1880.)

30. *Prescription. Acquisition. Conditions.* — Les droits d'usage dans les forêts, constituant des servitudes discontinues, ne peuvent être acquis par prescription. (Cod. Civ. 691.)

En tous cas, la prescription ne pourrait s'appliquer à ces droits qu'autant qu'ils auraient été l'objet d'une reconnaissance formelle, résultant de procès-verbaux de délivrance ou d'actes équipollents. (Cod. For. 79, 120.)

De pareils actes, pour être efficaces, devraient émaner du propriétaire de la forêt. (Cod. Civ. 695. Cass. 23 juin 1880.)

31. *Pacage. Enlèvement de litière et menu bois. Acquisition.* — Le droit de faire pacager les bestiaux sur une montagne et d'y prendre des litières, broussailles et autres menus bois ne constitue pas une simple servitude ; il peut être acquis par une longue possession. (Cass. 9 janvier 1889.)

32. *Extension. Taillis. Futaie.* — L'usager ne peut prétendre avoir acquis par prescription des droits plus étendus que ceux que lui confère son titre ; spécialement, l'usager d'un taillis doit être réputé posséder *contre* son titre et non pas seulement *au delà* de son titre, lorsque le taillis, naissant sur la même terre que la futaie, cet usager n'a pu couper la futaie sans méconnaître en même temps sa qualité d'usager. (Cass. 15 décembre 1847.)

33. *Augmentation. Prescription. Bois particulier.* — Un usager au droit de pâturage dans une forêt peut acquérir par prescription le droit de glandée, alors même que son titre indique qu'il ne pourra avoir d'autre droit ; pour cela, il suffit qu'il ait mené ses porcs en forêt et qu'il ait enlevé les glands au vu et au su du propriétaire. (Ce principe n'est pas applicable aux forêts domaniales.) (Cass. 9 novembre 1826.)

34. *Commune. Section. Prescription.* — Quand une fraction de commune est usagère dans une forêt, l'autre fraction peut prescrire la propriété de cette forêt dans laquelle elle ne jouit d'aucun droit d'usage, et, dans ce cas, la prescription profite à la commune entière, considérée comme être collectif. (Cass. 19 mars 1845.)

§ 3. *Possession.*

35. *Jouissance. Délivrance. Preuve.* — Les procès-verbaux de délivrance et de défensabilité peuvent être remplacés par des équipollents, sans qu'il existe un commencement de preuve par écrit, et par la preuve testimoniale des faits de possession. (Cass. 8 décembre 1845. Cass. 25 novembre 1851.)

36. *Ordre religieux. Bien du clergé.* — L'ordonnance de 1669 n'ayant révoqué les droits de chauffage et de maronage que dans les bois du roi, et non dans ceux des communautés religieuses, c'est avec raison qu'une commune a été maintenue en possession de ses droits dans une forêt qui, bien que réunie au domaine de l'Etat par la loi des 2 et 4 novembre 1789, appartenait, en 1669, à un ordre religieux. (Cass. 19 juillet 1858.)

37. *Possession. Preuve.* — La commune qui prétend avoir conservé son droit d'usage dans une forêt de l'Etat est tenue de justifier de sa possession non prescrite ; l'Etat n'est pas obligé de prouver le fait négatif de la non-

possession de la commune. (Paris, 2 décembre 1845.)

38. *Etendue du droit. Forêts communales et particulières.* — La preuve testimoniale des faits de possession, pour prescrire l'accroissement d'une servitude d'usage au delà du titre, est admissible : jouir au delà du titre, ce n'est pas prescrire contre son titre. (Cass. 29 janvier 1832.)

39. *Prescription. Preuve.* — L'usager muni d'un titre, mais alors qu'il n'est plus en possession, doit prouver que son usage n'est pas prescrit, parce que, pour le propriétaire du fonds, lorsque le titre remonte à plus de trente ans, il y a présomption de libération du fonds, puisque l'usager n'exerce plus pour le moment. D'autre part, le propriétaire du fonds, alléguant la prescription pour se libérer, n'a rien à prouver ; tandis que l'usager, demandant à exercer son droit, doit prouver qu'il est valable. (Cass. 11 juin 1834.)

SECT. III. — TITRES.

40. *Titre. Usager.* — Ne seront admis à exercer un droit d'usage quelconque dans les bois de l'Etat que ceux dont les droits auront été, au jour de la promulgation du code forestier, reconnus fondés, soit par des actes du gouvernement, soit par des jugements ou arrêts définitifs, ou seront reconnus tels par suite d'instances administratives ou judiciaires actuellement engagées ou qui seraient intentées devant les tribunaux dans le délai de deux ans, à dater du jour de la promulgation du code forestier, par des usagers actuellement en jouissance. (Cod. For. 61.)

Les questions relatives à ces revendications de droit d'usage sont de la compétence des tribunaux civils. (Cons. d'Etat, 10 février 1830.) V. Acte du Gouvernement.

41. *Bois communaux. Titre.* — Les dispositions de l'article 61 du code forestier prescrivant aux usagers de faire connaître leurs droits d'usage dans les bois domaniaux, dans un délai de deux ans, à partir de la promulgation du code forestier, ne sont pas applicables aux bois des communes et des établissements publics. (Cod. For. 112.)

42. *Titres récognitifs.* — Les usagers ne jouissent plus en vertu de leurs titres primordiaux, mais seulement d'après les titres récognitifs, dont ils ont dû être pourvus, suivant l'ordonnance de 1669 et autres lois postérieures.

43. *Décisions administratives.* — Les décisions administratives rendues par suite de l'examen et de l'interprétation des titres ne peuvent conférer aucun droit de propriété aux usagers.

44. *Titre. Perte.* — La perte d'un titre, par suite d'un événement de force majeure, n'entraîne par la perte de l'usage, alors surtout que les délivrances ont continué depuis la perte du titre. (Cass. 23 mai 1832.)

45. *Usage. Déclaration. Terrier. Jouissance.* — La déclaration faite par les habitants d'une communauté de leurs biens et droits, pour la confection du terrier du domaine du roi, dans laquelle figurent, avec les redevances dont sont grevés les habitants, des droits de pâturage, bois mort et mort-bois dans une forêt domaniale, peut, lorsqu'elle a été reçue par le commissaire du terrier et qu'elle a été inscrite au terrier du domaine du roi, être considérée comme constituant un titre au profit des habitants, quant aux droits énumérés, alors surtout qu'à cette déclaration vient se joindre une possession immémoriale et conforme. (Cass. 28 novembre 1869.)

46. *Titre. Jouissance. Bois domaniaux.* — L'exécution contraire à un titre, faite pendant longues années par les agents forestiers, ne peut prévaloir contre la clause formelle du titre. (Metz, 27 juin 1844.)

47. *Jouissance. Preuve testimoniale.* — Les tribunaux peuvent recourir à la preuve testimoniale, pour faire constater les limites dans lesquelles doivent s'exercer des droits d'usage forestier, quel que soit le caractère légal de ces droits, lorsque leur existence est reconnue et constatée par des titres formels et que le litige porte uniquement sur l'étendue et le mode d'exercice de ces droits. (Cass. 11 mai 1880.)

48. *Sommier.* — Il sera établi dans chaque conservation un sommier des droits d'usage, sur lequel seront inscrites, avec différents renseignements, toutes les forêts domaniales grevées de droits d'usage. (Circ. A 205. Circ. A 672.)

SECT. IV. — JOUISSANCE.

§ 1. *Possibilité. Étendue.*

49. *Limites. Réduction.* — Dans toutes les forêts de l'Etat qui ne seront point affranchies au moyen du cantonnement ou de l'indemnité, conformément aux articles 63 et 64 du code forestier, l'exercice des droits d'usage pourra toujours être réduit par l'administration, suivant l'état et la possibilité des forêts, et n'aura lieu que conformément aux dispositions du code forestier. (Cod. For. 65.)

Cet article, applicable aux bois communaux et d'établissements publics (Cod. For. 112), n'est pas applicable aux bois particuliers. (Cod. For. 120.) V. Possibilité.

50. *Jouissance. Bois particulier.* — Bien que la loi soit muette sur la question de la réduction des droits d'usage en bois, suivant l'état et la possibilité des forêts, il n'en est pas moins certain que ces conditions étant nécessaires à l'entretien de la forêt, l'usager

ne peut exiger la destruction du fonds grevé pour satisfaire son droit et ses besoins; l'usage n'est qu'une participation aux productions du sol forestier, et son caractère de perpétuité implique forcément la conservation du fonds servant, dont la destruction, faisant disparaître l'usage, prouverait d'une façon irréfutable sa mauvaise application.

51. *Réduction. Bois particulier.* — L'article 65 du code forestier n'étant pas applicable aux bois particuliers, il s'ensuit que la réduction des droits d'usage suivant l'état et la possibilité ne semble pas possible; cette condition, étant cependant inhérente à la conservation de la forêt et de l'usage, doit y être appliquée.

52. *Evaluation. Titres. Epoques. Bois particuliers.* — Les droits d'usage ne doivent être évalués que d'après leur jouissance légale et réelle, et non pas d'après les titres, surtout s'ils étaient en contradiction avec les prescriptions de la loi; toutefois, si les titres étaient postérieurs au décret du 18 brumaire an XIV, on devrait alors suivre l'usage d'après le titre.

53. *Droit. Etendue.* — Le jugement qui reconnaît l'existence d'un droit d'usage n'a pas l'autorité de la chose jugée, quant à l'étendue de ce droit. (Toulouse, 2 mai 1866.)

54. *Construction. Perpétuité.* — Le droit au bois de construction accordé à des usagers *à perpétuité, pour leurs bâtiments*, s'applique non seulement aux bâtiments existant au moment de la concession, mais encore à ceux construits depuis cette époque. Ce droit s'exerce lors même que l'usager a cessé d'habiter la commune. (Lyon, 29 mai 1877.)

55. *Evaluation. Condition.* — L'évaluation d'un droit d'usage doit se faire dans la supposition d'une forêt bien aménagée. (Colmar, 26 novembre 1819.)

56. *Concession. Loi. Pays.* — L'étendue d'un droit d'usage forestier, concédé dans un pays avant sa réunion à la France, doit être déterminée d'après la loi de ce pays et non d'après la loi française en vigueur à l'époque de la concession. (Cass. 30 décembre 1844.)

57. *Concession. Habitants.* — La concession d'un droit d'usage accordée à tous les habitants *présents* et *à venir* profite à la commune et à tous les nouveaux habitants, après l'abolition des redevances féodales. (Cass. 23 mars 1848.)

58. *Bois divers. Objets fabriqués pour la vente.* — Un titre qui concède aux usagers *la faculté de couper et de prendre du bois de haute futaie, pour fabriquer et user tant pour leurs bâtiments qu'autrement*, implique le droit d'exploiter des bois pour la fabrication d'objets destinés à être vendus. (Grenoble, 22 juillet 1872.)

59. *Concession. Commune.* — La concession faite aux habitants d'une commune, pour leur successeur *à toujours*, peut être considérée comme profitable aux habitants des maisons construites postérieurement au 4 août 1789. (Cass. 19 juillet 1858.)

60. *Chauffage. Concession ut universi.* — Un droit de chauffage accordé anciennement et moyennant une redevance à certains individus, pour servir à leur chauffage et à la charge de bâtir un village, peut être réputé concédé à tous les habitants du village *ut universi*. (Cass. 10 mars 1835.)

61. *Droit de chauffage. Espèce de bois. Bois vifs.* — Le droit de chauffage concédé en termes généraux et sans désigner aucune espèce de bois, sur laquelle l'usager pourra prendre son approvisionnement plutôt que sur d'autres, est censé embrasser tous les bois destinés au chauffage et peut, dès lors, s'exercer sur les bois vifs en taillis, qui sont, ainsi que les bois morts et les morts-bois, des bois de chauffage, à moins que les actes de jouissance et de possession n'interprètent et fixent le mode de jouissance de ce droit. (Montpellier, 19 décembre 1871. Cass. 27 janvier 1873.)

62. *Concession. Habitants.* — La concession ou reconnaissance de droits d'usage en faveur du seigneur, de ses successeurs et *des sieurs A......, du village de N......*, profite à la commune et à tous les habitants à venir, sauf la possibilité de la forêt. (Colmar, 12 mai 1832.)

63. *Droit. Nombre. Chef de famille.* — Les droits d'usage concédés à un nombre d'individus limité ne peut s'étendre à tous leurs descendants; il ne doit être maintenu qu'au profit d'un nombre égal de chefs de famille. (Bourges, 3 juillet 1828.)

64. *Commune. Edifices publics.*— Les droits d'usage concédés aux habitants d'une commune et moyennant une redevance par tête ne peuvent pas être réclamés par la commune, pour ses édifices publics. (Colmar, 12 juillet 1839.)

§ 2. *Exercice. Jouissance.*

65. *Jouissance. Condition.* — L'usage doit être exercé en bon père de famille par celui qui est appelé à en jouir. (Cod. Civ. 627.)

66. *Arrérage. Instance.* — La règle que les droits d'usage ne s'arréragent pas et que la délivrance doit en être demandée chaque année, à peine de déchéance, reçoit exception lorsque la demande en délivrance est tenue en suspens par une instance sur l'existence ou l'étendue du droit. Dans ce cas, l'usager doit obtenir les arrérages échus pendant la durée de l'instance. (Paris, 29 janv. 1879.)

67. *Instruction.* — Les agents forestiers et les directeurs des domaines doivent être

entendus sur les demandes en jouissance des droits d'usage. (Lettre Min. 22 octobre 1823.)

68. *Exercice. Produits.* — Les conservateurs doivent veiller à l'application et à la vérification des titres des usagers, et empêcher que l'exercice de l'usage n'absorbe jamais le produit intégral de la forêt. (Circ. A 292.)

69. *Titre. Exercice. Droit.* — Les agents forestiers ne doivent permettre l'exercice d'aucun droit d'usage, sans connaître le titre de l'usager. (Instr. 23 mars 1821.)

70. *Exercice. Limite.* — En général, on doit borner l'exercice de l'usage aux maisons usagères à l'époque de la concession et au nombre de bestiaux désignés dans le titre primitif, si des titres postérieurs n'ont pas étendu cette faculté. (Circ. 27 septembre 1803.)

71. *Habitation. Construction. Chauffage. Jouissance.* — Le droit au bois de construction est exercé par un usager, quand même il n'habite pas la commune où la concession a été faite. Le droit au bois de chauffage ne peut être exercé que sur les lieux, ou dans le voisinage immédiat des lieux où il a été concédé. L'usager au bois de chauffage perd son droit lorsqu'il transporte son domicile dans une commune éloignée. (Lyon, 29 mai 1877.)

72. *Aménagements. Produits.* — En cas de changement dans l'aménagement d'une forêt, le propriétaire doit toujours fournir à l'usager la délivrance à laquelle il a droit ; si la forêt ne fournit plus ni l'essence, ni le produit dû à l'usager, le propriétaire lui doit une délivrance proportionnelle en d'autres produits. (Cass. 7 mars 1842.)

73. *Exercice. Loi.* — Le code forestier n'a dérogé aux droits des usagers, qu'en ce qui concerne le mode de leur exercice. (Cass. 11 juin 1841.)

74. *Délivrance.* — Tout droit d'usage qui n'est pas susceptible de délivrance ne peut être exercé. Sa suppression ne donne lieu à aucune indemnité. (Colmar, 11 juillet 1833.)

75. *Délivrance. Demande.* — Les délivrances usagères sont quérables.

76. *Fonds servant. Partage.* — En cas de partage d'une forêt grevée de droits d'usage, les propriétaires des divers lots dont elle se compose sont tenus, à peine de dommages-intérêts, de s'entendre entre eux : 1° pour régler l'âge des délivrances et celui des coupes, de manière à ce que les droits des usagers s'exercent simultanément dans toutes les parties d'un même canton ; 2° pour la désignation d'un mandataire à qui, chaque année, l'état des bestiaux à envoyer au pâturage sera remis et les redevances payées. (Rouen, 11 juillet 1861.)

77. *Disposition.* — L'exercice des droits d'usage, tels qu'extraction de bruyères, est régi par les dispositions de l'article 144 du code forestier et ne peut avoir lieu sans l'autorisation préalable du propriétaire. (Bourges, 24 février 1853.)

78. *Législation. Bois particulier.* — Toutes les dispositions contenues dans les articles 64, 66 § 1, 70, 72, 73, 75, 76, 78 §§ 1 et 2, 79, 80, 83 et 85 du code forestier sont applicables à l'exercice des droits d'usage dans les bois des particuliers, lesquels y exercent les mêmes droits et la même surveillance que les agents du gouvernement dans les forêts soumises au régime forestier. (Cod. For. 120.)

79. *Bois particulier. Exercice individuel.* — L'article 81 du code forestier, qui prohibe l'exercice individuel des droits d'usage, n'est pas rappelé dans l'article 120, et, dès lors, un droit d'usage peut être exercé individuellement dans les bois particuliers. (Cass. 26 janvier 1864.)

80. *Dénombrement. Défensabilité.* — Les énonciations (droits de pâturage, parcours, panage et glandée) de l'article 119 du code forestier ne sont pas limitatives, mais énonciatives. Cet article s'applique à toutes les servitudes d'usage, autres que l'usage en bois. (Chambre des Pairs, séance du 19 mai 1827.)

81. *Mode. Exercice.* — Le *mode d'exercice* des droits d'usage acquis antérieurement au code forestier est soumis aux dispositions et prescriptions de ce mode, et on ne peut s'y opposer par titre, possession contraire ou prescription. (Cass. 25 mars 1837 et 31 décembre 1838.)

82. *Algérie. Tribus usagères. Jouissance.* — Aussi longtemps qu'un règlement d'administration publique n'est pas intervenu, pour déterminer le mode d'exercice des droits d'usage dans les forêts de l'Etat en Algérie, ces droits continuent d'appartenir aux indigènes, comme avant l'occupation française. Ces droits d'usage peuvent aller même au delà de leurs besoins personnels et jusqu'à leur permettre de couper des bois à leur gré, à l'effet de les vendre à des tiers. (Cass. 29 décembre 1870.)

Mais, lorsqu'une forêt a été placée sous le régime forestier, qu'elle a été mise en défens par un arrêté spécial notifié aux indigènes, les membres d'une tribu usagère sur cette forêt ne peuvent exercer leurs droits que conformément aux règles de police déterminées par le code forestier. (Cass. 25 janv. 1883.)

83. *Propriétaire. Jouissance. Produits.* — Il est contraire à la nature des droits d'usage que le propriétaire du fonds asservi soit exclu de toute participation aux produits usagers, alors même que ces produits, comme ceux d'une carrière, ne se renouvellent pas périodiquement et si, eu égard à la richesse

de la carrière, deux exploitations peuvent exister concurremment pendant plusieurs siècles. (Metz, 20 avril 1864.)

84. *Chauffage.* — Un droit de chauffage est divisible quant aux créanciers et indivisible quant aux débiteurs de la servitude. (Colmar, 13 mai 1843.)

85. *Chauffage. Délivrance.* — A défaut de disposition spéciale, l'article 105 du code forestier doit servir de base pour les délivrances en bois de feu. (Colmar, 22 janv. 1867.)

86. *Pâturage.* — Lorsqu'un propriétaire a concédé sur ses forêts un droit d'usage, sans stipuler à son profit aucune restriction, il est tenu de délivrer la quantité nécessaire aux besoins des usagers et il ne peut user de ce droit pour lui-même qu'autant que les forêts peuvent suffire à tous les besoins. (Nancy, 20 juillet 1843.)

§ 3. *Réduction. Restriction.*

87. *Réduction.* — Lorsqu'un droit d'usage, réglé suivant la possibilité de la forêt, ne suffit pas aux besoins des usagers, il doit être réduit suivant les usages locaux ; à défaut, l'usage en bois est réduit et partagé proportionnellement par feu, par famille ou par maison usagère, et l'usage en pâturage doit être réparti suivant l'étendue des cultures et des terres possédées par chaque habitant, ou par feu, d'après la décision du conseil municipal.

88. *Exploitation. Forêt grevée. Pâturage.* — Le propriétaire d'une forêt grevée d'un droit d'usage en pâturage peut exploiter et aménager sa forêt de la manière la plus avantageuse pour lui, sans cependant rendre le droit d'usage impraticable. Les usagers ne seraient fondés à réclamer des indemnités ou dommages-intérêts, que si le propriétaire agissait seulement en vue de rendre l'exercice du droit d'usage impossible et par caprice ou mauvais vouloir. (Cass. 10 mai 1843. Besançon, 15 juillet 1853.)

89. *Plantation des vides. Arrachis.* — L'usager ne peut arracher des plants mis en terre pour regarnir un vide, et, en cas d'arrachis des plants, il ne peut être renvoyé à fins civiles pour faire statuer sur le point de savoir si le propriétaire a le droit de planter. (Lyon, 25 juin 1872.)

90. *Exploitation abusive. Dommages-intérêts.* — Il est dû des dommages-intérêts aux usagers dont le propriétaire de la forêt grevée diminue l'émolument usager, par suite d'une exploitation abusive. (Cass. 21 juillet 1846.)

91. *Indemnité. Pâturage.* — Le fait, par le propriétaire d'une forêt grevée d'un droit d'usage en pâturage, d'en enclaver une partie dans un parc et de la soustraire ainsi à la servitude, donne droit à l'usager à une indemnité, à partir du jour où cette distraction a été effectuée. (Cass. 31 mars 1862.)

92. *Bois mort. Aménagement.* — L'usager au bois mort ne peut contraindre un propriétaire à modifier l'aménagement de sa forêt ; mais, lorsque le changement d'aménagement a pour effet de diminuer la production du bois mort, l'usager peut obtenir des dommages-intérêts. (Trib. d'Auxerre, 5 janvier 1875.)

93. *Défrichement. Changement.* — Le défrichement et la mise en culture d'un fonds soumis à une servitude de pacage, ayant pour résultat de rendre radicalement impossible l'exercice de la servitude, constituent une violation de l'article 701 du code civil, qui interdit au propriétaire du fonds débiteur tout changement de nature à porter atteinte à l'exercice du droit dont ce fonds est grevé. (Cass. 9 mai 1866.)

94. *Privation. Droit. Indemnité.* — Lorsque, par le fait du propriétaire, l'usager est privé de l'exercice de son droit (défrichement), ce dernier a la faculté de demander soit le cantonnement, soit une indemnité. (Cass. 2 août 1841.)

§ 4. *Concentration. Règlement-aménagement.*

95. *Algérie. Règlement-aménagement.* — En Algérie, le gouvernement pourra concentrer l'exercice des droits d'usage par voie de règlement-aménagement. (Loi du 9 décembre 1885, art. 1.)

§ 5. *Impôt. Frais. Charges. Redevances.*

96. *Impôt. Frais de gestion. Frais de garde.* — Lorsqu'un droit d'usage absorbe la majeure partie ou une partie très considérable des produits, l'usager doit payer l'impôt, ainsi que les frais de surveillance et de gestion, qui sont des charges des fruits. (Cass. 19 janvier 1847.) V. Contribution.

97. *Contribution foncière.* — Les droits d'usage dans une forêt, lorsqu'ils ont pour objet d'absorber une quantité considérable de bois, ne constituent pas une simple servitude, et les usagers doivent être tenus au payement de la contribution foncière, au prorata de leur jouissance, quand même le propriétaire n'aurait rien réclamé depuis plus de trente ans. (Toulouse, 18 novembre 1890.)

98. *Redevance.* — Les redevances pour droit d'usage sont considérées comme menus produits. (Arr. Min. 22 juin 1838. Circ. A 842.)

99. *Redevance. Prescription.* — La prescription d'une redevance non payée pendant trente ans affranchit l'usager de cette charge, sans modifier son droit d'usage. (Bourges, 6 avril 1846.)

100. *Renonciation.* — Une commune usagère dans les bois de l'Etat peut être admise

à renoncer à l'exercice de son droit, pour se dispenser d'acquitter la redevance établie à raison de ce droit. (Ord. 2 avril 1823.)

SECT. V. — LIBÉRATION.

§ 1. *Extinction en général.*

101. *Extinction.* — Le propriétaire ne peut invoquer en sa faveur d'autres modes d'extinction de l'usage que ceux prévus par la loi civile. (Cass. 7 mars 1842.)

102. *Extinction. Réunion.* — Le droit d'usage, dans les forêts domaniales, s'éteint par la réunion, même momentanée, de ce droit et de la forêt grevée au domaine de l'Etat. (Ord. 8 janvier 1836.)

103. *Libération.* — Les droits d'usage peuvent s'éteindre par la renonciation des ayants droit, par la prescription, par la confusion, par le cantonnement et le rachat. (Cod. Civ. 705 et 2262. Cod. For. 63 et 64.)

104. *Libération partielle. Réduction.* — Les dispositions de l'article 63 du code forestier ne font pas obstacle à ce que, en cas de cantonnement partiel, une portion des droits d'usage revienne au propriétaire de la forêt et que celui-ci les exerce, en déduisant de l'ensemble de redevances dues aux usagers la portion des produits revenant aux usagers cantonnés. (Cass. 22 mars 1876.)

§ 2. *Rachat. Cantonnement.*

105. *Affranchissement. Cantonnement.* — Le gouvernement, les communes, les établissements publics et les particuliers pourront affranchir leurs forêts de tout droit d'usage en bois, moyennant un cantonnement, qui sera réglé de gré à gré et, en cas de contestation, par les tribunaux.

L'action en affranchissement d'usage par voie de cantonnement n'appartiendra qu'au propriétaire et non aux usagers. (Cod. For. 63, 112 et 118.)

106. *Algérie. Droit d'usage. Cantonnement.* — Le gouvernement pourra affranchir les forêts de l'Etat, en Algérie, de tout droit d'usage, moyennant un cantonnement.

Dans le cantonnement des droits d'usage, en Algérie, les ressources propres aux usagers seront précomptées. Ce cantonnement sera réglé de gré à gré et, en cas de contestation, par les tribunaux. (Loi du 9 décembre 1885, art. 1.)

107. *Rachat.* — Tous les droits d'usage au pâturage, panage et glandée, etc., dans les forêts domaniales, communales et d'établissements publics, autres que l'usage en bois, ne pourront être convertis en cantonnement, mais ils pourront être rachetés moyennant des indemnités, qui seront réglées de gré à gré ou, en cas de contestation, par les tribunaux. (Cod. For. 64, 112, 120.)

108. *Algérie. Rachat. Indemnité. Terrain.* — Le gouvernement pourra affranchir les forêts de l'Etat, en Algérie, de tous droits d'usage, moyennant une indemnité en argent ou une attribution territoriale équivalente à cette indemnité, mais, en précomptant les ressources propres aux usagers. Les indemnités, soit en argent, soit en nature, seront réglées de gré à gré ou, en cas de contestation, par les tribunaux. (Loi du 9 décembre 1885, art. 1. Circ. N 357.)

109. *Rachat. Demande. Algérie.* — Comme pour le cantonnement, le rachat ne peut sans doute être demandé que par le propriétaire et non pas par l'usager.

110. *Algérie. Affranchissement.* — En Algérie, l'action en affranchissement d'usage n'appartiendra qu'au gouvernement et non aux usagers. (Loi du 9 décembre 1885. art. 1. Circ. N 357.)

111. *Algérie. Affranchissement. Propriétaire.* — En Algérie, tous les propriétaires jouiront de la même manière que l'Etat et sous les mêmes conditions de la faculté d'affranchir leurs forêts des droits d'usage. (Loi du 9 décembre 1885, art. 1. Circ. N 357.)

112. *Nécessité absolue.* — Le rachat ne pourra être requis par l'Etat, les communes et les établissements publics, dans les lieux où l'exercice du droit de pâturage est devenu d'une absolue nécessité pour les habitants d'une ou de plusieurs communes. Si cette nécessité est contestée par l'administration forestière, les parties se pourvoiront devant le conseil de préfecture, qui, après une enquête *de commodo et incommodo*, statuera, sauf le recours au conseil d'Etat. (Cod. For. 64, 112.)

113. *Pâturage. Rachat. Nécessité. Constatation.* — En Algérie, le rachat des droits de pâturage ne pourra être requis par l'administration, dans les lieux où son exercice est devenu d'une absolue nécessité pour les habitants d'une ou de plusieurs communes ou fractions de commune. Si cette nécessité est contestée par l'administration forestière, les parties se pourvoiront devant le conseil de préfecture, qui, après une enquête *de commodo et incommodo*, statuera, sauf recours au conseil d'Etat. (Loi du 9 décembre 1885, art. 1.)

114. *Nécessité absolue. Circonstances.* — Le pâturage n'est pas d'une absolue nécessité, quand son rachat aura pour effet de ne pas mettre les communes usagères dans une situation plus défavorable que les communes voisines non usagères, alors surtout que les territoires des communes usagères contiennent une notable étendue de terres en labours et en prairies, et quand bien même ces communes entretiendraient, grâce au droit d'usage, une proportion de bétail plus forte que les autres communes de la région. (Cons. d'Etat, 11 mai 1883.)

115. *Absolue nécessité. Pâturages communaux.* — Le droit de pâturage n'est pas d'une absolue nécessité, quand les communes usagères possèdent, en dehors des forêts grevées, des pâturages suffisants pour la nourriture des bestiaux des habitants. (Cod. For. 64, 120. Cons. d'Etat, 24 novembre 1882.)

116. *Prairie.* — Un droit d'usage en pâturage sur une prairie peut être *cantonné*, si la prairie ne fait pas partie intégrante de la forêt et si elle n'est pas soumise au régime forestier. (Rouen, 14 août 1845.)

117. *Vaine pâture.* — L'article 8 de la loi des 28 septembre-6 octobre 1791 ne permet le rachat du droit de vaine pâture, fondé en titre, que de particulier à particulier, mais, de commune à particulier, il n'autorise que le cantonnement. (Cass. 27 janvier 1829.)

118. *Libération.* — Le propriétaire d'un domaine grevé d'un droit d'usage ne peut se libérer de cette servitude que par le cantonnement ou le rachat; il ne peut en soustraire aucune partie au droit d'usage, sous prétexte que le surplus suffit aux besoins des usagers. (Cass. 4 février 1863.) V. Aménagement-règlement.

119. *Indivisibilité. Rachat partiel.* — Les droits d'usage étant indivisibles, lorsque deux forêts, autrefois réunies dans la même main, ont été grevées d'un droit de pâturage par le même acte de concession, sans restriction, ni réserve, le rachat de ce droit par le propriétaire de l'une desdites forêts n'autorise pas le propriétaire de l'autre forêt à demander à l'usager une réduction proportionnelle sur le droit de pâturage que cet usager a conservé dans la seconde forêt. (Orléans, 26 décembre 1866.)

120. *Pâturage. Cantonnement.* — Les droits de pâturage qui grèvent les bois des particuliers peuvent, du consentement de toutes les parties, être l'objet d'un cantonnement, au lieu d'un rachat en argent. (Toulouse, 2 juillet 1855.)

121. *Bois domaniaux. Pyrénées.* — Il a été dérogé, en ce qui touche les Pyrénées (édit du 11 avril 1672), aux dispositions de l'ordonnance de 1669, qui supprimait les droits d'usage en bois dans les forêts domaniales et les convertissait en un droit à une indemnité. (Pau, 11 août 1854.)

122. *Pierres.* — Un droit d'usage consistant dans l'extraction de pierres pour la fabrication de meules est rachetable à prix d'argent. (Evreux, 22 mars 1858.)

§ 3. *Expropriation.*

123. *Périmètres de restauration. Procès-verbal. Indications.* — Si le périmètre comprend des biens domaniaux grevés de servitudes quelconques, régulièrement reconnues au profit soit d'une ou de plusieurs communes, soit d'un ou de plusieurs particuliers, les agents forestiers le mentionnent expressément au procès-verbal de reconnaissance, en indiquant le détail précis et complet de ces droits et en s'expliquant sur la nécessité de leur rachat ou de leur expropriation au point de vue de l'exécution et de la conservation des travaux de restauration de montagne. (Instr. Gén. du 2 févr. 1885, art. 12. Circ. N 345.)

124. *Terrains domaniaux. Expropriation. Jugement. Offres. Notification.* — Si l'expropriation des droits d'usage grevant des biens domaniaux a été prononcée par le jugement d'expropriation, les agents forestiers font donner notification de ce jugement et des offres aux maires des communes ou sections de communes usagères, aux usagers à titre privé, ainsi qu'à tous ceux qui peuvent se prévaloir desdits droits.

Les originaux de ces exploits de notification sont transmis sans retard au secrétariat de la préfecture, pour être joints, s'il y a lieu, aux déclarations qui pourront être produites par les intéressés, en exécution de l'article 21 de la loi du 3 mai 1841. (Instr. Gén. du 2 février 1885, art. 61. Circ. N 345.)

§ 4. *Prescription.*

125. *Prescription. Extinction. Durée.*— Les droits d'usage sont des servitudes et, comme tels, ils peuvent être éteints par le non-usage pendant trente ans. Les prescriptions de dix à vingt ans sont inapplicables à ces servitudes. (Cod. Civ. 706. Cass. 20 décembre 1836. Cass. 11 novembre 1853.)

126. *Non-usage. Abandon.* — L'usage en bois de construction pour réparation de maisons peut être déclaré prescrit, dans le cas où l'usager n'a pas fait d'acte possessoire ou conservatoire (délivrance ou renouvellement de titre), pendant les trente dernières années. (Cass. 11 juillet 1838.)

127. *Jouissance. Cas spécial.* — Un droit qui ne s'exerce que dans un certain cas déterminé (incendie, par exemple) ne peut pas se prescrire, tant que la condition fixée n'est pas accomplie. (Cod. Civ. 2257.)

128. *Bois de clôture. Délivrance.* — La prescription ne peut être opposée à l'usager au bois de clôture, lorsque des délivrances de bois, autres que ceux de construction, ont eu lieu en même temps que la délivrance de l'affouage et sans affectation à un usage spécial. (Lyon, 29 mai 1877.)

129. *Prescription.* — Un droit d'usage appartenant à plusieurs est conservé contre la prescription, au profit de tous les usagers, par l'usage ou la possession de ce droit de la part de l'un, ou de quelques-uns d'entre eux. (Cass. 29 juillet 1863.)

130. *Prescription. Indivisibilité.* — Un droit d'usage peut s'éteindre en partie par pres-

cription, lorsqu'il n'y a pas indivisibilité nécessaire dans l'exercice de ses éléments, alors même que ces divers éléments seraient dénommés sous un titre unique et collectif. (Cod. Civ. 2263. Cass. 2 décembre 1857.)

131. *Extinction. Prescription.* — Lorsqu'une forêt est grevée de droits d'usage au profit de plusieurs et qu'un usager a laissé éteindre son droit par prescription, c'est le propriétaire qui bénéficie de l'extinction, à moins que les titres des usagers restés en possession soient les plus anciens et prouvent que, dès le début, ils avaient l'universalité des droits; auquel cas, l'extinction des droits d'un des co-usagers profite aux autres. (Cass. 17 décembre 1835.)

132. *Usagers. Prescriptions. Contributions.* — L'inscription au rôle de la contribution foncière et le paiement de la moitié de la contribution d'une forêt par les usagers, à raison de leurs droits d'usage, suffisent pour écarter la prescription opposée par le propriétaire. (Cass. 21 janvier 1835.)

133. *Jouissance. Délivrance. Prescription.* — Les faits de jouissance des droits d'usage peuvent, lorsqu'ils ont eu lieu, *animo domini*, publiquement et sans trouble, au vu et au su du propriétaire ou de ses représentants, suppléer aux procès-verbaux de défensabilité et de délivrance et sont, par suite, interruptifs de la prescription extinctive de ces droits. (Cass. 21 mai 1856.)

134. *Prescription. Jouissance. Preuve.* — L'exercice de l'usage dans une forêt résulte suffisamment, à l'effet d'interrompre la prescription extinctive de ce droit, d'actes de possession et de jouissance accomplis au vu et au su des propriétaires de cette forêt, sans opposition de leur part et même avec leur assentiment. Il n'est pas nécessaire que les usagers produisent des procès-verbaux de défensabilité; il n'est pas besoin non plus d'un commencement de preuve par écrit de ces actes de possession. (Cass. 8 juillet 1857.)

135. *Exercice. Interruption.* — L'exercice d'un droit d'usage forestier n'est interruptif de la prescription qu'autant qu'il résulte de faits de possession impliquant, de la part du propriétaire de la forêt, à défaut de procès-verbaux de délivrance, un consentement tacite équivalant à ces actes; il en est autrement, lorsque de nombreuses condamnations obtenues par le propriétaire, dans la période indiquée, attestent que le propriétaire s'est opposé à l'exercice de tout droit d'usage. (Cass. 25 novembre 1867.)

136. *Prescription. Preuve.* — L'usager porteur d'un titre peut établir par la preuve testimoniale que son titre n'est pas prescrit. (Cass. 23 mars 1842.)

137. *Droit d'usage. Interversion. Prescription.* — Lorsqu'une commune usagère demande à prouver qu'elle a prescrit la propriété des terrains sur lesquels elle exerçait des droits d'usage, cette demande peut être admissible, si le titre a été interverti et si, depuis lors, elle allègue une possession continue pendant trente ans, *animo domini*.

SECT. VI. — INSTANCE. COMPÉTENCE. CONTESTATION.

138. *Droit acquis antérieur au code.* — Les droits acquis antérieurement au code forestier sont jugés, en cas de contestation, d'après les lois, arrêts et règlements en vigueur à l'époque de l'acquisition des droits. (Cod. For. 218.)

139. *Preuve.* — La preuve de l'existence d'un droit d'usage ne peut être faite par témoin, à défaut de titre ou en présence même de titres non concluants. (Cass. 2 avril 1855.)

140. *Tribunal. Compétence.* — Les questions relatives aux réclamations de droits d'usage, dans les forêts domaniales, sont de la compétence de l'autorité judiciaire. (Ord. 9 mars 1836.)

141. *Possibilité. Contestation.* — En cas de contestation sur la possibilité et l'état des forêts soumises au régime forestier, il y aura lieu à recours au conseil de préfecture. (Cod. For. 65.)

142. *Compétence. Bois particulier.* — En cas de contestation entre le propriétaire de bois particulier et l'usager, il sera statué par les tribunaux. (Cod. For. 121.)

143. *Titre. Juridiction. Tribunal. Situation.* — L'instance par les usagers, tendant à faire reconnaître leur titre, doit être portée devant le tribunal de la situation de la forêt et non pas devant celui du domicile du propriétaire ou du préfet. (Cass. 29 avril 1833.)

144. *Tribunal civil.* — Les tribunaux civils sont seuls compétents pour estimer et évaluer l'étendue des droits d'usage. (Cass. 25 février 1835. Cons. d'Etat, 17 février 1843.)

145. *Possession. Juridiction.* — Les actions en maintien en possession d'usage doivent être portées devant le tribunal de la situation de la forêt. (Cass. 29 avril 1833.)

146. *Possibilité.* — C'est aux tribunaux civils et non aux conseils de préfecture qu'il appartient de décider si, lorsque les droits d'usage absorbent toute la possibilité de la forêt, l'Etat doit retenir une partie des produits, pour se couvrir des frais d'administration. (Cons. d'Etat, 18 juillet 1844.)

147. *Possibilité.* — La question de savoir si un droit d'usage est ou non subordonné à la possibilité d'une forêt est du ressort des tribunaux ordinaires, si elle ne peut être résolue que par l'application des lois et des titres. (Cons. d'Etat, 25 septembre 1834, 15 août 1839.)

148. *Pâturage. Nécessité pour la commune. Compétence. Bois particulier.* — L'autorité administrative (conseil de préfecture) est seule compétente sur la question de savoir si un droit de pâturage, exercé par une commune dans un bois particulier et que le propriétaire veut racheter, est d'absolue nécessité pour la commune. (Cons. d'Etat, 5 décembre 1842.)

149. *Droit indivisible. Instance. Représentation.* — Le droit prétendu de mener paître du bétail sur un terrain commun à plusieurs personnes, étant de sa nature indivisible, peut être contesté en totalité par l'un seulement des propriétaires, lequel est censé représenter dans l'instance tous ses co-intéressés. (Cass. 6 février 1872.)

DUNE.

1. *Plantation.* — Il sera pris des mesures pour continuer de fixer et planter en bois les dunes des côtes de la Gascogne, en commençant par celles de la Teste, d'après les plans présentés par le citoyen Brémontier, ingénieur, et le préfet du département de la Gironde. (Arrêté du 13 messidor an IX, art. 1.)

2. *Plantation. Travaux.* — Les travaux de fixation et d'ensemencement des dunes, dans les départements de la Gironde et des Landes, seront repris. (Ord. 5 février 1817, art. 1. Décr. du 29 avril 1862.)

3. *Plantation.* — Dans les départements maritimes, il sera pris des mesures pour l'ensemencement, la plantation et la culture des végétaux reconnus les plus favorables à la fixation des dunes. (Décr. du 14 décembre 1810, art. 1.)

NOTA. — Le décret du 14 décembre 1810 a été promulgué le 27 novembre 1847.

4. *Attribution. Service.* — Les travaux de fixation, d'entretien, de conservation et d'exploitation des dunes sur le littoral maritime sont placés dans les attributions du ministre secrétaire d'Etat des finances et confiés à l'administration des forêts, à partir du 1er juillet 1862. (Décr. du 29 avril 1862.)

5. *Préposés. Indemnité annuelle.* — Il est alloué les indemnités annuelles suivantes pour le service des dunes :

Gardes non logés............... 200 fr.
Gardes logés en maison forestière 100 fr.
(Décis. Min. 18 décembre 1865.)

6. *Commission. Bordeaux.* — Pour les travaux des dunes, il sera établi une commission composée de l'ingénieur en chef du département, qui la présidera, d'un administrateur forestier et de trois membres pris dans la société des sciences, arts et belles-lettres de Bordeaux, section de l'agriculture, lesquels seront nommés par le préfet et sur la présentation de la société.

Ladite commission dirigera et surveillera l'exécution des travaux, ainsi que l'emploi des fonds qui y seront affectés, le tout sous l'autorité et sauf l'approbation du préfet. (Arr. 13 messidor an IX, art. 2.)

7. *Commission. Landes.* — Il sera établi dans le département des Landes une commission pour la plantation des dunes.

Cette commission sera organisée de la même manière que celle qui a été établie à Bordeaux, en exécution du décret du 13 messidor an IX. (Décr. du 12 juillet 1808, art. 22.)

8. *Plan.* — Pour les travaux des dunes, les préfets de tous les départements dans lesquels se trouvent des dunes feront dresser, dans leurs départements respectifs, par les agents forestiers, un plan des dunes qui sont susceptibles d'être fixées par des plantations appropriées à leur nature ; ils feront distinguer, sur ce plan, les dunes qui appartiennent au domaine, celles qui appartiennent aux communes et celles enfin qui sont la propriété des particuliers. (Décr. du 14 décembre 1810, art. 2. Décr. du 29 avril 1862, art. 2.)

9. *Projet. Plantation. Mémoire.* — Chaque préfet rédigera ou fera rédiger, à l'appui des plans des dunes à boiser, un mémoire sur la manière la plus avantageuse de procéder, suivant les localités, à l'ensemencement et à la plantation des dunes ; il joindra à ce rapport un projet de règlement, lequel contiendra les mesures d'administration publique les plus appropriées à son département et qui pourront être utilement employées pour arriver au but désiré. (Décr. du 14 décembre 1810, art. 3.)

10. *Travaux. Règlement.* — Les plans, mémoires et projets de règlements, levés et rédigés, en exécution de l'article 3 du décret du 14 décembre 1810, pour le boisement des dunes, seront envoyés par les préfets au ministre des finances, lequel pourra, sur le rapport du directeur général des

forêts, ordonner la plantation, si les dunes ne renferment aucune propriété privée, et, dans le cas contraire, en fera son rapport, pour être, par le chef de l'État, statué en conseil d'État, dans la forme adoptée pour les règlements d'administration publique. (Décr. du 14 décembre 1810, art. 4. Décr. du 29 avril 1862.)

11. *Travaux. Proposition.* — Les travaux neufs relatifs à la fixation des dunes, à exécuter dans le courant de l'exercice suivant, doivent être adressés à l'administration, avant le 1er septembre de chaque année. (Circ. N 22, art. 43.)

12. *Projet. Renseignements.* — Les projets des travaux doivent indiquer : 1° l'étendue, la nature et la situation du terrain : 2° les modes à employer pour la préparation des terrains, ainsi que pour le semis et la plantation ; 3° les quantités, par espèce, de semences à employer et de tiges à planter : 4° la dépense afférente à chaque opération.

Pour le choix des essences, on doit avoir égard à la nature du sol, aux conditions des aménagements et aux besoins de la consommation. (Circ. N 22, art. 45 et 46.)

13. *Projets. Discussion.* — Les mesures prescrites par l'article 1er de l'arrêté du 13 messidor an IX, pour la fixation et la plantation des dunes des côtes de la Gascogne, seront, en ce qui concerne les clayonnages et autres ouvrages d'art qu'elles exigeront, délibérées sur les plans du citoyen Brémontier, ingénieur en chef, et approuvées par le préfet du département de la Gironde, et, en ce qui aura rapport aux semis et plantations, ces mesures seront concertées avec l'administration des forêts. (Arrêté du 3me jour complémentaire an IX, art. 1.)

14. *Dépenses. Crédits.* — Les dépenses pour les clayonnages et autres ouvrages d'art seront faites sur les fonds du département de l'intérieur, et celles pour les plantations et traitements des agents forestiers, sur les fonds affectés aux forêts. (Arr. du 3e jour complémentaire an IX, art. 2.)

15. *Budget des Landes et de la Gironde.* — Les fonds nécessaires pour les travaux des dunes seront imputés sur le budget des forêts ; le crédit annuel ne pourra être au-dessous de 90,000 francs pour les deux départements des Landes et de la Gironde. (Ord. 5 février 1817, art. 2.)

16. *Exécution. Comptabilité.* — Les travaux seront exécutés, les dépenses faites et les comptes rendus d'après le mode adopté pour le service des forêts. (Ord. 5 février 1817, art. 3.)

17. *Surveillance.* — A mesure que les semis atteindront un âge qui sera ultérieurement fixé, ils cesseront d'être confiés à la direction des ponts et chaussées, qui en fera la remise à l'administration des forêts. (Ord. 5 février 1817, art. 4.)

18. *Graines. Plants. Branches.* — L'administration des forêts fournira gratuitement les graines, les jeunes arbres et branchages provenant des forêts qu'elle administre, qui seront nécessaires pour la fixation et l'ensemencement des dunes. (Ord. 5 février 1817, art. 5.)

19. *Tournées. Ingénieurs.* — Les ingénieurs des ponts et chaussées sont autorisés à requérir l'assistance des agents et gardes forestiers, dans les tournées qu'ils auront à faire sur toute l'étendue des dunes. (Ord. 5 février 1817, art. 6.)

20. *Propriétés particulières. Travaux. Jouissance. Revenu. Dépense. Recouvrement.* — Dans les cas où les dunes seraient la propriété de particuliers ou de communes, les plans de boisement devront être publiés et affichés dans les formes prescrites par la loi sur l'expropriation pour cause d'utilité publique ; et, si lesdits particuliers ou communes se trouvaient hors d'état d'exécuter les travaux commandés, ou s'y refusaient, l'administration publique pourra être autorisée à pourvoir à la plantation à ses frais : alors elle conservera la jouissance des dunes et recueillera les fruits des coupes qui pourront y être faites, jusqu'à l'entier recouvrement des dépenses qu'elle aura été dans le cas de faire et des intérêts ; après quoi, lesdites dunes retourneront aux propriétaires, à charge d'entretenir convenablement les plantations. (Décr. 14 décembre 1810, art. 5.)

21. *Coupes. Plants. Autorisation.* — A l'avenir, aucune coupe de plants d'oyats, roseaux de sable, épines maritimes, pins, sapins, mélèzes et autres plantes arénenses conservatrices des dunes, ne pourra être faite que d'après une autorisation spéciale de l'administration des forêts et sur l'avis du préfet. (Décr. 14 décembre 1810, art. 6. Décr. 29 avril 1862. Circ. N 43, art. 115.)

22. *Conservateur. Tournée.* — Les conservateurs examinent, dans leurs tournées, les résultats obtenus par le repeuplement des dunes. (Circ. N 18, art. 11.)

23. *Conservation. Travaux.* — Il sera ultérieurement statué sur les mesures spéciales à prendre, pour prévenir et réprimer les délits qui tendraient à détruire ou à détériorer les travaux d'ensemencement des dunes. (Ord. 5 février 1817, art. 7.)

24. *Régime forestier.* — Bien que les dunes plantées en bois, aux frais de l'État, en exécution de l'article 5 du décret du 14 décembre 1810, ne cessent pas d'appartenir aux propriétaires du sol, elles se trouvent soumises au régime forestier, à raison du droit de jouissance exclusive dont elles sont grevées par ce décret au profit de l'État. (Cass. 2 août 1867.) V. Revendication.

25. *Surveillance. Préposés. Délits. Poursuites.* — Il pourra être établi des gardes pour la conservation des plantations existant actuellement sur les dunes ou qui y seraient faites à l'avenir; leur nomination, leur nombre, leurs fonctions, leur traitement, leur uniforme seront réglés d'après le mode usité pour les gardes des bois communaux.

Les délits seront poursuivis devant les tribunaux et punis conformément aux dispositions du code pénal. (Décr. 14 décembre 1810, art. 7. Cass. 2 août 1867.)

26. *Répression. Pâturage. Code forestier.* — L'article 7 du décret du 14 décembre 1810, qui renvoyait au code pénal pour la répression des délits commis sur les dunes boisées, a été abrogé, sur ce point, par l'article 218 du code forestier. En conséquence, les délits de pâturage commis sur ces dunes donnent lieu à l'application des peines édictées par les articles 199 et 202 du code forestier. (Cass. 2 août 1867.)

27. *Poursuites.* — L'administration forestière a qualité pour exercer l'action en réparation des délits et contraventions qui peuvent être commis sur les dunes reboisées, même par le propriétaire du sol. (Cod. For. 1, § 6, 159. Cass. 2 août 1867.)

28. *Dune artificielle. Dégradations. Poursuites. Répression.* — Des plantations exécutées par l'administration sur une dune artificielle, pour protéger un phare contre l'envahissement des sables, constituent, comme le phare lui-même, un ouvrage à la mer.

En conséquence, le conseil de préfecture est compétent pour connaître d'un procès-verbal de contravention dressé contre un particulier, pour avoir dégradé ces plantations.

Mais aucune disposition de loi ou de règlement n'établissant d'amende pour la répression des contraventions de cette nature, le contrevenant ne peut être condamné qu'à des dommages-intérêts et aux frais. (Cons. d'Etat, 22 juin 1883.)

29. *Travaux. Surveillance. Règlement.* — Un règlement du directeur général des ponts et chaussées, approuvé par le ministre secrétaire d'Etat des finances, déterminera la marche des travaux, leur portée et leur surveillance. (Ord. 5 février 1817, art. 8.)

Il a été satisfait à ces prescriptions par un règlement approuvé par le ministre de l'intérieur, le 7 octobre 1817. V. Semis. Plantation. Exemption d'impôt.

30. *Exécution.* — Il n'est rien innové, par le présent décret, à ce qui se pratique pour les plantations qui s'exécutent sur les dunes du département des Landes et du département de la Gironde. (Décr. du 14 décembre 1810, art. 8.)

31. *Législation.* — Les arrêtés des 2 juillet et 20 septembre 1801 sont abrogés, ainsi que toutes autres dispositions contraires à l'ordonnance du 5 février 1817.

32. *Produit.* — Les prix des baux des parcelles de dunes non ensemencées (boisées) doivent être rattachés aux produits accessoires des forêts et classés sous le titre de *Recettes diverses et imprévues.* (Circ. Comptabilité publique, 27 mars 1865.)

33. *Communes. Revendication.* — Les communes sont fondées à revendiquer la propriété des dunes situées sur leur territoire, à la condition d'établir qu'elles les ont réclamées dans les délais fixés par l'article 9 de la loi du 28 août 1792, ou qu'elles en avaient la possession antérieurement à cette loi, alors même que l'Etat aurait manifesté, dans quelques actes administratifs, la prétention d'être considéré comme propriétaire de ces dunes. (Bordeaux, 25 juillet 1870.)

E

EAUX.

1. *Ecoulement.* — Les fonds inférieurs sont assujettis, envers ceux plus élevés, à recevoir les eaux qui en découlent naturellement, sans que la main de l'homme y ait contribué. Le propriétaire inférieur ne peut point y élever des digues qui empêchent cet écoulement, et le propriétaire supérieur ne peut rien faire qui aggrave la servitude des fonds inférieurs. (Cod. Civ. 640.) V. Cours d'eau.

2. *Travaux pour les eaux.* — Les préfets statueront en conseil de préfecture et sans l'autorisation du ministre, mais sur l'avis ou la proposition des chefs de service, en matière domaniale et forestière, sur les travaux à exécuter dans les forêts communales ou d'établissements publics pour la recherche et la conduite des eaux, la construction des récipients et autres ouvrages analogues, lorsque ces travaux auront un but d'utilité communale. (Décr. du 25 mars 1852, art. 3.) En cas de désaccord avec le conservateur, il en est référé à l'administration par un rapport spécial, avec pièces à l'appui. (Circ. A 686.)

3. *Concession.* — Les concessions d'eaux, dans les forêts domaniales et communales, doivent toujours être accordées à titre de

simple tolérance, pour éviter d'établir un droit d'usage ou de propriété sur les eaux ou les canaux servant à leur conduite. (Circ. A 686.) V. Concession. Source.

4. *Indemnités.* — Les indemnités pour prise d'eau sont considérées comme menus produits dans les forêts domaniales et comme produits accessoires dans les forêts communales. (Arr. Min. des 22 juin et 1er septembre 1838. Circ. A 842.)

5. *Prise d'eau.* — Tout propriétaire riverain peut, en vertu du droit commun, faire des prises d'eau, sans néanmoins détourner, ni embarrasser le cours d'eau d'une manière nuisible au bien général. (Loi, 28 septembre-6 octobre 1791, art. 4.) V. Barrage. Déversoir.

6. *Prise d'eau. Irrigation.* — Les prises d'eau d'irrigation, dans les cours d'eau ni navigables, ni flottables, sont autorisées par les préfets, sur la proposition des ingénieurs. (Décr. des 25 mars 1852 et 13 avril 1861.) V. Irrigation.

7. *Prise d'eau.* — Les préfets statuent, d'après avis ou proposition des ingénieurs en chef, sur l'établissement des prises d'eau pour fontaines publiques, dans les cours d'eau non navigables, ni flottables, sous la réserve des droits des tiers. (Décr. du 13 avril 1861.)

8. *Règlement d'eau.* — Les préfets statuent, sur l'avis ou sur la proposition des ingénieurs en chef, sur la répartition entre l'industrie et l'agriculture des eaux des cours d'eau non navigables, ni flottables, de la manière prescrite par les anciens règlements ou les usages locaux. (Décr. du 13 avril 1861, art. 2.)

9. *Travaux. Suppression. Compétence.* — Les tribunaux civils sont compétents pour ordonner, sur les plaintes de la partie lésée, la modification ou la destruction des travaux purement privés, que l'administration a autorisés, en vertu de ses attributions sur la police des cours d'eau, et sans préjudice du droit des tiers. (Cass. 26 juin 1876.)

EAUX THERMALES.

1. *Sources. Découverte.* — On est obligé d'informer l'administration de la découverte des sources d'eaux thermales. Les sources d'eaux minérales peuvent être déclarées d'intérêt public, après enquête, et il peut leur être assigné un périmètre de protection, dans lequel il ne peut être fait aucuns travaux, sans une autorisation préalable. (Arr. 29 floréal an VII. Loi du 14 juillet 1856. Régl. 8 septembre 1856.)

2. *Agents. Admission.* — Tous les agents de l'administration des forêts sont admis, à charge de remboursement, dans les hôpitaux militaires. (Décis. du Min. de la Guerre. 22 mai 1888. Circ. N 399.)

3. *Préposés. Admission.* — En cas de blessures ou de maladies, les gardes et brigadiers domaniaux ou mixtes peuvent être admis, aux frais de l'administration, dans les établissements thermaux d'Amélie-les-Bains, de Barèges, de Plombières, de Bourbon-l'Archambault, de Guagno et de Vichy : ils ne sont admis dans les établissements thermaux qu'en vertu d'une autorisation spéciale du ministre de la guerre. (Circ. N 13, art. 1 et 3. Circ. N 144.)

Les préposés communaux incorporés dans les compagnies de chasseurs forestiers sont admis dans les hôpitaux militaires aux mêmes conditions que les préposés domaniaux. (Circ. N 266.)

4. *Demandes. Certificat.* — Les demandes d'admission dans les établissements thermaux doivent parvenir à l'administration un mois avant l'ouverture de la saison à laquelle elles se rapportent ; elles doivent être accompagnées d'un certificat individuel, délivré par un médecin civil de la localité. Ce certificat est ensuite renvoyé à l'agent local, qui le remet au destinataire et veille à ce que celui-ci arrive à l'établissement à l'ouverture de la saison. La présentation du certificat est indispensable pour l'admission à l'établissement thermal, où est inscrit le résultat de la visite d'entrée et de sortie. (Circ. N 13, art 3 et 4.)

5. *Admission. Demande. Epoque.* — Les demandes d'admission des agents et préposés doivent parvenir à l'administration :

Avant le 10 mars, pour les deux premières saisons de tous les établissements thermaux, excepté la deuxième de Bourbonne.

Avant le 10 mai, pour les dernières saisons de tous les établissements, y compris la deuxième de Bourbonne. (Circ. N 152. Circ. N 399.)

6. *Route. Etat.* — Au moment de la mise en route, l'agent local adresse directement au ministre de la guerre (bureau des hôpitaux) et par l'intermédiaire de l'administration, au sous-intendant militaire chargé de la surveillance de l'établissement thermal, un état des préposés devant être traités dans l'établissement. (Circ. N 13, art. 5.)

7. *Visite.* — Les préposés qui ont fait usage des eaux pendant une année doivent être visités une dernière fois au commencement de l'année qui suit le traitement ; à cet effet, le premier certificat individuel est adressé à

l'agent local, qui en fait remplir la troisième partie par un médecin civil et le renvoie à l'administration. (Circ. N 13, art. 6.)

8. *Agents. Traitement. Frais.* — Les frais de traitement à rembourser par les agents sont fixés à 4 francs par jour, pour les officiers supérieurs; 3 fr. 45, pour les officiers subalternes. (Circ. N 399.)

9. *Agent. Frais. Payement. Récépissé.*— Les mandats individuels sont délivrés sans tenir compte des frais d'hospitalisation, mais ils sont accompagnés d'un ordre de versement du montant de ces frais, établi dans la forme indiquée sur l'imprimé série 11, n° 7. L'agent intéressé doit, en touchant son traitement, effectuer ce versement et en réclamer un récépissé, qui est adressé à la direction des forêts. (Circ. N 420.)

10. *Congé. Retenues.* — Les préposés du service actif qui se rendent aux eaux thermales, par suite de maladies ou de blessures résultant de leurs fonctions, ne subissent point de retenue de congé pendant leur séjour aux établissements thermaux et pendant le temps pour y aller et revenir. (Circ. A 525.)

11. *Saison. Durée.* — (Circ. N 13. Circ. N 152. Circ. N 414.)

NOMS des ÉTABLISSEMENTS.	DURÉE DES SAISONS D'ÉTÉ.				DURÉE DES SAISONS D'HIVER.	
	1re Saison.	2e Saison.	3e Saison.	4e Saison.	1re Saison.	2e Saison.
Amélie-les-Bains	15 avril au 31 mai.	1er juin au 14 juillet.	15 juillet au 31 août.	1er septemb. au 15 octobre.	15 novembr. au 14 janvier.	15 janvier au 15 mars.
Barèges	1er juin au 9 juillet.	10 juillet au 19 août.	20 août au 30 septemb.	»	»	»
Bourbonne	1er juin au 31 juillet.	1er août au 30 septemb.	»	»	»	»
Bourbon-l'Archambault	15 mai au 24 juin.	25 juin au 4 août.	5 août au 15 septemb.	»	»	»
Guagno	1er juin au 9 juillet.	10 juillet au 19 août.	20 août au 30 septemb.	»	»	»
Plombières	15 mai au 14 juin.	15 juin au 14 juillet.	15 juillet au 14 août.	15 août au 15 septemb.	»	»
Vichy	1er mai au 31 mai.	1er juin au 30 juin.	1er juillet au 31 juillet.	1er août au 31 août.	»	»

La 5e saison de Vichy commence le 1er septembre et finit le 30 septembre.

ÉBOULEMENT.

Conditions. Responsabilité. — Les propriétaires inférieurs doivent supporter les éboulements de terre, de roche, de neige, se détachant *naturellement* des fonds supérieurs. Le propriétaire supérieur ne serait responsable que si, par des ouvrages quelconques, il avait occasionné ces éboulements.

ÉBOUTEMENT. V. Marine.

ÉBRANCHEMENT.

1. *Branches. Coupes.* — La coupe des branches *principales* d'un arbre est punie des mêmes peines que si l'arbre avait été coupé par le pied.

Si on n'a coupé que les menues branches, le délit est alors considéré comme coupe et enlèvement de bois ayant moins de 2 décimètres de tour. V. Fagot. Branche.

2. *Adjudication. Exploitation.* — L'inobservation de la condition imposée à un

adjudicataire d'ébrancher les arbres d'une certaine dimension, avant de les abattre, constitue une infraction aux clauses et conditions d'exploitation. Pénalité :

Amende : 50 à 500 francs. (Cod. For. 37. Nancy, 27 janvier 1841.)

3. *Exploitation par entreprise.* — Quand l'ébranchement sur pied sera prescrit, il devra se faire de la base au sommet de l'arbre. Les branches et ramilles seront façonnées et empilées avant l'abatage de la tige. (Anc. cah. des ch. 23.)

ÉCHALAS.

Droit. — L'usufruitier peut prendre, dans les bois, les échalas pour les vignes existantes sur la propriété. (Cod. Civ. 593.) Il ne doit pas, pour cela, couper les jeunes chênes ou autres bois de meilleure qualité, parce qu'il ne jouirait pas, en ce cas, en bon père de famille.

ÉCHANGE.

SECT. I. — GÉNÉRALITÉS. PRINCIPES.

1. *Définition.* — L'échange est un contrat par lequel les parties se donnent respectivement une chose pour une autre. L'échange s'opère par le consentement, dès qu'on est convenu de la chose. (Cod. Civ. 1702, 1703.)

2. *Principes. Règles.* — Toutes les règles prescrites pour le contrat de vente s'appliquent à l'échange. (Cod. Civ. 1707.)

3. *Zone frontière. Territoires réservés.* — Dans le projet d'échange de bois domaniaux ou communaux, on doit faire connaître les conséquences du changement de propriétaire par rapport au défrichement, suivant que les bois sont situés dans la zone frontière ou dans les territoires réservés, et au besoin prendre l'avis de l'autorité militaire. (Circ. N 253.)

4. *Attributions.* — Les projets d'échange de bois communaux sont du ressort du ministre. (Ord. 7.)

5. *Droits. Acte. Formalités.* — Le droit fiscal (enregistrement et transcription) est réduit à 20 centimes par 100 francs lorsque les immeubles échangés sont dans la même commune ou dans des communes limitrophes, ou lorsque l'un des deux immeubles échangés est contigu aux propriétés de celui des échangistes qui le recevra et dans le cas seulement où ces immeubles ont été acquis avant le 3 novembre 1882 ou recueillis à titre héréditaire. Pour bénéficier de la réduction, le contrat d'échange doit indiquer la contenance, le numéro, le lieu, la classe, la nature et le revenu cadastral de chacun des immeubles échangés ; en outre, un extrait de la matrice cadastrale, délivré gratuitement, sera déposé au bureau, au moment de l'enregistrement. (Loi du 3 novembre 1884.)

SECT. II. — ÉCHANGE DE TERRAIN.

§ 1. *Terrain domanial.*

6. *Demande. Formalités.* — Toute demande contenant proposition d'échange d'un bois ou de terrains dépendant du domaine forestier de l'État est adressée directement au ministre de l'agriculture. Les titres de propriété sont annexés à la demande, ainsi qu'une déclaration authentique des charges, servitudes, hypothèques, dont serait grevé l'immeuble offert en échange. (Ord. du 12 décembre 1827, art. 1. Circ. N 53, art. 1.)

7. *Instruction. Pièces.* — S'il juge convenable d'y donner suite, le ministre communique la demande et les pièces au préfet du département de la situation des biens à échanger. (Ord. du 12 décembre 1827, art. 2, § 1. Circ. N 53, art. 2.)

8. *Instruction. Bois.* — Le préfet, après avoir consulté le directeur des domaines et le conservateur des forêts, donne son avis sur la convenance et l'utilité de l'échange. (Ord. du 12 décembre 1827, art. 2, § 2. Circ. N 53, art. 3.)

9. *Rapport. Renseignements.* — Si l'immeuble offert en échange et celui demandé

en contre-échange sont situés dans des départements différents, le ministre consulte les préfets des départements de la situation des biens, afin qu'après avoir pris l'avis des agents ci-dessus indiqués ils fassent connaître la valeur approximative, la contenance et l'état de conservation de l'immeuble situé dans leur departement respectif; le préfet du département de la situation de l'immeuble appartenant à l'Etat donne, en outre, des renseignements sur les avantages ou les inconvénients que peut présenter l'aliénation de cette propriété.

Les rapports des préfets et les pièces à l'appui sont communiqués, ainsi que les titres de propriété du demandeur, aux directeurs généraux des domaines et des forêts, qui prennent l'avis de leur conseil d'administration et le transmettent au ministre, avec telles observations que de droit. (Ord. du 12 décembre 1827, art. 2, §§ 3 et 4. Circ. N 53, art. 4.)

10. *Expert.* — Lorsqu'il a reconnu l'utilité de l'échange, le ministre prescrit au préfet de faire procéder à l'expertise. A cet effet, trois experts sont nommés, savoir :

Un par le préfet du département, sur la proposition du directeur des domaines ;

Un par le propriétaire du bien offert en échange ;

Un par le président du tribunal de la situation des biens, sur la requête du directeur des domaines.

Dans le cas où les immeubles à échanger sont situés dans le ressort de deux ou plusieurs tribunaux différents, ce dernier expert est nommé par le président du tribunal de l'arrondissement dans lequel l'immeuble domanial, ou sa plus forte partie, est situé. (Ord. 12 décembre 1827, art. 3, §§ 1 et 2. Circ. N 53, art. 5.)

11. *Agent forestier.* — Le conservateur indique au directeur des domaines trois agents forestiers, parmi lesquels celui-ci choisit l'expert dont il doit soumettre la nomination à l'approbation du préfet. (Ord. 12 décembre 1827, art. 3, § 3. Circ. N 53, art. 6.) V. Expert.

12. *Expertise. Formalités.* — Les experts, après avoir prêté serment en la forme accoutumée, devant le tribunal civil ou devant un juge délégué, visitent et estiment les immeubles dont l'échange est proposé et en constatent la valeur, en ayant égard aux charges et servitudes dont ils sont grevés. (Ord. 12 décembre 1827, art. 4, § 1. Circ. N 53, art. 7.)

13. *Rapport.* — Les experts constatent les résultats de leurs opérations dans un procès-verbal, qui est par eux affirmé devant le juge de paix du canton de la situation des biens ou de leur plus forte partie. (Ord. 12 décembre 1827, art. 4, § 3. Circ. N 53, art. 8.)

14. *Expertise. Procès-verbal.* — Le procès-verbal doit indiquer :

1° La contenance du bois :

2° L'évaluation du fonds ;

3° L'évaluation de la superficie, en distinguant le taillis d'avec la vieille écorce et en mentionnant les claires-voies, s'il y en a ;

4° Les rivières flottables ou navigables qui servent aux débouchés, et les villes et usines à la consommation desquelles les bois sont employés. (Ord. 12 décembre 1827, art. 4, § 2. Circ. N 53, art. 9.)

15. *Expertise. Avis.* — Les procès-verbaux d'expertise sont remis au préfet et par lui communiqués au directeur des domaines et au conservateur des forêts. Le préfet les adresse ensuite, avec les observations de ces fonctionnaires et son propre avis, au ministre de l'agriculture. (Ord. 12 décembre 1827, art. 5.)

Il y joint une expédition de l'arrêté qui nomme l'expert de l'Etat, de l'ordonnance du président du tribunal portant nomination du tiers expert et de l'acte de prestation de serment des trois experts. (Circ. N 53, art. 10.)

16. *Envoi à l'administration. Examen.* — Les procès-verbaux, observations et avis, dont il vient d'être parlé, sont examinés :

1° En conseil d'administration des domaines et, en outre, en conseil d'administration des forêts ;

2° Par la section compétente du conseil d'Etat. (Ord. 12 décembre 1827, art. 6, § 1. Circ. N 53, art. 11.)

17. *Autorisation.* — Sur le compte qui lui est rendu de ces délibérations par le ministre, le chef de l'Etat, par un décret, l'autorise, s'il y a lieu, à passer acte avec l'échangiste, qui, dans tous les cas, ne doit entrer en jouissance que lorsque la loi a été rendue. (Ord. 12 décembre 1827, art. 6, § 2. Circ. N 53, art. 12.)

18. *Contrat. Condition.* — Le contrat d'échange détermine la soulte à payer, en cas d'inégalité dans la valeur des immeubles échangés ; il contient la désignation de la nature, de la consistance et de la situation de ces immeubles, avec énonciation des charges et servitudes dont ils sont grevés ; il relate les titres de propriété, les actes qui constatent la libération du prix, enfin les procès-verbaux d'estimation, lesquels y demeurent annexés. (Ord. 12 décembre 1827, art. 7, § 1. Circ. N 53, art. 13.)

19. *Approbation. Délai.* — Il peut être stipulé, si la partie intéressée le requiert, que l'acte d'échange demeurera comme non avenu, si la loi approbative de l'échange n'intervient pas dans un délai convenu. (Ord. 12 décembre 1827, art. 7, § 2. Circ. N 53, art. 14.)

20. *Enregistrement. Transcription.* — Le contrat d'échange est enregistré et transcrit; l'enregistrement est fait gratis, conformément à l'article 70 de la loi du 22 frimaire an VII (12 décembre 1799); il n'est payé, pour la transcription, que le salaire du conservateur des hypothèques.

Toutefois la soulte, si elle est payable à l'Etat, est passible du droit proportionnel établi pour les aliénations des biens domaniaux. (Ord. 12 décembre 1827, art. 8. Circ. N 53, art. 15.)

21. *Hypothèque.* — Les formalités établies par l'article 2194 du code civil, par les avis du conseil d'Etat des 7 mai 1807 et 5 mai 1812 et par l'article 854 du code de procédure civile, pour mettre tout créancier, ayant sur les immeubles offerts en échange hypothèque non inscrite, en demeure de prendre inscription, sont remplies à la diligence de l'administration des domaines. (Ord. 12 décembre 1827, art. 9. Circ. N 53, art. 16.)

22. *Hypothèque. Radiation.* — S'il existe des inscriptions sur l'échangiste, il est tenu d'en rapporter mainlevée et radiation dans quatre mois, du jour de la notification qui lui en est faite par l'administration des domaines, s'il ne lui a pas été accordé un plus long délai par l'acte d'échange; faute par lui de rapporter ces mainlevée et radiation pleines et entières, le contrat d'échange est résilié de plein droit. (Ord. 12 décembre 1827, art. 10. Circ. N 53, art. 17.)

23. *Loi. Présentation.* — Le projet de loi relatif à l'échange n'est présenté à la Chambre des députés qu'autant que les mainlevée et radiation des inscriptions existant au jour du contrat ont été rapportées et qu'il n'est point survenu d'inscription dans l'intervalle. (Ord. 12 décembre 1827, art. 11. Circ. N 53, art. 18.)

24. *Loi. Droit de tiers.* — La loi approbative de l'échange proposé ne fait point obstacle à ce que des tiers, revendiquant tout ou partie de la propriété des immeubles échangés, puissent se pourvoir par les voies de droit devant les tribunaux ordinaires. (Ord. 12 décembre 1827, art. 12. Circ. N 53, art. 19.)

25. *Loi. Pièces.* — La loi est transcrite sur la minute et sur les expéditions du contrat d'échange, qui, ainsi que toutes les pièces et titres de propriété à l'appui, demeure déposé aux archives de la préfecture. (Ord. 12 déc. 1827, art. 13. Circ. N 53, art. 21.)

26. *Prise de possession.* — La prise de possession a lieu par les soins et à la diligence de l'administration des domaines, de concert avec l'administration des forêts. (Décis. Min. du 11 octobre 1824. Circ. N 53, art. 20.)

27. *Mise en possession.* — La mise en possession des terrains échangés (domaniaux) ne peut être effectuée que lorsque l'échange est sanctionné par une loi. (Ord. 12 décembre 1827, art. 6, § 2. Circ. N 62.)

28. *Frais.* — Tous les frais auxquels l'échange a donné lieu sont supportés par l'échangiste, s'il a été résilié de plein droit par sa faute. (V. nos 19, 22 et 24.)

Dans le cas où l'échange est sanctionné par la loi, comme dans le cas où il est rejeté, les frais sont supportés moitié par l'échangiste et moitié par l'Etat.

Le droit d'enregistrement des soultes payables à l'Etat est toujours à la charge de l'échangiste. (Ord. 12 décembre 1827, art. 14. Circ. N 53, art. 22.)

29. *Contestation. Contrat. Compétence.* — Lorsqu'une loi a autorisé l'administration à échanger une portion du domaine de l'Etat avec un particulier, c'est aux tribunaux seuls qu'il appartient de connaître des contestations qui peuvent s'élever entre les parties, tant sur l'exécution des conditions d'échange que sur la résolution du contrat. (Cons. d'Etat, 6 novembre 1822.)

30. *Compagnies de chemins de fer.* — Le ministre statue sur les échanges avec les compagnies de chemins de fer. (Puton.)

31. *Routes. Bois domaniaux.* — Les préfets statuent, en conseil de préfecture et sur la proposition des conservateurs, sur les échanges de terrain provenant de déclassement de routes, dans les cas prévus par la loi du 20 mai 1836, article 4. En cas de désaccord avec le conservateur, il en est référé à l'administration par un rapport spécial, avec pièces à l'appui. (Décr. 25 mars 1852, tableau C. Circ. A 686.)

32. *Routes. Terrain domanial. Formalités.* — A l'égard des portions de routes ou chemins qui, par suite de redressement ou déclassement, sont susceptibles d'entrer par voie d'échange dans le domaine de l'Etat, on doit s'entourer des garanties propres à prévenir toute difficulté ultérieure sur l'assiette de la propriété. On ne doit pas perdre de vue que l'aliénation des propriétés départementales doit être autorisée par délibération du conseil général (Loi du 10 août 1871, art. 46): que les propriétés communales ne sont aliénables qu'en vertu d'une délibération du conseil municipal, approuvée par le préfet (Loi du 5 avril 1884, art. 68); qu'enfin, outre l'autorisation régulière d'aliéner, la commune doit produire la décision du conseil général ou de la commission départementale, qui supprime et déclasse comme lignes vicinales les chemins ou portions de chemins dont font partie les terrains offerts en échange.

Le contrat de la cession ou de l'échange est passé dans la forme des actes administratifs. (Loi du 3 mai 1841, art. 56.)

L'indemnité, s'il en est dû à l'Etat, préalablement acquittée, il est pourvu à la mise en possession du département ou de la commune, après toutefois qu'il a été procédé à la vente des bois existants sur le terrain cédé et qui ont dû être expressément réservés à l'Etat. (Circ. A 686.)

§ 2. *Terrain communal.*

33. *Biens communaux.* — Les préfets statuent, en conseil de préfecture, sur les projets d'échange des biens communaux de toute nature, non soumis au régime forestier, quelle qu'en soit la valeur. (Décr. 25 mars 1852. Loi du 5 avril 1884, art. 69.)

34. *Biens communaux. Formalités.* — Lorsqu'il s'agit d'échanger des terrains communaux non soumis au régime forestier, le conseil municipal prend une délibération motivée faisant ressortir l'utilité de l'échange.

Cette délibération est transmise au sous-préfet, qui nomme un expert pour procéder à l'estimation des immeubles à échanger et prescrit une enquête *de commodo et incommodo.*

Lorsque le procès-verbal d'expertise, dressé sur papier timbré, avec plan à l'appui, a été remis, le maire doit y joindre une promesse d'échange sur timbre de la part du particulier, en énonçant si l'échange a lieu avec ou sans soulte. Le co-échangiste doit, en outre, produire ses titres de propriété et justifier que l'immeuble est libre d'hypothèques. C'est sur ces documents qu'est basée la décision du préfet. (Dupont. Block.)

Lorsqu'il s'agit d'un échange de bois soumis au régime forestier, l'administration forestière est appelée à donner son avis et l'on adjoint à l'expert désigné par le sous-préfet et à celui que choisit l'échangiste un agent forestier. L'autorisation est accordée, s'il y a lieu, par un decret, la section compétente du conseil d'Etat entendue. (Block.)

35. *Acte.* — L'acte d'échange est passé devant le maire, dans la forme des actes administratifs, ou devant un notaire. (Dupont.)

36. *Enregistrement.* — Les échanges d'immeubles sont enregistrés au droit de 2 pour cent sur la moindre portion, s'il y a retour. (Délai : 20 jours.) (Loi du 22 frimaire an VII, art. 69.)

§ 3. *Terrain départemental.*

37. *Propriétés départementales.* — Les conseils généraux statuent définitivement sur les projets d'échange d'immeubles départementaux. Mais, lorsqu'il s'agit d'immeubles affectés à un service départemental obligatoire, le conseil général ne prend qu'une délibération, dont le gouvernement a le droit de suspendre l'exécution. (Loi du 10 août 1871, art. 46, § 1, 48 et 49.)

SECT. III. — ÉCHANGE DE BOIS DÉLIVRÉS OU RÉSERVÉS.

38. *Usagers. Délivrances.* — Les usagers qui échangent les bois délivrés pour leur usage, à moins d'y être autorisés par titres bien établis (Nancy, 2 janvier 1844), encourent :

Amende : pour le bois de feu, 10 à 100 fr. (C. F. 83.)
Pour le bois de construction, amende double de la valeur des bois ; minimum : 50 francs. (Cod. For. 83.)
En cas de récidive, l'amende est doublée. (C. F. 201.)

39. *Bois réservés. Etablissements publics.* — Les administrateurs qui échangent, sans l'autorisation du préfet, les bois réservés pour l'usage de l'établissement public encourent :

Amende égale à la valeur des bois. (Cod. For. 102.)
Restitution de ces bois ou de leur valeur. (C. F. 102.)
Echange nul. (Cod. For. 102.)

40. *Maire. Délivrance. Service communal.* — Les maires qui, sans l'autorisation du préfet, échangent les bois réservés et délivrés pour les établissements du service communal, encourent :

Amende égale à la valeur des bois. (Cod. For. 102.)
Restitution de ces bois ou de leur valeur. (C. F. 102.)
Annulation de l'échange. (Cod. For. 102. Décis. Min. 27 mars 1830.)

ÉCHAPPÉE.

Excuse. — L'échappée du bétail n'est pas une excuse pour le délit de pâturage des animaux trouvés sans gardien, ou hors des cantons et chemins désignés pour le parcours.

ÉCHELLE.

Plans. — Les échelles employées pour les plans des coupes sont de 1 à 2500 mètres et de 1 à 5000 mètres. L'échelle de 1 à 2500 mètres est employée pour les coupes de moins de 3 hectares.

Pour les plans généraux qui ne peuvent tenir sur une feuille de papier grand aigle, on emploie les echelles de 1 à 10000 mètres et de 1 à 20000 mètres. (Instr. 15 octobre 1860, art. 60.) V. Plan. Tracé géométrique. Arpentage.

ÉCHENILLAGE.

1. *Responsabilité.* — L'échenillage est une charge de la propriété ; le propriétaire en demeure responsable, bien qu'il ait affermé sa terre. (Cass. 6 septembre 1850.)

2. *Terrains clos ou non clos.* — L'échenillage est obligatoire dans les terrains clos ou non clos. (Cass. 19 juillet 1838.)

3. *Pénalité.* — Ceux qui auront négligé d'écheniller, dans les champs ou jardins où ce soin est prescrit par la loi ou les réglements, encourent :

Amende : 1 à 5 francs inclusivement. (Cod. Pén. 471, § 8.)

La loi du 26 ventôse an IV est abrogée. (Loi du 17 décembre 1888, art. 7.) V. Insectes.

ÉCIMER.

Pénalité. — Action de couper la cime d'un arbre ; ce délit est puni de la même peine que si on avait coupé l'arbre par le pied. V. Arbre.

ECLAIRCIE.

1. *Futaie. Exploitation.* — L'administration recherchera les forêts ou parties de forêts qui pourraient croître en futaie, en indiquant celles où le mode d'exploitation par éclaircie pourra être le plus avantageusement employé. (Ord. 68.) V. Coupe.

2. *Autorisation.* — Les conservateurs autoriseront les coupes d'éclaircie dans les forêts domaniales, communales et d'établissements publics. (Décr. du 17 février 1888. Circ. N 395.)

3. *Coupe. Vente. Bois domaniaux.* — Dans les forêts domaniales, les conservateurs décideront si les coupes d'éclaircie seront vendues en bloc sur pied ou par unités de marchandises. Ils pourront aussi en autoriser l'exploitation par les préposés ou par les concessionnaires. Mais, si l'exploitation doit avoir lieu par économie ou par entreprise au compte de l'Etat, l'autorisation et les crédits nécessaires devront être demandés à la direction des forêts. (Décr. du 17 févr. 1888. Circ. N 395.)

4. *Coupe. Vente. Bois communaux.* — Dans les forêts communales et d'établissements publics, la vente sur pied des coupes d'éclaircie sera autorisée par les conservateurs des forêts. Quand il y aura lieu d'adopter un autre mode de réalisation, l'autorisation en sera donnée par le préfet, sur la proposition des communes ou établissements publics et après avis du conservateur. (Décr. du 17 février 1888. Circ. N 395.)

5. *Marque.* — Dans les coupes par éclaircie, la marque en réserve est la règle, et celle en délivrance est l'exception. Dans le rapport sur les propositions de coupes à exploiter par éclaircie, on doit indiquer le mode de martelage à appliquer, pour que l'autorité compétente puisse statuer. (Circ. A 377.)

6. *Aménagements. Non-exécution.* — Les conservateurs pourront autoriser la nonexécution des coupes d'éclaircie prévues par les aménagements et dont l'inopportunité, au point de vue cultural, serait constatée. (Décr. du 17 février 1888. Circ. N 395.)

7. *Catégorie. Coupes extraordinaires.* — Lorsque des éclaircies de bois durs doivent se faire dans un peuplement trop serré, avant l'époque fixée par l'aménagement pour ce genre d'exploitation, ces coupes rentrent alors dans la catégorie des coupes extraordinaires. (Circ. A 292.)

8. *Enregistrement.* — Les procès-verbaux d'adjudication des coupes de bois par éclaircie, dont la quantité doit être fixée par le procès-verbal de dénombrement dressé après l'exploitation, seront enregistrés en débet, à la charge par l'adjudicataire d'acquitter les droits, aussitôt que le prix aura été définitivement fixé. (Décis. Min. 30 janvier 1860.)

ÉCLATER.

Délit. — Le fait de faire éclater les souches, en abattant les arbres, constitue un délit pour infraction aux conditions d'exploitation et du cahier des charges.

Amende : 50 à 500 francs. Dommages-intérêts. (Cod. For. 37.)

V. Souche. Exploitation.

ÉCLIMÈTRE.

Construction. — L'éclimètre à nivellement à adapter à la boussole doit donner une approximation de cinq centigrades au moins. (Instr. du 15 octobre 1860, art. 17.) V. Instrument.

ÉCOBUAGE.

1. *Autorisation.* — Les écobuages de terrains situés à moins de 200 mètres des forêts soumises au régime forestier sont autorisés par le préfet, sur la proposition du conservateur, et aux conditions arrêtées d'après l'avis des agents locaux. En cas de dissentiment entre le préfet et le conservateur, soit sur la convenance de l'autorisation, soit sur les conditions à imposer, il est statué par le ministre, sur la proposition de l'administration des forêts. (Décis. Min. 14 juillet 1841. Circ. A 507.)

2. *Demande.* — Lorsque les demandes d'écobuage portent demande de défricher, on doit traiter ces affaires comme défrichements, surtout si elles sont revêtues des formalités prescrites par l'article 219 du code forestier. V. Défrichement.

3. *Incendie.* — Si un écobuage effectué sans autorisation a causé un incendie dans une forêt, la responsabilité du dommage et la pénalité de l'article 148 du code forestier incombent au fermier du terrain, si le propriétaire l'a loué à un tiers. (Cass. 19 octobre 1842.)

4. *Responsabilité.* — Le propriétaire qui a obtenu du préfet, sous la réserve d'être responsable des suites de l'opération, l'autorisation d'allumer des fourneaux d'écobuage sur

ses terres, à une distance moindre de 200 mètres d'une forêt voisine, est responsable des dommages causés, quand même ce serait son fermier qui aurait fait usage de l'autorisation, dans son propre intérêt et sans se conformer aux recommandations du propriétaire. (Cass. 17 juillet 1858.)

5. *Autorisation. Condition.* — Lorsqu'un propriétaire, qui a obtenu l'autorisation d'écobuer dans un certain rayon et d'une certaine manière, ne se conforme pas aux conditions de son autorisation, il se rend coupable des délits prévus et punis par les articles 148 du code forestier et 458 du code pénal. (Aix, 11 mars 1858.) V. Feu. Incendie.

6. *Responsabilité. Entrepreneur.* — Est illicite, comme ayant pour résultat la consommation d'un fait qualifié délit par l'article 148 du code forestier, la convention par laquelle le propriétaire d'un bois situé à moins de 200 mètres d'un massif forestier charge un entrepreneur de l'écobuage de ce bois, à un prix déterminé et à forfait.

Les parties contractantes sont, en conséquence, solidairement responsables du préjudice que ce délit a causé aux propriétaires riverains, en portant l'incendie dans leur bois. (Aix, 9 mars 1865. Cass. 20 août 1866.)

7. *Conditions. Bretagne.* — L'écobuage est autorisé en Bretagne sous les conditions suivantes, savoir :

1º D'ouvrir un fossé de 1 mètre de largeur sur 66 centimètres de profondeur parallèlement et le long du périmètre de la forêt, en rejetant les terres du côté de la forêt, ou bien d'effectuer un labour sur une étendue de 10 mètres entre la forêt et les terres à écobuer, pour en extirper toutes les herbes qui pourraient propager le feu ;

2º D'établir un surveillant pendant la durée de l'écobuage ;

3º De répondre de tous les dommages qui pourraient en résulter. (Arr. Min. du 21 juillet 1834.)

8. *Conditions. Département des Vosges.* — L'écobuage est autorisé dans les Vosges sous les conditions suivantes :

1º Les maires doivent faire connaître à l'agent local les terrains à écobuer ;

2º L'agent local fixe les mois pendant lesquels l'écobuage pourra avoir lieu, les jours et heures auxquels les feux pourront être allumés ;

3º Les feux devront être à 20 ou 25 mètres de la limite des forêts ;

4º On ne peut brûler les genêts ou autres arbustes susceptibles de faire des flammes ou des charbons qu'à la distance de 50 mètres des forêts ;

5º Le propriétaire fournira un nombre d'hommes proportionné à l'étendue des terrains à écobuer, pour veiller tout le temps que durera la combustion et éteindre les feux à la première sommation des préposés forestiers, si le vent ou une autre cause fortuite pouvait faire redouter des accidents ;

6º En cas d'inexécution des conditions, les propriétaires seront passibles des peines de l'article 148 du code forestier et responsables des dommages causés. (Arr. Min. du 22 mars 1834.)

9. *Infraction. Pénalité.* — L'écobuage sans autorisation est puni comme feu allumé à distance prohibée. (Cass. 30 juin 1827.)

Amende : 20 à 100 francs. (Cod. For. 148.)

10. *Région des Maures. Pénalités.* — Dans la région des Maures et de l'Estérel, les écobuages (issard, taillades) sont, par arrêté du préfet, interdits à tout le monde pendant certaines époques, dans l'intérieur et à moins de 200 mètres *de tout terrain boisé*. En cas d'infraction aux arrêtés :

Amende : 20 à 500 francs. Responsabilité de l'article 206 du code forestier. (Lois des 6 juillet 1870, 8 août 1890 et 3 août 1892.)

Les gardes forestiers constatent ces délits dans les bois en général. (Lois des 6 juillet 1870, 8 août 1890 et 3 août 1892.) V. Maures. Feu.

ÉCOLE COMMUNALE. V. Établissement communal.

ÉCOLES FORESTIÈRES.

V. Examen. Élève. Programme.

SECT. I. — ÉCOLE NATIONALE FORESTIÈRE.

1. *Origine.* — Il y aura, sous la surveillance du directeur général des forêts, une école forestière destinée à former des sujets pour les emplois d'agents forestiers. (Ord. 40.)

2. *Etablissement.* — L'école forestière sera établie à Nancy; elle comprendra :

1° Une maison pour servir aux cours des professeurs, à l'établissement d'une bibliothèque, d'un cabinet d'histoire naturelle et au logement du directeur;

2° Un terrain pour les pépinières et cultures forestières. (Ord. 43.)

3. *Logement.* — Il est concédé, dans les bâtiments de l'école forestière, des logements destinés, savoir : 1° au directeur; 2° au sous-directeur; 3° à l'inspecteur des études; 4° aux deux adjudants chargés de la surveillance; 5° au portier-consigne; 6° au jardinier; 7° aux garçons de salle. (Décr. 31 août 1867. Décr. 12 octobre 1889, art. 8. Arr. Min. 12 octobre 1889.)

4. *Enseignement.* — L'enseignement de l'école comprend les matières ci-après : science forestière, sciences naturelles appliquées aux forêts, législation forestière, mathématiques appliquées, art militaire, langue allemande. (Ord. 41. Arr. Min. du 12 octobre 1889, art. 10.)

5. *Cours. Durée.* — Les cours de l'école sont de deux années; ils commenceront le 1er novembre de chaque année et se termineront le 1er septembre suivant. (Ord. 42. Arr. Min. du 12 octobre 1889, art. 11.)

6. *Organisation.* — Le ministre de l'agriculture fixe la division des cours, l'ordre et les heures des leçons, la police des écoles et les attributions du directeur. (Ord. 53.)

7. *Personnel administratif.* — Le personnel administratif de l'école comprend un directeur et un sous-directeur, un inspecteur des études, un préparateur pour le laboratoire, un agent comptable et deux adjudants de surveillance. (Décr. du 12 octobre 1889, art. 1. Arr. Min. du 12 octobre 1889, art. 1.)

8. *Personnel enseignant. Professeurs.* — Le personnel enseignant comprend :

1° Un professeur de science forestière et un chargé de cours;

2° Un professeur de sciences naturelles et un chargé de cours;

3° Un professeur de législation forestière;

4° Un professeur de mathématiques appliquées et un chargé de cours;

5° Un chargé de cours d'art militaire;

6° Un chargé de cours de langue allemande. (Décr. du 12 octobre 1889, art. 9. Arr. Min. du 12 octobre 1889, art. 8.)

9. *Laboratoire.* — Un agent forestier du grade de garde-général ou de garde-général stagiaire est chargé des fonctions de préparateur du laboratoire. (Décr. du 12 octobre 1889, art. 5.)

10. *Personnel du service intérieur.* — Le personnel du service intérieur comprend :

Un portier-consigne, un jardinier, un garde clairon et le nombre de garçons de salle nécessaires pour assurer le service.

Le portier-consigne, le jardinier et les garçons de salle sont logés à l'école. (Arr. Min. du 12 octobre 1889, art. 9.)

11. *Adjudants.* — Les adjudants de surveillance sont nommés par le ministre de l'agriculture, qui fixe leur nombre et règle leurs attributions. (Décr. du 12 octobre 1889, art. 7.) V. Adjudants.

12. *Agent comptable.* — L'agent comptable est nommé par le ministre; ses fonctions spéciales sont déterminées par un règlement ministériel. (Décr. du 12 octobre 1889, art. 6.)

13. *Conseil d'instruction.* — Un conseil d'instruction est établi à l'école; il est composé, sous la présidence du directeur et, en son absence, sous celle du sous-directeur, de tous les professeurs et chargés de cours. (Arr. Min. du 12 octobre 1889, art. 18.)

14. *Elèves. Recrutement. Conditions.* — A partir du 1er janvier 1889, tous les élèves de l'école nationale forestière se recruteront parmi les élèves diplômés de l'institut national agronomique, suivant le mode adopté à l'école polytechnique pour le recrutement de ses écoles d'application. Est maintenue l'exception établie en faveur des élèves sortant de l'école polytechnique, par le décret du 15 avril 1873. (Décr. du 9 janvier 1888. Circ. N 394.)

15. *Elèves. Age.* — Pour être admis à l'école nationale forestière, les élèves de l'institut agronomique devront avoir eu 22 ans au plus au 1er janvier de l'année courante. En ce qui concerne les jeunes gens ayant satisfait à la loi militaire, la limite d'âge sera reculée du temps passé sous les drapeaux. (Décr. du 9 janvier 1888. Circ. N 394.)

16. *Elèves. Nombre.* — Le nombre des élèves reçus chaque année à l'école forestière ne pourra être supérieur à douze. (Décr. du 9 janvier 1888. Circ. N 394.)

17. *Traitement.* — Les élèves reçoivent un traitement de 1200 francs; ce traitement est soumis à la retenue, conformément à la loi du 9 juin 1853. (Arr. Min. du 12 octobre 1889, art. 34.)

18. *Fournitures. Comptabilité. Dépenses.* — Les élèves ou leurs parents versent à la caisse de l'agent comptable de l'école :

1° Au moment de la première entrée à l'école, une somme de 1200 francs destinée à pourvoir à l'achat des effets d'uniforme, d'équipement et de literie, ainsi qu'à l'acquisition des instruments de topographie, livres et autres objets nécessaires à leur instruction et à leur entretien ;

2° Une somme annuelle de 600 francs payable le 15 avril de chaque année et destinée :

A. — Pour les élèves de deuxième année, au payement des leçons d'équitation et aux frais de tournée ;

B. — Pour les élèves de première année, à ces mêmes dépenses et à l'achat des chaussures, gants et cols.

De plus, les parents peuvent déposer entre les mains de l'agent comptable une somme à consacrer aux mêmes dépenses et à l'argent de poche des élèves. Cette somme ne peut être inférieure à 300 francs, ni supérieure à 600 francs par an. Elle est versée en deux termes égaux, au 15 octobre et au 15 avril de chaque année.

Il est payé, en outre, par les parents ou les élèves, à l'agent comptable, pour frais de gestion, un pour cent des sommes énoncées ci-dessus. (Arr. Min. du 12 octobre 1889, art. 54.)

19. *Engagement.* — Les jeunes gens reçus à l'école forestière, qui sont reconnus propres au service militaire, n'y sont définitivement admis qu'à la condition de contracter un engagement volontaire de trois ans. (Loi du 15 juillet 1889, art. 28.)

20. *Aptitude physique. Conditions.* — Peuvent seuls être admis à l'école forestière, sans contracter l'engagement spécifié à l'article 28 de la loi du 15 juillet 1889, les jeunes gens reçus à cette école et qui, au moment de l'entrée, n'auraient pas été reconnus aptes au service militaire pour l'un des deux motifs, défaut de taille et faible de constitution.

L'aptitude physique de ces jeunes gens est constatée par une commission composée : du directeur de l'école forestière, du commandant de recrutement et d'un médecin militaire désigné par le ministre de la guerre.

Les décisions de la commission sont prises à la majorité des voix et sont sans appel. (Règl. du 1er mars 1890, art. 2.) V. Engagement.

21. *Armée active. Instruction militaire.* — Les jeunes gens reçus à l'école forestière sont considérés comme présents sous les drapeaux, dans l'armée active. Ils reçoivent à l'école l'instruction militaire complète et sont à la disposition du ministre de la guerre. (Loi du 15 juillet 1889, art. 28.)

22. *Service militaire.* — Pendant leur séjour à l'école, les élèves sont soumis aux obligations militaires résultant de la loi du 15 juillet 1889 ; ils reçoivent une instruction militaire pendant leur séjour à l'école.

Un officier désigné par le ministre de la guerre est chargé de cet enseignement. (Arr. Min. 12 octobre 1889, art. 55. Décr. du 18 novembre 1890, art. 15. Circ. N 424.)

23. *Sortie de l'école. Sous-lieutenants.* — A leur sortie de l'école, les élèves sont nommés sous-lieutenants de réserve d'infanterie et accomplissent, en cette qualité, leur troisième année de service dans le corps auquel ils sont affectés. (Décr. du 18 novembre 1890. Circ. N 424.)

24. *Examen de sortie. Renvoi. Incorporation.* — S'ils ne peuvent satisfaire aux examens de sortie ou s'ils sont renvoyés pour inconduite, les élèves sont incorporés dans un corps de troupe pour y terminer le temps de service qu'il leur reste à faire. (Loi du 15 juillet 1889, art. 28.)

SECT. II. — ÉCOLE SECONDAIRE.

§ 1. *Généralités.*

25. *Principe.* — Il y aura, sous la surveillance du directeur général des forêts, des écoles secondaires pour l'instruction d'élèves gardes. (Ord. 40.)

26. *Etablissement.* — Les écoles secondaires seront établies dans les régions de la France les plus boisées ; elles seront destinées à former des sujets pour les emplois de garde. Les cours dureront deux ans. (Ord. 54.)

27. *Enseignement.* — L'enseignement des écoles secondaires comprendra :

1° L'écriture, la grammaire et les quatre premières règles ;

2° La connaissance des arbres forestiers et de leurs qualités, usages, et spécialement celle des arbres propres aux constructions navales et civiles ;

3° Les semis et plantations ;

4° Les principes des aménagements, les estimations et les exploitations ;

5° La connaissance des dispositions législatives et réglementaires qui concernent les fonctions des gardes, la rédaction des procès-verbaux et les formalités dont ils doivent être revêtus, les citations, la tenue d'un livre-journal et l'exercice des droits d'usage. (Ord. 55.)

28. *Organisation. Détails.* — Une ordonnance spéciale déterminera les lieux où seront établies ces écoles, le nombre des élèves, les conditions d'admissibilité et les moyens de pourvoir à l'entretien et à l'enseignement des élèves de ces écoles. (Ord. 50.)

§ 2. *Ecole secondaire d'enseignement professionnel des Barres.*

29. *Origine.* — Un centre d'enseignement secondaire est institué aux Barres (Loiret),

pour les anciens élèves de l'école primaire des Barres. (Arr. Min. 16 juin 1882, art. 2. Circ. N 295.)

30. *Accès.* — Il est établi au domaine des Barres une école secondaire ouverte à tous les préposés du service actif. (Décr. du 23 octobre 1883, art. 5. Circ. N 322.)

31. *But. Conditions.* — Il est institué, au domaine des Barres, une école secondaire d'enseignement professionnel théorique et pratique, destinée à faciliter aux préposés l'accès au grade de garde général.

Sont admis à cette école les préposés ayant trois ans de service actif, moins de trente-cinq ans d'âge et déclarés aptes à suivre cet enseignement, après un examen préalable.

Il suffira de deux ans de service actif pour les élèves diplômés de l'école pratique de sylviculture. (Décr. du 14 janvier 1888, art. 5. Circ. N 394.)

32. *Nombre.* — Le nombre des élèves reçus chaque année à l'école secondaire ne pourra être supérieur à six. (Décr. du 14 janvier 1888, art. 5. Circ. N 394.)

33. *Grade. Brigadier.* — Les préposés admis à l'école secondaire d'enseignement professionnel reçoivent, s'ils ne l'ont déjà, le grade de brigadier. (Arr. Min. 5 juin 1884, art. 3. Circ. N 336.)

34. *Personnel de l'école.* — La direction de l'école est confiée à un conservateur ou à un inspecteur, dont l'autorité s'étend sur toutes les parties du service, de l'instruction et de l'administration.

Des inspecteurs ou des inspecteurs adjoints, dont le nombre est fixé par le ministre, aidés au besoin par des auxiliaires étrangers, professent les cours et sont, en outre, chargés des interrogations, de la correction des travaux et de l'instruction pratique. (Arr. Min. 5 juin 1884, art. 3. Circ. N 336.)

35. *Enseignement.* — Les brigadiers élèves reçoivent à l'école une instruction générale et une instruction forestière.

Le programme de l'enseignement est déterminé par un arrêté spécial. (Arr. Min. 5 juin 1884, art. 5. Circ. N 336.)

36. *Conseil d'instruction.* — Le directeur de l'école et les agents professeurs composent un conseil d'instruction, appelé à émettre des avis sur tout ce qui concerne les méthodes d'instruction et le service intérieur de l'école. Ce conseil provoque les améliorations qui lui paraissent utiles. (Arr. Min. du 5 juin 1884, art. 6. Circ. N 336.)

37. *Conseil de discipline.* — Un conseil de discipline se prononce sur le compte des élèves qui se mettraient dans le cas d'être exclus de l'école. L'exclusion est prononcée par le ministre, sur la proposition du conseil de discipline, transmise par le directeur des forêts, avec son avis, le conseil d'administration entendu. (Arr. Min. du 5 juin 1884, art. 9. Circ. N 336.)

38. *Cours. Durée.* — La durée des cours est de deux ans. (Arr. Min. du 5 juin 1884, art. 7. Circ. N 336.)

39. *Indemnité.* — Il est alloué aux préposés, pendant la durée des cours et en plus de leur traitement et avantages réglementaires, une indemnité de séjour calculée à raison de 50 francs par mois et, en outre, une indemnité de route calculée d'après le tarif réglementaire, pour se rendre de leur résidence à l'école, ainsi que pour leur retour. (Arr. Min. du 5 juin 1884, art. 10. Circ. N 336.)

40. *Fourniture.* — L'administration fournit aux élèves : uniforme de grande tenue, mobilier, literie, vaisselle, ustensiles de table et de cuisine, chauffage et éclairage, instruments et outils, livres, papier et plumes. Il est pourvu à l'entretien de leur uniforme de grande tenue par des retenues opérées sur leur salaire, dans les conditions déterminées par l'article 3 de l'arrêté ministériel du 28 octobre 1875. (Décis. Min. du 23 mars 1883. Circ. N 309. Arr. Min. du 5 juin 1884, art. 10. Circ. N 336.)

41. *Préposés communaux. Avantages.* — Les préposés communaux et d'établissements publics jouissent de tous les avantages accordés aux préposés domaniaux, pour les conditions d'admission aux écoles de gardes. (Décis. Min. du 23 juin 1879. Circ. N. 250.)

42. *Demande. Rapport.* — Chaque année, au mois de février, les conservateurs font connaître les préposés qu'ils jugent aptes à devenir gardes généraux. Ils établissent, pour chaque préposé, à l'appui de sa demande, un rapport détaillé dans lequel les titres du candidat sont constatés et appréciés successivement par ses différents chefs hiérarchiques; ce rapport est accompagné du relevé des services et de la copie des feuilles de notes, en ce qui concerne les préposés communaux. (Arr. Min. du 5 juin 1884, art. 1. Circ. N 336.)

SECT. III. — ÉCOLE PRATIQUE DE SYLVICULTURE DES BARRES.

43. *But.* — Il est institué au domaine des Barres-Vilmorin, commune de Nogent-sur-Vernisson (Loiret), une école pratique de sylviculture, ayant pour but de fournir des gardes particuliers, des régisseurs agricoles et forestiers, et de donner une bonne instruction professionnelle aux jeunes gens qui se destinent à ces sortes d'emploi.

Elle est ouverte, en conséquence, aux élèves libres dans les conditions déterminées par les articles qui suivent. (Décr. du 14 janvier 1888. Arr. Min. du 15 janvier 1888, art. 1. Circ. N 394. Arr. Min. du 19 novembre 1888, art. 1.)

44. *Régime.* — L'école reçoit des élèves internes et des demi-pensionnaires. (Arr. Min. du 15 janvier 1888, art. 2. Circ. N 394. Arr. Min. du 19 novembre 1888, art. 2.)

45. *Nombre.* — Le ministre fixe, chaque année, le nombre des élèves à admettre à l'école, d'après les résultats du concours et les places disponibles dans le casernement. (Arr. Min. du 19 novembre 1888, art. 2.)

46. *Pension.* — Le prix de la pension est de 600 francs par an, et celui de la demi-pension de 300 francs, payable d'avance et par dixième en trois versements, savoir : trois dixièmes en entrant, trois dixièmes en janvier et quatre dixièmes en avril.

Ces sommes sont destinées à assurer le payement des dépenses de nourriture et d'entretien de l'élève.

Indépendamment du prix de la pension, les élèves sont tenus de verser, à leur entrée dans l'établissement, une somme de 100 francs destinée à garantir le payement de l'uniforme et le remplacement ou la réparation des objets cassés, détériorés ou perdus par leur faute.

Tous les élèves, sans exception, sont obligés d'être pourvus à l'école des effets de trousseau arrêtés par le directeur de l'établissement; il en est de même pour les livres et objets nécessaires à leur instruction. (Arr. Min. du 15 janvier 1888, art. 3. Circ. N 394. Arr. Min. du 19 novembre 1888, art. 3.)

47. *Fournitures. Gratuité.* — L'administration fournit gratuitement aux élèves l'instruction, le logement, le chauffage, l'éclairage et les soins du médecin. (Arr. Min. 15 janvier 1888, art. 3. Circ. N 394. Arr. Min. 19 novembre 1888, art. 3.)

48. *Bourses.* — Chaque année, une somme nécessaire pour l'entretien d'élèves boursiers de l'Etat est prévue au budget de l'enseignement forestier; ces bourses peuvent être fractionnées. Elles sont attribuées par le ministre aux fils d'agents ou de préposés qui ont subi avec succès les épreuves de l'examen d'admission et qui ont justifié de l'insuffisance de leurs ressources.

Les départements peuvent également allouer des bourses dont ils ont la disposition, à la condition, toutefois, que les candidats aient satisfait aux examens d'entrée.

Les candidats demandant une bourse devront fournir, à l'appui de leur demande, un état des services de leur père et une délibération du conseil municipal de la commune, soit de leur résidence, s'ils sont majeurs, soit de celle de leurs parents, s'ils ne le sont pas, constatant l'insuffisance de leurs ressources ou de celles de leurs parents. (Arr. Min. du 15 janvier 1888, art. 4. Circ. N 394. Arr. Min. 19 novembre 1888, art. 4.)

49. *Conditions.* — Les candidats doivent avoir 17 ans au moins et 35 ans au plus, au 1er janvier de l'année de leur admission.

Ils ont à fournir les pièces suivantes, qui doivent être adressées au ministre de l'agriculture avant le 1er juin :

1o Demande du candidat, s'il est majeur, ou des parents, dans le cas contraire (sur timbre de 60 centimes);

2o Extrait de l'acte de naissance, dûment légalisé, du candidat;

3o Un certificat de bonne conduite délivré par le maire de la résidence effective du candidat;

4o Un engagement, soit du père de famille ou d'un répondant, soit du candidat lui-même, s'il est majeur, d'acquitter régulièrement le prix de la pension. (Arr. Min. du 15 janvier 1888, art. 6. Circ. N 394. Arr. Min. 19 novembre 1888, art. 6.)

50. *Cours. Durée.* — La durée des études est de deux ans. Les cours commencent, chaque année, le 15 octobre et sont terminés pour le 15 août de l'année suivante. (Arr. Min. du 15 janvier 1888, art. 9. Circ. N 394. Arr. Min. 19 novembre 1888, art. 9.)

51. *Enseignement.* — L'enseignement est à la fois théorique et pratique.

L'enseignement pratique comprend des travaux de culture et de main-d'œuvre dans le domaine et dans les pépinières, des exercices au laboratoire et des exercices de topographie sur le domaine et aux environs.

L'enseignement théorique comprend les matières ci-après :

1o Agriculture générale;
2o Eléments de sylviculture;
3o Eléments de droit forestier et notions sur l'organisation administrative en France;
4o Eléments de botanique forestière;
5o Arboriculture et viticulture;
6o Histoire et géographie;
7o Arithmétique et géométrie élémentaire;
8o Topographie;
9o Langue française;
10o Physique météorologique et chimie appliquée à l'agriculture;
11o Comptabilité agricole;
12o Exercices militaires. (Arr. Min. du 15 janvier 1888, art. 9. Circ. N 394. Arr. Min. du 19 novembre 1888, art. 9.)

52. *Certificat. Gardes domaniaux.* — Les élèves qui auront satisfait, à la fin de la deuxième année, aux examens de sortie recevront un certificat de fin d'études, qui leur sera délivré par le ministre de l'agriculture. Les jeunes gens munis de ce certificat pourront, suivant les besoins du service, s'ils ont satisfait à la loi militaire et s'ils ont 25 ans, être nommés gardes forestiers domaniaux de 2e classe. (Arr. Min. du 15 janvier 1888, art. 12. Circ. N 394. Arr. Min. du 19 novembre 1888, art. 12.)

53. *Personnel.* — La direction de l'école est confiée à un conservateur ou à un inspecteur des forêts, dont l'autorité s'étend sur toutes les parties du service, de l'instruction et de l'administration.

Des agents forestiers, dont le nombre est fixé par le ministre, aidés au besoin par des auxiliaires étrangers, professent les cours et sont, en outre, chargés des interrogations, de la correction des travaux et de l'instruction pratique.

Un des professeurs a le titre de sous-directeur et supplée le directeur de l'école, en cas d'empêchement de ce dernier.

Un adjudant de surveillance est chargé de donner l'instruction militaire aux élèves. Un préposé forestier comptable est attaché à l'établissement. (Arr. Min. du 15 janvier 1888, art. 13. Circ. N 394. Arr. Min. du 19 novembre 1888, art. 13.)

54. *Nourriture. Dépenses.* — Les élèves s'occupent eux-mêmes de leur ordinaire. Les dépenses sont réglées, à la fin de chaque mois, par une commission de quatre membres pris, par moitié, dans chaque division. (Arr. Min. du 15 janvier 1888, art. 15. Circ. N 394. Arr. Min. du 19 novembre 1888, art. 15.)

55. *Santé. Visite.* — A leur arrivée au domaine des Barres, les élèves libres sont soumis à une visite du médecin attaché à l'établissement, pour qu'il soit constaté qu'ils n'ont aucun vice de constitution, ni aucune infirmité les rendant impropres à un service actif. (Arr. Min. du 15 janvier 1888, art. 17. Circ. N 394. Arr. Min. du 19 novembre 1888, art. 17.)

ÉCONOMIE.

1. *Définition.* — Les opérations ou travaux par économie sont ceux qui sont confiés à la direction immédiate et à la responsabilité des agents, sans intermédiaire de soumissionnaire ou d'entrepreneur. Les travaux sont exécutés par des ouvriers, sous la conduite d'un agent. (Circ. A 661.)

2. *Emploi.* — Le mode d'exécution des travaux par économie ne doit être employé qu'en cas d'absolue nécessité. (Circ. A 610.)

ÉCORCE. V. Remanent.

ÉCORCES A TAN.

Algérie. Bois particuliers. — Un arrêté du gouverneur général, en date du 10 juillet 1886, règle l'exploitation, le colportage, la vente et l'exportation des écorces à tan dans les bois particuliers. V. Algérie. Bois particuliers. Exploitation.

ÉCORCEMENT. ÉCORÇAGE.

1. *Autorisation.* — Les conservateurs doivent accorder la faculté de faire de l'écorce, toutes les fois que cette mesure n'offrira aucun inconvénient au point de vue de la reproduction. (Circ. A 630.)

2. *Faculté.* — Tous les adjudicataires peuvent écorcer les arbres de leurs coupes *après les avoir abattus,* mais ils ne jouissent pas alors de la prorogation de délai de nettoiement accordée pour les coupes vendues avec faculté d'écorcer. (Circ. A 116.)

3. *Coupes affouagères.* — Les communes peuvent sans inconvénient être autorisées à faire écorcer sur pied les arbres des coupes affouagères, en se conformant aux clauses et conditions du cahier des charges. (Décis. Min. du 18 mars 1837.)

4. *Condition.* — Si un adjudicataire est autorisé à écorcer sur pied, à la condition de pratiquer une entaille annulaire au pied de chaque arbre, l'inexécution de cette condition constitue une infraction aux conditions de l'exploitation des coupes.

Amende : 50 à 500 francs. (Cod. For. 37. Cass. 27 février 1836.)

5. *Bois de marine.* — Les adjudicataires des coupes seront chargés de l'écorçage des arbres réservés pour la marine. (Décr. 16 octobre 1858, art. 4.)

6. *Mode.* — En aucun cas, le droit d'écorcer n'emporte celui d'éclater ou d'écuisser les souches. (Cass. 23 mars 1811.)

7. *Bois particuliers. Contrat. Violation.* — L'écorçage des arbres sur pied, contrairement aux conditions de la vente, n'est pas un délit à l'égard des bois particuliers. Ce fait ne peut donner lieu qu'à des dommages-intérêts. (L'article 36 du code forestier n'est pas applicable.) (Cass. 5 juin 1841.)

8. *Délit. Pénalités.* — L'écorcement des arbres est puni comme si on les avait coupés par le pied. (Cod. For. 196.) V. Arbre.

9. *Adjudicataire. Pénalités.* — L'adjudicataire (ou entrepreneur) (Cass. 12 août 1837) qui, sans autorisation expresse, fait peler ou écorcer des arbres sur pied (Cah. des ch. 25) encourra :

Amende : 50 à 500 francs. (Cod. For. 36.)
Récidive : 100 à 1000 francs. (Cod. For. 36 et 201.)
Saisie des écorces et bois écorcés en garantie des dommages-intérêts obligatoires, qui ne peuvent être inférieurs à la valeur des arbres indûment pelés et écorcés. (Cod. For. 36. Cass. 23 juillet 1842.)

10. *Adjudicataire. Réserves.* — Si l'adjudicataire avait fait peler ou écorcer des arbres de réserve, il serait poursuivi comme s'il les avait coupés par le pied. (Cod. For. 34, 192 et 196.)

11. *Chêne-liège.* — L'écorcement des chênes-liège est passible des peines portées par l'article 196 du code forestier et non de

celles de l'article 144. L'écorce est un revenu et non un fruit de l'arbre. (Pau, 11 février 1858.) Peu importe, d'ailleurs, que l'écorcement soit fait pour enlever le bon liège et sans nuire à l'arbre, ou qu'il provienne d'une exploitation vicieuse dont le résultat est d'enlever la *mère* et de nuire par conséquent à l'arbre. (Aix, 23 mai 1867.) V. Liège. Chêne-Liège. Exploitation.

ÉCOULEMENT.

Eaux. — Les fonds inférieurs sont assujettis, envers ceux qui sont plus élevés, à recevoir les eaux qui en découlent naturellement, sans que la main de l'homme y ait contribué. Il est défendu d'élever des digues pour empêcher cet écoulement, ou pour aggraver la servitude du fonds inférieur. (Cod. Civ. 640.) V. Drainage.

ÉCRITURE.

1. *Ecritures prescrites.* — Les conservateurs doivent veiller à ce qu'il ne soit pas fait, sans utilité, des écritures autres que celles prescrites par l'administration. (Circ. A 584.)

2. *Ecritures oiseuses.* — Lorsque des chefs de service se livrent à des écritures oiseuses, pour des minimes objets, ou entrent dans des détails trop minutieux, les conservateurs doivent, dans leurs tournées, rectifier leurs idées erronées sur cette partie de leurs devoirs. (Circ. A 534 bis.)

3. *Poursuites.* — Dans les bureaux autres que ceux auxquels il est attaché des commis, les agents, quel que soit leur grade, n'auront point à s'occuper des écritures concernant la poursuite des délits ; elles seront faites par les soins des inspecteurs et autres chefs de service. (Circ. A 404.)

4. *Simple expédition.* — Les inspecteurs et chefs de cantonnement rédigeront et transmettront en simple expédition les bordereaux de frais d'adjudication et d'impression, les procès-verbaux de reconnaissance et de réception de travaux, les rapports, avis, états et tous les autres actes. (Circ. A 584.)

5. *Copies.* — Les copies des actes signifiés doivent être lisibles, sous peine de 25 francs d'amende. (Décr. du 29 août 1813, art. 1 et 2. Cass. 3 mai 1837.)

6. *Procès-verbaux.* — Les gardes de l'Etat, des communes et des particuliers doivent écrire eux-mêmes leurs procès-verbaux. Si cependant le procès-verbal est seulement signé par le garde et non écrit en entier de sa main, l'officier public qui en recevra l'affirmation devra lui en donner préalablement lecture et faire ensuite mention de cette formalité, le tout à peine de nullité du procès-verbal. (Cod. For. 165 et 189. Loi du 18 juin 1859.)

7. *Procès-verbaux. Formalités.* — Les formalités pour l'écriture ne sont pas indispensables, lorsque le garde a écrit lui-même une partie du procès-verbal ; cependant, la mention de la lecture doit toujours, dans l'acte d'affirmation, être écrite à la main. (Cass. 3 novembre 1832 et 28 février 1833. Circ. A 240.) V. Affirmation.

8. *Procès-verbaux.* — Les gardes peuvent faire écrire leurs procès-verbaux par qui bon leur semble. (Cass. 18 juin 1829.)

9. *Procès-verbaux. Empêchement.* — Aucune cause d'empêchement de la part des gardes, pour ne pas écrire leurs procès-verbaux, ne peut être exceptée. (Cass. 12 février 1829, 18 juin 1829.)

10. *Empêchement. Causes.* — Les gardes n'ont pas besoin de faire connaître les causes qui les ont empêchés d'écrire eux-mêmes leurs procès-verbaux. (Cass. 1er août 1828 et 18 juin 1829.)

11. *Ratures. Surcharges. Interlignes.* — Les ratures, surcharges ou interlignes non approuvés ne sont pas une cause de nullité pour le procès-verbal, s'ils concernent des mots qui ne font pas partie constituante et essentielle de l'acte.

Les renvois, ratures et interlignes non approuvés sont réputés non avenus. (Instr. Crim. 78.)

12. *Rature. Renvoi.* — Les ratures, renvois, surcharges et interlignes sont approuvés par la signature mise en marge ou au bas du procès-verbal, et même par un simple paraphe. (Cass. 23 juillet 1824.)

13. *Rature. Addition. Grattage.* — Les ratures, additions, rectifications, interlignes et renvois doivent être approuvés avec soin. Les grattages sont interdits. (Loi du 25 ventôse an XI. Circ. N 64, art. 68.)

ÉCUISSER. V. Éclater. Souche.

EFFETS.

Perte. — Des indemnités peuvent être allouées aux préposés pour la perte d'effets mobiliers, éprouvée par suite de l'exercice de leurs fonctions. (Arrêté du directeur général, 18 novembre 1848.)

EFFET RÉTROACTIF.

Loi. — Disposition législative régissant le passé. La loi n'a point d'effet rétroactif. (Cod. Civ. 2.)

EFFRACTION.

Définition. — Est qualifié *effraction* tout forcement, rupture, dégradation, démolition, enlèvement de mur, toit, plancher, portes, fenêtres, serrures, cadenas, etc., servant à fermer ou à empêcher le passage, et de toute espèce de clôture, quelle qu'elle soit. (Cod. Pén. 393.) L'ouverture de tout objet fermé, cloué et ficelé, constitue une effraction. (Cod. Pén. 396.)

ÉHOUPER.

Délit. — Couper la cime d'un arbre. Délit puni comme si l'arbre avait été coupé par le pied. (Cod. For. 196.) V. Arbre.

ÉLAGAGE.

1. *Droit.* — Celui sur la propriété duquel avancent les branches des arbres du voisin peut contraindre celui-ci à les couper. Si ce sont les racines qui avancent sur son héritage, il a le droit de les y couper lui-même. (Cod. Civ. 673. Loi du 20 août 1881.)

2. *Distance.* — Le voisin peut exiger que les arbres de lisière, plantés en dehors des distances prescrites par l'article 671 du code civil, soient arrachés ou réduits à la hauteur déterminée par le même article, à moins qu'il n'y ait titre, destination du père de famille ou prescription trentenaire. (Cod. Civ. 672. Loi du 20 août 1881.) V. Arbre de lisière.

3. *Droit d'élagage.* — Les forêts domaniales et communales sont soumises au droit commun, en ce qui concerne l'élagage des arbres de lisière, qui n'avaient pas trente ans lors de la promulgation du code forestier. (Lettre de l'administration, 3 mai 1828.)

4. *Forêts. Age.* — Les propriétaires riverains des bois et forêts ne peuvent se prévaloir de l'article 672 du code civil, pour l'élagage des lisières desdits bois et forêts, si ces arbres de lisière ont plus de trente ans. (Cod. For. 150.)

5. *Exception.* — L'exception de l'article 150 du code forestier ne s'applique qu'aux arbres âgés de trente ans, à l'époque de la promulgation du code forestier. Cette distinction ressort des explications données par M. de Martignac, à la Chambre des Pairs ; sans cela, en ne consultant que la lettre de la loi, on pourrait y voir la possibilité d'acquérir la prescription du droit d'élagage.

6. *Remplacement.* — Quand les arbres de lisières qui ont actuellement plus de trente ans auront été abattus, les arbres qui les remplaceront devront être élagués, conformément à l'article 672 du code civil, lorsque l'élagage en sera requis par les riverains. (Ord. 176.)

7. *Prescription.* — On peut prescrire contre la servitude d'élagage, en prouvant que depuis plus de trente ans les branches d'un arbre de lisière s'étendent sur la propriété voisine, et cette preuve incombe au propriétaire de l'arbre qui se refuse à l'élagage, en alléguant la prescription.

8. *Exception.* — Si les arbres de lisière ont plus de trente ans, le propriétaire a alors la prescription du droit pour lui et le riverain ne peut pas le forcer à les élaguer. (Cod. For. 150.) L'âge de trente ans s'entend à l'époque de la promulgation du code forestier, en 1827. (Chambre des Pairs, 19 mai 1827.)

9. *Défaut d'autorisation. Délit. Pénalités.* — Tout élagage des arbres de lisière qui serait exécuté sans l'autorisation des propriétaires des bois et forêts donnera lieu à l'application des peines portées par l'article 196, comme si les arbres étaient coupés par le pied. (Cod. For. 150.) V. Arbre. Branches.

10. *Époque.* — Le propriétaire a le droit de choisir l'époque où doit se faire l'élagage. D'après l'usage, on n'élague plus les arbres après le 15 avril.

11. *Opération. Frais.* — Les demandes d'élagage adressées au conservateur ne peuvent concerner que les arbres ayant plus de trente ans, lors de la promulgation du code forestier ; lorsque cet élagage est autorisé, l'opération est faite aux frais des riverains. (Circ. A 568.)

12. *Autorisation.* — L'élagage des routes et lisières (bois âgés de plus de trente ans), pour les bois soumis au régime forestier, est autorisé par le conservateur, quel qu'en soit le montant des frais. Pour les bois communaux, les conseils municipaux doivent être consultés. (Ord. du 4 décembre 1844, art. 1, § 2. Circ. A 568.) V. Service administratif des chefs de cantonnement, par Puton, p. 307.

13. *Autorisation. Préfet.* — Les préfets sont incompétents pour autoriser les élagages des arbres de lisière dans les bois communaux, mais les agents forestiers doivent leur faire connaître les décisions qui autorisent des élagages dans les bois communaux et

d'établissements publics. (Décis. Min. 11 décembre 1828.)

14. *Autorisation. Préfet.* — L'élagage des arbres du massif, autres que ceux de lisière, dans les bois des communes et des établissements publics, considéré comme travail extraordinaire ou d'amélioration, est autorisé par le préfet, sur l'avis du conservateur et après délibération du conseil municipal de la commune propriétaire. (Ord. 136.)

15. *Refus d'autorisation. Recours.* — Si le conservateur refusait d'autoriser un élagage, on devrait en référer au directeur, qui ferait statuer par le ministre. (Circ. A 266.)

16. *Autorisation. Age.* — L'autorisation d'élagage à accorder par le conservateur ne s'entend que des arbres ayant plus de trente ans, car on ne peut pas s'y refuser pour les arbres plus jeunes.

17. *Adjudication.* — Les conservateurs autoriseront et feront effectuer les adjudications des bois provenant des élagages et qui n'auront pas été vendus sur pied. (Ord. 102 et 134.)

18. *Bois domaniaux.* — Les élagages mis en vente sont considérés comme produits accidentels, et le prix est versé à la caisse du receveur des domaines, quel que soit le montant de l'estimation, excepté lorsque, par leur importance, ils sont de nature à modifier l'assiette des coupes annuelles, c'est-à-dire lorsqu'il y a précomptage sur la possibilité ; le prix en est alors encaissé par le trésorier-payeur général. (Décis. Min. 31 mars 1863. Circ. A 833. Circ. N 80, art. 65.)

Dans le cas où ils ne sont pas mis en vente, les bois d'élagage sont considérés comme menus produits. (Décis. Min. 22 juin 1838. Circ. A 429. Circ. A 842.)

19. *Bois communaux et d'établissements publics.* — Les produits d'élagages provenant des bois communaux et d'établissements publics sont considérés comme produits accessoires, quelle qu'en soit la valeur. (Arr. Min. 1er septembre 1838. Circ. A 429.)

20. *Coupe par unités de produits. Ouvriers.* — L'adjudicataire fournira, aux jours fixés par le chef de cantonnement, le nombre d'ouvriers nécessaires pour opérer, s'il y a lieu, l'élagage des bois laissés sur pied. (Cah. des ch. 13.)

21. *Réserves. Mise en charge.* — L'élagage des réserves mis en charge sur les coupes ne doit jamais arriver à représenter une dépense estimée à deux pour cent du prix de la coupe. Dans des circonstances semblables, on doit demander un crédit à l'administration pour faire effectuer ce travail. Agir autrement serait accroître par des ressources particulières des crédits affectés à des dépenses, ou agir par voie d'atténuation de recettes, ce qui est contraire aux règles de la comptabilité. (Note de l'administration.)

22. *Arbre de route.* — Les mesures de police prescrivant l'élagage des arbres, le long des routes et chemins, doivent recevoir leur exécution, nonobstant l'article 150 du code forestier, lorsque ces mesures sont prescrites par l'autorité administrative, dans un intérêt général. (Cass. 5 septembre 1845.)

23. *Chemins. Arbres de bordure.* — Les arbres plantés sur le bord d'un chemin vicinal, quoique arbres de lisière d'une forêt, sont soumis à l'élagage prescrit par arrêté du préfet, en vertu de la loi du 21 avril 1836, article 21, et quoique les arbres à élaguer fussent plus que centenaires. (Décis. Min. 18 août 1829. Cass. 5 septembre 1845.)

24. *Chemin vicinal. Hauts bords.* — Les arbres, branches, haies, racines doivent être coupés à l'aplomb des limites des chemins. Comme les hauts bords ne font pas partie du chemin, l'élagage n'est obligatoire que lorsque l'égout des branches tombe sur le chemin. On n'est donc pas obligé d'élaguer jusqu'à six mètres, en mesurant à partir des hauts bords. (Règl. Gén. des chemins vicinaux, 15 avril 1872, art. 192.)

25. *Compétence.* — Les contestations relatives à l'élagage sont du ressort exclusif de l'autorité judiciaire. (Cons. d'Etat, 12 février 1863.)

26. *Compétence. Juridiction.* — C'est devant le juge de paix que doivent être portées les actions en élagage. Ce magistrat est seul compétent pour ordonner cette opération et condamner le propriétaire à des dommages-intérêts, s'il refusait, et même pour autoriser le riverain à la faire exécuter aux frais du propriétaire, avec les précautions convenables et à l'époque fixée par ce dernier.

Si le propriétaire invoquait une exception préjudicielle, en alléguant que les arbres avaient plus de trente ans à la promulgation du code, les tribunaux civils seraient alors seuls compétents pour juger cette question, dont la preuve incombe au demandeur de l'exception. (Loi du 25 mai 1838, art. 5, § 1er.) V. Juge de paix.

27. *Chemin vicinal.* — Un maire ne peut, sans procès-verbal et sans décision de l'autorité compétente, enjoindre à des ouvriers de pénétrer dans une propriété privée et d'y élaguer des arbres contre un chemin vicinal. (Dijon, 15 décembre 1876.)

ÉLARGISSEMENT. V. Chemin. Route.

ÉLECTION.

1. *Principes.* — On ne doit pas faire intervenir les fonctionnaires dans les élections, à moins qu'ils ne soient exclusivement politiques ; la liberté publique courrait de grands périls, le jour où il serait admis, en principe, que tous les serviteurs de l'Etat

sont au service du gouvernement dans ces épreuves solennelles. (Vivien.)

2. *Mandat. Autorisation.* — Aucun agent ne peut, sans y avoir été autorisé par une décision spéciale, accepter, à un titre quelconque, un mandat qui l'oblige à employer, pour le remplir, une partie du temps qu'il doit à l'administration dont il fait partie. (Circ. du Min. des Fin. 9 août 1877.)

3. *Fonctionnaires.* — Les fonctionnaires ne doivent pas contrarier l'action du gouvernement dans les élections. Tout en conservant la liberté absolue de leur vote, les agents forestiers doivent garder une attitude qui ne permette pas de les ranger au nombre des adversaires du gouvernement. (Circ. N 215.)

4. *Action. Pression.* — Le fonctionnaire qui aura influencé un vote par voie de fait, violence ou menace, contre un électeur, soit en lui faisant craindre de perdre son emploi ou d'exposer à un dommage sa personne, sa famille ou sa fortune, encourra :

Prison : 2 mois à 2 ans.
Amende : 200 à 2000 francs. (Décr. organique, 2 février 1852, art. 39.)

ÉLÈVES.

SECT. I. — ÉCOLE NATIONALE FORESTIÈRE, 1 — 22.

SECT. II. — ÉCOLE SECONDAIRE D'ENSEIGNEMENT PROFESSIONNEL DES BARRES, 23 — 31.

SECT. III. — ÉCOLE PRATIQUE DE SYLVICULTURE DES BARRES, 32 — 38.

V. Ecoles forestières. Examen. Institut agronomique. Programme.

SECT. I. — ÉCOLE NATIONALE FORESTIÈRE.

1. *Recrutement. Admission. Age.* — A partir du 1er janvier 1889, tous les élèves de l'école nationale forestière se recruteront parmi les élèves diplômés de l'institut national agronomique, ayant eu vingt-deux ans au plus au 1er janvier de l'année courante, sauf pour les jeunes gens ayant satisfait à la loi militaire ; auquel cas, la limite d'âge sera reculée du temps passé sous les drapeaux. (Décr. du 9 janvier 1888. Circ. N 394.)

2. *Nombre. Maximum.* — Le nombre des élèves à admettre à l'école forestière sera, chaque année, fixé par le ministre, en raison des besoins de l'administration des forêts. (Ord. 44. Ord. 5 mai 1834. Décis. Min. 28 octobre 1865.) Maximum : 12. (Décr. du 9 janvier 1888. Circ. N 394.)

3. *Admissibilité. Ecole polytechnique.* — Les élèves de l'école polytechnique admissibles dans les services publics peuvent être reçus à l'école forestière. (Décr. du 30 novembre 1863. Décr. 15 avril 1873. art. 67. Décr. 9 janvier 1888, art. 1er.)

4. *Instruction militaire.* — Pendant leur séjour à l'école, les élèves reçoivent une instruction militaire.

Un officier désigné par le ministre de la guerre est chargé de cet enseignement. (Décr. du 18 novembre 1890. Circ. N 424.)

5. *Tournées.* — Les élèves feront, chaque année, dans les forêts, aux époques qui seront indiquées par le directeur et sous la conduite du professeur qu'il aura désigné, des excursions qui auront pour but la démonstration et l'application sur le terrain des principes qui leur auront été enseignés. (Ord. 48.)

6. *Jury. Décision. Sortie.* — A la fin de chaque année scolaire, un jury composé de trois membres procède aux examens des élèves. Font partie de ce jury : le directeur ou le sous-directeur de l'école, président, le professeur ou chargé du cours sur lequel porte l'examen, et un professeur ou chargé d'un autre cours.

Le directeur des forêts ou son délégué assiste, quand il le juge utile, aux examens. Dans ce cas, la présidence du jury lui appartient. (Ord. 49. Arr. Min. du 12 octobre 1889, art. 21.)

7. *Classement.* — Le classement des élèves est arrêté par un comité composé, sous la présidence du directeur des forêts ou de son délégué, du directeur de l'école, des professeurs et chargés de cours. (Arr. Min. 12 octobre 1889, art. 24.)

8. *Examen. Doublement.* — Sont rayés des cadres les élèves qui, à la fin soit de la première, soit de la deuxième année, ne réunissent pas, pour les notes de l'année correspondante, un nombre de points égal à la moitié du nombre total maximum.

Sont également rayés des cadres ceux qui, ayant atteint ou dépassé ce nombre, n'auraient pas obtenu, soit en sciences forestières, soit en sciences naturelles, la cote 8, ou, dans les autres matières, la cote 6.

Toutefois, les élèves visés dans le paragraphe précédent pourront être autorisés à redoubler leur année d'études, sans que, dans aucun cas, le séjour à l'école puisse dépasser trois années, sous la réserve des règlements militaires. (Arr. Min. du 12 octobre 1889, art. 30.)

9. *Maladie. Doublement.* — Seront admis à redoubler leur année d'études les élèves qu'une maladie grave, dûment constatée, aura obligés, pendant l'année, à une interruption de travail de quarante-cinq jours au moins. (Arr. Min. du 12 octobre 1889, art. 32.)

10. *Renvoi.* — Le ministre de l'agriculture prononce le renvoi de l'école des élèves exclus. (Ord. 52. Arr. Min. du 12 octobre 1889, art. 53.)

11. *Brigadier.* — Les élèves rayés des cadres peuvent, lorsqu'ils ont satisfait à la loi sur le recrutement de l'armée, être appelés aux fonctions de brigadier dans le service sédentaire. Ils doivent faire connaître au directeur de l'administration des forêts, dans le mois qui suit leur radiation, s'ils sont dans l'intention de profiter de cette disposition.

Deux ans au moins après leur nomination en qualité de brigadier sédentaire, ils seront admis à subir les examens de sortie de l'école ; mais ils ne pourront, en cas de succès, être nommés au grade de garde général stagiaire, avant d'avoir accompli leur vingt-cinquième année. (Arr. Min. du 12 octobre 1889, art. 31.)

12. *Sortie. Classement. Notations.* — Les élèves qui, au classement définitif, auront obtenu dans l'ensemble des notations une moyenne générale de 15 seront nommés gardes généraux de troisième classe ; mais ils accompliront leur stage conformément à la règle générale. (Arr. Min. du 31 juillet 1886, art. 2. Circ. N 368. Arr. Min. du 12 octobre 1889, art. 29.)

13. *Stage. Durée.* — Les élèves sortant de l'école forestière sont astreints à un stage, qui a pour objet de les initier à la pratique de la gestion administrative et qui a lieu auprès des inspecteurs. (Arr. Min. du 31 juillet 1886. Circ. N 368.)

14. *Résidence. Choix.* — Les élèves feront, sur la liste des inspections arrêtées chaque année par le ministre, choix de leur résidence de stage, suivant leur rang de sortie. (Arr. Min. du 31 juillet 1886, art. 6. Circ. N 368.)

15. *Age. Emploi.* — Nul ne peut exercer un emploi forestier, s'il n'est âgé de vingt-cinq ans accomplis; néanmoins, les élèves sortant de l'école forestière pourront obtenir des dispenses d'âge. (Cod. For. 3.)

16. *Sortie. Emploi.* — Si les élèves, après avoir terminé leur cours et fait preuve des connaissances requises, n'ont pas atteint l'âge de vingt-cinq ans, ni obtenu des dispenses d'âge, ou s'il n'existe point d'emplois de garde général vacants, ils jouiront d'un traitement de garde général stagiaire et seront provisoirement employés soit à la direction à Paris, soit auprès des conservateurs ou des inspecteurs, dans les arrondissements les plus importants.

Dès qu'ils auront satisfait à la condition d'âge et que des vacances auront lieu, les premiers emplois de garde général leur seront acquis, par préférence aux autres élèves qui seraient sortis postérieurement. (Ord. 51.)

17. *Service militaire.* — Les jeunes gens reçus à l'école forestière, qui sont reconnus propres au service militaire, n'y sont définitivement admis qu'à la condition de contracter un engagement volontaire de trois ans.

Ils sont considérés comme présents sous les drapeaux dans l'armée active, pendant tout le temps passé par eux à l'école. Ils y reçoivent l'instruction militaire complète et sont à la disposition du ministre de la guerre.

S'ils ne peuvent satisfaire aux examens de sortie ou s'ils sont renvoyés pour inconduite, ils sont incorporés dans un corps de troupe, pour y terminer le temps de service qu'il leur reste à faire. (Loi du 15 juillet 1889, art. 28.) V. Chasseurs forestiers. Service militaire.

18. *Avantage.* — Peuvent seuls être admis à l'école forestière, sans contracter l'engagement spécifié à l'article 28 de la loi du 15 juillet 1889, les jeunes gens reçus à cette école et qui, au moment de l'entrée, n'auraient pas été reconnus aptes au service militaire pour défaut de taille ou faiblesse de constitution. L'aptitude physique de ces jeunes gens est constatée par une commission composée du directeur de l'école forestière, du commandant de recrutement et d'un médecin militaire désigné par le ministre de la guerre. (Règl. du 1er mars 1890, art. 2.)

19. *Engagement.*— Tout élève non engagé, qui est devenu apte au service militaire, peut souscrire, pendant son séjour à l'école, soit avant sa comparution devant le conseil de revision, soit au moment de cette comparution, un engagement de trois ans remontant au 1er octobre de son entrée à l'école. Il sera soumis aux mêmes obligations que les élèves de sa promotion engagés au moment de leur admission. (Règl. du 1er mars 1890, art. 4.)

20. *Sortie. Stage militaire.* — A leur sortie de l'école forestière, les élèves sont nommés sous-lieutenants de réserve d'infanterie et accomplissent, en cette qualité, dans le corps auquel ils sont affectés, le stage de leur troisième année de service, prévu par l'article 28 de la loi du 15 juillet 1889. (Décr. du 18 novembre 1890, art. 15. Circ. N 424.)

21. *Contrôle militaire.* — Le directeur de l'école forestière adressera au commandant de recrutement le nom des hommes faisant partie du personnel placé sous ses ordres. (Décr. du 18 novembre 1890. Circ. N 424.)

22. *Auditeurs.* — Des places d'auditeurs ou élèves libres, au nombre de vingt à vingt-cinq, seront mises, dans les amphithéâtres de

l'école, à la disposition des Français ou des étrangers qui en feront la demande, avant le 1er septembre de chaque année, au directeur des forêts, qui statuera. (Décis. Min. du 11 novembre 1861.)

SECT. II. — ÉCOLE SECONDAIRE D'ENSEIGNEMENT PROFESSIONNEL DES BARRES.

23. *Recrutement. Admission.* — Sont admis à l'école secondaire les préposés ayant trois ans de service actif, moins de trente-cinq ans d'âge, et déclarés aptes à suivre cet enseignement, après examen préalable. Il suffira de deux ans de service actif, pour les élèves diplômés de l'école pratique de sylviculture. (Décr. du 14 janvier 1888, art. 5. Circ. N 394.)

24. *Nombre.* — Le nombre des élèves reçus, chaque année, à l'école secondaire ne pourra être supérieur à six. (Décr. du 14 janvier 1888, art. 5. Circ. N 394.)

25. *Jury. Division. Sortie.* — A la fin des cours, les brigadiers-élèves subissent devant le directeur et les professeurs de l'école réunis en jury, sous la présidence du directeur de l'administration ou d'un délégué, les examens de passage en 1re division ou de sortie. (Arr. Min. du 5 juin 1884, art. 11. Circ. N 336.)

26. *Classement.* — A la fin des opérations du jury, le classement des élèves est établi d'après les résultats des examens et les notes de l'année. (Arr. Min. 5 juin 1884, art. 12. Circ. N 336.)

27. *Sortie.* — Les préposés qui ont satisfait aux examens de sortie font connaître les conservations où ils désirent être spécialement appelés. (Arr. Min. du 5 juin 1884, art. 13. Circ. N. 336.)

28. *Première mise.* — Les brigadiers-élèves, qui auront satisfait aux examens de sortie et seront nommés gardes généraux stagiaires, auront droit à une indemnité dite de première mise de 300 francs. (Arr. Min. du 19 octobre 1888, art. 1.)

29. *Logement.* — Les brigadiers-élèves, mariés ou veufs avec enfants, recevront une indemnité de logement de 300 francs. (Arr. Min. du 19 octobre 1888, art. 2.)

30. *Brigadiers.* — Les préposés qui n'ont pas satisfait aux épreuves de passage ou de sortie sont renvoyés dans le service actif, avec le grade qu'ils avaient avant leur entrée à l'école. Toutefois, le titre de brigadier peut être maintenu à ceux d'entre eux qui auront fait preuve d'assiduité et de travail. (Arr. Min. du 5 juin 1884, art. 14. Circ. N 336.)

31. *Doublement.* — Les préposés qui auraient eu une interruption forcée de travail de plus de quarante-cinq jours consécutifs peuvent être autorisés par le ministre, à titre exceptionnel et sur la proposition du conseil d'instruction transmise par le directeur des forêts, avec son avis, à redoubler une année de cours. (Arr. Min. du 5 juin 1884, art. 14. Circ. N 336.)

SECT. III. — ÉCOLE PRATIQUE DE SYLVICULTURE DES BARRES.

32. *Recrutement.* — Les élèves sont reçus après un examen permettant de constater leur aptitude et leur degré d'instruction. (Arr. Min. du 15 janvier 1888, art. 5. Circ. N 394. Arr. Min. du 19 novembre 1888, art. 5.)

33. *Admission.* — L'admission est prononcée par le ministre de l'agriculture. La liste des élèves admis chaque année et l'état des bourses sont publiés au *Journal officiel.* (Arr. Min. du 15 janvier 1888, art. 8. Circ. N 394. Arr. Min. du 19 novembre 1888, art. 8.)

34. *Visite. Santé.* — A leur arrivée, les élèves libres sont soumis à une visite du médecin attaché à l'établissement, pour qu'il soit constaté qu'ils n'ont aucun vice de constitution, ni aucune infirmité les rendant impropres à un service actif. (Arr. Min. du 15 janvier 1888, art. 17. Circ. N 394. Arr. Min. du 19 novembre 1888, art. 17.)

35. *Instruction militaire.* — Un adjudant de surveillance est chargé de donner l'instruction militaire aux élèves. (Arr. Min. du 15 janvier 1888, art. 13. Circ. N 394. Arr. Min. du 19 novembre 1888, art. 13.)

36. *Examen. Doublement.* — Tout élève qui, à la fin des examens de première année, aura obtenu une moyenne générale inférieure à 8, ou, dans une matière quelconque, une moyenne inférieure à 4, ne sera pas admis à passer dans la division supérieure et il sera décidé par le conseil d'instruction si cet élève doit être renvoyé de l'école, ou s'il peut être admis à renouveler cette première année. (Arr. Min. du 15 janvier 1888, art. 12. Circ. N 394. Arr. Min. du 19 novembre 1888, art. 12.)

37. *Classement.* — A la fin de chaque année, les élèves sont l'objet d'un classement, résultant des notes obtenues par eux dans les diverses épreuves. (Arr. Min. du 15 janvier 1888, art. 11. Circ. N 394. Arr. Min. du 19 novembre 1888, art. 11.)

38. *Sortie. Certificat. Gardes domaniaux.* — Les élèves qui auront satisfait, à la fin de la deuxième année, aux examens de sortie recevront un certificat de fin d'études, qui leur sera délivré par le ministre de l'agriculture. Les jeunes gens munis de ce certificat pourront, suivant les besoins du service, s'ils ont satisfait à la loi militaire et s'ils ont vingt-cinq ans, être nommés gardes forestiers domaniaux de 2e classe. (Arr. Min. 15 janvier 1888, art. 12. Circ. N 394. Arr. Min. du 19 novembre 1888, art. 12.)

ÉLIMINATION. (CHASSEURS FORESTIERS.)

1. *Propositions.* — Les propositions d'élimination des préposés d'un corps de chasseurs forestiers, pour cause d'invalidité, seront fournies le 15 décembre de chaque année. Elles concernent seulement les hommes de troupe (adjudants, sous-officiers, caporaux et soldats). (Circ. N 317.)

2. *Certificat.* — Au vu de la décision de l'administration, les conservateurs délivrent à chacun des intéressés un certificat d'élimination. (Circ. N 317.)

3. *Mobilisation. Uniforme. Plaque.* — A partir de l'ordre de mobilisation, les préposés éliminés devront quitter immédiatement leurs effets militaires. Ils ne porteront que la plaque pour tout insigne.

Les effets d'uniforme seront versés, contre reçu, dans un magasin de troupe désigné, dès le temps de paix, par les soins du général commandant le corps d'armée. (Circ. N 317.) V. Armement. Équipement. Uniforme.

4. *Désarmement.* — L'armement des préposés éliminés sera déposé provisoirement dans les magasins désignés. Le dépôt comprendra le fusil, l'épée-bayonnette et les cartouches de toute catégorie que ces préposés ont entre les mains. Ceux-ci conserveront leur grand équipement, qui ne devra être versé, ainsi que l'habillement, qu'au moment de la mobilisation. (Lettre du Min. de la guerre, 11 novembre 1891. Circ. N 440.)

ÉMARGEMENT.

1. *Etat des journées.* — Le rôle ou état des journées d'ouvriers, dûment émargé par les parties prenantes, doit être adressé dans le délai d'un mois, à dater du jour où le mandat a été touché. Cet état, attesté par l'agent régisseur, est envoyé avec un bordereau en double. Certifié par le chef de service et visé par le conservateur, cet état est envoyé au trésorier général, avec les deux bordereaux, pour être joint au mandat ; le trésorier général en accuse réception en renvoyant un des bordereaux. (Règl. Min. 26 décembre 1866, art. 134 et 136.) V. Comptabilité.

Pour les travaux en régie exécutés dans les périmètres de restauration, les bordereaux sont fournis en trois exemplaires. (Instr. Gén. 2 février 1885, art. 171. Circ. N 345.) V. État des journées.

2. *Etats. Timbre de dimension.* — Si les états d'émargement (Form. série 3, nº 14) ne sont que de simples états de quittance, en dehors de toute constatation de travail, mémoire de fournitures, etc., ces pièces ne sont pas soumises au timbre de dimension, mais seulement au timbre de quittance. Si, par contre, ces états constatent autre chose qu'un reçu, tel par exemple qu'une fourniture ou l'exécution d'un travail, ils sont alors soumis au timbre de dimension, en même temps que la quittance est soumise au timbre spécial de quittance. (Revue, avril 1875, page 230. Puton. Circ. N 191.)

3. *Etats. Timbre de quittance. Timbre.* — Les états d'émargement pour lesquels il est dû un timbre de 10 centimes, pour chaque payement excédant 10 francs, ne peuvent être timbrés à l'extraordinaire qu'autant que le droit à percevoir pour chaque page correspondra à l'une des quotités des timbres de dimension en usage. (Décr. du 27 novembre 1871.) V. Timbre.

EMBALLAGE.

Frais extraordinaires. — Les frais extraordinaires d'emballage que nécessite le service forestier sont payés, à titre d'avance, par les agents expéditeurs.

Ces frais sont remboursés au vu des pièces justificatives. Il n'est pas tenu compte des pourboires. (Circ. N 100.)

ÉMOLUMENT USAGER.

1. *Droit d'usage. Bien communal. Partage.* — Un droit d'usage établi sur des bois d'origine seigneuriale a cessé de s'accroître depuis le 4 août 1789; mais l'émolument usager délivré à la commune, *ut universitas*, doit être partagé entre toutes les maisons, tant anciennes que nouvelles, parce que le droit d'usage est un bien communal, au produit duquel chaque habitant de la commune a un droit acquis, aux termes de l'article 542 du code civil. V. Droit d'usage. Cantonnement.

2. *Pâturage.* — Le propriétaire d'une forêt grevée d'un droit d'usage en pâturage ne peut y introduire ses troupeaux ou ceux de ses fermiers qu'autant qu'il ne nuira pas aux usagers et qu'il restera pour leurs bestiaux des produits suffisants. (Nancy, 20 juillet 1843.)

3. *Arrérages.* — L'émolument usager étant destiné à satisfaire le besoin ne s'arrérage pas, parce que, lorsque l'usager n'en a pas demandé la délivrance, c'est qu'il n'en avait pas besoin. Toutefois, si la demande de la délivrance avait été faite, dans ce cas, les fruits de l'usage seraient dus à compter du jour de la demande en délivrance. (Cass. 25 juillet 1831.)

ÉMONDAGE. V. Arbre émondé. Branches. Elagage.

EMPHYTÉOSE. (BAIL EMPHYTÉOTIQUE).

1. *Définition.* — Bail ou contrat par lequel le propriétaire d'un héritage en abandonne le domaine utile, c'est-à-dire la jouissance absolue pendant un certain temps (99 ans), moyennant une redevance annuelle. (Loi, 18-29 décembre 1790.)

L'emphytéote peut, pendant la durée du bail, exercer tous les droits attachés à la qualité de propriétaire. (Dalloz.)

Les communes et établissements publics ne peuvent contracter ces baux, sans l'emploi des formalités exigées pour les aliénations. (Block.)

2. *Expression.* — Dans l'ancien Bugey, l'expression d'emphytéose s'entendait tout aussi bien d'une concession de droit d'usage que d'une concession de droit de propriété ; à cet égard, tout dépendait des clauses du titre. (Cass. 11 août 1851.)

EMPIERREMENT.

1. *Dimension.* — L'empierrement sur les routes en montagne doit être de 2m,50 de largeur sur 10 à 15 centimètres d'épaisseur, et en plaine de 3 mètres de largeur sur 20 à 25 centimètres d'épaisseur. (Circ. N 22, art. 66.)

2. *Entretien.* — La fourniture des matériaux d'approvisionnement pour l'entretien des routes empierrées est considérée comme travail d'entretien. (Circ. N 22, art. 25.)

3. *Exécution.* — L'extraction, le cassage et l'emploi des pierres pour l'entretien des routes peuvent être effectués à l'aide de journées de prestation, après autorisation du conservateur. (Circ. N 22, art. 319 et 321.)

4. *Mode.* — Le système d'une double couche pour l'empierrement, dont l'une de grosses pierres brutes disposées à la main au fond de l'encaissement, et l'autre de matériaux cassés, doit être employé le plus rarement possible. Les voitures chargées font soulever à la surface les pierres de fondation, ce qui empêche la couche supérieure de se consolider, produit des ornières et entrave la circulation. (Circ. A 845.)

5. *Zone frontière. Territoires réservés.* — L'empierrement des chemins forestiers situés en territoire réservé, aussi bien que ceux compris dans le rayon des enceintes fortifiées, sont désormais soumis à l'autorisation militaire. (Décr. 8 septembre 1878. Circ. N 253.)

EMPIÈTEMENT D'AUTORITÉ.

1. *Magistrats. Pénalités.* — Seront coupables de forfaiture : 1o les magistrats qui suspendent l'exécution des lois, ou délibèrent pour savoir si elles seront publiées et exécutées ; 2o les magistrats de l'ordre judiciaire qui, par excès de pouvoir, s'immiscent dans les matières attribuées aux autorités administratives, soit en faisant des règlements sur ces matières, soit en défendant d'exécuter les ordres émanés de l'administration, ou qui, ayant permis ou ordonné de citer des administrateurs pour raison de l'exercice de leurs fonctions, auraient persisté dans leur jugement et ordonnance, nonobstant l'annulation prononcée ou le conflit notifié. (Cod. Pén. 127.)

2. *Magistrats. Juges. Pénalités.* — Lorsque, après une réclamation légale des parties intéressées ou de l'autorité administrative, des juges auront, sans autorisation du gouvernement, rendu des ordonnances ou décerné des mandats contre des agents ou préposés prévenus de crimes ou délits dans l'exercice de leurs fonctions, et si des officiers du ministère public ou de police ont requis ces ordonnances ou mandats, ils encourront :

Amende à chacun des juges ou magistrats : 100 à 500 francs. (Cod. Pén. 129.)

3. *Autorité administrative. Attribution.* — Les administrateurs (préfets, sous-préfets et maires) qui entreprendront sur les fonctions judiciaires, en s'ingérant de connaître de droits et intérêts privés du ressort des tribunaux, et qui, après réclamation des parties ou de l'une d'elles, auront néanmoins décidé l'affaire, avant que l'autorité supérieure ait prononcé, seront passibles, savoir :

Amende : 16 à 150 francs. (Cod. Pén. 131.)

EMPILAGE.

1. *Bois exploités par entreprise.* — Le bois de chauffage sera empilé autant que possible par essence et qualité ; chaque pile ne pourra être moindre de 5 stères, en ligne régulière.

Les fagots seront rangés par tas de 50 ou de 100, en ligne régulière.

Les copeaux, écorces et autres débris seront mis en tas. (Anc. cah. des ch.)

2. *Vérification.* — Les piles défaites pour la vérification des bois seront refaites par l'entrepreneur. (Anc. cah. des ch.)

EMPLOI.

SECT. I. — ADMINISTRATION FORESTIÈRE.

§ 1. *Emplois en général. Agents et préposés.*

1. *Agents supérieurs.* — La création et la suppression d'emplois supérieurs sont du ressort du ministre. (Ord. 7.)

2. *Principes.* — A partir du 1er novembre de la troisième année qui suivra la mise en vigueur de la présente loi, nul ne pourra être admis à exercer certains emplois salariés par l'Etat ou les départements, si, n'ayant pas été déclaré impropre au service militaire à l'appel de sa classe, il ne compte au moins cinq ans de service actif dans les armées de terre ou de mer, dont deux comme officier, sous-officier, caporal ou brigadier, ou si, avant la date ci-dessus mentionnée, il n'a été retraité ou réformé. (Loi du 15 juillet 1889, art. 84.) V. Candidat.

3. *Age.* — Nul ne peut exercer un emploi forestier, s'il n'est âgé de vingt-cinq ans accomplis ; néanmoins, les élèves sortant de l'école forestière pourront obtenir des dispenses d'âge. (Cod. For. 3.)

4. *Circonscription. Approvisionnement.* — Nul ne pourra exercer un emploi forestier dans l'étendue de la conservation où il fera ses approvisionnements de bois comme propriétaire ou fermier de forges, fourneaux, verreries et autres usines à feu, ou de scieries et autres établissements destinés au travail des bois. (Ord. 32.)

5. *Incompatibilité.* — Les emplois de l'administration forestière sont incompatibles avec toutes autres fonctions, soit administratives, soit judiciaires. (Cod. For. 4.)

6. *Trafic.* — Il est interdit aux agents de faire des conventions ayant pour objet le trafic d'emploi. (Circ. A 106.)

7. *Cumul.* — Les agents et préposés ne peuvent cumuler des emplois étrangers au service de l'administration.

8. *Cumul. Option.* — Si un agent forestier est nommé à un autre emploi, il doit faire connaître son option dans les dix jours qui suivent la notification qui lui est faite de sa nouvelle nomination. A défaut d'option, la destitution doit être prononcée. (Loi du 24 vendémiaire an III, titre XXIV, art. 3.)

§ 2. *Emploi du temps.*

9. *Temps.* — Les chefs de cantonnement rendent compte par mois et sommairement de l'emploi de leur temps, en distinguant les jours passés en forêt de ceux employés au bureau. (Circ. A 584. Circ. N 329.)

SECT. II. — BOIS D'USAGE OU RÉSERVÉS.

10. *Bois réservés.* — Les administrateurs des établissements publics ne peuvent, sans l'autorisation du préfet, détourner de leur emploi les bois réservés pour les besoins de ces établissements. En cas de contravention, ils encourent :

Amende égale à la valeur des bois. (C. F. 102.)
Restitution des bois ou de leur valeur. (C. F. 102.)
Changement annulé. (C. F. 102.)

11. *Bois délivrés.* — Les usagers ne peuvent changer l'emploi des bois qui leur sont délivrés. En cas d'infraction, ils encourent :

Amende pour le bois de feu : 10 à 100 fr. (C. F. 83.)
Pour les bois de construction ou autres, double de la valeur des bois: minimum : 50 fr. (Cod. For. 83.)
En cas de récidive, l'amende est doublée. (Cod. For. 201.)

12. *Devis.* — L'emploi des bois doit être fait suivant le devis présenté pour obtenir la délivrance. (Nancy, 5 décembre 1835. Cass. 3 juillet 1852.)

13. *Délai.* — L'emploi des bois de construction devra être fait dans un délai de deux ans, lequel néanmoins pourra être prorogé par l'administration forestière. Ce délai expiré, elle pourra disposer des arbres non employés. (Cod. For. 84.)

14. *Vérification.* — L'agent forestier chargé de faire la vérification des bois annotera, au bas du procès-verbal de vérification du devis, les contraventions aux articles 83 et 84 du code forestier, en rappelant le numéro du procès-verbal de poursuite. (Circ. A 530.)

15. *Changement.* — Il y a changement de destination dans le fait de la part d'un usager qui a reçu, d'après son devis, des bois pour la construction d'une écurie, de les employer à convertir une portion de l'écurie en chambre d'habitation. (Cass. 3 juillet 1852.) V. Changement. Bois d'usage.

EMPLOYÉ.

Affouage. — Les personnes à gage qui logent et mangent chez autrui n'ont pas droit à l'affouage ; toutefois, les instituteurs, clercs, commis et employés auraient droit à être inscrits sur les listes affouagères, s'ils avaient un domicile et un mobilier distincts et séparés de ceux de leur patron, quand bien même ils mangeraient à sa table. (Meaume. Migneret.)

EMPOISONNEMENT. V. Poison.

EMPREINTE.

SECT. I. — FORME.

§ 1. *Etat. (Administration. Marine.)*

1. *Administration.* — Le marteau de l'Etat uniforme, destiné aux opérations de balivage et de martelage, a pour empreinte un chiffre représentant les initiales de l'administration forestière, A. F, en caractères gothiques, en relief. Les numéros dont ces initiales sont accompagnées indiquent : l'un la conservation, et l'autre l'inspection à laquelle appartient le marteau, le tout entouré d'un cercle. (Ord. 36. Décis. Min. du 18 mars 1831. Circ. N 77.)

2. *Marine.* — Le marteau destiné à marquer les *arbres réservés* à la marine porte comme empreinte une ancre placée au centre, entre les deux lettres F et M. (Décis. Min. du 14 octobre 1880. Circ. N 272.)

§ 2. *Agents.*

3. *Conservateur.* — Les marteaux des conservateurs portent sur l'empreinte un C, avec le numéro de la conservation. La forme de l'empreinte est hexagonale. (Instr. 23 mars 1821, art. 7. Circ. N 77.)

4. *Inspecteur.* — Le marteau de l'inspecteur porte sur l'empreinte un I, avec le numéro de la conservation. La forme de l'empreinte est pentagonale. (Instr. 23 mars 1821, art. 7. Circ. N 77.)

5. *Inspecteur adjoint.* — Le marteau de l'inspecteur adjoint porte sur l'empreinte les lettres I. A., avec le numéro de la conservation en tête et celui de l'inspection en bas. La forme de l'empreinte est carrée, avec les pans coupés, ou octogonale. (Décis. Min. 6 avril 1887. Circ. N 384.)

6. *Garde général et garde général stagiaire.* — Le marteau du garde général et du garde général stagiaire porte sur l'empreinte les lettres G. G., avec le numéro de la conservation en tête et celui de l'inspection en bas. La forme de l'empreinte est ronde. Diamètre maximum : 28 millimètres. (Décis. Min. 6 avril 1887. Circ. N 384.)

§ 3. *Préposés.*

7. *Forme. Principes.* — L'empreinte des marteaux des préposés est rectangulaire. (Circ. A 522.)

8. *Brigadier domanial sans triage.* — Le marteau du brigadier domanial sans triage porte sur l'empreinte et en diagonale les lettres B. D. En haut, est le numéro du cantonnement et, en bas, celui de la brigade. L'empreinte est rectangulaire. (Circ. A 522. Décis. Min. 3 mars 1842. Circ. N 77, art. 20.)

Les brigades mixtes sont réputées domaniales. (Circ. N 77.)

9. *Brigadier domanial de reboisement sans triage.* — Le marteau du brigadier domanial de reboisement sans triage porte sur l'empreinte en diagonale les lettres B. D. et à l'angle inférieur la lettre R, sans numéro. L'empreinte est rectangulaire. (Décis. Min. 1er décembre 1874. Circ. N 163.)

10. *Brigadier communal sans triage.* — Le marteau du brigadier communal sans triage porte sur l'empreinte et en diagonale les lettres B. C. A l'angle supérieur, est le numéro du cantonnement et, en bas, celui de la brigade. L'empreinte est rectangulaire. (Circ. A 522. Décis. Min. 3 mars 1842. Circ. N 77, art. 20.)

11. *Brigadier domanial à triage.* — Le marteau du brigadier domanial à triage porte sur l'empreinte et transversalement les lettres B. D. En haut, est le numéro du cantonnement et, en bas, celui du triage. L'empreinte est rectangulaire. (Circ. A 522. Décis. Min. 3 mars 1842. Circ. N 77, art. 21.)

Les triages mixtes sont réputés domaniaux. (Circ. N 77, art. 19.)

12. *Brigadier domanial de reboisement à triage.* — Le marteau du brigadier domanial de reboisement à triage porte transversalement les lettres B. D. dans le haut et la lettre R. en bas, sans numéro. L'empreinte est rectangulaire. (Décis. Min. 1er décembre 1874. Circ. N 163.)

13. *Brigadier communal à triage.* — Le marteau du brigadier communal à triage porte sur l'empreinte et transversalement les lettres B. C. En haut, se trouve le numéro du cantonnement et, en bas, celui du triage. L'empreinte est rectangulaire. (Circ. A 522. Décis. Min. 3 mars 1842. Circ. N 77, art. 21.)

14. *Garde domanial.* — Le marteau du garde domanial porte sur l'empreinte et transversalement les lettres G. D. En haut, se trouve le numéro du cantonnement et, en bas, celui du triage. L'empreinte est rectangulaire. (Circ. A 522. Décis. Min. 3 mars 1842. Circ. N 77, art. 21.)

Les triages mixtes sont réputés domaniaux. (Circ. N 77.)

15. *Garde domanial de reboisement.* — Le marteau du garde domanial de reboisement porte sur l'empreinte et transversalement les lettres G. D. et la lettre R. en bas, sans numéro de cantonnement ou de triage. L'empreinte est rectangulaire. (Décis. Min. 1er décembre 1874. Circ. N 163.)

16. *Garde communal.* — Le marteau du garde communal porte sur l'empreinte et transversalement les lettres G. C. En haut, se trouve le numéro du cantonnement et, en bas, celui du triage. L'empreinte est rectangulaire. (Circ. A 522. Décis. Min. du 3 mars 1842. Circ. N 77, art. 18 et 19.)

17. *Garde forestier cantonnier.* — Le marteau du garde cantonnier porte sur l'empreinte et transversalement les lettres G. F. C., sans numéro. L'empreinte est ovale, allongée. (Règlement du 13 août 1840. Circ. N 77, art. 22.)

§ 4. *Adjudicataires de coupes.*

18. *Adjudicataires.* — Le marteau des adjudicataires de coupes doit être de forme triangulaire. (Cah. des ch. art. 18.)

SECT. II. — DÉPÔT.

§ 1. *Agents et préposés.*

19. *Principe.* — Le dépôt de l'empreinte du marteau est obligatoire pour donner de la valeur à cette empreinte, et par ce seul fait l'empreinte acquiert son caractère légal. V. Marteau.

20. *Marteau. Agent. Etat.* — Les empreintes des marteaux des agents et gardes doivent être déposées au greffe du tribunal de première instance, dans le ressort duquel ils exercent leurs fonctions. Celles des marteaux de l'Etat doivent être déposées aux greffes des tribunaux de première instance et à ceux des cours d'appel. Ces dépôts ne donnent lieu à aucun frais. (Cod. For. 7. Ord. 37. Circ. A 242. Décis. Min. du 29 juin 1830. Circ. N 77, art. 23.)

21. *Marine.* — L'empreinte du marteau servant à marquer les arbres de la marine est déposée au greffe du tribunal de l'arrondissement et de la cour d'appel du ressort. (Décr. du 16 octobre 1858. Règl. Min. du 19 février 1862. Circ. N 7, art. 5.)

22. *Certificat.* — Les certificats des dépôts de l'empreinte des marteaux des agents forestiers et des fers doivent être conservés avec soin, dans les archives, par les agents forestiers. (Circ. A 534 bis. Circ. N 77, art. 25.)

23. *Acte. Timbre.* — Les actes constatant le dépôt de l'empreinte des marteaux des agents sont exempts des droits de timbre et d'enregistrement. Le dépôt de l'empreinte doit être effectué sans délai. (Décis. Min. du 29 juin 1830. Circ. N 77, art. 24.)

24. *Certificat.* — Les conservateurs, dans leur tournée, se font représenter le certificat constatant le dépôt de l'empreinte du marteau des agents. (Circ. N 18, art. 6.)

§ 2. *Adjudicataire. Usager.*

25. *Adjudicataires. Formalités. Pénalités.* — Les adjudicataires doivent déposer, chez l'agent local et au greffe du tribunal de l'arrondissement, l'empreinte de leur marteau particulier, destiné à marquer les arbres et bois de leur coupe. En cas d'infraction, pénalité :

Amende : 100 francs. (Cod. For. 32.)

L'empreinte du marteau doit être triangulaire. (Cah. des ch. 18.)

Délai : dix jours après la délivrance du permis d'exploiter. (Ord. 95 et 134.) V. Marteau.

26. *Frais de dépôt au greffe.* — Les frais de dépôt de l'empreinte du marteau des adjudicataires aux greffes des tribunaux civils sont de 8 fr. 31, se divisant, savoir :

Timbre.	Timbre (art. 1, n° 2, décret du 8 décembre 1862).	0 60	0 fr. 85.
	Répertoire (art. 1, n° 3, décret du 8 décembre 1862.)	0 25	
Enregistrement.	Droit.	4 50	5 fr. 63.
	Décimes (lois des 23 août 1871 et 30 déc. 1873.) . .	1 13	
Émolument du greffier.	Droit (art. 1, n° 7, décret du 24 mai 1854.)	1 50	1 fr. 83.
	Remise sur le droit principal du greffe (1/10 de 1 fr. 25, art. 19 de la loi du 21 ventôse an VII, de l'art. 2 de la loi du 23 juillet 1820.)	0 13	
	Mention au répertoire (art. 1, n° 14, décret du 24 mai 1854.).	0 10	
	Pour le présent état (art. 19, n° 14, décret du 24 mai 1854.).	0 10	
	Total		8 fr. 31

Nota. — Les droits de greffe au profit du Trésor ont été supprimés par l'article 4 de la loi du 26 janvier 1892.

L'acte de dépôt de l'empreinte du marteau, lors même que le déposant se serait rendu adjudicataire de plusieurs coupes, n'est soumis qu'à un seul droit d'enregistrement. (Circ. N 330.)

27. *Justification.* — Les adjudicataires ne sont pas forcés de justifier du dépôt de l'empreinte de leur marteau : le détail des frais servant de reçu suffit, et l'agent forestier, en le visant, donne acte de l'empreinte, dans son bureau. (Lettre du 1er juillet 1864, nº 4698.)

28. *Délai.* — Le délai de *dix jours*, prescrit aux adjudicataires pour déposer l'empreinte de leur marteau chez l'agent local, n'est pas imposé par la loi, mais seulement par l'article 95 de l'ordonnance réglementaire. On peut excéder ce délai sans pénalité ; mais, si l'adjudicataire exploitait sa coupe avant le dépôt de l'empreinte, il serait alors passible de l'amende de 100 francs édictée par l'article 32 du code forestier. (Meaume, t. 1, p. 254, art. 164.)

29. *Dépôt au greffe.* — L'adjudicataire d'une coupe ne peut être contraint ou poursuivi pour justifier du dépôt de l'empreinte de son marteau au greffe. Dès qu'il a effectué ce dépôt, il a rempli son obligation légale. (Metz, inédit, 22 décembre 1841.)

30. *Adjudicataire. Usager. Pâturage. Fer.* — Les adjudicataires du panage ou du pâturage et les usagers doivent déposer l'empreinte du fer servant à marquer les bestiaux, au greffe du tribunal, avant l'ouverture du panage ou du pâturage (Ord. 122), sous peine de :

Amende : 50 francs. (Cod. For. 55, 74.) Inapplicable aux communes. (Cod. For. 112.)

31. *Epoque.* — Le dépôt de l'empreinte du fer servant à marquer les animaux devra être effectué, par l'usager, avant l'époque fixée pour l'ouverture du pâturage ou du panage ; l'agent local donnera acte de ce dépôt. (Ord. 121.) Inapplicable aux communes. (Cod. For. 112.)

32. *Epoque.* — Tant que l'usager ne va pas au pâturage, le dépôt du fer et de l'empreinte n'est pas obligatoire et le retard n'est passible d'aucune pénalité.

33. *Fer. Pâturage. Frais.* — Le dépôt de l'empreinte servant à marquer les bestiaux, à effectuer au greffe du tribunal de première instance, doit être rédigé sur papier timbré ; cet acte est soumis au droit fixe d'enregistrement de 4 fr. 50. (Délibération du conseil des domaines du 27 mai 1828. Décis. Min. du 15 juillet 1828. Loi du 28 février 1872. Loi du 26 janvier 1892, art. 4.)

34. *Bois particuliers. Fer. Pâturage. Usager.* — Le dépôt de l'empreinte du fer destiné à marquer les bestiaux et prescrit par l'article 74 du code forestier n'est pas applicable aux troupeaux des usagers en pâturage dans les bois particuliers. Toutefois, le propriétaire pourra effectuer ce dépôt au moyen d'un double fer, déposé l'un au greffe et l'autre à la mairie de la commune usagère. V. Marque.

35. *Dépôt. Timbre.* — Les greffiers et agents forestiers peuvent, sans contravention aux lois sur le timbre, rédiger l'acte de dépôt de l'empreinte d'un fer ou d'un marteau sur la même feuille de papier timbré où cette empreinte est apposée. (Solution de l'enregistrement, 19 mai 1830.)

SECT. III. — AUTORITÉ. FALSIFICATION.

36. *Balivage. Arbre abandonné. Preuve.* — Dans les coupes marquées en délivrance, la représentation de l'empreinte du marteau est la seule preuve légale que l'arbre était abandonné à l'adjudicataire. (Cass. 12 novembre 1841. Cass. 5 août 1853.)

37. *Contrefaçon.* — Une empreinte grossièrement façonnée, ne présentant aucun des signes et lettres formant la marque forestière, ne doit pas être considérée comme une contrefaçon de cette marque ou empreinte. (Grenoble, 24 novembre 1870.)

38. *Blanchis. Cercle.* — Le fait de faire des blanchis sur les arbres réservés et de tracer avec un compas sur ces blanchis ou miroirs une circonférence de la dimension de la tête du marteau de l'Etat, si on n'y figure, ni essaie d'y faire figurer les lettres A. F., formant la marque de l'administration forestière, ne constitue pas le fait de falsification, ou imitation, ou tentative d'imitation frauduleuse, passible des peines édictées par l'article 140 du code pénal. (Cass. 22 novembre 1861.)

39. *Transposition. Arbre réservé.* — La transposition, sur d'autres arbres, des empreintes véritables détachées des arbres *réservés* est punie par l'article 439 du code pénal (réclusion). (Cass. 21 février 1822.)

40. *Transposition. Arbre abandonné.* — La transposition, sur d'autres arbres, des empreintes véritables détachées des arbres *abandonnés* est punie par les articles 439 ou 141 du code pénal (réclusion). (Cass. 4 mai 1822, 4 janvier 1834, 12 août 1865.)

41. *Falsification. Pénalité.* — L'apposition sur un arbre d'une marque ou figure, dans le dessein de la faire passer pour l'empreinte du marteau, constitue la falsification ou contrefaçon des marteaux de l'Etat, et elle est punie, savoir :

Réclusion : maximum, 20 ans ; minimum, 5 ans. (Cod. Pén. 140. Cass. 21 octobre 1813.)

42. *Substitution. Pénalité.* — L'empreinte du marteau de l'adjudicataire substituée *frauduleusement* à celle du marteau de l'Etat, dans le but de la remplacer, est punie par l'article 439 du code pénal, savoir :

Réclusion. (Cass. 14 août 1812.)

43. *Destruction.* — Les empreintes du marteau de l'Etat, apposées sur les arbres réservés, sont des actes de l'autorité publique, dont la destruction tombe sous l'appli-

cation de l'article 439 du code pénal. (Cass. 8 février 1850.)

44. *Destruction.* — Celui qui détruit les empreintes du marteau de l'Etat, apposées sur les arbres réservés dans les coupes des forêts domaniales, se rend passible de la peine de la réclusion, conformément à l'article 439 du code pénal, qui punit la destruction des actes de l'autorité publique. (Besançon, 18 février 1891.)

45. *Gemmage. Résine.* — Les empreintes du marteau de l'Etat doivent rester intactes pendant toute la durée du bail et ne pas être obstruées par la résine. (Cah. des ch. 20.)

46. *Fausses empreintes. Poursuites. Déficit de réserve.* — Lorsque, en suite de la constatation de fausses empreintes appliquées sur des arbres pour les faire accepter comme réservés, l'adjudicataire poursuivi pour contrefaçon du marteau de l'Etat est acquitté, cet arrêt de la cour d'assises reconnaît que l'adjudicataire n'est pas l'auteur de la contrefaçon, mais ne fait pas accepter les empreintes comme véritables ; il laisse subsister les énonciations du procès-verbal de récolement, qui, ayant refusé d'admettre comme réserves les arbres portant les fausses empreintes, constate, par suite, un déficit des réserves véritables. Ce procès-verbal de récolement peut servir alors de base à des poursuites correctionnelles contre l'adjudicataire. (Cons. d'Etat, 20 avril 1854.)

EMPRISONNEMENT.

SECT. I. — EMPRISONNEMENT EN GÉNÉRAL.

1. *Peine. Evaluation.* — Si la peine d'emprisonnement est encourue, elle doit, pour le procès-verbal constatant ce délit, être comptée pour une somme supérieure à 100 francs, dans le calcul relatif au degré de croyance du procès-verbal. (Cass. 31 décembre 1819.) V. Foi due aux procès-verbaux.

2. *Solidarité. Peine personnelle.* — Lorsque la loi prononce un emprisonnement pour délit forestier, quoique l'amende soit fixée par la circonférence des arbres, ou bien par le mode d'enlèvement, chaque délinquant doit être puni séparément de l'emprisonnement fixé, attendu qu'il ne peut pas y avoir solidarité pour une peine personnelle.

3. *Peine.* — L'emprisonnement, employé comme moyen de contrainte, est indépendant de la peine d'emprisonnement prononcée contre les condamnés, lorsque la loi l'inflige. (Cod. For. 214.) V. Contrainte par corps.

4. *Délai.* — L'emprisonnement, comme peine prononcée, ne peut courir que depuis le prononcé du jugement définitif et non pas depuis le jour de l'arrestation du prévenu. (Cass. 2 mars 1827.)

5. *Exécution.* — L'emprisonnement prononcé à titre de peine ne peut être exécuté que sur les propositions du ministère public.

6. *Sursis. Exécution. Annulation. Récidive.* — Celui qui est condamné pour la première fois à l'emprisonnement peut obtenir que le tribunal ordonne la suspension de l'exécution de la peine ; la condamnation sera considérée comme non avenue si, dans le délai de cinq ans à dater du jugement, l'inculpé n'a encouru aucune poursuite suivie de condamnation à la prison. En cas de nouvelle condamnation, la première peine sera exécutée et les peines de la récidive seront encourues. (Loi du 26 mars 1891.) V. Sursis.

7. *Délit de douanes. Loi Béranger.* — En cas de condamnation à l'emprisonnement pour délit de douanes, la loi du 26 mars 1891 peut être appliquée. Mais elle ne peut plus l'être s'il s'agit d'une condamnation à l'amende, parce que celle-ci a le caractère d'une peine civile. (Cass. 22 décembre 1892.) Est applicable aux délits forestiers. (Circ. N 456.)

8. *Transaction.* — L'emprisonnement prononcé par un jugement *définitif* ne peut être annulé que par un recours en grâce ; il ne peut pas être compris dans une transaction ; mais, si le jugement n'est pas *définitif*, la transaction, éteignant la poursuite, annule toutes les condamnations, y compris l'emprisonnement. (Circ. A 786.)

9. *Accomplissement.* — Quiconque aura été condamné à l'emprisonnement en matière correctionnelle sera renfermé dans une maison de correction ; la durée de la peine sera de six jours à cinq ans, sauf la récidive ou d'autres cas spécifiés. (Cod. Pén. 40.)

10. *Durée.* — La peine à un jour d'emprisonnement est de vingt-quatre heures ; celle à un mois est de trente jours. (Cod. Pén. 40.)

11. *Débiteur. Élargissement.* — Le débiteur légalement incarcéré obtiendra son élargissement :

1° Par le consentement du créancier qui l'a fait incarcérer ;

2° Par le paiement ou la consignation des sommes dues, des intérêts échus, des frais liquidés, de ceux d'emprisonnement et de la restitution des aliments consignés ;

3° .....

4° A défaut de consignation des aliments ;

5° Si le débiteur a commencé sa soixante-dixième année. (Proc. Civ. 800. Loi du 22 juillet 1867, art. 14.)

12. *Récidive.* — Dans les cas prévus par les articles 192 et 194 du code forestier, le maximum de la peine corporelle peut être doublé, lorsque le prévenu est en état de récidive. (Meaume. *Revue des eaux et forêts.* Bulletin 1879, page 359.)

SECT. II. — INSOLVABLES.

13. *Poursuite.* — Lorsque plusieurs jugements auront été rendus contre le même individu insolvable, la poursuite pour l'emprisonnement n'aura pas pour base le dernier jugement, mais celui portant la peine la plus forte. (Décis. Min. 26 juillet 1831. Circ. A 285.)

14. *Libération.* — L'emprisonnement subi par les délinquants *insolvables* les libère définitivement de leur dette envers l'Etat, alors même qu'il leur surviendrait des moyens de libération. (Cod. For. 213. Décis. Min. 2 novembre 1829 et 4 septembre 1862.)

15. *Etat des insolvables.* — L'agent chargé de la poursuite des délits dressera, tous les trois mois, un état des individus insolvables contre lesquels il existe des condamnations susceptibles d'exécution ; il communiquera cet état au ministère public et, après avoir recueilli son avis sur le nombre des individus dont l'incarcération peut être provoquée, il signalera les condamnés les plus audacieux et les plus incorrigibles, en indiquant le nombre des procès-verbaux rédigés contre eux, pendant les six mois précédents ; il transmettra expédition de cet état au conservateur, qui adressera au trésorier-payeur général l'état des insolvables dont le ministère public aura reconnu l'incarcération possible, et le trésorier-payeur général donnera des ordres au percepteur pour provoquer leur incarcération. (Décis. Min. du 12 avril 1834. Circ. A 348. Circ. N 149. Form. série 6, n° 14.)

16. *Incarcération. Proposition.* — Les états des délinquants insolvables, dont on propose l'incarcération, ne doivent comprendre que les hommes les plus mal famés, ceux qui sont connus pour exciter ou entraîner les autres par leurs discours ou leurs exemples, ceux qui ont été condamnés pour récidive, en évitant d'y porter un trop grand nombre d'habitants de la même commune. (Circ. A 95.)

17. *Age.* — L'état trimestriel des insolvables à incarcérer doit indiquer l'âge précis pour les délinquants âgés de moins de seize ans et, dans ce cas, énoncer si la contrainte par corps a été prononcée par le jugement; s'il s'agit de condamnés ayant plus de soixante-dix ans, ou ayant atteint cet âge, il faut également faire connaître leur âge précis. Pour les autres condamnés, on indiquera l'âge approximatif. (Circ. A 667.)

18. *Poursuites. Situation.* — Tous les trois mois, les percepteurs adresseront un état des poursuites contre les insolvables désignés pour être incarcérés. Si l'incarcération n'a pas eu lieu, ils en feront connaître les motifs, en énonçant les diligences faites. Ces états sont communiqués par le trésorier général au conservateur. (Décis. Min. du 12 avril 1834. Circ. A 348. Circ. N 149.)

ENCHÈRE.

1. *Adjudication.* — L'adjudication des coupes aux enchères est autorisée. (Ord. 87. Ord. du 26 novembre 1836.) V. Adjudication.

2. *Adjudicataires.* — Si, pour une coupe prise simultanément par plusieurs adjudicataires, l'un d'eux réclame les enchères, les adjudicataires qui ont pris la coupe ont seuls le droit de concourir à ces enchères. (Circ. A 511.)

3. *Feux.* — Les feux ne doivent être allumés que lorsque les offres sont égales à l'estimation. Si cependant les offres se rapprochaient de l'estimation, les feux pourraient être allumés, sur la proposition de l'agent forestier. (Ord. 87.)

4. *Président. Estimation.* — Avant l'ouverture des enchères, l'agent forestier fera connaître au fonctionnaire qui présidera la vente le montant de l'estimation des coupes. (Ord. 87.)

5. *Feux. Validité.* — Il appartient au président de la vente de décider si les enchères doivent être admises après la cessation de la flamme et tant que dure la fumée. On doit en faire l'observation avant l'adjudication. (Circ. A 186.)

6. *Feux. Durée.* — Les bougies préparées pour les enchères doivent avoir une durée d'environ une minute. (Proc. Civ. 705.)

7. *Mode. Formalités. Taux.* — L'adjudication aux enchères sera faite après l'extinction de trois bougies allumées successivement. Si, pendant la durée de la dernière de ces trois bougies, il survient des enchères, l'adjudication ne pourra être prononcée qu'après l'extinction d'un dernier feu sans enchère survenue pendant sa durée.

A l'égard des ventes qui se feront en bloc, les enchères ne pourront être moindres du vingtième de la mise à prix, si elle est de 500 francs et au-dessous, du vingt-cinquième si elle est de 501 à 1000 francs et du quarantième si elle excède 1000 francs. (Coupes, Cah. des ch. 4.)

ENCLAVE.

1. *Définition.* — Portion de terrain ou de propriété enfermée dans un terrain ou une propriété appartenant à un ou plusieurs propriétaires différents.

L'état d'enclave existe lorsque le fonds n'a aucune communication avec la *voie publique*.

L'état d'enclave n'existe pas lorsqu'il y a une issue sur la *voie publique*, quelque long qu'en soit le trajet. (Circ. N 45, art. 7 et 8.) V. Passage. Chemin.

2. *Principe.* — Si l'enclave résulte de la division d'un fonds par suite d'une vente, d'un échange, d'un partage ou de tout autre contrat, le passage ne peut être demandé que sur les terrains qui ont fait l'objet de cet acte.

Toutefois, dans le cas où un passage suffisant ne pourrait être établi dans les fonds divisés, le propriétaire enclavé pourrait réclamer un passage sur les fonds de ses voisins, à la charge d'une indemnité proportionnelle au dommage causé. (Cod. Civ. 682 et 684. Loi du 20 août 1881.)

3. *Clôture.* — Celui qui est soumis à une servitude de passage conserve cependant le droit de clore sa propriété. Il peut notamment, en établissant une barrière, remettre la clef au propriétaire de la servitude, de façon à lui maintenir l'usage de son droit. (Amiens, 27 janvier 1892.)

4. *Accès difficile et dangereux.* — Il y a enclave donnant droit au passage sur le fonds voisin, non seulement lorsque le fonds n'a aucune issue sur la *voie publique*, mais encore lorsque l'accès ne serait possible qu'au moyen de dépenses trop considérables, eu égard à la valeur du fonds, et que les travaux à faire ne procureraient qu'une accession difficile et dangereuse. (Caen, 14 janvier 1861. Circ. N 45, art. 7.)

5. *Issue insuffisante.* — Il y a enclave lorsque le propriétaire n'a, au moyen de la voie publique, qu'une issue insuffisante pour son exploitation, telle qu'un chemin très étroit, en contre-bas et ne pouvant fournir la voie charretière dont il a besoin. (Cass. 14 mai 1879.)

6. *Trajet impraticable.* — Il y a enclave donnant droit au passage sur le fonds voisin, alors même que le fonds enclavé aurait issue sur la *voie publique* en passant dans un torrent contigu, si ce torrent n'offre en tout temps qu'un trajet peu sûr et très incommode et est même impraticable, pendant une partie de l'année. (Bastia, 2 août 1854. Circ. N 45, art. 7.)

7. *Pente. Dépenses.* — Un terrain bordant la *voie publique* est réputé à l'état d'enclave, lorsque sa pente, sur cette voie (0m,17 par mètre), exclut la possibilité d'y aboutir par un chemin praticable et que ce chemin occasionnerait une dépense excessive, relativement à l'immeuble à desservir. (Cass. 14 avril 1852.)

8. *Rivière navigable.* — Un terrain ne peut pas être considéré comme enclavé s'il est bordé par une rivière navigable et flottable et s'il peut être exploité par bateau, sans difficulté et sans dépenses excessives. (Paris, 17 juin 1873.)

9. *Terrain. Enclave. Aliénation.* — Les terrains contigus aux forêts domaniales ou compris dans leurs enclaves ne peuvent être aliénés qu'en suite d'un rapport fait par le directeur des domaines, après avis des agents forestiers. (Circ. 21 juillet 1810.)

10. *Algérie. Enclave. Expropriation.* — L'expropriation des enclaves, dans les forêts domaniales, communales et d'établissements publics, en Algérie, pourra être déclarée d'utilité publique. Si la déclaration d'utilité publique est prononcée, l'expropriation des enclaves sera poursuivie conformément à la législation de l'Algérie. (Loi du 9 décembre 1885, art. 2. Circ. N 357.)

11. *Voisins. Mise en cause.* — Comme l'article 682 du code civil, qui pose en principe que tout propriétaire enclavé peut demander un droit de passage à ses voisins, n'exige nullement que celui qui réclame un passage assigne en même temps tous ses voisins, si, au cours d'une instance engagée contre l'un d'eux et par suite des investigations qu'elle provoque, il apparait que c'est un autre qui est mieux placé pour supporter l'établissement de cette servitude, la mise en cause de cet autre voisin s'impose et n'a, par suite, rien d'irrégulier ou d'illégal. (Alger, 20 décembre 1862.)

ENCLOS. V. Terrain clos.

ENCRE.

Défense. — Il est défendu de se servir d'encre fuchsinée pour la rédaction des actes publics.

ENFANT.

1. *Enfants mineurs.* — Les pères, mères et tuteurs sont civilement responsables des délits et contraventions commis par leurs enfants mineurs. (Cod. For. 206.) V. Responsabilité.

2. *Fille.* — Un père n'est pas civilement responsable d'un délit commis par son enfant majeur (une fille) demeurant avec lui, mais non commandé par lui. (Cass. 23 juin 1826.)

3. *Tutelle.* — Les enfants trouvés ou abandonnés admis aux hospices sont sous la tutelle des commissions administratives des hospices. (Loi du 15 pluviôse an XIII, art. 1. Décr. du 19 janvier 1811, art. 15.)

ENGAGEMENT MILITAIRE.

1. *Ecole forestière. Conditions.* — Les jeunes gens reçus à l'école forestière, qui sont reconnus propres au service militaire, n'y sont définitivement admis qu'à la condition de contracter un engagement volontaire de trois ans. (Loi du 15 juillet 1889, art. 28, § 1er.)

2. *Durée. Epoque. Conditions.* — Les engagements volontaires courent du 1er octobre de l'année de l'entrée à l'école forestière.

Si, pendant la durée des études, un élève est admis à redoubler une année à l'école, cette année ne compte pas dans la durée de l'engagement.

Ces engagements sont contractés au moment de l'admission à l'école, devant le maire de Nancy.

Le contractant n'est assujetti à aucune condition d'âge autre que celles qui sont exigées pour l'admission à l'école. Il en justifie par la production du certificat d'admission.

Il produit, en outre : 1° un extrait de son casier judiciaire ; 2° un certificat d'aptitude au service militaire. Ce certificat est délivré par le commandant du bureau de recrutement de la subdivision de Nancy. (Décr. du 28 septembre 1889, art. 19 et 20.)

3. *Corps. Arme.* — Les engagements sont souscrits pour l'une des armes de l'infanterie, de l'artillerie ou du génie.

L'autorité militaire désigne, au moment de la mise en route, le corps sur lequel sont dirigés les élèves de l'école forestière qui ne peuvent satisfaire aux examens de sortie ou qui seraient renvoyés pour inconduite. (Décr. du 28 septembre 1889, art. 21.) V. Ecole forestière. Elève. Service militaire.

ENGINS DE CHASSE.

1. *Définition. Engins prohibés. Chasse.* — On ne peut considérer comme engins de chasse que les instruments qui, matériellement et directement par eux-mêmes, saisissent le gibier et procurent soit sa capture, soit sa mort, sans qu'il soit nécessaire de recourir au fusil. (Cass. 18 décembre 1886.)

On appelle engins prohibés, les pièges, collets et autres appareils destinés à appréhender et retenir directement le gibier. (Paris, 26 janvier 1866.)

On ne doit pas considérer comme engins prohibés des planchettes ou panneaux mobiles ou des trappes à bascules placées devant des trous pour empêcher le gibier, qui s'est introduit par ces trous, de pouvoir en ressortir (Cass. 22 juillet 1861), et leur emploi ne constitue pas un acte de chasse. (Cass. 18 décembre 1886.)

2. *Emploi. Animal nuisible. Arrêté.* — L'emploi d'engins de chasse prohibés n'est pas autorisé par l'arrêté préfectoral qui permet au propriétaire de détruire, sur ses terres, les animaux nuisibles, à l'aide *de pièges et autres moyens en usage.*

Ces expressions ne comprennent que les moyens ordinairement licites et ne sauraient s'appliquer aux engins dont la simple détention à domicile constitue une infraction. (Trib. du Mans, 8 janvier 1885.)

3. *Emploi. Détention.* — Les engins qui servent à détruire les animaux nuisibles ne deviennent engins prohibés, que s'ils sont placés dans d'autres lieux que ceux indiqués par l'arrêté préfectoral ; par suite, la détention de pièges en fer ne constitue aucun délit. (Caen, 11 juillet 1874.)

4. *Engins prohibés. Conditions. Délit.* — Le fait par un individu de se diriger vers un collet à cerf, de rester en observation devant cet engin pendant un certain temps et de s'éloigner aussitôt qu'il a aperçu les gardes cachés dans une excavation voisine, constitue le délit de chasse au moyen d'engins prohibés. (Angers, 10 mars 1879.)

ENGRAIS.

1. *Enlèvement. Pénalités.* — L'enlèvement ou l'extraction des engrais existant sur la superficie ou dans l'intérieur du sol est défendu, dans les bois soumis au régime forestier, comme dans les bois particuliers. (Cod. For. 144.)

Les larves ou œufs de fourmis doivent, à raison de leur composition, être considérés comme engrais. (Paris, 30 novembre 1872.)

La pénalité de ce délit varie suivant les moyens d'enlèvement et les circonstances. V. Extraction. Enlèvement.

2. *Troupeaux.* — C'est au propriétaire et non à l'usager qu'appartiennent les engrais produits par les troupeaux de celui-ci, sur l'étendue du sol soumis au pacage, en dehors des parcs ou enclos non mobiles. Ces engrais sont un accessoire du sol. (Cod. Civ. 554. Grenoble, 1er août 1854.)

ENHERBEMENT.

Travaux. — Les travaux d'enherbement sont compris dans ceux de restauration des terrains en montagne. (Circ. N 345.) V. Gazonnement. Devis. Travaux.

ENLÈVEMENT.

1. *Définition.* — On doit entendre par enlèvement, pour les chablis, bois de délit, etc., non pas seulement le fait d'emporter le bois hors de la forêt, mais un déplacement matériel constituant un acte d'appropriation et spécialement le fait de façonner le bois, même sur le lieu de l'abatage. (Cass. 16 août 1855.) V. Tentative.

2. *Délit.* — Le délit d'enlèvement est consommé par le seul déplacement des objets enlevés, en vue de leur appropriation et indépendamment de leur translation au domicile du délinquant. (Cass. 9 juin 1848.) V. Extraction, Mise en tas.

3. *Pénalités.* — L'enlèvement non autorisé de produits quelconques intérieurs ou superficiels, dans tous les bois en général (voir le nom des produits), sera puni, savoir :

Amende.	Le jour.		Le jour avec récidive, la nuit ou la nuit avec récidive.	
Par bête attelée à une charrette....	10 à 30 fr.	C. F. 144.	20 à 60 fr.	C. F. 144. 201.
Par charge de bête de somme........	5 à 15		10 à 30	
Par charge d'homme..............	2 à 6		4 à 12	

Emprisonnement facultatif de 3 jours au plus. (Loi du 18 juin 1859.)

Restitution des objets enlevés ou de leur valeur. (Cod. For. 198.)

Dommages-intérêts facultatifs; minimum : amende simple. (Cod. For. 202.)

Confiscation des instruments du délit. (C. F. 198.)

Amende double pour un adjudicataire du panage (Cod. For. 57) ou un usager. (Cod. For. 85.)

4. *Terrains boisés.* — L'article 144 du code forestier s'applique à tous les terrains soumis au régime forestier, boisés ou non boisés. (Cass. 15 mai 1830.)

5. *Bois particuliers.* — L'article 144 du code forestier est applicable à tous les terrains *boisés* des particuliers. (Meaume, tome II, page 375, § 964.)

6. *Indication.* — Les indications de l'article 144 du code forestier sont *énonciatives* et non pas *limitatives*, et les pénalités s'appliquent à l'enlèvement de *productions quelconques* du sol forestier. (Cass. 1er juin 1839, 4 février 1841 et 24 novembre 1848.)

7. *Usagers. Autorisation.* — Si des usagers ont droit à des extractions de produits forestiers, ils ne peuvent les effectuer qu'avec l'autorisation ou la délivrance des propriétaires. (Circ. 20 juillet 1811. Cass. 24 janvier 1812.)

8. *Menus objets.* — L'enlèvement de quelques fruits, de quelques plantes ou pierres, fait dans un but de curiosité et d'étude, ne doit pas être considéré comme un délit.

9. *Restitution. Produits.* — Dans les cas d'enlèvement frauduleux de bois ou d'autres productions du sol forestier, il y aura toujours lieu, outre les amendes, à la restitution des objets enlevés ou de leur valeur et, de plus, selon les circonstances, à des dommages-intérêts. (Cod. For. 198.)

10. *Confiscation. Instruments.* — Les scies, haches, serpes, cognées et autres instruments de délit et de même nature, dont les délinquants ou leurs complices seront trouvés munis, seront confisqués. (Cod. For. 198.)

11. *Séquestre. Suite.* — Les gardes suivront les objets enlevés jusque dans les lieux où ils auront été transportés et les mettront en séquestre. (Cod. For. 161.)

12. *Quantité. Mode de transport.* — On doit évaluer les quantités enlevées d'après le mode d'enlèvement réel, s'il est effectué ; s'il n'est que préparé, on l'évalue par charge d'homme, en cas d'insuffisance pour former une charge de bête de somme, et en charge de bête de somme, si, supérieure à la charge d'un homme, cette quantité est inférieure à la charge d'une voiture. Si on évalue par charge de voiture, on doit indiquer, dans ce cas, le nombre de bêtes attelées ou à atteler. (Instr. de l'administration du 20 septembre 1839.)

13. *Mode de transport.* — En cas d'enlèvement frauduleux de bois, l'amende doit se calculer uniquement d'après le mode de transport réellement employé. Si on emploie une voiture, le nombre de fagots liés est indifférent, ainsi que la quantité de bois. (Cass. 10 octobre 1834, 16 août 1855.)

Si c'est à dos d'homme, il n'y a alors qu'une charge d'homme, quel que soit le nombre de fagots liés dont se compose la charge. (Nancy, 21 décembre 1833. Metz, inédit, 21 octobre 1834.)

14. *Condamnation. Solidarité.* — Lorsque l'enlèvement est consommé, l'amende doit alors être fixée d'après le mode employé, quel que soit le nombre des délinquants complices de ce délit ; mais ils sont tous solidaires de l'amende unique prononcée pour le délit commis. (Cass. 24 avril 1828.)

15. *Mode de transport.* — Lorsque le mode d'enlèvement n'a pas été déterminé dans le procès-verbal, il appartient aux tribunaux d'apprécier, d'après les circonstances, com-

ment l'enlèvement pouvait être effectué et de fixer la peine applicable à ce mode d'enlèvement supposé. (Cass. 4 avril 1846.)

16. *Tribunaux. Appréciation.* — Lorsque l'enlèvement est seulement préparé, les tribunaux ont le droit d'évaluer si les produits peuvent former la charge d'un homme, d'une bête de somme ou d'une charrette.

17. *Tentative.* — Le délit d'extraction ou d'enlèvement prévu et puni par l'article 144 du code forestier existe, soit qu'il y ait enlèvement sans extraction, soit extraction sans enlèvement. (Cass. 28 novembre 1872.)

18. *Bois de délit.* — Le porteur de bois coupé en délit est présumé être l'auteur de la coupe; il ne serait pas admis à prouver que cette coupe a été faite par un autre. (Cass. 5 février 1830.) V. Meaume, tome II, page 899, § 1345.)

19. *Brouette.* — L'enlèvement de produits forestiers effectué de main d'homme, à l'aide d'une brouette, est considéré comme charge d'homme, et le délinquant n'encourt que l'amende de 2 à 6 francs. (Cass. 1er août 1844.) V. Extraction.

20. *Brins coupés.* — L'enlèvement de brins coupés constitue le délit prévu par l'article 192 du code forestier, s'ils ont plus de 20 centimètres de tour, et celui prévu par l'article 194, s'ils ont moins de 20 centimètres de tour. (Nancy, 9 janvier 1835.)

21. *Bois coupés. Bois façonnés.* — L'enlèvement de bois coupés, abattus ou façonnés, c'est-à-dire devenus objets mobiliers et forcément abandonnés à la foi publique, constitue un vol puni par l'article 388 du code pénal. Ce vol spécial est limité à l'étendue et à la durée de la coupe.

L'enlèvement des bois qui ont reçu une façon plus soignée que celle d'un débit ordinaire est puni par l'article 401 du code pénal. (Puton. *Revue*, mai 1876, p. 49.) V. Vol.

22. *Location. Formalités.* — L'individu poursuivi pour coupe et enlèvement de produits forestiers, sur un terrain dépendant d'un bois communal soumis au régime forestier, est à l'abri des peines portées par l'article 144 du code forestier, du moment où il justifie que ce terrain lui a été affermé par bail administratif passé par le maire et revêtu de l'approbation du préfet. Peu importe que le conservateur n'ait pas été appelé à concourir à cet acte et à fixer les conditions, attendu que l'inaccomplissement de ces formalités est imputable au maire et non pas au fermier du terrain. (Metz, 27 avril 1864.)

23. *Unités de marchandises. Produits.* — L'adjudicataire ne pourra enlever aucun bois qu'après avoir obtenu le permis de l'inspecteur; ce permis lui sera délivré sur la production du procès-verbal de dénombrement et des certificats des receveurs, constatant qu'il a satisfait au paiement des frais d'adjudication et des droits de timbre et d'enregistrement. (Cah. des ch. 23.)

24. *Menus produits. Produits accessoires.* — Il ne sera procédé à l'enlèvement des objets vendus ou délivrés au comptant que sur la production, à l'agent forestier local, de la quittance du receveur des domaines pour les bois domaniaux et des receveurs municipaux pour les bois communaux. (Arr. Min. 22 juin et 1er septembre 1838. Circ. A 429.)

25. *Adjudication. Nuit. Pénalités.* — L'enlèvement de bois par les adjudicataires avant le lever ou après le coucher du soleil sera puni, savoir :

Amende : 100 francs (Cod. For. 35.)

En cas de récidive, *amende* : 200 francs. (Cod. For. 35, 201.)

ENQUÊTE.

SECT. I. — GÉNÉRALITÉS, 1 — 6.

SECT. II. — RESTAURATION DES TERRAINS EN MONTAGNE, MISE EN DÉFENS, 7 — 14.

SECT. I. — GÉNÉRALITÉS.

1. *Définition.* — Mode de constatation par témoins de la vérité d'un fait.

Les enquêtes de *commodo et incommodo* sont celles auxquelles se livrent les agents de l'autorité administrative, à l'effet de rechercher ce que peut avoir de nuisible ou d'utile telle mesure proposée ou tel établissement projeté.

2. *Déclarations.* — Les déclarations dans les enquêtes *de commodo et incommodo* doivent être individuelles et non pas collectives. Le commissaire enquêteur ne doit pas les influencer, et chaque témoignage doit être consigné séparément sur le procès-verbal.

3. *Chemins. Agents.* — Dans les enquêtes, les agents doivent, non seulement prendre connaissance des pièces déposées et fournir au conservateur les renseignements nécessaires pour le mettre à même de soutenir les intérêts de l'Etat, mais encore adresser directement leurs observations aux maires et aux commissions spéciales, sauf à en rendre compte, si les délais étaient trop courts pour

que ces observations fussent adressées par voie hiérarchique. (Circ. N 59, art. 15.)

4. *Pâturage. Rachat. Nécessité.* — En cas de contestation sur l'absolue nécessité d'un droit de pâturage, dont on demande le rachat, il est procédé à une enquête *de commodo et incommodo* par le conseil de préfecture. (Cod. For. 64.)

Cette enquête peut être effectuée par un conseiller de préfecture ou le juge de paix. On ne doit jamais choisir le maire d'une des communes usagères. L'enquête est administrative et les opinions des habitants intéressés peuvent être entendues, à titre de renseignements seulement.

5. *Plainte. Garde.* — Dans le cas de plainte contre un garde, l'inculpé sera invité à fournir ses moyens de justification sur *chaque grief séparément*, et les agents présenteront, pour chaque grief, leurs observations sur le mérite des allégations de l'inculpé ; à la fin, les chefs de service s'expliqueront nettement sur les mesures à prendre. L'administration doit toujours être mise à même de se prononcer sur les plaintes contre les préposés, avec une entière connaissance de cause. (Circ. A 620, Formule série 1, nº 11.) V. Instruction.

6. *Préposé. Plainte. Information judiciaire.* — Lorsqu'il existe une plainte ou un commencement d'information judiciaire contre un préposé forestier, le conservateur des forêts, sans attendre qu'il lui soit écrit pour avoir des renseignements, fait demander au garde ses moyens de justification et les transmet sur le champ à l'administration, en lui rendant compte des faits et circonstances par un rapport contenant ses observations et son avis. (Circ. 8 novembre 1818.)

SECT. II. — RESTAURATION DES MONTAGNES ET MISE EN DÉFENS.

7. *Principe.* — Pour statuer sur l'utilité publique et la fixation du périmètre des travaux de restauration des montagnes, la loi est précédée d'une enquête ouverte dans chacune des communes intéressées. (Loi du 4 avril 1882, art. 2.)

8. *Délai. Ouverture.* — Après que l'administration a adressé au préfet le procès-verbal de reconnaissance et le plan des lieux, ainsi que l'avant-projet et le devis des travaux, celui-ci, dans le délai d'un mois, ouvre une enquête dans chacune des communes intéressées. (Décr. du 11 juillet 1882, art. 3.)

9. *Délai. Dépôt de pièces.* — Le procès-verbal de reconnaissance des terrains, le plan des lieux et l'avant-projet des travaux proposés par l'administration des forêts restent déposés à la mairie pendant l'enquête, dont la durée est fixée à trente jours. Ce délai court du jour de la signification de l'arrêté préfectoral, qui prescrit l'ouverture de l'enquête et la convocation du conseil municipal. (Loi du 4 avril 1882, art. 2.)

10. *Arrêté. Signification.* — L'arrêté prescrivant l'ouverture de l'enquête et la convocation du conseil municipal est signifié au maire de la commune intéressée et porté à la connaissance des habitants par voie de publication et d'affiche. (Décr. du 11 juillet 1882, art. 3.)

11. *Pièces. Dépôt.* — Toutes les pièces restent déposées à la mairie pendant trente jours, à partir de la signification de l'enquête. (Décr. 11 juillet 1882, art. 3.)

12. *Commissaire enquêteur.* — Après l'expiration du délai de trente jours, un commissaire enquêteur, désigné par le préfet, reçoit au même lieu, pendant trois jours consécutifs, les déclarations des habitants sur l'utilité publique des travaux projetés. (Décr. 11 juillet 1882, art. 3.)

13. *Formalités. Certificat.* — Il est justifié de l'accomplissement de toutes les formalités de l'enquête par un certificat du maire. (Décr. 11 juillet 1882, art. 3.)

14. *Avis. Pièces. Envoi.* — Après avoir clos et signé le registre des déclarations, le commissaire le transmet immédiatement au préfet, avec son avis motivé et les pièces qui ont servi de base à l'enquête. (Décr. 11 juillet 1882, art. 3.)

ENREGISTREMENT DE LA CORRESPONDANCE.

Pièces. Registre. — Les agents enregistreront leur correspondance, en faisant mention, en marge de chaque pièce ou procès-verbal, de l'inscription à laquelle elle aura donné lieu sur les registres, avec indication du folio. (Ord. 16.)

ENREGISTREMENT (DROITS D').

SECT. I. — GÉNÉRALITÉS.

§ 1. *Principes.*

1. ***Définition.*** — La formalité de l'enregistrement a été établie pour donner une date certaine aux actes et assurer leur existence. Elle consiste dans l'inscription de l'acte sur un registre public, moyennant un droit fixe ou proportionnel. Les actes faits dans un intérêt public sont visés pour timbre et enregistrés en débet, c'est-à-dire qu'on mentionne les droits dus, sauf à les percevoir ultérieurement.

2. *Algérie.* — Les lois relatives à la perception des droits de timbre et d'enregistrement (Lois des 11 mai 1868, 27 juillet 1870, 16 septembre 1871, 30 mars, 25 mai et 20 décembre 1872. Décrets des 24 mai, 24 juillet et 6 décembre 1872) sont applicables en Algérie. (Décrets des 18 mai et 27 juin 1874.)

3. *Timbre.* — Il est défendu à tout receveur d'enregistrer aucun acte qui ne serait pas sur papier timbré ou visé pour timbre. (Loi du 13 brumaire an VII, art. 25.) En cas d'infraction :

Amende : 10 francs. (Loi du 16 juin 1824, art. 10.)

4. *Quittance.* — La quittance de l'enregistrement sera mise sur l'acte enregistré ; le receveur y exprimera, en toutes lettres, la date de l'enregistrement, le folio du registre, le numéro et la somme des droits perçus. (Loi du 22 frimaire an VII, art. 57.)

5. *Mention.* — La mention de l'enregistrement n'étant que la copie d'un registre public tenu à jour, ce registre peut toujours être produit pour rectifier les erreurs qui pourraient vicier la mention de l'enregistrement mise sur un procès-verbal. (Metz, 27 avril 1836 ; inédit, 9 août 1837.)

6. *Bureaux.* — Les bureaux des receveurs de l'enregistrement doivent être ouverts de huit heures du matin à quatre heures du soir. (Loi du 27 mai 1791, art. 11. Décis. Min. du 9 mars 1839.)

7. *Heures.* — Les actes ne peuvent être présentés à l'enregistrement après les heures de la fermeture des bureaux. (Cass. 28 février 1838.)

Cependant un receveur peut volontairement enregistrer les actes qui lui sont présentés après l'heure de la fermeture des bureaux ; mais rien ne peut le contraindre à cet acte de complaisance.

8. *Date.* — L'enregistrement fait foi de sa propre date. (Loi du 22 frimaire an VII, art 61.)

9. *Fausse mention.* — Dans le cas de fausse mention d'enregistrement, soit dans une minute, soit dans une expédition, le délinquant pourra être poursuivi pour faux. (Loi du 22 frimaire an VII, art. 46.)

10. *Actes. Décisions. Pénalités.* — Il est défendu aux juges, arbitres et aux administrations centrales de prendre aucun arrêté en faveur des particuliers sur des actes non enregistrés, à peine d'être personnellement

responsables des droits. (Loi du 22 frimaire an VII, art. 47.)

11. *Tribunaux. Dépôt.* — Les tribunaux, devant lesquels il est produit des actes non enregistrés, doivent ordonner le dépôt au greffe de ces actes, pour être immédiatement soumis à la formalité de l'enregistrement. (Loi du 23 août 1871, art. 16.)

12. *Actes produits.* — Les actes produits en justice doivent être enregistrés, même si le tribunal n'en a pas ordonné l'enregistrement.

Cette obligation existe notamment pour les actes soumis à un expert chargé de faire un rapport, même si les actes n'ont pas été annexés à ce rapport, ces actes devant être considérés comme produits en justice. (Tribunal de la Seine, 5 août 1892.)

13. *Exemption.* — Tous les actes, arrêtés, décisions des autorités administratives non dénommés dans l'article 78 (actes portant transmission de propriété, d'usufruit ou de jouissances, les adjudications ou marchés et les cautionnements) sont exempts de l'enregistrement, tant sur la minute que sur l'expédition. (Loi du 15 mai 1818, art. 80.)

14. *Exemption. Acte d'administration.* — Sont exempts de la formalité de l'enregistrement les actes d'administration publique. (Loi du 22 frimaire an VII, art. 70, § 3, n° 2.) Sont compris dans cette catégorie, les reconnaissances et procès-verbaux qui ont pour objet de constater *administrativement* l'état matériel de la forêt et la surveillance qui y est exercée ; il en est de même des procès-verbaux de chablis (Décis. Min. 28 juin 1822) ; en un mot, tous les actes qui ne doivent pas être produits en justice, soit comme contrats, soit comme pièces à poursuite.

15. *Exemption. Certificats. Dettes de l'Etat.* — Tout certificat de propriété ayant pour objet le payement des sommes dues par l'État à titre de pension, rémunération ou secours est exempt de la formalité de l'enregistrement. (Circ. N 104, § 1, n° 10.)

§ 2. *Délais.*

16. *Délais.* — Les délais d'enregistrement sont de :

Quatre jours, pour les exploits et procès-verbaux des gardes ;

Vingt jours, pour les actes judiciaires soumis à l'enregistrement sur minute ou en brevet ;

Vingt jours, pour les actes des administrations centrales et municipales soumis à l'enregistrement (Loi du 22 frimaire an VII, art. 20) ;

Deux mois, pour les actes (réarpentage, récolement et autres) postérieurs aux procès-verbaux de délivrance en nature, mais enregistrés au bureau de la résidence de l'agent qui a rédigé les actes (Décis. Min. 12 juillet 1822. Circ. A 65) ;

Trois mois, pour les actes sous seing privé portant transmission, cession ou location de propriété. (Loi du 22 frimaire an VII, art. 21.)

17. *Délai. Jour.* — Le jour de la date de l'acte n'est pas compris dans le délai. (Loi du 22 frimaire an VII, art. 25.)

18. *Jour férié.* — Si le dernier jour du délai de l'enregistrement tombe un jour férié, ce jour n'est pas compris dans le délai. Ainsi, un procès-verbal clos et affirmé le 10 et qui devait être enregistré le 14 pourra ne l'être valablement que le 15, si le 14 était un jour férié. (Loi du 22 frimaire an VII, art. 25. Cass. 18 février 1820.)

§ 3. *Droits. Paiement. Instance.*

19. *Droits.* — Le droit fixe s'applique aux *actes* ; le droit proportionnel est établi et doit, dans certains cas, notamment pour les transmissions d'immeubles et de fonds de commerce, s'attacher *au fait* lui-même, indépendamment de l'acte destiné à le constater.

20. *Droit fixe.* — Le droit fixe s'applique aux actes de toute nature qui ne contiennent ni obligation, ni libération, ni condamnation, collocation ou liquidation de sommes ou valeurs, ni transmission de propriété d'usufruit ou de jouissance de biens, meubles et immeubles. (Loi du 22 frimaire an VII, art. 3.) Les actes administratifs qui s'enregistrent dans le délai de vingt jours sont soumis au droit de 3 francs fixé par la loi du 28 février 1872.

21. *Droits fixes. Augmentation.* — Les divers droits fixes auxquels sont assujettis par les lois en vigueur les actes civils, administratifs ou judiciaires, autres que ceux énumérés à l'article 1er de la présente loi, sont augmentés de moitié. (Loi du 28 février 1872, art. 4.)

Les droits fixes d'enregistrement des actes extrajudiciaires sont augmentés de moitié. (Loi du 19 février 1874.)

21 bis. *Actes extrajudiciaires. Réduction.* — Sont réduits d'un tiers les divers droits fixes d'enregistrement auxquels sont actuellement assujettis les actes extrajudiciaires, non visés par les articles 6, 7 et 8 de la loi du 26 janvier 1892. (Loi du 28 avril 1893, art. 22.)

Ces droits, qui étaient précédemment de 3 francs en principal, d'après la loi du 19 février 1874, sont réduits à 2 francs, soit à 2 fr. 50 avec le double décime et demi.

Nota. — Les actes qui s'enregistrent dans le délai de quatre jours semblent seuls soumis à cette réduction.

22. *Double décime et demi.* — Tous les droits d'enregistrement sont augmentés du double décime et demi, soit 25 centimes

pour cent ou un quart en plus. (Loi du 30 décembre 1873.)

23. *Droit proportionnel.* — Le droit proportionnel est établi pour les obligations, libérations, condamnations, collocations ou liquidations de sommes ou valeurs et pour toute transmission de propriété, d'usufruit ou de jouissance des biens, meubles et immeubles, soit entre vifs, soit par décès. (Loi du 22 frimaire an VII, art. 4.)

24. *Demandeur. Défendeur. Co-intéressé.* — Dans les exploits relatifs à certaines procédures spéciales, telle que l'ordre judiciaire, il ne sera dû qu'un seul droit quel que soit le nombre des demandeurs ou défendeurs indiqués dans les mêmes actes, ceux-ci étant tous considérés comme co-intéressés. (Loi du 28 avril 1893, art. 23. Instruction de l'enregistrement, n° 2838.)

25. *Droit. Perception.* — Le droit proportionnel d'enregistrement sera perçu sur les sommes et valeurs de 20 francs en 20 francs inclusivement et sans fraction; il ne pourra être inférieur à 25 centimes. (Loi du 27 ventôse an IX, art. 2 et 3.)

25 bis. *Droit proportionnel. Quotité. Partage. Charges.* — Le droit proportionnel sera dorénavant liquidé sur les sommes ou valeurs précédemment passibles du droit fixe gradué; la quotité en est fixée à 15 centimes pour cent pour les partages et 20 centimes pour cent pour les autres actes. (Loi du 28 avril 1893, art. 19.)

26. *Droits. Fraction.* — Il n'y a pas de fraction de centime dans les droits proportionnels; on perçoit toujours le centime complet. (Loi du 22 frimaire an VII, art. 5.)

27. *Estimation. Charges.* — La valeur de la propriété, pour les biens meubles et immeubles vendus, est calculée, pour les ventes, échanges, etc., par le prix estimé, en y ajoutant toutes les charges en capital. (Loi du 22 frimaire an VII, art 14 et 15.)

28. *Valeurs estimatives. Déclaration.* — Si les sommes ou valeurs servant de base à la fixation des droits ne sont pas déterminées dans l'acte, il y sera suppléé, avant l'enregistrement, par une déclaration estimative certifiée et signée, au pied de l'acte, par les parties. (Loi du 22 frimaire an VII, art. 16. Loi du 22 février 1872, art. 2.)

29. *Retard de jouissance. Intérêts. Charge.* — En cas de paiement comptant, si l'entrée en jouissance est retardée, les intérêts qui courent pendant ce retard constituent une charge dont on doit tenir compte dans l'évaluation du droit proportionnel d'enregistrement. (Cass. 9 décembre 1872.)

30. *Décisions.* — Les décisions gracieuses sont des événements ultérieurs, sans influence sur la liquidation des droits d'enregistrement des jugements. (Circ. des domaines, 27 février 1860, n° 2167.)

31. *Instances.* — Toutes les instances concernant la perception des droits d'enregistrement sont portées devant les tribunaux civils de première instance, qui statuent sans appel. Les jugements rendus en cette matière ne peuvent être attaqués que par voie de cassation. (Loi du 22 frimaire an VII, art. 65.)

SECT. II. — PERSONNEL.

32. *Commission.* — Les commissions des agents et préposés de l'administration ne sont pas soumises à l'enregistrement.

Les commissions des gardes particuliers sont enregistrées au droit de 3 francs. (Loi du 22 frimaire an VII. Loi du 28 février 1872.)

33. *Serment. Préposés. Agents. Délai.* — Les actes de prestation de serment des gardes particuliers et des agents salariés par l'État, les départements et les communes, dont le traitement et ses accessoires ne dépassent pas 4000 francs, ne sont soumis qu'au droit fixe de 4 fr. 50. Délai : vingt jours. (Loi du 28 avril 1872.) Ce droit, avec l'augmentation et le double décime et demi, s'élève en réalité à 5 fr. 63. Lorsque le traitement dépasse 4000 francs, le droit principal de 15 francs, fixé par la loi du 22 frimaire an VII, pour la prestation du serment, s'élève en principal à la somme de 22 fr. 50. (Loi du 28 février 1872, art. 4. Instr. de l'enregistrement du 15 mai 1893, n° 2838.)

34. *Rapport.* — Les rapports d'employés, gardes, experts et arpenteurs sont assujettis au droit fixe de 3 francs en principal. (Loi du 28 avril 1816, art. 43, n° 16. Loi du 28 février 1872, art. 4.)

SECT. III. — PROPRIÉTÉ IMMOBILIÈRE.

§ 1. *Vente.*

35. *Capital. Sol. Superficie.* — La vente d'un bois avec deux prix distincts, l'un pour le sol et l'autre pour la superficie, est passible d'un droit de 5 fr. 50 pour cent sur la totalité, si l'acquéreur entre en jouissance de suite du tout, parce que les arbres ne deviennent meubles qu'après leur abatage. (Trib. de Meaux, 5 août 1871.)

36. *Sol. Mobilisation de la superficie.* — Dans la vente d'une forêt, on peut mobiliser une quantité de coupes de bois sur la superficie, en déterminant une portion du prix de l'ensemble applicable aux coupes dont l'exploitation est convenue; en tel cas, le droit proportionnel de vente mobilière est seulement exigible sur la partie du prix représentant la valeur de la partie mobilière par l'accord des parties. (Trib. de la Seine, 26 février 1876.)

§ 2. *Délimitation. Bornage.*

37. *Citation.* — Les originaux de citation pour les délimitations (actes extrajudiciaires)

doivent être enregistrés dans les quatre jours de la signification. (Loi du 22 frimaire an vii, art. 20, 29 et 34.) Il y a à payer autant de droits d'enregistrement (2 fr. 50) qu'il y a de propriétaires différents dénommés dans le même exploit.

Plusieurs ayants-droit d'une propriété indivise ne doivent qu'un seul droit d'enregistrement. (Décis. Min. du 7 août 1834. Circ. de l'administration des domaines du 31 décembre 1834. Circ. N 64, art. 214. Loi du 28 février 1872.)

38. *Délimitations. Bornages partiels.* — La minute des procès-verbaux de délimitations et bornages partiels doit être enregistrée au droit de 3 francs, si l'acte a été fait à la requête de l'administration ; s'il a été fait à la requête des particuliers, il doit être perçu un droit distinct par chaque requérant, autant de droits de 3 francs qu'il y a de riverains compris dans l'acte. (Dictionn. de l'enregistrement. Décis. des domaines du 5 février 1835. Circ. N 64, art. 203. Loi du 28 février 1872.)

39. *Délimitations et bornages généraux.* — Il ne doit être perçu qu'un seul droit fixe d'enregistrement (3 fr. et les décimes) sur les minutes des procès-verbaux de délimitations et bornages *généraux*, quel que soit le nombre des riverains. (Décis. de l'Enregistr. du 5 février 1835. Circ. N 64, art. 216. Loi du 28 février 1872.)

40. *Plans.* — Les plans annexés aux procès-verbaux de délimitation et de bornage dressés par les agents forestiers sont exempts de timbre et d'enregistrement. Lorsqu'ils sont dressés par des experts étrangers à l'administration, ils doivent être timbrés et enregistrés au droit fixe de 3 francs. (Loi du 15 mai 1818, art. 80. Loi du 28 février 1872.)

41. *Extraits. Expéditions.* — Les extraits de délimitation et de bornage à déposer aux sous-préfectures et les expéditions pour les agents forestiers sont exempts de timbre et d'enregistrement. (Lois, 13 brumaire an vii, art. 16, no 1, et 22 frimaire an vii, art. 8.) Les expéditions destinées aux communes et aux particuliers doivent être timbrées. (Loi du 15 mai 1818, art. 80.) V. Expédition.

42. *Délimitation. Bornage. Actes. Délai.* — Tous les actes relatifs à la délimitation et au bornage des bois soumis au régime forestier seront enregistrés en débet. Délai : vingt jours après la clôture. (Loi du 22 frimaire an vii, art. 20. Décis. Min. 12 août 1836. Circ. A 378. Circ. N 64, art. 186.)

43. *Frais. Remboursement.* — La portion des droits d'enregistrement qui se trouve à la charge de l'État, dans les frais de délimitation et de bornage des bois domaniaux, n'est pas remboursable par l'administration des forêts à celle des domaines. (Décis. Min. 12 août 1836. Instr. de l'administration des domaines, no 1528. Circ. N 64, art. 211.)

§ 3. *Cantonnement.*

44. *Cantonnement. Paiement.* — Le cantonnement étant une véritable mutation de propriété, les actes qui le constituent sont soumis au droit proportionnel d'enregistrement de 2 pour cent. (Cons. d'administration de l'enregistrement, 21 juin 1832.)

Le paiement de ces droits d'enregistrement est à la charge du propriétaire et non pas à celle de l'usager.

45. *Droit. Quotité.* — Le cantonnement constitue un acte de liquidation innommé dans l'article 1er de la loi du 28 février 1872, passible, dès lors, non du droit gradué de partage, mais du simple droit fixe de 5 francs, augmenté de moitié en sus et porté à 7 fr. 50 par la loi du 28 février 1872, art. 4. (Tribunal de Foix, 30 août 1876.)

Le droit de partage est fixé à 15 centimes pour cent par la loi du 28 avril 1893, art 19.

§ 4. *Expropriation.*

46. *Expropriations. Pièces.* — Les plans, procès-verbaux, certificats, significations, jugements, contrats, quittances et autres actes faits pour parvenir à l'expropriation sont enregistrés gratis, lorsqu'il y a lieu à la formalité de l'enregistrement. (Loi du 3 mai 1841, art. 58. Instr. Gén. 2 février 1885, art. 79. Circ. N 345.)

SECT. IV. — PRODUITS. REVENUS.

§ 1. *Concession.*

47. *Carrières. Droit.* — Les concessions ayant pour objet l'extraction et l'enlèvement, dans les carrières, de sable, pierres, tourbes, minerais, etc., c'est-à-dire de toutes matières qui ne se renouvellent ou ne se reproduisent pas, constituant ainsi une diminution proportionnelle de la propriété, rentrent dans la catégorie des actes de vente passibles du droit proportionnel d'enregistrement de 2 pour cent. Lorsque les baux ne constituent que des actes de jouissance sur un produit qui se renouvelle chaque année, ils ne sont passibles que du droit de 0 fr. 20 pour cent. (Cass. 5 et 6 mars 1855 et 28 janvier 1857.)

§ 2. *Location. Bail.*

48. *Bail.* — Les baux à loyer pour le compte de l'Etat sont enregistrés gratis. (Circ. N 6, art. 43.)

49. *Taux.* — Les baux dont la durée est limitée sont enregistrés au droit proportionnel de 0 fr. 20 pour cent sur le prix cumulé de toutes les années. (Loi du 16 juin 1824.)

§ 3. *Vente.*

A. *Adjudication en général.*

50. *Adjudication. Formalités. Délai.* — Demeurent assujettis au timbre et à l'enregistrement sur la minute, dans le délai de vingt jours : 1° les actes des autorités administratives et des établissements publics, portant transmission de propriété ou de jouissance, et les adjudications ou marchés de toute nature ; 2° le cautionnement relatif à ces actes. (Loi du 15 mai, 1818, art. 78.)

51. *Charge. Coupes.* — Les charges imposées en sus du prix d'un bail (travaux mis en charge) doivent être considérées comme une augmentation de prix, dont on doit tenir compte pour l'enregistrement. (Décis. de l'Administ. des domaines, 18 avril 1828.)

52. *Adjudicataire. Secrétaires. Consignations. Droit.* — Lorsque les parties n'auront pas consigné, entre les mains des secrétaires des administrations et dans les délais prescrits pour l'enregistrement, le montant des droits fixés par la loi, pour les actes passés devant ces administrations, les secrétaires fourniront au receveur, dans les dix jours qui suivront l'expiration du délai, des extraits des actes dont les droits ne leur auront pas été remis, et le recouvrement en sera poursuivi par le receveur contre les parties, qui supporteront, en outre, la peine du double droit en sus. En cas de retard à fournir les extraits aux receveurs, les secrétaires seront responsables et contraints à payer les droits. (Loi du 22 frimaire an VII, art. 37.)

53. *Actes. Délai.* — Tous les actes préliminaires aux ventes peuvent être enregistrés en même temps que le procès-verbal d'adjudication. (Décis. 13 germinal an XIII. Instr. des domaines, nos 281 et 475. Circ. N 80, art. 54.)

54. *Délai.* — Les procès-verbaux d'adjudication, les actes de cautionnement ou de marché doivent être enregistrés, dans le délai de vingt jours, aux bureaux des actes civils. Les frais sont à la charge des adjudicataires ou entrepreneurs. (Loi du 15 mai 1818, art. 78. Loi du 22 frimaire an VII.)

B. *Coupes sur pied.*

55. *Vente. Revente. Droit.* — Les adjudications, ventes, reventes de coupes de bois taillis ou futaies sont enregistrés au droit proportionnel de 2 francs pour 100 francs. (Loi du 22 frimaire an VII, art. 69.)

56. *Coupes. Droit proportionnel.* — Le droit proportionnel sur les procès-verbaux constatant les ventes de coupes doit être liquidé en réunissant tous les articles adjugés à une même personne, afin d'établir la perception sur les prix cumulés de ces articles. (Instr. des domaines, n° 2049, 19 octobre 1855.)

56 bis. *Arpentage. Procès-verbal. Bois communaux.* — Les procès-verbaux d'arpentage des coupes dans les bois communaux et d'établissements publics, n'étant plus joints au procès-verbal d'adjudication, ne sont pas soumis à la formalité du timbre et de l'enregistrement. (Circ. N 452.)

57. *Droit. Vente.* — Les droits proportionnels sont dus par les adjudicataires des coupes sur le montant de l'adjudication et sur les décimes, ainsi que sur les charges accessoires. (Circ. A 373.) V. Coupe.

C. *Bois façonnés.*

58. *Produits façonnés. Bois communaux.* — Les communes et établissements publics sont chargés d'acquitter les droits d'enregistrement des procès-verbaux et actes relatifs aux adjudications des produits façonnés, dans les bois qui leur appartiennent. (Décis. Min. 13 janvier 1865. Circ. N 101.)

Les droits d'enregistrement du procès-verbal d'adjudication sont acquittés au comptant ; tous les autres actes sont enregistrés en débet. Afin d'assurer le recouvrement de ces droits, les inspecteurs adressent, après les adjudications, au receveur des domaines du lieu de l'adjudication, un état des droits à recouvrer. (Form. série 4, n° 41. Circ. N 101.)

59. *Droit.* — Le droit d'enregistrement pour les adjudications de bois façonnés est de 2 pour cent (droit de vente mobilière), plus le double décime et demi, et, en outre, un demi pour cent s'il est fourni une caution et 3 francs fixe, en principal, pour certificateur de caution. (Circ. N 101.)

D. *Produits accessoires et divers.*

60. *Menus produits. Droit.* — Les procès-verbaux d'adjudication de récolte de faînes, glands, herbes, chablis, bois de délit, etc., sont timbrés et enregistrés au droit de 2 pour cent, à liquider sur le prix augmenté des charges. Délai : vingt jours.

61. *Bail. Formalités.* — Les procès-verbaux d'adjudication de glandée, pâturage ou panage, etc., lorsque la concession a le caractère de bail, sont visés pour timbre et enregistrés à 0 fr. 20 pour cent, sur le prix cumulé pour toute la durée du bail, augmenté des charges. Délai : vingt jours.

62. *Location de carrière. Formalités.* — Les procès-verbaux d'adjudication de location de carrière sont visés pour timbre et enregistrés au droit de 2 pour cent. Délai : vingt jours.

63. *Extraction. Résine. Liège. Vente pour plusieurs années sous forme de bail. Droit.* — L'exploitation de certains produits superficiels ou intérieurs du sol forestier se fait parfois sous forme de bail ou location. Lorsqu'il y a une véritable vente de produits

forestiers, ces actes sont enregistrés au droit de 2 pour cent, comme vente mobilière.

§ 4. *Délivrance.*

64. *Produits accessoires. Délivrance à prix d'argent.* — Les procès-verbaux de délivrance des produits accessoires, délivrés à prix d'argent, sont enregistrés au droit proportionnel de 2 pour cent, comme vente ou cession.

65. *Coupes. Arbres.* — Les actes et procès-verbaux relatifs aux coupes et aux arbres délivrés en nature aux usagers, dans les bois de l'Etat, lorsque les usagers ne doivent pas les vacations forestières, sont enregistrés gratis. (Décis. Min. 7 novembre 1834. Instr. des domaines, 10 février 1836. Décis. Min. 4 juin 1838. Circ. A 422.)

66. *Actes d'administration. Coupes.* — Les actes d'*administration* relatifs aux coupes de bois délivrées en nature, soit à des communes, soit à des affouagistes, rédigés antérieurement à la délivrance, seront soumis à la formalité du timbre et de l'enregistrement, dans le délai de vingt jours, à dater du procès-verbal de délivrance.

Les procès-verbaux de récolement et autres actes postérieurs au procès-verbal de délivrance en nature ne seront soumis à la formalité du timbre et de l'enregistrement que dans le délai de *deux mois* de leur date, mais au bureau de la résidence de l'agent qui aura rédigé lesdits actes. Ces actes sont enregistrés en débet. (Décis. Min. 19 germinal an XIII. Décis. Min. 12 juillet 1822. Circ. A 65. Cod. For. 104.)

67. *Retard. Pénalités.* — En cas de retard d'enregistrement des actes d'administration (procès-verbaux de délivrance, récolement, etc., faits en vertu de l'article 104 du code forestier), pour la délivrance de bois en nature au delà des délais fixés, ces actes sont assujettis au double droit. (Loi du 22 frimaire an VII. Décis. de l'enregistrement, 3 mars 1829.)

SECT V. — TRAVAUX PAR ADJUDICATION.

68. *Adjudication. Travaux. Bois domaniaux. Droit.* — La quotité du droit fixe d'enregistrement sur les adjudications et marchés pour construction, réparation, entretien, approvisionnement et fournitures, dont le prix doit être payé directement par le Trésor public, est déterminé par le prix exprimé ou l'évaluation des objets à 5 francs pour les sommes de 1000 à 5000 francs ; à 10 francs pour les sommes de 5000 à 10000 francs. (Loi du 28 février 1872, art. 1 et 2.)

Il n'est perçu, à titre de frais d'enregistrement, que le droit de 1 pour cent du montant du marché et celui de 0 fr. 50 pour cent du cautionnement, lorsque chacun de ces droits proportionnels ne s'élève pas à 5 francs. (Circ. N 132.) Le minimum de la perception de l'enregistrement des marchés sera de 0 fr. 25. (Circ. N 202.) Délai d'enregistrement : vingt jours.

Ces actes sont aujourd'hui soumis au droit proportionnel et à la taxe de 0 fr. 20 pour cent. (Loi du 28 avril 1893, art. 19.)

SECT. VI. — INSTANCE.

§ 1. *Procès-verbal.*

69. *Principes. Poursuites.* — Les procès-verbaux dressés par les gardes forestiers et tous les actes et jugements qui interviennent sur ces procès-verbaux sont enregistrés en débet. (Loi du 22 frimaire an VII, art. 70.)

70. *Délai.* — Les procès-verbaux des gardes de l'administration et des particuliers seront, sous peine de nullité, enregistrés dans les quatre jours qui suivront celui de l'affirmation ou celui de la clôture du procès-verbal, s'il n'est pas sujet à l'affirmation. L'enregistrement se fait en débet pour les procès-verbaux constatant des délits dans les bois de l'Etat, des communes et établissements publics, soumis au régime forestier. (Cod. For. 170 et 189.) V. Nullité.

71. *Algérie. Abus de jouissance. Bois particulier.* — Les procès-verbaux dressés pour constater les abus d'exploitation et de jouissance commis par les particuliers dans leurs bois sont enregistrés en débet, dans le délai de vingt jours. (Loi du 9 décembre 1885, art. 10. Circ. N 357.)

72. *Date. Délai.* — Les procès-verbaux dressés par les *préposés* forestiers doivent être enregistrés dans les quatre jours de l'affirmation, et ceux des *agents* forestiers, dans les quatre jours de la clôture de l'acte. (Décis. 28 octobre 1828.)

73. *Délai. Durée.* — Le délai de quatre jours pour l'enregistrement des procès-verbaux n'est pas un *délai franc* ; un procès-verbal clos et affirmé le 10 doit être enregistré le 14, et non pas le 15.

74. *Frais. Taux.* — Les procès-verbaux et les actes de poursuite sont enregistrés au droit fixe de 2 francs, plus deux décimes et demi (2 fr. 50.). (Lois, 28 avril 1816, 23 août 1871, 19 février 1874, 28 avril 1893.)

75. *Procès-verbaux. Gardes particuliers.* — Les procès-verbaux dressés par les gardes particuliers, dans les bois non soumis au régime forestier, ne sont pas enregistrés en débet. (Cod. For. 188. Loi du 18 juin 1859.)

76. *Procès-verbaux. Gardes particuliers.* — Les procès-verbaux des gardes particuliers ne peuvent pas être enregistrés en débet, alors même qu'ils auraient pour objet des délits qui seraient poursuivis d'office par le ministère public. (Loi du 25 mars 1817, art. 74. Décis. Min. 2 mai 1828.)

77. *Affirmation.* — L'enregistrement d'un procès-verbal ne peut avoir lieu qu'après

l'affirmation ; mais, si les deux opérations sont effectuées le même jour, l'acte est régulier, à moins de prouver que l'affirmation a été postérieure à l'enregistrement.

78. *Date. Procès-verbaux.* — L'enregistrement d'un procès-verbal ne peut s'effectuer que lorsque toutes les formalités extrinsèques de l'acte ont été remplies ; il ne donne pas date certaine à l'acte, puisque l'énonciation de la date, étant un fait matériel, fait foi, comme l'acte lui-même, jusqu'à inscription de faux ou preuve contraire ; mais l'enregistrement est un moyen de contrôle, qui sert à renfermer la date de l'acte dans de certaines limites.

79. *Bureau voisin.* — Les gardes peuvent choisir, pour l'enregistrement des procès-verbaux et de *tous leurs actes*, le bureau le plus voisin de leur résidence et le plus à leur convenance, sans tenir compte des circonscriptions et quand ce bureau ne serait pas de leur arrondissement. (Décis. Min. 20 mars 1826. Cass. 28 novembre 1809, 12 juillet 1822 et 14 novembre 1835.)

80. *Envoi.* — Les gardes qui envoient leurs procès-verbaux à l'enregistrement par la voie de la poste sont responsables de tous les retards qui peuvent en résulter, attendu qu'ils devraient aller les porter eux-mêmes au bureau de l'enregistrement.

81. *Retard. Pénalités.* — Les gardes doivent faire enregistrer leurs exploits dans les quatre jours. En cas d'infraction :

Amende : 5 francs. (Loi du 16 juin 1824, art. 10.)

82. *Nullité. Responsabilité.* — Les gardes sont responsables de la nullité des procès-verbaux qu'ils n'ont pas fait enregistrer. (Loi du 22 frimaire an VII, art. 34. Décis. Min. 21 avril 1823.)

83. *Procès-verbal. Nullité. Amende.* — Il ne doit être prononcé qu'une amende unique et solidaire entre ceux qui ont concouru à la rédaction d'un procès-verbal de délit, déclaré nul pour défaut de formalités. (Circ. 22 brumaire an X et 13 novembre 1801.)

§ 2. *Poursuites.*

84. *Poursuites.* — Les procès-verbaux, actes et jugements, lorsqu'il y aura une partie civile, seront rédigés sur timbre et enregistrés au comptant. (Ord. 22 mai 1816, art. 4.) V. Partie civile.

85. *Frais.* — Dans les affaires de police correctionnelle poursuivies à la requête de l'administration (pour l'Etat, les communes ou établissements publics), la partie poursuivante ne sera pas tenue de consigner les frais d'enregistrement. Les minutes des jugements seront enregistrées en débet, et les frais seront poursuivis contre les condamnés. (Ord. 22 mai 1816, art. 4.)

86. *Partie civile.* — Lorsqu'il y aura une partie civile, les frais seront acquittés par elle. A cet effet, le greffier pourra exiger d'avance la consignation entre ses mains du montant des droits. A défaut de cette consignation et de l'accomplissement de la formalité de l'enregistrement dans les délais prescrits, le recouvrement du droit ordinaire et du droit en sus sera poursuivi contre la partie civile par le receveur de l'enregistrement, sur l'extrait du jugement que le greffier sera tenu de lui délivrer dans les dix jours qui suivront l'expiration du délai fixé pour l'enregistrement, le tout conformément à l'article 37 de la loi du 22 frimaire an VII. (Ord. 22 mai 1816, art. 2.)

87. *Signification. Citation. Acte correctionnel.* — Les significations des actes correctionnels ou judiciaires sont enregistrés au droit fixe de 1 fr. en principal, par chaque délinquant non solidaire porté sur le même acte. (Loi du 22 frimaire an VII. Loi du 28 avril 1893.)

88. *Poursuite. Exploits.* — Les actes ayant pour objet le recouvrement des condamnations prononcées pour délit forestier, dans les bois des communes et des établissements publics, sont enregistrés gratis pour les sommes de 100 francs et au-dessous, et au droit de 1 franc pour les sommes excédant 100 francs. (Loi, 16 juin 1824, art. 6. Décis. Min. 7 mars 1828.)

ENSABLEMENT.

Classification. — Les ensablements sur fascines sont classés comme travaux d'entretien. (Circ. N 22, art. 25.)

ENSEMENCEMENT. V. Semis.

ENTREPOT.

Délit. Pénalité. — Le fait d'entreposer dans une coupe des bois étrangers à cette coupe est puni, savoir :

Amende : 100 francs à 1000 francs. (Cod. For. 43.)

ENTREPRENEUR.

SECT. I. — TRAVAUX PUBLICS.

1. *Définition.* — Par entrepreneur, il faut entendre non seulement les entrepreneurs proprement dits ou adjudicataires, mais encore les entrepreneurs partiels, les régisseurs intéressés, les concessionnaires, les ouvriers travaillant à la journée pour le compte direct de l'administration, les architectes commissionnés par l'administration et les particuliers qui ont souscrit des subventions. (Cabantous.) V. Travaux publics.

SECT. II. — TRAVAUX FORESTIERS.

§ 1. *Travaux forestiers en général.*

2. *Facultés.* — Les entrepreneurs des travaux forestiers effectués pour le compte de l'Etat doivent participer aux prérogatives des travaux publics, indiquées dans la loi du 28 pluviôse an VIII, et peuvent provoquer un arrêté préfectoral pour extraire des matériaux dans une propriété particulière. (Décis. Min. 6 juillet 1867.)

3. *Préposés.* — Les préposés forestiers ne peuvent pas être chargés, comme entrepreneurs, d'exploitations à leur profit, dans une forêt communale, dont la surveillance leur est confiée. (Lettre de l'Adm. 19 septembre 1861.)

4. *Entreprise. Mode.* — Les travaux seront entrepris, soit par voie d'adjudication publique au rabais et sur soumissions cachetées, soit en vertu d'une convention faite de gré à gré. (Cah. des ch. 1.) V. Travaux forestiers.

§ 2. *Travaux d'exploitation des coupes affouagères ou usagères.*

5. *Nomination.* — L'entrepreneur d'une coupe affouagère ou usagère doit être nommé par le conseil municipal et non par le maire. (Cass. 9 décembre 1839.)

6. *Nomination. Délibération. Timbre.* — La délibération du conseil municipal portant nomination d'entrepreneur pour la coupe affouagère n'est visée pour timbre en débet qu'autant qu'elle ne contient aucune convention entre la commune et l'entrepreneur. (Décis. Min. 17 avril 1843. Instr. de l'enregistrement, 4 novembre 1843.)

Lorsque la nomination de l'entrepreneur d'une coupe affouagère est faite par un acte séparé, celui-ci doit être rédigé sur papier timbré, comme ne rentrant pas dans l'exception de l'article 104 du code forestier. V. Coupe délivrée en nature.

7. *Responsabilité.* — On doit chercher à ce que les entrepreneurs des coupes affouagères reçoivent un salaire, pour qu'ils soient réellement responsables de l'exploitation de la coupe. (Circ. A 534 bis.)

8. *Agrément. Coupe usagère ou affouagère.* — Lorsque les bois de chauffage se délivrent par coupe, l'entrepreneur doit être agréé par l'agent forestier local. (Cod. For. 81, 103. Ord. 122, 146.)

9. *Condition.* — On ne doit accepter comme entrepreneur que les individus réunissant les conditions d'aptitude et de solvabilité nécessaires à l'exercice de cet emploi. (Insp. des finances.)

10. *Délivrance.* — Un entrepreneur ne peut exploiter une coupe affouagère communale qu'après la délivrance et avoir obtenu le permis d'exploiter. (Cod. For. 30, 82, 103.) V. Permis d'exploiter.

11. *Garde-vente.* — Un entrepreneur ne peut pas être assermenté comme garde-vente de sa coupe; ses procès-verbaux seraient nuls, et il serait responsable, sans recours, de tous les délits. (Lettre de l'administration, 21 novembre 1834.)

12. *Facteur.* — Les entrepreneurs peuvent instituer des gardes-vente. (Lettre de l'administration, 21 novembre 1834.)

13. *Habitants. Ouvriers. Responsabilité.* — Les entrepreneurs peuvent prendre pour ouvriers les habitants de la commune. L'essentiel est qu'il ne soit procédé à aucun partage de bois sur pied et qu'il ne soit fait aucun lot, jusqu'après l'exploitation de la coupe; ils en sont néanmoins responsables. (Circ. A 171.)

14. *Coupe affouagère. Responsabilité.* — Les entrepreneurs qui se laissent imposer la condition de prendre les habitants comme ouvriers, pour exploiter une coupe, sont, malgré cette condition, responsables de tous les délits commis par ces ouvriers qu'ils ne peuvent ni choisir, ni renvoyer. (Besançon, 9 janvier 1837. Cass. 12 août 1837.)

15. *Conditions. Cahier des charges.* — Les entrepreneurs doivent se conformer à toutes les clauses et conditions du cahier des charges et des clauses spéciales, quand bien même l'extrait du cahier des charges qui leur est remis serait incomplet. (Nancy, 27 janvier 1841.)

16. *Exploitation.* — Les entrepreneurs des coupes usagères, affouagères et affectataires devront se conformer à toutes les prescriptions du code forestier et du cahier des charges, relativement à l'exploitation, au nettoiement et à la vidange des coupes. Ils sont soumis à la même responsabilité et passibles

des mêmes peines que les adjudicataires des coupes, en cas de délit ou contravention. (Cod. For. 82, 112. Cass. 26 juin 1835.)

17. *Responsabilité. Retard.* — Un entrepreneur de coupe affouagère, qui n'est qu'adjudicataire du façonnage des ramiers, encourt, en cas de retard, les pénalités de l'article 37 du code forestier (*amende :* 50 à 500 francs et dommages-intérêts), et non pas celles de l'article 40. (Metz, inédit, 19 novembre 1842.)

18. *Responsabilité. Enlèvement. Taxe.* — Les entrepreneurs des coupes affouagères seuls, à l'exclusion des gardes forestiers, doivent veiller, sous leur responsabilité, à ce que les affouagistes n'enlèvent pas leur bois avant le paiement de la taxe. (Décis. Min. du 10 janvier 1839. Circ. A 441.)

19. *Vidange. Portion.* — Les entrepreneurs sont seuls responsables du retard dans l'enlèvement des portions affouagères. (Cod. For. 40. Besançon, 6 mai 1834.)

20. *Bonne foi.* — La bonne foi de l'entrepreneur ne peut être une excuse. (Grenoble, inédit, 17 avril 1839.)

21. *Patente.* — L'entrepreneur de l'exploitation d'une coupe affouagère ne peut pas être assujetti à la patente, comme entrepreneur par adjudication ; il doit être considéré comme simple bûcheron. (Cons. d'Etat, 9 mai 1860.)

SECT. III. — EXPLOITATION DES BOIS DE BOURDAINE POUR LES POUDRERIES NATIONALES.

22. *Liste. Désignation des forêts.* — Les directeurs des poudreries adressent aux conservateurs, aussitôt après les adjudications ou les passations des marchés de gré à gré, la liste des entrepreneurs, avec l'indication des forêts où doivent avoir lieu les exploitations de bois de bourdaine. (Règl. Min. du 1er mars 1883, art. 3. Circ. N 315.)

23. *Demande. Permis d'exploiter.* — Les demandes d'autorisation d'exploiter émanent des entrepreneurs ; elles sont écrites sur timbre, contiennent la désignation des forêts et des cantons dans lesquels l'exploitation est demandée et portent engagement par l'entrepreneur de payer les redevances et les droits imposés et de se soumettre aux charges, clauses et conditions le concernant.

Elles sont adressées au conservateur, qui délivre, s'il y a lieu, le permis d'exploiter. (Règl. Min. du 1er mars 1883, art. 4. Circ. N 315.)

24. *Ouvriers. Responsabilité.* — Les entrepreneurs n'introduiront dans les bois que les ouvriers offrant des garanties suffisantes de moralité et ils seront pécuniairement responsables des délits qui y seraient commis par ces ouvriers. (Règl. Min. du 1er mars 1883, art. 6. Circ. N 315.)

25. *Conditions d'exploitation.* — Les entrepreneurs doivent se soumettre à toutes les mesures d'ordre qui leur seront prescrites par les agents forestiers, relativement à l'exploitation, au débardage et au transport de la bourdaine.

Ils sont tenus de faire réparer, à leurs frais, les dégradations occasionnées aux routes et chemins de vidange par le transport de la bourdaine.

Cette dépense est fixée au vingtième du montant de la redevance. (Règl. Min. du 1er mars 1883, art. 7 et 8. Circ. N 315.) V. Bourdaine.

ENTRETIEN.

1. *Immeubles.* — Les frais d'entretien des immeubles acquis par l'administration des forêts sont à sa charge. (Décis. Min. 11 octobre 1824.)

2. *Projets. Menus produits. Décision.* — Les conservateurs statuent sur les projets des travaux d'entretien à mettre en charge sur les concessionnaires de menus produits. (Circ. A 797. Lettre du 16 mars 1861. Circ. N 22, art. 319.)

3. *Dépenses.* — L'administration n'est pas chargée d'acquitter les dépenses relatives à l'entretien des bois des communes et des établissements publics ; ces dépenses sont à la charge des propriétaires. (Lettr. de l'Admin. 22 septembre 1829.)

ÉPINAGE.

1. *Définition.* — Opération qui consiste à planter de loin en loin, sur le sol, de petites branches d'épines isolées, pour empêcher le braconnage au filet traînant pendant la nuit.

2. *Chasse.* — Le propriétaire et le fermier du droit de chasse peuvent pratiquer l'épinage, sauf indemnité pour le fermier des récoltes du dommage qui lui est causé. (Paris, 11 juillet 1867.)

ÉPINE.

1. *Arrachis. Enlèvement.* — Les coupes seront nettoyées, en ce qui concerne l'enlèvement des épines, avant le terme fixé pour l'abatage (15 avril, 1er juillet). (Cah. des ch. 21.) En cas d'infraction :

Amende : 50 à 500 francs. (Cod. For. 37.)
Dommages-intérêts facultatifs.

2. *Arrachis. Infraction. Pénalités.* — L'inobservation, de la part d'un adjudicataire de coupe, d'une condition imposant l'obligation d'arracher les épines dans un délai déterminé, constitue une infraction aux clauses et conditions du nettoiement des coupes et le rend passible de l'*amende de 50 à 500 francs.* (Cod. For. 37. Nancy, 11 dé-

cembre 1835.) V. Cahier des charges. Clauses spéciales. Travaux mis en charge. Nettoiement.

3. *Enlèvement. Frais.* — Lorsque l'arrachis des épines devra entraîner des frais hors de proportion avec le prix de la coupe, on ne devra pas l'exiger. (Lettre du 20 juillet 1860.)

4. *Délivrance.* — Les conservateurs autorisent les délivrances d'épines et fixent la redevance à payer, s'il s'agit des bois domaniaux; dans les bois communaux, elle est fixée par le préfet, sur l'avis des maires. (Ord. 4 décembre 1844, art. 2.)

5. *Nettoiement. Coupe.* — Dans les taillis que les épines rendent parfois impénétrables, il est d'usage, dans certaines localités, de mettre en charge à l'entrepreneur ou à l'adjudicataire, en vertu d'une autorisation spéciale, le nettoiement des épines de la coupe suivante. (Puton.)

ÉPIZOOTIE.

1. *Contagion. Avis. Pénalités.* — Tout propriétaire, toute personne ayant la charge des soins ou la garde d'un animal atteint ou soupçonné d'être atteint d'une maladie contagieuse est tenu d'en faire sur le champ la déclaration au maire de la commune où se trouve cet animal. Sont également tenus de faire cette déclaration tous les vétérinaires appelés à le soigner.
En cas d'infraction :

Prison : 6 jours à 2 mois.
Amende : 16 à 400 francs. (Loi du 21 juillet 1881, art. 3 et 30.)

2. *Contagion. Communication. Pénalités.* — L'animal atteint ou soupçonné d'être atteint d'une maladie contagieuse devra être immédiatement séquestré, séparé et maintenu isolé autant que possible des autres animaux susceptibles de contracter cette maladie. Ceux qui auront laissé leurs animaux infectés communiquer avec d'autres seront punis :

Emprisonnement : 2 à 6 mois.
Amende : 100 à 1000 francs. (Loi du 21 juillet 1881, art. 8 et 31.)

Si, de cette communication, il en est résulté une contagion, les auteurs de cette infraction encourent, savoir :

Prison : 6 mois à 3 ans.
Amende : 100 à 2000 francs. (Loi du 21 juillet 1881, art. 32.)

3. *Garde champêtre ou forestier. Officier de police judiciaire.* — Si le délit a été commis par un garde champêtre ou forestier, ou un officier de police judiciaire, la peine d'emprisonnement sera d'un mois au moins et d'un tiers au plus en sus de la peine la plus forte qui serait applicable à un autre coupable du même délit. (Cod. Pén. 462.)

ÉQUERRE.

Arpentage. — L'équerre d'arpenteur doit être en cuivre; on doit préférer celui divisé en demi-angle droit et ne s'en servir qu'après vérification.

L'équerre sera employé pour lever les sinuosités d'un périmètre au moyen de directrice. Les perpendiculaires ne doivent pas avoir plus de cinquante mètres ; on ne pourra pas échafauder plus de trois perpendiculaires l'une sur l'autre. (Instr. 15 octobre 1860, art. 11 et 19.) V. Instrument.

ÉQUIPAGE.

Lieutenant de louveterie. — L'équipage de chasse que les lieutenants de louveterie doivent entretenir comprend au moins :
1 piqueur ;
2 valets de limiers ;
1 valet de chiens ;
10 Chiens courants ;
4 Limiers. (Règl. 20 août 1814, art. 6.)

ÉQUIPEMENT.

SECT. I. — ÉQUIPEMENT FORESTIER.

1. *Nomenclature.* — Les préposés forestiers continueront à se pourvoir, à leurs frais, sous la surveillance et le contrôle de leurs chefs hiérarchiques, des objets d'équipement forestier mentionnés à l'article 1er de l'arrêté ministériel du 8 août 1840 et à l'article 1er de l'arrêté ministériel du 3 juin 1854. (Arr. Min. 28 octobre 1875. Circ. N 189.)

Ces objets sont, sans doute, le sac de chasse, dit carnier, avec bandoulière en cuir noir, le marteau, la chaîne métrique de deux mètres en métal et la griffe.

2. *Fourniture.* — L'administration fournit le livret et la plaque, dont le prix est remboursé à l'Etat par les gardes communaux, au moyen de retenues sur leur traitement. (Circ. N 76.) Les autres objets sont achetés et payés directement par les préposés aux fournisseurs.

3. *Frais.* — Les préposés sont tenus de se procurer à leurs frais, dans les trois mois de leur installation, tous les objets

d'équipement prescrits. (Décis. Min. 12 février 1845. Circ. A 569. Circ. A 590.)

4. *Délai.* — Les gardes qui, dans les trois mois de leur installation, ne se sont pas pourvus des objets d'équipement prescrits, seront considérés comme démissionnaires. (Circ. A 590.)

5. *Mise en charge.* — On peut demander à ce que les communes votent ou mettent en charge sur les coupes une subvention pour l'équipement des gardes communaux. (Circ. A 524 bis.)

6. *Prescription.* — L'équipement des gardes doit toujours être complet et uniforme. (Circ. A 289.)

7. *Vérification. Demande d'objet.* — Le chef de cantonnement vérifie la tenue des préposés, signale les objets dont ils ont besoin et dont ils doivent se pourvoir, et si, dans le mois qui suivra la notification de la décision du conservateur, le préposé n'a pas fourni la demande et la commande des objets reconnus nécessaires, le conservateur le suspend de ses fonctions et en réfère à l'administration. (Circ. A 590.)

8. *Revue.* — Les conservateurs examinent, dans leur tournée, l'équipement des préposés. (Circ. N 18, art. 8.)

SECT. II. — ÉQUIPEMENT MILITAIRE.

9. *Grand équipement. Fourniture.* — Le département de la guerre pourvoira au grand équipement des chasseurs forestiers, ainsi qu'à la fourniture des havresacs. Il leur fera distribuer les objets de campement, en cas de mobilisation. (Décr. du 2 avril 1875 et 18 novembre 1890. Circ. N 173. Circ. N 424.)

10. *Grand équipement. Nomenclature.* — Le grand équipement comprend :

1° Bretelle de fusil ;

2° Cartouchières d'infanterie (deux par homme) ;

3° Sachets pour vivres de réserve (deux par homme) ;

4° Ceinturon d'infanterie, avec plaque, coulants et verrou ;

5° Ceinturon de sergent-major, avec plaque ;

6° Dragonne de sabre de sergent-major ;

7° Etui de revolver en cuir verni ;

8° Porte-épée baïonnette ;

9° Havresac, avec courroies ;

10° Clairon, avec cordon (un par section militaire) ;

11. *Campement. Nomenclature.* — Les effets de campement comprennent :

1° Hachette (une par huit hommes) ;

2° Petit bidon d'un litre, avec étui et courroie (un par homme) ;

3° Gamelle à quatre hommes ;

4° Marmite à quatre hommes ;

5° Gamelle moulin à café (une par seize hommes) ;

6° Seau en toile (un par huit hommes) ;

7° Petite couverture (une par homme) ;

8° Sac tente-abri (un par homme) ;

9° Sac à distribution (un par huit hommes).

12. *Petit équipement. Fourniture.* — Le département de l'agriculture assurera le petit équipement de tous les préposés domaniaux et communaux. (Décr. du 2 avril 1875 et 18 novembre 1890. Circ. N 173. Circ. N 424.)

13. *Petit équipement. Nomenclature. Prix.* — Le petit équipement comprend :

1° Cravate............	Prix :	0f,55
2° Trousse............	—	1f,25
3° Gamelle individuelle..	—	1f,25
4° Quart...............	—	0f,35

(Circ. N 370.)

14. *Trousse. Nomenclature.* — La trousse renferme :

Une paire de ciseaux, une bobine en bois dans laquelle se loge une alêne dont le manche forme étui, un peigne à démêler, un dé à coudre en fer, deux écheveaux de fil, quatre boutons de tunique, six boutons de pantalon, deux agrafes et deux lacets de guêtres. (Cah. des ch. art. 12. Circ. N 370.)

15. *Mutation. Algérie.* — En cas de mutation, les préposés emportent leur grand équipement, excepté quand ils vont de la Métropole en Algérie. (Circ. autogr. 13 mai 1875. Note de l'Admin. 3 septembre 1875.)

16. *Changement de résidence.* — Il n'est rien modifié aux dispositions en vigueur, en ce qui concerne le grand équipement, lorsque les préposés ne quittent pas la conservation. Ces effets, y compris la bretelle du fusil, continuent à être emportés par le garde sortant, quelle que soit sa destination en France et non pas en Algérie. (Circ. N 257.)

17. *Préposés éliminés. Mobilisation.* — Les effets d'équipement seront, à partir de l'ordre de mobilisation, versés, contre reçu, dans un magasin de troupe désigné, dès le temps de paix, par le général commandant le corps d'armée. (Circ. N 317. Circ. N 440.)

18. *Préposés éliminés. Grand équipement.* — Les préposés éliminés conservent leur grand équipement, qui ne devra être versé, ainsi que l'habillement, qu'à l'époque de la mobilisation des chasseurs forestiers. (Circ. N 440.)

ÉROSION.

Réclamation. — Si un cours d'eau enlève un champ et le transporte vers le voisin, le propriétaire de la partie enlevée peut réclamer sa propriété dans le délai d'une année. (Cod. Civ. 559.)

ERREUR.

1. *Excuse.* — L'erreur n'excuse pas le délit.

2. *Conventions*. — L'erreur est une cause de nullité pour la convention, lorsqu'elle tombe sur la substance même de la chose qui en est l'objet. (Cod. Civ. 1110.)

3. *Coupes. Responsabilité*. — Les agents sont responsables des erreurs matérielles commises dans les travaux préparatoires aux ventes des coupes. (Décis. Min. Circ. aut. 89, 22 avril 1862.)

ESCALADE.

Définition. — Est qualifiée *escalade* toute entrée dans un enclos, parc ou édifice quelconque, exécutée par-dessus les murs ou toute espèce de clôture. (Cod. Pén. 397.)

ESCARGOT.

Enlèvement. — Les escargots n'étant pas un produit forestier, leur enlèvement n'est pas passible des peines édictées par le code forestier. (La question n'a jamais été jugée.)

ESCOMPTE.

Coupes. Adjudicataires. Taux. — Les adjudicataires des coupes de bois domaniaux, dont le prix est encaissé par les trésoriers-payeurs généraux, auront la faculté, à toute époque, de se libérer au comptant, moyennant un escompte, dont le taux sera arrêté chaque année par le ministre des finances. Les adjudicataires des coupes ordinaires et extraordinaires, dans les bois des communes et des établissements publics, jouiront de la même faculté, moyennant un escompte dont le taux sera fixé chaque année par le préfet.

Les affiches indiqueront le taux de l'escompte. (Coupes, Cah. des ch. art. 12.)

ESCROQUERIE.

Conditions. Pénalités. — Quiconque, soit en faisant usage de faux noms ou de fausses qualités, soit en employant des manœuvres frauduleuses pour persuader l'existence de fausses entreprises, d'un pouvoir ou d'un crédit imaginaire, ou pour faire naître l'espérance ou la crainte d'un succès, d'un accident ou de tout autre événement chimérique, se sera fait ou aura tenté de se faire remettre, délivrer des fonds ou tout autre objet, et aura, par ces moyens, escroqué, tenté d'escroquer tout ou partie du bien d'autrui, encourra, savoir :

Prison : 1 an à 5 ans.

Amende : 50 à 3000 francs.

Facultative, privation des droits civils ou civiques, 5 à 10 ans.

Surveillance de la haute police, 5 à 10 ans. (Cod. Pén. 405.)

Si l'auteur du délit est un garde ou un officier de police, le maximum de la prison est augmenté du tiers en sus. (Cod. Pén. 462.)

ESSAIM. V. Abeilles. Ruche.

ESSARTAGE.

1. *Définition*. — Mode de culture en usage dans certains pays et consistant dans l'arrachage de tous les arbres ou broussailles qui couvrent un terrain.

2. *Substitution d'essence. Ecobuage*. — Lorsque l'essartage n'est qu'un mode de culture employé pour détruire les morts-bois, ou bien pour substituer une essence à une autre, ou destiné à faciliter un semis d'essence forestière après une culture temporaire, cette opération peut s'effectuer sans autorisation. Toutefois, en cas de culture préalable du sol, on doit exiger un engagement de reboiser avant le délai de deux ans. (Circ. N 43, art. 8.)

Lorsqu'on veut écobuer après l'essartage, il faut une autorisation spéciale, si on se trouve compris dans la zone prohibée de 200 mètres des forêts. Les conservateurs autorisent les essartages, et les préfets les écobuages. (Décis. Min. 14 juillet 1841.) V. Sartage.

ESSARTEMENT.

1. *Autorisation*. — Les conservateurs autorisent les essartements, quelle que soit leur valeur. (Décis. Min. 30 juin 1851. Circ. A 671. Circ. N 59, art. 26.)

2. *Produits. Vente*. — Les conservateurs autoriseront et feront effectuer les adjudications des bois provenant des essartements et qui n'auront pas été vendus sur pied. (Ord. 102, 134.)

3. *Bois domaniaux*. — Les bois des essartements, mis en vente, sont considérés comme provenant d'exploitations accidentelles et le prix est versé à la caisse du receveur des domaines, quel que soit le montant de l'estimation, excepté lorsque, par leur importance, ils sont de nature à modifier l'assiette des coupes annuelles, c'est-à-dire lorsqu'il y a précomptage sur la possibilité, et le prix en est alors encaissé par le trésorier-payeur général. (Arr. Min. du 31 mars 1863. Circ. A 833. Circ. N 80, art. 65.)

Dans le cas où ils ne sont pas mis en vente, ils sont considérés comme menus produits. (Arr. Min. du 22 juin 1838. Circ. A 429. Circ. A 842.)

4. *Bois communaux*. — Les bois provenant des essartements des forêts communales, quelle que soit leur valeur, doivent être considérés comme *produits accessoires*. (Arr. Min. du 18 septembre 1838. Circ. A 429.)

5. *Dissentiment*. — En cas de dissentiment entre les conservateurs et les ingénieurs sur les essartements à effectuer, il en est référé au ministre. (Décis. Min. 30 juin 1851. Circ. A 671. Circ. N 59, art. 27.)

6. *Exécution*. — Lorsque des essartements sont reconnus nécessaires pour certaines

routes, le ministre de l'intérieur doit les approuver ; l'exécution, dans les bois domaniaux, doit en être suivie par les agents forestiers, sous l'autorité du ministre, et, dans les bois particuliers, par les propriétaires, sous la direction des ingénieurs et sous la surveillance des autorités locales. Les tranchées doivent être proportionnées à la largeur de la route. (Lettre du ministre de l'intérieur, 31 juillet 1821.)

7. *Largeur.* — L'essartement peut s'effectuer sur 60 pieds (20 mètres) de chaque côté des routes. (Cons. d'Etat, 18 mars 1824. Ord. 9 novembre 1828. Cons. d'Etat, 31 décembre 1844. Circ. Min. du 31 janvier 1850. Circ. N 59, ar. 25.)

8. *Assainissement.* — On peut effectuer des essartements le long des routes forestières en plaine et en dehors des fossés, lorsque cette opération est nécessaire pour assainir le sol. (Circ. N 22, art. 66.)

ESSENCE.

Travaux. — Dans les travaux de reboisement, repeuplement ou gazonnement, on doit avoir égard, pour le choix des essences, à la nature du sol, aux conditions des aménagements en vigueur ou à proposer et aux besoins de la consommation. En cas d'introduction de résineux dans les bois feuillus, on doit fournir des renseignements à l'appui. (Circ. N 22, art. 46.) V. Bois blanc. Bois dur.

ESSOUCHER. V. Souches.

ESTER EN JUSTICE.

Définition. — Être partie dans une instance. Les communes ne peuvent ester en justice qu'après autorisation. V. Instance.

ESTIMATION.

CHAP. Ier. — CAPITAL. IMMEUBLE.

SECT. I. — ALIÉNATION.

§ 1. *Généralités.*

1. *Immeuble. Forêt.* — Pour apprécier la valeur d'un immeuble, il faut tenir compte non seulement de la nature particulière du mode actuel de culture ou d'exploitation, mais encore des modes plus avantageux que le vendeur aurait pu naturellement et facilement y substituer. (Paris, 30 juillet 1864.)

2. *Lot. Bases.* — Il doit être dressé un procès-verbal estimatif par chaque lot à aliéner, et on doit faire connaître les bases adoptées pour l'estimation, en suivant les règles tracées dans les circulaires A 328 et A 689. (Circ. A 694.)

3. *Plan. Contenance.* — On fera le plan des bois à aliéner, en se servant soit des plans du cadastre, soit des plans des coupes, pour

connaître les âges des différentes parcelles. (Circ. A 257. Circ. A 264. Circ. A 328.)

4. *Renseignements. Frais.* — Les procès-verbaux estimatifs seront toujours accompagnés, pour chaque forêt, d'une feuille de renseignements.

On doit, de l'estimation, en déduire les frais d'adjudication. (Circ. A 721.)

5. *Surveillance. Impôt. Frais.* — Les frais de garde, à mettre en charge, doivent être fixés en chiffres ronds de francs, sans fraction de centimes. Les frais d'impôt doivent être calculés d'après le chiffre de la contribution des bois particuliers dans la localité. (Circ. A 328.)

6. *Fixation.* — L'estimation définitive, sol et superficie, sera réglée par le directeur en conseil d'administration. (Arr. Min. 21 septembre 1852. Circ. A 700.)

7. *Faculté de défricher. Plus-value.* — Pour les bois à défricher, il faut tenir compte de la moins-value des jeunes bois à couper et de la plus-value de la futaie réalisable, des frais de défrichement, de la plus-value du sol comme terre arable, de l'augmentation de l'impôt, de la suppression des frais de garde, de l'étendue à défricher annuellement, des intérêts et de la plus-value des parties à défricher successivement. (Circ. A 328. Circ. A 689.)

8. *Secret.* — Afin de garder le secret sur les estimations des aliénations, on peut doubler et au delà le chiffre de l'estimation des bois. (Circ. A 275 ter.)

§ 2. *Fonds.*

9. *Calcul. Bases.* — Dans les calculs pour l'estimation du fonds des bois à aliéner et en comparaison des placements fonciers de la localité, on doit employer les intérêts simples. (Circ. A 721.)

10. *Valeur. Sol.* — On évaluera le sol, soit qu'il doive rester en nature de bois, soit qu'il doive être défriché en totalité. (Circ. A 257.)

11. *Sol. Taillis. Futaie.* — Dans l'estimation du sol, il faut tenir compte du prix de la feuille du taillis et de l'accroissement moyen des arbres de réserve, pour en déduire le chiffre du capital. (Circ. A 328.)

12. *Renseignements.* — Pour l'estimation du fonds, les agents se concerteront avec les employés des domaines et des contributions directes. (Arr. Min. 21 septembre 1852. Circ. A 700.)

§ 3. *Superficie. Taillis. Futaie.*

13. *Règles.* — L'estimation en superficie sera faite conformément aux règles ordinaires et aux instructions de l'administration. (Arr. Min. 21 septembre 1852. Circ. A 700.)

14. *Taillis. Futaie.* — Pour les bois à aliéner, l'estimation du taillis et de la futaie sera faite séparément, en suivant les indications du modèle de procès-verbal d'estimation fourni par l'administration. Les baliveaux qui n'auront pas 0m,33 de tour seront compris dans le taillis qui sera évalué par chaque coupe, suivant l'âge des bois. (Circ. A 257.)

15. *Taillis. Divisions. Age.* — Pour estimer le taillis, on le divisera par âge, en consultant le prix de vente des anciennes coupes et en tenant compte des modifications que subira l'aménagement, soit pour l'âge de la révolution, soit pour le nombre des réserves. (Circ. A 328.)

16. *Taillis. Tarif.* — L'administration a fourni un tarif pour évaluer, suivant l'âge des aménagements employés, la valeur du taillis à l'hectare, dans les bois à aliéner. (Circ. A 275 bis.)

17. *Futaie. Hauteur. Circonférence.* — La hauteur des arbres de futaie sera déduite des arbres mesurés, dont on prendra la moyenne ; il en est de même pour la circonférence, qui sera mesurée à 1m,50 du sol. Les arbres seront classés par dimension de circonférence de 0m,25 en 0m,25, à partir de 0m,50 de tour. (Circ. A 257. Circ. A 689.)

18. *Cubage. Futaie.* — Le cubage sera établi en grume. (Circ. A 721.) Le prix des bois sera calculé suivant les usages de la localité et rapporté, au moyen d'un facteur de conversion, suivant le cubage adopté par l'administration.

On doit faire connaître si la futaie est immédiatement réalisable ou s'il y a une perte d'intérêt. (Circ. A 328.)

19. *Houppier. Branchage.* — Les houppiers ou branchage des arbres seront évalués d'après les calculs et les résultats des expériences dans chaque forêt. (Circ. A 328.)

20. *Cubage. Tarif.* — L'administration a fourni des tableaux de cubage pour l'estimation des bois à aliéner. (Circ. A 272 ter.)

Elle a fait imprimer des tarifs de cubage qui figurent sur le catalogue des imprimés, formule série 4, n° 12 bis.

21. *Produit. Usage. Valeur.* — On n'estimera les bois que suivant leur valeur pour les usages les plus généraux. (Circ. A 257.)

SECT. II. — CANTONNEMENT.

§ 1. *Généralités.*

22. *Fonds et superficie. Valeur.* — La superficie entière du cantonnement sera estimée à sa valeur vénale actuelle.

Les bois trop jeunes pour avoir une valeur actuellement commerçable seront estimés d'après leurs produits présumés, à l'âge où ils commenceront à remplir cette condition. (Décr. 19 mai 1857, art. 13. Circ. A 758.)

23. *Sol. Base.* — Le sol sera estimé d'après la valeur des sols boisés similaires dans la localité.

Cette valeur sera déterminée au moyen des transactions qui pourront être connues. A défaut de transactions connues, le sol sera estimé directement par des calculs basés sur le produit net dont ce sol serait susceptible, étant cultivé en nature de bois, à l'exploitabilité déterminée par le maximum d'intérêt annuel en argent du capital engagé.

Dans l'un et l'autre cas, le produit du pâturage sera compté parmi les éléments de calcul du revenu du sol.

Il ne sera pas tenu compte du droit de chasse et de pêche. Le taux d'intérêt à employer dans les calculs sera celui du placement en biens fonds similaires dans la localité. (Décr. du 19 mai 1857, art. 14. Circ. A 758.)

24. *Sol et superficie. Eléments. Bases.* — L'estimation en sol et superficie comprend les éléments suivants :

1° Détermination de la valeur en argent des arbres exploitables ;

2° Valeur actuelle en argent des bois qui n'ont pas atteint l'époque de leur exploitabilité ;

3° Déterminer le revenu du fonds par la superficie ;

4° Trouver un capital correspondant à ce revenu net.

Le total des valeurs 1, 2 et 4 donne le résultat cherché, valeur *actuelle* de la forêt.

Ce mode d'estimation, très facile pour le taillis simple et la futaie régulière, présente d'autres éléments pour les taillis composés et les futaies jardinées.

Il faut alors tenir compte : 1° des arbres exploitables disséminés partout ; 2° du délai dans lequel on pourra les exploiter ; 3° du dommage résultant pour le sous-bois ; 4° du repeuplement artificiel à opérer pour garnir les vides, à moins de tenir compte des clairières pour les estimer séparément. (Meaume.)

§ 2. *Superficie.*

25. *Superficie. Bois. Matériel.* — La valeur d'un bois sur pied comprend deux qualités de produits :

1° Les bois qui ont atteint ou dépassé leur exploitabilité commerciale, c'est-à-dire dont on peut trouver le débit immédiat ;

2° Les bois qui n'ont pas atteint leur exploitabilité commerciale, c'est-à-dire qui n'ont qu'une valeur d'avenir.

Pour les bois qui ont atteint l'époque de leur exploitabilité, c'est-à-dire l'âge fixé par l'aménagement pour la révolution, en admettant que cette révolution soit la plus avantageuse à adopter pour le futur propriétaire, on n'a qu'à en déterminer le volume actuel et à appliquer, suivant le débit des bois, les prix (déduction faite des frais d'abatage, façonnage et transport) admis dans la localité.

Pour les bois qui n'ont pas atteint leur exploitabilité, il faut chercher quel sera, à cet âge, leur produit matériel, sa valeur vénale (on obtient ce résultat par la moyenne des exploitations déjà faites) ; puis on calcule ce que vaut *aujourd'hui* une somme qui, à un taux de placement déterminé, représenterait, à l'époque fixée pour l'exploitation de ces bois, leur valeur vénale. On calcule cette somme pour tous les âges différents de jeunes bois, et on a leur valeur actuelle, par rapport à leur valeur future. (Meaume. t. III.)

26. *Produits en nature. Evaluation.* — On évaluera les produits en nature, en désignant les modes d'exploitation du bois suivant l'usage du pays. Si la forêt est aménagée, on prend le revenu de l'année ; si elle n'est pas aménagée, on établit une valeur pour une année commune ou moyenne ; il en sera de même pour les délivrances qui ne sont pas faites périodiquement. (Arr. Min. 4 mars 1830.)

27. *Jeunes peuplements.* — Les jeunes bois sans valeur vénale seront estimés comme valeur d'avenir, mais en prenant pour base la révolution la plus courte possible, nécessaire pour donner à ces bois une valeur commerçable. (Circ. A 758.)

28. *Sapin. Valeur d'avenir.* — Dans les forêts résineuses exploitées en jardinant, les sapins ayant moins de 0m,20 de diamètre ne doivent pas être estimés comme bois, mais réunis au sol comme valeur d'avenir. (Montpellier, 19 juin 1882.)

29. *Produits. Matière.* — L'estimation en matière des taillis et des futaies doit être faite par parcelle et arbre par arbre. (Circ. A 758.)

30. *Pâturage.* — Le pâturage, lorsqu'il est productif, est un élément de revenu qui ne peut être omis dans l'estimation du sol.

Mais, comme l'exercice du pâturage nuit toujours plus ou moins à la production en bois, il est évident que, lorsqu'il y aura lieu de comprendre le pâturage dans l'estimation, le revenu en bois, qui forme un premier élément de cette estimation, devra être calculé d'après cette hypothèse et sera, dès lors, inférieur à celui qui pourrait être obtenu, si le pâturage n'était pas exercé. (Circ. A 758.)

§ 3. *Fonds.*

31. *Sol. Capital.* — Le sol doit être estimé comme le capital qui, à un taux de placement déterminé, rapporte en intérêt une somme égale au revenu total des bois (futaie et taillis). Pour avoir la valeur totale des produits de la forêt, il faut calculer soit toute la superficie coupée pendant la révolution, soit coupée en une seule fois, à l'âge de la

révolution. Dès lors, on prend le chiffre moyen du rendement à l'hectare pour l'âge de la révolution, et, déduction faite des charges, on cherche le capital produisant ce revenu au taux déterminé et pour la révolution fixée, et on multiplie ce chiffre par la contenance de la forêt.

32. *Sol. Bases. Calcul.* — L'estimation du sol sera faite d'après la valeur des sols boisés similaires dans la localité. Cette valeur doit être déterminée au moyen des transactions qui pourront être connues. A défaut de renseignements, les agents auront recours aux procédés de calculs aujourd'hui en usage pour cette détermination, lesquels consistent à assimiler le sol de la forêt à un capital productif de revenus périodiques échéant à des intervalles égaux à l'âge d'exploitabilité. Pour éviter autant que possible tout arbitraire dans l'application de ce procédé, le décret fixe le genre d'exploitabilité qui déterminera la période servant de base aux calculs; ce sera l'exploitabilité correspondant au maximum d'intérêt annuel en argent du capital engagé. La période sera donc, en général, la plus courte possible et celle qui conviendrait le mieux à l'intérêt d'un particulier. (Circ. A 758.)

SECT. III. — ROUTE.

33. *Terrain. Route. Cession.* — L'estimation du terrain à céder pour une route a lieu d'après la valeur vénale du sol, abstraction faite de la superficie : mais on doit, suivant le cas, tenir compte de la dépréciation des bois à exploiter avant leur maturité. (Circ. N 59, art. 48.) V. Route.

CHAP. II. — PRODUITS. REVENUS.

SECT. I. — COUPES.

§ 1. *Généralités.*

34. *Matière et argent.* — L'estimation des coupes en nature et en argent doit être faite en même temps que le balivage. (Lettre du 14 février 1829.)

35. *Agents.* — L'estimation des coupes est faite en commun par les agents qui ont procédé au balivage, et elle ne doit être connue que d'eux seuls. (Instr. du 23 mars 1821, art. 53.)

36. *Secret.* — Les agents gardent le secret le plus absolu sur les estimations, et ils opèrent avec les précautions nécessaires pour que les préposés ne puissent le pénétrer. (Insp. des Fin.)

37. *Responsabilité. Agent.* — La responsabilité des agents qui opèrent en commun pour les exploitations étant engagée au même titre, le conservateur devra examiner le défaut d'accord qui peut exister entre les deux agents, au sujet des estimations. (Circ. A 743.)

38. *Procès-verbal. Délai. Signature.* — L'estimation des coupes sera faite par un procès-verbal séparé, qui sera adressé au conservateur, dans un délai de huit jours. (Ord. 81.) Ce délai n'est pas de rigueur. (Lettre de l'Admin. du 14 février 1829.)

Les procès-verbaux d'estimation sont établis au fur et à mesure des opérations et, au plus tard, dans un délai de quinze jours. Ils ne comportent d'autre signature obligatoire que celle du chef de service. (Circ. N 366.)

39. *Procès-verbal. Rédaction.* — Les procès-verbaux d'estimation sont dressés exclusivement par les chefs de service. (Circ. N 366.)

40. *Coupe invendue. Revision.* — L'estimation des coupes invendues doit être revisée sur le terrain. (Circ. A 474.)

41. *Calepin. Frais.* — Les calepins doivent contenir les notes du détail des frais d'exploitation, afin de vérifier les évaluations des estimations. (Circ. A 474.)

42. *Calepin. Notes.* — Les conservateurs, dans leurs tournées, vérifient si les calepins contiennent tous les renseignements pour la rédaction des procès-verbaux d'estimation des coupes. (Circ. N 18, art. 14.)

43. *Revision.* — Les conservateurs, dans leurs tournées, revisent les estimations de quelques coupes et recherchent les causes des erreurs commises par les agents. (Circ. A 416. Circ. N. 18, art. 15.)

44. *Vérification.* — Les conservateurs doivent vérifier et contrôler l'estimation des coupes. (Circ. A 397. Circ. A 719.)

§ 2. *Estimation en matière. Futaie. Taillis.*

45. *Comptage par circonférence.* — Tous les arbres de la coupe doivent être classés d'après leur circonférence, à 1m,30 du sol, et distingués par essence, si le prix du stère varie suivant l'espèce d'arbre. La différence des classes de circonférence ne doit pas excéder 0m,25. On prend ordinairement les circonférences de 0m,15 en 0m,15. (Circ. A 474. Tarifs de cubage, form. série 4, no 12 bis.)

46. *Hauteur des arbres.* — Par l'examen des arbres, on détermine la hauteur moyenne de la partie propre au service, à donner à chaque classe d'arbre, par essence ; on doit tenir compte des vices ou défectuosités des arbres. (Circ. A 474.)

47. *Cubage.* — Dans un intérêt d'unité et pour éviter toute confusion, les estimations doivent toujours être exprimées en mètre cube grume ; mais, suivant la destination à donner aux pièces d'industrie, on peut transformer les volumes en grume, en volumes au quart, au cinquième ou au sixième. (Tarifs de cubage, dernière page.)

48. *Matière. Places d'essai.* — Dans les estimations en matière, les agents doivent pro-

céder par le comptage et par l'estimation de places d'essai. En conséquence, toutes les fois que le sous-bois contient des produits, tels que perches pour étançon de mine, houblonnières, grands échalas, menus chevrons, etc., le comptage doit être fait, sauf à traduire en stères les quantités trouvées. (Circ. A 474.)

49. *Erreurs.* — Les erreurs de l'estimation en matière résultant du cubage et du comptage sont sans excuses, aux yeux de l'administration. (Circ. A 719.)

§ 3. *Estimation en argent.*

50. *Argent. Prix.* — Il est interdit de procéder par des moyennes pour l'estimation, soit des bois, soit des frais de vidange, transport, etc.; les prix des produits doivent toujours être établis d'après leurs taux réels dans le commerce, et les agents doivent se tenir au courant des variations de prix dans la valeur des bois; les coupes doivent toujours être portées à leur valeur réelle. (Circ. A 474.)

§ 4. *Procès-verbal. Fixation des prix.*

51. *Prix. Frais. Détails.* — Les agents sont dispensés de consigner dans les procès-verbaux les détails du cubage des arbres et autres produits, prescrits par la circulaire A 474. Afin d'arriver au chiffre de l'estimation brute, les agents doivent adopter les prix en forêt, pour tous les produits qui ont cours sur place, et le prix des ports ou autres lieux de dépôts, pour les marchandises qui n'ont cours qu'après y avoir été transportées ; dans ce cas, on déduira les frais de transport, qui seront ajoutés aux frais d'abatage et de façon. (Circ. A 609.)

52. *Coupe communale et d'établissement public. Avis des maires et administrateurs.* — Pour l'estimation des coupes communales et d'établissements publics, afin d'éviter que les coupes ne restent invendues, on doit prendre en considération les vœux exprimés par les communes et les établissements publics. (Lettre de l'Admin. du 20 juillet 1860.)

53. *Rabais. Lots.* — Les conservateurs sont autorisés à laisser descendre les rabais au-dessous du chiffre de l'estimation (10 à 12 pour cent ordinairement). (Circ. manuscr. aut. nº 11, 28 juillet 1852. Circ. A 751.) Ils sont également autorisés à mettre en vente des lots estimés à plus de 10000 francs, sauf à faire connaître les motifs de leurs déterminations, dans le rapport général des ventes. (Circ. manuscr. aut. nº 11. Circ. N 431.)

54. *Valeur des coupes.* — Les agents forestiers ont seuls, et à l'exclusion du président de la vente, le droit de déterminer la valeur des coupes. (Décis. Min. 15 janvier 1840. Circ. A 485.)

55. *Président.* — Avant la fixation de la mise à prix, le conservateur ou son délégué fait connaître au président de l'adjudication le montant de l'estimation des coupes. (Ord. 87. Circ. N 80, art. 44.)

Le paragraphe du cahier des charges prescrivant de remettre au président de la vente, après la lecture de chaque article de l'affiche, le chiffre de l'estimation a été supprimé, afin d'éviter toute confusion. (Circ. N 140.)

§ 5. *Etat. Renseignements.*

56. *Procès-verbal. Coupe à vendre et à délivrer.* — Les inspecteurs fourniront au conservateur, quinze jours avant les ventes, une expédition des procès-verbaux d'estimation des coupes à vendre, mais ils conservent les procès-verbaux d'estimation des coupes à délivrer en nature. (Circ. A 417. Circ. A 474. Circ. A 584.)

57. *Etat des coupes à délivrer en nature.* — L'état estimatif des coupes à délivrer en nature, prescrit par la circulaire A 583, sera dressé par le conservateur, au vu des copies des procès-verbaux d'estimation fournies par les chefs de service, qui ne dresseront plus l'état.

L'état estimatif sera adressé au préfet, avec un double des procès-verbaux d'estimation des coupes. (Circ. A 615.)

58. *Rapport. Moyenne.* — Dans le rapport des ventes, le conservateur doit insérer la moyenne de l'estimation et du prix de vente, pour chaque département, du stère empilé de bois de chauffage et du mètre cube (volume réel en grume) du bois de service et d'industrie. (Circ. A 737.)

SECT. II. — AFFECTATION. DÉLIVRANCE.

59. *Délivrance. Affectataire. Bois domaniaux.* — Lorsqu'il y aura lieu d'estimer la valeur des bois à délivrer aux affectataires, il sera procédé à l'estimation par un agent forestier nommé par le préfet et un expert nommé par l'affouagiste ; en cas de partage, un troisième expert sera nommé par le président du tribunal. (Ord. 111.) V. Affectation.

SECT. III. — BOIS DE MARINE.

60. *Formalités. Procès-verbal.* — L'estimation des bois pour la marine comporte : 1º la constatation contradictoire des faits matériels ; 2º le résultat d'appréciation exprimée séparément par l'agent forestier et l'ingénieur de la marine.

Dans la première catégorie figurent :

1º Le volume au cinquième déduit de chaque pièce de marine, d'après les découpes effectuées par les agents forestiers;

2º Le volume au cinquième déduit après éboutement de la marine (pour recettes).

Dans le bordereau, les colonnes 1 à 6 sont remplies par l'agent forestier, et celles 7 à 10 par l'ingénieur de la marine.

Dans le procès-verbal d'estimation, les colonnes 1 à 7 sont remplies d'après les indications du bordereau ; les colonnes 8, 9 et 10, sont remplies par les ingénieurs de la marine seuls.

Quant à l'estimation en argent, on doit y procéder, en remarquant que ce n'est qu'à la condition de payer les bois avec prime, que la marine doit choisir les pièces qui lui sont nécessaires et que la valeur des bois de marine s'établit *par lot*, comprenant des pièces de toutes qualités.

Après avoir établi la valeur de chaque pièce, il faut en retrancher celle des débris d'éboutement et d'équarrissage. Il suffit, pour cela, de connaître la valeur de ces produits par coupe, pour en déduire la réduction moyenne à effectuer par mètre cube. (Circ. A 783.)

SECT. IV. — BOIS POUR PLACES FORTES.

61. *Expert. Agent.* — Si les délivrances se font pour le compte direct du ministère de la guerre, les officiers du génie concourront avec les agents forestiers à leur estimation. Dans le cas où les délivrances seraient faites à un fournisseur, il sera procédé à l'estimation par trois experts, dont un agent forestier, l'expert du fournisseur et un troisième expert nommé par le président du tribunal de première instance de la situation des bois. (Ord. 24 décembre 1830, art. 4.)

62. *Procès-verbaux.* — Les procès-verbaux d'estimation seront faits en triple expédition et seront signés par l'officier du génie et le fournisseur ou son expert et les agents forestiers ; il en sera remis une expédition à l'officier du génie, une au conservateur, et l'autre restera entre les mains de l'agent forestier rédacteur. L'estimation du bois sera faite sur pied ; on en déduira ensuite, après les ventes, le montant des adjudications des branches et remanents. (Lettre, 15 janvier 1831.) V. Délivrance.

CHAP. III. — SUBVENTIONS.

63. *Subventions. Graines. Plants.* — Les subventions en graines ou plants accordées pour les travaux de restauration des terrains en montagne sont estimées en argent ; avant la délivrance, l'estimation est notifiée aux propriétaires des terrains et acceptée par eux. (Décr. 11 juillet 1882, art. 15.) V. Graines.

ÉTABLISSEMENT COMMUNAL.

Ecole. Affouage. — Les écoles, ainsi que les autres établissements communaux, peuvent être compris dans les délivrances affouagères. (Décis. Min. du 27 mars 1830. Circ. A 235).

ÉTABLISSEMENTS DANGEREUX, INSALUBRES OU INCOMMODES.

1. *Définition.* — On appelle établissements dangereux, insalubres ou incommodes, les ateliers ou manufactures qui, soit à raison des dangers d'incendie qu'ils présentent par le voisinage, soit à cause des inconvénients qu'ils peuvent avoir pour la salubrité, ou des odeurs incommodes qu'ils répandent, sont soumis à une réglementation spéciale, et ne peuvent être établis qu'en vertu d'une permission de l'autorité administrative. (Block.)

2. *Classification.* — Les établissements dangereux, insalubres et incommodes ont été divisés en trois classes, savoir, en ce qui concerne les forêts, l'exploitation des bois et de leurs produits divers :

1re CLASSE.

Arcanson (résine de pin).
Chanvre (routoir).
Galipot (résine).
Goudron.
Résine.
Sabot (atelier à enfumer)
Térébenthine.

2me CLASSE.

Atelier d'injection des bois à l'aide des huiles lourdes créosotées.
Briqueterie.
Carbonisation.
Four à chaux (permanent).
Faïencerie.
Fabrique de pipe.
Four à plâtre.
Porcelaine.

3me CLASSE.

Briqueterie à une seule fournée.
Chantier de bois, dépôt (ville).
Charbon de bois, dépôt (ville).
Four à chaux (1 mois par an).
Four à plâtre (1 mois par an).
Poterie de terre.
Tuilerie.

3. *Autorisations.* — Les préfets statuent sur les autorisations des établissements insalubres de 1re et 2me classe. (Décr. 25 mars 1852.)

4. *Réserve.* — Les réserves établies dans l'intérêt de la reproduction des bois et les besoins des habitants ne s'appliquent qu'aux établissements de 1re classe. (Ord. 14 janvier 1815. Ord. 26 octobre 1828.)

5. *Autorisation.* — L'autorisation administrative ne met pas le propriétaire de l'usine à l'abri de l'action que les voisins peuvent intenter, devant les tribunaux civils, pour les dommages causés par l'exploitation abusive de l'usine. (Cass. 19 juillet 1826. Cons. d'Etat, 6 janvier 1830.)

6. *Formalités. 2e classe.* — La demande pour construction d'un établissement de 2e classe est adressée au sous-préfet de l'arrondissement ; elle désigne avec précision le siège de l'usine, et elle doit être accompagnée d'un plan en double expédition ; le sous-préfet renvoie la demande au maire de la commune, afin qu'il soit procédé à une enquête *de commodo et incommodo* et transmet ensuite l'affaire, avec son avis, au préfet, qui statue, sauf recours au conseil d'Etat par

toutes les parties intéressées. S'il y a opposition, il sera statué par le conseil de préfecture, sauf le recours au conseil d'État. (Décr. 15 octobre 1810, art. 7.)

Le préfet doit statuer, que la demande ait ou non suscité des oppositions, sans prendre l'avis du conseil de préfecture. (Ord. 18 mai et 4 décembre 1837.) Aux termes du décret du 15 octobre 1818, le recours immédiat contre les arrêtés du conseil de préfecture demeure ouvert devant le conseil d'Etat, pendant le délai de trois mois, fixé par le règlement de 1806; mais ce recours n'est possible que de la part du postulant, qui saisit le conseil d'Etat comme tribunal d'appel. (Ord. 20 avril 1839.)

Ce n'est qu'autant que l'instance a été portée devant le conseil d'Etat par le postulant qui a essuyé un refus, ou qui prétend faire changer les conditions imposées à l'autorisation, que les voisins, et les tiers intéressés à ce que l'arrêté soit maintenu dans le refus qu'il prononce ou dans les mesures de précautions qu'il prescrit, sont en droit de se présenter à titre d'intervenants (Ord. 6 mars et 7 avril 1835 et 20 avril 1839), ou même après l'ordonnance rendue, sans qu'ils aient paru au débat à titre de tiers opposants. (Ord. 5 septembre 1836.) Les tiers qui ont à souffrir d'une autorisation accordée par le préfet n'ont pas la ressource de l'appel direct au conseil d'Etat; leurs réclamations ne peuvent et ne doivent se produire que devant le conseil de préfecture. (Ord. 11 août 1841. Dufour.)

7. *Formalités. 3e Classe.* — La demande pour les établissements de la troisième classe doit être adressée au sous-préfet, qui statue, après avoir consulté le maire et la police locale; l'arrêté du sous-préfet peut être réformé ou annulé par le conseil de préfecture, sur la demande du postulant ou des opposants. (Décr. du 15 octobre 1810, art. 2 et 8. Cons. d'Etat, 22 août 1838.) La réclamation au conseil de préfecture n'est soumise à aucun délai; l'arrêté du conseil de préfecture peut être déféré au conseil d'Etat.

ÉTABLISSEMENT PUBLIC.

1. *Principe.* — L'établissement public proprement dit n'est pas celui destiné seulement à l'utilité publique, mais celui auquel ne se trouvent mêlés aucun intérêt particulier, aucune opération commerciale, aucun avantage de communauté, de corporation ou de classe. (*Journal de l'Enregistrement.*)

2. *Nomenclature.* — Les établissements publics dont les bois sont soumis au régime forestier sont les hôpitaux, bureaux de charité, collèges, fabriques, séminaires, évêchés, archevêchés et tous les établissements institués légalement dans un but religieux ou d'utilité publique. (Ord. 7 mars 1817.)

3. *Réserve. Usage.* — Les administrateurs des établissements publics donneront chaque année un état des quantités de bois, tant de chauffage que de construction, dont ces établissements auront besoin. Cet état sera visé par le sous-préfet et transmis par lui à l'agent forestier local.

Les quantités de bois ainsi déterminées seront mises en charge, lors de la vente des coupes et délivrées à l'établissement par l'adjudicataire, aux époques qui seront fixées par le cahier des charges. (Ord. 142.)

4. *Instance.* — Les établissements publics seront tenus, pour former une demande en justice, de se conformer aux lois administratives. (Proc. Civ. 1032.)

5. *Mémoire.* — L'obligation de remettre un mémoire préalable et la suspension d'instance qui en est la conséquence n'existent pas légalement pour les actions à intenter contre les établissements publics. (Cabantous.) V. Instance.

ÉTANG.

1. *Domaine public. Conditions.* — Les amas d'eau susceptibles d'une propriété privée ne rentrent dans l'attribution faite au domaine public (Cod. Civ. 538) qu'à la condition d'être, par leur assiette et par la disposition des lieux, en communication naturelle avec les rivières. (Dijon, 16 avril 1873.)

2. *Suppression.* — Un propriétaire ne peut pas supprimer les mares ou étangs indispensables pour abreuver les troupeaux, parce qu'ils sont des accessoires indispensables de la servitude de pâturage.

3. *Pâturage.* — Les étangs enclavés dans une forêt ne sont pas censés faire partie du sol forestier, et le droit de pâturage n'y est pas rachetable. (Nancy, 30 janvier 1840.)

4. *Pâturage. Exercice.* — Le pâturage dans les étangs, pendant qu'ils sont à sec, peut s'exercer sans délivrance, ni déclaration de défensabilité, s'il y a des chemins d'étang. (Colmar, 27 avril 1838.)

5. *Autorisation.* — Pour créer un étang dans une propriété, l'autorisation est nécessaire dans deux cas : 1° si la digue doit border une voie publique; 2° si l'étang prend ses eaux dans un cours d'eau qui n'appartient pas au propriétaire de l'étang, pour la totalité.

Dans ce cas, en effet, il y a lieu à un règlement d'eau par l'administration.

6. *Inondation.* — Le propriétaire d'un étang enclavé, qui a retenu les eaux de manière à inonder les terrains environnants, est passible des peines édictées par la loi du 6 octobre 1791, quand même la hauteur du déversoir n'aurait pas été fixée. (Cass. 23 janvier 1819.) V. Inondation.

7. *Pêche.* — La pêche dans un étang enclavé n'est pas réglée par la loi du 15 avril 1829; l'époque de la pêche et les engins employés ne sont soumis à aucune règle de police.

8. *Pêche. Vol de poissons.* — Le propriétaire d'un étang qui ne communique pas avec un cours d'eau a seul le droit d'y pêcher en tout temps et par tous les moyens. (Cass. 30 mai 1873.) Le délit de pêche dans un étang de cette catégorie constitue le délit de vol de poissons, puni par l'article 388 du code pénal. (Trib. de Gray, 13 juin 1873.)

ÉTAT. (ÉCRITURE.)

1. *Expédition.* — Les états sont fournis en simple expédition. (Circ. A 584.)

2. *Envoi.* — Les états s'adressent sans lettre d'envoi. (Circ. A 441.) V. Correspondance.

ÉTAT. (SITUATION.)

Situation. — L'état d'une forêt comprend l'âge et la consistance des bois, ainsi que l'état du sol. (Cass. 18 mars 1837.) V. Possibilité.

ÉTAT D'ASSIETTE.

SECT. I. — GÉNÉRALITÉS, 1 — 11.

SECT. II. — BOIS DOMANIAUX, 12 — 26.

SECT. III. — BOIS COMMUNAUX ET D'ÉTABLISSEMENTS PUBLICS, 27 — 37.

V. Etats signalétiques.

SECT. I. — GÉNÉRALITÉS.

1. *Coupes ordinaires.* — Les conservateurs des forêts approuveront les états des coupes ordinaires à asseoir, conformément aux aménagements, ou selon les usages actuellement observés dans les forêts qui ne sont pas aménagées. (Décr. du 26 février 1886. Circ. N 360.)

2. *Coupes d'urgence.* — Après l'envoi de l'état d'assiette, aucune coupe ne pourra avoir lieu que pour l'exercice suivant, si ce n'est pour cas d'urgence. (Circ. A 164.)

3. *Dérogation aux aménagements.* — Les agents ne peuvent comprendre dans les états d'assiette des propositions tendant à déroger aux aménagements en vigueur, à titre de coupes ordinaires ou extraordinaires. (Circ. A 551.)

4. *Exploitation.* — Les conservateurs doivent veiller à ce que les propositions et les exploitations des coupes soient faites conformément aux prescriptions des aménagements en vigueur. (Circ. A 340.)

5. *Nettoiement.* — Les propositions de coupes de nettoiement, concernant des forêts en taillis, doivent figurer dans la colonne des forêts de cette catégorie. (Circ. A 292.)

6. *Interversion.* — Il est interdit aux agents d'intervertir l'ordre des coupes. (Circ. A 292.)

7. *Valeur.* — A moins de circonstances dont il faut justifier, la valeur d'une coupe ou d'un lot ne doit jamais dépasser 10000 francs. (Circ. A 463 bis. Circ. N 431.)

8. *Volume.* — Le volume des coupes doit être désigné en mètres cubes. Si la possibilité est indiquée en stères ou par pieds d'arbres, on indiquera le volume correspondant en mètre cube. (Circ. A 834.)

9. *Volume.* — Le volume des coupes principales et celui des coupes intermédiaires doivent être soigneusement distingués l'un de l'autre. (Circ. A 551.)

10. *Modifications.* — On ne peut rien changer dans l'état d'assiette, sans qu'une décision préalable n'ait autorisé ces modifications. (Circ. A 385.)

11. *Coupe accidentelle.* — Lorsqu'une exploitation accidentelle est, par son importance, de nature à modifier l'assiette des coupes annuelles, elle est portée sur l'état d'assiette. (Circ. A 833.)

SECT. II. — BOIS DOMANIAUX.

12. *Etablissement.* — Les états d'assiette sont dressés par forêt.

Ils sont composés :

1° D'une feuille de titre, constituant l'état signalétique de la forêt ;

2° D'intercalaires formant l'état d'assiette proprement dit et le bilan annuel des exploitations et devant servir pour plusieurs années. (Circ. N 360. Form. série 4, 1 D et 1 bis.) V. Etat de gestion.

13. *Etat récapitulatif.* — En tête de chaque état d'assiette est placé un état récapitulatif, formant sommier général de consistance. (Circ. N 360. Form. série 4, n° 1 ter.)

14. *Epoque.* — Chaque année, avant le 1er avril, l'inspecteur adressera au conservateur, pour les coupes de l'exercice suivant, ses états d'assiette, en simple expédition. (Circ. N 360. Form. série 4, 1 bis.)

15. *Classement.* — Tous les états d'une même inspection ou d'une même conservation seront classés par arrondissement pour l'inspection, par département pour la conservation, suivant l'ordre alphabétique des forêts, et réunis en volume à reliure mobile. (Circ. N 360.)

16. *Vérification. Approbation.* — Le conservateur vérifiera les états d'assiette et les renverra, approuvés ou rectifiés, à l'inspecteur, avant le 1er juin de la même année, après avoir fait annoter ceux de la conservation. (Circ. N 360.)

17. *Inscriptions.* — Pendant tout le cours de l'exercice, le conservateur et l'inspecteur inscriront à l'état d'assiette, au fur et à mesure des décisions intervenues, les exploitations intermédiaires (coupes extraordinaires ou d'amélioration, bois morts, chablis, délivrances usagères, etc.), autorisées soit par un décret, soit par un arrêté du directeur des forêts ou du conservateur. (Circ. N 360.)

18. *Rectification.* — Chaque fois que la coupe assise n'aura pas été exactement conforme aux propositions approuvées, comme indication de parcelle, comme cube ou contenance, on inscrira, en interligne, à l'encre rouge, la désignation exacte de la parcelle, de la contenance et du cube. (Circ. N 360.)

19. *Contrôle.* — Les conservateurs s'assureront, au moment où ils en recevront annuellement communication, que les états transmis par les inspecteurs sont correctement tenus et renferment, notamment pour toutes les exploitations de l'exercice antérieur, les indications que comporte l'imprimé. De ce contrôle doit ressortir une concordance parfaite entre les divers états tenus à la conservation et à l'inspection, ou transmis à l'administration. (Circ. N 360.)

20. *Modifications. Situation. Administration. Compte rendu.* — Au 1er juin de chaque année, les conservateurs adressent à la direction un bulletin faisant connaître les modifications survenues, au cours de l'exercice précédent, aux états récapitulatifs et aux feuilles signalétiques, donnant la situation du 1er janvier écoulé. (Circ. N 360.)

21. *Propositions.* — Dans leurs propositions, les inspecteurs doivent se borner à soumettre à l'approbation du conservateur les coupes à asseoir, conformément aux aménagements ou règlements d'exploitation, ou selon l'usage, et celles au sujet desquelles serait déjà intervenu soit un décret, soit une décision de l'administration. Les exploitations qui ne rentreraient pas dans l'une de ces catégories seraient l'objet de propositions spéciales, soumises à l'approbation de qui de droit et ne devront pas figurer à l'état d'assiette avant cette approbation. (Circ. N 360.)

22. *Coupes de bois façonnés. Coupes par unités de produits. Etats.* — Les propositions des coupes à exploiter au compte de l'Etat et des coupes par unités de produits, doivent être présentées sous forme d'états sommaires, qui seront dressés par inspection et parviendront à l'administration le 1er juin de l'année qui précédera l'exercice. (Circ. N 360. Forme série 4, nos 4 et 4 ter.)

23. *Exploitation au compte de l'Etat ou par unités de produits. Inscriptions.* — Après autorisation, on soulignera à l'état d'assiette les coupes soumises à ces modes d'exploitation, en inscrivant à la suite, suivant les cas, les lettres F (vente après façonnage) ou U (vente à l'unité). (Circ. N 360.)

24. *Délivrances usagères.* — Les conservateurs annoteront, sur l'état d'assiette, la quantité approximative (qui sera indiquée sur l'état proposé par les agents) de stères de bois à délivrer aux usagers et donneront toutes les indications nécessaires sur la nature du droit, la position des usagers et le mode de leur jouissance. (Circ. A 164. Circ. A 292. Circ. A 530.)

25. *Devis.* — Les agents se feront remettre par les maires, avant le 1er février, les devis des délivrances usagères, pour les porter approximativement sur les états d'assiette. (Circ. A 164. Circ. A 292.)

26. *Marine.* — Sur l'état des coupes domaniales, le conservateur fera inscrire, à l'encre rouge, le mot *marine* dans la colonne d'observation, en regard du nom des forêts qui renfermeront des bois propres aux constructions navales. (Décis. Min. 19 février 1862. Circ. A 816. Circ. autogr. no 70 du 16 mai 1859.) On inscrira la lettre M à côté des coupes où s'opèrent des délivrances à la marine. (Circ. N 360, modèle no 2.)

SECT. III. — BOIS COMMUNAUX ET D'ÉTABLISSEMENTS PUBLICS.

27. *Modification. Vérification. Approbation.* — L'imprimé en usage (série 4, no 2) a été modifié de façon à réduire le nombre de ses colonnes et à permettre de donner, comme pour les forêts domaniales, le volume et l'emplacement de toutes les exploitations réalisées au cours de l'exercice. Cet état est transmis par l'inspecteur avant le 1er avril, en simple minute. Le conservateur le renvoie après l'avoir vérifié et revêtu de son approbation. (Circ. N 360.)

28. *Coupes. Proposition. Demande.* — Les propositions de coupes doivent être faites d'office, sans attendre les demandes des maires et administrateurs, qui doivent se borner à désigner les coupes ou parties de coupes à vendre et celles à délivrer. (Circ. A 292.)

29. *Coupes par anticipation. Réduction.* — On opérera, dans les états, les réductions sur les coupes communales et d'établissements publics résultant de coupes accordées par anticipation, sous la condition de précomptage. On indiquera la date de l'autorisation. (Circ. A 9.)

30. *Terrains reboisés ou gazonnés.* — Les terrains communaux reboisés ou gazonnés, à l'aide de subventions en nature ou en argent fournies par l'Etat, doivent être portés sur les états d'assiette (colonne 4), pour toute la contenance que les conseils municipaux ont déclaré vouloir repeupler en bois ou soumise à la réglementation du pâturage. (Circ. N 147.)

31. *Série de numéros.* — Les coupes des bois communaux et d'établissements publics recevant seules des numéros d'ordre, les coupes de chaque arrondissement communal forment une série de numéros. (Circ. A 9. Circ. A 164. Circ. A 551.)

32. *Bois. Numéros.* — Tous les bois seront compris dans l'état d'assiette; mais on ne donnera de numéros qu'à ceux où il doit y avoir des coupes. (Circ. A 9. Circ. A 164.)

33. *Proposition de coupes.* — On doit indiquer, quand besoin est, les motifs pour lesquels il y aurait absence de propositions de coupes, qui doivent d'ailleurs être faites d'office. (Circ. A 170. Circ. A 405 ter.)

34. *Canton. Série.* — Tous les cantons d'une même forêt doivent être réunis dans une même accolade; tous les cantons d'une même série doivent être réunis par une même accolade en sens inverse. L'ordre dans lequel figurent les cantons ne doit jamais être interverti. On doit indiquer la contenance des séries. (Circ. A 292. Circ. A 551.)

35. *Addition. Récapitulation.* — Les additions seront faites par arrondissement; une récapitulation sera faite par département, et une récapitulation générale sera faite par conservation. (Circ. A 164.)

36. *Différence de contenance.* — En regard de la récapitulation générale, on indiquera, à la colonne d'observation, les motifs des différences de contenance qui pourraient exister avec celle de l'état précédent, et provenant de découvertes, échanges, aliénations, distractions, soumissions, etc., de cantons de forêt. (Circ. A 164.)

37. *État supplémentaire.* — Les modifications survenues pendant la durée d'un exercice, soit dans l'étendue, soit dans l'aménagement de chaque forêt communale ou d'établissement public, feront l'objet d'un état supplémentaire et rectificatif. (Circ. A 834.)

ÉTATS FIXES ET PÉRIODIQUES.

Indication mensuelle des principaux états, renseignements et obligations fixes ou périodiques concernant le service forestier.

Date de l'envoi par le Chef de cantonnement.	Chef de service.	Conservateur.	DÉSIGNATION DES ÉTATS A FOURNIR.	INDICATION des INSTRUCTIONS.	FORMULES à EMPLOYER.
			MENSUELS.		
»	»	1	Etat des crédits d'office	C. A 514. C. N 402	S. 11, n° 18.
»	»	1	Bulletin nominatif des non-disponibles, avec bordereau d'envoi (au commandant de recrutement)	C. N. 219, 424..	S. 1, nos 35, 36.
»	»	5	Etat et décompte des traitements mandatés (à l'administration)	C. A 435. C. N 49.	S. 11, n° 20.
»	»	5	Etat des indemnités fixes mandatées (à l'administration)	C. A 260. C. N 279	S. 11, n° 41.
»	»	5	Situation au 1er du mois des dépenses autorisées, des dépenses liquidées et des sommes restant sans emploi	Circ. Min. 14 août 1888. C. N 402.	S. 11, n° 22.
»	1	»	Etat des bons de tabac de cantine (au directeur des contributions indirectes)	C. N 203	»
»	1	5	Etat nominatif des délinquants insolvables qui se sont libérés au moyen de prestations en nature (au trésorier général)	C. A 814. C. N 149	S. 6, n° 25.
»	1	5	Etat nominatif des individus admis à transiger (au trésorier général)	C. N 149	S. 6, n° 22.

Date de l'envoi par le Chef de cantonnement.	Chef de service.	Conservateur.	DÉSIGNATION DES ÉTATS A FOURNIR.	INDICATION des INSTRUCTIONS.	FORMULES à EMPLOYER.
1	3	5	Situation des approvisionnements de graines	C. N 345	S. 7, nº 92.
1	5	»	Envoi des procès-verbaux de délit, avec bordereau et propositions de transactions	C. A 584, 786...	S. 6, nºs 3, 21.
1	5	»	Etat de situation des travaux du service spécial	C. N 359	S. 2, nº 7.
1	5	»	Extrait du livre-journal	C. N 329	S. 12, nº 5.
1	»	»	Relevé de la suite donnée aux procès-verbaux, pour infractions aux règlements de pâturage	C. N 345, § 258.	»
»	»	10	Situation, au dernier jour du mois, des crédits délégués, des droits constatés, des mandats délivrés et des paiements effectués. (La situation au 31 décembre et la situation finale au 31 mars, accompagnées des bordereaux des paiements effectués par les trésoriers généraux.).	Règlemᵗ 26 déc. 1866, art. 176. C. N 104	Compt. 1, nº 60.
16	20	»	Envoi des procès-verbaux de délit, avec bordereaux et propositions de transactions	C. A 584, 786...	S. 4, nºs 3, 21.
»	»	30	Mandats des traitements domaniaux, avec bordereau d'émission	C. A 435	S. 11, nºs 9, 12.
»	»	30	Etat des retenues de masse à joindre aux mandats	C. N 237	S. 11, nº 40.
»	»	30	Etat et décompte des traitements mandatés (au trésorier général)	C. N 49, 104....	S. 11, nº 36.
»	»	30	Annonces des adjudications de quelque importance devant être faites après le 15 du mois suivant	Note 17 août 1876	»
»	»	30	Bulletin des affaires rappelées	C. A 391 bis....	S. 12, nº 6.
»	25	30	Bordereau des frais d'impression	C. N 52, § 13...	S. 11, nº 5.
Fin des mois de comptabilité.	»	»	Compte rendu de l'application des devis.	C. N 345, § 203.	S. 7, nº 73.
Id.	»	»	Extrait du carnet d'attachement, mémoires, états de tâches et bordereaux de situation	C. N 345, § 163.	S. 7, nºs 51, 53, 54, 55.
Id.	»	»	Etat de situation des travaux par entreprise	C. N 345, § 192.	S. 7, nº 68.
»	Fin des mois de comptabilité.	»	Envoi des mémoires, états de tâches, rôles des journées, demande de fonds et bordereau des fonds touchés	C. N 345, §§ 180, 183	S. 7, nºs 53, 54, 56, 60, 63.
Tous les mardis.	»	»	Feuilles de journées	C. N 345, § 163.	S. 7, nº 48.

Date de l'envoi par le Chef de cantonnement.	Chef de service.	Conservateur.	DÉSIGNATION DES ÉTATS A FOURNIR.	INDICATION des INSTRUCTIONS.	FORMULES à EMPLOYER.
			JANVIER.		
»	»	1	Etat (semestriel) des modifications survenues parmi les légionnaires ou décorés d'ordres français et étrangers.........	Note, 7 déc. 1892	»
			Etat de traitement et mandats de payement (trimestriels) des préposés mixtes.		S. 11, nº 23.
			Etats de traitement et mandats de payement (trimestriels) des préposés communaux..........................	C. N 4, 23......	S. 13, nº 1.
			Etat nominatif des préposés, à l'appui...		S. 1, nº 19.
»	1	5	Etat (semestriel) des retenues à opérer sur les traitements communaux pour la caisse des retraites..................		S. 13, nº 2.
			Etat (trimestriel) des retenues à opérer sur les traitements communaux des gardes mixtes pour les pensions civiles.	C. A 742. C. N 81, art. 9.	S. 1, nº 17.
			Etat (trimestriel) des retenues à opérer sur les traitements des gardes communaux pour l'habillement..........	C. N 237.......	S. 11, nº 40.
»	1	»	Mémoires des greffiers et des huissiers...	C. A 514.......	S. 11, nºs 1, 3.
»	1	5	Etat des rétributions dues aux préposés pour citations, etc.................	C. N 85, 372....	S. 11, nº 4.
»	»	5	Etat (semestriel) nominatif des officiers, sous-officiers, etc., de chaque compagnie de chasseurs forestiers..............	Let. 14 août 1883.	»
»	»	5	Etat (semestriel) numérique de l'effectif des chasseurs forestiers.............	C. N 389.......	S. 1, nº 24.
»	1	5	Etat (trimestriel) des journées d'hôpital..	C. N 13, 144....	»
»	1	5	Etat (trimestriel) des procès-verbaux dont l'abandon a été autorisé............	C. A 766.......	S. 6, nº 18.
»	»	5	Relevé (trimestriel) des expéditions faites par les chemins de fer..............	C. N 67........	S. 11, nº 31.
»	1	5	Situation (semestrielle) des instances domaniales	C. N 12........	»
»	»	5	Bordereau portant déclaration de crédit sans emploi......................	Note, 24 déc. 1891	S. 11, nº 38.
1	5	»	Situation (trimestrielle) des travaux d'aménagement (service ordinaire).......	C. N. 359.......	S. 2, nº 7.
»	»	10	Etat (trimestriel) de développement, par département, des crédits délégués et des payements effectués............	C. 21 juin 1846..	Compt. 1, nº 60².
1	5	10	Etat (semestriel) des frais de correspondance, avec quittances.............	C. N 100.......	S. 11, nº 24.
1	5	»	Certificats de privation de pâturage.....	C. N 345, § 240.	»
1	5	10	Feuilles d'observations météorologiques, avec bordereau d'envoi.............	Note, 12 août 1887	S. 12, nºs 19, 20.
1	10	»	Etat (semestriel) de situation des objets militaires dont les préposés sont détenteurs...........................	»	S. 12, nº 26.

Date de l'envoi par le Chef de cantonnement.	Chef de service.	Conservateur.	DÉSIGNATION DES ÉTATS A FOURNIR.	INDICATION des INSTRUCTIONS.	FORMULES à EMPLOYER.
»	»	15	Communication à l'administration des états de situation des travaux d'aménagement. (Service spécial et service ordinaire)	C. N 359	S. 2, n° 7.
»	»	15	Rapport sur les agents en disponibilité	C. N 40	»
»	10	15	Etat (trimestriel) des insolvables à incarcérer (au trésorier général)	C. N 149	S. 6, n° 14.
»	»	15	Etat récapitulatif du montant des retenues opérées pendant l'année précédente pour l'habillement des préposés	C. N 189, 237...	»
5	10	15	Etat des travaux d'aménagement. Compte rendu et propositions	Lettres, 12 décembre 1879, 14 oct. 1882.	S. 2, n° 2.
»	10	15	Relevé (semestriel) des titres de recouvrement (direction des domaines)	C. N 210	S. 5, n° 8ᵃ.
10	20	»	Procès-verbaux de reconnaissance des cantons défensables	Ord. 119	S. 9, n° 9.
»	»	30	Etat général du produit des ventes domaniales	C. A 842. C. N 80.	S. 4, n° 30.
»	20	30	Etat récapitulatif des transactions consenties dans l'année	C. A 814	S. 6, n° 26.
»	20	30	Etat récapitulatif du nombre des procès-verbaux de délits	C. A 814	S. 6, n° 27.
»	20	30	Etat récapitulatif des menus produits vendus ou délivrés (bois domaniaux)	C. N 210	S. 5, n° 11.
»	20	30	Etat récapitulatif des produits accessoires vendus ou délivrés (bois communaux)	C. A 536	S. 5, n° 12.
»	20	30	Etats (au nombre de quatre) indiquant les changements survenus dans l'affectation des immeubles domaniaux	C. N 157	S. 12, nos 22 à 25.
10	»	»	Communication au chef de service du registre des menus produits	C. N 372	S. 5, n° 20.
15	»	»	Revision (semestrielle) des états des insolvables (avec les percepteurs)	C. N 149	S. 6, n° 13.
»	»	30	Etat des sommes payées aux préposés pendant la campagne écoulée, pour frais de surveillance de travaux de reboisement	C. N 345, § 128.	»
15	20	30	Vues photographiques prises pendant l'année écoulée	Let. 14 juin 1890.	»
15	20	30	Etat général des travaux et des dépenses de l'année écoulée (à fournir dès que les travaux sont terminés, s'ils n'ont pu l'être avant le 31 décembre)	C. N 345, § 203.	S. 7, n° 72.
»	»	30	Mandatement des indemnités annuelles pour privation de pâturage	C. N 345, § 239.	»
30	»	»	Remise des devis des usagers des délivrances en bois de service	O. 123. C. A 530.	»
»	20	30	Etat récapitulatif des relevés de la suite donnée aux procès-verbaux pour infractions aux règlements de pâturage	C. N 345, § 258.	S. 6, n° 27.
»	»	30	Etat du montant des centimes imposés sur les bois domaniaux pour les dépenses départementales et communales	C. N 68	S. 11, n° 26.

Date de l'envoi par le Chef de cantonnement.	Chef de service.	Conservateur.	DÉSIGNATION DES ÉTATS A FOURNIR.	INDICATION des INSTRUCTIONS.	FORMULES à EMPLOYER.
			FÉVRIER.		
»	5	10	Propositions pour la répartition spéciale des opérations relatives aux coupes entre les agents d'une même inspection..	C. N 366	»
»	5	10	Projet de répartition des opérations de balivage, martelage et récolement.....	C. N 26, § 10...	S. 4, n° 4².
»	5	10	Etat des prévisions des indemnités à l'occasion des opérations de coupes...	Id.......	»
»	»	10	Rapport spécial sur la situation de la réglementation des pâturages.........	Instr. 18 janvier 1890.	»
»	»	10	Renvoi aux préfets des projets de règlements des communes assujetties à la réglementation des pâturages.........	C. N 345, § 251.	»
5	10	25	Etat de présentation des préposés candidats à l'école secondaire des Barres .	C. N 347	»
»	15	25	Compte de gestion des chefs de service..	C. N 380.......	S. 12, n° 14.
»	15	25	Bordereau des pièces en grume délivrées à la marine.........................	C. N 128.......	S. 4, n° 54.
»	20	»	Notifications aux communes usagères des cantons défensables et du nombre de bestiaux admis au parcours	C. F. 69. C. A 389.	S. 9, n° 1.
			MARS.		
»	»	1	Comptes annuels de gestion portant inventaire du matériel mis à la disposition des chasseurs forestiers (au sous-intendant)	C. Guerre 13 janvier 1892.	»
1	5	10	Demande d'admission aux établissements thermaux pour les deux premières saisons.........................	C. N 152	»
»	5	10	Etat des secours aux veuves et orphelins...........................	C. N 10, 70.....	S. 1, n° 21.
10	20	»	Etats d'assiette des coupes de l'exercice suivant..........................	C. N 360	S. 4, nos 1², 2.
10	20	»	Etat des coupes à exploiter aux frais de l'Etat..........................	C. N 360	S. 4, n° 4.
10	20	»	Etat des coupes à vendre par unités de produits..........................	C. N 360	S. 4, n° 4².
15	20	30	Etat (F) de situation des travaux facultatifs (terrains communaux)..........	C. N 147	S. 7, n° 79.
15	20	30	Etat (F¹) (terrains particuliers).........	C. N 147	S. 7, n° 80.
15	20	30	Etats de contrôle, 1, 2, 3 (amélioration de pâturage)..	C. N 345, § 221.	S. 7, nos 81 à 83.
15	20	30	Procès-verbal de reconnaissance d'arbres de marine après abatage............	C. N 128	S. 4, n° 57.
15	20	30	Etat (trimestriel) des indemnités périodiques, à l'appui des mandats (au trésorier général).........................	C. N 260, 279...	S. 11, n° 37.
15	20	30	Bordereau des pièces en grume délivrées à la marine (aux ingénieurs de la marine).	C. N 128.......	S. 4, n° 58.

Date de l'envoi par le Chef de cantonnement.	Chef de service.	Conservateur.	DÉSIGNATION DES ÉTATS A FOURNIR.	INDICATION des INSTRUCTIONS.	FORMULES à EMPLOYER.
30	»	»	Communication (trimestrielle) à l'inspecteur du registre des délivrances de menus produits	C. N 372	S. 5, nº 20.
»	»	31	L'ordonnancement des dépenses de l'exercice précédent doit être terminé	C. N 406	»
			AVRIL.		
»	1	5	Etats de traitement et mandats de payement (trimestriels) des préposés mixtes.	C. N 4, 23	S. 11, nº 23.
			Etats de traitement et mandats de payement (trimestriels) des préposés communaux		S. 13, nº 1.
			Etat nominatif des préposés, à l'appui		S. 1, nº 19.
			Etat (trimestriel) des retenues à opérer sur les traitements communaux des gardes mixtes pour les pensions civiles.	C. A 742. C. N 81, § 9.	S. 1, nº 17.
			Etat (trimestriel) des retenues à opérer sur les traitements des gardes communaux pour l'habillement	C. N 237.	S. 11, nº 40.
»	1	5	Etat (trimestriel) des journées d'hôpital	C. N 144.	»
»	1	5	Etat trimestriel) des procès-verbaux de délit abandonnés	C. A 766	S. 6, nº 18.
»	»	5	Relevé (trimestriel) des expéditions faites par les chemins de fer	C. N 67	S. 11, nº 31.
1	5	10	Situation (trimestrielle) des travaux d'aménagement (service ordinaire)	C. N 359	S. 2, nº 7.
»	»	10	Etat (trimestriel) de développement, par département, des crédits délégués et des payements effectués	Circ. 21 juin 1846	Compt. 1, nº 60[2].
»	10	15	Etat (trimestriel) des insolvables à incarcérer (au trésorier général)	C. N 149	S. 6, nº 14.
»	»	»	L'abatage des coupes du dernier exercice et la vidange des coupes de l'avant-dernier exercice doivent être terminés le 15	Cah. des ch. 21..	»
»	20	»	Projets des clauses spéciales	C. N 80, § 18...	»
15	20	»	Etat nominatif des usagers en bois de chauffage	C. A 530	S. 9, nº 5.
			Etat général (nº 2) des délivrances en bois de chauffage		S. 9, nº 6.
			Procès-verbal de vérification des demandes en bois de service		S. 9, nº 8.
			Etat général (nº 1) des délivrances en bois de service		S. 9, nº 9.
15	20	25	Bulletin des modifications survenues aux états signalétiques des forêts communales	C. N 448	S. 4, nº 1[4].
15	»	»	Désignation sur le livret des préposés des cantons défensables pour leurs vaches.	C. A 341, 448..	»
»	»	»	Les mandats de l'exercice précédent doivent être touchés avant le 30 avril	C. N 406	»

Date de l'envoi par le Chef de cantonnement.	Chef de service.	Conservateur.	DÉSIGNATION DES ÉTATS A FOURNIR.	INDICATION des INSTRUCTIONS.	FORMULES à EMPLOYER.
			MAI.		
»	1	»	Compte rendu (semestriel) des revues d'armement et d'habillement	C. A 569, 590...	»
1	5	10	Demandes d'admission aux établissements thermaux pour les dernières saisons...	C. N 152	»
			Relevé individuel des sommes dues ou présumées dues (à joindre à la situation finale de l'exercice)................		Compt. 1, no 147.
»	»	10	Etat de développement, par classe d'emploi, du montant net de la dépense définitive de l'exercice, pour traitements fixes	Let. Min. 13 août 1884..........	Compt. 1, no 148.
			Etat récapitulatif des versements effectués pendant l'année................		»
			Etat récapitulatif des certificats de réimputation délivrés pendant l'exercice...		»
»	10	20	Rapports aux conseils généraux, à soumettre au contrôle de l'administration.	Let. 22 avr. 1892.	»
10	20	30	Bulletin des modifications à apporter aux feuilles signalétiques des bois domaniaux..........................	C. N 360.......	S. 4, no 1^4.
»	»	30	Renvoi aux inspecteurs des états d'assiette.	C. N 360.......	S. 4, nos 1^2, 2.
»	»	30	Fixation des jours pour les ventes des coupes de bois	C. N 80, § 2. ...	»
10	20	30	Envoi des demandes d'admission au concours pour l'école pratique de sylviculture des Barres....................	C. N 394.......	»
»	»	30	Etats des délivrances à faire aux usagers.	C. A 530	S. 9, nos 5, 6, 9.
»	20	30	Rapports sur les gardes généraux stagiaires..........................	C. N 416	»
10	20	30	Etat des coupes à exploiter au compte de l'Etat	C. N 360.......	S. 4, no 4.
10	20	30	Etat des coupes à vendre par unités de marchandises	C. N 360.......	S. 4, no 4^3.
»	»	»	Le façonnage des ramiers de bois non écorcés doit être terminé le 31 mai....	»	»
			JUIN.		
»	»	1	Projets des clauses spéciales (en double) à faire approuver par l'administration.	C. N 80, § 19...	»
»	»	1	Frais d'entretien des selles et harnachements des officiers de chasseurs forestiers	Note, 16 nov. 1891	»
1	5	10	Propositions pour la médaille forestière..	C. N 313, 334. ..	»
1	5	10	Etat nominatif des titulaires de médailles forestières, retraités ou décédés.	C. N 334	»
1	5	15	Etat (semestriel) des ressources des pépinières centrales	C. N 246	S. 7, no 93.
1	5	15	Propositions (semestrielles) pour la décoration du mérite agricole	Note, 14 avr. 1888	»
»	»	»	Demandes des coupes extraordinaires pour l'exercice suivant, à adresser par les maires aux préfets avant le 15........	C. A 387	»

Date de l'envoi par le Chef de cantonnement.	Chef de service.	Conservateur.	DÉSIGNATION DES ÉTATS A FOURNIR.	INDICATION des INSTRUCTIONS.	FORMULES à EMPLOYER.
»	20	30	Relevé des coupes communales vendues ou délivrées en nature	C. A 584.......	S. 4, nº 31.
10	20	30	Propositions pour subventions aux particuliers (avec leurs demandes)........	Lettre de l'Adm. 20 mai 1890.	S. 7, nºs 75, 77, 80
			Propositions pour subventions aux communes (avec leurs demandes).........		S. 7, nºs 76, 77, 79
»	20	30	Etat (semestriel) des préposés dont les effets d'habillement doivent être renouvelés............................	Note, 29 oct. 1892	S. 1, nº 28.
»	25	30	Etat des défrichements effectués l'année précédente........................	C. N 8..........	S. 10, nº 8.
20	25	»	Proposition concernant les brigadiers candidats au grade de garde général...	C. N 345.......	»
»	»	30	Etat (trimestriel) des indemnités périodiques, à l'appui des mandats (au trésorier général)...........................	C. N 260, 279...	S. 11, nº 37.
30	»	»	Communication (trimestrielle) à l'inspecteur du registre des menus produits...	C. N 372.......	S. 5, nº 10.
30	»	»	Réceptions des bois de chauffage fournis aux préposés par les adjudicataires....	C. A 395.......	»
»	»	»	L'abatage des bois écorcés doit être terminé le 30........................	Cah. des ch. 21 .	»

JUILLET.

Chef de cantonnement.	Chef de service.	Conservateur.	Désignation	Instructions	Formules
»	»	1	Etat (semestriel) des modifications survenues parmi les légionnaires et décorés d'ordres français et étrangers.........	Note, 7 déc. 1892	»
»	1	5	Etats de traitement et mandats de payement (trimestriels) des préposés mixtes.	C. N 4, 23......	S. 11, nº 23.
			Etats de traitement et mandats de payement (trimestriels) des préposés communaux............................		S. 13, nº 1.
			Etat nominatif des préposés, à l'appui...		S. 1, nº 19.
			Etat (semestriel) des retenues à opérer sur les traitements communaux pour la caisse des retraites		S. 13, nº 2.
			Etat (trimestriel) des retenues à opérer sur les traitements communaux des gardes mixtes pour les pensions civiles.	C. A 742. C. N 81, art. 9.	S. 1, nº 17.
			Etat (trimestriel) des retenues à opérer sur les traitements des gardes communaux pour l'habillement............	C. N 237	S. 11, nº 40.
»	»	5	Etat (semestriel) nominatif des officiers, sous-officiers, etc., des chasseurs forestiers..............................	Let. 14 août 1883.	»
»		5	Etat (semestriel) numérique de l'effectif des chasseurs forestiers.............	C. N 389.......	S. 1, nº 24.
»	1	5	Etat (trimestriel) des journées d'hôpital..	C. N 144.......	»
»	1	5	Etat (trimestriel) des procès-verbaux dont l'abandon a été autorisé.	C. A 766.......	S. 6, nº 18.

Date de l'envoi par le Chef de cantonnement.	Chef de service.	Conservateur.	DÉSIGNATION DES ÉTATS A FOURNIR.	INDICATION des INSTRUCTIONS.	FORMULES à EMPLOYER.
»	1	5	Relevé (trimestriel) des expéditions faites par les chemins de fer	C. N 67	S. 11, nº 31.
»	1	5	Situation (semestrielle) des instances domaniales	C. N 12	»
1	5	»	Situation (trimestrielle) des travaux d'aménagement (service ordinaire)	C. N 359	S. 2, nº 7.
»	»	10	Etat (trimestriel) de développement, par département, des crédits délégués et des payements effectués	Circ. 21 juin 1846	Compt. 1, nº 60².
»	»	10	Etat récapitulatif des défrichements effectués	C. N 8	S. 10, nº 9.
1	5	10	Etat (semestriel) des frais de correspondance, avec quittances	C. N 100	S. 11, nº 24.
»	»	15	Communication à l'administration des états de situation des travaux d'aménagement (service spécial et service ordinaire)	C. N 359	S. 2, nº 7.
1	10	»	Etat (semestriel) de situation des objets militaires dont les préposés sont détenteurs	»	S. 12, nº 26.
»	10	15	Relevé (semestriel) des titres de recouvrements (au directeur des domaines)	C. N 210	S. 5, nº 8².
»	10	15	Etat (trimestriel) des insolvables à incarcérer (au trésorier général)	C. N 149	S. 6, nº 14.
»	»	»	Récolement des coupes dans les trois mois après l'expiration des délais de vidange fixés	C. F. 47	»
»	»	»	Le façonnage des ramiers des bois écorcés doit être terminé le 15	Cah. des ch. 21	»
15	»	»	Revision (semestrielle) des états des insolvables (avec les percepteurs)	C. N 149	S. 6, nº 13.
15	20	»	Etat des cantons où l'on peut faire des adjudications de glandée, panage	Ord. 100	»
15	20	»	Procès-verbaux des cantons défensables pour le panage et la glandée	Ord. 119	S. 9, nº 1.
»	20	»	Etat des animaux nuisibles détruits par les lieutenants de louveterie	C. A 749². C. N 416.	S. 8, nº 6.
15	20	25	Etat des graines forestières à récolter	C. N 296	»
20	25	»	Procès-verbaux d'état des lieux des maisons forestières (en double)	C. N 416	S. 3, nº 21.
			AOUT.		
»	»	1	Etat de situation des objets d'équipement et de campement (au sous-intendant)	Guerre, 1er sept. 1884, art. 86.	»
»	»	20	Avis à l'administration des jours fixés pour les ventes	C. N 80, § 4	»
1	15	25	Etat spécial des maisons forestières à construire ou à acquérir	C. N 112	S. 3, nº 32.
»	15	»	Expéditions des procès-verbaux d'estimation des coupes à délivrer en nature	C. A 615	S. 4, nº 15.
»	»	30	Etat estimatif des coupes à délivrer en nature (trois expéditions au préfet et une à l'administration)	C. A 583	S. 4, nº 20.

Date de l'envoi par le Chef de cantonnement.	Chef de service.	Conservateur.	DÉSIGNATION DES ÉTATS A FOURNIR.	INDICATION des INSTRUCTIONS.	FORMULES À EMPLOYER.
1	15	20	Projets de travaux neufs concernant les routes, ponts, maisons, scieries, assainissements et clôtures.	C. N 22, § 22...	»
			Etat général des travaux ci-dessus dénommés		S. 3, nº 31.
			Projets de travaux neufs de repeuplement (avec un bulletin d'envoi pour chaque affaire).	C. N 22, 168.	S. 3, nºs 13, 28, 29
			Etat des plants et des graines à fournir par l'administration	C. N 22, §§ 50, 52.	S. 7, nº 41.
»	15	»	Copie des procès-verbaux de balivage et de martelage des coupes à vendre	C. A 621	S. 4, nºs 10, 11.
			Copie des procès-verbaux d'estimation des coupes à vendre	C. A 584	S. 4, nº 13.
			SEPTEMBRE.		
»	»	»	Vente des coupes de bois du 15 septembre au 15 octobre	C. N 80, § 2	»
1	15	»	Rapports des coupes extraordinaires	C. A 387	S. 4, nºs 2², 2³.
»	»	30	Etat des coupes extraordinaires (au préfet, avec rapports)	C. A 387. Note du 11 janv. 1886.	S. 4, nº 3.
»	»	30	Itinéraire des tournées des conservateurs.	C. A 630 ter	S. 11, nº 25.
»	15	30	Etat des réparations à exécuter aux marteaux de l'Etat	C. N 77, § 8	S. 4, nº 7.
1	15	30	Etat des demandes de revolvers d'officiers.	C. N 255	»
1	15	30	Revision annuelle de la liste des communes assujetties à la réglementation de pâturage	C. N 347, § 260.	»
»	15	»	Etat des indemnités relatives aux opérations des coupes	C. A 832. C. N 402	S. 11, nº 34.
1	15	30	Projets de travaux d'entretien (routes, ponts, maisons, scieries, etc.)	C. N 22, §§ 23, 29. C. N 168	»
			Etat général de ces travaux		S. 3, nº 31.
			Projets de travaux d'entretien des repeuplements		S. 3, nºs 28, 29.
			Bulletin d'envoi pour chaque projet		S. 3, nº 13.
			Etat général des dépenses		»
»	»	30	Etat (trimestriel) des indemnités périodiques, à l'appui des mandats (au trésorier général)	C. N 260, 279	S. 11, nº 37.
»	»	»	Résumé des ventes à adresser à l'administration après chaque séance	C. N 80, § 61	S. 4, nº 32.
»	»	»	Tableaux récapitulatifs (dans les quatre jours de l'adjudication)	Id.	S. 4, nº 32².
»	»	30	Affiche annotée (dans les quatre jours de l'adjudication)	Id.	»
10	20	30	Tirs à la cible. Etats et rapports	C. N 451	S. 1, nº 32. S. 11, nº 42.
			OCTOBRE.		
»	1	»	Etat de constatation annuelle des produits et des travaux	C. N 360	S. 2, nº 10.

Date de l'envoi par le Chef de cantonnement.	Chef de service.	Conservateur.	DÉSIGNATION DES ÉTATS A FOURNIR.	INDICATION des INSTRUCTIONS.	FORMULES à EMPLOYER.
»	1	5	Etats de traitement et mandats de payement (trimestriels) des préposés mixtes.	C. N 4, 23......	S. 11, n° 23.
			Etats de traitement et mandats de payement (trimestriels) des préposés communaux..........................		S. 13, n° 1.
			Etat nominatif des préposés, à l'appui...		S. 1, n° 19.
			Etat (trimestriel) des retenues à opérer sur les traitements communaux des gardes mixtes pour les pensions civiles.	C. A 742. C. N 81, art. 9.	S. 1, n° 17.
			Etat (trimestriel) des retenues à opérer sur les traitements des gardes communaux pour l'habillement.............	C. N 237.......	S. 11, n° 40.
»	1	5	Etat (trimestriel) des journées d'hôpital..	C. N 144.......	»
»	1	5	Etat (trimestriel) des procès-verbaux de délits abandonnés...................	C. A 766.......	S. 6, n° 18.
»	»	5	Relevé (trimestriel) des expéditions faites par les chemins de fer...............	C. N 67........	S. 11, n° 31.
1	5	10	Situation (trimestrielle) des travaux d'aménagement (service ordinaire).......	C. N 359.......	S. 2, n° 7.
»	»	10	Etat (trimestriel) de développement, par département, des crédits délégués et des payements effectués................	Circ. 21 juin 1846	Compt. 1, n° 60².
1	»	»	Rapports individuels sur les préposés à admettre à la retraite..............	C. N 31........	»
»	5	10	Etats des agents et préposés à admettre à la retraite.......................	C. N 31........	S. 1, n° 20.
1	5	10	Situation des dépenses concernant les délimitations et bornages généraux....	C. N 64, § 219..	»
1	5	10	Propositions pour la décoration de la Légion d'honneur, la médaille militaire et les distinctions académiques.......	Nc, 27 juill. 1887.	»
»	10	15	Etat (trimestriel) des insolvables à incarcérer (au trésorier général)...........	C. N 149.......	S. 6, n° 14.
1	15	31	Etat des gratifications à accorder aux préposés pour travaux d'amélioration..	C. N 22, 345, 416.	S. 3, n° 11.
15	»	»	Projets de travaux neufs ou de réfection à exécuter en régie dans les périmètres de restauration, avec les états annexés.	C. N 345, § 114.	S. 7, n°s 35, 37.
»	»	»	Rapport général sur les ventes (à fournir dans les quinze jours qui suivent la clôture des ventes)..................	C. N 80, § 62...	»
			NOVEMBRE.		
»	1	10	Etat des adjudications des coupes communales (au directeur des domaines).....	C. A 760.......	S. 4, n° 32².
»	1	»	Compte rendu (semestriel) des revues d'armement et d'habillement.........	C. A 569, 590...	»
»	1	15	Etat général des travaux et des dépenses d'entretien (à annexer aux projets de travaux dans les périmètres)........	C. N 345, §§ 114, 117...........	S. 7, n° 39.
			Etat général des travaux neufs et des dépenses correspondantes (à annexer aux projets de travaux dans les périmes).		S. 7, n° 40.
			Etat général des graines à fournir par l'administration (à annexer aux projets de travaux dans les périmètres)......		S. 7, n° 41.

Date de l'envoi par le — Chef de cantonnement	Chef de service.	Conservateur.	DÉSIGNATION DES ÉTATS A FOURNIR.	INDICATION des INSTRUCTIONS.	FORMULES à EMPLOYER.
»	»	»	Rapport général sur les ventes (à fournir dans les quinze jours qui suivent la clôture des ventes)...................	C. N 80, § 62...	»
»	5	15	Etat général, par inspection, des travaux mis en charge sur les coupes domaniales (à joindre au rapport général)........	Note, 19 oct. 1885	»
5	10	15	Propositions pour la répartition des arrérages du legs Delahaye..........	C. N 346.......	»
»	»	15	Rapport des tournées des conservateurs .	C. A 534². C.N 18	S. 12, nº 7.
5	10	15	Propositions pour la fixation du prix des harts par les préfets................	Cah. des ch. 29.	»
5	10	15	Etat des frais d'exploitation et de transport des bois de chauffage des préposés domaniaux	C. A 691.......	S. 4, nº 22.
»	»	15	Propositions sur les brigadiers candidats au grade de garde général............	C. N 435.......	»
5	10	15	Tableaux d'avancement pour les préposés.	L. 29 oct. 1884, L. 22 oct. 1891..	S. 1, nº 18.
			Liste de présentation des candidats aux emplois de gardes forestiers..........		S. 1, nº 2.
			Etats des préposés demandant à être appelés en dehors de la conservation..		»
10	15	»	Procès-verbaux de reconnaissance des arbres morts et dépérissants..........	Let. 31 oct. 1872	»
10	20	30	Feuilles de notes des agents............	C. N 435.......	S. 1, nº 7.
»	20	30	Tableaux d'avancement pour les agents..	C. N 435.......	S. 1, nº 18.
30	»	»	Procès-verbaux d'arpentage des coupes de l'exercice suivant................	C. A 67........	S. 4, nº 6.
			DÉCEMBRE.		
1	5	15	Etat des préposés à éliminer du corps militaire des chasseurs forestiers......	C. N 317.......	»
1	5	15	Etat (semestriel) des ressources des pépinières centrales.....................	C. N 246.......	S. 7, nº 93.
»	»	15	Propositions au préfet pour le renouvellement des commissions de lieutenant de louveterie..........................	C. A 684.......	»
»	15	30	Etat nominatif des préposés chargés de la surveillance des bois communaux (aux préfets)	C. N 21........	S. 1, nº 19.
5	15	»	Propositions pour la délivrance des menus produits à prix d'argent et à charge de prestations (bois domaniaux)..........	C. N 416.......	»
5	15	»	Propositions pour l'emploi des prestations (bois domaniaux)	C. N 22, § 319..	»
10	20	30	Propositions pour subvention aux particuliers (avec leurs demandes).........	Lettre, 20 mai 1890..........	S. 7, nºs 75, 77, 80
			Propositions pour subvention aux communes (avec leurs demandes)..........		S. 7, nºs 76, 77, 79
»	20	30	Etat (semestriel) des préposés dont les effets d'habillement doivent être renouvelés...........................	Note, 29 oct. 1892	S. 1, nº 28.
»	»	30	Etats de constatation annuelle des produits et des travaux (renvoi au chef de service)...........................	C. N 360.......	S. 2, nº 10.

Date de l'envoi par le Chef de cantonnement.	Chef de service.	Conservateur.	DÉSIGNATION DES ÉTATS A FOURNIR.	INDICATION des INSTRUCTIONS.	FORMULES à EMPLOYER.
»	»	30	État (trimestriel) des indemnités périodiques, à l'appui des mandats (au trésorier général)	C. N 260, 279...	S. 11, nº 37.
»	20	30	État indiquant le nombre des préposés communaux (à l'administration)	C. N 21, § 21 ...	»
20	30	»	État des logements réservés aux agents en tournée	C. N 335.	S. 3, nº 38.
20	30	»	Feuilles de notes des préposés communaux	C. N 21, § 19....	S. 1, nº 5.
25	30	»	Propositions pour l'extraction des menus produits dans les bois communaux (avec les arrêtés des maires relatifs à la fixation du prix)	Ord. 4 déc. 1844.	»
31	»	»	État récapitulatif des inventaires	C. N 345, § 140..	S. 7, nº 44.
»	»	»	État des bestiaux à admettre au pâturage (à fournir par les maires avant le 31)..	Ord. 118	»
»	»	»	Les travaux doivent être achevés, sauf le cas de force majeure, le 31	Régl. Min. 26 décembre 1866...	»

ÉTAT DE GESTION.

1. *Forêts domaniales.* — Les états d'assiette (formule série 4, nos 1 et 1 bis) contiennent tous les éléments nécessaires pour suivre et contrôler l'application des aménagements, obtenir le bilan du rendement en matière et faciliter les revisions périodiques ou semi-périodiques. Ils permettent, en un mot, d'apprécier, au point de vue cultural, les résultats de la gestion.

Pour rendre compte de la gestion forestière, au point de vue de ses résultats financiers, les chefs de service établissent un seul état par forêt. (Form. série 2, nº 10.)

Cet état doit être transmis le 1er octobre de chaque année au conservateur, pour visa et contrôle, et il est renvoyé, après copie prise, à l'agent rédacteur, avant le 1er janvier suivant. (Circ. N 360.)

2. *Forêts communales.* — Les renseignements concernant la gestion des forêts communales et d'établissements publics sont groupés par forêt, sur des états signalétiques. (Circ. N 428.) V. État signalétique.

ÉTAT DE JOURNÉES. (ÉTAT JUSTIFICATIF.)

1. *Conditions. Formalités.* — Les états de journées d'ouvriers (travaux par économie) doivent être fournis dans le délai d'un mois, à dater du jour où le mandat a été touché; ils sont envoyés avec un bordereau en triple expédition pour les travaux exécutés dans les périmètres de restauration, et ils doivent être signés pour émargement par les parties prenantes. Si un ouvrier est illettré, on fait signer deux témoins, lorsque la somme due n'excède pas 150 francs. Si la somme à payer était supérieure à 150 francs, il faudrait un acte notarié, par application des articles 1341 et suivants du code civil.

2. *Timbre.* — Les états justificatifs des sommes avancées aux agents régisseurs pour des travaux exécutés dans les forêts domaniales et communales, n'étant produits qu'à titre de justification, ne forment titres de créances, ni pour les ouvriers qui ont reçu directement du régisseur le prix de leurs journées, ni pour le régisseur, qui ne fait que rendre compte de l'argent reçu. Ces états ne doivent donc pas être soumis au timbre de dimension, mais seulement au timbre de 10 centimes pour chaque somme payée supérieure à 10 francs. (Circ. N 191.) V. Émargement. Comptabilité.

ÉTAT DE SIÈGE.

Attributions. Pouvoir. — Aussitôt l'état de siège déclaré, les pouvoirs, dont l'autorité civile était revêtue pour le maintien de l'ordre et de la police, passent tout entiers à l'autorité militaire; l'autorité civile continue à exercer ceux de ces pouvoirs dont l'autorité militaire ne l'a pas dessaisie.

Les tribunaux militaires peuvent être saisis de la connaissance des délits contre l'ordre et la paix publique.

L'autorité militaire a le droit de faire de jour et de nuit des perquisitions au domicile des citoyens, d'ordonner la remise des armes et munitions et de procéder à leurs recherches et enlèvement. (Constitut. 4 nov. 1848.)

ÉTAT SIGNALÉTIQUE.

SECT. I. — BOIS DOMANIAUX, 1.

SECT. II. — BOIS COMMUNAUX ET D'ÉTABLISSEMENTS PUBLICS, 2 — 10.

SECT. I. — BOIS DOMANIAUX.

1. *Etablissement.* — L'état signalétique de chaque forêt domaniale se compose :

1° D'une feuille de titre, renfermant les renseignements qu'il importe le plus de connaître et constituant pour ainsi dire à elle seule l'état signalétique de la forêt. (Série 4, n° 1 D.) Cette feuille de titre sera permanente et servira pour un nombre indéfini d'années.

2° D'intercalaires, en nombre plus ou moins grand, formant l'état d'assiette proprement dit et le bilan annuel des exploitations. (Circ. N 360.) V. Etat d'assiette.

SECT. II. — BOIS COMMUNAUX ET D'ÉTABLISSEMENTS PUBLICS.

2. *Etablissement. Mise à jour. Classement. Dépôt.* — Les renseignements concernant la gestion des forêts communales et d'établissements publics sont groupés par forêt, sur des états signalétiques (Form. série 4, n° 1 C), qui seront constamment tenus au courant des faits les plus importants de la gestion, en y inscrivant, chaque année, les renseignements qu'ils comportent.

Ces états doivent se trouver à la fois dans les archives du chef de cantonnement, dans celles du chef de service et du conservateur; ils sont classés par département, dans l'ordre alphabétique des noms des communes, et chaque section propriétaire aura sa feuille classée au rang alphabétique de la commune dont elle fait partie. (Circ. N 428.)

3. *Décisions. Coupes extraordinaires.* — Les décisions autorisant des coupes extraordinaires doivent être inscrites à la troisième page de l'état signalétique des forêts communales. (Circ. N 428.)

4. *Modifications.* — Les agents de tous grades doivent apporter aux indications des pages 1 et 2 toutes les modifications nécessaires, au fur et à mesure qu'elles sont devenues définitives. (Circ. N 448.)

5. *Bulletins. Envoi.* — Les conservateurs adressent chaque année, le 1er mai au plus tard, des bulletins de modifications qui signalent tous les changements survenus, pendant l'année précédente, dans les renseignements inscrits aux pages 1 et 2. (Circ. N 448. Form. série 4, n° 1 quater.)

6. *Contenance.* — Les agents indiqueront sur les bulletins toutes les modifications de contenance résultant de soumissions ou de distractions du régime forestier, en donnant la date des décrets qui les ont autorisées, d'aliénations ou d'acquitions, d'échanges, de nouveaux levés effectués, d'aménagements, délimitations ou bornages, etc. Ils n'omettent pas, lorsque la forêt est située sur plusieurs territoires communaux ou dans plusieurs circonscriptions administratives, de donner la nouvelle répartition des contenances par territoire ou circonscription. (Circ. N 448.)

7. *Situation administrative.* — Si une forêt a été rattachée à une autre inspection ou à un autre cantonnement, il en est fait mention sur les bulletins. (Circ. N 448.)

8. *Etage géologique. Altitude. Essences.* — Une étude plus approfondie des forêts pourra conduire à rectifier les renseignements concernant les indications géologiques et celles concernant l'altitude, essences, etc. Quand ce cas se présentera, l'administration en sera informée par les bulletins. (Circ. N 448.)

9. *Délimitations. Bornages.* — Les bulletins donneront la nomenclature et la date des actes nouveaux de délimitation ou de bornage. (Circ. N 448.)

10. *Aménagements.* — On fera connaître sur les bulletins la date des décrets ou des décisions ayant réglé ou modifié les aménagements et on en résumera les dispositions. Lorsqu'un aménagement ancien ou récent a été assis sur le terrain, on signale ce nouveau renseignement à inscrire sur l'état signalétique. (Circ. N 448.)

ÉTÈLES.

Définition. — On désigne sous ce nom les copeaux que les bûcherons font sauter avec la cognée.

ÉTÊTER. V. Éhouper. Arbre.

ÉTOC.

1. *Définition.* — Partie inférieure de la tige faisant saillie au-dessus du sol, lorsque l'arbre n'a pas été bien exploité, ni coupé rez-terre.

2. *Coupe.* — L'adjudicataire d'une coupe doit receper les anciens étocs. (Cah. des ch. 21.) En cas d'inexécution, il encourra, savoir :

Amende : 50 à 500 francs. (Cod. For. 37.)

Cette opération doit être terminée à l'époque fixée par le cahier des charges (15 avril ou 1er juillet). V. Nettoiement.

3. *Tranchées.* — Les étocs des lignes de coupes seront recepés par les adjudicataires. (Cah. des ch. 32.)

ÉTRANGER.

1. *Fonctionnaire.* — L'étranger, non naturalisé français, peut être admis comme employé dans le service intérieur d'une administration publique et obtenir, après son admission à la retraite, une pension, aux conditions fixées pour les employés de cette administration. (Cons. d'Etat du 14 mars 1863.) V. Français.

2. *Affouage. Domicile. Conditions.* — Les étrangers qui seront chefs de famille ou de maison, ayant un domicile réel et fixe dans la commune avant la publication du rôle, ne pourront être appelés au partage de l'affouage qu'après avoir été autorisés, par décret du chef de l'Etat, à établir leur domicile en France. (Cod. For. 105. Loi du 23 novembre 1883. Circ. N 159.)

3. *Permis de chasse.* — Les étrangers installés en France et dont la moralité est connue peuvent seuls obtenir des permis de chasse, dont la délivrance est facultative. (Circ. Min. 12 juillet 1851.)

ÉTRONÇONNER. V. Éhouper. Arbre.

ÉTUDE.

1. *Travaux publics.* — A la réception des décrets, décisions ou arrêtés approuvant les projets des travaux, et sans attendre que les ingénieurs, géomètres ou agents voyers en fassent la demande, le conservateur donne des instructions pour faciliter les études des travaux. (Circ. A 631. Circ. N 59, art. 32.)

2. *Délits.* — Lorsque des contraventions sont commises par des agents employés à l'étude des travaux publics, les procès-verbaux qui les constatent sont transmis au conservateur et ne sont mis en poursuite que sur son autorisation. (Circ. N 59, art. 33.)

3. *Route.* — Les conservateurs autorisent les abatages d'arbres pour étude de routes, chemins et travaux publics, projetés ou arrêtés par l'autorité compétente ; ils autorisent la vente de ces bois. (Circ. A 540. Circ. A 631. Circ. N 59, art. 28.) V. Chemin. Route.

ÉVOCATION.

Jurisprudence. — Dévolution à une cour supérieure d'un procès pendant devant un autre tribunal.

EXAMEN.

SECT. I. — ÉCOLE NATIONALE FORESTIÈRE, 1.

SECT. II. — INSTITUT AGRONOMIQUE, 2 — 6.

SECT. III. — ÉCOLE SECONDAIRE D'ENSEIGNEMENT PROFESSIONNEL, 7 — 11.

SECT. IV. — ÉCOLE PRATIQUE DE SYLVICULTURE, 12 — 16.

SECT. V. — GARDE FORESTIER, 17 — 18.

V. Ecole. Elève. Institut agronomique. Programme.

SECT. I. — ÉCOLE NATIONALE FORESTIÈRE.

1. *Elèves. Recrutement.* — Il n'y a plus d'examen d'entrée pour être admis à l'école nationale forestière ; les élèves de cette école se recrutent parmi les élèves diplômés de l'institut national agronomique, ayant 22 ans au 1er janvier de l'année courante. (Décret du 9 janvier 1888, art. 1 et 2. Circ. N 394.)

SECT. II. — INSTITUT AGRONOMIQUE.

2. *Concours.* — Le concours comprend des épreuves écrites et des épreuves orales ; les épreuves écrites sont éliminatoires.

3. *Epreuves écrites.* — Les épreuves écrites ont lieu généralement en juillet, dans les villes ci-après désignées, au choix des candidats :

Alger, Amiens, Bar-le-Duc, Besançon, Bordeaux, Brest, Caen, Clermont, Dijon, Douai, Grenoble, Lille, Lyon, Marseille, Montpellier, Moulins, Nancy, Nantes, Nice, Nîmes, Orléans, Paris, Poitiers, Reims, Rennes, Rouen, Toulouse, Tours, Troyes, Versailles.

Il est fait cinq compositions écrites sur les matières qui suivent :

		Heures accordées.
1er jour.	1° Mathématiques	3
	2° Physique et chimie	3
2e jour.	3° Composition française	2
	4° Epreuve de géométrie descriptive	2
	5° Sciences naturelles	2

Les aspirants sont invités à porter une attention toute particulière à la rédaction des compositions. L'ordre et la méthode dans l'exposition des idées, la concision et la clarté du style seront prises en considération dans la notation. Les fautes graves d'orthographe suffiront pour motiver l'exclusion du concours.

4. *Epreuves orales.* — Les épreuves orales sont subies à Paris dans le courant du mois d'octobre ; ces épreuves sont publiques. Elles portent sur les mêmes matières que les

épreuves écrites et, en outre, sur la géographie et sur l'une des deux langues vivantes ci-après, au choix des candidats : anglais, allemand.

5. *Classement. Coefficients.* — Le jury du concours d'admission est nommé par le ministre de l'agriculture et présidé par le directeur de l'institut national agronomique.

Les compositions écrites et les réponses orales sont cotées d'un numéro de mérite compris dans l'échelle de 0 à 20, et leur importance relative est déterminée par les coefficients suivants :

Épreuves écrites.

Mathématiques (comprenant l'arithmétique, l'algèbre, la géométrie, le calcul logarithmique, la trigonométrie)	2
Composition française	2
Sciences naturelles	2
Physique ou chimie	2
Epure de géométrie descriptive	1
Total	9

Epreuves orales.

Mathématiques (comprenant l'arithmétique, la géométrie, la géométrie descriptive, l'algèbre, la trigonométrie, la mécanique et la cosmographie.)	1er examinateur.	2
	2e examinateur.	2
Physique et chimie		2
Sciences naturelles		2
Géographie		1
Langues vivantes		1
Épreuve facultative :		
Connaissance en agriculture		2
Total		12

6. *Diplômes.* — Il est, en outre, tenu compte aux candidats, mais à l'examen oral seulement, de la possession de l'un ou de plusieurs des diplômes ci-après, qui leur assurent les points suivants, sans toutefois que le cumul de ces différents titres puisse dépasser 50 points :

Diplôme de licencié	20 points.
Diplôme des écoles nationales d'agriculture ou des écoles nationales vétérinaires	20 —
Diplôme des écoles pratiques d'agriculture	20 —
Brevet supérieur de l'enseignement primaire	15 —
Diplôme de bachelier	15 —
Première partie du diplôme de bachelier	10 —

SECT. III. — ÉCOLE SECONDAIRE D'ENSEIGNEMENT PROFESSIONNEL.

7. *Liste. Concours.* — Le directeur des forêts arrête annuellement la liste des préposés admis à prendre part au concours d'admission à l'école secondaire.

Ce concours comprend des compositions écrites, des examens oraux et un examen d'instruction pratique. (Arr. Min. du 5 juin 1884, art. 2.)

8. *Epreuves écrites.* — Les compositions écrites servent à établir un premier classement destiné à exclure des examens oraux et de l'examen pratique les candidats insuffisamment instruits, puis à déterminer, concurremment avec ces examens, le classement par ordre de mérite des candidats. Ces examens ont lieu, dans la seconde quinzaine d'août, aux chefs-lieux des conservations forestières. Ils comprennent : une dictée; une composition française (lettre, rapport ou compte rendu); une composition de mathématiques rentrant dans les conditions du programme pour les épreuves orales; un dessin linéaire mis au net, à une échelle déterminée d'un croquis coté. (Arr. Min. 5 juin 1884, art. 3, 4, 5. Circ. N 336.)

9. *Epreuves orales.* — Les examens oraux portent sur les matières ci-après :

Arithmétique, Géométrie élémentaire, Histoire de France, depuis Henri IV jusqu'à nos jours, Géographie de la France et de ses colonies.

L'examen d'instruction pratique porte sur les points suivants :

Cubage d'arbre en grume. — Assiette sur le terrain d'une coupe d'une contenance donnée. — Notions sur le service administratif des préposés. (Arr. Min. 5 juin 1884, art. 14. Circ. N 336.)

10. *Classement. Coefficient.* — L'importance des connaissances exigées est déterminée par les coefficients suivants :

Compositions.			
Dictée	15	45	100
Composition française	12		
Composition de mathématiques	10		
Composition en dessin	8		
Examens oraux.			
Arithmétique	10	30	
Géométrie	10		
Histoire	5		
Géographie	5		
Examens d'instruction pratique.			
Arpentage	10	25	
Cubage	7		
Notions administratives	8		

Le produit de chacun de ces coefficients par la cote de mérite représente le nombre de points obtenus par le candidat dans chacune des divisions du programme. La somme des produits ainsi formée détermine le rang de ce candidat sur la liste définitive de classement. (Arr. Min. du 5 juin 1884, art. 21. Circ. N 336.)

11. *Nombre de points. Minimum.* — Ne seront pas compris dans le classement les candidats qui ne réuniront pas un nombre de points (1000) égal à la moitié du nombre total maximum. (Arr. Min. du 5 juin 1884, art. 22. Circ. N 336.) V. Ecole secondaire d'enseignement professionnel.

SECT. IV. — ÉCOLE PRATIQUE DE SYLVICULTURE.

12. *Epoque.* — L'examen pour les candidats à l'école pratique de sylviculture a lieu, chaque année, dans la première quinzaine de juillet, au chef-lieu de la conservation ou au siège de l'inspection dont dépend la résidence du candidat. (Arr. Min. du 15 janvier 1888, art. 5. Circ. N 394. Arr. Min. 19 novembre 1888, art. 5.)

13. *Epreuves.* — L'examen se compose d'épreuves écrites, au nombre de trois, savoir:

Une dictée; une composition d'histoire et de géographie rentrant dans les conditions du programme; une composition de mathématiques rentrant dans les conditions du programme. (Arr. Min. 15 janvier 1888, art. 7. Circ. N 394. Arr. Min. 19 novembre 1888, art. 7.)

14. *Coefficients.* — Les compositions sont cotées d'un numéro de mérite compris dans l'échelle de 0 à 20, et les coefficients sont ainsi fixés :

Dictée	25	—
Histoire	10	—
Géographie	10	—
Mathématiques	15	—

(Arr. Min. 19 novembre 1888, art. 7.)

15. *Nombre de points minimum.* — Ne seront pas compris dans le classement les candidats qui ne reçoivent pas un nombre de points (600) égal à la moitié du nombre total maximum, ou qui auraient obtenu une cote inférieure à 6. (Arr. Min. 19 novembre 1888, art. 7.)

16. *Exclusions.* — L'exclusion est prononcée contre tout candidat convaincu de fraude. (Arr. Min. 19 novembre 1888, art. 7.)

SECT. V. — GARDE FORESTIER.

17. *Epreuve.* — L'examen pour les candidats gardes forestiers porte sur la matière suivante :

Ecriture. — Connaissance des quatre règles de l'arithmétique, système métrique. — Notions sur la rédaction des procès-verbaux. (Arr. Min. 3 mai 1852. Circ. A 684. Circ. N 375. Décr. 28 janvier 1892. Tableau.)

18. *Correction.* — L'agent chargé de faire passer l'examen aux candidats gardes doit corriger lui-même à l'encre rouge les fautes et les erreurs commises. (Circ. N 375.)

EXCEPTION.

1. *Nomenclature.* — Moyen employé pour faire rejeter une action ou une demande à laquelle on défend.

Une exception est péremptoire lorsqu'elle tend à anéantir l'action.

Elle est dilatoire lorsqu'elle tend à faire différer le jugement de la demande, et déclinatoire lorsqu'elle a pour objet de faire renvoyer la demande devant un autre tribunal.

2. *Principe.* — Le juge de l'action est aussi le juge de l'exception. (Cass. 24 mars 1809 et 14 février 1862.)

3. *Exceptions. Adjudications. Cahier des charges. Application.* — En l'absence de toute exception tirée soit d'un droit de propriété immobilière, soit de tout autre droit réel immobilier, dans les termes et conditions de l'article 182 du code forestier, le juge de l'action est le juge de l'exception.

Il appartient notamment au tribunal correctionnel, saisi d'une poursuite pour délit forestier commis par un adjudicataire, d'apprécier le procès-verbal d'adjudication, invoqué par le prévenu pour établir que, s'étant conformé à toutes les clauses de ce procès-verbal, il n'a commis aucune contravention, et l'interprétation de cet acte échappe à la censure de la cour de cassation. (Cod. For. 182. Cass. 4 août 1881.)

4. *Compétence.* — S'il s'élève devant les tribunaux correctionnels des exceptions autres que celles réservées à la juridiction civile ou administrative, ces tribunaux ont le droit de l'apprécier, mais seulement dans leurs rapports avec le délit lui-même; ils excèdent leurs pouvoirs et violent les règles de leur compétence, lorsqu'ils prononcent sur une exception de l'espèce par voie de disposition générale et de manière à rendre une décision qui puisse avoir autorité en dehors de la cause à juger. (Cass. 9 févr. 1849.)

5. *Exceptions dilatoires.* — Les exceptions dilatoires seront proposées conjointement et avant toute défense au fond. (Proc. Civ. 186.)

EXCEPTION PRÉJUDICIELLE.

SECT. I. — PRINCIPES. GÉNÉRALITÉS.

1. *Définition.* — L'exception préjudicielle de propriété est celle qui s'élève incidemment dans un procès et qui, se fondant sur un droit de propriété, enlèverait au fait incriminé tout caractère délictueux.

Dès lors, il est indispensable que cette question soit résolue, afin de savoir si on doit s'occuper du fond du procès.

2. *Principe. Droit.*— Si, dans une instance en réparation de délit ou contravention commis dans les bois en général (soumis et non soumis au régime forestier), le prévenu excipe d'un droit de propriété ou d'un autre droit réel, le tribunal saisi de la plainte statuera sur l'incident, en se conformant aux règles suivantes :

L'exception préjudicielle ne sera admise qu'autant qu'elle sera fondée, soit sur un titre apparent, soit sur des faits de possession équivalents, personnels au prévenu, par lui articulés avec précision, et si le titre produit ou les faits articulés sont de nature, dans le cas où ils seraient reconnus par l'autorité compétente, à ôter au fait incriminé qui sert de base aux poursuites tout caractère de délit ou de contravention.

Dans le cas de renvoi à fins civiles, le jugement fixera un bref délai dans lequel la partie qui aura élevé la question préjudicielle devra saisir les juges compétents de la connaissance du litige et justifier de ses diligences; sinon, il sera passé outre.

Toutefois, en cas de condamnation, il sera sursis à l'exécution du jugement, sous le rapport de l'emprisonnement s'il était prononcé, et le montant des amendes, restitutions et dommages-intérêts sera versé à la caisse des dépôts et consignations, pour être remis à qui il sera ordonné par le tribunal, qui statuera sur le fond du droit. (Cod. For. 182, 189. Loi du 18 juin 1859.)

3. *Principe.* — L'article 182 du code forestier renferme un principe de droit commun qui s'applique aux matières étrangères au code forestier. (Cass. 26 décembre 1846.) V. Poursuite.

4. *Droit de propriété.* — Les dispositions de l'article 182 du code forestier ne s'appliquent qu'aux droits de propriété réels et immobiliers. (Cass. 14 septembre 1855.)

5. *Revendication du sol.* — L'exception préjudicielle ne peut être admise que pour les allégations de propriété relativement au sol lui-même, et nullement pour les produits enlevés. Cependant, pour ce dernier cas, l'inculpé peut mettre en cause celui qui lui a vendu les produits, afin qu'il puisse le mettre à même de revendiquer lui-même le fonds de la propriété.

6. *Appel. Procédure.* — L'exception préjudicielle peut être proposée pour la première fois en appel. (Montpellier, inédit, 23 décembre 1839.)

7. *Renvoi.* — Les tribunaux correctionnels ne peuvent jamais, dans ce cas, acquitter les prévenus; ils ne peuvent que renvoyer l'affaire à fins civiles. (Cass. 11 novembre 1836.) V. Renvoi à fin civile.

8. *Droit. Preuve.* — Lorsqu'un prévenu inculpé de délit forestier excipe d'un droit de propriété, l'administration poursuivante n'a point à justifier des droits de l'Etat ou des communes dans l'intérêt de qui elle agit; c'est au prévenu, à qui incombe l'obligation de prouver l'existence des droits qu'il invoque. (Cass. 13 août 1853.) V. Pétitoire. Possessoire.

9. *Chemin vicinal. Coupe de bois. Preuve.* — Il appartient au propriétaire, dont la forêt est traversée par un chemin vicinal, à prouver que les arbres qu'il prétend avoir été coupés par un cantonnier sur son terrain étaient situés au delà des limites du chemin (arête du fossé, pied du talus en remblai ou crête du talus en déblai).

Le cantonnier, poursuivi pour avoir coupé des arbres sur la forêt riveraine, est sans qualité pour élever l'exception préjudicielle de propriété de l'article 182 du code forestier; les règles ordinaires en matière de défense sont seules applicables. (Nancy, 16 mars 1892.)

10. *Délit. Réparation.* — Tout délit portant atteinte à la propriété d'autrui doit être puni, quel que soit le propriétaire; le prévenu d'un délit forestier n'a pas, en ce qui concerne la peine, à contester la qualité du propriétaire poursuivant, si la peine ne varie pas.

SECT. II. — MOTIFS. CONDITIONS.

11. *Compétence. Appréciation.* — La cour de cassation a reconnu (31 mai et 15 juillet 1844) que les tribunaux correctionnels ont un pouvoir discrétionnaire pour apprécier si les exceptions de propriété invoquées par les prévenus sont de nature à motiver leur renvoi à fins civiles ; seulement, elle exige qu'en cas de sursis les tribunaux constatent que les exceptions admises reposent sur des titres apparents, ou des faits de possession de nature à ôter aux faits incriminés le caractère de délit. (Lettre de l'Admin. 13 juin 1849.)

12. *Admission.* — Il appartient au tribunal correctionnel de statuer sur la pertinence et l'admissibilité de l'exception proposée. (Cass. 14 décembre 1848.)

13. *Admission. Condition.* — L'exception préjudicielle de propriété ne doit être admise que lorsque le juge, après examen, déclare que les titres ou faits produits par le prévenu sont apparents et rendent vraisemblable le droit prétendu. (Cass. 23 août 1879.)

14. *Première condition. Droit de propriété.* — L'exception préjudicielle proposée doit être de nature à ôter au fait incriminé tout caractère de délit ou de contravention ; cette condition est indispensable pour que le tribunal puisse l'admettre. Ainsi, un usager ne peut pas exciper de son droit pour l'introduction de bestiaux dans un canton non défensable ; il faut qu'il conteste la propriété, parce que, alors seulement, le délit disparaîtrait. (Meaume, t. II, p. 812.)

15. *Deuxième condition. Fait personnel.* — Il a été reconnu que la qualité d'usager d'un droit communal ou autre constitue un fait personnel au prévenu, mais seulement lorsque le droit d'usage n'est pas contesté, soit à la commune, soit à l'usager individuellement, et si ce dernier a été autorisé à faire valoir ce droit. (Cass. 6 février 1845.)

16. *Titre.* — Un titre *apparent* ou *coloré*, c'est-à-dire paraissant légitime et de bonne foi, suffit pour faire admettre l'exception préjudicielle, attendu que le tribunal correctionnel n'a pas qualité pour statuer sur les vices cachés que peut renfermer ce titre.

17. *Possession.* — Les tribunaux de répression sont souverains pour apprécier si les faits de possession, dont excipe le prévenu, présentent un caractère de pertinence suffisant pour motiver un renvoi à fins civiles. (Cass. 5 janvier 1855.)

18. *Preuve.* — Pour que l'exception préjudicielle puisse être admise, il faut que le prévenu produise un commencement de preuve qui rende au moins vraisemblable le fait qu'il allègue, et le tribunal, sans exiger une preuve complète, doit examiner si elle a quelque apparence de fondement et le rejeter et passer outre, si elle n'en a pas. (Cass. 3 mai et 25 juin 1844.)

19. *Opposition. Délimitation.* — L'opposition formée par un riverain à un procès-verbal de délimitation ne le dispense pas, en cas de délit constaté sur la partie en litige, d'invoquer l'exception préjudicielle ; rien n'empêche, en effet, qu'une erreur de la délimitation n'ait réellement lésé le riverain et justifié ainsi son opposition, sans que, pour cela, il soit réellement propriétaire de tout ce qui fait l'objet de son opposition ou du terrain où a été commis le délit.

SECT. III. — PROCÉDURE.

§ 1. *Compétence. Jugement.*

20. *Conclusions.* — Le tribunal ne peut pas suppléer d'office à l'exception en faveur du prévenu. Toutefois, si, même sans prendre des conclusions formelles, il excipe de son titre de propriété, le tribunal doit surseoir et le renvoyer devant les juges civils. (Cass. 15 juin 1839.)

21. *Juridiction. Compétence.* — Les tribunaux de répression ne peuvent suppléer d'office, dans l'intérêt du prévenu, l'exception préjudicielle, ni la décider à son profit. (Cass. 7 mars 1839.)

22. *Possession annale. Compétence.* — Lorsqu'un particulier est poursuivi pour délit forestier devant le tribunal correctionnel, celui-ci ne peut, sans violer l'article 182 du code forestier, renvoyer l'inculpé des poursuites, sous prétexte que ce dernier serait en possession de la parcelle sur laquelle le délit a été commis. La juridiction civile est seule compétente pour reconnaître la possession annale à l'inculpé. (Lyon, 3 juin 1879.)

23. *Renvoi.* — Les questions préjudicielles de propriété sont renvoyées devant les tribunaux civils, seuls juges de ces matières ; ici, le juge de l'action n'est pas celui de l'exception, à cause de la nature du titre et du droit sur lequel s'élève le débat.

24. *Jugement.* — En cas d'exception préjudicielle, un jugement correctionnel ne peut jamais être attributif de propriété. (Cass. 10 juin 1836.)

25. *Décision.* — Le jugement qui accepte une exception préjudicielle est un jugement préparatoire. (Nîmes, 2 février 1865.)

26. *Sursis. Jugement.* — Le jugement qui surseoit à statuer sur le fond, jusqu'à ce qu'une exception préjudicielle présentée soit jugée, constitue un simple jugement interlocutoire, auquel on ne peut attribuer les effets, ni l'autorité de la chose jugée. (Cass. 15 juin 1849.)

27. *Délits successifs et continués.* — En cas de renvoi à fins civiles, après plusieurs

remises successives et après la fixation d'un dernier délai pour faire évacuer l'action civile, le tribunal peut, s'il n'a pas été statué sur cette action, condamner le prévenu pour les divers délits qui lui sont imputés avant et pendant le cours de l'instance civile ouverte sur son exception préjudicielle. (Cass. 12 février 1876.)

§ 2. *Admission. Renvoi à fins civiles.*

28. *Renvoi à fins civiles. Délai.* — Lorsque le tribunal admet l'exception préjudicielle et renvoie le prévenu à fins civiles, comme l'instance correctionnelle est forcément suspendue jusqu'à la solution de l'instance civile et que, dans ce cas, il ne peut pas être admissible que le cours de la justice puisse être indéfiniment suspendu par le fait volontaire ou involontaire du prévenu, refusant ou négligeant d'intenter l'action civile, le tribunal correctionnel *doit*, en même temps, fixer le *bref délai* pendant lequel le prévenu doit saisir le tribunal civil. (Cass. 12 août 1842 et 23 août 1879.)

La fixation de ce délai est obligatoire pour le tribunal correctionnel, comme formalité d'ordre public et sous peine de nullité du jugement. (Cass. 18 février 1836, 23 août 1839, 21 décembre 1867.)

La preuve est à la charge du prévenu. (Cass. 21 décembre 1867.)

29. *Délai. Sursis.* — Lorsque, dans un jugement de sursis, le tribunal a omis de fixer le délai dans lequel le prévenu doit faire juger la question de propriété, cette omission peut être réparée par un second jugement. (Cass. 15 juin 1849.)

30. *Sursis. Délais. Retard.* — Lorsqu'après un sursis accordé pour saisir le juge compétent, le prévenu n'a pas fait, dans le délai fixé, les diligences nécessaires pour faire statuer sur l'exception préjudicielle, le tribunal ne peut lui accorder un nouveau délai ; il doit passer outre au jugement de la prévention. (Cass. 4 décembre 1857.)

31. *Action possessoire. Maintenue.* — Le prévenu, renvoyé à fins civiles sur une question préjudicielle de propriété, satisfait suffisamment à cette obligation en formant une demande en maintenue possessoire ; il n'est pas tenu de se pourvoir au pétitoire. (Cass. 22 mai 1863.)

32. *Sursis. Instance civile.* — En cas de sursis accordé, le tribunal doit mettre explicitement la poursuite de l'instance civile à la charge du prévenu. (Cass. 11 avril 1861.)

33. *Prescription. Sursis.* — La prescription est suspendue, pendant le délai du sursis accordé, jusqu'à ce que l'autorité compétente ait statué sur l'exception préjudicielle. (Cass. 7 mai 1851.)

34. *Retard. Délai. Péremption.* — Si, après le délai fixé et après avoir saisi la juridiction civile, la péremption d'instance venait à anéantir la procédure civile, on devrait reprendre l'instance correctionnelle, parce que le prévenu serait présumé avoir renoncé à l'instance civile et à l'exception préjudicielle. La solution de l'instance civile est à la charge du prévenu devenu demandeur.

35. *Exceptions admises. Instance. Avis.* — Il est donné avis aux préposés des domaines, pour les bois domaniaux, et au préfet, pour les bois des communes et des établissements publics, des exceptions préjudicielles de propriété admises par le tribunal et des renvois à fins civiles prononcés. (Insp. des finances.)

36. *Retard. Omission.* — Lorsque le prévenu n'a pas fait statuer sur son exception préjudicielle de propriété, il est présumé y avoir renoncé, et le juge doit, dès lors, prononcer sur la contravention, sans avoir égard à ladite exception. (Cass. 28 mars 1873.)

SECT. IV. — SOLUTIONS DIVERSES.

§ 1. *Admission.*

37. *Acte de propriété.* — Lorsque le prévenu excipe d'un acte translatif de propriété, le tribunal doit surseoir et ordonner le renvoi devant les tribunaux civils, pour apprécier la valeur de cet acte. (Cass. 13 juin 1839.)

38. *Droit de bandite. Pâturage de chèvres.* — Le propriétaire d'un troupeau de chèvres, trouvé dans un bois communal, et opposant aux poursuites dirigées contre lui une exception préjudicielle de propriété tirée de ce que le terrain fait partie d'une bandite cédée par la commune à son auteur, doit être renvoyé à fins civiles, pour faire juger l'exception préjudicielle de propriété. (Aix, 17 octobre 1889.)

39. *Admission. Chemin.* — Si un prévenu poursuivi pour délit de pâturage, dans un bois communal, prétend que le terrain sur lequel le délit a été commis est un chemin public, c'est là une question préjudicielle de propriété élevée en faveur de la commune et devant laquelle le tribunal de répression doit surseoir. (Cass. 7 septembre 1845.)

40. *Compétence.* — Lorsque le prévenu soulève une exception préjudicielle de la compétence de l'autorité administrative, le tribunal doit, en accordant le sursis nécessaire, fixer le délai dans lequel ce prévenu devra saisir l'autorité compétente et justifier de ses diligences pour faire statuer sur l'exception. (Cass. 25 avril 1856.)

41. *Opposition. Délimitation.* — Si un riverain, poursuivi pour un délit commis par lui sur un terrain attribué à l'Etat par une délimitation, excipe de son opposition à cette délimitation, il doit être renvoyé à se pourvoir à fins civiles. (Cass. 23 déc. 1841.)

42. *Instance communale.* — Lorque des habitants d'une commune, poursuivis pour délit dans un bois particulier, excipent d'un

droit appartenant à la commune et que cette dernière est autorisée à ester en justice, il y a lieu de surseoir, alors surtout que la décision à intervenir au civil peut modifier l'application de la peine encourue. (Cass. 19 juillet 1845.)

43. *Droit communal. Habitant.* — Si la commune est réellement en possession du droit invoqué par le prévenu, qui en aurait usé en qualité d'habitant, et comme dans ce cas les faits qui motivent la poursuite perdraient tout caractère de délit, il est reconnu que ce prévenu peut provoquer l'intervention de la commune, représentée par le maire; si le maire, dûment autorisé, intervient et élève, au nom de la commune, la question préjudicielle, il doit être sursis à la poursuite, jusqu'à ce que cette exception ait été jugée. (Cass. 16 août 1822.)

44. *Droit communal.* — L'exception préjudicielle pour un droit communal ne peut être valable que si elle est opposée par la commune. (Cass. 22 avril 1824.)

45. *Maire. Droit de la commune.* — Un maire a toujours le droit d'intervenir devant un tribunal correctionnel, pour élever l'exception préjudicielle de propriété au nom de la commune. (Cass. 16 août 1822.)

46. *Droit communal. Revendication.* — En cas de refus de la part de la commune, un prévenu peut, en vertu de l'article 123 de la loi du 5 avril 1884, se faire autoriser par le conseil de préfecture à soutenir lui-même, à ses risques et périls, l'action en exception préjudicielle que la commune aurait refusé d'exercer.

47. *Entrepreneur. Marché.* — Un entrepreneur poursuivi, qui excipe de son marché, élève une question préjudicielle d'interprétation d'un acte administratif, pour laquelle le conseil de préfecture est seul compétent, et le tribunal doit surseoir, jusqu'à l'interprétation de cet acte. (Cass. 25 février 1847.)

48. *Possession.* — Le prévenu qui excipe d'un droit de propriété justifie suffisamment son exception, en prouvant qu'il n'a commis les faits incriminés qu'en qualité de possesseur maintenu en jouissance, par sentence au possessoire, du terrain sur lequel ces faits ont eu lieu. (Cass. 24 décembre 1858.)

49. *Possession. Incertitude de limites.* — Une sentence rendue au possessoire suffit pour mettre à l'abri des poursuites le prévenu inculpé de coupe d'arbres sur un terrain dont il est en possession. Toutefois, en cas d'incertitude de limites, le tribunal correctionnel doit surseoir et renvoyer à fins civiles pour déterminer les limites de la possession. (Cass. 29 juin 1866.)

50. *Limites. Expert.* — Lorsque il est élevé une exception préjudicielle de propriété relativement à la possession d'un canton dont les limites sont incertaines, le tribunal correctionnel ne peut pas faire vérifier les limites par un expert; il doit renvoyer le prévenu devant la juridiction civile, pour faire statuer sur l'étendue de sa propriété. (Cass. 13 janvier 1865.)

51. *Limites. Sursis. Renvoi.* — Lorsque, sur une exception préjudicielle, le désaccord porte sur l'étendue et les limites de deux forêts, dont l'une est soumise au régime forestier et l'autre appartient à un particulier, le tribunal de répression ne peut, par quelque moyen que ce soit, déterminer l'étendue et les limites des deux propriétés; il ne doit que surseoir et renvoyer cette question préjudicielle à la juridiction civile. (Cass. 30 janvier 1872.)

52. *Droit d'usage. Démembrement du droit de propriété.* — Un usager peut établir une exception préjudicielle de propriété sur les fruits ou les produits, attendu que la constitution de son titre, formant un démembrement du droit de propriété, rentre ainsi dans la révendication du droit de propriété lui-même.

53. *Usager. Titre. Jouissance.* — L'exception préjudicielle ne peut être admise, en faveur des titres des usagers, qu'autant que le droit résultant de ces titres est en contestation. Elle ne peut jamais être admise pour des faits de la jouissance de l'usage, tels que délivrance des produits ou la fixation des cantons défensables. (Cass. 7 juin 1839.)

54. *Propriétaire. Intervention. Appel.* — Le propriétaire du terrain peut intervenir, même en appel, pour prendre fait et cause du prévenu et élever l'exception préjudicielle. (Limoges, 25 novembre 1876.)

55. *Tiers-propriétaire. Intervention.* — L'exception préjudicielle est admissible lorsqu'elle est invoquée par un tiers, qui déclare assumer la responsabilité des conséquences pénales ou civiles du fait incriminé. (Cass. 7 mars 1874.)

§ 2. *Rejet.*

56. *Fermier. Bail.* — Le fermier poursuivi par son propriétaire, pour délit forestier, ne peut pas être renvoyé à fins civiles en vertu du droit de son bail, qui n'infère en rien le droit de propriété. V. Jugement. Instance. Poursuite.

57. *Compétence.* — Une exception préjudicielle ne peut pas être admise, lorsqu'elle a pour base une question de la compétence de l'autorité administrative, telle qu'une opposition à une délimitation, lorsque l'auteur de l'opposition n'est pas partie dans l'instance. (Cass. 4 juin 1847.)

58. *Propriété communale.* — Des délinquants ne peuvent se prévaloir, *ut singuli*, d'une exception de propriété qui ne compète qu'à l'universalité des habitants de la commune

à laquelle ils appartiennent. (Cass. 25 juillet 1851.)

59. *Instance. Commune.* — Un habitant ne peut baser une exception préjudicielle sur une instance civile, existant entre l'État et une commune pour la propriété d'une forêt, parce qu'un habitant ne peut faire dans une forêt un acte de jouissance isolé. (Cass. 10 juin 1847.)

60. *Conditions. Droit de propriété.* — L'exception préjudicielle ne peut pas être admise, dans le cas où elle est proposée par une commune dont les habitants ont fait pâturer des animaux (moutons ou chèvres) sur un terrain régulièrement soumis au régime forestier. (Cass. 1er mai 1830.) Mais on pourrait l'admettre, si elle avait pour but de contester la soumission régulière de ce terrain au régime forestier. Dans ce cas, il faudrait que le maire de la commune intervînt (Cass. 16 août 1822, 22 avril 1824), pour présenter, au nom de la commune, dont l'habitant fait partie, la question préjudicielle de non-soumission au régime forestier.

Cependant, en cas de refus de la commune, le prévenu peut, en vertu de l'article 123 de la loi du 5 avril 1884, poursuivre lui-même l'action, s'il y est autorisé par le conseil de préfecture.

61. *Bornes. Enlèvement.* — Dans une poursuite pour enlèvement de bornes contradictoirement plantées, l'exception de propriété est inadmissible, en tant du moins que le prévenu n'allègue pas une acquisition de propriété, postérieure à l'abornement. (Cass. 19 juillet 1878.)

62. *Rejet.* — Les tribunaux ont le droit de rejeter une exception préjudicielle et de refuser un sursis, en se fondant sur l'insuffisance des articulations relatives aux faits de possession invoqués. (Cass. 25 janvier 1861.)

63. *Expropriation. Cession.* — L'État, acquéreur d'une commune, en vertu d'une cession amiable, précédée d'un décret d'expropriation et d'un arrêté de cessibilité, ne peut être, conformément à l'article 21 de la loi du 3 mai 1841, recherché par des tiers; en conséquence, l'exception préjudicielle par eux soulevée ne saurait être accueillie par les tribunaux. (Trib. de Die, 22 janvier 1885.)

64. *Juge de paix. Compétence.* — L'exception tirée, par un individu actionné pour avoir arraché des souches de bruyères dans un bois particulier, d'un droit d'usage dont cette forêt serait grevée à son profit, ne suffit pas pour dessaisir le juge de paix, alors que le droit d'usage n'est pas dénié par le propriétaire et que, ce dernier se bornant à soutenir que l'usager est tenu de demander la délivrance, celui-ci n'excipe alors aucun titre d'où il prétende faire résulter la dispense de cette formalité. (Cass. 13 novembre 1867.)

65. *Droit d'usage.* — En cas de délit de pâturage dans un bois non déclaré défensable, le prévenu ne peut élever une exception préjudicielle basée sur un droit d'usage, parce que l'existence de ce droit ne ferait pas disparaître le délit. (Cass. 16 janvier 1836.)

66. *Droit de pâturage. Convention.* — Le prévenu poursuivi pour avoir introduit des chèvres et des moutons dans une forêt, en exécution d'une convention passée avec le propriétaire de la forêt, peut se prévaloir de cet acte pour opposer l'exception préjudicielle de l'article 182 du code forestier. (Trib. de Die, 10 décembre 1883.)

67. *Défensabilité.* — Des usagers ne sont pas admissibles à demander de surseoir aux poursuites contre un procès-verbal dressé pour pâturage dans des cantons déclarés non défensables, bien que cette décision soit déférée et pendante au Conseil d'État, attendu que l'exception préjudicielle ne s'applique qu'aux allégations d'un droit de propriété. (Cass. 5 juillet 1834.)

68. *Usager. Titre. Disposition légale.* — L'exception préjudicielle, en faveur de leurs titres, ne peut pas être invoquée par les usagers, si la jouissance de leurs droits est contraire à une disposition légale. (Cass. 25 mars 1837.)

69. *Droit des tiers.* — Si le prévenu avait agi par l'ordre d'un tiers, il ne pourrait pas exciper des droits de ce tiers pour élever la question préjudicielle, mais il peut le mettre en cause. Ce dernier peut même intervenir volontairement.

70. *Terrain d'autrui. Possession.* — Un prévenu ne peut tirer une exception préjudicielle des actes de possession exercés sur les terrains où ont été commis les faits incriminés, s'il est établi que ce terrain ne lui appartient pas. (Limoges, 25 nov. 1876.)

71. *Cours d'eau. Res nullius.* — Le lit d'un cours d'eau ni navigable, ni flottable, rentrant dans la catégorie des choses qui, d'après l'article 714 du code civil, n'appartiennent à personne, n'est pas susceptible d'appropriation privée et ne peut pas être l'objet, de la part d'un particulier, d'une revendication dans le sens de l'article 182 du code forestier; l'exception préjudicielle de propriété n'est, dans ce cas, pas recevable. (Aix, 15 juillet 1881.)

EXCÈS DE POUVOIR.

1. *Définition.* — Il y a excès de pouvoir, lorsqu'un tribunal administratif empiète sur les droits de l'autorité judiciaire. (Cabantous.)

2. *Conseil d'État. Recours.* — L'excès de pouvoir résulte de l'incompétence, de la violation des formes substantielles et de l'usage d'un pouvoir, dans un but différent

de celui que le législateur se proposait d'atteindre.

Pour que les actes des agents de l'administration puissent être déférés au conseil d'État, pour excès de pouvoir, il faut que ces actes se rapportent à la sphère administrative et non à la sphère gouvernementale. (Aucoc, rapport au conseil d'État, 13 mars 1867.) V. Pourvoi. Empiétement.

3. *Poursuites.* — Le gouvernement, par voie de son commissaire et sans préjudice du droit des parties, dénoncera au tribunal de cassation les actes par lesquels les juges auront excédé leur pouvoir ou les délits par eux commis, relativement à leurs fonctions. (Loi du 27 ventôse an VIII, art. 80.)

EXCIPER.

Jurisprudence. — Se prévaloir d'une exception, d'un droit.

EXCUSE.

1. *Circonstances. Légalité.* — Nul délit ne peut être excusé que dans les cas et les circonstances où la loi déclare le fait excusable. (Cod. Pén. 65.)

2. *Démence.* — Il n'y a ni crime, ni délit, si le prévenu est en état de démence. (Cod. Pén. 64.)

3. *Bonne foi. Erreur.* — La bonne foi ou l'erreur n'excuse pas le délit.

4. *Mineur.* — Le mineur qui a agi sans discernement doit être acquitté et il ne peut être condamné à l'amende. (Cass. 4 décembre 1845.)

5. *Exploitation. Abatage.* — L'impossibilité pour un adjudicataire d'abattre les arbres vendus sans abattre les arbres réservés n'est pas une excuse.

6. *Pâturage.* — La délibération par laquelle un conseil municipal autorise le pâturage dans des bois soumis au régime forestier ne saurait constituer une excuse légale, au profit des habitants qui ont profité de cette autorisation. (Grenoble, 27 mars 1866.)

7. *Ordre. Préposé.* — L'ordre qui aurait été donné par un garde ne peut pas servir d'excuse à celui qui a commis un délit, en exécutant cet ordre. (Cass. 13 avril 1849.)

8. *Ordre supérieur.* — L'ordre d'un supérieur ne peut servir d'excuse d'un crime ou d'un délit, dans le sens de l'article 64 du code pénal (force à laquelle on n'a pu résister). (Angers, 17 novembre 1871.) V. Ordre.

9. *Autorisation.* — Une autorisation irrégulière, émanant d'un fonctionnaire incompétent, ne peut servir d'excuse à un délit. (Nancy, 9 avril 1825.) V. Responsabilité.

10. *Affouagiste.* — La qualité d'affouagiste ne peut excuser le délit d'enlèvement de bois mort. (Cass. 12 juin 1840.)

11. *Provocation. Agents.* — L'excuse fondée sur la provocation ne peut pas être invoquée par un accusé, quand il s'agit d'excès ou violences commis sur les agents de la force publique, dans l'exercice de leurs fonctions. (Cass. 8 avril 1826.)

12. *Provocation. Défense.* — Le meurtre ainsi que les blessures et les coups sont excusables, s'ils ont été provoqués par des coups ou violences graves envers les personnes, ou s'ils ont été commis en repoussant, pendant le jour, l'escalade ou l'effraction des clôtures, murs ou entrée d'une habitation, d'un appartement habité ou de leurs dépendances. (Cod. Pén. 321 et 322.)

13. *Excuse. Atténuation.* — Lorsque le fait d'excuse sera prouvé, s'il s'agit d'un crime emportant la peine de mort, des travaux forcés à perpétuité ou de la déportation, la peine sera réduite à un emprisonnement d'un à cinq ans.

Pour tout autre crime, la peine sera réduite à un emprisonnement de six mois à deux ans.

S'il s'agit d'un délit, la peine sera réduite à un emprisonnement de six jours à six mois. (Cod. Pén. 326.)

EXÉCUTION.

1. *Préposés.* — Les gardes ne peuvent pas procéder aux exécutions. (Avis du Conseil d'État, 18 mai 1807. Cod. For. 173.)

2. *Exécution parée.* — Celle à laquelle on doit obéissance en vertu de l'acte ou du titre lui-même, tel qu'il est, sans qu'il soit besoin de recourir aux tribunaux, ni à aucune autre formalité, ni de la revêtir de la formule exécutoire. V. Contrainte.

3. *Procès-verbal d'adjudication.* — Tout procès-verbal d'adjudication emporte exécution parée et contrainte par corps contre les adjudicataires, leurs associés et cautions, tant pour le payement du prix principal de l'adjudication que pour accessoires et frais.

Les cautions sont, en outre, contraignables, solidairement et par les mêmes voies, au payement des dommages, restitutions et amendes qu'aurait encourus l'adjudicataire. (Cod. For. 28.)

4. *Condamnations.* — L'exécution des condamnations à l'amende, aux restitutions, aux dommages-intérêts et aux frais pourra

être poursuivie par voie de contrainte par corps. (Cod. Pén. 52.) V. Jugement. Sursis. Condamnation.

5. *Conservation des montagnes. Mise en défens. Jugement.* — Il sera procédé à l'exécution des jugements des délits commis sur les terrains mis en défens, conformément aux articles 209, 211, 212 et aux paragraphes 1 et 2 de l'article 210 du code forestier. (Loi du 4 avril 1882, art. 11.)

6. *Sursis. Condamnation. Exécution.* — Lorsqu'un inculpé, condamné pour la première fois, a obtenu que le tribunal ordonne qu'il soit sursis à l'exécution de la peine et que dans le délai de cinq ans il a encouru une nouvelle condamnation à l'emprisonnement ou à une peine plus grave, pour crime ou délit de droit commun, la première peine sera exécutée, sans confusion possible avec la seconde. (Loi du 26 mars 1891.)

La disposition de la loi du 26 mars 1891, qui autorise les juges à surseoir à l'exécution de la peine, est, en cas de condamnation pour délit forestier, applicable seulement à la peine de l'emprisonnement, mais non pas à l'amende prononcée. (Cass. 22 décembre 1892. Circ. N 456.)

EXÉCUTOIRE.

Définition. — Acte du juge qui autorise l'exécution ; ce qu'on peut mettre en exécution ; mandement revêtu de la formule exécutoire.

EXEMPTION D'IMPOT.

1. *Semis et plantations. Reboisement.*—Les semis et plantations de bois sur le *sommet* ou le *penchant* des montagnes, collines ou coteaux, sur les *dunes* et dans les *landes*, seront exempts de tout impôt pendant trente ans. (Cod. For. 226. Loi du 4 avril 1882, art. 6.) La déclaration prescrite par la loi du 3 frimaire an VII, art. 117, n'est pas nécessaire pour ces travaux. (Cons. d'Etat, 27 août 1839, 24 juillet 1861.)

Mais il est souvent prudent de faire la déclaration préalable, prescrite par la loi du 3 frimaire an VII, afin d'éviter toute espèce de difficulté et des risques de déchéance.

2. *Impôts. Indication.* — L'article 226 du code forestier, qui exempte de tout impôt pendant trente ans les semis et plantations de bois sur le sommet et le penchant des montagnes, sur les dunes et dans les landes, ne s'applique qu'à la contribution foncière, mais laisse en dehors les autres impôts, tels que le droit de mutation par décès. (Cass. 7 juillet 1885.)

3. *Epoque.* — L'exemption d'impôt ne s'applique qu'aux semis et plantations effectués depuis la promulgation de la loi du 18 juin 1859 (Cons. d'Etat, 24 juillet 1861) ; elle doit être considérée comme une modération pour perte de revenu et imputable sur le fonds de non-valeur. (Cons. d'Etat, 1er sept. 1832.)

4. *Restauration des montagnes. Bois créés.* — Les bois créés en vue de la restauration des terrains en montagne, en dehors même des périmètres, et dont les propriétaires ont reçu des subventions en délivrance de graines ou de plants, soit en argent ou en travaux, bénéficieront, sans exception, de l'exemption d'impôt établie pendant trente ans par l'article 226 du code forestier. (Loi du 4 avril 1882, art. 6.)

5. *Réclamations.* — En cas de refus du préfet d'exemption d'impôt, suivant l'article 226 du code forestier, l'arrêté du préfet doit être attaqué devant le conseil de préfecture. (Cons. d'Etat, 14 février 1845.)

6. *Reboisement.* — Les revenus imposables des terrains en non-valeur, qui seront plantés et semés en bois, ne seront évalués, pendant les trente premières années du semis et de la plantation, qu'au quart de ceux des terres de même valeur non plantées. Pour jouir de cet avantage, il faut, avant de les entreprendre, faire, au secrétariat de l'administration municipale où se trouvent ces terrains, la déclaration des travaux à faire. (Cons. d'Etat, 8 février 1865. Loi, 3 frimaire an VII, art. 116, 117. Loi, 4 avril 1882.)

7. *Déclaration.* — Cette déclaration sera reçue par le secrétaire de l'administration municipale sur un registre ouvert à cet effet, coté, parafé, daté et signé comme celui des mutations ; elle sera signée tant par le secrétaire que par le déclarant ou son fondé de pouvoir. Copie de cette déclaration sera délivrée au déclarant, moyennant la somme de 0 fr. 25, non compris le papier timbré et autres droits légalement établis. (Loi, 3 frimaire an VII, art. 118.)

EXERCICE.

1. *Définition. Droit.* — L'exercice est la période d'exécution des services d'un budget ; il prend la dénomination de l'année à laquelle il se rapporte.

Les droits acquis et les services faits du 1er janvier au 31 décembre de l'année qui donne son nom à un budget sont seuls considérés comme appartenant à l'exercice de ce budget. (Loi du 25 janvier 1889, art. 1. Circ. N 406.) V. Crédit. Dépense. Comptabilité.

2. *Périodes d'exécution.* — La période d'exécution des services d'un budget em-

brasse, outre l'année même à laquelle il s'applique, des délais complémentaires accordés, sur l'année suivante, pour achever les opérations relatives au recouvrement des produits, à la constatation des droits acquis, à la liquidation, à l'ordonnancement et au payement des dépenses.

En ce qui concerne le budget de l'Etat, ces délais s'étendent, pendant la seconde année :

1° Jusqu'au 31 mars, pour la liquidation et l'ordonnancement des sommes dues aux créanciers ;

2° Jusqu'au 30 avril, pour le payement des dépenses, la liquidation et le recouvrement des droits acquis à l'Etat pendant l'année du budget ;

3° Jusqu'au 30 juin, pour l'autorisation et la régularisation, par des crédits supplémentaires, des dépenses afférentes aux charges publiques rendues obligatoires par la loi de finances et dont le montant ne peut être définitivement connu qu'après l'exécution des services :

4° Jusqu'au 31 juillet, pour les opérations de régularisation nécessitées par les erreurs d'imputation, par le remboursement des avances ou cessions que les ministères se font réciproquement et par les versements de fonds à rétablir aux crédits des ministres ordonnateurs. (Loi du 25 janvier 1889, art. 3 et 4. Circ. N 406.)

3. *Spécialité. Imputation.* — Le principe de la spécialité des crédits par exercice s'applique d'après les règles suivantes :

1° Les époques d'échéance des arrérages de rentes et de pensions déterminent l'exercice qui doit en supporter la dépense.

2° Les intérêts à la charge du Trésor, sur les fonds dont il est dépositaire, sont applicables à l'exercice de l'année pendant lequel ils ont couru.

3° Les restitutions de droits indûment perçus par le Trésor et les répartitions de produits attribués à divers sont rattachées au budget de l'année pendant laquelle elles sont ordonnancées ou mandatées.

4° Les indemnités de réforme et les secours annuels appartiennent à l'exercice pendant lequel a lieu l'échéance et le paiement.

5° Les secours temporaires et accidentels s'imputent à l'exercice, d'après la date des décisions qui les accordent.

6° Les indemnités diverses se rapportent à l'année du service qui donne lieu à leur allocation ; si elles embrassent plusieurs années, la dépense est rattachée à l'exercice de la décision qui l'autorise.

7° Les frais de tournée, de voyage et de missions spéciales se rapportent au temps même de leur durée et grèvent le budget des années où les services ont été exécutés.

8° Les frais de poursuites et d'instances et autres frais judiciaires, à la charge du Trésor, appartiennent à l'année pendant laquelle le payement en est ordonnancé ou mandaté ; à l'égard des condamnations prononcées contre l'Etat, l'exercice est déterminé par la date des décisions définitives.

9° Les retenues de garantie faites aux entrepreneurs se rapportent à l'année pendant laquelle le certificat de réception définitive a été délivré.

10° Les prix d'acquisition d'immeubles s'imputent d'après les dates des titres ou contrats de ventes ou de cession, ou d'après l'époque des échéances. (Règl. Min. 26 décembre 1866, art. 13. Circ. N 104.)

4. *Exercice clos.* — Les ordonnances sont imputées sur un chapitre spécial ouvert sans allocation de fonds, pour mémoire et pour ordre, au budget des dépenses ordinaires, sous le titre de *dépenses des exercices clos*. (Décr. du 31 mai 1862, art. 124. Règl. Min. 26 déc. 1866, art. 152. Circ. N 104.)

5. *Exercices clos. Exercices périmés. Comptabilité. Créance.* — Il n'est pas dérogé aux dispositions de la loi du 23 mai 1834 sur la comptabilité des exercices clos et des lois des 29 janvier 1831, 10 mai 1838 et 3 mai 1842 sur la comptabilité des exercices périmés.

Les sommes réalisées sur les restes à recouvrer des exercices clos et sur les créances restant à liquider sont portées en recette au compte de l'exercice courant. (Loi du 25 janvier 1889, art. 5. Circ. N 406.)

6. *Clôture.* — A l'expiration des divers délais de la période d'exécution, l'exercice est clos. (Loi du 25 janvier 1889, art. 3. Circ. N 406.)

7. *Déclaration de conformité. Epoque.* — Avant le 1er mai de l'année qui suit la clôture de l'exercice expiré, la cour des comptes remet au ministre des finances la déclaration générale de conformité relative à cet exercice, pour qu'elle soit imprimée et distribuée au Sénat et à la Chambre des députés. (Loi du 25 janvier 1889, art. 7. Circ. N 406.)

8. *Exercice. Produits accessoires.* — Le prix d'adjudication des produits accessoires doit être rattaché à l'exercice courant, au moment de l'adjudication ; il en est de même pour les produits des bois façonnés et, en général, de toutes les recettes faites par les receveurs des domaines. (Circ. N 19.)

9. *Clôture. Etat.* — Au 30 avril de chaque année, tout liquidateur de dépenses dresse un état nominatif ou individuel des sommes dues à des titulaires de créances, dont les droits se rapportent à l'exercice expiré. (Décr. du 31 mai 1862, art. 129. Règl. Min. 26 décembre 1866, art. 155. Circ. N 104. Loi du 25 janvier 1889. Circ. N 406.)

10. *Budget communal. Clôture.* — L'époque de la clôture de l'exercice est fixée pour la comptabilité communale au 31 mars de l'année suivante. (Décr. du 31 mai 1862, art. 507.)

EXERCICES MILITAIRES.

1. *Chasse. Trouble. Dommage. Responsabilité. Compétence.* — Il y a lieu de déclarer l'Etat responsable des dommages de toute nature que causent des exercices militaires à des propriétaires, et notamment du dommage causé par des exercices de troupes exécutés dans une plaine le jour de l'ouverture de la chasse, lorsque ces opérations ont été prescrites en dehors des cas prévus par la loi.

L'action en responsabilité ainsi formée contre l'Etat est de la compétence de l'autorité administrative, et non de l'autorité judiciaire. (Cons. d'Etat, 25 juillet 1884.)

2. *Trouble. Chasse. Exercice militaire. Responsabilité. Compétence.* — L'autorité judiciaire est seule compétente pour connaître d'une contestation entre l'Etat et le locataire du droit de chasse dans une forêt domaniale, à l'occasion du trouble qui aurait été apporté à la jouissance du locataire.

Il en est ainsi, alors même que le fait duquel résulterait le trouble à la jouissance proviendrait d'exercices de tirs prescrits par l'administration militaire. (Trib. des conflits, 29 novembre 1884.)

3. *Trouble. Chasse. Manœuvres. Responsabilité. Compétence.* — L'autorité judiciaire est compétente pour statuer sur l'action intentée contre l'État par un adjudicataire du droit de chasse et tendant à obtenir la résiliation du bail ou tout au moins la réduction du prix pour l'avenir, avec dommages-intérêts pour le passé, à raison de la privation totale ou partielle de la jouissance, résultant de manœuvres militaires opérées dans la forêt par une garnison. (Cass. 23 juin 1887.)

EXONÉRATION. V. Abandon.

EXPÉDITION.

SECT. I. — SERVICE EN GÉNÉRAL.

1. *Écritures.* — Les chefs de cantonnement rédigent et transmettent, en simple expédition, les bordereaux des frais d'adjudication et d'impression, les procès-verbaux de reconnaissance, les rapports, avis et tous autres actes. (Circ. A 584.)

SECT. II. — PROCÈS-VERBAL D'ADJUDICATION.

§ 1. *Formalités. Délais.*

2. *Délivrance. Formalités.* — Les secrétaires des administrations centrales et municipales ne pourront délivrer en brevet copie ou expédition d'aucun acte soumis à l'enregistrement sur minute, avant qu'il n'ait été enregistré, à peine d'une *amende de 50 francs et le droit d'enregistrement.* (Loi du 22 frimaire an VII, art. 41.)

3. *Enregistrement.* — Il sera fait mention, dans toutes les expéditions des actes publics, civils ou judiciaires qui doivent être enregistrés sur minute, de la quittance des droits par une transcription littérale et entière de cette quittance ; en cas de non-exécution, *amende* : 5 francs. (Loi du 22 frimaire an VII, art. 44. Loi du 16 juin 1824, art. 10.)

4. *Papier. Timbre.* — Aucune expédition d'acte retenu en minute ne peut être délivrée sur du papier d'un format inférieur à celui appelé moyen papier (droit, 1 fr. 80 par feuille). (Loi du 13 brumaire an VII, art. 19. Loi du 23 août 1871.)

5. *Timbre.* — Les expéditions et extraits du procès-verbal d'adjudication et les exemplaires du cahier des charges générales et particulières seront délivrés sur papier libre; mais les expéditions et exemplaires à remettre aux adjudicataires et au receveur général des finances, au receveur municipal et au receveur des établissements publics, pour les coupes ordinaires et extraordinaires qui les concernent, devront être sur papier visé pour timbre. (Loi du 13 brumaire an VII, art. 12.) Les frais de timbre sont à la charge des adjudicataires; cette règle est applicable à toutes les ventes au profit des communes et établissements publics. (Décis. Min. 4 mai 1866. Circ. N 38.)

6. *Lignes. Syllabes.* — Les copies ne peuvent contenir, savoir : sur le petit papier, plus

de trente lignes à la page et plus de trente syllabes à la ligne; — sur le moyen papier, plus de trente-cinq lignes à la page et trente-cinq syllabes à la ligne; — sur le grand papier, plus de quarante lignes à la page et quarante syllabes à la ligne; — sur le grand registre, plus de quarante-cinq lignes à la page et quarante-cinq syllabes à la ligne. (Décr. du 30 juillet 1862.) En cas d'inexécution, pénalité, *amende* : 25 francs. (Loi du 2 juillet 1862, art. 20.)

7. *Première expédition.* — Les premières expéditions des actes administratifs sont délivrées gratuitement ; le prix des autres est de 0 fr. 75 par rôle. (Block.)

8. *Rédaction.* — Les expéditions des procès-verbaux d'adjudication sont faites par les employés des préfectures et sous-préfectures et sont remises, sans frais, aux ayants droit. (Instr. 11 novembre 1818.)

9. *Aliénation. Procès-verbal d'adjudication.* — Les conservateurs devront refuser les expéditions des procès-verbaux d'adjudication pour les aliénations, lorsque ces pièces ne seront pas écrites convenablement ou qu'elles seront illisibles. (Circ A 724.)

10. *Validité.* — Les expéditions des procès-verbaux d'adjudication, signées du président de la vente, font foi jusqu'à inscription de faux, lorsqu'elles sont conformes aux minutes des actes de l'adjudication. (Ord. 17 juillet 1822, 22 février 1824 et 6 juillet 1825. Circ. N 80, art. 52.)

11. *Délai.* — Dans un bref délai après l'adjudication et après le paiement des frais, il est délivré à l'adjudicataire, s'il le demande, et au secrétariat du lieu de la vente, une expédition du procès-verbal d'adjudication et du cahier des charges. (Circ. N 80, art. 60. Circ. N 156. Cah. des ch. 18.)

12. *Remise.*— Le président remet directement au receveur chargé du recouvrement une expédition du procès-verbal d'adjudication, qui sert de titre de recouvrement. (Circ. N 80, art. 104.)

13. *Produits accessoires. Bois communaux.* — Les agents forestiers doivent se faire remettre par les maires et administrateurs deux expéditions du procès verbal d'adjudication, dont l'une est destinée à leur bureau ; l'autre, devant servir de titre de perception, est, dans la huitaine au plus tard et au moyen d'un bulletin d'envoi, transmise au préfet, chargé de la faire parvenir, par l'intermédiaire du receveur des finances, aux agents chargés du recouvrement. (Circ. A 670. Circ. N 80, art. 109.)

14. *Frais. Ordonnancement.* — Les frais d'expédition sont ordonnancés par le conservateur. (Circ. A 514.)

15. *Frais. Liquidation.* — Les frais d'expédition des procès-verbaux d'adjudication sont mandatés au nom des ayants droit, d'après le bordereau dressé par l'agent forestier et le président de la vente. (Règl. 26 janvier 1846.)

§ 2. *Nombre. Prix.*

16. *Nombre.* — Le nombre des expéditions et extraits à fournir est indiqué aux cahiers des charges et sur la formule des procès-verbaux d'adjudication. Les imprimés sont fournis par l'administration.

17. *Coupes. Bois domaniaux.* — Dans un bref délai après l'adjudication, il sera fourni par le président, avec un exemplaire du cahier des charges et des clauses spéciales, des expéditions et des extraits du procès-verbal d'adjudication, savoir :

Un extrait à l'agent forestier chef de service;

Une expédition à l'adjudicataire, pour les articles qui le concernent, s'il le demande ;

Une expédition au trésorier général des finances;

Un extrait au préfet, quand la vente n'aura pas été faite au chef-lieu de préfecture ;

Un extrait au conservateur des forêts ;

Un extrait au directeur des domaines.

18. *Coupes. Bois communaux et d'établissements publics.* — Dans un bref délai après l'adjudication, il sera fourni par le président, avec un exemplaire du cahier des charges et des clauses spéciales, des expéditions et des extraits du procès-verbal d'adjudication, savoir :

Un extrait à l'agent forestier chef de service ;

Une expédition à l'adjudicataire, pour les articles qui le concernent, s'il le demande ;

Un extrait au préfet, quand la vente n'aura pas été faite au chef-lieu de la préfecture ;

Un extrait au conservateur des forêts ;

Un extrait au receveur des domaines ;

Une expédition au receveur général des finances, pour les coupes extraordinaires;

Une expédition au receveur de chaque commune ou établissement public, pour les coupes, soit ordinaires, soit extraordinaires, qui le concernent.

19. *Bois façonnés.* — Dans les cinq jours de l'adjudication, il sera fourni par le fonctionnaire présidant la séance, avec un exemplaire du cahier des charges, des expéditions et des extraits du procès-verbal d'adjudication, savoir :

Une expédition au conservateur des forêts;

Une expédition à l'agent forestier local chef de service, pour les coupes de sa circonscription ;

Une expédition au receveur des domaines;

Un extrait au receveur des finances, pour les articles qui le concernent;

Un extrait à chaque adjudicataire, pour les articles qui le concernent ;

Un extrait au chef de cantonnement, pour les coupes de sa circonscription.

Les expéditions et extraits du procès-verbal d'adjudication et les exemplaires du cahier des charges seront délivrés sur papier libre : mais les extraits à remettre aux adjudicataires devront être sur papier visé pour timbre.

Lorsqu'il y aura lieu à exercer des poursuites contre un adjudicataire, le receveur se fera remettre un extrait du procès-verbal d'adjudication et un exemplaire du cahier des charges, le tout sur papier visé pour timbre. (Nota en marge de l'imprimé, série 4, n° 40.)

20. *Menus produits.* — Il sera délivré, dans la huitaine de l'adjudication, trois expéditions entières du procès-verbal d'adjudication, dont une sur timbre à l'adjudicataire, une pour le receveur chargé d'encaisser le montant de la vente et une pour l'agent forestier chef de service. Ces deux dernières sont sur papier libre. En cas de poursuite, il sera délivré une expédition sur timbre au receveur, et le coût en sera ajouté aux frais de poursuites. (Arr. Min. 9 février 1836, art. 6. Circ. A 368.) Ordinairement, il est délivré un extrait au chef de cantonnement.

21. *Travaux. Adjudicataire.* — Dans les cinq jours de l'adjudication, il sera fourni, avec un exemplaire du cahier des charges, trois expéditions, tant du procès-verbal d'adjudication que du devis, savoir :

Une sur papier visé pour timbre à l'adjudicataire ;

Deux (dont une sur papier visé pour timbre) au chef de service. (Circ. A 509. Nota du modèle C.)

22. *Frais.* — Les frais de copie des expéditions et extraits des procès-verbaux d'adjudication, expéditions de devis et copies de plans, ont été fixés, savoir :

Pour les ventes des coupes ordinaires et extraordinaires ; pour les adjudications de chasse et autres produits.	*Pour les expéditions :* Par article....	fr. 0 75
	Pour les extraits : Par article.....	» 0 25
Pour les ventes de produits de coupes exploitées ; pour les coupes vendues par unités de produits ; pour les adjudications de travaux d'exploitation.	*Pour les expéditions :* Par rôle.......	» 0 75
	Pour les extraits : Par article....	» 0 25

Si les adjudications comprennent moins de trois articles, les expéditions sont comptées par article au même prix que les extraits.

Chaque rôle doit contenir 25 lignes à la page.

Pour les ventes de chablis, élagages, bois incendiés et abroutis, et autres menus produits (trois expéditions).	Par lot....... *(Pour chaque expédition.)*	fr. 0 50
Pour les adjudications de travaux d'amélioration et d'entretien (trois expéditions).....	Par article...... (Circ. N 22, art. 216.)	fr. 0 50
	Par rôle de copie des devis, détails estimatifs, etc.....	» 0 50

Les frais de copie des plans sont réglés par les conservateurs.

La minute n'est jamais comptée dans les frais d'adjudication.

Lorsque des produits de natures diverses sont vendus à la même séance, les frais sont établis séparément par chaque adjudication et sous des titres spéciaux. (Arr. Min. 29 février 1864. Circ. A 846. Décis. Min. 8 juin 1875. Circ. N 181.)

SECT. III. — AMÉNAGEMENT.

23. *Plans.* — Les expéditions des plans d'aménagement, lorsque ces pièces ne comporteront qu'une seule feuille, seront collées sur toile. Il est défendu de les plier ou de les couper pour les relier à la suite des cahiers d'aménagement. Lorsque les plans seront formés de plusieurs feuilles, les expéditions seront reliées en atlas. Chaque feuille de plan sera pliée en deux et collée sur onglet en toile de 0m,03 environ, de manière que les plans, lorsque l'atlas sera ouvert, présentent une surface plane. (Instr. 15 octobre 1860, art. 323.)

24. *Nombre.* — Le nombre des expéditions des plans et procès-verbaux d'aménagement est de deux pour les bois domaniaux et de trois pour les bois communaux. (Instr. 15 octobre 1860, art. 320.)

25. *Plan général. Toile calque.* — Lorsque le plan d'aménagement nécessitera plus d'une feuille (plan général et plan de détail), l'expédition destinée aux archives de la conservation sera remplacée par une copie sur toile calque du plan général, avec l'indication des contenances. Quand la forêt sera domaniale, un document semblable sera fourni au chef de cantonnement. (Circ. N 126.)

26. *Remplacement.* — Lorsqu'il y a lieu de remplacer une expédition du plan d'aménagement, la demande en sera faite à l'administration, qui délivrera cette expédition sur la minute de ses archives. (Instr. 15 octobre 1860, art. 327.)

SECT. IV. — DÉLIMITATION. BORNAGE.

27. *Conditions.* — Les expéditions sont faites sans surcharge, abréviation ou grattage, sur du papier de bonne qualité et du même format que celui de la minute. (Circ. N 64, art. 75 et 155.)

28. *Nombre.* — Il est fait trois expéditions des procès-verbaux de délimitation et de bornage pour les forêts domaniales, et quatre pour les bois communaux ou d'établissements publics ; elles sont destinées, savoir :

1° A l'administration centrale

2° Au conservateur ;

3° Au chef de service ;

4° A la commune ou à l'établissement propriétaire.

Ces expéditions sont faites par les soins du conservateur. (Circ. N 64, art. 77, 78 et 155.)

29. *Arrondissement.* — Si la forêt est située dans un arrondissement autre que celui de la préfecture, il est fait une expédition du procès-verbal pour être déposée aux archives de la sous-préfecture de cet arrondissement. S'il y a plusieurs arrondissements de sous-préfecture, il est fait un extrait du procès-verbal pour chaque sous-préfecture d'où dépend la forêt et pour chaque arrondissement de sous-préfecture limitrophe à la forêt. (Cod. For. 11. Circ. N 64, art. 127.) V. Extrait.

30. *Arrêté préfectoral.* — En tête de l'expédition doit toujours être transcrit l'arrêté préfectoral. (Circ. N 64, art. 76 et 155.)

31. *Exactitude.* — Les expéditions sont certifiées conformes à la minute par le secrétaire général de la préfecture ; les chefs de service veillent à ce que cette formalité soit toujours remplie. (Circ. N 64, art. 81.)

32. *Frais.* — Les expéditions des procès-verbaux de bornage et de délimitation se payent au géomètre, pour les écritures, 0 fr. 75 par rôle de 30 lignes à 20 syllabes par ligne, et, pour les tracés géométriques, 3 francs par tracé, quelle que soit l'échelle. (Ord. 63. Circ. N 64, art. 176.)

33. *Frais. Mémoires.* — Sur les mémoires produits pour les frais d'expédition des procès-verbaux de délimitation, bornage et plans, les chefs de service doivent certifier que ces expéditions ont été faites avec soin et suivant les instructions de l'administration. (Circ. A 768.)

SECT. V. — PLANS.

34. *Mode d'exécution.* — Les expéditions des plans seront confectionnées en piquant, à l'aide d'une aiguille très fine, la minute placée sur les feuilles de papier destinées à reproduire ces plans. On ne pourra piquer que deux expéditions à la fois et on recherchera les points de construction de la minute. Les parties accessoires des plans situées à l'extérieur pourront être calquées ou décalquées. Le dessin devra être bien exécuté, et les écritures faites suivant les prescriptions relatives à chaque nature de plans. (Instr. 15 octobre 1860, art. 278 et 279.)

35. *Aménagement. Papier.* — Les expéditions des plans d'aménagement et celles des tracés géométriques seront établies sur du papier de même dimension que les minutes. (Instr. 15 octobre 160, art. 277.)

36. *Exactitude.* — Les expéditions seront certifiées conformes, soit par les agents qui auront établi les minutes, soit par ceux qui auront été chargés de les collationner ; elles porteront au bas et à gauche, autant que possible, la mention : *collationné, par nous* (qualité), *le* (date), suivie de la signature. (Instr. 15 octobre 1860, art. 322.)

SECT. VI — AFFAIRES JUDICIAIRES.

37. *Instance.* — En matière correctionnelle et de simple police, aucune expédition ou copie de pièces ne pourra être délivrée aux parties, sans une autorisation expresse du procureur général ; mais il leur sera délivré, sur leur seule demande et à leurs frais, expédition de la plainte, de la dénonciation, des ordonnances et jugements définitifs. (Décr. 18 juin 1811.)

38. *Visa.* — Les chefs du parquet doivent viser les expéditions délivrées par les greffiers. (Décr. 18 juin 1811.)

39. *Greffier. Coût.* — Pour chaque rôle d'expédition de 28 lignes à la page et de 16 syllabes à la ligne, le coût est de 0 fr. 40. (Décr. 18 juin 1811.)

40. *Greffiers.* Les greffiers n'ont pas le droit d'imposer les frais d'une expédition qui ne leur est pas réclamée. (Circ. Min. Justice, 11 novembre 1872.)

EXPÉDITIONNAIRE.

Choix. — Les expéditionnaires à la direction des forêts sont choisis exclusivement parmi les brigadiers du service extérieur. (Décr. du 12 oct. 1890. Circ. N 433.)

EXPERT. EXPERTISE.

SECT. I. — GÉNÉRALITÉS, FORMALITÉS, 1 — 25.

§ 1. *Principes*, 1.

§ 2. *Agents et préposés forestiers*, 2.

§ 3. *Expert en général*, 3 — 25.

SECT. II. — VACATION, FRAIS, 26 — 38.

SECT. III. — EXPERTISES DIVERSES, 39 — 64.

§ 1. *Cantonnement de droit d'usage*, 39 — 43.

§ 2. *Conservation des montagnes, Mise en défens, Privation de jouissance de pâturage*, 44.

§ 3. *Chemins vicinaux, Dégradation*, 45 — 52.

§ 4. *Délimitation, Bornage*, 53 — 54.

§ 5. *Délivrance, Affouage, Usage*, 55.

§ 6. *Echange, Mission*, 56.

§ 7. *Occupation de terrain, Extraction de matériaux*, 57 — 59.

§ 8. *Partage*, 60 — 61.

§ 9. *Place forte*, 62.

§ 10. *Dégâts du gibier*, 63 — 64.

SECT. I. — GÉNÉRALITÉS. FORMALITÉS.

§ 1. *Principes.*

1. *Principes.* — L'instruction judiciaire en France reposant sur ce principe, que les débats doivent être publics et contradictoires, il s'ensuit que les experts ne peuvent procéder à leurs travaux (visite des lieux, constatation matérielle, levé de plans, prise de renseignements, audition des témoins, etc.), qu'en présence des parties ou elles dûment appelées et avisées des lieux, jours et heures de leurs opérations, ainsi que le prescrivent les articles 315 et 1034 du code de procédure civile, attendu que les expertises ne sont que des mesures d'instruction. Commis par les juges, les experts n'ont, en fait d'instruction, que le pouvoir des juges et ils sont tenus de se conformer aux règles imposées pour la descente des lieux (Proc. Civ. 295 à 301), pour l'audition des témoins (Proc. Civ. 262 et suivants) et les enquêtes. (Proc. Civ. 252 à 294.)

§ 2. *Agents et préposés forestiers.*

2. *Agents. Préposés. Autorisation.* — Les agents et les préposés ne peuvent opérer comme experts, dans l'intérêt des particuliers, ni accepter aucune expertise, pas même celles qui leur seraient confiées par les tribunaux, si ce n'est avec l'autorisation spéciale de l'administration. (Circ. A 388 bis. Circ. A 541.)

§ 3. *Expert en général.*

3. *Objet. Jugement.* — Lorsqu'il y aura lieu à un rapport d'expert, il sera ordonné par un jugement, lequel énoncera clairement les objets de l'expertise. (Instr. Crim. 302.)

4. *Nombre.* — L'expertise ne pourra se faire que par trois experts, à moins que les parties ne consentent qu'il y soit procédé par un seul. (Proc. Civ. 303.)

5. *Nomination.* — Si les parties ne sont pas d'accord pour nommer les experts, le tribunal les désignera d'office. (Proc. Civ. 305.)

6. *Nomination. Enregistrement.* — Les nominations d'expert sont enregistrées au droit fixe de 3 francs, en principal. (Loi du 18 mai 1850, art. 8. Loi du 28 février 1872.)

7. *Récusation.* — Les récusations ne peuvent être proposées que contre les experts nommés d'office ; les moyens de récusation doivent être proposés dans les trois jours de la nomination des experts. (Proc. Civ, 308, 309.)

8. *Récusation.* — Les experts pourront être récusés pour cause de parenté ou alliance jusqu'au degré de cousin issu de germain inclusivement, d'héritier présomptif ou donataire, pour avoir bu ou mangé avec la partie ou à ses frais depuis le jugement, pour avoir donné des certificats sur les faits de la cause, pour être aux gages d'une partie, pour condamnation à une peine afflictive, infamante ou correctionnelle et pour vol. (Proc. Civ. 283, 310.)

9. *Serment. Juge commissaire.* — Le tribunal désignera également le juge commissaire (ou juge de paix), qui recevra le serment des experts. (Proc. Civ. 305.)

10. *Serment. Dispense. Consentement.* — Dans les causes de justice de paix sujettes à appel, le serment prêté par les experts étant une formalité substantielle, dont l'omission entraîne nullité, le juge de paix ne peut les en dispenser, sans le consentement des parties. (Cass. 5 juillet 1882.)

11. *Serment. Jour. Délai.* — Les experts non récusés prêteront serment au jour indiqué par la sommation qui leur sera faite. (Proc. Civ. 309.)

12. *Serment. Sommation. Opérations.* — Le procès-verbal de prestation de serment contiendra indication, par les experts, du lieu et des jour et heure de leur opération. (Proc. Civ. 315.)

La sommation pour être présent au rapport des experts indiquera seulement le lieu, le jour et l'heure de la première vacation ; elle n'aura pas besoin d'être renouvelée, quoique la vacation ait été continuée à un autre jour. (Proc. Civ. 1034.)

13. *Assistance aux opérations. Sommation.* — Lorsque la partie poursuivie n'a pas assisté à la prestation du serment des experts, elle doit être sommée, par acte spécial, d'avoir à assister à la première vacation des experts, dont on doit lui désigner le lieu, le jour et l'heure. (Cass. 1er juillet 1874.)

14. *Frais. Responsabilité.* — L'expert qui, après avoir prêté serment, ne remplira pas sa mission pourra être condamné, par le tribunal qui l'avait commis, à tous les frais frustratoires et même aux dommages-intérêts, s'il y échet. (Proc. Civ. 316.)

15. *Rapport. Pièces. Renseignements.* — Le jugement qui aura ordonné le rapport et les pièces nécessaires seront remis aux experts; les parties pourront faire tels dires et réquisitions qu'elles jugeront convenables; il en sera fait mention dans le rapport. Ce rapport sera rédigé sur le lieu contentieux ou dans le lieu et aux jour et heure qui seront indiqués par les experts. La rédaction sera écrite par un des experts et signée par tous. (Proc. Civ. 317.)

15 bis. *Rapport. Signature.* — Bien que le code de procédure prescrive que les rapports d'experts soient signés, cette formalité n'est pas prescrite à peine de nullité et l'expertise est régulière s'il est certain qu'elle a été l'œuvre de tous les experts désignés. (Rouen, 24 mai 1893.)

16. *Rapport. Avis. Motifs.* — Les experts dresseront un seul rapport; ils ne formeront qu'un seul avis à la pluralité des voix. Ils indiqueront néanmoins, en cas d'avis différents, les motifs des divers avis, sans faire connaître quel a été l'avis personnel de chacun d'eux. (Proc. Civ. 318.)

17. *Rapport. Dépôt. Vacation.* — La minute du rapport sera déposée au greffe du tribunal qui aura ordonné l'expertise, sans nouveau serment. Les vacations seront taxées par le président, au bas de la minute. (Proc. Civ. 319.)

18. *Rapport. Retard.* — En cas de retard ou de refus de la part des experts de déposer leur rapport, ils pourront être assignés pour se voir condamner à faire ledit rapport. (Proc. Civ. 320.)

19. *Avis.* — Les juges ne sont point astreints à suivre l'avis des experts, si leur conviction s'y oppose. (Proc. Civ. 323.)

20. *Rapport. Validité.* — Le rapport d'un expert nommé par le tribunal, mais qui n'a pas prêté serment, ne peut pas détruire un procès-verbal faisant foi jusqu'à preuve contraire. (Cass. 24 juillet 1835.)

20 bis. *Renseignements. Déclarations. Validité.* — Les déclarations recueillies et insérées dans un procès-verbal n'ont pas plus de valeur pour cela que si elles émanaient des particuliers plaignants ou témoins, puisqu'elles ne sont pas personnellement contestées par les rédacteurs des rapports. (Cass. 20 janvier 1893.)

21. *Actes produits. Enregistrement.* — Les actes produits en justice doivent être enregistrés, même si le tribunal n'en a pas ordonné l'enregistrement. Cette obligation existe notamment pour les actes soumis à l'expert chargé de faire un rapport, même si les actes n'ont pas été annexés à ce rapport. Ces actes doivent être considérés comme produits en justice. (Trib. de la Seine, 5 août 1892.)

22. *Nouvelle expertise.* — Les juges qui ne trouvent pas dans le rapport des experts les éclaircissements suffisants peuvent ordonner une nouvelle expertise. (Proc. Civ. 322.)

23. *Irrégularité.* — L'irrégularité d'une expertise n'entraîne pas la nullité du jugement qui en a admis les résultats, lorsque le jugement porte en termes exprès qu'en l'état de la cause le tribunal a des éléments suffisants d'appréciation. (Cass. 16 mars 1868.)

24. *Conseil de préfecture. Procédure.* — Les conseils de préfecture ne sont pas tenus, dans les expertises qu'ils ordonnent, de se conformer aux dispositions du titre XIV, livre II, du code de procédure civile. (Cons. d'État, 25 mai 1835.)

25. *Forfaiture. Pénalité.* — L'expert qui se serait décidé par faveur pour une partie, ou par inimitié contre elle, serait coupable de forfaiture.

Pénalité : Dégradation civique. (Cod. Pén. 183.)

SECT. II. — VACATION. FRAIS.

26. *Vacation. Tarif.* — Il est alloué à chaque expert, par chaque vacation de trois heures, quand ils opèrent dans les lieux où ils sont domiciliés, ou à la distance de deux myriamètres (vingt kilomètres), savoir :

Départ. de la Seine.	Aux artisans et laboureurs	4 fr.
	Aux architectes et autres artistes. .	8 fr.
Autres départem....	Aux artisans et laboureurs.	3 fr.
	Aux architectes et autres artistes. .	6 fr.

(Décr. 16 février 1807, art. 159. Circ. N 53, art. 24.)

27. *Voyage.* — Au delà de deux myriamètres, il est alloué, par chaque myriamètre, pour frais de voyage et nourriture, soit pour aller, soit pour revenir :

Aux architectes et autres artistes....	de Paris	6 fr.	»
	des départem .	4	50

(Décr. 16 février 1807, art. 160. Circ. N 53, art. 25.)

28. *Déplacement. Journée.* — Il est alloué aux experts pendant leur séjour, à la charge

de faire quatre vacations par jour (12 heures de vacation), savoir :

Aux architectes et autres artistes.... { de Paris, 32 fr. par jour, (8 fr. par vacation). des dép. 24 fr. par jour, (6 fr. par vacation).

La taxe est réduite dans le cas où les quatre vacations n'ont pas été employées. (Décr. 16 février 1807, art. 161. Circ. N 53, art. 26.)

29. *Déplacement.* — S'il y a lieu à transport d'un laboureur au delà de deux myriamètres, il est alloué trois francs par myriamètre, pour aller, et autant pour le retour, sans néanmoins qu'il puisse rien être alloué au delà de cinq myriamètres. (Décr. 16 février 1807, art. 161. Circ. N 53, art. 26.)

30. *Vacations. Frais. Tribunaux.* — Pour les instructions devant les tribunaux correctionnels, les experts recevront, pour chaque vacation de trois heures et chaque rapport écrit, savoir :

A Paris, 5 francs; dans les villes de 40,000 âmes et au-dessus, 4 francs; dans les autres villes, 3 francs. Les vacations de nuit seront payées moitié en sus; il ne pourra être alloué que deux vacations par jour et une par nuit. (Décr. 18 juin 1811, art. 22.)

31. *Déplacement. Tribunal.* — En cas de déplacement à plus de deux kilomètres de leur résidence, les experts recevront par chaque myriamètre parcouru, aller et retour, 2 fr. 50; les distances seront comptées par myriamètre et demi-myriamètre (de 8 à 9 kil., un myriamètre, et de 3 à 7 kil., un demi-myriamètre).

En cas d'arrêt dans le voyage et séjour par force majeure constatée, ils recevront une indemnité de 2 francs pour chaque jour de séjour forcé.

En cas de séjour pour un procès, en dehors de leur résidence, il leur sera alloué une indemnité de séjour, savoir : à Paris, 4 fr. par jour; dans les villes de 40,000 âmes et au-dessus, 2 fr. 50 ; dans les autres communes, 2 francs par jour. (Décr. 18 juin 1811.)

32. *Rapport. Serment.* — Il est encore alloué aux experts deux vacations : l'une pour leur prestation de serment, l'autre pour le dépôt de leur rapport, indépendamment de leurs frais de transport, s'ils sont domiciliés à plus de deux myriamètres de distance du lieu où siège le tribunal; il leur est accordé par myriamètre, en ce cas, le cinquième de leur journée de campagne. (Décr. du 16 février 1807, art. 162. Circ N 53, art. 27.)

33. *Taxe.* — Les vacations sont taxées par le président au bas de la minute du rapport. (Proc. Civ. 319.)

34. *Frais divers.* — Au moyen de leurs rétributions, les experts ne peuvent rien réclamer, ni pour frais de voyage et de nourriture, ni pour s'être fait aider par des écrivains, par des toiseurs ou porte-chaînes, ni sous quelque autre prétexte que ce soit; ces frais, s'ils ont eu lieu, restent à leur charge. (Décr. 16 février 1807, art. 162. Circ. N 53, art. 28.)

34 bis. *Payement. Frais.* — Les frais et honoraires dus à l'expert doivent être payés par la partie qui a requis l'expertise, ou qui l'a poursuivie, si elle a été ordonnée d'office.

La partie qui n'a provoqué en aucune façon la nomination de l'expert, et qui n'y a adhéré ni explicitement, ni tacitement, ne peut être poursuivie pour frais et honoraires d'expertise. (Trib. de la Seine, 29 décembre 1892.)

35. *Ouvriers. Paiement.* — Quand les experts se font assister par des bûcherons pour l'ouverture des lignes, par des ouvriers pour le comptage et l'estimation des bois, et, en général, quand ils emploient des aides ou auxiliaires véritablement utiles, afin d'opérer certains travaux matériels qui ne peuvent être confiés à ces experts ou qui, s'ils étaient effectués par ceux-ci, retarderaient la solution de l'expertise et entraîneraient des dépenses plus considérables, les experts peuvent obtenir le remboursement des salaires payés aux auxiliaires dont il s'agit. (Décis. Min. du 20 mars 1862. Circ. N 53, art. 9.)

36. *Réduction. Echanges. Cantonnement.* — Le préfet et le ministre sont investis du pouvoir discrétionnaire de réduire le nombre des vacations demandées, s'il leur paraît excessif. (Décr. du 16 février 1807, art. 162. Circ. A 546. Circ. N 53, art. 30.)

37. *Exagération.* — Le nombre des vacations est excessif, soit qu'il excède celui que des hommes exercés dans des expertises du même genre auraient employé pour faire le travail qui motive la dépense, soit que les experts aient vaqué à des opérations inutiles, qui n'auraient été faites que pour grossir la somme réclamée. (Circ. A 546. Circ. N 53, art. 31.)

38. *Frais. Règlement.* — Les préfets statuent sur le règlement des frais d'expertise mis à la charge de l'administration, notamment en matière de subventions spéciales pour dégradations extraordinaires causées aux chemins vicinaux de grande communication. (Décr. du 13 avril 1861, art. 1, § 4.)

SECT. III. — EXPERTISES DIVERSES.

§ 1. *Cantonnement de droit d'usage.*

39. *Cantonnement amiable.* — Si la commune veut affranchir ses forêts de droits d'usage, soit par cantonnement ou par rachat, les frais d'expertise pour cantonnement amiable sont à la charge de la commune propriétaire, ainsi que toutes les indemnités et frais auxquels les agents forestiers seront reconnus avoir droit. (Décr. du 12 avril 1854, art. 7. Circ. A 736.)

40. *Frais. Répartition.* — Dans le cantonnement amiable, les frais d'expertise sont partagés au prorata de la portion de forêt allouée à l'usager ; il en est de même si le cantonnement est judiciaire, sauf que les frais de l'instance sont à la charge de la partie qui succombe.

41. *Désignation.* — Les experts pour l'Etat sont les agents forestiers désignés par l'administration, pour les offres à faire à l'usager; pour les communes propriétaires des forêts à cantonner, il est adjoint aux agents forestiers un troisième expert nommé par la commune. (Décr. du 12 avril 1854, art. 7. Circ. A 736.)

42. *Rapport. Dépôt. Liquidation.* — Les experts pour le cantonnement doivent faire connaître au conservateur la date du dépôt de leur procès-verbal, afin de faire hâter la liquidation des frais dus. Les préfets doivent communiquer de suite les mémoires avec l'état des vacations que le conservateur renvoie, avec ses observations. (Circ. A 546. Circ. A 547.)

43. *Expertise. Appel.* — Après avoir demandé en première instance une expertise pour fixer l'étendue d'un cantonnement, on peut, si la partie adverse n'y a pas donné les mains et a appelé du jugement qui l'a ordonnée, émettre un appel incident et demander à la cour d'arbitrer elle-même le cantonnement et de le fixer à une certaine quotité. (Cass. 23 mai 1832.)

§ 2. *Conservation des montagnes. Mise en défens. Privation de jouissance de pâturage.*

44. *Privation de pâturage. Indemnité.* — Dans le cas d'expertise pour la fixation de l'indemnité due pour privation de pâturage, il pourra n'être nommé qu'un seul expert. (Loi du 4 avril 1882, art. 8.)

§ 3. *Chemins vicinaux. Dégradation.*

45. *Nomination.* — C'est le conseil de préfecture qui doit nommer, d'office, l'expert appelé à procéder contradictoirement à l'expertise destinée à déterminer le chiffre de la subvention pour dégradation de chemins vicinaux. (Cons. d'Etat, 26 novembre 1846.)

46. *Serment.* — Les experts chargés de vérifier les dégradations causées aux chemins vicinaux doivent prêter serment, à peine de nullité de l'expertise. (Cons. d'Etat, 23 mars 1836, 11 août 1859.)

47. *Serment.* — Le conseil de préfecture peut désigner et déléguer, pour recevoir le serment des experts, le maire de la commune sur le territoire de laquelle se trouve le chemin dégradé. (Cons. d'Etat, 18 janvier 1862). (La loi ne désigne pas de fonctionnaire à cet effet.)

48. *Serment. Timbre. Enregistrement.* — Les actes de prestation de serment pour expertise (dégradation de chemins vicinaux) sont faits sur timbre et enregistrés au droit de 1 fr. 50 au comptant. (Décis. Min. du 23 juillet 1855. Loi du 28 février 1872.)

49. *Rapport. Timbre. Enregistrement.* — Les procès-verbaux d'expertise pour dégradation de chemins vicinaux doivent être établis sur timbre et enregistrés au droit de 1 fr. 50 au comptant. (Loi du 21 mai 1836. Décis. Min. du 23 juillet 1855. Loi du 28 février 1872.)

50. *Insuffisance. Renseignements.* — Les expertises pour subventions dues par suite de dégradations doivent être annulées comme insuffisantes, lorsque les experts ne constatent pas *directement* les dégradations, de même que les circonstances dans lesquelles ont eu lieu les transports. (Cons. d'Etat, 16 mars 1857.)

51. *Frais.* — Lorsque des subventions pour dégradations ont été réclamées à tort, les frais d'expertise doivent être mis à la charge de la commune réclamante. (Cons. d'Etat, 15 avril 1857.)

52. *Jour. Délai. Fixation.* — Aucun délai n'est fixé par la loi pour la notification d'un arrêté préfectoral ayant pour objet de déterminer le jour où il sera procédé à une expertise, pour le règlement d'une subvention pour dégradation de chemins vicinaux. C'est à la partie qui demande la nullité de l'expertise à prouver qu'entre la notification de l'arrêté et le jour fixé elle n'a pas eu le temps pour désigner son expert. (Cons. d'Etat, 27 juin 1855.)

§ 4. *Délimitation. Bornage.*

53. *Nomination.* — Avant de nommer les agents forestiers chargés d'opérer comme experts la délimitation des bois communaux ou d'établissements publics, le préfet prendra l'avis du conservateur, des maires et des administrateurs. (Ord. 130.)

54. *Arrêté. Désignation.* — Dans les arrêtés de nomination, les agents experts doivent être désignés par leur grade et non par leur nom. (Meaume.)

§ 5. *Délivrance. Usage.*

55. *Délivrance. Frais.* — Les frais d'expertise pour les bois délivrés aux usagers sont à la charge de ces derniers. (Décis. Min. 3 octobre 1821.)

§ 6. *Échange. Mission.*

56. *Indemnités.* — Lorsque des agents forestiers procèdent à des expertises, soit pour le compte de l'Etat, soit pour celui des communes, ou même des particuliers, sur la désignation ou sur la simple autorisation de

l'administration, leurs indemnités sont réglées d'après le tarif du 16 février 1807, applicable à leurs co-experts. (Décis. Min. 29 septembre 1856. Circ. N 53, art. 23.)

§ 7. *Occupation de terrain. Extraction de matériaux.*

57. *Nomination.* — Pour les forêts, l'agent supérieur de l'arrondissement remplira les fonctions d'expert dans l'intérêt de l'Etat; les experts dans l'intérêt des communes et des établissements publics seront nommés par les maires ou administrateurs. (Ord. 172. Ord. 8 août 1845. Circ. N 59, art. 82.)

58. *Grande voirie. Nomination.* — Les experts pour l'évaluation des indemnités relatives à une occupation de terrain, dans les cas prévus au présent titre, seront nommés pour les objets de travaux de grande voirie, l'un par le propriétaire, l'autre par le préfet, et le tiers expert, s'il en est besoin, sera désigné par le conseil de préfecture. Lorsqu'il y aura des concessionnaires, un expert sera nommé par le propriétaire, un par le concessionnaire et le tiers expert par le préfet. (Loi du 16 septembre 1807, art. 56. Circ. N 59, art. 80. Loi du 22 juillet 1889, art. 14. Loi du 29 décembre 1892, art. 10.)

59. *Chemins vicinaux. Désignation.* — S'il s'agit de travaux concernant les chemins vicinaux, les experts sont nommés, l'un par le propriétaire et l'autre par le sous-préfet; en cas de discord, le tiers expert est nommé par le conseil de préfecture. (Loi du 21 mai 1836, art. 17. Circ. N 59, art. 81.)

§ 8. *Partage.*

60. *Bois indivis. Nomination.* — Lorsqu'il s'agit de partager un bois indivis, les experts seront nommés, dans l'intérêt de l'Etat, par le préfet, sur la proposition du directeur des domaines, qui devra se concerter à ce sujet avec le conservateur pour désigner un agent forestier; dans l'intérêt des communes, par le maire, sauf l'approbation du conseil municipal; dans l'intérêt des établissements publics, par les administrateurs de ces établissements. (Ord. 149.)

61. *Serment.* — En cas de partage des bois communaux indivis, les experts nommés par le préfet prêtent serment devant ce magistrat.

§ 9. *Armement des places fortes.*

62. *Désignation.* — Si les délivrances des bois pour les places fortes sont faites au fournisseur, il sera procédé à leur estimation par trois experts, comme il suit : un agent forestier, l'expert du fournisseur et un troisième expert nommé par le président du tribunal de première instance de la situation des bois. (Ord. du 24 décembre 1830, art. 4.)

§ 10. *Dégât causé par le gibier.*

63. *Juge de paix. Décision.* — Les expertises pour constater les dégâts causés aux récoltes par les lapins ne peuvent être ordonnées que par le juge de paix. (Loi du 25 mai 1838. Paris, 15 mars 1875.)

64. *Serment. Sommation. Assistance.* — En cas d'expertise pour constater les dégâts causés par les lapins, il faut que la partie poursuivie, si elle n'a pas assisté à la prestation de serment des experts, soit sommée d'assister à leur première vacation. (Cass. 1er juillet 1874.)

EXPLOIT.

SECT. I. — GÉNÉRALITÉS. PRINCIPES.

1. *Définition.* — Acte du ministère d'un huissier, ou d'un garde de l'administration, qui est chargé de notifier un acte judiciaire ou extrajudiciaire. V. Citation. Signification.

2. *Validité.* — Les exploits sont des actes authentiques, faisant foi jusqu'à inscription de faux. (Cass. 13 avril 1831.)

3. *Requête.* — Un exploit est nul s'il n'énonce pas à la requête de qui il est fait. (Colmar, 7 janvier 1820.)

4. *Requête. Indication.* — Un exploit est valable si le requérant y est désigné par sa qualité (inspecteur à Nancy), de telle sorte qu'il n'y ait aucun doute sur la personne.

5. *Signature.* — Les exploits dont l'original ou la copie ne sont pas signés sont nuls. (Grenoble, inédit, 10 juin 1840.)

Il en est de même des parties écrites en marge, qui ne sont ni signées, ni paraphées. (Dijon, inédit, 28 janvier 1835.)

6. *Formalités.* — En cas d'ambiguïté des termes d'un exploit, les tribunaux sont juges souverains pour savoir s'ils contiennent toutes les formalités requises par la loi. (Cass. 20 avril 1830.)

7. *Huissier. Nullité. Frais.* — Si un exploit (en matière civile) est déclaré nul par le fait de l'huissier, il pourra être condamné aux frais de l'exploit et de la procédure annulée. (Proc. Civ. 71.)

8. *Indications.* — En matière réelle ou mixte, les exploits énonceront la nature de l'héritage, la commune et autant que possible la partie de la commune où il est situé et deux au moins des tenants et aboutissants ; s'il s'agit d'un domaine, il suffira d'en indiquer le nom et la situation, le tout à peine de nullité. (Proc. Civ. 64.)

SECT. II. — REMISE DES EXPLOITS.

§ 1. *Préposés forestiers.*

9. *Préposés. Remise.* — Les gardes de l'administration forestière pourront, dans les actions et poursuites exercées en son nom, faire toutes les citations et significations d'exploit, sans pouvoir procéder aux saisies-exécutions. Leur rétribution, pour les actes de ce genre, sera taxée comme pour les actes faits par les huissiers des juges de paix. (Cod. For. 173.)

10. *Délits forestiers.* — Les gardes forestiers peuvent faire les citations et significations, en ce qui concerne les délits forestiers, quand même les poursuites seraient exercées par le ministère public. (Cass. 26 juillet 1822. Cons. d'Etat du 17 mars 1824.)

11. *Arrêté du conseil de préfecture.* — Un brigadier forestier a qualité pour signifier, au maire d'une commune, un arrêté du conseil de préfecture, qui soumet au régime forestier un canton de bois communal. (Cons. d'Etat, 23 décembre 1845.)

12. *Brigadier. Remise.* — Les brigadiers sans triage sont chargés des citations, oppositions et significations. (Arr. du Dir. Gén. 8 janvier 1840. Circ. A 347.)

13. *Préposés. Huissier.* — Les préposés forestiers peuvent être chargés, par un mandat spécial du ministère public, de remplir les fonctions d'huissier; il leur est alloué dans ce cas 1 fr. 50 par myriamètre parcouru (aller et retour).

14. *Circonscription.* — Les gardes ne pouvant instrumenter comme huissiers en dehors de l'arrondissement du tribunal près duquel le serment a été prêté et la commission enregistrée, il est nécessaire que les exploits des gardes mentionnent les lieux où ils ont été délivrés, afin de pouvoir établir que l'acte a été fait dans la limite de leur compétence.

15. *Obligations. Facultés.* — Les gardes étant assimilés aux huissiers, il s'ensuit :

1° Qu'ils peuvent écrire leurs actes à la suite des procès-verbaux et autres pièces dont ils délivrent copie. (Décis. Min. 25 novembre 1825.)

2° Qu'ils doivent signifier des copies lisibles, sous peine de 25 francs d'amende. (Décr. du 29 août 1813, art. 1 et 2. Cass. 3 mai 1837.)

3° Qu'ils doivent remettre *eux-mêmes*, soit à la personne, soit à domicile, les exploits qu'ils sont chargés de signifier, sous peine de : *suspension* de trois mois, *amende* de 200 à 2000 francs et *dommages-intérêts* ; s'ils ont agi frauduleusement, *pénalité* : travaux forcés à perpétuité. (Cod. Pén. 146. Décr. 14 juin 1813, art. 45. Cass. 7 août 1828.)

4° Qu'ils doivent faire enregistrer leurs exploits dans les quatre jours, sous peine d'une *amende* de 5 francs. (Loi du 16 juin 1824, art. 10.) Toutefois, ce retard n'entraîne pas la nullité de l'acte, à moins de dispositions expresses. (Cass. 7 janvier 1823.)

16. *Affaires civiles.* — Les gardes ne peuvent remplir le ministère d'huissier dans les affaires civiles. (Décis. Min. 17 mars 1824.)

§ 2. *Conditions. Formalités.*

17. *Formalités.* — Tous les exploits sont faits à la personne ou à domicile ; mais si le citateur (garde ou huissier) ne trouve à domicile ni la partie, ni aucun de ses parents ou serviteurs, il remet de suite la copie à un voisin, qui signe l'original ; si ce voisin ne sait ou ne veut signer, la copie est remise au maire ou adjoint de la commune, lequel vise l'original sans frais. Le citateur fait mention du tout, tant sur l'original que sur la copie, à peine de nullité. (Proc. Civ. 68, 70.)

18. *Domicile.* — Les exploits peuvent être remis au domicile réel, ou au domicile élu par les adjudicataires ou leurs cautions.

19. *Domicile. Nullité. Copie.* — Est nul l'exploit d'appel qui, portant que la copie en a été remise en parlant à un serviteur de l'assigné, ne mentionne pas que le fait de cette remise ait eu lieu au domicile de ce dernier. (Aix, 9 mars 1889.)

20. *Remise. Voisin.* — La remise de l'exploit au voisin est facultative, lorsqu'il n'y a personne au domicile de la partie assignée ; cette circonstance doit être mentionnée dans l'exploit, à peine de nullité. (Cass. 29 mai 1811.) Par le mot voisin, on n'entend pas seulement celui qui habite la maison adjacente ; le voisin doit signer l'original de l'exploit, à peine de nullité. Si les voisins refusent de signer, on doit indiquer la demeure des voisins et cette circonstance, à peine de nullité, et, dans ce cas, remettre la copie au maire.

21. *Remise au maire. Refus du voisin. Mention.* — L'huissier qui, en cas d'absence

de la partie et des personnes de la maison, ou de refus de ces personnes de recevoir la copie d'un exploit, remet cette copie au maire de la commune, doit, à peine de nullité, constater qu'il a préalablement requis un voisin de la recevoir et que celui-ci l'a refusée.

Le refus, par une personne de la maison, de recevoir la copie au domicile de la partie ne dispense pas l'huissier de s'adresser au voisin, avant de recourir au maire. (Cass. 2 avril 1889.)

22. *Remise. Maire.* — Lorsqu'il n'y a personne au dernier domicile connu et en cas de refus du voisin, la copie doit être remise au maire. (Paris, 5 février 1835.)

23. *Domicile inconnu. Remise.* — Lorsque le domicile est tout à fait inconnu, la remise de l'exploit se fait au ministère public. (Proc. Civ. 69, § 8.)

24. *Maire. Remise.* — Les exploits adressés au maire, comme représentant de la commune, peuvent, en l'absence du maire, dûment constatée, être remis à l'adjoint, en son domicile et à sa personne. (Cass. 8 mars 1834.) En cas d'absence du maire et de l'adjoint, l'exploit est remis au conseiller municipal le premier inscrit sur le tableau. (Montpellier, 28 juin 1834.)

25. *Administrateurs d'établissements publics.* — Les exploits destinés aux administrateurs des établissements publics doivent être remis au bureau de l'administration. Toutefois, ils peuvent être également signifiés à la personne et au domicile du fonctionnaire.

26. *Commune. Conseiller municipal. Refus de visa. Nullité.* — Est nul l'exploit d'ajournement ou d'appel signifié à une commune, lorsque la copie a été remise à un conseiller municipal, et l'original visé par le juge de paix, au refus du conseiller. (Cass. 13 mai 1878.)

27. *Saisons. Heures.* — Aucune signification, ni exécution, ne pourra être faite depuis le 1er octobre jusqu'au 31 mars, avant six heures du matin et après six heures du soir; depuis le 1er avril jusqu'au 30 septembre, avant quatre heures du matin et après neuf heures du soir, non plus que les jours de fêtes légales. (Proc. Civ. 1037.)

28. *Jours fériés.* — Aucun exploit n'est donné un jour de fête légale. (Proc. Civ. 63.)

29. *Remise. Nom.* — L'exploit doit porter la désignation exacte des nom, prénoms et la qualité de la personne à laquelle il est remis.

30. *Copie. Remise.* — L'exploit est nul, lorsque la copie de l'exploit n'indique pas la personne à laquelle elle a été remise, quand bien même l'original l'indiquerait. (Cass. 3 juillet 1832.)

31. *Fonctionnaire.* — Un exploit est valablement signifié à un fonctionnaire désigné seulement par le titre de sa fonction. (Montpellier, 4 février 1841.)

§ 3. *Frais.*

32. *Frais.* — (Décr. du 18 juin 1811.)

	Nature des actes.	Ville de 40000 âmes et au-dessus.	Ville au-dessous de 40000.
		fr. c.	fr. c.
Huissiers et préposés.	Pour chaque original de citation et signification, etc.	0.75	0.50
	Pour chaque copie des mêmes actes.	0.60	0.50
	Pour chaque rôle de copie, non compris le premier. .	0.40	0.30
	Pour chaque myriamètre parcouru, en allant et en revenant	1.50	1.50

33. *Enregistrement.* — Les exploits en matières civile et administrative sont enregistrés au droit fixe de 2 francs en principal. (Loi du 18 mai 1850, art. 8. Loi du 28 avril 1893, art. 22.) Ceux en matière correctionnelle sont enregistrés au droit fixe de 1 franc en principal, pour chaque délinquant non solidaire. (Loi du 22 frimaire an VII. Loi du 28 avril 1893, art. 22.)

34. *Coût.* — Les huissiers doivent mettre le coût de l'exploit à la fin des actes, sous peine de 5 francs d'amende, payables au moment de l'enregistrement. (Proc. Civ. 67.)

35. *Coût. Préposés.* — Les gardes forestiers, quoique assimilés aux huissiers, ne sont pas soumis à l'obligation de mettre le coût de l'exploit à la fin de leurs actes. (Décis. du 31 juillet 1808. Instr. Enregistrement et Domaines, 488, no 3.)

36. *Rémunération.* — Il est alloué aux préposés forestiers 0 fr. 30 par chaque acte de citation, signification ou opposition par eux remis aux parties. Maximum : 200 francs par an et par préposé. (Décis. Min. 7 mars 1834. Circ. A 403. Circ. N 85. Décis. Min. 27 février 1886. Circ. N 382.)

EXPLOITABILITÉ.

Principes. — L'exploitabilité des forêts doit être fixée d'après les places d'essai et d'expérience à établir dans les forêts aménagées. (Circ. N 145.)

EXPLOITATION.

SECT. IV. — EXPLOITATION PAR UNITÉS DE PRODUITS, 68 — 69.

SECT. V. — EXPLOITATION POUR L'ARTILLERIE, 70 — 71.

SECT. VI. — EXPLOITATION DES BOIS PARTICULIERS EN ALGÉRIE, 72 — 74.

SECT. I. — EXPLOITATION EN GÉNÉRAL.

1. *Condition. Délivrance.* — L'exploitation des coupes n'aura lieu qu'après que la délivrance en aura été faite par les agents forestiers. (Cod. For. 103.)

2. *Permis d'exploiter. Pénalités.* — L'adjudicataire qui commence l'exploitation de sa coupe avant d'avoir obtenu, *par écrit*, de l'agent forestier local, le *permis* d'exploiter, encourt: *amende* comme délinquant ordinaire pour les bois coupés. (Cod. For. 30.)

Application des articles 192, 193, 194 et 198 du code forestier. V. Arbre.

3. *Coupe et enlèvement. Nuit. Pénalités.* — Les adjudicataires ne pourront effectuer aucune coupe, ni enlèvement de bois, avant le lever, ni après le coucher du soleil, à peine de :

Amende : 100 francs. (Cod. For. 35.)

4. *Ecorcement sur pied. Pénalités.* — Il est interdit aux adjudicataires, à moins que le procès-verbal d'adjudication n'en contienne l'autorisation expresse, de peler ou d'écorcer sur pied aucun des bois de leurs ventes, sous peine de :

Amende : 50 à 500 francs ; il y aura lieu à la *saisie* des écorces et bois écorcés, comme garantie des dommages-intérêts, dont le montant ne pourra être inférieur à la valeur des arbres indûment pelés ou écorcés. (Cod. For. 36.)

5. *Cahier des charges.* — L'adjudicataire ne peut se soustraire aux conditions prescrites par les cahiers des charges et des clauses spéciales, soit en se basant sur la bonne foi ou l'usage; les tribunaux ne peuvent se dispenser d'appliquer, en cas d'infraction, l'article 37 du code forestier. (Cass. 29 mai 1835.)

6. *Exploitation. Exécution.* — Un adjudicataire ne peut se soustraire à l'obligation d'exploiter une coupe, alors même qu'il en a payé le prix. (Besançon, 19 février 1874.)

7. *Conditions. Exécution.* — Les agents forestiers veillent à ce que les exploitations soient faites conformément aux cahiers des charges. (Instr. 23 mars 1821.)

8. *Clauses spéciales.* — Les conditions particulières relatives à l'exploitation des coupes sont insérées dans les clauses spéciales. (Circ. A 243. Circ. N 80, art. 22.)

9. *Clauses spéciales. Futaie.* — Le mode d'exploitation des forêts traitées en futaie est fixé par les clauses spéciales. (Cah. des ch. 23.)

10. *Délits. Pénalités.* — Pour vice d'exploitation, contrairement aux clauses et conditions du cahier des charges et des clauses spéciales, pénalités :

Amende : 50 à 500 francs. (Cod. For. 37.)
Récidive : *amende*, 100 à 1000 francs. (Cod. For. 37 et 201.)
Dommages-intérêts facultatifs, minimum : amende simple. (Cod. For. 37 et 202. Nancy, inédit, 21 décembre 1842.)

11. *Bois communaux. Changement.* — Les changements dans le mode d'exploitation des bois communaux et des établissements publics ne peuvent être effectués que sur la proposition de l'administration forestière, d'après l'avis des conseils municipaux et des administrateurs. (Cod. For. 90. Ord. 128.) Le conseil général donne son avis sur les délibérations des conseils municipaux relatives au mode d'exploitation des bois. (Loi du 10 août 1871, art. 50.) V. Aménagement.

12. *Conditions.* — Les conservateurs, dans leurs tournées, examinent si les clauses générales et spéciales concernant les exploitations sont bien interprétées et bien exécutées. (Circ. N 18, art. 16.)

13. *Fosse à charbon. Loge. Atelier. Pénalité.* — Les agents forestiers indiqueront, par écrit, aux adjudicataires, les lieux où il pourra être établi des fosses ou fourneaux pour charbon, des loges ou des ateliers; il n'en pourra être placé ailleurs, sous peine, contre l'adjudicataire, de :

Amende : 50 francs pour chaque fosse ou fourneau, loge ou atelier établi en contravention à cette disposition. (Cod. For. 38.)

14. *Délit. Infraction.* — L'exploitation qui n'est pas faite à tire et aire et à la cognée, le plus près de terre que faire se pourra, de manière que l'eau ne puisse séjourner sur les souches, les racines devant rester entières (taillis), constitue une infraction à l'article 20 du cahier des charges, prévue et punie par l'article 37 du code forestier. (Cass. 30 octobre 1807, 18 février 1836.) V. Cahier des charges. Tire et aire. Souche.

15. *Tire et aire. Cognée.* — Les bois doivent être exploités à tire et aire et à la cognée, le plus près de terre que faire se pourra, de manière que l'eau ne séjourne pas sur les souches. Les racines devront rester entières. (Cah. des ch. 20.) En cas d'infraction :

Amende : 50 à 500 francs.
Récidive : *Amende*, 100 à 1000 francs.
Dommages-intérêts facultatifs; minimum : amende simple. (Cod. For. 37.)

16. *Procès-verbaux. Constatation.* — Pour les procès-verbaux de vice d'exploitation dressés dans le courant de l'exploitation, la présence de l'adjudicataire n'est pas nécessaire et ces actes peuvent être dressés par les gardes. (Cass. 21 septembre 1837, 9 février 1839.)

17. *Délits.* — Pour les délits d'exploitation, la constatation matérielle du fait délictueux suffit, sans qu'il soit nécessaire que le procès-verbal énonce la présence de l'adjudicataire ou que le délit soit constaté par le procès-verbal de récolement. (Nancy, 26 décembre 1835. Cass. 21 septembre 1837.)

18. *Procès-verbaux. Poursuites.* — Si, dans le cours de l'exploitation ou de la vidange, il était dressé des procès-verbaux de délits ou vices d'exploitation, il pourrait y être donné suite sans attendre l'époque du récolement.

Néanmoins, en cas d'insuffisance d'un premier procès-verbal sur lequel il ne sera pas intervenu de jugement, les agents forestiers pourront, lors du récolement, constater par un nouveau procès-verbal les délits et contraventions. (Cod. For. 44.)

19. *Poursuites. Amendes.* — Il peut être prononcé, contre un adjudicataire, autant d'amendes qu'il y a de délits d'exploitation distincts; mais, en général, on ne requiert qu'une seule amende par coupe, quel que soit le nombre des délits commis dans chaque coupe.

20. *Feu allumé. Pénalité.* — Il est défendu à tous adjudicataires, leurs facteurs et ouvriers, d'allumer du feu ailleurs que dans leurs loges ou ateliers, à peine de :

Amende : 10 à 100 francs, sans préjudice de la réparation du dommage qui pourrait résulter de cette contravention. (Cod. For. 42.)

21. *Dépôt de bois étrangers. Pénalité.* — Les adjudicataires ne pourront déposer dans leurs ventes d'autres bois que ceux qui en proviendront, sous peine de :

Amende : 100 à 1000 francs. (Cod. For. 43.)

22. *Chemin. Vidange. Pénalité.* — La traite des bois se fera par les chemins désignés au cahier des charges, sous peine, contre ceux qui en pratiqueraient de nouveaux, de :

Amende : minimum : 50 fr.; maximum : 200 fr. Dommages-intérêts obligatoires. (Cod. For. 39.)

23. *Délais.*—Les délais d'exploitation sont, pour l'abatage des bois non écorcés le 15 avril, pour ceux à écorcer le 1er juillet, et le 15 avril de l'année suivante pour la vidange. (Cah. des ch. 21.) V. Abatage. Vidange. Prolongation.

24. *Coupe et vidange. Délai. Retard. Pénalité.* — La coupe des bois et la vidange des ventes seront faites dans les délais fixés par le cahier des charges, à moins que les adjudicataires n'aient obtenu de l'administration forestière une prorogation de délai, à peine de :

Amende : 50 à 500 francs et, en outre, des dommages-intérêts, dont le montant ne pourra être inférieur à la valeur estimative des bois restés sur pied ou gisant sur les coupes.

Il y aura lieu à la saisie de ces bois, à titre de garantie pour les dommages-intérêts. (Cod. For. 40.)

25. *Coupes affouagères. Pénalité.* — Les délais fixés par le cahier des charges (vidange et exploitation) sont applicables aux coupes affouagères, et, en cas d'infraction, les entrepreneurs encourent la pénalité de l'article 40 du code forestier :

Amende : 50 à 500 francs. Dommages-intérêts, saisie, etc. (Cod. For. 82, 103, 112.)

(La Cour de Pau a décidé le contraire, par arrêt du 25 mars 1835.)

26. *Retard.* — Si les coupes ne sont pas exploitées dans le délai voulu et si les adjudicataires ne se sont pas pourvus d'une prorogation de délai, l'agent chef de service en dresse ou en fait dresser procès-verbal. (Instr. 23 mars 1821.)

27. *Prorogation de délai. Coupe. Exploitation.* — Les prorogations de délai de coupe ou d'exploitation sont accordées par le conservateur. Pour obtenir une prorogation de délai, l'adjudicataire doit s'engager d'avance à payer une indemnité, d'après le prix de la feuille et le dommage qui résultera du retard de la coupe. L'adjudicataire qui, pour une raison majeure et imprévue, ne pourra achever sa coupe au terme prescrit sera tenu de faire sa demande en prorogation de délai au conservateur, sur papier timbré, au moins vingt jours avant l'expiration du terme fixé. Cette demande fera connaître l'étendue des bois restant à exploiter, les causes du retard et le délai qu'il est nécessaire d'accorder. L'adjudicataire s'oblige, par le fait de sa demande, à payer l'indemnité qui sera fixée. Les délais accordés courent à partir du terme fixé pour la vidange. Dans le cas où les adjudicataires n'auraient pas profité des délais accordés, ils pourront obtenir la remise de l'indemnité sur un procès-verbal de l'agent forestier local, dressé au plus tard le jour de l'expiration du délai, enregistré à leurs frais et constatant qu'effectivement ils n'ont pas usé du bénéfice de la décision. (Ord. 96, 134. Ord. 4 décembre 1844. Cah. des ch. 22.)

28. *Délai. Prorogation.* — Les décisions pour prorogation de délai d'exploitation sont administratives. Les tribunaux ne peuvent jamais accorder de délai, ni apprécier les excuses tirées soit de la bonne foi, des usages locaux, ou de la force majeure. (Cass. 4 août 1827 et 24 décembre 1841.)

29. *Délai. Autorisation.* — L'autorisation formelle et régulière en prorogation de délai d'exploitation peut seule mettre l'adjudicataire à l'abri des poursuites. (Cass. 24 mai 1811 et 24 décembre 1841.)

30. *Indemnités. Délai. Prolongation.* — Les indemnités dues par les adjudicataires des coupes communales et d'établissements publics, pour obtention de prolongation de délai de coupe ou d'exploitation, seront versées dans les caisses des receveurs des communes ou établissements propriétaires. (Ord. 138.)

31. *Retard. Bois particuliers.* — Les retards d'exploitation (coupe ou vidange) ne peuvent donner lieu qu'à des dommages-intérêts, dont la demande devra être portée devant les tribunaux civils.

32. *Délivrance. Frais.* — Les frais d'exploitation des bois délivrés par coupe aux usagers sont à la charge de ces derniers. Lorsque les bois se délivrent par stères, cette délivrance est mise en charge sur les coupes. (Ord. 122.)

33. *Coupes affouagères.* — Les coupes affouagères peuvent être exploitées par les habitants d'une commune, sous la responsabilité d'un entrepreneur et sous sa surveillance. Les habitants sont alors considérés comme ses ouvriers.

Les lots ne pourront être partagés qu'après l'exploitation de la coupe, et, après le partage, chaque habitant pourra façonner son lot, sous la responsabilité de l'entrepreneur. (Décis. Min. 21 novembre 1827 et 26 février 1828. Circ. A 171.)

34. *Coupes affouagères. Délivrance.* — L'exploitation partielle d'une coupe affouagère, avant sa délivrance, et autorisée par le maire, même en vertu d'une délibération du conseil municipal, constitue une contravention de la part de ce fonctionnaire. (Cass. 24 avril 1847.)

35. *Exploitation individuelle. Pénalité.* — Toute exploitation individuelle, dans une coupe usagère ou affouagère, sera punie :

Confiscation de la portion de bois revenant au contrevenant. (Cod. For. 81 et 112.)

Le fonctionnaire ou agent qui l'a permise ou tolérée encourra, savoir :

Amende : 50 francs. Responsabilité personnelle et sans aucun recours de la mauvaise exploitation et de tous les délits commis (Cod. For. 81 et 112), quelle que soit l'essence des bois et quand même un arrêté du conseil municipal aurait autorisé l'exploitation individuelle. (Cass. 24 avril 1847.)

36. *Délivrance. Affectataires.* — L'exploitation des délivrances faites aux affectataires est soumise aux mêmes formalités que celle des coupes, en ce qui concerne l'usance et la vidange. (Ord. 109.)

37. *Négligence.* — Si l'adjudicataire négligeait d'effectuer l'exploitation de sa coupe, on pourrait faire exécuter ce travail en régie et même vendre, après autorisation judiciaire, les bois saisis, pour opérer le paiement de ces frais. (Cod. For. 41.)

38. *Adjudicataire. Travaux. Nettoiement. Exécution. Régie.* — A défaut, par les adjudicataires, d'exécuter, dans les délais fixés par le cahier des charges, les travaux qui leur sont imposés, tant pour relever et faire façonner les ramiers, pour nettoyer les coupes des épines, ronces et arbustes nuisibles, selon le mode prescrit à cet effet, que pour les réparations des chemins de vidange et des fossés, repiquement de places à charbon et autres ouvrages à leur charge, ces travaux seront exécutés à leurs frais, à la diligence des agents forestiers et sur l'autorisation du préfet, qui arrêtera ensuite le mémoire des frais et le rendra exécutoire contre les adjudicataires pour le paiement. (Cod. For. 41.)

39. *Marchandise.* — Les gardes doivent, autant que possible, tenir note de toutes les marchandises façonnées dans les coupes

en exploitation, pour s'assurer du degré d'exactitude des évaluations des produits sur pied. (Circ. A 743.)

40. *Bois de feu. Mesures légales.* — La coupe des bois de chauffage à des longueurs relatives aux anciennes mesures dites *cordes*, *anneau* ou *voie*, est contraire aux dispositions qui prohibent l'emploi des mesures autres que celles résultant du système métrique. (Circ. Min. 30 mars 1847.)

41. *Exploitations accidentelles.* — Les conservateurs doivent rendre compte des exploitations accidentelles par un bulletin spécial, indiquant la date de l'arrêté du préfet, l'importance et l'assiette des exploitations, les travaux qui les occasionnent, la destination des produits et le cas d'urgence.

Les produits de ces exploitations doivent figurer sur les états récapitulatifs du produit des ventes, ou sur les états estimatifs des frais de régie, suivant qu'ils ont été vendus ou délivrés. (Circ. A 819.)

Les exploitations accidentelles comprennent les recepages, élagages, essartements, abatages sur tracé de route, chablis, bois de délit, vendus sur pied avec ou sans précomptage sur la possibilité, ou par unités de marchandises, ou façonnés. (Circ. A 842. Circ. N 80, art. 65.) V. Produits.

42. *Bois indivis.* — Pour exploitation de bois indivis effectuée sans autorisation par les possesseurs copropriétaires, pénalité :

Amende égale à la valeur des bois abattus. (Cod. For. 114.)

43. *Produits accessoires.* — Les conditions d'exploitation pour les adjudications de produits accessoires ne peuvent être insérées au procès-verbal d'adjudication qu'après avoir reçu préalablement l'approbation du conservateur. (Circ. N 80, art. 87.)

44. *Liège. Bois domaniaux et communaux.* — Les exploitations de l'écorce de chêne-liège, dans les bois domaniaux et communaux, doivent être autorisées par l'administration, lorsqu'elles sont l'objet de réalisation annuelle ou directe, par voie d'entreprise et d'économie. (Lettre de l'Admin. 12 août 1874.)

SECT. II. — EXPLOITATION PAR ÉCONOMIE.

§ 1. *Bois domaniaux.*

45. *Propositions.* — Les exploitations par économie ne doivent être proposées que dans les cas d'absolue nécessité et lorsque le renvoi à l'année suivante donnerait lieu à des inconvénients. Les coupes d'amélioration ne doivent être exploitées par économie que lorsque les brins sont trop faibles pour supporter l'empreinte du marteau. Avant de proposer ce mode, on doit s'assurer de la possibilité de vendre les produits à un prix convenable. Dans les propositions, on doit indiquer le chiffre de l'estimation, le dernier rabais et le montant des offres faites. (Circ. A 592.)

46. *Propositions.* — Les conservateurs doivent, à cause de l'insuffisance des crédits pour le façonnage des coupes, en référer à l'administration, lorsqu'il s'agira de faire des exploitations au compte de l'État.

Les propositions doivent être présentées sous forme d'états sommaires, qui seront dressés par inspection et parviendront à l'administration avant le 1er juin de l'année qui précédera l'exercice. (Circ. N 360. Form. série 4, n° 4.)

47. *Bois abroutis. Bois incendiés. Autorisation.* — Les conservateurs autorisent l'exploitation par économie des bois abroutis, dans les bois domaniaux, lorsque les frais d'exploitation n'excèdent pas 200 francs, pour les bois d'un seul tenant (Ord. 4 décembre 1844. Circ. A 568), et celle des bois incendiés, quand les mêmes frais ne dépassent pas 500 francs. (Décr. du 17 février 1888. Circ. N 395.)

48. *Arbres mitoyens.* — Les conservateurs autoriseront, dans les forêts domaniales, l'exploitation par économie des arbres mitoyens, quand les frais à la charge de l'Etat ne dépasseront pas 200 francs. (Décr. du 17 février 1888. Circ. N 395.)

49. *Autorisation. Crédits.* — Les conservateurs autoriseront les coupes d'amélioration (nettoiements et éclaircies) de morts-bois, de bois morts, dépérissants, d'arbres mitoyens de bois incendiés et les recepages. Mais, si l'exploitation doit avoir lieu par économie, l'autorisation et les crédits nécessaires devront être demandés à la direction des forêts. (Décr. du 17 février 1888. Circ. N 395.)

50. *Crédits sans emplois.* — Le conservateur, immédiatement après l'exécution des travaux en régie qui n'auront pas absorbé l'intégralité du crédit alloué, informera l'administration du montant des fonds restés sans emploi. (Circ. N 372. Form. série 3, n° 16.)

51. *Surveillance.* — Les conservateurs, dans leurs tournées, portent particulièrement leur attention sur les exploitations par économie. (Circ. N 18, art. 17.)

52. *Vente. Bois domaniaux.* — Les coupes exploitées par économie, pour être vendues en détail et par lots, pourront, par exception à l'article 86 de l'ordonnance, être adjugées aux chefs-lieux de canton ou dans les communes voisines des forêts. (Ord. 20 mai 1837. Circ. N 80, art. 83.)

§ 2. *Bois communaux et d'établissements publics.*

53. *Coupes invendues.* — Lorsque, faute d'offre suffisante, l'adjudication des coupes

communales ordinaires ou extraordinaires d'une valeur supérieure à 500 francs aura été tentée sans succès au chef-lieu d'arrondissement, le préfet, sur la proposition du conservateur, pourra autoriser l'exploitation de ces coupes par économie et la vente en bloc ou par lots des produits façonnés, au chef-lieu d'une des communes voisines de la situation des bois.

En cas de dissentiment entre le préfet et le conservateur, il en sera référé au ministre, qui statuera, après avoir pris l'avis de l'administration des forêts. (Ord. des 24 août 1840, 14 juillet 1844. Circ. N 80, art. 57.)

54. *Préposés. Entrepreneurs.* — Les préposés forestiers ne peuvent pas être chargés, comme entrepreneurs, d'exploitation à leur profit, dans une forêt communale dont la surveillance leur est confiée. (Lettre de l'Admin. du 19 septembre 1861.)

55. *Autorisation.* — Les conservateurs autoriseront, dans les forêts communales et d'établissements publics, les coupes d'amélioration (nettoiements et éclaircies) de morts-bois, de bois morts, dépérissants, d'arbres mitoyens, de bois incendiés et les recepages. Mais, si l'exploitation doit avoir lieu par économie, l'autorisation en sera donnée par le préfet, sur la proposition des communes ou établissements publics et après avis du conservateur. (Décr. du 17 février 1888. Circ. N 395.)

SECT. III. — EXPLOITATION PAR ENTREPRISE.

§ 1. *Bois domaniaux.*

56. *Propositions.* — Le mode d'exploitation des coupes par entreprise ne doit être proposé qu'en cas d'absolue nécessité, lorsqu'il y aurait des inconvénients à renvoyer les coupes à l'année suivante, et après s'être assuré de la possibilité de vendre les produits façonnés. On doit, dans les propositions de ces travaux, indiquer le montant de l'estimation des coupes, le dernier rabais et le chiffre des offres faites. (Circ. A 592.)

57. *Proposition. Envoi.* — On doit adresser, avec les états d'assiette, les propositions des coupes (nettoiements, et éclaircies) à exploiter par entreprise. (Circ. A 540 sexies. Circ. N 360.)

58. *Condition. Proposition.* — On ne doit proposer l'exploitation par entreprise des coupes d'amélioration, que lorsque les brins sont trop faibles pour recevoir l'empreinte du marteau. (Circ. A 592.)

59. *Autorisation.* — Le ministre de l'agriculture pourra autoriser l'exploitation au compte de l'État des coupes domaniales non adjugées. (Cah. des ch. 2.)

60. *Bois abroutis. Bois incendiés. Autorisation.* — Les conservateurs autorisent, dans les bois domaniaux, l'exploitation par entreprise des bois abroutis, lorsque les frais d'exploitation n'excèdent pas 200 francs, pour les bois d'un seul tenant (Circ. A 568. Ord. 4 décembre 1844), et celle des bois incendiés, quand les mêmes frais ne dépassent pas 500 francs. (Décr. du 17 février 1888. Circ. N 395.)

61. *Arbres mitoyens.* — Les conservateurs autoriseront, dans les forêts domaniales, l'exploitation par entreprise des arbres mitoyens, quand les frais à la charge de l'Etat ne dépasseront pas 200 francs. (Décr. du 17 février 1888. Circ. N 395.)

62. *Autorisations. Crédits.* — Les conservateurs autoriseront les coupes d'amélioration (nettoiements et éclaircies) de morts-bois, de bois morts, dépérissants, d'arbres mitoyens, de bois incendiés et les recepages. Mais, si l'exploitation doit avoir lieu par entreprise au compte de l'Etat, l'autorisation et les crédits nécessaires devront être demandés à la direction des forêts. (Décr. du 17 février 1888. Circ. N 395.)

63. *Responsabilité.* — Les entrepreneurs des coupes par entreprise paraissent ne pas être soumis à la responsabilité de l'ouïe de la cognée. (Puton.)

64. *Livraison.* — Après le dénombrement, le soin de surveiller la livraison des lots aux adjudicataires des bois façonnés incombe à l'administration. (Circ. A 831.)

65. *Conditions d'exploitation.* — Elles figurent aux articles 21, 22, 24, 26, 27, 29, 30, 31 du cahier des charges, en date du 9 mars 1863.

Ce mode d'exploitation n'est plus que rarement employé.

§ 2. *Bois communaux et d'établissements publics.*

66. *Autorisation. Coupes invendues.* — Le préfet, sur la proposition du conservateur, pourra autoriser l'exploitation par un entrepreneur responsable des coupes communales ou des établissements publics restées invendues aux adjudications et la vente en bloc ou par lots des produits façonés de ces coupes, dans l'une des communes voisines de la situation des bois. (Cah. des ch. 2.)

67. *Préposés.* — Les préposés ne peuvent pas être chargés, comme entrepreneurs, d'exploitation à leur profit, dans une forêt communale de leur surveillance. (Lettre de l'Admin. 19 septembre 1861.)

SECT. IV. — EXPLOITATION PAR UNITÉS DE PRODUITS.

68. *Ouvriers. Liste.* — L'entrepreneur remettra au chef de cantonnement la liste

des ouvriers qu'il se propose d'employer; les agents pourront exiger le renvoi de tout individu d'une incapacité notoire pour l'exploitation des bois, ou qui refuserait de se conformer aux prescriptions des agents et des préposés. (Cah. des ch. 10.)

69. *Condition d'exploitation.* — L'adjudicataire commencera l'exploitation à l'époque fixée par le cahier des charges, ou qui lui sera indiquée par le chef de cantonnement : il ne pourra abattre d'autres bois que ceux qui lui seront indiqués par l'agent local ou les préposés forestiers ; il devra se conformer à toutes les mesures qui lui seront prescrites par le chef de cantonnement, pour le mode d'exploitation, la dimension des produits et la marche des travaux. (Cah. des ch. 10 et 14.)

SECT. V. — EXPLOITATION DE BOIS POUR L'ARTILLERIE.

70. *Conditions. Crédits.* — Les bois destinés à l'artillerie seront exploités par les soins de l'administration forestière, de préférence dans les bois situés assez près des lieux de destination, pour qu'on puisse employer les ouvriers militaires, qui ne doivent pas découcher. Dans les cas où les soldats ne peuvent pas être employés, les coupes sont faites par économie au compte de l'Etat, et les conservateurs peuvent autoriser les dépenses jusqu'à concurrence de 1000 francs par forêt ; ils devront demander des crédits, lorsque cette somme devra être dépassée. Lorsque les frais afférents à chaque exploitation sont arrêtés, on en donne avis à l'administration, sur la formule série 3, n° 16, qui a remplacé l'imprimé série 4, n° 36 bis. (Décr. du 10 octobre 1874. Circ. N 167. Circ. N 372.) V. Artillerie.

71. *Bois de bourdaine.* — Les exploitations des bois de bourdaine, pour les poudreries nationales, s'effectuent par des entrepreneurs, suivant marchés ou adjudications passés par les directeurs des poudreries. (Règl. Min. 1er mars 1883. Circ. N. 315.) V. Entrepreneur.

SECT. VI. — EXPLOITATION DES BOIS PARTICULIERS EN ALGÉRIE.

72. *Exploitation. Déclaration. Algérie.* — En Algérie, tout particulier européen ou indigène qui voudra exploiter ou écorcer en tout ou en partie et quelle qu'en soit l'essence les bois qui lui appartiennent ou les broussailles : 1° se trouvant sur le sommet ou sur la pente des montagnes et coteaux ; 2° servant à la protection des sources et cours d'eau; 3° servant à la protection des dunes et des côtes contre les érosions de la mer et l'envahissement des sables; 4° nécessaires à la salubrité publique, sera tenu d'en faire, au secrétariat de la sous-préfecture ou de la subdivision ou de l'agent forestier local, une déclaration dans laquelle il indiquera l'âge et l'essence des bois qu'il veut exploiter, leur grosseur et leur nombre approximatif, l'étendue sur laquelle ils sont distribués, le nom et la situation précise de la forêt où ils se trouvent. Il ne pourra, sous peine des amendes et condamnations portées par les articles 192, 194 et 196 du code forestier (arbres coupés en délits), commencer son exploitation sans en avoir obtenu l'autorisation, excepté s'il s'agit des parcs et jardins clos attenant à une habitation, ou des bois non clos au-dessous de 10 hectares lorsqu'ils ne font pas partie d'un bois qui compléterait la contenance de 10 hectares et qu'ils ne sont pas situés sur le sommet ou la pente d'une montagne ou d'un coteau. Cette autorisation sera donnée, sur l'avis du service forestier, par l'autorité préfectorale ou son délégué chargé de l'administration locale; elle ne sera valable que pour un an, à partir du jour de la date. Si, dans les trois mois qui suivront la déclaration, la décision du préfet n'est pas rendue et notifiée au propriétaire des bois, l'exploitation peut être effectuée. (Loi du 9 décembre 1885, art. 5 et 11. Circ. N 357.)

73. *Algérie. Exploitation. Exportation. Vente.* — Des arrêtés du gouverneur général, pris en conseil de gouvernement, détermineront les conditions de l'exploitation, du colportage, de la vente et de l'exportation des lièges (Arr. du 7 juillet 1886), des écorces à tan (Arr. du 10 juillet 1886), des produits résineux des forêts (Arr. du 4 août 1886), de l'alfa et des brins destinés à la fabrication des cannes. (Arr. du 2 août 1886.)

En cas de contravention :

Amende : 20 à 500 francs.

Prison facultative : 6 jours à 6 mois. L'article 463 du code pénal est applicable.

(Loi du 9 décembre 1885, art. 6 et 8. Circ. N 357.)

74. *Algérie. Daya. Exploitation.* — Aucune exploitation ou aucun abatage d'arbres ne pourra avoir lieu dans les dayas sans autorisation, sous peine de :

Amende : 20 à 500 francs.

Emprisonnement facultatif : 6 jours à 6 mois. L'article 463 du code pénal est applicable.

(Loi du du 9 décembre 1885, art. 7 et 8.)

EXPORTATION. V. Exploitation. Algérie.

EXPROPRIATION.

SECT. I. — GÉNÉRALITÉS, PRINCIPES, 1 — 9.

SECT. II. — TRAVAUX PUBLICS, 10 — 11.

SECT. III. — RESTAURATION DES TERRAINS EN MONTAGNE, 12 — 31.

V. Affichage. Aliénation. Droits d'usage. Indemnités. Jugement. Offre. Périmètres. Restauration des terrains en montagne.

SECT. I. — GÉNÉRALITÉS. PRINCIPES.

1. *Principes.* — L'expropriation pour cause d'utilité publique s'opère par autorité de justice. (Loi du 3 mai 1841, art. 1.)

Les tribunaux ne peuvent prononcer l'expropriation qu'autant que l'utilité des travaux a été reconnue : 1o par une loi ou une ordonnance qui en autorise l'exécution ; 2o par l'arrêté du préfet, qui, à défaut d'autres indications, désigne les localités où doivent avoir lieu ces travaux ; 3o par l'arrêté préfectoral qui détermine les propriétés particulières auxquelles l'expropriation est applicable. (Loi du 3 mai 1841, art. 2.)

2. *Utilité publique.* — C'est une loi ou un décret qui fixe si les travaux sont d'utilité publique. Dans le cas de décret, il peut y avoir appel au conseil d'Etat pour incompétence, excès de pouvoir ou violation de formes substantielles. (Cons. d'Etat, 31 mars 1848.)

3. *Parcelle.* — Toute parcelle de terrain isolée, réduite au quart de la contenance et inférieure à dix ares, après le morcellement, doit être expropriée et acquise en totalité. (Loi du 3 mai 1841, art. 50.)

4. *Indemnité.* — Dans les expropriations pour cause d'utilité publique, l'indemnité, pour la valeur complète du terrain, doit être fixée et payée préalablement à la prise de possession du terrain par l'administration. (Loi du 3 mai 1841, art. 53.)

5. *Indemnité. Condition.* — A moins du consentement formel et réciproque des parties, l'indemnité d'expropriation doit, en principe et à peine de nullité, consister en une somme d'argent. (Cass. 13 janvier 1886.)

6. *Formalités. Exposé succinct.* — Il est dressé un plan parcellaire, pour chaque commune, des terrains à exproprier. Ce plan porte, d'après le cadastre, le nom des propriétaires et reste déposé pendant huit jours à chaque mairie. Le délai de huit jours court à partir de la publication ou avertissement du dépôt. Pendant ce dépôt, constaté par procès-verbal, le maire reçoit et prend note des réclamations faites ; après le dépôt, une commission se réunit à la sous-préfecture ; elle est présidée par le sous-préfet et comprend quatre membres du conseil général ou d'arrondissement, le maire de la commune où se fait l'expropriation et l'ingénieur ou l'agent chargé de l'exécution des travaux. La commission reçoit les réclamations et observations des propriétaires et en délibère. Sur les travaux de la commission, le préfet détermine par un arrêté les propriétés qui doivent être cédées et l'époque à laquelle on en prendra possession. En cas de bien de mineurs et d'interdits, la loi prescrit des dispositions spéciales.

Sur la production des actes de la commission, dans un délai de trois jours, le ministère public requiert et le tribunal prononce l'expropriation pour cause d'utilité publique, qui doit être exécutée dans l'année ; le tribunal nomme un juge pour présider le jury qui fixe l'indemnité ; le jugement est signifié à domicile, publié et affiché dans la commune ; dans la huitaine qui suit, le propriétaire est tenu de faire connaître les fermiers, locataires, etc., qui ont des droits d'usage ou d'habitation, etc., sur les terrains à exproprier ; l'administration notifie ensuite les offres de l'indemnité ; dans la quinzaine, le propriétaire est tenu de faire connaître s'il accepte, ou d'indiquer le montant de ses prétentions.

Si le propriétaire refuse les offres, il est cité devant le jury, qui statue. La décision du jury ne peut être attaquée que par recours en cassation, dans le délai de quinze jours. (Loi du 3 mai 1841.)

7. *Fermier ou ayant droit. Connaissance personnelle.* — Si le paragraphe 1er de l'article 21 de la loi du 3 mai 1841 impose au propriétaire l'obligation d'appeler ou de faire connaître à l'administration, dans le délai de huitaine à partir de la notification prescrite par l'article 15 de la même loi, les fermiers, locataires ou autres ayants droit sur l'immeuble exproprié, sous peine de rester seul chargé envers eux des indemnités qu'ils pourront réclamer, cette obligation cesse d'exister quand l'administration connaît certainement à l'avance ces divers ayants droit et leurs prétentions. (Paris, 21 mai 1890.)

8. *Indemnité. Estimation.* — Lors de l'expropriation d'un terrain boisé, l'exproprié se réserve souvent la superficie qu'il veut, puis il réclame une indemnité pour : 1o la valeur du sol nu, mais renfermant des souches

ou des graines ; 2° la dépréciation du bois vendu avant la maturité ; 3° l'amoindrissement du prix de vente, à cause de l'époque de la vente ou des délais trop courts pour l'exploitation et la vidange ; 4° le morcellement ou la servitude du terrain. Les trois premiers articles pourront être remplacés par l'estimation ordinaire, fonds et superficie, dont on déduirait le prix de la superficie, si l'exproprié veut la vendre lui même. Mais il serait plus simple de tout prendre en bloc. (*Revue des eaux et forêts*, novembre 1873.)

9. *Algérie.* — Pour l'Algérie, l'expropriation se fait suivant les prescriptions de l'ordonnance du 1er octobre 1844.

SECT. II. — TRAVAUX PUBLICS.

10. *Formalités.* — Lorsqu'il y a lieu de recourir à l'expropriation judiciaire, on se conforme aux dispositions des lois du 21 mai 1836 et 3 mai 1841, selon qu'il s'agit de chemins vicinaux ou de travaux publics. (Circ. N 59, art. 16.)

11. *Chemins vicinaux.* — Le préfet détermine les propriétés particulières auxquelles l'expropriation est applicable (Loi du 3 mai 1841, art. 2) ; après quoi, il est procédé aux publications et informations prescrites par les articles 5 et 12 de la loi du 3 mai 1841. (Circ. N 59.)

SECT. III. — RESTAURATION DES TERRAINS EN MONTAGNE.

12. *Formalités.* — La loi déclarant des travaux d'utilité publique est publiée et affichée dans les communes. Le préfet fait notifier aux intéressés un extrait du projet et du plan relativement aux terrains qui leur appartiennent.

Un duplicata du plan du périmètre est déposé à la mairie des communes intéressées. (Loi du 4 avril 1882, art. 3.)

13. *Périmètres.* — Dans les périmètres fixés par la loi et où les travaux de restauration des montagnes seront exécutés par les soins de l'administration et aux frais de l'Etat, celui-ci devra acquérir, soit à l'amiable, soit par expropriation, les terrains reconnus nécessaires. Dans ce dernier cas, il sera procédé dans les formes prescrites par la loi du 3 mai 1841, à l'exception des articles 4, 5, 6, 7, 8, 9 et 10 du titre II et qui sont remplacés par les articles 2 et 3 de la présente loi, prescrivant les formalités de l'enquête et des avis précédant la loi et de l'affichage de celle-ci, ainsi que les notifications aux particuliers des extraits du projet et du plan contenant les indications relatives aux terrains qui leur appartiennent. (Loi du 4 avril 1882, art. 4.)

14. *Propriétaire. Entente avec l'Etat.* — Le propriétaire qui, avant le jugement d'expropriation, parvient à s'entendre avec l'Etat, peut conserver la propriété de son terrain, en s'engageant à exécuter, dans un délai fixé, les travaux de restauration indiqués et à pourvoir à leur entretien, sous le contrôle et la surveillance de l'administration forestière. (Loi du 4 avril 1882, art. 4.)

15. *Droit d'usage. Reconnaissance.* — Si le périmètre comprend des biens domaniaux grevés de droits d'usage ou de servitudes quelconques régulièrement reconnus au profit soit d'une ou plusieurs communes, soit d'un ou plusieurs particuliers, les agents forestiers les mentionnent expressément au procès-verbal de reconnaissance, en indiquant le détail précis et complet de ces droits et en s'expliquant sur la nécessité de leur rachat ou de leur expropriation, au point de vue de l'exécution et de la conservation des travaux de restauration projetés. (Instr. Gén. du 2 février 1885, art. 12. Circ. N 345.) V. Droit d'usage.

16. *Droit d'usage. Terrains domaniaux.* — Les terrains domaniaux compris dans les périmètres et grevés de droits d'usage ou servitudes, dont le maintien ferait obstacle à l'exécution des travaux de restauration, doivent être portés parmi les immeubles à exproprier ; les droits d'usage et servitudes doivent être compris dans le jugement d'expropriation. (Instr. Gén. du 2 février 1885, art. 51. Circ. N 345.)

17. *Dossier. Formalités.* — Lorsque les agents forestiers ont constaté qu'il y a lieu de renoncer à de nouvelles tentatives d'arrangement amiable, le conservateur, après avoir rendu compte de la situation à l'administration et en avoir reçu l'autorisation de poursuivre les expropriations, transmet au préfet :

1° Un projet d'arrêté à prendre par application de l'article 11 de la loi du 3 mai 1841 ;

2° Un état parcellaire des propriétés à céder ;

3° Un plan parcellaire du périmètre, dressé d'après le cadastre ;

4° Un projet de requête à adresser au procureur de la République près le tribunal de l'arrondissement de la situation des biens à exproprier.

Le conservateur rappelle, en même temps, au préfet qu'il y a lieu d'adresser au procureur de la République, avec ces deux dernières pièces et une copie de l'arrêté préfectoral et de l'état parcellaire, les documents ci-après :

1° Le texte de la loi qui a déclaré l'utilité publique des travaux de restauration à effectuer dans le périmètre ;

2° Le certificat de publication et d'affichage de la loi dans la commune ;

3° Le certificat de dépôt du duplicata du plan parcellaire à la mairie ;

4° Les originaux de notifications des extraits du projet et du plan faites aux intéressés. (Instr. Gén. du 2 février 1885, art. 48. Circ. N 345.)

18. *Indemnité. Règlement. Dossier. Envoi.* — Si toutes les offres ne sont pas acceptées dans le délai de quinzaine prescrit par l'article 24 de la loi du 3 mai 1841 ou dans le délai d'un mois prévu par les articles 25 et 26 de ladite loi, le conservateur adresse au préfet, pour être transmis au procureur de la République :

1° Une expédition du jugement d'expropriation ;

2° La liste des affaires à soumettre au jury ;

3° Les noms des personnes intéressées au règlement de l'indemnité ;

4° Un projet de requête à présenter au nom du préfet, à l'effet d'obtenir la formation du jury. (Instr. Gén. du 2 février 1885, art. 68. Circ. N 345.)

19. *Jury. Convocation. Parties. Citations.* — La liste des seize jurés et des quatre jurés supplémentaires est transmise par le préfet au sous-préfet, qui, après s'être concerté avec le magistrat directeur du jury, convoque les jurés et les parties, en leur indiquant, au moins huit jours à l'avance, le jour et le lieu de la réunion. La notification aux parties leur fait connaître les noms des jurés. (Loi du 3 mai 1841, art. 31.)

La citation faite aux propriétaires et autres intéressés qui ont été désignés ou qui sont intervenus contient l'énonciation des offres qui ont été refusées. (Loi du 3 mai 1841, art. 28. Instr. Gén. du 2 février 1885, art. 69. Circ. N 345.)

20. *Citations. Préparation.* — Les notifications et citations sont faites à la diligence du sous-préfet. Mais, sous la réserve de l'agrément de ce fonctionnaire, il est utile, dans un but de contrôle, qu'elles aient lieu par les soins des agents forestiers et par le ministère des préposés ou des huissiers qui ont instrumenté précédemment. Les formules de notifications et de citations sont alors préparées par le service forestier. (Instr. Gén. 2 février 1885, art. 70. Circ. N 345.)

21. *Significations. Domicile.* — La citation est signifiée à chacun des prétendants à indemnité, lors même que l'administration ne croit pas leur en devoir.

A défaut par les parties intéressées d'avoir élu domicile dans l'arrondissement, l'assignation est faite en double copie : 1° au maire de la commune ; 2° au fermier, locataire, gardien ou régisseur de la propriété. (Instr. Gén. du 2 février 1885, art. 71. Circ. N 345.)

22. *Tableau des offres et demandes. Etablissement.* — Avant le jour fixé pour la réunion du jury, les agents forestiers préparent un tableau spécial (form. série 7, n° 25), présentant, pour chaque intéressé, le montant des offres faites par l'administration et le chiffre des indemnités correspondantes qui lui sont demandées. (Instr. Gén. 2 février 1885, art. 72. Circ. N 345.)

23. *Tableau des offres et demandes. Destination.* — Le tableau des offres et demandes est adressé : 1° au sous-préfet, en un seul exemplaire ; 2° au magistrat directeur du jury, en trois exemplaires au moins (un pour le magistrat, les autres pour les membres du jury). (Instr. Gén. 2 février 1885, art. 73. Circ. N 345.)

24. *Tableau des demandes. Nullité des opérations.* — Lorsque les expropriés ont fait connaître leurs prétentions seulement après l'ouverture des débats ou bien lorsqu'ils ont, après l'ouverture des débats, augmenté les demandes formées antérieurement, si le tableau des demandes ainsi modifiées n'a pas été mis sous les yeux du jury par le magistrat qui dirige ses travaux, les opérations du jury doivent être frappées de nullité. (Cass. 2 juillet 1888.)

25. *Jury. Récusation.* — Lors de l'appel des jurés, l'administration a le droit d'exercer deux récusations péremptoires ; la partie adverse a le même droit. (Loi du 3 mai 1841, art. 34, § 2.)

Ce droit est exercé par l'agent forestier chargé de représenter l'État, conformément aux instructions données par le conservateur. (Instr. Gén. du 2 février 1885, art. 75. Circ. N 345.)

26. *Jury. Décision. Notification.* — La décision du jury d'expropriation est notifiée à chacun des intéressés, à la diligence du sous-préfet, par les soins des agents forestiers, dès qu'elle est devenue définitive. (Instr. Gén. du 2 février 1885, art. 78. Circ. N 345.)

27. *Frais. Paiement.* — Les receveurs de l'enregistrement acquittent, à titre d'avance, les *frais urgents* de l'expropriation, c'est-à-dire les indemnités des jurés et des personnes appelées pour éclairer le jury, les indemnités de déplacement dues au magistrat directeur du jury et à son greffier. (Ord. 18 septembre 1833, art. 26 et 27.)

Les autres frais de l'expropriation, tels que le coût des exploits d'huissier, des actes des greffiers, etc., sont acquittés directement par l'administration des forêts ou par les indemnitaires, conformément à la décision du jury et à la taxe du magistrat directeur. (Instr. Gén. du 2 février 1885, art. 85. Circ. N 345.)

28. *Registre.* — Il est tenu par chaque chef de service un état des expropriations de terrain. (Instr. Gén. 2 février 1885, art. 87. Circ. N 345.)

29. *Jurés. Indemnité. Taxe.* — La convention par laquelle les parties, d'un commun

accord, s'engagent à payer à chacun des jurés, à titre d'indemnité de déplacement ou de séjour, une certaine somme par jour à taxer par le magistrat directeur, peut faire l'objet d'une opposition à la taxe et avoir pour effet de l'invalider, mais ne saurait donner ouverture à un pourvoi en cassation contre les décisions du jury, qui, légalement, ne peuvent être considérées comme ayant été rendues en violation du principe de la gratuité de la justice. (Cass. 20 février 1889.)

30. *Nullité. Jugement. Indications erronées. Cassation de la décision du jury.* — Doit être annulé : 1° le jugement d'expropriation rendu contre une personne autre que celle portée à la matrice cadastrale ; 2° le jugement qui désigne l'immeuble exproprié comme compris sur le plan cadastral sous un numéro indiqué et comme appartenant à une personne déterminée, alors que l'immeuble ne porte aucun numéro sur le plan cadastral et ne figure à la matrice des rôles sous le nom d'aucun propriétaire.

La cassation du jugement entraîne, par voie de conséquence, celle de la décision du jury et de l'ordonnance du magistrat directeur. (Cass. 15 et 29 janvier 1884.)

31. *Visite des lieux. Délégation. Pourvoi. Réclamations.* — Lorsque le procès-verbal constate que la visite des lieux a été effectuée par la délégation du jury, soit en entier, soit par une sous-délégation, et qu'aucune observation ou protestation n'a été faite par aucune des parties en cause, l'expropriant n'est pas recevable, devant la cour de cassation, à se faire un grief de ce que la délégation, ayant procédé par voie de sous-délégation, tous les jurés délégués ont néanmoins pris part à la décision fixant l'indemnité. (Cass. 20 février 1889.)

EXTRACTION.

CHAP. I. — EXTRACTION EN GÉNÉRAL.

1. *Autorisation. Condition.* — Dans les bois soumis au régime forestier, l'extraction et l'enlèvement des produits quelconques du sol forestier ne pourront avoir lieu qu'en vertu d'une autorisation formelle délivrée par le conservateur, s'il s'agit des bois de l'Etat, et, s'il s'agit des bois des communes et des établissements publics, par les maires et administrateurs, sauf l'approbation du conservateur, qui, dans tous les cas, réglera les conditions et le mode d'extraction. (Ord. 4 décembre 1844. Circ. A 568.)

2. *Prix.* — Le prix sera fixé par le conservateur, pour les bois de l'Etat, et, pour les bois des communes et des établissements publics, par le préfet, sur la proposition des maires et des administrateurs. (Ord. 4 décembre 1844. Circ. A 568.)

3. *Conditions.* — Les conservateurs réglementent les conditions et les modes d'extraction de tous les menus produits. (Ord. 4 décembre 1844.)

4. *Autorisation.* — Les conseils de préfecture sont incompétents pour autoriser les extractions de produits quelconques dans les bois communaux, soumis au régime forestier. (Cons. d'Etat, 14 juillet 1835.)

5. *Autorisation.* — Dans les bois soumis au régime forestier, l'autorisation d'extraction doit être expresse et antérieure au fait incriminé. (Cass. 19 novembre 1829.)

6. *Autorisation.* — Les autorisations pour extractions ne sont valables que lorsqu'elles émanent de l'autorité ayant régulièrement pouvoir de les octroyer. La permission d'un garde n'est pas suffisante. (Montpellier, inédit, 20 décembre 1841.)

7. *Bois particuliers.* — Le délit d'extraction est couvert par l'autorisation du propriétaire, quand bien même cette autorisation ne serait présentée qu'après le commencement des poursuites.

8. *Autorisation. Maire.* — En cas d'autorisation d'extraction, dans les bois communaux, donnée par le maire seul (sans l'approbation du conservateur), quelque irrégulière que soit cette autorisation, elle met ceux qui en ont usé à l'abri des poursuites, qui ne peuvent être intentées que contre le maire. (Cass. 6 mai 1841.)

9. *Intérêt communal. Terre.* — Une extraction de terre, effectuée dans un *bois communal*, en vue d'un *intérêt communal* et d'après l'ordre du maire, ne constitue pas, pour les ouvriers employés à ce travail d'après l'ordre du maire, une contravention passible des condamnations de l'article 144 du code forestier. (Cass. 6 mai 1841.)

10. *Usagers. Délivrance.* — Si des usagers ont droit à des extractions de produits forestiers, ils ne peuvent les effectuer qu'avec l'autorisation ou la délivrance du propriétaire, sous les pénalités de l'article 144 du code forestier, en cas d'infraction. (Circ. du 20 juillet 1811. Cass. 24 janvier 1812.)

11. *Indications.* — Les indications de l'article 144 du code forestier sont *énonciatives* et non pas *limitatives*. La pénalité édictée s'applique à l'enlèvement d'une *production* quelconque du sol forestier. (Cass. 1er juin 1839, 4 février 1841.)

12. *Bois.* — L'article 144 du code forestier s'applique à tous les terrains soumis au régime forestier, boisés ou non boisés, et seulement aux terrains particuliers *boisés*. (Cass. 15 mai 1830.)

13. *Produits. Minerais.* — L'ordonnance du 4 décembre 1844 et l'article 169 de l'ordonnance ne sont applicables qu'aux produits du sol : ils sont inapplicables aux minerais. (Lettre du sous-secrétaire d'Etat aux travaux publics du 7 mars 1840.)

14. *Phosphates.* — L'article 144 du code forestier n'est pas limitatif; il prévoit et punit l'extraction des phosphates (coprolithes) qui existent sous un chemin faisant partie d'une forêt communale, soumise au régime forestier. (Nancy, 11 juin 1885.)

15. *Délits. Pénalités.* — L'extraction non autorisée de produits quelconques : pierres, sable, minerais, terre, gazon, tourbe, bruyères, genêts, herbages, feuilles vertes ou mortes, engrais existant sur le sol des forêts, glands, faînes, autres fruits et semences intérieurs ou superficiels des forêts de l'Etat, des communes, des établissements publics et des particuliers, sera punie, savoir :

Amende.	Le jour.		Le jour avec récidive, la nuit, ou la nuit avec récidive.	
Par bête attelée à une charrette.. .	10 à 30 fr.	C. F. 144.	20 à 60 fr.	C. F. 144, 201.
Par charge de bête	5 à 15		10 à 30	
Par charge d'homme.	2 à 6		4 à 12	

Emprisonnement facultatif de 3 jours au plus. (Cod. For. 144. Loi du 18 juin 1859.)

Restitution des objets enlevés ou de leur valeur. (Cod. For. 198.)

Dommages-intérêts facultatifs; minimum : amende simple. (Cod. For. 202.)

Confiscation des instruments du délit. (C. F. 198.)

16. *Adjudicataire. Usager. Délit. Pénalités.* — Si l'enlèvement, l'extraction, l'abatage et la récolte des fruits, semences ou production quelconque des forêts ont été effectués par un adjudicataire du panage, ou par des usagers (dans tous les bois en général), les délinquants seront condamnés comme suit :

Amende.	Le jour.		Le jour avec récidive, la nuit, ou la nuit avec récidive.	
Par bête attelée à une charrette.. .	20 à 60 fr.	C. F. 57, 85, 112, 120, 144.	40 à 120 fr.	C. F. 57, 85, 112, 120, 144, 201.
Par charge de bête de somme . - . .	10 à 30		20 à 60	
Par charge d'homme.	4 à 12		8 à 24	

En outre, emprisonnement de 3 jours au plus (facultatif). (Cod. For. 57, 85, 112, 120, 144. Loi du 18 juin 1859.)

Restitution des objets enlevés ou de leur valeur. (Cod. For. 112, 120, 198.)

Dommages-intérêts facultatifs; minimum : amende simple. (Cod. For. 198, 202.)

Confiscation des instruments du délit. (Cod. For. 198.)

17. *Préparation. Tentative.* — La préparation d'enlèvement ou d'extraction, la coupe, la mise en tas d'un produit forestier, le ramassage et autres tentatives ou commencement d'exécution sont punis comme si le délit avait été consommé. (Cass. 28 juin 1811, 21 octobre 1824 et 19 septembre 1832.)

Cette jurisprudence s'explique, en ce sens que la mise en tas des feuilles ou semences, la coupe des herbes ou la fouille des terres, etc., modifiant leur état naturel, portent un préjudice au sol forestier et justifient ainsi la pénalité, car il ne faut pas oublier que toutes les amendes du code forestier sont empreintes du cachet de réparations pénales ou civiles, plutôt pour dommage causé à la propriété que pour infraction à l'intérêt public.

18. *Tentative. Extraction. Enlèvement.* — Le délit prévu par l'article 144 du code forestier, qui punit toute extraction ou enlèvement non autorisé des produits quelconques dans les forêts, existe, soit qu'il y ait eu enlèvement sans extraction, ou extraction sans enlèvement. (Cass. 28 novembre 1872.)

19. *Condamnation.* — Lorsque les produits sont extraits et non enlevés et qu'il y a plusieurs délinquants, chacun d'eux doit être considéré comme ayant commis un délit séparé et condamné séparément pour enlèvement de charge d'homme, sans aucune solidarité entre tous les délinquants. (Cass. 21 octobre 1824.)

20. *Solidarité.* — Lorsque le délit d'extraction est commis par les membres d'une même famille, ou par des individus qui doivent en profiter en commun, ou par les domestiques, dans l'intérêt des maîtres, les condamnations doivent être prononcées solidairement. (Metz, inédit, 14 décembre 1836.)

21. *Fossé.* — L'intention ou la tentative d'extraction sont seuls délictueux. Le creusement d'un fossé, sans autorisation et sans intention d'enlèvement, ne tombe pas sous l'application de l'article 144 du code forestier. (Chambéry, 20 juillet 1871.)

Cependant le fait d'extraction de la terre pour le creusement du fossé, indépendamment de tout enlèvement, peut être considéré comme constituant le délit prévu et puni par l'article 144 du code forestier. (Cass. 28 novembre 1872.)

CHAP. II. — EXTRACTION POUR TRAVAUX.

SECT. I. — TRAVAUX FORESTIERS.

22. *Travaux forestiers.* — Les travaux effectués par les agents de l'Etat et à son compte constituant des travaux publics, il semble, dès lors, que ces travaux doivent participer aux prérogatives des travaux publics, indiquées dans la loi du 28 pluviôse an VIII ; un entrepreneur de travaux forestiers peut donc provoquer un arrêté préfectoral, qui l'autorise à extraire des matériaux dans une propriété particulière. (Décis. Min. 6 juillet 1867. Interprétation d'un décret rendu en conseil d'Etat, 17 mai 1855.)

D'après une décision du conseil d'Etat, en date du 2 mai 1873 (Circ. N 319), les travaux forestiers ne doivent pas être considérés comme des travaux publics et, par suite, les dispositions qui précèdent ne paraissent plus applicables.

SECT. II. — TRAVAUX PUBLICS.

§ 1. *Grande voirie.*

A. *Lieu et conditions d'extraction.*

23. *Entrepreneurs.* — Les entrepreneurs de travaux publics peuvent prendre la pierre, le grès, le sable et autres matériaux pour l'exécution des ouvrages dans tous les lieux indiqués par les devis. (Arrêt du Conseil du roi du 7 septembre 1755, confirmatif des arrêtés des 3 octobre 1667, 3 décembre 1672 et 22 juin 1706, visés par le conseil d'Etat, le 27 juin 1834.)

24. *Chemins vicinaux.* — Cette disposition est applicable aux travaux ayant pour objet les chemins vicinaux. (Loi du 21 mai 1836, art. 17. Circ. N 59, art. 67.)

25. *Formalités.* — Les préfets doivent veiller à ce que toutes les formalités pour l'extraction des matériaux soient strictement remplies. (Circ. du directeur général des ponts et chaussées du 8 juin 1830. Circ. N 59, art. 72.)

26. *Autorisation.* — Les conservateurs autorisent les extractions de matériaux pour cause d'utilité publique; ils autorisent l'abatage des arbres pour permettre l'extraction, ainsi que la vente des arbres abattus. (Circ. A 544. Ord. 8 août 1845.)

27. *Etudes. Coupes.* — Les conservateurs autorisent la coupe et l'abatage d'arbres pour les études ou l'établissement de tous les travaux d'utilité publique projetés ou arrêtés par l'autorité compétente (forêts domaniales et communales). (Décis. Min. 11 août 1843. Circ. A 540.)

28. *Arbres à abattre. Vente.* — Les arbres et portions de bois qu'il serait indispensable d'abattre pour effectuer les extractions seront vendus comme menus marchés, sur l'autorisation du conservateur. (Ord. 174.)

29. *Ponts et chaussées. Indication.* — Il n'est point dérogé au droit conféré à l'administration des ponts et chaussées d'indiquer les lieux où doivent être faites les extractions de matériaux pour les travaux publics ; néanmoins, les entrepreneurs seront tenus envers l'Etat, les communes et établissements publics, comme envers les particuliers, de payer toutes les indemnités de droit et d'observer toutes les formes prescrites par les lois et règlements en cette matière. (Cod. For. 145.)

30. *Désignations. Emplacement.* — Lorsque les extractions de matériaux auront pour objet des travaux publics, les ingénieurs des ponts et chaussées, avant de dresser le cahier des charges des travaux, désigneront à l'agent forestier supérieur de l'arrondissement les lieux où ces extractions devront être faites.

Les agents forestiers, de concert avec les ingénieurs ou conducteurs des ponts et chaussées, procéderont à la reconnaissance des lieux, détermineront les limites du terrain où l'extraction pourra être effectuée, le nombre, l'espèce et les dimensions des arbres dont elle pourra nécessiter l'abatage, et désigneront les chemins à suivre pour le transport des matériaux. En cas de contestation sur ces divers objets, il sera statué par le préfet. (Ord. 170.)

31. *Lieux d'extraction. Département.* — Lorsque les extractions de matériaux doivent être opérées dans les bois soumis au régime forestier, les lieux sont préalablement désignés à l'agent forestier supérieur de l'arrondissement. (Cod. For. 145. Ord. 170. Ord. 8 août 1845, art. 2. Décis. du Min. des Fin. 17 juillet 1851.)

S'il s'agissait d'extraire des matériaux dans des forêts situées en dehors du département où les travaux s'effectuent, le conservateur devrait en aviser l'administration, avant qu'il soit statué sur la demande. (Circ. N 59, art. 68.)

32. *Reconnaissance contradictoire.* — Aussitôt que la demande leur en est faite, les agents forestiers, de concert, s'il s'agit de routes nationales et départementales, avec les ingénieurs des ponts et chaussées, et, s'il s'agit de chemins vicinaux, avec les agents chargés du service vicinal, ou, à défaut de ceux-ci, avec les maires, procèdent à la reconnaissance des lieux, déterminent les limites du terrain où l'extraction peut être effectuée, le nombre, l'espèce et les dimensions des arbres à abattre, et désignent les chemins à suivre pour le transport des matériaux. En cas de contestation sur ces divers objets, il est statué par le préfet. (Ord. 170. Ord. 8 août 1845, art. 2. Circ. A 578. Circ. N 59, art. 69.)

33. *Lieux d'extraction.* — Il est expressément recommandé aux ingénieurs de ne pas déterminer les lieux d'extraction des matériaux, sans le concours des agents forestiers. (Circ. A 280.)

34. *Formalités.* — Les formalités de désignation des lieux d'extraction des matériaux peuvent avoir lieu avant ou après l'adjudication des travaux. (Cass. 16 avril 1836.)

35. *Conditions des devis. Garantie. Entrepreneur.* — L'exception de l'article 145 du code forestier couvre l'entrepreneur, dans tous les actes relatifs à l'extraction (abatage d'arbres, etc.) et à l'enlèvement (chemins, passages, etc.) effectués conformément à son devis. Mais, s'il abat des arbres ou s'il ouvre des *chemins nouveaux,* en dehors des conditions de son marché, ou contrairement aux conditions insérées, et sans avoir rempli les formalités indiquées par l'article 170 de l'ordonnance d'exécution, il peut être poursuivi correctionnellement. (Cons. d'Etat, 3 mars 1840.)

36. *Emplacement.* — Le droit pour les entrepreneurs d'extraire des matériaux est restreint aux terrains ou emplacements désignés dans les devis par l'administration des ponts et chaussées. (Cons. d'Etat, 30 juin 1839.)

S'il n'y a pas d'emplacements désignés par l'administration des ponts et chaussées, ou s'il sort des limites assignées, l'entrepreneur, qui fait alors des extractions illégales ou non autorisées, peut être poursuivi comme délinquant ordinaire, en vertu de l'article 144 du code forestier, devant les tribunaux correctionnels. (Cod. For. 159 et 171. Cons. d'Etat, 19 décembre 1839. Nancy, 21 février 1844. Cass. 16 avril 1839, 24 avril 1847.)

37. *Lieux d'extraction. Clôture.* — Les lois relatives aux fouilles et extractions de matériaux par l'administration des ponts et chaussées (Arrêt du conseil du roi, 4 septembre 1755, confirmatif des arrêtés en date des 3 octobre 1667, 3 décembre 1672 et 22 juin 1706) permettent aux entrepreneurs des travaux publics de prendre les matériaux, pour l'exécution de leurs ouvrages, *dans tous les lieux indiqués par le devis.* (Loi du 16 septembre 1807 et 21 avril 1810.)

Cependant le droit des entrepreneurs s'arrête devant les propriétés closes de murs ou de toute clôture équivalente, suivant les usages du pays. (Cons. d'Etat, 27 juin 1834. Loi du 29 décembre 1892, art. 2.)

38. *Clôture.* — Le droit d'extraction s'arrête devant les propriétés forestières ou autres fermées de *murs* ou autre clôture équivalente, suivant l'usage. (Ord. du bureau des finances, 17 juillet 1781. Arrêt du conseil du 7 septembre 1755. Cons. d'Etat, 27 juin 1834.)

On peut se soustraire au droit d'extraction en faisant enclore de murs les lieux indiqués pour l'extraction des matériaux. (Cons. d'Etat, 5 novembre 1828.)

Un fossé n'est pas suffisant. (Cabantous.)

39. *Notification.* — Préalablement à toute extraction, il est fait au propriétaire du terrain une notification par lettre recommandée, indiquant le jour et l'heure où l'agent de l'administration ou la personne à laquelle elle a délégué ses droits compte se rendre sur les lieux. (Loi du 29 décembre 1892, art. 5.)

40. *Extraction. Désignation.* — L'extraction des matériaux pour l'exécution de travaux publics, opérée dans une forêt régulièrement désignée par l'administration des ponts et chaussées, ne constitue pas un délit, quoiqu'elle ait été faite avant la fixation de l'indemnité due au propriétaire et sans estimation préalable du terrain sur lequel

les fouilles ont été pratiquées, si, d'ailleurs, ce propriétaire a été averti du moment où l'extraction aurait lieu. (Cass. 12 août 1848.)

41. *Entrepreneur. Formalités.* — L'entrepreneur qui extrait des matériaux dans un bois soumis au régime forestier, sans les formalités prescrites par les articles 145 du code forestier et 170 de l'ordonnance, commet un délit, et il ne peut élever aucune exception basée sur ce que ces extractions lui ont été spécialement désignées dans son devis par l'administration des ponts et chaussées. (Cass. 24 avril 1847.)

42. *Arbres désignés. Nombre.* — Lorsqu'un emplacement d'extraction est désigné, l'entrepreneur peut couper les arbres y existant ; mais, si le nombre d'arbres à abattre est désigné, il ne peut, sous peine de poursuite, en couper un nombre supérieur à celui désigné.

43. *Chemins.* — Le transport des matériaux extraits, à travers une forêt, sans que les chemins aient été désignés et sans avoir effectué les prescriptions de l'article 170 de l'ordonnance, rend l'entrepreneur passible des poursuites correctionnelles, en vertu de l'article 147 du code forestier. (Cons. d'Etat, 3 mars 1840.)

44. *Bois communaux. Autorisation.* — Lorsqu'il s'agit d'extraction de matériaux pour les travaux publics, l'autorisation du conservateur ou des maires et administrateurs n'est plus nécessaire, dès que les ingénieurs, de concert avec les agents forestiers, ont reconnu les lieux d'extraction. (Décis. Min. 11 février 1835. Circ. A 544.)

45. *Matériaux. Travaux publics.* — Dans les bois soumis au régime forestier, les ingénieurs des ponts et chaussées ou des mines n'ont pas besoin de l'autorisation du propriétaire pour l'extraction ou l'enlèvement des matériaux. (Cass. 16 avril 1836.)

46. *Opposition.* — Les agents doivent s'opposer à toute extraction de matériaux pour travaux publics, qui n'a pas été précédée des formalités prescrites par les articles 170 à 175 de l'ordonnance réglementaire. (Circ. A 544. Circ. A 632. Circ. N 59, art. 71.)

47. *Entrepreneur. Obligations.* — Les entrepreneurs de travaux publics ne sont pas assujettis à l'obligation de repeupler les terrains fouillés, mais ils sont tenus de combler les excavations, de niveler les terrains et d'effectuer les autres opérations nécessaires pour remettre les lieux en bon état. (Décis. du ministre des finances, 23 avril 1849. Circ. A 632. Circ. N 59, art 73.)

48. *Conditions.* — Dans les clauses pour extraction de matériaux, l'administration n'imposera plus le repeuplement des terrains fouillés; elle se bornera à exiger le nivellement du sol, le comblement des excavations et les autres opérations pour remettre les lieux en bon état. (Décis. Min. 23 avril 1849. Circ. A 632.)

49. *Conditions. Rédaction. Cahier des charges.* — Les diverses clauses et conditions qui devront, en conséquence des dispositions de l'article 170 de l'ordonnance, être imposées aux entrepreneurs, tant pour le mode d'extraction que pour le rétablissement des lieux en bon état, seront rédigées par les agents forestiers et remises par eux au préfet, qui les fera insérer au cahier des charges des travaux. (Ord. 171.)

50. *Périmètres de restauration.* — Les lois et règlements relatifs aux extractions de matériaux pour les travaux publics ne sont pas applicables aux terrains compris dans les périmètres de restauration. (Lettre du ministre des travaux publics, 7 avril 1891.)

51. *Travaux par économie. Conditions.* — Un arrêté spécial du préfet règle les conditions d'extraction de matériaux, lorsque les travaux s'exécutent par économie. (Ord. 171. Ord. du 8 août 1845, art. 3. Circ. A 578. Circ. N 59, art. 70.)

52. *Matériaux. Emploi. Poursuites.* — Les agents forestiers et les ingénieurs et conducteurs des ponts et chaussées sont expressément chargés de veiller à ce que les entrepreneurs n'emploient pas les matériaux provenant des extractions à d'autres travaux que ceux pour lesquels elles auront été autorisées.

Les agents forestiers exerceront contre les contrevenants toutes poursuites de droit. (Ord. 173. Loi du 29 décembre 1892, art. 16.)

B. *Indemnités.*

53. *Occupation. Fouilles.* — Dans l'évaluation de l'indemnité, il doit être tenu compte tant du dommage fait à la surface que de la valeur des matériaux extraits. La valeur des matériaux sera estimée d'après les prix courants sur place, abstraction faite de l'existence et des besoins de la route pour laquelle ils sont pris, ou des constructions auxquelles on les destine, et en tenant compte des frais de découverte et d'exploitation ; les matériaux, n'ayant d'autre valeur que celle qui résulte du travail de ramassage, ne donnent lieu à indemnité que pour le dommage causé à la surface. (Loi du 29 décembre 1892, art. 13.)

54. *Propriétaire. Obligation.* — Le propriétaire est tenu de faire connaître les fermiers, locataires, colons partiaires, ceux qui ont des droits d'usufruit ou d'usage et ceux qui peuvent réclamer des servitudes; sinon, il reste chargé envers eux des indemnités que ces derniers pourront réclamer. (Loi du 29 décembre 1892, art. 11.)

55. *Evaluation. Expert.* — Pour l'évaluation des indemnités dues à raison de l'occupation ou de la fouille des terrains et des dégâts causés par l'extraction, l'agent forestier supérieur de l'arrondissement remplira les fonctions d'expert dans l'intérêt de l'État, et les experts dans l'intérêt des communes ou des établissements publics seront nommés par les maires ou les administrateurs. (Ord. 172.)

56. *Tiers-expert. Nomination.* — Après la fin de l'occupation temporaire et à la fin de chaque campagne, si les travaux doivent durer plusieurs années, la partie la plus diligente, à défaut d'accord amiable sur l'indemnité, saisit le conseil de préfecture, qui fait choix du tiers-expert. (Loi du 29 décembre 1892, art. 10.)

57. *Dégâts. Règlement.* — La valeur du bois détruit et l'indemnité due pour les dégâts, ce qui comprend les frais du rétablissement du peuplement, seront réglées conformément à l'article 172 de l'ordonnance, c'est-à-dire, par le conseil de préfecture, sur expertise contradictoire. (Décis. Min. du 23 avril 1849. Circ. A 632.)

c. *Contestation.*

58. *Lieux d'extraction. Désignation.* — Le propriétaire d'un bois n'est pas recevable à se pourvoir, par voie contentieuse, contre la désignation qui a été faite de ce bois, par les agents des ponts et chaussées, comme lieu d'extraction de matériaux pour travaux publics. L'article 169 de l'ordonnance réglementaire n'est applicable qu'aux bois soumis au régime forestier. (Cons. d'Etat, 30 juillet 1863.)

59. *Tribunaux. Compétence.* — Les tribunaux correctionnels sont incompétents pour apprécier la régularité des désignations de carrière et du procès-verbal d'adjudication. (Cass. 16 avril 1836.)

60. *Poursuite. Entrepreneur. Devis. Juridiction.* — Si l'entrepreneur, poursuivi pour extraction irrégulière ou en dehors des limites fixées, excipe de son cahier des charges et de son devis, c'est là une question préjudicielle devant laquelle le tribunal doit surseoir, attendu que l'interprétation du devis et du cahier des charges (actes administratifs) est du ressort du conseil de préfecture. Après la décision de cette juridiction, la poursuite devant le tribunal correctionnel est définitivement reprise ou abandonnée. (Nancy, 21 février 1844. Cass. 25 février 1847.)

61. *Contestation. Juridiction.* — Les réclamations qui pourront s'élever relativement à l'exécution des travaux d'extraction et à l'évaluation des indemnités seront soumises aux conseils de préfecture, conformément à l'article 4 de la loi du 17 février 1800 ou du 28 pluviôse an VIII. (Ord. 175.)

62. *Contestation.* — Le conseil de préfecture statue sur les contestations qui peuvent s'élever relativement à l'exécution des travaux d'extraction et, après expertise contradictoire, sur le règlement des indemnités, lorsqu'elles ne peuvent être fixées à l'amiable. (Loi du 28 pluviôse an VIII, art. 4. Loi du 21 mai 1836, art. 17. Ord. 172. Ord. 8 août 1845, art. 7. Circ. N 59, art. 79. Loi du 29 décembre 1892, art. 10.)

63. *Indemnités. Fixation.* — Lorsque les indemnités peuvent être fixées à l'amiable, elles sont, en vertu de l'article 2 de l'ordonnance du 4 décembre 1844, arrêtées par le conservateur, s'il s'agit de bois de l'Etat, et par le préfet, sur les propositions des maires et des administrateurs, s'il s'agit de bois de communes ou d'établissements publics. (Circ. N 59, art. 78.)

64. *Bonne foi.* — Dans aucun cas, la bonne foi de l'entrepreneur ne peut être une excuse. (Grenoble, inédit, 17 avril 1839.)

65. *Compétence.* — Les tribunaux correctionnels sont seuls compétents pour statuer sur une extraction de matériaux effectuée dans une forêt communale, sans aucune autorisation administrative donnée à l'entrepreneur. (Cons. d'Etat, 19 décembre 1839.)

66. *Ponts et chaussées. Poursuites.* — On ne doit pas poursuivre judiciairement les employés des ponts et chaussées pour extractions de matériaux, avant d'avoir rempli les formalités prescrites par l'article 145 du code forestier et sans en référer à l'administration. (Lettre de l'Admin. du 13 avril 1838.)

§ 2. *Chemins vicinaux.*

67. *Lieux d'extraction. Désignation.* — Les extractions de matériaux, les dépôts ou enlèvements de terre, les occupations temporaires de terrains seront autorisés par arrêté du préfet, lequel désignera les lieux ; cet arrêté sera notifié aux parties intéressées, au moins dix jours avant que son exécution puisse être commencée. (Loi du 21 mai 1836, art. 17.)

68. *Conditions. Désignation.* — Les extractions de matériaux ayant pour objet les travaux des chemins vicinaux, lorsqu'elles devront avoir lieu dans des bois régis par l'administration des forêts, seront soumises à l'observation des formalités indiquées ci-après. (Ord. 8 août 1845, art. 1.)

69. *Reconnaissance. Désignation.* — Les lieux d'extraction devront être désignés préalablement à l'agent forestier supérieur de l'arrondissement.

Après la désignation, les agents forestiers, de concert avec les agents chargés du service vicinal, ou, à défaut de ceux-ci, avec le maire, procéderont à la reconnaissance du terrain et en détermineront les limites. (Ord. 8 août 1845, art. 2. Circ. A 578.)

70. *Arbres. Contestation.* — Les agents forestiers indiqueront également le nombre, l'espèce et les dimensions des arbres dont l'abatage sera reconnu nécessaire, ainsi que les chemins à suivre pour le transport des matériaux.

En cas de contestation sur ces divers objets, il sera statué par le préfet. (Ord. 8 août 1845, art. 2. Circ. A 578.)

71. *Arbres abattus. Vente.* — Les arbres abattus seront vendus comme menus marchés, sur l'autorisation du conservateur. (Ord. 8 août 1845, art. 6.)

72. *Conditions.* — Les clauses et conditions qui devront, en conséquence des dispositions de l'article 2, être imposées, tant pour le mode d'extraction que pour le rétablissement des lieux en l'état, seront rédigées par les agents forestiers et remises par eux au préfet, qui les fera insérer au cahier des charges des travaux.

Un arrêté spécial réglera les conditions, lorsque les travaux s'exécuteront par économie. (Ord. 8 août 1845, art. 3. Circ. A 578. Circ. N 59, art. 70.)

73. *Emploi des matériaux.* — Les agents forestiers, les agents du service vicinal et les maires sont expressément chargés de veiller à ce que les matériaux provenant des extractions ne soient pas employés à des travaux autres que ceux pour lesquels les extractions auront été autorisées.

Les agents forestiers exerceront contre les contrevenants toutes poursuites de droit. (Ord. du 8 août 1845, art 5. Circ. A 578. Circ. N 59, art. 74.)

74. *Emploi non autorisé.* — L'adjudicataire des travaux d'entretien d'un chemin communal et autorisé en cette qualité à extraire des pierres d'une forêt commet le délit prévu par l'article 144 du code forestier, lorsqu'il emploie une portion des matériaux par lui extraits à l'empierrement d'une propriété privée. (Trib. de Compiègne, 18 nov. 1873.)

75. *Indemnité.* — Si l'indemnité ne peut être fixée à l'amiable, elle sera réglée par le conseil de préfecture, sur le rapport d'experts nommés, l'un par le sous-préfet et l'autre par le propriétaire. En cas de discord, le tiers-expert sera nommé par le conseil de préfecture. (Loi du 21 mai 1836, art. 17.)

76. *Indemnités. Fouille. Occupation.* — L'évaluation des indemnités dues à raison de l'occupation ou de la fouille des terrains et des dégâts causés par l'extraction sera faite conformément au deuxième paragraphe de l'article 17 de la loi du 21 mai 1836.

L'agent forestier supérieur de l'arrondissement remplira les fonctions d'expert, dans l'intérêt de l'Etat. (Ord. 8 août 1845, art. 4.)

77. *Etat des lieux.* — Avant l'ouverture des travaux ordonnés, les experts constatent l'état des lieux et recueillent les renseignements nécessaires pour être à même de fixer équitablement l'indemnité, lorsque les travaux sont terminés. (Instr. du ministre de l'intérieur, 24 juin 1836. Circ. N 59, art. 83.)

78. *Responsabilité. Dommages.* — Dans tous les cas, les communes demeureront responsables du paiement de tous dommages et indemnités. (Ord. 8 août 1845, art. 3.)

79. *Contestation. Juridiction.* — Les contestations qui pourront s'élever relativement à l'exécution des travaux d'extraction et à l'évaluation des indemnités seront soumises au conseil de préfecture, conformément à l'article 4 de la loi du 28 pluviôse an VIII et à l'article 17 de la loi du 21 mai 1836. (Ord. 8 août 1845, art. 7. Circ. A 578. Circ. N 59, art. 79.)

80. *Indemnité. Matériaux. Prix.* — Les extractions de matériaux, dans les bois soumis au régime forestier, alors qu'elles sont effectuées pour les chemins vicinaux, peuvent donner lieu à une indemnité pour l'occupation, la fouille des terrains et les dégâts d'extraction; le prix des matériaux extraits peut être exigé. (Décis. Min. 21 août 1866. Circ. N 33. Loi 29 déc. 1892, art. 13.)

81. *Responsabilité. Indemnités. Communes.* — Les communes sont responsables du paiement de tous dommages et indemnités qui peuvent être mis à la charge des entrepreneurs des travaux concernant les chemins vicinaux. (Ord. 8 août 1845, art. 3. Circ. A 578. Circ. N 59, art. 77.)

82. *Indemnités. Règlement.* — Les préfets statueront sur les règlements des indemnités pour dommage résultant d'extraction de matériaux destinés à la construction des chemins vicinaux de grande communication. (Décr. du 13 avril 1861, art. 1, § 3.)

83. *Indemnité. Prescription.* — L'action en indemnité des propriétaires, pour les extractions des matériaux ayant servi à la confection des chemins vicinaux, est prescrite par le laps de deux ans. (Loi du 21 mai 1836. Circ. N 59, art. 84.)

EXTRAIT.

SECT. I. — ACTES DE L'ÉTAT CIVIL.

1. *État civil.* — Les extraits des actes de l'état civil ne peuvent être délivrés que par les maires (Cons. d'Etat, 2 juillet 1807); ils seront légalisés par le président du tribunal ou par les juges de paix. (Cod. Civ. 45. Loi du 2 mai 1861.)

Dans les communes au-dessous de 50000 âmes, l'expédition d'un acte de naissance ou de décès coûte 2 fr. 10, savoir : timbre 1 fr. 80, émolument 0 fr. 30; et un acte de mariage, 2 fr. 40, savoir : timbre 1 fr. 80, émolument 0 fr. 60 ; plus le coût de la légalisation, qui est de 0 fr. 25. (A Paris, ces frais s'élèvent respectivement à 2 fr. 55 et 3 fr. 30. Dans les villes de 50000 habitants et au-dessus, le coût de ces actes est de 2 fr. 30 et 2 fr. 80, non compris le coût de la légalisation.) (Loi du 28 avril 1816.)

SECT. II. — PROCÈS-VERBAL DE DÉLIMITATION.

2. *Délimitation.* — Les intéressés peuvent requérir des extraits certifiés du procès-verbal de délimitation, en ce qui concerne leur propriété. Les frais d'expédition sont à la charge du requérant; frais : 0 fr. 75 par rôle. (Ord. 63. Circ. N 64, art. 86.)

SECT. III. — JUGEMENTS, ARRÊTS.

3. *Envoi au parquet.* — Les greffiers doivent adresser au parquet un extrait des jugements en matière forestière, en exécution des prescriptions de l'article 198 du code d'instruction criminelle.

4. *Timbre.* — Les extraits délivrés par les greffiers, pour le recouvrement des amendes prononcées pour délits forestiers, ne sont pas sujets au timbre ; mais ils ne peuvent pas être signifiés au redevable, s'ils ne sont pas timbrés ou visés pour timbre. L'huissier, pour les jugements contradictoires, peut en faire une copie en tête de son exploit de signification ; pour les jugements par défaut, la signification peut être faite sur papier visé pour timbre; cette faculté n'est accordée qu'aux préposés forestiers. (*Journal de l'Enregistrement.*)

5. *Timbre.* — Les extraits de jugement par défaut sont délivrés par les greffiers sur papier non timbré, mais ils sont visés pour timbre en débet, au droit de 1 fr. 80, lorsqu'il en est fait usage, soit pour la signification aux parties, soit pour toute autre cause. (Décis. Min. 4 octobre 1828.)

6. *Copie. Timbre.* — La copie des extraits de jugements est visée pour timbre au droit de 60 centimes.

7. *Délai.* — Les extraits de jugements par défaut seront remis par les greffiers aux agents forestiers, dans les dix jours après celui où les jugements auront été prononcés. (Ord. 188. Ord. 19 octobre 1841, art. 1.)

8. *Envoi.* — Les extraits de jugements par défaut doivent être adressés par les chefs de service au receveur des finances du chef-lieu de l'arrondissement communal, ainsi que la signification de ces jugements. (Circ. A 380. Décis. Min. 19 octobre 1836. Circ. N 149.)

9. *Jugement par défaut.* — L'extrait du jugement par défaut doit rappeler, outre les noms des parties, le montant des différentes condamnations prononcées par le jugement et la simple indication des articles de la loi forestière en vertu desquels elles ont été prononcées. (Cod. For. 209.)

10. *Jugement contradictoire. Délai. Remise.* — L'extrait des jugements contradictoires sera remis directement par le greffier au receveur des finances, dix jours après celui où le jugement a été prononcé, si le condamné n'a pas fait appel. Le receveur particulier l'adresse à son tour au percepteur, pour en opérer le recouvrement. (Ord. 189. Instr. du Min. des finances, 20 septembre 1875.)

11. *Vérification.* — Les agents doivent s'assurer si les extraits des jugements contradictoires sont remis, avec exactitude, par les greffiers aux receveurs des finances. (Instr. 23 mars 1821.)

12. *Appel. Délai. Remise.* — L'extrait des arrêts et jugements rendus sur appel sera remis directement aux receveurs des finances, par les greffiers des cours et tribunaux d'appel, quatre jours après celui où le jugement a été prononcé, si le condamné ne s'est pas pourvu en cassation. (Ord. 189.)

Les percepteurs procèdent alors au recouvrement des condamnations. (Ord. 189. Instr. du Min. des Fin. 20 septembre 1875.)

13. *Visa.* — Les extraits des jugements délivrés par les greffiers doivent être visés par les chefs du parquet. (Décr. 18 juin 1811.)

14. *Greffier. Coût.* — Pour chaque extrait, 0 fr. 60, et, en matière forestière, coût 0 fr. 25 seulement ; pour frais d'expédition, 0 fr. 40 le rôle (28 lignes à la page et 16 syllabes à la ligne). (Décr. 18 juin 1811 et 7 avril 1813.)

15. *Paiement.* — Les droits dus aux greffiers pour les extraits de jugements forestiers sont à la charge du fonds commun, que les jugements soient contradictoires ou par défaut, pourvu toutefois que ces derniers aient été préalablement signifiés. (Lettre du Min. des Fin. **25** juillet **1892**. Circ. N **445**.)

16. *Administration forestière. Partie civile.* — Dans les instances où l'administration forestière est partie civile et où les condamnations sont suivies dans son intérêt et sont susceptibles d'amener une recette à son profit, elle doit payer les frais d'extraits de jugement sur son budget particulier; mais, si l'administration agit au nom de l'action publique et pour punir un délit forestier proprement dit, le coût des extraits est à la charge des frais généraux de la justice criminelle, aujourd'hui du fonds commun. *(Revue des eaux et forêts,* juin **1872**.)

FIN DU PREMIER VOLUME.

www.ingramcontent.com/pod-product-compliance
Lightning Source LLC
Chambersburg PA
CBHW031444210326
41599CB00016B/2101

* 9 7 8 2 0 1 9 9 8 0 6 3 4 *